갑골문 字典을 겸한

甲骨文解讀

최신증보판

梁 東 淑 著

㈜이화문화출판사

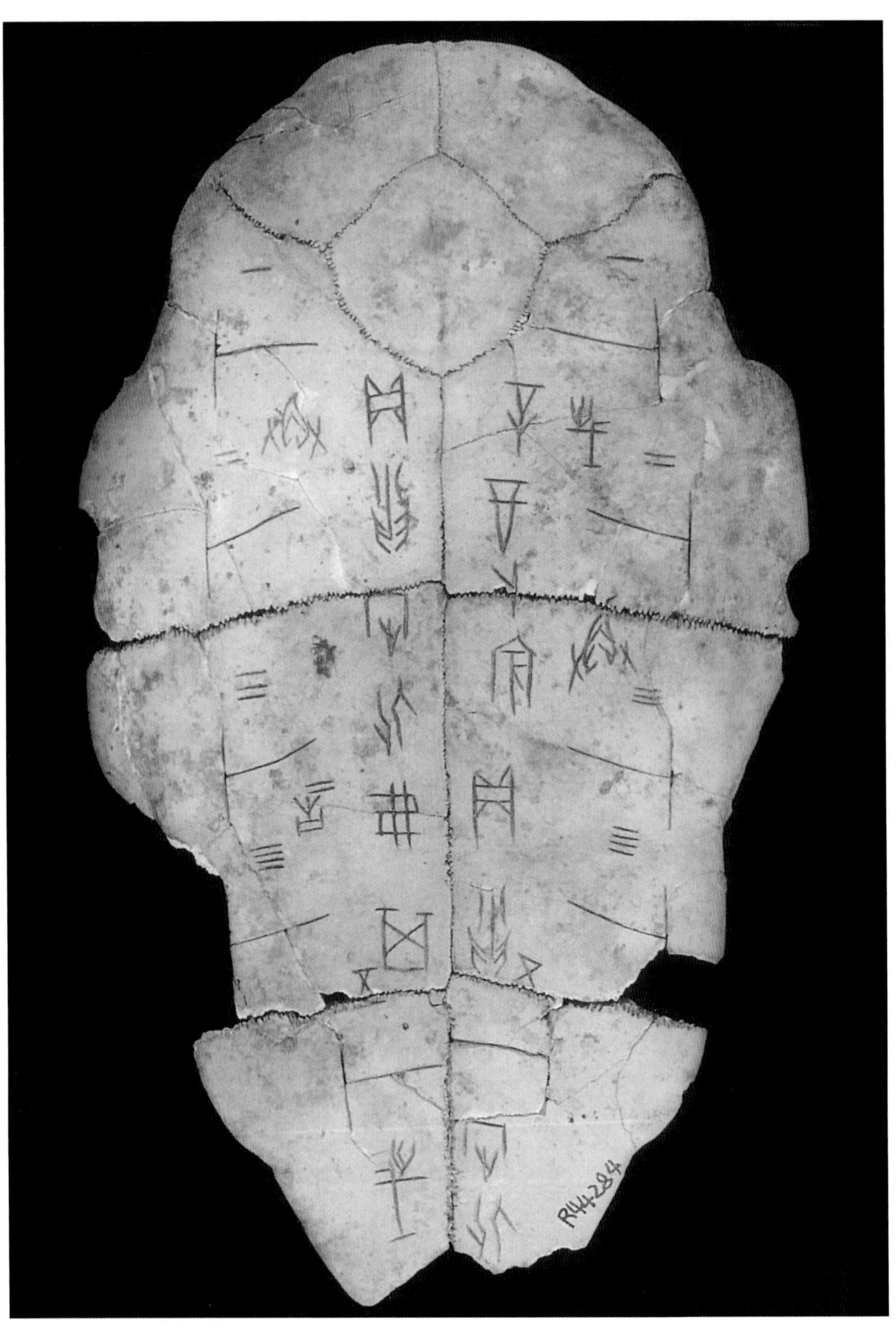

[龜腹甲] 台灣中央研究院 所藏《甲骨文合集》6654, (제2편 5-9 참조)

本版上只刻有一組卜辭乃甲年那天占卜「東方的領地」是否能得上天眷顧有好的收成·《乙》三二八七

[龜腹甲] 台灣中央研究院 所藏《甲骨文合集》6484, (제2편 2-6 참조)

『합집』 6484는 크기와 내용이 같은 5개의 同文例 중 3번째 판이다. 아쉽게 위와 우측이 결손되었다.
다행히 5번째 판은 상부가 온전하여 이를 근거로 보완하였다.

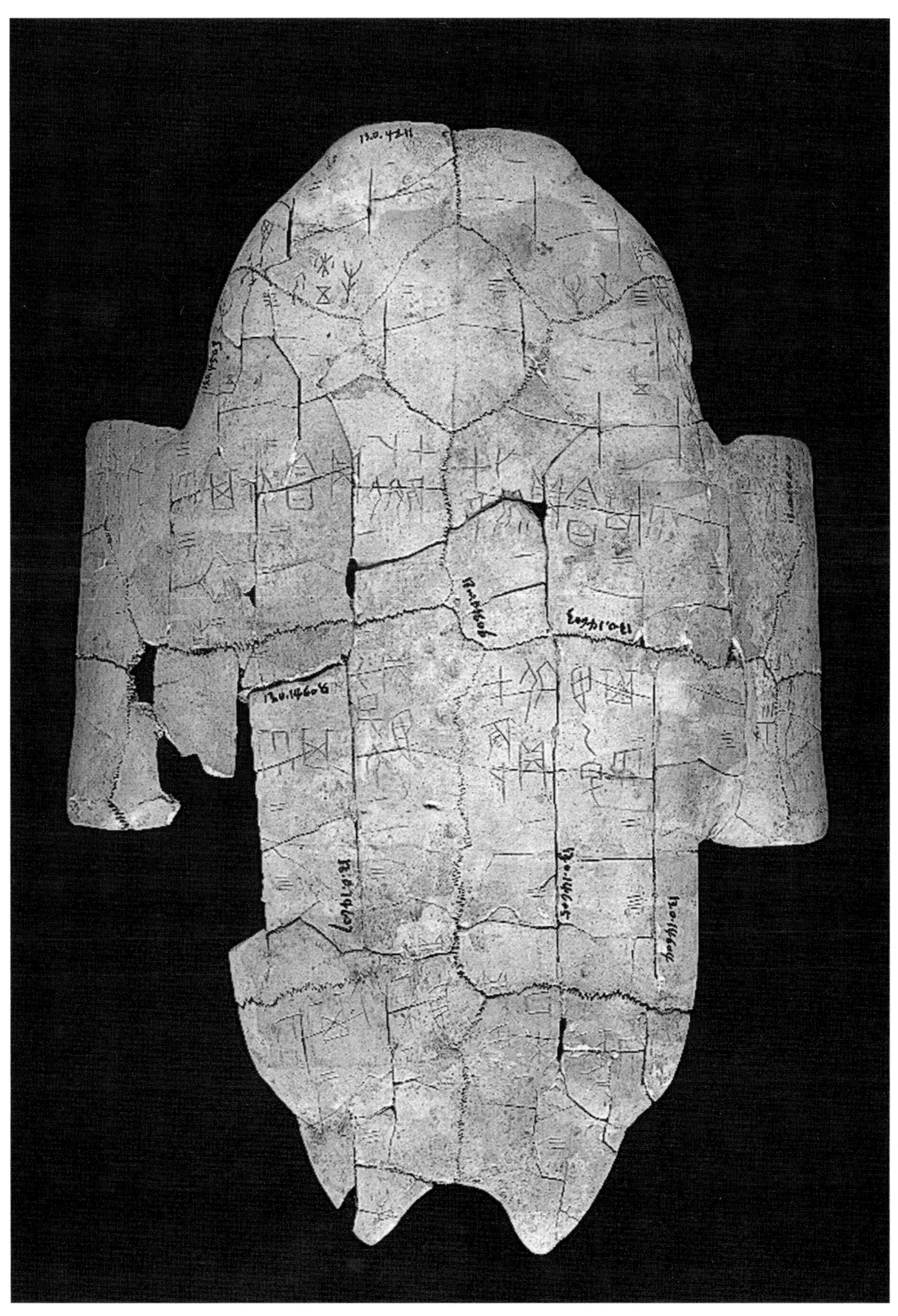

本龜版主要是占卜今日或翌日是否會下雨·《丙》六三
본편에는 오늘 아니면 내일 비가 올 것인지를 점친 내용이 실려 있다.

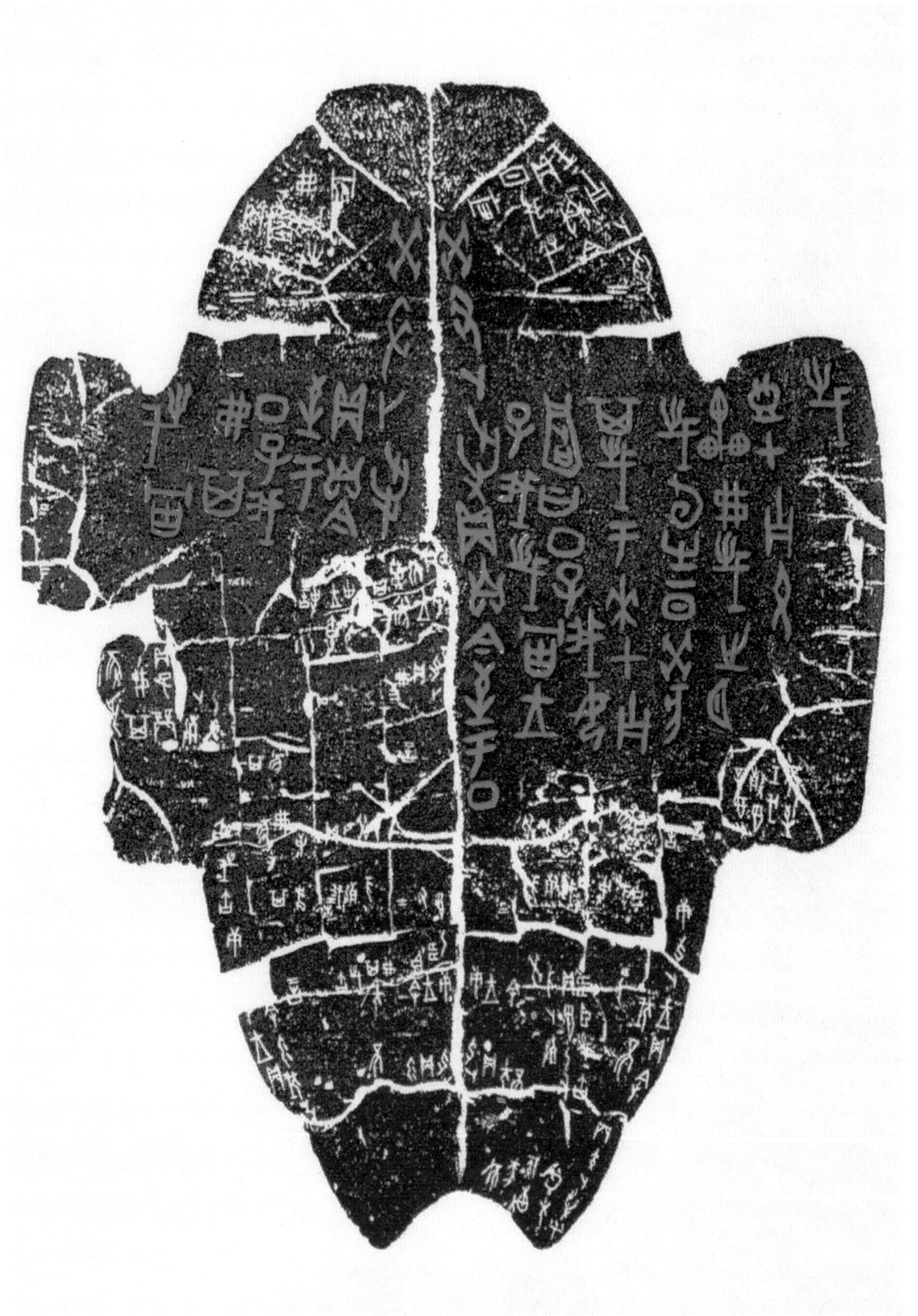

[龜腹甲] 台灣中央研究院 所藏《甲骨文合集》6834, (제2편 5-3 참조)

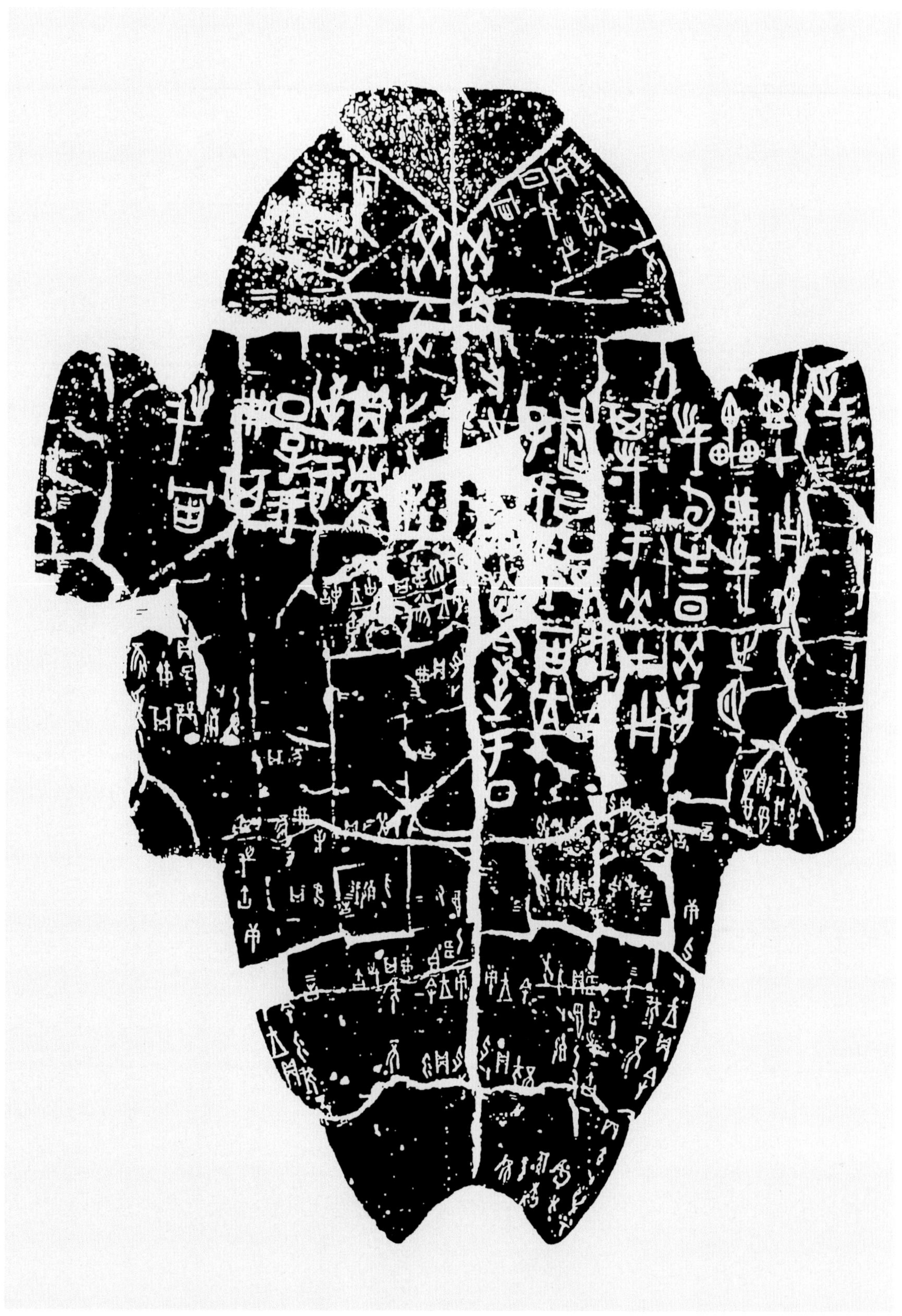

[龜腹甲] 台灣中央硏究院 所藏《甲骨文合集》6834 탁본.

[龜腹甲(首·煎右甲)] 山東大學博物館 所藏·《山東大學文物精品選》 48

[龜腹甲] 台灣中央研究院 所藏·《甲骨文合集》 14002, (제2편 20-4 참조)

[牛肩胛骨] 中國社會科學院 所藏·《小屯南地甲骨》 1128

[牛肩胛骨] 台灣中央研究院 所藏·《甲骨文合集》 34165, (제2편 21-12 참조)

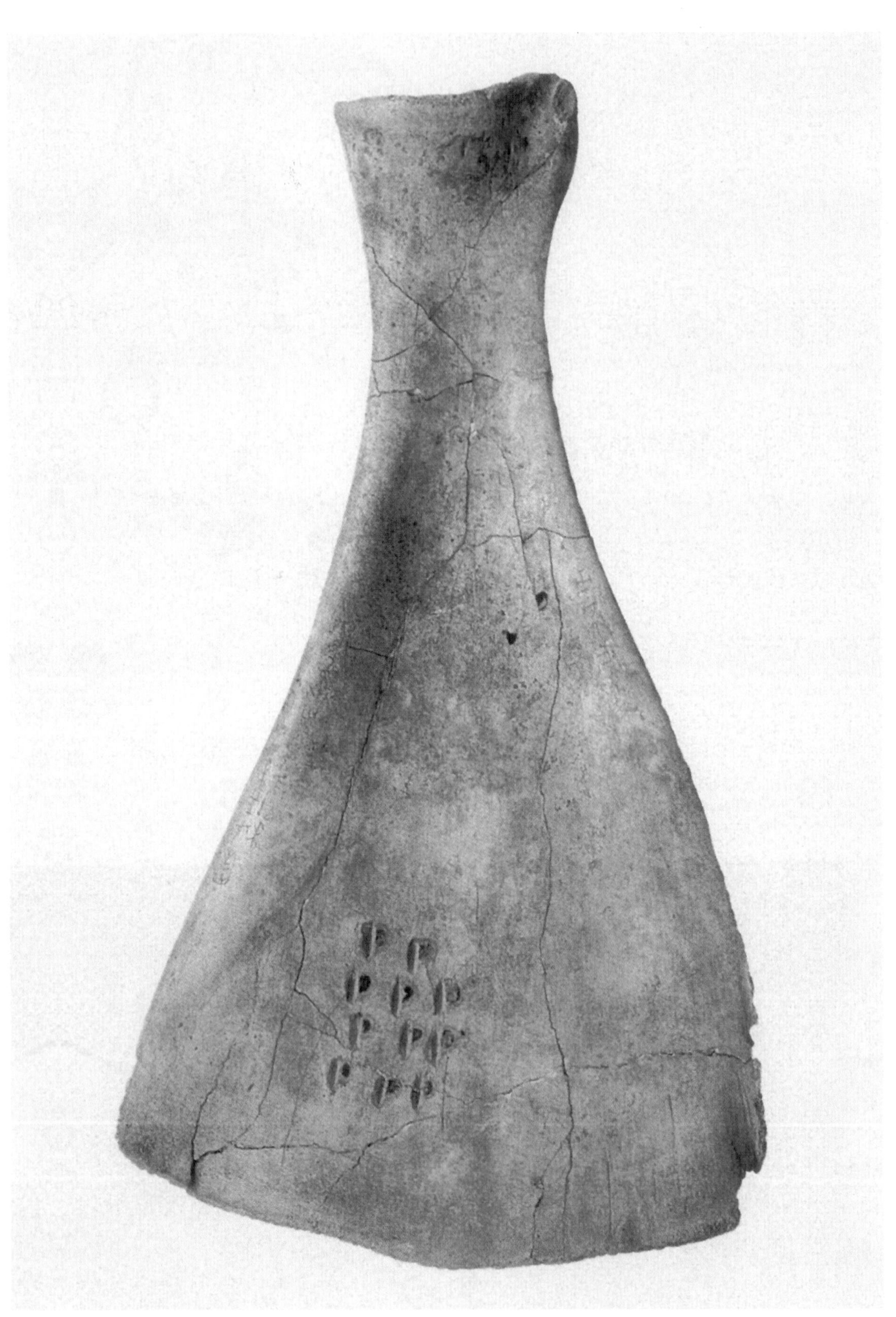

30號卜骨 正面 2002年小屯村南57號灰坑 中國社會科學院考古研究所藏

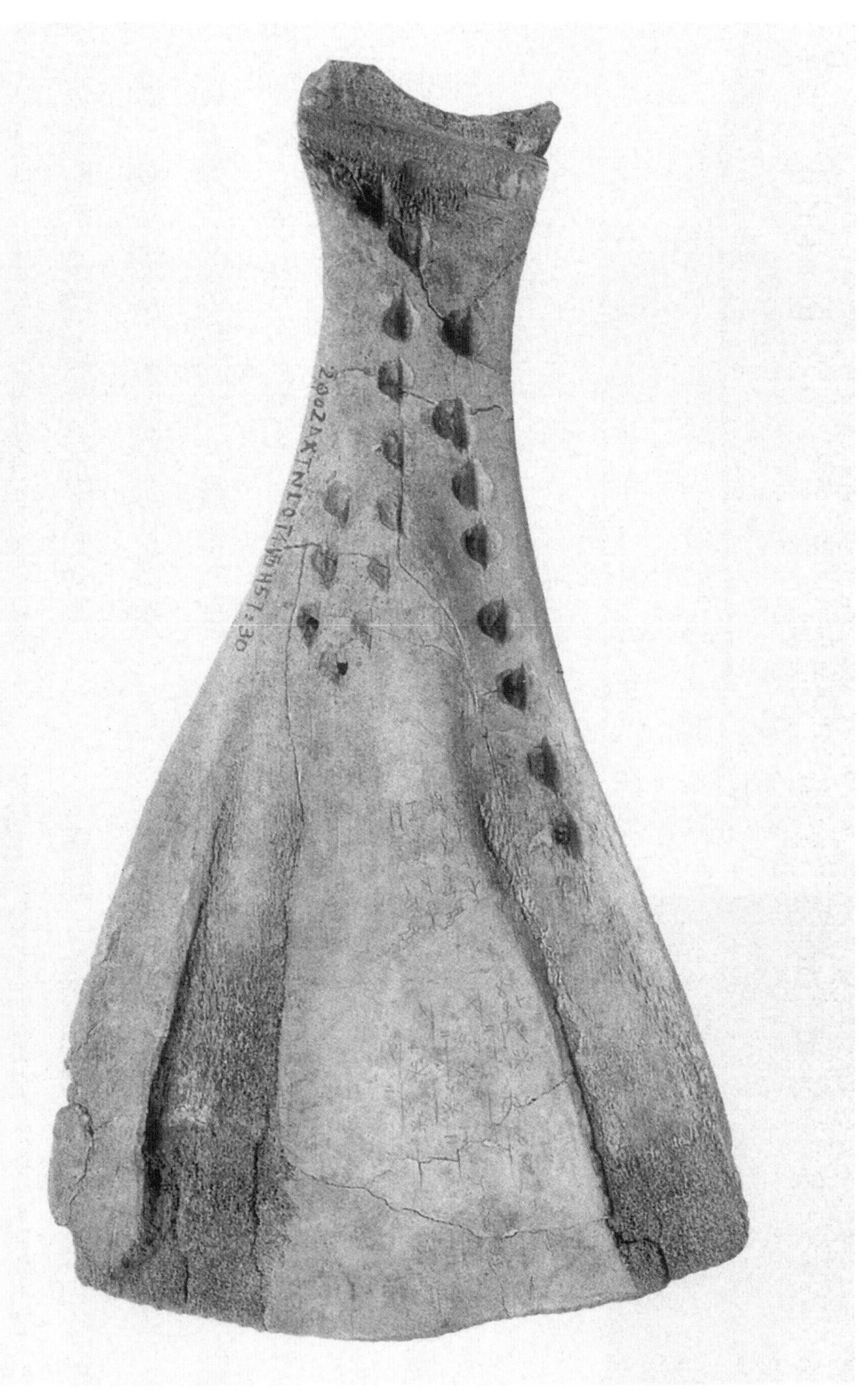

30號卜骨 背面 2002年小屯村南57號灰坑 中國社會科學院考古研究所藏

본편은 원숭이, 말, 호랑이, 꿩 등 동물들을 연습삼아 새긴 것으로 도화와 문자의 관계를 설명하고 있다.

한자는 그림에서 근원되었는데, 갑골문에서 그 흔적을 찾을 수 있다. 본편은 위에서부터 새의 부리, 머리를 그리고 아래에 새 전체를 그린 과정을 볼 수 있는 귀한 작품이다.

[鹿頭刻辭] 台灣中央研究院 所藏·《甲骨文合集》36534, (제2편 5-18 참조)

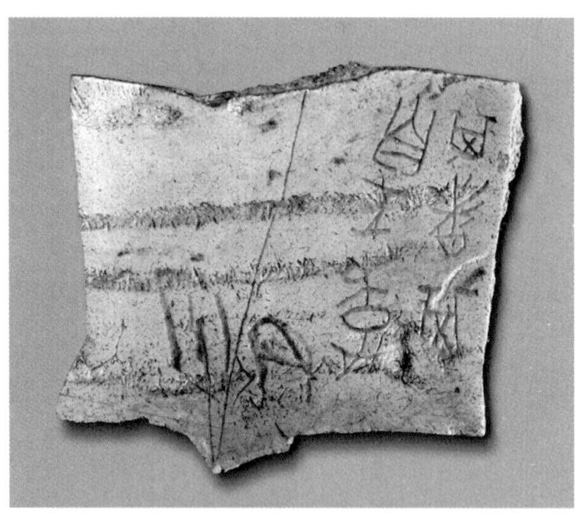

王季 卜甲及卜辭 周公廟遺址出土
釋文 : 其者 (燎), 其自王季 三月

주나라 초기 갑골문

文王 卜甲及卜辭 周公廟遺址出土
釋文 : 文王 北

주나라 초기 갑골문

寧風 卜甲 長1.7公分, 寬2.4公分 陝西省考古研究院藏
釋文 : 曰唯寧風于四方三犬三彘旣吉玆卜用

주나라 초기 갑골문

叔鄭 卜甲及卜辭 周公廟遺址出土
釋文 : 曰叔鄭其取妝 (裝)

주나라 초기 갑골문

甲骨文字 形編

1. 인간

大	大	大	文	夫	央	交	立	竝	美
亦	夭	屰	屰	人	比	從	化	允	身

· 부위

目	臣	面	直	省	見	見	眉	首	頁
耳	取	聽	聞	聖	自	臭	望	監	沫
口	曰	甘	舌	齒	言	心	又	友	受
爭	止	之	步	步	歷	歷	正	足	尾
骨	品	名							

· 호칭

父	母	兄	兄	弟	叔	皃	子	子	子
男	女	妻	妾	好	好	妹	如	妥	妃
姪	姓	婦	娶	姬	冥	乳	育	育	姪

妹	委	妊	配	孕	媚	姜	每	每	要
孫	保	保	季	棄	孝	老	考	考	長
長	兌	元	夷	夷	鬼	鬼	魌	屎	尿

· 행위

無	舞	告	告	卩	卽	饗	旣	令	仁
企	企	夾	休	鬥	鬥	欠	次	刖	刖
刖	殺	奚	醫	疾	疾	夢	劓	臭	疑
若	死	死	興	至	羞	易	飲	乘	相
及	克	逆	逆	遘	通	達	竟	競	對
共	丞	弄	弄	登	秉	去	弘	因	尤
尋	尋	屎	尿						

2. 하늘

天	天	天	天	日	月	夕	星	星	星
斗	雲	雨	雨	雪	霖	雹	雷	風	風
氣	紅	旦	陽	明	明	時	朝	莫	昔
昔	暈	昏	昃	昃	啓	啓	翌	翌	翌
陽	衆	衆	衆	衆					

3. 땅

4. 바다

水	川	泉	河	河	沈	永	波	淵	洋

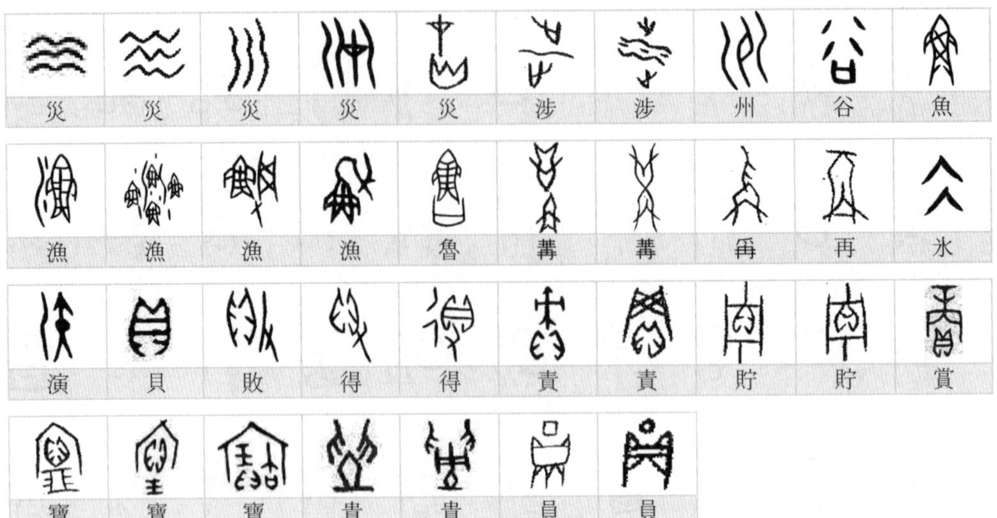

5. 동물

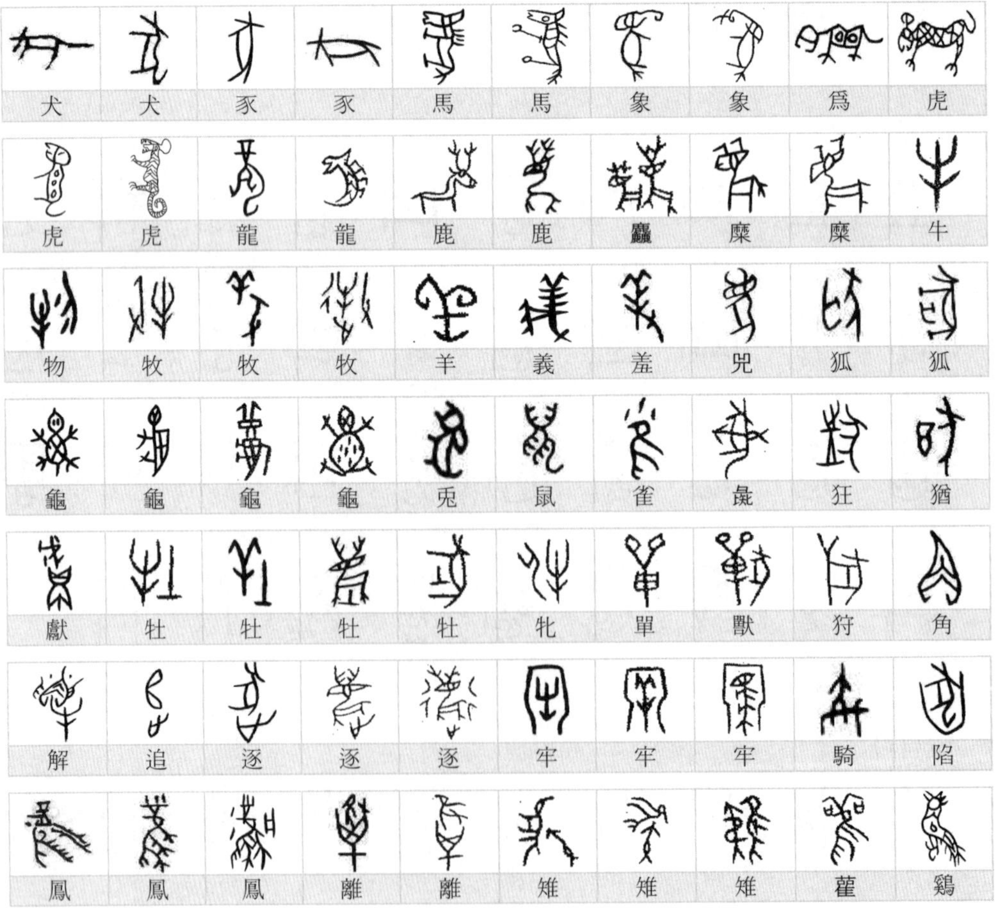

犬	犬	豕	豕	馬	馬	象	象	爲	虎
虎	虎	龍	龍	鹿	鹿	麤	麋	麋	牛
物	牧	牧	牧	羊	義	羞	兕	狐	狐
龜	龜	龜	龜	兎	鼠	雀	彘	狂	猶
獻	牡	牡	牡	牡	牝	單	獸	狩	角
解	追	逐	逐	逐	牢	牢	牢	騎	陷
鳳	鳳	鳳	離	離	雉	雉	雉	雚	鷄

鷄 鳥 鳥 燕 舊 雚 黽 巳 巳 虫
集 集 羅 隹 隻 隻 羽 羽 羽 爪
蠱 血 肉 肉 多 禽 禽 禽 禽

6. 식물

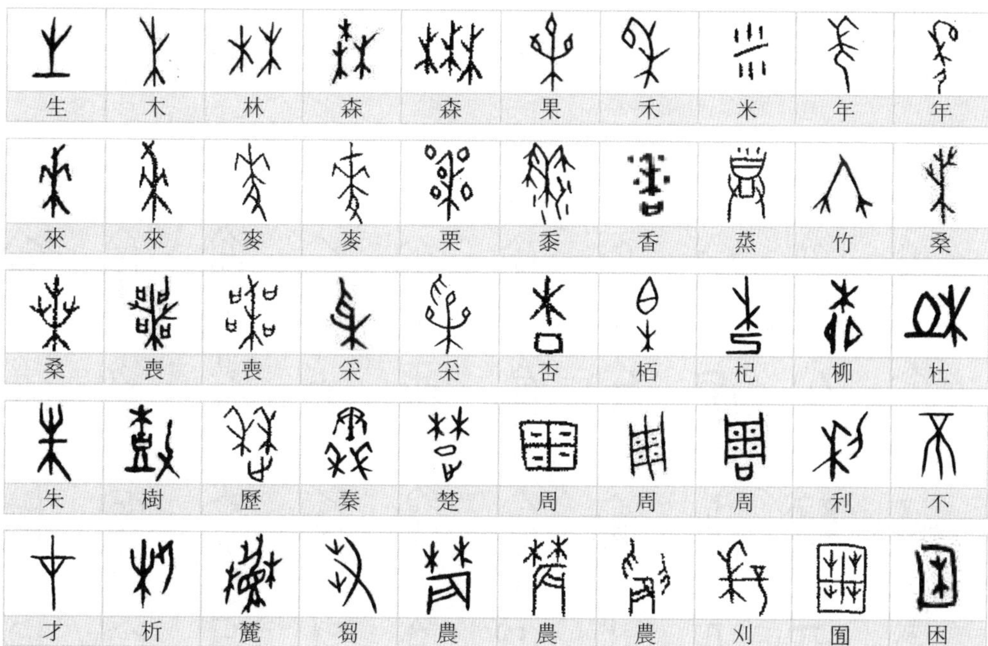
生 木 林 森 森 果 禾 米 年 年
來 來 麥 麥 栗 黍 香 蒸 竹 桑
桑 喪 喪 采 采 杏 栢 杞 柳 杜
朱 樹 歷 秦 楚 周 周 周 利 不
才 析 麓 芻 農 農 農 刈 圃 困

7. 의류

衣 作 作 兹 幽 幼 糸 絲 麻 羅
惠 專 傳 巾 帛 介 初 服 絶 綠
系 編 卒 裘 依

8. 방위

上	下	左	右	內	外	出	入	東	東
西	南	北	春	春	夏	秋	冬	季	方
方	向	歷	前	先	後	後	新	舊	門
戶	問	行	韋	衛	衛	德	德	往	

9. 건축

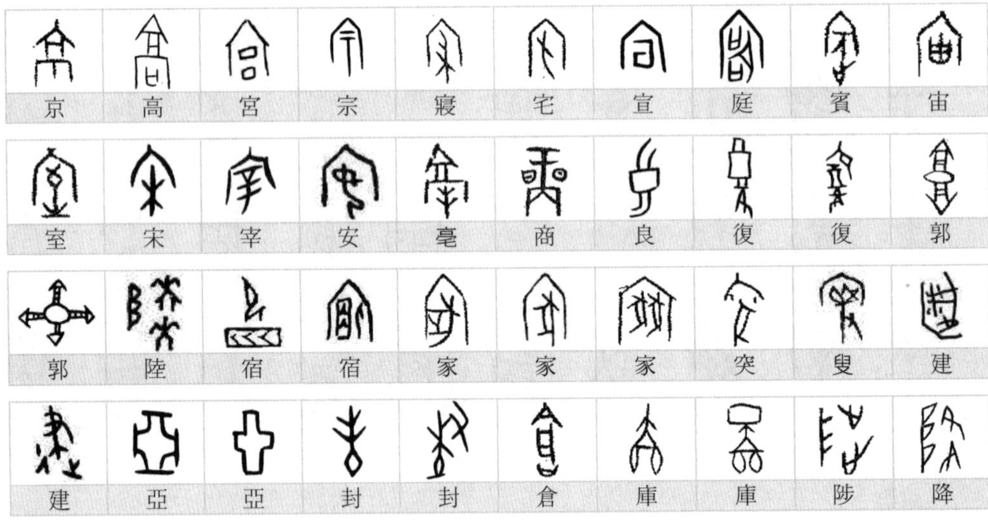

京	高	宮	宗	寢	宅	宣	庭	賓	宙
室	宋	宰	安	亳	商	良	復	復	郭
郭	陸	宿	宿	家	家	家	突	叟	建
建	亞	亞	封	封	倉	庫	庫	陟	降

10. 국가

王	王	王	皇	君	朕	余	或	國	國
政	嗣	嗣	御	御	律	侯	侯	伊	尹

11. 식기

12. 악기

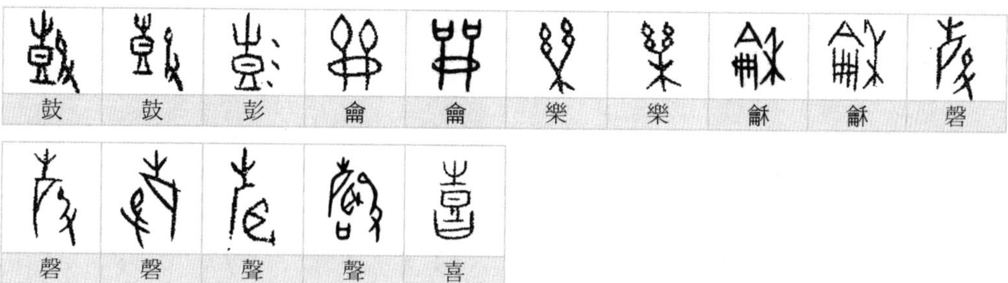

13. 무기

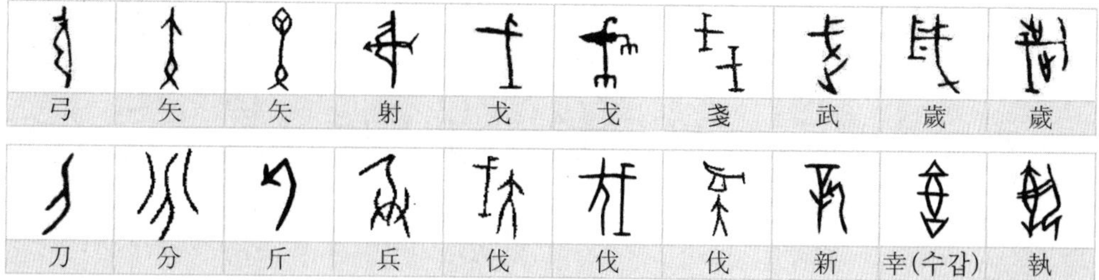

14. 기물

15. 교육

16. 숫자

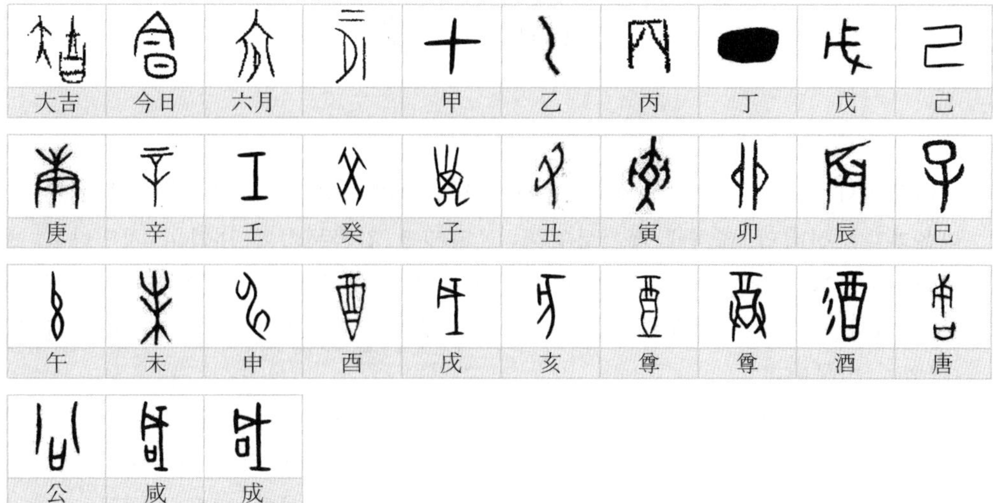

17. 제사

18. 옛 조상 帝嚳(夔)契

序　文

대학에서 교편을 잡은 지 어언 30여년이 넘었다. 태반의 세월을 갑골문자의 아름다움과 그 신비의 세계에 빠져들었으니, 평생을 갑골문자와 벗하며 지냈다고 해도 과언은 아니다. 갑골문자는 명실상부한 한자의 원류이다. 중국문자학이나 설문해자 등 문자관련 분야를 연구하다 보면 언제나 갑골문으로까지 거슬러 올라가지 않을 수 없기 때문이다.

갑골문이 발견된 지 100여 년이 넘은 지금 대략 16만 편의 갑골 조각을 발굴하였고 그 중 5천여 글자를 발견한 가운데 최대 1천여 자 정도 해독이 가능하다고 보고 있다. 만약 갑골 한 편에 10자가 기록되었다고 계산할 경우 갑골문은 약 160만 자에 달한 분량이다. 춘추전국 이래 저술된 四書三經의 글자 총 수는 27만자 정도이고, 十三經에는 6,544單字가 사용되었다고 하니 갑골문의 방대함을 짐작할 수 있다. 그러므로 갑골문에는 정치, 경제, 사회, 문화, 농업, 천문, 기상 등 20여 분야의 다양한 3천 년 전 商代의 생활이 기록되어 있다. 중국에서는 자신들의 고대 역사와 문화는 물론이요, 그 밖의 거의 모든 분야에 걸쳐서 그 원류를 갑골문에서 찾아내 근거로 제시하고 있는 실정이다.

그간 갑골문은 우리나라에도 상당히 알려져 있다. 지정학적으로 중국과 밀접한 관계를 맺고 있는 우리로서는 우리의 고대문화를 연구할 경우 갑골문자의 활용 가능성을 배제할 수 없을 것이다. 우리의 고대사, 고대언어, 고전문학, 고고학, 서예학 등의 연구는 갑골문자를 통해서 보다 심도있는 연구에 이를 수 있을 것이라는 기대를 부인할 수 없기 때문이다. 한 가지 예로 최근에는 한국의 漢字사전에서 字源풀이를 할 때 갑골문을 근거로 풀이하는 사전이 늘어나는 추세에 있다.

1999년 갑골문 발견 100주년을 기념해서 제작한 ≪百年甲骨學論著目≫에 의하면 세계 14개국에서 발간된 유관 논저가 1만여 종에 달하고, 500여명의 외국학자를 포함한 총 연구자는 3,833명으로 추산하고 있다. 이처럼 많은 사람들이 세계 각국에서 여러 각도로 연구함에 힘입어 갑골학의 연구는 이미 성숙된 학문 영역을 점하였다고 할 수 있다.

현재 우리나라는 갑골학에 대한 길잡이가 되는 몇 가지의 갑골문 개론서가 번역·출간되어 있다. 그러나 실제적으로 갑골문 자체를 습득할 수 있는 적당한 교재는 찾기 힘든 것이 현실이다. 갑골문 연구를 위한 첫 단계는 갑골문을 읽고 뜻을 파악할 수 있어야 한다. 갑골문을 해독할 수 있어야 만이 해당연구 분야에 적절하게 활용할 수 있기 때문이다. 이러한 이유로 한국인들이 갑골문을 이해하고 우리의 여러 영역에서 갑골문을 활용해 해당 연구에 조금이라도 보탬이 되게 해야겠다는 생각에서 갑골문의 해독서를 저술하게 되었다.

본서는 〈甲骨學概論〉과 〈甲骨文選讀〉 전후 두 편으로 구성했다. 〈갑골학개론〉은 갑골문의 발견·연구·점복과정·갑골문의 특성 등을 9개 章으로 나누어 갑골문을 읽기 전 갑골문 연구에 대한 전반을 이해할 수 있게 하였고, 〈갑골문선독〉은 22개 항목에서 갑골편을 독해하는 부분이다.

우선 갑골 41,956편이 담긴 13권이나 되는 방대한 저작인 ≪甲骨文合集≫을 한 장 한 장 넘겨가면서 탁본이 선명하고 자료적 가치가 있는 4백여 편을 골라냈고, 그 내용을 22개 항목으로 분류하였다. 갑골탁본을 실어 원형을 볼 수 있도록 하는 것을 원칙으로 하였다.

탁본을 정리하고, 해독할 내용을 찾아내고 이를 韓譯하였으며 字解에서 갑골문 한 글자 한 글자를 풀이하는 한편, 갑골문과 관련 있는 내용이나 중요 사항을 解說에 첨부하여 갑골문의 내용 파악에 기초가 되도록 하는 작업을 진행하였다.

字解는 가장 조심스러운 부분이었다. 위에서 언급하였듯이 1천여 자 정도는 해석이 가능하다고 보고 있으나 정확한 통계는 내기가 어렵다. 더구나 해석 가능 범위에 포함된 글자의 풀이에 있어서도 고석을 한 學者에 따라 견해가 다른 경우가 허다하기 때문이다. 이 책에서는 가능한 한 여러 의견을 두루 제시하였고 일반적인 견해에 따라 한역을 하였으나 잘못이 있을까 마음 조이며 배우는 자세로 임했다.

탁본의 취사선택이 어느 정도 정해짐에 따라 甲骨文字의 摹寫와 楷書를 쓸 분을 찾는 일이 큰 과제였다. 마침 당시 北京大學에서 이화여대 교환교수로 왔던 현재 홍콩 中文大學에 재직중인 沈培교수로부터 摹寫에 뛰어난 현재 상해 復旦大 재직중인 施謝捷교수와 楷書에 탁월한 吉林師大 徐寶貴교수를 추천받았다. 施교수의 모사와 徐교수의 글씨를 한국의 독자에게 소개할 수 있게 된 것은 행운 중의 행운이라 하겠다.

두 교수의 도움으로 摹寫와 楷書가 쓰여지고 있었지만 연구가 진행되는 동안 내용의 보충 내지 교환으로 인해 탁본을 교체해야 하는 경우가 빈번하게 발생하였고 이에 따라 모사와 해서를 다시 써야 하는 고충과 불편은 이만저만 한 것이 아니었다.

무엇보다 선명한 탁본을 우선으로 했기 때문에 탁본이 흐린 일백 여 편은 그대로 실을 수가 없어 ≪合集≫ 이전의 자료를 찾아 교체하는 수 밖에 없었다. 이에 ≪甲骨文合集來源表≫에서 출처를 확인해 선명한 탁본을 구하는데 중국 사회과학원 王宇信교수의 도움이 컸다.

3천년 전 商代人들이 직접 새겨 둔 甲骨文字는 에너지가 넘치고 神妙한 느낌을 줄 뿐만 아니라 그 자형 속에는 당시 사람들의 사유와 생활상이 생생히 베어있다. 나는 갑골문 자형이 갖는 매력에 이끌려 수많은 시간을 그들과 함께하면서 3천년이라는 시공을 초월한 교감을 즐겼고, 기나긴 成書의 여정에서 나는 字裏行間에 나의 哀樂을 녹여왔다. 그러나 세월이 화살 같다는 말은 빈말이 아니었다. 계획을 세워 일을 시작한지 어느덧 10여년에 접어들 무렵 끝날 듯 하면서도 끝이 나지 않는 나의 작업은 드디어 나를 회의에 빠지게 했다. 무엇을 위한 것인가. 누구를 위한 것인가. 상념은 꼬리에 꼬리를 물고 이어졌다.

어느 날 우연히 눈앞에 부모들의 강요에 의해, 아니면 세상의 요구에 의해 무작정 한자공부에 열중한 어린이들이 어른거렸다. 甲骨文을 통한 한자학습? 그래 그거야. 나는 작업하던 손을 놓고 손자에게 한자이야기를 들려주는 할머니로 변신했다. 2003년 5월 "한자에 세상이 담겼어요" 1, 2권을 세상에 내놓게 된 것이 바로 그것이다.

결국 15년이라는 오랜 인고의 세월이 지나서야 바라던 책을 세상에 내놓게 되었다. 이 책이 나오기까지 여러 분들의 사랑과 도움이 있었다. 우선 1991년 겨울, 숙명의 연수단을 이끌고 한 달 간 북경에 머물 때 갑골문의 발굴에서부터 연구과정을 소상히 들려주시던 당대의 갑골학 대가 胡厚宣교수님의 격려에 크게 힘입었다. 이미 고인이 되셨지만 고개 숙여 깊이깊이 감사드린다.

또한 아낌없는 지도와 편달을 주신 裘錫圭·王宇信 두 분 교수님과 언제 질문을 던져도 친절하게 답을 해 준 沈培교수께도 감사의 말을 표현할 길이 없다. 살아 숨쉬듯 생동감 넘치게 甲骨文을 모사 해 준 施謝捷교수, 아름다운 해서를 써 준 徐寶貴교수, 그리고 흔쾌히 이 책을 내주신 이화문화출판사 李洪淵사장님과 직원 여러분의 정성과 노고에 머리 숙여 감사드린다. 아울러 큰 힘이 되어준 신영자·정현정·원신원·고영민선생 외 숙명여대 갑골문연구팀 여러분에게도 고마움을 전하며 많은 사람들의 격려 속에 완성된 이 책이 갑골문을 사랑하고 필요로 하는 사람들에게 다소나마 보탬이 되기를 간절히 바란다.

끝으로, 내 평생을 선한 길로 인도하신 하나님, 삶의 지표가 되어 주신 어머니, 그리고 사랑하는 내 가족에게 이 책을 바친다.

청파 언덕에서

양 동 숙

2005년 7월 25일

일러두기

1. □는 한 글자가 빠진 경우
2. ▨는 한 글자 이상 빠진 경우
3. [ ] 는 글자를 보충해 넣은 경우
4. 命辭 뒤의 의문 부호는 붙이지 않았다.
5. 본문 탁본, 예문 중에서 ≪갑골문합집≫은 번호만을 기록하였다.
6. 字解에서 註를 붙인 자는 검자표에서 찾을 수 있다.
7. 甲骨拓本은 본서의 편집 구성에 따라 크기를 조절하였다.
8. 甲骨文字는 갑골탁본·≪殷墟甲骨文引論≫· ≪甲骨文編≫ 활자를 사용하였다.

제 1 편 갑골학 개론

제 1 장 갑골학의 성립

제 2 장 갑골문의 발굴과 수록

제 6 장 갑골문의 문장

제 7 장 갑골문의 분류

제 8 장 갑골문의 특징

제2편 갑골문 선독

부 록

제 1 편 갑골학 개론

제 1 장 갑골학의 성립

甲骨文字는 지금부터 3천 3백년 전 商代 후기 상왕실에서 사용했던 문장형식을 갖춘 중국 최초의 문자이다. 상왕의 점복 내용을 기록한 갑골문은 商王朝가 남긴 가장 진귀한 유물 중의 하나이며 나아가 인류 문화유산의 정수라고 하겠다. 극도로 미신을 숭상했던 상대인들은 국가의 대사나 일상의 작은 일도 龜甲獸骨에 길흉을 점쳤고, 점을 친 후에는 卜辭나 점복과 관련된 여러 가지 내용을 갑골에 새겨 두었다. 이것이 바로 '甲骨文字'이고 '甲骨文'으로 약칭되며 이와 관련한 제반 연구가 '甲骨學'이다.

제 I 절 갑골문의 발견

1. 王懿榮에 의한 최초의 발견

甲骨文字는 1899년 즉, 己亥年이던 淸 光緖 25年 당시 북경의 국립도서관 격인 국자감의 수장이었던 金石學者 王懿榮(1845~1900)에 의해 발견되었다. 그가 갑골문을 발견한 데는 그의 발병과 관련이 있다.

왕의영은 병이 나 한약방에서 약을 지어왔는데 약재에는 龍骨이라 불렸던 뼈조각이 있었다. 용골에 자신이 연구하던 金文과 비슷한 문자 흔적이 있어 놀라움을 금치 못하였고, 한약방에 연락해 약재를 판 사람을 자신에게 소개해 주도록 당부하였다. 1899년 여름, 한약방의 연락을 받은 산동의 골동상 范維卿은 12판의 갑골을 둘러매고 북경의 왕의영을 찾았다. 왕의영은 감정결과 갑골에 새겨진 문자가 상대의 문자라는 것을 인식하게 되었다.[1] 范씨는 이로 인해 용골이야말로 진정한 골동품임을 알게 되었다. 다음해인 庚子년에 王懿榮은 또 范維卿과 趙執齊 등으로부터 수 천 편의 갑골을 구입하게 되면서 갑골문은 세상에 알려지게 되었고 동시에 甲骨學의 막이 오르게 되었다.

왕의영이 1899년 골동상 范씨에게서 직접 갑골을 입수하고 상대의 문자인 것을 밝힌 갑골문의 발견 과정은 당시 7세였던 왕의영의 아들인 王漢章의 <古董錄>이나 ≪王懿榮年譜≫에 기록되어 있다. 또 갑골문을 소장하고 연구했던 대표적인 학자들의 기술에서도 살펴볼 수 있다.

1900년, 왕의영이 세상을 뜨자 그가 소장했던 대부분의 갑골을 입수한 제자 劉鶚은 그동안 수집했던 갑골편을 선별해서 펴낸 ≪鐵云藏龜≫(1903)의 自序에서 왕의영의 갑골편 구입 과정을 다음과 같이 기술하였다.[2)]

> 거북판은 기해년에 하남성 탕음현에서 출토되었다. …… 경자년에 범씨 성을 가진 상인이 100여편을 갖고 북경으로 왔다. 복산 사람 문민 왕의영 선생은 이를 보더니 뛸듯이 기뻐하며 후한 값으로 사들였다. 그 후 산동 위현의 조집제가 수백 편을 입수했는데 그것 역시 왕문민선생에게 팔렸다.
>
> 龜板己亥歲出土在河南湯陰縣屬之古牖里城. …… 庚子歲有范姓客挾百余片走京師, 福山王文敏公懿榮見之狂喜, 以厚値留之. 後有濰縣趙君執齊得數百片. 亦售歸文敏……

위 내용을 보면 유악은 갑골이 己亥年, 즉 1899년에 출토되었다고 기술하였으나 왕의영이 范씨에게서 갑골편을 산 시기는 庚子年(1900년)으로 기록하고 있다. 캐나다인 明義士(James Mellon Menjies)는 그가 1914년 골동상 范씨로부터 1899년 가을 왕의영에게 갑골 12판을 은 2냥씩을 받고 팔았다는 이야기를 직접 듣고 ≪甲骨硏究≫에 기술하였는데 이는 왕의영이 1899년 갑골을 입수했다는 가장 확실한 증거가 되고 있다. 明義士의 기술내용을 보자.[3)]

> 경자년(광서26) 봄 범씨는 또 갑골 8백편을 얻었는데 역시 왕의영에게 팔았다. 그 중에는 온전한 귀갑 한 판이 있었다.
>
> 庚子光緖二十六年春, 范估又得甲骨八百塊, 亦賣與王氏. 其中有全龜甲一殼.

여기서의 시기는 庚子年인데 "역시 왕씨에게 팔았다"는 말은 그 이전 한 차례 판 적이 있다는 것을 시사하고 있다. 따라서 범씨가 12판을 왕의영에게 판 것은 왕씨의 첫 번째 매입이고, 유악의 庚子年에 구입했다는 설은 왕의영의 두 번째 매입이었음을 알

---

1) 陳重遠, <孫秋風與甲骨文發現> ≪文物話春秋≫, 北京出版社 1996 p.301
2) 劉鶚, ≪鐵雲藏龜≫ 哀殘守缺齋所藏 <自序>
3) 明義士, ≪甲骨硏究≫, 1933년의 영인본이 1996년 齊魯書社에서 출판되었다. p.8

수 있다.

유악에게서 1901년 갑골을 처음 보게 되었고 ≪鐵云藏龜≫의 출판을 도왔던 羅振玉은 <殷商貞卜文字考>(1910) 序에서 "광서 기해년에 하남성 탕음에서 龜甲獸骨이 발견되었고, 골판에는 문자가 가득 새겨져 있었는데 이들은 복산 왕문민 선생이 입수했다고 들었다."[4]고 하였다. 羅振玉에게서 갑골문을 접한 王國維는 <戩壽堂所藏殷虛文字>(1917) 서문에서 "그 지역 토박이들이 거북뼈와 소뼈를 얻었는데 그 위에 고문자가 있었다. 골동상이 이것을 가지고 북경으로 와서 복산 王懿榮이 이를 손에 넣게 되었다. … 경자년 가을, 문민선생은 순국하고 그의 소장품은 모두 丹徒 사람이며 관찰직에 있었던 유철운에게 넘어갔다."[5]라고 하여 갑골이 기해년에 발견되었고, 王懿榮이 직접 골동상에게서 입수한 사실을 알려주고 있다.

나진옥은 친구였던 劉鶚에게서 갑골문을 처음 접하였고 왕국유는 또 친구였던 나진옥에 의해 갑골문을 접하게되어 논지의 근원은 유악과 다른 바 없으나 당시 명성이 높았던 대학자들이었기 때문에 상당한 영향력이 있었다고 보여진다.

위에 언급한 초기의 대표적인 갑골 소장가나 갑골학자들의 說 이외에도 왕의영의 아들 王漢章은 선친이 갑골문을 입수하고 문자를 발견할 당시 상황을 <古董錄>(1933)에 다음과 같이 기록하고 있다.[6]

> 광서 기해·경자년 간의 일을 돌이켜 볼 때 … 골동상이 비교적 큰 뼈를 골라 들어보면 문자의 행렬이 가지런한데 소전도 아니고 주문도 아닌지라, 이 뼈들을 북경으로 가져와서 선친의 설명을 들어보려고 했다. 선친께서는 세심히 살펴보고 자세하게 고증한 뒤 비로소 상대 복골임을 알게 되었다. 그 글자들은 확실히 소전과 주문 이전의 것이었다. 그래서 값을 후하게 쳐주겠다고 하며 가지고 있는 수량 전부를 사겠다고 하셨다.
>
> 回憶光緒己亥庚子間…估取骨之稍大者, 則文字行列整齊, 非篆非籀, 携歸京師, 爲先公述之. 先公索閱, 細爲考訂, 始知爲商代卜骨. 至其文字, 則確在篆籀之前, 乃畀以重金, 囑令悉數購歸.

왕한장은 당시가 기해년(1899) 인지 경자년(1900) 인지 확실하게 기억하지는 못하였으나 골동상이 갑골편을 가져와 왕의영이 골동상으로부터 직접 구입하게 된 사실은 분명하게 기록하고 있다.

이상을 종합해 보면, 왕의영은 1899년과 1900년 사이 갑골편을 골동상으로부터 직접

4) 羅振玉, ≪殷商貞卜文字考≫ : 「光緖己亥,予聞河南之湯陰發現龜甲獸骨, 其上皆有刻辭, 爲福山王文敏公所得, 恨不得遽見也」.

5) 王國維, <戩壽堂所藏殷虛文字> : 「土人得龜甲牛骨, 上有古文字估客携至京師, 爲福山王文敏公懿榮所得. 庚子秋, 文敏殉國難, 其所藏悉歸丹徒劉鐵雲觀察鶚.」

6) 王漢章(崇煥), <古董錄> ≪河北 第一博物院畵報≫, 제50기, 1933

구입하였고, 이들을 상대의 유물로 여겼으며 그 위에 새겨진 문자는 篆書나 籒文이전의 문자, 즉 상대의 문자라는 것을 밝힌 최초의 인물임에는 틀림없다.

1) 용골일화와 갑골문의 발견

지금까지 갑골문의 발견은 '용골일화'와 깊이 관련된다. 이에 얽힌 갑골문의 발견설은 1931년 汐翁이 「華北日報, 華北書刊」(제89기)에 발표한 <龜甲文>이라는 글에 처음 나타나며 ≪甲骨年表≫에서 그 내용을 다음과 같이 인용하였다.[7)]

> "1898년 가을 왕의영은 병환이 나 의사의 진료를 받았는데 의사는 '용골'이라는 약을 처방했다. 왕씨는 사람을 보내 북경의 宣武門밖 시장 입구에 있는 達仁堂에서 용골이라는 귀판을 구입해 복용하게 되었다. 마침 왕씨의 집에 머물던 유악과 함께 약봉지를 뜯으면서 귀판 위에 새겨진 글자를 발견하고 놀은 놀랐다. 고문자에 조예가 깊고 특히 金文에 정통한 왕의영은 이것이 진귀한 고물이고 그 위에 새겨진 것은 자신이 연구하였던 고기물상의 문자보다 이르다는 것을 곧바로 알게 되었고, 동시에 이들 문자가 바로 상대의 문자라는 것을 인식하였다. 이어 그는 사람을 보내 용골의 내력과 출처를 캐묻고 골동상이던 범유경은 문자가 있는 갑골 12편을 왕씨에게 가져가게 되었다."

당시의 대표적인 소장가를 거론하면서 전개되는 글의 내용은 매우 사실적이다. 그러나 汐翁은 과연 누구인지, 무엇을 근거로 기술했는지는 전혀 밝혀지지 않고 있다. 1937년 董作賓·胡厚宣이 공저한 ≪甲骨年表≫에 이 글이 인용되면서 널리 확산되어 甲骨文 발견의 정설로 널리 알려졌다. 그러나, 갑골문 발견에 관한 용골일화는 다음 몇 가지 점들로 그 사실성에 도전을 받았다.

첫째, 1931년 이전의 갑골 관계 저서에 용골일화에 대한 언급이 없다.
둘째, 유악이 왕의영과 함께 귀판을 살펴보았다면 대서특필할 만한 일인데 그의 저서인 ≪鐵云藏龜≫에 이에 관한 언급이 없다.
셋째, 청말 광서년간 북경의 宣武門에는 達仁堂이라는 한약방은 없었고, 관계자들에 의하면 '용골'은 가루로 만들어 팔아 文字의 발견은 불가능했으며 더욱이 농민들이 한약방에 판 갑골에는 文字가 없었고 간혹 문자가 있어도 긁어 버린 후 팔았다고 했다.[8)]
넷째, 당시 7세 정도였으나 갑골문 발견 당시 상황을 소상하게 기록한 상기 王漢章의 두 글에도 용골일화는 보이지 않고 있다.[9)]

이상 4가지 관점을 근거로 살펴볼 때 갑골문의 발견과 용골일화와의 연관성은 희박

7) 汐翁, <龜甲文> ≪華北日報·華北書刊≫(제89기) 1931년. 董作賓·胡厚宣, ≪甲骨年表≫, 1937, p.6. <龜甲文> 引用. <龜甲文>에서 1898년이라고 했던것을 ≪甲骨年表≫에서는 1899년으로 수정하였다.
8) 孟世凱, ≪殷墟甲骨文簡述≫, 文物出版社, 1986, p.24.
9) 王漢章, <古董錄> <王文敏公年譜>. 年譜는 ≪王懿榮集≫ 附錄 pp.457~495 참조.

하다. 따라서 갑골문은 왕의영이 직접 골동상 범유경·조집제로부터 입수하였다는 설이 유력시 되고 있다. 그렇다면 범유경이 어떤 경로로 왕의영을 만날 수 있게 되었는지 살펴볼 필요가 있다.

2) 왕의영과 골동상의 만남

王懿榮이 최초로 갑골문을 발견했다는 점은 학계의 공통적인 견해이다. 그러나 왕의영의 갑골문 발견 과정에 대해서는 의견이 엇갈리는데, 위의 說을 종합해보면 두 가지로 요약된다. 첫째는 왕의영이 병환으로 한약방에서 조제해 온 약제 중의 용골에서 갑골문을 발견하였다는 說과, 둘째는 골동상이 직접 왕의영에게 감정을 의뢰하였고 살피던 중 발견하였다는 說이다.

甲骨文 발견 1백년을 맞이하면서 갑골문을 발견한 왕의영의 공헌이 재조명되고 이에 따라 발견 과정을 밝혀 보려는 시도가 일고 있다. 이에 대한 새로운 사실은 1992년 산동 박물관의 劉華가 당시 왕의영에게 갑골을 전한 范維卿[10]의 고향을 찾아 수집한 자료에서 단서를 찾아볼 수 있다.[11]

> 范維卿의 본명은 范維清이다. 그의 4대손으로 75세인 范信書의 진술에 의하면, 范維卿은 가난한 농민으로 골동에 특별한 관심을 가지고 외지에 나아가 골동품 매매를 생업으로 하였으며 주로 文字가 있는 청동기를 팔아 생계를 이어왔다. 1898년 가을 범씨를 비롯한 골동상들은 청동기를 얻지 못하고 다만 '용골'을 한약방에 내다 팔게 되었다.
> 1899년 여름 왕의영은 한차례 중병을 앓게 되어 집안 사람들이 한약방에서 약을 지어왔고 약재를 살피던 왕의영은 '용골'을 발견하게 되었다. 그는 범상치 않게 여겨 약방에 용골을 판매한 골동상이 다시 오면 꼭 만날 수 있게 알선해줄 것을 당부하였다. 얼마 지나지 않아 범씨 일행은 왕의영을 찾아가 갑골편을 선보이게 되고 가져간 갑골편을 넘기게 되었다. 때는 무더운 여름이라 왕의영은 정원에서 성찬으로 그들을 환대하였으며 너무 기쁜 나머지 그들로 하여금 먹을 갈게 하여 매 사람에게 對聯을 써 주었다. 범씨가 받은 글은 범씨가의 가보로 대대로 전해오다 문화대혁명때 소실되었다.[12]

이러한 사실을 뒷받침 할 수 있는 또 하나의 근거는 왕의영을 직접 만났다고 하는 孫秋風의 회고에서 찾아볼 수 있다.[13]

---

10) 范維卿의 본명은 范維清이고 字는 緝熙이다. 현재 六代로 내려오며 山東省 濰縣 西南, 지금의 山東省 濰坊市 符山鎮 范家村에 거주하고 있다. 갑골문의 발견과 관계된 여러 문헌에는 본명 보다 維卿으로 알려져 있고 그 외에 壽軒·守軒·春清 등으로 불리었다.

11) 劉華, <關于甲骨文發現的一段疑案> ≪收藏史活≫, 제84기 1992.

12) 范씨가 받은 글은 "農事漸岩人滿野, 霜寒初重雁橫空."이었다. 范씨는 특별히 다시 청탁해 "春深水暖多魚婢, 粮足年豊少麥奴"라는 글을 받았다.

13) 陳重遠, <孫秋風與甲骨文發現> ≪文物話春秋≫, 北京出版社 1996 p.301 胡振宇, <再論甲骨文發現問

> 광서 25년… 손추풍은 왕의영을 찾아 뵈었는데 왕의영은 그에게 '龍骨'을 보여주었다. 용골위의 흔적이 상대 청동기상의 문자와 비슷하지만 손추풍이 문자인지 그림인지 알아보지 못해 왕공께 가르침을 청하였다. 당시 왕의영은 손추풍에게 "내가 병이나 사람을 한약방에 보내 약을 사와 달였는데 냄새에 따라 이것저것 살펴보다 龍骨을 보았고 나아가 그 위의 문자흔적까지 발견하게 되었다네. 다시 사람을 약국에 보내 대량의 용골을 구매했네"라고 하였고, 또 "자네는 내게 銅器 銘文 탁본을 구해주게. 병이 나은 뒤 내가 자세하게 연구해 어떤 공통점이 있고 어떤 점이 다른지 고증해 보겠네." 라고 하였다.

王懿榮이 동시대 금석학자인 孫秋風과 가진 직접적인 대담은 왕의영의 병환과 갑골문 발견의 연관에 신빙성을 높여주는 유력한 근거가 되며, 동시에 <龜甲文>의 기술이 완벽하지는 않으나 근거있는 기술이었음을 알 수 있게 해 주었다.

이들을 종합해 보면, 왕의영은 병환으로 인해 한약방에서 조제해 온 약제에서 처음 용골을 보았고, 약국의 알선으로 골동상 범유경을 만나 그가 가져온 갑골에서 3천년 전 商代 문자인 갑골문을 발견하게 되었다고 정리할 수 있다.

3) 小屯村과 용골

갑골문이 발견된 뒤 갑골편의 출토지가 河南 安陽 小屯村인 것을 처음 밝힌 나진옥은 1911년 동생인 羅振常을 소둔촌으로 보내 갑골과 기타 古器物을 수집케 하였다. 나진상은 小屯에서 갑골의 수집과정을 일기형식으로 써 ≪洹洛訪古遊記≫를 남겼는데 이는 盤庚이 殷墟로 천도한 4천여 년 이래 소둔촌을 소개한 최초의 저작이다. 小屯의 생활상을 기록한 이 여행기는 소둔촌과 갑골편 그리고 용골과의 관계를 알 수 있게 해주고 있다.

이를 통해 볼 때 소둔촌에서는 수 천년 전에 묻혔던 갑골들이 왕의영에 의해 발견되기 30여년 전, 그 전부터 발견되었고 촌민들은 쉴새없이 발굴해 두었다가 조금씩 조금씩 내다 팔았으며, 심지어 어린아이까지도 발굴터에 남겨진 조각들을 주워 모았다. 큰 갑골을 발견하면 용골로 간주하고 약국에 가져다 팔았다. 또한 이들 뼈를 갈아 칼에 벤 상처에 바르면 효험이 있다하여 약국에서는 사람들이 가져온 뼈를 사들였다. 사람들이 큰 판을 주웠을 때 글자가 있는 귀판은 약국에서 사지 않으므로 글자를 긁어버리고 팔았고 작은 조각이나 글자가 많아 긁어내기 어려운 것은 마른 우물을 메우는데 썼다. 그들은 수입을 올리기 위해 종종 메워버린 우물을 다시 찾는 경우도 있었다.[14]

題整理後記> ≪王懿榮集≫, 齊魯書社 1999 p.577

14) 羅振常, ≪洹洛訪古遊記≫ <1911年3月23日>, 河南人民出版社 1936. p.21

4) 小屯마을의 이발사 李成

1910년 중국에 와 安陽에서 선교활동을 하던 캐나다 선교사인 明義士는 1914년 봄 전도 중에 우연히 '殷墟와 甲骨文'을 알게 되었고 갑골문의 중요성을 인식함과 동시에 비상한 관심을 갖게 되면서 골동상 범유경이나 소둔의 주민들로부터 갑골에 얽힌 많은 이야기들을 수집하였다. 그 과정에서 李成이라는 용골과 깊은 관련이 있는 小屯마을 이발사의 이야기도 듣게 되어 1932년부터 齊魯大學에서 강의하며 집필한 ≪甲骨硏究≫에 그 내용을 기술하였다.15)

> 清代 光緖 25년 (1899) 이전에 소둔에는 李成이라고 하는 이발사가 있었는데 늘상 용골을 가루내어 칼에 베인 곳에 바르는 '刀尖藥'을 만들었다. 북쪽 지역에는 오래전부터 용골이 출토되어 小屯 주민들은 대수롭지 않게 여겼다. 여기에는 짐승의 뼈조각 · 귀갑판 · 녹각 등이 있었는데 글자가 있기도 하고 글자가 없는 것도 있었으나 모두 용골이라고 여겼다. 당시 소둔 사람들은 갑골 위의 문자는 새긴 것이 아니고 자연히 생긴 것으로 여겼다. 또한 글자가 있는 것은 잘 팔리지 않으므로 글자를 긁어 버려야 약국에서 산다고 하였다. 李成은 용골을 수집해 약국에 팔았는데 한 근에 6문 엽전이었다.

陳夢家가 1953年 봄 小屯에 내려가 李成의 아들 李金福으로부터 부친이 1920년 작고했다는 소식을 접했다.16) 이발사였던 동시에 용골상이었던 이성은 소둔촌과 '용골'과의 운명적인 만남 속에 생을 보낸 사람이다.

2. 갑골문의 발견 시기에 대한 논의

갑골문의 발견 시기가 1899년이라는 것은 의심의 여지가 없다. 그러나 1898년이라는 설도 수그러들지 않고 있다. 1899년 說의 근거는 왕의영이 친히 갑골 실물을 보고 상대의 문자라는 것을 인식하였고, 직접 수집했다는 내용이 갑골학 관련 최초의 저서인 ≪鐵云藏龜≫에 기록된 점이다. 나아가 羅振玉 · 董作賓 · 胡厚宣 · 陳夢家 등이 이론의 여지 없이 받아들인데 힘입는다.17)

그러나, 汐翁의 <龜甲文>에 甲骨文이 발견된 해를 1898년18)이라고 하였고 王國維의 ≪最近二三十年中國新發明之學問≫에서 "갑골문자가 淸 光緖 戊戌 · 己亥년 간에 발견되었다"19)고 하였으며, 1955년 王襄(1876-1965)은 ≪簠室殷契類纂≫에서 "세상사람들이 은대

---

15) 明義士, ≪甲骨硏究≫, 齊魯書社, 1996, p.6.
16) 陳夢家, ≪殷虛卜辭綜述≫, p.2.
17) 董作賓, ≪甲骨年表≫, 1930. ≪甲骨學六十年≫(1965) 부록
18) 앞 주7) 참조.
19) 王國維, <最近二三十年中國新發明之學問> ≪學衡≫ 제 45기 1925년

문자가 있다는 것을 알게 된 것은 1898년부터이다."[20]라고 주장해 갑골문 발견 시기에 대한 이견이 대두되었다.

1982년 王襄은 ≪簠室殷契·跋≫[21]을 발표하면서, 갑골문이 발견된 해를 1898년으로 당겨야 한다는 견해를 다시 제기하였다. 그는 孟定生(1867-1936)과 함께 초기부터 갑골문을 수집·연구했던 학자들이기 때문에 그의 논지는 큰 위력을 가졌다. 그러나 그는 1925년부터 <簠室殷契徵文>, <題所錄貞卜文冊>(1933), <題易穭園殷契拓冊>(1935) 등 일련의 글을 발표해 갑골문의 발견은 1899년임을 역설한 바 있다. 이에 王宇信은 초년에 썼던 3편의 저술에 주안을 두고 왕양의 1898년 발견설을 부정하였다.[22]

陳夢家는 1899년이든 1898년 말이든 소둔촌에서는 그전부터 갑골이 출토되었기 때문에 둘다 갑골문이 처음 출토된 해라고는 볼 수 없으나 두 가지 설 중에서 왕의영이 갑골문을 발견한 시기를 찾는다면 그래도 己亥년을 따른다고 하였다.[23]

이상으로 볼 때, 1898년에 갑골문을 알았다 할지라도 그것이 무엇인지 규명하지 못하였다가, 1899년 王懿榮에 의해 상대의 貞卜文字라는 것을 분명히 알게 되었다. 따라서 갑골문은 1899년 최초로 발견되었다는데 큰 무리가 없을 것이다.

3. 초기의 갑골문 수집가

여러 說들을 종합해보면 소둔촌에서 발견된 갑골편은 처음 용골이라는 약재로 쓰이다가, 1899년 王懿榮이 골동상 范維卿으로부터 갑골편을 접하고 상대의 갑골문이라는 것을 인식하였다. 그는 당시 1500여편을 수집했으나 다음해 순국하였고, 대부분의 갑골편은 그의 제자였던 유악이 입수하였다. 유악은 도합 5천여 편을 수집하였고 유악을 통해 갑골문을 알게 된 나진옥은 3만 편 이상을 수집한 최다 소장가로 알려졌다.

천진사람으로 일찍이 갑골문을 접하고 수집하였던 학자로 孟定生과 王襄이 있다. 이들은 왕의영보다 20여 세 연하였으나 거의 비슷한 시기에 갑골문을 접하여 맹정생은 431편을, 왕양은 4천여 편을 수집하였다. 왕양은 최초의 갑골사전 ≪簠室殷契類纂≫ 및 여러 논문을 발표하여 갑골문 연구에도 크게 공헌하였다. 그 외에도 端方과 劉體智, 미국인 庫壽齡(Samuel Couling), 方法斂(Frank, Chalfant)이 5천여 편, 캐나다인 明義士도 초기에 갑골을 3만 5천여 편이나 수집했던 소장가로 꼽힌다.

20) 王襄, <簠室殷契類纂>, 「世人知有殷契, 自公元1898年始. 翌年十月, 范君來, 告之得骨板…」
21) 王襄 ≪簠室殷契·跋≫ 1982.
22) 王宇信, ≪甲骨文一百年≫, 1999. pp.31~33. 胡厚宣, ≪五十年甲骨文發現的總結≫, 1951. 호후선은 제五절에서 王襄의 말을 인용해 '1989년 孟定生은 이들이 古簡이 아닌가 짐작했으나 실물을 보지 않았기 때문에 명확하게 인식하지 못했다'고 기술하였다.
23) 陳夢家, ≪殷墟卜辭綜述≫, p.3

제 2 절 갑골문의 명칭

1. 甲骨文이란 명칭의 출현

1899년 安陽 小屯村에서 발견된 갑골문을 수집한 소장가들은 자신들이 수집한 갑골片을 정리하여 논저로 펴내었다. 그러나 갑골문이라는 명칭은 1921년 陸懋德이 <甲骨文字之歷史及其價值>라는 글을 쓰면서부터 시작된다.[24] 이전 소장가들은 자기들이 수집한 자료나 인식의 한계에 묶여 나름대로 호칭했다. 갑골문 최초의 저서인 《鐵雲藏龜》나 최초의 연구서인 《契文擧例》 처럼 다소 제한적인 명칭이 부여됐다. 갖가지 명칭들을 살펴보면 다음과 같다.[25]

1) 문자를 기록했던 재료명을 따 **龜, 龜甲, 龜甲文, 龜版文, 龜甲文字**라고 칭했다.[26]

갑골문은 귀갑 뿐만 아니라 수골에도 새겨져 있어 단순히 龜나 龜甲文字는 전체를 포괄할 수 없다.

2) 새겼다는 의미에서 **契, 契文, 殷契, 龜刻文, 甲骨刻文, 甲骨刻辭**라고 칭했다.[27]

갑골문은 대부분 칼로 새겼으나, 은허 발굴에서 얻은 갑골 중에는 새기지 않고 붓으로 쓴 채 발견되기도 하여 契文·龜刻文字라 칭하는 것 역시 전체를 포괄하기에는 미흡하다.

3) 점을 친다는 의미에서 **卜辭, 貞卜文字, 甲骨卜辭, 殷卜辭, 殷虛卜辭**라고 칭했다.[28]

갑골문의 내용은 대부분 복사이지만 干支表·世系表·骨臼刻辭·甲橋刻辭처럼 점복과 무관한 사건의 기록도 있어 복사라는 명칭 역시 전체를 대표하지는 못하였다.

4) 문자가 출토된 지역의 이름을 따 **殷虛文字, 殷虛書契**라고 칭했다.[29]

---

24) 陸懋德, <甲骨文字之歷史及其價值> 《晨報副刊》, 北京, 1921
25) 董作賓, 《甲骨學六十年》 p.2
26) 汐翁, 《龜甲文》, 1931. 胡轀玉, 《論甲文》. 陳晉, 《龜甲文字槪論》, 富岡謙藏, 《古羑里城出土龜甲之說明》 《史學硏究會講義集》, 3책, 日本, 1910
27) 葉玉森, <說契>, 《硏契枝譚》, 1924. 孫詒讓, 《契文擧例》 1904. 王襄, 《簠室殷契類纂》, 1920.
28) 羅振玉, 《殷商貞卜文字考》, 1910. 董作賓, 《新獲卜辭寫本》 1928. 明義士, 《殷虛卜辭》, 1917 王國維, 《殷卜辭中所見先公先王考》, 1917. 方法斂, 《庫方二氏藏甲骨卜辭》(1935)

갑골문은 절대 다수가 은허에서 출토되었으나 기타 지역에서도 출토되었고, 특히 陝西省의 周原 岐山 등지에서도 갑골문이 발견되어 갑골문의 출토 범위가 확대되었기 때문에 殷墟로 국한시키는 것 역시 타당성이 미흡하다.

5) 甲骨文 · 甲骨文字라고 칭한 경우

갑골문이라는 명칭은 1921년 陸懋德의 <甲骨文之發現及其價值>에서 처음 출현했다. 그 뒤 1924년 容庚이 북경대학 ≪國學季刊≫에 <甲骨文之發現及其考釋>을 발표하였고, 1925년 왕국유가 ≪論衡≫ 第45期에 <殷虛甲骨文及書目>이라는 글을 발표하여 갑골문이라는 명칭이 두루 쓰이기 시작했다. 그러나 갑골문이라는 명칭이 더욱 널리 사용된 것은 甲骨文 연구에 큰 영향을 미친 명저들에 힘입었다고 할 수 있다. 1931년 郭沫若이 ≪甲骨文字硏究≫를 썼고, 1933년 董作賓은 갑골문 연구에 획기적인 공헌을 한 ≪甲骨文斷代硏究例≫를 펴냄으로써 갑골문이 가장 포괄적이고도 보편적인 명칭으로 호응을 얻었다. 갑골학의 대가 胡厚宣은 "지금까지 어떤 명칭도 갑골문이나 갑골문자보다 적합한 칭호는 없다"[30]고 하였다. 1982년 그동안 발굴된 갑골편을 집대성한 ≪甲骨文合集≫이 완간되어 나옴으로써 甲骨文이란 명칭이 더욱 폭넓게 통용되게 되었다.

2. 甲骨學이라는 명칭의 출현

최초로 갑골학이라는 용어를 사용한 것은 1931년 周予同이 쓴 <關于甲骨學>이다. 뒤이어 1933년 朱芳圃가 ≪甲骨學文字篇≫을 내었고, 1944년 胡厚宣은 ≪甲骨學商史論叢≫을 써 甲骨學이란 새로운 학술용어가 확고하게 자리 잡았다. 이어 많은 학자들의 중단없는 연구로 甲骨學은 세계적으로 주목을 받는 중요한 학문영역으로 발돋음하게 되었다.

---

29) 余永梁, <殷虛文字考>, ≪國史論叢≫, 1928. 董作賓, ≪殷虛文字甲編≫, ≪乙編≫(上中下), 1948, 49, 53.
30) 胡厚宣, ≪五十年甲骨文發現的總結≫, 商務印書館 1951. p.9.「一切的名稱, 都不如叫 甲骨文和 甲骨文字, 比較洽當.」

제 3 절 갑골문의 본질과 갑골문의 시대

1. 甲骨文은 商王의 占卜기록이다

갑골문은 商王의 占卜기록이다. 盤庚이 殷으로 천도한 후 商 왕조의 마지막 왕인 帝辛까지 12왕 254년(구설 273년)간 商 왕실에서 시행했던 占卜의 기록이다.[31)]

상왕은 국가적인 대사나 왕실의 행사는 물론 개인적인 일까지도 占卜의 결과에 따라 결정짓고 행했다. 이같은 점복 관습은 周代로 이어지며 더욱 계승・발전되었고 漢代의 ≪史記・龜策列傳≫에서까지도 상세하게 기록하고 있다.

갑골문은 상대 지배층 주류사회에서 사용한 가장 생생한 언어로 기록된 3천년 전의 왕실실록이라는 점에서 언어 문자적 의미가 있다[32)]. 갑골문 중에 나타난 상대인들의 사회문화와 민속, 어휘운용과 언어관습은 후대로 고스란히 이어져 중국 경전의 모태가 되었다.

2. 甲骨文은 六經의 뿌리이다

六經은 선왕의 道를 모아 백성을 교화시키고자 만든 詩・書・禮・樂・易・春秋 등 여섯 가지 경전을 일컫는다.[33)] 이는 商代 大學과 小學의 교과과목이었던 禮・樂・射・御・書・數 등 六藝에 뿌리를 두고 있다. 중국사상의 뿌리이고 생활의 규범이라 할 수 있는 六經은 상대 갑골문의 맥을 이어왔다.[34)]

周나라가 商을 멸한 이후 농경생활은 안정되었고 정치적으로 봉건체제가 널리 확립되었다. 상대에는 전쟁의 고무가 엿보인 반면 주대는 포용을 겸하였다. 많은 이족을 거느린 주는 상대의 上帝를 天으로 전이하며 周族의 文王을 天과 合一시켰고[35)] 나아가 예를 제정하고 음악을 지어 불복 異族을 다스렸다. 특히 적개심에 불탄 商人들의 의식을 禮樂으로 아울렀다.

---

31) 주 43) 참조

32) 管燮初, ≪殷墟甲骨刻辭的語法研究≫, 中國社會科學院出版社, 1953, p.8.

33) ≪莊子・天運≫ :「莊子謂老聃曰 : 丘治詩書禮樂易春秋之經. 老子曰 夫六經, 先王之陳跡也. 豈其所以迹哉.」

34) 張政烺, <六書古義> ≪中研史語所集刊≫ 제10본, 제1분, pp.10～15.
憑友蘭著, 鄭仁在譯, ≪中國哲學史≫, 螢雪出版社, 1985, p.68.

35) ≪詩經・大雅≫ :「文王在上, 於昭于天」,「文王初載, 天作之合」

사회의 진보는 기록문화를 다양하게 발전시켜 나아갔다. 사회의 변천을 알리기 위해 '易経'을, 고금의 상황을 알리기 위해 '書経'을, 민간의 풍속을 알리기 위해 '詩経'을 펴내고, 마음을 정화시키기 위해 禮와 樂을, 국가의 정세를 알리기 위해 '春秋'를 첨가하여 六經의 기틀이 마련되었다.[36] 공자가 말한 「周因於殷禮」로 볼 때 서방에서 흥기한 周는 그 문화가 商에 미치지 못하였으나 새로운 기세에 힘입고 商의 문화를 계승해 더욱 발전시켜 나아갔다. 이러한 흔적은 六經의 체제나 내용은 물론 어조에서도 볼 수 있다.

갑골문과 ≪易經≫

주대에는 龜甲獸骨에 점쳤던 상대의 예속을 따르지 않았고 점복도 筮草로 하였다. 따라서 갑골에 새긴 甲骨文보다 청동기에 새기는 金文계열을 이어받았다. ≪易經≫ 중의 <卦辭>에는 ≪詩經≫보다도 이른 고대 歌謠들이 담겨 있고[37] <卦辭>의 구법은 갑골문과 매우 유사한데 양자가 모두 점복에 사용되었던 용어이기 때문이다. 아래 예문을 보면 <卦辭>가 갑골문의 맥을 이었음을 현저하게 알 수 있다.

甲 骨 文 :「乎多臣伐鬼方.」(≪合≫ 615)
많은 신하들에게 鬼方을 치라고 명할까요?
≪易經≫ :「高宗伐鬼方, 三年克之.」<旣濟>
고종이 귀방을 토벌하여 3년만에 정벌하였으니...

甲 骨 文 :「王步, 無災. 吉.」(≪合≫ 36378)
대왕이 행보하는데 재앙이 없을까요? 길하다.
≪易經≫ :「旅貞. 吉」<旅卦>
여행할 때 정도를 바르게 지켜야, 길하다.

高宗인 武丁시기 복사에는 북쪽 鬼方을 정벌한 사실이 기록되어 있고 ≪易經≫에도 이 일을 기록하고 있다. 易의 용어에 '吉', '勿用', '亡咎' 등 복사의 兆記가 이어지고 상대의 역사적 사실들이 爻辭에 기록된 것은 중요사건이 계승되어 내려왔기 때문이라고 할 수 있다. 2004년에 발견된 周公廟 갑골문은 서주초기 주대왕실이 상대 갑골문을 접했음을 말해 주고 있다.

36) 魯默生, <甲骨文與易之史學觀> ≪史學專刊≫ 제3권 제1책, p.89.
37) 葉華, <古代文學起源新探>, ≪國文月刊≫ 第74期 p.7 ≪易經≫ 중 <卦辭>, <爻辭>의 고대 명칭은 「繇」인데 이는 「謠」 즉 가요이다. 가요는 ≪詩經≫의 모태가 되었다.

갑골문과 ≪書經≫

≪書經≫은 ≪尙書≫라고도 하는 고대의 역사서다. ≪書經≫ 중에는 갑골문중의 상대 조상을 비롯한 伊尹 · 巫咸 등 대신들이 등장한다. 특히 <康誥>의 기록은 갑골문의 어조와 유사하며 일부 어법현상도 일치하여 갑골문의 ≪書經≫에 미친 영향을 말해 준다.

甲骨文 :「日有戠, 非囚, 唯若.」(≪合≫ 33694).
일식이 있는데 재앙이 없고, 순조로울까요?
≪書經≫ :「人有小罪, 非眚, 乃惟終.」<康誥>
사람이 작은 죄를 짓되, 과실이 아니지만 끝까지 고치지 않으면…

어법으로 볼 때 갑골문 「非... 唯」와 ≪書經≫ 중의 「非... 惟」는 같은 맥락이다.

갑골문과 ≪春秋≫

魯나라의 編年史인 ≪春秋≫는 갑골문과 가장 유사하다. 편년체인 체제에서부터 갑골문의 매 항에 한 가지 일을 기록한 점까지 이어받았다. 갑골문은 날마다 점을 쳐 日 · 月 · 季節 · 年 순으로, ≪春秋≫는 年 · 季節 · 月 순으로 기록했을 뿐이다. 周公은 武王의 商 정벌에 직접 참여하여 商代 문화를 가장 많이 흡수한 사람이다. 그가 갑골문을 보았음을 확인하듯 2003년 주공묘에서 주공이 직접 점복한 갑골문이 발견되었다. 상대 문화의 정수인 갑골문에 대한 주공의 깊은 인식이 증명되었다. 魯國 시조인 周公은 이들을 근거로 역사기록의 문을 열었다고 할 수 있다[38]. 孔子의 정리를 거쳤지만 ≪春秋≫의 구절구절은 모두 갑골문과 유사하다.

甲骨文 :「祭於中丁.」中丁에게 제사를 드릴까요. (23035)
≪春秋≫ :「吉禘于莊公.」莊公에게 제제를 드리다. (閔二年)

甲骨文 :「壬子卜, 貞 : 王田于斿.」(37406)
임자일에 점치고, 묻습니다 : 왕은 斿에서 사냥을 할까요?
≪春秋≫ :「四年春正月, 公狩于郞.」
4년 봄 정월에, 공은 郞에서 사냥을 하였다.

甲骨文과 ≪禮 · 樂≫

38) 魯默生, <甲骨文與易之史學觀> ≪史學專刊≫ 第3期, p.90

禮는 ≪儀禮≫, ≪禮記≫, ≪周禮≫를 포함한다. 저술시기의 논란은 있으나 ≪周禮≫는 周代의 官制를 기록한 것이고, ≪禮記≫는 ≪儀禮≫를 해석한 것이다.[39]

복사 중의 五種 제사가 ≪儀禮≫ 중에 3종이 보이며 ≪周官≫ 중에는 2종이 기술되어 있다. 다만 商人은 실질을 중시하여 사건언급이 간략하나 文을 숭상한 周人들의 기록은 상세하다.[40] 樂은 독립된 저작으로 남아있지 않다.

甲 骨 文 :「貞 : 禾于河沈, 卯三」 (34236)
풍년을 위해 물에 제물을 담그고 세 마리를 잘라 제사할까요?
≪周禮≫ :「以埋沈祭山林川澤」<春官>
땅에 묻고 물에 담그는 제사로 산림천택 신에게 제사할까요?

갑골문과 ≪詩經≫

≪詩經≫은 상대 이래 전해 내려오던 3천여 수의 노래 가락을 공자가 周의 풍이 짙은 3백여 수를 모아 정리한 詩歌集이다. 그 중에 <商頌>만이 사라진 수많은 상대의 가락을 담고 있다. 그러나 갑골문으로 <商頌>을 옮겨 볼 때 ⅔ 이상을 기록할 수 있으며, 三言 위주의 <玄鳥>는 갑골문과 더욱 유사하다. 중국시가의 근원을 상대로까지 거슬러 볼 수 있는 근거가 되고 있다.[41]

≪詩經≫ 중에는 占卜에 관한 기록이 많고 여러 편명은 상대로부터 내려오는 민속이나 악기의 이름을 취하고 있다. <國風> 중 <周南>, <召南>의 南은 상대의 악기인 동시에 악곡의 이름이다. 나아가 ≪詩經≫ 중의 내용, 어법현상, 관용구 등도 복사와 유사성을 보인다.[42]

甲 骨 文 :「王異其田, 王勿巳田, 亡災.」 (≪甲≫ 3915)
왕은 사냥할까요, 왕은 사냥하지 말까요? 재앙이 없을까요?
≪詩經≫ :「無已大康, 職思其居.」(唐風・蟋蟀)
과하게 탐하지 말고 분수를 지키자, 내 자리 생각하고 내 본분 지키세.

---

39) ≪儀禮≫ : (1) 士禮, (2) 射燕禮, (3) 聘禮, (4) 祭禮 그중 士禮와 聘禮를 제외한 射燕禮와 祭禮는 卜辭에 충분히 반영되어 있다.

40) 갑골복사에는 점복의 규범이나 절차에 대한 기록이 없으나 <士喪禮> 중에는 다음과 같이 점복 과정이 상세하게 기록되어 있다.「卜人先奠龜于西塾上, 南首, 有席. 楚焞置于燋, 在龜東, …卜人抱龜燋, …卜人徹龜 ….」 燋龜는 商代 占卜 중 불로 거북이를 지지는 과정이다. 周가 殷禮를 본받았다는 직접적인 예증이 된다.

41) 陳煒湛, <商代甲骨文全文詞彙與詩・商頌的比較> ≪갑골문논집≫ 상해고적출판사, 2003. pp.174~178

42) 裘錫圭, <卜辭異字和詩經裏的式字> ≪고문자논집≫, p.122

갑골문 '異~勿巳'는 '할까요 하지 말까요'라는 관용구이다. 이들이 ≪詩經≫ 중에서는 '無已~職'의 구조로 변화되었다. 巳와 已는 원래 같은 자이며 已와 異는 고음이 같아 통용되었다.

商代인들의 살아있는 언어가 노랫가락을 타고 周代로 흘러와 ≪詩經≫이라는 체제로 표현되었다는 증거가 되고 있다. 六經이라는 서로 다른 형식으로 기술되었으나 갑골문이라는 큰 뿌리에서 근원되었음을 보여주고 있다.

3. 상대의 존속 기간

상왕조의 존속기간은 객관적인 근거가 있는 상대 패망시기로부터 살펴보는 것이 보다 설득력이 있다.

1) 商왕조의 패망시기

商代의 패망시기는 武王이 紂王을 정벌한 시점이다. 이 시기는 商周 양대의 분기점이기 때문에 이 시기의 확정은 상대의 영위 연대나 갑골문의 사용시기를 확정할 수 있고 나아가 夏代와 周代의 연대 추정의 관건이 된다.

그동안 武王의 伐商 시기를 추정한 주초의 연대는 대략 44종[43]이나 되지만 어느 것 하나 정설로 받아들이기에 미흡하여 중국 고대의 연구에 적지 않은 어려움을 주었다. 이에 중국 정부는 1996년 제9차 5개년 과학기술향상계획의 일환으로 夏商周 斷代 추정 작업에 착수하였다. 2000년 5년의 연구 결과를 담아 ≪夏商周斷代工程≫을 <簡本>으로 내 놓았고 2002년 ≪中華五千年長曆≫으로 완성시켰으며 상대의 패망시기를 B.C.1046년 1월 20일로 잡았다.[44]

이 연구는 역사・고고・고문자・천문학 관련 학자 200여명이 각기 자신들의 분야에 적합한 시기 구분과 합당한 연대를 산출해 낸 후 합동 토론을 거쳐 가장 타당한 시기를 도출하여 결정짓는 방법으로 진행했다. B.C.1046年說은 ≪利簋≫ 銘文과 ≪尙書・武成≫,

---

43) 人民日報, <武王伐紂的年代有44種說法>, 1977年 8月 18日. 그동안 사용된 중요연대는 다음과 같다.
・ B.C.1122年說 – 전한 말 劉歆이 그동안 전래되던 <太初曆>을 근거로 한 <三統曆>을 제작하여 추산한 武王伐紂의 연대. ・ B.C.1111年說 – 唐 玄宗 (A.D.721) 시 승려 一行은 ≪竹書紀年≫과 <尙書・武成> 중의 月日을 배합하여 ≪大衍曆議≫을 제작하였는데 여기서 추산한 武王伐紂 연대.
・ B.C.1027年說 – 西晉초에 출토된 戰國시대 魏國의 史書였던 古本 ≪竹書紀年≫에 "自武王滅殷, 以至于幽王, 凡二百五十七年"이라는 기록을 근거로 추산한 商의 멸망 시기는 B.C.1027년이다. 西周의 마지막 왕 幽王은 B.C.771년 大戎에게 살해되었고 다음해 東周가 시작되므로 이에 257년을 더해 얻은 숫자이다. ・ B.C.1020年說 – ≪左傳・宣公三年≫에 "成王定鼎于郟鄏, 卜世三十, 卜年七百"이라는 기록이 있다. 武王에서 顯王까지 30世 31王으로 顯王은 B.C.321년에 사망했기 때문에 700년을 소급한 年代이다.

44) 毛耀順主編, ≪中華五千年長曆≫, 氣象出版社 2002.

≪國語·周語≫에 보이는 천문역법을 근거로 얻은 해이다. 이는 시기가 명확한 66종의 西周 청동기명문을 분석하여 확실하게 규명된 成王 원년인 B.C.1042년에 武王의 재위 4년을 합한 연대와 일치하므로 B.C.1046년을 武王伐紂 시기, 즉 상대의 멸망시기로 택한 것이다.45)

2) 商왕조의 영위 연수

商代의 마지막 王 帝辛이 武王에게 패한 연대가 B.C.1046년이라는 확정은 商왕조의 존속기간을 추정하는데 결정적인 근거가 된다. 거기에는 甲骨文 중의 月食卜辭를 실질적인 단서로 삼았고 盤庚遷殷, 武丁年代 등은 商왕조의 영위 연대 추정의 핵심적인 사항들이다. 그동안 商代의 존속기간을 언급한 선진 문헌은 ≪左傳≫, ≪孟子·盡心下≫, ≪史記殷本紀集解≫ 등 적지 않다.46)

또한 상대의 몇몇 제왕의 재위 기간이나 盤庚遷殷을 논한 문헌도 볼 수 있다.

≪尙書 · 無逸≫에서 "中宗 75년, 高宗 59년… 祖甲의 향년 33년", ≪史記殷本紀正義≫에서≪竹書紀年≫을 인용해 "盤庚遷殷 이후 帝辛의 패망까지 273년이다." 라고 하였다.

여러 설 가운데 학자들은 273년 설을 정설로 받아 들였다. 그러나 ≪斷代工程≫에서 주목한 것은 ≪竹書紀年≫에 기록된 '29王 496年'이라는 기록이다. 湯王으로부터 29번째 왕은 文丁이다. 여기에 帝乙 · 帝辛의 재위기간 56년을 합치면 552년이며 湯이 桀王을 정벌한 해를 넣으면 553년이다.47) ≪단대공정≫은 재위기간이 59년인 武丁의 원년을 비교적 명확한 갑골문 月食卜辭에 근거해 B.C.1250년으로 추산하고, 여기에 盤庚 · 小辛 · 小乙 3王의 재위 기간을 약 50년을 추가하였다. 그러나 중국의 역사서에서 최초의 연대 기록은 ≪史記 · 12諸侯年表≫ 중의 西周 共和 元年 즉, B.C.841년이다. 그 이전의 연대 측정은 과학적으로 신뢰성이 있는 방사성탄소측정에서 얻은 연대인 B.C.1300년으로 잡았고 商代 전기를 약 300년으로 추산해 湯이 桀왕을 정벌한 해를 B.C.1600년으로 확정했다.48)

상 왕조를 개국한 湯王으로부터 마지막 紂王까지의 17世 30왕들을 보자.

---

45) ≪夏商周斷代工程≫ <簡本> 世界圖書出版公司, 北京 · 廣州 · 上海 · 西安. 2000年 10月.

46) ≪左傳 · 宣公三年≫ : 「桀有昏德, 鼎遷於商, 載祀六百」
≪맹자 · 진심하≫ : 「由湯至於文王, 五百餘歲」
≪鬻子 · 湯政天下至紂≫ : 「湯之治天下也, ……積歲五百七十六歲至紂」
≪史記殷本紀集解≫ 引 ≪汲冢紀年≫ : 「湯滅夏以至于受, 二十九王, 用歲四百九十六年」

47) '29王'을 재위에 오르지 못했던 大丁과 재위 시점으로 보아 帝辛 역시 뺀 경우라고 볼 때는 496년에 帝辛 재위 30년을 합치면 526년이다.

48) 기타 지표를 근거로 후기 8世 12왕의 재위 년을 추산한 결과는 盤庚, 小辛, 小乙 3왕 시기는 도합 50, 武丁 59, 祖庚 · 祖甲 · 廩辛 · 康丁 4왕 시기는 도합 44, 武乙 35, 文丁 11, 帝乙 26, 帝辛 30으로 확정했다.

1 천을(天乙·成湯) → 2 외병(外丙) → 3 중임(仲壬) → 4 태갑(太甲) →
5 옥정(沃丁) → 6 태경(太庚) → 7 소갑(小甲) → 8 옹기(雍己) →
9 태무(太武) → 10 중정(仲丁) → 11 외임(外壬) → 12 하단갑(河亶甲) →
13 조을(祖乙) → 14 조신(祖辛) → 15 옥갑(沃甲) → 16 조정(祖丁) →
17 남경(南庚) → 18 양갑(陽甲) ▶ 상 전기

19 반경(盤庚) → 20 소신(小辛) → 21 소을(小乙) → 22 무정(武丁) →
23 조경(祖庚) → 24 조갑(祖甲) → 25 름신(廩辛) → 26 경정(庚丁) →
27 무을(武乙) → 28 태정(太丁) → 29 제신(帝辛) → 30 제을(帝乙·紂) ▶ 상 후기

4. 甲骨文의 시대

상왕조의 개국과 패망 시기는 갑골문의 사용 시기를 확정하는데 중요한 근거가 된다. ≪斷代工程≫의 연대 측정 최종 결과는 湯王伐桀의 해는 B.C.1600년, 盤庚遷殷의 해는 B.C.1300년, 武王伐紂의 해는 B.C.1046으로 도합 554년이고 첫 해를 빼면 553년이다. 따라서 갑골문의 시대는 은허에 도읍을 한 19대 盤庚에서부터 30대 帝辛까지 12왕 254년간이다.

그동안 갑골문은 盤庚이 殷으로 천도 한 은허시기 273년간 商왕실에서 복사를 기록했다는 說이 갑골문 발견 이래 100여년 지배했다. ≪단대공정≫은 국가 차원에서 자료를 수집했고 2백여 명의 역사·문자·천문·역법학자들이 동원된 연구로 어느 설보다 신뢰성이 있으나 학계에서 얼마나 받아 들여 질지는 귀추가 주목된다.

5. 羅振玉의 殷墟고증

甲骨文字가 상대 문자라는 규명은 갑골편이 북경으로 옮겨진 후의 일이다. 이들 갑골편을 소장가들에게 공급한 사람은 골동상으로 갑골 출토의 정확한 지점을 알 수 있는 사람은 골동상들이었다. 그러나 그들은 甲骨을 독점하기 위해 출토지를 말하지 않고 河南 湯陰縣 古牖里로 속였다. 당연하게 믿었던 劉鶚은 ≪鐵云藏龜自序≫에, "己亥年에 하남의 탕음에서 龜甲獸骨이 발견되었다"고 한 것은 말할 나위 없다.

고고학과 금석문의 대가이고 각종 古物의 감정에도 능했던 羅振玉은 1906년 북경으로 이관된 후 끈질기게 골동상 范維卿·趙執齋에게 갑골의 출처를 캤다. 그들은 1908년 羅振玉의 집요한 추궁에 못 이겨 결국 진정한 출토지가 안양에서 서북으로 五里 떨어

진 小屯村임을 실토했다. 1910년 羅振玉은 드디어 〈殷商貞卜文字考序〉에서 다음과 같이 기술하였다.

> …또한 갑골문의 발견지가 탕음이 아니고 안양에서 서쪽으로 5리 떨어진 소둔이 라는 것을 수소문해 알게 되었다. 並詢知發見之地乃在安陽西五里之小屯而非湯陰.

羅振玉은 정확한 출토지가 安陽인 것을 확인한 후, 고문헌에 의한 고증을 시도했다. ≪史記 殷本紀≫에 "殷의 시조 契은 商을 분봉 받았다(封于商)."는 점과 ≪史記 項羽本紀≫에서 "項羽가 章邯과 洹水남쪽 殷墟에서 만나기로 약속했던(項羽乃與期洹水殷墟上)" 내용을 연관시켜 고문헌으로 安陽을 고증하였고 安陽이 상대후기의 도성임을 밝혀냈다.

그는≪殷虛古器物圖錄≫(1916)에서 「光緒 戊申해(1908)에 貞卜文字가 洹濱의 기슭의 小屯村에서 출토되었음을 알았다」고 기술하였다.[49] 그 후 그는 동생 羅振常을 安陽으로 보내 탐사하게 하는 한편 직접 구매의 길을 텄다. 1916년 羅振玉은 친히 안양 소둔촌에 내려가 殷虛 유적지를 고찰하고 ≪五十日夢痕錄≫을 저술하여 근 10년간 미궁 속에 있던 갑골의 출토지와 출토경위를 시원하게 밝혀냈다.[50]

甲骨學 연구에 결정적인 자료를 제공하여 학계에 크게 기여했던 羅振玉은 직접 소둔촌에 가서 실제 상황을 조사하고 유물을 탐색한 최초의 학자였다.

---

49) 羅振玉, ≪殷墟古器物圖錄, 序≫. 殷虛는 殷墟라고도 한다.
50) 羅振玉, ≪五十日夢痕錄≫, 1916.

제 2 장 갑골문의 발굴과 수록

제1절 殷墟의 어제와 오늘

殷墟는 상대 후기의 도읍지로 河南省 安陽市 小屯村 일대이다. 盤庚이 산동성의 奄(현 曲阜)에서 殷으로 천도한 후 254년[1](구설 273년) 동안 8代 12王이 거쳤으나 紂王이 周 武王에게 패망한 뒤 왕궁은 황폐되어 殷墟라고 칭한다. 갑골문이 발견되고 고고학적인 고찰로 소둔촌은 殷都였음이 명백해졌다.

도성의 중심부는 殷王 宮殿區로서 남북 280m, 동서 150m 범위 내에 50여 왕궁이 자리 잡고 있는데 북동쪽은 천연의 병풍처럼 洹水가 휘감아 흐르고 서남쪽은 '護城河' 라고 부르는 인공 대 수로(폭 7~12m 깊이 5~10m)가 뚫려 있어 洹水 양끝과 맞닿아 마치 장방형의 방위 설비를 방불케 하고 있다. 궁전구를 휘감은 귀족·평민들의 거주지에는 혈거·우물·도로·저장창고 등이 펼쳐져 있다.

왕궁 너머 洹水의 서쪽 자락에는 四盤磨·孝民屯이 있고, 洹河 동쪽에 삼면을 洹水로 둘러싸인 後岡은 仰韶·龍山·小屯文化가 중첩된 왕릉구이며 강 건너 북쪽 侯家莊·大司空村의 거주지 주위에는 묘장·수공업 유지가 형성되어 있다. 은허의 총면적은 약 24km² 정도인데 갑골문자로 볼 때 상대 城郭은 四大門 혹은 兩大門이고 문 위에는 城樓가 있었다. 문자나 문물이 증명해 주듯이 3천여 년 전의 殷都는 대규모의 도시였다고 할 수 있다.[2]

五帝시대 顓頊·帝嚳의 도읍에서 시작하여 상대 후기 2백여 년간의 왕도였고 東漢이래 七朝의 고도였던 안양은 전국시대 蘇秦이나 藺相如가 활약한데 이어 項羽가 章邯과

---

1) 毛耀順主編, ≪中華五千年長曆≫, 氣象出版社, 2002, pp.13~16.
2) 中國社會科學院編, ≪殷墟的發現與硏究≫, 科學出版社, 2001.

'洹上之盟(B.C.207)'을 했던 곳이다. 曹操나 歐陽修를 비롯해 王庭筠·元好問은 아름다운 경관에 취해 문학적 영감을 얻었고, 岳飛같은 절개있는 충신을 배출했는가 하면 洪憲皇帝로 자칭하던 袁世凱가 1916년 洹水北岸에 묻히기까지 안양은 전후 10여 왕조의 국도였다.3)

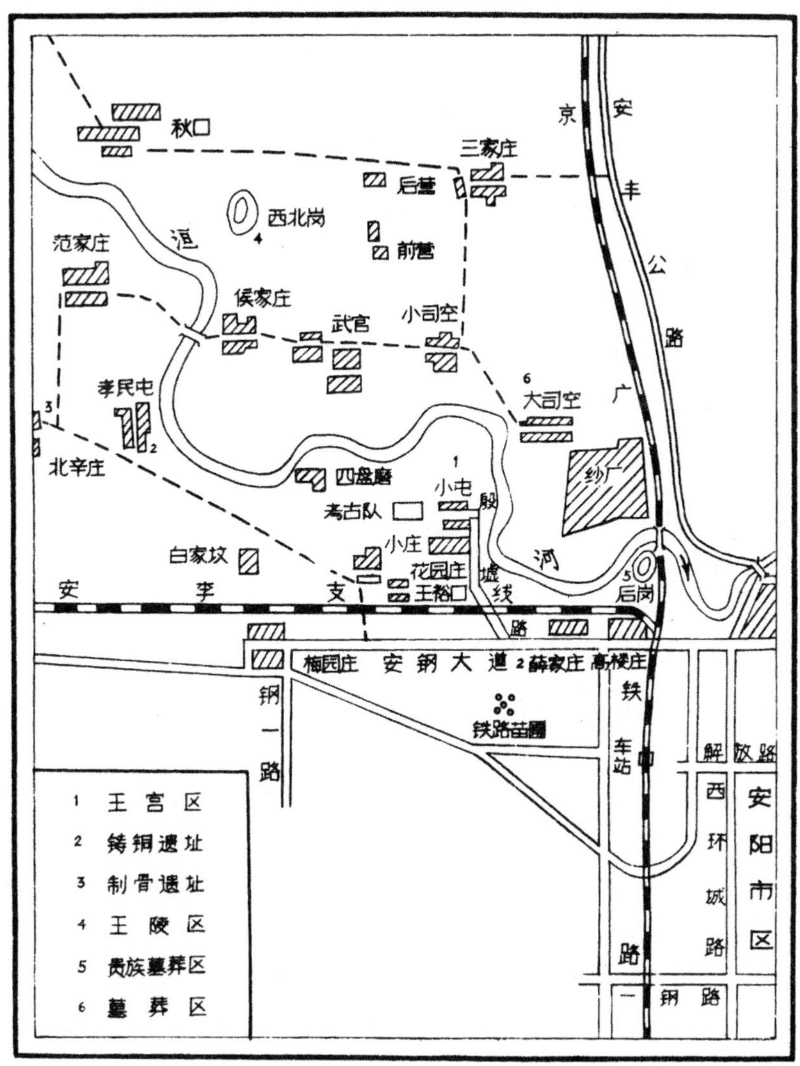

(도표. 은허의 위치 및 주요유적 분포도)

소둔마을에서의 갑골문은 1899년 이전에도 부단히 출토되었으나 누구도 商代의 문자라는 것을 모른 채 약재로 변신하여 세상과 접하고 있었다.

3) 安陽市編, ≪古都安陽≫, 河南 人民出版社, 1987.

胡厚宣은 3천여 년 간 지하에 묻혔던 갑골문이 다시 발견된 순환의 역사를 성질에 따라 전후 8시기로 나누고 있다.4)

1. 갑골문의 선사시기

埋葬時期 : 갑골문이 상왕조의 멸망과 함께 장기간 땅속에 매몰되었던 시기이다.

破壞時期 : 봉건시대 厚葬의 풍습으로 인해 도굴이 성행하여 전국시대 이후 깊이 묻혔던 갑골이 파내어졌으나, 상대문자라는 것을 인식하지 못하고 폐기되었던 시기이다.

藥材時期 : 언제부터인지 알 수 없지만 明·淸이래 갑골이 안양 일대에서 북경 등지에까지 확대되어 용골로 팔리던 시기가 소위 약재시기이다. 이 시기 용골은 여러 질병에 두루 쓰인 중요한 약재였고, 또 문자가 있는 것은 값이 나가지 않아 문자를 긁어 버렸기 때문에 파괴시기 못지 않게 훼손된 수난시기였다고 할 수 있다.

2. 갑골문의 역사시기

骨董時期 : 갑골문이 상대의 문자라는 것은 밝혀졌으나 연구의 문이 채 열리지 않아 골동품으로 간주되던 시기이다.

金石時期 : 갑골문을 금석학의 일종으로 간주하던 시기로 馬衡·陸和九 등이 연구의 주축이 되었다.

文字時期 : 孫詒讓·羅振玉·唐蘭·于省吾 등에 의해 갑골문자가 집중적으로 연구되던 시기이다.

史料時期 : 갑골문을 사료로 간주하고 이들을 일차적인 자료로 삼아 고대의 역사를 고찰했던 시기로 王國維·郭沫若·董作賓·胡厚宣 등이 이끌었다.

考古時期 : 고고학적인 견지에서 갑골들을 발굴하고 갑골문자·은허유적지·유물 등을 종합적으로 연관시켜 탐구한 시기로 李濟·梁思永·董作賓·石璋如·胡厚宣 등을 대표로 한다.

갑골문이 겪었던 전 3시기는 갑골문이 무엇인지 알지 못한 채 3천여 년이라는 기나긴 세월을 보낸 갑골문의 선사시기였고, 1899년 갑골문이 상대의 문자라는 것이 밝혀지고 1백년이 지난 후 5시기는 근대 중국학 연구에 큰 공헌을 한 갑골문의 역사시기라고 할 수 있다.

4) 胡厚宣, ≪五十年甲骨學論著目≫, 中華書局, 1952. pp.17～19

제 2 절 갑골문의 발굴

1899년 갑골문이 상대의 문자라는 것이 밝혀진 후 값싼 약재에서 고가의 골동품으로 급부상한 甲骨片들은 많은 사람들의 주목을 받기에 충분했다. 소둔촌 사람들은 생활에 보탬이 되는 갑골을 발굴하는데 힘을 아끼지 않았고 이러한 발굴은 1937년까지 계속되었다. 37년간의 殷墟 발굴은 크게 전후기로 구분하는데, 전기는 개인적인 발굴시기이며 후기는 국가가 주관하여 발굴하였던 시기이다.

1. 전기발굴 - 개인적인 발굴시기

개인적인 발굴시기는 1899년부터 1928년까지의 약 30년 동안이다. 이 시기는 무질서하게 땅을 파헤쳐 갑골을 발굴하였으나, 甲骨片을 약재로 팔던 시기와는 사뭇 다른 양상을 띠며 도합 9次에 걸쳐 발굴되었다.[5)]

1) 제1차 : 1899～1900년

농민들이 발굴한 대부분의 갑골편은 골동상 范維卿·趙執齋의 손을 거쳐 王懿榮·王襄·孟定生·端方 등이 입수했다. 王懿榮은 도합 1500片을 구입했다.

2) 제2차 : 1904년

지주 朱坤이 洹河에서 여러 수레의 갑골을 발굴했는데 羅振玉·方法斂·庫壽齡·金璋 등이 매입하였다.

3) 제3차 : 1909년

소둔인 張學獻은 자기땅의 도랑을 파다가 우견갑골의 조각과 骨臼를 발견했다.

4) 제4차 : 1920년

華北의 5개 省에 큰 가뭄이 들어 사람들은 소둔촌의 북쪽 洹河 근처를 파헤쳐 많은 갑골을 발굴하였는데 대부분 王襄이 구입하여 일부는 ≪簠室殷契徵文≫에 수록하였다.

5) 董作賓·胡厚宣, ≪甲骨年表≫, 商務印書館, 1937, p.2

5) 제5·6차 : 1923~24년

張學獻의 채소밭에서 문자가 있는 갑골판 2점이 나왔고, 다음해 제6차 발굴에서도 갑골판이 발견되었는데 모두 明義士에게 팔렸다.

6) 제7·8차 : 1925~26년

촌민들이 소둔촌 앞길을 대대적으로 발굴했고, 다음해 봄 도적들이 지주 張學獻을 납치하여 돈을 요구하자 가족들은 촌민들과 장씨 소유의 채소밭을 다시 발굴했다. 이때 얻은 많은 갑골은 모두 明義士가 매입했다.

7) 제9차 : 1928년

북벌군이 안양작전 당시 洹水의 남안에 주둔했던 관계로 소둔촌 농민들은 농기를 놓쳤다. 이들은 지주들과 함께 소둔촌 앞 대로와 麥場에서 대대적으로 갑골을 발굴하였다. 이때 얻은 갑골편은 개봉과 상해의 상인들에게 넘어갔다.[6]

근 30여 년 동안 민간에 의해 발굴된 갑골의 편수는 대략 8만여 편으로 추산된다.[7] 이들 갑골은 대부분 골동상의 손을 거쳐 王懿榮·王襄·孟定生·羅振玉·劉體智 및 캐나다인 明義士, 미국인 方法斂, 영국인 庫壽齡·金璋, 일본인 林泰輔 등이 입수했다. 나머지 일부분은 돌고 돌아 국내외의 개인 및 국가 기관에 소장되었다. 중국 외로 밀반출된 갑골의 대부분은 이 시기에 출토된 것들로 일본이 최다 소장국이고, 캐나다 미국과 영국 순이다.

처음 발굴할 때 값나가는 갑골문만을 주요 수집대상으로 삼아 갑골이 묻힌 상태나 지층에 대해서는 무관심하여 과학적이고 체계적인 연구는 기대할 수가 없었다. 그러나 이 시기의 발굴현상을 통해서 초기 갑골편의 발굴상황과 이들을 사들인 수집가들을 알 수 있게 해준다.

2. 후기발굴 – 국가적인 발굴시기

1928연 8월 소둔촌의 갑골발굴이 국가차원에서 진행되어야 하는 시급성을 깨달은 중앙연구원 역사어언연구소는 정식으로 발굴을 계획하고 우선 董作賓을 소둔촌에 파견하여 아직도 발굴의 가치가 있음을 확인하였다. 이로부터 1937년 항일전 발발 때까지 安

6) 董作賓, ≪甲骨學六十年≫, 藝文印書館, 1965, p.20
7) 張秉權, ≪甲骨文與甲骨學≫, 國立編譯館主編, p.20

陽 小屯 및 그 인근지역에서 15次에 걸쳐 과학적인 발굴을 전개하였고 괄목할만한 성과를 올렸다. 애초 발굴의 목적은 갑골문을 찾는데 중점을 두었으나 점차 殷墟 都城 전체와 陵墓까지 발굴작업이 확대되어 기대 이상의 성과를 올렸다. 董作賓의 ≪甲骨學六十年≫과 胡厚宣의 ≪殷墟發掘≫을 참고로 15차에 걸친 발굴 개황을 보면 다음과 같다.

1) 제1차 : 1928년 10월

董作賓이 주관한 소둔촌의 시험성 발굴로 갑골이 지하에 묻힌 윤곽을 알아냈다. 여기서 字甲(문자가 있는 龜甲) 555片, 字骨(문자가 있는 牛骨) 299片을 발견하였다. 이번 발굴에서 殷墟 범위의 광활함과 갑골이 묻힌 상태를 보고 갑골이 표류되어 와서 묻힌 것으로 여겼다. 그러나 이 설은 제4차 발굴이후 수정되었다.[8)]

2) 제2차 : 1929년 3월

소둔촌의 중앙, 남, 북 3곳에서 字甲 55片, 字骨 685片을 발굴했다.

3) 제3차 : 1929년 10월

소둔촌 북쪽에서 字甲 2050片, 字骨 962片을 발굴했는데 그 중에는 갑골문 연구에 크게 기여한 「大龜四版」도 포함되어 있었다. 또 牛頭骨·鹿頭骨에 卜辭가 새겨진 것도 각각 한 점씩 발견되었다. 1930년에는 전후 두 차례에 걸쳐 하남성정부도 小屯에 발굴단을 파견하여 字甲 2673片, 字骨 983片 모두 3656片 및 기타 많은 유물을 발굴했다. 이들은 현재 台灣 대북의 역사박물관에 소장되어 있다.

4) 제4차 : 1931년

後岡·四盤磨 등지에서 字甲 751片, 字骨 31片 등 모두 782片을 발굴하였는데 그 중에는 刻辭가 있는 鹿頭骨 한 편도 있었다. 後岡에서 骨文 1片을 발굴하였는데 이것은 小屯이외의 지역에서 처음으로 발굴된 갑골문이다. 四盤磨에서는 문자가 없는 卜骨 및 불로 태운 자국이 있는 귀갑이 발견되었다. 또한 갑골 저장창고가 발견되어 은허갑골이 표류되어 왔다는 설을 수정했다.[9)]

5) 제5차 : 1931년

後岡 등지에서 字甲 275片, 字骨 106片, 牛肋骨 1片 모두 381片을 발굴했다. 後岡의

8) 胡厚宣, ≪殷墟發掘≫, pp.50～104.
9) 李濟, <安陽最近發掘報告及六次工作之總估計> ≪李濟考古學論文選集≫, 文物, 1990, p.269.

유적지에서는 小屯·龍山·仰韶(上中下) 3개 문화층의 퇴층이 발견되었는데 이것은 고고학상 획기적인 일이었다. 이번의 발굴로 은허 갑골은 홍수로 잠긴 것이지 표류해 온 것이 아님을 더욱 확실하게 증명할 수 있었다.

6) 제6차 : 1932년

소둔촌 북쪽의 유적지 탐색에 치중하여 殷代의 궁전 유적지와 그 위의 주춧돌을 발견하였고, 아울러 은허 역사와 관계가 깊은 갱내의 현상과 부뚜막을 발견하는 큰 수확을 얻었다.

7) 제7차 : 1932년

소둔촌 北쪽에서 字甲 23片, 字骨 6片 등 모두 29편을 얻었고, 붓으로 「祀」라고 쓴 白陶 조각을 발견하여 상대에 이미 붓이 있었음을 증명했다.

8) 제8차 : 1933년

소둔촌의 北쪽지역에서 字甲 256片, 字骨 1片 등 모두 257片을 발굴하였고, 後岡에서 남북 38.6미터, 동서 6.2미터 지점에서 28명의 머리가 순장된 亞形 대묘를 발견하였다. 규모의 방대함으로 보아 상대 통치계급인 노예주의 묘지로 간주되었다.

9) 제9차 : 1934년

소둔촌에서 字甲 438片, 字骨 3片 등 441片을 발굴했고, 侯家莊 남쪽에서는 「大龜七版」(腹甲 6版, 背甲 1版)을 발굴했다. 字甲은 모두 廩辛·康丁시대의 것이고 字骨은 殷말기의 것으로 이 유적지의 연대를 측정하는데 중요한 자료가 되었다.

이상 9次에 걸친 발굴에서 字甲 4411片, 字骨 2103片을 발굴하였는데 그중 3866片을 선별해 ≪殷虛文字甲編≫을 편찬하였다.10)

10) 제10차 : 1934년

상대 묘지였던 侯家莊 西北岡에서 대묘 4기와 소묘 63기가 밀집된 곳을 발견하였다. 그 중에서 銅·石·玉·骨·松綠石·牙 등 정교하고 아름다운 유물과 문자는 없었으나 붉은색으로 도색된 귀판을 발견하였다.

---

10) 董作賓, ≪殷虛文字甲編·自序≫, 商務印書館, 1948

11) 제11차 : 1935년

侯家莊·西北岡에서 또 수백 기의 商代 묘지를 발견하였다. 출토된 청동기의 문양이나 형체는 상대가 청동기문화의 최고봉이었음을 대변하였고, 기타 문양이나 조각품도 완숙된 경지에 오른 예술품이었으며 陶·石·骨·玉器에 새겨진 문자는 상대에 갑골판 이외에도 다양한 기물에 문자를 기록하였음을 보여주었다.

12) 제12차 : 1935년

侯家莊·西北罔岡 商墓에서 壺·盂·勺·盤 등 청동기와 장식용 人面具를 발굴하였다. 묘장의 형태를 통해 상대 노예주 귀족들의 거주 상황을 알 수 있었고 면구는 크기와 조형면에서 현대 중국인과 흡사한 모습을 보였다.

전 3차의 집중적인 묘장 발굴은 고고학상 중요한 의미가 있었으나 갑골문은 1片도 발견되지 않은 점들로 미루어 볼 때 갑골문이 殉葬品이 아님을 알 수 있었다.

13) 제13차 : 1936년

이번 발굴에서 완전무결하게 갑골문이 보존되어 있는 坑을 한 곳 발견하였는데 바로 그 유명한 YH127坑이다. 이 갱은 지름이 1.8m, 깊이 1.2m, 밑바닥 깊이 6m 남짓한 원형 웅덩이로 완전한 腹甲 300여편을 합쳐 모두 17,095편이 출토되었다.[11] 갑골의 보존도나 수량으로 볼 때 발굴사상 최고의 기록으로 꼽히는 본 발굴로 갑골을 계획성 있게 보관한 것이라고 단언하기에 충분했다. 문자도 쓴 것, 새긴 것, 도색한 것 등 다양한 상태를 보여주었고, 특히 甲骨 사이와 坑 측면에서 甲骨의 관리인으로 추정되는 人骨도 발견되었다.[12]

14) 제14차 : 1936년

소둔촌의 북쪽 13차 발굴이 진행되던 곳을 다시 발굴하여 字甲 2片만을 얻었고, 大司空村에서는 小屯式의 문자없는 갑골이 발굴되었다.

15) 제15차 : 1937년

소둔촌의 북쪽에서 字甲 549片, 字骨 50片 등 모두 599片 및 중요 유물을 발굴했다. 위 3차에 걸친 발굴에서 얻은 字甲 18,307片, 字骨 97片을 董作賓은 ≪殷虛文字乙編≫에 수록하였다.

---

11) 胡厚宣, <殷墟 127 坑甲骨文的發現和特点> ≪中國歷史博物館刊≫, 第13~14期, 1989
12) 石璋如, <小屯後五次發掘的重要發現> ≪中國考古學報≫, 第4冊, 1949

董作賓・李濟・郭寶鈞・梁思永・胡厚宣 등 발굴 전문가와 학자들이 동원된 근 10년간 15次에 걸친 과학적인 발굴에서 갑골문의 연구에 지대한 영향을 미친 많은 자료를 확충했다. 동시에 殷墟의 지층관계나 기타 유물들을 갑골문과 상호 비교연구할 수 있는 계기도 마련해 주었다. 후기 발굴에서 총 24,918片의 갑골문과 많은 유물, 건축기지, 갑골이 묻힌 갱, 수천 개의 크고 작은 무덤들을 발견한 바 甲骨學은 물론 考古學상으로도 일대 경사였다.[13)]

3. 항일전쟁 중의 발굴과 수집

1937년 일본의 침략으로 중앙연구원의 은허발굴 작업이 중단되었다. 그 기간 중 일본인들은 조사단을 조직하여 화북 동북일대에서 고고발굴을 하였고, 1938년 동방문화연구소의 안양발굴에 이어 1940년 동경제국대학의 안양발굴, 1942년 河南 주둔 일본군의 대규모 도굴로 많은 고문물이 일본으로 유출되었다.

1945년 이후 미국의 여러 박물관・도서관・연구기관들이 대량의 고문물과 圖書를 일본을 거쳐 입수해 갔다. 이러한 문물들은 梅原末治의 ≪美洲博物館裏的中國古美術≫, 陳夢家의 ≪海外中國銅器圖錄≫ 등에 수록되어 있다.[14)]

비록 전란 중에 출토된 많은 갑골편의 상당수가 국외로 유출되었지만 북경도서관, 상해공덕연구소의 갑골편과 于省吾가 천여 편, 謝午生이 5백여 편, 孫海波가 2백여 편을 내놓아 중국 내에서도 일만여 편에 달하는 甲骨을 모았다. 胡厚宣은 북경・천진 등지에서 조사와 수집을 병행하는 한편, 1946년 齊魯大學이 성도에서 제남으로 옮기는 동안 상해・남경 등지에서 많은 갑골을 수집하였고 공사간에 소장하고 있는 소장품을 拓本하고 모사해 ≪戰後京津新獲甲骨集≫, ≪戰後南北所見甲骨錄≫ 등 12종의 저서를 출판하였다.[15)]

항일 기간 중 수난 당한 발굴의 현장을 바라보는 아픔은 중국인들을 각성케 하였는지도 모른다. 따라서, 1950년 新中國이[16)] 건국된 후 考古발굴을 중시하게 되었고 古文物의 보존을 새로운 차원으로 끌어 올렸다고 할 수 있다.

그 일환으로 중국정부는 진귀한 文物의 국외 유출을 금지하고 비과학적인 발굴이나 도굴을 단호히 방지하는 한편 전국의 문물발굴을 총괄할 수 있는 文物局을 설립하였다. 각 省市에는 문물관리위원회를 두었으며 중국사회과학원에 考古研究所를 따로 설치하여

13) 胡厚宣, ≪殷墟發掘≫, p.104
14) 胡厚宣, ≪殷墟發掘≫ p.119
15) 吳浩坤・潘悠, ≪中國甲骨學史≫ p.34
16) 1949년 10월, 장개석이 이끈 중화민국이 대만으로 이동하고 중국대륙에서는 모택동이 이끈 중화인민공화국이 건립되었다. 중화인민공화국은 일명 新中國이라고 칭한다.

각지의 고고연구를 지도하였다.

특히 소둔에는 전문보관소를 두어 殷墟를 전국의 문물보호의 중심지구로 공포하였다.

4. 1950년 이후의 중요 발굴현황

新中國 건립 후 5년 동안, 고대문물을 보호하는 한편 24개省 230여 縣·市 1만여 개所에서 대대적인 발굴을 하였고 1980년대에 이르기까지 考古硏究所와 河南省文化局은 전후 10여 차에 걸친 발굴을 전개하였다. 여기서는 괄목할만한 갑골문의 발굴을 중심으로 살펴본다.

四盤磨의 갑골문

1950년 중국과학원 고고연구소가 성립되면서 安陽 소둔에서 郭寶鈞의 지휘아래 첫 발굴작업이 시작되었다. 甲骨片은 단지 소둔촌 서쪽 四盤磨에서 발굴된 卜甲 4片뿐이었고 卜辭의 형식이 일반 복사와 달라 연습용으로 간주되었으나, 侯家莊·後岡에 이어 소둔촌 이외의 곳에서 卜骨이 발견된 것에 주목하였다.[17)]

鄭州 二里岡의 갑골문

정주 이리강 유적지를 집중 발굴해 다량의 卜骨과 약간의 卜甲을 발견했는데 점복방법은 鑽이많고 鑿이 적으며, 단지 불로 지진 자국만 있는 것도 많았다. 문자가 있었던 牛肋骨 2片중 한 片에는 알아볼 수는 없었으나 10여 글자가 새겨져 있었는데 이는 소둔보다 이른 갑골문으로 갑골문이 안양에서만 발견된 것이 아니고 그 이전에도 쓰였다는 것을 증명하였다.[18)]

馬骨文字의 발견

1955년 소둔촌 동남쪽에서 "丁卯, 癸亥卜, 王其入商, 乙丑王弗每. 弘吉"라고 새겨진 복골 1편을 포함한 9片의 卜骨이 발굴되었는데 감정결과 馬骨로 판명되었고 뒷면에는 불로 지진 흔적이 남아 있었다.[19)]

---

17) 郭寶鈞, <1950年春 殷墟發掘報告> ≪考古學報≫ 第5冊
18) 安金槐, <一年來鄭州市的文物調査發掘工作> ≪文物參考資料≫, 1954, 第4期
胡厚宣, ≪殷墟發掘≫, p.148
19) 河南省文化局文物工作隊, <1955年秋安陽小屯殷墟的發掘> ≪考古學報≫, 1958 第3期

大司空村의 甲骨文

1959년경 소둔과 그 부근 11곳을 발굴하여 은허의 범위와 분포상황이 밝혀졌다. 즉 은허의 범위는 洹河 남쪽인 은대 왕궁을 중심으로 약 24km²이며 그 주위에 주거지·수공업공방·묘장지로 둘러 싸여있다. 洹河 북쪽 武官村·侯家莊·大司空村 일대를 중심으로 殷王陵墓·貴族墓와 수천의 殉葬坑이 있었으며 주위에는 은대의 취락과 묘지가 위치에 있었다.

이번 발굴해서 갑골 640여 片이 출토되었는데 문자가 있는 갑골은 大司空村에서 발견된 "辛貞在衣", "文貞"이라고 새겨진 2片뿐이었다. 이들의 자체는 작고 가늘어 마치 연습 삼아 새긴 것으로 간주 되었지만, 小屯·後岡·侯家莊·四盤磨·高樓莊에 이어 여섯 번째로 갑골이 출토되었다는 데 의미가 있다.[20]

後岡의 지층

1972년에는 後岡에서 仰韶·龍山·殷文化가 겹쳐 있는 3층의 퇴적층을 발견하여 1931년에 이어 다시 한 번 殷文化 分期의 실마리를 풀었다.[21]

小屯南地 갑골의 발견

1972년 겨울 安陽 소둔촌의 張五員은 마을 남쪽 개천에서 흙을 파다가 황토층에서 갑골조각을 발견했다. 그때는 엄동이라 해동을 기다려 1973년 3월 하순부터 12월까지 두 차례에 걸쳐 대대적인 발굴을 하여 卜甲 50片, 卜骨 4,959편 등 도합 5,041편, 牛肋骨 4편, 가공되지 않은 골자료 8편을 발견하였다. 갑골은 비교적 작은 것들로 완전한 것은 100여 편이었지만 1950년 이래 가장 많은 갑골을 얻은 성과였다. 이 갑골들은 1980년 ≪小屯南地甲骨≫ 6冊으로 출판하였다[22] (제3장 갑골문 연구 참조).

婦好墓의 발견

1976년 소둔촌 발굴 중 도굴된 흔적이 없이 완전하게 보존된 상대 奴隷主귀족의 墓를 발견했다. '殷墟五號墓' 또는 '婦好墓'라고 칭하는데 묘주 婦好는 武丁(B.C.1250)의 妃로 확인되었다. 이로써 그는 실존이 확인된 중국 최초의 왕비였음이 밝혀졌다.

婦好墓의 청동기 468점, 옥기 755점 등 1,600여 점의 유물들은 3천여 년 동안 땅 속에 묻혀 있었지만 상대의 문화와 묘장제를 이해하는데 결정적인 증거를 제공하였다.[23]

---

20) 考古安陽發掘隊, <1958～1959年 殷墟發掘簡報> ≪考古≫, 1962, 제2기
21) 考古安陽發掘隊, <1972年 安陽後岡發掘簡報> ≪考古≫, 1972, 제5기
22) 中國社會科學院 考古硏究所編, ≪小屯南地甲骨≫, 中華書局, 1980
23) 中國社會科學院編, ≪殷墟婦好墓≫, 文物出版社, 1980
梁東淑, <甲骨文으로 본 商代武丁妃婦好> ≪淑大亞細亞女性問題硏究所論文集≫ 1992, p.143

花園莊東地 갑골의 발견

1991년 가을 은허 花園莊의 東地에서 귀갑수골로 가득한 갱을 발견하였는데 이 갱은 남북 길이 2m, 동서 1m, 깊이 3.35m~7m 되는 장방형이다.

'91花東H3'으로 명명된 이 갑골갱에서는 卜甲과 卜骨, 문자가 있는 것과 없는 것, 크고 작은 것들이 혼재해 있었으며, 도합 1,583편의 갑골이 발견되었다. 卜甲은 1,558편이고(복갑 1468편, 배갑 90편, 문자가 있는 복갑 557편, 배갑 17편), 卜骨은 25편(字骨 5편)으로 刻辭가 있는 갑골은 모두 579편이다. 완전한 대판 卜甲은 755판에 달하고 卜辭가 많지는 않으나 문자가 새겨진 대판 卜甲만도 300여 판을 상회했다. 婦好·吳 등이 출현하는 점으로 보아 시기는 武丁초기로 추정하고 있다.[24)]

1950년 이후 소둔 주변에서 얻은 갑골과 화동갑골을 합치면 7천여 편에 이른다.[25)] 그 중 1973년 小屯南地의 갑골 발견과 五號墓의 발견은 초기에 발굴된 갑골문에만 의존했던 한계에서 벗어나 연구에 새로운 활력을 불어넣었다. 이어 1991년의 花園莊東地 갑골의 발견은 갑골문 연구의 미비점을 보완하고 새로운 방향을 제시할 것으로 보인다. ≪花園莊東地甲骨≫은 2004년 출판되었다.[26)]

제 3 절 갑골문의 수록

1. 갑골편의 수록과 배열

1) 갑골편의 수록형식

갑골편을 수록할 때 일반적으로 拓本·摹本·사진 등 3가지 형식을 취한다.

(1) 拓本

탁본은 사물의 원형을 분명하고 확실하게 반영할 수 있어 고대 문물의 형태·문양·문자 등을 보존하는데 사용된 중국 전통 수록형식이다.[27)]

---

24) 劉一曼, <殷墟花園莊東地甲骨坑的發現及主要收穫> ≪甲骨發現一百周年學術硏討會論文集≫ p.203. 殷墟 '화동H3' 갑골은 HY127坑 갑골이나 小屯南地 갑골과 다른 특징을 보여주고 있다.

25) 中國社會科學院編, ≪殷墟的發現與硏究≫, 2001 p.160

26) 中國社會科學院 考古硏究所編, ≪殷墟花園莊東地甲骨≫, 雲南人民, 2003

27) 탁본의 대가로는 사제지간이었던 魏善臣과 劉淵臨이 있다. 中央硏究院 語言硏究所의 초빙으로 魏

탁본하여 저술한 최초의 저작은 1903년 출판된 劉鶚의 ≪鐵雲藏龜≫로, 1천여 편의 갑골을 수록했다(도1). 탁본의 장점을 충분히 구현해 낸 저서는 羅振玉이 일본에서 출판한 ≪殷虛書契前編≫(1912)이다.

(2) 摹本

모사본이라고도 한다. 종이 위에 갑골편의 윤곽을 실제의 크기대로 그리고 문자의 위치에 따라 써내는 방법이다. 모본한 최초의 저서는 캐나다인 明義士가 펴낸 ≪殷虛卜辭≫(1917)이다(도2). 모본만을 수록한 갑골문은 연구자료에 그치며 立論의 근거로 제시하기 미흡하기 때문에 뒤이어 탁본으로 발표한다. 예컨대 董作賓의 ≪新獲卜辭寫編≫은 모본 출간 후 탁본하여 다시 ≪殷虛文字甲編≫으로 내었다.

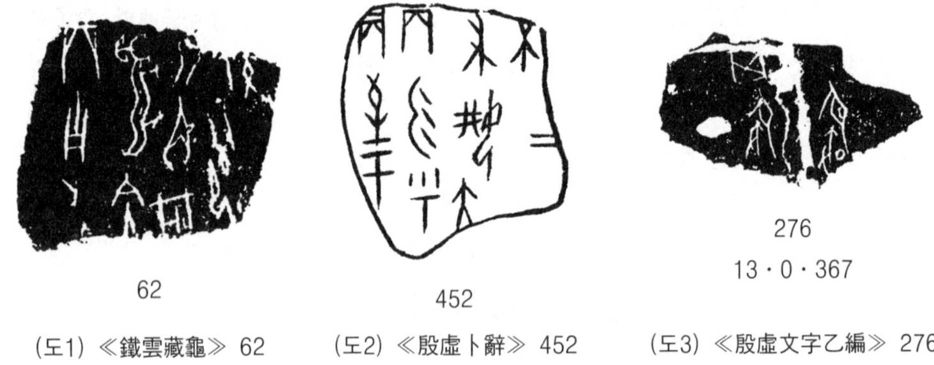

(도1) ≪鐵雲藏龜≫ 62　(도2) ≪殷虛卜辭≫ 452　(도3) ≪殷虛文字乙編≫ 276

(3) 사진본

사진본은 갑골의 미세한 부분까지 반영하여 실물을 직접 보는 느낌을 준다. 예컨대 ≪乙編≫ 7731편은 탁본에 나타나지 않은 '隹女' 두 글자를 사진본에서 찾아 ≪丙編≫ 247편에 보완했던 경우다. 그러나 갑골표면에 불순물이 있을 경우 불리한 조건이 되어 사진본으로 펴낸 저서는 ≪殷虛書契菁華≫ 등 7종에 불과하며 수록된 갑골문도 겨우 3백여 편에 불과하다.

가장 이상적인 방법은 탁본과 모본 그리고 사진본 세 가지 방법을 동원하는 것이지만 세 가지를 모두 사용하기에는 많은 어려움이 있다. 위의 세 가지 방법을 병행한 것으로 일본의 松丸道雄의 ≪東京大學東洋文化研究所藏甲骨文字≫이고, 한 갑골편을 탁본과 모본 혹은 사진 등 2가지를 병행해 수록한 저서로는 明義士의 ≪柏根氏舊藏甲骨文字≫이다.

善臣은 ≪殷墟文字甲編≫을, 劉淵臨은 ≪殷墟文字乙編≫의 일부와 ≪殷墟文字丙編≫을 탁본하였고, 劉淵臨은 30년간의 경험으로 ≪拓甲骨文的方法≫(1972)을 저술했다.

2) 갑골편의 배열

갑골편을 배열하는 순서는 저서의 성격에 따라 다르나 대략 4종류로 구분된다.[28)]

(1) **임의대로 배열하는 방법**

갑골의 크기나 글자수의 다소 혹은 복사의 중요성에 따라 배열하여 편집자가 가장 중요하다고 생각하는 것을 앞머리에 놓았다. 예컨대 ≪殷虛書契菁華≫는 주위 방국과의 관계에 관한 글자수가 많은 몇 편의 큰 甲骨을 전면에 배열하고, 손상된 갑골 조각은 뒤에 놓았다. ≪殷虛卜辭≫는 임의대로 배열한 가장 전형적인 예라고 할 수 있다.

(2) **내용을 근거로 배열하는 방법**

卜辭의 내용에 따라 甲骨을 배열한 사람은 王襄이다. 그는 ≪簠室殷契徵文≫에서 내용을 天象·地望 등 12 종류로 분류하여 수록하였다. 그러나 하나의 갑골편에 여러 내용이 섞여 王襄은 갑골 탁본을 잘라 조각으로 만든 후에 각 항목 아래에 배치하였다. 이로 인해 갑골 탁본의 원형이 손상되어 왕씨 이후에는 이러한 방법으로 저록한 예를 찾아 볼 수 없다.

(3) **수집 전후나 출토시기를 근거로 배열하는 방법**

출토시기나 수집시기의 전후에 따라 배열하는 방법 역시 갑골을 수록하는 주요한 방법이다. 15차례의 발굴로 얻은 자료는 ≪殷虛文字甲編≫, ≪殷虛文字乙編≫에 수록하였는데 모두 탁본 아래에 출토시의 일련번호에 따라 나열하고 발굴 순서, 출토번호 등을 명시하였다. (도 3) 중의 '13'은 제13차 발굴에서 얻은 것을 뜻한다.

이런 수록방법은 함께 출토된 갑골이나 같은 坑에서 나온 갑골을 같이 편성하여 斷代연구나 조각을 철합하는데 유리한 조건을 제공하여 준다. 그러나 수집시기의 일련번호는 연구분석을 하지 않고 기록하여 서로 연관이 없는데도 전후로 배열되는 단점이 있다.

(4) **시대 전후를 근거하고 내용을 분류하여 배열하는 방법**

가장 이상적인 갑골편의 수록방법은 시대 전후에 따라 배열하고 같은 시기의 갑골을 종류별로 분류하여 수록하는 것이다. 胡厚宣이 ≪甲骨六錄≫ (1945) 에서 처음 시도했고, ≪甲骨文合集≫은 이 방법으로 완성시킨 대작이다.

---

28) 陳煒湛, ≪甲骨文簡論≫, pp.14～16

2. 갑골문의 자수와 편수

1) 片數

지금까지 발견된 갑골편은 대략 15·6만 편이라고 추산한 지가 오래다. 그러나 갑골문이 발견된지 1백 년이 지났지만 발굴한 갑골편의 총수는 얼마나 되고 판독이 가능한 글자는 몇 자나 되는지 정확한 통계를 내기는 쉽지 않다. 1899년 갑골문 발견 4년 후에 나온 ≪鐵雲藏龜≫에서는 1,058편을 수록하였고, 1912년에 출판된 ≪殷虛書契前編≫에서는 2,229편의 갑골을 수록하는 등 갑골편수는 늘어났고 중앙연구원의 15차 발굴이 끝난 후 1952년에 胡厚宣이 ≪五十年甲骨學論著目≫에서 갑골문은 도합 161,989편이라고 통계하였다.[29] 그러나 이같은 숫자는 어림수까지를 포함한 과장된 수치라는 의견도 있었다.[30] 사실상 수록 저서 중의 편수는 모든 갑골편을 총 망라한 것이 아니기 때문에 통계의 어려움이 있는 것이 사실이다.

그 후 30여년이 지난 1984년 胡厚宣은 ≪八十五年來甲骨文材料之再統計≫에서 중국내 및 홍콩·대만에서 소장하고 있는 갑골은 127,904편이고 일본·캐나다·미국 등 12개 국가에서 26,700편을 소장하고 있다고 통계하고 총 154,604편으로 재집계하였다.[31] 그 후로도 중국내에서 갑골편은 지속적으로 출토되고 있고, 특히 1991년 花園莊東地에서는 1,583편이 발견되어 총수를 높였다. 이들을 볼 때 갑골편의 총수는 15,6187편으로 사실상 16만 편에 육박하고 있다.

2) 字數

갑골문자는 모두 몇 字나 되는가라는 물음에도 역시 명쾌하게 답하기는 쉽지 않다. 그러나 갑골문자는 부단히 고석되어 왔기 때문에 고석집을 근거로 하면 갑골편 수를 사실에 가깝게 접근할 수 있을 것이다.

劉鶚은 최초의 수록집 ≪鐵雲藏龜≫에서 42字를 판독하였다. 그 후 1915년 羅振玉이 ≪殷虛書契考釋≫에서 570자를 고석한데 이어, 王襄은 ≪簠室殷契類纂≫(1920)이라는 최

---

29) 胡厚宣, ≪五十年甲骨文發見的總結≫, p.55

30) 董作賓, ≪甲骨學六十年≫, 1963년. p.200

31) 胡厚宣, <八十五年來甲骨文材料之再統計> ≪史學周刊≫, 1984. 제5기. p.15～23
本書의 통계는 일본 12,443편, 캐나다 19,802편, 영국 3,355편, 미국 1,882편, 독일 715편, 소련 199편, 스웨덴 100편, 스위스 99편, 프랑스 64편, 싱가폴 284편, 베니스 7편, 한국 6편이다. 당시 胡厚宣의 한국소장 갑골의 근거자료는 알 수 없으나 현재 한국에는 서울대학 소장 大骨 1편(1938년 입수) 및 숙명여자대학이 소장한 龜甲 5편, 獸骨 2편(1996년 입수) 등 도합 8편이 있다.

초의 갑골사전에서 873字를 고석하였고, 1929년 증보판에서는 957字로 늘어났다. 1934년에 孫海波는 ≪甲骨文編≫에서 1,006字를 고석해냈고, 판독이 불가능한 1,110자를 합쳐 2,116자를 실었으나 1965년의 개정판에서는 正文 1,723자와 부록을 포함해 4,672자를 수록했다. 그 중에는 완벽하게 고석된 문자가 있고 풀이가 엇갈려 정확하게 고석하지 못한 字도 있으나, 이미 밝혀진 갑골 單字는 4천 내지 5천자로 추산하고 있다.32)

1965년에 李孝定은 ≪甲骨文字集釋≫에 1,840자를 풀이하였고 미판독자를 합쳐 3,417자를 수록하였다. ≪殷墟甲骨刻辭摹釋總集≫ (1989) 에는 3700여 자를 수록했고 于省吾가 펴낸 ≪甲骨文字詁林≫ (1996) 에서는 單字・合文 등을 합치면 3,691字가 된다. 沈建華・曹錦炎이 펴낸 ≪新編甲骨文字形總表≫에서는 4,071字를 수록했다.33)

출판년도	저 자	저 서	수록한자
1903	劉 鶚	鐵雲藏龜	42
1915	羅振玉	殷虛書契考釋	570
1929	王 襄	簠室殷契類纂	957
1965	孫海波	甲骨文編(개정판)	4,672 (正文 1,723)
1965	李孝定	甲骨文字集釋	3,417
1996	于省吾	甲骨文字詁林	3,691
2001	沈建華	新編甲骨文字形總表	4,071

이같은 고석집의 풀이나 사전류의 수록상황을 보면 갑골문자는 대략 4천 5백자 정도이며, 풀이된 文字는 약 1,500여 자이나 실제로 활용되는 자는 1,000자 정도이다. 비록 글자 총수의 3분의 2정도를 미해독하고 있으나 거의가 지명・인명들로 갑골각사의 내용을 파악하는데 하등의 영향을 미치지 못한다.

胡厚宣은 다음과 같이 갑골문의 방대함과 중요성을 강조했다.34)

> 甲骨文은 매 片당 10자씩으로만 계산해도 1백 60만자에 달하는 방대한 내용이기 때문에 상대의 직접적인 史料일 뿐 아니라 상대 이전과 이후의 제반문제 해결을 甲骨文에서 찾을 수 있다.

32) 孫海波, ≪甲骨文編・序≫, 中華書局, 1965. p.1

裘錫圭, <談談漢字整理工作中可以參考的某些歷史經驗> ≪現代漢字規范化問題≫ 語文出版社, 1995. p.8

33) 沈建華・曹錦炎編, ≪新編甲骨文字形總表≫ 2001.

34) 胡厚宣, ≪五十年甲骨文發見的總結≫, 商務印書館, 1951, p.3

3. 갑골편의 정리

지하에서 발굴된 갑골편들은 이를 입수한 사람들에 의해 정리되어 저서로 발간되었다. 최초의 갑골수록집 ≪鐵雲藏龜≫(1903)의 출간에 80여 년 만에 가장 많은 갑골편을 수록한 ≪甲骨文合集≫(1982)이 완간되면서 진귀한 자료들을 한 눈에 볼 수 있게 된 것은 매우 다행스러운 일이다. 그러나 ≪合集≫의 완성은 초창기부터 단절 없이 이어진 귀한 저서들의 기초 위에 이루어졌기 때문에 이러한 저서들의 성과는 간과할 수 없는 것이다. 이에 중요 저서를 탁본·모본·사진본의 세 형식으로 분류하고 新編·合集類를 출판 년도와 수록편수 및 약칭을 곁들어 참고로 제공한다.[35)]

1) 탁본

(1)	劉鶚	≪鐵雲藏龜≫	1903	1058片	≪鐵≫
(2)	羅振玉	≪殷墟書契前編≫	1912	2229片	≪前篇≫
(3)	羅振玉	≪鐵雲藏龜之餘≫	1915	40片	≪鐵餘≫
(4)	羅振玉	≪殷墟書契後編≫	1916	1140片	≪後篇≫
(5)	王國維	≪戩壽堂所藏殷墟文字≫	1917	655片	≪戩≫
(6)	林泰輔	≪龜甲獸骨文字≫	1921	1023片	≪龜≫
(7)	王襄	≪簠室殷契徵文≫	1925	1125片	≪簠室≫
(8)	葉玉森	≪鐵雲藏龜拾遺≫	1925	240片	≪拾遺≫
(9)	關百益	≪殷墟文字存眞≫	1931	800片	≪眞≫
(10)	商承祚	≪福氏所藏甲骨文字≫	1933	37片	≪福≫
(11)	商承祚	≪殷契佚存≫	1933	1000片	≪佚≫
(12)	容庚·瞿潤	≪殷契卜辭≫	1933	874片	≪契≫
(13)	郭沫若	≪卜辭通纂≫	1933	929片	≪通纂≫
(14)	羅振玉	≪殷墟書契續編≫	1933	2016片	≪續編≫
(15)	黃濬	≪鄴齊所藏甲骨拓本≫	1935	26片	≪鄴≫
(16)	明義士	≪柏根氏舊藏甲骨文字≫	1935	74片	≪柏≫
(17)	孫海波	≪甲骨文錄≫	1937	930片	≪錄≫
(18)	郭沫若	≪殷契粹編≫	1937	1595片	≪粹≫
(19)	唐蘭	≪天壤刻甲骨文存≫	1939	108片	≪天≫
(20)	李旦丘	≪鐵雲藏龜零拾≫	1939	93片	≪零≫
(21)	金祖同	≪殷契遺珠≫	1939	1459片	≪珠≫
(22)	孫海波	≪誠齊殷墟文字≫	1940	500片	≪誠≫

35) 陳煒湛, ≪甲骨文簡論≫, p.15

(23) 李旦丘	≪殷階攈佚≫	1941	118片	≪攈≫
(24) 黃濬	≪鄴中片羽三集≫	1942	250片	≪鄴三≫
(25) 胡厚宣	≪甲骨六錄≫	1945	659片	≪六錄≫
(26) 董作賓	≪殷虛文字甲編≫	1948	3942片	≪甲≫
(27) 董作賓	≪殷虛文字乙編, 上中下≫	1948, 49, 53	9150片	≪乙≫
(28) 郭若愚	≪殷契拾掇二編≫	1951, 53	1045片	≪掇≫
(29) 胡厚宣	≪戰後京津獲甲骨集≫	1954	5642片	≪京津≫
(30) 胡厚宣	≪甲骨續存≫	1955	3753片	≪續存≫
(31) 董作賓	≪殷虛文字外編≫	1956	434片	≪外≫
(32) 陳邦懷	≪甲骨文零拾≫	1959	160片	≪拾≫
(33) 貝塚茂樹	≪京都大學文科學所藏甲骨文字≫	1959	3246片	≪京都≫
(34) 饒宗頤	≪歐美亞所見甲骨錄存≫	1959	200片	≪區彌亞≫
(35) 明義士	≪殷虛卜辭後編≫	1972	2805片	≪明後≫
(36) 許進雄	≪明義士收藏甲骨≫	1972	2805片	≪明≫
(37) 周鴻翔	≪美國所藏甲骨錄≫	1976	681片	≪美錄≫
(38) 許進雄	≪懷特氏等所藏甲骨文集≫	1979	1915片	≪懷特≫
(39) 松丸道雄	≪東京大學東洋文化 研究所藏甲骨文玆≫	1983	1338片	≪東大≫
(40) 李學勤等	≪英國所藏甲骨文字≫	1985	2674片	≪英藏≫
(41) 董作賓	≪臺灣大學所藏甲骨文字≫	1956	(考古人類學刊 ─)	
(42) 董作賓·金祥恒	≪本系所藏甲骨文字≫		(考古人類學刊 17/18)	

2) 모사본

(1) 明義士	≪殷虛卜辭≫	1917	2369片	≪殷≫
(2) 董作賓	≪新獲卜辭寫本≫	1929	381片	≪寫本≫
(3) 王子玉	≪甲骨文≫	1933	172片	≪安志≫
(4) 方法劍·白瑞華	≪庫方二氏所藏甲骨卜辭≫	1935	1687片	≪庫≫
(5) 方法劍·白瑞華	≪甲骨辭七集≫	1938	527片	≪七集≫
(6) 懷履光	≪骨的文化≫	1945	24片	≪文化≫
(7) 董作賓	≪武丁日譜≫	1945	237片	≪日譜≫
(8) 胡厚宣	≪戰後平津新獲甲骨集≫	1946	538片	≪平津≫
(9) 胡厚宣	≪戰後寧滬新獲甲骨集≫	1951	1143片	≪寧滬≫
(10) 胡厚宣	≪戰後南北所見甲骨錄≫	1951	3276片	≪南北≫
(11) 饒宗頤	≪巴黎所見甲骨錄≫	1956	26片	≪巴黎≫
(12) 饒宗頤	≪日本所見甲骨錄≫	1956	53片	≪日本≫

(13) 松丸道雄	≪日本散見甲骨文字蒐彙≫	1959, 76	484片	≪散≫
(14) 胡厚宣	≪蘇德美日所見甲骨集≫	1988	76片	≪蘇德美≫

3) 사진본

(1) 羅振玉	≪殷虛書契菁華≫	1914	68片	≪菁華≫
(2) 羅振玉	≪殷虛古器物圖錄≫	1916	4片	≪圖錄≫
(3) 羅福頭	≪傳古別錄第2集≫	1928	4片	≪傳≫
(5) 白瑞華	≪殷虛甲骨相片≫	1935	104片	≪白≫
(6) 梅原末治	≪河南安陽遺寶≫	1940	149片	≪河南≫
(7) 于省吾	≪雙劍誃古器物圖錄≫	1940	4片	≪誃雙劍≫
(8) 雷煥章	≪法國所藏甲骨錄≫	1985	59片	≪法國≫

4) 新編 · 綴合

(1) 嚴一萍	≪鐵雲藏龜新編≫	1975	≪新編≫
(2) 曾毅公	≪甲骨綴存≫	1939	≪存≫
(3) 曾毅公	≪甲骨綴合編≫	1950	≪綴合≫
(4) 郭若愚, 曾毅公, 李學勤	≪殷虛文字綴合≫	1957, 72	≪殷綴≫
(5) 張秉權	≪殷虛文字丙編≫	1957	≪丙≫
(6) 嚴一萍	≪甲骨綴合新編≫	1975	≪新綴≫
(7) 嚴一萍	≪甲骨綴合新編補≫	1976	≪綴補≫
(8) 蔡哲茂	≪甲骨綴合集≫	1999	≪綴集≫

5) 合集

(1) 郭沫若主編	≪甲骨文合集≫ 13권	1979, 82	41956片	≪合≫
(2) 彭邦炯	≪甲骨文合集補編≫ 7권	1999	13450片	≪合補≫
(3) 社會科學院編	≪小屯南地甲骨≫ 4권	1980	4536片	≪屯南≫
(4) 社會科學院編	≪殷墟花園莊東地甲骨≫ 6권	2003	1583片	≪花東≫

제 3 장 갑골문의 연구

갑골문이 다시 태어난 지 117년이 되었다. 그 동안 갑골문의 연구는 많은 학자들의 끊임없는 노력으로 눈부신 성과를 올려 중국 문자학의 연구 뿐만 아니라 역사·문화 등 중국학 전반에 걸친 기여도는 괄목할 만하다. 100여년 동안의 연구 역사를 살펴 볼 때 크게 몇 단계로 구분하여 고찰할 수 있다.

갑골문이 발견된 1899년은 淸 말이었으나 신해혁명으로 청대는 곧 막을 내렸고 이어 1912년 中華民國이 건국되었다. 그후 30여 년간 꾸준히 연구가 진행되었으나 1949년 대륙에서 新中國이 건립되고 中華民國은 대만으로 이동해 와서 갑골문의 연구도 두 지역에서 전개되었다.

그로부터 근 30년간 갑골문연구는 연구범위가 확대되고 새로운 연구방법이 시도되어 전면적인 발전 단계로 접어들었다. 1973년 小屯 南地甲骨의 발굴로 갑골문 연구가 더욱 활발해졌고, 1991년 花園莊 東地에서 또 한 차례 경사를 맞았다. 그동안의 갑골문 연구를 학자들과 저서들을 중심으로 살펴 본다.

갑골문 연구의 개척기 – 1899~1910

갑골문자 고석의 전개 – 1910~1927

갑골문 연구의 발전 1 – 1928~1949

갑골문 연구의 발전 2 – 1950~1972

현대의 갑골문 연구 – 1973~2017

제1절 劉鶚·孫詒讓에 의한 갑골문 연구의 개척

1899년, 갑골문을 처음 발견하고 수집을 시작했던 王懿榮은 식견 높은 금석학자로서 갑골문이 상대의 문자라는 것을 확신하였다. 그러나 애석하게도 그는 열강들의 중국점령에 격분한 나머지 소중히 여겼던 갑골문을 연구해 볼 겨를도 없이 다음해 망국의 한을 안고 스스로 목숨을 끊었다.

1. 劉鶚의 ≪鐵雲藏龜≫

劉鶚(1850~1910, 字 鐵雲)은 王懿榮의 소장 갑골편을 고스란히 입수하여 1903년 甲骨文을 수록한 최초의 저서인 ≪鐵雲藏龜≫를 저술해 세상에 내놓음으로써 갑골문 연구의 문을 열었다.

≪鐵雲藏龜≫에는 羅振玉·吳昌綬 등이 서문을 써서 초기 갑골문 연구의 실상을 알려주고 있다. 自序에는 갑골문의 중요성과 수집과정을 기술했는데 갑골문은 '殷代인들이 칼로 새겨 쓴 문자'로서 占卜했던 卜辭임을 밝혔다. 다시 말하면 유악은 갑골문이 상대의 문자라는 것을 명문화한 최초의 인물이다.1)

아울러 문자고석에도 상당한 성과를 보였다. 서문 중에 다음과 같은 55자를 고석하였다.

甲·乙·丙·丁·戊·己·庚·辛·癸·丑·寅·卯·辰·午·未·
申·酉·戌·亥·古·卜·大·日·雨·帝·不·我·祖·好·兄·
子(子女의 子)·于·母·車·馬·龍·虎·犬·豕·豚·五·十

이들 가운데 干支 19자를 포함해 42자를 매우 정확하게 고석해 내었다.

다만 字자가 辰巳의 巳인지를 모르고 子로만 여겨 '오직 巳자는 보이지 않는다(唯巳字不見)'라고 하였고, 五十의 합문을 '十五'로 오인하였다. 또 '貞'을 '問'으로, '亡'을 '父'로, '[囚]'를 '卜'으로 보고 잘못 풀이하여 '乙巳'를 '乙子'로 '旬亡[囚]'을 '甗父卜'으로 읽어 정확한 뜻을 파악하지 못하였다. 비록 전체적으로 문장을 해독하지는 못했지만 첫 열매로서 ≪鐵雲藏龜≫의 가치는 자못 크며 당시 고문자학과 역사학의 연구에 적지 않은 관심을 불러 일으켰다.

---

1) 劉鶚, ≪鐵雲藏龜≫ <序>, 1903, 「… 不意二千年後轉得目睹殷人的刀筆文字非大幸輿.」

2. 孫詒讓의 ≪契文擧例≫

孫詒讓(1848~1908, 字 仲容)은 40여 년 동안 고문자의 연구에 몰두한 대학자다. ≪鐵雲藏龜≫를 접하고 생전에 상대문자를 보게 된 것은 실로 상상하지 못했던 일이라고 감탄하며 수개월 동안 ≪鐵雲藏龜≫ 중 갑골복사의 내용을 집중적으로 연구하였다. 그 결과 ≪鐵雲藏龜≫가 나온 다음해인 1904년 ≪契文擧例≫ 2권을 펴냈는데 이는 최초의 갑골문 연구서이다.

그는 내용을 月日·貞卜·卜事·鬼神·卜人·官氏·方國·典禮·文字·雜例 등 10개 항목으로 분류하였는데, 제9편 文字부분은 形義를 밝히는 고석에 치중하고 분량도 전 8편을 합한 것보다 많아 고석 중심의 저서로 간주하기에 충분하였다.

≪契文擧例≫라는 서명과 분류된 10개의 항목은 손씨의 탁월한 식견을 여실히 반영하고 있다. 바로 일년 전만 해도 갑골문을 분명하게 이해하지 못하여 갑골을 '龜板'이라고 불렀는데 짧은 기간에 '契文'이라고 명명하였고 내용을 분류까지 한 것은 장족의 발전이었고 많은 학자들에게 문자 고석의 길을 열어주었던 것이다.

그는 ≪契文擧例≫가 나온 다음해인 1905년 역시 많은 갑골문 자료를 인용해 저술한 ≪名原≫을 내놓고 1908년 세상을 뜨고 말았다.

≪契文擧例≫는 1916년말 王國維가 상해에서 필사본을 구해 당시 일본에 있던 羅振玉에게 보내어 1917년에야 비로소 출판되었다.2)

孫氏가 ≪契文擧例≫를 쓸 때 갑골문 연구가 전무한 상태에서 단지 ≪鐵雲藏龜≫만을 참고로 했던 관계로 초기의 王자를 立으로 후기의 王자를 玉으로 풀이하고, 之를 正으로 풀이하는 등 문자고석에 꿰뚫어 보지 못한 부분이 없지 않다.3)

羅·王 이후 갑골문의 연구가 활발하게 진행되면서 ≪契文擧例≫에 대한 인식이 한층 제고되기에 이르렀다. 唐蘭은 ≪契文擧例≫에 대해 "갑골문 연구의 열악한 조건하에서 잘못된 고석은 불가피한 일이었고 그의 문자고석에 대한 정밀함은 羅振玉·王國維 이후 따를 자가 없다"고 하였다.4)

손씨는 유악이 ≪鐵雲藏龜≫에서 잘못 풀이한 韋·角·省 등을 바로잡은 것 외에도 ≪鐵雲藏龜≫에서 鼎을 '問'이라고 한 것을 ≪契文擧例≫에서는 '貝'의 古文으로 '貞'의 省(上6上)이라고 하였다. 甲骨文에서 '鼎'자로 '貞'을 대신하였는데 이는 복사에서 중요한 의미를 지닌 문자로 학자들의 인정을 받기에 충분했다. 또 孫氏가 岳으로 풀이한 字를 羅振玉은 '从羊从火'인 '羔'라고 오인하기도 하였다.

---

2) 孫詒讓, ≪契文擧例≫, 1917. 上海蟫隱廬石印本, 1927
3) 陳煒湛, ≪甲骨文簡論≫, p.21
4) 唐蘭, ≪天壤閣甲骨文存≫ 84片考釋

甲骨文의 연구 초기에는 ≪契文擧例≫를 중시하지 않아 이미 명확하게 고석된 문자들이 거론조차 되지않은 경우도 있다. ≪甲骨文字集釋≫ 「乘」字에는 孫氏의 견해가 누락되어 王國維가 최초로 고석한 것으로 인식되기도 하였다. 裘錫圭는 「그가 자료가 부족했던 상태에서 이처럼 훌륭하게 연구해낼 수 있었던 점에 비추어 볼때 그의 고문자와 고문헌에 대한 식견은 결코 羅・王에 뒤지지 않으며 만약 그들이 가졌던 만큼의 조건을 갖추었더라면 孫氏의 갑골문고석에 대한 공헌은 더욱 컸을 것이다」라고 평가하고 있다.5)

이러한 갖가지 예들은 ≪契文擧例≫가 甲骨文 연구의 초창기에 나왔던 귀중한 명저였음을 대변하게 해주고 있다.

≪契文擧例≫에 이어 산동 주재 미국인 方法歛이 쓴 ≪中國原始文字考≫(1906) 가 나왔고, 일본인 林泰輔는 ≪淸國河南安湯陰縣發現之甲骨獸骨≫ (1909) 을 썼다. 이로 인해 갑골문의 연구가 외국인에 의해 최초로 전개된 것이 아닌가 하는 의혹을 사기도 하였다. 일본인으로 초기 갑골문 연구가인 林泰輔는 羅振玉에게 자신이 쓴 위 논문을 보냈는데 이는 나진옥의 마음에 갑골문 연구의 불을 당겼다. 그는 3개월의 집중적인 연구로 <殷商貞卜文字考> (1910) 를 펴냈다. 그로부터 羅振玉・王國雄 두 사람은 본격적으로 甲骨文 연구에 돌입하여 甲骨文의 연구를 발전단계로 이끌었다.

제 2 절 羅振玉・王國維에 의한 문자고석의 전개

≪鐵雲藏龜≫가 갑골문에 관한 최초의 수록집으로 세상에 알려지고 ≪契文擧例≫가 문자 고석의 선봉으로 갑골문 연구의 싹을 틔우기는 하였으나 갑골문 고석의 영역을 넓히고 기초를 굳건히 다지는데 공헌을 한 사람으로는 「羅・王之學派」라고까지 추앙되는 나진옥과 왕국유 두 사람을 꼽는다.

1. 羅振玉의 <殷商貞卜文字考>

羅振玉 (1866~1940, 字 叔言, 號 雪堂) 은 뛰어난 고고학적인 식견과 풍부한 금석학 지식을 기초로 각종 고물 감정에 정통한 대학자였다. 그는 절친한 친구인 劉鶚에게서

5) 裘錫圭, <談談孫詒讓的契文擧例> ≪古文字論集≫, 中華書局, p.342, p.1933

처음 갑골문을 접하고, 한대 이래의 문자학자들이 보지 못한 진귀한 古物로 여겨 甲骨文을 수집하였으며 ≪鐵雲藏龜≫의 서문을 썼을 만큼 큰 관심을 기울였다. 劉氏가 소유했던 갑골을 대부분 입수했던 그는 1906년부터 본격적으로 갑골을 수집・연구하기 시작하였고, 북경으로 이관한 후 꾸준하게 范維卿・趙執齋에게서 용골의 출처지를 탐문하였다. 갑골문의 출토지가 안양이고 그 곳 농민들이 계속 발굴하고 있다는 것을 알고 안양에 대한 고증을 시도하였으며, 동생 羅振常을 은허에 보내 갑골을 수집케 하였다.[6] 이어 복사에 있는 10여개의 상대 帝王의 시호를 보고 그것이 은대의 정복문자라는 것을 확신했다.

1910년 <殷商貞卜文字考>를 썼던 그는 서문에서 첫째 史書의 착오를 바로잡고, 둘째 小學의 원류를 고증하고, 셋째 고대의 卜法을 밝힐 목적으로 문자를 고석했다고 천명하였다. 考史・正名・卜法・餘說 등 4편으로 구성된 본서의 독창성은 이미 劉・孫의 연구범위를 능가하였다는 평을 받고 있다.

文字考釋에 임하는 기본원칙과 방법을 제시해 주고 있는 본서의 특성은 ≪說文≫을 참고로 하여 甲骨文을 풀이하되 ≪說文≫에 구속당해서는 안된다는 것이다. 그는 孫氏가 ≪說文≫을 참고로 하면서도 이를 과신하여 '隻'자가 '獲'자인줄 알았으면서도 '奪'의 생략된 자로 보아 '獲得하다'는 뜻의 본의임을 간파하지 못했다고 여겼다.[7] 羅振玉은 갑골문의 고석에 다음과 같은 몇 가지 방법을 채택하였다[8].

1) 甲骨文을 古文・籀文과 비교하여 籀文이 바로 古文인 것을 증명하며, 이로서 일부 갑골문을 고석한다. 예컨대, 四・登・系・東・子 등이다.

2) 異體字를 최대한 식별해낸다. 문자에는 簡繁이 있고, 偏傍구조는 增減變易이 있는 법이다. 이 원리를 따르면 ≪說文≫과 서로 다른 갑골문을 고석해 낼 수 있다. 예컨대, 羊・馬・鹿・豕・犬 등이다.

3) 金文을 참고하여 갑골문을 고석한다. ≪說文≫에 실린 古文・籀文로 金文을 증명할 때 합치된 자는 적으나 金文으로 복사를 증명할때 열에 여섯일곱은 합치된다. 예컨대, 于・余・每・戉・封・周・吉・嘼・遣・郭 등이다.

4) 甲骨文이 진정한 古文이고 籀文・篆文은 변화된 자체라고 확신했다. 이 논리로 일부 ≪說文≫과 자형이 다른 갑골문을 식별하여 ≪說文≫ 중 籀文・小篆의 잘못을

---

6) 羅振常, ≪洹洛訪古游記≫, 河南人民出版社, 1987.
7) ≪說文≫:「奪, 手持隹失之也, 从又奞.」,「隻, 鳥一枚也, 从又持隹.」
8) 羅振玉, <殷商貞卜文字考>, 玉簡齋石印本, 1910.

바로 잡았다. 예컨대 ≪說文≫ 車자 중의 籒文은 戔을 따랐으나 甲骨文·金文은 모두 戔을 따르지 않았음을 밝혀냈다.

본서에 착오가 전혀 없다고는 볼 수 없으나 분석과 비교라는 연구방법에 힘입어 3백여 單字를 고석해 냈고 갑골문을 해독하는데 결정적인 역할을 하는 貞·王·隻·巳·亡·災 등 字의 바른 풀이를 할 수 있게 되었다.[9] 그가 예로 든 134조항의 복사에서 확정지을 수 없는 字는 단지 30여자에 불과했으니 그의 문자를 꿰뚫는 통찰력은 높이 평가할 만하다.

그 후 그는 ≪殷虛書契前編≫ (1913), ≪殷虛書契考釋≫ (1914) (1927재판), ≪殷虛書契菁華≫ (1915), ≪鐵雲藏龜之余≫ (1916), ≪殷虛書契後偏≫ (1916) 을 잇따라 저술해냈다.

≪前編≫, ≪後編≫은 ≪鐵雲藏龜≫와 같이 초기에 출토된 갑골을 중심으로 연구한 것이고 ≪考釋≫은 내용을 都邑·帝王·人名·地名·文字·卜辭·禮制·卜法 등 8장으로 나누고 갑골문을 체계적이고 총괄적으로 개술하여 후학들이 어느 방면에서 연구하든지 참고할 수 있게 기초를 굳게 다졌다.

2. 王國維의 <殷卜辭中所見先公先王考>와 갑골편의 철합

王國維 (1878~1927, 字 靜安, 號 觀堂) 는 1898년 나진옥이 세운 東文學社에서 일본어를 배우기 시작하면서 나진옥과 연을 맺었고 갑골문의 고석에서도 나란히 공을 세워 羅王으로 병칭되고 있다.

그는 1917년부터 <殷卜辭中所見先公先王考>, <殷卜辭中所見先公先續考>, <殷卜辭中所見地名考>, ≪戩壽堂所藏殷虛文字考釋≫ (1917), ≪古史新證≫ (1925), ≪殷禮徵文≫(1927) 등을 잇따라 저술하였는데 특히 <先公先王考>, <續考> 두 논문은 그가 갑골복사에 기재된 상대의 先公先王의 명칭을 ≪史記·殷本紀≫ 중에 기재된 先公先王의 명칭과 대조하여 ≪史記·殷本紀≫ 중 몇 가지 잘못 기록한 부분을 지적해 내었다. 이로 인해 ≪史記≫는 믿을만한 실록임을 증명하였다.

예컨대 王亥는 상대의 先公으로 ≪山海經≫·≪竹書紀年≫ 중의 胲, ≪世本≫ 중의 核, ≪楚辭≫ 중의 該, ≪史記≫ 중의 振, ≪漢書≫ 중의 垓라는 것을 증명했다. 또한 ≪楚辭·天問≫에 있는 「該秉季德, 恒秉季德」 중의 該와 恒이 바로 王亥와 王亘이며, 季는 王亥의 아버지 冥, [illegible], [illegible]은 上甲 微, 夒는 帝嚳라는 것도 증명해냈다.

---

9) 그는 獸骨刻辭의 干支表를 보고 [illegible]자를 巳로 풀이, 金文중에서 의혹을 품고 있던 '乙子', '丁子' 등을 '乙巳', '丁巳'로 고쳐 宋이래 수백년 동안 풀리지 않던 의문을 해결했다. 劉·孫氏가 오직 '巳'자만 없다고 한 의문도 말끔히 정리하였다.

갑골문 철합의 길을 열다

그러나, 왕국유를 갑골학사상 부동의 위치를 차지하게 해준 대 성과는 쪼개진 두 조각의 갑골편을 본래의 면모로 짜 맞추어 甲骨文綴合의 길을 열었던 일이다. 그는 ≪後篇≫ 上 8.14와 ≪戩壽堂≫ 1.10의 두 甲骨片을 합쳐 한 문장으로 연결하여 商王朝 世系 연구의 난제를 해결시켰다(도 3-1).10)

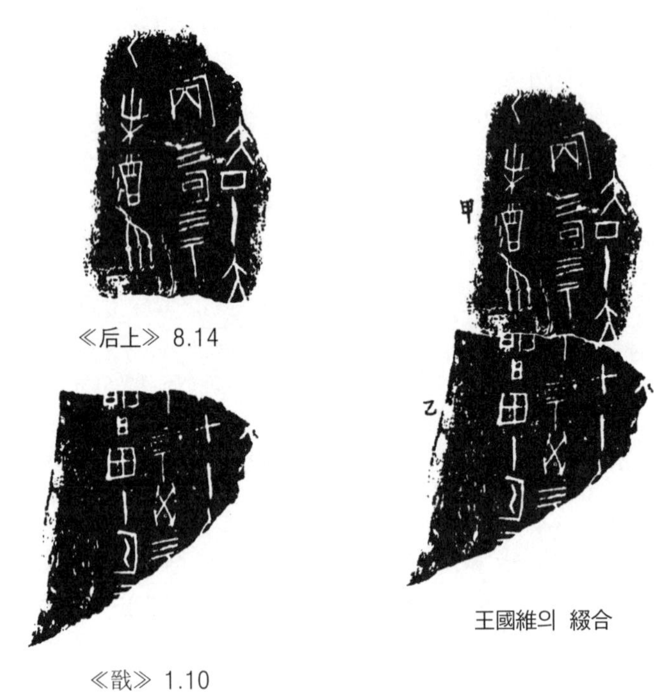

≪后上≫ 8.14

王國維의 綴合

≪戩≫ 1.10

[도 3-1]

다시 말하면 ≪史記·殷本紀≫에 上甲·報丁·報乙·報丙의 잘못된 순서를 上甲·報乙·報丙·報丁으로 바로 잡아 주었고, 中宗이라고 불렀던 상왕은 大戊가 아니고 祖乙이며 庚丁은 복사중에 康丁으로 되어 있는 점과, 그 외에 잘못된 父子·兄弟의 관계를 하나하나 지적하였다.

이러한 논저들은 2천년 이래 상대 제왕의 칭호와 世系를 재정리하는 근거를 마련했고, 갑골문이 출토된 이래 중국 고대사에 중대한 의미를 던진 성과로 갑골문의 사료가치를 높여 甲骨學을 중요한 학문분야로 끌어 올렸다.

갑골학이라는 새로운 연구분야에서 王國維가 얻은 명성은 그의 문자를 꿰뚫는 높은 文字學 지식과 강한 연구열의 결과라고 할 수 있다. 이 점은 후배학자에게 끼친 영향도

10) 王國維가 綴合한 도표 3-1의 아래에 붙일 수 있는 또하나의 조각을 董作賓이 ≪善齋所藏甲骨拓本≫ p.277에서 찾아 綴合하였다. 또 부족분은 嚴一萍이 글로 써 넣었다. 제2편, 제2장 1-5편 참조.

적지 않다.

특히 '世系'와 '稱謂'의 연구는 갑골문이 쓰인 시대를 구체화 시켰다. 예컨대 王氏는 ≪後編≫ 上 25.9 (≪合≫ 7862) 에 있는 父甲 · 父庚 · 父辛이라는 이름의 복사를 武丁시대의 것이라고 단정하였다. 상대후기 제왕의 기록에서 甲 · 庚 · 辛이 아버지 별이 되는 상왕은 武丁뿐이기 때문이다. 즉 武丁의 아버지는 小乙이고 陽甲 · 盤庚 · 小辛은 큰아버지들이다. 복사에서는 아버지를 비롯해 伯父 · 叔父를 모두 父라고 칭하기 때문에 武丁이 그의 아버지들을 제사하는 기록이라고 단정할 수 있는 것이다. 이러한 추론은 뒤이은 단대연구의 중요한 단서가 되는 암시를 주었고, 그의 갑골편 짝맞추기는 1950년대에 들어 활발하게 연구되었던 甲骨文綴合의 선구자였다고도 할 수 있다.

이상에서 살펴본 羅 · 王 두 사람의 갑골문 연구결과는 첫째, 갑골문이 속했던 시대를 확정했고 둘째, 복사의 내용을 일반적으로 통독할 수 있게 하였으며 셋째, 商王朝 世系의 윤곽을 잡아 갑골문의 고석과 연구의 기초를 확립시켰다고 하겠다.

이 무렵 캐나다인 明義士의 ≪殷虛卜辭≫ (1917)와 王襄의 ≪簠室殷契類纂≫ (1920) 이 나왔다. ≪簠室≫은 고석된 873字와 부록에 첨부된 200여 자의 合文, 그리고 계속적인 연구를 요하는 140여 자를 모아 편찬한 최초의 갑골자전이다.

이어 柯昌濟의 ≪殷虛書契補釋≫ (1921), 林泰輔의 ≪龜甲獸骨文字≫ (1921) 가 나왔고, 商承祚은 ≪殷虛文字類編≫ (1923)을 저술하였으며, 陳邦懷의 ≪殷虛書契考釋小典≫ (1925), 葉玉森의 ≪鐵雲藏龜拾遺≫ (1925) 등이 잇따라 출판되었다.

甲骨文의 발견으로부터 이때까지의 갑골문 연구는 單字나 간단한 문장의 고석에 불과하였다. 그러나 1925년 왕국유가 갑골문 자료를 金文이나 고대문헌과 상호 대조하여 夏商의 역사를 연구한 ≪古史新證≫을 발표하면서 새로운 국면에 접어들었다. 비록 완벽한 체계를 이루어 연구한 것은 아니지만 상대사 연구의 새 길을 제시한 선구자 였다고 할 수 있다.[11]

---

11) 孟世凱, ≪殷墟甲骨文簡述≫, p.44.

제 3 절 董作賓 · 郭沫若에 의한 갑골문연구의 발전

국가적인 차원에서 殷墟 발굴이 진행되고 갑골문이 대량으로 출토된 데 힘입어 갑골문의 연구는 單字의 고석에 계속 주력하는 한편 갑골문과 관계된 내용의 고증, 占卜자료 및 출처, 鑽鑿方法 등 폭넓은 연구가 전개되었다. 그중에서도 괄목할 만한 분야는 갑골문 分期斷代의 연구, 甲骨文으로 투시한 고대사회의 연구, 갑골문의 綴合 등이다. 이 시기에는 董作賓 · 郭沫若이 중심이 되고 唐蘭 · 于省吾 · 陳夢家 · 胡厚宣 등이 연구를 이끌었다.

1. 董作賓의 ≪甲骨文斷代硏究例≫

董作賓(1895~1963, 字 彦堂, 號 平廬)은 갑골문이 발견된 하남성에서 갑골문의 발견 4년전에 태어나 갑골문과의 만남을 운명적으로 여겼다. 그가 이끈 중앙연구원 역사어언연구소의 발굴은 10여년을 경과하는 동안 갖가지 장애를 무릅쓴 15次의 발굴로 수만편의 갑골편을 얻는 개가를 올렸다.

1929년 殷墟 제3차 발굴에서 4片의 완전한 龜腹甲을 발굴하였는데 이를 「大龜四版」이라 명명하고, 董作賓은 이 龜甲에 대한 고석을 시도하였다. 그 과정에서 매 卜辭의 '卜'자와 '貞'자 사이에 있는 한 字가 인명이며, 이 사람이 상왕을 대신해서 점을 치는 사관임을 알아냈고 이들을 '貞人'으로 칭했다.

그 중 한 龜甲(22-13 참조)에 도합 6명의 貞人이 있었는데 이들은 같은 시기 상왕실에서 史官으로 일했던 사람이라고 단정하고 이러한 貞人이 있는 복사는 갑골문의 시기를 구분하는 중요한 표준이 됨을 알았다. 또 卜辭중의 祖甲 · 祖乙 등의 稱謂는 재위하고 있는 王이 칭한 商王 사후의 廟號(謚號)라는데까지 연결 지을 수 있었다. 이러한 廟號는 상왕 및 왕후에게도 적용되어 妣某라고 함도 밝혀냈다.[12]

일찍이 중국인들은 돌아가신 상왕을 先王이라 하고 왕비를 先妣라고 하였는데 복사중에 先妣는 先王과 함께 제사를 지냈다. 先王先妣에 대해 계통적인 연구를 시도한 끝에 결국 商王朝 역대왕의 世系와 그 관계를 파악할 수 있었다. 따라서 貞人은 갑골문 시대구분의 중요한 표준이 되었다.

특히 제13차 발굴에서 얻은 1만7천여 편 갑골 중 비교적 완전한 龜腹甲은 200여 판으

---

12) 董作賓, ≪甲骨文六十年≫, 藝文印書館, 1965, p.70

로 은허발굴이래 가장 풍성한 수확이었다. 董作賓은 전 9차의 발굴에서 얻은 갑골문 약 6천여 편을 선별하여 ≪殷虛文字甲編≫(1948)을 집필했고, 제13・14・15차의 발굴에서 얻은 갑골 1만여 편을 정리하여 ≪殷虛文字乙編≫(上中下)을 출간했다.

殷墟에서 과학적인 발굴로 얻은 갑골은 문자의 고석에만 그치지 않고 각 방면의 연구에 중요한 자료로 제공되었다. 이 시기 갑골문 연구에 획기적인 공헌은 갑골문의 斷代研究다.

董作賓은 1933년 ≪甲骨文斷代研究例≫에서 갑골문의 시대를 구분하는 10가지 표준을 마련하였고, 이러한 표준을 근거로 은허에서 출토된 갑골문을 아래와 같이 5개의 시기로 구분하였다.[13)]

10개 표준

1. 世系 : 商왕조의 왕실계보
2. 稱謂 : 제사지낼 때 조상들의 칭호
3. 貞人 : 왕을 대신해 점을 치고 기록하는 사관
4. 抗位 : 갑골문이 발견된 구덩이와 위치
5. 方國 : 상왕조 주변의 국가들
6. 人物 : 왕실귀족 및 관리들
7. 事類 : 왕들의 활동에 따른 점복 내용
8. 文法 : 각 시대에 따른 문장・문법・어휘의 차이
9. 字形 : 문자구조상의 차이
10. 書體 : 서체・풍격의 변화

5 시기

제 1 기 : 盤庚・小辛・小乙・武丁
제 2 기 : 祖庚・祖甲
제 3 기 : 廩辛・庚(康)丁
제 4 기 : 武乙・文丁
제 5 기 : 帝乙・帝辛

≪甲骨文斷代研究例≫의 발표로 甲骨文 연구는 객관적인 표준과 체계적인 연구 방법이 정립되었다. 나아가 그는 斷代研究에 만족하지 않고 더욱 큰 가능성을 품고 分派의

13) 董作賓, ≪甲骨文斷代研究例≫(1932), ≪董作賓學術論著≫, 1979, pp.371～488

연구를 시도해 殷代禮制를 신구 양파로 구분하였다. 다시 말하면 제1기 武丁과, 제2기 祖庚 및 제4기 文武丁을 舊派로, 제2기 祖甲, 제4기 武乙, 제5기 帝辛을 新派로 규정하였다. 그는 이러한 새로운 방법과 관념을 발전시켜 ≪殷曆譜≫를 완성하였다.[14)]

이 시기 그와 어깨를 나란히 한 사람은 갑골문으로 상대사 연구를 전개하여 새로운 분야를 개척한 郭沫若이다.

2. 郭沫若의 ≪甲骨文字研究≫

郭沫若(1892~1978, 字 鼎堂)은 1927년 혁명에 실패하고 蔣介石의 추적을 피해 일본으로 잠입한 후 고대사회의 연구를 시작하며 갑골문에 관심을 모았다. 그의 고문자에 대한 연구의 출발은 甲骨文字의 고석이 아니고 고문자를 기초로 하여 中國古代社會를 연구하는데 있었다.[15)]

1930년 펴낸 ≪中國古代社會研究≫ 중의 <卜辭中的古代社會>는 갑골문 자료로 상대사회의 경제 상황을 천명한 획기적인 저술로, 당시 국내외 학계에 큰 영향을 미쳐 甲骨文 연구의 영역을 확대시켰다. 1931년에 내놓은 ≪甲骨文字研究≫는 문자를 꿰뚫는 높은 식견을 유감없이 발휘한 명저로 문헌의 고증만을 원칙으로 삼았던 乾嘉學派의 고정관념을 타파하는데도 큰 공헌을 하였다.[16)] 예컨대 <釋祖妣>는 祖·妣의 본의를 고석하고 이로서 상고시대의 生殖神 숭배와 종교의 기원을 논증하였고, <釋五十>에서는 숫자의 合體현상을 발견하여 나진옥이 十五, 十六이라고 고석한 것을, 五十, 六十으로 바로잡아 前人을 능가하는 창견을 피력하는 한편 문자 자체의 연구에 그치지 않고 이를 근거로 앞선 학자들이 인식하지 못한 고대사회의 실상을 <釋臣帝>, <釋明>, <釋干支> 등을 통해서 이끌어냈다.

1933년과 1937년 일본에서 ≪卜辭通纂≫과 ≪殷契粹編≫을 잇달아 냄으로 郭沫若의 甲骨文研究는 절정에 달하여 甲骨文을 연구하는 사람들에게 신선한 충격을 안겨주었다. 중국과 일본 소장가의 甲骨까지 선별해 엮은 ≪卜辭通纂≫은 甲骨文資料를 결집한 종합연구의 성격을 띤다. 나아가 商代世系에서 그동안 논쟁을 벌이던 商代先王중의 '戔甲'을 '河亶甲'으로, '羌甲'을 '沃甲'으로, '虎甲'을 '陽甲'이라고 고증해 의혹의 매듭을 푸는데 성공하였다. 그 뿐 아니라 先妣의 特祭에는 직계제왕의 배우자만을 모셨고 형을 이어 제위에 오른 방계 제왕의 배우자는 오르지 못한 것을 밝혀 殷代의 적장자제도의 뿌리를 증명해냈다.[17)]

---

14) 董作賓, <殷曆譜>(1934), ≪董作賓學術論著≫, 下, 世界書局印行, 1979, pp.807~832
15) 郭沫若, ≪甲骨文字研究·序≫ (1931) (乾嘉學派는 淸 乾隆·嘉慶시기(1736~1820) 훈고·고증을 표방하던 經學派이다.)
16) 吳浩坤著·梁東淑譯, ≪中國甲骨學史≫, 東文選, 2002. p.445

≪殷契雜編≫은 劉體智가 소장하던 2만여 편 중 정수만을 선별해 만든 갑골문 자료 수록집이다. 특히 새로 고석해 낸 甲骨文字에 독특한 견해를 보이고, 商代社會·歷史와 긴밀한 연관성을 가지고 고찰함으로 갑골문 연구가 새로운 단계로 도약할 수 있는 기초를 다졌다.

1978년 병상에서도 ≪甲骨文合集≫의 출판을 서둘러 편집인들의 序文 요청을 받아들였으나 출판을 보지 못하고 유명을 달리하였다.

甲骨文 研究의 四大家

위에서 언급한 羅·玉·董·郭 4사람은 갑골문의 연구에 지대한 공헌을 한 학자들이다. 이들의 字나 號는 공교롭게 雪堂·觀堂·彦堂·鼎堂으로 모두 堂자가 들어 있어 후학들은 이들을 갑골문 연구의 四堂이라고 일컫는다.

제 4 절 胡厚宣의 갑골문연구 재건과 기타 학자

1. 胡厚宣의 ≪甲骨學商史論叢≫과 그의 연구성과

胡厚宣(1911~1996)은 甲骨學者이면서 史學者로서 갑골문 발굴에서부터 참여한 몇 안 되는 학자중의 한 사람이다. 그는 북경대학 역사과를 졸업하자마자 중앙연구원 역사언어연구소 연구원으로 들어가 동작빈과 함께 은허 발굴을 주도하였다. 상해 復旦大學, 北京大學 교수를 역임하였으며 평생을 갑골문 연구에 헌신하였는데 특히, 新中國 건립후 대륙에서의 갑골문 자료의 수집과 연구에 눈부신 공헌을 하였다.

1936년 ≪卜辭雜例≫에 이어, ≪甲骨年表≫를 내었고, 1944년 ≪甲骨學商史論叢≫ 四冊을 저술하였는데 이는 각 부분의 풍부한 甲骨文 자료를 망라하고 인용하여 40만 자에 달하는 괄목할만한 저술을 내었다. 그 중에 논의된 <一甲十癸>, <四方風名>, <五方觀念>, <記事刻辭>, <疾病>, <生育>, <農業>, <氣象>, <社會>, <宗教>, <封建制度> 등은 특기할 만한 창견들이다. 그가 혼신의 노력을 기울였던 일은 은허발굴이었는데 발굴에서 얻은 갑골편이 모두 대만으로 옮겨가게 되자 북경·천진 등 각지에 산재되어 있는 갑골편을 귀합해 정리하는 대작업이다. 이때 그는 ≪戰後寧滬新獲甲骨集≫(1951), ≪戰後南北所見甲骨錄≫(1951), ≪戰後京津新獲甲骨集≫(1954), ≪甲骨續存≫(1955), ≪蘇德美日所見甲骨

17) 郭沫若, ≪卜辭通纂≫(1933), (修訂本) 台灣 大通書局, 1976

集≫ (1988) 등 대륙과 세계 각지에 남아 있던 갑골을 연대순으로 정리하였다.

1956년에는 갑골문 발견 50년을 맞아 ≪五十年甲骨學論著目≫ 등을 저술하여 그동안의 연구상황을 한눈에 볼 수 있게 하였다.

1982년 중국정부는 ≪甲骨文合集≫을 제작하였는데 그는 총편집장을 맡아 13권을 성공적으로 완성시키는데 크게 공헌하였다. ≪合集≫이 출판된 후 중국 국무원에서는 「건국이래 최대의 학술성과」라는 격찬을 받았다. 1986년 그는 다시 80여 년간의 갑문학 연구 결실을 한데 모아 ≪八十五年來甲骨之材料之統計≫로 재결산 하였다.

그 다음으로 주력했던 일은 甲骨學의 세계화로 갑골학을 세계적으로 주목받는 중요 연구영역으로 제고시키는데 견인차 역할을 하였다. 그는 초기 갑골문 발굴과 정리에 힘썼고 끊임없는 연구를 통해 商王朝의 역사를 재조명하며 상문화 발양에 매진했다. 1996년 86세로 세상을 뜰때까지 갑골문을 연구했던 57년간 그는 200여편에 달하는 논문과 저서를 낼 만큼 놀라운 연구업적을 남기므로 당대의 '甲骨學宗師'라는 존경과 추앙을 받았다.[18)]

2. 容庚

容庚 (1894~1983, 字 希白, 號 頌齋)은 甲骨文과 金文연구에 몰입하였고 고문자 수집과 摹寫를 좋아하여 篆刻·회화 등에 능했다. 甲骨學에 관한 저서로 ≪甲骨文發現及其考釋≫, ≪殷契卜辭≫, ≪甲骨學概況≫ 등이 있다. 容庚은 吳大徵의 ≪說文古籀補≫의 체계를 본 떠 金文 1만여 字를 수록한 ≪金文編≫을 제작하였다.[19)] ≪金文編≫은 古文字 연구의 중요한 자료로 쓰임받고 있다.

3. 于省吾

于省吾 (1896~1984, 字 思泊, 號 雙劍誃主人)는 古文字 학자인 동시에 훈고학자로 甲骨文과 金文의 고증에 큰 족적을 남겼다. 1940년부터 수년에 걸쳐 갑골문 고증에 관한 저서인 ≪雙劍誃殷契駢枝初編·續編≫을 편찬하였고, 탁월한 창견으로 갑골문자를 고석한 ≪甲骨文字釋林≫ (1881) 을 내어 명성을 떨쳤다. 1996년 갑골문자 3,691자를 수록한 ≪甲骨文字詁林≫을 主編하였다.

---

18) 王宇信主編, <甲骨學研究的發展與胡厚宣教授的貢獻> ≪甲骨文與殷商史≫, 第3輯, 1997
19) 容庚, ≪金文編≫, 中華書局, 1985

4. 唐蘭

唐蘭(1901~1979, 字 立庵)은 羅·王 이후 갑골문자 고석에 힘써온 사람으로 ≪說文解字≫와 고문자 연구에 몰두하여 1934년 ≪殷虛文字記≫를 내었고, 1935년에 ≪古文字學導論≫을 써 甲骨文·金文 연구의 방향을 제시하였다. 그 외 ≪天壤閣甲骨文存≫, ≪殷墟文字硏究≫가 있다. 특히 그는 ≪導論≫에서 다음과 같은 文字形體를 인식하는 4가지 방법을 피력하였다.[20]

對照法 : 근대 문자와 고대 문자와의 상호 비교를 통해 연구한다.
推勘法 : 문의를 모색하는 중에 문자를 식별한다.
偏旁分析法 : 매 글자를 따로 떼어 분석하고 그 변화를 살핀 다음 다시 합쳐 고찰한다.
歷史考證法 : 문자는 쉼없이 변화하는 것이므로 우선 문자의 발전과 변화상을 연구하여 그 차이를 살핀다.

5. 商承祚

商承祚(1902~1991, 字 錫永, 號 契)는 羅·王의 지도하에 고문자의 연구에 종사했다. 1923년 이미 문자의 고석에 두각을 나타낸 그는 ≪殷虛文字類編≫을 펴 갑골문 정리작업의 선례를 남겼다. 저서로 ≪福氏所藏甲骨文字≫와 ≪殷契佚存≫(1933)이 있다. 그는 金文 연구에도 심혈을 기울여 ≪十二家吉金圖錄≫, ≪渾源彝器圖≫를 펴냈으며, 20세기에 들어서는 戰國 楚竹簡의 연구에도 열정을 쏟아 ≪戰國楚竹簡匯編≫(1978)을 내놓았다. 그는 문자학계 뿐 아니라 중국 학계의 거목으로 추앙받았다.[21]

6. 陳夢家

陳夢家(1911~1966)은 容庚의 지도 하에 갑골문과 금문을 연구하였는데, 특히 갑골문 단대 연구에 크게 성과를 올렸다. 1956년에 저술한 ≪殷虛卜辭綜述≫은 내용을 總論, 文字, 文法, 斷代, 年代, 先王先妣, 廟號, 親屬, 百宮, 農業及其他, 宗敎, 身分, 終結, 附錄 등 20여 부분으로 나누어 개술 하였다. 본서는 甲骨學總論에서 이를 능가할 만한 다른 저작이 없을 정도로 비중 있는 저서로 간주되고 있다. 그중 단대부분은 그가 1949년부터 쓴 ≪甲骨斷代學≫ 4편이 모아진 것이며 갑골분기연구에 중요한 공헌을 하였다.[22]

---

20) 唐蘭, ≪古文字學導論≫ (增訂本), 齊魯書社, pp.163~202
21) 陳煒湛, <商承祚先生學術成就述要> ≪古文字硏究≫ 제24집, p.5

7. 朱芳圃

朱芳圃(1895~1973)은 1933년 ≪甲骨學文字編≫을 펴냈는데 ≪殷虛文字類編≫의 자료를 참고하여 9백여 자를 수록하였다. ≪甲骨學文字編≫이라는 書名은 갑골문과 관계된 학문을 甲骨學이라고 칭하는 선례가 되었다.[23)]

제 5 절 현대의 갑골문 연구

1. 兩岸의 갑골문 연구

甲骨文 발굴에 핵심적인 역할을 했던 中央硏究院 歷史語言硏究所가 1948년부터 그 동안의 발굴을 기초로 ≪殷虛文字甲編≫과 ≪乙編≫의 일부를 출판하기 시작하면서 더욱 풍부한 연구 성과를 올릴 즈음 중국내의 정치상황은 1949년 10월 이후 台灣과 大陸이라는 양대 진영으로 나뉘는 분단의 아픔을 안게 되었다. 따라서 이 시기의 갑골문 연구도 대륙과 대만 양안에서 전개되었다.

1) 대만의 갑골문연구

대만으로 이주해 온 중앙연구원은 台北 南港에 새롭게 개원하였다. 갑골문 발굴에 참가했던 董作賓·李濟 등은 중앙연구원과 함께 대만으로 이주하였고, 屈萬里교수, 金祥恒교수 등 甲骨·考古學者들은 각각 중앙연구원과 대만대학에서 가르치는 한편 연구에 몰두했다. 중앙연구원에서 ≪殷虛文字甲編≫, ≪乙編≫과 ≪殷虛文字外編≫이 나오고 1957년 張秉權이 ≪甲編≫, ≪乙編≫을 철합해 엮은 ≪殷虛文字丙編≫과 ≪考釋≫ 6권을 잇따라 펴낸 경사를 맞았다. 이는 1936년 13차 은허발굴에서 출토된 갑골을 근거로 실물 형체 그대로 복원시켰고 탁본의 크기도 실물 크기로를 수록하였다.

1961년 屈萬里교수의 ≪殷虛文字甲編考釋≫, 金祥恒교수의 ≪續甲骨文編≫이 잇따라 출판되었으며 계속해서 각 家의 해설을 망라해 실은 李孝定의 ≪甲骨文字集釋≫(1965)이 나와 당시의 갑골문연구에 귀중한 참고자료로 제공되었다.

董作賓과 黃然偉가 펴낸 ≪續甲骨年表≫가 1967년 중앙연구원에서 출판되었다. 본서

---

22) 陳夢家, ≪殷虛卜辭綜述≫, 1956
23) 朱芳圃, ≪甲骨學文字編≫(1933), 四版 台灣商務印書館, 1983

는 갑골문 발굴에서부터 1960년대까지의 연구 결과에 이르기까지 그 발전 과정을 상세하게 안내하고 있다.

1963년 張光直의 ≪殷商廟號新考≫가 중앙연구원 季刊에 발표되었는데 민족학의 관점에서 은상의 廟制를 해석한 독특한 견해로 갑골문 연구에 있어서 새로운 시각에서 이해하게 해주었다. 1965년 董作賓의 ≪甲骨學六十年≫이 나왔고 대만대학에서 ≪中國文字≫ 출판된데 이어 嚴一萍의 ≪甲骨學≫(上下), 張秉權의 ≪甲骨文與甲骨學≫도 갑골학 전반에 걸쳐 폭넓게 연구한 저서들이다.

1950~60년대, 대만의 갑골문 연구는 풍부했던 자료에 힘입어 대륙의 갑골문 연구를 능가하는 성과를 올렸다.[24] 그러나 대만의 갑골문 연구는 새로운 자료를 얻지 못한 최대 한계를 극복하지 못하고 점차 쇠퇴 일로를 걸었다. 1980년 이후 점차 대륙과의 왕래가 자유로워졌고, 소장학자들의 열성적인 연구로 활력을 되찾아 가며 중앙연구원의 鍾柏生은 ≪殷商卜辭地理論叢≫(1988), 蔡哲茂는 ≪甲骨文綴合集≫(1999), 朱岐祥은 ≪殷墟甲骨文字通釋稿≫(1989), ≪甲骨文硏究≫(1990) 등을 내는 등 심혈을 기울여 연구에 종사하고 있다.

근 50년간 대만의 문자연구의 주류는 갑골문이었다. 그러나 최근 들어 풍부한 자료가 발굴된 戰國 楚簡의 연구가 갑골문의 연구를 능가하는 연구성과를 올리고 있다.[25] 대만대학 周鳳五는 <包山楚簡文字初考>(1992), ≪郭店楚店竹簡≫(1998) 등을 내면서 戰國文字硏究를 주도하며 중앙연구원의 林素清·李佳興 등도 전국시대에 주력하고 있다.[26]

2) 대륙의 갑골문 연구

1949년 10월 1일, 소위 新中國이 건립된 후 중국 정부는 조국 歷史文物보호법을 공포하고 역사문물의 국외 유출을 막는 한편 역사유적지, 고대 묘장지 기타 진귀한 문물을 적극 보호하였다. 1959년 중국사회과학원 고고연구소는 殷墟에 陳列室을 설치하고 60년 정식으로 유물을 전시하였으며 殷墟를 전국 제일의 중요 문물 보호지역으로 공포하였다.[27]

한편, 자료의 보충을 위해 개인 소장가들이 소장하고 있는 갑골을 박물관·도서관·연구소 등에 헌납하여 갑골문과 고대사 연구의 편의를 제공토록 하였다. 그 결과 ≪鐵雲藏龜≫, ≪殷虛書契前編≫, ≪後編≫ 등에 수록된 일부 甲骨들이 浙江박물관, 山東박물관, 上海박물관에 귀속되고 ≪殷虛書契菁華≫에 실린 일부 대형 갑골은 중국역사박물관에서 소장하게 되었다. 또한 원로 갑골학자 王襄은 50여년 동안 갑골연구에 종사하면서

---

24) 王宇信, <論1978年以後的甲骨文硏究進入了全面深入的新階斷> ≪2001年度春季聯合學術發表大會發表論文集≫ pp.87~123

25) 梁東淑, <台湾的甲骨文硏究·以硏究機構及硏究人員爲例>·台湾訪問學者論文. 2007

26) 周鳳五, <五十年來兩岸古文字學硏究的情況及其成果> <韓國中語中文學國際學術發表會論文集> 延世大學 2002, p.293

27) 孟世凱, ≪殷墟甲骨文簡述≫, 文物出版社, 1980, p.55

모았던 갑골을 天津문화국에 기증하였고, 劉體智는 소장한 2만여 점의 갑골을 북경도서관에 기증하는 등 많은 소장가나 갑골학자들이 갖가지 방법으로 개인 소유의 갑골을 국가에 헌납하기에 이르렀다.

다른 한편 1950년 4월 중국사회과학원 고고연구소를 설립하고 安陽 殷墟에서 새로운 발굴을 시작하였다. 이같은 발굴은 현재까지 이어지며 수많은 갑골문과 고고자료를 확보함으로서 갑골문연구에 새로운 활력을 불어 넣었다.

이때 가장 큰 활약을 하였던 胡厚宣은 北京·天津·南京 등지에서 조사와 수집에 총력을 기울여 일만여 편이 넘는 甲骨을 모았다. 그는 1951년 ≪戰後寧滬所獲甲骨集≫에서 甲骨 1145片을, 1945년 ≪前後南北所見甲骨綠≫에서 甲骨 3276片을, 1945년 ≪前後京津新獲甲骨集≫에 갑골 5642편을 수록한 대작들을 잇따라 내놓고 이 기간 6권에 달한 저서를 펴내 신중국 건립후 甲骨文연구의 서장을 화려하게 장식하였다.

그 외에도 1950년 李亞農의 ≪殷契綴佚續編≫, 1951년 郭若愚의 ≪殷契拾綴≫, ≪殷契拾綴二編≫ 등 12권의 저서가 출판되었다.28)

이 시기를 대표하는 큰 성과인 갑골문철합의 결과는 괄목할 만하다. 1955년 曾毅公의 ≪甲骨綴合編≫, 曾毅公·郭若愚·李學勤 공저의 ≪殷墟文字綴合≫이 출간되었다. 1956년 陳夢家는 과거 50년 간 연구결과를 종합하여 ≪殷墟卜辭綜述≫을 펴냈다. 그동안 근 20여년에 걸쳐 많은 소장가, 개인 수집가들의 기증과 학자들의 중단없는 노력으로 많은 갑골편이 모아지고 연구 또한 많은 결실을 맺었다.

1970년 이후 수천편에 달하는 갑골편들이 새롭게 출토되어 갑골문 연구에 박차를 가했다.

2. 새로운 자료에 의한 연구의 전기 마련

갑골문의 연구는 갑골문의 발견과 거의 동시에 이루어 졌고 끊임없이 발굴된 갑골편에 힘입어 갑골문자의 考釋과 斷代연구, 갑골문의 철합 등 분야에서 큰 성과를 이루었다. 특히 1970년에 들어 예상 밖의 풍성한 甲骨자료들이 잇따라 발굴됨에 따라 더욱 새로운 연구가 전개되어 기존의 학설을 보충하고 또 재론해야 되는 경우도 뒤따랐다. 본 절에서는 1970년대 이후 발견된 중요 발굴품을 근거로 한 연구를 살펴본다.

1) 小屯南地甲骨의 발견

1972년 겨울 安陽 소둔마을 주인 張五員에 의해 갑골편이 발견되어 1973년 3월부터 12월까지 두 차례에 걸쳐 대대적인 발굴을 하여 卜甲 50片, 卜骨 4959片 등 5041片과 牛肋骨 4片, 가공되지 않은 골자료 8片을 발견하였다. 이는 1950년 이래 가장 많은 갑

28) 吳浩坤著·梁東淑譯, ≪中國甲骨學史≫, 東文選, 2002, p.83

골을 얻은 성과였다.

이들 甲骨의 특징은 갑골이 묻힌 지층의 관계가 명확하고 도기와 함께 묻혀 갑골의 分期 斷代가 확실하였다. 동시에 殷代 分期의 새로운 근거를 제공하였다.

1975년 고고연구소는 小屯南地 갑골정리팀을 구성하여 1971년부터 간헐적으로 小屯地區에서 발견된 갑골과 1977년까지에 소둔촌 일대에서 출토된 甲骨을 씻고 綴合하고 탁본하여 1980년 갑골편 4612편을 담은 ≪小屯南地甲骨≫ 上冊 2권을 출판하였고, 1983년 하책 釋文과 摹本, 索引 3권을 내어 갑골문 연구의 새로운 자료로 제공하였다[29].

2) 婦好墓의 발견

1975년 겨울 殷墟 궁전유지 서남쪽을 탐색하고 1976년 정식으로 발굴을 시작하여 1km 범위 내에서 殷墓 10여 개소를 포함한 80여 개소의 구덩이를 발견하였던 바 婦好墓도 이때 얻은 중요한 수확이었다. 墓의 규모는 그리 크지 않았으나 유일하게 묘실이 전혀 훼손되지 않았다는 점에서 고고학적인 의미가 컸다.

수장품은 468여 점의 청동기, 755 점의 옥기, 560여 점의 골기, 70여 점의 석기 등 1600여 점으로 풍부하고도 극히 정교하였다. 그 외에도 화폐가치가 있는 조개가 7000여 점 출토되었다.[30]

수장된 청동기에 따르면 銘文은 七組로 구분된다. 婦好 · 司母辛 · 司兎示母 · 亞弜 · 亞其 · 亞戶后口 · 束泉 등인데 그 중 婦好와 司母辛은 묘주의 신분을 나타내는데 시기는 묘장년대와의 관계에 따라 무정시대로 추정한다. 이는 바로 武丁妃 婦好의 묘인 것으로 밝혀졌다. 母辛은 婦好의 아들이 칭하던 어머니의 諡號로 갑골문과의 비교하여 연구할 수 있는 결정적인 자료이다.[31]

3) 西周 甲骨文의 발견

西周 甲骨文은 일찍이 1950년대에 접어들면서 간헐적으로 발견되었으나 西周時代 甲骨文의 확실한 증거로 제시할 수 있는 충분한 자료는 1970年代 후반에 들어서 확보되었다. 1975年 북경 昌平 白浮의 西周初 燕國 묘지에서 대략 100여 片의 갑골이 발견된 데 이어 1977年 여름 陝西省 岐山과 扶風 등에 있는 西周 이전의 궁전 유지에서 17,000여 편의 갑골을 발굴하였다. 기산 봉추촌의 갑골문은 서주의 갑골문을 은허의 갑골문과 견줄만큼 그 위상을 높여 주었다. 아울러 수량의 방대함은 단 시간에 매립된 것이 아니고 오랜 시간에 걸쳐 축적되었음을 시사하고 있다.[32]

---

29) 中國社會科學院, ≪小屯南地甲骨≫(上下) 中華書局, 1980 上, 第1分冊 序文
30) 中國社會科學院 考古研究所編, ≪殷墟婦好墓≫, 文物出版社, 1980
31) 王宇信 · 楊升南, <試論殷墟五號墓的'婦好'> ≪考古學報≫, 제2기 1977, pp.1~22
鄭振香 · 陳志遠, <安陽殷墟五號墓的發掘> ≪考古學報≫, 제2기 1977, pp.57~96

특히 주목받는 것은 1979年 扶風懸 齊家村에서 문자가 있는 갑골 100여 字를 찾아내었는데 거의가 온전한 龜腹甲으로 周代 갑골을 총괄적으로 이해하는 데 결정적인 역할을 한 중대한 자료였다. 이로써 甲骨文이 殷代 뿐 아니라 西周時代에도 쓰였음을 확실하게 해 주었다.[33]

(1) 서주 갑골문의 시대

西周 甲骨文에 나타난 인명 · 관명 · 지명 · 주변국명 · 역사적 사실로 보아 위로 文王시대로부터 昭 · 穆王시대까지 대략 3단계로 나눌 수 있다.

· 文王시대 : 鳳雛에서 출토된 갑골이 대표적이며 상대의 帝乙 · 帝辛시대와 같다.
· 武 · 成 · 康王시대 : 鳳雛를 비롯해 洪趙坊堆村 갑골이 대표적이다.
· 昭 · 穆시대 : 周原 齊家 및 北京 昌平 白浮 갑골이 대표적이다.[34]

(2) 서주 갑골문의 내용

武丁시대 복사 중에 「周氏巫」란 구절이 있다. 巫는 바로 筮인데 占卜에 쓰이는 蓍草나 蓍草로 점을 치는 사람을 일컬으며 氏는 곧 致로 貢給이란 뜻이다. 이 내용은 周人이 商王에게 巫人이나 蓍草를 헌납했다는 뜻이다. 이때 이미 商 · 周 간에 점복에 대한 교류가 있었고 두 부족은 甲骨로 점복하였을 뿐 아니라 蓍草로도 점복하였음을 알 수 있다. 周人이 商王에게 巫人을 보냈다면 점복 방법에 있어서도 상의 巫術이 보다 먼저 주에 전해졌을 가능성 역시 배제할 수 없다.[35] 岐山에서 발견된 17,000여 편의 갑골 중 특히 문자가 있는 龜甲 190편 중에서 고석을 할 수 있는 것은 32片이다.[36] 이를 내용을 分類해 보면 祭祀 · 出入 · 狩獵 · 曆法 · 數卦 등으로 나눌 수 있다.[37]

(3) 서주 갑골문의 특징

西周 갑골문이 대량으로 출토된데 힘입어 갑골판 위 문자의 배열, 卜兆의 관계, 龜甲의 정리과정, 鑽 · 鑿 · 灼의 상황 등을 비교적 자세하게 관찰해 낼 수 있게 되었다. 은허복사와의 비교를 통해 그 특성을 알아 본다.

---

32) 陝西省考古隊, <陝西岐山鳳雛村發現周初甲骨文>, ≪文物≫, 1979, 第10期
33) 王宇信, ≪甲骨學通論≫, 中國社會科學出版社, 1989
34) 徐錫台, <周原出土甲骨文的族屬及其時代深討>, ≪中國語文硏究≫, 第9期
35) ≪左傳 · 僖公四年≫에는 「筮短龜長」이라는 말이 있음을 볼 때 龜卜은 주된 방법이고 筮는 보조적 역할임을 시사하고 있다.
36) 陝西周考古隊, <扶鳳懸齊家村西周甲骨發掘簡扱>, ≪文物≫, 1981, 第9期
37) 李學勤 · 王宇信, <周原卜辭選釋>, ≪古文字硏究≫ 제4집, p.245

출토장소

殷墟 갑골은 극소수를 제외하고 거의가 灰坑에서 출토되었지만 西周 갑골문은 대다수가 종묘 궁전기지에서 발견되었다.

갑골의 자료

西周 갑골문 대다수가 귀갑이기는 하지만 우견갑골도 있어 귀갑만을 중점으로 사용한 것은 아니다.[38] 정리과정에서의 현저한 특징은 腹甲을 정리한 후 상부는 넓고 평평하게 다듬었고, 그 중앙에 둥글고 작은 구멍을 뚫는 것이 상대와 크게 달랐다. 牛肩胛骨은 먼저 骨臼부위를 잘라내고 골벽을 얇게 하여 골면과 평행하게 갈아 다듬은 다음 鑽鑿하거나 灼하였다.

갑골의 鑽鑿 방법

주대 복골의 경우 圓鑽 가운데에다 鑿을 하였다. 이는 鑿 옆에 鑽을 하는 상대와 크게 달랐다. 주대갑골 중 가장 완전한 것은 齊家 1號 卜甲인데 안쪽에 35개의 方鑿이 있고, 좌우 양측의 卜兆는 모두 龜板의 중앙을 향해 있어 灼과 兆의 상관관계를 명확히 보여 주었다.

각사부위

주대 卜甲에 刻辭할 때는 일반적으로 骨臼가 아래를 향하고 있다. 이는 骨臼를 위로 하는 은대와 크게 다른 점이다. 복사는 兆枝 상부나 하부에서 중앙선을 향해 썼다. 두 줄 이상인 경우 橫書로 중앙선을 향해 썼다.

자 형

서주갑골문이 갖는 가장 두드러진 특징은 문자의 외소함이다. 손가락 크기만한 龜甲에 3,40자를 새겨 놓은 것도 있을 정도이다. 작은 글씨를 조밀하게 새겼기 때문에 西周甲骨은 비교적 쉽게 부서지는 경향이 있다. 자형은 대체로 長方形의 특색을 나타내고 있다.

---

38) 李學勤, <西周甲骨文的幾點硏究>, ≪文物≫, 1981, 第9期

복사중의 역법

紀　　年 : 殷墟 卜辭에서 祀라고 한 것과는 달리 초기부터 年을 썼다.

閏　　月 : 상대인들은 초기에는 閏月이 있을 때 十二月 뒤에 十三月이라고 표현하였고 後期에는 해당 閏月 뒤에 중복하여 기록을 하였다. 周代 甲骨文에는 해당 월 뒤에 중복해서 나타냈다.[39]

紀　　日 : 상대인들은 十日을 단위로 十二支를 배합하여 甲子・乙丑 등으로 나타내며 한 달을 三旬으로 나눈 반면, 주대인들은 달의 변화에 따라 한 달을 初吉・旣生霸・旣望・旣生霸로 4등분하여 나타냈다.[40]
상대인들은 十日을 단위로 마지막 날인 癸日에 다음 十日의 안녕을 점쳤고, 주인들은 이 네 기간의 길흉을 점치는 경우가 많다.[41]

* 唯十月旣死霸, 亡咎. (H 11 : 55)
10월의 그믐 무렵, 재앙이 없습니까?

紀錄순서 : 이들을 종합해 보면 상대인들은 태양을 중심으로 하여 날을 계산했으며 달이 떠오르고 지는 변화로 月을 기록하였다. 그러나 주대인들은 달의 盈・缺・晦・朔의 변화를 중심으로 하고 干支로 이를 보완하며 日을 기록하였다.[42] 따라서 旬은 나타나지 않는다. 상인들은 日・月・年, 주인들은 年・月・日 순서로 썼다. 상이 망하고는 日・月・年의 記時방법은 자연 도태되고, 주 이후 年・月・日의 記時 방법이 보편적으로 사용되었다.

周人들은 殷人보다 농업생산에 주력하였기 때문에 보다 정확한 曆法체계하에 농업의 파종과 수확의 시기를 적용하였다. 商代의 역법을 이어 周代의 역법이 더욱 발전하게 된 요인이다. 이는 또 주대가 상의 선진 문화를 받아들이고 그 기초 위에 고유의 문화를 더욱 발전시켜 특유한 西周文化를 이룩하였다고 할 수 있다.

4) 花園莊東地 갑골의 발견

1991년 가을 殷墟 花園莊의 東地에서 도로공사 중 龜甲獸骨로 가득한 갱을 발견하였다. 지명을 따 "花園莊東地甲骨文"이라고 칭하여 '91花東H3'으로 약칭한다. 이 갱에서

39) 姚孝遂, ≪殷墟甲骨刻辭摹釋總集(上)≫, 902號, 1650號, 中華書局, 1988, 2.
40) 趙英山, ≪古青銅器銘文研究≫, 商務印書館, 1983
41) 梁東淑, <西周甲骨文의考釋> ≪中國語文學≫ 제17집, 1990
42) 劉毓慶, ≪圖騰神話與中國傳統人生≫, 인민출판사, 2002.

발견된 갑골의 수량과 특색 및 학술적 가치는 주목할 만하다.

(1) 갑골수량 및 시기

갑골갱에는 卜甲과 卜骨, 문자가 있는 것과 없는 것, 크고 작은 것들이 혼재되어 도합 1,583편의 갑골이 발견되었다. 卜甲은 1,558편이고(복갑 1468편, 배갑 90편, 문자가 있는 복갑 557편, 배갑 17편), 卜骨은 25편(字骨 5편)으로 刻辭가 있는 갑골은 모두 579편이다. 대부분이 大版이지만 완전한 대판 卜甲은 755판에 달하고, 卜辭가 새겨진 대판 卜甲만도 300여 판이 넘는다. 婦好·吴가 출현한 것으로 보아 시기는 武丁 초기로 본다.

(2) 갑골복사의 내용과 특색

卜辭가 있는 甲骨 579편의 주요내용은 제사·기상·수렵·질병·몽환·정벌 등이다. 1936년에 발견된 'YH127坑'과 비교해 볼 때 甲이 많고 骨이 적으며, 완전한 大版인 卜甲의 수량이 卜骨보다 많을 뿐 아니라 정리 및 갑골 반면의 鑽·鑿·灼의 방식이 서로 비슷하고 단지 갱의 형태 및 갱 내부의 퇴적은 다르다. '花東H3'에는 개조된 背甲이 없고, 오히려 腹甲에 구멍이 뚫린 것이 최대 특징으로 약 백여 편에 이른다. 구멍은 크기에 따라 두 종류가 있다.

첫째는 甲橋 좌우에 약 0.6~0.8cm 크기의 구멍이 한 개씩 뚫려있다.

둘째는 약 0.2~0.4cm 크기로 위치가 고정되어 있지 않다.

첫째, 류의 구멍은 갑골의 鑽·鑿·灼를 훼손하지 않았다. 구멍은 가공 후에서 점을 치기 전에 뚫은 것이다. 각 판의 甲橋에 구멍을 뚫어 끈으로 한데 묶어 놓고 점복의 재료로 삼았음을 보여준다.

둘째, 류의 구멍은 鑽·鑿·灼 및 문자를 훼손하기도 하였다. 占卜 혹은 刻辭 후에 뚫은 것이다. 刻辭된 卜甲이 쪼개졌을 때 파열된 주변에 조그만 구멍을 뚫고 끈으로 묶어 붙인 것이다.[43)]

이들 정황은 당시 占卜 후 卜甲은 일정 장소에 보관했음을 알 수 있다.

卜辭는 모두 칼로 새겼으며 붓으로 쓴 흔적은 보이지 않는다. 갑골복사의 字體 風格은 작고 수려하며 대부분 각진 문자였다. 둥글고 부드러운 글자도 약간 보이지만 획일적이며 異體字가 비교적 적다.

---

43) 劉一曼, <殷墟花園莊東地甲骨坑的發見及主要收獲> ≪甲骨發見一百周年學術研究會≫, pp.207~208

(3) 갑골복사의 학술적 가치

A. 斷代 표준의 새로운 근거를 제공했다.

花東H3 卜辭는 1936년 H127갱 및 1973년 小屯南地 갑골에 이은 대발견으로 갑골문의 分期斷代 연구에 중요한 의의가 있다. 동작빈이 ≪甲骨文斷代硏究例≫를 통해 갑골문의 시기를 五期로 나누는 10개의 표준을 제시한 후 단대연구가 시작되었다. 10개 표준 중 稱謂 · 貞人이 직접 표준이고 字體는 간접 잣대라고 하였지만, 稱謂 · 貞人이 많지 않았던 상황에서 字體는 分期의 중요한 근거가 됨을 논하였다. 예컨대 癸자는 [illegible]형은 초기 [illegible]형은 후기의 자형이라 했다. 그러나 5기로 보는 [illegible]자가 '花東H3'의 제1기에서 수시로 출현하며 子 · 庚자도 마찬가지다. 이로 볼 때 갑골문의 斷代는 새로운 도전을 받게 된 것이다.

B. '花東子卜辭'와 '非王卜辭'의 중요자료가 된다.

花東H3 갑골복사는 '子'나 子와 관련된 일을 물었고, 占辭가 '子' 또는 '子占曰'로 시작되는 것으로 보아 子가 주체임을 말해주고 있다. 이는 非王卜辭와 상대 가족형태연구에 귀중한 자료임을 말해준다. 완전한 대판 卜甲이 300편이나 되는 花園莊東地 甲骨文은 금후 갑골문 연구에 새로운 전기를 마련할 것으로 전망된다.44)

3. 현대의 갑골문 연구

1) 갑골문 연구의 산실

갑골문 연구는 직접적으로 중국문자 연구의 기초가 되었고, 나아가 고대 사회의 역사 · 문화 전반의 연구에 중요한 자료라는 인식이 확고해졌다. 현 시점에서 갑골문 연구에 뜻을 둔 초학자들이 연구 방향을 잡는데 도움이 되도록 현재 갑골문을 연구하는 연구소 및 각 대학의 상황을 개괄적으로 살펴보고자 한다.

中國社會科學院 歷史 · 考古硏究所

현재 갑골문 연구의 중심축을 이루는 기관은 중국사회과학원 역사 · 고고연구소이다. 초기 胡厚宣 · 李學勤이 이끌었고 齊文心 · 常玉芝 · 王宇信 · 楊升南 등이 활발하게 활동하며 ≪甲骨文合集≫에 이어 ≪甲骨文合集補編≫ 등을 출간하였고, ≪小屯南地甲骨≫과 ≪花園莊東地甲骨≫(2004)을 출판하였다.

44) 劉一曼 · 曹定云, <殷墟花園莊東地甲骨卜辭選譯與初步硏究>, 1999, p.297
李學勤, <河南博物院落成論文集>, ≪花園莊東地卜辭的'子'≫, 中州古籍出版社, 1998

台灣 中央硏究院 歷史語言硏究所

대만의 중앙연구원 역사언어연구소는 초기에는 발굴을 이끌었던 董作賓·李濟 등이 주축이 되어 갑골문 연구의 최대 산실이었다. 대만으로 이관된 뒤 屈萬里·李孝定·張秉權 등이 대를 이었으며 ≪殷墟甲骨甲編≫, ≪乙編≫, ≪丙編≫ 등을 잇따라 내었다. 현재는 鍾栢生·蔡哲茂 등이 지속적으로 연구에 몰두하고 있다.

吉林大學 古文字硏究所

길림대학은 갑골문 연구의 뿌리가 깊은 곳이다. 일찍이 于省吾에 이어 姚孝遂, 肖丁 등이 ≪殷墟甲骨刻辭類纂≫, ≪殷墟甲骨刻辭摹釋總集≫을 내어 연구의 편의를 제공하였고 林澐·吳振武 등이 뒤를 잇고 있다. 본 연구실에서 주편하고 있는 ≪古文字硏究≫는 가장 권위있고 대표적인 갑골학 관련 논문집이다.

현재 각 대학에서 갑골문 연구에 종사하는 학자들은 적지 않다. 북경대학에서 상해 復旦大學으로 옮긴 裘錫圭는 현대 갑골문 연구의 견인차 역할을 하며 ≪古文字論集≫을 내었고, 홍콩中文大의 沈培는 ≪殷墟甲骨卜辭語序硏究≫를 내며 갑골문의 어법 연구에 힘쓰고 있다. 그 외에도 四川大學의 徐中舒는 갑골 단자를 현대 사전 형식으로 쉽게 활용할 수 있는 ≪甲骨文字典≫을 펴냈다. 中山大學에는 曾憲通·陳煒湛 등이 있다. 彭裕商은 斷代의 연구에, 趙誠은 갑골문자의 풀이와 갑골문을 문자학의 견지에서 분석하고 있다. 일찍이 상해 화동사범대학의 李圃는 ≪甲骨文選讀≫을 내어 갑골문의 독해에 힘썼고, 복단대학의 吳浩坤도 갑골문 연구에 힘을 쏟았다. 수도사범대학의 黃天樹, 상해복단대학의 施謝捷, 하문대학의 劉釗, 길림 사범대학의 徐寶貴, 상해대학의 楊逢彬 등이 갑골문 연구에 종사하고 있다. 특히 화남사범대학의 張玉金은 갑골문 어법과 갑골문의 음운학 방면의 연구에 주력하고 있다.

국립대만대학에서는 일찍이 董作賓·屈萬里·金祥恒 교수가 갑골문 연구를 주도하였고, 현재는 카나다에서 갑골문을 연구하며 鑽鑿形態로 단대할 수 있는 근거를 세웠던 許進雄 교수가 귀국하여 교학에 힘쓰고 있다. 국립대만사범대학에서는 魯實先·吳璵 교수가 갑골문을 가르쳤다. 또 東海大學의 朱岐祥교수는 최근 ≪甲骨文詞譜≫를 펴내는 등, 심도 있게 갑골문을 연구하고 있다.

2) 갑골문의 연구 성과

갑골문 발견 이래 100여년간 저술된 갑골문 관련 논문과 저서는 대략 10,946종이며 14개국에 걸친 연구 종사자는 3,833(중국인 3,331인, 외국인 502인)인에 달한다.[45] 1970년대 이후 출간된 중요 저서를 중심으로 항목별로 나누어 살펴보면 다음과 같다.

(1) 갑골편의 수록

郭沫若 主編 ≪甲骨文合集≫46)

본서는 1899년 갑골문 발굴 이래 산재되었던 근 16만 여 편에 달하는 갑골편 중 자료적 가치가 뛰어난 41,956편을 모아 13冊으로 집대성한 최대 갑골 수록집으로 胡厚宣이 총편집을 맡았다. 체제는 董作賓이 구분한 5시기로 나누고 매 시기마다 내용에 따라 크게 계급과 국가, 사회생산, 과학문화, 기타 등 4단계로 나누고 다시 22개로 세분했다. 본서의 출판은 많은 자료를 한눈에 볼 수 있도록 해 갑골학 연구에 획기적인 전기를 마련해 줌으로써 갑골문의 연구 뿐 아니라 商代史·考古學의 연구에도 크게 기여했다. 중국 고대사회 연구에 풍부한 자료를 제공한 갑골학사상 이정표적인 저서로 꼽힌다.

中國社會科學院 編 ≪小屯南地甲骨≫47)

본서는 1973년 소둔남지에서 발굴된 갑골 5,041편을 수록한 갑골 수록집이다. 상권은 도판을 수록하고 하권은 釋文과 索引 및 鑽鑿 형태까지 수록했다. 본서에 수록된 갑골의 수록번호는 출토층, 鑽鑿형태, 釋文, 관련색인의 항목과 서로 상응되어 있어 각기 다른 각도에서 연구하는 학자들에게 모두 큰 도움을 주고 있다. 특히 갑골의 鑽鑿형태 탁본을 수록하여 鑽鑿의 형태와 분기단대를 서로 연관시킨 작업은 갑골학 斷代硏究에 큰 공헌을 하였다. 본서는 고고학에 근거한 과학적 발굴로 이뤄낸 체계성 있는 갑골학 저서라 할 수 있다.

彭邦炯 主編 ≪甲骨文合集補編≫48)

≪甲骨文合集補編≫(이하 ≪補編≫)은 모본인 ≪合集≫ 체제와 동일하며, ≪合集≫에 누락된 자료를 증보하고, 80년대 이후 발굴된 새로운 갑골편과, 綴合된 자료까지 망라하여 7권으로 펴냈다.

≪補編≫의 상권에서는 도판을 우선 ≪合集≫의 분류와 같이 5기로 나누고 각 시대별로 계급과 국가, 사회생산, 사회문화, 기타 아래에 22개 항목으로 배열하였다. 하권에서는 본서의 상권에 수록된 갑골 13,450片과 은허 이외의 유적지에서 출토된 갑골에 대한 釋文 및 來源表·索引 순으로 배열하였다. ≪補編≫은 중국사회과학원에서 추진했던 甲骨學一百年史의 중점연구 중의 하나로, 胡厚宣이 총편집을 맡았던 ≪合集≫의 연장선상의 성과라 하겠다.

45) 宋鎭豪, ≪百年甲骨學論著目≫ <序>, 語文出版社, 1999
46) 郭沫若 主編 ≪甲骨文合集≫13冊, 中華書局, 1982년
47) 中國社會科學院 編 ≪小屯南地甲骨≫, 中華書局, 1980년
48) 彭邦炯·馬季凡·謝濟, ≪甲骨文合集補編≫, 語文出版社, 1999

(2) 갑골문자의 고석

姚孝遂・肖丁의 ≪殷墟甲骨刻辭類纂≫49)

≪殷墟甲骨刻辭類纂≫ (이하 ≪類纂≫) 은 일본학자 島邦男의 ≪殷墟卜辭綜類≫를 저본으로 하여 部首로 분류하고 분기도 그대로 따랐으며 그 이후의 자료를 첨가하여 문자 형체에 새로운 정리를 시도한 동시에 ≪綜類≫에서 최대의 결함으로 지적된 楷書 釋文을 추가하여 ≪綜類≫의 미흡함을 보충하였다.

≪類纂≫은 ≪綜類≫의 164部首 중 臣은 目으로 병합하고, 曰은 日에 병합시켰으며, 玉은 王部首에 넣는 등 유사한 部首를 합병시켜 149部首로 설정하였고 도합 3,673字의 용례를 수록하였다.

≪類纂≫은 ≪甲骨文合集≫을 골간으로 하고, ≪小屯南地甲骨≫, ≪英國所藏甲骨集≫ 등 1970년대 이후 출간된 저서의 내용을 추가하였으며, 그 중에서 僞刻・習刻・중복된 자료, 흔히 볼 수 있는 辭例 등은 생략하였다. 甲骨單字나 그와 결합된 자들의 용례를 알고자 할 때 ≪類篆≫은 가장 좋은 도구서가 될 것이다.

島邦男의 ≪殷墟卜辭綜類≫50)

≪殷墟卜辭綜類≫ (이하 ≪綜類≫) 는 일본학자 島邦男의 저작으로 1967년에 일본 문부성의 보조로 간행되었다. ≪綜類≫는 갑골복사의 내용과 검색을 동시에 할 수 있도록 기능을 갖춘 역작이다. 내용을 살펴보면, 첫째, 1967년까지 출판된 모든 자료서를 두루 참조하여 자료수집에 완벽을 기하였고, 둘째, ≪說文≫ 部首 배열법의 기초 위에 갑골 자형의 특징을 최대한 살려 164部首로 분류하고 이들을 표제자로 하여 3천여 자를 수록하였다. 셋째, 164部首를 근거로 한 검자색인은 검자에 매우 편리하게 제작되었다. 그 외 부록으로 '五期의 称謂'나 先王先妣의 제사 순서, '통용・가차・동의용례' 등을 도표로 만들어 편의를 제공하였다.

≪綜類≫의 최대 특징은 甲骨 문자형체와 복사내용을 긴밀하게 밀착시켜 갑골복사 자료의 검색을 바로 할 수 있는 기능이다. 한가지 결함이 있다면 복사의 原文은 있으나 釋文이 없어 갑골문을 모르면 읽을 수 없는 점이다. 1967년 갑골문 연구의 중반에 자료의 종합과 卜辭의 분류를 완벽하게 결합시킨 초유의 독창적인 도구서로 후속자료의 길잡이가 되었다. 외국인의 손에 의해 이 같은 대작이 제작된 것은 실로 경탄할 만하다.

49) 姚孝遂, 肖丁, ≪殷墟甲骨刻辭類纂≫ 上中下, 中華書局, 1987
50) 島邦男, ≪殷墟卜辭綜類≫, 台灣 大通書局, 1967

姚孝遂 · 肖丁의 ≪甲骨刻辭摹釋總集≫51)

≪甲骨刻辭摹釋總集≫ (이하 ≪摹總≫) 은 ≪甲骨文合集≫ 41,956편을 기본자료로 삼았고 그 외 ≪小屯南地甲骨≫, ≪英國所藏甲骨集≫, ≪東京大學東洋文化硏究所藏甲骨文字≫, ≪懷特氏等所槭甲骨文集≫ 등을 포함하여 도합 52,486편을 모사하고 釋文을 붙였다. ≪摹總≫의 내용은 먼저 갑골복사를 모사하고 밑에 해서로 釋文을 달아 모사와 석문의 대조 형식으로 배열하여 갑골문의 해독에 편의를 도모하였다. ≪摹總≫이 출판됨에 따라 기타 관련 학문에서 갑골문을 자료로 이용할 수 있는 귀중한 참고자료로 제공되었다.

최근에는 ≪摹總≫과 같은 성질의 ≪甲骨文合集釋文≫이 나왔다. ≪摹總≫ 보다 10여년 뒤에 출간되어 ≪摹總≫ 중의 여러 가지 착오를 바로잡게 되었다.

胡厚宣 主編, ≪甲骨文合集釋文 · 來源表≫52)

≪甲骨文合集釋文 · 來源表≫ (이하 ≪釋文 · 來源表≫) 는 ≪甲骨文合集≫에 수록된 41,956편의 내용을 楷書화한 거작으로 胡厚宣이 주편하고 王宇信 등이 감수를 맡았다.

≪釋文≫의 출판 계획은 ≪甲骨文合集≫이 출판되던 1980년부터 시작되었다. 10여명의 학자가 釋文 작업을 시작해 1984년 각 권의 초고를 완성하였고 王宇信 · 楊升南 · 齊文心 등이 ≪釋文≫의 교정작업을 거친 뒤 韓樹績이 필사를 맡아 1999년 20여 년만에 완성했다.

≪釋文≫은 ≪合集≫의 수록번호 순으로 41,956편의 석문을 열거하였다. 문자의 주석은 공인된 학설을 따랐고, 위각을 밝혔으며 결각된 자는 써넣고 설명을 붙였다. 또한 合文은 풀어서 썼으며, 색채가 남아 있는 글자는 괄호 속에 설명을 넣어 문자의 색감까지도 느끼게 해주었다. 또 ≪合集≫ 중의 分期가 잘못된 부분도 밝히는 등 ≪合集≫의 착오를 바로잡았다.

≪釋文≫의 탄생은 그 동안 ≪合集≫을 楷書化한 ≪殷墟甲骨刻辭摹釋總集≫의 미진한 부분은 바로 잡아 ≪合集≫을 읽는데 큰 폭으로 기여하여 갑골문 발견 100주년 기념 사업의 최대 성과로 평가받고 있다. 다만, ≪釋文≫에는 갑골문의 모사가 없어 단독으로 활용할 경우 卜辭를 바로 대조하지 못한 불편함이 남는다.

≪來源表≫는 ≪合集≫에 수록된 자료의 來源을 밝힌 것으로 자료의 출처를 분명하게 해준 동시에 ≪合集≫의 탁본이 흐린 경우 원본을 검색할 수 있는 길을 터 준 유익한 도구서다.

---

51) 姚孝遂, 肖丁, ≪甲骨刻辭摹釋總集≫ 上中下, 中華書局, 1988
52) 胡厚宣 主編, ≪甲骨文合集釋文 · 來源表≫(<釋文> 4권, <來源表> 3권), 中國社會科學出版社, 1999

(3) 갑골문 字典

于省吾의 ≪甲骨文字釋林≫53)

갑골문 200여 자를 形音義 세 방면과 동시대에 발견된 다른 字와의 횡적 관계, 또한 다른 시대에 발생하고 변화한 종적 관계에 주의하여 객관적 방법으로 분석하였다. 또한 古文字의 會意자들은 고대 사회활동의 실제 상황을 반영한다는 생각 하에 한 글자 한 글자를 분석하였다. 예컨대 갑골문의 형벌 관련字에서 상대 통치계급이 일반백성에게 자행했던 탄압의 진상을 간파해낸 것이다. 난해한 고문자들의 고석이 많아 귀중한 저작으로 널리 쓰인다.

于省吾의 ≪甲骨文字詁林≫54)

于省吾가 주편하여 18년의 노력 끝에 내놓은 대작으로 갑골문 3,691字를 수록했다. 우선 部首 149字 밑에 3,691字를 배열하고 字形總表를 만들어 검색에 편리하게 하였다. 매 글자에 일련번호를 붙여 1번인 人자에서 시작해 3,691번째인 亥자로 끝내는데 마지막을 干支로 장식한 것은 ≪說文≫과 유사하다. 매 글자의 풀이는 90여년간 고석한 중요 연구성과를 발췌해 넣었다. 1965년에 출판된 ≪甲骨文字集釋≫ 보다 새로운 자료들이 첨가되었다. 매글자 뒤에 '按'을 붙여 종합적인 결론을 내렸다. 각각의 說을 두루 참고할 수 있는 편리함이 있다.

徐中舒의 ≪甲骨文字典≫55)

≪甲骨文字典≫은 徐中舒가 주편했다. 본서의 체제는 '一'자로 시작해 '亥'자로 끝냈고, 매 글자는 제1기에서 제5기까지 시대를 구분하여 字形변화를 읽을 수 있게 한 것이 장점이다. 우선 자형 구조를 풀이하고 의미에 따른 용례를 실었다. 도합 1,130여자를 풀이하였는데 기존의 많은 저서들을 근거로 하되 자형에서는 특히 ≪甲骨文編≫을 기초로 하고 글자 풀이에서는 ≪甲骨文字集釋≫을 저본으로 하였다. 기존 연구서 내용 중의 착오들을 수정 보완하여 수록했다. 여러 甲骨文字를 수록한 자전 중에서 본서는 例文이 다양하고 글자 찾기가 간편해 널리 사용되고 있다.

---

53) 于省吾, ≪甲骨文字釋林≫, 中華書局, 1979
54) 于省吾, ≪甲骨文字詁林≫, 中華書局, 1996
55) 徐中舒, ≪甲骨文字典≫ 四川辭書出版社, 1990

(4) 甲骨文의 斷代 硏究

方述鑫 ≪殷墟卜辭斷代硏究≫[56)]

본서는 갑골분기 연구의 쟁점인 非王卜辭 문제, 𠂤組卜辭와 歷組卜辭의 단대 문제를 집중적으로 논하고 있다. 坑位·地層·字體·文例 등 기존의 단대 기준에서 한 걸음 나아가 鑽鑿 형태를 고려할 것을 주장하고 풍부한 자료와 명확한 분석으로 논지를 전개하였다.

彭裕商 ≪殷墟甲骨斷代≫[57)]

본서는 총 6장으로 구성되어 있는데 우선 갑골분기에 대한 역사와 이론적 방법을 약술한 후 은허 유물에 대한 고고학적 연구 성과를 그림, 도표 등 풍부한 자료 제시와 함께 설명하고 있다. 이어 면밀한 예문 분석을 통해 갑골분기에 관한 창견을 전개하였다. 각 유형별 인명 비교표가 부록으로 실려 있다.

李學勤·彭裕商 ≪殷墟甲骨分期硏究≫[58)]

두 사람의 공저인 본서는 彭裕商의 ≪殷墟甲骨斷代≫를 증보한 것으로 총 7장으로 구성되어 있다. 갑골분기의 이론적 방법과 董作賓 이후의 연구 개황을 소개하고 고고학, 고문자학에 대한 광범위한 지식을 바탕으로 분기법을 제시하였다. 또한 복사에 나타난 상대의 중요한 역사적 사실을 전쟁·수렵·기상 등의 항목으로 나누어 기술하였다.

(5) 갑골문의 綴合

李學勤 등 ≪殷墟文字綴合≫[59)]

본서는 李學勤·曾毅公·郭若愚의 공저로 1950년부터 갑골문 연구를 시작해서 李學勤과 曾毅公이 함께 ≪乙編≫의 갑골을 철합하고, 후에 郭若愚가 수집한 철합된 ≪甲編≫의 재료를 바탕으로 출판하였다. ≪甲編≫, ≪乙編≫ 중의 482판을 중점으로 철합하여 비교적 완정한 갑골자료를 제공했다.

嚴一萍 ≪甲骨綴合新編≫[60)]

본서는 ≪殷墟文字甲編≫과 기타 탁본을 원형으로 짜 맞추어 모두 7백여 판을 철합하였다. 기존의 학자들의 성과를 모아, 이미 발표되었거나 또는 아직 발표되지 않은 綴合

56) 方述鑫, ≪殷墟卜辭斷代硏究≫, 臺灣 文津出版社, 1992년.
57) 彭裕商, ≪殷墟甲骨斷代≫, 中國社會科學出版社, 1994년.
58) 李學勤·彭裕商, ≪殷墟甲骨分期硏究≫, 上海 古籍出版社, 1996년.
59) 李學勤·曾毅公·郭若愚, ≪殷墟文字綴合≫, 科學出版社, 1955년
60) 嚴一萍, ≪甲骨綴合新編≫, 藝文印書館, 1975년

은 번호를 표시하여 編號 아래 주석을 덧붙였다. 編號 아래에 주석이 없는 것은 저자가 직접 綴合한 부분이다. 또한 綴合의 출처를 표시하여 후학들의 이해를 도왔다.

蔡哲茂 ≪甲骨綴合集≫61)

본서는 ≪甲骨文合集≫ 중의 갑골을 철합한 큰 성과물이다. 日本·英國 및 산동성 박물관소장갑골 등 중국 내외에 흩어져 있는 새로운 갑골 자료를 바탕으로 도합 360편을 철합했다. 기존의 綴合集이 摹本만 있는 것에 반해 본서는 모본 뒤에 釋文·考釋을 모두 제공했다. 이미 다른 학자들이 綴合했던 갑골은 고석 중에 주를 달았고 <甲骨文合集綴合號碼表>를 실어 보다 편리하게 검색할 수 있게 해 주었다.

(6) 갑골문 **通論書** 및 연구서

嚴一萍의 ≪甲骨學≫62)

저자는 20여년 동안 품어왔던 '갑골문을 어떻게 연구할 것인가' 하는 대명제를 ≪甲骨學≫에 담아 내었다. 우선 갑골의 구조를 설명하고 갑골의 출토와 정리된 갑골편의 수록 및 관계저서를 소개하여 甲骨學 입문의 기초를 다지게 하였고 이어 갑골문의 통독을 위해 진위 변별과 조각의 철합 원리를 이해하도록 하였다.

또 鑽鑿과 占卜과정의 분석으로 文例의 습득에 필요한 지식을 얻도록 하였고, 아울러 갑골문 斷代에 대한 종합적인 토의를 하였다. 마지막으로 甲骨學 연구의 나아갈 발전적 방향을 개진하였다.

吳浩坤·潘悠의 ≪中國甲骨學史≫63)

본서는 총 11장으로 구성되어 있는데, 갑골문의 발견과 수집·전파과정을 논하였고, 이어 갑골문의 형태 구조를 분석한 후 전문가들이 考釋한 갑골문자의 연구방법을 소개하여 기초지식을 다지는데 도움을 주었다. 또한 甲骨卜辭를 이해하기 위해서 文例·文法을 분석하여 갑골문을 해독하는데 밑거름이 되게 하였다. 마지막으로, 갑골문과 여러 학문과의 관계를 설명하여 폭넓게 甲骨學을 접할 수 있게 하였으며, 금후 연구방향을 제시해 주고 있다. 2002년, 梁東淑의 번역으로 한국어판이 동문선에서 나왔다.

---

61) 蔡哲茂, ≪甲骨綴合集≫, 中央研究院歷史語言研究所, 1999
62) 嚴一萍, ≪甲骨學≫ 上下, 台灣 藝文書局, 1978
63) 吳浩坤·潘悠, ≪中國甲骨學史≫, 上海人民出版社, 1985. 梁東淑譯, 東文選, 2002

陳煒湛의 ≪甲骨文簡論≫[64]

본서는 서명이 암시하는 것처럼 篇幅이 많지는 않지만 갑골문과 이와 관련한 중요문제를 저자 자신의 견지에서 이해하기 쉽게 설명하고 있다. 갑골문의 발견과 그 동안의 발굴과정 및 그 수량에 대한 설명을 시작으로 갑골문의 저록 방법 및 그 考釋의 발전 과정을 3단계로 나누어 설명하였고, 갑골문 契刻과 書寫관계, 갑골문 내용 분류 등등에 관하여 작가 자신의 견해를 피력하였다. 후반부에 그는 그 동안 갑골문에 있어 논의되었던 綴合과 특히 갑골문의 眞僞 문제에 있어 집요한 연구열을 발휘했다. 마지막으로 그 동안의 연구 성과와 앞으로의 전망을 기술하였다. 다량의 갑골 모사 자료를 삽입하여 현실적인 이해를 도왔다.

裘錫圭의 ≪古文字論集≫[65]

저자가 1989년까지 발표했던, 商周시대에서 秦漢에 이르는 문자의 고석과 중요 문제를 논했던 연구 결과를 모은 논문집이다. 본서에서 다룬 갑골문의 풀이는 그 동안 이설이 분분해 쉽게 결정 내릴 수 없었던 난해한 자들이 많다. 또한 갑골문 중의 重文이나 중복편방의 생략, 특수한 글자들의 쓰기 방법이 문자고석에 미치는 영향 등의 저자의 분석은 갑골문 해독에 중요한 길잡이가 되었고, 그 외 갑골문으로 본 상대의 농업·건축·악기 등에 새로운 견해를 피력했다. 특히 최근 들어 관심이 집중되고 있는 戰國文字와 秦漢의 竹簡에 대한 연구도 저자의 갑골문 연구의 기초 위에 이루어진 결과여서 주목할 만하다.

王宇信의 ≪甲骨學通論≫[66]

본서는 총 17장으로 구성되어 있다. 甲骨學이 무엇인가로 시작하여 상권에서는 그 발견된 시대와 발견자에 대한 설명과 연구 과정을 논하였고, 갑골문에서 사용되는 용어와 文例, 갑골문의 시대구분에 대해 기술하고 있다. 이어서 갑골문 자료를 사용하는데 있어 주의해야 할 사항과 갑골학과 殷商史 연구의 중요 서적을 소개했다. 그외에 갑골학 사상에 족적을 남긴 학자와 그 연구특징을 설명하였다.

하권은 西周 甲骨文의 발견과 분기 주대 갑골문을 통한 당시의 제사제도를 논하였다. 마지막으로 100년에 이르는 갑골문 연구를 세 시기로 구분하여 기술하였다. 2004년 李宰碩의 번역으로 동문선에서 출판되었다.

---

64) 陳煒湛, ≪甲骨文簡論≫, 1980
65) 裘錫圭, ≪古文字論集≫, 中華書局, 1992
66) 王宇信, ≪甲骨學通論≫, 社會科學院出版社, 1993

馬如森의 ≪殷墟甲骨文引論≫[67)]

본서는 상하 두 편으로 나누었는데 상편에서는 갑골문의 기초지식 습득을 위해 갑골문의 발견에서부터 甲骨學의 성립 과정을 다루고, 갑골문 관련 논저와 학자들을 소개하였다. 다음으로는 갑골문의 실제 상황이라고 할 수 있는 龜甲獸骨의 骨版분석, 占卜방법, 각 부위에 따른 刻辭의 내용을 탁본을 곁들여 세밀하게 분석한 점은 기타 어는 저서보다 갑골각사를 이해하는데 실제적인 도움을 주고 있다. 하편에서는 갑골문 1,056자를 선별하여 形音義 방면에서 해석을 하고 또 용례를 덧붙여 설명을 했다. 사전형식으로 구성하여 간편하게 갑골단자를 살펴볼 수 있는 것이 장점이다.

王宇信 · 楊升南의 ≪甲骨學一百年≫[68)]

전체는 15章으로 구성되어 있는데, 우선 갑골문의 발견에서부터 수집 · 정리 그리고 연구과정에서 짚어야 할 제반 사항들을 고루 다루었고, 특히 分期斷代, 卜辭의 文例, 文法, 甲骨刻辭 자체의 중요 문제들을 개진하였다.

아울러 갑골문 연구에 공헌한 초기 학자들의 공적과 연구실적을 논하였고, 갑골문과 상대사회와의 관련된 주제들을 다루어, 商代 사회와 국가기구 · 정치 · 군사 · 전쟁 및 상대 사회경제에 관련된 농업 · 목축 · 수공업 · 종교 · 제사 등과 아울러 기상 · 역법 · 의학 등도 언급했다.

마지막으로 신세기에서의 갑골문 연구에 대한 기대는 새로운 갑골자료의 발견과 한 단계 발전된 정리 작업의 개발, 연구방법의 현대화를 전망해보며 무엇보다도 연구원의 확충과 인재의 양성이 갑골학 연구의 밑거름이라는 것을 천명했다.

≪甲骨學一百年≫은 갑골문 발견 이후 연구과정에서 논의되었던 제반 문제들을 종합하고 정리하여 내놓았다고 할 수 있다.

(7) 갑골문 文字學 연구

趙誠 ≪甲骨文字學綱要≫[69)]

본서는 商代 갑골문을 대상으로 분석한 갑골문 문자학이다. 문자의 기원과 특징 등 각 방면의 중요한 문제들을 기초로 갑골문의 性質 · 構造 · 形符 · 聲符 · 詞義系統 등 매우 심도 있게 분석했다. 또 하나의 과제인 本字 · 初文 · 古今字 · 假借字 등을 갑골문과 결부시켜 새로운 방향에서 탐구했다. 저자는 금후 <金文文字學>, <戰國文字學>의 저술을 계획하고 있다.

---

67) 馬如森, ≪殷墟甲骨文引論≫, 東北師範大學出版社, 1993
68) 王宇信 · 楊升南, ≪甲骨文一百年≫, 1999
69) 趙誠, ≪甲骨文字學綱要≫, 商務印書館, 1993

李圃 ≪甲骨文文字學≫[70)]

≪甲骨文文字學≫은 은허 갑골문의 연구를 대상으로 우선 갑골문자의 가장 기본이 되는 字素 348개와 첨가 요소인 30여개의 字綴을 기초로 분석 귀납했다. 이를 통해 갑골문자를 造字방법과 表詞방법으로 나누어 서술하고 있다. 조자방법은 독체・합체・移位・省變 등 구조적인 측면을 다루었고, 表詞방법에서는 상형과 지사 등 종래의 六書 관점에서 논하여 갑골문을 문자학 측면에서 이해하기 쉽게 분석하였다.

(8) 갑골문 **音韻學**

갑골문의 음운학 연구는 일찍부터 관심을 모았던 분야이다. 중국문자의 특성이 字形・字音・字義를 갖춘 것이라면 갑골의 字形・字義의 연구에 상응되게 字音의 연구 또한 필수적이다.

갑골문 음운체계에 관심을 갖고 연구한 사람은 趙誠으로 1984년 <商代音系探索>으로 연구의 문을 열었다.[71)] 그는 상대 갑골문과 동기명문을 자료로 하고 同音, 借用과 諧聲 관계로 商代 音系를 탐구하여 성・운・성조의 초보적인 체계를 세웠다. 이어 <上古諧聲和音系>에서 갑골문은 먼저 가차해서 쓰다가 점차 형성자로 형성되었다는 특징을 밝혔다[72)]. 예컨대 갑골문 羊은 동물의 일종이다. 그러다 어떤 부녀를 '羊'이라고 가차해 칭했고 점차 羊이 여성들을 칭하게 되자 후에 '女'방을 붙여 '姅'이라는 형성자가 만들어졌다는 결론이다.

陳振寰은 1986년 ≪音韻學≫을 내며 상고전기에 속한 갑골문 16개의 성모가 있음을 밝혔다. 1988년 <从甲骨文的諧聲關係看殷商語言聲類>에서 갑골문 성모를 37류로 귀납했다. 이어 1990년 <据甲骨文諧聲字探討殷商韻部>에서 갑골문 운모에 대한 분석을 하여 상대 語音의 韻部는 22개로 중국 상고운부와 기본적으로 같음을 확인했다.[73)]

鄒曉麗는 ≪甲骨文字學述要≫[74)] 제2장에서 ≪切韻≫을 기초로 상대음까지 거슬러 올라가 상대의 語言체계를 분석했다.[75)] 그 외에도 郭錫良의 <甲骨文語言硏究>[76)], 陳代興의 <殷墟甲骨刻辭音系硏究>[77)], 何九盈의 ≪商代復複音聲母≫[78)] 등 상대의 성모에 대한 분석이 심도 있게 이루어졌다.

---

70) 李圃, ≪甲骨文文字學≫, 學林出版社. 1994년
71) 趙誠, <商代音系探索>, ≪音韻學硏究≫, 第1輯, 中華書局, 1984
72) 趙誠, <上古諧聲和音系>, ≪古漢語硏究≫, 第1期, 1996
73) 管燮初, <從甲骨文的諧聲關係看殷商語言聲類>, 中國古文字硏究會成立十周年學術硏究會論文, 1988, 長春, <倨甲骨文諧聲字探討殷商韻部>, 紀念王力九十壽辰語言學討論會論文, 1990, 北京
74) 鄒曉麗, ≪甲骨文字學術要≫, 岳麓書社, 1999년
75) 鄒曉麗, ≪甲骨文字學述要≫, 岳麓書社 1999.
76) 郭錫良, <甲骨文語言硏究>, ≪北京大學學報≫, 第6期 1988
77) 陳代興, <殷墟甲骨刻辭音系硏究>,≪甲骨語言硏討會論文集≫, 華中師範大學出版社, 1993
78) 何九盈, ≪商代復複音聲母≫, 北京大學出版社, 1998

張玉金 ≪20世紀甲骨語言學≫[79]은 그동안의 갑골문 언어학의 연구를 語音·詞滙·語法으로 나누어 각 연구자들의 이론을 전개하고 종합적인 견해를 밝혔다. 이어 아직은 초창기적 단계에 있는 위 3방면의 연구전망을 피력했다.

(9) 갑골학 관련 학술논문집

≪古文字研究≫

≪古文字研究≫는 가장 권위 있는 갑골학 관련 학술 논문집이다. 길림대학 고문자연구실은 1978년 古文字學學術論論會를 개최하며 전국의 박물관, 연구소, 대학에서 甲骨文을 연구하는 학자들을 초청하고 가장 중요한 현안들을 주제로 열띤 논쟁을 벌였으며 그 결과를 ≪古文字研究≫ 제1집으로 내놓았다. 당시 활발하게 연구하던 于省吾· 陳邦懷·張政烺·胡厚宣·徐中舒·姚孝遂·容庚·唐蘭·商家祚 등 기라성 같은 원로학자들과 李學勤·裘錫圭·曾憲通·趙誠 등 대가들이 주축이 되었다. 원로학자들은 모두 갑골문연구에 큰 자취를 남기고 가셨지만 논문집은 현재 제29집을 출간했다.

≪中國文字≫

臺灣大學 古文字研究室에서 甲骨文을 연구하던 董作賓의 주도하에 屈萬里, 嚴一萍, 金祥恒 등이 期刊으로 펴낸 논문집이다. 1960년 제1권이 출간되어 1973년 제51권이 나왔고, 1974년 전집 합본이 12권으로 출판되었다. 수 년이 지난 1980년 中國文字編輯委員會가 구성되어 ≪中國文字≫ 新一期가 예문인서관에서 출판이 재개되었다. 제38집까지 출간되었다.

(10) 갑골학 관련 저서·논문 목록

胡厚宣의 ≪五十年甲骨學論著目≫[80]

胡厚宣은 갑골문 발견 50년을 맞아 그간의 갑골문 발견과 연구를 총 결산하는 입장에서 ≪五十年甲骨學論著目≫을 펴냈다. 내용은 갑골문의 發現·著錄·考釋研究·通說·評論·彙集·雜著 등으로 나누어 세부적으로 기술했다. 그동안 연구에 종사했던 학자들은 중국인 230여명, 외국인 60여명이었고 148종의 저서와 논문은 728편이라고 통계했다. 楊樹達이 92종, 胡厚宣이 54종, 董作著이 42종을 발표해 이들 3인은 갑골문 최다 연구자들이다.

79) 張玉金,≪20世紀甲骨語言學≫, 學林出版社, 2003
80) 胡厚宣, ≪五十年甲骨學論著目≫, 1952

宋鎭豪編, ≪百年甲骨學論著目≫[81)]

본서는 1899년 갑골문 발견 이래 1999년 6월까지 갑골문 발견 1百年간 전세계에서 공식적으로 발간된 저서 논문집에 기재된 갑골문 관련 논서를 모은 것이다. 일찍이 1950년대 胡厚宣의 ≪五百年甲骨學論著目≫ 이래 계속 갑골문 관련 저서들을 모아왔고 1990年代에는 濮茅左가 ≪甲骨與商史論著目錄≫을 펴냈었다.

그러나 본서는 갑골문 발견 일백년을 기념한 대대적인 작업으로 더욱 의미가 크다. 본서에는 총 10,946종의 논저들을 갑골발견·갑골종논·갑골저록·갑골연구·전제분론·갑골류편·서간소개·기타관련서·학인전기·부록 등 10개 항목으로 나누어 기술하였다. 일백년간의 연구 논저는 1만 종에 달하고 세계 14개국에서 갑골문을 연구한 학자는 3,833명인데 그 중 외국인은 5백명이 넘는다. 한국인 갑골문 연구자는 40명으로 기록되어 있다. 한국의 갑골문 연구자에 관한 통계 자료는 알 수 없으나, 2012년의 자료에 의하면 한국의 갑골문 연구자는 상당히 증가되었다. 한국내의 갑골문 연구자는 대략 124명으로 추산하고 연구 논문은 271편으로 통계하였다.[82)] 위의 50년대의 결산과 50년 후의 결과를 비교해 볼 때 갑골학 관련 연구의 진전은 괄목할 만하다.

宋鎭豪 主編, ≪甲骨文獻集成≫[83)]

본서는 갑골문 발굴 이래 甲骨片을 수록하고 고석한 중요저서와 갑골문을 연구한 각 분야의 저서를 집대성한 것이다. 전체를 크게 5분야로 분류하고 도합 40冊으로 완성했다.

① 甲骨文考釋 : 著錄片考釋과 文字考釋으로 나누어 실었다.
② 甲骨硏究 : 分期斷代·卜法·文例文法·綴合에 관한 논문과 저서를 실었다.
③ 專題分論 : 갑골문을 통한 世系·社會·經濟·軍事·方國·文化·宗敎·天文·曆法 관련 논문과 저서들을 분류 수록했다.
④ 西周甲骨與其他 : 서주갑골문의 연구자료들을 모았다.
⑤ 綜合 : 갑골문의 발견과 전파·갑골학통론·고문자연구·序跋文으로 분류했다.

≪集成≫은 갑골문 발견 百年史에서 가장 의미 있는 작업이라고 할 수 있는 대작이었다. ≪合集≫이 중요한 갑골편을 망라했다면 ≪集成≫은 모든 연구업적이 망라되어, 갑골문 연구에 필수적인 자료로 제공되고 있다.

---

81) 宋鎭豪編, ≪百年甲骨學論著目≫, 語文出版社, 1999
82) 梁萬基.《略談韓國的甲骨學硏究現狀》韓國漢字硏究所, 2012
83) 宋鎭豪編, ≪甲骨文獻集成≫, 四川大學出版社, 2001

제 4 장 갑골문의 골판

제 I 절 갑골판의 來源

1. 갑골판의 공급처

갑골점복에 사용한 龜甲과 獸骨은 전혀 다른 2가지 점복 재료로써 전자는 수중에서 후자는 육지에서 생산되어 공급처가 서로 다르다. 先秦 고문헌에는 일찍이 거북이가 남방에서 산출되었고 중원으로 공납한 사실을 기록하고 있다. ≪尙書·禹貢≫에 「아홉 갈래의 江水에서는 도마뱀과 큰 거북을 바쳤다」[1]고 하였고, ≪今本竹書紀年·周厲王≫에는 「초인들이 거북이와 조개를 바쳐왔다」[2]고 하였다. 그 외에도 ≪詩經≫, ≪莊子≫, ≪史記≫에는 淮夷에서 거북이를 바쳐왔다고 기술하였고 楚나라의 神龜에 대한 기록이 있는데 모두 산지가 남방임을 말하고 있다.[3] 그러나 어떠한 문헌보다 확실한 근거 자료는 갑골문에 새겨진 공급처에 대한 기록이다. 갑골문에 기록된 점복재료의 공급처는 다양하다.

1) 남방에서 들여온 경우

貞 : 龜不其南氏. (≪合≫ 8994) 남방에서 거북이를 보내오지 않을까요?

有來自南氏龜, 不其氏. (≪合≫ 7076正)

남방에서 거북이를 보내올까요? 보내오지 않을까요?

---

1) ≪尙書·禹貢≫ :「九江納錫大龜」

2) ≪今本竹書紀年≫ :「楚人來獻龜貝」

3) ≪詩經·魯頌·泮水≫ :「憬彼淮夷, 來獻其深, 元龜象齒, 大賂南金」

≪莊子·秋水篇≫ :「吾聞楚有神龜」

≪史記·龜策列傳≫ :「神龜出於江水中, 盧江郡常歲時生龜長尺二寸者二十枚, 輸太卜官」

2) 서방에서 들여온 경우

周入. (≪合≫ 6649) 周에서 들여왔다.

自西. (善齋藏) 서방에서 들여오다.

西龜. 一月. (≪合≫ 9001) 서방에서 온 거북이. 1월에

3) 동방에서 들여온 경우

自東五. (善齋藏) 동방에서 5판을 들여오다.

自東. (≪前≫ 6. 58. 1) 동방에서 들여오다.

4) 북방에서 들여온 경우

竹入十. (≪合≫ 902反) 竹에서 갑골판 10판을 들여왔다.

戊戌卜, 獻貞 : 六來龜三. (≪佚≫ 991) 六에서 거북이 3마리를 들여올까요?

예문에서 보여준 '氏龜', '來龜'는 문헌 중의 '納龜', '來獻龜'와 일맥 상통된다.[4] 복사의 내용으로 볼때 점복에 쓰인 귀갑이 외부에서 진공되어 온 것임을 알 수 있고 그 중에 남방에서 들여왔다는 기록이 가장 많아 귀갑의 주된 공급처가 남방이라는 것이 증명된다.

점복에 쓰인 귀갑의 공급처를 깊이 분석한 胡厚宣은 '西龜', '自西'와 문헌 중 한차례 서방에서 귀갑을 들여왔다는 기록을 근거로 상대 卜龜의 재료는 남방과 서방에서 진공되었다고 하였다.[5] 그러나 '自西'와 출처가 같은 善齋(劉體智)의 소장 갑골문 중에는 '自東五', '自東'이라는 기록이 있다. 고문헌에 동방·북방에서 거북이를 진공했다는 기록은 없으나 '自西'에 비추어볼 때 이들은 동방에서 들여온 것이 아니라고 단언하기 어렵다. 그 외에 '竹'은 북방에 위치한 방국이고, '六'은 안양에서 5백리 떨어진 곳으로 모두 북방에 속한다.[6]

갑골문을 근거로 하면, 상대 卜龜재료는 절대 다수 남방에서 공급되었고 소수 서방·동방·북방에서도 공급되었음을 알 수 있다.

---

4) 氏龜의 氏는 以로도 풀이하며 들여오다는 '致'의 뜻이 있고, 氏와도 통한다.

5) 胡厚宣, ≪殷代卜龜之來源≫, ≪甲骨學商史論叢≫ 初集下, 1945 pp.615～660

6) ≪春秋·文公五年≫의 「秋, 楚人滅六」 밑에 杜注에는 「六은 六國이며 지금의 盧江六縣」이라고 하였다. 지금의 安徽省 六安지역으로 安陽과 약 500여리 사이이다. 李學勤에 의하면 竹은 고대 孤竹이며 현재의 河北, 遼寧 사이에 거주했던 고대 토착민족이다. 李學勤, <試論孤竹> ≪社會科學戰線≫ 1983 p.206. 嚴一萍, ≪甲骨文與甲骨學≫, p.134

2. 공납된 거북이와 소의 수량

1) 공납된 거북이의 수량

記事刻辭중에는 대략 5백 조항이 넘는 갑골판의 진공상황이 적혀 있다. 대부분 방국이나 제후 귀족들이 입수해 商왕실에 진공한 것이다. 많은 수량을 진공한 방국이나 제후 귀족으로 我·雀·周·般·婦好·婦井·子央 등이 있다. 남방을 비롯한 각지에서 공납된 거북이는 누가 들여왔으며 얼마나 많은 수량을 진공했나 하는 상황은 주로 甲橋나 甲尾·背甲 등에 새겼는데, 이같은 기사각사에서 진공자나 수량에 대한 기록을 찾아볼 수 있다.

我氏千. (≪合≫ 9013 反) 我에서 천 마리를 보내 왔다.
雀入龜五百. (≪丙≫ 168) 雀에서 거북이 5백 마리를 들여 왔다.
般入十. 爭 (≪乙≫ 962) 般에서 10마리를 들여 왔다. 爭이 씀.
周入十. (≪乙≫ 5452) 周에서 10마리를 보내 왔다.

예문 중의 氏·入·來는 모두 거북이를 '들어왔다'는 뜻이다. 당시 이들 용어는 보편적으로 쓰였기 때문에 목적어로 쓰인 龜를 생략하고 氏·入·來만으로도 거북이를 가져왔다는 뜻으로 이해된다. '들어오다'는 '入', '왕래하다'는 '來', '물건을 들어올리다'는 뜻의 '氏'는 각기 다른 동사이지만 원래의 뜻에서 의미가 인신되어 「공납하다(納)」, 「진공하다(致)」로 파생되었다. 갑골문에서 我·般은 방국명 또는 해당 방국의 수령인 인명이다. 3번째 예문에서 般이 거북이를 들여왔을 때 武丁시대의 貞人인 爭이 이를 기록하고 싸인까지 한 것을 보면 당시 공납된 물건의 사후 관리 체계가 매우 정확했다고 할 수 있다.

武丁시대 귀갑을 제일 많이 진공한 곳은 雀과 我이다. ≪殷墟甲骨刻辭類纂≫을 근거하면 雀에서 많게는 5백, 2백5십, 적게는 수십 판을 진공해 도합 7천 판이 넘었고 我에서는 千판씩 들여온 예가 4차례나 되어 武丁시대에 단지 두 곳에서 접수한 귀갑만도 1만 1천 판이 훨씬 넘는다.[7)]

위 예문의 형식을 보면, 인명이나 지명·동사·수량이 결합되어 「某氏若干」·「某入若干」으로 이루어졌다. 따라서 그 내용을 보면 누가, 어디서 얼마만큼의 귀갑을 공납했는가를 알 수 있는 것이다. 그런데 이같은 수량에 대한 언급은 귀갑의 甲橋·甲尾·背甲에만 나타나고 牛骨중에는 나타나지 않는다. 이로써 우골은 자급자족으로 보지만 누가 어디서 공납했는지는 알 길이 없다.

---

7) ≪殷墟甲骨刻辭類纂≫ p.667, p.943

이 점에 대하여 胡厚宣은 상대 점복에 썼던 우골은 商왕실이 위치한 북방에서 자급자족할 수 있었기 때문이라고 보고 있다. 즉, 목축은 중요산업 부문이었고 매우 진보된 축산업을 이룩했던 商代에 占卜에 쓸 牛骨의 수요를 충족시킬 수 있었던 것으로 간주하고 있는 것이다.8)

2) 점복에 쓰인 거북이와 소의 수량 및 비율

위에서 살펴본 바와 같이, 제1기 武丁시대에 1만여 판이 넘는 龜甲을 진공했고, 1회에 공납된 거북이의 수량 역시 한두 마리에서 천 마리까지 이른다. 또한 제사 복사에서 제물로 올려진 소의 수량도 한두 마리에서 천 마리까지 있다.9)

상대의 占卜에 쓰인 거북이와 소의 수량은 어느 정도이며 비율은 어떠한가. 이러한 궁금증을 풀기 위해 胡厚宣은 40여년 동안에 발굴된 갑골 편들을 모아 여러 각도로 통계를 내었다. 15차에 걸친 은허 발굴에서 발굴한 갑골과 여러 갑골 관계 저서에 수록된 문자가 있는 갑골편을 망라한 숫자는 109,610편이다.

龜甲이 80,015편, 牛骨이 29,596편으로 甲과 骨의 비율은 7 : 3으로 나타난다. 만약 문자가 없는 甲骨을 포함시키면 龜甲은 160,030편, 牛骨은 59,190편이다.

	龜甲	牛骨	합계
문자 있는 갑골	80,015	29,596	109,610
문자 없는 갑골 포함	160,030	59,190	219,220
비율	7	3	10

그는 龜甲은 잘게 부서지므로 10조각을 거북이 한 마리로 간주해 점복에 쓰인 거북이는 대략 16,003마리가 된다고 계산했고 牛骨은 잘게 부서지지 않으므로 5조각을 한판의 肩胛骨로 보아 점복에 사용된 소는 11,858마리로 추산하였다. 이들은 점복에 쓰였던 최저 수치라고 하였다. 그는 또 주로 甲橋 · 甲尾 · 背甲에 기재된 공납 상황을 이용해 龜甲의 수를 살펴보았는데 도합 491차례 진공되었고, 기록된 거북이의 총수는 12,334마리라는 통계가 나왔다. 이 숫자는 앞서 龜甲조각으로 추산한 16,003마리라는 수량과 큰 차이 없어 신빙성이 있다고 주장했다.10)

이는 1944년의 통계이다. 이후 수많은 갑골편이 발굴되어 상기 통계가 정확하다고는 볼 수 없으나 3천여 년 전 상왕실에서 점복에 사용했던 거북이의 수량을 짐작하게 해주고 있다.

---

8) 胡厚宣, <武丁時五種記事刻辭考> ≪甲骨學商史論叢≫ 初集下, 1944, p.467
9) 丁巳卜, 爭貞 : 降𠳋千牛二告, 不其降𠳋千牛千人. ≪合≫ 1027 正反. (4－20 참조)
10) 胡厚宣, <殷代卜龜之來源> ≪甲骨學商史論叢≫, 1944. pp.615～638

상대에 이르러 점복이 보편적으로 시행되면서 갑골에 복사를 새기기 시작했는데 전체적으로 볼 때 귀갑의 사용이 수골의 사용을 능가한다. 이는 武丁시기 商왕조가 강성해져 남방으로부터 많은 龜甲이 진공되어 온 까닭도 중요원인이 된다고 하겠다.

殷墟 제13차 발굴에서 얻은 것을 통해 볼 때 字甲이 17700편인데 비해 字骨은 단지 48편이었다. 商代 전체의 갑골사용 상황을 보면 시종 병용되었으면서도 제3・4기에 骨사용이 많은 것 외에는 甲의 사용이 우세하였다.11)

이와 같이 상대에 龜甲의 사용이 獸骨의 사용을 훨씬 능가한 현상은 "龜甲의 수량이 占卜의 사용 수요를 충족시키지 못했을 때 牛胛骨은 좋은 대용품이었다."12)고 하는 오인을 받기도 하고 상대 龜卜은 관 주도의 정통 점복관습으로 후대에 전해져 ≪詩・大雅・緜≫이나, ≪莊子・外物≫ 같은 고대 문헌에서, 정통 占卜을 논할 때 왕왕 龜占卜만을 거론하기도 하였다.13)

그러나 占卜에 牛胛骨을 사용하였던 관습은 신석기 시대에 이미 시행되었고 商代는 그 전통을 이어받아 더욱 발양시켰다고 하겠다.14)

3. 거북이와 소의 종류와 크기

1) 거북이와 소의 종류

거북이 종류는 매우 다양하다. ≪周禮・春官≫에서 6종의 거북이의 명칭・색깔・크기・형체특징 등을 기술하였고15) ≪史記・龜策列傳≫에는 거북이를 8가지로 분류하였다.16) ≪爾雅・釋魚≫에서는 「神龜・靈龜・攝龜・寶龜・文龜・筮龜・山龜・澤龜・水龜・火龜」 등 10가지로 나누어 설명하였다. 이같이 고문헌에 여러 종류의 거북이가 있으나 갑골문에 사용된 거북이의 종류와 완전히 일치되지 않는다.

1929년 제3차 은허발굴에서 다행스럽게도 완전한 형태의 龜甲을 발굴하였는데 생물조사소 乘志가 감정한 결과 龜殼의 구조가 희랍의 田龜(Testudo Craecea)와 매우 유사한 것에 근거해 이를 安陽田龜(Testudo Anyangensis)라고 명명하였다.17)

동작빈은 이 田龜를 근거로 상대 갑골 占卜에 쓰였던 거북이의 형태를 분석했다. 동작빈이 ≪商代龜卜之推測≫에서 이들을 분석한 바로는 ≪爾雅≫에 기록된 10종 중 오직

11) 胡厚宣, <殷代卜龜之來源> ≪甲骨學商史論叢≫ 初集, p.615. 董作賓, ≪甲骨文斷代研究例≫, p.110.
12) 懷特, ≪巨大中國骨的文化≫ W.C White, Bone Culture of Ancience China p.25
13) ≪莊子・外物≫ : 「殺龜以卜, 吉」, ≪詩・大雅・緜≫ : 「爰始爰謀, 爰契我龜」
14) 陳煒湛, ≪甲骨文簡論≫, p.36
15) ≪周禮・春官≫ : 「龜人掌六龜之屬 : 天龜, 地龜, 東龜, 西龜, 南龜, 北龜」
16) ≪史記 龜策列傳≫ : 「一曰北斗龜, 二曰南辰龜, 三曰五星龜, 四曰八風龜, 五曰二十八宿龜, 六曰日月龜, 七曰日月龜, 八曰玉龜, 凡八名龜」.
17) 乘志, <河南安陽龜殼> ≪安養發掘報告≫, 제3기 p.446

'水龜'만이 殷墟의 占卜用 龜甲과 유사한 특성을 보였는데 유사성은 첫째, 몸체가 5,6寸에서 8寸 정도의 크기인 점, 둘째, 腹甲이 모두 9조각인 점이다.[18)]

甲骨文에 나타난 龜자에 근거하면 거북이는 대략 4·5종이 있다.

① (≪合≫ 8996)　② (≪合≫ 8996)　③ (≪佚≫ 991)

④ (≪丙≫ 168)　⑤ (≪合≫ 8996)

갑골문에 나타난 龜의 자형이 이처럼 다른 것은 당시 각지에서 공납된 거북이의 형체를 보고 사실적으로 형상화했기 때문이라고 추정할 수 있다.[19)]

2) 거북이와 견갑골의 크기

(1) 거북이의 크기

거북이 뼈가 초기에는 조각으로 발굴되었기 때문에 완전한 腹甲을 보기 어려웠다. 점차 완전한 것이 발굴되었으나 크기가 각기 달라 大·中·小형으로 구분할 수 있다. 지금까지 발굴된 가장 큰 腹甲은 제13차 은허 발굴 때 YH 127坑[20)]에서 나온 길이 43cm, 넓이 35cm인 腹甲이다(≪合≫ 14659). 가장 작은 것은 길이가 약 11.5cm, 넓이가 6.5cm이고, 보통은 길이가 18~30cm, 넓이가 대략 10여cm이다.

腹甲의 기본형태는 유사하나 대형은 양옆의 甲橋가 크고 소형은 거의 밋밋한 정도이다. 크기에 따른 龜腹甲의 크기와 형체를 비교해보면 (도 4-1, 4-2, 4-3)과 같다. 龜背甲 중 가장 큰 것은 길이가 35cm, 넓이가 15cm(≪合≫ 14129) 정도 된다.

---

18) 董作賓, ≪商代龜卜之推測≫, p.68 神龜, 靈龜, 寶龜는 거북이의 美稱이고, 策龜는 수풀 속에 웅크리고만 있는 특이 종이라 제외하고, 나머지 6종만을 殷墟에서 출토된 龜甲의 형태와 비교했는데 '文龜'는 너무 크고 '山龜'는 너무 작으며 '攝龜'의 腹甲에는 특별한 횡선이 있으며, '澤龜'의 腹甲은 전후가 굽어있고 '火龜'는 쥐모양을 해 흔한 거북이의 형체가 아니다.

19) 嚴一萍, ≪甲骨學≫, p.16. ③번의 자형을 보면 머리에 두개의 뿔모양이 나타나는데 이는 ≪抱朴子對俗≫에 「千之歲龜, 五色具焉, 其額上兩骨起似角」라고 한 구절에서 형체를 그대로 그렸음을 입증할 수 있다.

20) YH는 殷墟灰坑을 약칭한 殷灰(Yin Hei)의 약자인데, YH 127坑에서는 갑골편이 대량으로 발견되었다.

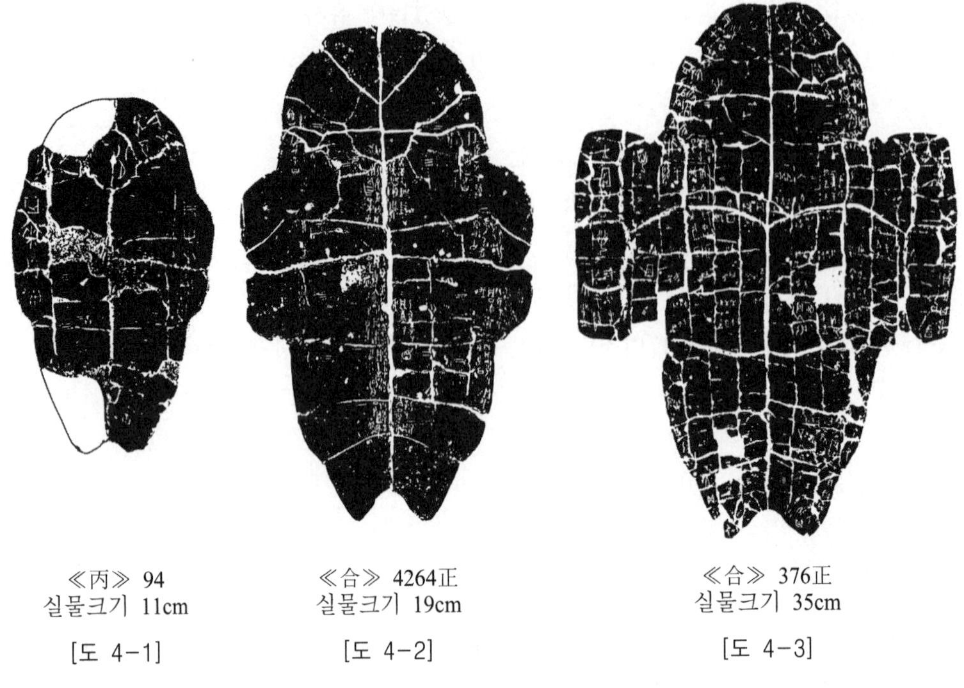

《丙》 94
실물크기 11cm
[도 4-1]

《合》 4264正
실물크기 19cm
[도 4-2]

《合》 376正
실물크기 35cm
[도 4-3]

(2) 견갑골의 크기

獸骨은 절대 다수가 소의 견갑골인데, 일반적인 견갑골의 길이는 대략 36.7cm, 넓이는 21.2cm 정도이다. 지금까지 발견된 견갑골 중 가장 큰 것은 《合》 33747번으로 길이 43cm, 넓이 28cm인 대형 牛肩胛骨이다.

제 2 절 갑골판의 종류

갑골각사에 사용했던 재료는 크게 거북이의 뼈인 龜甲과 소를 비롯한 기타 동물의 뼈인 獸骨이다. 각기 그 형태를 살펴본다.

1. 龜甲

龜甲은 등뼈인 背甲과 배뼈인 腹甲으로 양분된다. 잇대어 있는 형태는 (도 4-4)와 같다.

1) 背甲

거북이의 등뼈인 背甲은 손등처럼 볼록하게 튀어나와 있어 불로 지지거나 글을 새기기가 쉽지 않다. 따라서 거북이 背甲에 글을 새기는 경우는 드물었고 출토된 背甲 또한 많지 않다. 背甲에 글을 새길 때는 중앙선을 중심으로 두 조각으로 나누어 평평하게 다듬은 다음 사용한다. 배갑의 원형모양은 (도 4-5)와 같다.

2) 腹甲

거북이의 배뼈 밑바닥은 12개의 아교질 조각(鱗片)으로 덮여있다. 이들은 중앙부를 상하로 관통하는 千里路라고 하는 선의 좌우에 펼쳐져 있는데 이 아교질을 벗겨내면 글자를 새길 수 있는 腹甲이 나타난다. 腹甲은 9개의 조각으로 구성되어 있는데 이들의 조각 역시 천리로를 중심으로 좌우에 펼쳐져 있다. 아교질로 덮여 있는 腹甲 바닥을 보면 (도 4-6)과 같다.

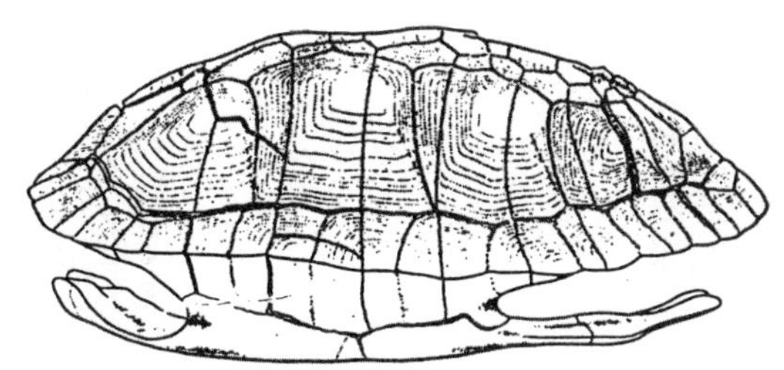

安陽田龜全甲側面原面積二分之一

[도 4-4]

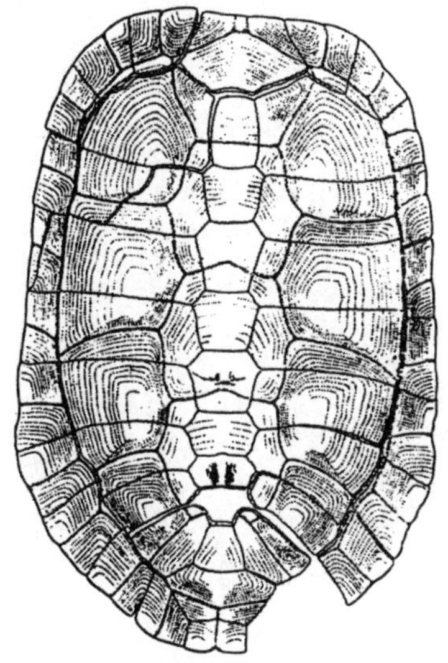

安陽田龜背甲原面積二分之一

[도 4-5]

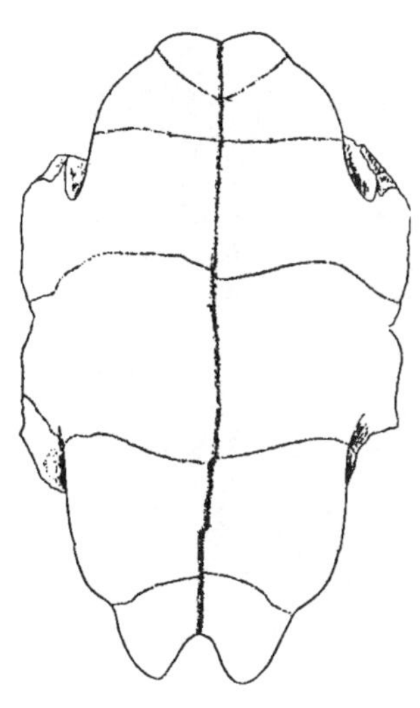

安陽田龜腹甲原面積二分之一

[도 4-6][21]

2. 獸骨

갑골문을 새기는데 사용된 獸骨은 牛骨이 주종을 이루고 소수의 鹿骨·虎骨 심지어 人頭骨도 있다. 그밖에 작은 조각으로 발견된 양·돼지·말·개 등 가축의 뼈들도 있으나 주재료는 아니다. 따라서 갑골은 일반적으로 龜腹甲과 牛肩胛骨을 말한다.

1) 牛肩胛骨

우견갑골은 소의 고관절 위에 부채모양으로 연결되어 있다. 전체 부위는 骨臼·脊柱·後邊緣·前角·後角과 輕骨등으로 구성되며 後邊緣에서 前後角까지는 骨面으로 가장 넓은 부위이다(도 4-7, 4-8).[21] 소의 형체에서 볼 때는 골면이 위로 향해 있으나 문자를 새길 때는 아래로 내려 새겼다. 넓은 골면에는 복사를, 骨臼나 가장자리에는 복사와 관련된 記事刻辭를 새겼다.

[도 4-7] 右肩胛骨의 위치도

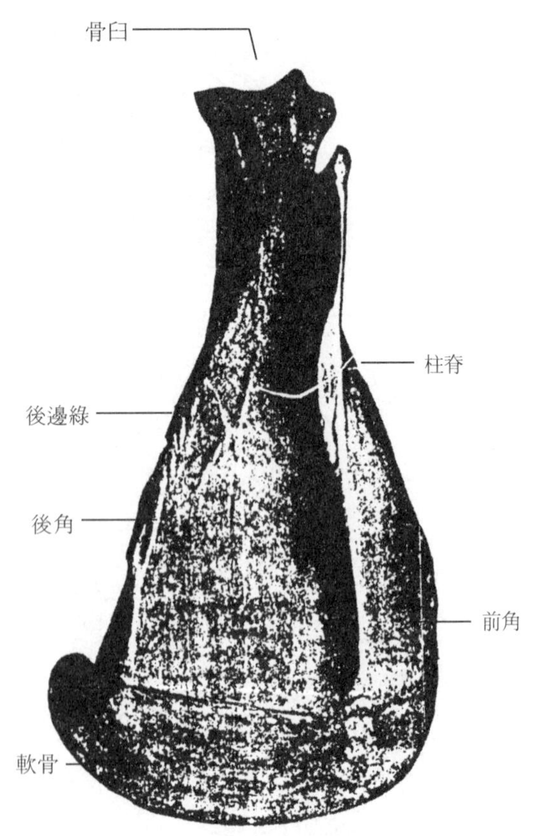

[도 4-8] 左牛肩胛骨의 각부구조

21) 嚴一萍, ≪甲骨學≫, pp.56~57.

2) 牛肋骨·牛距骨·牛頭刻辭

안양 제5차 발굴에서 문자가 새겨진 牛肋骨이 처음 발견되었는데 동작빈은 제4기 武乙시대의 牛肋骨刻辭라고 하였고, 호후선은 연습용으로 새긴 것이라 하였다. 최근 이학근은 미국 카네기 박물관에서 ≪庫方≫ 985번과 1106번을 綴合한 정연한 肋骨刻辭를 관찰하고는 牛肋骨에도 卜辭를 새길 수 있었으리라고 보았다(도 4-10).

극소수 소의 距骨(복사뼈)(도 4-9), 肱骨(팔뼈), 頭骨(머리뼈)에도 문자를 새겼다. 제13차 은허 발굴에서 얻은 牛頭骨(≪甲≫ 3939)에는 정연한 문자기록이 있었다.

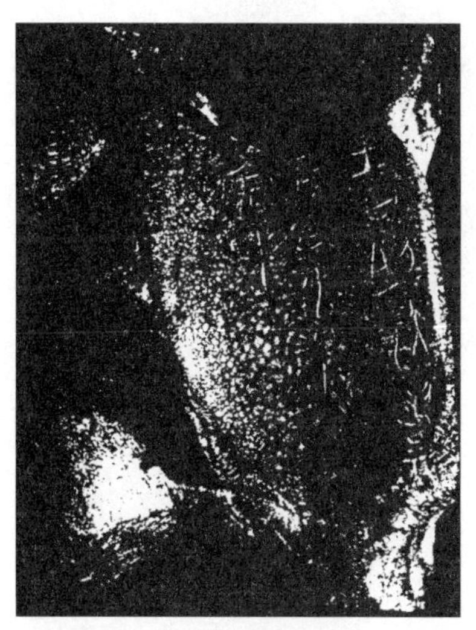

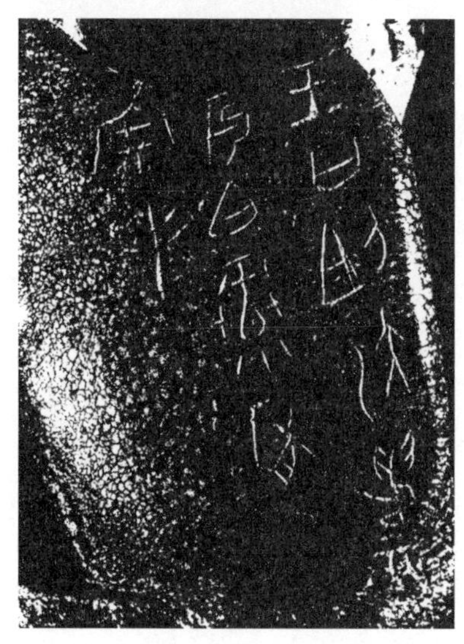

上 : 小屯 YH006坑出土

下 : 확대한 문자

[도 4-9] 牛距骨刻辭

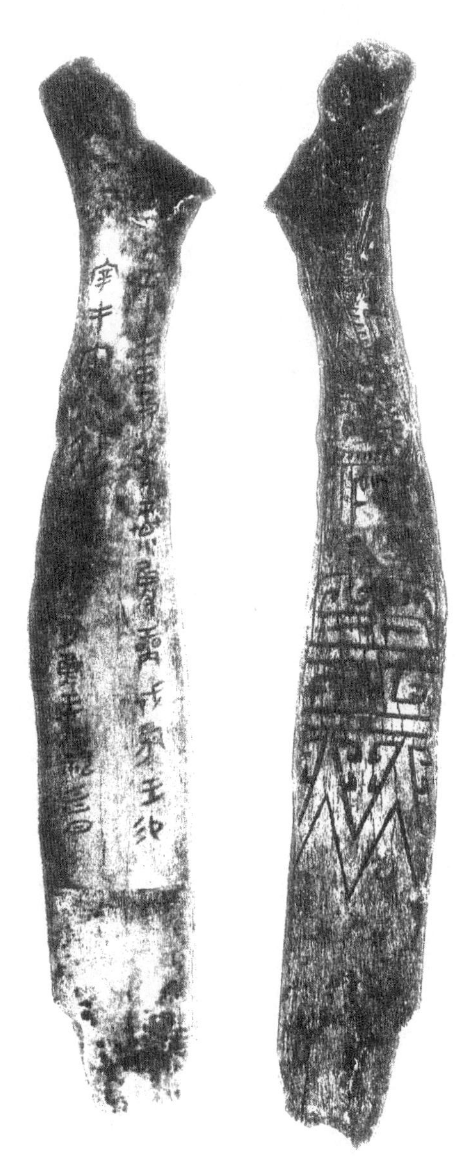

[도 4-10] 兕牛肋骨刻辭

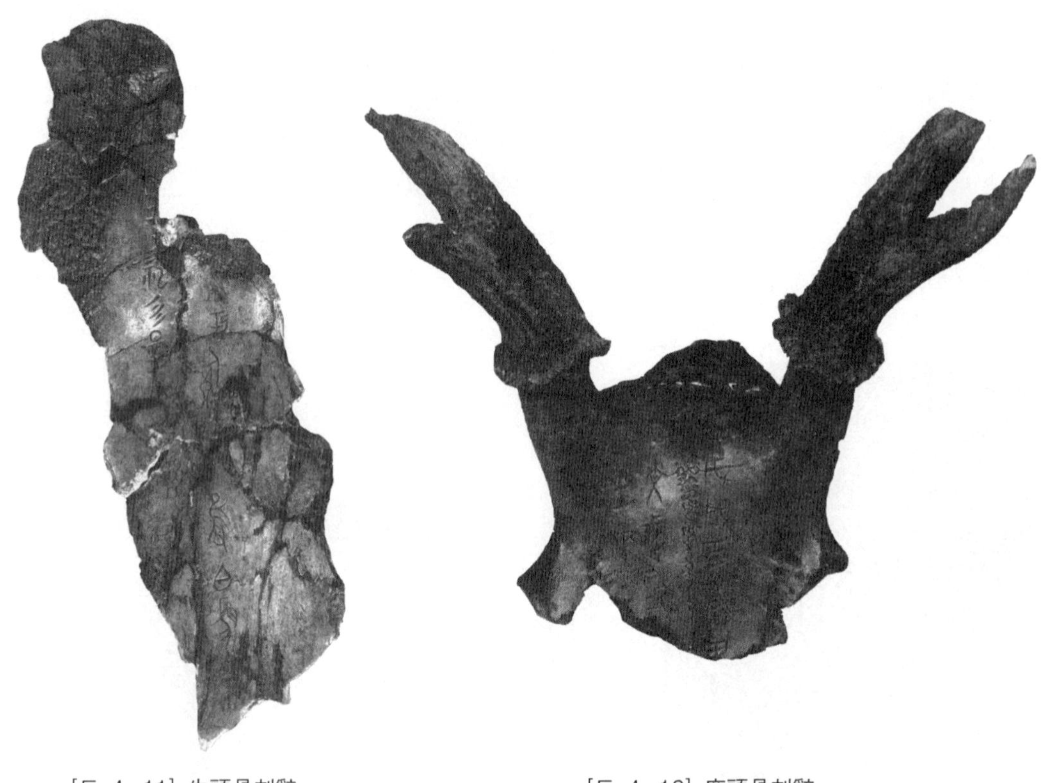

[도 4-11] 牛頭骨刻辭　　[도 4-12] 鹿頭骨刻辭

3) 鹿頭刻辭

수골중 대부분이 牛骨이지만 鹿骨도 포함되어 있다. 그 중 제13·14차 발굴에서 鹿頭刻辭를 발굴하였는데 거의 帝辛시대의 人方 정벌의 행적을 기록한 기사각사이다(도 4-11)(5-19 참조).

4) 虎骨刻辭

상대 마지막 왕 帝辛은 제위 3년에 거행한 사냥에서 호랑이를 잡았다. 다리뼈의 正面은 青色石을 상감해 훌륭한 장식품으로 만들었고 반면에는 문자를 새겨 사냥을 경축했다(도 4-13)(11-16 참조).

5) 人頭骨刻辭

갑골문에 나타난 인두각사는 대략 6편이 있다. 이들은 전쟁에서 승리한 후 포로로 잡은 적군의 方伯을 제물로 조상에 제사지내고 그 두개골에 새긴 기사각사로 추정하고 있다[22] (도 4-14).

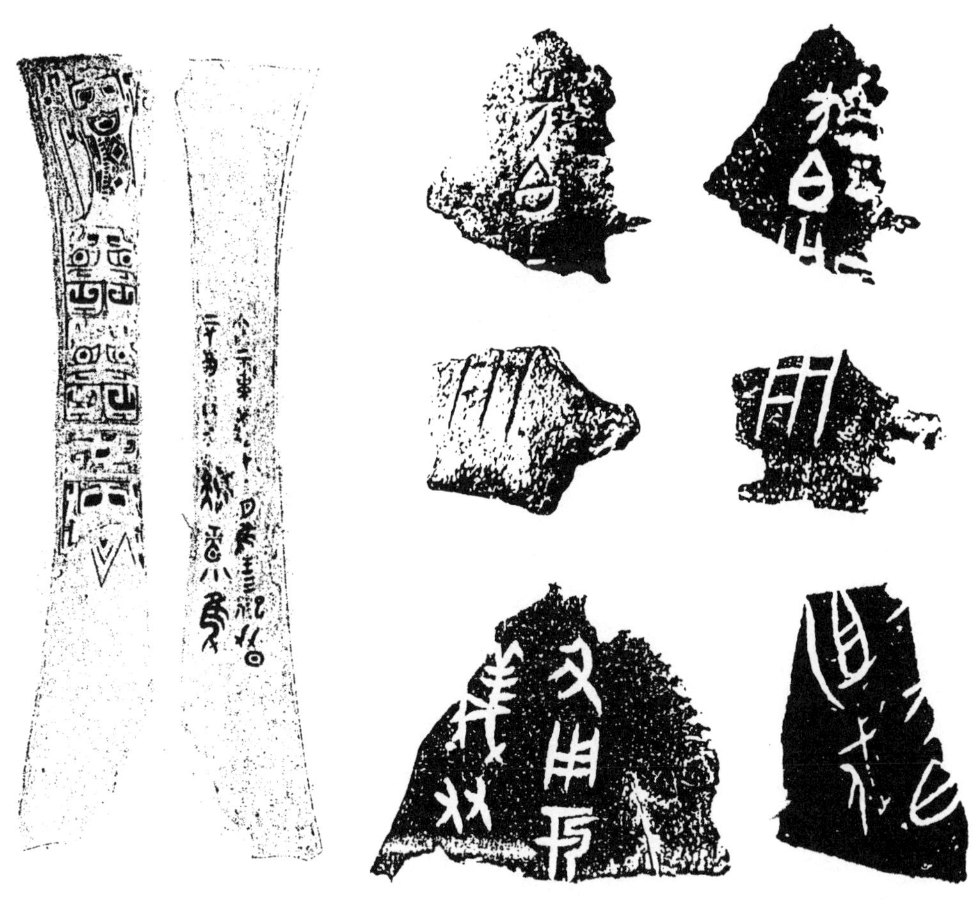

[도 4-13] 虎骨刻辭 [도표 4-14] 人頭刻辭

---

22) 〔도표 4-14〕의 人頭骨刻辭는 <善齋舊藏人頭骨刻辭>이다.

제 5 장 갑골의 점복 과정

제1절 점복의 유래

1. 상대 이전의 점복 관습

은허에서 발견된 갑골문을 볼 때, 점복에 사용되었던 甲骨재료의 정리 과정이나 점복 기술은 노련했고 복사의 구성이나 문자의 새김은 이미 숙련된 경지에 이르렀다. 이러한 상황은 오랜 형성기와 발전 과정을 거친 역사적인 배경을 반영해 주고 있는 것이다. ≪墨子·耕柱≫, ≪史記·龜策列傳≫ 등에는 夏代에 이미 거북점을 쳤다는 기록이 있어 그 연원을 입증해 주고 있다.[1)]

考古 자료에 의하면 거북점의 관습은 뼈점에서 발전했고 상대에 거북점을 쳤지만 이 때를 거북점의 발생 시기라고 할 수 없다. 仰韶文化의 유적지에서는 뼈나 거북에 점친 흔적은 찾지 못하였고, 龍山文化 유적지에서는 거북점의 유물은 없고 단지 동물뼈에 점친 흔적만 있을 뿐이었다. 따라서 뼈점의 관습은 앙소문화 시기를 넘지 않으며 용산문화 시기보다 늦지 않음을 알 수 있다.

1931년경 山東 城子崖 용산문화 유적지에서 상당수의 牛肩胛骨과 9편의 卜骨을 발굴한 것을 비롯해 하남·하북·요녕·길림·산서·감소 등지의 용산 문화지층 중에서 적게는 한 두편 많게는 수십 편을 발굴하였다. 그 중 일부는 다듬지는 않았으나 불로 지진 흔적이 있고 鑽鑿이 없는 불규칙한 상태를 보였으나 상 전기 문화에 가까울수록 卜骨·卜甲은 잘 다듬었고 鑽鑿도 파고 불로 지진 흔적까지 보였다.[2)]

---

1) ≪墨子·耕柱≫ :「昔者夏后開, 使蜚采金于山川, 而陶鑄之於昆吾, 是使翁難乙卜於自若之龜.」≪史記·龜策列傳≫ :「自古聖王, 將建國受命, 興動事業, 何嘗不寶卜筮以助善. 唐虞以上, 不可記已. 自三代之興, 各據禎祥. 塗山之兆從, 而夏啓世; 飛燕之卜順, 故殷興.」
2) 張秉權, ≪甲骨文與甲骨學≫, pp.31~37. 卜甲·卜骨은 점복한 龜甲과 獸骨을 말하고, 字甲·字骨은 문자가 있는 龜甲과 獸骨을 일컫는다.

2. 상대 전기의 점복 상황

상대 전기의 卜骨・卜甲의 출현은 산동・하남・산서・하북・강소성 등지에서 두루 나타나며, 특히 河南 安陽의 小屯・後岡・侯家莊・鄭州의 二里岡・南關外 등이 대표적인 지역이다. 시기가 이를수록 牛・羊의 肩胛骨이 주종을 이루고 龜甲도 소량 함유되어 있다. 그러나 갑골문은 소둔에서 대량으로 발견되고 기타 지역에서 발견된 수량은 소둔에 비길 수 없이 적다. 갑골문의 발전상을 살피기 위해서는 소둔 이전 단계의 연계를 찾는 것이 무엇보다 중요한 일이다. 따라서 우선 小屯文化의 전 단계인 二里岡文化 층의 갑골 출현 현상을 살펴볼 필요가 있다.

1952년 이리강에서 375편의 갑골을 발견했다. 대부분이 牛肩胛骨이고 소수 龜腹甲도 있었다. 견갑골은 완전히 다듬었으나 骨臼는 자연 그대로였고 腹甲은 가장자리를 칼로 다듬었다. 대부분 鑿은 없고 鑽만을 팠는데 간혹 두 줄로 나란히 鑽을 팠으며 규율 없이 밀집되어 있기도 하였다. 더러는 鑽鑿 없이 직접 지졌고 때로는 정반 양면에 鑽을 파고 그 위를 지졌다. 그 중에 9편의 龜腹甲이 있었는데 정리 상황은 소둔의 것과 흡사했다.[3]

다음 해, 이리강 灰坑에서 10여 편의 갑골을 발견하였고, 연이어 有로 풀이되는 '㞢'字가 새겨진 牛肱骨(팔뼈)을 발견하였다.[4] (도 5-1)

・ 又土羊, 乙丑貞, 从…受…. 七月
・ 㞢.

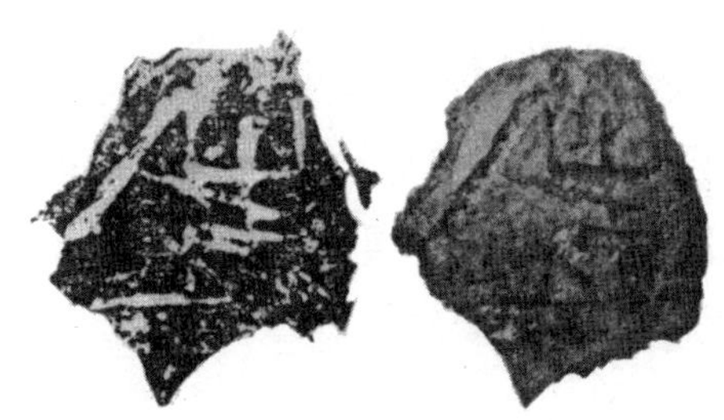

[도 5-1]

전자인 '又土羊'은 羊을 올려 土神에게 侑祭를 지내야 할 지를 묻는 내용으로 土는 종묘사직인 社, 즉 土神이다.[5] 甲骨文에서 土는 종종 先公의 대열에서 동등한 예우로 제사를 받았다. '从'은 '따르다'는 의미가 있고, '受'는 受有祐(신의 가호를 받다)의 일부라고 할 수 있다. 두 편 중 전자는 양끝이 잘린 채로 다듬지 않은 肋骨 조각이었고 후자는 肱骨로서 관절을 잘라 낸 흔적까지 있었다. 이는 세심하게 다듬은 小屯의 字骨이나 字甲과 비교해 볼 때 현저하게 거친 원시성을 보여주며 문자 역시 힘있는 小屯 갑골문 제1기의

3) 安志敏, <1952年秋季鄭州二里岡發掘記> ≪考古學報≫, 제7집, p.86, ≪鄭州二里岡≫ 科學出版社, 1959
4) 嚴一萍, ≪甲骨文與甲骨學≫ p.69, <鄭州商代遺址的發掘> ≪考古學報≫, 1957, 제1기, p.69
5) 王國維, ≪觀堂集林≫ 9卷

文字 특성에 비해 유약하고 가는 모양을 보였다.[6)]

이러한 특성은 鄭州 字骨의 시대가 商代 二里岡기의 산물임을 명확하게 해준다. 이들 字骨은 小屯村의 갑골문 보다 이른 시기의 문자로서 이들이 지닌 기본형식은 小屯 갑골문의 바탕이 되었다고 할 수 있다. 鄭州 字骨과 小屯 字骨 간에는 다음과 같은 연계성을 보인다.

첫째, 鄭州 字骨은 자연 그대로의 獸骨에 글자를 새겼다. 商에 이르러 점차 동물의肩胛骨과 龜腹甲을 전용하게 되었으며, 먼저 鑽鑿한 다음 불로 지지고 그 위에 글자를 새겼다.

둘째, 鄭州 字骨은 10干12支를 조합한 단위로 紀日했는데 이는 商代人들이 보편적으로 사용한 방법이다.

셋째, 鄭州 字骨의 형식은 점친 날짜·점친 내용·점친 달 순으로 써내려 갔는데 小屯 甲骨文의 형식 역시 그와 같다.[7)]

제 2 절 占卜의 준비

商代人들이 어떠한 과정으로 점을 쳤는지 정확하게 알 길은 없다. 그러나 현재로서 가장 확실한 자료는 殷墟에서 출토된 甲骨 실물인데 이를 근거로 살펴볼 때, 占卜과정은 재료를 입수하여 사용하기 알맞게 자르고 다듬으며, 글자를 새기기 편리하게 광을 낸 다음, 卜兆를 내기 위한 鑽鑿을 파는 작업으로 이어진다. 준비과정을 차례로 살펴보자.

1. 갑골재료수집 및 희생물에 대한 제사

龜甲은 주로 남쪽 지방에서 공물로 바쳐왔고 牛骨은 대부분 현지에서 조달하였음을 앞절에서 살펴보았다. 우선 갑골재료의 수집에 대한 문헌의 기록을 보자.

≪周禮·春官·龜人≫:「凡取龜用秋時, 攻龜用春時」

무릇 거북이의 채집은 가을에 거북이를 잡는 일은 봄에 한다.

---

6) 吳浩坤著, 梁東淑譯, ≪中國甲骨學史≫, 東文選, p.96

7) 張秉權, ≪甲骨文與甲骨學≫, p.39

≪史記·龜策列傳≫ :「太卜官因次吉日剔取其腹下甲」
태복관은 길일을 택해 거북이 배뼈를 취하였다.

위 예문으로 보면 周代에는 거북이의 수급에 계절의 차이가 있었고 漢代에는 단지 길일만을 택했음을 알 수 있다. 그러나 갑골문에 기록된 진공 月順으로 볼 때 商代는 일년 내내 거북이를 공납 받았고 사용도 빈번하여 봄 가을의 구별이 없었다. 수집된 갑골 중 특히 거북이를 점복에 사용하기 위해 정리할 때는 먼저 제사를 드렸다.

戊午卜 : 王燎于龜三宰, 埋三宰. (≪合≫ 14362)
왕은 거북에 양 3마리로 燎祭를 지내고 또 양 3마리를 묻을까요?
燎龜二牛. (≪甲≫ 279)
2마리 소를 드려 거북에 燎祭를 지낼까요?
辛丑卜 : 燎龜, 𢦏三牢 (≪合≫ 21099)
제사용 소 3마리를 잡아 거북에 제물을 태우는 燎祭를 지낼까요?
侑于龜. (≪合≫ 4361)
거북에게 侑祭를 지낼까요?

위 복사 내용으로 볼 때, 거북이를 정리하기 전 소를 올려 제사를 지냈다는 사실을 알 수 있다. 그렇다면 실제로 제사하는 시점은 언제인가, 이 점에 대해 동작빈은 ≪龜策列傳≫ 중의 「釁龜殺龜 거북에게 제사 지내고 거북을 잡았다」는 기록을 근거로 거북이를 잡기 전 먼저 제사를 지낸 것으로 보았다.[8] 점복의 특성을 비추어 볼 때 거북이를 잡기 전 먼저 제사를 지냈다는 것이 설득력이 있다.

2. 골판 다듬기

점복 재료인 龜腹甲이나 牛肩胛骨을 다듬을 때는 톱(鋸)이나 줄(錯·鑢)로 자르고, 칼로 긁고 문질러 광택을 냈으며 홈을 팔 때는 청동 鑽(송곳)이나 鑿(끌) 같은 공구를 사용하였다. 귀갑수골의 다듬기를 살펴보자.

8) 董作賓 ≪商代龜卜之推測≫ pp.79~80 ≪周禮·春官≫에 「上春釁龜, 祭祀先卜」라고 하였는데 주대의 釁龜는 상대의 燎龜를 이은 것이고, 한대에는 祓龜祭가 있다. 釁은 짐승의 피를 내어드리는 제사이고, 祓은 거북이를 깨끗이 씻은 다음 알(卵)로 덮어 씌어 드리는 제사이다. 한대는 알로 소를 대신한 것이다.

腹甲

귀복갑의 정리는 먼저 거북을 잡은 뒤 腹甲과 背甲을 분리하여 내장을 제거한다. 복갑과 배갑을 연결하는 뼈인 甲橋는 腹甲에 연결시켜 양옆이 볼록하게 나오도록 다듬는다. 腹甲은 상하로 관통한 중앙선인 '千里路'를 중심으로 12개의 아교질 비늘(鱗)로 덮여있고(도 5-2) 鱗과 鱗사이는 바른 선으로 연결되어 있는데 이를 '盾紋'이라고 부른다.

아교질의 鱗片을 걷어내면 복갑의 정면에 다시 9조각으로 된 골판(도 5-3)이 나타나고 연결 부위는 톱니처럼 되어있어 '齒縫'이라고 부른다. 큰 龜甲일수록 齒縫은 12鱗의 자국과 겹쳐져 여러 조각의 형상을 이룬다(도 5-4). ≪乙≫ 3411편에 선명히 나타나 보여지고 있다(도 5-5). 이러한 線은 부위 인식의 단서가 되어 잘린 조각을 綴合할 때 유리하게 작용한다.

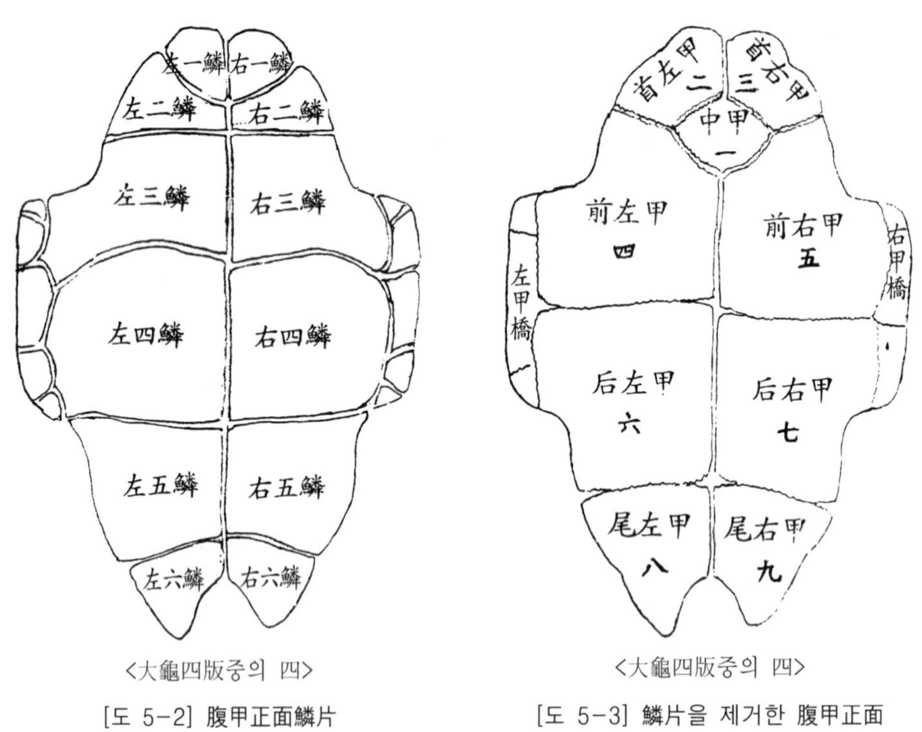

<大龜四版중의 四>

[도 5-2] 腹甲正面鱗片

<大龜四版중의 四>

[도 5-3] 鱗片을 제거한 腹甲正面

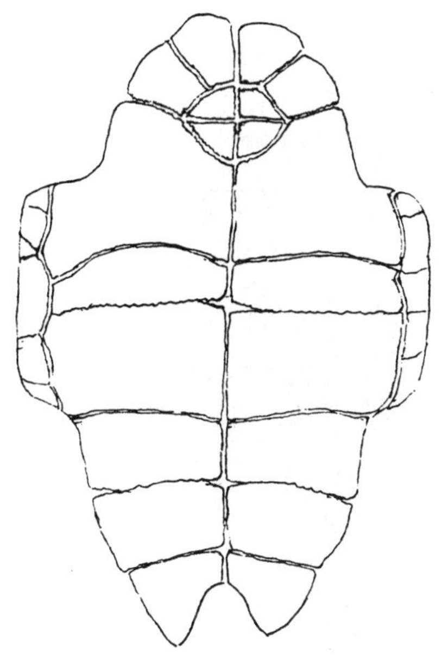

[도 5-4] 盾紋과 齒縫이 겹친 腹甲正面

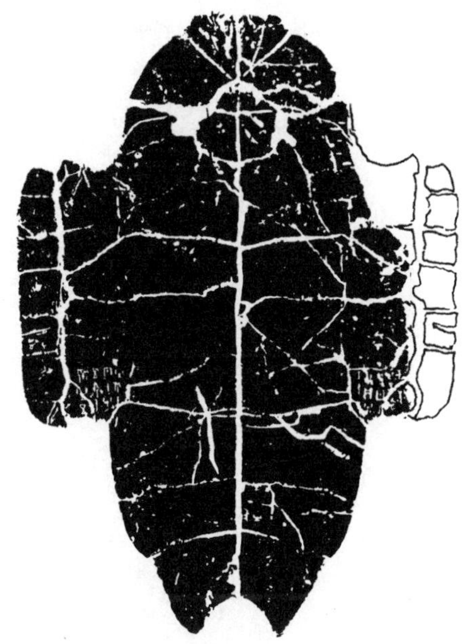

[도 5-5] 탁본상의 腹甲正面 ≪乙≫3411편

이들 9개 골판은 위치에 따라 각기 명칭이 있으며 상부 중앙의 中甲을 제외하고는 千里路를 중심으로 좌우로 대칭되게 펼쳐져 있다. 腹甲의 반면은 내장이 담겨져 있던 부분으로 거칠고 조잡하나 잘 다듬어 鑽鑿(찬착)을 뚫기 위한 준비를 하는 곳이다. 반면에는 鱗의 흔적이 보이지 않아 선명한 9개의 조각을 이룬다.

背甲

背甲은 골판 자체가 불룩하여 글자 새기기에 적합하지 않으므로 중앙을 중심으로 반을 갈라 한 쌍의 左右背甲을 만들어 사용했다(도 5-6). 背甲을 탁본한 모양은 [도 5-7]과 같다.

잘린 배갑은 또 가장 자리 쪽에 마치 신발 바닥 모양으로 잘라내서 다시 평평하게 만들어 사용하였는데 이것은 '改製背甲'이라고 하였다(도 5-8, 5-9). 때로는 개조된 背甲에 동그란 구멍이 뚫려 있는데 이는 끈을 꿰어 龜冊을 만들기 위한 구멍이라고 보고 있다.[9]

---

9) 劉淵臨, <殷代的龜冊> ≪中國藝術史集刊≫ 제2권, pp.24～30

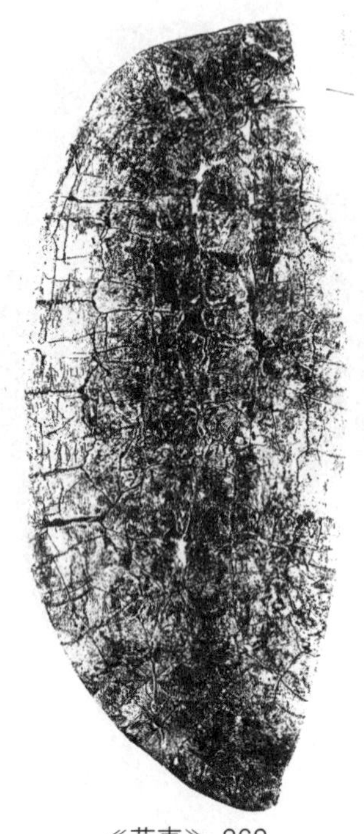

≪花東≫ 262

[도 5-6] 左背甲

≪合≫ 14129 正

[도 5-7] 右背甲 탁본

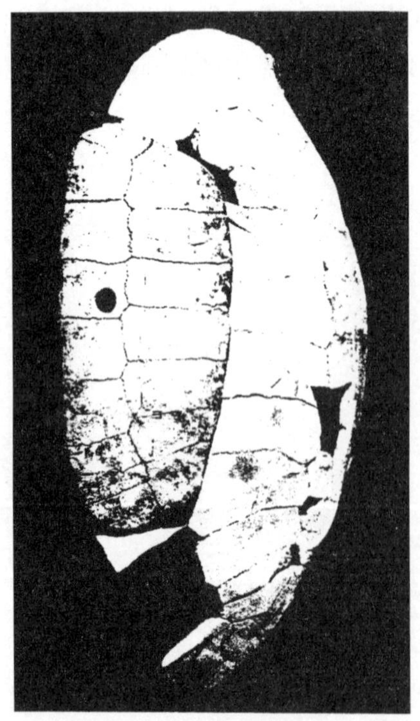

≪合≫ 14129正

[도 5-8] 改造左背甲

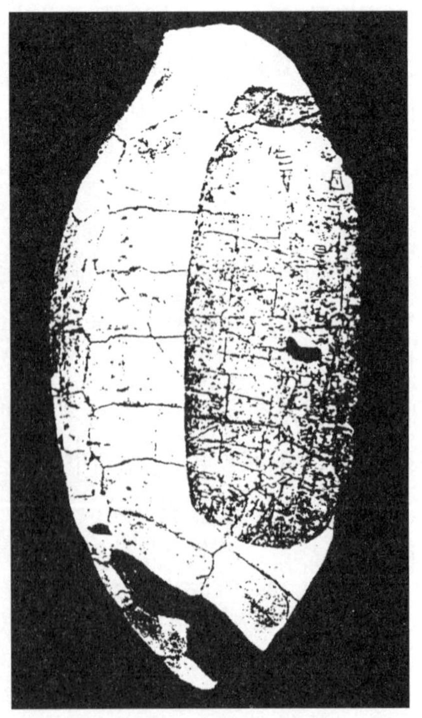

[도 5-9] 改製右背甲

牛肩胛骨

牛肩胛骨은 좌우 한 쌍으로 이루어지는데 글자를 새기는 부분을 정면이라 하고 骨脊(골척)이 있는 곳은 반면이라 한다.[10] 긴 骨脊 부분을 도려내 평평하게 고르고 骨脊이 있는 부분의 骨臼를 1/3 정도를 직각으로 잘라내 실제 사용과 보관의 편리를 도모하였다(도 5－10, 5－11).

문자를 새길 때는 骨臼 쪽이 상부이고 넓고 평평하여 문자 새기기에 적합한 骨面 쪽이 하부이다. 이 같은 정리작업이 끝나면 거친 부분 없이 매끄럽게 다듬고 광택을 냈다(도 5－12, 5－13).

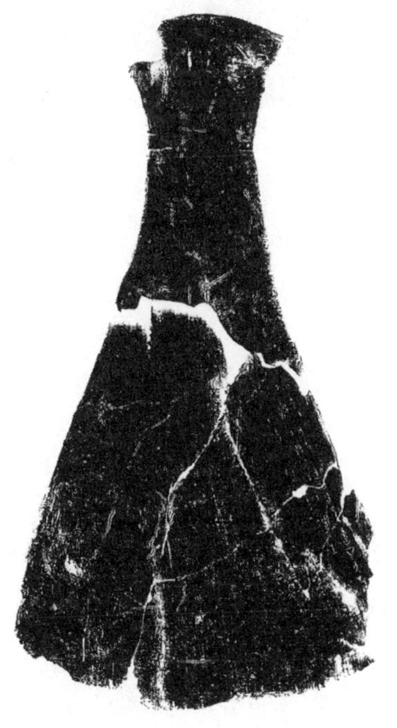

≪合補≫ 1804 反

[도 5-10] 左肩胛骨正面

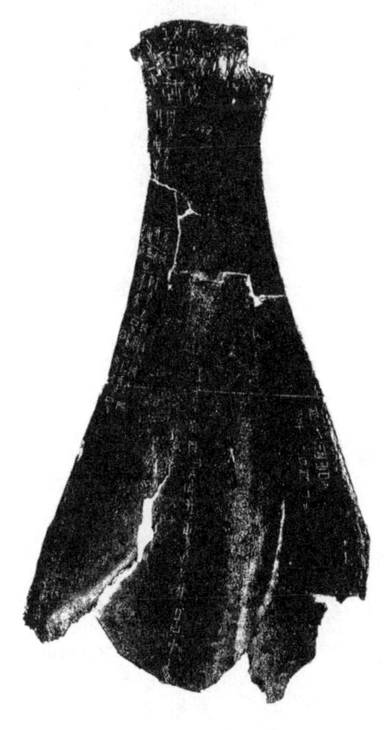

≪合補≫ 1804 正

[도 5-11] 右肩胛骨正面

10) 牛肩胛骨은 龜甲과는 달리 울퉁불퉁한 부분이 밖을 향하고 있고 매끈한 부분이 내장을 향하고 있다. 그러나 매끈한 부분에 주로 문자를 새기기 때문에 일반적으로 이곳을 正面이라고 하고 鑽鑿을 하는 바깥쪽을 反面이라 칭한다.

≪花東≫ 312 A
[도 5-12] 右肩胛骨 상부

≪花東≫ 312 B
[도 5-13] 左肩胛骨 상부

3. 鑽과 鑿 뚫기

표면을 매끈하게 광을 낸 골판은 반면에 鑽과 鑿이라는 홈을 판다. 鑿은 대추씨 형태로 판 타원형 홈이고 鑽은 원형 홈이다.[11] 鑿은 아래를 좁게 파 밑이 뾰족하나 鑽은 넓게 파 밑이 다소 평평해 보인다. 복사에 이들 홈에 대한 명칭은 없지만, 전국시대의 ≪荀子 · 王制≫, ≪韓非子 · 飾邪≫에는 鑽이나 鑿을 뚫어 점쳤다는 기록이 있어 상대의 점복 방법이 전국시대까지 이어졌고 鑽鑿이라는 명칭이 형성되어 전해 내려왔음을 알 수 있다.[12]

11) 鑽과 鑿은 각기 구멍을 파는 공구의 이름이지만, 이를 빌려 홈의 이름으로 썼다. 명칭은 신석기시대 鑽만을 했던 유풍과 卜자를 유도하는 중요도에 따라 鑽鑿이라고 칭하거나 상대의 홈 파는 순서에 따라 鑿鑽이라고 하는 등 자유롭게 사용한다.

12) ≪荀子 · 王制≫ : 「鑽龜陳卦」 (龜板에 鑽을 하여 괘를 늘어놓다.)
≪韓非子 · 飾邪≫ : 「鑿龜數策, 兆曰大吉」 (龜板에 鑿하기를 여러 판에 이르니, 兆象은 크게 길하다고 하였다.)

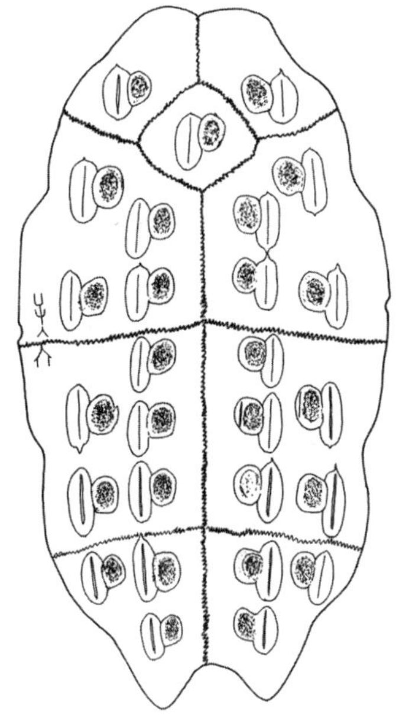

≪花東≫ 20 (摹本圖版 18)

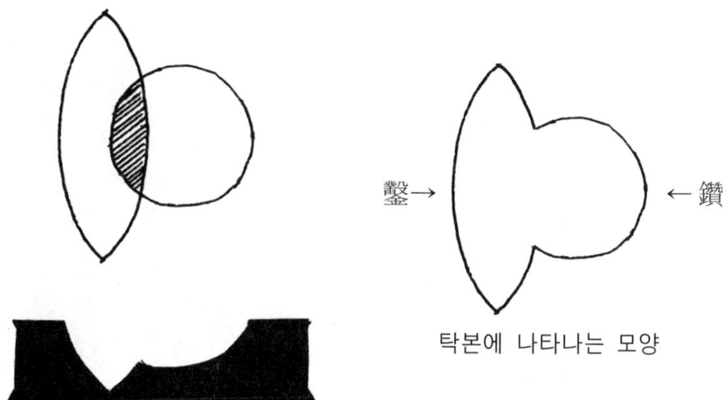

[도 5-14] 鑽과 鑿

鑽鑿의 기능은 점복할 내용을 고하면서 홈에 불을 지져 정면에 卜자형의 兆紋을 유도해내기 위한 것이다. 찬착은 각기 홈을 파내는 것이지만 완전히 구멍을 내는 것은 아니다. 鑿은 위에서 아래로 좁혀가며 비스듬히 파내고, 鑽은 둥글게 힘껏 돌려 파지만 바닥은 얇게 막을 남겨둔다. 그래야만 불로 홈을 지졌을 때 얇은 막이 터져 반대쪽인 정면에 卜자가 나타나기 때문이다. 홈을 파는 순서는 먼저 鑿을 길게 판 다음 중간 부분에 鑽을 파는데 이때 鑽의 일부는 鑿의 안쪽과 겹치게 된다(도 5-14). 막대에 붙은 불로 鑽부위를 지지면 鑿의 정면에 卜자의 세로금이, 鑽의 정면에 卜자의 가로금이 터져 나오게 된다.

龜腹甲

귀복갑의 경우 鑽鑿은 천리로를 중심으로 대칭 되게 배열된다. 鑿이 천리로 왼쪽에 있으면 鑽은 오른쪽을 뚫고 鑿이 천리로 오른쪽에 있으면 鑽은 왼쪽을 뚫어 좌우대칭을 이룬다. 鑽鑿의 수는 일정치 않아 은허에서 출토된 최대형 龜腹甲에 뚫린 鑽鑿의 숫자는 204개(≪合≫ 14659)나 되지만 큰판에 단지 몇 개의 홈만을 뚫은 경우도 적지 않다.

예로 든 ≪合≫ 376反에는 159개가 뚫려 있다(도 5－15). ≪莊子 · 外物篇≫에는 「乃刳龜, 七十二鑽而無遺筴 거북이를 죽여 72개의 鑽을 뚫으니 龜版은 조금의 여백도 없었다」라는 구절이 있는데 商代의 통례로 보면 숫자에 큰 의미가 있는 것 같지는 않으나 공교롭게도 卜辭에 72개 뚫린 鑽鑿(≪乙≫ 6423)이 있는데 이 거북은 중간 크기여서 72개로 여백 없이 꽉 들어찼다(도 5－16).

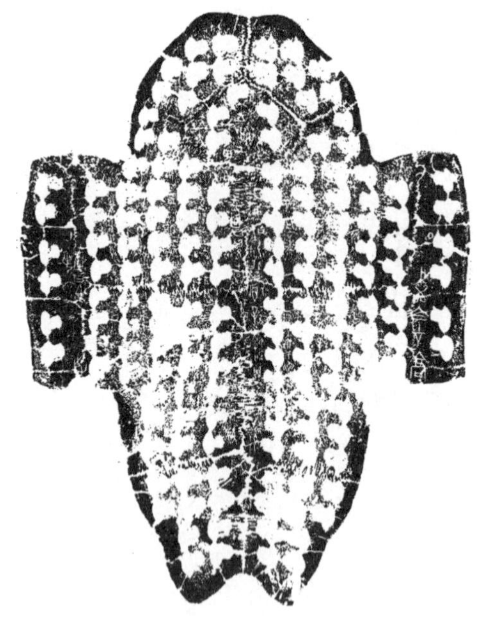

≪合≫ 376反

[도 5－15] 腹甲反面상의 鑽鑿

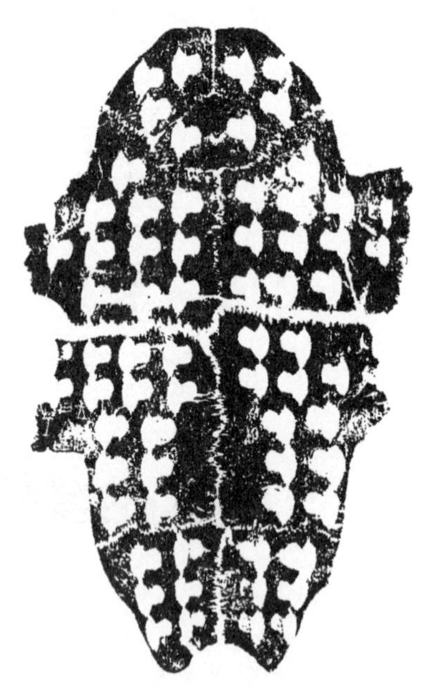

≪乙≫ 5396反

[도 5－16] 腹甲反面상의 鑽鑿

갑골문이 쓰였던 2백여 년을 통해 볼 때 鑽鑿의 형태는 각 시기마다 차이가 있다. 許進雄은 鑽鑿의 뚫는 방법과 형태 · 갑골상의 위치 등을 분석하여 갑골단대의 표준이 된다는 사실을 밝혔다.13)

13) 許進雄, ≪甲骨上鑽鑿形態的硏究≫, 臺灣藝文書局, 1979

牛肩胛骨

소뼈의 경우 좌우 肩胛骨은 서로 대칭 되게 鑽鑿을 배열하였다. 우견갑골의 반면에는 鑽이 鑿의 왼쪽에 놓이며 좌견갑골의 반면에는 鑽이 鑿의 오른쪽에 놓인다. 따라서 鑽은 주로 잘린 骨臼쪽을 향하게 된다.

이는 龜甲상 卜자의 가로선이 천리로를 향해 뻗은 원리와 마찬가지로 左右肩胛骨상의 卜자는 소의 등줄기를 향해 ├ ┤형으로 모아지는 것이다. 左右肩胛骨의 鑽鑿형태를 보면 (도 5-17, 5-18) 와 같다. 일반적으로 귀갑은 鑽鑿이 병용되겠지만 우견갑골의 경우는 鑽보다 鑿이 많다.

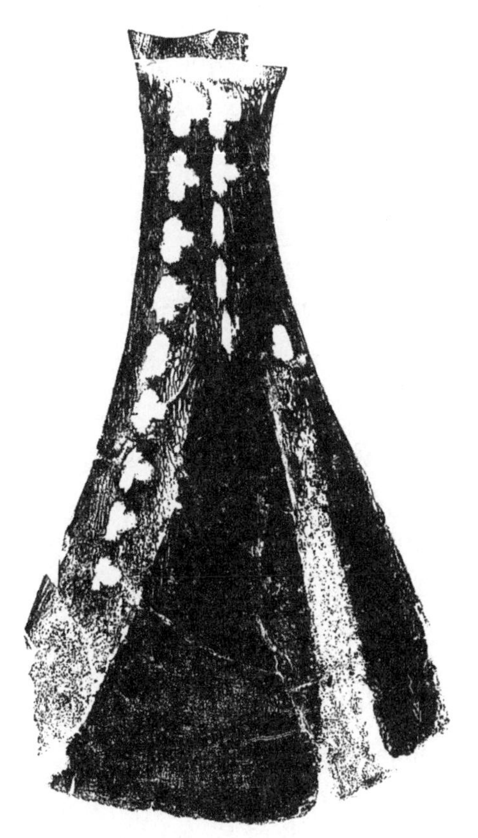

≪屯南≫ 2711正

[도 5-17] 左肩胛骨反面의 鑽鑿

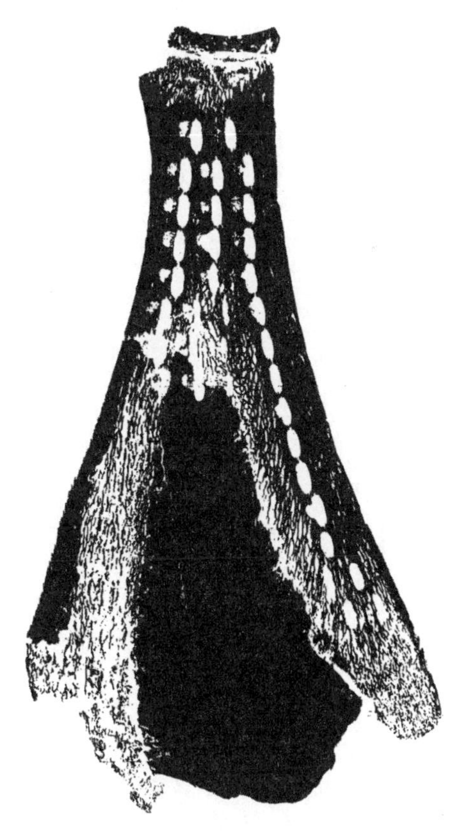

≪屯南≫ 2712反

[도 5-18] 右肩胛骨反面의 鑽鑿

제 3 절 점복의 시행과 마무리

점복은 정리된 龜甲을 귀실에서 꺼내 종묘나 일정한 점복장소에 안치한 후, 王을 비롯한 점복에 참가할 관리들이 예견 받아야 할 사항을 고하면서 이미 파 놓은 鑽鑿 안을 불로 지지(灼)는 것으로 시작된다.

4. 占卜과 卜兆

점복은 점칠 내용을 고하면서 鑽鑿해 놓은 곳을 불로 지져(灼) 卜兆를 내는 작업이다. ≪史記·龜策列傳≫에서는 다음과 같은 점복에 관한 내용이 기록되어 있다.

「灼龜觀兆」 귀판을 지진 후 兆象을 관찰한다.
「灼所鑽中」 불로 지질 때는 鑽 속에 한다.

漢代의 점복 방법에서는 불로 지지는 곳까지 명시하고 있는데 이에 상대의 卜法을 추정해 볼 수 있다. 불로 鑽鑿 속을 지질 때는 신령에게 기원하는 바를 고하는데 이는 불로 지져 터져 나온 卜兆로 예시되는 神의 의지를 바랬기 때문이다. 따라서 卜兆는 바로 점쳐 물은 내용에 대한 응답인 것이다.

뼈를 지질 때는 나무 막대를 태워 불꽃을 낸 다음 불을 끄고 불이 달아 있는 상태에서 골판 반면에 파놓은 鑽鑿 부위 중 鑽에 비중을 두고 지진다.[14] 골판에 파놓은 鑽鑿 부위는 다른 곳에 비해 얇아 열을 쉽게 받으므로 얼마 지나 터지게 되며 정면에 '卜'자가 형성된다. ≪說文≫에 풀이된 卜자의 자형을 보자.

≪說文≫:「卜. 灼剝龜也. 象炙龜之形, 一曰象兆之縱橫也.」

卜은 거북이를 불로 지져 터트리는 것이다. 지진 거북이의 모양이다. 일설에는 兆의 세로와 가로선을 그린 모양이라고 한다

이 예문을 보면, 거북뼈를 불로 지져 나온 형체라는 卜자의 원의가 한대까지도 그대로 전해졌음을 알 수 있다. 터진 금은 골판의 정면에 나타나는데 길게 판 鑿에서는 상하로 길게 세로선이 나타나고, 鑿의 중간 부위에 둥글게 판 鑽에서는 가로선이 나타나 卜형을 이룬다. 鑽鑿의 정면에 나타난 卜兆의 형태를 보면 아래와 같다(도 5-19).

---

14) 嚴一萍, ≪甲骨學≫, p.732

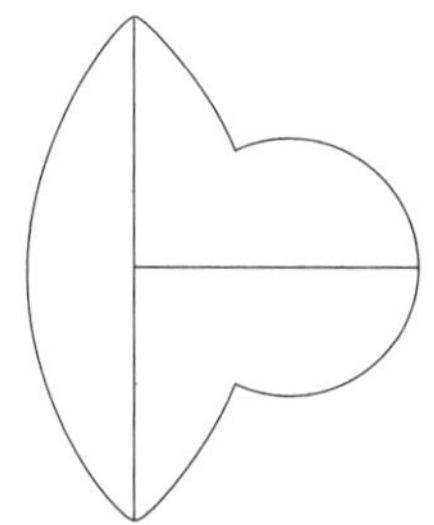
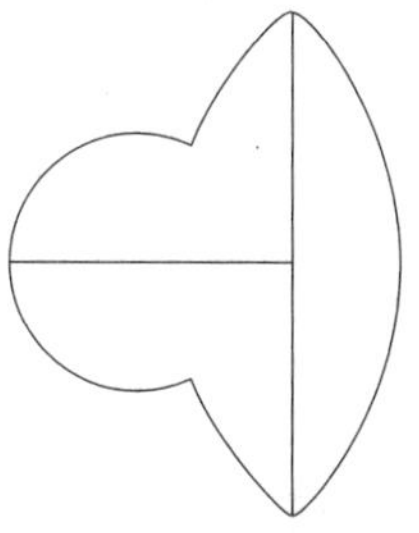

[도 5-19] 左右 卜兆의 형태

卜兆의 세로선을 '兆干'이라 하고 가로선을 '兆枝'라고 한다. 鑽鑿은 이와 같은 卜자형을 유도해 내는 기능을 갖고 있어, 갑골상의 鑽鑿형태나 위치, 배열 방식은 바로 卜兆의 형태나 위치를 결정해준다. 張光遠은 龜腹甲에 鑽鑿을 파고 불로 지져 당시의 상황을 재현해 본 결과 3분 후 'buk'하는 파열음과 함께 兆紋이 출현하였다. 'buk'은 순수한 자연음인 동시에 商代音이었을 것으로 추정하였다.15) 현대음으로는 'bu'이다. 그러나 3일이 지나자 卜자의 흔적이 사라졌다.

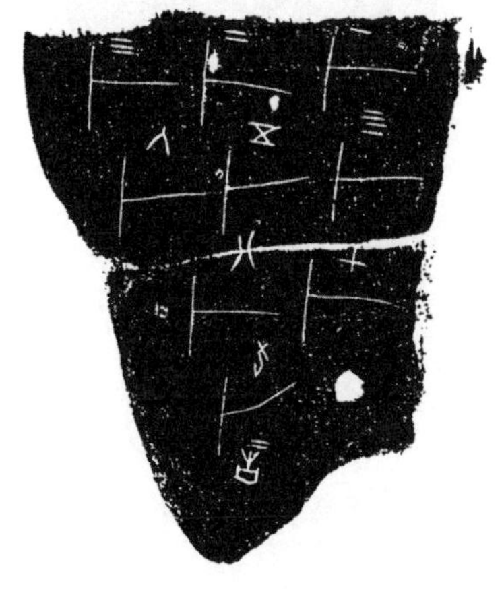

≪乙≫ 507

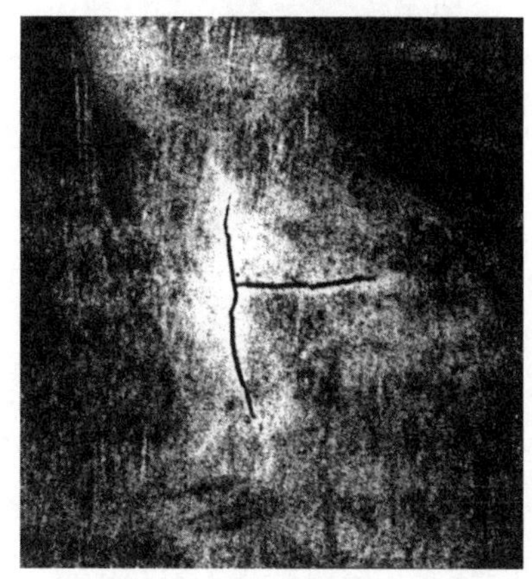

장광원의 실험에서 얻은 卜兆

[도 5-20] 卜兆의 형태 비교

이미 형성된 卜자는 다시 한 번 선명하게 덧 팠는데 이는 卜兆를 분명하게 하는 한편 특별하게 미관을 살린 것이라 할 수 있다.16) 장광원의 실험에서 얻은 卜兆의 형태와 卜兆가 선명한 ≪乙≫ 507편의 형태를 견주어 보면 사실을 어느 정도 짐작할 수 있다. (도 5-20)

15) 張光遠, <商代甲骨文與占卜探祕> ≪中華文物學會七十七年刊≫, 1988. p.16
董作賓, <商代龜卜之推測>, p.108

16) 陳夢家, ≪殷墟卜辭綜述≫, p.16

甲과 骨 중의 卜兆 방향은 매우 규율적이다. 龜腹甲의 경우 兆枝는 거의 천리로를 향하게 된다. 오른쪽 卜兆의 兆枝는 왼쪽으로 향하고 왼쪽 卜兆의 兆枝는 오른쪽을 향한다. 龜腹甲의 정면의 卜兆와 반면에 나타난 鑽鑿의 형태를 살펴보자(도 5-21).

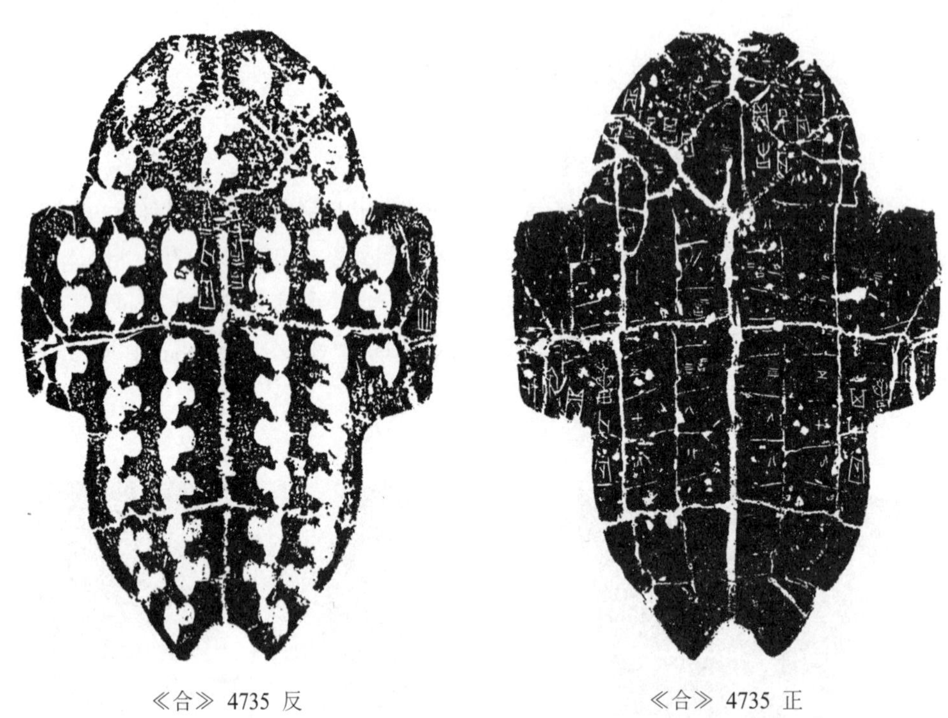

≪合≫ 4735 反 ≪合≫ 4735 正

[도 5-21] 腹甲反面상의 鑽鑿과 正面상의 卜兆

背甲의 경우도 마찬가지이다(도 5-22).

그러나 肩胛骨의 경우 兆枝가 한 방향으로 향해 우골은 오른쪽으로 좌골은 왼쪽으로 향한다. 좌우견갑골을 함께 놓고 보면 다음과 같다(도 5-23).

갑골판에 나타난 卜兆의 형태는 좌우에 따라 '⊢'와 '⊣'의 모양을 하고 있다. 대체적인 형태는 그러하지만 兆干에 대한 兆枝의 각도와 모양은 일정하게 나타나지 않고 ⊢·⊦·卜·⊦ 등과 같은 다양한 형태로 나타난다.

밑이 가늘고 깊게 파진 鑿 부위에서 갈라진 兆干은 대체로 수직선으로 나타나지만, 밑이 넓게 파진 鑽 부위를 불로 지져 나오는 兆枝는 어느 방향으로 터져 어떤 형태를 이룰지 누구도 예측할 수 없는 것이다. 이는 인간의 능력으로 결정할 수 없는 사항을 신의 예시를 받아 결정하려는 占의 의도와 일맥상통한다고 할 수 있다.

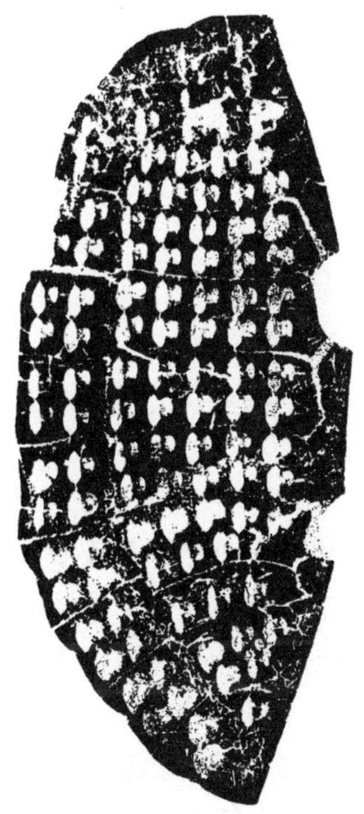

右背甲反 ≪合≫ 14129 反

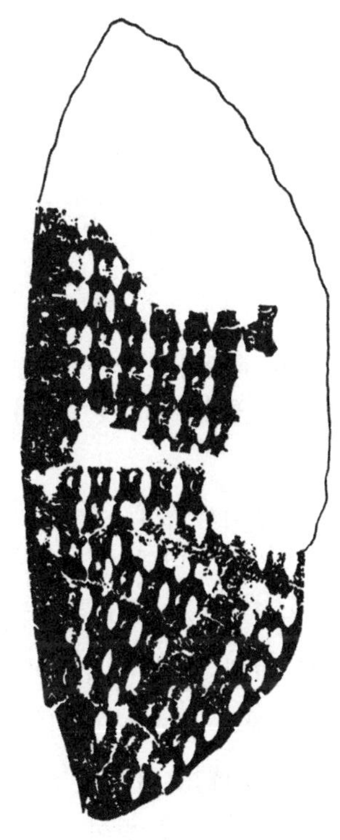

左背甲反 ≪丙≫ 608

[도 5-22] 左右背甲의 鑽鑿형태

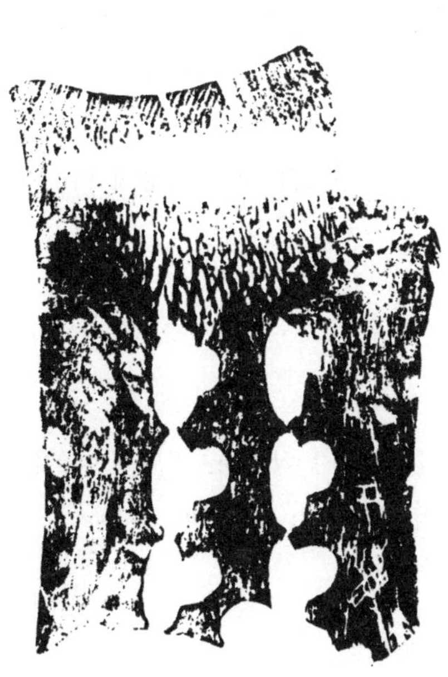

≪合≫ 1110 反(左骨)

≪合≫ 595 反(右骨)

[도 5-23] 左右肩胛骨 상부의 鑽鑿

5. 吉凶의 판단

占卜하려는 내용을 신께 고해 묻고 답을 얻는 것은 占卜의 핵심이다. 얻어진 답은 복사 중의 占辭를 이루며 占자는 그 본질을 잘 나타내고 있다. ≪說文≫의 占자 풀이를 보자.

> **≪說文≫ :「占, 視兆問也. 从卜从口.」**
> **占은 兆를 보고 물었던 내용을 관찰하는 것이다. 卜과 口를 따랐다.**

이로 보면 占자는 卜과 口를 합친 회의자로 '卜兆의 형태를 보고 길흉을 판단한다'는 뜻이다. 갑골문 占辭의 의미와 완전히 일치한다. 당시 이러한 판단은 주로 商王이 했으므로 '王固曰'로 시작한다. 동작빈과 엄일평은 兆枝의 각도와 兆語 중의 大吉·弘吉·小吉의 관계를 심도 있게 분석한 결과 특히 兆枝의 형상은 길흉을 판단하는 중요한 근거가 된다고 하였다. 따라서 占은 卜자와 불가분의 관계가 있다. 兆枝가 ⊢, ⊣ 처럼 바르거나 다소 위로 향할 때는 吉兆로 보고, ⊦ ⊦ 처럼 아래로 처지거나 꺾였을 때는 凶兆로 판단했다.[17] 물론 바르게 뻗어 나왔는데도 凶兆로 판단한 경우도 보이나 그 원인을 규명하기란 사실상 어려웠다.

이들은 또한 ≪史記·龜策列傳≫에 기록된 한대의 점복상황을 상세하게 분석한 뒤 한대의 길흉 판단은 점치는 내용을 외칠 때 점치는 사람은 귀갑에 대해 모종의 약정이 되어있을 것으로 추정했다.[18] 다시 말하면, 어떤 상황 하에서 어떤 卜兆가 나오면 吉兆이고, 다른 卜兆가 나오면 凶兆로 간주한 것이다. <龜策列傳>의 기록에서 분명한 근거를 볼 수 있다.[19] 복사에는 이러한 구체적인 기록이 없어 단지 卜兆의 각도만으로 길흉을 판단해야 하므로 결정적인 요소는 단언할 수 없지만 漢나라의 점복 상황에 비추어 상대의 상황을 다소나마 추정할 수 있는 것이다.

6. 卜辭 새기기

상대 점복 담당관의 구성은 구체적으로는 기록되어 있지 않으나, ≪周禮·春官≫에는 주대의 점복 담당 관리와 몇 가지 점복관련 내용이 기록되어 있다.[20]

---

17) 董作賓, ≪商代龜卜之推測≫, p.108, 嚴一萍 ≪甲骨學≫ p.732
18) 張秉權, ≪甲骨文與甲骨學≫, p.58
19) ≪史記·龜策列傳≫ :「今日良日, 行一良貞. 某欲卜某, 卽得而喜, 不得而悔. 卽得, 發鄉(向)我身長大, 首足收人皆上偶. 不得, 發鄉(向)我身挫折, 中外不相應, 首足滅去.」廣文書局, 1962, p.1329
20) 王寧, <周禮>, ≪評析本白活十三經≫, 北京 廣播學院出版社, 1982, p.227

大卜 : 국가의 크고 작은 점복의 제도와 규칙을 주관하는 사람.
卜師 : 점복하기 알맞은 거북을 골라 점복할 사람에게 전하며 점복을 돕는 사람.
龜人 : 공납된 거북을 잘 정리하여 귀실에 보관하며, 점복시 이들을 꺼내 점복 장소에 배치하는 사람.
菙氏 : 구멍 뚫을 송곳, 불로 지질 연료와 목재를 준비하는 사람.
占人 : 점쳐 묻는 일을 주관하는 사람. 점복이 끝나면 내용을 기록한 귀판을 보관해서 연말에 점복의 적중과 실패의 상황을 통계하는데 근거를 삼게 한 사람.

≪禮記 · 士喪禮≫에는 占卜시 각 사항을 담당한 관리들이 각자의 고정된 위치에 서고 최소한 3명이 占卜에 참여했음을 기록하고 있다.[21] 주대는 殷制를 답습하였기 때문에 ≪周禮≫의 기록은 상대의 복법을 반영한다고 할 수 있어 분명 상대 점복시 占卜者와 刻辭者가 달랐을 것으로 추정된다.[22] 그러나 갑골복사에는 단지 貞人만 기록되어 있어 점복의 분담 상황이나 商王과 貞人이외의 참가자에 대해서는 알 길이 없다. 현재로서는 貞人이 상왕을 대신해 고해 묻고 복사를 새기는 일까지 담당한 관리로 간주하고 있다.

商代에 활약했던 貞人은 최대 128명으로 추산한다. 제1기에 武丁시에 갑골문이 가장 왕성하게 쓰여 貞人이 가장 많고, 제4기에는 貞人 이름을 쓰지 않았다. 제5기에는 상왕이 직접 점을 쳐 貞人의 활약이 저조했다. 각 시기별 대표 貞人을 보자.[23]

제1기 : **方 𡧊** 永 亘 爭 韋 古 箙 史 內 共 抹 子 余 牛 伐
제2기 : 大 旅 即 行 兄 出 先 喜 尹 逐
제3기 : 何 宁 狄 口 彭 專 彘 定 逆
제4기 : 歷
제5기 : 黃 派 立

卜辭는 먼저 붓으로 쓰고 난 다음 칼로 새기거나 직접 칼로 새기기도 하였는데 갑골판에는 붓으로 쓰여 있으나 새기지 않은 채 발견된 갑골편이 있어 이 같은 사실을 증명해 준다. 복사의 새김은 현대의 전각이나 도장을 파는 방법과 매우 유사해 세로획을 모두 파고 나서 가로획을 팠다(5－6편 참조). 卜辭를 새겼던 貞人들은 상대의 전각 예술과 높은 서예의 경지를 보여주는 걸출한 예술가들이었음에 틀림없다. 복사를 비롯해

21) ≪禮記 · 士喪禮≫ : 「占者三人, 在其南北上, 及執燋席考在熟西」. 嚴一萍 ≪甲骨學≫ pp.710～717
22) 陳夢家, ≪殷墟卜辭綜述≫, p.17
23) 王宇信, ≪甲骨文通論≫, 社會科學出版社, 1989, p.168. 孟世凱, ≪殷墟甲骨文簡述≫, 文物, 1980, p.123
馬如森, ≪甲骨文引論≫, 동북사범대학출판사, 1993, p.221

점복 순서를 알려주는 兆序, 점복 내용의 길흉 및 점복 결과의 실행 여부를 말해주는 兆語는 '卜辭의 실례'에서 상론한다.

7. 도색

卜辭의 새김이 끝나면 새겨진 글자 속에 朱砂나 墨으로 도색을 한 경우가 많다. 이는 제1기의 특징이다. ≪合≫ 6834正(5-3편)은 크고 활달한 武丁 시기의 갑골문인데 큰 글자 속에 朱砂로 붉게 물들였고 작은 글자는 갈색이나 검정색을 칠했다. 이같은 도색의 의도는 문자를 선명하게 하여 쉽게 식별하게 해주고 미적 감각을 살리는 실용적인 효과를 얻기도 하지만, 특히 중대한 전쟁의 기록이나 신과 관계된 내용에는 붉은 칠을 하였다.

8. 驗辭의 기록과 보관

占辭의 실현 여부를 확인해 기록한 것이 驗辭이다. 복사는 前辭·命辭·占辭·驗辭로 이어지므로 驗辭의 기록은 모든 점복 과정이 종료되었음을 의미한다. 驗辭는 占辭의 결과에 따라 기간이 정해진다. 며칠 또는 몇 旬이 지난 뒤에야 실현여부가 입증되는 경우도 있기 때문에 驗辭는 생략되기도 한다.

험사까지 기록하고 나면 모든 점복의 절차는 마무리 되며 갑골판은 뒷날 다시 찾아 쓰거나 볼 수 있도록 귀실에 쌓아 보관하였다.

제 6 장 갑골문의 문장

제1절 卜 辭

1. 卜辭의 기록

상왕의 점복 내용을 기록한 卜辭는 당시 상왕들이 점쳐 물었던 사항들을 알려준다. 이들을 기록하는데는 일정한 틀을 갖추고 있다. 완벽하게 기술된 복사의 형식은 前辭·命辭·占辭·驗辭 등 4부분으로 구성되고, 그 외 점복의 상황을 분명하게 해주는 부대요소인 兆序·兆語가 있다. 복사의 4가지 기록 형식은 다음과 같다.

前辭 : 干支로 쓴 점친 날짜와 점쳐 묻는 貞人의 이름이다. (일명 敍辭)
命辭 : 점쳐 물어야 하는 핵심 내용이다. (일명 貞辭)
占辭 : 점을 쳐 얻은 卜兆를 보고 길흉을 판단한 내용이다.
驗辭 : 점복 결과가 占辭대로 실현되었는지를 밝힌 부분이다.

위 4형식은 동시에 기록하는 것이 아니고 시간적인 차이가 있기 때문에 4형식이 완벽하게 기록된 경우는 드물다. 일반적으로 前辭·命辭만을 기록하거나 命辭·占辭만 있는 경우가 많고, 驗辭는 占辭의 실현 여부가 입증된 뒤의 기록이어서 자료적 가치는 높다. 그러나 占卜했던 날의 갑골판을 다시 꺼내 기록해야 하는 번거로움 때문에 생략된 경우가 가장 많다. 드물게는 驗辭만을 기록한 경우도 있고 심지어 卜兆를 얻고도 아무런 文字도 새기지 않은 경우도 있다(도 5-16 참조). 이같은 복사의 기록과 생략현상은 매우 다양해 12가지 양상을 보인다.[1)]

지금까지의 연구 결과로 위 4단계의 기록 현상이 밝혀졌고 이에 따른 생략 규율도 터득하여 아무리 간략한 내용일지라도 전체 卜辭 중 어느 부분에 속하고 있는지를 알 수 있게 되었다.

---

1) 吳浩坤著·梁東淑譯, ≪中國甲骨學史≫, p.149

卜辭의 실례

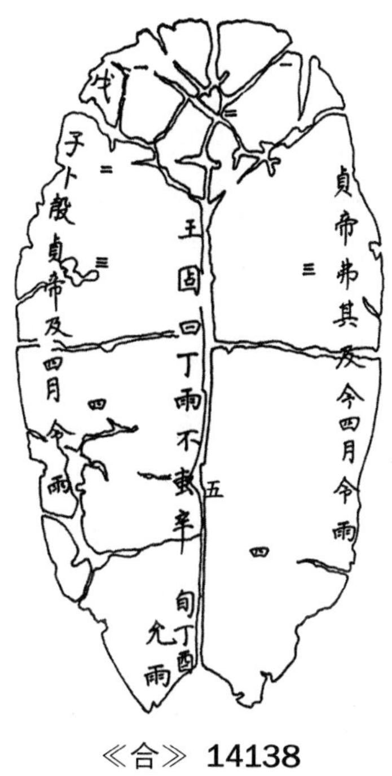

≪合≫ 14138

갑골문을 왕성하게 사용하였던 제1기 武丁시대에 4가지 형식을 갖춘 복사의 기록을 가장 많이 남겼다. ≪갑골문합집≫ 14138편(16-4편)은 4가지 형식을 완벽하게 갖춘 龜腹甲 각사로 날씨를 점친 내용이다. 4단계의 형식이 함께 기록되어 있는 보기 드문 내용이다.

前辭 : 戊子卜, 㱿貞

命辭 : 帝及四月令雨。一 二 三 四 五

帝弗其及今四月令雨。一 二 三 四

- 무자일에 점치고 㱿이 묻습니다.
- 상제는 4월에 비를 내려줄까요?
- 상제는 4월에 비를 내리지 않을까요?

占辭 : 王固曰 : 丁雨, 不, 叀(惠)辛。

驗辭 : 旬丁酉允雨。

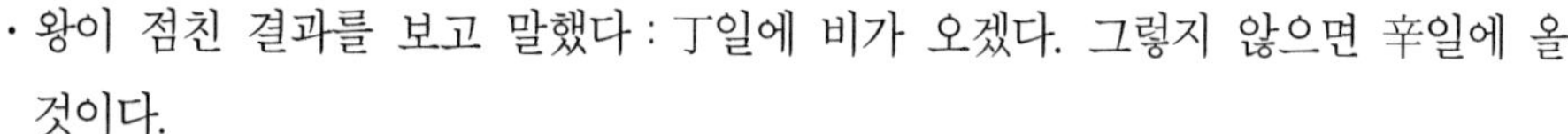

- 왕이 점친 결과를 보고 말했다 : 丁일에 비가 오겠다. 그렇지 않으면 辛일에 올 것이다.
- 열흘 뒤 丁酉일에 과연 비가 왔다.

前辭

위 예문에서 '戊子卜, 㱿貞'은 前辭이다. 戊子는 干支를 결합해 紀日했던 날짜이다. 卜은 점을 치고, 貞은 점을 쳐 묻는다는 뜻이며, '卜'과 '貞' 사이의 㱿자는 占卜을 담당한 사관의 이름이다. 숫자는 점을 친 횟수이다.

命辭

'帝及四月令雨. 帝弗其及今四月令雨'는 命辭이다.

위 모사본으로 보면 왼쪽에 前辭에 이어 "상제는 4월에 비를 내려줄까요?"라고 긍정형이 있고, 오른쪽에 "상제가 이번 4월에 비를 내려 주지 않을까요?"라고 부정형이 이어졌다. 이 점복의 긴급한 사항은 '4월에 비가 오겠는가'이다.

왼쪽의 경우처럼 긴 복사는 잇대어 썼는데 해서로 옮길 때 자연 띄어 쓰게 된다. 이때 貞자의 위치가 문제이다. 前辭 아래에 붙이거나 命辭 위에 붙여야 한다. 모사본 오

른쪽의 경우를 보면 貞은 命辭에 붙였다.[2)]

占辭

'王固曰 : 丁雨. 不, 叀辛.' 까지는 상왕이 卜兆를 보고 길흉을 판단한 내용인 占辭이다. 길흉의 판단은 주로 왕이 하므로 '王固曰'로 시작한다. '丁일에 비가 오겠고, 그렇지 않으면, 辛일에 비가 온다'는 점괘가 나왔다.

驗辭

'旬丁酉允雨'가 驗辭이다.

점친 날로부터 10일 뒤 과연 비가 왔다는 驗辭기록으로 볼 때 이 점은 적중했다. 旬은 열흘을 뜻하는데 복사에서는 당일을 포함하니, 戊子일로부터 丁酉일까지는 꼭 10일간이다. 다섯차례나 점친 것으로 보아 봄 가뭄이 심했던 것 같다.

갑골문・금문의 글 쓰기는 대개 右측에서 아래로 쓰고 左로 향한다.[3)] 龜腹甲의 경우 일반적으로 긍정물음이나 긍정 답이 나올 물음은 右측에 새겼고 부정물음이나 부정 답이 나올 물음은 左측에 새겼으며 모두 중앙을 향해 써갔다. 또 右측의 긍정물음은 前辭까지 포함하여 완전하게 썼고 左측의 부정물음은 왕왕 前辭를 생략했다.[4)] 그러나 본 예문과 같은 예외 현상도 있다.

兆序

兆序는 점복의 차례를 표시하는 갑골상의 숫자이다. 상대인들은 한가지 일을 한 번 점치기도 하였지만 중요한 사안은 여러번 거듭해서 물었다. 점을 쳐 물으면서 불로 골판을 지지면 정면에 나온 卜兆의 兆枝위에 차례를 나타내는 숫자를 썼는데 이것이 兆序이다. 이들은 卜辭는 아니고 독립적으로 존재하지만 복사와 밀접한 관계를 갖고 있다. 兆序의 기록은 卜兆를 내고 복사를 기록하기 전에 새겼는데 이러한 사실은 복사를 새길 때 兆序가 종종 깎여 나간 상황을 보고 추정해낸 것이다.[5)]

卜辭는 동일 사안을 한 번은 긍정으로 묻고, 한 번은 부정으로 대응되게 묻는데 이렇

---

2) 현재 학자들은 貞을 前辭 아래에 붙이거나 혹은 命辭 위에 붙이는 등 자유롭게 쓰고 있다. 한국어로 번역을 할 경우 貞은 주어인 㱿에 붙여 쓰는 것이 자연스러워 본서는 前辭 아래에 붙여 쓰는 형식을 택했다.

3) 裘錫圭, ≪文字學概要≫, 1988. p.45 1950년 중기 이후 왼쪽에서 시작해 오른쪽으로 써가며 위에서 아래로 줄을 바꾸어 쓰는 방법이 보편화되었다.

4) 張秉權, <卜龜腹甲的序數> ≪中央硏究院史語所集刊≫, 第28本. 1956, p.244

5) 張秉權, <卜龜腹甲的序數>, p.230

게 한쌍으로 물은 경우를 '正反對貞'이라고 부른다. 이들 물음을 골판에 기록할 때는 긍정과 부정을 左右에 대칭되게 기록하기 때문에 '左右對貞'이라고도 칭한다. 그런고로 兆序는 귀복갑의 左右의 대칭되는 위치에 동일 숫자로 나타나며 일반적으로 위에서 아래로, 안에서 밖으로 향해 썼다.

숫자의 기본은 '一'부터 '十'까지이며, 열 번 이상 일 때는 다시 一로 시작하고 十 이상의 合文 숫자는 쓰지 않았다. 상대인들이 十을 완성된 숫자로 보아 十干을 조상의 이름으로, 또 紀日法은 旬을 활용하는 등 十을 중시하는 관념이 있었다. 이는 오른쪽을 중시했던 '尙右'관습과 함께 상대의 독특한 시대정신이었다고 하겠다.

여러 가지 상황을 한 눈에 볼 수 있는 ≪乙≫ 4701편을 살펴보자(도 6-1). 이 腹甲의 兆枝는 천리로를 향해 뻗어있고 위에 一부터 十二까지 안쪽에서 밖으로, 위에서 아래로 써 나갔다. 十 이상은 一로부터 다시 시작하였다. 前右甲 중 九·十 자리에 원래 一·二라는 숫자가 있었는데 이를 무시하고 九·十을 새긴 형상이 뚜렷하다.

≪乙≫ 4701

[도 6-1] 腹甲 중의 兆序

≪乙≫ 2576편 복사의 예를 보자.

庚寅卜, 㱿貞 : [illegible]化[illegible]𢦏(捷)[illegible]。一 二 三 四 五 六 七 八 九 十 一 二

貞 : [illegible]化[illegible]弗其𢦏(捷)。一 二 三 四 五 六 七 八 九 十 一 二

[illegible]化[illegible]은 [illegible]方을 정벌할 수 있을까요?

[illegible]化[illegible]은 [illegible]方을 정벌하지 못할까요?

위 복사는 正反對貞된 두 문장이지만 兆序로 보면 좌우에서 24차례 물은 것이다.[6] 귀복갑에는 예외적으로 아래에서 위를 향한 兆序가 있으나(≪乙≫ 2596) 아주 드문 현상이고 牛骨의 경우는 오히려 흔히 볼 수 있다. 귀복갑상 兆序의 분포는 매우 다양하지만, 특수현상 이외에는 대부분 左右對稱으로 새겼다.

兆序는 해당 복사가 여러번의 점복 중 몇 번째 물었던 것인가를 알려주는 것이 기본 임무이다. 그 외에도 對貞卜辭의 위치를 확정할 수 있는 근거가 되며, 여러 판에 새겨 있는 동일 복사인 成套卜辭[7]의 차례를 알아내는 결정적인 역할도 한다.

兆記

점쳐 얻은 卜兆는 다양한 성질을 함유하고 있는데 이러한 특성을 반영하는 술어가 兆記이며 일명 兆辭라고도 한다. 兆記는 주로 兆枝의 아래에 새겼고 이로서 卜兆의 명확도 · 吉凶여부 · 卜兆의 채용 등을 명시한다. 성질과 특성에 따라 吉辭 · 告辭 · 兆辭 · 用辭 · 御辭로 대별된다.[8]

吉辭 : 卜兆의 吉한 성질을 설명한다. 上吉 · 下吉 · 小吉 · 大吉 · 引吉 등으로 세분되며 용법은 서로 같으나 사용된 시기는 다소 차이가 있어 上吉 · 小吉은 초기에, 大吉 · 引吉은 후기에 주로 쓰였다.

告辭 : 小告 · 二告 · 三告 · 四告 등이 있다. 告자의 자형이 吉자와 흡사해 二告를 上吉이라고 풀이하는 견해도 있으나[9] 다른 복사에 三告 · 四告가 이어지고 있어 二告로 보는 견해가 더욱 유력하다.[10] 그러나 '告'의 의미는 확실하지 않다.

---

6) ≪乙 4701≫편은 ≪合≫ 6654正과 동일사안을 점쳤으나 날짜도 다르다. 그러나 본편에서는 [illegible]化[illegible], ≪合≫ 6654에서는 [illegible][illegible]化라고 했으나 같은 뜻이다. [illegible]化[illegible]는 guanhuage로 읽는다. (5－9 참조)

7) 成套卜辭는 占卜시 여러 개의 골판을 동시에 나열하여 놓고 동일 내용을 점쳐 각 골판에 점친 순서에 따른 숫자를 기록한 형식의 卜辭를 말한다. 胡厚宣은 '卜辭同文例'(1938)로 명명했고 張秉權은 '成套卜辭'라고 했다. ≪合≫ 6482, 83, 84(2－6 참조), 85, 86 등 5版은 가장 대표적인 成套卜辭이다.

8) 馬如森, ≪殷墟甲骨文引論≫, p.184

9) 張秉權, ≪甲骨文與甲骨學≫, p.179

兆辭 : 不玄冥과 같이 3자로 된 술어도 있다. 不자 뒤 두 字의 풀이는 다양하나 卜兆의 상태가 매우 선명하여 '점복의 채용을 주저할 필요가 없다'는 뜻으로 의견이 모아지고, 자형은 楊向奎의 설인 '不玄冥'을 취하고 있다.[11)]

用辭 : 점복의 결과를 받아들여 적용하거나 실행할 것인가를 기록한 술어로 用・吉用・不用・玆用・玆不・用玆・毋用 등이 있다. 그 중 玆用은 후기에 쓰인 大吉과 같은 판에 자주 출현해 후기에 썼던 술어로 보고 있다.[12)]

御辭 : 점복의 결과를 실행할 것인 지의 여부를 나타낸다. 玆御・不御 등도 있다.

2. 記事刻辭

記事刻辭는 갑골에 새겨진 문자이기는 하나 점복과는 관계가 없는 점복관련 사건을 기록한 내용이다. 따라서 일명 '非卜辭'라고도 한다. 초기 갑골문을 연구하던 동작빈・곽말약・호후선 등은 복사의 형식과 다르고 점복과 관계가 없으며 골판 뒤에 홈을 파거나 지진 흔적도 없고, 유독 복사를 새기기에 적합하지 않는 특별한 부위에 쓰인 점에 착안하여 이를 밝혀냈다. 호후선은 각 부위의 특성에 따라 甲橋刻辭・甲尾刻辭・背甲刻辭・骨臼刻辭・骨面刻辭 등 五種을 정리하여 記事刻辭의 영역을 넓혔다.[13)] 그 외에 人頭・獸頭 등에도 새겼는데 이들 기사각사는 제1기 武丁시대에 집중적으로 쓰였고 그 이후의 복사에는 거의 나타나지 않고 있다. 五種의 記事刻辭를 살펴보자.

1) 甲橋刻辭

腹甲의 볼록한 양 옆의 甲橋에 새긴 각사이다. 대부분 龜甲을 공납한 사람・지명・공납수량・담당자의 서명 등을 기록했다. 일반적으로 정면과 반면에 두루 새겼고 일부 甲橋刻辭는 귀갑을 정리할 때 진공의 수량과 상황을 기록한 것이라고 본다. ≪合補≫ 287反의 左右 甲橋刻辭를 보면 좌우 양쪽에 다음과 같은 기록이 있다(도 6−2).

(우) 㱿以二百. 㱿이 귀갑 2백 판을 들여왔다.

(좌) 己酉, 婦井示二十. 기유일에 婦井이 골판 20판을 들여왔다.

10) 吳浩坤著, 梁東淑譯, ≪中國甲骨學史≫, 東文選, 2002, p.157

11) 楊向奎, <釋不玄冥> ≪歷史硏究≫, 1955 第1期

12) 張秉權, ≪甲骨文與甲骨學≫, p.178

13) 胡厚宣, <武丁時五種記事刻辭考> ≪甲骨學商史論叢≫ 初集 第2冊, p.467~510. 胡厚宣의 통계에 의하면 기사각사는 총 830여개항인데 甲橋 573, 甲尾 37, 背甲 13, 骨臼 177, 骨面 26개항으로 추산했다.

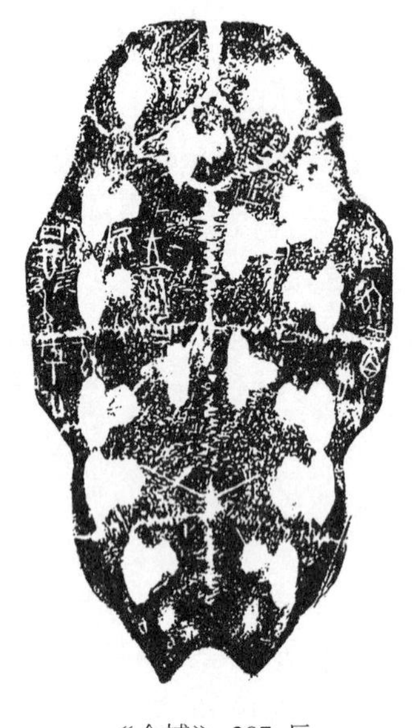

≪合補≫ 287 反

[도 6-2] 甲橋刻辭

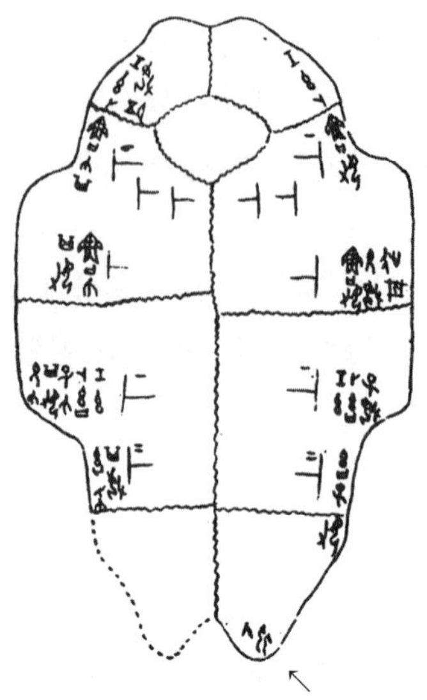

≪合≫ 22102 모본

[도 6-3] 甲尾刻辭

以와 示는 '致' 즉 甲骨 등을 '들여왔다'는 뜻이다. 갑교각사 중에 본편과 같이 左右甲橋에 귀갑과 우골의 진공상황을 새긴 예는 흔치 않다.

2) 甲尾刻辭

甲尾刻辭는 腹甲의 꼬리 부분에 새긴 각사이다. 좌우로 나뉜 尾甲 중 문자는 대체로 右尾甲에 새겨 右尾甲刻辭라고도 일컫는다. 일반적으로 간략하게 귀갑의 공납 상황이나 숫자를 기록하고 있으나, 다른 각사와 혼동되기 쉬운 이유로 완연하게 위치가 구분되는 甲橋刻辭 보다 활용도가 낮다. ≪合≫ 22102편은 대형 복갑인데 右尾甲에 간략하게 공납상황이 기록되어 있다(도 6-3).

弜入. (≪合≫ 22102) 弜이 들여왔다.

3) 背甲刻辭

背甲刻辭는 귀갑을 정리할 때 좌우로 이등분한 背甲과 改製背甲 두 형태에 나타난다. 갑골의 공납 상황이나 수량 등을 새겼는데 갑교에 비해 비교적 적은 수량일 때 背甲을 이용했다. 도편의 화살표를 보자.(도 6-4)

𡆥入二, 在鹿 㱿. (≪合≫ 14129反) 𡆥가 2개의 귀판을 진공했다. 鹿에서 㱿이 씀.

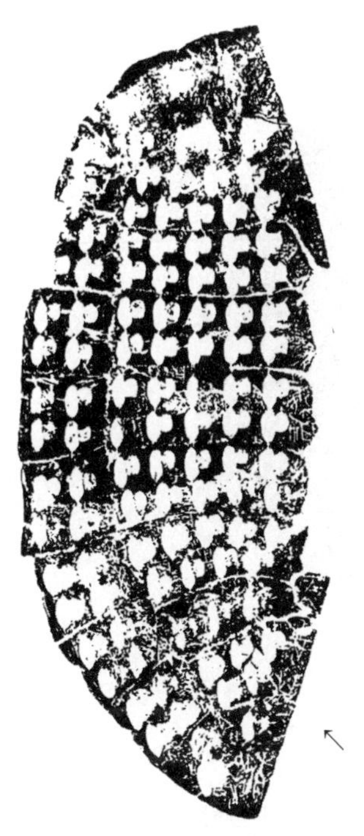

≪合≫ 14129 反

[도 6-4] 背甲刻辭

≪合補≫ 495 臼

[도 6-5] 骨臼刻辭

4) 骨臼刻辭

骨臼는 우견갑골의 관절 부위로 문자를 새겼던 뼈 중에 특수하게 기사각사만을 새겨 활용도가 가장 높다.(도표 6-5)

甲寅 畢示十屯 允. (≪合補≫ 495臼)
갑인일에 畢이 10쌍의 골판을 들여왔다. 允이 씀.

5) 骨面刻辭

골면은 肩胛骨의 넓은 부위로 복사를 새기기에 최적의 공간이어서 많은 복사를 새겼다. 그러나 때로는 골면 가득히 복사가 아닌 干支表(15-1편)를 새겼거나, 골면의 가장 자리나 아래쪽에 '自 … 某乞若干(어디에서 … 누가 … 얼만큼)' 등의 형식으로 獸骨의 진공 상황을 기록한 각사이다. 아래 骨面刻辭는 수량은 없고, 간략하게 공납처만을 기록했다(도 6-6).

自匿. (≪合≫ 10122) 匿 지역에서 진공했다.

≪合≫ 10132

[도 6-6] 骨面刻辭

위 여러 가지 記事刻辭에서 살펴본 바와 같이 상대에는 갑골판에 복사를 새겼고 동시에 갑골판의 진공상황을 일일이 기록하였으며 이를 검시한 사관들은 싸인까지 하였음을 알 수 있었다. 貞人의 싸인이 있는 279개의 기사각사를 부위별로 분류해 본 胡厚宣은 骨臼의 활용이 가장 높았고, 甲橋・背甲순으로 이어지며 공납관리를 가장 많이 했던 사관은 㱿・岳・穷 등으로 밝혔다.14) 이를 통해 상대에는 업무를 마친 후 싸인하여 책임을 지는 관례가 있었음을 알 수 있다.

제 2 절 갑골문 새김 부위와 문장배열

갑골문은 대부분이 점복 기록이기 때문에 문장의 특색은 간단명료하다. 거기에 龜甲獸骨이라는 극히 제한적인 공간에 문자를 새겨 글을 쓴 부위나 순서 그리고 좌우방향의 다름은 갑골문 특유의 文例를 형성하였다. 갑골문 연구 초기에는 조각들만 발견되고 완전한 갑골판 보기가 드물어 전체적인 각사 상황의 파악에 애로가 있었다. 그러나 동작빈은 龜腹甲의 각 부위의 조각들을 면밀하게 관찰하여 문장배열에 일정한 규율이 있다는 것을 알아내고 1929년 <商代龜卜之推測>에서 갑골문 문예의 몇 가지 통례를 밝혀냈다.15)

14) 胡厚宣, <卜辭記事文字史官簽名例> ≪中硏史語所集刊≫, 제12本, 1947년

그러다 殷虛 제3차 발굴에서 완전한 大龜腹甲 4판을 발굴하여 이 골판들을 기초로 연구해 저술한 <大龜四版考釋>(1931)을 통해 귀복갑상의 문장형식은 위의 통례들과 대체로 일치함을 확인했다. 뒤이어 <骨文例>에서는 또 우견갑골의 갖가지 문장배열 형식을 분석하였다.16) 본 절에서는 龜腹甲과 牛肩胛骨의 문례상황을 살펴본다.

1. 귀복갑의 각사 부위와 문장 배열

귀복갑은 中甲・首左甲・首右甲, 前左甲・前右甲, 後左甲・後右甲, 尾左甲・尾右甲 등 9개의 골판으로 이루어 졌고 양옆에 甲橋가 있는데 모든 부위에 刻辭가 가능했다(도 5−2). 각 부위별 각사 통례 상황을 살펴보면 다음과 같다.

中甲 : 천리로를 중심으로 우측복사는 右行하고 좌측복사는 左行했다.17)

首左右甲 : 안쪽 복사는 外行하고 우측 변의 복사는 左行하며 좌측 변의 복사는右行했다.

前左右甲 : 안쪽 복사는 外行하고 상부의 우변 복사는 左行하며 좌변 복사는 右行했다.

後左右甲 : 안쪽 복사는 外行하고 하부의 경우 변 쪽의 우측 복사는 左行하며 좌측 복사는 右行했다.

尾左右甲 : 안쪽 복사는 外行하고 우측 변의 복사는 左行하며 좌측 변의 복사는右行했다.

1) 中甲

≪合≫ 5658正

[도 6−7] 中甲

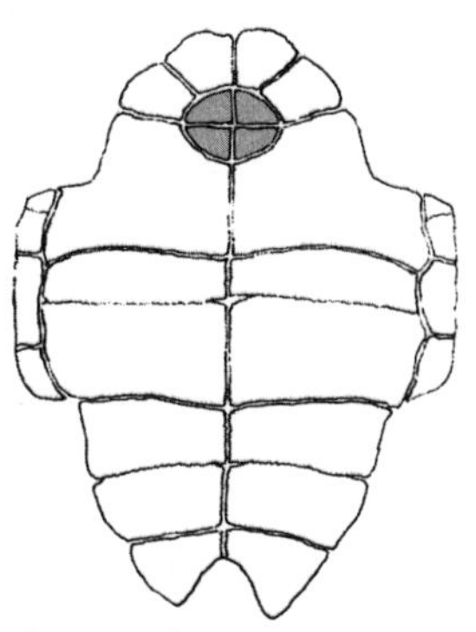

[도 6−8] 腹甲상의 中甲

15) 董作賓, <商代龜卜之推測> ≪董作賓學術論著≫, 世界書局, 1979, p.7

16) 董作賓, <大龜四版考釋> ≪安陽發掘報告≫ 第三期, ≪董作賓學術論著≫, 世界書局, 1979, p.285
董作賓, <骨文例> ≪中央研究院歷史語言研究所集刊≫ 第七本, ≪董作賓學術論著≫, 世界書局, 1979, p.735

17) 中甲은 龜首甲과 前左右甲 사이에 위치하는데 대형 腹甲일수록 千里路와의 교차로 인해 열십자로 잘린 경우가 많다.

본 中甲은 盾紋과 齒縫의 교차로 인해 열십자로 잘려 있는데 천리로를 중심으로 두 개의 복사가 좌우에 正反對貞 되어 있다.

(우) 甲子卜, 㱿貞 : 妥以巫。
(좌) 貞 : 妥不其以巫。

본 편의 내용은(3-3편)에 풀이되어 있다.18) 우측 복사는 前辭와 命辭가 기록되었고 천리로에서 우측으로 썼고, 命辭만 쓰인 좌측 복사는 천리로에서 좌측으로 썼다. 대형 腹甲은 中甲에 문자를 새겼으나 소형일수록 문자가 드물고 새김의 형태는 다양하다. ≪合≫(1248正)은 中甲 가득히 선명하게 문자를 새겼고 ≪合≫ 14002正(20-4편)이나 ≪合≫ 14001(20-5편)은 中甲을 고려하지 않고 글자를 새겼으며 ≪乙≫ 3925(10-4편)에서는 위에서 곧바로 아래로 써내려 갔다.

2) 首左右甲

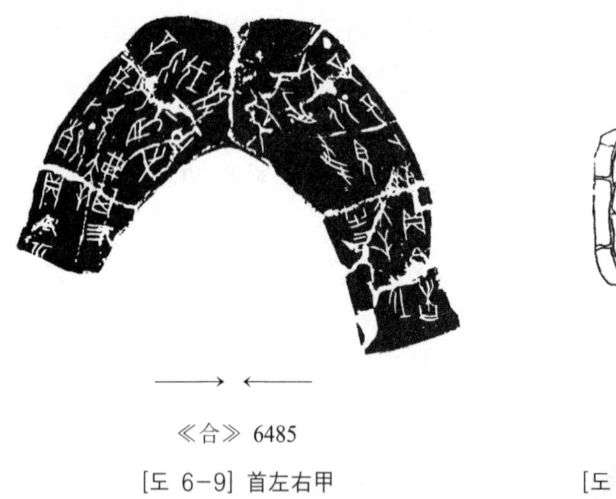

≪合≫ 6485

[도 6-9] 首左右甲

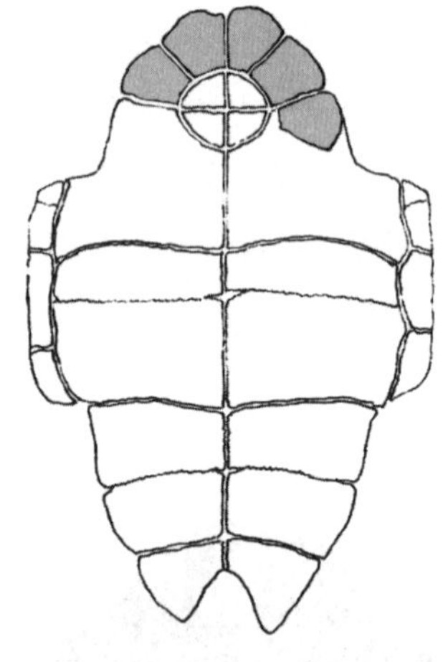

[도 6-10] 腹甲상의 首左右甲

본 首左右甲은 左右에 두 개의 복사가 正反對貞되어 있다.

(우) 辛酉卜, 㱿貞 : 今者王比望乘伐下危, 受有祐. 四
(좌) 辛酉卜, 㱿貞 : 今者[王]勿比望乘伐下危, 弗[其受]有祐. 四19)

18) 본 서는 제1편에 갑골학개론 제2편에 갑골문선독을 실었다. 본 절의 내용은 본 편에 수록된 도편을 발췌하였기 때문에 문자풀이는 해당 장 절을 참고토록 하였다. (3-3편)은 선독편의 제3장 3편을 말한다.

19) [ ]속의 자는 도판이 잘려 탈자된 자를 전후 내용에 근거해 복원시켜 삽입한 경우이다.

우측변의 복사는 위에서 아래로 안쪽을 향해 좌행하였고, 좌측변의 복사는 우행하였으며 中甲 부위는 글자를 쓰지 않았다. 일반적으로 좌측 복사는 前辭를 생략하나 본편처럼 중요한 사안일 경우에는 두 쪽 다 완전하게 기록하였다. 본편은 ≪合≫ 6484(2-6편)와 成套卜辭여서 首左甲의 손상된 부위의 문자를 보완해 주었다. 본편은 동일한 5판 중 4번째 판이다.

3) 前左右甲

본 前左右甲은 천리로를 중심으로 두 개의 복사가 큰 글씨로 써 있는데, 우측복사는 우행하였으며, 좌측복사는 좌행하였다(10-5편 참조).

(우) 丙子卜, 韋貞 : 我受年。
(좌) 丙子卜, 韋貞 : 我不其受年。(≪合≫ 5611)

≪合≫ 5611

[도 6-11] 前左右甲

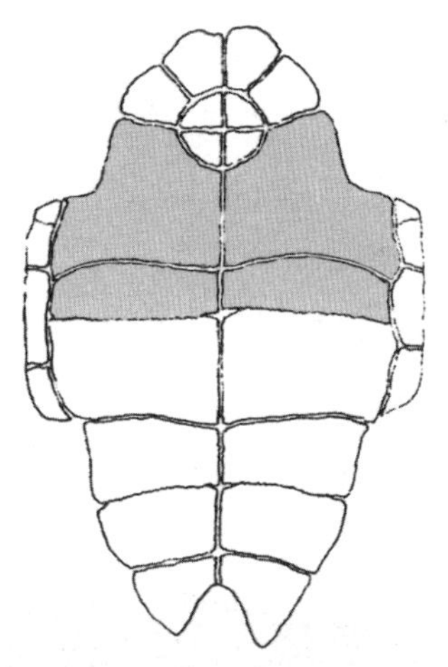

[도 6-12] 腹甲상의 前左右甲

4) 後左右甲

後左右甲은 盾紋의 흔적으로 인해 상하로 구분되는데 상부의 변은 甲橋와 연결되어 있다. 본 예는 <大龜四版>의 4번째 편의 일부로 전형적인 복갑각사의 예를 보여 주고 있다.

(안쪽) 癸巳卜, 穷貞 : 旬亡囚. 十一月
癸巳卜, 呂貞 : 旬亡囚. 十三月
癸丑卜, 貞 : 旬亡囚.

(변쪽) 癸酉卜, 爭貞 : 旬亡囚. 十月
癸酉卜, 貞 : 旬亡囚. 十二月

← ← → →
→ ← → ←

≪大龜四版중의 四≫
[도 6-13] 後左右甲

[도 6-14] 腹甲상의 後左右甲

본 예 중의 안쪽에는 3개의 卜辭가 상하로 포개있는데 안쪽에서 밖으로 써나갔으며 변 쪽에는 두 개의 복사가 상하로 포개있는데 윗 복사는 안에서 밖으로 향했고 아래 복사는 밖에서 안쪽으로 새겼다. 그러나 특이한 예도 많아 ≪合≫ 11506正(19－13편)의 경우는 두 개의 복사가 '한 一' 자 형태로 外行되었는데 이는 일종의 변례라고 하겠다.

5) 尾左右甲

거북이의 꼬리뼈인 尾甲도 좌우에 문자를 새겼다. 본 尾左右甲는 盾紋을 경계로 상하로 구분되었다. 본 예문은 ≪乙≫ 5355편으로 상하 4개의 복사를 좌우로 새겼다.

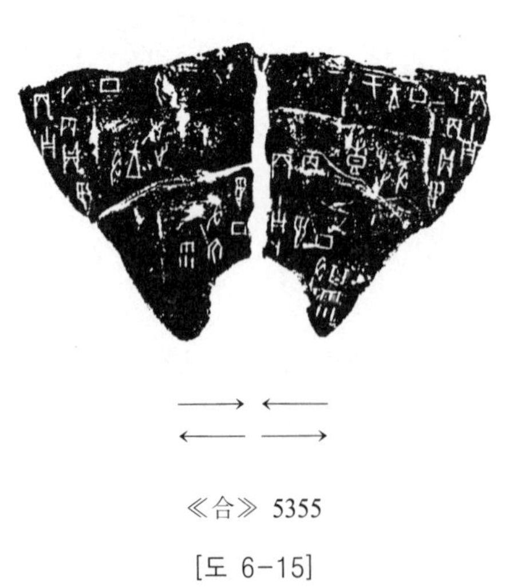

→ ←
← →

≪合≫ 5355
[도 6-15]

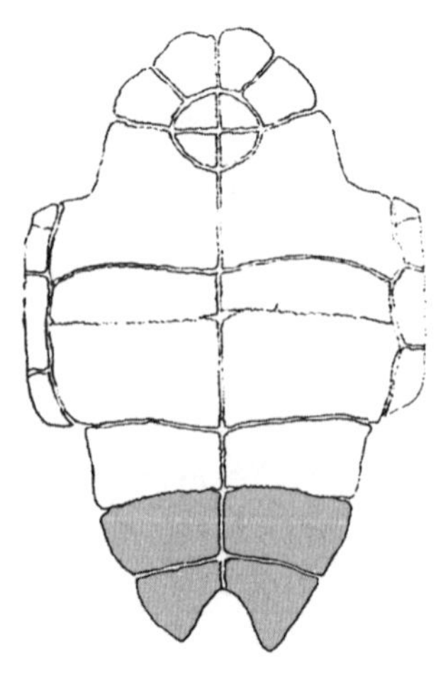

[도 6-16] 腹甲상의 左右尾甲

(상부) 丙子卜, 丙貞 : 翌丁丑王步于𩏸.
丙子卜, 丙貞 : 翌丁丑王步勿□.

(하부) 丙子卜 丙 : 翌丁丑其雨.
翌丁丑不其雨.

상부의 두 복사는 밖에서 안으로, 하부의 두 복사는 안에서 밖으로 새겨 尾甲刻辭의 통례를 보여 준다. 안쪽에서 밖으로 써간 예는 ≪合≫ 5397(19-20편) 尾右甲刻辭를 들 수 있는데 활달한 문체의 占辭를 안에서 밖으로 새겼다. 尾甲 상부의 경우 안쪽 복사는 밖으로, 변 쪽의 복사는 안쪽으로 새겼음을 알 수 있다. 또 ≪乙≫ 4293편은 상하 구분 없이 좌우에 對貞하여 尾左右甲을 최대로 활용한 경우이다.

6) 甲橋

甲橋는 기사각사를 새기는 부위로 알려져 있으나 대형 복갑인 경우 공간이 넓어 복사를 새긴 경우가 적지 않다.

(상) 癸未卜, 穷貞 : 玆雹不唯降囚. 十一月
이번 우박은 재앙을 동반하지 않겠지요? 11월
(하) 甲申卜, 穷貞 : 雩丁無貝. (≪合≫ 11423)
雩丁에게 조개가 없을까요?

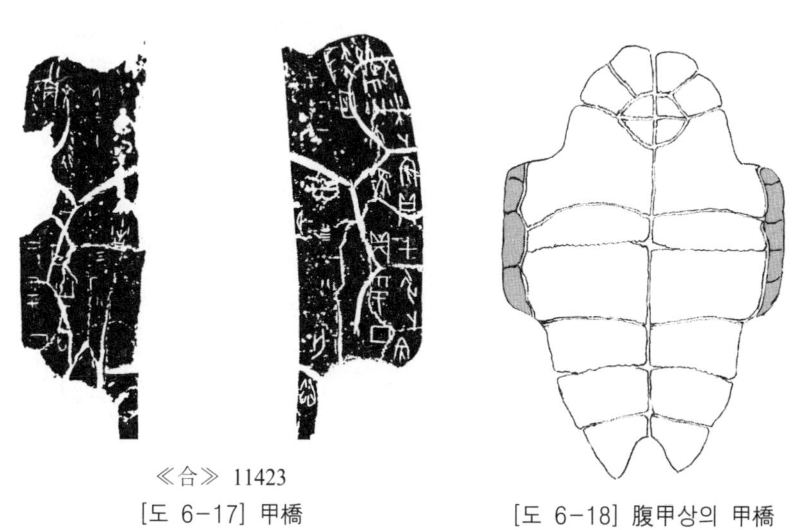

≪合≫ 11423
[도 6-17] 甲橋

[도 6-18] 腹甲상의 甲橋

본 예는 12cm에 달하는 甲橋에 두 개의 복사를 상하로 포개 썼고, 밖에서 안으로 기록했다. 안에서 밖으로 쓴 예도 있는데 ≪合≫ 1027正(4-20편)에서 볼 수 있다.

이상에서 龜腹甲의 각 부위별 문장의 배열 체제를 살펴 보았다. 결과적으로 동작빈이 밝혀 놓은 부위별 통례는 귀복갑 각사의 기본원칙을 이루고 있었다. 이러한 원칙은 龜腹甲이라는 특수현상에서 書寫의 편리를 위해 형성되었음을 알려주고 있다. 중국 전통 글쓰기의 근원인 복사나 대쪽의 글쓰기는 위에서 아래로 쓰고 左로 향한다. 卜兆가 천리로

左변에 있을 때는 자연 右行이 불가피한데 이는 쓰기를 고려한 방안이었다. 그럼에도 불구하고 卜辭에는 통례에 못지 않은 변례 현상이 있는 것으로 보아 貞人들이 복사를 새길 때 기본적으로는 통례를 고수하면서도 신축성을 보였다. 龜腹甲상의 각사 배열체계를 전체적으로 보면 다음과 같다(도 6-19).[20]

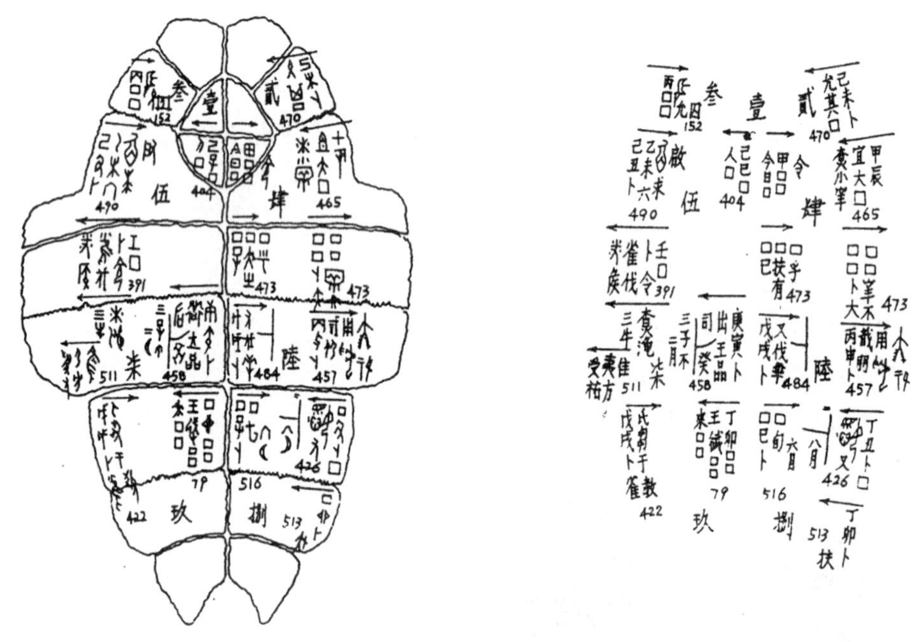

[도 6-19]

2. 우견갑골의 각사부위와 문장배열

牛肩胛骨의 각사부위와 문장배열은 좌우 한 쌍이 서로 대칭을 이룬다. 좌골은 좌측 모서리를 잘랐고 우골은 우측 모서리를 잘랐기 때문에 이를 구분의 표시로 삼을 수 있다. 좌우견갑골 정면의 가장 중요한 각사부위는 골질이 단단한 骨上部와 두텁고 긴 骨邊, 그리고 骨面이다. 그 중 긴 골변이 전체 이용의 70~80%를 차지하며 골상부와 골면이 뒤를 잇는다.[21] 이 세 곳의 문장배열 상황을 살펴본다.

1) 骨上部

골판 상부는 골질이 두텁고 단단해 많은 문자를 새겼는데 가장 보편적인 규율은 중앙에서 左右로 外行해 쓰는 방법이다. ≪綴集≫ 21편은 左肩胛骨의 상부인데 중앙을 중

20) 馬如森, ≪殷墟甲骨文引論≫, p.158
21) 董作賓, <骨文例> ≪董作賓學術論著≫ 下, p.735~774

심으로 2개의 복사가 새겨 있다.22)

(우) 辛未卜, 穷貞 : 乎伐𢀛方, 受有祐. 一
𢀛方을 치게하면 신의 가호가 있을까요?
(좌) 癸丑卜, 穷貞 : 今至于丁巳追至. 10월 一
오늘부터 丁巳까지 쫓으면 이를 (잡을) 수 있을까요?
(반) 五日丁巳追至.
5일 뒤 丁巳에 쫓으면 이를 (잡을) 수 있겠다.

상부의 복사는 본편처럼 2개의 독립된 복사일 때도 있고, 동일한 내용을 正反對貞으로 左右에 쓰기도 하였다(도 6-20). 癸丑일 복사의 驗辭는 반면에 새겼다.

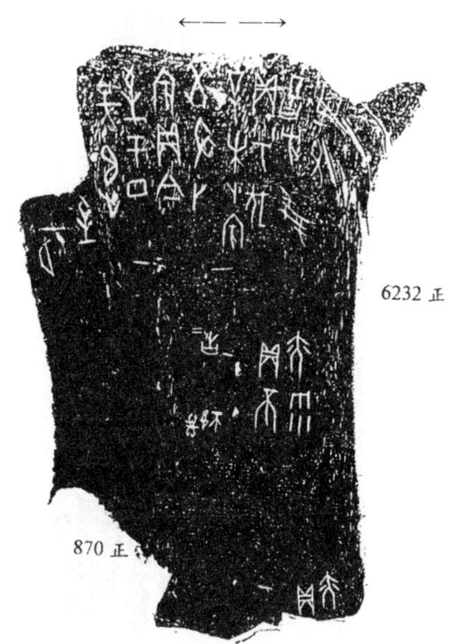

《綴集》 21 正

《綴集》 21 反

[도 6-20] 骨上部 刻辭

2) 骨邊

右肩胛骨은 좌측 骨邊이 두터워 이곳에 문자를 새겼기 때문에 左邊刻辭라고도 칭한다. 《合補》 124편의 좌변에 8개의 복사가 있다. 복사는 아래에서 위로 향해 썼고 문자는 左行하였다. 이로써 우견갑골임을 알 수 있다(도 6-21).

22) 《甲骨文綴合》 21正은 《甲骨文合集》 6232正과 870正을 綴合한 것이다.

左肩胛骨은 우측이 두터워 우측 骨邊에 문자를 주로 새겨 右邊刻辭라 칭한다. ≪綴集≫ 309편은 7개의 복사가 역시 아래에서 위로 쓰면서 우변에 새겼고 문자는 右行했다(도표 6-22). 이러한 통례는 골편의 조각을 발견했을 지라도 左右를 구별하는데 도움을 준다.

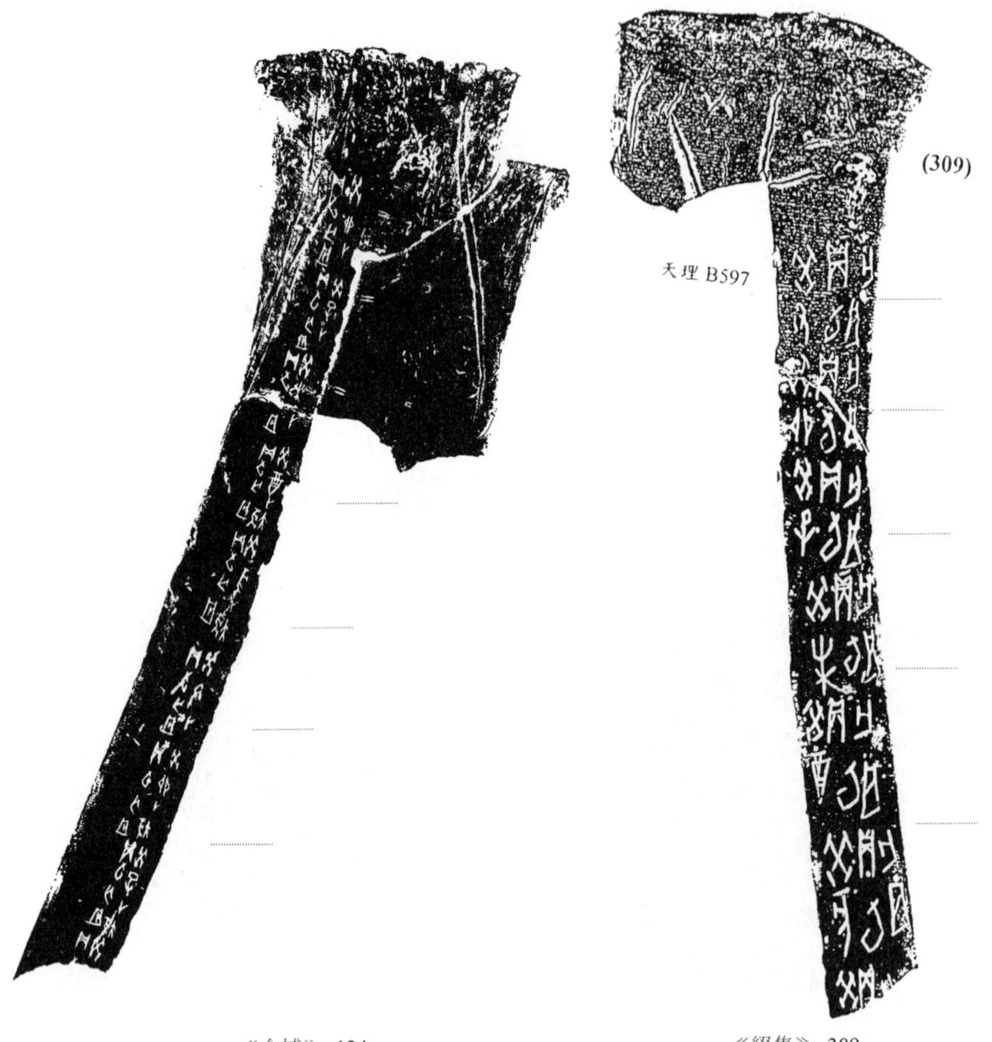

≪合補≫ 124
[도 6-21] 右邊刻辭

≪綴集≫ 309
[도 6-22] 左邊刻辭

癸巳卜, 犾貞 : 旬亡囚.

癸卯卜, 犾貞 : 旬亡囚.

癸丑卜, [犾]貞 : 旬亡囚.

癸亥卜, 犾貞 : 旬亡囚.

癸酉卜, 犾貞 : 旬亡囚.

癸未卜, [犾]貞 : 旬亡囚.

癸巳卜, [狄]貞 : 旬亡[囚].

癸卯卜, [狄]貞 : 旬亡[囚]. (≪合補≫ 124)

癸巳일에서 다음 癸卯일까지 80일, 즉 8旬간의 길흉을 점친 것이다. 貞人 狄은 제3기에 활약했던 인물이므로 제3기 卜辭라고 할 수 있다. 4개의 卜辭에는 貞人 이름이 빠져 있으나 전후문맥으로 보아 狄임을 알 수 있다.

3) 骨面

骨面은 肩胛骨 중 가장 넓은 부위이다. 대형 골판인 경우 骨面刻辭는 서책을 방불케 할 정도로 많은 문자를 새길 수 있는 부위다. 그러나 골질이 약해 사용 빈도는 높지 않다. ≪合≫ 6057(5−11편)과 ≪合≫ 10405(11−12편)은 마치 경전을 보는 듯한 느낌을 주는 갑골문 기록상의 정수로 꼽힌다.

骨面에 大字를 각사할 때는 골면을 세로로 3등분하여 3개의 복사를 새겼는데 左肩胛骨인 경우 좌측 2복사는 좌로 향하게 하고 마지막 복사는 우측을 향하며, 右肩胛骨인 경우 우측 2복사는 우로, 마지막 하나는 좌로 향하게 써 좌우 보조를 맞추었다.(도 6−23)

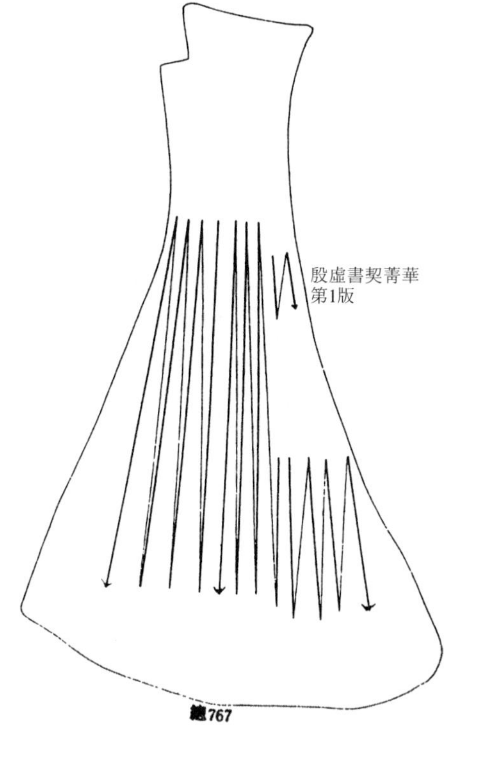

左胛骨正面의 大字卜辭 例

[도 6−23]

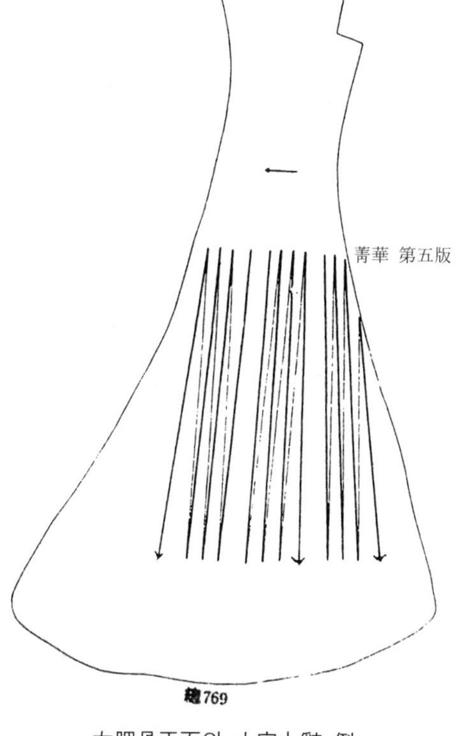

右胛骨正面의 大字卜辭 例

[도 6−24]

牛肩胛骨에 새긴 각사는 각 부위에 각기 다른 복사를 새길 때도 있고 때로는 동일 사안을 여러번 점쳐 골판상부 · 골변 · 골면에 새겼다. 글자새김의 형태는 다양하고 변화는 무쌍하여 한두 가지로 설명할 수 없을 정도이다(도 6-24).[23]

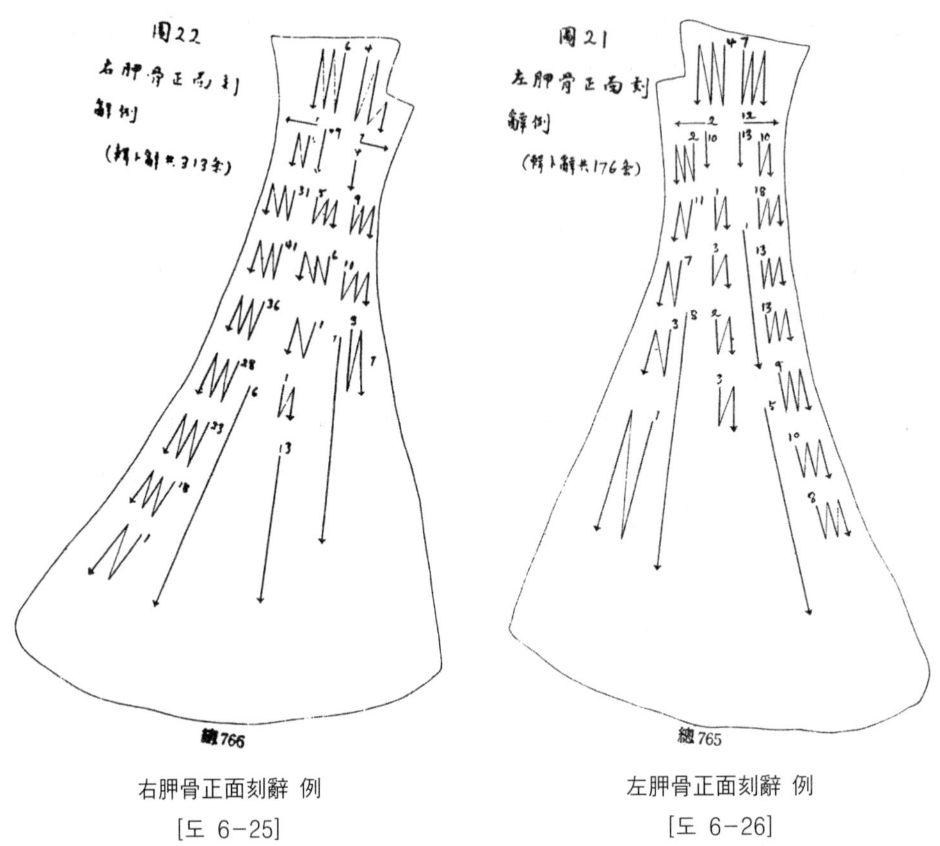

右胛骨正面刻辭 例
[도 6-25]

左胛骨正面刻辭 例
[도 6-26]

특히 ≪合≫ 6087(5-13편)은 여러 조각으로 잘린 조각을 철합한 것인데 骨上部와 骨面에 완전하게 점친 복사를 새겼고, 다시 간략하게 물을 내용을 긴 骨邊에 相間卜辭로 기록하였다. 이 판은 복사들의 상관관계를 알려 주는 귀한 자료이다.

23) 董作賓, <骨文例> ≪董作賓學術論著≫, 世界書局, 1979, pp.745~773

제 7 장 갑골문의 분류

제 I 절 갑골문의 분류

1. 초기 갑골문의 분류

商왕실에서는 국가적인 대 사건이나 일상의 사소한 일까지도 점을 쳐 神의 뜻을 얻은 뒤 결정하였기 때문에 甲骨占卜에는 위로 하늘에서 일어나는 천상의 변화로부터 땅의 이치를 포함해 상왕들의 생활사까지 광범위하게 다루어져 있다. 갑골복사의 내용은 가이 상왕실의 日誌라고 해도 과언은 아니다. 16만여 편에 달하는 방대한 내용은 상대의 歷史는 물론 政治·經濟·社會·文化 연구의 직접적인 자료이기 때문에 甲骨文은 일찍이 많은 학자들의 관심을 모았다. 최초로 갑골문을 연구하여 문자 고석의 길을 텄던 孫詒讓은 ≪契文擧例≫ (1904) 에서 갑골문의 내용을 10개 항목으로 분류했다.

月日·貞卜·卜事·鬼神·卜人·官氏·方國·典禮 ·文字·雜例.

그가 분류한 10개 항목은 현재의 연구결과로 볼 때 완벽하다고는 할 수 없으나, 최초의 분류였고 貞卜·卜事·卜人 등 항목으로 볼 때 갑골문이 貞卜과 관련이 있다는 것을 간파했음을 알 수 있다. 方國에서는 商·周·羌으로 나누었고, 典禮에서는 求年·祭祀를 논하는 등 중요한 요소들을 발췌하여 내용분류의 길을 텄다. 10년이 지난 뒤 갑골문이 복사 기록인 것을 밝힌 나진옥은 ≪殷虛書契考釋≫ (1915) 을 쓰면서 복사 내용을 아래와 같이 9종으로 분류하였다.

卜祭·卜告·卜敎·卜出入·卜田獵·卜征伐·卜年·卜風雨·雜卜.

최초의 사전인 ≪簠室殷契徵文≫ (1925) 에서 王襄은 天象·地望·帝系·人名·歲時·干支·貞類·典禮·征伐·游田·雜事·文字 등 12종으로 분류했고, 곽말약은 ≪卜辭通纂≫ (1933) 에서 干支·數字·世系·天象·食貨·征伐·田游·雜纂으로 나누는 등 갑골문의 내용을 거의 10여개 항목으로 분류하였다.

갑골문의 연구가 깊이 있게 진행되면서 갑골문이 포함한 내용의 영역도 자연 확대되어 동작빈은 초창기의 여러 설을 보완하여 ≪殷曆譜≫(1945)에서 20류로 나누었고, 1954년 호후선은 ≪戰後京津新獲甲骨集≫에 아래와 같은 24개 항목으로 세분했다.

來源·氣象·農産·祭祀·神祗·征伐·田獵·芻魚·行止·卜占·營建·夢幻·疾病·死亡·吉凶·災害·諸婦·多子·家族·臣庶·命喚·成語·紀數·雜類.

위와 같은 분류의 세분화는 30년 뒤 ≪甲骨文合集≫ 분류에 큰 영향을 미쳤다.

1956년 陳夢家는 ≪殷虛卜辭綜述≫을 집필하면서 동작빈과 호후선의 분류가 불필요하게 세분되었다고 여겨 몇 가지씩을 묶어 祭祀·天象·年成·征伐·王事·卜旬 등 6개 항목으로 간략화하였다.[1] 진몽가는 비록 6종으로 분류하였지만 祭祀에는 조상과 자연신에 대한 祭祀·求告 등이 포함되고, 王事에는 田獵·遊止·疾病·生子를 포함시켜 분류 항목은 간략했으나 각기 다른 특성의 항목들이 포함되어 있어 적은 항목으로 분류하는 데는 무리가 있음을 보여주고 있다.

2. ≪甲骨文合集≫의 분류

≪갑골문합집≫은 16만여 갑골편 중 자료적 가치가 높은 41,956편을 모아 집대성한 최대의 갑골수록집이다. 총편집을 맡았던 胡厚宣과 편집위원들이 제작 과정에서 가장 고심을 하였던 점은 갑골편의 분류와 수록 방법이었다. 이에 먼저 크게 4종류로 나누고 이를 다시 아래와 같은 22항목으로 분류하여 5시기에 따라 수록하였다.[2]

一. 계급과 국가 : 1. 노예와 평민 2. 노예주 귀족 3. 관리 4.. 군대·형벌·감옥 5. 전쟁 6. 방역 7. 공납
二. 사 회 생 산 : 8. 농업 9. 어렵·축목 10. 수공업 11. 상업·교통
三. 사 상 문 화 : 12. 천문·역법 13. 기상 14. 건축 15. 질병 16. 생육 17. 귀신숭배 18. 제사 19. 길흉몽환 20. 복법 21. 문자
四. 기 타 : 22. 기타

1) 陳夢家, ≪殷墟卜辭綜述≫, 앞책 pp.42~43
2) 胡厚宣總編輯, ≪甲骨文合集·序≫, 中華書局, 1980.

위와 같은 분류가 확정되기까지 편집위원들은 80여년 동안 여러 학자들이 각기 특성 있게 분류한 항목들을 기초로 하였고, 이를 더욱 수정·보완하여 결실을 맺었다고 토로했다. 22개 小類 중 그동안 거론되지 않은 전혀 새로운 항목은 귀족·군대·공납·수공업·상업 등 대여섯 가지가 있고, 그외에는 손이양이 '官氏'라고 한 명칭이 '官吏'로, 나진옥 등이 '田獵'라고 한 것이 '漁獵·牧畜'으로, 호후선의 '營建'이 '建築'으로 바뀌는 등 유사한 중에서도 보편타당한 명칭을 취하였다.

세부항목들을 볼 때 첫머리에 놓인 '노예와 평민', '노예주 귀족' 등의 명칭은 본서 제작 당시의 시대적 상황이 학술영역에 반영된 것이라고 하겠다.

이같은 분류는 商代의 계급 및 관리체계나 경제상황·문화·사상 등의 연구에 다른 어떤 분류보다 용이하게 접근할 수 있는 잇점이 있다. 그 이유는 상대는 노예제 사회였고 갑골문은 그 사회의 산물이기 때문에 갑골문의 내용을 고찰하기 위해서는 계급이나 계층간의 갈등을 파헤쳐 보는 관점에서 분석하는 것이 이해의 폭을 넓힐 수 있다는 견지에서다.

그러나 甲骨文의 전체가 계급이나 계급투쟁에 관한 기록만이 아니고 또 각 계급도 구체적인 사건들과 연계되어 있으며 통치자와 피통치자가 왕왕 한 갑골판이나 한 卜辭에 출현하기도 하기 때문에 계급성분을 기준으로 갑골문을 분류하는 것이 반드시 타당하지만은 않다는 입장도 있다.[3)]

≪甲骨文合集≫은 갑골학 연구 80년을 총결산한 최대 자료집인 만큼 거국적인 차원에서 제작하였고 갑골학계의 최정예 학자들이 중지를 모아 분석하고 체계적으로 정리하였기 때문에 ≪合集≫이 갖는 공신력은 타의 추종을 불허한다. 분류에 있어서도 예외는 아닐 것이다.

제 2 절 본서의 분류

본서는 갑골문을 애호하는 사람들과 배우려는 초학자들이 갑골문을 쉽게 이해하고 갑골문을 통독하여 각기 자신들의 연구분야에 적절하게 응용할 수 있도록 하는데 집필 목적을 두었다. 第一編 <甲骨學概論>에 이어 第二編 <甲骨文選讀>에서는 자료적 가치가 있고 도편이 비교적 선명한 탁본 400여 편을 선별해 내용은 다음과 같은 22개 항목으로 분류해 수록했다.

---

3) 陳煒湛, ≪甲骨文簡論≫, p.79

1. 世系 – 상왕조의 왕통체계를 살펴본다.
2. 貴族·平民 – 상대의 귀족과 평민의 삶을 알아본다.
3. 官吏 – 상대의 관리체계를 살펴본다.
4. 祭祀 – 제사의 대상과 제사방법·제물들을 살펴본다.
5. 戰爭 – 상대에 치러졌던 수많은 전쟁과 그 과정을 알아본다.
6. 軍隊·刑罰·監獄 – 국가군대와 노예들에 대한 참혹한 형벌과 집행을 살펴본다.
7. 方域 – 상대의 우호방국과 적대방국들을 살펴본다.
8. 敎育 – 3천년 전 상대의 교육은 어떠했는가를 고찰해 본다.
9. 貢納 – 주변국에서 상납한 진공 상황과 종류는 무엇인가를 살펴본다.
10. 農業 – 상대의 농업을 파종·경작·수확의 측면에서 알아본다.
11. 漁獵·牧畜 – 당시 중요 산업이었던 어업과 목축을 살펴본다.
12. 手工業 – 상대의 찬란한 문화를 대변하는 수공업품을 살펴본다.
13. 商業·交通 – 원활했던 육로와 해상 교통수단을 살펴본다.
14. 天文 – 신석기시대를 이어 꽃피운 상대의 천문학을 살펴본다.
15. 曆法 – 현대까지 관통하는 干支紀日의 체계를 세운 역법의 진수를 알아본다.
16. 氣象 – 갑골문으로 3천년 전 상대의 기상을 살펴본다.
17. 建築 – 거주 공간을 형상화한 건축물들을 문자로 알아본다.
18. 音樂·舞蹈 – 제왕의 정치 수단이었던 음악·무도를 살펴본다.
19. 疾病 – 30여 종이나 되는 질병기록으로 상대의 질병과 치료상황을 알아본다.
20. 生育 – 왕비의 출산과 육아기록으로 상대의 여인을 조명한다.
21. 鬼神 – 가장 미신적인 시대였던 상대의 숭배정신을 살펴본다.
22. 吉凶 – 어떤 방법으로 상왕실의 길흉을 점쳤는지 알아본다.

본서의 분류는 위에서 살펴본 바와 같이 현재로서는 가장 포괄적이고 합리적이라고 할 수 있는 ≪合集≫의 분류를 기초로 하고 몇 가지를 부각시켜 소개하였다.

≪合集≫의 분류와 비교해 볼 때, 첫머리에 商왕실의 世系를 넣어 商왕조의 왕통체계를 살펴보았고, '노예와 평민', '노예주 귀족'을 '貴族과 平民'으로 합쳤으며, 나아가 문화의 세기라고 일컬어지는 21세기의 관점에서 敎育과 音樂·舞蹈를 첨가했다.

상대에는 백년대계로 일컬어지는 敎育에 특별한 계획을 세우고 진행하였는데 교육기관으로는 小學과 大學이 있었다. 갑골문에는 大學이 출현하고 大學에서 가르쳤던 교학 내용과 국가 차원의 여러 행사들이 기록되어 있다. 또 대학에서 음악을 연주했던 악기와 악곡, 기우제때 추었던 舞蹈에 대한 기록도 있다. 비록 많은 분량은 아니지만 이들을 하나의 항목으로 분류한 것은 교육과 문화예술의 원류를 갑골문에서 찾아보려는 의도의 실현이었다.

제 8 장 갑골문의 특징

제1절 갑골문의 구조

중국 문자의 구조를 논함에 있어 일찌기 전한에서는 六書說이 제기되었고, 후한시대의 許愼은 象形·指事·會意·形聲·轉注·假借 등 六書理論[1]을 정립하였다. 청대 학자들은 육서중의 전 4항을 조자방법으로 보아 '四體二用說'을 내놓기도 하였다.

1936년 唐蘭은 象形·象意·形聲 등 三書說을 제기하였고, 뒤이어 陳夢家·裘錫圭·趙誠 등이 보완론을 폈다. 약 2千여 년 간 六書說이 중국 문자의 구조 법칙으로 자리하여 내려오다 새로운 시각에서 분석하는 전환기를 맞았다.[2]

중국 문자의 5천년이라는 긴 역사성과 5만여 자라는 방대한 한자의 수량으로 볼 때 모든 문자를 적용할 수 있는 완벽한 이론이란 기대하기 힘들 것이다.

갑골문자는 대략 5천여 字로 추산하고 약 1천 5백여 字가 고석되었다. 이들의 구조를 분석함에 있어 어떤 이론을 근거로 삼을 것인가. 六書는 중국문자를 분석하는 기본 이론이라고 하지만 許愼은 小篆을 근거로 문자를 귀납시킨 것이다. 중국문자가 애초에 이 6가지 법칙에 의하여 造字된 것이 아니기 때문에 갑골문을 六書의 구조 법칙으로 분석해 낼 수 있을까하는 것은 많은 학자들의 과제였다. 그러나 許愼이 근거로 한 小篆은 商周 이래의 문자가 변화된 것이라는 역사성에 비추어 볼 때 六書이론을 갑골문에 적용시킬 수 있으리라는 가능성을 얻었다.

1965년 李孝定은 形·音·義가 분명한 갑골문 1,225字를 선별해 六書이론을 적용해 분석하였다.[3] 그의 분석이 완벽하다고는 할 수 없으나 최초의 시도였기 때문에 그의 결

---

1) 許愼, ≪說文解字·敍≫, 黎明文化書局, 1934. p.761
2) 唐蘭, ≪中國文字學≫, ≪古文字學導論≫, pp.30~50
3) 李孝定, <從六書觀點看甲骨文字>(1968) ≪漢字的起源與演變論叢≫, 1986. pp.1~42
갑골문자는 후대의 문자같이 정형을 이루지 않아 상형자인 索의 이체자는 회의로 났다. 李孝定은

과는 대략적인 상황을 읽게 해주는 좋은 자료가 되고 있다. 그뒤 趙誠은 갑골문자의 구조를 形義字 · 音義字 · 形聲字로 분류하여 분석하였고,[4] 李圃는 갑골문자를 크게 字素(독립문자)와 字綴(구별부호)로 나누어 조자방법을 논하고 기존의 六書를 表詞방법으로 간주하여 분석을 시도 하였다.[5] 兩家는 모두 갑골문을 문자학의 견지에서 분석하여 갑골문의 구조를 새롭게 조명하기도 하였다. 아래에서 갑골문자를 六書의 관점에서 살펴본다.

1. 갑골문 象形字

상형은 사물의 형상을 그려내는 방법이고 이렇게 만든 자는 象形字이다. 인체 · 천상 · 동물 · 식물 등 객관적인 사물의 형체를 여러 각도에서 그 특징을 부각시켰다.

(目) : 눈의 모양을 그려 '눈'을 나타냈다. 가로로 그렸던 눈은 점차 세워져 目자를 이루었다.

(心) : 가슴 속에 있는 심장의 모양을 그려 '심장'을 나타냈다. 최초의 하트 모양이다.

(子) : 아이의 머리와 양팔, 강보에 쌓인 다리를 그렸고, 솟은 머리와 다리를 그린 2가지 형태로 '아이'를 나타냈다.

(雨) : 비가 하늘 밑 구름 사이에서 방울방울 내리는 모양이다. 비 내리는 모양으로 '비'를 나타냈다.

(火) : 불이 훨훨 타고 있는 모양을 그려 '불'을 나타냈다. 산의 모양인 山자와 비슷하나 火자의 아래가 다소 둥근 차이가 있다.

(象) : 긴 코를 가진 코끼리의 측면을 그려 '코끼리'를 나타냈다. 상대에 코끼리는 흔히 볼 수 있는 동물이었다.

(馬) : 머리와 갈기, 다리와 꼬리 모양을 그려 '말'을 나타냈다. 상대에 말은 어거를 끌었고, 또 제물로도 바쳐졌다.

(高) : 언덕 위에 높이 지어 놓은 큰 집 모양이다. 높은 집으로 '높음'을 나타냈다.

(車) : 차의 모양을 그려 '차'를 나타냈다. 상대의 車는 네 필의 말이 끌 정도의 크기였다. 점차 바퀴를 하나로 하고 세웠다.

이런 경우 두 자로 셈했고, 又는 有 · 祐 · 侑로 빌려 썼는데 이런 경우 4자로 계산했다. 이는 갑골문자의 통계가 아니고 六書 분류의 통계인고로 실제 적용을 중시한 것이다.

4) 趙誠, ≪甲骨文字學綱要≫ 商務印書館, 1993, p.144

5) 李圃, ≪甲骨文字學≫ 學林出版社, 1995, pp.40～160

갑골문 중의 상형자는 「近取諸身, 遠取諸物」이라는 구체적인 造字 대상에 근거해 그려냈다. 이효정의 통계에 의하면 갑골문 중의 상형자는 약 22.53%를 차지한다. 많은 상형자들은 현재까지 자형상의 큰 변화 없이 이어져 내려 왔다.

2. 갑골문 指事字

지사는 추상적인 개념을 부호로 나타내거나, 독립된 자에다 추상적인 부호를 첨가한 字이며 이렇게 만든 자가 指事字이다.

(一) : 셈가지 하나를 그려 '하나'라는 개념을 나타냈다. 갑골문에서 숫자 넷까지는 셈가지를 포개 나타냈다.

(上) : 표준선 위에 짧은 획을 그어 '위'라는 개념을 나타냈다. 위라는 개념을 그린 것은 상형에 비추어 보면 허상이다.

(下) : 표준선 아래에 짧은 획을 그어 '아래'라는 개념을 나타냈다. 아래라는 개념을 그린 것 역시 허상이다.

(亦) : 사람의 겨드랑이 부위에 점 둘을 찍어 '겨드랑이'를 나타냈다. 大자 양 옆에 두 점은 겨드랑이라는 부위를 표현했다.

(彭) : 북의 옆에 세 점을 찍어 '북소리'를 나타냈다. 점들은 소리라는 개념을 나타냈다.

숫자 一·二·三·四와 上·下 등은 기호로 나타낸 것이며, 亦은 사람인 大자의 겨드랑이 부위를 점으로 나타냈다. 彭은 북 모양인 壴에 북소리를 뜻하는 점 셋을 찍어 만든 자이다. 관점에 따라 상형과의 구분이 명확하지 않은 자도 있다. 이효정의 통계에서 특정 부호를 첨가한 指事字는 전체의 1.63%에 그친다. ≪說文≫에서도 120여 자에 불과하다. 李圃는 갑골문에는 30여 가지의 구별부호가 활발히 사용되어 지사자의 비율이 그리 낮지 않다고 보고 있다.[6)]

3. 갑골문 會意字

회의는 둘이나 그 이상의 기존 字를 합치되 각 字는 字義 사이에 일정한 의미의 연관

---

6) 李圃, ≪甲骨文文字學≫ 學林出版社 p.24. 갑골문자의 구조를 字素(形音義의 최소단위)와 字綴(구별부호)로 분류해 분석한 李圃에 의하면 갑골문 중 字綴는 30여가지로 매우 활발히 사용되어 많은 지사자가 있었으나 점차 聲化되고 도태되었다 하였다.

을 이루면서 새로운 자의를 탄생시키는 방법이다. 이렇게 이룬 자가 會意字이다. 會意적인 표현 방법은 갑골문 중 가장 왕성하게 사용되어 32.33%를 차지했다.

(宗) : 사당(宀)에 귀신(示)를 모셔둔 모양으로 '종묘'를 나타냈다. 주로 남성 조상을 모신 곳이다.

(取) : 손(又)으로 귀(耳)를 잡는 모양으로 '취해오다'는 의미를 나타냈다. 고대 전쟁에서는 귀를 잘라 전공을 알렸기 때문이다.

(爲) : 손(又)으로 코끼리(象)를 부리는 모양으로 '하다'는 의미를 부여했다. 고대에 코끼리가 사람들의 힘든 일을 도왔다는 증거가 된다.

(明) : 해(日)와 달(月)을 합쳐 해도 달도 아닌 '밝다'는 새로운 의미의 글자를 만들었다.

(旣) : 식기(食)와 고개를 밖으로 돌리고 앉아 있는 사람(旡)을 합쳐 배불리 먹어 고개를 돌린 모양으로 '완료', '이미' 등을 나타냈다.

(昃) : 해(日)와 드러누운 사람(大)을 합해 그림자가 드리운 '오후시간'을 나타냈다.

(疾) : 사람(人)이 침상(爿)에 누워 땀을 흘리는 모양과 사람(人)의 몸에 화살(矢)이 박힌 모양에서 疒과 矢를 조합해 '질병'을 나타냈다.

(受) : 물건을 사이에 두고 위 아래에서 두 손(又)으로 주고 받는 모양으로 '받다'라는 의미를 나타냈다.

(冓) : 물고기(魚)가 서로 입을 맞댄 모양으로 '만나다'라는 새로운 의미의 글자를 만들었다.

(各) : 혈거(凵)에서 발(止)을 안으로 향하게 하여 '들어오다'는 뜻의 글자를 만들었다. 나중에 각각이란 뜻이 이 자를 빌려갔다.

(光) : 사람(人)이 머리에 불(火)을 이고 어둠을 밝히는 모양으로 '빛'이라는 새로운 의미를 나타냈다.

4. 갑골문 假借字

가차는 새로운 언어가 생겼을 때 문자를 만들지 않고 이미 있는 글자 중 音이 비슷한 글자를 빌려 쓰는 방법이다. 이런 방법으로 만들어진 자는 假借字이다. 가차는 '기존자'와 '새 의미' 둘 사이의 관계인데 이때 기존자의 의미는 연관이 없고 단지 음에 의해 자형만을 빌려온 것이다.

(我) : 무기의 모양이다. 음에 의해 '무기'를 상대에는 '우리'라고 복수 개념으로 나타냈다. 점차 '나'를 지칭했다.

(東) : 물건을 담는 자루(槖) 모양이다. '자루'의 음과 동쪽이라는 음이 비슷해 '동쪽'으로 가차하여 썼다.

(帚) : 모종의 식물로 만든 긴 빗자루 모양이다. '빗자루'의 음과 여성을 부르는 음이 같아 '부녀자'로 가차했다.

(萬) : 전갈의 모양이다. 음에 의해 숫자 '일만'으로 가차했다. 전갈은 다시 蠆자를 만들어 썼다.

(來) : 보리의 이삭 · 줄기 · 뿌리 모양이다. 음에 의해 '오다'로 가차했다. 보리는 다시 麥자를 만들어 썼다.

(隹) : 새의 모양으로 조류의 총칭이었다. 음에 의해 부사 '唯'의 용법으로 빌려 썼다.

(其) : 삼태기 모양이다. 음에 의해 지시대명사 '그'로 가차했다. 삼태기는 箕를 다시 만들어 썼다.

(黃) : 화살을 두 손으로 받든 모양(혹은 옥을 차고 있는 모양)이라고 한다. 음에 의해 '누런색'으로 가차했다.

갑골문 중 假借字는 상당히 보편적으로 사용되어 干支 22자를 비롯해 인명 · 지명 · 제사명 · 부사 · 허사 · 대명사 등의 대부분은 모두 가차에 의한 것이다.

이효정은 가차자의 六書 분류 비율이 10.53%로 통계했다. 이는 다소 낮은 감이 있다. 실제로 갑골문 중 28자로 구성된 卜辭를 분석한 예에서 중복된 4자를 제외한 24자 중 18자가 假借 내지 引申으로 쓰여 76%의 활용도를 보였다.[7] 가차는 인신과 함께 상대에 매우 보편적인 문자 활용방법이었다.

이들 기초 위에 아예 음을 나타내는 聲符를 합쳐 만든 形聲이 창안되었다. 한대의 六書 분류 중에는 인신은 없고 전주가 들어가 있다. 이효정은 갑골문의 六書 분류에서 轉注가 없다고 분석했다.[8]

5. 갑골문 중의 引申

인신은 문자를 새로 만들지 않고 기존 문자의 기본적인 의미와 관계가 있는 뜻을 끌

7) 梁東淑, <中國文字의 形成과 甲骨文의 表音性>, ≪淑大 · 亞硏論文集≫ 제27집 1986. p.243
8) 李孝定, <從六書觀點看甲骨文字> p.20

어와 표현해 내는 방법이다. 동일한 글자를 사용하되 연관된 의미로 확충 내지 축소되어 다른 뜻을 겸할 수 있는 이점이 있다. 다음 예들을 보자.

(自) : 코의 모양으로 '코'를 뜻한 상형자인데 '자신'으로 인신했다.
중국인들이 자신을 지칭할 때 코를 가리키는 관습이 있기 때문이다.

(大) : 성인의 정면 모양으로 '사람'을 뜻했는데 '크다'로 인신했다.
아이에 비해 어른은 크기 때문이다.

(用) : 양쪽에 손잡이가 달린 '나무통' 모양이다. '쓰다'로 인신했다.
일상생활에서 통은 다방면에 두루 쓰여서다.

(生) : 돋아나는 새싹 모양이다. '풀', '새싹'에서 '낳다'로 끌어다 썼다.
풀이 돋아남과 같이 새 생명은 탄생하기 때문이다.

(向) : 벽에 뚫린 창문 모양이다. '창문'에서 '방향'으로 인신했다.
창문은 거의 비슷한 방향에 뚫려 향방을 알려주기 때문이다.

(行) : 십자로 모양으로 '길'이란 뜻인데 '가다'로 인신했다.
큰 거리에서는 어디로든 갈 수 있기 때문이다.

商代에 언어가 날로 발전하여 상형·지사·회의문자로는 언어를 기록하는 요구를 충족시킬 수 없었다. 이에 기존의 문자에서 의미를 끌어온 引申 방법이 활용되었다.[9] 引申은 音만을 끌어온 假借와 함께 문자 활용의 좋은 수단이 되었다.

6. 갑골문 形聲字

형성은 音을 나타내는 聲符와 義를 나타내는 形符를 결합해 만든 방법이다. 이 방법으로 만들어진 字는 形聲字이다.

(唯) : 갑골문 隹(새)를 음에 의해 '부사;로 쓰다가 口를 形符로 隹를 聲符로 한 형성자 唯를 만들었다.

(星) : 나 (晶)은 반짝이는 별들의 모양을 그린 별이다. 晶이 '수정'으로 쓰여 점차 生을 성부로 한 형성자 星을 만들었다.

(風) : 봉황의 모양을 빌려 바람으로 쓰다가 凡을 성부로 한 형성자 風을 다시 만들었다.

9) 許進雄著, 洪熹譯, ≪中國古代社會≫ 東文選, p.15

(婦) : 빗자루인 帚를 부녀자로 쓰다가 女를 의부로 하고 帚를 성부로 한 형성자 婦를 만들었다.

(鷄) : 조류의 통칭인 鳥와 奚를 성부로 한 형성자 鷄를 만들었다. 처음에는 닭 모양의 상형자였으나 점차 형성자로 발전한 것이다.

(福) : 술 항아리인 酉를 빌려 福으로 쓰다가 귀신(示)이 복을 내려준다고 여겨 酉의 변형인 畐를 음으로 한 형성자 福을 만들었다.

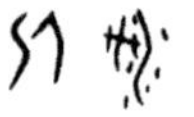

(河) : 水와 황하의 물소리를 나타내는 可를 성부로 하여 형성자 河를 만들었다. 갑골문에서 河는 '황하'를 나타낸다.

(家) : 집안(宀)에 돼지(豕)가 있는 모양으로 기거하는 집·사당을 나타냈다. 음이 수퇘지(豭·가)와 비슷해 점차 从宀, 豭省聲인 형성자가 되었다.

(問) : '从口門聲'의 형성자다. 입으로 물어 실정을 파악하니 口를 따르고, 사람이 출입하는 곳이 門인데 음이 같아 이를 聲으로 하였다.

예문 중의 星은 처음 별 모양을 그렸다가 生을 음으로 하였고, 婦는 帚를 부녀로 빌려 쓰다가 帚를 음으로 바꾸고 女를 넣어 형성자로 만들었다. 그 발전 과정에서 問처럼 '形符와 聲符'를 결합시킨 '从某某聲'의 형성자가 탄생했다.

갑골문에는 인신이나 가차에 의해 문자를 빌려 쓰다 형성자가 된 경우가 있고, 형성 방법으로 만드어진 형성자가 동시에 존재한다. 이 점에 근거해 갑골문중 형성은 발전 단계였다고 보는 것이 일반적인 견해다. 李孝定은 27.27%로 보나 20%로 보는 견해도 있다.[10)]

形聲多兼會意

聲符로 쓰인 대부분의 글자는 본래 지닌 뜻을 완전히 배제하기가 매우 어렵다. 이는 漢字의 특성이다. 형성자 중의 聲符는 音을 나타내면서 의미의 전달도 겸하게 되어 "形聲多兼會意"라는 이론을 낳았다.

예컨데 紋은 '从糸文聲'의 형성자로 '무늬'를 뜻한다. 견직물에는 무늬가 잘 드러나 보여 '糸'를 형부로 하고 '文'을 성부로 했다. 그러나 文은 원래 무늬 모양을 그렸던 상형자이다. 그 원래 의미작용으로 인해 會意도 겸해지기 때문이다. 이런 유형의 字를 아예 '會意兼形聲'으로 보기도 한다[11)].

형성법은 생활속의 언어를 문자에 반영하는 방법이다. 이 방법으로 인해 문자를 무궁하게 만들어 낼 수 있는 가장 이상적인 방법이어서 중국문자의 확장에 크게 기여하였다.

---

10) 吳浩坤著, 梁東淑譯, ≪中國甲骨學史≫ 東文選, 2000. p.190
11) 高樹藩編, ≪形音義綜合大字典≫, 臺灣 正中書局, 1974

종합토론

갑골문 이후 중국문자 발전 동향은 形聲字의 활발한 증가에 있다. 李孝定의 자료에도 여전히 증명된다. 六書중 轉注만을 제외하고 모두 존재하였지만 지속적으로 발전한 것은 형성자뿐이었다. 그렇다면 갑골문을 잇고 小篆을 열어준 가교 역할을 한 金文의 상황은 어떠할까?

李孝定은 容庚의 ≪金文編≫ 중에 실린 正文 2,420字를 六書관점에서 분석했다. 동시에 ≪說文解字≫를 근거로 분석한 朱駿聲의 ≪六書爻列≫중의 9,475字와 宋代 鄭樵가 지은 <六書略> 중의 24,235字를 근거로 각각 六書의 관점에서 분류하여 그 결과를 표로 보여 주었다.[12)]

	象形	指事	會意	假借	形聲	轉注	未詳	總計
甲骨文(商代)	276	20	396	129	334	0	70	1225
金文(周代)	221	28	480	226	1516	0	43	2514
小篆(秦代)	364	125	1167	115	7697	7	0	9475
楷書(宋代)	608	107	740	598	21810	372	0	24235

위 도표가 보여주듯 4종의 각기 시대가 다른 문자자료의 六書 분류 비율은 形聲字의 급성장세 속에 몇 가지 현상을 보여 주고 있다.

1) 갑골문 중 형성자는 회의자보다 적고 가차의 비율이 역대 문자 중 가장 높았으며, 전주는 나타나지 않았다.
2) 금문 중 형성자가 60% 이상으로 증가되고 상형자가 극감했다. 전주관계는 극소수 출현했으나 형성자의 구조를 취하여 형성자의 통계에 넣었다.[13)]
3) 소전에서 형성자가 81% 이상으로 증가하고 기타 항목이 고루 감소된 반면, 전주로 革・朋・來・韋・能・州・西 등 7字가 나타났다.
4) 송대에 와서는 형성자가 90%로 급상승하고, 전주가 증가하여 기타 항목이 하강하는 극명한 대비를 이루었다.

漢字는 도화문자인 상형자로 시작해서 두 字나 그 이상의 문자를 합쳐 만든 회의자

---

12) 李孝定, <殷商甲骨文字在漢字發展史上的相對位置> ≪中央研究院歷史語言研究所集刊≫ 제64본, 4분 1993. 도표 속의 백분율표는 삭제했음.

13) ≪金文編≫ : 撲자 속의 業戈, 搏자 속의 干專・專戈 등은 轉注의 관계로 볼 수 있으나, 자형이 形聲 구조여서 形聲으로 편입되었다.

가 탄생했고 상형자에 점이나 획을 넣어 표현하는 지사자가 만들어졌다. 이 3가지 방법으로 모종의 언어를 표현할 수 없을 때 음만을 빌려오는 가차가 사용되었다. 가차는 순전한 拼音文字였고 의미까지도 빌려오는 引伸이 활용되었다. 점차 인신의나 가차의에 聲符나 形符가 첨가되어 형성자가 만들어지고 나아가 一形一音의 형성자로 완성되었다.

漢字의 생성에서 형성의 완성까지를 살펴 볼 때 형성자의 출현은 이미 문자의 성숙 단계라고 할 수 있다. 갑골문에서는 형성자가 다수 쓰였다는 것은 갑골문은 한자의 발전사상 결정적인 지위에 있었다는 것을 나타낸 것이다. 한자의 一形一聲의 결합은 한자 구조에 가장 알맞은 최상의 배합법이라고 할 수 있다.

제 2 절　갑골문 자형의 특성

甲骨文은 이미 도화문자의 단계를 벗어나 완전한 문자 기능을 갖추었다. 그러나 상당 부분의 글자들은 고정된 틀을 이루지 못하고 과도기적 현상을 띄고 있는데 이것은 갑골문 고유의 특성으로 간주되어 "갑골문은 정형화되지 않았다"는 말로 표현하고 있다. 중요 특징을 몇 가지로 나누어 살펴보면 다음과 같다.

1. 상하 좌우 방향으로 자유롭게 썼다

가장 일반적인 특징 중의 하나는 글자의 좌우를 구분하지 않아 좌우 두 방향으로 구별 없이 사용하였고, 때로는 상하의 구분도 없다.

獨體	左右不分	（卜）	（犬）	（帚）
	正側不分	（五）	（龜）	（災）
	正倒不分	（祖）	（侯）	（帝）
合體	左右不分	（疾）	（之）	（好）
	上下不分	（至）	（男）	（征）
		（昔）	（姓）	（出）

2. 異體字가 공존했다(一字多體)

한 글자가 여러가지 형체를 갖는 것은 異體현상이다. 갑골문의 또다른 특성은 繁體·簡體 등 많은 이체자들이 공존하는 점이다.

(田)	(文)
(商)	(鬼)
(相)	(學)
(羌)	
(災)	
(漁)	
(車)	

위에 든 여러 가지 형태의 字들을 볼 때 매우 이채롭다.

羌은 머리에 양뿔이 장식된 모양으로 商왕조의 적대 방국인 羌族을 형상화한 자다. 목에 결박을 하거나, 목이나 발에 돌을 매달아 끌고 오는 다양한 형태를 보이고 있다. 災자를 보면 수해로 인한 재앙, 무력도발에 의한 재앙, 화재로 인한 재앙 등 재앙의 요인에 따라 자형을 달리했다. 그러나 모두 일반적인 재앙을 뜻하였다.

더욱 흥미로운 것은 漁자의 형태이다. 물고기를 잡는 갖가지 방법이 모두 자형으로 형상화되었다. 물살을 헤치는 물고기 모양, 맨손으로, 낚시대로, 두손으로 그물을 벌려 물고기를 잡는 형태를 묘사하여 '고기를 잡는다'는 동사로 썼다. 물고기를 잡는 다양한 방법은 당시의 조업 방법과 중요성을 말해주며, 갑골문에 3만에 이르는 놀라운 어획량을 보여준다. 「… 獲魚, 其三萬, 不 …」(10471) 漁는 점차 지명이나 인명으로 가차되기도 하였다.

車자를 보면 가운데 축이 부러진 형체가 있는데 실제로 복사의 내용에서는 차 사고가 났을 경우에 이 형체를 썼고, 바퀴의 배열도 가로·세로 다양한데, 車자는 마지막 형체를 이어받았다.

위 몇 가지 글자가 보여주는 현상은 형체로 뜻을 나타내는 문자 특성을 유감 없이 보여주고 있으며 정형화되어 가는 과정을 나타내 주고 있다. 갑골문에는 한 획이 많고 적고 간에 큰 차이 없이 쓰였는데 이는 正字 이외의 字體를 或體 또는 異體字라고 하는 후대의 상황과 다르다.

갑골문은 商 왕실과 상왕을 중심으로 하는 왕실귀족의 점복문자로 기본적으로 당시의 공문서라고 할 수 있는데 正體나 俗體의 구별이 없고 단지 어떤 유형의 자가 주류를 이루고 비교적 많이 쓰였는가 하는 차이가 있을 뿐이다.

3. 한 글자로 여러 가지 뜻을 나타냈다(一字多義)

갑골문 중의 거의 모든 글자는 한 가지 자형으로 여러 가지 의미를 나타내고 있다. 보통 한 두 가지에서 많게는 대여섯 가지 의미로 쓰인 경우도 적지 않다. 적은 글자로 최대의 효용가치를 창출했지만 후대의 문자에 비해 문자의 分化가 이루어지지 않았음을 뜻한다. 又와 大자를 예로 살펴보자.

1) 又는 오른손의 모양으로 '오른손'을 뜻했으나 5가지로 뜻이 引伸·假借되었다.

(1) 右 (오른쪽)　丁酉 貞 : 王作三師右中左. (33006)
(2) 侑 (제사명)　貞 : 來甲午侑于上甲. (1148)
(3) 有 (있다)　戊辰卜, 王貞 : 年有唯雨. (20658)
(4) 祐 (신의 가호)　王登人五千正(征)土方, 受有祐. 三月. (6409)
(5) 又 (숫자 간 연결사)　貞 : 羌十又五卯五牢. (≪粹≫ 540)

2) 大는 사람의 정면 모양으로 '사람'을 뜻했으나 6가지 의미로 引伸·假借되었다.

(1) 크다　大雨. (12704)
(2) 방국명　大方出伐我. (27882)
(3) 제사대상(직계조상)　大示. (10111)
(4) 동사로 到·達(이르다)　大今三月不其雨. (12529正)
(5) 인명　王令大. (20243)
(6) 지명　在大. (10410)

4. 偏旁이 증가되고 비슷한 의미의 자를 공유했다

갑골문자는 위에서 보았듯이 많은 異體字가 공존했다. 그러면서 분화와 동화를 거듭하는 내부적인 변화속에 偏旁이 증가되고, 비슷한 의미의 字들은 공유되었다.

1) 偏旁의 증가

(1) 形旁의 증가

(得)	(興)
(遘)	(衛)

(2) 聲旁의 증가와 생략

(鳳)	(鷄)
(星)	(離)

갑골문의 많은 자들은 偏旁의 증가 추세를 보이나 매우 드물게는 생략된 경우도 있다. 가령 離자는 손에 망을 들고 새를 잡는 모양으로 제1기에서는 又·罕·隹의 합체자였다. 후기에는 隻(獲)자의 구조인 又·隹와의 중복을 피해 又를 생략시켰다. 偏旁의 증가나 생략은 字義를 분명히 하기 위한 방법이었다고 할 수 있다.

2) 비슷한 의미의 字들은 공유했다

갑골문 중 偏旁으로 쓰인 字들 중 비슷한 의미의 자들은 구별없이 썼다.

해가 숲속에 있는 모양으로 저녁을 나타내는 莫자의 경우 풀의 모양인 屮과 木을 구별하지 않았고, 아이를 낳는 모양인 育의 경우 人·女·每를, 혈거모양은 ⊔와 ㅂ를 공용했고, 동물을 쫓는 모양인 逐자인 경우 豕·免·鹿에 구별을 두지 않았다.

(莫)	(育)
(出)	(逐)

5. 뜻은 다르나 모양이 비슷하다(異義同形)

위에서 한 글자가 여러 가지 형태를 가진 一字異形의 경우를 살펴보았다. 또 다른 특징은 여러 가지 요인으로 인해 비슷한 자형이 音·義가 다른 현상을 보여주고 있다. 이는 간단한 글자를 약간 변화시켜 새로운 자를 만들었기 때문이다. 비록 유사하나 다소의 분별됨이 있고, 문맥 속에서 충분히 구별되어 커다란 충돌은 피할 수 있다. 후대에는 점차 분화되었다. 7가지를 살펴본다.

1)

(大・天) : 大는 사람의 정면 모양이고 天은 사람머리를 부각시켜 하늘이라는 天 자를 만들었다. 갑골문 중 같거나 유사한 형체로 나타난다.

2)

(女・母) : 女는 두 손을 모으고 있는 여인의 모양이다. 女를 母로 사용하다가 가슴부위에 점 두 개를 찍어 분화시켰다.

3)

(正・足) : 正은 '정벌'과 '다리' 내지 '충족하다'는 뜻으로 쓰이다가 正・足으로 분화되었다.

4)

(山・火) : 山자는 산의 모양. 火자는 불이 타는 모양이다. 갑골문 자형은 같거나 유사하다. 문맥을 통해 구별할 수 있다.

5)

(目・臣) : 目과 臣은 눈의 모양이다. 臣은 꿇어앉아 상관을 보아야 해서 눈알을 튀어 나오게 구별시켰다.

6)

(巳・子) : 子는 아이의 모양으로 · 형이 있고 巳는 뱀의 모양으로 · 형이 있다. 이 두 자가 동시에 출현 가능한 干支에서 子는 형으로 巳는 형으로 써서 충돌을 피했다.

7)

(從・比) : 두 사람이 잇대어 가는 모양을 '따르다', '비교하다'로 나타냈다. 从(從)과 比로 구별시켰다. 屈萬里교수는 从과 比의 분석을 시도했으나[14] 명확히 구분은 되지 않고 있다.

6. 字形으로 尊卑를 구분했다

商代는 극명한 계급사회로 진입했다. 왕실과 노예주 귀족을 중심으로 한 지배층과 일반평민, 노예계급의 구분이 완연했다. 갑골복사중에는 字形으로 尊卑의 관계를 나타내는 현상을 볼 수 있다.

1) · - 見

전자는 사람이 서서 보는 모양이고, 후자는 사람이 꿇어앉아 보는 모양이다. 전자는 윗사람이 아랫사람을 만날 때 썼고, 후자는 지위가 낮은 사람이 윗사람을 알현할 때 썼다(10-25참조).

2) · - 死

전자는 사람이 꿇어 앉아 죽은 사람을 보는 모양이고 후자는 서서 죽은 사람을 바라보는 모양으로 갑골문 '死'이다. 전자는 왕의 죽음에 썼고, 후자는 일반적인 죽음을 나타냈다(6-7 참조).

3) · - 追 · 逐

追와 逐은 자형이 완전히 같지는 않으나 '쫓다'라는 의미는 같다. 追자는 노예나 포로 등 사람을 쫓는 경우, 逐자는 사냥에서 짐승을 쫓는 경우에 사용하여 사람과 짐승에 쓰는 용어를 구별했다(5-16 참조).

7. 두세 글자를 한 글자로 합쳐 썼다(合文)

갑골문의 중요 특성 중의 하나는 두 세 글자를 한 글자처럼 합쳐 쓰는 合文현상이다. 합문은 두 세자로 된 낱말을 자간의 여백을 긴밀하게 밀착시킨 것으로 갑골문 전체에 두루 나타나는 현상은 아니고 조상의 廟號, 두 단위 숫자, 숫자와 명사, 명사와 수식어, 月名 또는 兆記에 주로 나타난다. 결합방법에는 네 가지가 있다.

---

14) 屈萬里, <甲骨文從比二字辨> ≪中央硏究院史語所集刊≫ 제12본

1) 좌우결합 : 좌우로 배열하는 형식으로 가장 일반적인 방법이다.

묘호	（太乙）	（武乙）	（示癸）
숫자	（十五）		
月名	（四月）	（五月）	（十月）
兆記	（大吉）	（引吉）	（茲用）
수식구조	（不雨）	（允雨）	（亡風）

2) 상하결합 : 상하로 배열한 형식이다.

묘호	（上甲）		
숫자	（五十）	（三百）	（五百）
月名	（八月）	（三月）	
兆記	（二告）		
수식구조	（小臣）	（小王）	
其他	（下上）		

3) 내외결합 : 두 자를 내외로 배열한 형식이다.

묘호	（報乙）	（雍己）	（小甲）
숫자	（五千）	（三萬）	
月名	（六月）		
수식구조	（小母）	（六人）	

4) 복합식 결합 : 상하좌우로 배열한 형식이다.

月名	（十一月）	（十二月）	（十三月）
숫자	（三祀）		
수식구조	（不疾）	（小疾臣）	（中母己）

8. 자형이 시기에 따라 변화되었다

갑골문을 사용했던 273년을 5시기로 나누어 살펴볼 때 자형의 변화상이 엿보인다. 중요문자의 변화를 보면 다음과 같다.

	一 期	二 期	三 期	四 期	五 期
王					
貞					
月					
雨					
祀					
福					
災					
學					
東					
商					
義					
啓					
鳳					
鷄					

제 3 절 갑골문 새김상의 특수 현상

갑골문은 龜甲獸骨이라는 제한된 공간에 새긴 문자이지만 적절한 공간배치와 활용방안에 따라 좁은 공간에 많은 문자를 새길 수도 있다. 이러한 기교는 정교하고 세련미 넘치는 갑골문 자형이 보여주듯 오랜 숙련 뒤에 도달할 수 있는 경지이다. 일부 갑골편에는 干支表를 연습삼아 새긴 習刻이나 완성도 높은 각사를 모방한 仿刻도 있고 물론 誤字나 脫字 현상도 보인다. 갑골문에 나타나는 특별한 각사방법과 갖가지 현상을 살펴본다.

1. 重文

한 글자가 위아래나 좌우 글자의 변방과 겹칠 때 한 字로 겸용한 경우

≪甲≫ 3374 → 본서 7－13편	戊자를 大戊와 戊辰에 중복 사용했다.
27310 → 본서 18－2편	庚자를 父庚과 庸자에 중복 사용했다.
17076 → 본서 22－4편	五丁巳로 五日丁巳子를 나타냈다.

2. 重複符號

한 글자가 연속으로 쓰일 때 둘째자는 중복부호(=)를 썼다.

30388 → 본서 21－3편	둘째 又는 중복부호를 사용했다.
受又又→ ≪屯南≫ 88	둘째, 셋째 又는 중복부호로 나타냈다.
34245 → 본서 21－4편	둘째 又는 중복부호를 사용했다.

3. 誤刻

획이 틀렸거나 글자를 잘못 새긴 경우

1777 → 본서 4－6편	于를 曰로 썼다.

4. 缺刻

문자를 새길 때 획을 빠뜨린 경우이다.

2617 → 본서 1－13편	庚자의 중간이 빠졌다.

5233 → 본서 2–3편　　翌의 중간 획이 빠졌다.
18927反 → 본서 5–6편　　세로 획을 새기지 않았다.
18926 → 본서 7–5편　　巳의 중간 획이 빠졌다.
≪屯南≫ 60 → 본서 8–3편　　王과 甲의 가로획이 빠졌다.
11460正甲 → 본서 9–4편　　冥(娩)자 속의 획이 빠졌다.
13620 → 본서 19–9편　　㞢 속의 획이 빠졌다.

5. 衍文

일부 글자를 한 번 더 새긴 경우

14000 → 본서 20–2편　　妨을 한 번 더 새겼다.

6. 補刻

글자를 새기다 빠뜨려 후에 보충해 새긴 경우.

33696 → 본서 14–5편　　彡자를 보충해서 새겼다.
12536 → 본서 15–7편　　月자를 보충해서 새겼다.
30394 → 본서 21–9편　　其자를 보충해서 새겼다.

7. 倒刻·側刻

글자를 거꾸로 혹은 옆으로 새긴 경우인데 상하 좌우의 향방의 구분을 두지 않았던 특성에 비추어 의미상으로는 영향이 없다.

1777 → 본서 4–6편　　祖자가 도치되었다.

8. 重刻

오각된 뒤 파내고 새긴 경우나, 새겨진 각사 위에 중요한 글자를 덧새긴 경우이다.

≪乙≫ 4701 → 본서 6장 1절　　一·二 위에 九와 十을 덧새겼다. (113쪽)

제 9 장 갑골문 서체의 특성

제1절 갑골문 서예의 형성

제2절 갑골문의 서체 특성

제1절 갑골문 서예의 형성

甲骨文書藝는 상대 갑골문자의 서예를 말한다. 상대인들은 칼을 붓 삼아 딱딱한 龜甲과 獸骨에 새겼으므로, 갑골문자는 선이 날카롭고 각이 지며 전체적으로 질박한 기품이 있어 후세의 筆墨을 통한 書風과는 뚜렷한 차이가 있다. 더욱이 갑골문자는 서예가의 창작품이 아니고 사관들이 공문서를 작성하듯 기록한 것이어서 서예가들이 공을 들여 쓴 것과는 사뭇 다르다. 이런 근본적인 차이점으로 인해 갑골문 書藝는 크게 廣義와 狹義의 두 범주로 구별된다. 광의의 서예는 출토된 갑골문의 書藝를 말하고, 협의는 후대 서예가들이 창작해 이룩한 갑골문의 書藝라 할 수 있다.

郭沫若은 甲骨文書藝의 원류에 대해 다음과 같이 정의하였다.[1]

> **동작빈의 ≪甲骨文斷代硏究例≫ 중 소위 5기의 서체가 갑골문의 주요 유파이며, 근현대 갑골학 연구와 함께 일어난 당대 갑골문서예는 그 유파가 새로이 발전한 것이다.**

중국의 고대 유물 중 생동감 넘치는 紋樣과 문자가 새겨진 기물은 앙소문화 유적지에서 출토된 彩陶를 대표로 하는데 여기에 이미 원시 문자가 잉태되어 있다.[2] 刻字 예술은 상대의 龜甲獸骨에 새긴 갑골각사에서 흥성하였고 西周이래 청동기의 銘文, 즉 金文으로 계승되었다.

1) 郭沫若, ≪殷契粹編≫ 430편 考釋
2) 李孝定, <再論史前陶文和漢字起源問題> ≪漢字的起源與演變論叢≫, 聯經出版社, p.185

수천 년에 걸쳐 漢字가 풍부해지고 발전함에 따라 그 생명력은 篆書·隷書·楷書·草書·行書 등 다양한 서체의 변화와 발전을 이루어 세계에서 유일무이하게 文字學이라는 문자의 연구가 학문의 영역을 차지하였고, 書法과 篆刻藝術은 중국 문예의 중심을 차지하고 있다.

1. 나진옥의 갑골문 서예에 대한 개척

당대 甲骨文書藝는 갑골문 연구와 밀접한 관련이 있다. 갑골문서예의 흥기와 발전은 갑골문연구의 성과에 근거하고 있기 때문에 갑골학자들의 연구성과는 갑골문서예 발전의 역사적 기초가 되었다.

1899년 왕의영이 갑골문은 '상대의 유물'임을 알아내었고 1903년 유악이 최초의 수록집 ≪鐵雲藏龜≫에서 갑골문이 '殷人이 刀와 筆로 쓴 문자'라고 기술했다. 1904년 손이양의 ≪契文擧例≫는 갑골문을 연구한 최초의 저서이다. 이들은 갑골문의 세계를 개척한 선구자들이다.

뒤이어 나진옥·왕국유 등에 의한 갑골문 연구의 기초 확립은 갑골문서예가 발전하게 된 직접적인 원인이 되었다. 나진옥은 1901년 유악에게서 갑골문을 처음 접한 후 갑골문에 대한 연구를 시작하여 ≪殷虛卜辭前編≫(1911)을 내고, ≪殷虛書契考釋≫(1914)을 내며 갑골문 근 500여 자를 고석하고 복사 760여 문장을 통독함으로써 갑골문 연구를 소위 '文字時期'로 진입하게 했다.

이어 그는 1921년 ≪集殷虛文字楹帖≫[3]을 출판했는데, 이는 붓으로 쓴 최초의 갑골문 서예 法帖이다. 붓으로 쓴 복사가 갑골문 중에 보이긴 하지만 갑골문의 절대다수는 칼로 새긴 것이다. ≪楹帖≫의 출판으로 甲骨文은 3천여 년의 역사에 이어 붓으로 書藝를 이루는 새로운 단계로 진입하였다(도 9-1).

≪楹帖≫중 나진옥의 서예 풍격은 날카로움 대신 부드럽게 붓을 대고 힘있게 써내려가며 매끄럽게 이어져 경쾌하면서도 중후하고 단아하다. 叢文俊은 나씨의 작품을 다음과 같이 극찬했다.[4]

> 羅氏는 근현대 서법사상 갑골문서예에 정통한 제일인자이다. 筆法을 통해 刻字의 刀法을 성공적으로 풀어냈으니, 오늘날 참으로 오르기 어려운 경지에 올랐다.

≪楹帖≫의 뒤를 이어, 1986년 사천대학 何晴이 ≪甲骨文字歌≫를 출판하였다.[5] 何晴

3) 羅振玉 ≪集殷虛文字楹帖≫ : 나진옥은 1921년 갑골문 "百聯"을 써 모아 初集을 출간했고 이어 四百여 對聯을 써 1927년 章鈺·高德馨·王季烈와 함께 ≪續集≫을 출간했다. 1984년 吉林大學 古籍研究所에서 오류를 바로잡아 ≪集殷虛文字楹帖≫ <彙編本>을 수정 重印했다.

4) 叢文俊, <羅振玉書法觀後> ≪中國書法≫, 1990. 제4기

의 서체는 질박하고 시원스러우면서도 빼어난 서풍을 지녀 제1기의 풍격을 이어받은 서예가로 꼽는다.[6]

이에 앞서 대만 성립박물관은 중국 고대문화를 발양하여 신문화를 창조하기 위해 갑골문으로 쓴 詩文이나 격언집의 간행을 계획하였다. 1984년, 일찍이 ≪甲骨文字書例≫를 저술하는 등 갑골문서예에 힘써온 安國鈞의 작품들을 모아 ≪甲骨文集聯詩格言選輯≫을 출간하였다[7] (도 9－2). 평생을 갑골문연구에 종사했던 동작빈 또한 甲骨文書藝를 즐겨 아름다운 갑골문 필적을 남겼다. 전문서예가는 아닐지라도 갑골문에 정통한 대학자로서 직접 갑골문을 써서 세인의 칭송을 받았다 (도표 3).

[도 9－1] ≪集殷虛文字楹帖≫

5) 何山青, ≪甲骨文字歌≫, 上海 書畵出版社, 1986

6) 高華, <當代甲骨文書藝風格源流三探> ≪甲骨文書藝藝術論文集≫, 1993. p.16

7) 安國均, ≪甲骨文集聯詩格言選輯≫, 臺灣省立博物館印行, 1984. 174종에 달하는 참고문헌을 바탕으로 제작한 ≪選集≫에는 對聯 104폭, 詩 61수, 격언 51점 등 2백여 작품이 수록되어 있다. 갑골문체도 작품특성에 따라 품격을 달리해 때로는 힘이 있고 때로는 단아한 필체를 보여주고 있다 (도 9－2).

[도 9-2]≪甲骨文集聯詩格言選輯≫

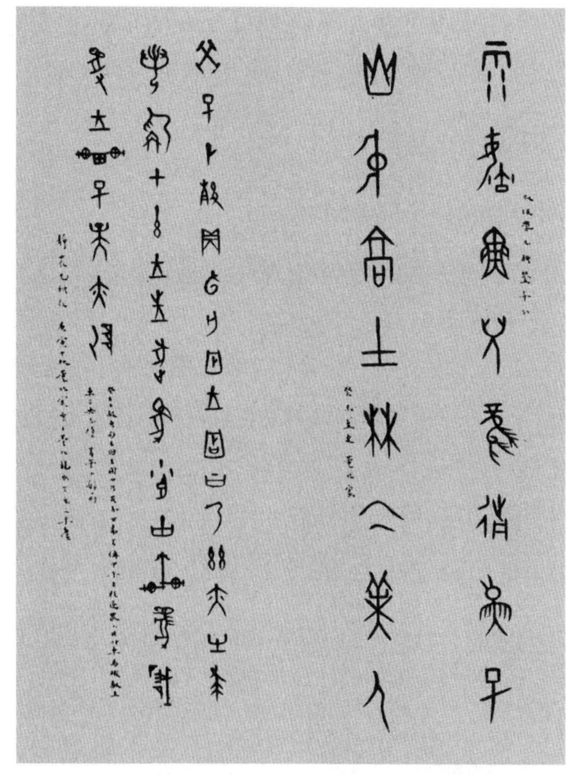

[도 9-3]〈董作賓이 쓴 甲骨文〉≪甲骨學≫

2. 동작빈의 甲骨文 서론 확립

동작빈은 ≪甲骨文斷代研究例≫(1933)에서 분기 단대의 10개 표준을 세우고 273년을 5시기로 나누어 각 시기의 字形·書體를 중요한 단대 표준의 근거로 삼았다. 그가 확립한 5시기의 독특한 서풍은 갑골문 서체의 특징을 대변하고 아울러 갑골문 서론의 이론적 근거를 제공하였다.[8] 동작빈에 따른 각 시기의 특징을 살펴보자.[9]

1) 제1기 - 웅장하고 힘차다(雄健宏偉)

갑골문이 가장 원활하게 쓰이던 武丁시기와 그 이전 시기를 포함한 약 1백여 년이다. 칼의 운용이 경쾌하고, 필획의 자유분방함 중에도 위엄있고 강건하다. 직선이 많고 곡선이 적으며 2cm에 달하는 힘이 있는 大字와 비대하고 부드러운 大字도 있다. 아주 작은 字도 있는데 작지만 수려하고 단아하며 필세의 오묘함이 깃들어 있다. 貞人 **㝉·㱿**·韋·亘·永 등의 글씨가 대표적이다.

2) 제2기 - 신중하고 절도가 있다(謹飭守法)

武丁을 이은 아들 祖庚·祖甲시대이다. 특히 祖甲에 와서 사회적으로 개혁을 단행한 시기로 서체에 있어서 필획이 공정하고 단정한 모습으로 변모했다. 행간이 정리되고 엄정한 중에 온화함이 있으나 제1기에 비해 활달함이 약하다. 貞人 旅·大·出·行의 서체가 대표적이다.

3) 제3기 - 유약하고 섬세하다(柔弱纖細)

廩辛·康丁 두 왕은 사냥에 빠졌고 왕권이 급속히 약화되었다. 이 시기에 서풍도 쇠미해져 유약하고 갈겨 쓴 글자가 많아 세련미를 잃었으나 섬세하고 다채로운 특징이 있다. 제2·3기는 갑골문서예의 쇠퇴기라고 할 수 있는데 ≪長曆≫에서는 두 시기를 약 53년간으로 잡았다. 이 시기 貞人의 이름을 쓰지 않았지만 貞人 何·狄·彭 등이 활약했다.

4) 제4기 - 굳세고 날카롭다(剛勁峭拔)

武乙·文丁시대는 제3기의 쇠미한 기운을 씻고 다시 활기를 찾아 大字가 살아났다.

---

8) 董作賓, <甲骨文斷代研究例> ≪董作賓學術論著≫, 1933, pp.483~488

9) 毛耀順 主編, ≪中華五千年長曆≫, 气象出版社, 2002, pp14~16. 본서가 정의한 상대 후기는 약 254년이다. 갑골문 제1기를 반경 천은을 포함해 약 100년 제2·3기를 합쳐 44년, 제4기를 46년, 마지막 제5기를 55년으로 잡아 시기를 규정하였다. 갑골문 시기를 5기로 나눈 것은 동작빈의 분법으로 273년을 근거로 하였다. 그러나 여기서는 동작빈의 설을 근거하여 개진하였다.

특히 文丁시대는 복고 정신이 부활했다. 貞人 이름은 거의 없지만 서체는 강하고 힘있는 필세가 일어났으며 자형은 길어지고 노련미를 갖춘 제1기의 풍격이 되살아났다. 약 46년 동안 영위한 제4기에는 貞人 歷 외에 史가 있으나 활약은 미미했다.

제5기
≪合≫ 37953

제2기
≪合≫ 24471

제3기
≪合≫ 26991

제1기
≪合≫ 6441

제4기
≪合≫ 33542

5) 제5기 - 엄격하고 정연하다(整齊嚴密)

갑골문서예의 부흥기이다. 帝乙·帝辛은 상 왕실의 국력을 모으고 제사와 행정제도를 재정비해 왕권을 되살리며 근 55년 동안 상대 문화를 최고봉으로 발전시켰다. 이러한 성숙된 분위기가 서체에도 반영되어 갑골문은 문단·행간·필획이 분명하고 정돈되었다. 제1기에 비해 대자는 적지만 명쾌하며 武丁시기의 유풍을 계승하였다. 긴 문장은 字間의 좌우 연속성이 있고 규율성이 있으며 글자의 안배를 중시했다. 마치 한 폭의 對聯을 보는 듯한 느낌을 주는 작품도 있다(22-1편). 이는 후대 중국 서예 예술의 선하를 이루었다고 할 수 있다. 貞人 黃·泳·立의 필법이 대표적이다.

동작빈은 각 서체의 다름에서 상대 2백여 년 간 문풍의 성쇠를 피력했다. 그가 논한 5시기의 갑골문 서체 풍격은 갑골문 서체를 논한 최초이자 확실한 유파로 자리잡았다.10)

제2절 갑골문의 서체 특성

위에서 동작빈의 5시기에 대한 서체의 특징을 살펴보았다. 이는 각 시기가 대표하는 두드러진 특징이다. 그러나 전체적으로 볼 때 대략 130명에 달한 貞人들의 각기 다른 개성은 각 시기마다 다른 서체로 표현되었다. 그러나 각 시기마다 상이한 가운데 유사성을 내포하고 있다. 상대 후기 2백 여 년 간의 갑골문 서체의 대표적인 특징을 보면 아래 몇 가지로 간추려 볼 수 있다.11)

1. 곧고 힘찬 아름다움이 있다(瘦硬勁直美)

갑골문자는 예리한 칼로 뼈에 새긴 서체이기 때문에 붓으로 쓸 수 없는 곧고 힘찬 풍격을 지녔다. 가늘지만 곧아 힘차고 경쾌하며 자른 듯 시원한 느낌의 아름다움을 보여준다. 동시에 당당하고 세련된 풍모를 나타낸다.

(兄)	(矢)	(元)	(牛)	(禾)	(往)	(望)

10) 董作賓, ≪甲骨文斷代研究例≫:「從各期文之書體的不同, 可以看出殷代二百余年文風的盛衰」, p.417

11) 李大有, <論甲骨文書藝藝術美> ≪甲骨文書藝藝術論文集≫ 華文出版社, 1993, pp.30~34
李家銓, <從金文反窺甲骨文的書法藝術> ≪甲骨文書藝藝術論文集≫ 華文出版社, 1993, pp.147~156

2. 대칭적인 아름다움이 있다(均衡對稱美)

갑골문자의 두드러진 특징은 독체나 합체자를 막론하고 대칭을 이룬 점이다. 이는 중앙을 중심으로 한 좌우대칭의 미를 추구했던 중화민족 특유의 예술감각을 반영한 것이라 하겠다. 균형있는 좌우대칭은 갑골문의 독특한 예술적 구도를 구성하였고 이 같은 조형은 보는 이로 하여금 평형감과 안정감을 느끼게 해준다.

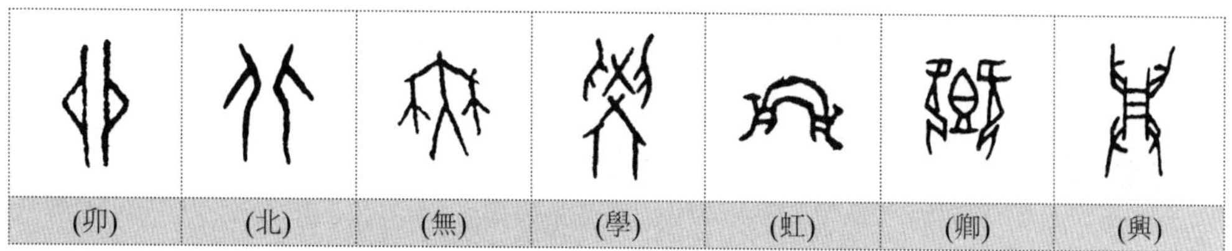

(卯) (北) (無) (學) (虹) (卿) (興)

3. 상형적인 아름다움이 있다(構造象形美)

갑골문자에는 상당량의 상형성이 짙은 문자가 남아있는데 이는 상형문자의 잔영을 보여주는 것이다. 서법의 각도에서 보면 질박하고 고아한 아름다움을 엿보게 해준다. 실물과 일치하거나 완전히 일치하지 않아도 기본적으로 전체의 형상을 반영한 것이고 그 형태를 보고 바로 문자를 인식할 수 있게 하는 강한 힘이 있다. 이는 바로 갑골문의 회화구도의 상형미이다.

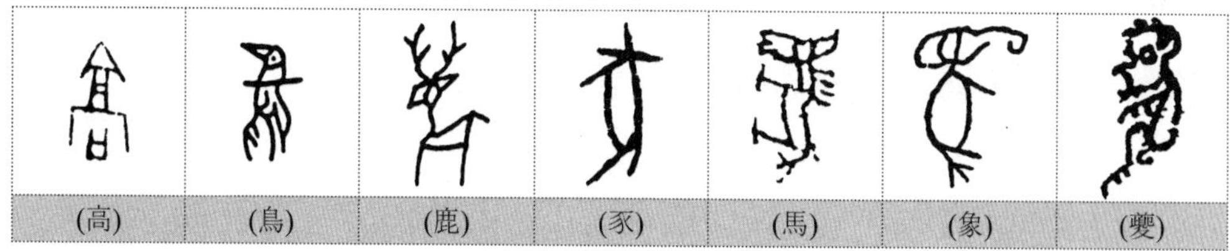

(高) (鳥) (鹿) (豕) (馬) (象) (夔)

4. 자연스러운 배치미가 있다(自然按排美)

갑골문서예의 특징은 자형 구성의 배열에서도 나타난다. 文字는 위에서 아래로 씀을 원칙으로 하나 일부 획수가 많은 문자들의 배치를 보면 사유나 행위의 유기적 관계가 있다. 예컨대, 乳자나 爲·飮 등은 문자로의 형상화 과정을 묘사한 인식의 세계를 보여준다.

문자구조는 사물의 형식보다 내용과 정신에 치중하여 안배하므로 자유로운 배치미를 창출했다. 동시에 필획이 많은 字는 자연히 크고 필획이 적은 자는 작아 크고 작음의 조화는 무궁한 정취를 느끼게 하며 갑골문을 생기발랄하게 하였다.12)

(乳)	(鳴)	(鬼)	(鳳)	(爲)	(飮)	(陶)

5. 정연한 네모의 아름다움이 있다(方正整然美)

한자를 일명 '方塊字'라고 칭한다. 갑골문은 상대로부터 金文・小篆・隸書・楷書로 부단히 외형을 변화시켜 오면서도 내부적으로 일관되게 추구되었던 것은 네모 구도로서의 안정감이다. 갑골문에는 이미 楷書를 기준으로 하는 점・가로획・곧은획・꺾임・부채꼴형・비낌・갈고리・치켜올림 등 서예 8종의 기법이 두루 나타나 있다.13) 그 중에서도 많은 갑골문자는 네모형체를 띠고 있어 方塊字로서의 한자원류를 손색 없이 보여주고 있으며 자형의 아름다움은 상대인들의 탁월한 심미안과 예술성을 표출시키고 있다.14)

(春)	(聽)	(弗)	(好)	(姜)	(疾)	(岳)

12) 陶자는 상대 陶器상에 나타난 陶文이다. 손과 발을 이용해 질그릇을 빚는 사실적인 모양을 그대로 형상화한 아름답기 그지 없는 환상적인 작품이다.

13) 高華, <當代甲骨文書藝風格源流三深>, p.12. 書藝八種筆法 :「点・横・竪・折・孤・斜・匈・挑」

14) 馬如森, ≪殷墟甲骨文引論≫, 東北師範大學出版社, 1993, pp.269～669

제 2 편 갑골문 선독

제 1 장

世　系

商王室 世系

世系는 商代 왕실의 王統系譜이다. 商王室은 상나라의 시조 湯王에서부터 마지막 왕 帝辛에 이르기까지 재위에 올랐던 역대 제왕들의 謚號를 정연하게 기록했다. 따라서 商王의 系譜가 시공을 초월해 우리 앞에 펼쳐지게 되었다.

商 왕실의 世系 확립은 甲骨文 연구의 선결조건이다. 갑골문이 商代 歷史·文化 연구의 가장 직접적인 자료이기 때문이다. 3,300년전 商代人들은 王統의 체계를 친필로 상세히 기록해 두었으니 얼마나 위대한 일인가!

1-1

21102

1. 제 1 편

1) 본 문 : **癸卯卜, 貞 : 夒☐。**

2) 한 역 : **癸卯일에 점을 치고 묻습니다 : 夒에게 제사 지낼까요?**

3) 출 전 : ≪甲骨文合集≫ 21102 제1기

4) 자 해 : **[癸卯卜]** : 癸卯－干支 紀日에 의한 癸卯일(이하 干支 15－1 참조). 卜－거북이의 뼈를 불로 지져 생기는 파열 흔적. '占을 친다'는 뜻으로 쓰였다(徐中舒, 1990－349).

[貞] : 貞－鼎의 형체를 본뜬 자이다. 세 발 솥 鼎의 모양인 에서 점차 로 簡化되었고 때로는 위에 처럼 卜자가 첨가된 字도 있다. 甲骨文에서는 '점쳐 묻는다'는 뜻의 貞으로 쓰였다. 은 형이 비슷한 貝로 변했지만 위에 卜자는 여전히 남아 貞이 되었다(李孝定 1992－185).

[夒] : 원숭이의 측면 모양. 董作賓의 <殷代王室世系圖>(도표 1)에서는 夒(猱)(nao · 노)를 商族의 遠祖인 帝嚳로 보고 있다(董作賓, 1965－73). 契(xie · 설)로 보는 등 견해가 일치되지는 않으나 商代人들의 옛 조상임에는 틀림없고 때로는 갑골문에서 자신들의 조상을 처럼 猿人과 유사하게 묘사한 점이 이채롭다.

5) 해 설 :

商王朝

商왕조는 B.C. 1600년 개국의 祖인 湯이 夏의 桀왕을 무찌르고 건국한 나라로서 고고학적으로 공인된 중국 최초의 국가이다.

19대왕 盤庚은 B.C. 1300년 도읍을 安陽 小屯, 즉 殷으로 옮긴 후부터 商代는 후기로 접어든다.

商왕조는 마지막 왕인 帝辛, 즉 紂가 周武王에게 패망한 B.C. 1046년까지 17世, 30王을 거치며 554년간 영위했다. (中華五千年長曆, 2002－10)

1 -2

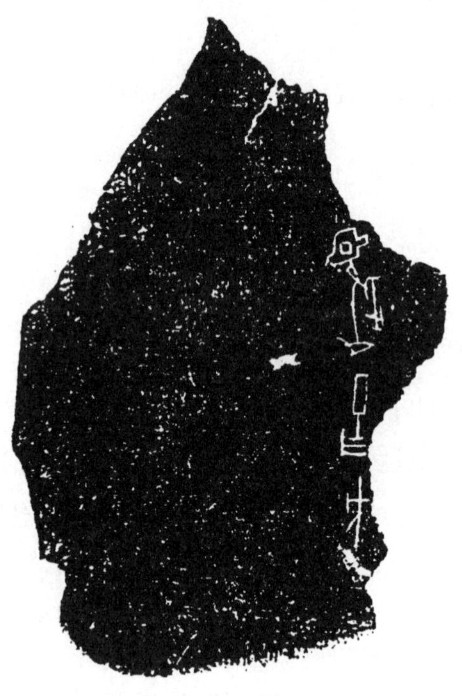

6304

1. 제 2 편

1) 본 문 : ☐戠𢀛方☐。

2) 한 역 : 𢀛方을 칠까요?

3) 출 전 : ≪甲骨文合集≫ 6304 제1기

4) 자 해 : **[戠𢀛方]** : 戠 – 사람이 무기를 거꾸로 들고 있는 모양. 戛(jia · 알) 또는 夒와 같이 풍성한 수확을 바라며 제사지냈던 商人들의 옛 조상이다. 동사로 쓰일 때는 '정벌'의 의미가 있다(于省吾, 1996 – 1503).

[𢀛(𢀛)] : 갑골문 𢀛자는 工과 口가 합쳐진 𢀛자로 풀이하며 방국명이다 (4 – 14 참조). 方 – 가래와 같이 흙을 뒤엎는 농기구의 측면 모양으로 ㄗ 처럼 위는 손잡이 아래는 발로 밟는 부분이다. 방향을 잘 조절해야 하는 농구여서 '방향'이라는 뜻으로 인신되었다. 갑골문에서는 四方 · 향방 · 제사명 · 방국명 등으로 쓰였다(徐中舒, 1990 – 953).

5) 해 설 :

商族의 조상

≪史記 · 殷本紀≫에 의하면 商族의 시조는 契(설)이다. 帝嚳의 둘째 妃인 簡狄이 玄鳥의 알을 삼키고 잉태해 契를 낳았다고 전한다. ≪詩經 · 商頌 · 玄鳥≫에는 다음과 같이 읊고 있다.

天命玄鳥, 하늘은 제비에게 명하시어
降而生商, 내려가 상족의 시조 契을 낳게 하고
宅殷土芒芒. 광활한 殷土에서 살게 하셨네.

商族은 새를 토템으로 하였고, 종족의 근원을 玄鳥(제비)와 연관짓고 있다.

1-3

14711

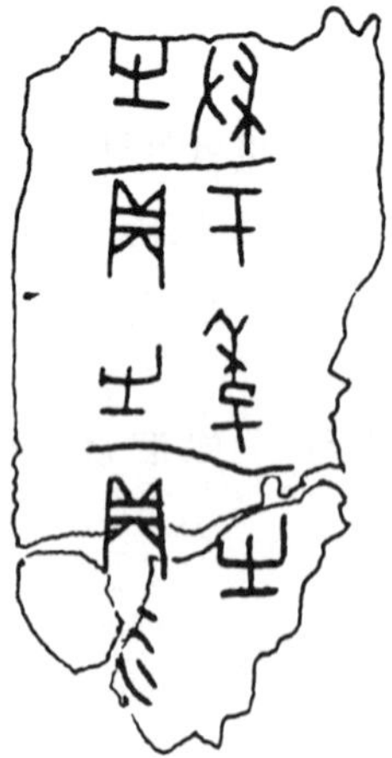

1. 제3편

1) 본 문 : 1. **貞 : 勿㞢(侑)☐。**

2. **貞 : 㞢(侑)于季。**

3. □ : **㞢(侑)**𠬝。

2) 한 역 : 1. **묻습니다 : 侑祭를 지내지 말까요?**

2. **묻습니다 : 季에게 侑祭를 지낼까요?**

3. **𠬝에게 侑祭를 지낼까요?**

3) 출 전 : ≪甲骨文合集≫ 14711 제1기

4) 자 해 : **[𠬝]** : 의미가 확실하지 않다.

[㞢(侑)于季] : 㞢－양쪽에 뿔을 가진 소의 정면 모양과 유사하고 또 牛자와도 흡사하다(黃錫金, 1981－196). 중국 고대 사회에서 소의 소유를 재물의 有無로 여긴 것에 근거해서 '있다'는 의미로 쓰였다(徐中舒, 1990－745). 甲骨文에서는 有無의 有 · 又(또한) · 神으로부터의 保護 · 侑祭(고기를 올려 드리는 제사) 등 다양한 의미로 풀이하고 있다. 제1기의 자형이고, 제5기에는 㞢가 又로 바뀌었다. 周代 <召伯簋>에서 '있다'는 의미의 有자가 처음 출현하였다. 본 편에서는 侑(you · 유)祭로 쓰였다. 于－사람 · 장소를 표시하는 전치사(2－1 참조). 季－禾와 子를 합친 자로 어린(子) 벼(禾)는 작아서 '작다, 끝'이라는 뜻이 생겼다. 상대 조상명이다(馬如森, 1993-661).

[勿] : 활을 쏜 후 진동하는 형상, 또는 가래(耒)로 흙을 파는 모양으로 옆의 점들은 날에 붙어있는 흙의 형상으로 풀이한다. 卜辭에서는 勿자의 음을 빌려 否定부사로 썼다(2－7 참조).

5) 해 설 :

商人의 유래

季에게는 王亥와 王恒이라는 두 아들이 있다. 王亥는 아버지 季가 治水에 전념했던 것과는 달리 牧畜에 주력했다. 소를 길들여 농사를 도왔고 교통수단으로 이용해 부락과 方國간의 물물교환의 길을 터 특산물을 교환할 수 있는 상업의 신기원을 마련했다. 모두들 그가 商族인 것을 알고 商人이라 불렀다. 상업에 종사하는 사람을 商人이라 함은 商族이 벌렸던 상거래의 故事에서 지금에까지 이어진다.

1-4

14733

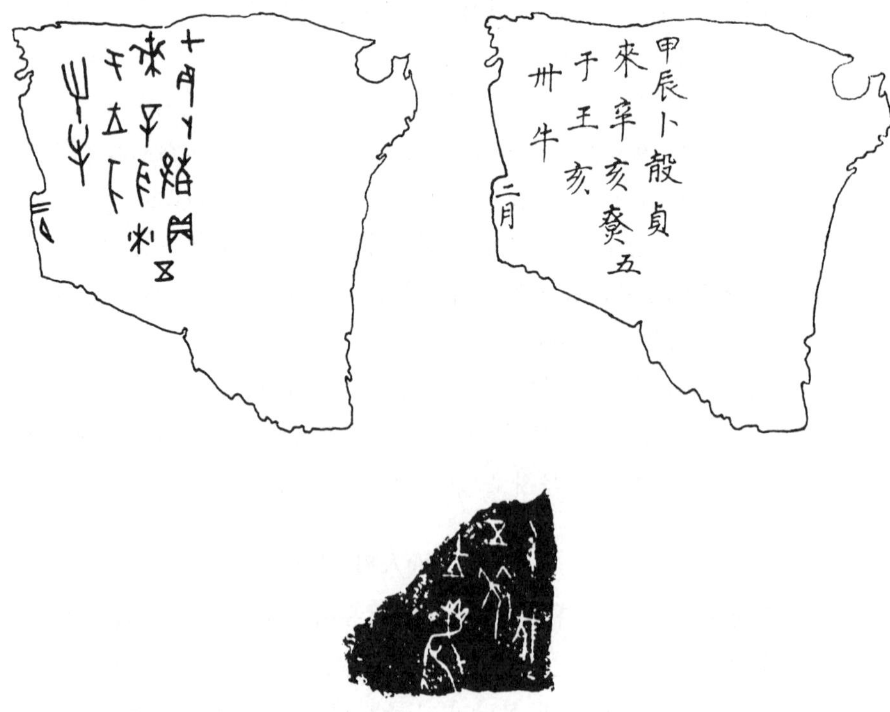

보충 22152

1. 제4편

1) 본 문 : **甲辰卜, 㱿貞：來辛亥燎于王亥三十牛。二月。五**

2) 한 역 : **甲辰일에 점치고 㱿이 묻습니다. 오는 辛亥일 王亥에게 소 30마리로 燎祭를 드릴까요? 2월에 점쳤다. 다섯 번 물었다.**

3) 출 전 : ≪甲骨文合集≫ 14733 보충 22152 제1기

4) 자 해 : **[㱿]** : 손에 채를 잡고 북을 치는 모양. 嗀(ke · 각)의 초문(2－6 참조). 武丁시대 활약했던 貞人이다.

[來辛亥] : 來－보리의 잎사귀 · 줄기와 뿌리 모양. 쌀이나 기장이 신석기 시대로부터 지어오던 농작물인 것과는 달리 보리는 외지에서 들어와 來往의 來로 빌려 쓰게 되었다. 금문에는 손으로 보리이삭을 따는 모양으로 보이나, 점차 夊으로 바뀌었다(高樹藩, 1974－2241). 일반적으로 보리麥이라고 칭한다. ≪廣雅 · 釋草≫에 「大麥, 麰牟也」, 「小麥, 麰來也」라고 하였다. 아래에 本義로 쓰인 유일한 복사가 있다.

辛亥卜, 貞：刈來。(≪鐵≫ 177. 3) 보리를 벨까요?

그 외에도 '내일', '地名' 등으로 쓰였다. 점친 날로부터 다소 먼 날의 앞에 붙여 '오는', '돌아오는' 등으로 풀이한다(徐中舒, 1990－616).

[燎于王亥] : 燎－나무를 태워 하늘에 올리는 제사(liao · 료)(4－12 참조). 于－인명 · 장소를 표시하는 전치사이다(2－1 참조).

[五] : 五－X로 쓰다가 점차 상하를 막은 X형으로도 썼다. 손의 모양, 실감는 틀의 모양이라고 하나 확실하지 않다. 數詞이며 기수 · 서수의 차이가 없다. 卜辭 말미에 있는 숫자는 점친 횟수를 말하는 것으로 '兆序'라고 한다(徐中舒, 1990－1528).

5) 해 설 :

王亥

王亥는 上甲 微의 아버지이다. 문헌에는 亥 · 該 · 核 · 垓 · 振으로 나타나지만 모두 '亥'에서 와전된 것이다. 갑골문에 의해 ≪楚辭 · 天問≫ 중 該의 뜻을 확실히 밝혔다. 보충 중 王亥의 자형은 새를 토템으로 하는 종족답게 완연한 새의 형상으로 장식했다.

該秉季德, 該는 아버지 季의 품덕을 이어받았고,
恒秉季德。 恒도 아버지 季의 품덕을 이어받았다.

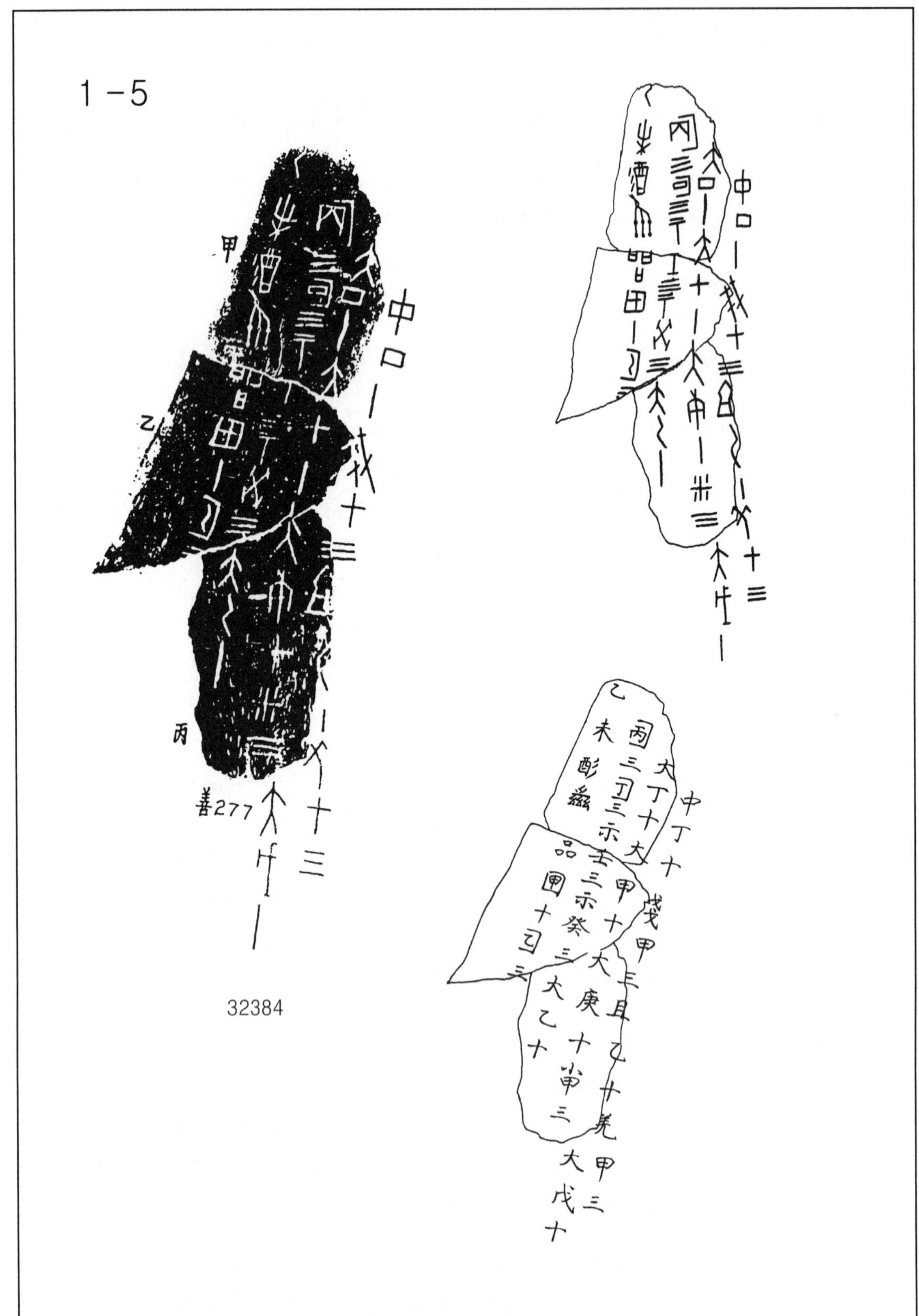
1-5
甲
乙
丙
善277
32384
乙
未
酌
茲
品
大
中
丁
十
戊
甲
且
乙
羌
甲
大
戊
十
庚
三

1. 제5편

1) 본 문 : **乙未酒系品上甲十, 報乙三, 報丙三, 報丁三, 示壬三, 示癸三, 大乙十, 大丁十, 大甲十, 大庚十, 小甲三, 大戊十, 中丁十, 戔甲三, 祖乙十, 羌甲三。**

2) 한 역 : **乙未일에 上甲에게 10점의 제수품을 올려 酒祭·系祭를 지내고, 제수품 3점으로 報乙에게, 3점으로 報丙에게, 3점으로 報丁에게, 3점으로 示壬에게, 3점으로 示癸에게, 10점으로 大乙에게, 10점으로 大丁에게, 10점으로 大甲에게, 10점으로 大庚에게, 3점으로 小甲에게, 10점으로 大戊에게, 10점으로 中丁에게, 3점으로 戔甲에게, 10점으로 祖乙에게 3점으로 羌甲에게 酒祭·系祭를 지낼까요?**

3) 출 전 : ≪甲骨文合集≫ 32384 제4기

4) 자 해 : **[乙未]** : 干支紀日에 의한 乙未일.

[酒系品] : 酒－酉와 彡의 合體字로 술을 올려드리는 제사. 酌로도 쓰나 酒로 통일한다(趙誠, 1993－242). 系－손에 실타 래를 들고 있는 모양. ≪說文≫ 중의 系자이며, '繫也'라고 하였다. 卜辭에서는 제사시 조상에게 드릴 제수품 다발을 말한다(于省吾, 1981－29). 品－제사용기에 담긴 여러 가지 물품, 제수품을 나타냄. 제수품에 차등이 있어 등급으로 인신되었다. 卜辭에서는 제명·제수품·악기·지명·率 등으로 쓰였는데, 本片에서는 제수품을 나타낸다(徐中舒, 1990－197).

[上甲十] : 田은 上甲의 合文이다. 口는 신주를 모신 위패의 정면 모양이며 속에 든 十는 甲자이다. ㅣ는 十의 甲骨文 자형인데 하나를 一로 나타내는데 반해 열은 세워서 나타냈다. 上甲은 王亥의 아들이며 商王朝를 건국한 成湯의 六世祖이다. ≪史記≫에서는 이름을 微라고 하였으며 上甲은 廟號, 즉 諡號이다(徐中舒, 1990－1391).

[報乙三] : 報(匚)－匚는 상대인들이 종묘에 神主를 모시는 위패모양이며, 제명으로도 쓰였다. 先公近祖의 머리되는 上甲의 신위는 특별히 口 속에 모셨고 報乙·報丙·報丁은 匚 속에 모셨다(徐中舒, 1990－1391).

[報丙] : 報乙의 아들이다.

[報丁] : 報丙의 아들이다.

[示壬] : 示－조상의 신주·위패 형상으로 甲骨文에서는 天神·地神·先公先王의 명칭으로 쓰였다. ≪史記≫에서는 主壬이라 하였다(徐中舒, 1990－10).

[示癸] : 示壬의 아들. 《史記》에서는 主癸라고 하였다. 전국시대 中山王器와 侯馬盟書에서는 宗자를 宔라고 썼다. 이는 갑골문 示가 《史記》의 主로 이어지는 가교 역할을 하여 갑골문 示壬·示癸를 《史記》에서 主壬·主癸라고 한 과정이 설명된다.

[大乙] : 大 – 사람이 팔다리를 벌리고 서 있는 모양이다. 本義는 사람이지만 '크다'로 引申되었다. 商代 개국의 祖로 示癸의 아들이다. 《史記》에는 天乙·商湯·成湯·成唐이라고 칭했다. 大乙은 成唐의 시호이다. 大는 太로 읽는다(徐中舒, 1990 – 1139).

[大丁] : 成湯의 아들이다. 《史記》에서 말한 太丁으로 湯이 죽기 전에 이미 세상을 떠 王位는 동생인 外丙(卜丙)이 계승하였다.

[大甲] : 大丁의 아들. 大甲은 즉위 후 湯法을 준수하지 않아 伊尹에 의해 桐宮으로 추방되었다가 마음을 바로 잡아 다시 복위되었다고 전한다.

[大庚] : 大甲의 아들이고 沃丁의 동생이다. 《史記》의 太庚이다.

[小甲] : 小 – 작은 알맹이 셋을 합쳐 '작다'는 의미를 나타냈다. 《說文》에 「从八丨見而八分之」라고 한 풀이와는 다르다. 본 편에서 小甲은 合文이다(徐中舒, 1990 – 65).

[大戊] : 大庚의 아들. 《史記》에서는 太戊라고 하였다.

[中丁] : 大戊의 아들이다.

[戔甲] : 大戊의 아들이고, 外壬의 동생으로 《史記》에서는 河亶甲이라 했다. 戔(jian·전)은 戈가 상하로 포개진 모양으로 殘의 초문이다.

[祖乙] : 中丁의 아들이다(1 – 7 참조).

[羌甲三] : 祖乙의 아들이며 祖辛의 동생으로 이름은 踰이다. 《史記》 중의 沃甲이다(1 – 8 참조). 三 – 세 개의 획이나 막대를 쪼개 셋이라는 숫자를 나타냈다(徐中舒, 1990 – 32).

5) 해 설 :

商王室의 祭譜

본 편은 상왕이 조상의 제사를 지냈던 祭譜이다. 商代 先公先王의 계보는 《史記·殷本紀》에 기록된 바 있다. 그러나 甲骨文 중의 기록과 <殷本紀>를 비교해 볼 때, 왕의 명칭이나 순서에 약간의 차이가 있는데 王國維는 갑골문을 근거로 재확인하거나 오류를 바로 잡았다.

즉, <殷本紀>에 微라고 칭한 先公을 갑골문에 上甲이라 하고, 報乙이 報丁의 뒤에 배열된 오류를 바로 잡았다. 이로서 《史記》의 기록은 근거한 자료가 있었고 신빙성 또한 높다는 것이 밝혀졌다.

董作賓이 작성한 비교도를 보면 아래 도표 1과 같다.

殷代王室世系圖

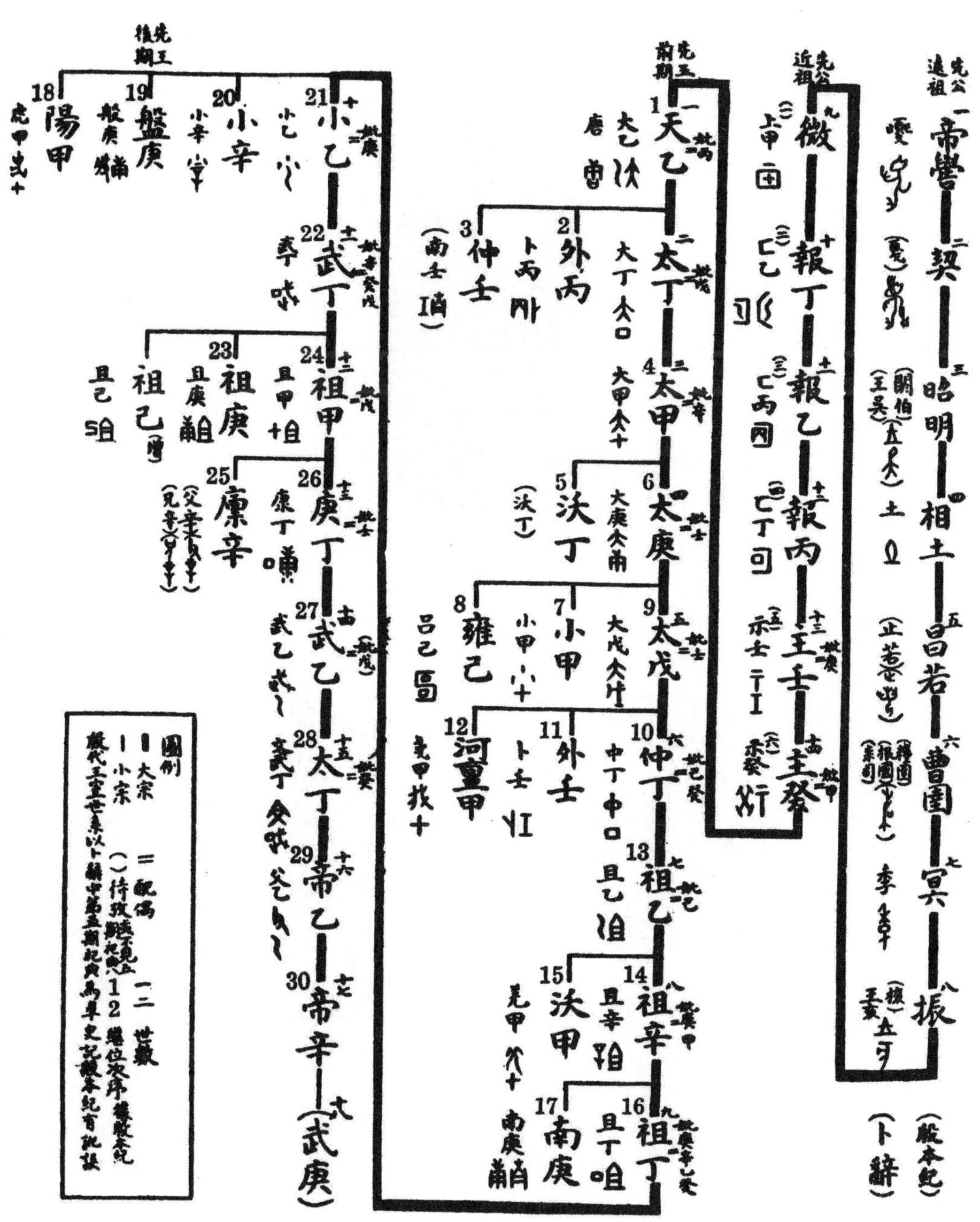

(도표 1)

1-6

27150

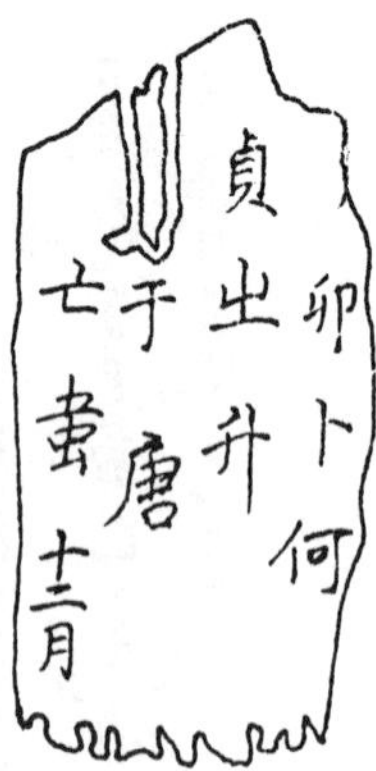

1. 제6편

1) 본 문 : **[乙]卯卜, 何貞 : 㞢(侑)彳于唐, 亡𡆥(害)。十二月。**

2) 한 역 : **乙卯일에 점을 치고 何가 묻습니다 : 成唐의 신위 앞에 侑祭와 彳祭를 드리는데 재앙이 없겠습니까? 때는 12월.**

3) 출 전 : **≪甲骨文合集≫ 27150 제3기**

4) 자 해 : **[乙卯卜]** : 乙卯일에 점을 쳤다(15-1 참조).

[何] : 사람이 어깨에 무기를 메고 가는 모양으로 人과 戈가 합쳐진 자이다. '메다'는 뜻이 있는 '何'는 '어찌'라는 뜻으로 가차되었고 자형은 점차 从人, 可聲의 形聲字가 되었다. 卜辭에서는 인명·방국명 등으로 쓰였다(4-15 참조).

[㞢彳于唐] : 㞢-제사명. 侑祭(1-3 참조), 彳-제명. 唐-唐은 상대 개국의 組인 成唐이다. 갑골문에는 [glyph]처럼 从口, 庚聲의 형성자이다. 이름이 乙인 사람은 乙日에 제사지냈는데 唐의 이름이 天乙 인고로 乙卯일에 제사 지낼 일을 점쳤다.

[亡𡆥] : 亡-없다. 無와 같다(16-1 참조). **𡆥**-뱀이 발뒤꿈치를 무는 모양이다. 자형은 止와 它 또는 止와 虫의 합체자로 보고, 害(hai)(裘錫圭, 1992-223)·它(ta)로 읽는다. 재앙·우환·근심을 나타냈다. 本片에서는 뱀의 꿈틀거리는 모양이 사실적으로 표현되어 있다.

[十二月] : 12월

5) 해 설 :

成唐-大乙

湯은 商代 개국의 祖이다. 그는 仲虺(중훼)를 左相으로 伊尹을 右相으로 삼아 20여년에 걸친 정벌 전쟁에서 夏桀을 무찌르고 '三千諸侯'의 옹호 아래 商王朝를 건국했다. B.C. 1600년경의 일이다. 夏를 멸하고 商王朝를 개국한 만큼 이름도 다양해 唐·湯·成·成唐·武湯·商湯·天乙·大乙이라고 했고 그가 도읍으로 정한 西亳은 河南省 偃師, 古書중의 '尸鄉'이다. 1983년 尸鄉일대를 발굴하여 東西 1200m, 南北 1700m의 古城 유적지를 찾아냈고 이듬해는 城안에서 약 200m²의 건축기지를 발굴했는데 이를 成湯의 도읍으로 추정하고 있다(考古, 1984-488).

1-7

14868

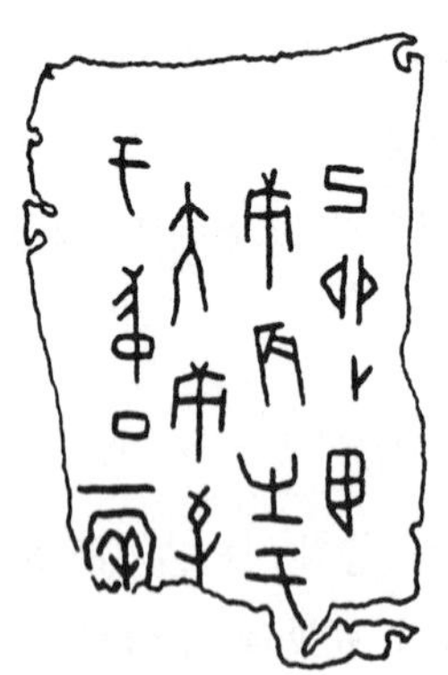

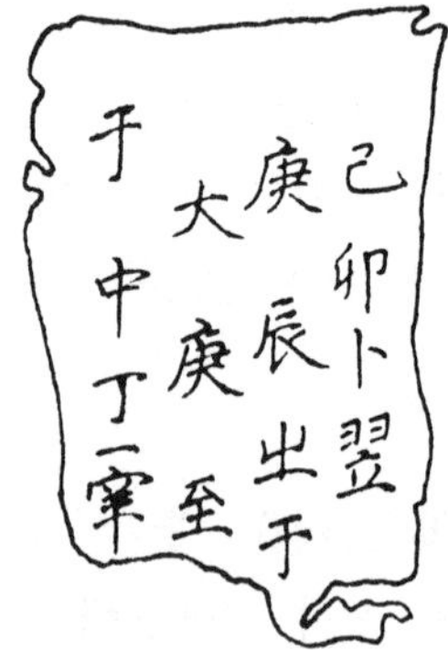

1. 제7편

1) 본 문 : **己卯卜 : 翌庚辰㞢(侑)于大庚至于中丁一宰。**

2) 한 역 : **己卯일에 점을 칩니다 : 내일 庚辰일에 大庚에게 侑祭를 지낼 때 中丁에게까지 함께 지내고자 하는데 양 한 쌍을 올릴까요?**

3) 출 전 : ≪甲骨文合集≫ 14868 제2기

4) 자 해 : **[翌庚辰]** : 翌－새의 깃털 모양으로 翊의 초문(2－2 참조). '다음' 또는 '돌아오는' 등의 의미가 있다. 즉 돌아오는 庚辰일.

[㞢于大庚] : 㞢－고기를 올려드리는 侑祭이다. 于－전치사. 大庚(1－5 참조)

[至于中丁] : 至－矢과 一을 합친 자로 화살이 목표물에 적중되어 꽂친 모양. 卜辭에서는 '이르다' 또는 '… 까지'로 쓰였다. 中－건물이나 마당 가운데 꽂아놓은 깃발 모양이다. 깃발・풍향계라고도 하는데 '중앙'이라는 뜻으로 인신되었고 점차 인명으로도 빌려 썼다. 中丁은 商代의 제10대 왕으로 즉위 원년에 亳(bo・박)에서 囂(xiao・효), 즉 ≪史記≫ 중의 隞(ao・오)로 천도했다(中國小通史(夏商), 1994－203).

[一宰] : 一－막대 하나 또는 획 하나를 그어 놓고 하나라는 의미를 줌. **宰**－宀과 羊의 합체로 우리 속에 있는 羊의 모양이다. 제수품으로 드리기 위해 특별히 우리 안에서 기른 양으로 보며 '한 쌍'으로 풀이한다. 大**宰**과 小**宰**은 양의 크기에 따라 칭한 것이다(于省吾, 1996－1564).

5) 해 설 :

大示와 小示

大示는 上甲을 시작으로 報乙・報丙・報丁・報壬・報癸 등 여섯 명의 先公과 직계 先王의 신주를 칭하는데 元示・上示라고도 한다. 小示는 它示・下示라고도 하며 방계 先王들의 신주를 통칭한 것이다.

1-8

22911

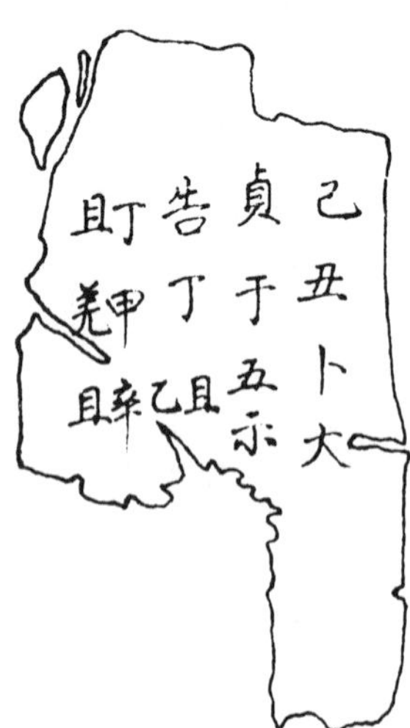

1. 제8편

1) 본 문 : **己丑卜, 大貞 : 于五示告丁, 且(祖)乙, 且(祖)丁, 羌甲, 且(祖)辛。**

2) 한 역 : **己丑일에 점을 치고 大가 묻습니다 : 武丁 · 祖乙 · 祖丁 · 羌甲 · 祖辛 등 다섯 분 조상에게 告祭를 지낼까요?**

3) 출 전 : ≪甲骨文合集≫ 22911 제2기

4) 자 해 : **[己丑卜]** : 己丑일에 점을 치다(15－1 참조).

[大貞] : 大－사람의 정면 모양. '크다'는 뜻을 비롯해 先王의 이름 · 시간사 등으로 쓰였으며, 本片에서는 제2기의 貞人이다.

[于五示告] : 于－전치사. 五示－다섯분의 조상. 示－(1－5 참조) 告－告는 舌 · 言과 同源의 글자로 종을 엎어 놓은 모양(徐中舒, 1990－85) 또는 舌 위에 획 하나를 그려 말하는 모양(趙誠, 1988－357). 또, 从口, 从牛로 소의 울음소리로 풀이한다. 告祭는 일종의 보고성의 祭祀을 말한다. 그외 人名으로 쓰였다. 「于五示告」는 「告于五示」에서 변형된 구조이다.

[丁] : 丁－武丁의 武자가 생략되었다.

[祖乙] : 且－남성의 성기모양, 또 神主의 위패모양이라고도 한다. 且가 '또한'이라는 뜻으로 빌려씀에 따라 義符 示를 붙여 형성자 祖를 만들었다. 祖乙은 武丁의 아들인 祖甲이 할아버지 小乙에 대한 칭호이다(馬如森, 1993－992).

[祖丁] : 祖辛의 아들이다. 祖丁은 小丁 · 四祖丁이라고도 칭했다. 조상이름은 대부분 合文으로 썼는데 좌우향방은 구별이 없다.

[羌甲] : 祖乙의 아들이며 祖辛의 동생.

[祖辛] : 祖乙의 아들이다.

5) 해 설 :

逆順의 제사

여러 조상을 제사하는 合祭때는 일반적으로 윗대 조상부터 배열한다. 그러나 卜辭 중에는 때때로 가까운 조상을 먼저 안배한 逆順의 제사가 있다. 본 편의 내용은 武丁을 선두로 武丁의 父 小乙(祖乙), 조부 祖丁 등 역순으로 모셨다.

본 편 이외에도 武乙부터 上甲까지를 제사한 卜辭가 있다.

乙丑卜, 貞 : 王賓武乙歲, 彳止至于上甲, 卯, 亡禍。(≪續≫ 1. 1. 26)

1 - 9

32099

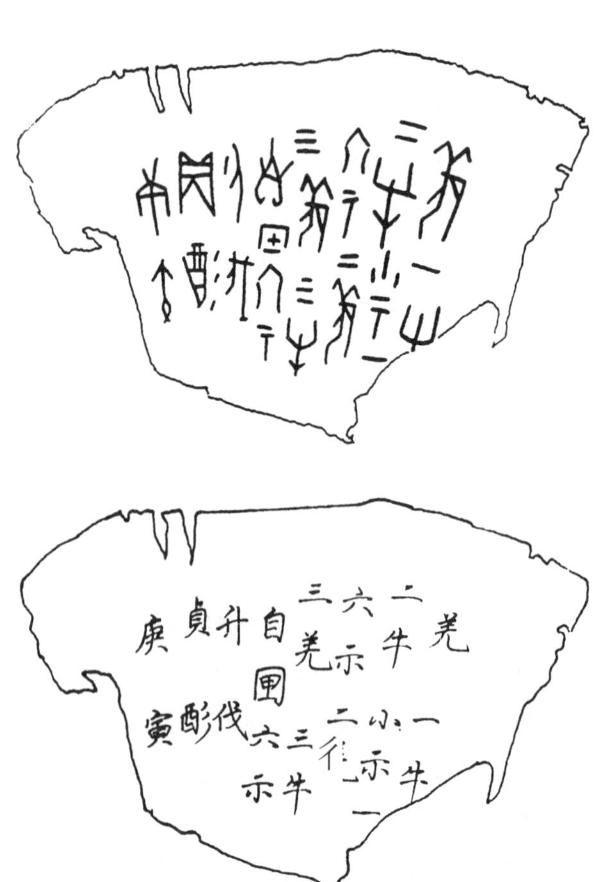

1. 제 9 편

1) 본 문 : **庚寅, 貞 : 酒彳伐自上甲六示三羌三牛, 六示二羌二牛, 小示一羌一牛。二**

2) 한 역 : **庚寅일에 묻습니다 : 上甲에 이은 여섯 분의 조상에게 彳祭·伐祭의 방법으로 酒祭를 드리는데 羌人 3사람과 소 3마리를 드릴까요. 또 다른 여섯 분의 조상에게 羌人 2사람과 소 2마리를 드리며, 방계조상에게 羌人 한 사람, 소 한 마리를 드릴까요? 두 번째 물었다.**

3) 출 전 : ≪甲骨文合集≫ 32099 제4기

4) 자 해 : **[庚寅, 貞]** : 前辭에서 卜자와 貞人 이름이 생략되었다.

[酒彳伐] : 酒 – 제사명, 彳 – 제사명. 伐 – 무기로 사람의 목을 치는 모양. 목을 쳐 드리는 제사. 제명으로 볼 때는 酒·彳·伐祭 3종의 제사가 합쳐졌으나 어법상으로 볼때 彳祭·伐祭는 酒祭의 목적어로 보아 彳·伐祭의 방법으로 酒祭를 드린다고도 풀이한다(徐中舒, 1990 – 893).

[自上甲六示] : 自 – 코의 모양이다. '나 자신', '… 로부터'란 의미로도 파생되었다. 본 편에서는 '… 로부터'(16 – 6 참조). 六 – 지붕과 양벽이 있는 간이주택 모양으로 고대에서 말하는 廬(lu·로)이다(徐中舒, 1990 – 1529). 또 入음의 初文이라고도 본다(于省吾, 1196 – 98). 음이 육과 같아 여섯으로 빌려 썼다. 六示는 上甲·報乙·報丙·報丁·示壬·示癸 등 여섯 분의 조상이다.

[三羌三牛] : 羌 – 사람의 머리 위에 양의 뿔을 장식한 모양으로 양치는 사람을 뜻했고, 羌族의 거친 기질을 나타냈다. 때로는 포로가 포승줄에 묶인 모양 등 이체자가 다양하다(徐中舒, 1990 – 416). 牛 – 소의 정면에서 보는 뿔과 얼굴 모양(徐中舒, 1990 – 78).

[小示] : 小示 – 大示에 대한 상대적인 칭호로 방계의 조상이다.

5) 해 설 :

羌族

羌族은 商과 가장 첨예하게 대립했던 서북방에 위치한 종족이며 羌方이라고 한다. 전쟁의 승패에 따라 商에 굴복했고, 때로는 商왕이 羌方의 수령을 영접하기도 했으나 卜辭에 伐羌·逐羌·獲羌 등 기록으로 보아 많은 羌人이 잡혀 왔다. 이들중의 일부는 상왕실 각종 제사에 제물로 희생되었다.

1 - 10

1. 19917

2. 35773

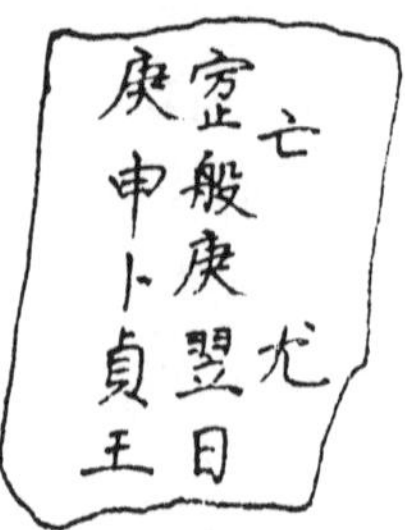

1. 제10편

1) 본 문 : 1. □□卜 : 㞢(侑)般庚百宰。

2. 庚申卜, 貞 : 王賓般庚翌日, 亡尤。

2) 한 역 : 1. 점을 칩니다 : 盤庚에게 양 일백마리로 侑祭를 지낼까요?

2. 庚申일에 점을 치고 묻습니다 : 대왕께서 盤庚에게 翌日祭를 지내기 위해 儐禮를 행하려는데 재앙이 없겠습니까?

3) 출 전 : ≪甲骨文合集≫ 1. 19917 제1기 2. 35773 제5기

4) 자 해 : [㞢般庚百宰] : 㞢 – 侑祭. 般 · 盤 – 손에 용구를 들고 쟁반류의 기물을 제작하는 모양이다. 기물이 舟와 흡사해 舟로 오인되었다. 기물을 돌리며 제작하였기 때문에 '회전'의 의미도 있다. 문헌에서는 盤, 갑골문은 般이라 하였다. 先王명 · 인명 · 지명으로 쓰였다(徐中舒, 1990 – 949). 宰 – 제사용으로 특별히 기른 양. 탁본에는 잘려 있다.

[王賓般庚] : 賓 – 공경하게 신을 모셔와 지내는 儐祭(1 – 11 참조).

[翌日亡尤] : 翌 – 두 가지 의미로 쓰였다. 첫째, 五종 제사의 첫머리에 오는 제사(2 – 2편 참조). 둘째, 가까운 장래를 나타내는 시간사로 쓰였다. 亡 – 형체는 알 수 없으나 無와 音義가 같다. 尤 – 펼친 손(又) 아래에 한 획을 합한 字로 卜辭에서는 [囚] · 災와 같이 '재앙'을 뜻하며, 亡尤는 '재앙이 없습니까'라고 하는 占卜述語다(徐中舒, 1986 – 3353).

5) 해 설 :

盤庚

盤庚은 기울어 가는 商왕조를 재건하기 위해 殷으로의 천도했던 19대 왕이다. 商은 비록 많은 제후 · 方國을 다스렸으나 가까운 彭 · 韋 등이 더 이상 고개를 숙이지 않고, 서북의 방국들이 지속적으로 위협해 洹水로 휘감긴 정치 · 경제 · 국방상 최적지인 殷으로의 천도를 결심했다. 그러나 기득세력의 반대에 부딪쳐 3차례에 걸친 訓話(≪尙書 · 盤庚≫)를 통해 반대 세력을 설득하여 천도에 성공했다. 상대의 5백여 년 역사 중 盤庚이 奄에서 殷으로 천도한 후 상대는 후기로 접어들었고, 殷으로 천도한 후 멸망하기까지 더 이상 도읍을 옮기지 않았다. 殷에 도읍을 정한 商은 노예제국가로서의 기초를 다지고 商代후기 발전의 기틀을 마련했다.

1 - 11

35812

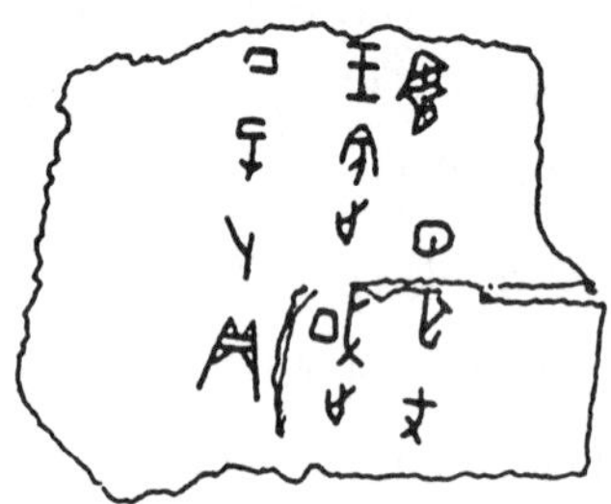

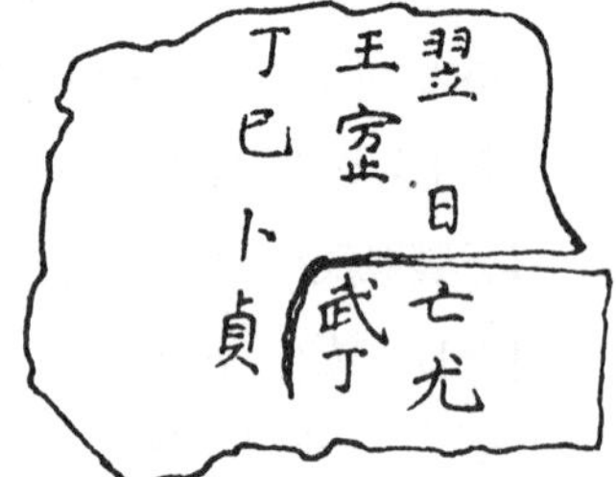

35823

1. 제11편

1) 본 문 : 1. **丁巳卜, 貞 : 王賓武丁翌日, 亡尤。**

2. **丙子卜, 貞 : 武丁丁(祊), 其牢。兹用**

2) 한 역 : 1. **丁巳일에 점을 치고 묻습니다 : 대왕께서 武丁에 대한 翌日祭를 지내기 위해 儐禮를 행하려는데 재앙이 없겠습니까?**

2. **丙子일에 점을 치고 묻습니다 : 武丁에게 丁祭를 지내려는데 제사를 위해 특별히 기른 소를 쓸까요? 이 점복은 채용되었다.**

3) 출 전 : ≪甲骨文合集≫ 1. 35812 제5기 2. 35823 제5기

4) 자 해 : **[王賓]** : 王 - 권위의 상징인 도끼모양, 또는 왕이 쓰고 있는 모자 모양 등 많은 풀이가 있다. 초기에는 맨 위 획이 없는 𠀀자 모양이었으나 위 획이 더해졌고 후기에는 지금의 王자로 정형을 이루었다(馬如森, 1993 - 280). 賓 - 宀 · 万 · 止의 합체자로 儐의 의미를 가진다. 儐은 '導也', '敬也' 즉 賓客을 접대하는 일로 '王賓'은 왕이 제사 지내기 위해 제사대상인 조상의 신령을 공경하게 영접하는 의식을 말한다(徐中舒, 1990 - 703). 卜辭에는 貞人 이름으로 쓰인 宾이 있는데 이 때는 宀 · 万의 합체로 止가 첨가되지 않는다.

[武丁丁] : 武 - 止와 戈의 결합이다. 止는 趾의 초문으로 '발'을 나타내는데 卜辭에서는 능동적으로 행동한다는 뜻이 있다. 따라서 武는 무기를 들고 나아가 나라와 종족을 지키는 것을 의미했고, 전국시대에 이르러 '止'는 '그치다'라는 뜻으로 쓰였다(徐中舒, 1990 - 1365). 2번의 두번째 丁은 제사명이다(15 - 1 참조).

[翌日亡尤] : 翌 - 五종 제사의 첫 번째 제사명. 가까운 장래의 시간을 나타낸 시간사다. 본 편에서는 제사명이다. 亡尤 - 재앙이 없을까요.

[其牢] : 其 - 삼태기 모양. 牢 - 우리 속에 소가 있는 모양(lao · 뢰). 제수품으로 드리기 위해 특별히 기른 소(1 - 12 참조).

5) 해 설 :

子와 巳의 자형

子와 巳는 각기 2가지 자형이 있다. 子는 삐죽 솟은 머리털 · 머리 · 두 다리 모양인 𡿺 · 𠙵 · 𢀓와 강보에 쌓인 어린이 모양인 子의 두 계 열이 있고, 뱀의 모양인 巳자 역시 子와 𢀓두 계열이 있다. 그중 子 형체는 서로 일치된다. 그러나 子와 巳가 동시에 출현하는 干支에서 子는 𢀓를 쓰고 巳는 子를 써서 서로 충돌되지 않게 운용의 묘를 살렸다.

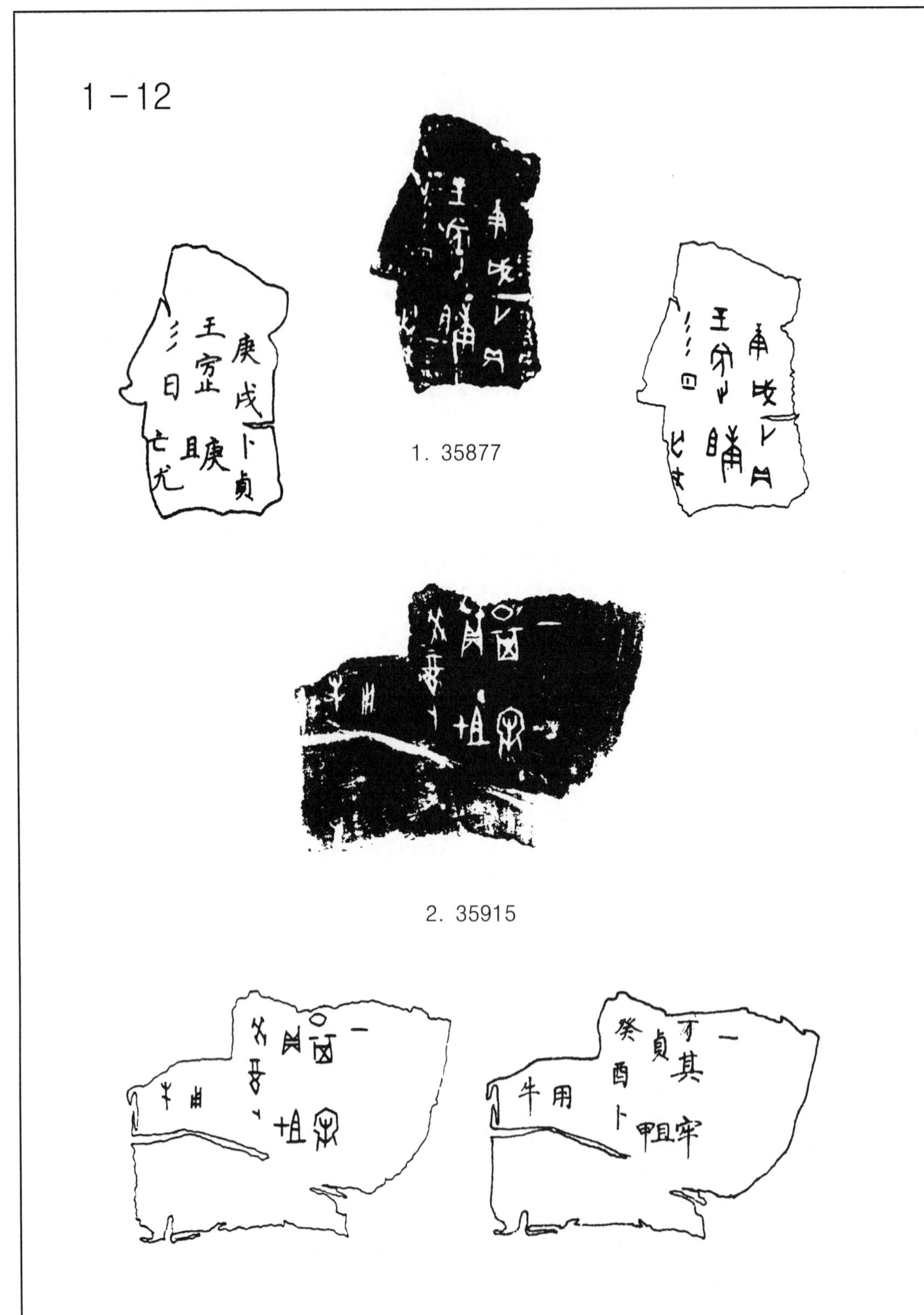
1 -12
庚
戌
卜
貞
王
宜
且
庚
彡
日
亡
尤
1. 35877
2. 35915
一
其
牢
貞
酉
卜
甲
且
癸
牛
用

1. 제12편

1) 본 문 : 1. **庚戌卜, 貞 : 王賓且(祖)庚肜日, 亡尤。**

2. **癸酉卜, 貞 : 且(祖)甲丁(祊), 其牢。**

2) 한 역 : 1. **庚戌일에 점을 치고, 묻습니다 : 대왕께서 祖庚에게 肜日祭를 거행할 때 儐禮를 행하면 재앙이 없겠습니까?**

2. **癸酉일에 점을 치고, 묻습니다 : 祖甲에게 丁(祊)祭를 지내려는데 제사용으로 특별히 기른 소를 올릴까요?**

3) 출 전 : ≪甲骨文合集≫ 1. 35877 제5기 2. 35915 제5기

4) 자 해 : **[庚戌卜, 貞]** : 庚戌(15 – 1 참조). 貞人 이름이 생략되었다.

[王賓祖庚彡日] : 王 – 제 5기의 자형. 彡 – 肜(rong · 융)의 초문. 북을 두드리며 지내는 제사명. 5종제사의 일종. 점차 계속 이어져 '끊이지 않는다'는 뜻으로 引申되었다. 卜辭에서는 肜祭로 빌려 썼다(徐中舒, 1990 – 995).

[亡尤] : 亡 – 無와 音義가 같다. 尤 – 재앙(1 – 10 참조).

[祖甲丁] : 祖甲 – 武丁의 아들. 丁祊 – 본 제사를 드리기 전날 지내는 예비 제사. 祊의 본자. 武丁 · 祖甲 · 康丁 · 武乙 · 文武丁 등 5명의 직계 조상과 모계 妣己 · 妣癸에게만 사용된 제사이다(徐中舒, 1990 – 1549). 정식제사 전의 예비제사이다.

[其牢] : 其 – 삼태기 모양 · 대명사 · 부사로 빌려 썼다. 강조부사. 牢 – 우리 속 에 소가 있는 모양, 제물로 쓰기 위해 특별히 기른 소. 음은(lao · 뢰)이다. 혹은 한 쌍의 소(趙誠, 1988 – 197).

5) 해 설 :

武丁

武丁은 盤庚의 조카로 아버지 小乙의 뒤를 이은 商代 22代 왕이다. 그는 商代를 부흥시킨 中興의 祖로 일컬어지며 高宗으로 존칭되었다. 왕자 시절 가졌던 민간에서의 생활경험을 바탕으로 민생의 어려움을 이해하였고 師盤 · 傳說 · 祖己 등 민간에서 만난 현자를 등용함으로써 商王朝의 기반을 공고히 하였다. 100세를 누리고 59년 재위했다고 전하며 현재 발견된 16만여 편의 甲骨刻辭 대부분이 武丁시대의 산물이다.

1 - 13

35995

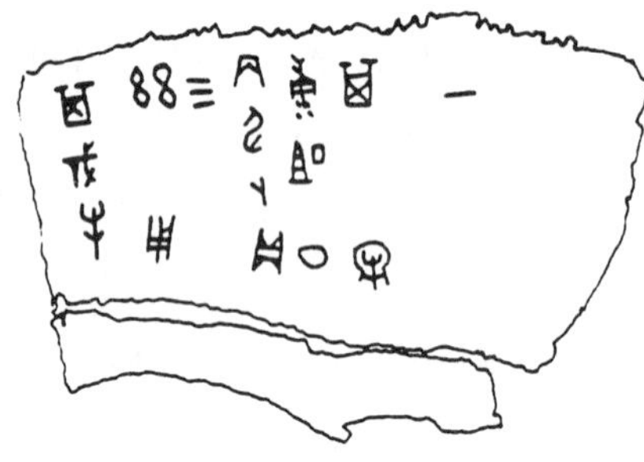

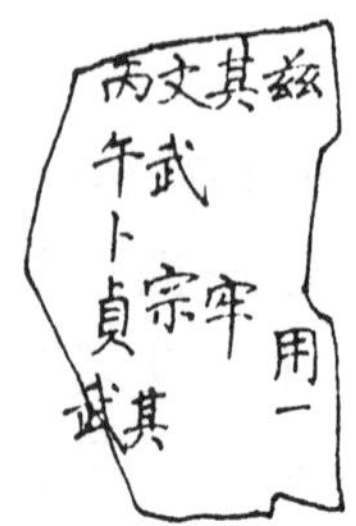

36159

1. 제13편

1) 본 문 : 1. **丙申卜, 貞 : 康且(祖)丁, 丁(祊), 其牢。一**
其戠牛。玆用 三
2. **丙午卜, 貞 : 文武宗, 其牢。玆用。一**

2) 한 역 : 1. **丙申일에 점을 치고, 묻습니다 : 康祖丁에게 丁祭를 지내려는데 제수용으로 특별히 기른 소를 사용할까요? 처음 점쳤다.**
얼룩소를 사용할까요? 이번 점복은 채용되었다. 3번째로 점쳤다.
2. **丙午일에 점을 치고, 묻습니다 : 文武丁에게 제사하는데 제수용으로 기른 소를 드릴까요? 이 점복은 채용되었다. 처음 점쳤다.**

3) 출 전 : ≪甲骨文合集≫ 1. 35995 제5기 2. 36159 제5기

4) 자 해 : **[丙申卜, 貞]** : 丙申일에 점을 치고, 물었습니다.

[康祖丁, 丁(祊)] : 康 – 악기 모양. 양쪽의 점들을 악기에서 나는 소리를 묘사한 것이다(趙誠, 1993 – 26). 丁(祊) – (1 – 12 참조).

[其牢] : 其 – 삼태기 모양. 牢 – 우리 속에 소가 있는 모양(lao · 뢰). 제사를 위해 특별하게 기른 소(徐中舒, 1990 – 82).

[文武宗] : 文 – 사람의 가슴에 문양이 아로새겨진 모양. 紋의 초문으로 '꾸민다'는 뜻으로 인신되었다. 先王의 이름이다(徐中舒, 1990 – 995). 武 – 止와 戈의 합체자(1 – 10 참조). 宗 – 사당에 조상의 신주를 모셔둔 모양(徐中舒, 1990 – 811).

[戠牛] : 戠 – 音과 戈의 합체자다. 갑골문에서는 일식의 蝕, 고기를 말려 드리는 제사명, 본편과 같은 붉은 색소로 빌려 썼다. 붉은 말은 赤馬라고도 하였다(趙誠, 1988 – 274) (14 – 5 참조).

[玆用] : 玆 – 실타래(糸)를 둘 합친 모양. 玆(zi)의 초문이며 '此'와 같다. 用 – 고대생활에서 유용하게 쓰던 손잡이가 있는 나무통 모양이다. 점차 '쓰다', '사용하다'로 인신되었다(于省吾, 1981 – 361).

5) 해 설 :

갑골문의 문장구조

갑골문의 문장은 前辭(叙辭) · 命辭 · 占辭 · 驗辭 4단계로 전개되며 그 뒤에 부대요소 兆記와 兆序가 첨가된다.

1－14

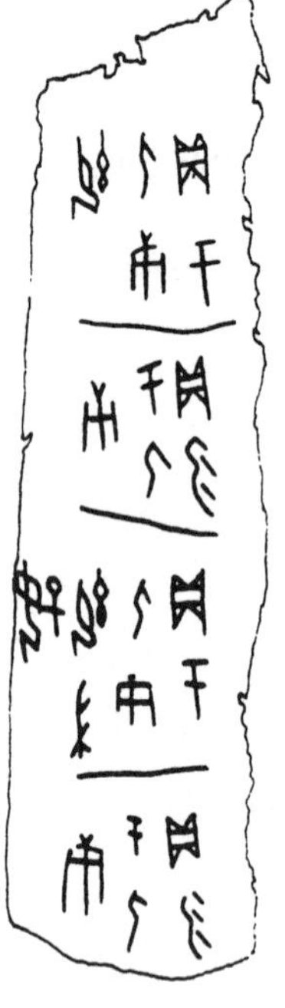

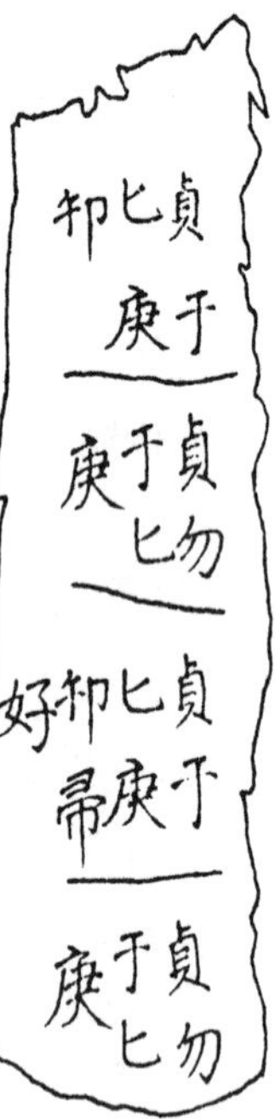

2617

1. 제14편

1) 본 문 : 1. **貞 : 勿于匕(妣)庚。**

2. **貞 : 于匕(妣)庚御帚(婦)好。**

3. **貞 : 勿于匕(妣)庚。**

4. **貞 : 于匕(妣)庚御。**

2) 한 역 : 1. **묻습니다 : 妣庚에게 지내지 말까요?**

2. **묻습니다 : 婦好의 일을 위해 妣庚에게 御祭를 지낼까요?**

3. **妣庚에게 지내지 말까요?**

4. **묻습니다 : 妣庚에게 御祭를 지낼까요?**

3) 출 전 : ≪甲骨文合集≫ 2617 제1기

4) 자 해 : **[貞]** : 鼎의 형상이 간화된 모양. 점친다는 貞으로 빌려 썼다.

[勿于匕(妣)庚] : 勿 – 부정사 (1 – 3 참조), 于 – 전치사, 匕 – 숟가락 모양. 妣의 本字로 돌아 가신 어머니를 일컬음(4 – 21 참조). 庚 – 先妣의 이름 (15 – 1 참조).

[于妣庚御婦好] : 御 – 午와 卩자가 합쳐진 자. 禦(yu · 어)의 초문으로 제사명이다. 帚(婦)好 – 손잡이가 긴 빗자루 모양. 婦女의 婦로 빌려 썼다. 武丁妃(3 – 21 참조). 好 – 어머니가 어린아이를 안고 어르는 모양. 商王室의 성씨인 子와 女를 합친 자로 商族의 여인 중에서 간택된 왕비를 뜻한다. 이 경우 zi (자) 로 읽어야 한다는 견해가 있다 (丁山, 1998 – 56). 본편은 아래서부터 위로 읽어간다.

5) 해 설 :

중국 최초의 왕비 – 妣庚

商왕실의 계보에 최초로 등장한 왕비는 약 3,700년 전의 조상 示壬(主壬)과 함께 제사를 받았던 '庚'(2385편)이라는 이름의 여인이다. 다시 말하면 '妣庚'은 商왕실 계보에 오른 최초의 여인이며, 또한 최초로 남편과 함께 제사를 받은 왕비이다. 그후 妣庚은 여러 명 등장하여 본 편의 妣庚이 구체적으로 누구인지는 확실하지 않다.

1－15

13999

婦好方鼎銘文

1. 제15편

1) 본 문 : **戊辰卜，㱿貞：帚(婦)好冥(娩)，妿(嘉)☐。**

2) 한 역 : **戊辰일에 점을 치고, 㱿가 묻습니다 : 婦好가 아이를 낳는데 아들을 낳겠습니까?**

3) 출 전 : ≪甲骨文合集≫ 13999 제1기, 보충 <婦好方鼎>

4) 자 해 : **[婦好冥(娩)]** : 婦 – 빗자루 모양. 부녀자로 가차 되었고 점차 女를 붙여 婦를 이루었다. 冥 – 갑골문 자형은 으로 두 손으로 아이를 받는 모양이다. 張秉權·李孝定은 분만하는 모양인 冥, 郭沫若은 娩, 陳邦懷·丁山은 弇이라고 하였고, 弇은 掩자로 두 손으로 수건을 들고 입구를 막는 모양인데, 이는 여인들의 월경에 대한 대응 방법으로 수태의 길이며, 또 병증에 속한다고 본다(丁山, 1988 – 122). 일반적으로 해산한다는 娩(mian·만)으로 쓰고 '아이를 낳는다'는 뜻으로 풀이하며, 지명으로 쓰였다.

[妿(嘉)] : 女와 力을 합친자로 '길하다'는 뜻이다. 즉 '아들을 낳는다'는 의미이며, 嘉(jia·가)로 읽는다. 여아를 출산했을 경우 '不妿'라고 하였다(20 – 2 참조).

5) 해 설 :

婦好 – 실존이 확인된 중국 최초의 왕비

婦好는 武丁의 정비(嬪)로 1976년 小屯村 서북쪽에서 墓가 발굴됨으로 존재가 확인된 중국 최초의 여인이다. 武丁에게는 60여명의 妃가 있었으나 辛·癸·戊만이 공식 배우자로 추대되었는데 그는 바로 辛이고, 婦好는 생전에 불리던 이름이다. 婦好는 封地를 받아 다스렸고, 제사를 주관하였으며, 武丁을 비롯해 望乘·光 등 장군들과 함께 큰 전공을 세운 명장으로서 괄목할만한 정치적·군사적 활동을 하였다. 武丁으로부터 각별한 총애를 받았지만 30대 중반에 세상을 떠나 武丁을 애통하게 하였고, 商代 宗廟 서남쪽에 16명의 순장자와 함께 고이 묻혔다.

婦好墓에서 출토된 <婦好方鼎>에는 좌우대칭을 맞추어 미적인 효과를 한껏 살린 '好'자 銘文을 남겼다(殷墟婦好墓 – 1980).

1 -16

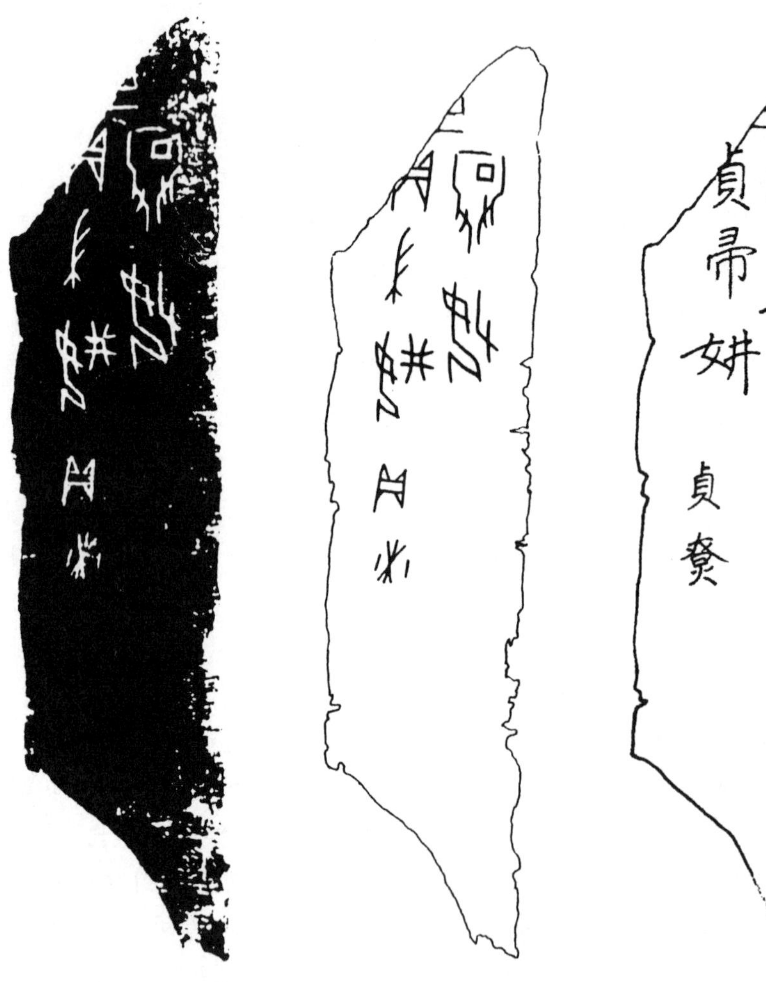

14014

1. 제 16 편

1) 본 문 : **貞 : 帚(婦)妌冥(娩) 妿(嘉)。**

貞 : 燎。

2) 한 역 : **묻습니다 : 婦妌이 아이를 낳는데 아들을 낳겠습니까?**

묻습니다 : 불에 태워 제사 드릴까요?

3) 출 전 : ≪甲骨文合集≫ 14014 제1기

4) 자 해 : **[帚(婦)妌冥(娩)]** : 帚 - 식물로 만든 빗자루 모양. 부녀자로 인신되었다. 점차 女를 붙여 婦자를 이루었다. 井 - 우물 속이나 위에 쌓은 축대 모양. 방국명이며 또는 井方에서 상왕의 妃로 간택되어 온 여인으로 이때는 女를 붙여 妌이라 불렀다. 婦妌은 상왕비 妌을 일컫는다(徐中舒, 1990-555). 冥(娩) - 冥은 아이를 낳는 모양이며 娩(mian · 만)으로 읽는다.

[妿(嘉)] : 妿 - 女와 力을 합친 자다. 嘉(jia · 가)로 읽으며 기쁘다는 뜻이 있다. 卜辭에서는 '길하다', '기쁘다' 즉 '아들을 낳았다'는 뜻이다.

[燎] : 나무더미를 쌓아 불태워 드리는 제사(liao · 료)(4 - 12 참조).

5) 해 설 :

婦妌

婦妌은 유일하게 婦好와 비길 수 있는 왕비로 卜辭 중의 '戊'이다. 婦好가 정치적 · 군사적 역량이 있었다면 婦妌은 경제적 지위가 확고했다. 그녀는 특히 농업을 관장하는 임무를 맡아, 「藿田」, 「藿黍」, 「受年」 등 농업관련 卜辭가 많다. 婦妌의 서열은 정비 다음인 次妃 嬙(qiang · 장)이다. 嬙은 농작물 재배(稼穡)를 관리하는 婦官인데 嗇婦라고도하며 문헌에 보이는 嗇夫이다. 嗇은 穡과 같으며, ≪說文≫에 「愛也」라고 풀이하였는데 그 근원을 거슬러 보면 武丁이 왕실의 양식을 총괄하는 중요 임무를 자신이 총애하는 婦妌에게 전담케 했다는데 있다(丁山, 1988-112). 婦妌이 '戊'임을 보여주는 卜辭가 있다.

王其侑妣戊妌, □羊, 王受祐。(≪屯南≫ 4023)

왕이 妣戊 妌에게 侑祭를 드리면 … 신의 가호가 있을까요?

제 2 장

貴族 · 平民

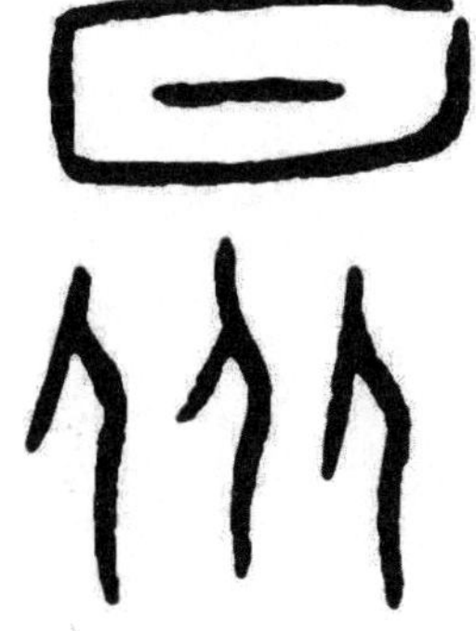

貴族 · 平民

商代는 철저한 계급사회였다. '余一人'으로 자칭하는 商王은 절대 권력을 행사하였고, 왕족이나 귀족들은 봉지를 받아 자신의 영역을 다스렸다. 귀족·제후들은 商王의 각종 행사를 보좌하는 한편, 경제적·군사적 임무를 띠고 商왕조의 핵심적인 역할을 하였다.

지배층의 생산활동을 돕는 邑人·衆人과 수공업에 종사하는 工人들은 상왕실이나 자신들이 예속된 귀족을 위해 헌신하며, 전쟁시 전사로 동원되었다. 전쟁포로들은 奴隷로 부려지고 祭典에 산 제물로 희생되며 죽은 귀족들과 함께 殉葬되는 비운을 면치 못했다.

2 - 1

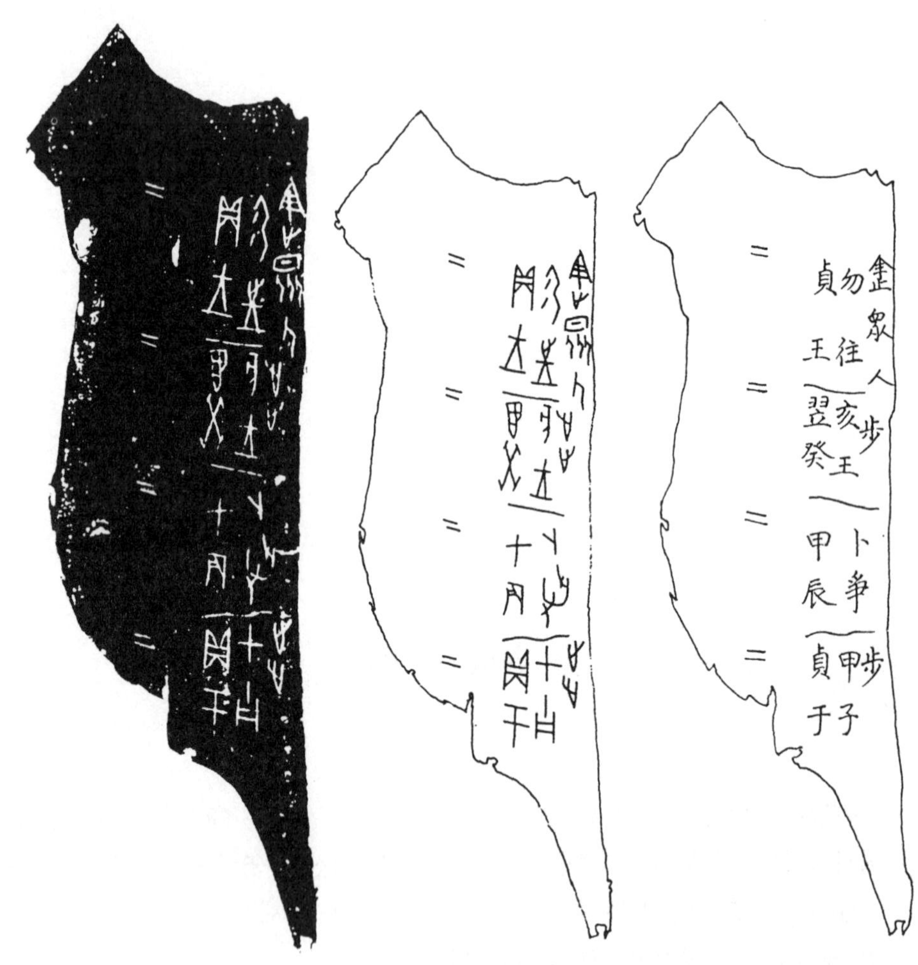

67

2. 제1편

1) 본 문 : 1. **貞 : 于甲子步。二**

2. **甲辰卜, 爭。二**

3. **翌癸亥王步。二**

4. **貞 : 王勿往途衆人。二**

2) 한 역 : 1. **묻습니다 : 甲子일에 왕은 도보로 갈까요? 두 번째 물었다.**

2. **甲辰일에 점을 치고 爭이 (묻습니다).**

3. **다음 癸亥일에 대왕께서 도보로 갈까요?**

4. **묻습니다 : 대왕께서 백성들을 규합하러 가지 말까요?**

3) 출 전 : ≪甲骨文合集≫ 67 제1기

4) 자 해 : **[于甲子步]** : 于 – 윗 획은 고정되고 아래 획을 돌리면서 그리는 기구 모양이다(徐中舒, 1990 – 510). 于는 𢒼의 생략형으로 시간·장소 앞에 붙이는 전치사로 빌려 썼다. 步 – 발이 상하로 포개져 있는 형상으로 사람이 한 발씩 걸어 나아가는 모양이다. 祭名·方國名·행보하다·행차하다는 뜻으로 쓰였다(趙誠, 1988 – 344). 步는 말이나 차를 타지 않고 도보로 하는 행차를 말한다.

[甲辰卜, 爭] : 爭 – 두 손이 上下에서 물건을 서로 잡고 끄는 모습. 서로 잡아당김에 근거해 '다투다'로 引伸되었고, 人名으로 쓰였다(趙誠, 1988 – 63).

[翌癸亥] : 翌 – '다음', '오는' 등으로 쓰였다(1 – 3 참조).

[王勿往途] : 王 – 제1기의 자형, 商王. 勿 – 부정부사(2 – 7 참조). 往 – 止와 王을 音으로 한 형성자다. '가다', '나아가다'로 쓰였다. 途 – 余와 止의 합체로써 本義는 '나아가다'인데 길에서 만나다·도살하다·규합하다·정벌하다 등 여러 의미로 引申되었다(徐中舒, 1990 – 159).

[衆人] : 衆 – 商의 일반 백성을 일컬었다(2 – 4 참조).

5) 해 설 :

相間刻辭

相間刻辭는 骨條(긴 뼈조각)에 각기 다른 내용을 격간으로 기록한 卜辭이다. 특징은 대부분 밑에서부터 읽어간다. 相間刻辭인 본 편은 네 번 점쳤는데 1과 3이, 2와 4가 같은 내용이다.

2-2

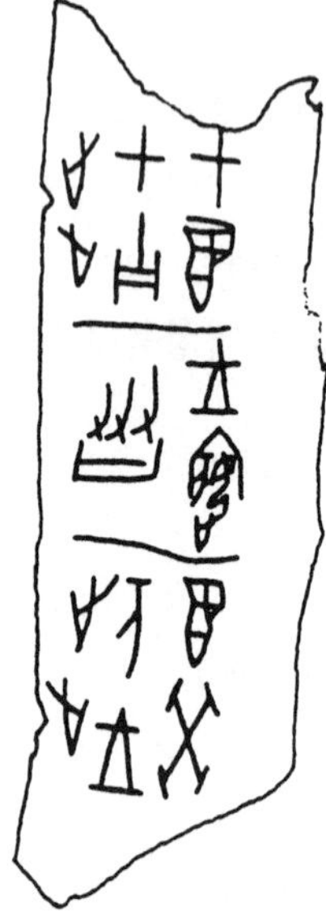

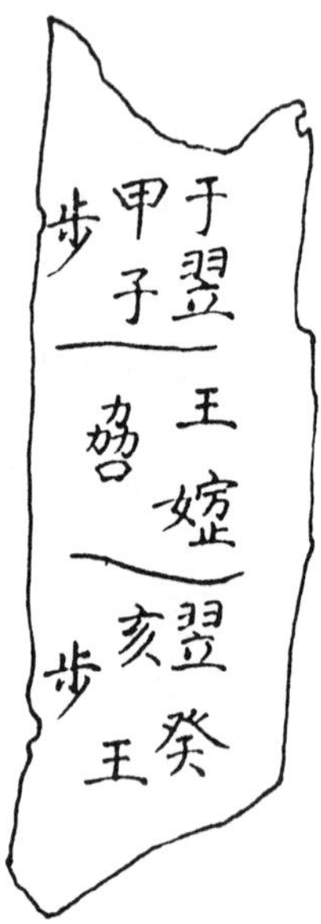

5203

보충 《安大略》 2111

2. 제2편

1) 본 문 : 1. **翌癸亥王步。**

2. **王賓劦。**

3. **于翌甲子步。**

2) 한 역 : 1. **다음 癸亥일에 대왕께서 행보를 해도 될까요?**

2. **대왕께서 劦祭를 드리는데 儐禮를 행할까요?**

3. **다음 甲子일에 대왕께서 행보를 해도 될까요?**

3) 출 전 : ≪甲骨文合集≫ 5203 제1기 보충 ≪安大略≫ 2111

4) 자 해 : **[王賓劦]** : 賓 - 卜辭에서는 공경스럽게 조상의 신령을 모셔와 지내는 제사로 儐과 같다(1 - 11 참조). **劦** - 원시농구인 가래 셋을 합쳐서 만든 자이다(xie · 협). 가래를 세 개 합쳐 '힘을 합친다'는 의미를 내포하며 아래에 口가 없는 劦字와도 통한다. 祭名이다(10 - 13 참조).

[于翌甲子步] : 于 - 시간 · 장소 등에 붙이는 전치사. 翌 - 羽와 立의 합체자로 昱과 같다. 새가 날개짓을 하여 갑골문 羽를, 立에는 '그치지 않다'는 뜻이 있어 이를 음으로 삼았다. 갑골문에서 '다음날', '내일' 등으로 쓰였다. 제명으로 쓰일 때 昱은 '내일의 제사', 翌은 '제사 다음날 다시 지내는 祭祀'를 일컫는다. 翼 · 翊와 용법이 같다(趙越, 1988 - 232). 步 - 발을 상하로 포갠 모양. '행보하다'.

5) 해 설 :

王과 我

王은 절대 권위를 장악한 노예주 계급의 최고 권력자이다. 자형은 상왕이 썼던 모자 모양, 권위를 상징하는 도끼 모양이라는 풀이가 있다(林雲, 1981 - 81). 초기 𠙻형에서 𠙻형을 거쳐 후기 王으로 변화했다. 我는 톱날이 선 특수한 도끼(鉞)모양의 무기인데 商王 자신이나 商의 복수개념으로 빌려 썼다. 후기 武乙시대로 오면 王과 我가 합쳐진 자형이 등장해 我는 바로 王이요 王은 我로서 '朕이 곧 국가요 법령이다'는 절대 권위를 한층 높게 상징하고 있다.

癸巳卜 : 成祟我. (≪安大略≫ 2111.)

成湯께서 나 상왕에게 재앙을 내릴까요?

2-3

5233

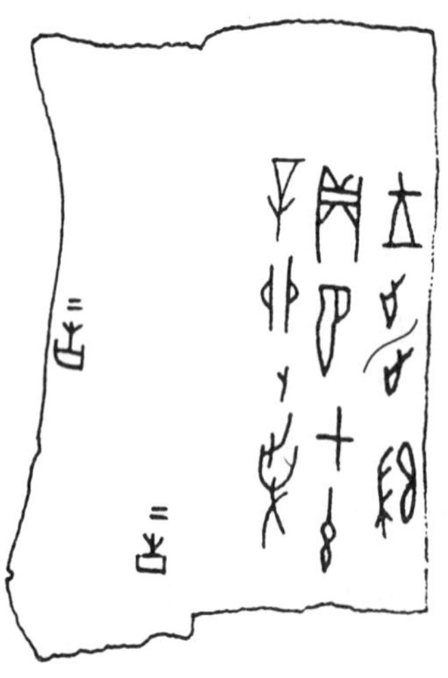

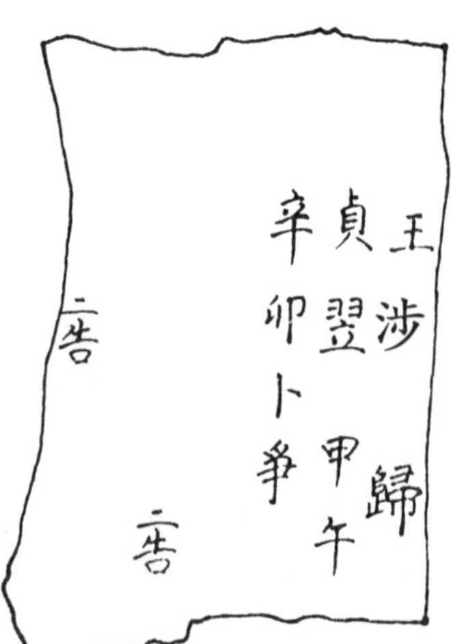

2. 제3편

1) 본 문 : **辛卯卜，爭貞：翌甲午王涉歸。二告**

2) 한 역 : **辛卯일에 점을 치고, 爭이 묻습니다 : 다음 甲午일에 대왕께서 하천을 건너 돌아올까요?**

3) 출 전 : ≪甲骨文合集≫ 5233 제1기

4) 자 해 : **[翌甲午]** : 다음 甲午일(15－1 참조). 翌자의 가로획이 缺刻되었다.

[王涉歸] : 王－商王. 涉－ 처럼 물 위아래 발을 그려놓은 모양으로 '물을 건너다'는 뜻이다(she · 섭)(徐中舒, 1990－1226). 歸－甲骨文 歸는 𠂤과 帚의 合體字이고 간혹 止자가 첨가되었다. 𠂤는 阜로 보고 音을 나타낸다. 여성이 출가할 때 언덕을 넘어 마지막 귀착지에 이른다는 뜻으로 止가 첨가되었다. 本義는 '여성의 출가'를 뜻한다(于省吾, 1996－3035). 卜辭에서는 돌아오다 · 돌아가다 · 지명 · 방국명으로 쓰였다.

[二告] : 卜兆의 상황을 기록한 兆辭이다. 의미는 확실하지 않다. 二－두 개의 막대를 포개 숫자들을 나타냈다(徐中舒, 1990－1446).

5) 해 설 :

祖甲과 王자의 발전

祖甲은 왕위에 오른 뒤에 문무 백관을 모아 놓고 다음과 같이 말했다. "짐은 일찍이 史官들이 쓰는 太자의 자형이 볼품이 없어 위에 한 획을 그어 왕이 높은 곳에 있다는 것을 표현해야 한다고 선왕께 아뢰었지만, 선왕께서는 「約定俗成」을 고려해 묵살했었소. 생각해 보시오. 황제를 대표하는 글자에 머리가 없어야 되겠소? 이제부터 太을 丟으로 써서 우선 내 자신부터 혁신하려는데 그대들 생각은 어떠시오?" 모든 백관들이 찬동하여 祖甲 원년부터 廩辛 · 康丁까지 丟자로 쓰게 되었다.

武乙 · 文丁시대는 복고파와 유신파로 나뉘었다. 복고파는 武丁식의 太자를 잠시 썼고, 유신파에서는 祖甲식의 丟자를 썼다. 帝乙 · 帝辛 부자는 특히 祖甲을 숭배하여 丟자를 다소 변형해 王이라고 썼다(董作賓, 1971－4179). 동작빈이 풀어나간 王자에 얽힌 이야기는 甲骨文 王자의 변화추이와 일치되는 일화이다.

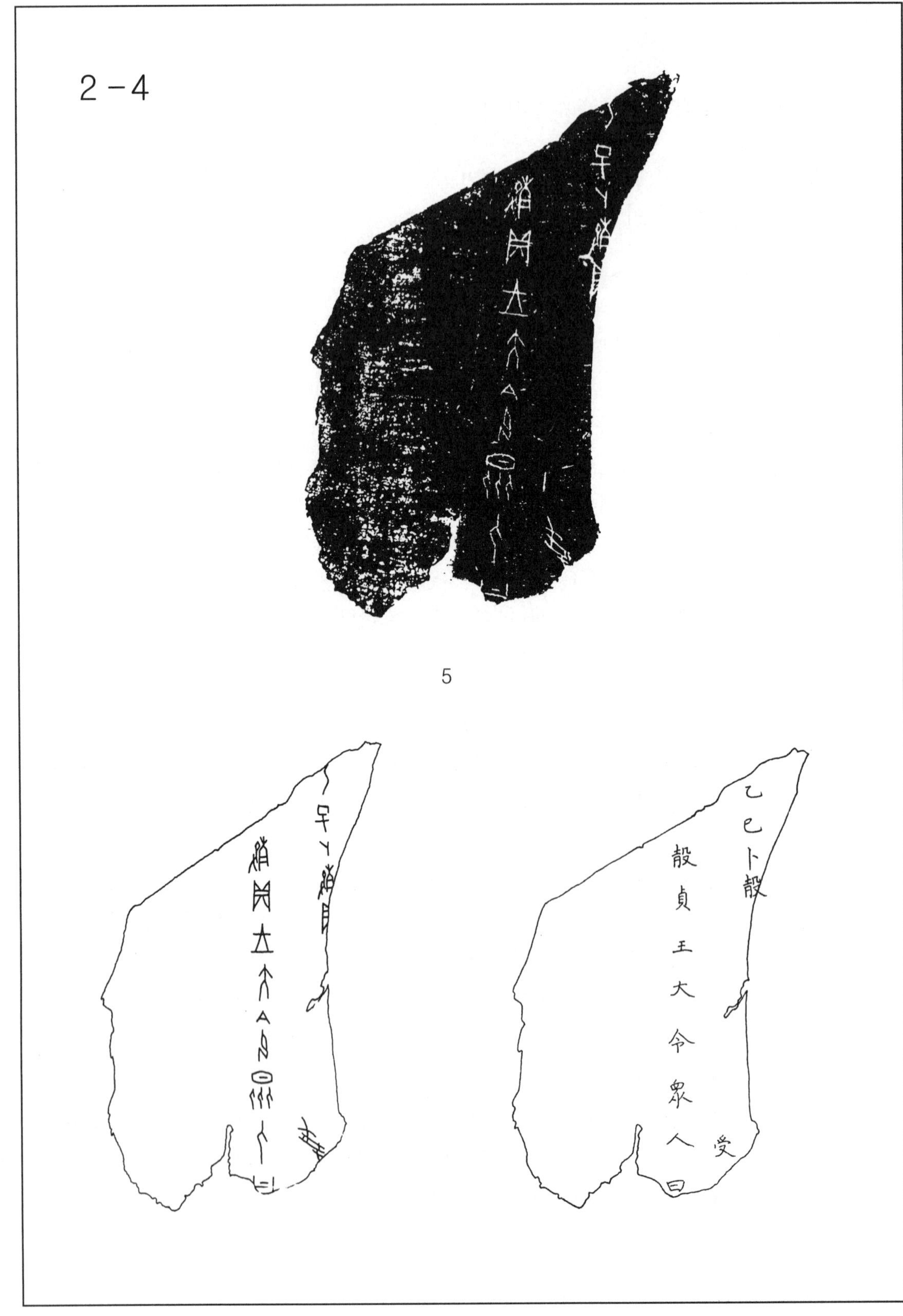
2-4
5
乙巳卜㱿
㱿貞
王大令衆人曰
受

2. 제4편

1) 본 문 : 1. 乙巳卜, 㱿貞 : ☐
2. [乙巳卜], 㱿貞 : 王大令衆人曰 : ☐受年。

2) 한 역 : 1. 乙巳일에 점을 치고, 㱿이 묻습니다 : …
2. 乙巳일 점을 치고 㱿이 묻습니다 : 대왕께서 백성들에게(… 하라고) 중대 명령을 내리면 풍성한 수확을 얻겠습니까?

3) 출 전 : ≪甲骨文合集≫ 5 제1기

4) 자 해 : [乙巳卜] : 乙巳일에 점을 쳤다.

[㱿貞] : 㱿 – 人名(1 – 3 참조). 貞 – 점쳐 묻다(1 – 1 참조).

[王大令] : 王 – 商王. 令 – 종의 모양과 사람이 꿇어 앉아 있는 모습을 합친 자. 옛날에 종을 치며 명령을 하달했던 예속이 글자의 배경이다. 갑골문에서 '명령하다' 또는 '지명'으로 쓰였다(徐中舒, 1990 – 1000). 大 – 정면으로 서있는 사람의 모습. '크다', '중대한'으로 인신되었다.

[衆人] : 衆 – 태양인 日자 아래에 세 사람이 모여있는 모양. 고대 중국인들은 3으로 많은 수를 나타냈다. 마치 隷書처럼 옆으로 퍼진 日자는 점차 血로, 3개의 人자는 豕로 와전되어 지금의 衆자를 이루었다. 衆 또는 衆人의 신분은 노예라는 의견이 있으나 商代의 일반백성이라는 견해가 지배적이다. 그들은 왕이나 귀족에 예속되어 있다(趙誠, 1988 – 163).

[曰] : 사람이 입을 벌려 말하는 모양으로 '말하다', 인명으로 쓰였다(徐中舒, 1990 – 498).

5) 해 설 :

同文例

甲骨片은 다르나 내용이 같은 경우를 同文例이라고 한다.

> [乙巳卜, 㱿貞] : 王大令衆人曰 : 劦(劦)田, 其受年。十一月(10 – 13).
> 乙巳일에 점을 치고 㱿가 묻습니다.
> 대왕께서 백성들에게 '협력하여 농사에 임하라'는 대명령을 내리면 풍성한 수확을 얻겠습니까? 11월에.

위 卜辭는 ≪合≫ 1번으로 5번인 본문과 내용이 같은 同文例이다. 이 예문을 통하여 본문에 脫字된 '乙巳卜'와 '劦田, 其'를 보완했다.

2-5

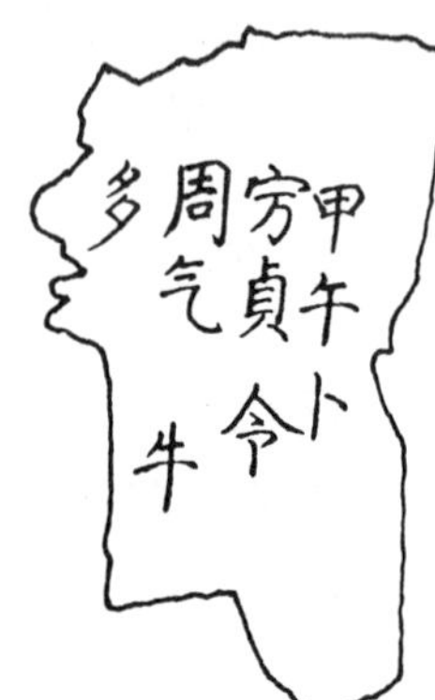

1. 4884

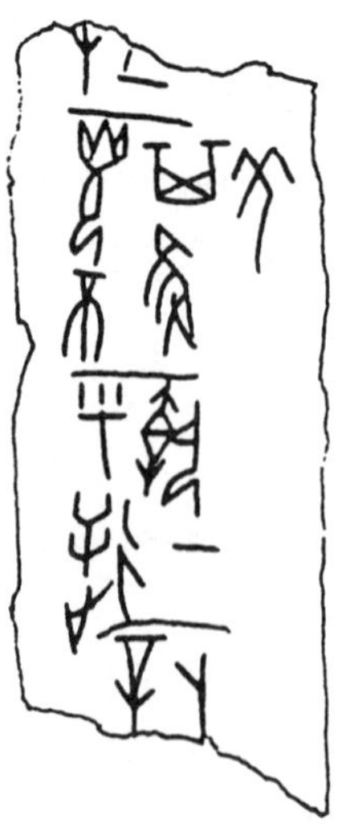
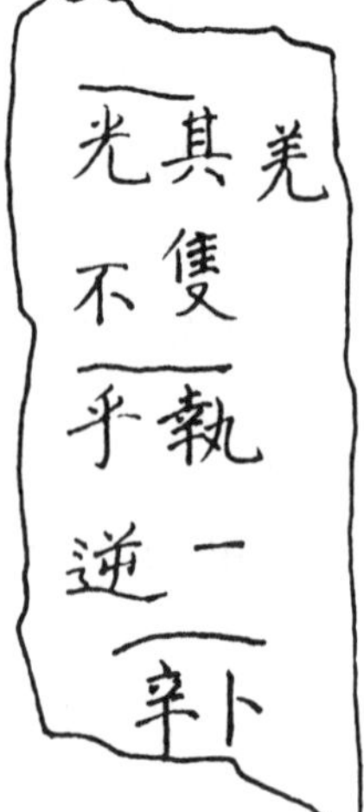

2. 185

2. 제5편

1) 본 문 : 1. **甲午卜, 穷貞 : 令周气牛, 多〼。**

2. **乎(呼)逆執。**

光不其隻(獲)羌。

2) 한 역 : 1. **甲午일에 점을 치고, 穷이 묻습니다 : 周侯로 하여금 소를… 구해오도록 명령할까요? 多….**

2. **逆에게 잡으라고 명할까요?**

光은 羌人들을 잡지 못할까요?

3) 출 전 : ≪甲骨文合集≫ 1. 4884 제1기 2. 185 제1기

4) 자 해 : **[令周气牛]** : 令 – 명령을 내리다(2 – 4 참조). 周 – 밭 고랑이 정연한 농토에 농작물이 자라나는 것을 그려 '농사 짓다'를 표현했다. 「周人」은 곧 農人과 통한다. 周代의 시조 古公亶父가 周原으로 천도하여 周의 건국을 선포했다는 뜻으로 입口를 붙였다(徐中舒, 1990 – 94). 气 – 기류가 유동하는 모양, 가운데 획을 짧게 하여 숫자 三의 자형과 혼동을 막았다. 至·盡·迄·氣와 같은 뜻이 있다(徐中舒, 1990 – 38).

[多] : 고기덩이를 쌓아둔 모양. 인명·지명으로 쓰였다(3 – 7 참조).

[乎(呼)逆執] : 乎 – 소리가 퍼져 나아가는 모양으로 呼의 초문, 소리를 지르다·명령하다·소환하다라는 뜻(馬如森, 1993 – 399). 逆 – 사람(大)이 밖에서 들어오는 모양, 인명(6 – 8 참조). 執 – '체포한다'는 뜻(6 – 8 참조).

[光不其隻(獲)羌] : 光 – 사람이 꿇어앉아 처럼 머리 위에 불(火)을 이고 있는 모양인데 火는 등기구를 뜻한다. 방국명·인명으로 쓰였다(趙誠, 1993 – 181). 不 – 씨방 모양. 否定副詞로 가차되었다(3 – 5 참조). 其 – 강조부사. 隻(獲) – 손(又)과 새(隹)가 합쳐진 자. '손으로 새를 잡는다'는 뜻에서 '획득하다'·'포획하다'가 되었다(徐中舒, 1990 – 390). 羌 – 사람의 머리 위에 양 뿔을 장식한 모양. 商族과 적대관계에 있던 方國.이다.

5) 해 설 :

상대의 燈

2 – 6편 참조

2-6

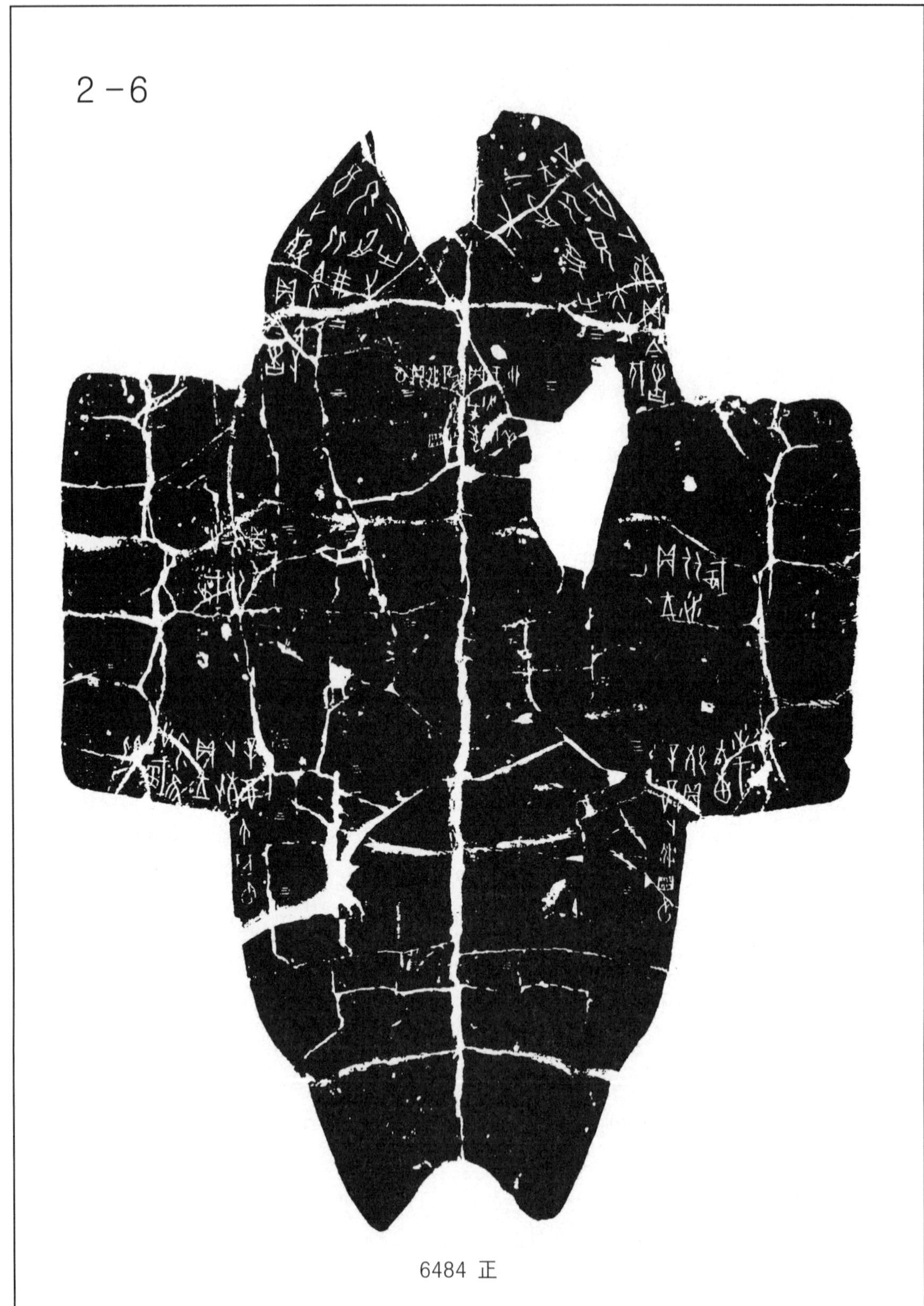

6484 正

2. 제6편

1) 본 문 : **辛酉卜, 㱿貞：今𣥚王比望乘伐下危受㞢(有)又(祐)。**

辛酉卜, 㱿貞：今𣥚[王]勿比望乘伐下危, 弗[其受]㞢又。

貞：王比沚戛。

貞：王勿比沚戛。

2) 한 역 : **辛酉일에 점을 치고, 㱿이 묻습니다 : 이번에 대왕께서 望乘과 연합해 下危를 치면 신의 가호가 있을까요?**

辛酉일에 점을 치고, 㱿이 묻습니다 : 이번에 대왕께서 望乘과 연합해 下危를 치지 않으면 신의 가호를 받지 못할까요?

묻습니다 : 대왕은 沚戛과 연합할까요?

묻습니다 : 대왕은 沚戛과 연합하지 말까요?

3) 출 전 : ≪甲骨文合集≫ 6484 正　제1기

4) 자 해 : **[辛酉卜, 㱿貞]** : 辛酉 - 干支紀日에 의한 辛酉일. 卜 - 귀판을 불로 지진 뒤에 생긴 파열 紋. '점을 치다'로 쓰였다. **㱿** - 손에 채를 잡고 북을 치는 모양. 本義는 '북을 치다'는 뜻인데 인명으로 쓰였다. 제 1기 貞人 이름. 'que' 또는 'ke' 등으로 발음하며 殼의 본자이다(徐中舒, 1990 - 324).

[今者] : 今 - 지금. 者(𣥚) - 시간사 뒤의 조사(2 - 13 참조).

[王比望乘下危] : 王 - 상왕. 제1기 字形. 比 - 두 사람이 나란히 선 모양. '인솔하다', '연합하다' 从과 혼용한다(14 - 12 참조). 望 - 눈을 들어 멀리 바라보는 모양. 乘 - 나무 위에 사람이 올라가 있는 모양. '오르다'로 쓰였다. 望乘 - 장군 이름. 望方의 乘이라는 이름의 수령(5 - 7 참조).

[受㞢又] : 受 - 가운데 물건을 놓고 위아래에서 두 손으로 주고받는 모양. '받다'. 㞢 - 有의 제1기 字形. 있다. 又 - 오른 손의 모양. 祐의 초문. 신의 가호로 受有祐이다(10 - 10 참조).

[王勿比沚戛(戜)] : 王 - 상왕. 勿 - 부정부사. 比 - '인솔하다', '연합하다'. 沚 - 발가락(止) 사이로 물이 흐르는 모양. 방국명. 戛 - 무기에 머리가 매달려 있는 모양인 戛으로 고대에는 目으로 머리를 함축적으로 표현했다(5 - 7 참조). 戛(알)로 보며(裘錫圭), ≪說文≫에는 聝(괵), 그외에도 馘(괵) 등으로 쓴다. 沚戛 - 장군 이름. 沚方의 戛이라는 이름의 수령. 이하 戛로 통일한다.

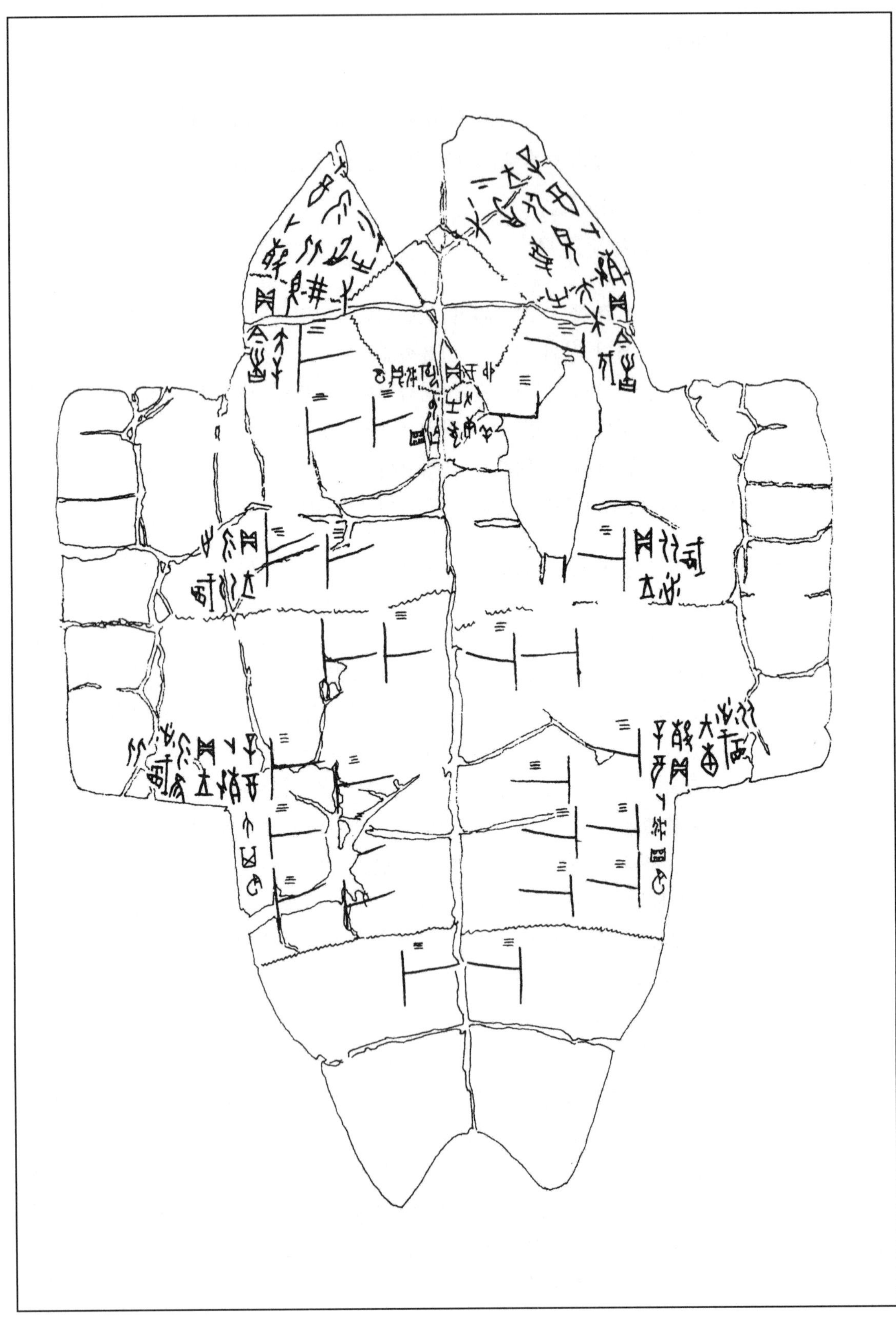

5) 해 설 :

成套卜辭

본 편은 활달한 기상을 보여주는 대형 腹甲으로 商왕실이 방국 下危를 정벌하는 내용을 담았다. 장군 望乘과 연합해야 할지 아니면 장군 沚戛과 연합해야 할지 점친 것이다. ≪合集≫ 6482편에서 6483 · 6484 · 6485 · 6486까지 5판은 31cm에 달한 대형 龜腹甲에 동일한 내용을 다섯 번이나 연속적으로 물었고, 그 외에도 비슷한 내용을 여러 차례 묻고 있어(5－7 참조) 사안이 매우 중대했음을 알 수 있다.

본 편은 3번째 판이다. 이처럼 동일 사건을 각기 다른 龜版에 새기고 일련번호로 차례를 나타낸 복사를 成套卜辭라고 한다. 成套卜辭는 훼손된 卜辭를 복원시킬 수 있는 근거가 된다. 본편은 6485편을 근거로 손상된 首左甲을 보완하였다.

商代의 燈－光

갑골문 𤎫(光)자는 꿇어 앉은 사람이 머리 위에 불(火)을 이고 있는 모양이다. 이는 고대에 야간작업시 노복으로 하여금 그릇에 불을 담아 머리에 이고 있게 한 관습을 반영한다. 漢代의 유물 중 머리에 등을 이고 있는 노복상의 도기 등받침이 발견되어 이를 증명해 주었다.

商代에 등기구는 거의 발견되지 않았는데, 이는 야간활동은 극소수의 귀족에게만 한정되어 특수 조명 등을 만들기 보다 豆(dou)같은 용기를 잠시 대용했기 때문이다. 등(燈)을 일컬은 ‘deng’이라는 중국어에는 豆(dou)자를 빌려 쓴 과정에서 자음의 영향을 받았을 것으로 추정하고 있다. 점차 火에 登을 성부로 한 燈이라는 형성자를 만들어 쓰게 되었다. 현대에는 다시 灯으로 간화되었다.

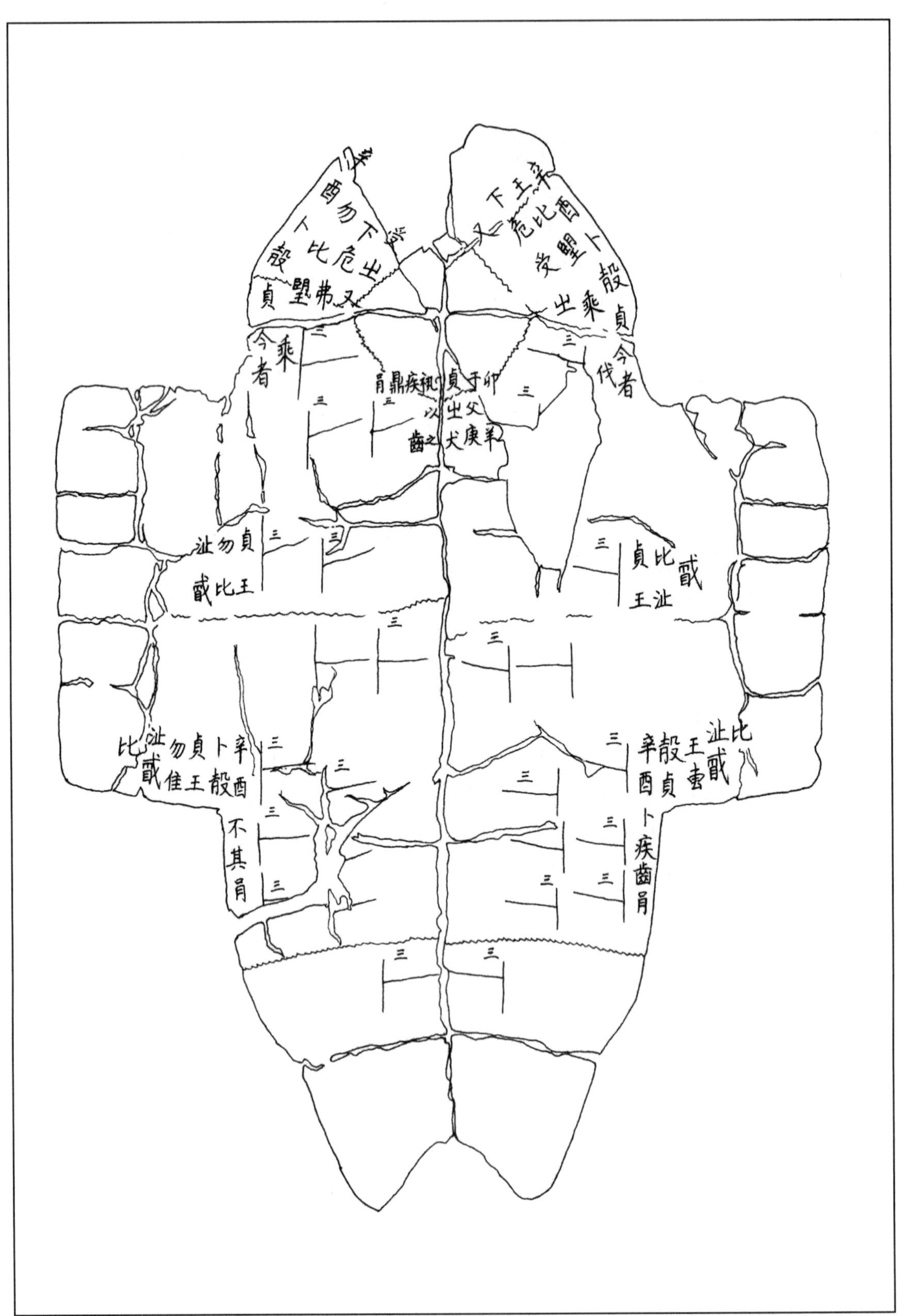

商代人의 사회신분

商代 노예제의 지속적인 발전은 상왕조의 국가기구와 상왕의 권력이 극대화 되는데 크게 기여하였다. 상왕조라는 거대한 국가기구는 관료기구·군대·감옥으로 대별하며 사람들을 그에 알맞은 사회신분으로 구분하였다(王宇信, 1990－447).

商王 : 상대의 최고 권력자로 노예주 귀족으로 '余一人'으로 지칭했다.

官吏 : 內服官吏로는 臣正·武官·史官이 있다.
- 臣正 : 小臣·小丘臣·多臣 등 20여 명
- 武官 : 馬·豆·射·多射·韋·多犬·五族戌 등 17명
- 史官 : 尹·多尹·作冊·史·北史·卿事·丈史·上史 등 24명이 있다.

外服官吏로는 侯(30여명)·伯(40여명)·男(4명)·任(15명)·甸·韋 등이 있다.

諸婦 : 婦好·婦姘·婦光·婦姓·婦娘·婦果 등 60여명에 이른다.
諸子 : 子·子央·子漁·多子族 등 20여명에 이른다.

農業生産者 : 衆·衆人·邑人

특수 奴隷 : 仆·羌·工·屯·垂·芻 등
女奴隷 : 奴·婢·及·奚·系·姜
女·妻·小女·小母·妾(妻, 妾은 귀족여인을 칭하기도 하였다.)

2 -7

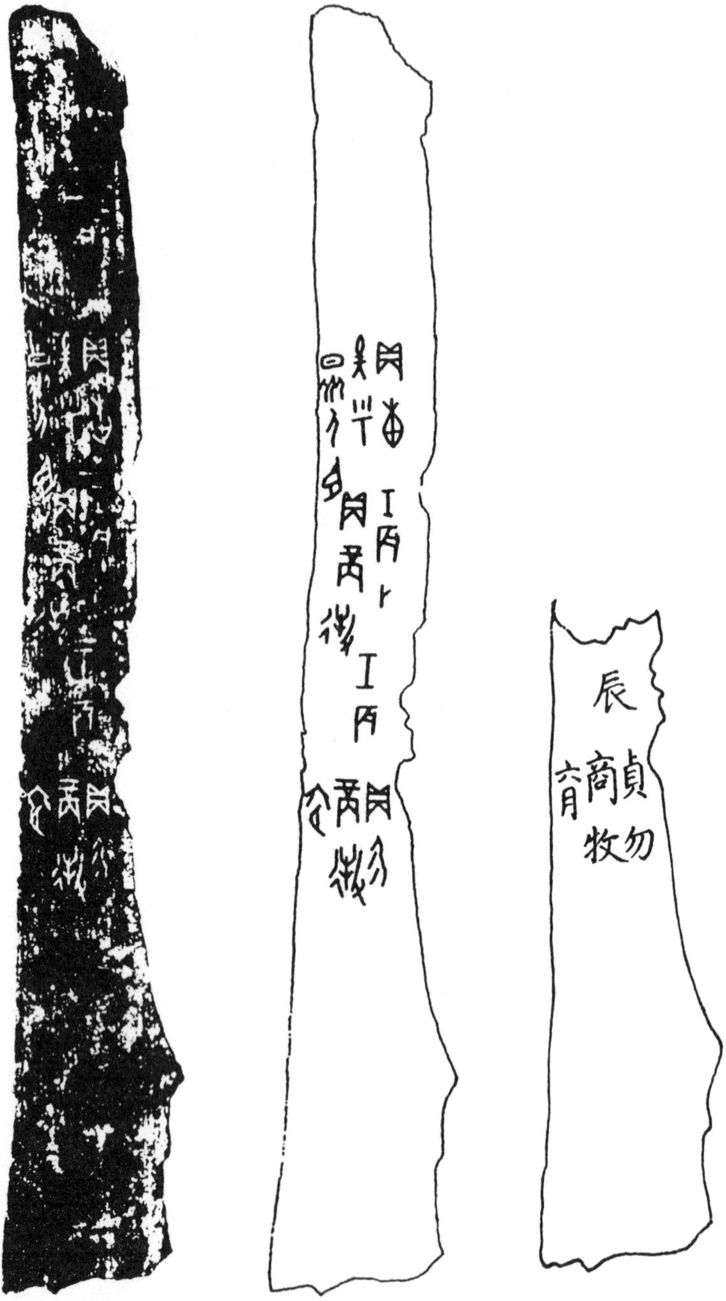

5597

2. 제7편

1) 본 문 : **貞 : 勿商牧。六月。**

2) 한 역 : **묻습니다 : 牧에게 賞을 주지 말까요? 6월에.**

3) 출 전 : ≪甲骨文合集≫ 5597 제1기

4) 자 해 : **[貞]** : 점쳐 묻다.

[勿商牧] : 勿－勿에 대한 풀이는 다양하다. 활시위가 떠는 모양(徐中舒, 1990－1043), 가래(耒)로 흙을 파는 모양. 또는 구름의 색깔, 物色이라는 物의 초문, 發의 초문(裘錫圭, 1992－70), 점차 소로 땅을 파는 犂, 耕의 모양과 혼용해 모두 勿로 보는 (態國英, 2006－230) 등 다양한 풀이가 있다. 갑골문에서는 不·弗·亡 등과 함께 부정사로 쓰였다. 商－商왕조를 商이라 불렀던 것에 근거해 商자를 종묘사직의 건물로 보고(許進雄, 1995－185), 또 물통의 굽, 술통의 주둥이 모양(劉興隆, 1993－117), 奏商이라는 卜辭에 근거해 관현악기(姚孝遂, 1985－15)라는 풀이가 있으나 일치된 의견을 얻지 못하고 있다. 종족명·방국명·인명·지명으로 쓰였다. 점차 '상을 주다'는 賞, 賜의 의미로도 쓰였고 商代 金文에서는 아래에 貝를 붙였다. 牧－손에 막대기를 들고 소나 양을 부리는 모양으로 本義는 '방목하다'. 갑골문에서 방목·관명·지명으로 쓰였고 본 편에서는 인명이다(徐中舒, 1990－338).

[六月] : 6월이다.

5) 해 설 :

商字의 활용

商族은 夏를 정벌한 뒤에 국호를 「商」이라 하였다. 商자는 갑골문에서 다양하게 활용되었다. 자신들의 王都를 「大邑商」·「中商」이라고 하였고, 方國 중에는 「商方」이 있는가 하면, 「在商貞」·「王入于商」과 같은 지명이 있다. 인명으로도 쓰여 「子商」이라는 왕자 이름도 보인다. 또 본 편에서와 같이 '賞을 주다'는 의미로 「商」을 썼다가 점차 아래 貝를 붙였고 진시황 무렵에는 다시 尙자를 음으로 한 賞자로 정착되었다. 賞자의 변천사를 보자.

2-8

5576

2. 제8편

1) 본 문 : □小臣高□

2) 한 역 : 小臣이라는 관직에 있는 高。

3) 출 전 : ≪甲骨文合集≫ 5576正 제1기

4) 자 해 : [小臣高] : 小 - 작은 물체 셋을 그려 작음을 나타내었다(1 - 5 참조). 臣 - 눈을 세워 그린 모양. 신하가 고개를 숙인 채 눈을 치켜 뜨고 왕을 본다는 의미이다. 갑골문의 小臣은 후대의 大臣과 같이 매우 '높은 관직'이었다(徐中舒, 1990 - 321). 高 - 높은 축대 위에 세워진 건축물의 모양으로 자형에서 그 형체를 엿볼 수 있다. '높다'는 뜻으로 인신되었고 여기서는 인명으로 쓰였다(趙誠, 1988 - 104).

5) 해 설 : 갑골문으로 ≪說文≫ 중 자형의 착오를 바로 잡은 몇 가지를 보자.

· 小 : ≪說文≫에서 「从八丨見而八分之.」라고 설명하였다.
갑골문은 모래알 같은 작은 점 세 개를 모아놓은 모양이다.

· 乳 : ≪說文≫에 「人及鳥生子曰乳. 獸曰產. 從孚乙. 會意. 乙者玄鳥…」
갑골문은 꿇어앉은 여인이 아이에게 젖먹이는 모양이다(20 - 9 참조).

· 沈 : ≪說文≫에 「陵上滈也. 从水, 冘聲」이라 했다.
갑골문은 소를 물 속에 빠뜨린 모양이다(4 - 10 참조).

· 得 : ≪說文≫에 「行有所得也. 从貝寸(上下) 聲」이다.
갑골문은 큰 길(行, 彳)에서 조개(貝)를 줍는 모양이다.

· 不 : ≪說文≫에 「鳥飛上翔不下來也.」라고 하였다.
갑골문에서는 꽃받침 모양으로 풀이한다.

· 爲 : ≪說文≫에 「母猴也. 其爲禽好爪, 下腹爲母猴形.」이라고 했다.
갑골문은 손으로 코끼리를 부리는 모양이다(17 - 1 참조).

· 東 : ≪說文≫에 「動也. 从木. 从日在木中」이라고 하였다.
갑골문은 양끝을 묶은 자루(橐) 모양이다.

· 至 : ≪說文≫에 「鳥飛從高下至地也」라고 하였다.
갑골문은 화살이 땅에 꽂힌 모양이다.

· 之 : ≪說文≫에 「出也, 象艸過屮」이라고 하였다.
갑골문 之는 땅(一)에 발(止)을 두어 앞으로 나아가는 모양이다.

2-9

32980

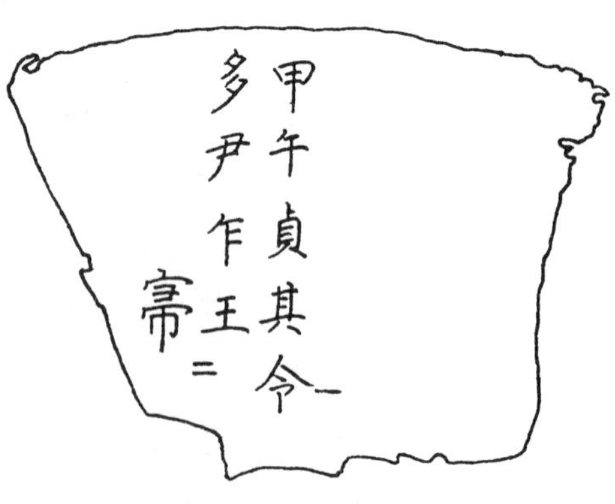

2. 제9편

1) 본 문 : **甲午, 貞 : 其令多尹作王寑。**

2) 한 역 : **甲午일에, 묻습니다 : 多尹에게 왕의 침소를 짓도록 명할까요?**

3) 출 전 : ≪甲骨文合集≫ 32980 제4기

4) 자 해 : **[甲午, 貞]** : 甲午 다음에 卜과 貞人의 이름이 생략된 前辭이다.

[其令多尹] : 其-삼태기 형태를 본뜬 자인데 점차 지시대명사로 가차되어 삼태기는 竹을 붙여 箕자로 만들었다. 其는 발어사 또는 응당·만약·장차 등의 의미로 뒤에 오는 어기를 강조한다. 뒤에 오는 '명령하다'는 동사 令을 강조한다(趙誠, 1988-296). 令-명하다(2-4 참조). 多-고기 두 덩어리를 처럼 쌓아둔 모양, 많다. 尹-손에 지휘봉을 들고 있는 모양으로 통치자의 권위를 상징한다. 本義는 권력이 있는 사람을 나타내며 갑골문에서는 관명·지명·인명으로 쓰였다. 多尹은 관직명이다(徐中舒, 1990-286).

[乍(作)王寑] : 乍(作)-옷을 만드는데 앞섶을 그린 모양으로 옷 만드는 일이 중대사였기 때문이다. 때로는 바늘 모양이 첨가되어 형을 이룬다. '짓다', '하다'의 뜻을 지닌 作의 初文이다(徐中舒, 1990-1386). 寑-집안에 빗자루(帚)를 처럼 세워둔 모양으로 빗자루는 부녀자를 뜻했다. 잠잘 때라야 비로소 집안을 치웠던 고대 관습에 따라 '침소'라는 뜻으로 쓰였고, 침상에서 잠을 자게 되면서 爿(장수장)을 붙여 寢자를 이루었다(17-12 참조).

5) 해 설 :

商王의 寢所

甲骨文으로 볼 때 寑은 상왕의 침소를 말하며, 상대에는 일상생활에서 아직 침상을 사용하지는 않았다. 상대에 王의 침소를 매우 중시했는데 商王의 침소는 대략 3급으로 나뉜다(丁山, 1988-101).

王寑 : 왕과 正妃의 거처.

燕寑 : 상왕이 여러 妃들과 지내는 거처(東寑·新寑이 포함된다).

小寑 : 왕의 시중을 드는 시녀들의 거처.

2-10

3250

2. 제10편

1) 본 문 : **丙子卜, 貞 : 多子其延學疫, 不遘大雨。**

2) 한 역 : **丙子일에 점을 치고, 묻습니다 : 여러 왕자들이 계속적으로 배우는데 큰 비를 만나지 않을까요?**

3) 출 전 : ≪甲骨文合集≫ 3250 제1기

4) 자 해 : **[丙子卜, 貞]** : 갑골복사의 첫단계인 前辭인데 貞人이름이 생략되었다.

[多子其彳止(延)學疫] : 多子 – 여러 왕자들. 其 – 강조부사. 征(延) – 彳과 止의 합체자로 거리를 '걸어가다' 또는 '계속 이어지다' · 제명 · 인명으로 쓰였다. 본 편에서는 이어지다 延으로 쓰임(趙誠, 1988 – 362). 學 – 爻, 宀, 臼가 합쳐진 자로 학교 또는 '가르치다', 인명으로도 쓰였다. 爻는 '본받다'는 뜻인 동시에 音을 나타내고, 宀는 배움의 장소이며 두손 모양인 臼는 배워 익힌다는 뜻을 준다. 教로도 쓰였다(梁東淑, 1998 – 107). 疫 – 원래는 질병과 관계있는 字이나 여기서는 확실하지 않다.

[不冓(遘)大雨] : 不 – 부정부사. 冓(遘) – 목재가 서로 교차하는 모양, 또는 물고기가 머리를 맞댄 모양으로 풀이하며, 本義는 '서로 만나다'라는 뜻이다. 遘(gou · 구)의 本字이다. 갑골문에서는 彳 또는 止가 첨가되는 매우 다양한 자형을 보이고 있다(于省吾, 1979 – 179). 大 – 정면으로 버티고 선 사람의 모양. '크다'는 뜻으로 인신됨. 雨 – 하늘에서 빗방울이 잇대어 떨어지는 모양으로 本義는 '비' 또는 동사로 쓰여 '비가 오다'이다(徐中舒, 1990 – 1240).

5) 해 설 :

前辭와 貞

「甲午卜, 賓貞 : 令周气牛」에서 「甲午卜, 賓貞」은 前辭로 점친 날짜와 貞人의 이름이고, 점복 내용인 「令周气牛」는 命辭이다. 때로 貞을 命辭에 연결시켜 「甲午卜, 賓 : 貞令周…」로 쓰기도 한다. 이때 「賓貞」 즉 「賓이 묻는다」고 하는 문장에서 주어와 동사가 분리되고 만다. 따라서 本書에서는 貞을 前辭에 연결시켰다. 그러나 2 – 12처럼 貞자만 나타날 때가 있는데 前辭의 핵심은 '占卜 날짜와 貞人 이름'이기 때문에 前辭의 생략으로 보아도 무방하다. 갑골문시대에 貞은 命辭에 속했지만 현재에는 제한을 두지 않고 있다.

2 – 11

6814

2. 제 11 편

1) 본 문 : **癸未卜, 爭貞 : 令[illegible]以多子族撲周, 叶(協)王事。**

2) 한 역 : **癸未일에 점을 치고, 爭이 묻습니다 : [illegible]에게 多子의 군대를 이끌고 周方을 진격하라고 명하면, 그들은 대왕의 이 일을 잘 완수할 수 있을까요?**

3) 출 전 : ≪甲骨文合集≫ 6814 제1기

4) 자 해 : **[癸未卜, 爭貞]** : 前辭로 癸未일에 점을 쳤고, 爭이 물었다.

[令[illegible]以多子族] : 令 – 명하다. [illegible] – 인명이다. 以 – 데려오다. 多子 – 왕자집단. 族 – 깃발 아래 화살이 있는 모양. 종족 군대를 뜻한다(3–6 참조).

[撲(璞)周] : 撲(璞) – 높은 산속에서 두 손에 막대(辛)를 들고 玉을 캐는 모양의 회의자로 璞(pu・박)의 本字이다. ≪尚書・堯典≫에 「撲作敎刑」라고 하였듯이 撲자의 오른쪽은 고대의 형구(辛)로 죄인을 치는 모양, 따라서 '討伐'의 의미이다(趙誠, 1988 – 330). 撲를 산에서 돌을 깨고 金과 玉을 캐는 모양으로 보아 寶의 초문으로도 본다. 周 – 商代의 제후국명.

[叶(協)王事] : 叶 – 자형은 알수 없으나 甾(치)・古・協・載 등 다양하게 고석한다. 의미는 協과 같다(徐中舒, 1990 – 1395). 事(史) – 손에 무기로 썼던 벌어진 나뭇가지를 들고 있는 모양으로 일을 한다는 뜻. 손에 필기도구를 들고 기록하는 史, 임무를 받고 파견된 使 등 일의 성질에 따라 의미가 분화되었다(徐中舒, 1990 – 316). 叶(協)王事 – 卜辭成語로 '왕의 업무를 수행하다'는 뜻. '叶朕事'・'叶我事' 등이 있다.

5) 해 설 :

史의 다양한 용례

인 명 : 癸未卜, 史貞. (≪存≫ 1.896) **계미일에 정인 史가 물었다.**

업 무 : 我弗其叶**王事.** (5480 **正**) **우리가 왕의 업무를 수행하지 못할까요?**

사 업 : 登衆人, 立大事于西. (≪林≫ 2.11.16) **많은 사람을 모집해 서방에서 큰 일에 임할까요?**

파 견 : 勿使人于兵. (5521) **兵에 사람을 파견하지 말까요?**

관 리 : 貞 : 北史有獲羌. (≪丙≫ 29) **北史는 羌人들을 잡을까요?**

2 -12

1. 8715

2. 26903

보충 20987

2. 제 12 편

1) 본 문 : 1. **貞 : □乙□勿□魚□**

□萬人。□般。

2. **□田省以衆。**

2) 한 역 : 1. **묻습니다 : … 물고기를 … 하지 못할까요?**

…… 일만 사람 …… 般

2. **농사일을 살피려는데 많은 사람을 데리고 갈까요?**

3) 출 전 : ≪甲骨文合集≫ 1. 8715 제1기 2. 26903 제3기 보충 30987

4) 자 해 : **[萬人]** : 萬 – 전갈의 모양, 숫자 일만으로 빌려 썼고 전갈을 위해 蠆자를 만들었다. 갑골문에서 일만일 때는 一과 萬의 처럼 合文으로 썼다. 전갈 모양이 萬자의 형체를 이루면서 아래가 복잡해진 것은 合文 중 一자의 영향이다(張秉權, 1975 – 360).

[般] : 손에 공구를 들고 기물을 제작하는 모양. 盤의 초문. 본 편에서는 정확한 뜻을 파악하기 어렵다(1 – 10 참조).

[田省以衆] : 田 – 농경생활로 정착하기 전에는 사냥터의 구획이었으나 점차 밭도랑 모양이라고 보고, 의미는 여전히 '사냥하다' 또는 '농사일'을 나타낸다(趙誠, 1993 – 81). 省 – 눈(目) 위에 ↓가 있는 모양으로 이는 순시할 때 바르게 직시해야 함을 나타낸다. 金文에서는 '生'을 넣은 자가 있어 갑골문 자형은 从目・生省聲일 가능성이 있다(徐中舒, 1990 – 379). 卜辭에서는 순찰(循)・순시・사냥・정벌 등의 의미로 쓰였다. 以 – 데려오다. 衆 – 商代의 일반인・일반대중(2 – 4 참조).

5) 해 설 :

갑골문 중의 최고 숫자 – 萬

본 편의 두 卜辭는 심한 파손으로 뜻이 온전하지 못하다. 그러나 萬여 명에 이른 사람이 거론됨에 따라 商代 사회의 민중 규모를 가늠할 수 있는 내용이다. 은 전갈 모양이고 는 전갈 모양 아래 '一'을 추가해 一萬을 나타냈다. 萬은 에서 발견한 것이다.

2-13

6540

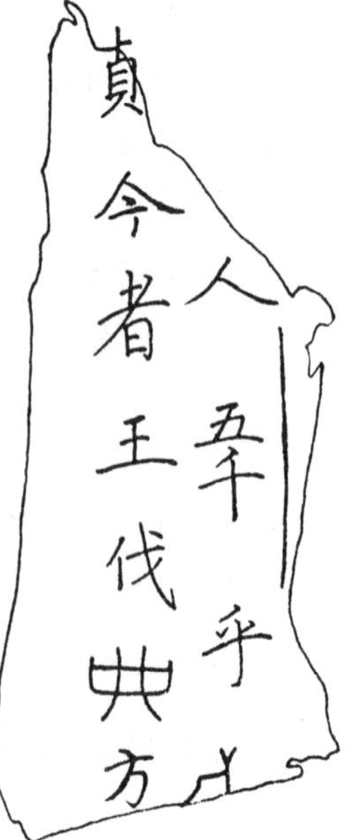

2. 제13편

1) 본 문 : **貞 : 今[甲骨字](者)王伐𢀛方□。**
[登]人五千乎(呼)族□。

2) 한 역 : **묻습니다 : 이번에 대왕은 𢀛方을 정벌해도 될까요?**
5천명을 [징집]하라고 族에게 명할까요?

3) 출 전 : ≪甲骨文合集≫ 6540 제1기

4) 자 해 : **[今[甲骨字](者)]** : 今－방울이 달린 종을 뒤집어 놓은 모양. 종을 치며 사람을 모아 놓고 일을 처리한 데서 유래되어 현재 · 지금 · 이 시간 등의 시간사로 쓰였다(徐中舒, 1990－547). [甲骨字](者)－갑골문 [甲骨字]자는 많은 학자들이 풀이 하였으나 공인을 얻지 못하였고 劉釗가 금문 자형에 의해 '者'로 보는데 의견이 모아지고 있다. 者는 앞에 '今'과 '來'를 동반해 '今者', '來者'로 사용되는데 문법적인 작용은 '시간사 뒤의 조사' 역할로 구체적인 의미는 없고 '이즈음', '장래'라는 뜻이며 대략 열흘 정도의 기간을 말한다(劉釗, 1986－232).

[王伐𢀛方] : 王－제 1기의 자형. 伐－무기로 사람의 목을 치는 모양. 정벌하다, 무찌르다(1－9 참조). 𢀛方－방국명

[(登)人五千呼族] : 人－사람의 측면 모양, 사람. ≪合≫ 6409에 의해 앞에 '登'이 있음을 보완할 수 있다(徐中舒, 1993－875). 五千－五와 千의 합문이다. 乎－명령하다. 族－깃발 아래 화살이 있는 모양, 종족 · 군대를 나타낸다.

5) 해 설 :

甲骨文 合文의 예

두세 글자를 한 글자로 합쳐 쓴 방법이다. 좁은 공간에 많은 글자를 쓰려할 때 上下, 大吉, 亡囚, 三萬 등은 합문으로 써서 효율적인 구조로 결합시켰다(전편, 8장 2절 참조). 본문 중의 五千은 바로 五와 千을 합쳐 쓴 合文이다.

上下 大吉 亡囚 三萬 五千

2 - 14

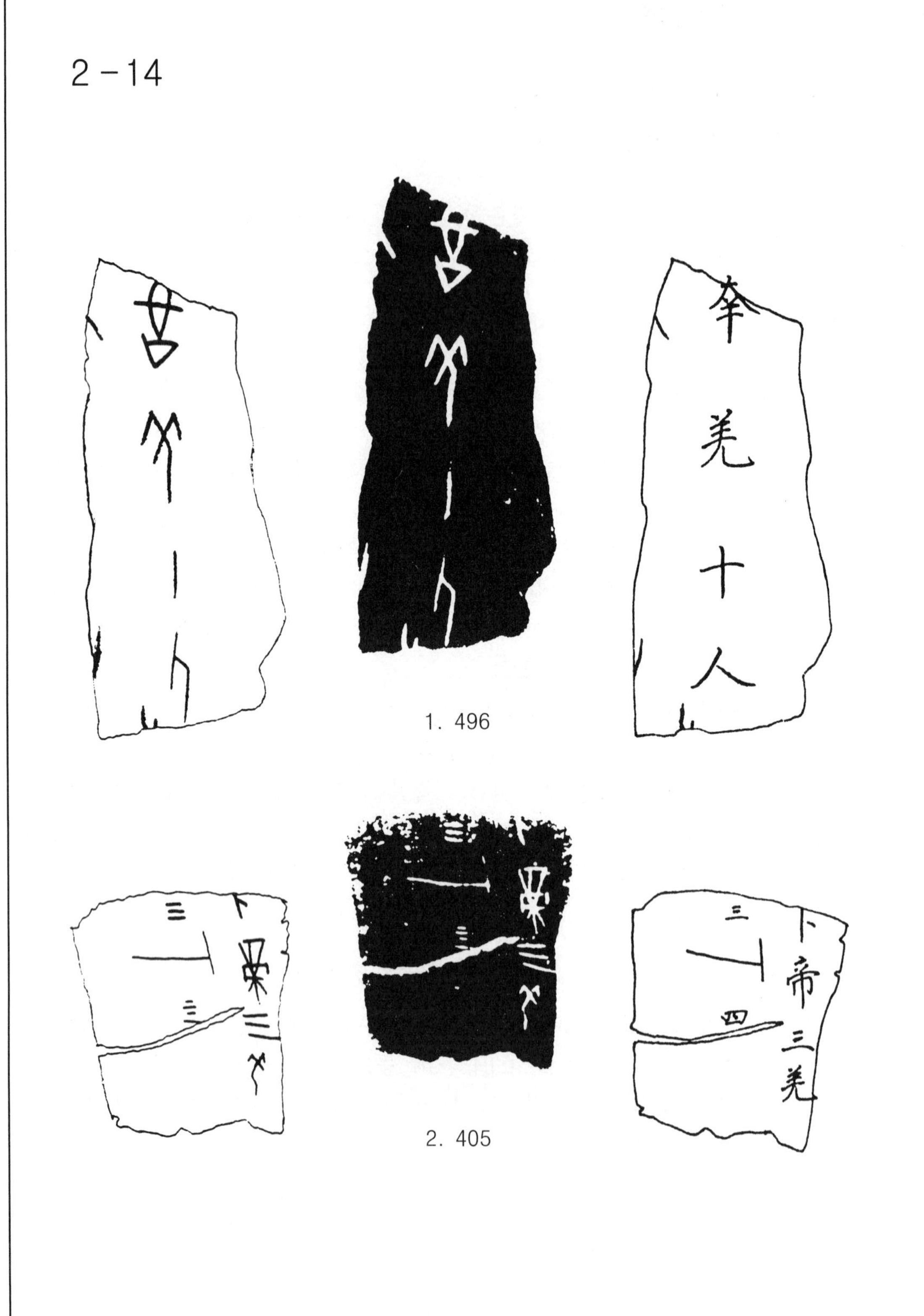

1. 496

2. 405

2. 제14편

1) 본 문 : 1. 執羌十人□

2. □卜 : 禘三羌。 三 四

2) 한 역 : 1. 羌人 열 사람을 잡을 수 있을까요?

2. 점을 칩니다 : 羌人 3사람을 제물로 드려 禘祭를 지낼까요? 3번째 물었다. 4번째 물었다.

3) 출 전 : ≪甲骨文合集≫ 1. 496 제1기 2. 405 제1기

4) 자 해 : **[執羌十人]** : 執(㚔) - 수갑 모양. 적군을 체포할 때 수갑을 사용해 '체포하다'로 인신되었다(6 - 8 참조). 羌 - 상대 최대 적국(1 - 9 참조).

[帝(禘)三羌] : 帝 - 자형은 [illegible] · [illegible] · [illegible] 등 3가지다. 禘(di · 체)의 초문. 제사명으로 쓰일 때는 마지막 자형인 [illegible]를 썼다(21 - 1 참조).

5) 해 설 :

갑골문 중의 量詞

甲骨文 중 명사의 수량을 셀 때 쓰는 量詞는 대략 8개 정도 나타난다. 商代의 정치 근간은 '제사'와 '전쟁'에 있다. 제사의 최고 제수품은 술이고, 전쟁에는 무기와 사람이 동원되며 포로를 잡아온다. 전공에 대한 상품은 조개였다. 모든 정치행위는 占卜의 결과에 따랐던 관계로 占卜의 주재료는 甲骨이다. 양사 수량이 많지는 않으나 모두 商代 社會현상을 대변한다.

· 卣 - 鬯五卣. (30815)	향주 5병
· 升 - 鬯二升一卣. (30973)	향주 2升과 또 한 병
· 丙 - 馬二丙. (21777)	말 2필
· 羌 - 翌甲寅 ··· 羌百羌. (32042)	羌人 100명을 드릴까요?
· 人 - 羌三人. (394)	羌人 3명
· 屯 - 尊示十屯一. (6527臼)	尊이 11쌍을 검시했다.
· 丰 - 玉十丰. <乙亥設>	옥 10꾸러미
· 朋 - 貝十朋. (≪甲≫ 777)	조개 10꾸러미

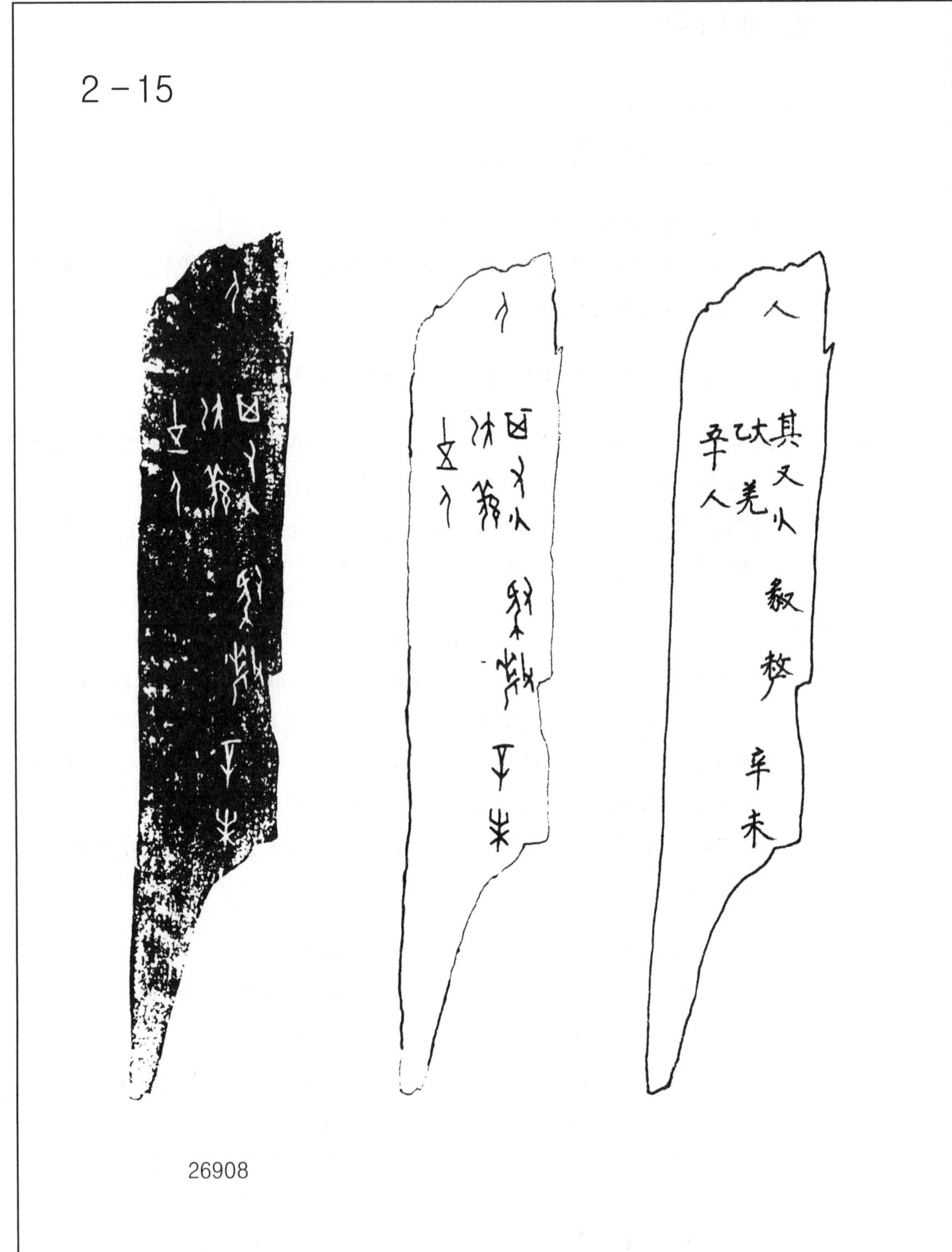
2-15
26908

2. 제15편

1) 본 문 : **其又(侑)彳大乙羌五十人。**

2) 한 역 : **大乙에게 羌人 50명을 드려 侑祭와 彳祭를 지낼까요?**

3) 출 전 : ≪甲骨文合集≫ 26908 제3기

4) 자 해 : **[其又(侑)彳大乙羌五十人]** : 其 – 강조부사. 又 – 오른 손의 모양. 일반적으로 左나 右 구별이 없이 썼으나, 左右가 병칭될 때만 '오른쪽'을 나타낸다(1 – 3 참조). 彳 – 제사명. 大乙 – 상대 개국의 祖 成唐, 大는 太로 읽는다(1 – 5 참조). 羌 – 羌人의 목을 포승해 끌고 가는 모양.
[五十] : 五와 十의 合文.

5) 해 설 :

甲骨文의 문장 구조

갑골문의 문장은 기본적으로 현대 중국어와 일맥상통하게 이어져 내려왔다. 갑골문에 출현하는 문자구조를 살펴 보면 다음과 같다(馬如森, 1993 – 70)(管燮初, 1953 – 7)

1. 주어 · 술어 구조
   王漁. (10475) 대왕은 고기를 잡는다.
2. 주어 · 술어 · 목적어 구조
   甲辰卜, 爭貞 : 我伐馬方. (6664正) 우리는 馬方을 정벌한다.
3. 목적어 · 전치 구조
   貞 : 勿唯土方征. (6442) 土方을 정벌하지 말까요?
4. 간접 · 직접 목적어 구조
   … 帝受我又(祐). (6543) 상체는 우리에게 가호를 내릴까요?
5. 연동식 구조
   王其往逐鹿獲. (10292) 왕은 나아가 노루를 쫓아가 잡다.
6. 겸어식 구조
   叀王令侯歸. (32929) 왕은 侯에게 돌아오라고 명하다.
7. 複句 구조
   土方征于我東鄙, 𢦏二邑 ; 土方亦侵我西鄙田. (6057正)
   모두 3개의 문장으로 구성되어 있고, 앞의 두 문장과 셋째 문장은 병렬관계이다.

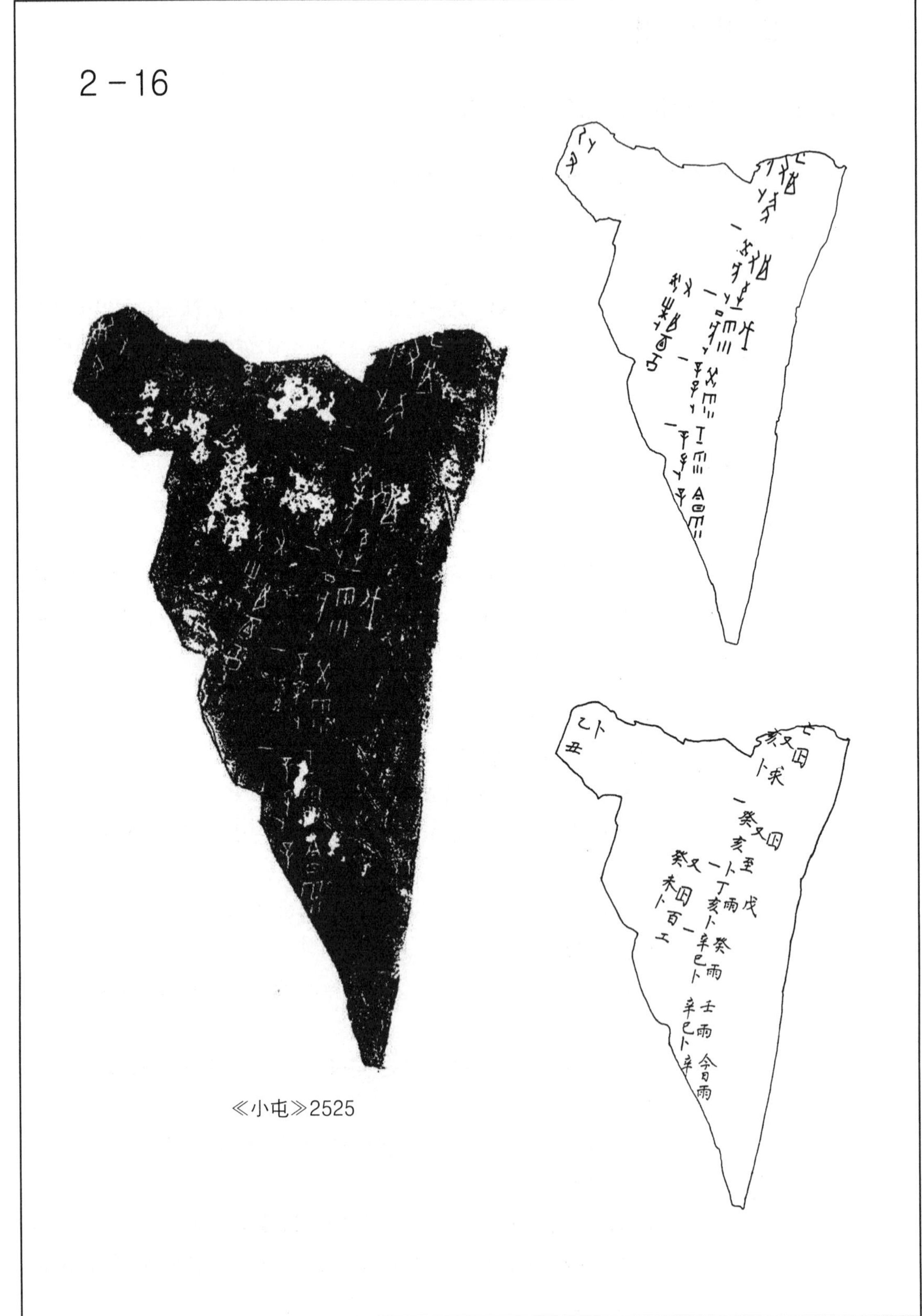

2-16

≪小屯≫2525

2. 제 16 편

1) 본 문 : **癸未卜 : 又(有)𡆥百工。**

2) 한 역 : **癸未일에 점을 칩니다 : 百工들은 재앙을 당하겠습니까?**

3) 출 전 : ≪小屯南地甲骨≫ 2525 제1기

4) 자 해 : **[癸未卜]** : 前辭에서 貞人 이름과 貞 자가 생략되었다.

[又(有)𡆥] : 又 – 오른손 모양이다. 여기서는 有無의 有로 쓰였다(1 – 3 참조). 𡆥 – 뼈 속에 금이 가 있는 모양. 제5기의 자형에는 犬을 합쳐 𡆥犬 형체를 나타낸다. 재앙・근심의 뜻이 있다. 胡厚宣・郭沫若은 禍(huo・화)로 보고, 于省吾(1981 – 232)는 咎(jiu・구)로, 裘錫圭(1992 – 105)는 憂(you・우)로 풀이하고 있다. 의미상으로는 재앙이나 근심거리라는 점에서 같으나 독음 상의 차이가 있다.

[百工] : 百 – 白은 사람의 얼굴 모양으로 侯伯의 伯으로 쓰였다. 음에 의해 흰 白(희다)을 빌려 썼고, 또 百(일백)으로 빌려 썼는데 일백은 구별부호 '一'를 붙여 百자를 만들었다(趙誠, 1988 – 107). 工 – 고대 악사나 무사들이 들었던 공구, 또는 무기의 손잡이로 보고 있다. 금문의 工과 흡사하여 工으로 풀이한다. 갑골문에서 工은 商王을 위해서 수공업에 종사하는 종족을 말하며, '工人' 또는 '만들다'는 뜻을 갖는다. 그들은 상왕에게 수공업품을 만들어 공납하기 때문에 '공납'의 의미도 있다. 百工은 商 왕실에 소속된 '장인집단'이다(徐中舒, 1990 – 493).

5) 해 설 :

주어의 도치 현상

상대 후기 273년간(273년은 동작빈의 연구결과이고 夏商周斷代工程 중의 연구결과 새로운 설은 254년간이다.) 쓰였던 갑골복사는 다섯 시기로 나누어 살펴보는데 제5기 卜辭에는 종종 주어를 술어 뒤에 두는 언어 관습이 있다.

본문은 「百工有𡆥」의 형식을 주어 百工을 술어 뒤로 도치시켜 「有𡆥百工」으로 나타내고 있다.

제 3 장

官　吏

官 吏

3,300년전 인구 대략 8백만으로 추산되는 거대한 商 왕조를 통치했던 商王은 神權을 이용해 王權을 행사하는 조직적인 관리체계를 확립하였다. 국가 체제는 크게 內服(中央官)과 外服(地方官)으로 대별되고 內服은 다시 執政官과 執事官으로 구분된다.

商王의 執政을 보좌하는 중요 관직을 尹이라 하였다. 특히 伊尹 · 師般 · 傅說 · 巫咸 등은 역대 상왕을 도왔던 전설적인 인물들이다.

執事官은 占卜이나 祭祀 · 軍事 · 農業 · 牧畜 · 手工業 · 宮室 업무 등 각종 전문 분야로 나누어 관장하였다. 外服에는 王畿 밖에 등급을 달리하여 분봉한 侯 · 伯 · 子 · 男 · 甸 등의 諸侯 수령들이 있어 왕실의 수비를 담당하였다.

3－1

5566

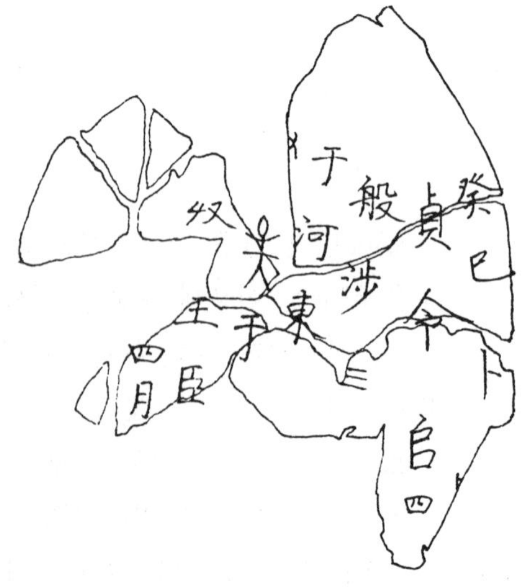

3. 제1편

1) 본 문 : **癸巳卜, [古]貞 : 令𠂤(師)盤涉于河東。四**

2) 한 역 : **癸巳일에 점을 치고, 古가 묻습니다 : 師盤에게 河의 동쪽으로 건너가라고 명령할까요? 네 번째 물었다.**

3) 출 전 : ≪甲骨文合集≫ 5566 제1기

4) 자 해 : **[癸巳卜, 古貞]** : 貞人 이름인 古자는 남은 흔적으로 미루어 복원했다.

[令𠂤(師)盤涉于河東] : 令 – 명령하다(2 – 4 참조). 𠂤 – 여로에 쉬고 있는 둔부와 구부러진 다리 모습. 또는 언덕바지나 구릉을 말하는데 제왕들은 홍수를 피해 높은데 거주했고 주위에는 군대가 수비해 군대로 인신되기도 하였다(徐中舒, 1990 – 1500). 자형은 좌우향방의 구별이 없다. 甲骨文은 𠂤는 군대 또는 군대가 주둔한다는 小篆 次자의 뜻으로 쓰였다. 師의 본자이다. 본 편에서는 인명. 盤(般) – 손에 기구를 들고 굽이 있는 쟁반을 만드는 모양으로 盤의 本字이다(2 – 12 참조). 쟁반의 모양이 舟와 흡사해 舟를 성부로 하는 형성자로 변했다. 인명. 涉 – 상하로 포개진 발 사이로 처럼 물이 흐르는 모양, '걸어서 물을 건너다'는 뜻이다(馬如森, 1993 – 573). 河 – 물水에 무기를 메고 가는 모양 을 聲符로 더한 형성자. 성부는 다시 音이 같은 可로 바뀌었다. 황하의 專稱으로 황하 神이다. 때로는 商代의 先公이름으로도 쓰였다(陳夢家, 1933 – 56). 東 – 자루(橐)에 물건을 넣고 양끝을 묶어 놓은 모양. 동녘東으로 빌려 썼다(14 – 3 참조).

5) 해 설 :

師盤

師盤은 武丁이 太子시절 민간에서 만난 학자다. 武丁의 숨은 포부를 이해하고 治國의 道를 가르쳤던 스승인 동시에 武丁이 재위에 오른 뒤 그를 보좌했던 大臣이다. 史書에서는 甘盤이라고 하였다.

본 편은 심하게 훼손되었으나 中甲의 일부가 남아 있어 腹甲의 前右甲임을 알 수 있다.

3-2

32790

3. 제2편

1) 본 문 : ☐又(侑)歲于伊☐

2) 한 역 : **점을 칩니다 : 伊尹에게 侑祭와 歲祭를 지낼까요?**

3) 출 전 : ≪甲骨文合集≫ 32790 제4기

4) 자 해 : **[☐☐卜]** : 干支가 잘려나가고 卜자의 꼬리만 남았다.

[又(侑)歲于伊☐] : 又(侑)－오른손의 모양. 본 편에서는 侑祭로 쓰였다. 제사명(1－3 참조). 歲－무기의 모양, 예리한 칼로 제물을 잘라드리는 제사로 劌(gui·귀)와 같다(14－1 참조). 于－시간·사람·장소를 나타내는 전치사, 접속사로도 쓰인다. 伊－人과 尹의 합체자. 尹은 손에 지휘봉을 들고 있는 모양으로 관직·관리·인명으로 쓰였다(徐中舒, 1990－881).

5) 해 설 :

伊尹

伊尹은 湯王시대의 재상으로 尹·伊尹·黃尹이라고도 불리우는 상대 제1의 賢臣이다. 湯王의 妃가 시집올 때 데려온 노예 출신의 신하였으나 지략과 요리 솜씨가 뛰어나 湯의 측근에서 보좌하다가 우의정에 올랐고, 죽은 뒤에는 先王들과 동등한 예우를 받았다.

于의 접속사 역할

본 편은 전후 좌우가 잘린 牛骨이지만 字形이 활달하다. 于는 시간·사람·장소 앞에 놓이는 전치사로 쓰인 것이 일반적이나 때로는 접속사의 역할도 하였다(2－1 참조). 아래 예문을 보면 상왕이 缶·蜀 두 지역을 정벌할 것인지를 물었다. 于는 두 지역 사이를 대등하게 연결하는 접속사로 쓰였다.

> **丁卯卜, 殻貞 : 王敦缶于蜀. (6860. 6861)**
> **丁卯일에 점을 치고, 殻가 묻습니다 : 대왕은 缶지역과 蜀지역을 정벌할까요?**

3-3

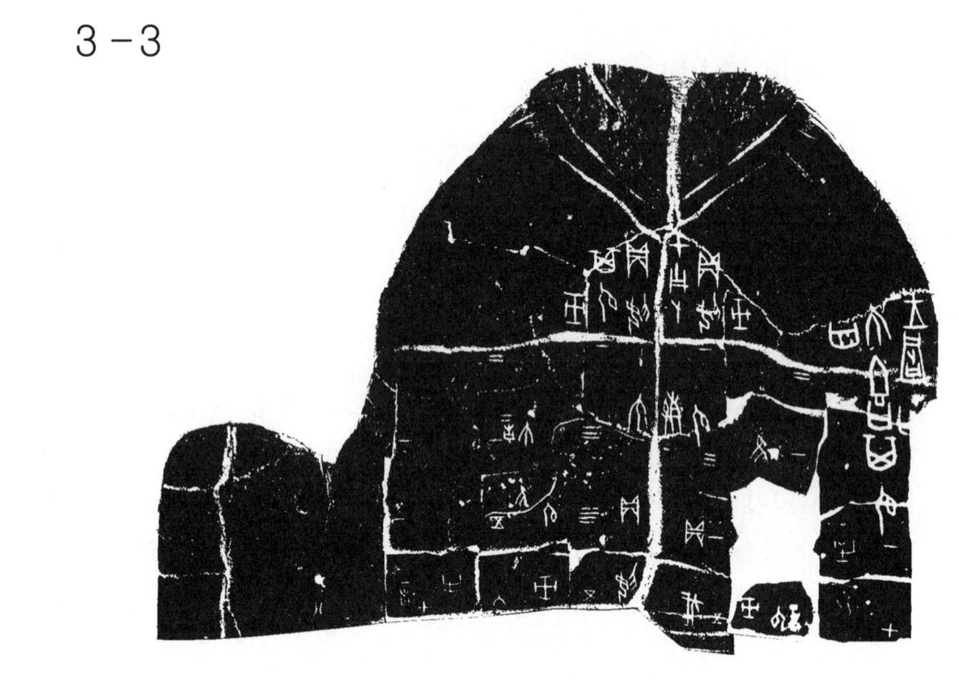

5658 正

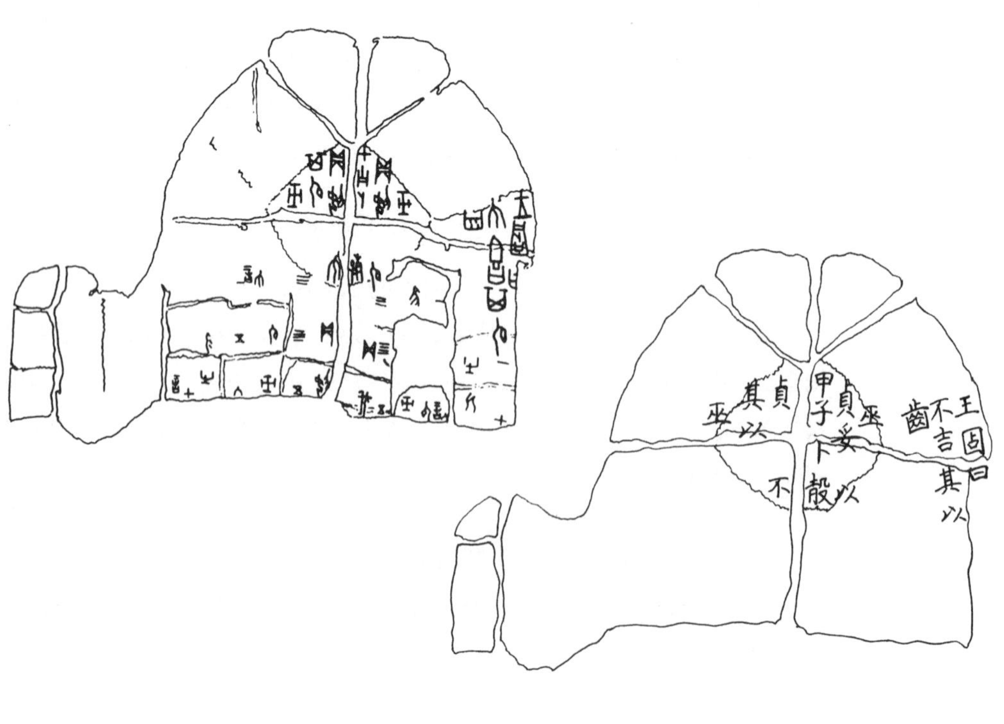

3. 제3편

1) 본 문 : **甲子卜, 𣪘貞 : 妥以巫。三**
貞 : 妥不其以巫。
王固[曰] : 不吉, 其以齒。

2) 한 역 : **甲子일에 점을 치고, 𣪘가 묻습니다 : 妥가 巫를 데려올까요? 3번째 물었다.**
묻습니다 : 妥가 巫를 데려오지 않을까요?
왕이 점친 결과를 보고 다음과 같이 판단했다 : 길하지 않겠다. 데려 오면 재앙이 있겠다.

3) 출 전 : ≪甲骨文合集≫ 5658 正 일부 제1기

4) 자 해 : **[妥以巫]** : 妥 – 손으로 여성을 꿇어 앉히는 모양. 저항이 거세지 않은 여성은 남성과 달리 손으로만 꿇어 앉혀도 된다고 여겨 '타당하다' 또는 인명으로 쓰임(徐中舒, 1990 – 1319). 以 – 데려오다(9 – 1 참조). 巫 – 두 사람이 잡고 춤추는 모양(于省吾, 1996 – 2909). 또는 巫人들이 쓰는 도구 모양이라는 풀이가 있으나 확실하지 않다. 상대 제사 대상인 神名 · 巫神 · 巫人으로 풀이된다.

[王固(繇)曰] : 固 – 점쳐 묻는다는 '占'(zhan · 점)과 같다. 점은 상왕의 중대사였기 때문에 □를 붙여 '**固**'이라고 하였고 후기에는 '乩'라고도 하였다(于省吾, 1996 – 2243). **固**은 점을 친 후 결과를 말하는 繇詞임으로 zhou(繇 · 요)로도 읽는다. 점친 결과는 왕이 판단하기 때문에 '王**固**曰'로 시작한다. '曰' 자는 잘렸으나 卜辭成語이기 때문에 복원이 가능하다.

[不吉] : 吉 – 윗부분은 갑골문 圭 자로 圭는 귀히 쓰이는 것이므로 길하다는 뜻을 가짐(蔡哲茂, 漢子硏究 – 1). 戈 · 斧 등 병기로 병기를 쓰지 않고 창고에 세워두니 '吉하다'로 인신되었다(陳初生, 2004 – 117).

[其以齒] : 其 – 강조부사로 '데려오다'는 동사 以를 강조함. 齒 – 상하로 돋아 나온 이의 모양, '치아' 또는 '재앙'으로 쓰임.

5) 해 설 :

王固曰

'王固曰'는 占辭를 이끄는 점복술어이다. 固은 관절이 붙은 뼈 모양인 呂를 意符로, 占을 聲符로 한 자형이며(李孝定, 1965 – 1112), 점친 뒤 卜자를 얻고 나서 길흉을 판단하는 말, 즉 繇詞를 말한다. 固은 또 占자를 써서 '王占曰' · '王乩曰'이라고도 한다. 子가 주관하는 非王卜辭에서는 '子占曰'라고 하였다.

3 -4

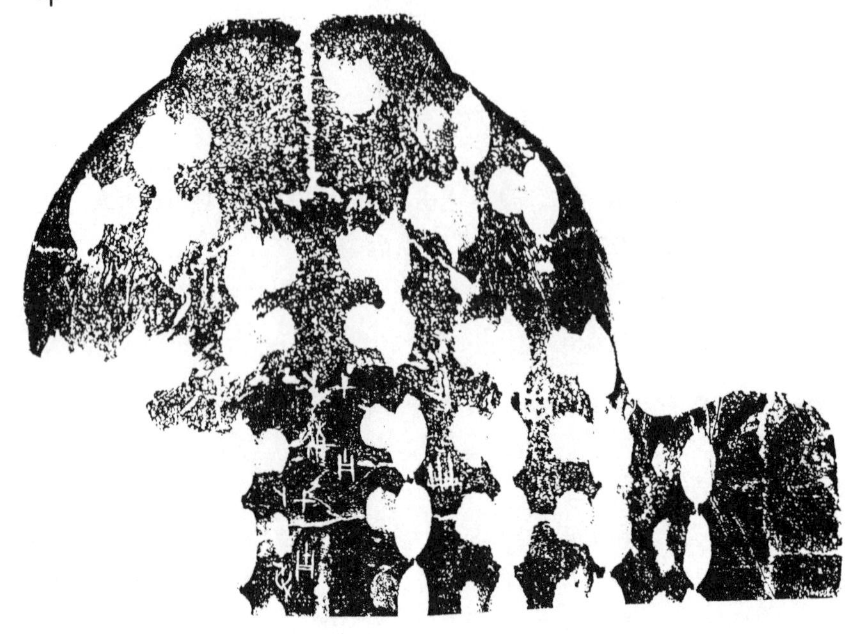

5658 反

作冊般甗

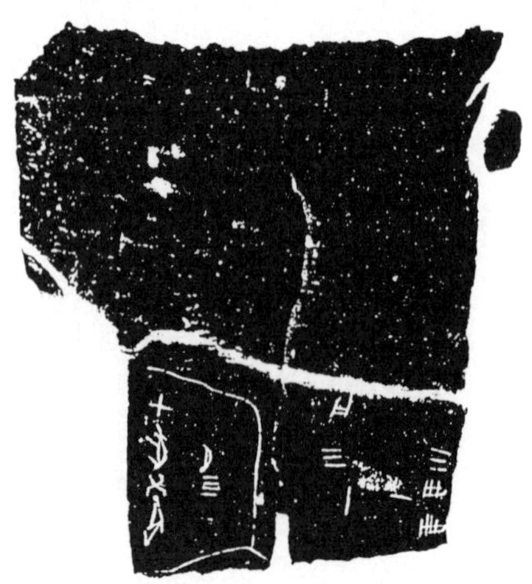

〈보충〉(乙) 452

3. 제 4 편

1) 본 문 : **乍(作)冊西。**

2) 한 역 : **作冊이라는 관직에 있는 西**

3) 출 전 : ≪甲骨文合集≫ 5658 反 제1기 보충 ≪乙≫ 4528

4) 자 해 : **[乍(作)冊西]** : 乍(作) – 옷의 앞섶을 꿰매는 모양. 때로는 실이 꿰인 바늘 모양도 첨가되었다. 바느질하는데서 引伸하여 '하다', '짓다', '일 하다' 등으로 쓰였다. 作의 초문(2 – 9 참조). 冊 – 길고 짧은 대나무를 엇섞어 가로를 두 줄로 엮은 모양. ≪乙≫ 4528에는 '三冊, 冊凡三'이라는 기록이 있다(徐中舒, 1990 – 200). 作冊 – 왕이나 왕실의 업무를 기록하는 사관. 관명. 西 – 西의 갑골문은 이다. 새 둥지, 바구니, 적장의 얼굴모양이라고 하나, 音에 의해 저녁 西로 빌려 썼고 본문에서는 인명이다(3 – 14 참조).

5) 해 설 :

作冊

作冊은 문헌에서 太史 · 內史로 칭해진다. 周公이 ≪尚書 · 多士≫에서 상대에 이미 서책이 있었음을 말해 주고 있다.

惟殷先人, 有冊有典。은의 조상에게는 서책과 전적이 있었다.

이 중의 冊典은 商王室의 제반 사건과 商王의 언행을 기록한 문헌이라고 할 수 있다. 상왕실에서 기록을 담당했던 史 · 祝 · 巫 · 作冊 등 관료들은 商代의 文化를 이끈 지식인들이었다.

商代의 <作冊般甗> 銘文을 보면 般이라고 하는 作冊官이 있었다.

王宜人方, 無矛夊(侮), 咸,
王賞作冊般貝,
用作父己尊 來冊。

대왕은 인방정벌을 위한 출병에 앞서 제당에서 宜祭를 드렸는데 착오 없이 진행되어 무사하게 일을 끝마쳤다.
대왕은 作冊관에 있는 般에게 상으로 조개를 내리셨다.
이를 기리기 위해 父己尊을 제작했다. 來가 씀.

3-5

5612

3. 제5편

1) 본 문 : **庚辰, 貞 : 不于多尹囚。**

2) 한 역 : **庚辰일에 묻습니다 : 多尹들에게 근심거리가 없겠지요?**

3) 출 전 : ≪甲骨文合集≫ 5612 제1기

4) 자 해 : **[庚辰, 貞]** : 前辭에서 卜자와 貞人 이름이 생략되었다.

[不于多尹囚] : 不－씨방 모양(徐中舒, 1990－1268), 풀뿌리 모양(趙誠, 1988－293) 등 견해가 있으나 갑골문에서는 부정부사로 가차되었다. 于－시간·장소 등에 붙이는 전치사. 多－고기 덩이를 쌓아놓은 모양으로 '많다'는 뜻으로 인신되었다(徐中舒, 1990－752). 尹－손에 지휘봉을 들고 있는 모양. 권위의 상징으로 갑골문에서는 관명·지명·인명으로 쓰였다. 囚－뼈에 금이 간 모양. 근심·걱정·재앙 등으로 풀이하며 咎(jiu)·禍(huo)·尤(yu)와 같은 뜻으로 본다(2－16 참조).

5) 해 설 :

叀(𢆶·惠)의 용법

1. 주어 앞에서 주어가 중점임을 강조한다.
   叀子漁登, 蒸于大示. (14831)
   子漁로 하여금 大示 先王들에게 登祭·蒸祭를 지내게 할까요?
2. 동사 앞에서 동사가 문장의 중점임을 강조한다.
   叀燎牛. (30784)
   불태워 드리는 燎방식으로 소를 드릴까요?
3. 목적어 앞에서 목적어가 문장의 중심임을 강조한다.
   叀羊妣己, 叀牛妣己. (21096)
   양을 妣己에게 드릴까요? 그렇지 않으면 소를 妣己에게 드릴까요?
4. 목적어를 전치시키는 역할을 한다.
   貞 : 叀師盤呼伐. (英686)
   묻습니다 : 師盤에게 정벌하도록 명할까요?
   叀가 없을 경우 '貞 : 呼師盤伐' 형식이 된다.

3-6

5622

3. 제6편

1) 본 문 : **丁未卜, 爭貞 : 令郭以㞢(右)族尹𠂇㞢(右)友。五月。**

2) 한 역 : **丁未일에 점을 치고, 爭이 묻습니다 : 郭에게 右族이 尹官을 데리고 오도록 명할까요? 5월에.**

3) 출 전 : ≪甲骨文合集≫ 5622 제1기

4) 자 해 : **[丁未卜, 爭貞]** : 완전하게 기록한 前辭이다.

[令郭] : 令 – 명하다 (2 – 4 참조). 郭 – 성곽의 모양. 인명 (17 – 3 참조).

[以㞢(右)族尹] : 以 – 사람이 손으로 ⺈처럼 물건을 드는 모양. 本義인 '들어올리다', '휴대하다'에서 점차 引申되어 '보내오다', '데려오다'로 쓰였다 (9 – 1 참조). 㞢 – 又의 제1기 자형으로 右와 같은 뜻이다. 族 – 깃발 아래 살상무기인 화살이 있는 모양으로 스스로 방위한다는 뜻이다. 族과 屬의 음이 비슷해 통용되기도 하였다. 고대사회에서 氏族은 군조직과 밀접해 '군사조직'으로 인신되었다. 卜辭에서는 三族·五族·右族 등과 같은 軍隊의 단위 명이다 (徐中舒, 1990 – 734). 右族尹 – 右族의 尹官.

[𠂇㞢友] : 𠂇 – 柲비로 풀이하고 毖로 읽는다 (裘錫圭, 1992 – 17). 전체의 뜻은 확실하지 않다.

[五月] : 오월.

5) 해 설 :

以와 氏의 용법

갑골문에서 以와 氏(致)는 문장 중의 용법이 완전히 동일하다. 가령 師組卜辭에서는 두자 모두 사용했고, 出組卜辭에서는 以를 歷組卜辭에서는 氏(致)를 사용했다 (師組·出組 등은 각각 貞人 師·出이 중심이 되어 활약했던 시기의 복사이다). 전체적으로 보면 한 자씩만 사용한 예가 절대 다수이어서 이들은 한 언어를 표현하는 두 가지 서체라고 할 수 있다. 이로 볼 때 상대 도성에서는 용법이 같은 常用語를 동시에 사용했다는 사실을 알 수 있다(裘錫圭, 1992 – 106).

본 편은 심하게 잘려있으나 탁본의 형태로 보아 龜腹甲의 오른쪽 꼬리 부분인 右尾甲임을 알 수 있다.

3-7

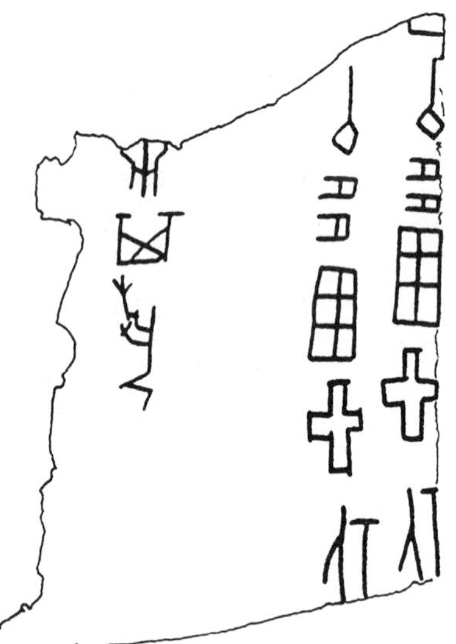

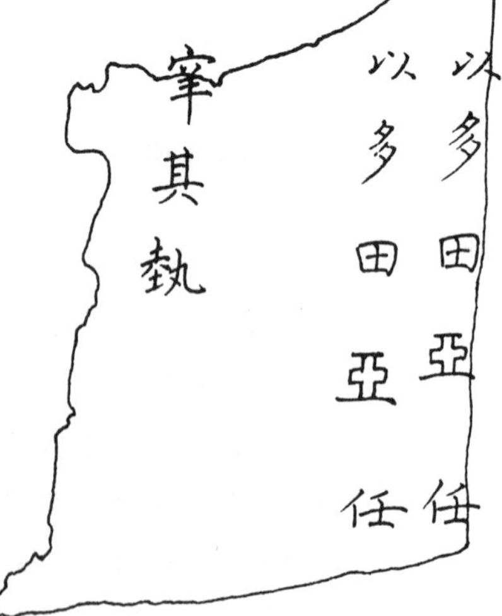

32992反

3. 제7편

1) 본 문 : **▨以多田, 亞, 任▨。**

2) 한 역 : **多田 · 多亞 · 多任을 데려올까요?**

3) 출 전 : ≪甲骨文合集≫ 32992 反 제4기

4) 자 해 : **[以多田]** : 以 - 데려오다. 多田 - 관명으로 多甸이다. 이들 관직은 商都 외곽을 수비하는 임무를 진다. 본 편에서 多田의 多는 뒤에 오는 亞와 任 중의 多를 겸하고 있다.

[多亞] : 多 - 두 개의 고기 덩어리를 포개놓은 모양으로 '많다'는 뜻이다. 인명 · 방국명 · 지명 · 관명(多亞 · 多尹)으로 쓰였다. 亞 - 상대의 무관. 왕의 출정 명령을 받으면 출병해야 하는 임무가 있다(17 - 11 참조).

[多任] : 任 - 人과 壬의 합체자. ≪說文≫에서는 从人壬聲이다. 任과 男은 고대 방국 수령으로 음이 비슷해 通用했다. 卜辭에서는 작위명인 侯 · 甸 · 男(任) · 衛 중의 하나이다. 人名으로도 쓰였다(徐中舒, 1990 - 889).

5) 해 설 :

갑골문 중의 명사술어문

갑골문에서 명사술어문의 구조는 매우 드문 현상이다. 其는 일반적으로 名詞述語 앞에 직접 출현하지 않아, 강조부사 唯를 동반하였다. 其唯는 술어 앞에 붙어 그 술어가 문장 중의 중점임을 표시하고 있다. 아래 복사에서 臣은 명사로서 술어 역할을 하는 보기 드문 명사술어문이다. 賓과 稱을 臣官으로 이관시키는 문제를 점친 내용이다.

己酉卜 : 亞賓其唯臣.
己酉卜 : 亞稱其唯臣. (23301)

己酉일에 묻습니다 :
亞관에 있는 賓은 臣이라는 관을 감당할 수 있을까요?
己酉일에 묻습니다 :
亞관에 있는 稱이 臣이라는 관을 감당할 수 있을까요?

3-8

1. 27882

2. 27883

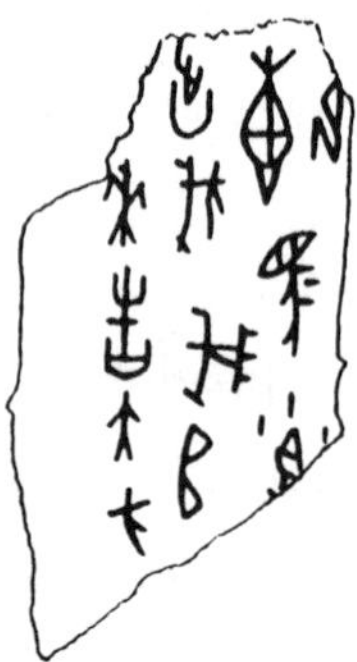

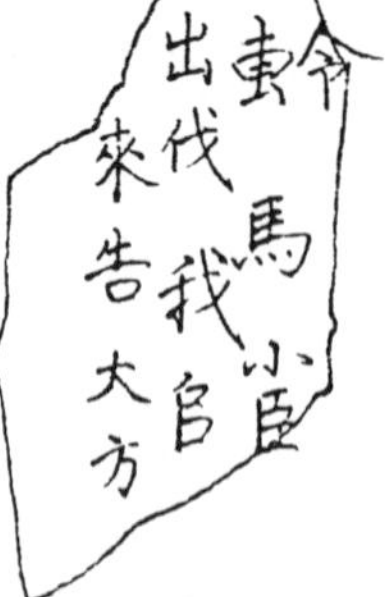

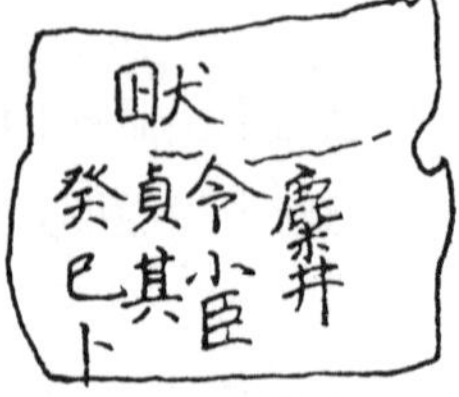

3. 제 8 편

1) 본 문 : 1. ☐來告 : 大方出伐我𠂤(師), 叀(惠)馬小臣令。

2. 癸巳卜, 貞 : 其令小臣陷。

𡆥犬。

2) 한 역 : 1. 大方이 출동해 우리 군사를 침략했다고 하는 보고하는데, 馬小臣에게 (무찌르게) 명할까요?

2. 癸巳일에 점을 치고 묻습니다 : 小臣陷에게 명할까요? 재앙이 있을까요?

3) 출 전 : ≪甲骨文合集≫ 1. 27882 2. 27883 제3기

4) 자 해 : [來告] : 來－보리의 잎 · 가지 · 뿌리 모양. '왕래하다', '오다', '돌아오다' 등으로 引申되었다. 告－고하다(1－8 참조).

[大方出伐我𠂤(師)叀(惠)馬小臣令] : 大方－방국명. 出－출동, 출병(4－14 참조). 伐－침략하다. 𠂤－師의 초문으로 군대. 我－무기모양. 商王, 商의 복수개념, 또는 동사로 '무찌르다'로 인신되었다(3－14 참조). 叀－강조부사 唯와 용법이 같으며 惠(hui)로 읽는다. 馬小臣－말을 관장하는 관리.

[其令小臣陷] : 其－강조부사. 令－명령하다. 陷－갑골문에는 사슴이 빠져 있는 , 고라니가 빠져있는 등 여러 자형이 있으나 모두 '陷'(xian · 함)으로 고석한다(于省吾, 1996－1711). 동물이 구덩이에 빠진다는 뜻으로 함정에 빠뜨려 지내는 제사 陷으로 인신되었고, 함정을 파서 잡는 사냥법 · 인명 · 지명 등으로 쓰였다. 본 편에서는 인명으로 쓰였다.

[𡆥犬] : 뼈 속에 금이 간 모양인 𡆥에 개의 모양이 첨가되어 있다. 용법이 𡆥과 완전히 같아 이체자로 본다(趙誠, 1988－281).

5) 해 설 :

叀와 𡆥자형의 변화

叀와 𡆥자는 전기와 후기의 자형이 다르다. 이로서 갑골의 斷代를 할 수 있는 근거가 된다.

- 叀 → 전기자형 　　　후기자형
- 𡆥 → 전기자형 𡆥　　　후기자형 𡆥犬

3-9

1. 5602

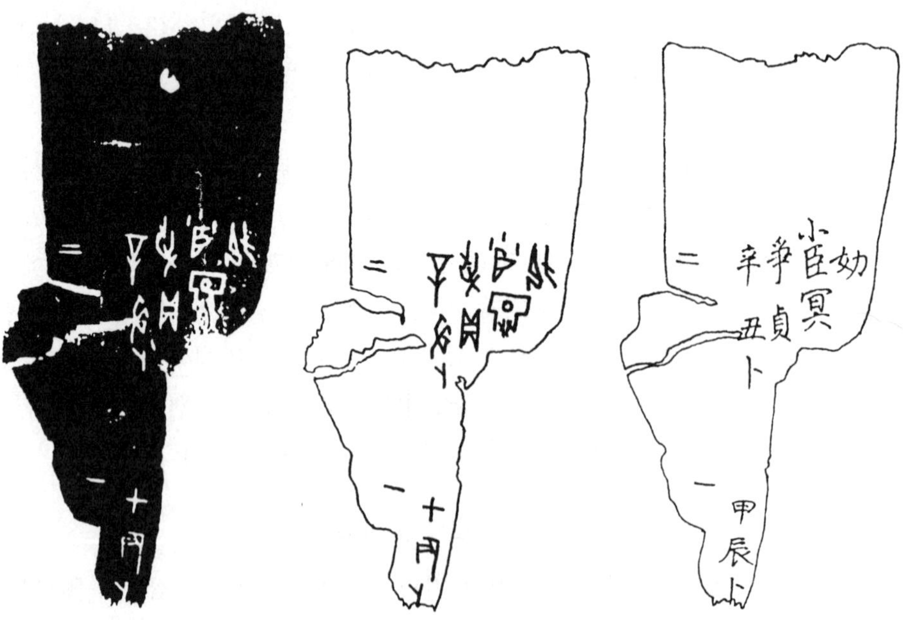

2. 14037

3. 제 9 편

1) 본 문 : 1. **小丘臣。**

2. **辛丑卜, 爭貞 : 小臣冥(娩), 妫(嘉)。**

2) 한 역 : 1. **丘를 관리하는 小臣.**

2. **辛丑일에 점을 치고, 爭이 묻습니다 : 小臣이 아이를 낳는데, 아들을 낳을까요?**

3) 출 전 : ≪甲骨文合集≫ 1. 5602 2. 14037 제1기

4) 자 해 : **[小臣]** : 小 – 작은 점 셋으로 작음을 나타냈다. 관명. 臣 – 고개를 숙인 채 눈만 들어 위를 쳐다보고 있는 모양(2 – 8 참조). 신하 臣으로 인신되었다. 丘 – 작은 산, 또는 혈거의 출입구 모양으로 보며 지명으로 쓰였다(7 – 2 참조). 丘商은 殷의 고도로 商·中商·大邑商 또는 商丘·商邱라고도 불린다.

[冥(娩)妫(嘉)] : 冥 – 갑골문은 처럼 두 손으로 아기를 받는 모양. 娩(mian·면)으로 쓰였다. (1 – 15 참조). 妫 – 女와 가래인 力의 합체자. 嘉(jia·가)로 읽고 '기쁘다'로 풀이한다. 출산에서 득남한 경우를 말하며 득녀했을 경우는 '不妫'이다(20 – 2 참조).

5) 해 설 :

상대의 小臣

상대 관직에 大臣은 없고 小臣이 있었다. 지위가 낮은 노예 출신으로 왕궁에서 일하다 왕에게 등용된 경우가 많아 小臣이라 명명되었지만 결코 낮은 관리가 아니었다. 小臣은 직책과 업무에 따라 높고 낮음이 있었고, 명칭을 보면 무슨 업무에 종사했는지를 알 수 있다. 小疾臣은 질병을 치료하고 小馬臣은 말을 관장하는 小臣이다. 이 경우 小臣 사이에 직책 관련 자를 넣었다(于省吾, 1981 – 309).

小臣 뒤에는 보통 '小臣中', '小臣口' 처럼 私名이 온다. 小臣中은 제 2기 祖庚시대의 貞人 中이며, 小臣口는 제 3기 廩辛시대의 貞人이었던 口이다. 多臣이나 諸臣은 다수의 小臣을 일컬으며 多食은 음식을 관장하는 여러 관리(30989)이다. 본 편 2번의 小臣은 여성이다.

3 - 10

5601 正

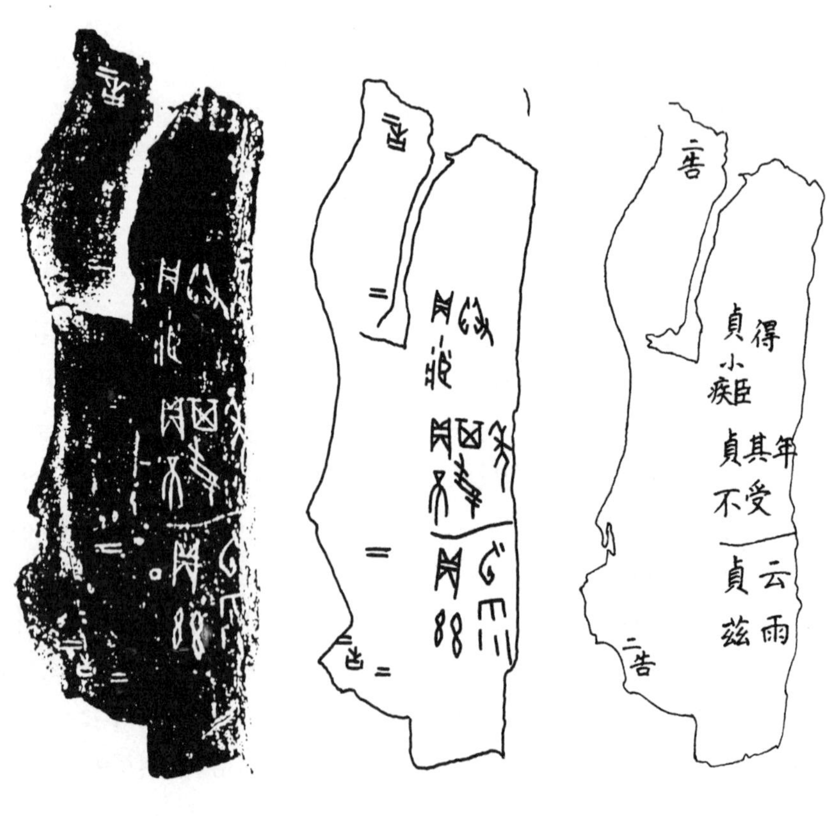

5600

3. 제10편

1) 본 문 : 1. [貞]：小疾臣不其得。
2. 貞：小疾臣得。一
貞：不其受年。
貞：丝(兹)旬雨。二

2) 한 역 : 1. 묻습니다 : 小疾臣이 얻지 못할까요?
2. 묻습니다 : 小疾臣이 얻을 수 있겠습니까? 첫 번째 물었다.
묻습니다 : 풍성한 수확을 얻지 못하겠습니까?
묻습니다 : 이번 열흘 동안 비가 오겠습니까? 두 번째 물었다.

3) 출 전 : ≪甲骨文合集≫ 1. 5601 正 2. 5600 제1기

4) 자 해 : **[小疾臣不其得]** : 小 – 작은 점 세 개를 찍어 '작다'는 뜻을 나타내었다. 疾臣 – 질병을 관장하는 小臣. 合文으로 썼다(19 – 8 참조).
[丝(兹)旬雨] : 丝(兹) – 此와 같다(1 – 13 참조). 旬 – 열흘(22 – 1 참조). 雨 – 비가 떨어지는 모양. '비가 오다', '비'로 쓰였다(2 – 10 참조).
[不其受年] : 不 – 씨방모양을 象形한 자. 부정부사로 가차 되었다. 其 – 강조부사(2 – 9 참조). 受 – 위아래에서 두 손으로 물건을 주고 받는 모양. '주다', '받다'는 뜻이 있었으나 '주다'는 授자로 분화되었다(10 – 10 참조). 年 – 사람이 벼를 지고 가는 모양. 곡물의 통칭인 禾와 같은 의미를 지녀 '受年'은 '풍성한 수확을 얻다'는 관용어로 쓰였다(15 – 10 참조).

5) 해 설 :

商代의 名臣

선진 문헌에 기록된 商代의 名臣은 대략 십여 명이다. 이들은 干支로 이름하지 않았고, 尹·保·巫 등 관직이나, 伊·衡·咸·賢 같이 單名으로 불려지기도 하였다(陳夢家, 1956 – 362).

成湯시대 – 伊尹·義伯·仲伯·仲虺.
大甲시대 – 保衡.
大戊시대 – 伊陟·臣扈·巫咸.
般庚이전 – 遲任(旨千).
祖乙시대 – 巫賢.
武丁시대 – 師盤(甘盤).
帝辛시대 – 祖伊.

3-11

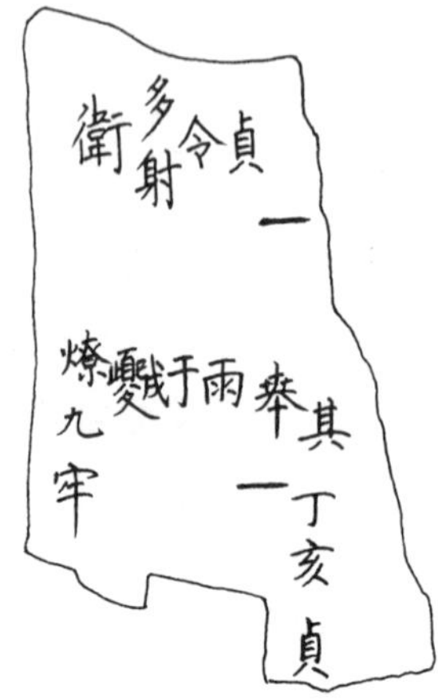

33001

보충 7570 反

3. 제11편

1) 본 문 : **貞 : 令多射衛。**

2) 한 역 : **묻습니다. : 多射에게 방위하도록 명할까요?**

3) 출 전 : ≪甲骨文合集≫ 33001 제4기 보충 7570反 제1기

4) 자 해 : **[令多射衛]** : 令 – 사람이 꿇어앉아 명령을 받는 모양. '명령하다'로 쓰였다. 多 – 고기 덩이를 두 개 포개놓은 모양으로 많음을 나타냈다. 射 – 활에 화살을 걸어 쏘는 모양. 때로는 활을 쏜다는 뜻으로 손(又)을 붙였다. 후대로 오면서 활(弓)을 身으로 오인하였다(3 – 16 참조). 多射 – 관명. 衛 – 매우 다양한 이체 현상을 보인다. 처음에는 거리를 나타내는 行과 걸어나가는 발(止), 그리고 지역을 나타내는 方이 합쳐진 형체이다. 그러나 점차 方이 행정구역인 口로 바뀌었다. 현대 간화자에서는 '卫'로 간화되었다.

본 편 보충의 자형은 行 · 止 · 方이 합쳐진 형체이다. 卜辭에서는 방위하다 · 제사명 · 인명 · 지명, 그리고 侯 · 甸 · 男 등과 같은 작위명, 상대의 무관으로 쓰였다. 商代의 무관으로는 衛를 비롯해 多馬, 多亞 · 亞 · 多師 · 多犬 · 犬 · 馬亞 등이 있다(徐中舒, 1990 – 184).

5) 해 설 :

衛의 다양한 용법

방위하다 : 貞 : 令多射衛. (33001)
묻습니다 : 多射에게 방위하게 할까요?

제 사 : 貞 : 衛于妣己. (916反)
묻습니다 : 妣己에게 衛祭를 지낼까요?

인 명 : 貞 : 勿呼衛. (7567正)
묻습니다 : 衛에게 명하지 말까요?

지 명 : 貞 : 衛以□. (556正)
묻습니다 : 衛에서 …를 드려올까요?

작 위 명 : 貞 : 呼衛從㞢北. (7565正)
묻습니다 : 衛에게 北史를 따르게 할까요?

3－12

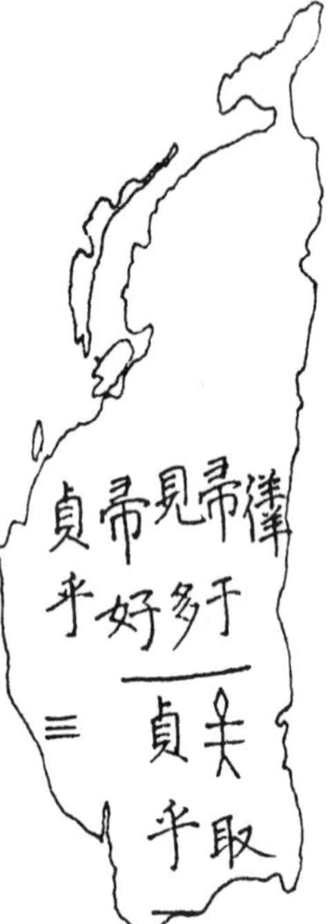

2658

3. 제12편

1) 본 문 : **貞：乎(呼)𡗜(吳)取。三**

貞：乎(呼)婦好見(視)多婦于𢓊。

2) 한 역 : **𡗜에게 가서 취해 오도록 명할까요? 세 번째 점쳐 물었다.**

婦好에게 𢓊지역에 가서 多婦들을 시찰하라고 명할까요?

3) 출 전 : ≪甲骨文合集≫ 2658 제1기

4) 자 해 : **[乎(呼)𡗜(吳)取]** : 乎－명령하다, 呼의 本字이다(2－5 참조). 吳－卜辭 중에 농경관·무관 등으로 활약했던 인물이다. 字形배경은 알 수 없으나 인명으로 쓰였으며 吳로 보기도 한다. 본 편에서 '吳'로 활자화하였다(5－5 참조). 取－耳와 又의 합체자. 전쟁시 손으로 적군의 귀를 잘라 전공을 알렸던 사실을 배경으로 하며 '취해오다'로 쓰인다(9－3 참조).

[三] : 셈가지 세 개를 포갠 모양. 세 번째 점쳤음을 나타낸 兆序이다.

[見(視)多帚(婦)于𢓊] : 見－눈을 크게 뜨고 서거나 앉아서 주의를 살피는 모양. 지위가 높은 사람은 𥄎처럼 서서, 지위가 낮은 사람은 𥃩처럼 앉아서 보았다. 시찰하다·만나다는 뜻으로 풀이한다(徐中舒, 1990－977). 多－고기덩이를 쌓아놓은 모양. 帚(婦)－모종의 식물로 만든 긴 빗자루 모양. '부녀자'를 뜻하며 점차 女를 붙여 婦자를 이루었다. 甲骨文에서는 婦는 武丁의 妃이고 多婦는 妃들의 집단을 일컫는다(徐中舒, 1990－865). 于－장소 앞에 오는 전치사. 𢓊－거리를 나타내는 行의 간략형인 彳과 羊이 포개진 자이다. 지명으로 쓰였다.

5) 해 설 :

多婦

甲骨卜辭에는 婦好·婦姘 이외에도 婦婐·婦娘·婦姪과 같은 이름이 6·70명이나 나타난다. 이들은 婦好가 '子'씨 姓을 가진 商族의 여인으로 武丁의 妃로 간택된 것처럼 井方·果方·良方 등에서 商王에게 간택되어 온 상왕의 배우자로 보고 있다. 이들을 諸婦 또는 多婦라고도 칭한다. 그 중 婦好가 正妃로서 수장격이라고 할 수 있으며 개인적인 차이는 있으나 상대 사회에서 정치·경제·군사적으로 실력을 행사했던 여인들이었다.

3-13

5634

3. 제 13 편

1) 본 문 : **貞 : 叀(惠)大史夾令。七月。**

2) 한 역 : **묻습니다 : 大史 夾에게 명령할까요? 7월에.**

3) 출 전 : ≪甲骨文合集≫ 5634 제1기

4) 자 해 : **[貞]** : 鼎의 모양이 간화된 형체로 '점쳐 묻다'로 쓰였다.

[叀(惠)大史夾令] : **叀**(惠) – 강조부사. 大 – 大는 亣처럼 정면으로 서있는 사람 모양. 크다로 인신되었다. 史 – 갈라진 나무 가지를 손으로 잡고 있는 모양으로 事 · 史 · 使의 초문이고 大史는 관명이다 (2 – 11 참조). 夾 – 겨드랑이 밑에 두 사람을 끼고 있는 모양 (jia · 협) 으로 '버티다', '끼다'는 뜻이 있다. 본 편에서는 인명으로 쓰였다 (趙誠, 1988 – 130). 令 – 명령하다 (2 – 4 참조).

[七月] : 七 – 칼로 열十자 형태로 갈라놓은 모양인데 '자르다'는 뜻이다. 음에 의해 일곱으로 빌려 쓰게 되었고, 十자와 구별하기 위해 밑을 구부려 七이 되었다. '자르다'는 뜻은 칼 刀를 붙여 切을 만들었다. 갑골문 자형은 甲자와 일치하나 문맥으로 구별한다 (于省吾, 1996 – 3680). 月 – 반달의 모양. 갑골문 제 1기에는 夕자 형체를 月로 썼다.

5) 해 설 :

隹(唯)와 叀(惠)에 의한 목적어의 전치

현대 중국어에서 把는 목적어를 전치시키는 역할을 한다. 卜辭에서 叀(惠)와 隹(唯)는 목적어나 보어를 이끌고 전치할 수 있는 부사이다. 본문에서 명령을 받는 大史夾는 叀를 동반하고 동사 令 앞으로 전치되었다.

大史

大史는 太史라고도 하며 文書를 관리하고 국가적 행사를 기록하며, 史書의 편저는 물론 천문 · 역법 · 제사 등을 관장하였다. 西周시대의 大史僚와 卿事僚는 周王의 정무를 보좌하는 양대 부서였다. 상대에 大史는 있고 卿事는 없으나 周代는 商代의 관제를 계승한 것으로 미루어 상대에도 兩僚가 집정했을 가능성이 있다.

3-14

5636

3. 제 14 편

1) 본 문 : **貞 : 我西吏(使)亡囚。**

2) 한 역 : **묻습니다 : 상나라에서 서쪽으로 파견된 관리에게 재앙이 없겠습니까?**

3) 출 전 : ≪甲骨文合集≫ 5636 제1기

4) 자 해 : **[我西吏]** : 我 – 무기 모양의 독체상형자다. 卜辭에서는 상왕의 自稱, 商의 복수형인 '우리'로 쓰였다(徐中舒, 1990 – 1380). 西 – 西는 처럼 새의 둥지 모양. 대나무로 만든 바구니로 보는 다양한 풀이가 있다. 음에 의해 '서쪽'이라는 방위명으로 빌려 썼다(于省吾, 1996 – 1099). 吏 – 손에 도구를 들고 일하는 모양이다. 事의 본자이다. 점차 손에 붓을 잡고 일하는 史, 모종의 임무를 맡고 나아가 일하는 使者 등으로 분화되었다(2 – 11 참조). 西吏 – 서방으로 파견된 관리. 아래 卜辭와 같이 때로는 관리의 이름이 쓰인 경우도 있다.

庚子卜, 爭貞 : 西吏旨亡囚. 叶(𠚤). (5637)
西吏 旨에게 재앙이 없을까요? 대왕의 임무를 잘 수행할까요?

[亡(無)囚(尤)] : 亡 – 無와 같다(16 – 1 참조). 囚 – 근심, 걱정, 재앙.

5) 해 설 :

乎의 용법

卜辭에서 乎는 呼의 本字인데 쓰임에 따라 두 가지의 용법이 있다.

1. **명령하다 : 呼의 의미로 쓰였다.**
勿惟多臣呼. (620) 多臣에게 명하지 말까요.?

2. **어기조사 : 문장 끝에서 의문어기사 '嗎'의 역할을 한다.**
丁未卜, 賓貞 : 雨乎. (13713)
정미일에 점을 치고 賓이 묻습니다 : 비가 올까요?

丁未卜, 扶 : 侑咸戊, 學戊乎. (20098)
정미일에 점을 치고 扶가 묻습니다 :
咸戊와 學戊에게 侑祭를 지내야 할까요?

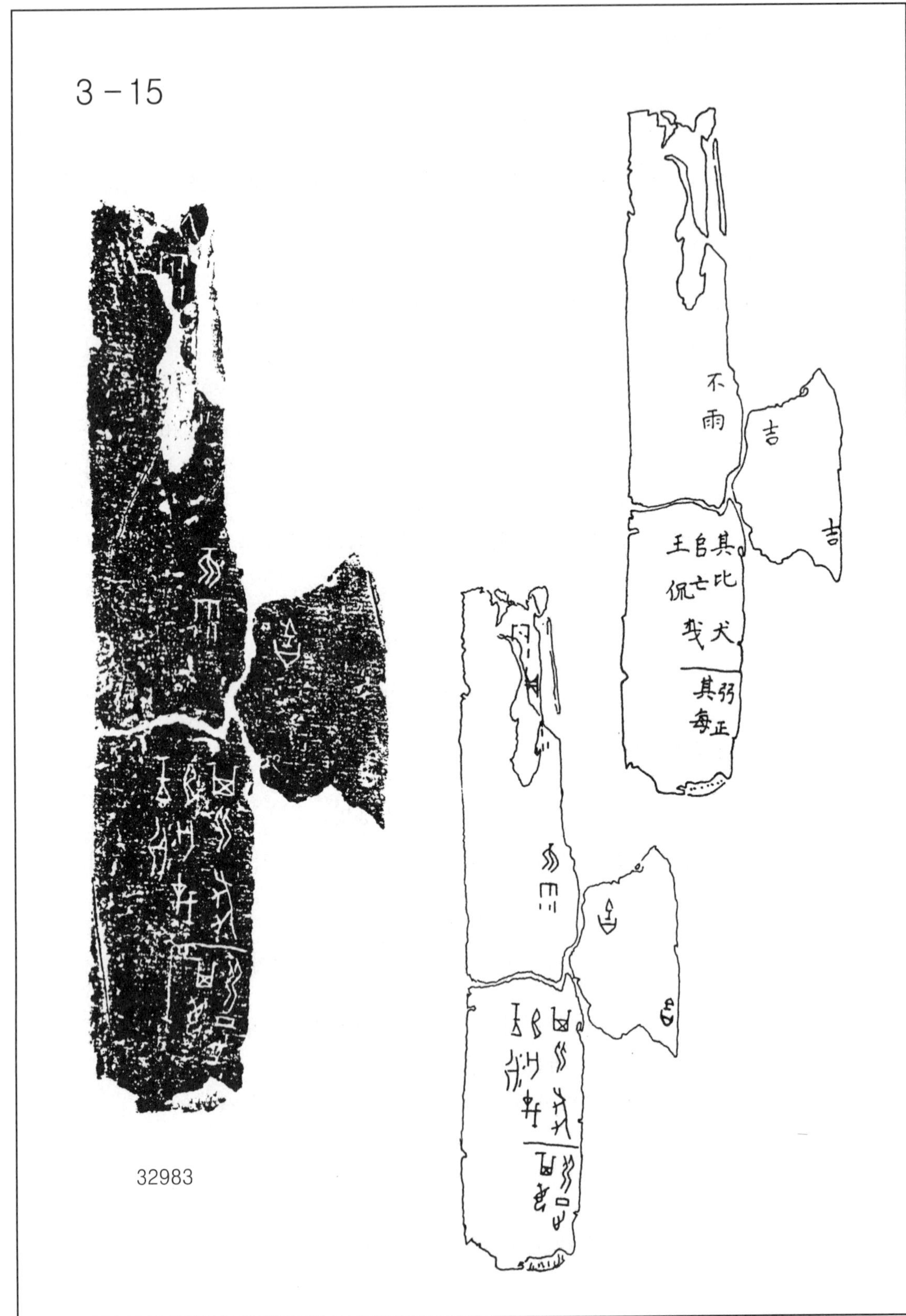
3－15
不
雨
吉
吉
其比犬
自亡
王侃
弜
其正
毋
32983

3. 제15편

1) 본 문 : **其比犬𠂤(師)亡𢦏。王侃(泳)。**
不雨。吉。

2) 한 역 : **만약 犬관인 師와 연합해도 재앙이 없겠습니까?**
대왕께서 기뻐할까요?
비가 안 올까요? 길하겠다.

3) 출 전 : ≪甲骨文合集≫ 32983 제4기

4) 자 해 : **[其比犬𠂤(師)]** : 其－강조부사. 比－두 사람이 잇달아 가고 있는 모양, '수행하다', '연합하다'는 뜻이다. 从과 혼용된다. 犬－홀쭉한 배와 긴 꼬리가 위로 치켜져 있는 개의 옆모습. 여기서는 관직명으로 쓰였다. 𠂤－師의 초문으로 군대를 나타낸다. 여기서는 인명이다(3－1 참조).
[亡𢦏] : 亡－無와 같은 뜻이다. 𢦏는 戈와 才의 合體字(𢦏). 재앙에는 홍수로 인한 재해(巛), 火와 𢦏의 합체인 불로 인한 재해, 전쟁으로 인한 재해(𢦏·𢦏·𢦏) 등이 있으나 모두 일반적인 '재앙'을 뜻한다(5－9 참조).
[王侃(泳)] : 侃(泳)－行 또는 彳과 人이 합쳐진 자로 徔, 때로는 人자 주위에 물방울이 있어 헤엄치는 모양인 泳·永(趙誠, 1988－100) 또는 문맥으로 보아 吉兆로 보기도 한다(于省吾, 1996－2310). 卜辭에서는 주로 '亡𢦏' 뒤에 오며 '若'(순조로움) 또는 吉祥, 기쁨 등을 뜻한다. 侃으로도 보며, 인명·지명. 본 편에서는 '기쁘다'는 뜻이다(7－12 참조).

5) 해 설 :

貞人 이름이 없는 卜辭

갑골문 제 1기, 제 2기는 前辭에 「甲子卜, 爭貞」처럼 占卜하는 날과 貞人의 이름이 들어간다. 그러나 제 4기 卜辭의 특색 중의 하나는 '3－17편'과 같이 貞人의 이름을 넣지 않은 것이다. 이를 '無名組卜辭' 또는 '不入貞人卜辭'라고 한다. 그 원인 중의 하나는 왕권이 점차 강해져 貞人을 중시하지 않고 왕이 직접 점을 쳤기 때문인데 '王貞', '王卜貞'의 기록으로 증명된다.

3-16

5749

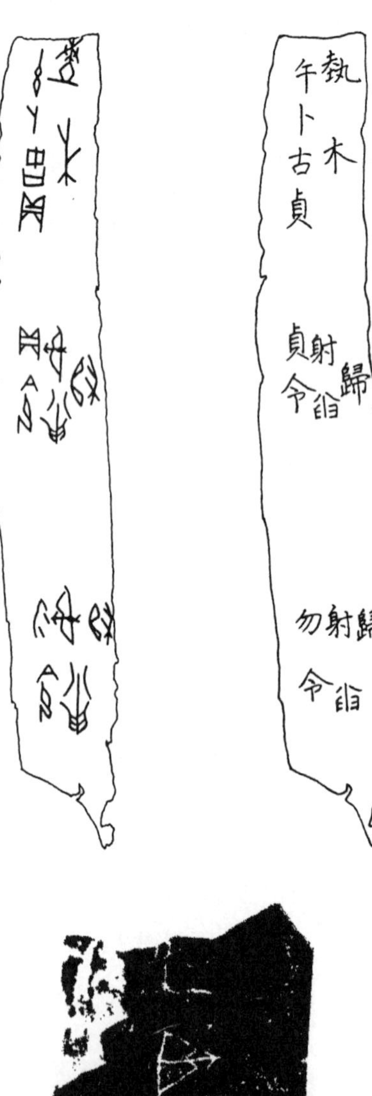

5773

3. 제16편

1) 본 문 : **勿令射𢓊歸。**

貞 : 令射𢓊歸。

□午卜, 古貞 : 𡉚(蓺)木。

2) 한 역 : **射관으로 있는 𢓊에게 돌아오도록 명령하지 말까요?**

묻습니다 : 射관으로 있는 𢓊에게 돌아오도록 명령할까요?

□午일에 점을 치고 古가 묻습니다 : 나무를 심을까요?

3) 출 전 : ≪甲骨文合集≫ 5749 제1기 보충 5773

4) 자 해 : **[勿射𢓊歸]** : 勿 – 부정부사. 射 – 화살을 활시위 위에 걸쳐놓고 처럼 쏘는 모양으로 활을 쏘다, 또는 군의 직책 등으로 쓰였다. 점차 처럼 又(손)가 첨가되고, 小篆에 이르러 弓이 身으로 바뀌었다(趙誠, 1988 – 84). 𢓊 – 상대의 제후 국명, 방국의 수령, 지명, 본편에서는 무관명인 'guan'이다(5 – 9 참조). 歸 – 언덕을 나타내는 𠂤와 부녀자인 帚를 합쳤다. 여성이 마지막 종착지로 돌아가 머문다고 하여 止를 붙여 '돌아가다'로 쓰였고, 여성이 결혼하는 것을 '于歸'라고 한다(2 – 3 참조).

[射三百] – 사수 3백명

[𡉚(蓺)] : 𡉚 – 从又 · 从木 ·从土가 합쳐진 자로 볼록 돋아난 흙더미 위에 두 손으로 나무를 잡고 있는 모양이다. · 처럼 나무를 심고 있는 모양을 형상화한 것이라고 할 수 있다(于省吾, 1990 – 1535). 執 · 蓺(예) · 藝 등으로 보기도 했다.

5) 해 설 :

射三百

甲骨文에는 三百射(≪乙≫ 4299) 또는 射三百(≪合≫ 5773)가 다수 등장한다. 射는 상대의 훈련된 사격수 조직이다. 商代는 병사 1백인을 小隊로 하고 3백인을 大隊로 하였으므로 三百射는 射의 左中右 三部隊였다고 할 수 있다. 상대의 射手조직의 방대함을 보여준다.

3-17

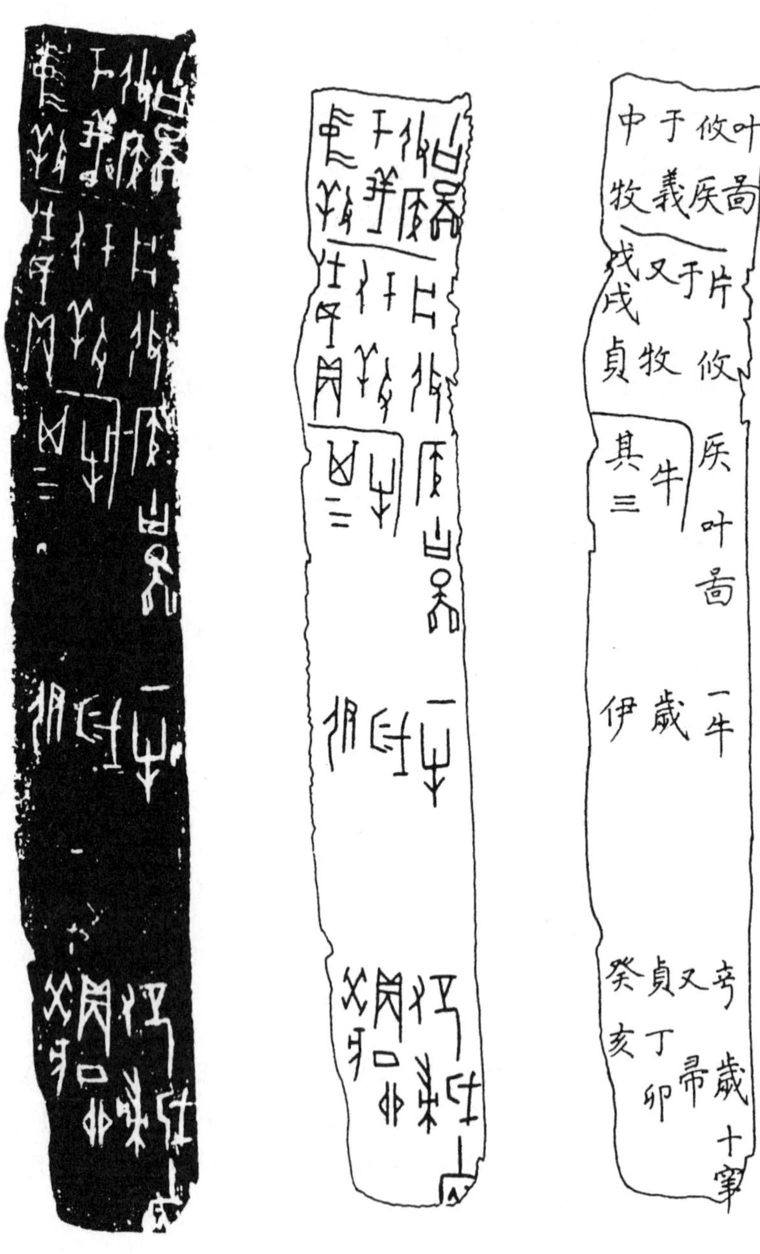

32982

3. 제17편

1) 본 문 : **戊戌, 貞 : 又(右)牧于爿, 攸侯叶(協)啚(鄙)。**
☐中牧于義 攸侯叶(協)啚(鄙)。

2) 한 역 : **戊戌일에 점쳐 묻습니다 : 右牧을 攸侯叶의 변방인 爿지역에 주둔하라고 할까요? 中牧을 攸侯叶의 변방인 義지역에 주둔하라고 할까요?**

3) 출 전 : ≪甲骨文合集≫ 32982 제4기

4) 자 해 : **[戊辰, 貞]** : 卜과 貞人 이름이 생략되었다.
[又(右)牧于爿] : 又(右)－左右의 右로 쓰임. 牧－손에 막대를 방목하는 모양. 가축을 관장하는 관리(牧官), 목축지를 나타낸다(2－7 참조). 于－전치사. 爿－제사시 음식을 올리는 작은 탁자 모양. 또는 침상 모양(許進雄, 1995－108). 爿은 (qiang · 장)으로 읽는다. 제사명 · 지명으로 쓰였다.
[攸侯叶啚(鄙)] : 攸－攴와 人의 합체자다. 攸(you · 유)로 읽으며, 지명 · 방국명으로 쓰였다(徐中舒, 1990－336). 侯－장막인 厂와 矢의 합체자. 厂는 과녁 모양의 장막으로 활을 과녁에 쏘아 명중한 형상이다. 활은 지위가 높은 사람들이 주로 쏘아 '제후'라는 뜻으로 인신되었다. 攸侯－攸지역의 方伯. 叶－攸侯의 수령 이름 協과 같다. (2－18 참조). 啚－鄙의 본자이다. 벼나 보리단을 창고 앞에 ⿱처럼 쌓아둔 모양. 鄙(bi · 비)로 읽으며, 변방 · 방국명으로 쓰였다(徐中舒, 1990－610).
[中牧于義] : 中－자형은 ⿱처럼 깃발 모양이다. 종족을 상징하거나 바람을 재는 풍향계 형상이다. 깃발은 대부분 중앙에 꽂아 중앙으로 引伸되었다. 中牧은 右中左 3牧 중의 하나이다(馬如森, 1993－282). 于－전치사. 義－손잡이가 장식된 병기의 모양. 갑골문 제5기에 와서는 ⿱처럼 我와 羊을 합친 모양인 義자로 되었고, 지명이다. 金文에 이르러 도의 · 의리 · 용의라는 뜻으로 썼다(于省吾, 1990－2456).

5) 해 설 :

侯와 候

卜辭 중의 侯는 왕도 밖에 머물면서 國王을 보호하는 제후다. 애초에는 國王을 위해 변방을 정찰하는 병사인 '斥候'로 시작해 '諸侯'로 발전한 것이다. 문자로 보면 侯에서 候로 분화되었고, 언어로 보면 候에서 侯로 분화되었다. 攸侯는 武丁시기부터 2백년이 넘게 변방 수비를 담당한 강력한 諸侯였다(裘錫圭, 1992－10).

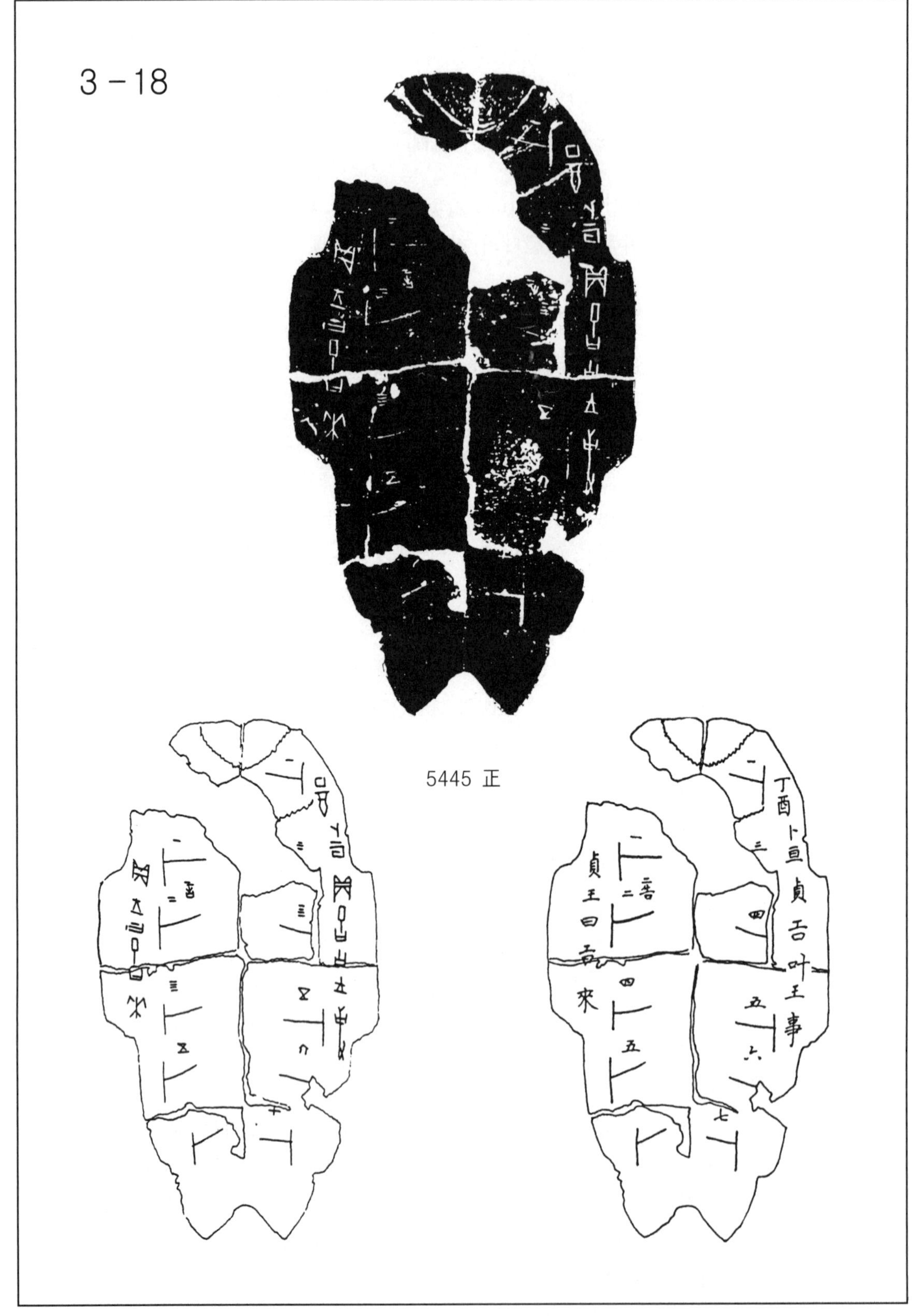

3-18

5445 正

3. 제18편

1) 본 문 : (정) 丁酉卜, 亘貞 : 㕣叶(協)王事。
貞 : 王曰 㕣來。二告 一 二 三 四 五 六
(반) 王固曰 : 吉, 其曰㕣來

2) 한 역 : (정) 丁酉일에 점을 치고, 亘이 묻습니다 : 㕣은 대왕의 분부를 능히 잘 수행할까요? 여섯 번 물었다.
묻습니다 : 대왕은 㕣을 오라고 할까요? 여섯 번 물었다.
(반) 왕이 점친 결과를 보고 길흉을 판단해 말했다 : 길하겠다. 㕣을 오라고 말해도 좋겠다.

3) 출 전 : ≪甲骨文合集≫ 5445 正 5445 反 제1기

4) 자 해 : **[㕣叶(協)王事]** : 㕣 – 자형배경은 알 수 없으나 古 또는 𠮷·㕣으로 隷定한다(4 – 14 참조). 방국명·인명이다. 叶 – 풀이가 다양해 協·古·載·甾 등으로 고석하나 본서는 叶으로 쓴다. '叶王事' – 왕의 분부를 이행한다는 占卜述語다(2 – 11 참조).
[王曰㕣來] : 王 – 상왕. 제 1기 자형이다. 曰 – 말하다. 來 – 오다(1 – 4 참조).
[二告] : 卜辭뒤에 오는 兆辭인데 뜻은 확실치 않다.
[一 二 三 四 五 六] : 兆序로 占卜한 순서를 나타낸다.
[王固曰] : 왕이 점친 결과를 보고 길흉을 판단해 말하다는 뜻(zhan·점).

5) 해 설 :

甲骨文의 斷代

董作賓은 <大龜四版>의 분석을 통해 갑골문의 시기를 나누어 연구하는 斷代의 연구를 시도했다. 시기를 나누는 10가지 표준을 세웠고 이로서 갑골문의 사용기간을 5시기로 구분하여 갑골문 연구의 획기적인 발전을 이룩했다.

· 10개 표준은 다음과 같다.

① 世系 ② 稱謂 ③ 貞人 ④ 坑位 ⑤ 方國
⑥ 人物 ⑦ 事類 ⑧ 文法 ⑨ 字形 ⑩ 書體

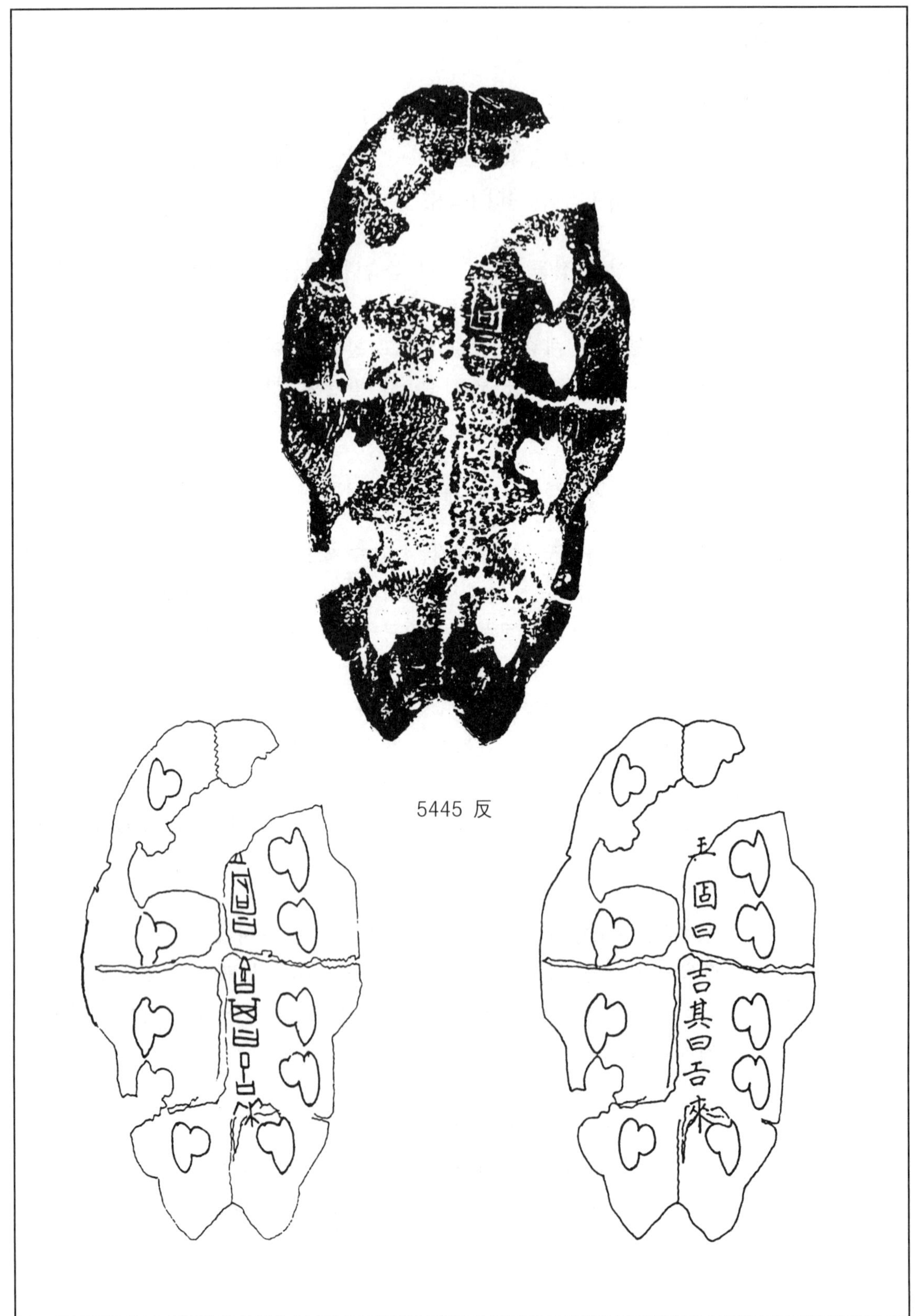

5445 反

· 5시기는 다음과 같다

제1기 : 盤庚 小辛 小乙 武丁

제2기 : 祖庚 祖甲

제3기 : 廩辛 康丁

제4기 : 武乙 文武丁

제5기 : 帝乙 帝辛

商代의 도장

商代의 璽印으로 '亞羅, 示'가 있다(도 1)(那志良, 1986~161). 정사각형 전면에 꽉차게 亞 자가 양각되어 있고 속에 든 羅 자의 양 옆에 示가 있다. '亞羅, 示'는 商代의 氏族名이다.

于省吾의 ≪商周金文錄遺≫ 286에는 '辛, 亞羅, 示'(도 2)라는 주대 銘文이 있다. 조상 辛을 제사하기 위한 기물이며 示는 器物主의 이름이다. 이로서 商周의 연계를 알 수 있고, 銅印의 시대가 확인된 셈이다. 갑골문 記事刻辭나 청동기 銘文에는 담당관리의 싸인이 많이 나타나고 성숙된 青銅璽印으로 볼 때 중국 인장의 기원은 商代 위로 거슬러간다. 璽印(새인)은 秦代로부터 帝王의 印章으로 전용되었다(李學勳, 1988－81).

(도 1)
商의 亞羅示

(도 2)
周의 辛亞羅示

제 4 장

祭 祀

祭 祀

商왕실의 최대 행사는 祭祀와 戰爭이었다. 제사는 商왕실을 이끌어 가는 정신세계이고 전쟁은 왕조를 존속시켰던 현실세계였다. 상왕이 여러 神들에게 국가의 안녕과 전쟁의 승리·풍년을 기원하며 드린 제사의 종류는 무수히 많았다. 특히 조상들에게는 祭譜에 따라 일년 내내 정성껏 제사를 드렸는데 이는 중국 孝 사상의 발원이었다고 할 수 있다. 商代의 조상에 드리는 제사의 특징은 제수품에 있다. 제수품으로 수백의 소와 양을 비롯한 각종 동물을 올렸고 심지어 천 수에 달하는 人間 제물을 올린다는 기록도 있어 참혹했던 당시의 실상을 조명해 준다.

4-1

23120

4. 제1편

1) 본 문 : 1. 乙亥卜, 行貞：王賓小乙𠭯, 亡尤。在十一月。
2. 乙亥卜, 行貞：王賓𣪘, 亡尤。
3. 丁丑卜, 行貞：王賓父丁𠭯, 亡尤。
4. 丁丑卜, 行貞：王賓𣪘, 亡尤。在十一月。
5. 己卯卜, 行貞：王賓兄己𠭯, 亡尤。
6. 己卯卜, 行貞：王賓𣪘, 亡尤。
7. [庚][辰]卜, 行[貞：王]賓兄庚[𠭯], [亡]尤。

2) 한 역 : 1. 乙亥일에 점을 치고, 行이 묻습니다 : 대왕께서 小乙에게 𠭯祭를 지내는데 儐禮를 행하면 근심이 없을까요? 11월에.
2. 乙亥일에 점을 치고, 行이 묻습니다 : 대왕께서 𣪘祭를 지낼 때 儐禮를 행하면 근심이 없을까요?
3. 丁丑일에 점을 치고, 行이 묻습니다 : 대왕께서 아버지 丁께 𠭯祭를 지낼 때 儐禮를 행해도 근심이 없을까요?
4. 丁丑일에 점을 치고, 行이 묻습니다 : 대왕께서 𣪘祭를 지낼 때 儐禮를 행하려는데 근심이 없을까요? 11월에.
5. 己卯일에 점을 치고, 行이 묻습니다 : 대왕께서 형 己에게 𠭯祭를 지낼 때 儐禮를 행하려는데 근심이 없을까요?
6. 己卯일에 점을 치고, 行이 묻습니다 : 대왕께서 𣪘祭를 지낼 때 儐禮를 행하려는데 근심이 없을까요?
7. 庚辰일에 점을 치고, 行이 묻습니다 : 대왕께서 형 庚에게 𠭯祭를 지낼 때 儐禮를 행해도 근심이 없을까요?

3) 출 전 : ≪甲骨文合集≫ 23120 제2기

4) 자 해 : **[行貞]** : 行 – 큰 거리 모양. 제2기 祖甲시대의 貞人 이름, 이를 근거로 본 편은 제2기 祖甲시대의 卜辭임을 알 수 있다.

[王賓小乙𠭯] : 賓 – 상왕이 친히 조상 혼령을 모셔 드리는 제사(bin・빈). 儐・嬪과 통한다. 小乙 – 祖甲의 할아버지. 𠭯 – 제명(xie・협)(10 – 13 참조).

[亡尤] : 亡 – 없다, 無와 같다. 尤 – 근심・걱정・재앙・과실.

[𣪘] : 제물을 올려 조상의 은덕에 보답하는 제사. 즉 塞祭(于省吾, 1981

－35). 羅振玉은 ≪說文≫ 중의 𣪠자로 보았다. 塞(sai · 새)로 발음한다.

[父丁] : 祖甲이 아버지인 武丁을 부르는 칭호.

[兄己] : 祖甲의 형인 孝己. 兄己는 祖甲이 형 己를 부른 칭호. 재위 전에 작고했으나 甲骨文에서는 왕의 예우로 제사지냈다.

[兄庚] : 祖甲의 형인 祖庚.

[(庚辰)卜] : 탁본에는 庚辰 두 자가 잘렸으나 文例에 의해 복원했다. 상대는 天干으로 紀日 했고, 또 조상의 諡號를 삼았다. 祭法에 의하면 조상의 제사는 諡號에 해당하는 날에 지내 甲인 사람은 甲일에 제사했다. 따라서 小乙은 乙일에, 父丁은 丁일에, 兄己는 己일에 제사했으므로 兄庚은 庚일에 제사했던 것이다. 이를 근거하면 庚辰일이 된다.

5) 해 설 : **稱謂의 斷代 표준**

본 편 卜辭 중 小乙의 아래에 父丁 · 兄己 · 兄庚이 있다. 이는 아버지가 丁이고 형이 己 · 庚인 사람이 점친 내용이다. 武丁은 아버지가 小乙이고 孝己 · 祖庚 · 祖甲 등 아들이 셋이다. 그러나, 장자 孝己는 재위에 오르지 못하였고, 祖庚 · 祖甲이 차례로 재위에 올랐다. 이로 보면 할아버지가 小乙이고, 아버지가 丁이며 형이 己 · 庚인 사람은 祖甲이기 때문에 본 편은 祖甲시대의 卜辭인 것이 증명된다. 갑골문 제 2기 祖甲시기의 표준이 되는 卜辭이다. 아래에서부터 위로 써 올라갔다.

상대 祭祀의 정리

갑골문의 분기연구는 갑골문 연구에 커다란 발전을 가져왔을 뿐 아니라 상대 사회 전반에 걸친 연구에 큰 공헌을 하였다. 그 중 획기적인 것은 상대 왕실 세력이 新舊 두 파로 나뉘었고, 5시기 동안 신구 양파간의 세력이 교차하여 曆法·祭典·卜法·語法은 물론 정치 경향도 차이가 있었던 점이다.

武丁을 선두로 한 舊파에서는 上帝와 祖上들에게 제사 지낸 것은 물론 風·雨·山·河 등 각종 自然神에게도 제사를 지냈고, 祖甲을 선두로 한 新파에서는 모든 제사를 5가지로 정리하여 지냈는데 이를 五種祭祀라 일컫고, 이는 주기에 따라 지내므로 周祭라고 한다.

4-2

1. 23031

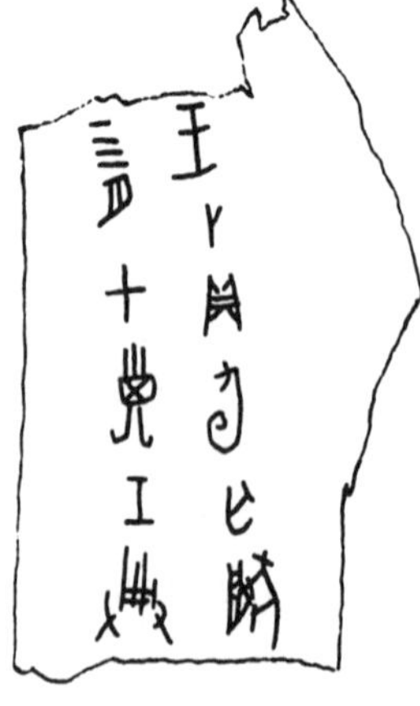
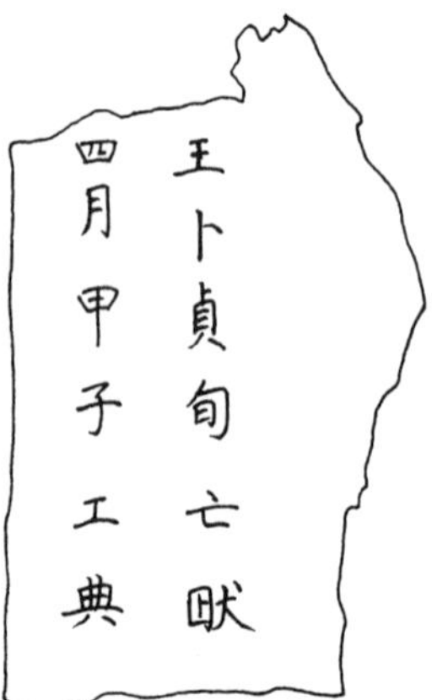

2. 38307

4. 제2편

1) 본 문 : 1. 丙辰卜, 旅貞 : 王賓祖丁歲亡尤。十二月。
2. 王卜, 貞 : 旬亡畎☐, 四月, 甲子工典☐。

2) 한 역 : 1. 丙辰일에 점을 치고, 旅가 묻습니다 : 대왕께서 祖丁에게 歲祭를 지내기 위해 儐禮를 거행하려는데 근심이 없겠습니까? 12월에.
2. 왕이 친히 점을 치고 묻습니다 : 앞으로 10일 동안 재앙은 없을까요? 4월, 갑자일에 工典을 치를까요?

3) 출 전 : ≪甲骨文合集≫ 1. 23031 제2기 2. 38307 제5기

4) 자 해 : **[丙辰卜, 旅貞]** : 旅 – 제2기의 貞人 이름 (6 – 7 참조).
[王賓祖丁歲] : 王 – 상왕. 제2기의 자형이다. 賓 – 공경스럽게 신을 모셔드리는 제사. 제명에 쓰인 賓의 자형은 貞人명으로 쓰인 ☐ 밑에 止가 첨가되었다 (1 – 11 참조). 祖丁 – 商代 선공 (1 – 7 참조). 歲 – 제사명.
[旬亡畎] : 旬 – 열흘. 자형이 특이하다. 亡(無) – 없다. 畎 – 𡆥의 후기 자형. 근심・재앙 (3 – 8 참조).
[工典] : 工 – 貢과 같다. 典 – 冊을 두 손으로 ☐처럼 올려 제사드리는 모양. 점차 冊을 ☐처럼 받침대에 올려둔 모양으로 보았다 (徐中舒, 1990 – 490). 工典 – 工典은 五種 제사 10일 전 典冊을 신전에 올리는 일종의 의식이다 (董作賓, 1945 – 2).
[十二月] : 12월. 十과 二, 그리고 月이 합쳐진 合文이다.

5) 해 설 :

본 편의 시대 측정

본 편은 심하게 훼손되어 어느 시대의 갑골문인지를 알아보기 어렵다. 이 때 시대를 측정하는 몇 가지 방법을 동원해보자. 제 1편에서는 貞人 旅의 시기와 王자의 자형을, 제 2편은 왕이 친히 점친 시기, 畎은 어느 시기 字形인가를 살펴볼 수 있다.
결과적으로 보면 제 1편의 旅는 제 2기의 貞人이며, 王자도 제 2기의 자형이다. 제 5기에 이르러 왕이 친히 점친 경우가 많고, 王의 자형도 변하였고 𡆥을 畎로 썼던 점을 들 수 있다. 이들은 시기를 측정할 수 있는 척도가 된다.

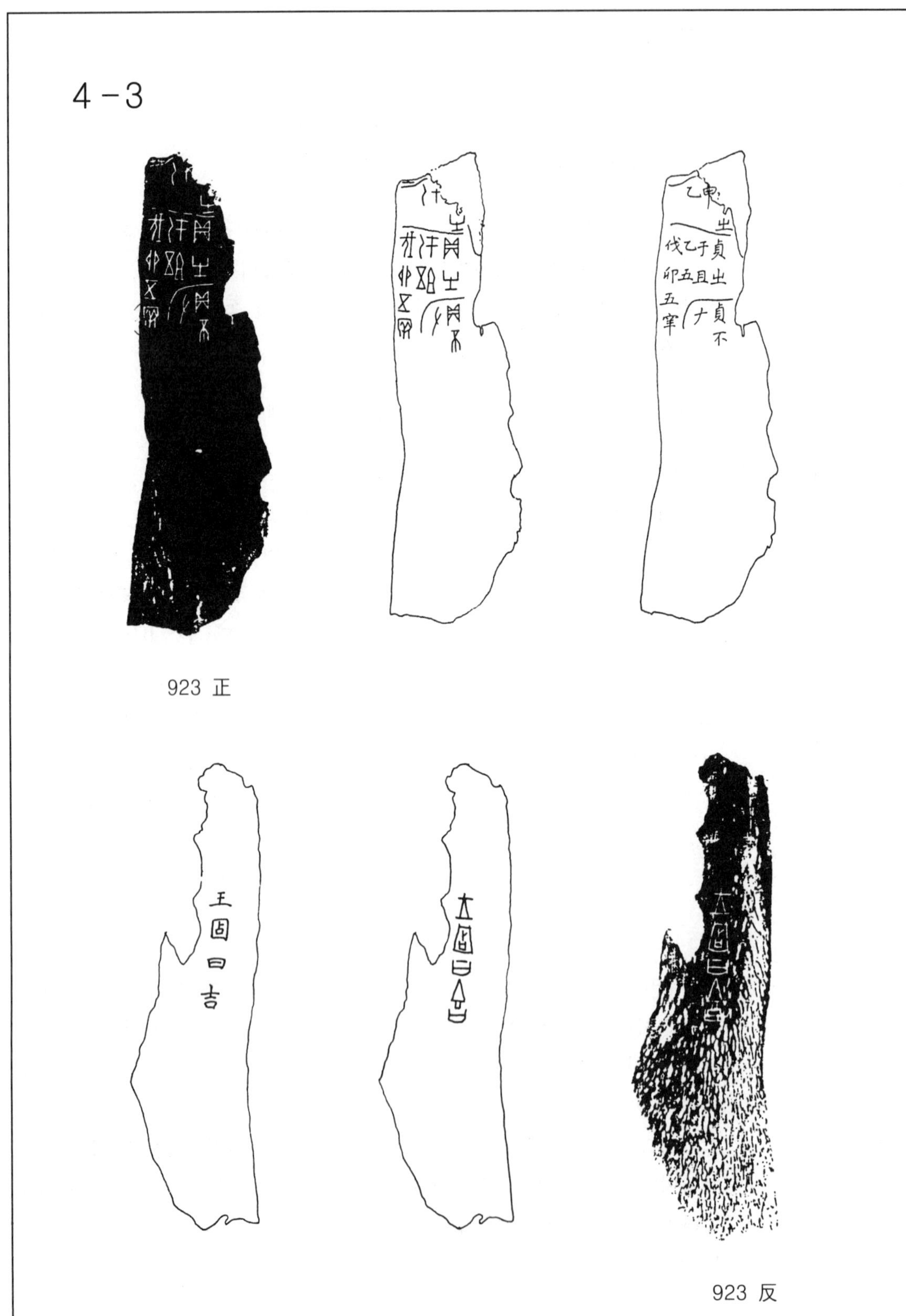

923 正

923 反

4. 제3편

1) 본 문 : 1. **貞 : 不左。**

2. **貞 : 㞢(侑)于且(祖)乙五伐, 卯五宰。**

3. **王囙曰 : 吉**

2) 한 역 : 1. **묻습니다 : 재앙이 없을까요?**

2. **묻습니다 : 祖乙에게 侑祭를 지내는데 5사람의 목을 잘라 드리고, 또 양 5마리를 잘라 드릴까요?**

3. **왕은 점친 결과 兆象을 보고 길흉을 판단했다 : 길하다**

3) 출 전 : ≪甲骨文合集≫ 923 正 · 反 제1기

4) 자 해 : **[不左]** : 不 – 부정사 左 – 𠂇처럼 왼손의 모양이다. '왼쪽', '도와주다', '재앙' 등으로 쓰였다. 본 편에서는 재앙. 아래에서 위로 썼다(4 – 7 참조).

[㞢(侑)于且(祖)乙] : 㞢 – 侑제명. 于 – 시간 · 장소 · 인명 앞에 쓰이는 전치사. 且 – 祖의 초문. 祖乙 – 乙 이름을 가진 조상.

[五伐] : 五 – 다섯. 伐 – 사람의 목을 자르는 모양, 목을 잘라 드리는 제사명.

[卯五宰] : 卯 – 劉의 初文으로 殺의 의미가 있다(15 – 1 참조). **宰**(⿳) – 우리 속에 제수품으로 드리기 위해 특별히 기른 羊.

[王囙曰] : 王 – 제1기 자형, 상왕. 囙– 길흉을 판단해 말한다(zhan · 점).

[吉] : 길하다(3 – 3 참조).

5) 해 설 :

商代의 周祭 – 五種祭祀

祖甲은 武丁시대의 수많은 제사를 翌 · 祭 · 壴 · 魯 · 彡(肜) 등 5가지 제사로 정리해 주기적으로 치르는 周祭의 체계를 세웠다. 과감한 개혁이었다. 이들 제사는 帝乙 · 帝辛시대에 더욱 정비되고 수미상관되게 치러졌다. 5종 제사의 순서는 조상들의 즉위 순서에 따라 정해 일정한 祭譜가 형성되어 있다. 5종 제사라고 하나 가운데 3 제전은 서로 중첩해 지내기 때문에 사실은 翌, 壴, 彡(肜) 3組의 祭典이 거행된 셈이다.

제5기에 이르러 3組의 祭典을 마치는데 대략 36旬이 필요하기 때문에 제사의 주기는 1년이다. 따라서 商代에는 제사의 祀를 年의 의미로 썼다.

4-4

32225

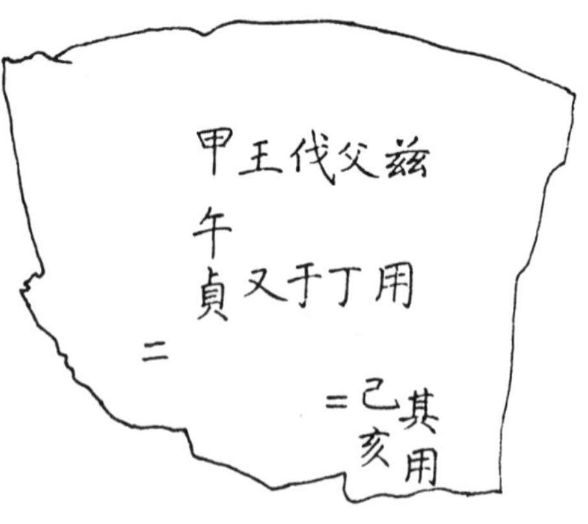

4. 제4편

1) 본 문 : **甲午, 貞 : 王又(侑)伐于父丁。茲用 二**

2) 한 역 : **甲午일에 점쳐 묻습니다 : 대왕께서 아버지 丁의 종묘에서 侑祭를 지내고, 또 伐祭를 지낼까요? 이번 점은 채용한다. 두 번째 물었다.**

3) 출 전 : ≪甲骨文合集≫ 32225 제4기

4) 자 해 : **[甲午, 貞]** : 前辭 중 卜과 貞人 이름이 생략되었다. 제4기의 특징이다.

[王又(侑)伐于父丁] : 又－侑祭. 侑祭의 侑는 시기에 따라 㞢와 又 두자로 나타냈다. 제 1기 때는 㞢라 했고 제 2기로 오면서 又로 썼다. 서체의 변화는 시기를 판단하는 근거가 된다. 나아가 본 편을 제 2기로 판단할 수 있는 근거는 父丁이라는 칭호에 있다. 父丁은 武乙이 아버지 康丁을 부르는 칭호이다. 伐－伐는 㦰처럼 사람의 목을 자르는 모양. 목을 잘라 드리는 제사명. 于－시간・장소・사람 앞에 붙이는 전치사(2－13 참조).

[茲用] : 茲－실타래 모양. 茲의 초문으로 這・此의 뜻. 用－사용하다, 쓰다. 복사술어로 '점복 내용을 채용한다'는 뜻이다(1－13 참조).

5) 해 설 :

五種祭祀의 특징

翌, 祭, 壹, 彡(肜), 劦 5종 제사 중 翌는 羽舞・樂舞로 祖妣들을 즐겁게 하는 제사, 祭는 酒肉을 올리고 壹는 黍稷을 올리는 제사이며, 劦는 合祭이고, 彡는 북을 치며 드리는 肜祭나 鼓祭를 말한다. 5종 제사의 특징은 3가지로 요약된다.

1. **제사일은 조상들의 諡號인 天干과 일치한다.**
   庚申卜, 貞 : 王賓大庚彡, 亡尤. (22723)
2. **제사일의 10일 전 神位에 典冊을 올리는 工典의식을 치른다.**
   癸卯卜, 貞 : 王旬亡囚, 在六月, 乙巳工典其蘿. (38310)
3. **先公 先妣들을 제사할 때는「祖某奭妣某」처럼 배우자(奭)를 동반했다.**
   甲寅卜, 行貞 : 王賓祖辛奭妣甲彡, 亡尤 (22816)

4-5

1336 正

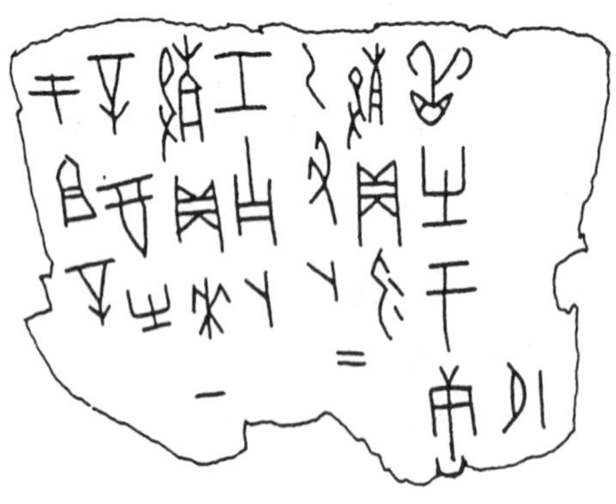

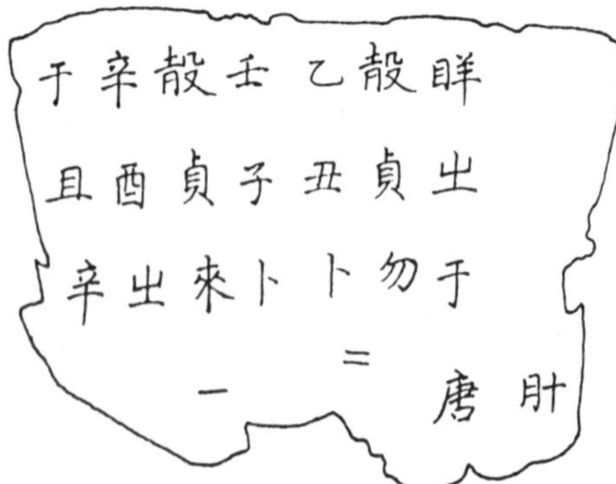

4. 제5편

1) 본 문 : 1. **壬子卜, 㱿貞 : 來辛酉㞢(侑)于祖辛。一**

2. **乙丑卜, 㱿貞 : 勿□(眻)侑于唐。十月。二**

2) 한 역 : 1. **壬子일에 점을 치고, 㱿가 묻습니다 : 오는 辛酉일에 祖辛에게 侑祭를 지낼까요? 첫 번째 물었다.**

2. **乙丑일에 점을 치고, 㱿가 묻습니다 : 唐에게 侑祭를 지내지 말아야 할까요? 10월에. 두 번째 물었다.**

3) 출 전 : ≪甲骨文合集≫ 1336正 제1기

4) 자 해 : **[來辛酉]** : 來 – 오는, 돌아오는. 辛酉는 점친 날로부터 10일 후(15 – 1 참조).

[㞢(侑)于且(祖)辛] : 㞢 – 고기를 올려 드리는 제사. 又의 제 1기 자형이다. 侑祭. 于 – 전치사. 且(祖) – 且는 祖의 초문이다. 辛 – 조상명(15 – 1 참조).

[勿□(眻)㞢(侑)于唐] : 勿 – 부정사. □(眻) – 孫詒讓은 苜로 보고 郭沫若은 瞿의 古文으로 보았다. 商代人은 양을 신성시 해 길상의 의미로 썼고 卜辭에서는 시간사 · 제사명으로 쓰였다(徐中舒, 1990 – 226). 唐 – 商代 개국의 祖인 成湯으로 갑골문에 □라 하였다. 唐의 또다른 이름은 天乙 또는 太乙이기 때문에 乙일에 제사지낸 것이다. 1번은 壬子일에 점을 쳤으나, 다음 辛酉일에 드릴 제사에 대하여 물었는데 祖辛에 대한 제사이기 때문이다(1 – 5 참조).

[十月] : 10月.

5) 해 설 :

兆序의 역할

兆序는 점을 쳤던 순서를 나타낸 숫자이다. 본 刻辭는 骨臼가 있는 견갑골의 상단이다. 부위를 분간할 수 없는 骨版일 경우 卜辭의 선후관계는 占卜날짜나 兆序를 보고 판단하는데, 본 편에서는 壬子일과 乙丑일 거의 2주 간의 차이가 있기도 하지만 占卜한 차례를 나타내는 兆序 一, 二가 선명히 기록되어 선후를 쉽게 판단하게 해준다.

4-6

卯卜㗊
貞我受
乎前
韋
㞢且
于辛
貞其㞢
曰南庚
勿㞢
于且
辛
㞢于
南庚
勿㞢
于南
庚
不
㗊

1777

4. 제6편

1) 본 문 : 1. **勿㞢(侑)于南庚。**

2. **㞢(侑)于南庚。**

3. **貞：其㞢(侑)曰南庚。**

4. **勿㞢(侑)于祖辛。**

5. **㞢(侑)于祖辛。**

2) 한 역 : 1. **南庚에게 侑祭를 지내지 말까요?**

2. **南庚에게 侑祭를 지낼까요?**

3. **점쳐 묻습니다 : 南庚에게 侑祭를 지낼까요?**

4. **祖辛에게 侑祭를 지내지 말까요?**

5. **祖辛에게 侑祭를 지낼까요?**

3) 출 전 : ≪甲骨文合集≫ 1777 제1기

4) 자 해 : **[㞢(侑)于且(祖)辛]** : 勿 – 부정사. 且(祖) – 且의 갑골문자형은 이다. 남성의 성기 모양, 또는 위패 모양이라고 한다. 조상 祖의 본자이나 음에 의해 '또한'으로 빌려 쓰게 되어 조상은 의부 示를 붙인 祖자를 만들어 구별하였다(1 – 7 참조). 祖辛 – 상대의 선왕명.

[貞] : 鼎자의 간화자. 점쳐 묻다로 쓰였다.

[㞢(侑)曰南庚] : 㞢 – 又의 제1기 자형(侑祭, 고기를 올려 드리는 제사)이다(1 – 3 참조). 曰 – 입을 벌리고 말하는 모양. 于의 의미로 쓰였다. 南 – 종의 모양, 남쪽으로 빌려 썼다. 南庚은 상대 선왕(16 – 3 참조).

5) 해 설 :

갑골문 기록의 다양성

본 편 다섯 항의 相間卜辭 중 1·2·4는 南庚에게, 3·5는 祖辛에게 侑祭를 드려야 할지 여부를 물었다. 4번 중의 曰은 于의 용법으로 쓰였는데, 于를 잘못 썼을 가능성도 있다. 甲骨文은 정형화가 되지 않아 좌우 구분을 두지 않은 경우가 많고, 3·5번은 祖자처럼 도치된 자형으로도 나타난다. 또 5번의 경우, 다른 네 항이 위에서 아래로 써간 것과는 달리 오른쪽에서 왼쪽으로 써갔다. 甲骨文 기록의 다양성을 보여준다.

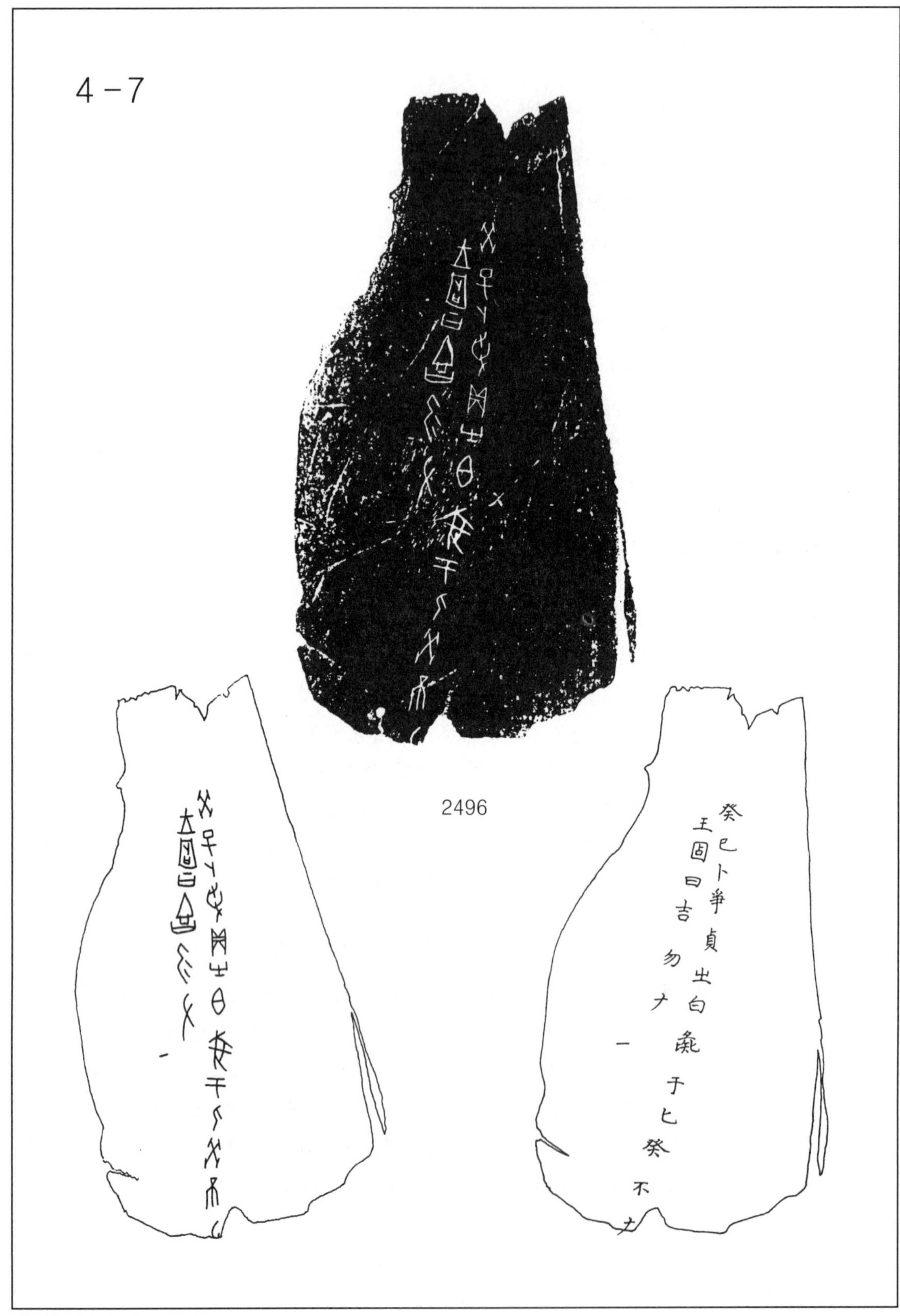
4-7
2496
癸巳卜爭貞㞢白彘于匕癸
王固曰吉 勿ナ
一
不ナ

4. 제7편

1) 본 문 : **癸巳卜, 爭貞 : 㞢(侑)白彘于妣癸, 不[左]。**
王占曰 : 吉。勿左。

2) 한 역 : 1. **癸巳일에 점을 치고, 爭이 묻습니다 : 妣癸에게 흰 돼지로 侑祭를 드리려는데, 재앙이 없겠습니까?**
2. **왕이 점친 결과를 보고 판단했다 : 길하다. 재앙이 올 걱정은 없다.**

3) 출 전 : ≪甲骨文合集≫ 2496 제1기

4) 자 해 : **[癸巳卜, 爭貞]** : 癸巳의 巳는 子형으로 마치 子와 같다. 그러나 子는 干支에서 㞢라 하여 상호 혼동을 피했다(1－11 참조).

[㞢(侑)白彘于匕(妣)癸] : 白－흰 얼굴모양, 추장들의 면모는 훤하여 방백의 伯으로 쓰였고, 희다는 뜻으로 가차되었다(徐中舒, 1990－869). 彘－화살로 豕처럼 야생돼지를 쏘아 잡는 모양(zhi・체). 잡다・야생돼지・제물로 쓰였다(4－21 참조). 匕－妣(bi・비)의 초문, 숟가락 모양 또는 사람이 양팔을 굽히고 서있는 측면 모양이라고 풀이하는데, 갑골문에서는 돌아가신 여성 조상(先妣)으로 쓰였다(4－21 참조).

[不左] : 不－부정사. 左－왼손 모양. 왼쪽・재앙・근심 등으로 빌려 썼다. 본 편에는 재앙의 뜻. 左의 윗부분만 보이나 아래 문장에 비추어 左자임을 알 수 있다(徐中舒, 1990－314).

[勿左] : 勿－부정사. 재앙이 미칠 염려는 없겠다.

5) 해 설 :

부정사 不과 勿

같은 부정사이지만 不과 勿의 용법에는 차이가 있다. 일반적으로 不・弗은 '아니다', '없다' 처럼 主体者의 능력으로 해결하지 못할 경우에 쓰이고, 勿・弜・毋는 主体者의 의지로 해결할 수 있는 경우, 즉 '할까요', '하지 말까요'라는 경우에 쓰였다. 재앙이 있고 없고는 인간의 능력 밖의 일이다. 그러나 占辭에서만은 본편과 같이 예외로 勿을 써서 「勿左」라 할 수 있다(裘錫圭, 1992－130).

例 : 不受祐. (34684)　　신의 가호를 받지 못할까요.
　　勿舞. (16009反)　　춤추지 말까요.

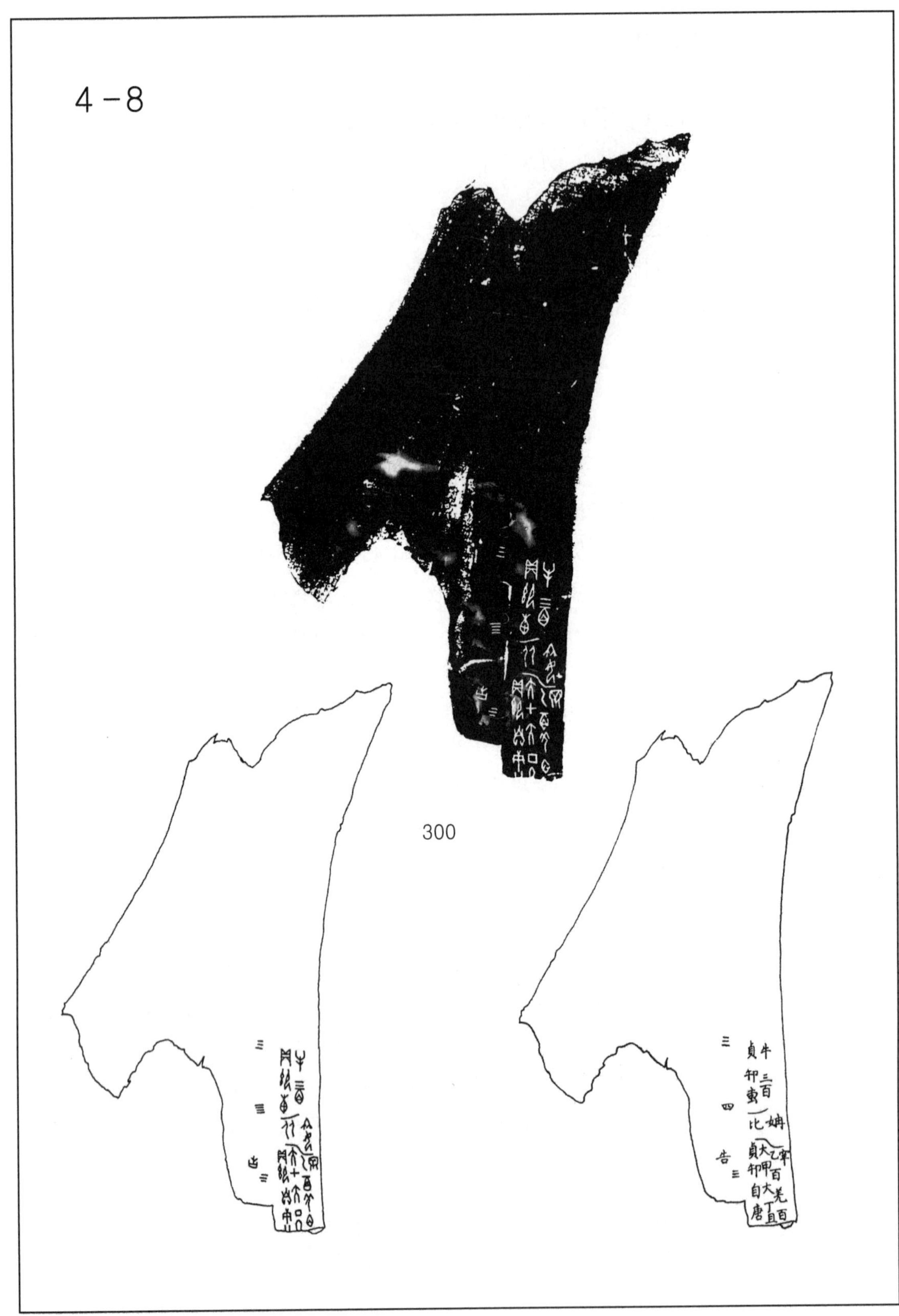
4-8
300

4. 제8편

1) 본 문 : 1. **貞：御自唐大甲大丁祖乙百羌，百宰。三**

2. **从姌。四**

3. **貞：御叀(惠)牛三百。三**

2) 한 역 : 1. **점쳐 묻습니다 : 唐으로부터 大甲 · 大丁 · 祖乙에게 御祭를 지내려는 데 羌人 100명과 양 100마리를 올릴까요? 세 번 물었다.**

2. **从姌가 …. 네 번 물었다.**

3. **묻습니다 : 소 3백 마리로 御祭를 올릴까요? 세 번 물었다.**

3) 출 전 : ≪甲骨文合集≫ 300 제1기

4) 자 해 : **[𢓊(御)自唐大甲大丁且(祖)乙]** : 𢓊(御) – 손에 채찍을 들고 길에서 말을 부리는 모양(yu · 어). 또는 꿇어 앉은 사람 곁에 𢓊처럼 실타래 모양인 午가 합쳐진 字. 꿇어 앉은 사람이 무언가를 신에게 바치는 모양에서 인신하여 사람에게 음식으로 대접한다는 뜻이 있다. 禦의 초문. 제명 · 저항하다 · 방국명 · 관직명 등으로 쓰였다(徐中舒, 1990 – 168). 自 – 코의 모양, 코 · 자신, …로부터로 쓰임. 唐 – 상대 개국의 祖. 大甲 · 大丁(1 – 5 참조). 且乙 – 祖乙(1 – 5 참조).

[百羌百宰] : 百 – 白에서 음에 의해 인신됨. 일백. 羌 – 상대 최강의 적대 방국(1 – 9 참조). **宰** – 제수용 양. 百을 두 가지로 쓴 이체 현상을 보인다.

[从姌] : 从(從) – 두 사람이 나란히 선 모양(14 – 12 참조). **姌** – 竹과 女를 합친 자로 **姌**(ran · 염)으로 쓰거나 从女, 从竹인 **笅**자로 보기도 한다(于省吾, 1996 – 452). 뜻이 확실하지 않다.

[御叀(惠)牛三百] : **叀**(惠) – 강조부사, 牛의 앞에 위치해 '소'라는 것을 강조한다. 三百 – 3과 백의 合文.

5) 해 설 :

제수품의 선정

본 편은 御祭에 羌人과 소를 각각 1백 마리로 드릴 것인지, 3백 마리로 드릴 것인지를 묻고 있다. 일반적으로 제사는 먼저 결정되나 제사에 올릴 제수품의 수량에 대하여 신중하게 점쳐 물었다.

4-9

4059 正

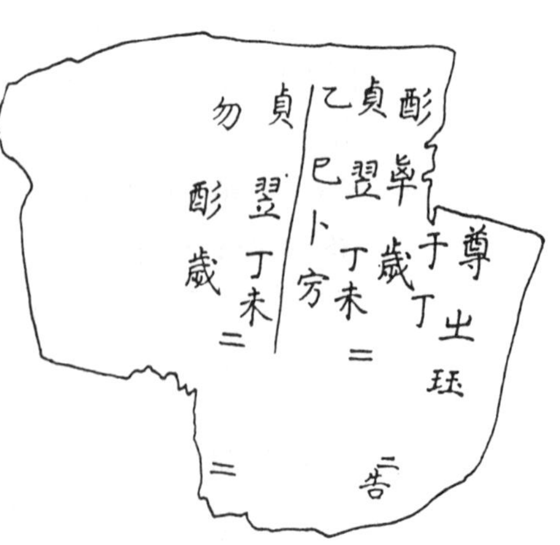

4. 제9편

1) 본 문 : **乙巳卜, 穷貞 : 翌丁未酒𢀛歲于丁, 尊㞢(侑)珏。二**
貞 : 翌丁未勿酒歲。二

2) 한 역 : **乙巳일에 점을 치고, 穷이 묻습니다 : 오는 丁未일에 𢀛에게 명해 조상 丁에게 酒祭와 歲祭를 지내고 또 술과 쌍玉을 올려 侑祭를 지낼까요? 두 번째 물었다.**
묻습니다 : 오는 丁未일에 酒祭와 歲祭를 지내지 말까요? 두 번째 물었다.

3) 출 전 : ≪甲骨文合集≫ 4059 正 제1기

4) 자 해 : **[翌丁未]** : 翌 – 돌아오는, 다음 (yi · 익) (2 – 2 참조). 丁未 – 점친 乙巳일부터 3일 뒤인 丁未일.
[酒𢀛歲于丁] : 酒 – 酉와 彡을 합친 자. 彭 · 酒라고도 하며 술을 올려 드리는 제사이다. 𢀛 – 인명, 武丁시대의 관리 이름. 歲 – 무기 모양으로 戊와 같은 자. 제사명(15 – 1 참조). 于 – 전치사. 丁 – 상대선왕. 武丁을 일컫는다.
[尊] : 尊 – 두 손으로 술병(酉)을 받쳐 든 모양으로 신에게 제물을 '공손하게 바친다'는 뜻. 술, 제물을 담는 기물명, 제사드린다는 奠, 존귀하다는 尊자로도 파생되었다(徐中舒, 1990 – 1606). 여기서는 '술'로 쓰였다.
[㞢(有)珏] : 㞢 – 侑로 쓰임. 珏 – 허리에 찬 옥이 겹쳐져 있는 모양(jue · 각). 琮의 象形자. 고대에는 玉과 貝가 모두 귀중품이고, 화폐에 속했는데, 주로 허리에 차고 다녀 佩玉이라 한다. 쌍옥이다(于省吾, 1996 – 3254).

5) 해 설 :

갑골문의 생략 현상

卜辭는 대체로 처음 물을 때는 점치려는 내용을 상세하게 묻고, 두 번째 이상 거듭해서 물을 때는 핵심적인 부분만 묻고 나머지 부분은 생략하는 경우가 많다. 소 견갑골의 상부만 남은 본 편의 2번에서는 1번중의 前辭가 생략되고 제사의 대상 丁 이하가 생략되었다. 아래 예문은 술어 부분만 남기고 모두 생략된 경우다.

辛巳卜 : 毋癸其日.	辛巳일에 묻습니다 : 毋癸는 日祭를 받아야 할까요?
弜日. (26995)	日祭를 받지 말아야 할까요?

4-10

5522 正

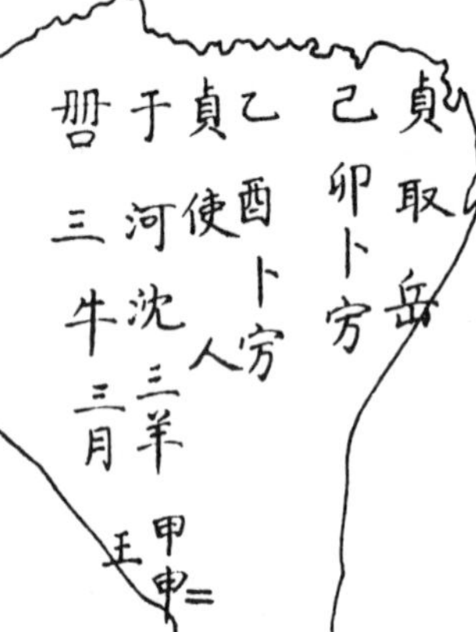

16191

4. 제10편

1) 본 문 : **己卯卜, 穷貞 : 取岳。**

乙酉卜, 穷貞 : 使人于河, 沈三羊, 𠫑三牛。三月。

2) 한 역 : **己卯일에 점을 치고, 穷이 묻습니다 : 산신에게 取祭를 지낼까요?**

乙酉일에 점을 치고, 穷이 묻습니다 : 사람을 제물로 보내 황하신에게 제사드리고, 또 양 3마리를 물에 빠뜨려 드리고, 소 3 마리를 잘라 지낼까요? 3월에

3) 출 전 : ≪甲骨文合集≫ 5522 正 보충 ≪甲骨文合集≫ 16191 제1기

4) 자 해 : **[己卯卜]** : 己卯일에 점을 치고, 7일 뒤 乙酉일에 또 점을 쳤다.

[取岳] : 取 - 취해오다, 여기서는 제사명으로 쓰였다(9 - 3 참조). 岳 - 산이 𡶳처럼 여러 겹 겹쳐져 있는 산맥의 모양(yue · 악). 인명 또는 자연신 중의 산신이다(于省吾, 1996 - 1221).

[使人于河] : 使 - 손에 기물을 들고 각종 일에 종사하는 모양, 事 · 史 · 吏로 파생되었다(2 - 11 참조). 곧 제물로 드린다는 뜻. 人 - 사람. 于 - 전치사. 河 - 水와 성부 可가 합쳐진 형성자. 황하신(3 - 1 참조).

[沈三羊] : 沈 - 소가 ⟨𣲧⟩처럼 물 속에 빠져 있는 모양(chen · 침). 제물을 물에 빠뜨려 지내는 제사명, 소(牛)의 모양은 점차 冘로 변해 从水, 冘聲의 형성자가 되었다(徐中舒, 1990 - 1203). 三羊 - 3마리의 양.

[𠫑三牛] : 𠫑 - 冊과 口를 합한 자로 冊(ce · 책)과 같은 음이다. 冊의 본의는 簡冊이며 口는 이를 담은 기물이다. 제사명으로도 쓰였는데, 簡冊에 제수품을 기록해 神主에게 고하는 제사, 또 동물의 몸을 갈라 지내는 제사를 말한다. 이때는 删(shan · 산)으로 발음한다(4 - 20 참조).

5) 해 설 :

用牲法과 제사명

제사의 명칭은 때로 제수품의 처리, 또는 제사의 진행 방법과 깊은 관계가 있다. 소를 물에 빠뜨리는 모양이 沈자인데 갑골문에 이런 방법으로 드리는 제사도 沈이다. 목을 자르는 모양은 伐인데 목을 잘라 드리는 제사 역시 伐이고, 땅에 매장하는 제사는 埋, 춤을 추며 드리는 舞, 북소리를 내 드리는 彡 · 彭, 술을 올려 드리는 제사는 酌(酒)이다.

4-11

5245

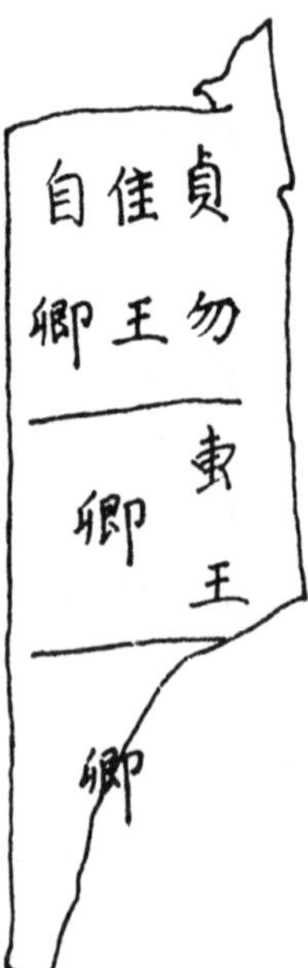

4. 제11편

1) 본 문 : **叀(惠)王饗(卿)。**

貞 : 勿隹(惟)王自饗(卿)。

2) 한 역 : **대왕께서 친히 대접을 할까요?**

묻습니다 : 대왕께서 친히 대접하지 말까요?

3) 출 전 : ≪甲骨文合集≫ 5245 제1기

4) 자 해 : **[叀(惠)王饗(卿)]** : 叀(惠) – 강조부사. 惟와 같은 용법으로 쓰였다. 王 – 상왕. 饗(卿) – 두 사람이 䖒처럼 식기를 향해 앉아서 식사를 하고 있는 모양(qing · 경). 상대인들은 제사 시 여러 신이나 조상들이 제사 장소에 내려와 음식을 흠향한다(饗)고 믿었다. 여기서 많은 사람이 모여 향연을 베푸는 연회도 饗(xiang · 향)이다. 또 사람들이 옹기종기 모여 음식을 나누는 고향(鄉)으로 인신되었고, 제사 등 여러 가지 일을 관장하는 사람을 큰 벼슬(卿)로 여겼다(趙誠, 1988 – 350).

[勿隹(惟)王自饗(卿)] : 勿 – 부정사. 隹 – 강조부사. 王 – 상왕. 自 – 코의 모양, 중국인들은 코로 자신을 지칭하므로 '자신', '친히'로 引申되었다.

5) 해 설 :

饗 · 鄉 · 卿의 다양한 용법

초대하다 – 唯多子饗于廳. (27647) 廳에서 多子를 請할까요?

제사명 – 王饗于祖辛. (23003) 왕은 祖辛에게 卿祭를 드릴까요?

제사에 임하여 흠향함 - 大乙祖乙祖丁暨饗. (27147)

大乙 등은 제사에 임하여 흠향할까요?

향하다 – 于西方東饗. (28190) 서방에서 동쪽을 향하다.

대응하다 – 方出, 王自饗, 受㞢又. (≪英≫ 543) 方이 출동했는데 대왕이 친히 군대를 이끌고 응전하면 신의 가호가 있을까요?

완수하다 – 弜執乎歸, 克饗王事. (27796) 잡지 말고 돌아오라고 명하면 능히 왕의 분부를 완수할 수 있을까요.

나라명 – 庚辰貞 : 至河, 𠂤其捍饗方. (≪屯南≫ 1009)

河에 이르러 𠂤가 饗方을 대응할 수 있을까요.

관직명 – 惟執其令卿史. (37468) 잡으라고 卿史에게 명할까요.

4-12

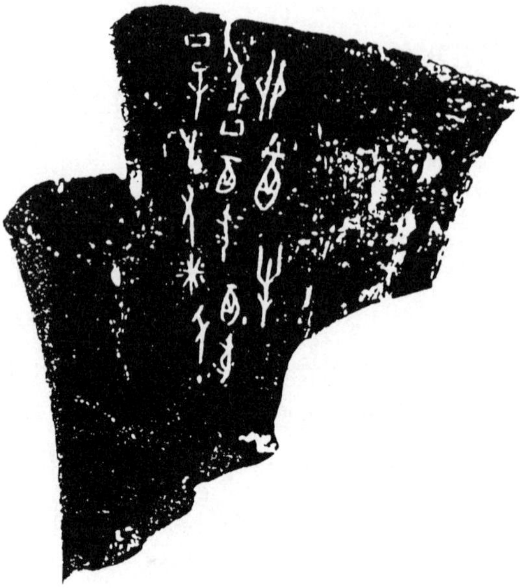

32674

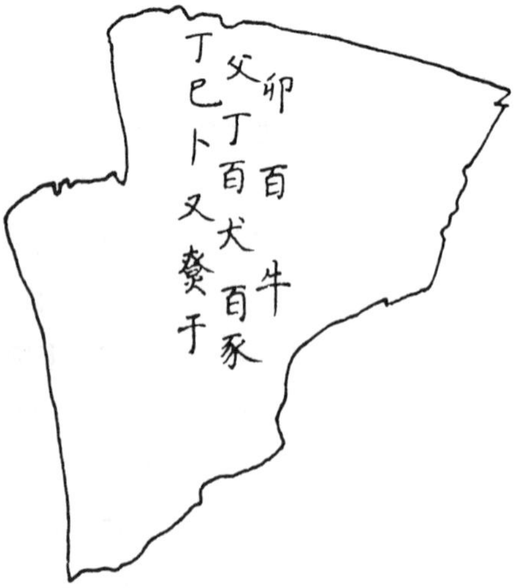

丁巳卜又燎于
父丁百犬百豕
卯百牛

4. 제12편

1) 본 문 : **丁巳卜：又(侑)燎于父丁百犬, 百豕, 卯百牛。**

2) 한 역 : **丁巳일에 점을 칩니다 : 아버지 丁께 개 100마리, 돼지 100마리로 侑祭와 燎祭를 올리고, 또 소 100마리를 잘라 올릴까요?**

3) 출 전 : ≪甲骨文合集≫ 32674 제4기

4) 자 해 : **[丁巳卜]** : 貞人 이름이 생략된 前辭이다.

[又(侑)燎于父丁] : 又(侑) – 侑祭(2 – 15 참조). 燎 – 갑골문은 ·처럼 쌓아 놓은 나무 단이 타며 불꽃이 튀는 모양이다. 燎의 本字(liao · 료). 本義는 나무를 태워 하늘에 드리는 제사. 여기서는 제수품을 태워 드리는 제사이다(于省吾, 1996 – 1526). 于 – 전치사. 父丁 – 아버지 丁.

[百犬百豕] : 百 – 一과 白의 合文. 일백. 犬 – 배가 홀쭉하고 처럼 꼬리가 긴 개의 모양(趙誠, 1993 – 200). 豕 – 배가 나오고 처럼 꼬리가 짧은 돼지의 모양(shi · 시). (徐中舒, 1990 – 1047).

[卯百牛] : 卯 – 칼로 자르는 用牲法(mao · 묘)(15 – 1 참조).

5) 해 설 :

상대는 白色을 중시했다.

갑골문에 나타난 색상은 赤(29418), 黃(14315正), 黑(≪屯南≫ 2363), 幽(≪屯南≫ 763), 白(14724) 등이 있다. 거의 다 소나 말 등 동물의 색깔을 묘사하는데 사용했다. 중요 조상에게 白牛 · 白羊 · 白豕 · 白犬으로 제사했지만 간혹 黑色의 동물도 제사에 올렸으니 특별히 白色을 좋아했다고 보지 않을 수도 있다. 그러나 白牡 · 白彘 · 白豚 · 白豭 등 수없이 많은 희생동물을 제수품으로 드렸을 뿐만 아니라 황색인 중에 특히 피부가 흰 사람을 가려 제사했고, 또 白人을 잡아 제사했으니 상대 白色을 중시했음이 분명하다(裘錫圭, 1992 – 232). ≪禮記 · 檀弓上≫의 '殷人尙白'이라는 말은 틀리지 않다.

壬子卜, 穷貞：唯今夕用三白羌于丁。(293)
오늘 저녁 흰 강인 3명을 제물로 올려 丁에게 제사 지낼까요?
貞：燎白人。(1039)
백인으로 燎祭를 지낼까요?

4-13

16197

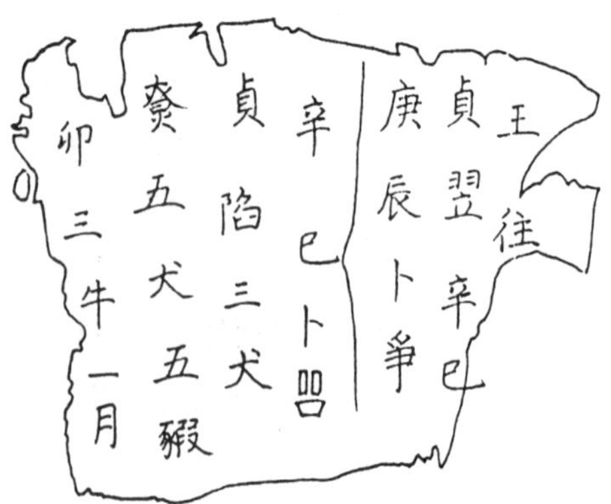

4. 제13편

1) 본 문 : 1. **庚辰卜, 爭貞：翌辛巳王往☐。**

2. **辛巳卜, 㕯貞：陷三犬, 燎五犬五豭, 卯三牛。一月。**

2) 한 역 : 1. **庚辰일에 점을 치고, 爭이 묻습니다 : 내일 辛巳일에 대왕께서 가도 될까요?**

2. **辛巳일에 점을 치고, 㕯가 묻습니다 : 3마리 개를 생매장하고, 5마리 개와 5마리 돼지를 태우고, 3마리 소를 잘라서 제사를 지낼까요? 1월에.**

3) 출 전 : ≪甲骨文合集≫ 16197 제1기

4) 자 해 : **[翌辛巳王往☐]** : 翌 – 다음. 또는 오늘. 辛巳일은 점친 다음 날이다. 즉 내일. 王 – 상왕. 제1기의 자형이다. 往 – 나아가다 (15 – 4 참조).

[陷三犬] : 陷 – 사람이나 동물이 ☐ · ☐처럼 함정에 빠져 있는 모양 (xian · 함). 함정에 빠뜨려 생매장하는 제사 (5 – 8 참조). 三犬 – 3마리의 개.

[燎五豭] : 燎 – 불태워드리는 제사. 豭 – 돼지의 배에 작은 칼을 그려 거세 한 돼지를 의미한다 (shi · 시). 豖(축)자로도 본다. 五豭은 다섯 마리의 거세해 살찐 돼지 (4 – 19 참조).

[卯三牛] : 卯 – 잘라 드리는 제사. 三牛 – 3 마리의 소.

[一月] : 月 – 제1기에는 夕자로 月을 나타냈다.

5) 해 설 :

月과 夕의 자형

月은 기울어진 반달의 모양인 ☽로 '달님'과 '한 달'을 뜻했다. 그러나 갑골문 초기 '저녁'이란 글자를 만들기가 어렵자 저녁이면 떠오르는 달님인 ☽자 속에 획을 하나 붙여 저녁이라는 ☽(夕)자를 만들었다. 점차 시간이 흐를수록 반대 현상이 일어나 후기에는 ☽를 月로, ☽을 夕으로 확정해 사용했다. 月과 夕의 전 후기 자형이 바뀐 예는 갑골문 斷代의 표준이 되고 있다.

본 편에서는 夕자가 1월의 月로 쓰였다. 따라서 본 편은 제 1기의 갑골문이라는 것을 알 수 있다.

4-14

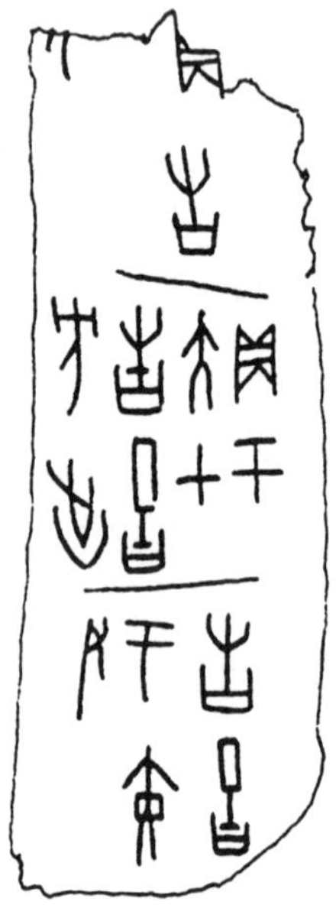

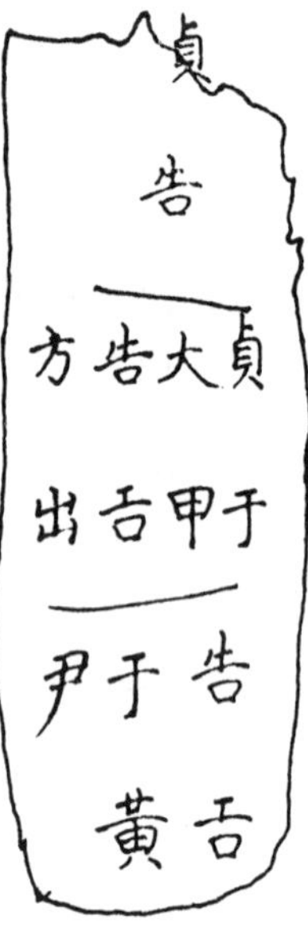

6142

4. 제14편

1) 본 문 : 1. **告𢀛于黃尹。**

2. **貞：于大甲告𢀛方出。**

2) 한 역 : 1. **𢀛方이 침범했는데 黃尹에게 告祭를 지내 도움을 청할까요?**

2. **묻습니다 : 𢀛方이 침범하였는데 선왕인 大甲에게 告祭를 지내 해결을 구할까요?**

3) 출 전 : ≪甲骨文合集≫ 6142 제1기

4) 자 해 : **[告𢀛于黃尹]** : 告 - 고하는 제사. 𢀛 - ≪합집≫은 工과 口가 합쳐진 자로 풀이하며 방국명이다. 董作賓은 鬼方, 陳夢家는 邛方, 丁山은 吉方이라고 하나 확실하게 규명되지 않고 있다. 于 - 전치사. 黃 - 갑골문은 · 처럼 사람이 옥이나 화살을 지고 있는 모양인데 노란색으로 빌려 썼다 (12 - 1 참조). 尹 - 손에 · 처럼 지휘봉을 잡고 집무하고 있는 모양 (2 - 9 참조). 黃尹 - 상대의 대신.

[貞] : 鼎의 모양을 본뜬 자. '점쳐 묻다'는 뜻으로 빌려 썼다 (1 - 1 참조).

[于大甲] : 大甲 - 상대의 선왕.

[告𢀛方出] : 方 - 농구모양 (1 - 2 참조). 향방의 향, 방국명으로 쓰였다. 出 - 발(止)을 혈거(凵) 에서 나가는 방향으로 포개놓은 모양. '나아가다', '출현하다'는 뜻. 반대로 발을 혈거 안으로 들어오는 방향으로 놓고 '들어오다'는 뜻의 各자를 만들었다. 아래에서 위로 읽어간다 (徐中舒, 1990 - 681).

5) 해 설 :

전치사 구조의 이동

1과 2 두 문장은 어법 구조의 변화가 엿보인다. 1의 𢀛에는 「于黃尹」이라는 보어가 있다. 2에서는 동사 告 뒤에 「𢀛方出」라는 주술 구조의 목적어가 옴으로 「于大甲」을 전치시켰다. 현대 어법에서도 같은 현상을 볼 수 있다.

A. 生在北京.

B. 在北京生的人多.

위 두 문장을 비교해보면 A에서 生의 보어인 「在北京」이, B에서는 동사 뒤의 주술구조의 보어로 인해 전치되어 生의 수식어가 되었다.

4－15

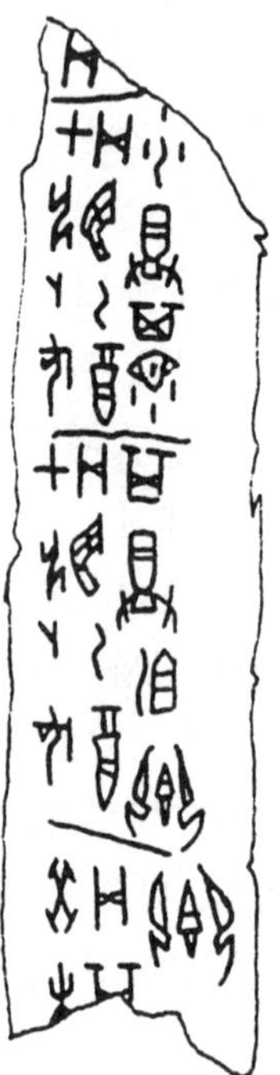

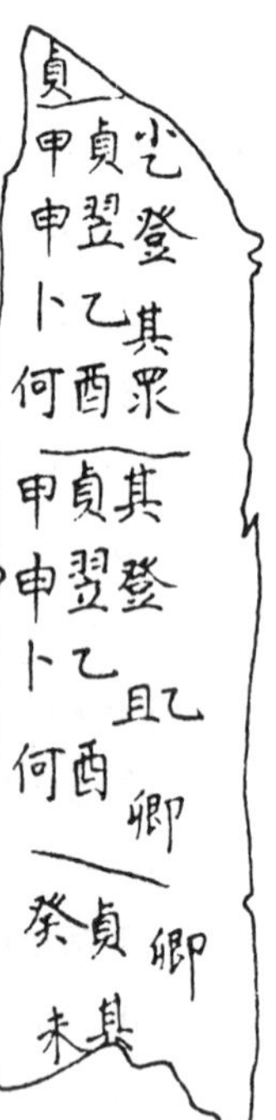

27221

4. 제15편

1) 본 문 : 1. **癸未[卜, □]貞 : 其⍁饗。**

2. **甲申卜, 何貞 : 翌乙酉其登祖乙饗。**

3. **甲申卜, 何貞 : 翌乙酉小乙登其罘。**

2) 한 역 : 1. 癸未에 묻습니다 : (조상들이) 와서 음식을 드실까요?

2. 甲申일에 점을 치고, 何가 묻습니다 : 내일 乙酉일에 祖乙에게 登祭를 지내는데 내려와서 드실까요?

3. 甲申일에 점을 치고, 何가 묻습니다 : 내일 乙酉일에 小乙에게 登祭를 지내는데 (祖乙)과 함께 드실까요?

3) 출 전 : ≪甲骨文合集≫ 27221 제3기

4) 자 해 : **[其饗]** : 饗 – 제사 받는 조상이 음식을 흠향하다 (4 – 11 참조).

[何貞] : 何 – 어깨에 무기를 메고있는 모양. 荷의 初文. 小篆에서 从人, 可聲의 형성자가 되었다 (趙誠, 1988 – 76). 제3기의 貞人. 중국인들은 긴 막대를 어깨에 걸고 양쪽에 물건을 담아 나르는데 그 유래를 甲骨文 何 자에서 볼 수 있다.

[翌乙酉] : 甲일에 점쳐 물었으므로 乙酉는 바로 다음 날.

[其登祖乙饗] : 其 – 강조부사. 登 – 두 손으로 [登]처럼 음식을 받쳐들고 제단에 오르고 있는 모양. '오르다'는 뜻(馬如森, 1993 – 307). 제물 특히 곡물을 봉헌하는 제사 · 人名 · 징집하다는 뜻으로 쓰였다(徐中舒, 1990 – 139).

[小乙登其罘] : 小乙 – 武丁의 아버지. 其 – 강조부사로 뒤의 罘를 강조한다. 罘 – 눈에서 눈물이 뚝뚝 떨어지는 모양 (罘). 郭沫若은 涕의 古字라고 했다. 卜辭에서는 본편과 같이 '… 와 함께', '더불어'라는 뜻, 즉 暨(ji · 기) 와 같다. 그 외 祭名 · 人名 · 國名으로 쓰였다 (趙誠, 1988 – 289).

5) 해 설 :

의미의 연관

본 편 2, 3번은 의미상 연관이 있는 卜辭이다. 3번 중 「…와 함께 其罘」는 小乙에게 제사하면서 2번에서 말한 祖乙과 함께 와 흠향할 것인가를 묻고 있다. 卜辭에 祖乙 · 小乙이 함께 제사를 받는 경우는 종종 있다.

甲寅卜 : 其蒸鬯于祖乙, 小乙罘。弜罘。(≪屯≫ 657)

4－16

358

4. 제 16 편

1) 본 문 : 1. **貞 : 燎于王亥。**

2. **貞 : 燎九牛。**

3. **貞 : 登王亥羌。**

4. **貞 : 九羌, 卯九牛。**

2) 한 역 : 1. **묻습니다 : 王亥에게 燎祭를 지낼까요?**

2. **묻습니다 : 燎祭에 소 9마리를 올려 지낼까요?**

3. **묻습니다 : 王亥에게 羌人을 제물로 올려 登祭를 지낼까요?**

4. **묻습니다 : 羌人 9명을 드리고, 소 9마리를 베어 제사를 지낼까요?**

3) 출 전 : ≪甲骨文合集≫ 358 제1기

4) 자 해 : **[貞]** : 鼎의 형체를 簡化시킨 모양. 점쳐 물었다.

[燎于王亥] : 燎 – 불에 태워드리는 제사. 于 – 전치사. 王亥 – 上甲微의 아버지이다. 상대의 先公(1 – 3 참조).

[登王亥羌] : 登 – 제사명, 특히 곡물을 봉헌하는 제사(4 – 15 참조).

[九羌] : 九 – 乙처럼 구부린 팔의 모양, 또는 갈고리 모양, 도마뱀의 모양이라고도 한다. 아홉으로 가차되었다(徐中舒, 1990 – 1531). 羌 – 상대의 서북쪽에 위치한 적국. 방국명. 羌族의 남자. 羌族의 여성은 '姜'이라 하였다.

[卯九牛] : 卯 – 잘라 제사하는 用牲法. 九牛 – 아홉 마리의 소. 아래에서부터 위로 써 갔다.

5) 해 설 :

占卜내용의 연속성

본 편은 王亥에게 드리는 제사에 관련해서 4번을 물었다.
1번은 燎祭를 드릴 것인지를 물었다. 제사의 종류가 결정되자
2번은 燎祭에 제물을 소 9마리로 할 것인지를 물었다.
3번은 아니면 登祭를 드리고 羌人을 제물로 올릴 것인지를 물었다.
4번은 羌人은 9명이 좋은지, 소 9마리를 잘라 드릴 것인지 묻고 있다.

제사를 드림에 있어 제사의 종류, 재수품의 종류, 수량 등을 상세하게 물었고, 그 연관성으로 보아 아래에서부터 위로 물었음이 증명된다.

4-17

15616

4. 제17편

1) 본 문 : **癸巳卜, 殼貞 : 燎十勿(物)牛㞢(又)五鬯。**

2) 한 역 : **癸巳일에 점을 치고, 殼이 묻습니다 : 燎祭를 지내는데 색깔이 있는 소 10마리와 또 향주 다섯 병을 올려드릴까요?**

3) 출 전 : ≪甲骨文合集≫ 15616 제1기

4) 자 해 : **[癸巳卜, 殼貞]** : 癸巳일에 점을 치고 殼가 물었다.

[燎十勿牛] : 燎 – 제명. 丨(十) – 10이다. 숫자 일(一)은 횡선으로 나타냈고 십은 곧은 선(丨)으로 나타내어 혼동을 피했다(徐中舒, 1990 – 219). 勿 – 物의 본자로 勿牛는 색깔 있는 얼룩소를 말한다(1 – 3 참조).

[㞢五鬯] : 㞢 – 㞢는 있다는 有, 제사명 侑, 접속사 又로 두루 쓰인다. 又와 용법이 같다. 본 편에서는 접속사로 '또한'이라는 뜻으로 쓰였다. 五鬯 – 다섯 병의 술. 鬯 – 갑골문은 [glyph]·[glyph]처럼 술을 빚어 담는 그릇 모양. 또는 술그릇에 술이 가득 차 있는 모양(chang · 창). 상대에 향초를 이슬에 버무려 담는 술로 제사를 지낸 후 땅에 뿌려 조상의 영혼을 달래는데 썼던 최상급의 香酒이다. 술을 세는 量詞로도 쓰였는데 본 편에는 香酒이다(徐中舒, 1990 – 562).

5) 해 설 :

左의 다양한 용례

左는 [glyph]형의 왼손의 모양이다. 卜辭에서는 이 한 자로 아래와 같은 4가지 뜻으로 사용되어 一字多義 현상의 전형을 보여준다.

왼쪽(左)	– 丁酉, 貞 : 王作三師右中左. (33006) 대왕은 右中左 3부대를 조직할까요?
신의 가호(祐)	– 貞 : 咸弗左(祐)王. (248正) 咸은 상왕을 돕지 않을까요?
재앙(災)	– 貞 : 王賓亡左(災). (15178) 대왕이 賓祭를 드리는데 재앙이 없을까요?
있다(有)	– 其左(有)大風. (≪甲≫1340) 큰 바람이 있을까요?

4-18

1416

4. 제18편

1) 본 문 : **辛酉卜：求于大丁。三月。一 二 三**

辛酉卜, 貞：求于大甲。一 二 三

2) 한 역 : **辛酉일에 점을 칩니다. : 大丁에게 求祭를 지낼까요? 때는 3월.**

辛酉일에 점을 치고, 묻습니다 : 大甲에게 求祭를 지낼까요? 세 번 물었다.

3) 출 전 : ≪甲骨文合集≫ 1416 제1기

4) 자 해 : **[辛酉卜, 貞]** : 前辭에서 貞人의 이름이 생략되었다. 제 4기에서 貞人 이름이 생략되는 것이 특징이나, 제 1기에서도 간혹 貞人이 생략된 현상이 나타나고 있다.

[大丁] : 湯의 아들로 왕위에 오르지 못하고 세상을 떴다. ≪史記≫ 중의 太丁이다(1－4 참조).

[三月] : 3월. 三－세 번 물었다.

[求(𠦪)于大甲] : 求－갑골문 [甲骨文字]의 자형 배경은 확실하지 않으나 곡물을 묘사한 來와 비슷한 형체가 있어 곡물을 드려 소망을 祈求하는 𠦪로 쓰고, 求祭로 보았다(李孝定, 1965－3238). ≪說文≫에 𠦪는 从本, 卉聲이라 하였으나 이미 변한 소전을 근거로 했을 뿐이다. 卜辭에서는 풍년·비·출산 등을 기원할 때 求祭를 지내 '求年', '求雨', '求生' 등 卜辭가 있으나 본 편처럼 구체적인 바람이 없을 때는 단순한 제사로 본다(姚孝遂, 1985－10). 于－전치사. 大甲－≪史記≫의 太甲, 大는 太로 발음한다(1－5 참조).

5) 해 설 :

五種祭祀의 제사 대상

5종 제사의 제사 대상은 先王과 先妣이다. 上甲으로부터 직계·방계 선왕이 모두 포함되었으나 武丁시대에 先公을 포함시킨 것에 비하면 五種周祭에서는 先王만을 대상으로 해 매우 간소화되었다고 할 수 있다.

先妣는 정비로 추대된 왕비가 제사 대상이 되었는데 示壬의 妃인 庚으로부터 시작 되어 적게는 한 사람, 많게는 祖丁이나 武丁처럼 서너 사람의 妃가 있다. 대체로 직계 정비이면서 아들이 제위에 오른 왕비만이 祭譜에 오른 것으로 알려졌다.

4－19

14360

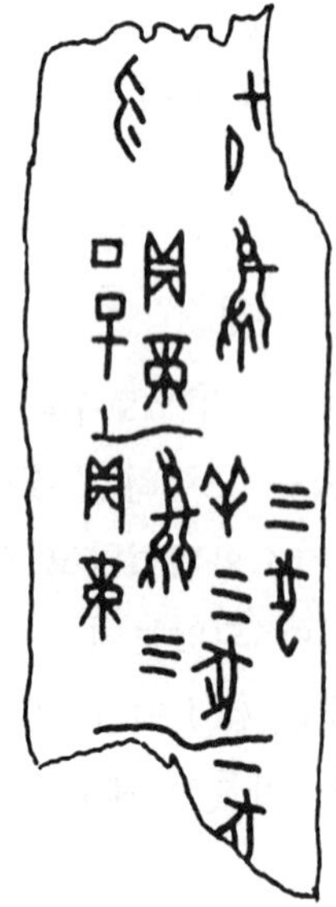

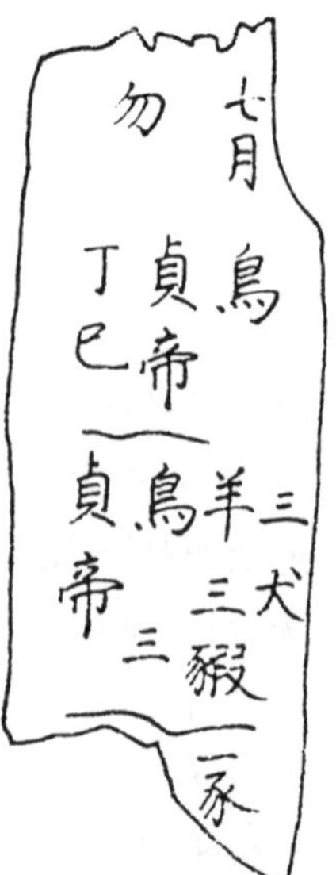

4. 제19편

1) 본 문 : 1. **丁巳卜, 貞：**禘**鳥**。

　　　　　2. **貞：**禘**鳥三羊三豭三犬**。

2) 한 역 : 1. **丁巳일에 점을 치고, 묻습니다 : 鳥神에게** 禘祭**를 지낼까요?**

　　　　　2. **묻습니다 : 鳥神에게 禘祭를 드리는데 양 3마리, 돼지 3마리, 개 3마리를 올릴까요?**

3) 출 전 : ≪甲骨文合集≫ 14360 제1기

4) 자 해 : **[丁巳卜, 貞]** : 貞人 이름이 생략된 前辭이다.

[禘鳥] : 禘－帝는 나무를 엮어 단을 쌓고 불로 태워 하늘에 제사지내는 모양으로 禘의 초문이다. 帝의 자형은 · · 등 다양한데 禘祭의 帝는 후자형을 썼다. 禘祭는 上帝에게 드리는 제사가(21－1 참조). 鳥－새의 측면모양, 商族은 새를 토템으로 하여 새를 신성시하였고 鳥神에게도 제사를 드렸다. ≪說文≫에 鳥는 鳥之長尾, 隹는 鳥之短尾라고 하였는데 갑골문에서 모두 새를 그렸으나 鳥는 처럼 전체를, 隹는 처럼 간략하게 그렸던 차이가 있다.

鳴자는 鳥를 따랐고 隹를 따르지 않았다. 鳥는 별 이름·인명·지명으로 쓰였다. 여기서는 鳥神이다(趙誠, 1993－205).

[三羊三豭三犬] : 羊－양의 모양. 豭－豕에 거세된 생식기 모양인 한 획을 합친 자. 豖(chu. 축)자로도 보며, 제수품으로 사용된 수퇘지 豭를 (jia. 가) 를 뜻한다(趙誠, 1988－200). 犬－개의 모양. 三－셈가지 셋을 포갠 모양. 숫자 3.

5) 해 설 :

命辭

命辭는 점복할 때 묻는 핵심적인 내용이다. 본 卜辭 1중 '帝鳥'와 2의 내용이 이에 해당된다. 갑골문의 기록은 前辭·命辭·占辭·驗辭 등 4단계로 기록하였는데, 본 卜辭 1에는 占辭·驗辭가 생략되었고, 2에서는 命辭만 기록되고 前辭와 占辭·驗辭가 생략되었다.

4 - 20

1027 正

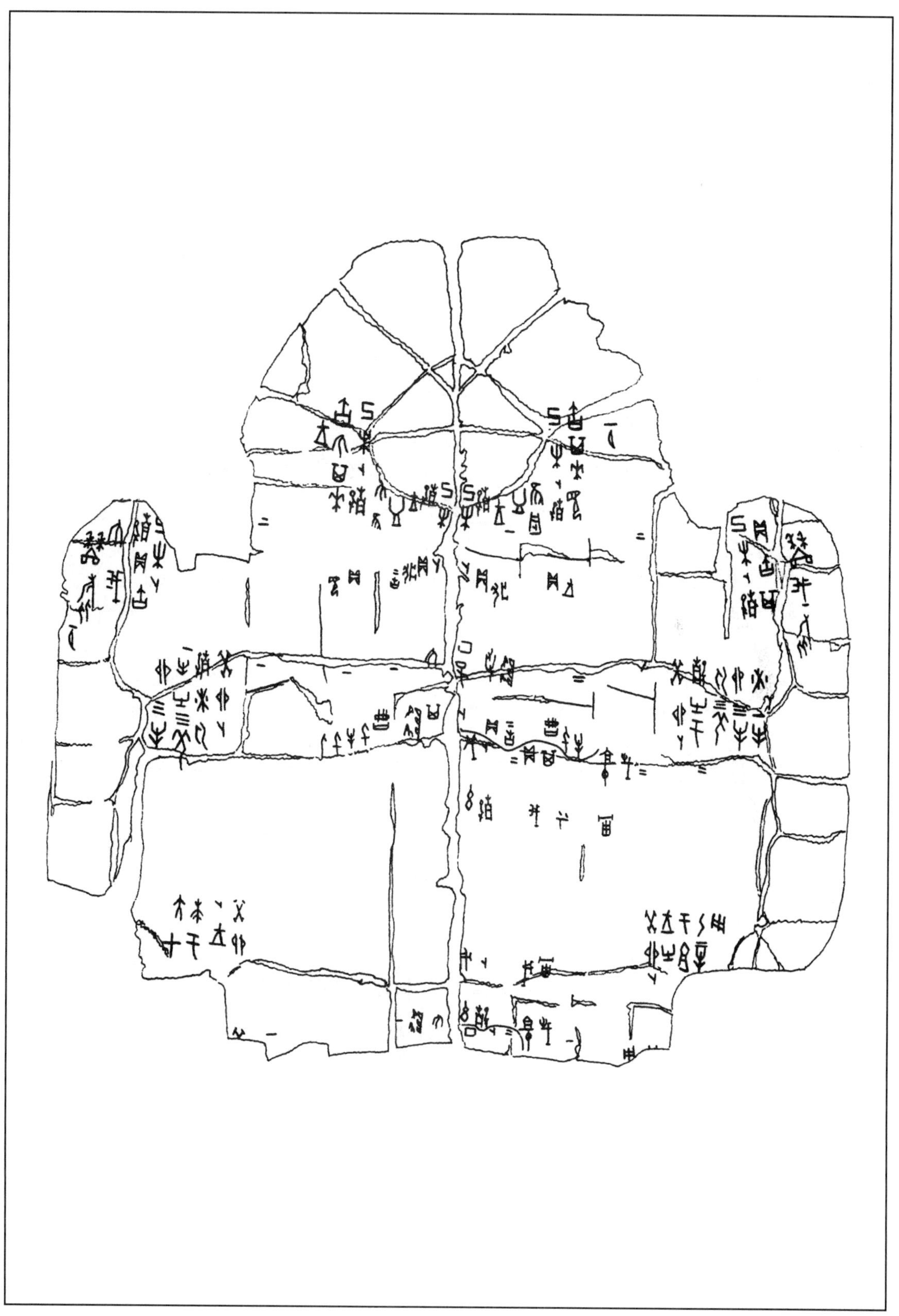

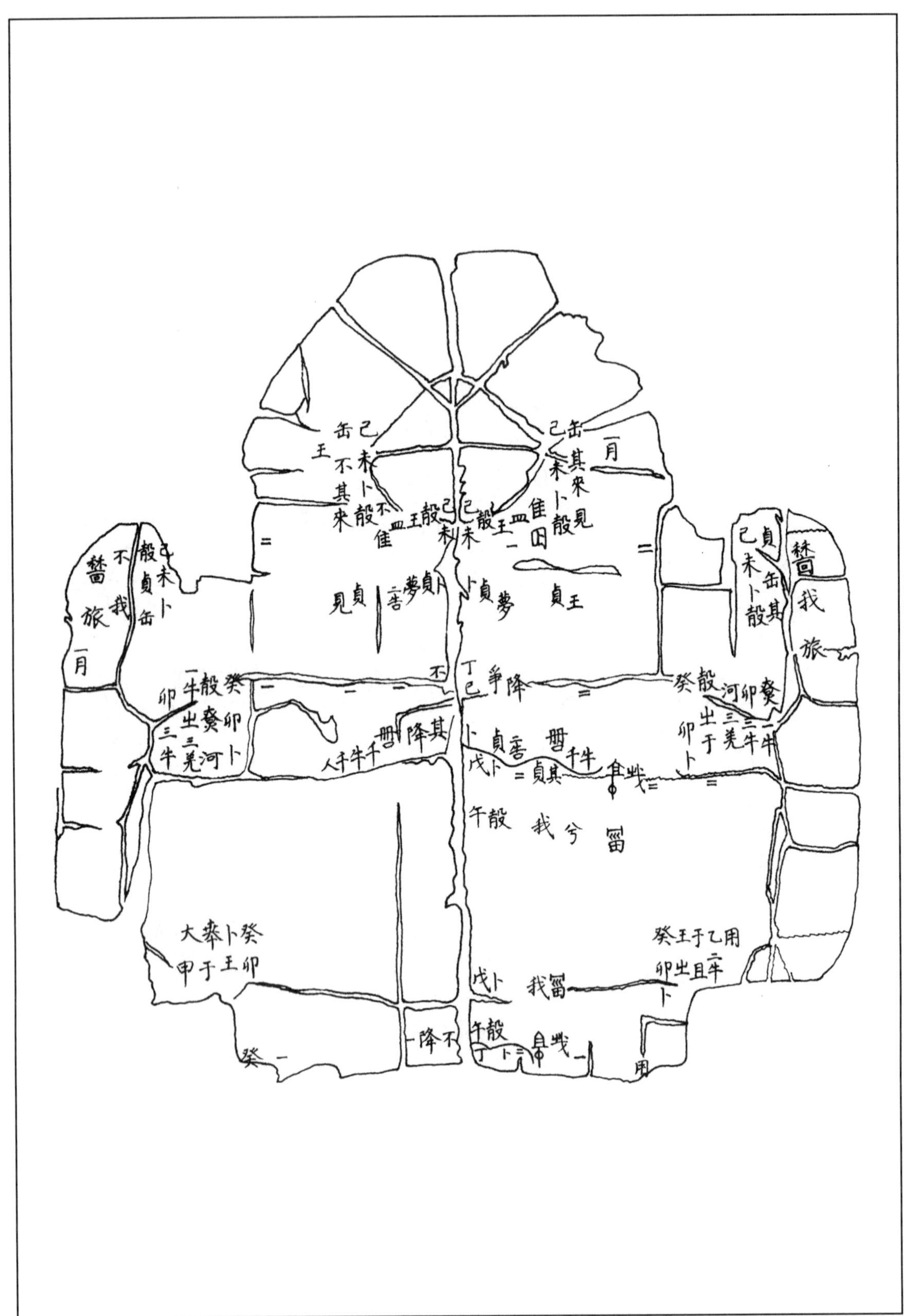

4. 제 20 편

1) 본 문 : 1. 丁巳卜, 爭貞 : 降𠀠千牛。
2. 不其降𠀠千牛千人。

2) 한 역 : 1. 丁巳일에 점을 치고, 爭이 묻습니다 : 천 마리 소를 제물로 삼는다는 축문을 써 올리도록 명령을 내릴까요?
2. 천 마리의 소와 사람 천 명을 제물로 드린다는 축문을 써 올리도록 명령을 내리지 말까요?

3) 출 전 : ≪甲骨文合集≫ 1027 正 제1기

4) 자 해 : [降𠀠千牛] : 降 – 고대 혈거의 출입이나 높은 곳을 오르내리기 위한 계단 옆에 발을 아래로 향해 포개놓은 모양이다. '내리다', '내려주다' 또는 '신령이 내려와 받는 제사' 등을 나타낸다(徐中舒, 1990 – 1510). 반대로 올라가는 '陟'자가 있다. 𠀠 – 축문을 담는 기물과 簡冊을 합친 자. 정결하게 기른 동물을 희생시켜 조상에게 드리며 고하는 제사를 말한다. 𠀠에는 희생물의 수량이나 기타 제물을 기록한 簡冊을 받침대에 올린 모양(4 – 10 참조). 千 – 사람(人)에 숫자 一을 𠦃처럼 합친 자로 千을 나타냈는데, 人은 音의 역할도 한다(趙誠, 1988 – 171).

5) 해 설 :

冊과 𠀠

甲骨文의 冊은 𠕁처럼 길고 짧은 대쪽을 엮어 만든 자이다. 또 일부 龜甲은 끈으로 꿰어 맺음직한 구멍까지 나 있어 商代 書冊(龜冊)의 초형으로 간주되고 있다. 白川靜은 "𠀠자는 축문을 담는 기물 위에 동물을 기르는 우리(冊)를 합친 모양이다"고 풀이하였다.
제사에 쓸 짐승의 수를 冊에 기록하였는데, 冊에 祭物의 명칭을 열거하여 書冊이라는 뜻이 파생되었고, 희생물을 올려 신령에게 고하는 제사가 𠀠이라는 것이다. 즉 冊은 명사, 𠀠은 동사로 동물의 사육과 이들을 신령께 바치는 儀禮를 반영한 문자로 보고 있다(白川靜, 1971 – 3477).

4-21

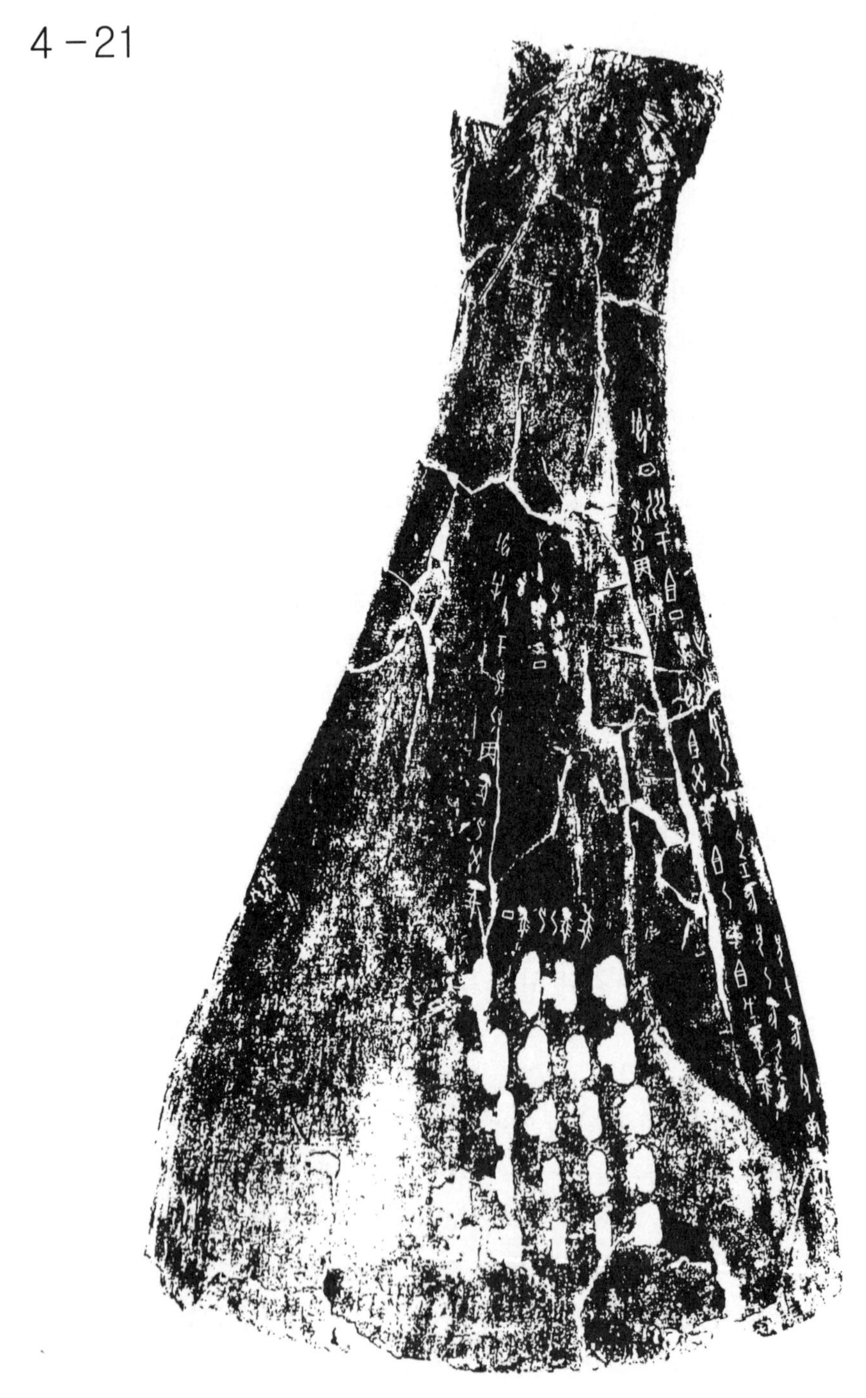

31993

4. 제 21 편

1) 본 문 : **作御牧于妣乙盧豕( ), 妣癸彘, 妣丁豕( ), 妣乙豕( )豕( )。**

2) 한 역 : **관리 牧을 위해 先妣들에게 御祭를 지내는데, 妣乙에게 돼지를, 妣癸에게 들돼지를, 妣丁에게 돼지를, 妣乙에게 두 마리의 돼지를 드릴까요?**

3) 출 전 : ≪甲骨文合集≫ 31993 제4기

4) 자 해 : **[作御牧于匕(妣)乙盧豕( )]** : 御 – 제사명 (yu · 어). 牧 – 손에 막대를 들고 소를 사육하는 모양. 인명 · 사육하다 등으로 쓰였다. 여기서는 인명이며 상당히 높은 관리로 보인다 (徐中舒, 1990 - 337). 匕 (妣) - 갑골문 匕는 · 이다. 수저 모양, 또는 여인이 부드럽게 팔을 굽힌 모양으로 보며, 여기에서 돌아가신 어머니인 '妣'로 인신되었다 (趙誠, 1988 – 279). 갑골문에서는 주로 조상의 배우자인 妣 (bi · 비) 의 初文으로 쓰였다. 卜辭 중의 匕는 先妣 이외에도 用牲法 · 연속 등의 의미로 쓰였다. 盧 - · · · 등 갑골문 盧는 여러 자형이 있다. 盧가 虍를 따른 것은 맹수의 가죽을 벗겨 지붕을 덮었던 습속을 반영한 것이다. 는 집안에 화로를 두고 있는 모양으로 虍을 聲符로 하고 있다. 이들은 모두 盧자가 나온 뒤 사라졌다. 盧는 동물의 가죽을 벗겨내는 뜻이 있다. 따라서 盧豕는 돼지의 고운 겉살을 벗겨 지내는 제사를 말한다. 盧는 旅와 音이 같다. 旅祭 역시 제수품을 나열해 지내는 제사를 말한다 (徐中舒, 1990 - 535).

[匕(妣)癸] : 彘 – 돼지의 배에 처럼 화살이 관통되어 있는 모양 (zhi · 체). 彘는 야생돼지로 활을 쏘아야 잡을 수 있기 때문에 矢가 더해졌다. '잡다' · 야생돼지 · 제물로 쓰였다 (徐中舒, 1990 – 1057) (19 – 6 참조).

[妣乙豕( )豕( )] : 妣乙 – 이름이 乙인 先妣. 豕豕 – 돼지 두 마리를 잇대어 그려 놓고 있는데, 아마도 두 마리를 뜻하는 衍文의 예라고 할 수 있다. 豕 – 배가 볼록한 돼지 모양이며 (shi · 시) 로 읽는다.

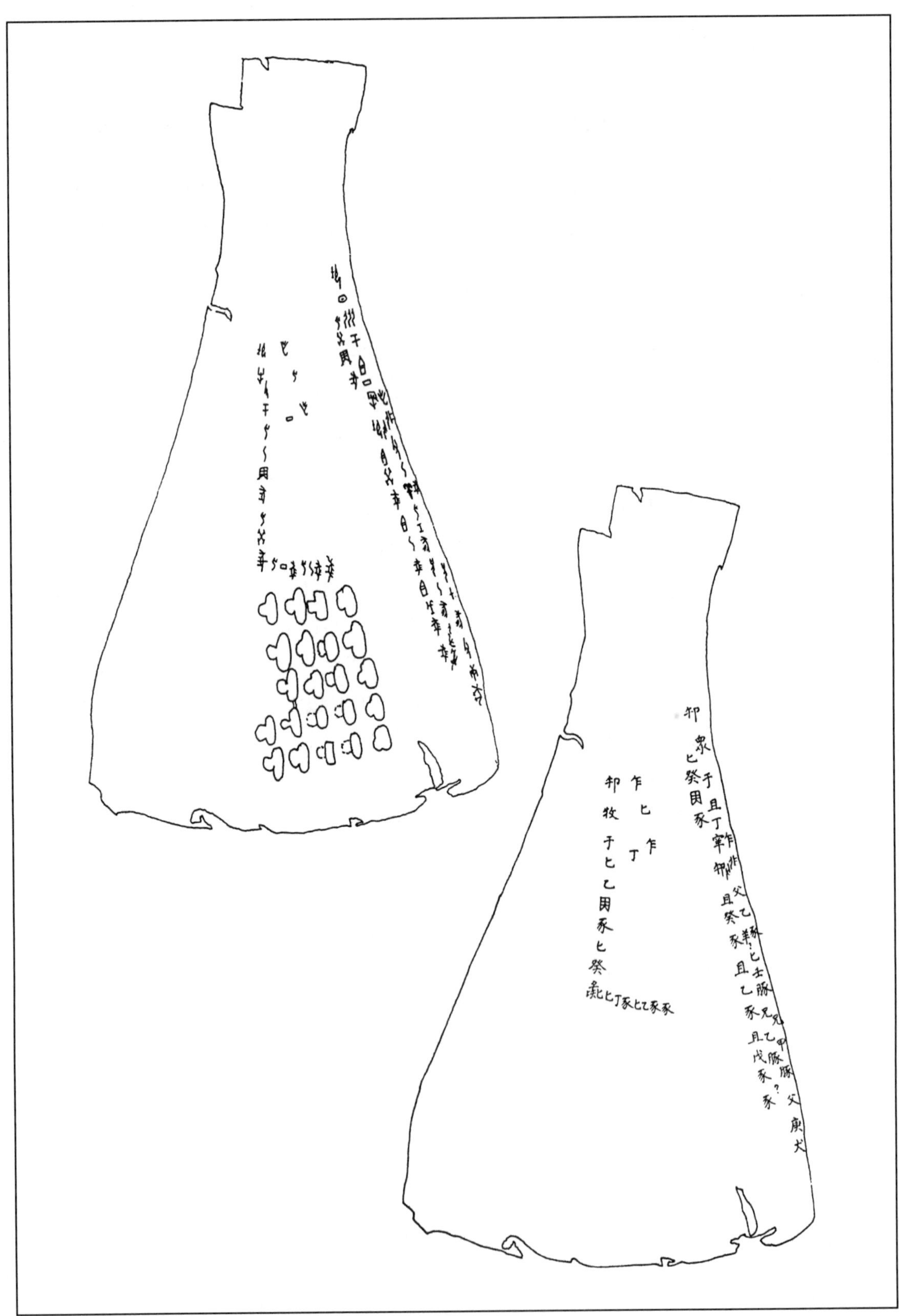

5) 해 설 :

매우 특별한 제사

본 편은 매우 완전한 牛肩胛骨로 모두 8항의 卜辭가 있으나 본문은 중앙에 있는 卜辭만을 풀이했다. 매우 특이한 점은 제물로 드려진 돼지의 등에 털을 그려 넣었고, 머리는 모두 도려낸 점이다. 이것은 아마도 제사시에 행했던 巫術행위를 卜辭에 반영시킨 것으로 보인다.

제수품의 종류

갑골문 제사 복사 중의 제수품으로는 동물이 주종을 이루며 사람을 제물로 드린 예도 적지 않다. 제사에 올렸던 동물은 牛·羊·犬·豕·彘·馬·兕·虎·象 등이 있다. 이같은 동물들이 자신들의 간구를 신속하게 신에게 전해주리라 믿음에서였다. 갑골문에 나타난 人牲은 人·羌·臣·執·奚 등이 있고, 특히 여성노예로 女·妾·姜·姬 등이 있으며, 방국의 적장으로 간주되는 白 등이 있다(胡厚宣, 1974－60).

人牲은 武丁시대 수량이나 횟수가 가장 많아 수천·수백에 이르렀지만 점차 줄어 帝乙·帝辛에 와서는 극소수에 불과했다. 姚孝遂가 상대 갑골문 688편 중의 卜辭를 근거로 한 人牲의 변화를 보면 다음과 같다(姚孝遂, 1979－386).

항목 \ 시기	제1기 武丁시기 약 60년	제2기 祖庚－文丁시기 약 90년	제5기 辛乙－帝辛시기 약 40년
기재된 人牲의 수량	5,418人	1,970人	75人
人牲의 수량이 없는 경우	247次	189次	290次
人牲을 기재한 갑골편 수	379片	277片	32片
일회 사용의 최고수량	1,000人	300人	30人
총 계	688片		

4－22

≪合≫ 27321(일부)

4. 제 22 편

1) 본 문 : 1. **庚子卜, 何貞 : 翌辛丑其侑妣辛饗。**(下一)

2. **庚子卜, 何貞 : 其一牛。**

3. **癸卯卜, 何貞 : 翌甲辰其又丁于父甲宰, 饗。**(下四)

4. **丙午卜, 何貞 : 翌辛丑其侑升歲, 御汓祖丁。**

5. **丙午卜, 何貞 : 其三宰。饗。**(上一)

2) 한 역 : 1. 庚子일에 점치고, 何가 묻습니다 : 내일 辛丑일에 妣辛에게 侑祭를 지내면, 흠향할까요?

2. 庚子일에 점치고, 何가 묻습니다 : 소 한 마리를 드릴까요?

3. 癸卯일에 점치고, 何가 묻습니다 : 내일 甲辰일에 父甲에게 侑祭를 지내는데 宰를 드리면, 흠향할까요?

4. 丙午일에 점치고, 何가 묻습니다 : 내일 辛丑일에 升·歲 방법으로 侑祭를 지내고, 祖丁에게 御祭를 지낼까요?

5. 丙午일에 점치고, 何가 묻습니다 : 특별히 기른 소 3마리를 드릴까요? 기원대로 흠향하였다.

3) 출 전 : ≪合≫ 27321 제3기

4) 자 해 : **[庚子卜, 何貞]** : 날짜와 정인 何의 이름이 있는 완전한 前辭이다.

[翌辛丑] : 翌－다음날, 庚子일의 다음날은 辛丑일이다.

[其侑妣辛] : 其－강조부사. 又 : 㞢의 3기자형. 侑의 초문. 妣辛－辛이라는 이름의 여성 조상. 合文으로 썼다.

[饗] : 음식을 가운데 두고 [illegible]·[illegible]처럼 서로 마주한 모양이다. 음식을 흠향하다. 그 외 고향마을에서는 마주하고 음식을 먹어 '고향(鄉)'으로 인신되었고, 제사를 관할하는 '관리(卿)' 등으로 쓰였다(4－11 참조).

[其又丁于父甲宰] : 其－강조부사. 又－侑祭. 父甲－아버지 甲. **宰**－제사를 위해 우리에 특별히 기른 양. 암수 한 쌍으로 보기도 한다.

[其又(侑)升歲, 御汓祖丁] : 又－侑祭. 升－제사명. 歲－제사명. 御－제사명. 汓－从水从子로 ≪說文≫ 중의 汓와 같다. 뜻은 확실하지 않다(徐中舒, 1990－1199).

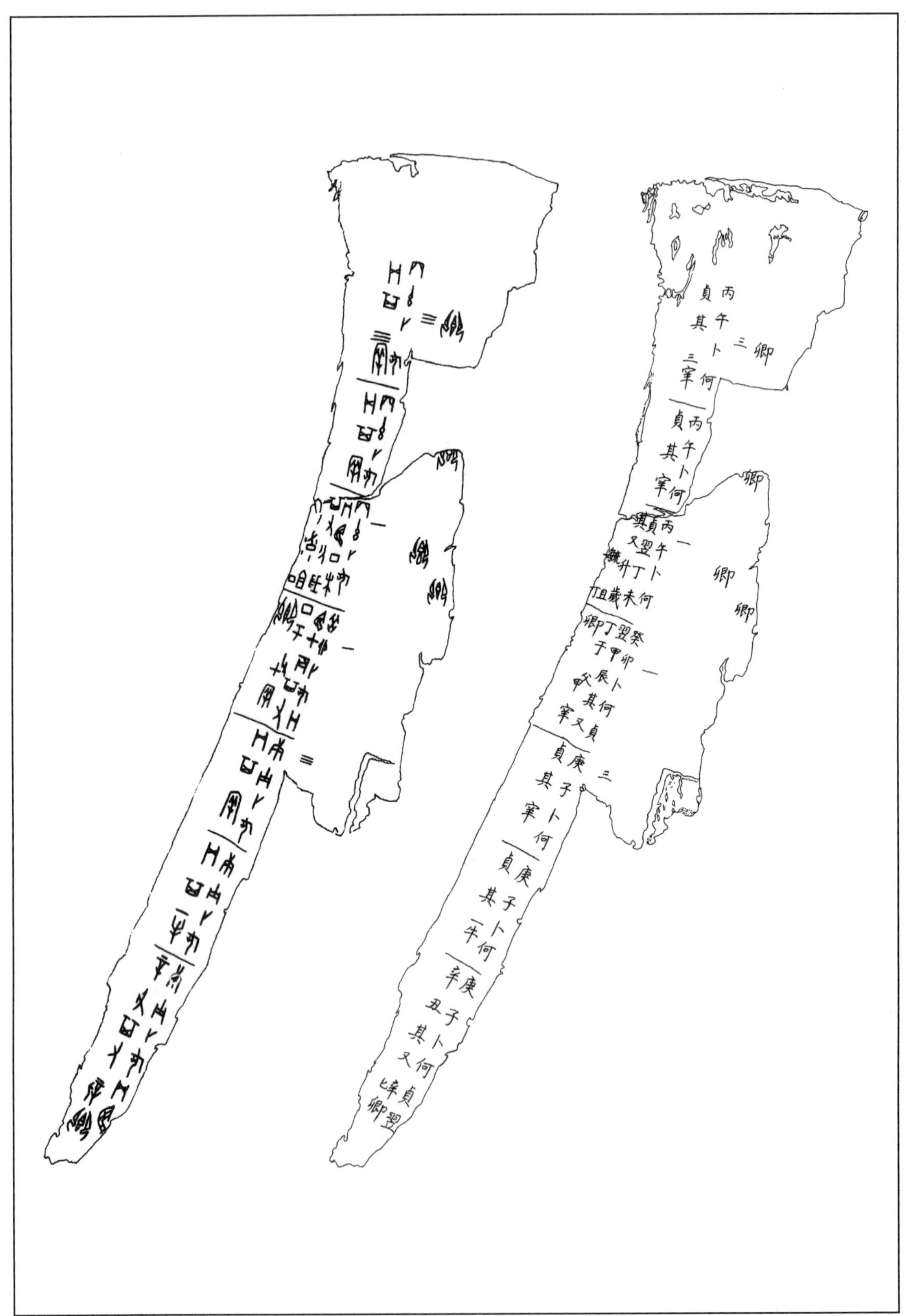

5) 해 설 :

제 3기의 시기 측정

본 牛肩胛骨은 右骨이다. 문자는 골질이 두터운 左邊에 새겼는데 右측에서 左行으로 써갔다. 복사는 庚子일부터 丙午일까지 약 일주일 사이에 지냈던 일련의 제사 내용을 기록했다.

先王으로는 父甲·祖丁과 先妣 妣辛에게 제사를 드렸는데 父甲·祖丁은 康丁의 아버지인 祖甲과 할아버지인 武丁을 칭한 것이고, 妣辛은 武丁의 배우자인 辛을 말한다.

점복과 기록은 제 3기의 대표적인 貞人 何가 담당했다. 이로 볼 때 제 3기인 廩辛·康丁시기의 복사임을 알 수 있다. 우반부가 심히 파손되었으나 좌반부에 새긴 卜辭는 보존상태가 양호하여 선공선왕에 대한 제사와 제수품 상황을 알려주고 있다.

제사시의 神位 방향

중국의 왕들은 북쪽을 등지고 남쪽을 향해 앉아 '南面爲王'이란 말이 생겨났다. 갑골문에는 제사시 향해야 하는 방향에 대해 묻는 卜辭가 많다.

· 成其□□于西方東鄉. 東方西鄉. (≪粹≫ 1253)
  서쪽에서 동쪽을 바라볼까요? 동쪽에 서서 서쪽을 바라볼까요?
· 庚辰卜 : □其從東鄉. 其北鄉, 其北鄉. 其東鄉. (≪鄴三. 下45·7)
  동쪽을 바라볼까요? 북쪽을 바라볼까요?
  북쪽을 바라볼까요? 동쪽을 바라볼까요?
· 庚辰卜, 大貞 : 來丁亥其叙丁于大室, 次丁西鄉(嚮). (23340)
  다음 丁亥일에 대실에서 武丁에게 叙祭를 지낼 때 武丁신위가 서쪽을 보게 할까요?

갑골문에 제왕들의 좌석배치에 관한 내용은 없으나 제사시 神位의 향방에 대해서는 묻고 있는 것으로 보아 당시에 일정 방향에 대한 선호경향이 있었음을 알 수 있다. 「西方東鄉」은 西쪽 방향에 서서 東쪽을 바라보는 것으로 풀이한다(金祥恆, 1961－5).

≪史記·項羽本紀≫ 중의 「項王項伯東嚮坐, 亞父南嚮坐, 沛公北嚮坐, 長良西嚮侍」와 비교해 볼 수 있다.

4 - 23

≪合≫ 6068 正
Seoul大所藏

4. 제23편

1) 본 문 : (中) 癸未卜, 永貞 : 旬亡囚。七日己丑, 長友化乎告曰 : 舌方征于我奠豊。七月。
(右下) 癸卯, 俎(宜)于義京, 羌三人, 卯十牛。

2) 한 역 : (中) 癸未일에 점을 치고, 永이 묻습니다 : 다음 열흘 동안 재앙이 없겠습니까? 7일 뒤인 기축일에 長友化를 불렀더니 "舌方이 우리의 鄭·酆 두 곳을 공략했다"고 했다. 7월에.
(右下) 癸卯일에 義京에서 宜祭를 지냈는데 3사람의 羌人을 제물로 드리고 소 10마리를 잘라드렸다.

3) 출 전 : ≪Seoul大所藏 甲骨文≫ 1 (≪甲骨文合集≫ 6068 正) 제1기

4) 자 해 : [旬亡囚] : 旬－하나라고 하는 '一'에 甲부터 癸까지 10일이 순환한다는 부호 ?를 붙여 10일을 나타낸 자다(徐中舒, 1990－1015). 10일. 亡－없다. 囚－재앙.

[七日己丑] : 七日－驗辭에서는 일반적으로 7일 뒤를 뜻한다. 己丑－癸未일부터 셈하여 7일 뒤인 己丑일.

[長友化乎告曰] : 長友化－武丁시대의 장군. 長－서 있는 사람이 처럼 머리를 길게 늘어뜨린 모양으로 '장발'을 뜻한다. '長短'의 長으로 인신되었고, 한 조직의 장은 나이들어 머리가 긴 사람이 추천되어 '면장', '시장'처럼 수장으로 인신되었고, 인명·지명으로 쓰였다(馬如森, 1993－523). 友－두 사람이 처럼 손을 맞잡은 모양으로 서로 협력한다는 뜻에서 '동지', '벗'으로 쓰였다. 長은 지명이고, 友化는 長을 지키는 수령이다(董作賓, 1957－831). 乎－呼의 本字. 부르다·명령하다. 동작빈은 사람을 파견하다로 보았다.

[舌方征于我奠豊] : 舌方－상대의 적대방국. 征－정벌하다(12－3 참조). 奠－두 손으로 항아리인 酉를 들고 있는 모양. 奠와 尊으로 파생되었고 奠는 阝를 첨가해 鄭을 이루었다. 지명(7－10 참조). 豊－쟁반에 옥을 담아둔 모양. 지명(12－5 참조).

[俎(宜)于義京] : 俎(宜)－도마 위에 고기를 늘어 놓은 모양. ≪說文≫에서는 宜와 俎로 분화되었다. 제사명. 義京－合文으로 된 지명이다(徐中舒, 1990－598).

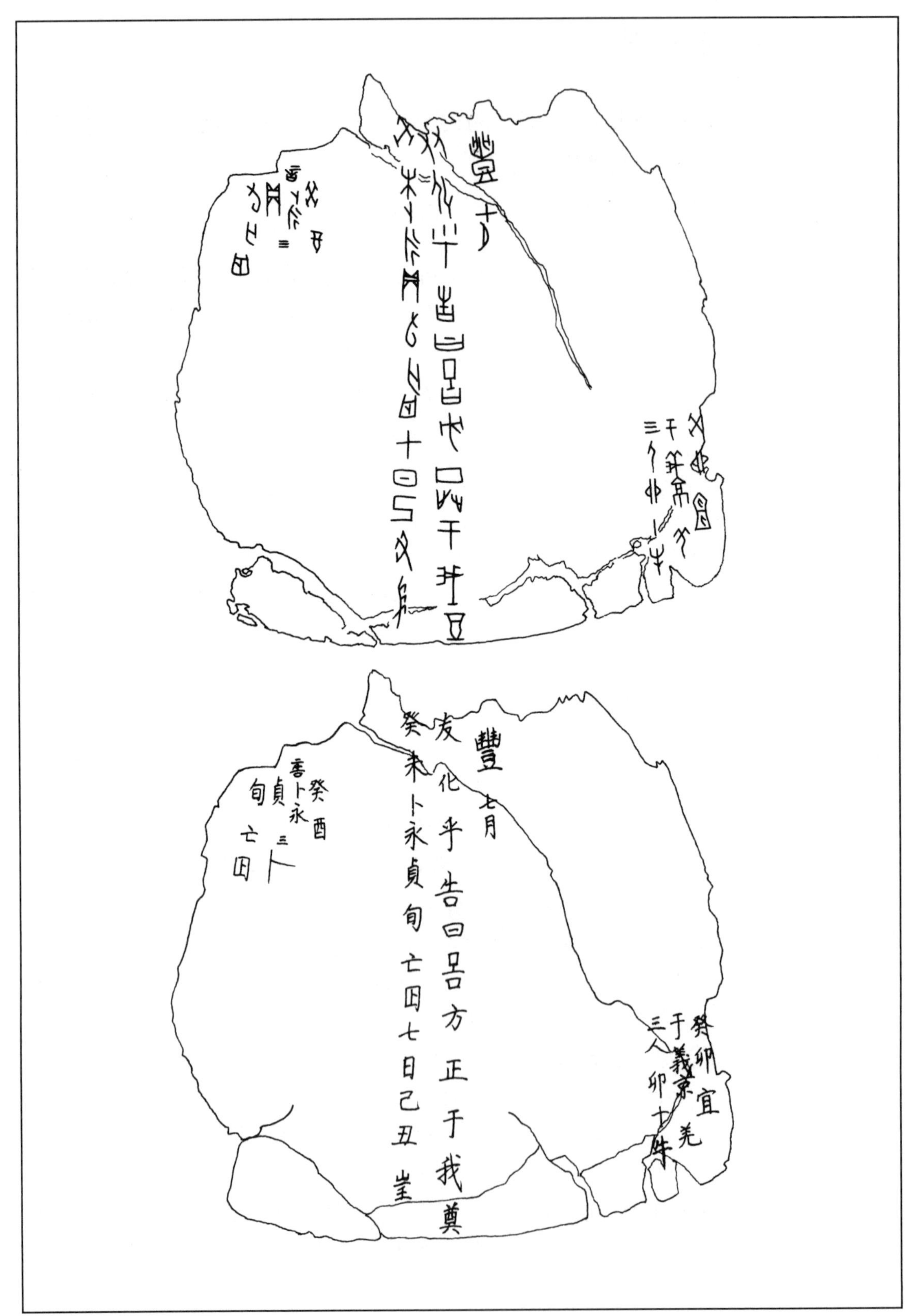
豐
七月
友化乎告曰吕方正于我奠
癸未卜永貞旬亡囚七日己丑
癸酉卜永貞旬亡囚
三
癸卯宜羌
于義京
三人卯十牛

5) 해 설 : 韓國所藏 甲骨文

한국에 소장된 갑골편은 도합 8편으로 서울대학교 박물관에 1편, 淑明女子大學校 박물관에 7편이 있다. 서울대학교 박물관에는 대형 右肩胛骨 한편을 소장하고 있는데 이는 1938년 6월 일본인 安倍能成이 기증한 것이다. 正反面에 모두 大字가 새겨 있으며 새긴 후 붉게 도색한 흔적까지 남아있는 이 갑골편은 1955년 한국에 와 서울대학교 박물관에 들른 董作賓에 의해 36년이라는 긴 잠에서 깨어나게 되었고, 그는 본 大胛骨을 분석하여 <한성대학소장대갑골각사고석>이라는 논문을 발표하여 세상에 알려지게 되었다.

본 大胛骨은 갑골문의 정수라고 하는 나진옥이 펴낸 ≪殷虛書契菁華≫ 중의 大胛骨들과 견주어도 손색이 없을 정도다. 동작빈은 본문 속에 있는 <宜于義京> (義京에 宜祭를 지내다) 이라는 구절에 근거해 자신의 저작인 ≪殷曆譜≫의 내용을 보충하였으니 내용 또한 매우 가치있는 것임에 틀림없다. 그러나 동작빈이 釋文만 열거하여 한양대학교 손예철교수가 <서울대학교소장 갑골편연구>에서 상세한 풀이를 하였다(孫叡徹, 1980－67).

1995년 상명대학교 김경일교수는 서울대학교 박물관의 위 大胛骨 원편을 살펴보던 중 또 다른 갑골 12편을 발견했다. 이들은 1965년 李相伯이 기증한 것으로 龜腹甲 4편(左腹甲2, 右腹甲2)과 8개의 牛骨이다.
金교수는 <한국소장갑골문 12편의 고석>을 통해 후대에 새긴 것으로 결론지었으며, 소위 "舊材料 · 新文字"의 僞刻이었다(金經一, 1997－1).

숙명여자대학교는 1996년, 세계갑골학토론대회를 개최하면서, 곽말약이 소련인 중국학자 Fedorenko에게 증정했던 것을 토론토대 許進雄 교수의 주선으로 소형 갑골문 7편(16－9 참조)을 구입하게 되었다. 원래 ≪殷契遺珠≫(1939) 840편이었고, ≪甲骨文合集≫ 13413편으로 수록되었으며, 현재 숙명여자대학교 박물관에 소장되어 있다(梁東淑, 2002－559).

제 5 장

戰　爭

戰 爭

商왕조의 역사는 전쟁의 연속이었다. 成湯이 夏桀을 무찌르고 商왕조를 건국한 때부터 마지막 왕 帝辛이 東夷를 정벌하다 국력이 쇠약해져 周武王에게 패하기까지 554년 간의 역사는 크고 작은 전쟁으로 점철되어 있다.

戰爭卜辭에는 상왕 武丁과 왕비 婦好가 합동작전으로 치른 전쟁과, 1,3000명의 병사를 동원하여 임한 전쟁, 적군의 희생자가 2천여 명에 이른 대규모 전쟁 등 다양한 전쟁 상황이 기록되어 있다. 또한 세부적으로는 전투작전, 전투시점 등을 점치는 등 戰爭의 이모저모를 생생하게 보여준다.

5-1

6096 正

5. 제1편

1) 본 문 : **壬子卜, 㱿貞 : 舌方出, 王觀(雚)。五月。**

2) 한 역 : **壬子일에 점을 치고, 㱿이 묻습니다. 舌方이 침범했는데 대왕께서 친히 시찰할까요? 때는 五月.**

3) 출 전 : ≪甲骨文合集≫ 6096 正 제1기

4) 자 해 : **[壬子卜, 㱿貞]** : 干支紀日에 의한 壬子일. **㱿**은 제1기 貞人 이름이다.

[舌方出] : 舌方－상대의 방국. 出－출병, 침범하다(4－14 참조).

[王觀(雚)] : 王－商王, 제 1기의 자형(1－11 참조). 觀(雚)－새의 머리 위에 털과 뿔이 [illegible]처럼 나 있는 모양. 위는 풀 초와 구별되며 萑와도 같다. 觀으로 보며 '관찰하다', '시찰하다', '수확하다'라는 뜻으로 쓰였다(趙誠, 1988－360).

- 제명 : 用雚. (≪人≫ 1933) 雚제를 지낼까요?
- 지명 : 婦妌田雚. (56) 婦妌은 雚에서 사냥을 할까요?
- 수확하다 : 婦妌黍雚. (≪後下≫ 6, 9) 婦妌은 黍를 수확할까요?

[五月] : 五 - 다섯 5의 최초 자형. 자형은 처음 X로 쓰다 점차 X로 바뀌었는데 실을 감는 타래 모양이라고 하나 확실하지 않다. 기수 · 서수의 구별 없이 數詞로 썼다(1 - 4 참조). 月 - 반달의 모양. 초기 자형은 夕자로 보이는데 月을 나타냈다. 후기에는 夕으로 저녁을 나타냈다(徐中舒, 1990 - 743). 때는 어느 해 5월의 壬子일이다.

5) 해 설 :

武丁시대의 인물들

戰爭卜辭에는 59년간 상대를 통치한 武丁을 도왔던 왕실귀족 · 친족 · 장군 · 방국수령들의 행적이 담겨있다. 武丁시대를 3기로 나누어 당시 활약했던 인물들을 살펴보자(林小安, 1986－224).

武丁초기 : 雀 · 我 · 子商 · [illegible] · [illegible]
武丁중기 : 婦好 · 師般 · [illegible] · 戊 · 望乘 · 沚戛
武丁후기 : [illegible](畢) · [illegible](吳) · 犬祉 · 㲋 · 岳 · 韋 · 㲺

5-2

5805

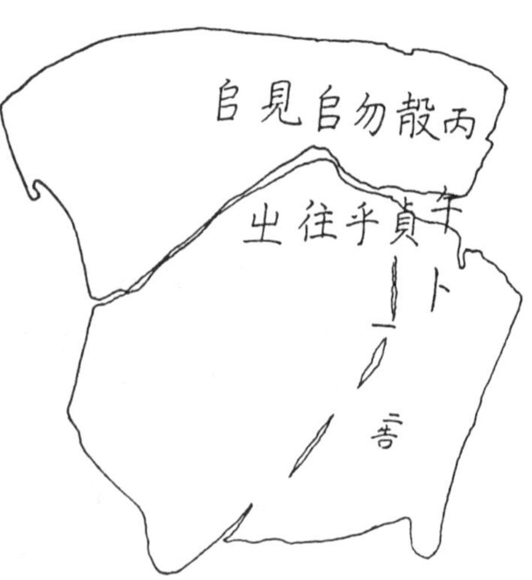

5. 제 2 편

1) 본 문 : **丙午卜, 㱿貞 : 勿乎(呼)𠂤(師)往見(視)㞢(右)𠂤(師)。一 二告**

2) 한 역 : **丙午일에 점을 치고, 㱿가 묻습니다 : 師에게 나아가 右軍을 시찰하라고 명하지 말까요? 첫 번째 점쳤다.**

3) 출 전 : ≪甲骨文合集≫ 5805 제1기

4) 자 해 : **[丙午卜, 㱿貞]** : **㱿** – 제1기의 貞人(ke · 각) (1 – 3 참조). 貞 – 鼎자의 간화 형체. '점쳐 묻다'로 쓰였다.

[勿乎(呼)𠂤(師)往見(視)㞢(右)𠂤] : 勿 – 부정사. 乎 – 명하다. 呼의 초문. **𠂤**(師) – 여정에 앉아 쉬고 있는 둔부와 대퇴부 모양. 또는 쉬는 장소. 전쟁을 위해 장도에 오른 병사의 주둔지인 次를 인신해 師라고 하며, 군대 · 인명 등으로 쓰였다. 처음 師는 인명, 두번째 師는 군대를 나타낸다(3 – 1 참조). 往 – '나아가다'는 뜻으로 彳와 主(止와 王을 합해 성부로 삼았다.) (15 – 4 참조) 見 – 人과 目의 합체자로 사람이 서거나 앉아서 보는 모양을 그린 자이다. 상관을 볼 때는 서서, 부하를 볼 때는 앉아서 보는 모양으로 상황을 구별했다. '만나다', '시찰하다'는 뜻으로 쓰였다(馬如森, 1993–510). 㞢 – 又의 초기 자형. 左 · 中 · 右軍 중의 右軍.

[二告] : 卜辭術語이다. 앞서 행했던 물음이 신령에게 잘 전달되지 않았다고 생각되거나, 占卜이 잘못 되었을 때 '다시 고한다'는 뜻으로 보기도 하고 三告 · 四告가 있음으로 '두 번째 고하다'로 보기도 한다.(1 – 8 참조)

5) 해 설 :

전승 후의 사냥

商周시대 통치자들은 전승 후 무용을 과시하고 전열을 정비하는 차원에서 대규모 사냥을 벌였다. 商王 武丁은 동쪽에서 협공을 가하고 婦好가 장군 沚戛와 연합하여 巴方을 공략하는 합동작전으로 전승을 거두기도 하였다. 개선 후 武丁은 婦好와 함께 대규모 사슴 사냥을 한 기록을 남겼다. ≪合集≫ 6481편(5 – 8 참조). 周 武王이 商을 무찌른 후 벌렸던 사냥은 주대의 대표적인 예라고 할 수 있다. 이들은 후대에 전승 후 대규모 사냥을 실시하는 先河가 되었다(于省吾, 1981 – 277).

5-3

6834 正

5. 제3편

1) 본 문 : 1. 癸丑卜, 爭貞 : 自今至于丁巳我𢦏(捷)𠀠(宙)。
2. 癸丑卜, 爭貞 : 自今至于丁巳我弗其𢦏(捷)𠀠(宙)。
3. 王固曰 : 丁巳我不其𢦏(捷)。于來甲子𢦏(捷)。
4. 旬㞢(又)一日癸亥車弗𢦏(捷), 之夕皿(向)甲子允𢦏(捷)。一 二

2) 한 역 : 1. 癸丑일에 점을 치고, 爭이 묻습니다. 오늘부터 丁巳일까지 우리 商은 宙方을 침공할 수 있을까요?
2. 癸丑일 점을 치고, 爭이 묻습니다. 오늘부터 丁巳일까지 우리가 宙方을 침공할 수 없을까요?
3. 대왕은 점친 결과를 보고 다음과 같이 판단했다 : "丁巳일에는 우리가 이길 수 없겠다. 오는 甲子일에야 침공하겠다."
4. 열 하루가 지난 癸亥일 상왕의 車부대는 침공하지 못했다. 그러나 그날 저녁이 지나고 甲子일 새벽 무렵를 과연 (宙를) 침공했다.

3) 출 전 : ≪甲骨文合集≫ 6834 正 제1기

4) 자 해 : **[自今至于丁巳]** : 自今 - 오늘부터. 至于 - …에 이르다. '自…至于'는 현대 중국어 중의 '自…至', '從 … 到'와 같은 구조이다.

[我𢦏(捷)𠀠(宙)] : 我 - 우리 商왕조(3 - 14 참조). 𢦏(捷) - 从戈, 才聲의 형성자(zai · 재). 재앙이라는 뜻이나 征伐과 관계된 경우 敗 · 殺 · 克, '상해를 입히다', '침공하다'는 '捷'이다(3 - 15 참조). 𠀠(宙) - 방국명(zhou 주).

[來甲子] : 來 - 오는, 돌아오는. 즉 다음 甲子일(1 - 4 참조).

[旬㞢(又)一日] : 旬 - 열흘. 㞢 - 又(有)의 제1기 자형이며 본 편에서는 접속사로 쓰였다(1 - 3 참조).

[之夕皿甲子允𢦏(捷)] : 之夕 - 그날 저녁. 皿 - 音은 向(xìang · 향)이다. 주로 干支와 干支 사이에 출현하여 '앞 간지 저녁에서 다음 간지 새벽까지의 시간'을 뜻한다(14 - 10 참조). 允 - 사람이 고개를 돌리고 있는 모양. 驗辭에서 '과연'으로 쓰인다(5- 10 참조).

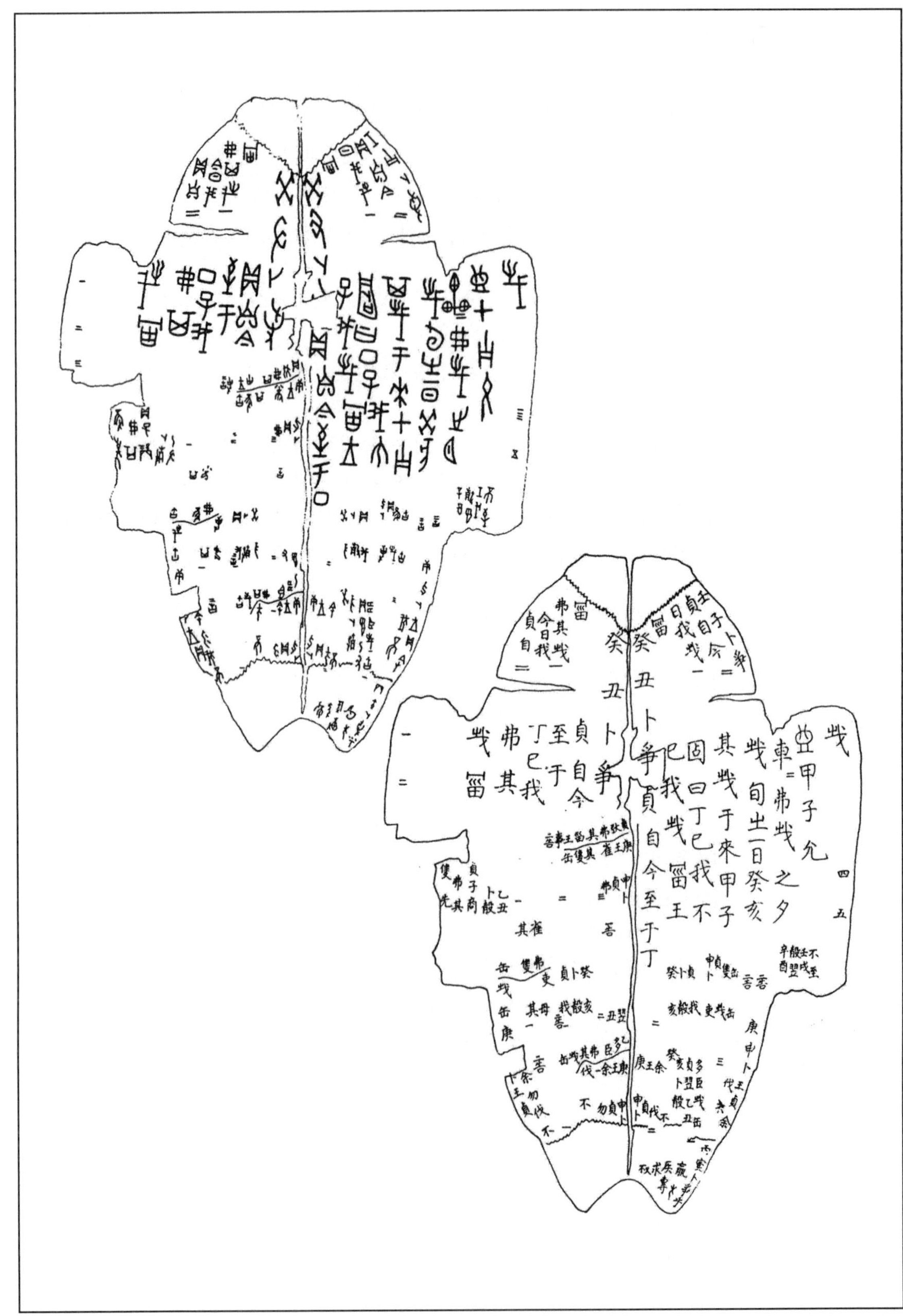

5) 해 설 : 완벽한 구조의 갑골문

본 편은 前辭·命辭·占辭·驗辭 등 4단계의 甲骨文 체제를 완벽하게 갖춘 卜辭이다. 내용의 1·2번은 점을 친 날짜와 貞人 이름인 前辭, 점복의 내용인 命辭가 左右로 對貞되어 있으며 中甲에서 밑으로 써 내려갔다. 3번은 점친 후 兆象을 보고 왕이 길흉을 판단한 占辭 부분으로 甲子일에야 좋은 결과가 있겠다는 점괘가 나왔다. 4번은 점친 결과가 영험했는지를 말해주는 驗辭 부분인데 甲橋까지 뻗어있다. 점은 癸丑일에 쳤는데 점친 날부터 셈하는 商代의 관례에 따르면 11일 뒤는 癸亥일이다. 그 날은 늦도록 전승 소식이 없었으나 甲子일로 접어들 무렵 과연 전승했다. 점은 적중되었음을 알 수 있다.

점을 치던 날 前辭·命辭·占辭를 새긴 후 龜版을 귀실에 보관했다가 다시 龜版을 꺼내서 驗辭를 기록한다. 번거로움 때문에 특별한 경우 외에는 일반적으로 驗辭은 생략되는데 본 편은 驗辭까지 기록된 완성도가 높은 卜辭이다.

본 편은 내용상 甲骨文 체제를 완벽히 갖추었을 뿐 아니라 갑골문 중의 정수로 간주되는 대형 귀복갑이다. 前左右甲에 새겨진 큰 글자는 칼로 새긴 것이지만 붓으로 쓴 것 같은 느낌을 주어 이로 인해 甲骨文을 직접 새겼다는 주장보다 먼저 붓으로 쓰고 나중에 새겼다는 견해를 뒷받침 해주고 있다.

한 龜版에 크고 작은 글자들을 다양하게 새긴 점이 주목되는데, 이는 또 사건의 중요도에 따른 字體의 차이와 字形의 다양성을 보여주고 있다. 朱砂를 칠해 화려함이 돋보이는 큰 글자들은 3천년의 세월을 뛰어넘어 살아 있는 듯 생동감을 과시하고 있는 걸작이다.

5-4

6409

5. 제 4 편

1) 본 문 : **丁酉卜, 㱿貞 : 今𢀛(者)王共(登)人五千正(征)土方, 受㞢又。三月。三**

2) 한 역 : **丁酉일에 점을 치고, 㱿가 묻습니다 : 이번에 대왕께서 5천명을 징집해 土方을 정벌하면 신의 가호가 있겠습니까? 때는 3월. 세 번째 점쳤다.**

3) 출 전 : ≪甲骨文合集≫ 6409 제1기

4) 자 해 : **[丁酉卜, 㱿貞]** : **㱿** – 손에 채를 잡고 종을 치고 있는 모양. 제1기 貞人.
[今𢀛(者)] : 今 – 종을 뒤집어 놓은 모양(2 – 13 참조). 𢀛(者) – 솥에 콩을 삶는 모양인 者와는 자형상 차이가 있으나 者로 보기도 한다. '今'이나 '來' 등 시간사 뒤에 붙어 조사 역할을 하며 구체적인 의미는 없다(2 – 13 참조). 今𢀛(者) – 이번 · 금번으로 풀이한다.
[王共(𠬞)人五千] : 王 – 상왕(1 – 11 참조). 共 – 두 손(𠬞)을 마주하여 받들고 있는 모양으로 登의 본자이다. 卜辭에서 '徵集하다(共 · 登)', '取해오다', '공급하다(供)', '진상하다(登進)' 등으로 쓰였으며 추수 후 조상에게 곡물을 드리는 제사(蒸)라는 의미로도 쓰였다(于省吾, 1996 – 1022). 본 편에서는 징집하다. 五 – 다섯. 千 – 人과 十의 합친 자로 모음이 같은 '人'을 성부로 하였다. 일천.
[正(征)土方] : 正 – 口와 止의 합체자. 싸우러 나아감을 나타냈다. 征의 초문이며 '정벌하다'는 뜻으로 쓰였다(5 – 19 참조). 土 – 흙이 △처럼 불룩 솟아나온 모양(21 – 6 참조).
[受㞢(有)又(祐)] : 受 – 받다(10 – 10 참조). 㞢(有) – 있다(1 – 3 참조). 又 – 祐(yòu · 우) – 신의 가호. 受有祐 – 신의 가호를 받는다는 卜辭成語이다.

5) 해 설 :

전쟁관련 숫자

갑골문 전쟁卜辭에 의하면 상대의 전쟁에 동원된 최다수는 13,000명이며 전쟁에서 정벌한 희생자의 최고 숫자는 2656명이다. 그 외에도 萬수에 달한 인원들이 이동된 사실을 알 수 있다.

辛巳卜, 貞 : 登婦好三千, 登旅萬, 呼伐羌. (≪庫方≫ 310)
伐二千六百五十六人. (≪後編≫ 下 43, 9)
□子卜, 貞 : 萬人歸. (21651)

5-5

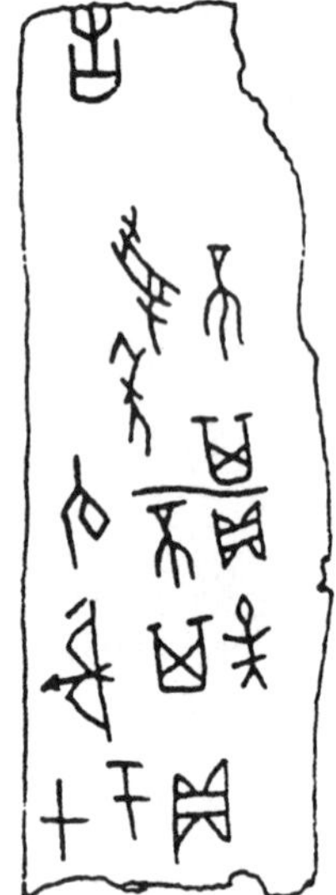

告

受 不
年 其

以 不 貞
射 其 𢎥

甲 于 貞

5764

≪乙≫ 1245

5. 제5편

1) 본 문 : **貞 : 𡗕(吳)不其氏(以)射。**

2) 한 역 : **묻습니다 : 𡗕가 사수들을 데려오지 않을까요?**

3) 출 전 : ≪甲骨文合集≫ 5764 제1기, 보충 ≪殷虛文字乙編≫ 1245

4) 자 해 : **[貞]** : 鼎점의 간화형체. '점쳐 묻다'로 쓰였다.

[𡗕(吳)不其氏射] : 𡗕(吳) – 자형의 배경은 확실하지 않으나 인명 · 관명 · 지명 · 방국명 등으로 쓰였다. 武官이었던 그는 농경관으로 아래 卜辭에서 보이듯 곡식 창고를 순찰하는 활약상을 보이기도 하였고 매우 중요한 제사를 주관했던 상대의 비중 있는 인물이었다(于省吾, 1996 – 212). 吳로 쓰기도 하는데 보충중의 자형은 매우 활기 있다.

· 己酉卜, 貞 : 令𡗕省在南亩. 十月.
𡗕에게 남쪽에 있는 곡식창고로 시찰하게 명할까요. 10월에.
· 庚子卜 : 令𡗕省亩. (33237)
𡗕에게 곡식창고를 시찰하게 명할까요?

不 - 부정사. 其 - 강조부사로 뒤에 오는 동사 氏를 강조시킴. 氏(以) - 사람이 물건을 들어올리는 모양. 氏 또는 以로 보며 '致'와 같은 뜻이다. 데려오다(9 - 1 참조). 射 - 활시위에 화살이 놓여 있는 모양, 사수(3 - 16 참조).

5) 해 설 : **武丁王의 周方 정벌**

武丁시대에 周方을 공략하는데 승전하겠는지를 묻는 卜辭는 수없이 많고, 제 2기 복사에서도 周方의 정벌을 꾀하는 卜辭내용이 있다.

· 貞 : 令多子族暨犬侯璞周, 叶王事。(6813)
多子族과 犬侯에게 周를 침공하도록 명하면 왕의 임무를 잘 해낼까요?

· 戊子卜, 疑貞 : 王曰 : "余其曰多尹其令二侯, 上絲暨倉侯 '其璞周'"。(23560)
무자일에, 疑가 묻습니다 : 대왕께서 "짐은 여러 장군 곧 上絲와 倉侯 두 제후에게 그대들은 周方을 정벌하라!"고 말해야 할까요?

5-6

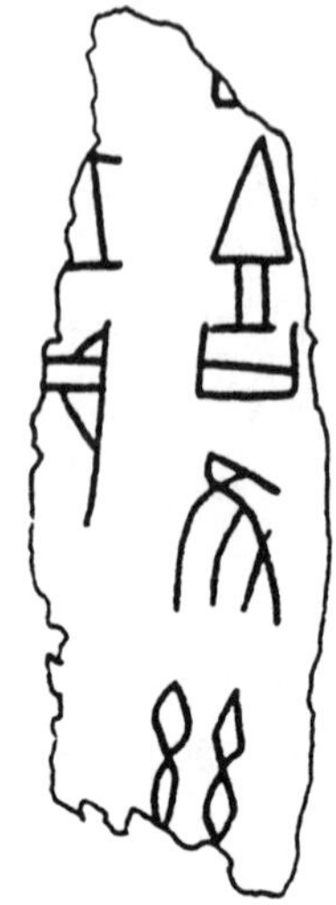

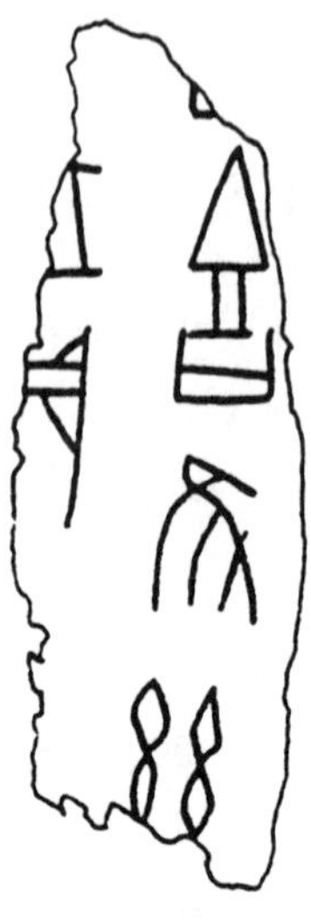

1. 18927 正

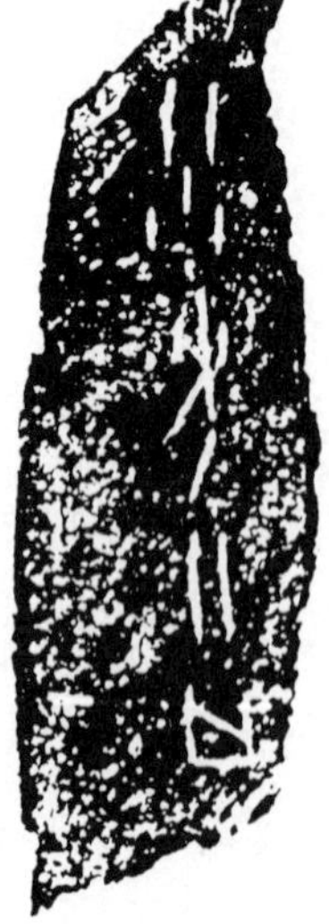

2. 18927 反

5. 제 6 편

1) 본 문 : 1. □□卜, **王貞 : ▨吉。隹(唯)茲▨。**
2. ▨舌方出▨。

2) 한 역 : 1. **대왕이 묻습니다 : 길하다. 이 점의 내용에 따라 시행하라.**
2. **舌方이 출병했다.**

3) 출 전 : ≪甲骨文合集≫ 1. 18927 正 2. 18927 反 제1기

4) 자 해 : **[王貞]** : 상왕이 직접 점을 쳤다. 王자는 제1기의 자형이다.
[吉] : 길하다.
[隹(唯)茲] : 隹 - 새의 모양. 鳥는 처럼 새의 전체 모양이고 隹는 처럼 간략형이지만 모두 새를 뜻했다. 강조부사로 쓰임. 뒤에 오는 茲(zi · 자)를 강조했다. 茲 - 此 · 這의 뜻이 있으며, 唯茲는 이번의 占卜대로 행하라는 뜻이다.
[舌方弗其] : 舌 - 방국명. 갑골문에서는 로 썼다. 方 - 농구의 측면 모양. 방국명. 향방의 방으로 쓰였다(1 - 2 참조). 弗 - 부정사. 其 - 강조부사(2 - 9 참조).

5) 해 설 :

획의 누락 현상 - 缺刻

본 편은 전후를 알 수 없는 작은 骨片이지만 그 의미는 자못 크다. 1은 正面이고 2는 反面이다. 反面에 새겨있는 알 수 없는 형체는 董作賓의 ≪甲骨文斷代硏究例≫에서는 '舌方出'의 미완성된 각사로(5 - 6편) 보고, ≪甲骨文合集釋文≫에서는 '弗其'의 미완성된 각사로 보고 있다. 아마도 세로 부분을 다 새기고 나서 가로 부분을 새기기 전 잠시 「忙中閒」을 즐기다 잊은 것일까.

도장을 팔 때 나무틀에 도장을 끼워 넣고 세로쪽을 다 파고 다시 돌려 다른쪽을 파는 모습을 연상케 한다. 3천 3백여 년 전, 대학자이면서 서예가요 전각예술가들이었음에 틀림없는 貞人들도 종종 이런 誤字 · 脫字 또는 획 누락의 현상을 보여주고 있다.

5-7

32 正

5. 제7편

1) 본 문 : 1. 乙卯卜, 㱿貞 : 王比望乘伐下危, 受㞢又。四
乙卯卜, 㱿貞 : 王勿比望乘伐下危, 弗其受又。四
2. 貞 : 王比望乘。四
貞 : 王勿比望乘。四
3. 丁巳卜, 㱿貞 : 王學衆, 伐于莞方, 受㞢又。四
貞 : 王勿學衆莞方, 弗其受㞢又。四
4. 貞 : 王叀沚戛比伐巴▨。四
貞 : 王勿比沚戛伐▨。四
5. 叀戛比。四
勿隹(唯)比戛。四
6. 庚申卜, 㱿貞 : 乍(作)賓。四
庚申卜, 㱿貞 : 勿乍(作)賓。四
7. 王叀出循。四
王勿隹(唯)出循。四

2) 한 역 : 1. 乙卯일에 점을 치고, 㱿이 묻습니다 : 대왕께서 望乘을 이끌고 下危를 치면, 신의 가호가 있을까요? 대왕께서 望乘을 이끌지 않고 下危를 치면, 신의 가호를 받지 못할까요? 네 번째 점쳤다.
2. 묻습니다 : 대왕은 望乘과 연합할까요? 대왕은 望乘을 이끌지 말까요? 네 번째 점쳤다.
3. 丁巳일에 점을 치고, 㱿이 묻습니다 : 대왕께서 衆人들을 가르치고 설득해 莞方을 공략하면 신의 가호가 있을까요?
묻습니다 : 대왕께서 衆人들을 가르치고, 설득하지 않고 莞方을 공략하면 신의 가호가 없을까요?
4. 묻습니다 : 대왕께서 沚戛을 이끌고 巴方을 공략할까요?
묻습니다 : 대왕께서 沚戛을 이끌지 않고 巴方을 공략할까요?
5. 戛을 이끌까요? 戛을 이끌지 말까요?
6. 庚申일에 점을 치고, 㱿이 묻습니다 : 作祭와 儐祭를 지낼까요?
묻습니다 : 乍祭와 儐祭를 지내지 말까요? 네 번째 점쳤다.
7. 대왕께서 순시하러 나갈까요? 대왕께서 순시하러 나가지 말까요?

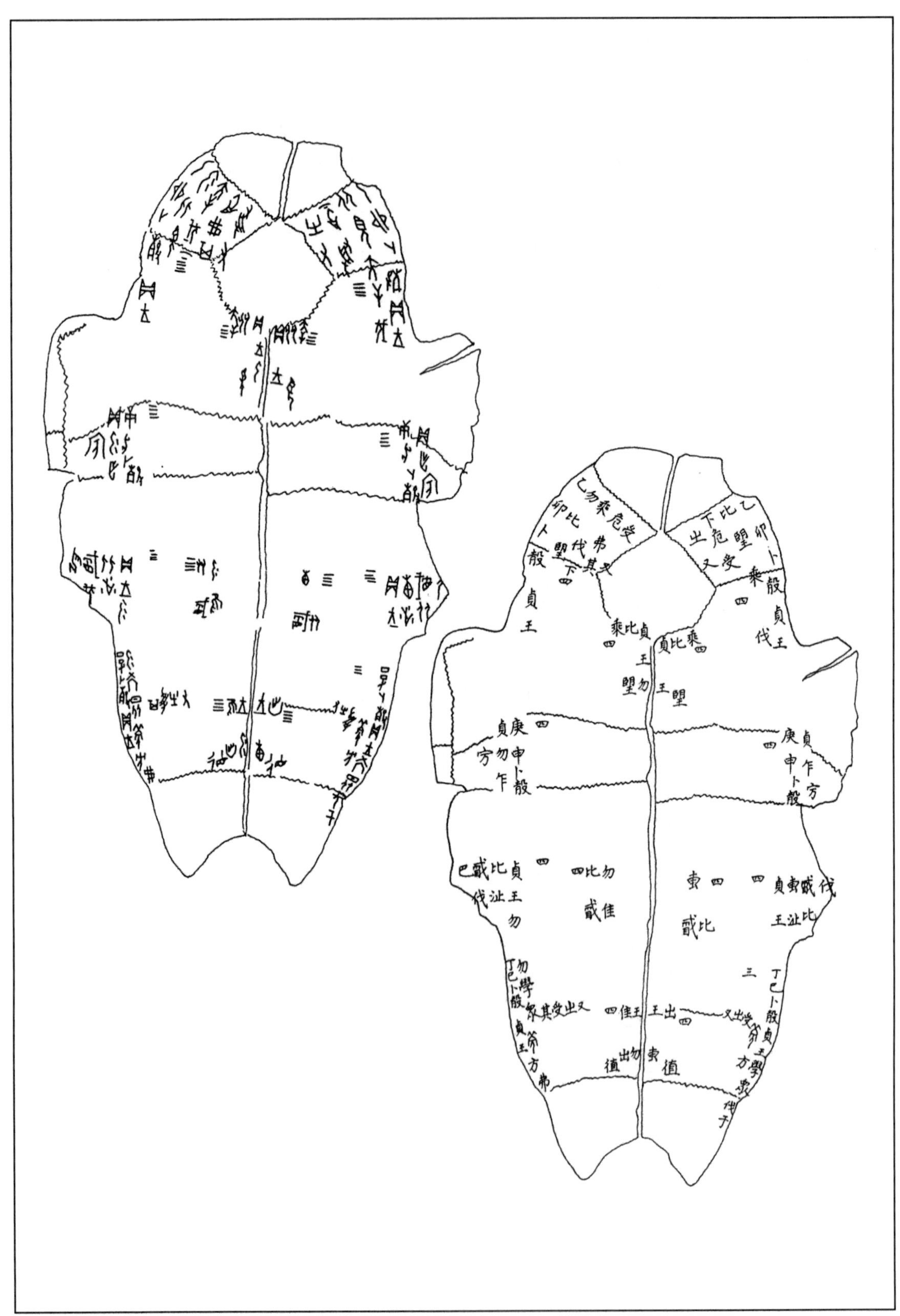

3) 출 전 : ≪甲骨文合集≫ 32正 제 1기

4) 자 해 : **[王比望乘伐下危]** : 王 – 상왕 (1 – 10 참조). 比 – 두 사람이 잇대어 가는 모양, '연합하다'(14 – 12 참조). 望 – 사람이 서서 머리를 들고 멀리 바라보는 모양. 인명 (徐中舒, 1990 – 1386). 乘 – 사람이 [glyph]처럼 나무 위에 서 있는 모양으로 '올라가다'란 의미로 쓰였다. 望乘은 武丁시대의 장군 (徐中舒, 1990 – 634). 伐 – 정벌하다. 危 – 속이 차면 바로 서고 [glyph]처럼 속이 비면 기울어지는 특성이 있는 일종의 기물 모양. 형체가 기울어져 있어 '위험스럽다'는 뜻으로 인신되었다 (于省吾, 1996 – 17). 下危 – 지명.

[王學衆伐于莞方] : 學 – 敎와 같으며 xiao로 발음한다. 學衆은 衆人을 가르쳐 깨우치게 한다는 뜻이다 (2 – 10 참조). 莞 – 髦의 초문이고 西夷의 별칭. 방국명으로 쓰였다 (于省吾. 1981 – 15).

[王叀(惠)沚戛比伐巴] : 沚(戛) – 발(止) 사이로 물이 흐르는 모양 (zhi · 지), 裘錫圭는 戛로 보아 沚를 洗戛로 풀이했다. 卜辭에서는 방국명, 방국의 수령명으로 쓰였다(徐中舒, 1990 – 1196). 戛 – 무기에 머리를 매단 모양. 聝 (guo · 괵), 戛 (jia · 알) 등 많은 풀이가 있다 (于省吾, 1996 – 2422). 고문자에서 왕왕 耳나 目으로 머리 (首) 를 대신하였다. 상대 武丁시대의 장군이다.

[勿乍(作)賓] : 勿 – 부정사 (2 – 7 참조). 乍 – 作의 초문, '짓다' (2 – 9 참조). 賓 – 조상을 제사하는 종묘 · 사당. 또 貞人의 이름으로도 쓰였다. 본 편에서는 종묘 사당인 건축물로 풀이한다.

[出循] : 出 – 출병하다. 循 – 从彳盾聲의 형성자 (xun · 순), '순시 (巡視) 하다'는 뜻으로 쓰였다 (5 – 10 참조).

5) 해 설 :

對貞卜辭

본 편은 7組로 구성된 對貞卜辭이다. 對貞은 긍정과 부정의 물음이 한 쌍을 이룬 卜辭를 말하며 左右 대칭으로 이루어져 左右對貞이라고도 한다. 甲橋 부분에 약간의 파손이 있을 뿐 완전하게 보존된 귀복갑이다. 제1組, 제5組는 밖에서 안쪽으로 새겼고, 그 외의 卜辭는 千里路를 중심으로 하여 안에서 밖으로 써갔는데 여백을 고려해 신축성 있게 쓴 것이다. 본 판은 成套卜辭 중의 4번째 점친 것으로 동일한 내용을 최소한 4개의 판에 점쳐 물었음을 알 수 있다.

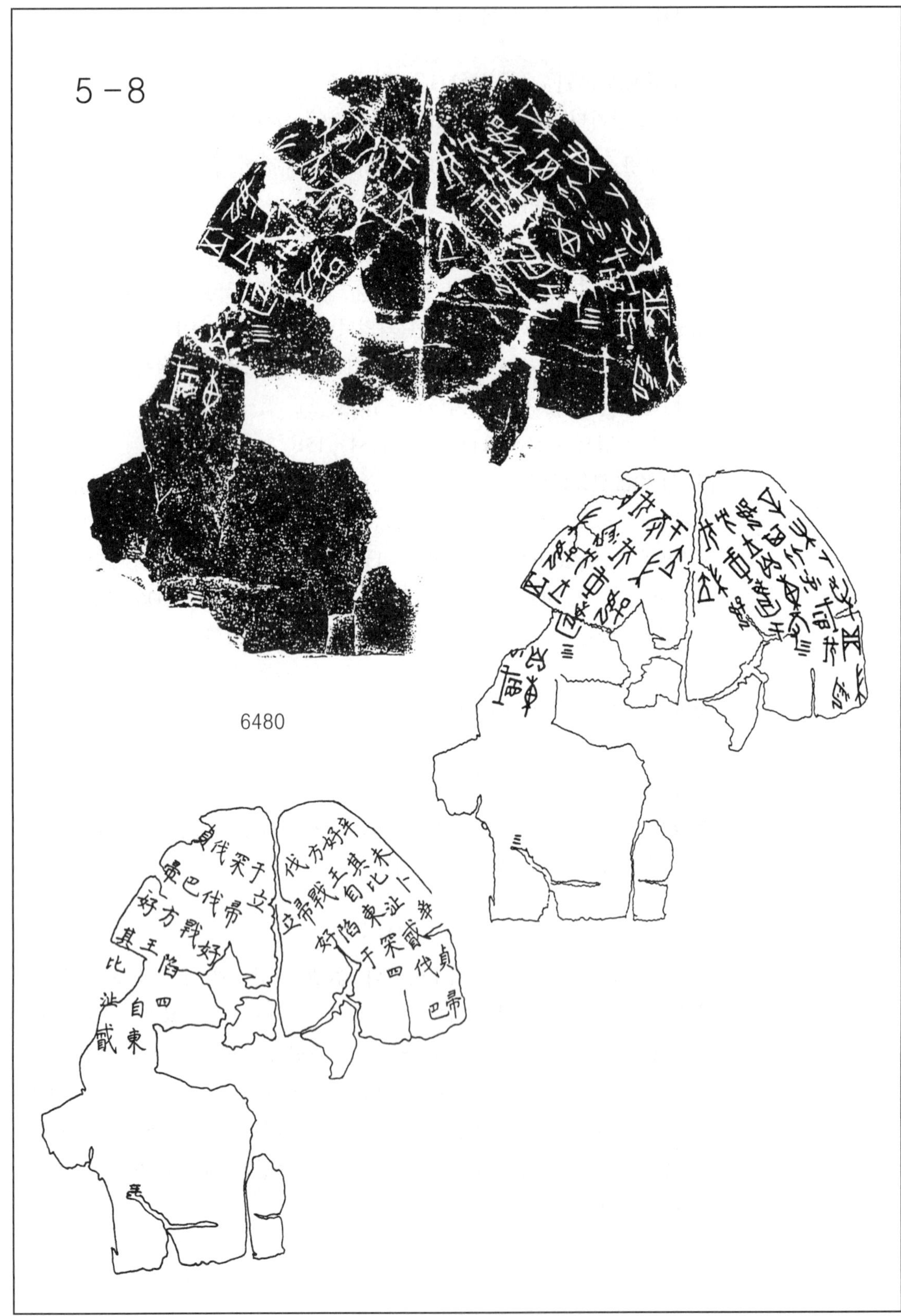

6480

5. 제 8 편

1) 본 문 : **辛未卜，爭貞：婦好其比沚戛伐巴方。王自東探伐捍(曳)。陷于婦好立。**

2) 한 역 : **辛未일에 점을 치고, 爭이 묻습니다 : 婦好에게 沚戛와 연합해 巴方을 치게 하고 대왕은 친히 동쪽에서 측면 공격으로 巴方을 진격할까요? 婦好의 매복지는 함락될까요?**

3) 출 전 : ≪甲骨文合集≫ 6480 제1기

4) 자 해 : **[帚(婦)好其比沚戛伐巴方]** : 婦好－상왕 武丁의 妃(1－15참조). 其－강조부사. 比－연합하다. 沚戛－상대의 장군 이름(5－7 참조). 伐－정벌하다. 巴－꿇어앉아 있는 사람의 모양. 방국명(趙誠, 1988－145).

[王自東探伐戎(曳)] : 自東－동쪽으로부터(3－1 참조). 探伐－진격하다. 捍(曳)－방패를 겸한 수비와 공격에 쓰는 무기. 적을 막는다는 捍(han · 한)(于省吾, 1981－276) 때로 戎(rong · 융)(≪甲骨文合集釋文≫)으로 풀이한다.

[陷于帚(婦)好立(涖)] : 陷－함정(阱) 속에 사슴(鹿)이 빠져 있는 모양으로 함정을 파서 하는 사냥법. '함락하다'로 쓰였다(裘錫圭, 1986－296). 立－사람이 팔다리를 벌리고 땅 위에 서 있는 모양으로 본의는 바르게 서다이며, '임하다', 位 · 涖 · 臨으로 인신되었다. 卜辭 중의 '立史'는 '涖事'이다(徐中舒, 1990－1180)(5－15 참조).

5) 해 설 :

전쟁 중의 합동작전

상대의 전쟁 卜辭 중 매우 치밀한 합동작전 상황을 묘사한 내용이다. 본편으로 볼 때 婦好는 장군 沚戛의 군대와 연합하였고, 武丁은 측면 방향에서 합세하기로 작전을 세운 바, 이러한 치밀한 전략이 승리할 것인지를 묻고 있다. 「陷于婦好立」에 대한 于省吾의 풀이는 새롭다. 대다수의 풀이와 달리 그는 왕이 부호의 진영에 와서 전승을 기념해 '사슴사냥을 하다'는 뜻으로 풀이하고 있다. 그 근거는 구덩이에 사슴이 들어있는 자형은 주로 사냥에만 쓰였고, 立은 臨이란 뜻으로 왕이 부호의 진영에 임하여 함께 함정사냥을 한 것으로 보고 있다(于省吾, 1981-277).

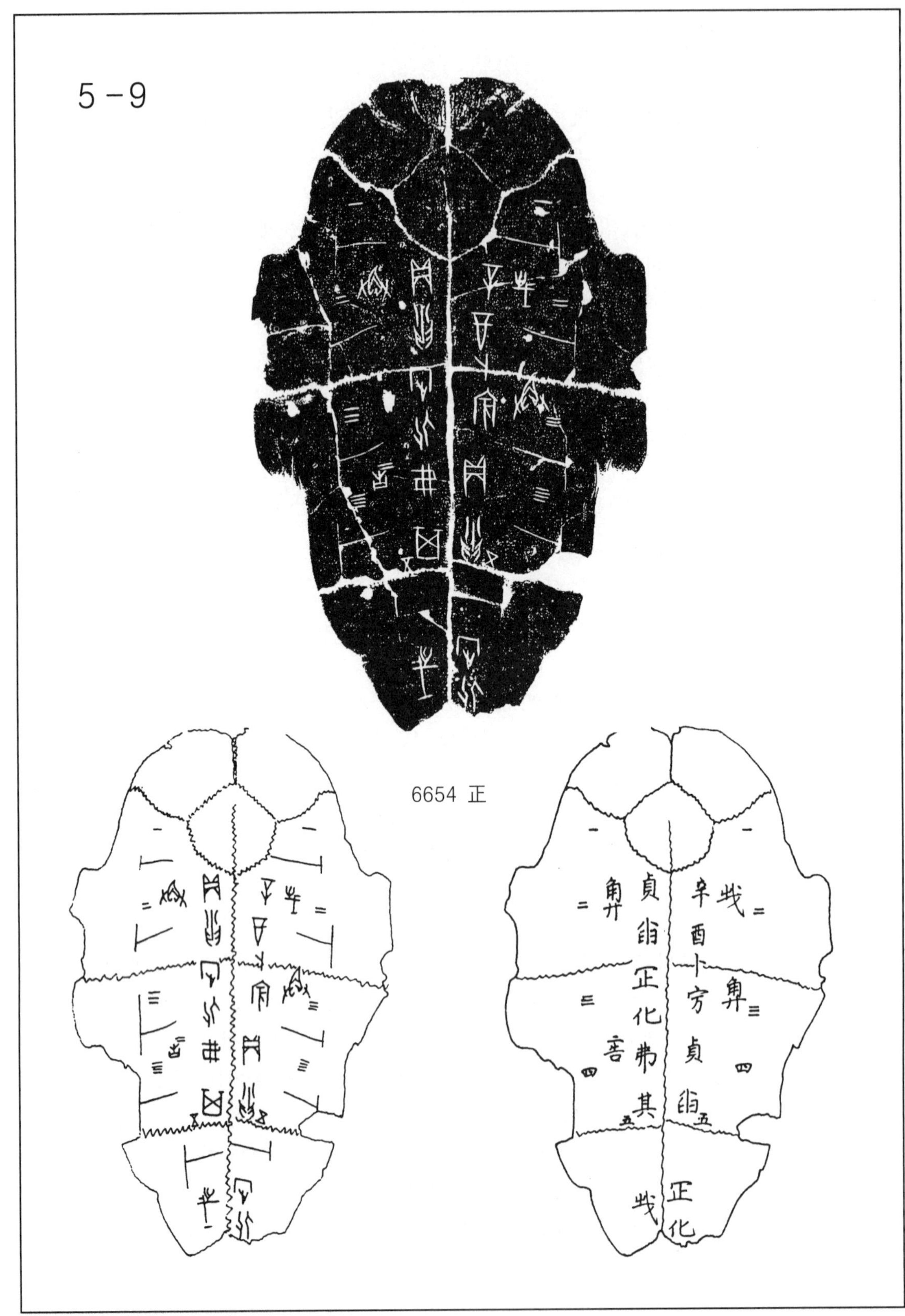
5-9
6654 正

5. 제9편

1) 본 문 : **辛酉卜, 㱿貞 : 𠭯[oracle-bone glyph]化𢦔(捷)𢍏。 一 二 三 四 五**
貞 : 𠭯[oracle-bone glyph]化弗其𢦔(捷)𢍏。 一 二 三 二告 四 五

2) 한 역 : **辛酉일에 점을 치고, 㱿이 묻습니다 : 𠭯[oracle-bone glyph]化는 𢍏方을 무찌를 수 있을까요? 𠭯[oracle-bone glyph]化는 𢍏方을 무찌를 수 없을까요? 다섯 번 물었다.**

3) 출 전 : ≪甲骨文合集≫ 6654正 제1기

4) 자 해 : **[辛酉卜, 㱿貞]** : 辛酉일에 점을 쳤고, 賓이 물었습니다(15－1 참조).
[𠭯[oracle-bone glyph]化𢦔(捷)] : 𠭯－은대에 당당히 영향력 있던 방국의 수령이다. 두 손에 화살촉 같은 뾰족한 물건을 들고 위를 향해 찌르는 모양이다. 王襄은 <關作攵乙卣>의 𠭯자에 근거해 '關(guan · 관)' 자로 보고 있다. 武丁 시대의 제후국 수령 · 인명 · 지명으로 쓰였다. 音에 의해 가차되어 인명으로 쓰였다. 張秉權은 臿(cha · 삽)이라고 하고 插 · 鍤와 관련된 자로 보았다. [oracle-bone glyph]－고대인들이 밖에서 穴居로 들어오는 모양으로 간주해 各 · 格의 異體字로 본다(林小安, 1986－253). 武丁 시대의 제후국 수령. 동사로 쓰일 때는 至, 즉 '이르다'는 뜻이다. 化－바로 서 있는 사람 곁에 다른 한 사람이 거꾸로 서있는 모양으로, 변화를 의미한다. 여기서는 인명이다(徐中舒, 1990－912 참조). 𢦔(捷)－무찌르다. 정벌하다.
[𢍏] : 𦥑角 밑에 두 손을 합친 회의자다. 제1기에만 출현했던 방국이며 상왕실의 씨족에게 침공 당한 상대의 적국으로 보인다(趙越, 1988－156).
[弗] : 弗－끈으로 물건을 묶어 곧게 펴는 기구 모양. 本義는 동여매다. 音에 의해 부정사 弗(fu · 불)로 빌려 썼다(7－7 참조).

5) 해 설 :

𢦏와 𢦔

𢦏와 𢦔자의 갑골문 자형은 유사한 중에 구별이 있다. 𢦏는 戈와 성부 才를 합친 자로 𢦏(zai) 隸定하고 재앙이라는 뜻이다. 𢦔는 戈와 屮이 합체자로 𢦔로 隸定하며 捷(크게 이길 첩), 무찌르다 등의 뜻이 있고, 음은 捷(jie)이다(管燮初, 1978－206).

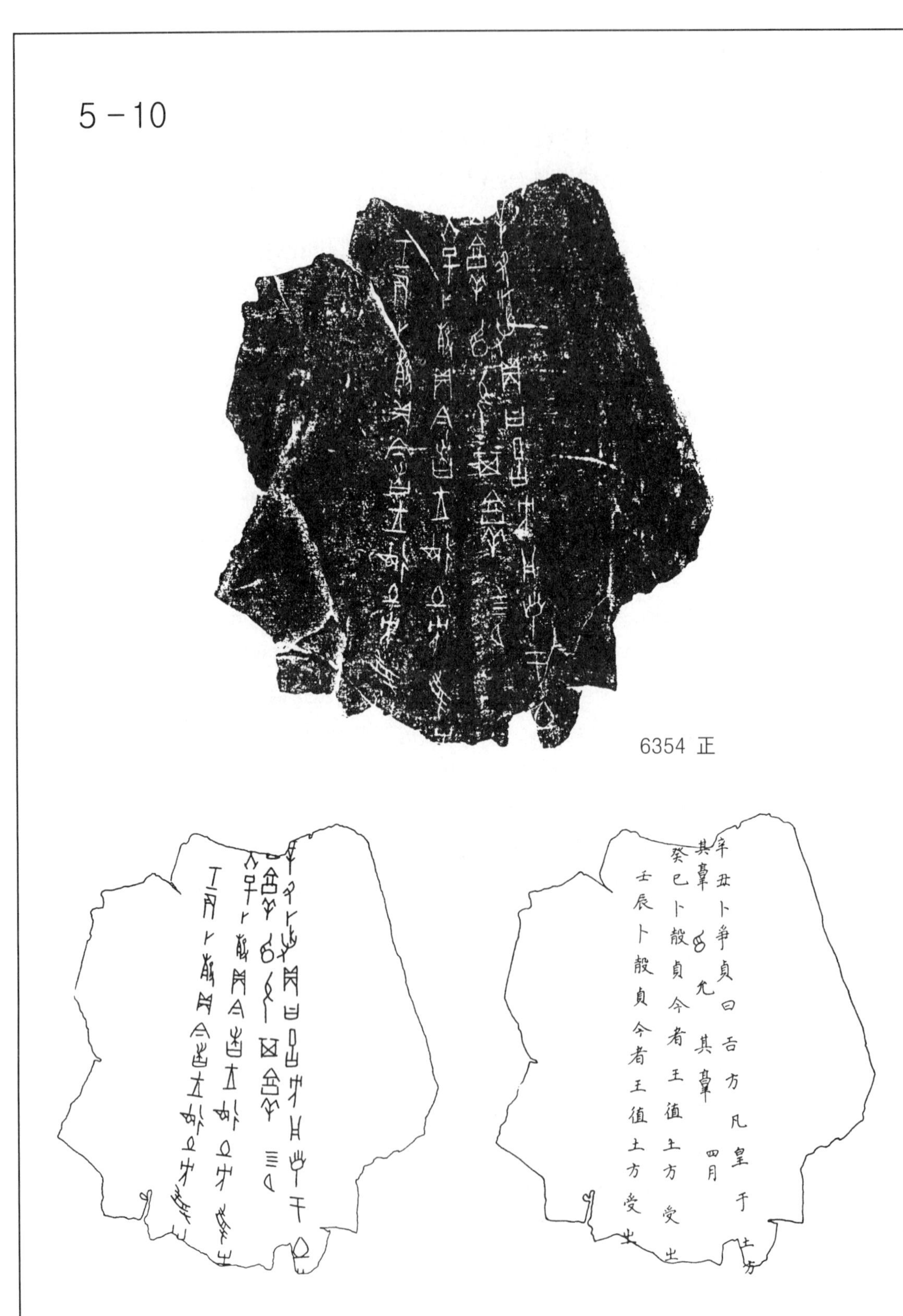
5-10
6354 正
辛丑卜爭貞曰舌方凡皇于土方
其𦎫 允其𦎫 四月
癸巳卜殻貞令者王循土方受屮
壬辰卜殻貞令者王循土方受屮

5. 제10편

1) 본 문 : 1. 壬辰卜, 㱿貞 : 今𢀛(者)王循土方, 受㞢[又]。

2. 癸巳卜, 㱿貞 : 今𢀛(者)王循土方, 受㞢[又]。

3. 辛丑卜, 爭貞 : 曰 : 𢀛方凡(彷)皇(徨)于土方☐。其敦(𦎫)𢦏, 允其敦。四月。

2) 한 역 : 1. 壬辰일에 점을 치고, 㱿이 묻습니다 : 이번에 대왕께서 土方을 순찰하는데 신의 가호가 있을까요?

2. 癸巳일에 점을 치고, 㱿이 묻습니다 : 이번에 대왕께서 土方을 순찰하는데 신의 가호가 있을까요?

3. 辛丑일에 점을 치고, 爭이 묻습니다 : 보고자가 "𢀛方은 土方 부근에서 소란을 피우며 배회하고 있다."고 알려왔다. 과연 敦方을 정벌했다. 4월에

3) 출 전 : ≪甲骨文合集≫ 6354 正 제1기.

4) 자 해 : **[今𢀛(者)王循土方]** : 今𢀛 – 이번(5–4 참조)王 – 상왕. 循 – 从彳, 盾聲으로 循(xun · 순)으로 읽고, '巡視하다', '순찰하다'는 뜻이다(李孝定, 1965–567). 土方 – 방국명.

[曰𢀛方凡(彷)皇(徨)] : 曰 – '말하다', '보고하다'. 𢀛方 – 방국명. 凡(彷)皇(徨) – 凡皇은 '徬徨하다', '徘徊하다'로 본다. 본편에서는 소란한 행동을 하며 '徘徊하다', '정탐하다'로 풀이한다(于省吾, 1996–3356).

[允其敦(𦎫)] : 允 – 사람이 고개를 돌려 돌아보는 모양. 卜辭에서 命辭에 쓰일 때는 어기조사 '隹'와 같고, 驗辭로 쓸 때는 '과연'으로 풀이한다(徐中舒, 1990–958). 其 – 강조부사. 敦(𦎫) – 윗 부분은 종묘 건축물, 아래 부분은 제물로 쓰이는 羊의 형상이다(dun · 돈). 卜辭에서는 지명, 양을 삶아 드리는 제사, '정벌하다'는 뜻으로 쓰였다(15–4 참조). 𢦏 – 확실하지 않다.

5) 해 설 :

전쟁 전의 정탐

상왕은 土方을 정벌하려는 계획으로 壬辰 · 癸巳 양일 연이어 순찰을 위한 占卜을 하였는데, 9일 뒤 辛丑일에 정탐자가 돌아와 𢀛方이 '土方 주위를 엿보고 있다'는 보고를 하고 있다. 정벌을 위한 정탐 상황을 알려주는 내용이다.

5－11

6057

5. 제11편

1) 본 문 : 1. 王固曰：㞢(有)祟。其㞢(有)來艱。乞(迄)至七日己巳，允㞢來艱自西。𦎫長友角告曰：𢀛方出，帚(侵)我示𥃲田七十人五。五月。

2. 癸巳卜，㱿貞：旬亡𡆥。王固曰：㞢(有)祟。其㞢來艱。乞(迄)至。五日丁酉， 允㞢(有)來艱自西。沚𢦔告曰：土方征于我東鄙，「𢦏」二邑。𢀛方亦牛帚(侵)我西鄙田。

3. 癸卯卜，㱿貞：旬亡𡆥。王固曰：㞢(有)祟(咎)。其㞢(有)來艱。五日丁未，允㞢來艱。

2) 한 역 : 1. 대왕은 점친 결과를 보고 길흉을 판단해 말했다 : "재앙이 있겠다. 아마도 불길한 일이 발생하겠다." 7일째 되는 己巳일에 과연 재앙이 서쪽에서 발생했다. 이어 𦎫友角이 보고했다 : 𢀛方이 출병해서 우리 𥃲 지역의 전답을 강탈했고 백성 75명을 잡아갔다. 5월에.

2. 癸巳일에 점을 치고, 㱿이 묻습니다 : 앞으로 열흘 간 재앙이 없을까요? 대왕께서 점친 결과를 보고 길흉을 판단해 말했다 : "재앙의 기미가 있는데 화가 닥칠 것 같다." 5일 뒤 丁酉일에 이르러 과연 서쪽에서 재앙이 일어났다. 沚𢦔이 다음과 같이 보고했다 : "土方이 우리 동쪽 변경을 포위하여 두 읍을 점령했고, 𢀛方도 우리 서쪽 변경의 촌락을 침범했다."

3. 癸卯일에 점을 치고, 㱿이 묻습니다 : 앞으로 10일 동안 재앙이 없겠습니까? 왕이 점친 결과를 보고 길흉을 판단해 말했다 : "재앙이 있겠다. 아마도 불길한 일이 발생하겠다." 5일째 되는 丁未일에 과연 재앙이 발생했다.

3) 출 전 : ≪甲骨文合集≫ 6057 正 제1기

4) 자 해 : **[㞢(有)祟(咎)]** : 祟 – 재앙. 咎·祟·求로 풀이하며(jiu·수)로 읽는다(22 – 4 참조).
[其㞢來艱] : 其 – 어기조사. 來 – '오다'는 뜻이나 艱(간)을 수식하는 定語로 쓰였다. 艱 – 여인이 북을 치고 있는 모양인 嬄인데 艱으로 풀이한다. 고대 전쟁시 巫女들이 북을 치며 전사들의 앞에서 사기를 진작시켰으며 전승시 패전국의 巫女들을 죽이는 관습에서 유래하여 일종의 재앙으로 인신되었다(白川靜, 1983 – 136).

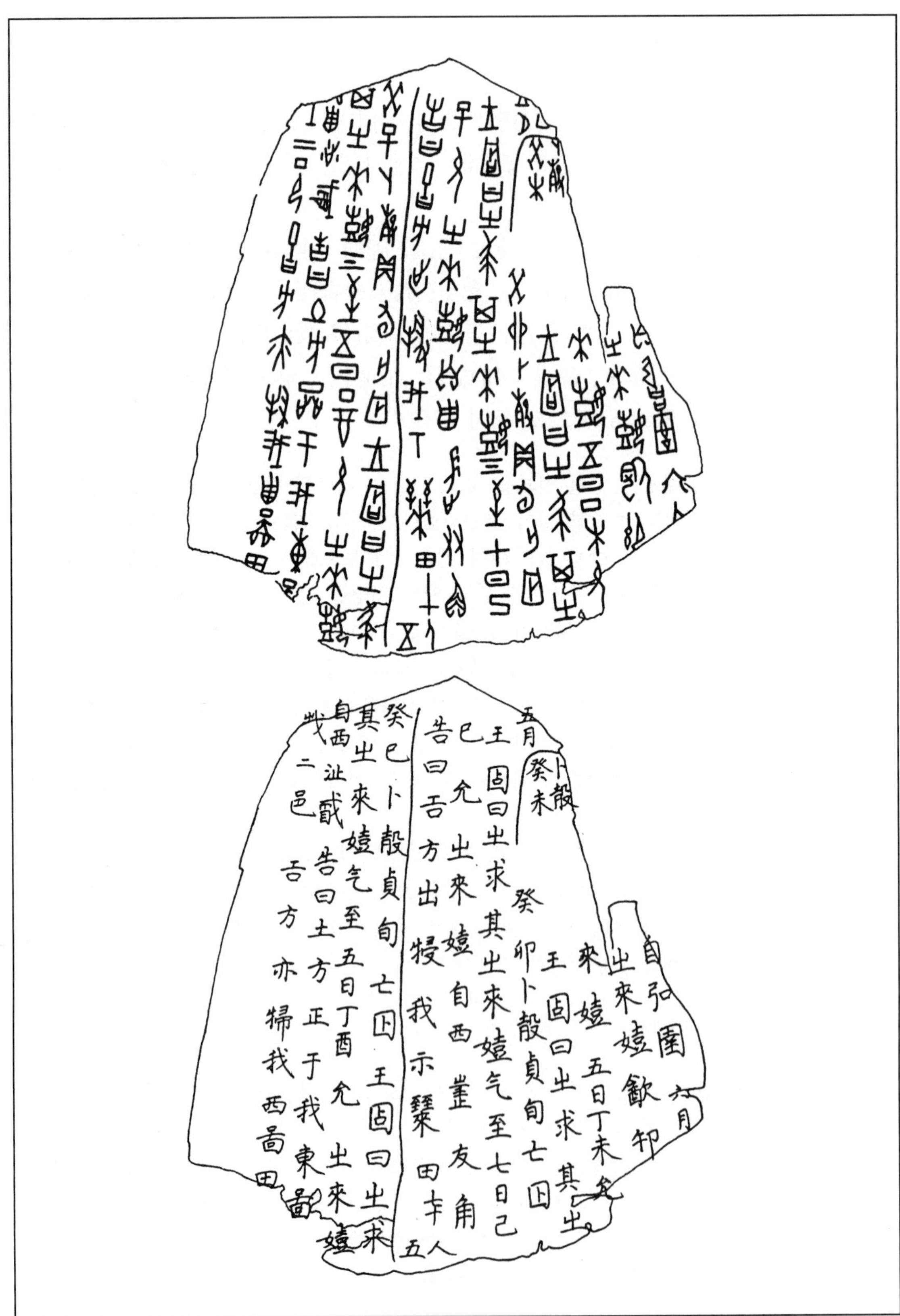

[气(迄)至七日己巳] : 气(迄) – 气와 至는 모두 '이르다'는 뜻이며, 이 두 자는 연용된다. 七日己巳 – 癸亥일로부터 7일째 되는 己巳일.

[允㞢來艱自西] : 允 – 사람이 고개를 돌리고 보는 모양이다. 驗辭에 쓰일 때는 '과연'으로 풀이한다. 自西 – 서쪽으로부터.

[[illegible]友角告曰] : [illegible] – 방국명으로 쓰였다. 友角 – 이름, 즉 [illegible]方의 수령인 友角. 友는 두 사람이 손을 마주 잡은 모양으로 '동지 · 벗'을 뜻하고, 角은 뿔모양이다(徐中舒, 1990 – 295). 告曰 – 보고해 말하다.

[帚我示[illegible]田七十人五] : 帚 – 侵과 동일하다. 帚(侵) – 빗자루를 들고 소의 몸을 닦는 모양, 복사에서는 '침략하다 (qin · 침)'라는 뜻으로 빌려 썼다 (于省吾, 1996 – 2994). 示[illegible] – 지명. 七十人五 – 七十과 五의 合文. 75人을 일컫는다.

[旬亡[illegible]] : 旬 – 열흘. [illegible] – 근심, 걱정, 재앙. 咎 · 憂 · 禍 등으로 풀이한다.

[王固曰] : 前辭, 命辭가 잘렸으나 7일째 되는 날이 己巳일이므로 癸亥일에 점쳤음을 알 수 있어 「癸亥卜, 㱿貞 : 旬亡[illegible].」가 보완되며 干支의 배열에 따라 전판의 내용 중 '癸亥卜'가 첫머리임을 알 수 있다.

[气至五日丁酉] : 癸巳일부터 5일 뒤인 丁酉일.

[沚戛(馘)告曰] : 沚戛 – 沚는 방국명, 戛 – 馘(괵)이라고도 하는 商代의 장군, 戛(알)이라고도 하며 이는 私名이다. 즉 沚方의 수령.

[土方征于我東鄙] : 征 – 正은 征의 본자다. 정벌하다. 我東 – 商의 동쪽

[𢦔二邑] : 𢦔 – 재앙. 남겨진 자형을 보완하였다. 二邑 – 두 개의 읍.

[亦帚(侵)我西鄙田] : 亦 – 또한. 鄙 – 종묘가 있는 곳은 大邑, 종묘가 없는 곳은 邑이며, 더욱 작은 읍은 鄙이다. 田 – 전답. 경작민까지 포함한 촌락을 의미한다(3 – 17 참조).

5) 해 설 : 출토 文獻의 정수

문헌은 문물제도의 典據가 되는 기록이며 학술연구의 자료가 될 수 있는 문서를 말한다. 冊은 대나무를 쪼개 상하 두 줄로 엮어 여러 가지 일들을 기록했던 문서이며 책의 기원이다. 이 소중한 것을 탁자에 올려놓은 것이 典이다. 周代인들이 殷代에 典籍이었다고 증언해 주었다. 본편에서 볼 수 있는 牛肩胛骨 骨面상의 갑골문은 마치 經典의 한 면을 방불케 하는 기록으로 지하에서 출토된 갑골문을 출토 문헌이라고 일컬은 좋은 보기가 되고 있다.

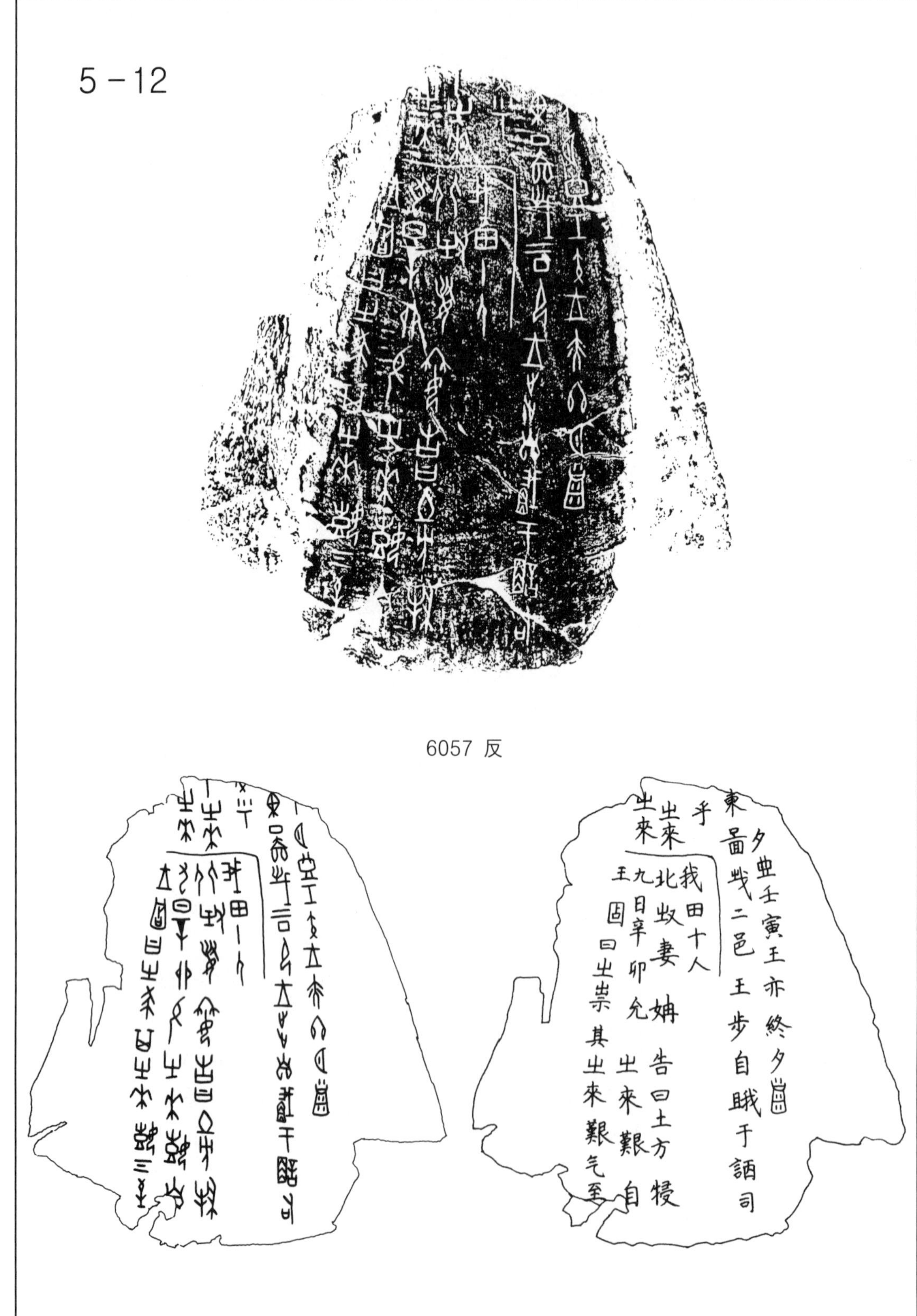

6057 反

5. 제12편

1) 본 문 : **癸未卜, 㱿貞 : 旬亡𡆥。王固曰 : 㞢(有)祟(咎)。其㞢來艱。气(迄)至九日辛卯, 允㞢來艱自北。㚔妻笅告曰 : 土方牛帚(侵)我田, 十人。**

2) 한 역 : **癸未일에 점을 치고, 㱿이 묻습니다 : 앞으로 열흘 동안 재앙이 없습니까? 왕은 점친 결과를 보고 길흉을 판단해 말했다 : "재앙이 있겠다. 아마도 불길한 일이 발생하겠다." 9일째 되는 辛卯일에 과연 재앙이 북쪽에서 발생했다. 㚔方의 수령 妻姌이 보고했다 : "土方이 우리의 전답을 강탈하고, 백성 열 명을 잡아갔다."**

3) 출 전 : ≪甲骨文合集≫ 6057 反 제1기

4) 자 해 : **[癸未卜, 㱿貞]** : 6057 正面 右上(5－11 참조)에 기록되어 있다.
[气(迄)至九日辛卯] : 气至－이르다. 九日辛卯－9일 뒤 신묘일.
[允㞢來艱自北] : 允－사람이 고개를 돌리고 있는 모양. 과연. 㞢(有)－있다. 來－보리의 이삭·줄기·뿌리 모양. '오다', '돌아오는'으로 쓰였다. 艱－자형은 여인과 북을 합친 '嬄' 자이다. '간'으로 읽으며 재앙으로 인신되었다. 自－코의 모양 '…로부터'. 北－두 사람이 처럼 등을 대고 있는 모양. 북쪽으로 빌려 썼다.
[㚔妻(笅姌)告曰] : 㚔－殷商의 方國. 妻－인명. 처, 즉 武丁의 처. 여기서는 인명이다(20－8 참조). **笅**(姌)－竹과 女의 합체자. 姌(ran·염)으로도 보며 인명이다(4－8 참조). 㚔－妻**笅**은 㚔방국의 수령인 妻**笅**을 일컫는다.

5) 해 설 :

제1기 전쟁복사

본 6057판의 正反은 前辭·命辭·占辭·驗辭 4단계 체제를 완전히 갖춘 대형 骨版이다. 武丁시기 土方과의 전쟁을 기록한 卜辭의 전형을 보여주며, 활달한 㱿의 필체는 마치 한지 위에 붓으로 쓴 문헌의 기록처럼 정연하여 그만큼 사료적 가치를 지닌 대표적인 牛肩胛骨 刻辭이다.

5－13

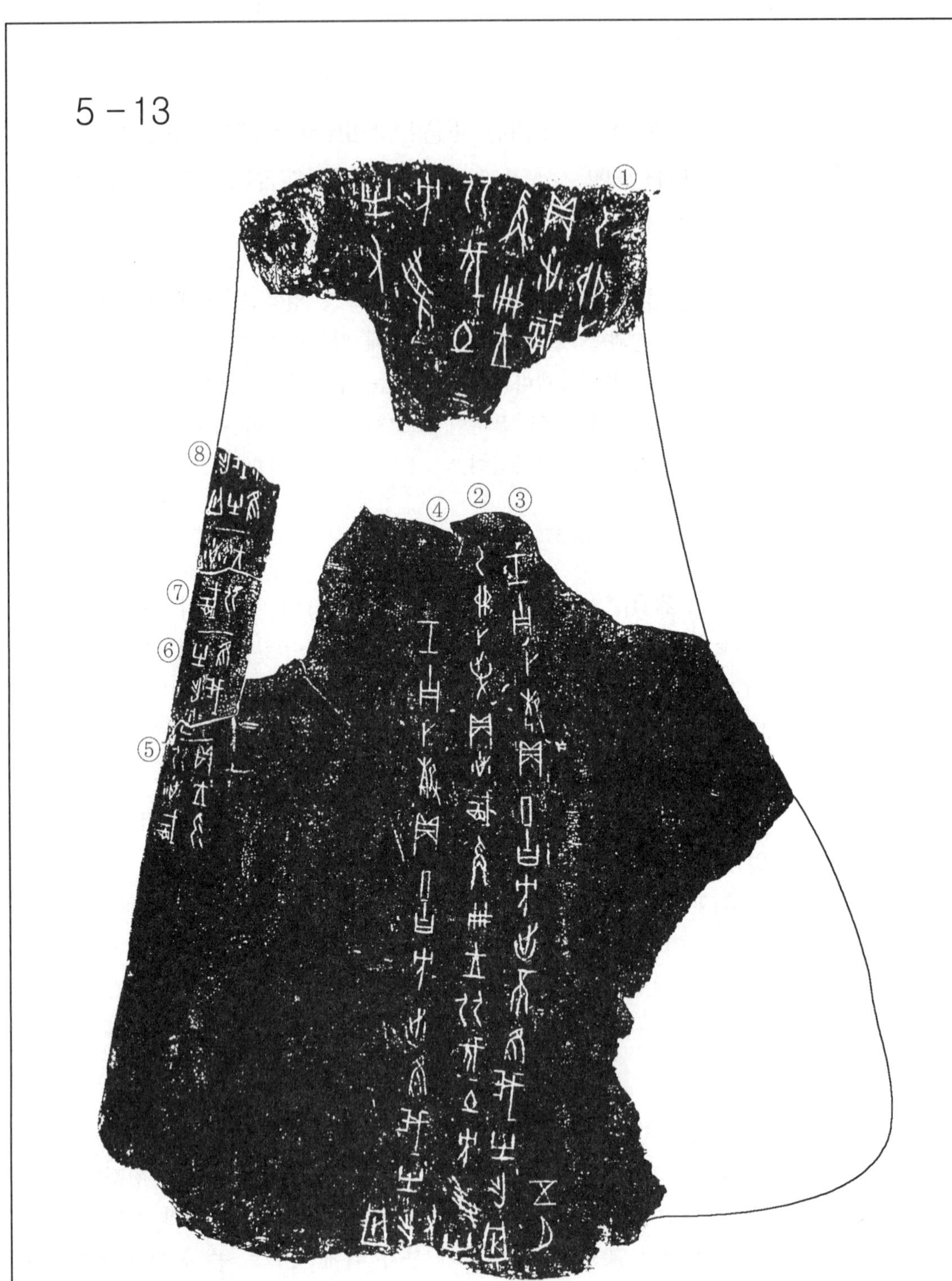

≪綴合集≫ 285

5. 제13편

1) 본 문 : 1. 乙卯卜, [爭]貞 : 沚戛偁(稱)冊, 王比伐土方受㞢(有)又(祐)。
2. 乙卯卜, 爭貞 : 沚戛偁(稱)冊, 王比伐土方, 受㞢(有)又(祐)。
3. 壬子卜, 㱿貞 : 𢀛方出, 隹(唯)我㞢(有)乍(作)𡆥。
4. 壬子卜, 㱿貞 : 𢀛方出, 不隹(唯)我㞢(有)(作)𡆥, 五月。

5. 貞 : 王勿比沚戛。
6. 隹(唯)我㞢(有)乍(作)𡆥。
7. 王比沚戛。
8. [不]唯我㞢(有)乍(作)𡆥。

2) 한 역 : 1. 乙卯일에 점을 치고, [爭]이 묻습니다 : 沚戛은 이미 책령을 받았는데, 대왕은 沚戛과 연합해서 土方을 정벌하면 신의 가호가 있겠습니까?
2. 乙卯일에 점을 치고, 爭이 묻습니다 : 沚戛은 이미 책령을 받았는데, 대왕은 沚戛과 연합해서 土方을 정벌하면 신의 가호가 있을까요?
3. 壬子일에 점을 치고, 㱿가 묻습니다 : 𢀛方이 출병했는데 우리 상나라에 재앙을 가져올까요?
4. 壬子일에 점을 치고, 㱿가 묻습니다 : 𢀛方이 출병했는데 우리 상나라에 재앙을 가져오지 않을까요? 5월에.

5. 묻습니다 : 대왕은 沚戛과 연합하지 말까요?
6. 우리 상나라에 재앙을 가져올까요?
7. 대왕은 沚戛과 연합할까요?
8. 우리 상나라에 재앙을 가져오지 않을까요?

3) 출 전 : ≪甲骨文綴合集≫ 285
(≪甲骨文合集≫ 6402正, 6087正, 16473 ≪存補≫ 5.141.2) 제1기

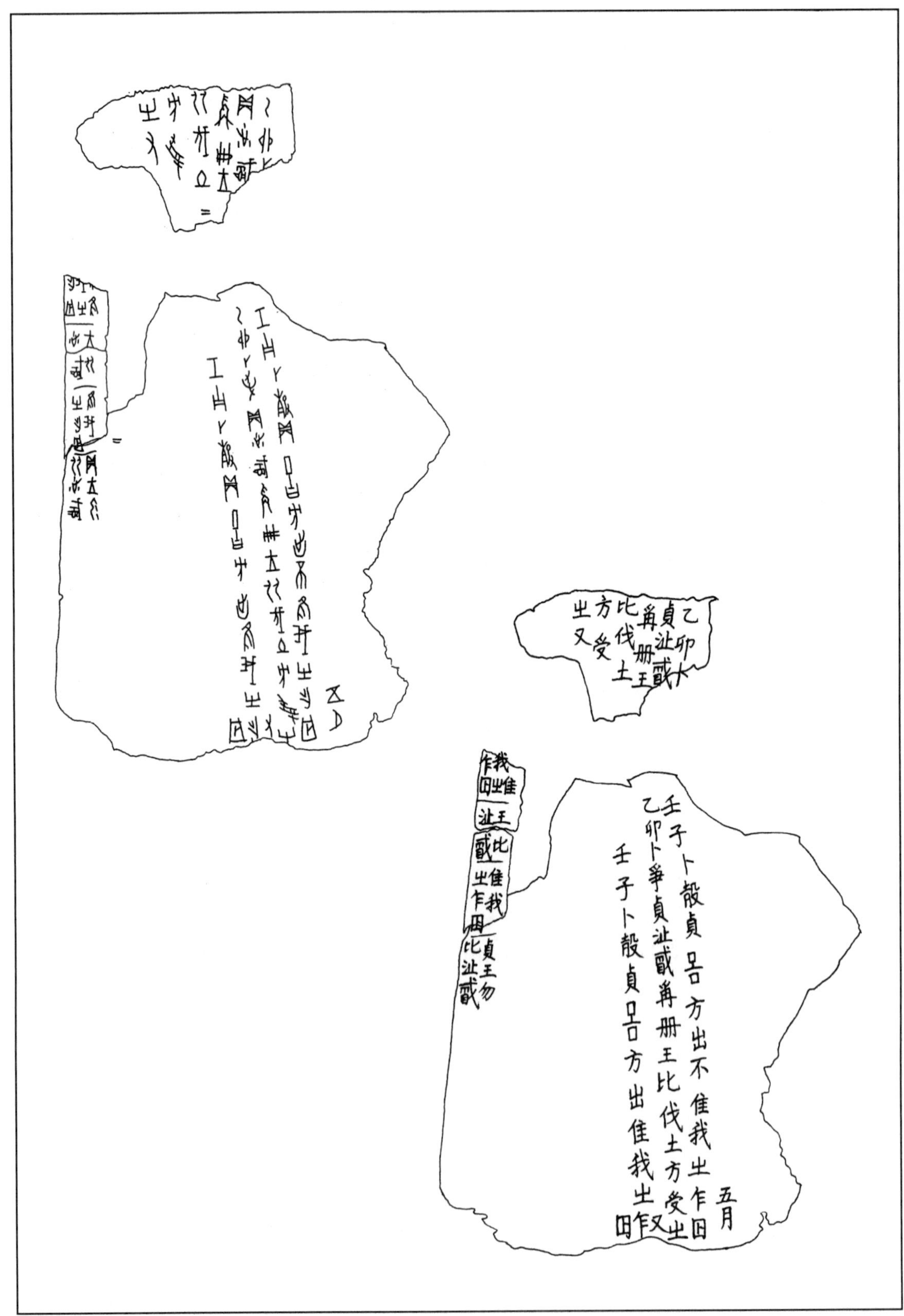

乙卯卜貞沚戓爯冊王比伐土方受㞢又
壬子卜㱿貞舌方出不隹我㞢作𡆥
乙卯卜爭貞沚戓爯冊王比伐土方受㞢又
壬子卜㱿貞舌方出隹我㞢作𡆥
五月

4) 자 해 : **[𢀛方出]** : 𢀛方 – 방국명. 出 – 출병하다, 침범하다.

[不隹(唯)我㞢(有)作𡆥] : 不 – 부정사 (2 – 5참조). 隹 – 간략하게 그린 새의 모양. 강조부사 唯로 썼다 (徐中舒, 1990 – 389). 我 – 병기 모양으로 商의 복수 개념인 '우리'로 빌려 썼다. 𡆥 – 근심, 憂와 같다.

[沚戛爯冊, 王比伐土方] : 沚戛 – 상대의 장군 (zhiguo · 지알). 戛은 무기에 적군의 머리를 매단 모양. 裘錫圭는 '洗戛'이라고 하였다 (5 – 7 참조). 爯 – 爯은 사람이 [글자], [글자]처럼 물고기를 들고 있는 모양 (cheng · 칭). '들다'라는 의미로 쓰였고 점차 人(亻) 변이 생략되어 爯이라 쓰이기도 한다. 爯冊 – 전쟁이나 중대 사건 발생시 왕으로부터 받은 책령으로 일종의 임명장이다 (于省吾, 1990 – 3110). 王 – 상왕. 比 – 두 사람이 나란히 가는 모양. 연합하다. 伐 – 정벌하다 (1 – 9 참조). 土方 – 방국명.

[受㞢(有)又(祐)] : 受 – 받다 (10 – 10 참조). 㞢(有) – 있다 (1 – 3 참조). 又(祐) – 신의 가호 (受有祐, 2 – 15 참조).

5) 해 설 : **相間刻辭의 형성과정**

相間刻辭는 같은 骨條에 두 가지 이상의 사건을 엇섞어 기록한 형태를 말하는 卜辭述語이다. 본 편은 그 형성과정을 볼 수 있는 중요한 기록이다. 넓은 骨面에 土方정벌과 𢀛方의 출현을 점쳤는데 蔡哲茂에 의해 4조각이 합쳐졌다.

넓은 骨面에는 상단에는 ① 乙卯卜 복사가 있고, ② 壬子卜, ③ 乙卯卜, ④ 壬子卜 세 복사가 있는데 2가지 사건을 2번씩 4차례 상세하게 점쳐 물었다. 즉 1 · 2에서는 상왕이 沚戛(지괵)과 연합할 것인지를 물었고, 3 · 4에서는 𢀛方의 침범에 대한 길흉을 물었다.

본 편의 左中에는 위 4가지 물음과 관련된 내용이 쓰여 있다. 그러나 두 번째 점쳐 물었던 관계로 요점만을 간단히 물었다. 밑에서부터 ⑤는 1의 간략형, ⑥는 3의 간략형, ⑦은 2의 간략형, ⑧은 4의 간략형 물음이 차례로 새겨졌다.

본편은 骨條 중의 相間刻辭의 형성과정을 다소나마 알게 해주는 귀한 자료라고 할 수 있다.

5－14

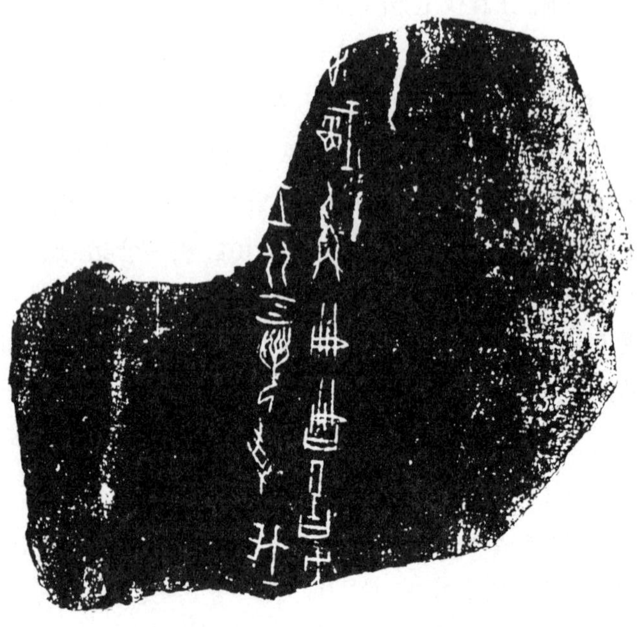

6060

5. 제 14 편

1) 본 문 : **沚戛爯(偁)冊𠭯𢀛方☐, 王比下上若, 受我[又]。**

2) 한 역 : **沚戛은 𢀛方을 공격하라는 책령을 받았는데, … 왕이 … 와 연합하면 우리 商은 천상과 지상신들이 순조롭게 해, 신의 가호를 받을까요?**

3) 출 전 : ≪甲骨文合集≫ 6160 제1기

4) 자 해 : **[沚戛爯(偁)冊𠭯(𢀛)方]** : 沚戛－상대의 장군. **爯**(偁)－손으로 [glyph]처럼 물고기를 들고 있는 모양(cheng · 칭). '들다'라는 의미로 쓰였고 물품을 올려드리는 제사, 제사 중 제수품 목록을 올리는 의식, 인명으로 쓰였다. **爯**(偁)冊－왕의 책령(일종의 임명장)(5－13 참조). **𠭯**－전쟁에 쓰일 때는 정벌. 제사에는 목을 쳐서 드리는 제사이다. (冊 · 砍) 두 가지로 발음한다(7－13 참조). **𢀛**－방국명. 方－농구의 측면 모양 · 방국으로 쓰였다.

[王比下上若受我又] : 王－상왕. 比－연합하다. 下－기준선 아래의 짧은 획으로 아래를 표시한다. 지하의 각종 神(하신 · 산신)을 나타낸다(徐中舒, 1990－8). 上－기준선 위의 짧은 획은 위를 표시한다. 인신되어 天上을 가리킨다. 天上은 上帝 · 자연신 · 조상신을 포함한다(于省吾, 1986－272). 若－'순조롭다'는 뜻으로 인신되었다(6－12 참조). 上下若은 천상천하의 모든 신이 순조롭게 해줄 것이라는 뜻이다. 受－受는 풍성한 수확을 얻다. 我－우리 상나라. 又－신의 가호로 祐와 같다.

5) 해 설 :

전쟁의 공격 방향

전쟁에서 공격 방향의 결정은 승리를 좌우할 수 있는 중요한 작전이다. 卜辭에는 4일에 걸쳐 연속적으로 공격 방향을 묻는 내용이 있다.

甲子卜 : 王从東戈乎侯, 捷.
乙丑卜 : 王从南戈乎侯, 捷.
丙寅卜 : 王从西戈乎侯, 捷.
丁卯卜 : 王从北戈乎侯, 捷. (33208)
대왕께서 동쪽(남 · 서 · 북)에서 乎侯를 공격하면 무찌를 수 있을까요?

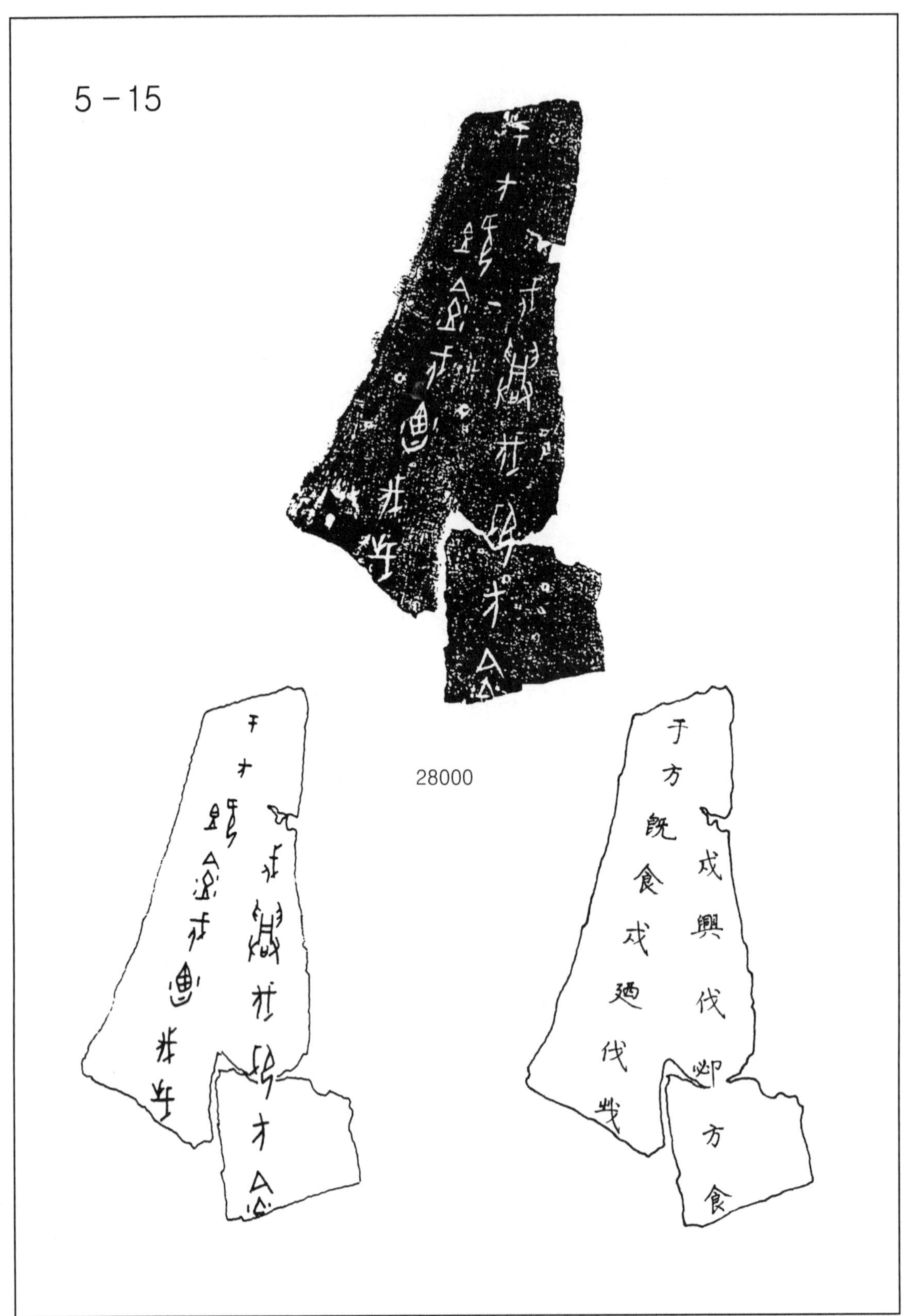
5-15
28000
于方既食戎迺伐𢦏
戎興伐御方食

5. 제15편

1) 본 문 : **戍興伐𢦏方, 食▨。**
▨于方, 旣食, 戍迺伐, 𢦔(捷)▨。

2) 한 역 : **戍宮興이 𢦏方을 정벌하는데 밥을 먹는 틈에 할까요? (그렇지 않고) 밥을 다 먹고난 뒤 진공하면 戍宮은 그들을 잘 무찌르게 될까요?**

3) 출 전 : ≪甲骨文合集≫ 28000 제3기

4) 자 해 : **[戍興伐]** : 戍 – 큰 무기 모양(shu · 수). 무관명. 興 – 네 손으로 ▨처럼 기물을 들어 올리는 모양으로 '흥기하다'는 뜻이 있다. 인명으로 쓰였다(13 – 10 참조). 伐 – 무기로 사람의 목을 치는 모양. 정벌하다.
[𢦏方食] : 𢦏 – 시간을 나타내는 전치사. ▨ · ▨로도 쓴다. 기회를 틈타다. 방국명(21 – 9 참조). 方 – 방국. 食 – 뚜껑이 ▨처럼 덮여 있는 식기 모양. 식기 · 식사 · 지명 · 시간사 등으로 쓰였다(14 – 7 참조).
[方旣食] : 方 – 방국(1 – 2 참조). 旣 – 식기 옆에 앉아 이미 배가 불러 고개를 돌린 모양(ji · 기). '이미', '다하다'로 인신되었다(趙誠, 1988 – 247).
[戍迺伐𢦔] : 迺(▨) – 두 사건이 앞뒤로 이어지는 시간 관계를 표시하며 然後 · 就 · 才 등으로 풀이한다(張玉金, 1994 – 138).

5) 해 설 :

작전시간

戰爭卜辭에는 본편처럼 침공하는 시간을 점쳐 묻는 내용이 있어 매우 구체적이고도 치밀하게 전략을 세웠음을 알 수 있다.

· 立의 다양한 용법

인 명 – 唯立令. (23668) 立에게 명할까요?
제 사 – 唯商方步立于大乙𢦔羌方. (27982)
大乙에게 立제를 드리면 羌方을 무찌를 수 있을까요?
세우다 – 丙子其立中, 亡風. (7369) 풍향계를 세우면 바람이 없을까요?
파견하다 – 貞 : 卓立使于 … 侯. (≪後≫ 下. 4. 3) 卓을 파견할까요?
파종하다 – 王立黍, 若. (9521) 대왕이 黍의 파종지에 가면 순조로울까요?

5-16

33017

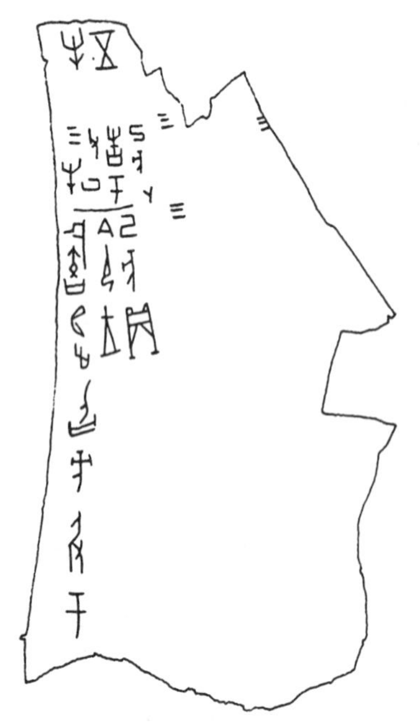

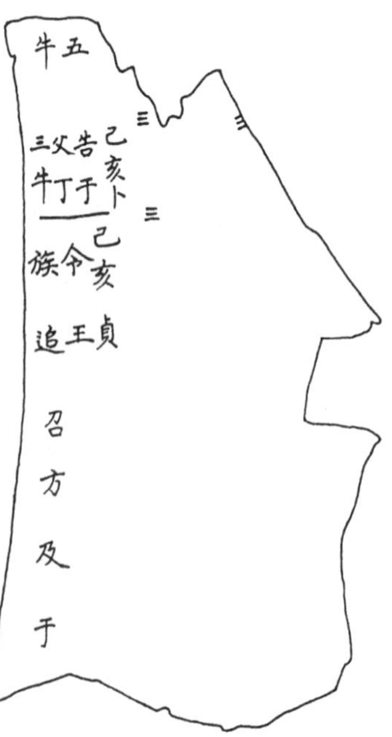

5. 제16편

1) 본 문 : **己亥, 貞 : 令王族追召方及于☐。三**

己亥卜 : 告于父丁三牛。三

2) 한 역 : **己亥일에 점쳐, 묻습니다 : 王族의 군대로 하여금 召方을 쫓으라고 명하면 … 에 이르러 … 따라 잡을 수 있을까요? 3번째 물었다.**

己亥일에 점을 칩니다 : 아버지 丁께 3마리 소를 드려 告祭를 드릴까요? 3번째 점쳤다.

3) 출 전 : ≪甲骨文合集≫ 33017 제4기

4) 자 해 : **[己亥, 貞]** : 卜자와 貞人의 이름이 빠져 있다.

[令王族追召方] : 令-명령하다(2-4 참조). 王-제4기의 갑골문이지만 제 1기의 王자 형체를 보인다(1-11 참조). 族-왕의 친족으로 구성된 군대(3-6 참조). 追-군대를 나타내는 𠂤와 발을 나타내는 止를 합쳐 '쫓는다', '추격하다'는 의미로 쓰였다(徐中舒, 1990-1499). 召-갑골문 召는 처럼 국자로 술을 떠 함께 마시자고 친구를 부르는 모양으로 '부르다'는 뜻이다. 점차 국자와 입만 남겨 처럼 召가 되어 从口, 刀聲의 형성자가 되었다. 문헌 중의 邵(shao·소)와 같다(趙誠, 1988-142). 商代의 적국으로 卜辭 중 召方에 대한 정벌은 武丁시기에 시작해 武乙·文丁시기에 가장 빈번하였다.

[及于☐] : 及-人과 又의 합체자. 손으로 앞 사람의 뒤를 잡는 모양. ≪說文≫에서는 「逮也」라고 하였다. '이르다', '따라잡다'는 뜻이다(趙誠, 1988-278). 于-장소, 사람, 시간 앞에 쓰이는 전치사. '…에'.

[父丁] : 제4기 武乙·文丁이 父代인 제3기 康丁을 부르는 칭호이다.

5) 해 설 :

追와 逐 ·

甲骨文 중 '쫓는다'는 의미의 글자로는 追와 逐이 있다. 그러나 대상에 따라 사용법이 달랐다. 사람을 쫓는 경우, 즉 도망가는 노예나 적군을 추격해 잡을 때는 '追'를 썼다. 사냥에서 동물을 쫓을 때는 '逐'를 사용하였는데 일반적으로 豕를 대표로 하였으나 犬과 兔를 쓰기도 하였다. 商代에 이미 쫓는 대상에 따라 문자를 달리 하는 분화가 이루어졌음을 알 수 있다. ≪說文≫에서는 '追·逐'을 轉注로 보았다.

5－17

36481 正

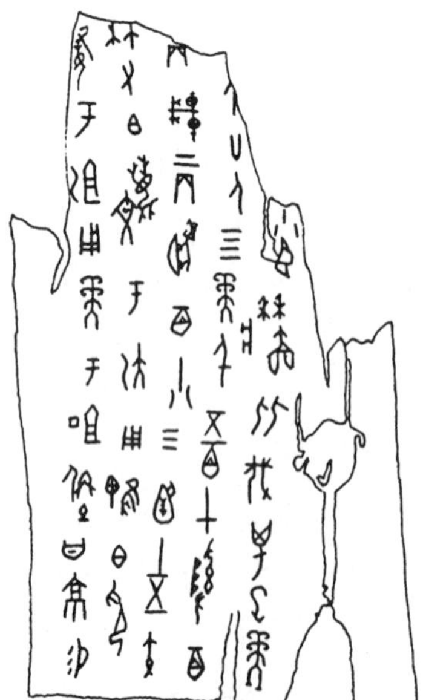

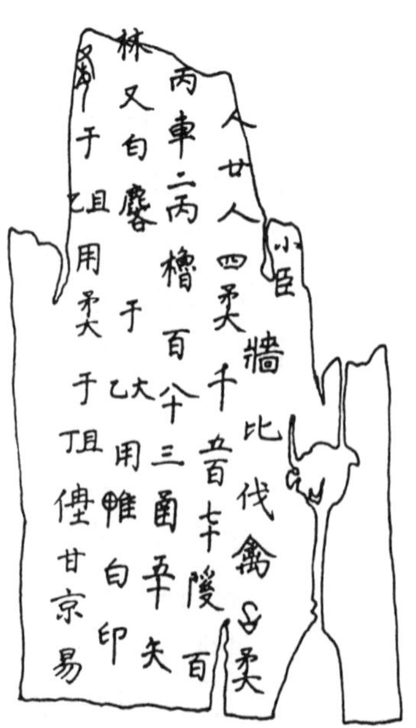

5. 제 17 편

1) 본 문 : ⧄小臣牆比伐, 禽(擒)危美⧄人二十人四, 而千五百七十, ⧄百⧄丙, 車二丙, 盾(櫓)百八十三, 函五十, 矢⧄用又白(伯)[illegible]于大乙, 用⧄白(伯)印⧄于祖乙, 用美于祖丁, [illegible]甘京(亭), 易⧄。

2) 한 역 : 小臣 牆은 대왕을 수행해 정벌에 나섰는데, 危 수령 美를 잡았고, 또 적군 24사람을 잡았다. 적병 1570명의 머리를 잘랐다. 적병 100명을 포로로 잡고 또 車 두 대를 수획했다. 방패 183개, 50개의 화살통 및 화살을 수획했다. 大乙에게 又족의 수령인 [illegible]를 죽여 제사했고, 祖乙에게 수령 印을 죽여 제사했으며, 적군 수령 美를 죽여 祖丁에게 제사했다. 甘京에 제단을 건축하였다.

3) 출 전 : ≪甲骨文合集≫ 36481 제5기

4) 자 해 : **[小臣牆比伐]** : 小臣 – 관명. 牆 – 인명(qiang · 장). 比(从) – 연합하다. 爿와 嗇를 합한 자. 嗇는 곡식을 수확해 쌓아둔 더미.(徐中舒, 1990–611)

[禽(擒)危美] : 禽 – 잡다(13 – 5 참조). 危 – 방국명(5 – 7 참조). 𦍌(美) – 사람 머리 위에 깃털 장식을 한 모양. 美로 고석한다(18 – 7 참조). 危美를 ≪合≫ 28091에서는 危伯美라고도 하였다(18 – 7 참조).

[人廿人四] : 사람 24명. 廿 – 二十의 古字. **[而千五百七十]** : 적병 1570명

[百…車二丙] : 車 – 차의 모양(11 – 8 참조). 丙 – 차량을 세는 양사.

[盾百八十三] : 盾(櫓) – 큰 방패. 모양이 선명하다(于省吾, 1996 – 1693).

[函五十] : 函 – 화살이 통 속에 들어 있는 모양, 화살통. 五十의 합체자.

[矢…又白[illegible]] : 矢 – 화살 모양(徐中舒, 1990 – 581). 又 – 제사명. [illegible] – 인명.

[用…白印…于且(祖)乙] : 用 – 제사명. 白 – 伯의 본자. 印 – 인명.

[[illegible]甘京, 易…] : [illegible] – 卜辭의 용례로 보아 일종의 건축물, 제사를 지내는 제단으로 본다. 甘京(亭) – 궁전, 公宮으로 보지만 확실하지 않다.

5) 해 설 :

전쟁 후의 상황 기록

본 편은 전쟁 후 상황을 기록한 20cm 정도의 골편인데 윗부분이 잘렸다. 小臣牆을 수장으로 삼아 方國을 정벌한 내용이다. 전승으로 인한 전리품의 획득, 개선 후 적장을 제물로 조상에 제사하는 등 풍부한 내용을 담고 있어 이를 통해 商代 전후의 기록 상황을 볼 수 있다.

5-18

1. 36440

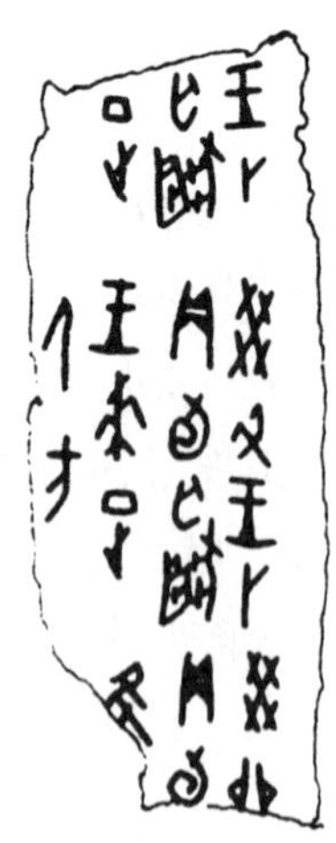

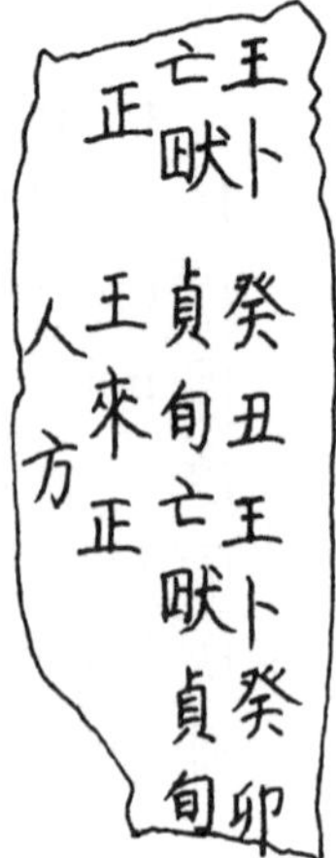

2. 36499

5. 제 18 편

1) 본 문 : 1. **甲午卜, 貞**
今夕𠂤(師)不震。
2. **癸丑 王卜, 貞 : 旬亡𡆥。王來正(征)人方。**

2) 한 역 : 1. **甲午일에 점을 치고, 묻습니다.**
오늘 저녁 군대에 소동이 없겠습니까?
2. **癸丑일에 왕이 점을 치고, 묻습니다 : 앞으로 열흘동안 재앙이 없겠습니까? 왕이 人方을 정벌하고 돌아오는 길에.**

3) 출 전 : 1. ≪甲骨文合集≫ 36440, 36499 제5기

4) 자 해 : **[今夕𠂤(師)不震]** : 今 – 방울이 달린 종을 뒤집어 놓은 모양. '명하다' 夕 – 반달 모양. 제5기에는 '저녁'으로 썼다. 𠂤(師) – 師의 본자이다. '군대'로 쓰였다. 不 – 부정사 (3 – 5 참조). 震 – 辰과 止가 상하로 포개진 형체 (zhen · 진). 振 · 足辰 등으로 분화되었다. 震은 '놀라다', '소동을 피우다', '군사 훈련' 등으로 쓰였다 (于省吾, 1996 – 1167).
[旬亡𡆥] : 旬 – 열흘. 亡 – 無의 뜻. 𡆥 – 뼈에 금이 가 있는 모양. 𡆥의 제5기의 자형에는 犬을 합쳤다. 재앙 · 근심의 뜻이 있다. 裘錫圭는 '근심하다'는 뜻을 가진 憂 (you · 우) 로 풀이한다 (2 – 16 참조).
[王來征人方] : 王 – 상왕 제5기의 자형이다. 來 – 보리의 이삭, 줄기와 뿌리 모양. '오는', '돌아오는' 등으로 풀이된다. 正(征) – 영토를 나타내는 口와 '나아가 지킨다'는 발 (止)을 합친 자. '정벌(征)'을 뜻한다. 人方 – 방국명.

5) 해 설 :

人方의 정벌

帝乙 · 帝辛시 중요 용병대상은 人方 · 盂方 · 林方 등인데 특히 '征人方'에 대한 기록이 많다. 人方 정벌 기록에는 年月日이 기재되어 있어 이들을 꿰어 맞추어 보면 정벌의 과정을 추정할 수도 있다. '征人方'은 정벌하러 가는 것이고, 정벌하고 돌아오는 여정은 '來征人方'이다 (陳夢家, 956 – 304). 이같은 기록을 商 金文 <小臣艅尊>, <作冊般甗>에서도 볼 수 있다. 특히 人方의 정벌 지역은 지금의 河南 · 山東 · 安徽 · 江蘇 등 4省에 해당하여 東夷 지역이 江淮 유역이라는 설과 일치한다.

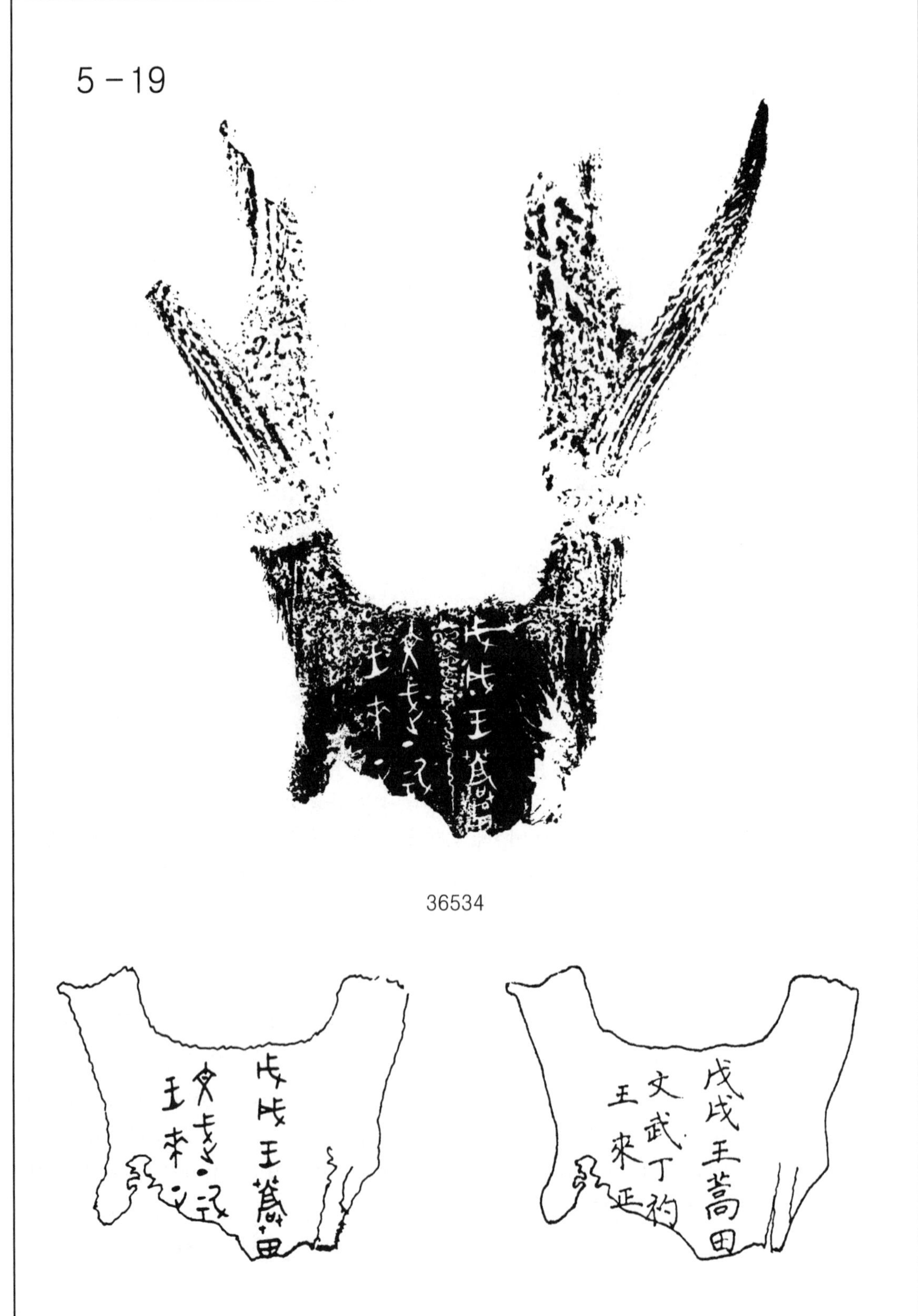
5－19
36534
戊戌王蒿田
文武丁礿
王來正

5. 제 19 편

1) 본 문 : **戊戌王蒿田。**

文武丁祊☐。

王來正(征)[人方]。

2) 한 역 : **戊戌일에 대왕은 蒿지역에서 사냥을 하였고, 文武丁의 廟에서 祊祭를 드렸다. 때는 대왕께서 [人方]을 정벌하고 돌아오는 길에.**

3) 출 전 : ≪甲骨文合集≫ 36534 제5기

4) 자 해 : **[王蒿(郊)田]** : 蒿－艸・林・高의 합체자(hao・호). 풀이름. 지명으로 쓰였다(徐中舒, 1990-59). 田－사냥터의 구획, 밭도랑 모양. 사냥하다.

[文武丁祊(廟)] : 祊－示와 勹의 합체자이다. 이 자에 대한 풀이는 매우 다양하나 조상의 신주인 示와 禮器 중 술과 같은 액체를 뜨는 국자(勺)를 기물을 합친 자로 '종묘의 신주를 모셔놓은 곳', 제사명이다(徐中舒, 1990－1487). 본 편에서는 '福을 기원하는 제사'이다.

[王來正(征)[人方]] : 王－제5기의 자형. 來－來는 𣎵처럼 보리의 이삭, 줄기, 뿌리가 있는 모양. '왕래', '오다'로 인신되었다. 正(征)－止와 口의 합체자. 口은 영토, 혹은 城邑 등을 나타내며 나아가 지킨다는 의미로 止를 합쳤다. '征'의 초문이다. 來征은 '정벌하고 돌아오는 길'임을 나타낸다(趙誠, 1988－327).

5) 해 설 :

人方정벌의 여정

人方의 정벌기간은 帝辛 10年 9月 「隹十祀在九月, 甲午」에 大邑商에서 출정하여 다음해 「五月, 癸丑, 王來征人方」이라는 기록으로 정벌을 마쳤으니 거의 일 년에 가까운 거사였다. 帝辛 15年 제 2차 정벌에 나서 香・樂・攸・齊・杞 등을 거치며 오가는 여정 곳곳에 행적을 남겼다.

≪左傳・昭公≫ <九年>에 기록된 「紂克東夷而隕其身」이라는 내용으로 볼 때 지속된 용병으로 국력이 쇠하여 끝내 周 武王이 商을 넘볼 기회를 틈타게 하였다고 할 수 있다(吳浩坤, 1986－389).

제 6 장

軍隊 · 刑罰 · 監獄

軍隊 · 刑罰 · 監獄

商왕실은 90여 주변 방국과의 대치상황에서 침략과 방어의 연속 속에 영위되었다. 右中左 3師의 군대 편성, 車와 馬를 이용한 군사작전, 三百射手의 양성 등에서 商代 軍隊의 조직과 전력을 엿볼 수 있다.

商代 초기 준엄한 湯法이 제정되었다는 문헌기록을 뒷받침하듯, 刑罰卜辭에는 후대의 소위 五刑인 黥 · 劓 · 刖 · 刵 · 伐이 있고, 수갑을 채워 감옥에 수감시키거나 죄인들에 대한 잔혹한 형벌은 상왕이 통치권을 유지하기 위해 행했던 정치 수단이었다.

6 - 1

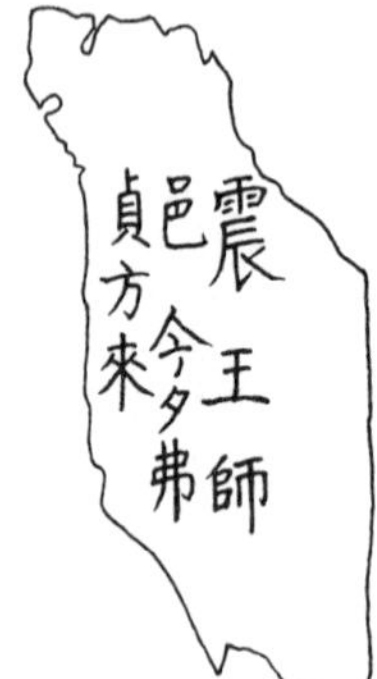

1. 36443

2. 14915

6. 제1편

1) 본 문 : 1. **貞：方來▨邑, 今夕弗震王𠂤(師)。**

2. **戊戌卜, 爭貞：叀王族令戈。**

2) 한 역 : 1. **묻습니다 : 方이라는 방국이 우리 도읍에 와서 오늘 저녁 대왕의 군대에 소동을 일으키지 않을까요?**

2. **戊戌일에 점을 치고, 爭이 묻습니다 : 대왕의 군대로 하여금 무찌르도록 할까요?**

3) 출 전 : ≪甲骨文合集≫ 1. 36443 제5기 2. 14915 제1기

4) 자 해 : **[今夕弗震]** : 今 – 이번 또는 지금 등으로 쓰임(2 – 13 참조). 夕 – 저녁. 弗 – 부정부사(7 – 7 참조). 震 – 辰과 止가 상하로 포개진 형체인 震(zhen · 진)으로 점차 振과 분화되었다. '소란을 피우다'로 쓰였다(5 – 18 참조).

[王𠂤(師)] : 王 – 제5기의 자형. 상왕. 𠂤 – 師의 초문이며 군대 또는 군대가 '주둔한다'는 뜻으로 쓰였다. 王師는 대왕의 군대를 말한다(3 – 1 참조).

[叀王族令戈] : 叀 – 강조부사. 惠와 같다. 王 – 상왕. 제1기의 자형이다. 族 – 깃발 아래 화살이 있는 모양이다. '군대'를 뜻하며 씨족 · 친족 등으로 쓰였다. 族은 가족이나 친족을 단위로 구성된 군사조직이며, 旅는 族 중에서 뽑아 구성한 군사조직이다(3 – 6 참조). 令 – 명령하다. 戈 – 무기 모양. 동사로는 '征伐'의 의미가 있다(劉釗, 1989 – 112).

5) 해 설 :

상대의 군사 체제

상대에는 상왕이 직접 王畿를 통치하였고 제후들은 분봉받은 봉지에 대한 관할권이 있었다. 군사조직은 국가군대 · 제후군대 · 귀족군대로 구분되며 군대는 단위에 따라 師 · 旅 · 行 · 族이 있다.

국가군대 : 王師 · 朕師 · 我師 · 我旅 · 王旅 등이 있다.

제후군대 : 弜師 · 者師 · 大師 · 戔師 · 虎師 등이 있는데 師 앞 자는 제후의 이름이나 지명이다.

귀족군대 : 子族 · 多子族 · 三族 · 五族 등이 있는데 族은 귀족들의 氏族 조직이며 조직된 씨족의 단위는 숫자로 나타내기도 하였다.

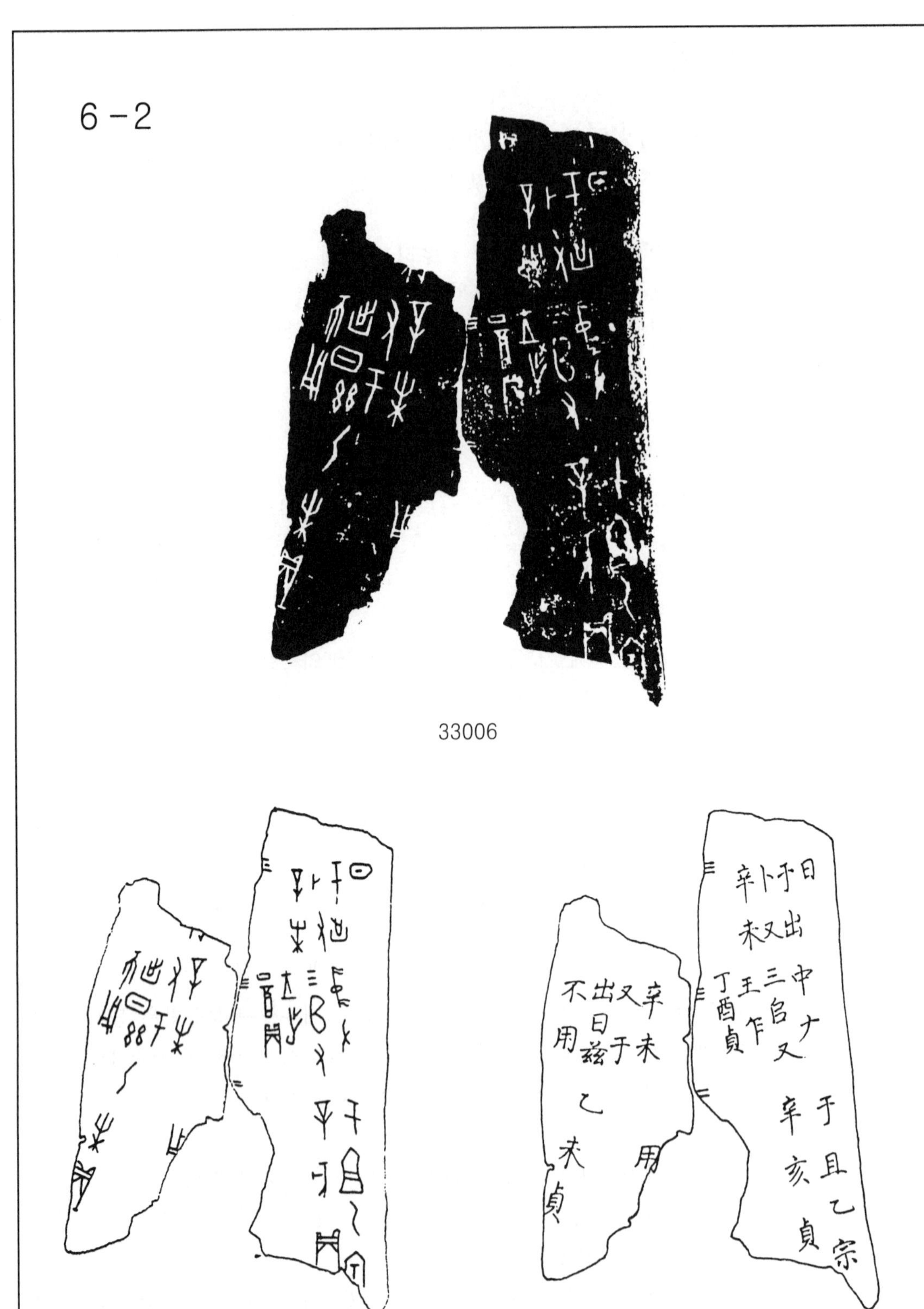
6－2
33006

6. 제2편

1) 본 문 : **丁酉, 貞 : 王乍(作)三𠂤(師)右中左。**

2) 한 역 : **丁酉일에 점을 치고, 묻습니다. 대왕은 右·中·左 3부대를 편성할까요?**

3) 출 전 : ≪甲骨文合集≫ 33006 제4기

4) 자 해 : **[王乍(作)𠂤(師)]** : 王 – 상왕(1 – 11 참조). 乍 – 作의 초문으로 '만들다', '세우다', '짓다'의 뜻. 三 – 숫자 3이다. 𠂤(師) – 군대(3 – 1 참조).
[又(右)中左] : 又(右) – 오른손의 모양, 오른쪽(2 – 15 참조). 中 – 깃발, 가운데 中으로 빌려 썼다. 左 – 왼손의 모양, 왼쪽, 또는 재앙으로 쓰였다.

5) 해 설 :

상대의 군대 편제

갑골문 중의 師·旅·行·族 등은 군대의 편제 명칭이지만, 군대 조직의 인원은 각 家의 설이 다르다. 복사로 추정해 본다.

旅 : 「登旅萬」(≪庫方≫ 310)

위 내용으로 보면 왕국군에 일만 이상의 편제가 있었음을 알 수 있다. '右旅'(懷特 1640)가 있는 것으로 보아 상왕의 군대는 右·中·左 3旅가 있고, 매 旅는 일만명으로 추산한다. 旅마다 1백량의 수레가 있고 1백명의 마부가 있었다(許進雄, 1988 – 499).

師 : 師에도 3師가 있다(許進雄, 1988 – 499). 또 馬隊를 右·中·左로 나누어 3백명(6 – 3 참조)이라고 하였는데 師를 3천명, 旅는 3백명으로 보는 견해도 있다(陳恩林, 1991 – 44).

行 : 卜辭 중의 行은 '王行', '大行', '上行', '中行', '車行', '單行' 등이 있다. 이러한 명칭으로 볼 때 行의 편제는 횡대일 때는 右·中·左 또는 東·中·西, 종대일 때는 上·中·下로 나누었다고 할 수 있다. 매 行은 1천명, 보통 3行 3천명으로 조직되며 특수 상황에서 上·中·下·左·右 5行, 즉 5천명으로 조직되니 바로 '大行'이다. 行을 3백명으로 보는 견해도 있다(宋鎭豪, 1996 – 200).

族 : 族은 1백명 가량으로 조직된 비교적 작은 부대이다.

6-3

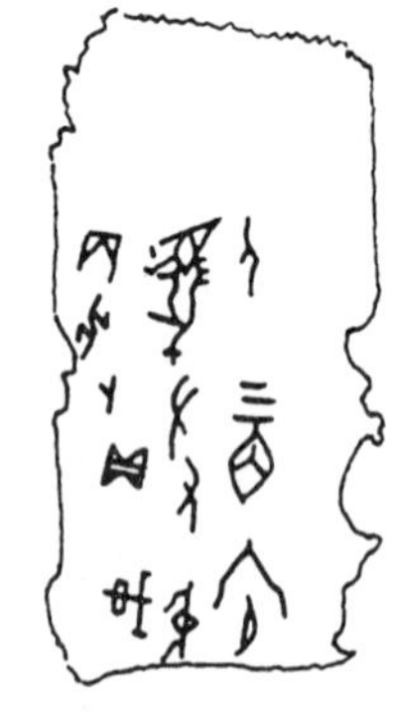
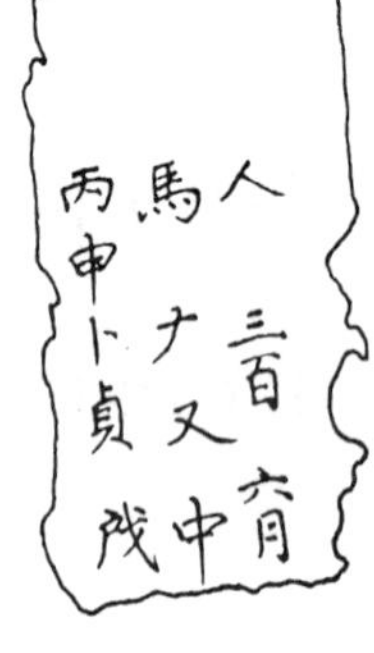

1. 5825

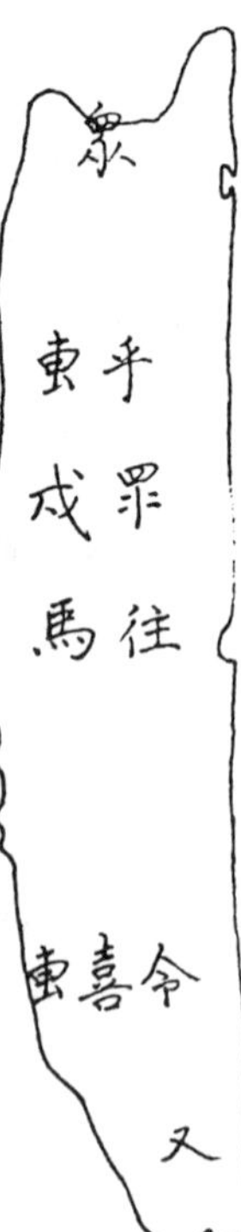

2. 27966

6. 제3편

1) 본 문 : 1. **丙申卜, 貞 : 戌(肇)馬左右中人三百。六月。**

2. **叀(惠)戍馬乎(呼)眔往。**

2) 한 역 : 1. **丙申일에 점을 치고, 묻습니다 : 기마병 左·右·中부대를 편성해 3백 명을 조직할까요? 6월에 점을 쳤다.**

2. **군대 조직인 戍馬와 함께 가게 할까요?**

3) 출 전 : ≪甲骨文合集≫ 1. 5825 제1기 2. 27966 제3기

4) 자 해 : **[戌(肇)馬]** : 戌－戈로 戶를 공격하는 모양. 肇(zhao·조)의 초문으로 시작하다, 전쟁의 선봉, 제사명 등으로 쓰였다(徐中舒, 1986－1358).

[叀(惠)戍馬] : **叀**－강조부사로 뒤에 오는 戍馬를 강조한다. 戍－사람이 무기를 들고 있는 모양(shu·수). 지키다, 군대조직, 관명 등으로 쓰였다. 馬－말의 측면 모양(徐中舒, 1990－1607). 戍馬－군대 조직.

[乎(呼)眔往] : 乎－呼의 초문. '명령하다'. **眔**－눈물이 떨어지는 모양. '…와 함께', 인명·방국명이다. 인명으로 보면 **眔**에게 가도록 명할 것인지, '…와 함께'로 보면 '戍馬와 함께 가도록 명할까요?'라고 풀이할 수 있다(4－15 참조). 往－나아가다.

5) 해 설 :

상대의 병사

상대 군사조직에는 步兵·車兵·騎馬兵·舟兵 등이 있다.

步兵 : 도보로 전쟁에 참가하는 병사다. 군사 편제에서 '行'으로 불린다.

車兵 : 車를 몰고 참가하는 병사다. 5량, 25량, 100량, 300량 편제가 있다.

騎馬兵 : 말을 타고 전쟁을 하는 병사이다. 상대에 騎馬兵은 右·中·左로 편제되어 있는 마차부대이며 각 부대는 대략 100명의 기병이다(王貴民, 1983 - 184). 갑골문에 騎자는 [甲骨文字]처럼 사람이 말을 타고 있는 모양이다(≪乙≫ 8696).

舟兵 : 선단을 이루어 전쟁에 참가하는 병사들이다(王宇信, 1999－495).

관련 卜辭는 ≪合≫ 5507 反, 27996이다.

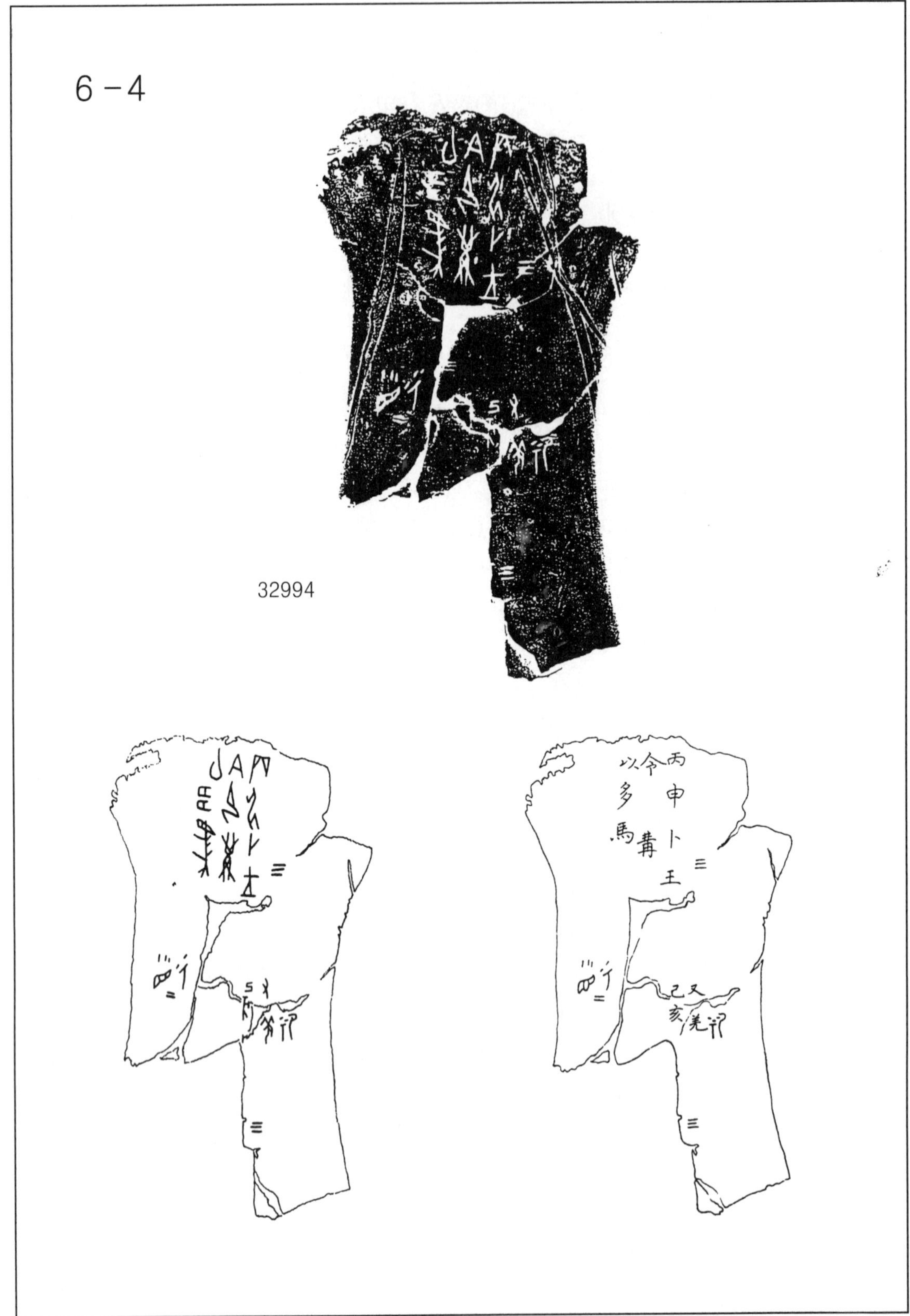
6-4
32994

6. 제4편

1) 본 문 : **丙申卜：王令冓(遘)以多馬。三**

2) 한 역 : **丙申일에 점쳐 묻습니다 : 대왕은 冓에게 多馬를 데려오도록 명령할까요? 세 번째 물었다.**

3) 출 전 : ≪甲骨文合集≫ 32994 제4기

4) 자 해 : **[丙申卜]** : 제4기의 특징으로 貞人 이름이 생략되었다.

[王令冓(遘)以多馬] : 王－상왕. 제4기의 복사이지만 王자는 제1기의 자형을 답습했다. 令－명령하다. 冓－물고기가 처럼 주둥이를 마주하고 있는 모양인 冓(gou·구)는 遘의 초문이다. 또 목제를 교차시켜 묶어 놓은 모양으로 보기도 한다(許進雄, 1995－426). 卜辭에서는 '만나다'로 인신되었고, 인명·지명으로 쓰였다. 본 편에서는 인명이다(2－10 참조). 以－사람이 처럼 측면으로 서서 물건을 들어올리는 모양이다. 氏로도 풀이하여 두 자는 혼용된다. '致'의 뜻이 있다, '데려오다', '가져오다'(9－1 참조). 多－고기 덩어리를 처럼 쌓아둔 모양, '많다'는 뜻으로 인신되었다. 馬－처럼 말의 측면 모양. 多馬－관명. 말을 다스리는 武官들이다.

5) 해 설 :

商代의 군대 규모

婦好와 관련된 전쟁卜辭 중에는 '登人三千'(6168), '登人五千'(6167) 등과 같이 군대를 징집하는 내용을 수없이 볼 수 있다. 비교적 큰 제후의 군대에서는 3천명, 5천명 정도를 징집했다고 할 수 있다. 그 외에도 단편적인 기록이나마 수천을 헤아리는 병사를 징집한 것을 보면 상대의 군대 규모의 방대함을 엿볼 수 있다.

· 登人四千呼以. (6175)
· 六千. (17913)
· 八千人. (31997).
· 登旅萬. (≪庫方≫ 310)

6-5

1. 13705

2. 5771 甲

6. 제5편

1) 본 문 : 1. **王學馬, 亡疾。弜入。**

2. **貞：令𠦪庠三百射。四**

2) 한 역 : 1. **대왕이 말 훈련을 시키는데 병환이 없을까요? 들어가지 말까요?**

2. **묻습니다 : 𠦪에게 명하여 3백명의 射手에게 활쏘기를 훈련하도록 할까요? 네 번째 물었다.**

3) 출 전 : ≪甲骨文合集≫ 1. 13705 제1기 2 . 5771 제1기

4) 자 해 : **[王弜學馬]** : 王－제1기의 王자형. 상왕. 學－爻는 學의 초문으로 '가르치다'는 뜻으로 썼다(2－10 참조). 馬－말의 측면 모양. 亡－無로 읽으며 없다는 뜻. 疾－침상에 누워 땀을 흘리는 모양. 질병, 병이 나다(19－2 참조). 弜－활을 휘지 않게 고정하는 기구. 부정사로 빌려 썼다(8－3 참조). 入－자형의 풀이는 다양하는 入은 六·內와 근원이 같다고 본다(于省吾, 1996－1947). '들어가다'는 뜻으로 쓰였다. 탁본에는 入자가 도치되어 있다. 甲尾刻辭이다.

[貞] : 鼎의 형체가 간화된 모양. '점쳐 묻다'는 뜻으로 빌려 썼다.

[令𠦪] : 令－명령하다(2－4 참조). 𠦪－인명(畢)으로 쓰였다. 상왕실의 중요 임무를 수행했던 중신이다(19－18 참조).

[庠三百射] : 庠－羊과 皿의 합체자로 庠(xiang·상)이다. 殷代의 학교를 庠이라고 하였고, 또 활쏘기를 훈련시키는 것을 말한다(8－4 참조). 射－弓과 又(手)의 합체자로 손으로 활 쏘는 모양(3－16 참조).

5) 해 설 :

갑골문의 군사 훈련

商代에는 군대 훈련을 '庠射'이라 하였다. 특히, '令𠦪庠三百射'는 𠦪로 하여금 활쏘기를 가르치게 할 것인가를 물었던 내용이다(陳夢家, 1956－513). 갑골문에서의 '學'은 '教'의 뜻도 있어 '學馬'는 말타기를 훈련시키는 것이다. 또 대규모의 훈련은 '振旅'(6－7 참조)라고 하였는데 서주 동기명문에 '辰旅'가 있고, ≪左傳·隱公五年≫ 중의 '三年而治兵, 入于振旅'에도 振旅가 있는데 모두 군사 훈련이나 전쟁의 개선을 일컬었다. 그 근원은 갑골문에서 볼 수 있다(于省吾, 1996－1167).

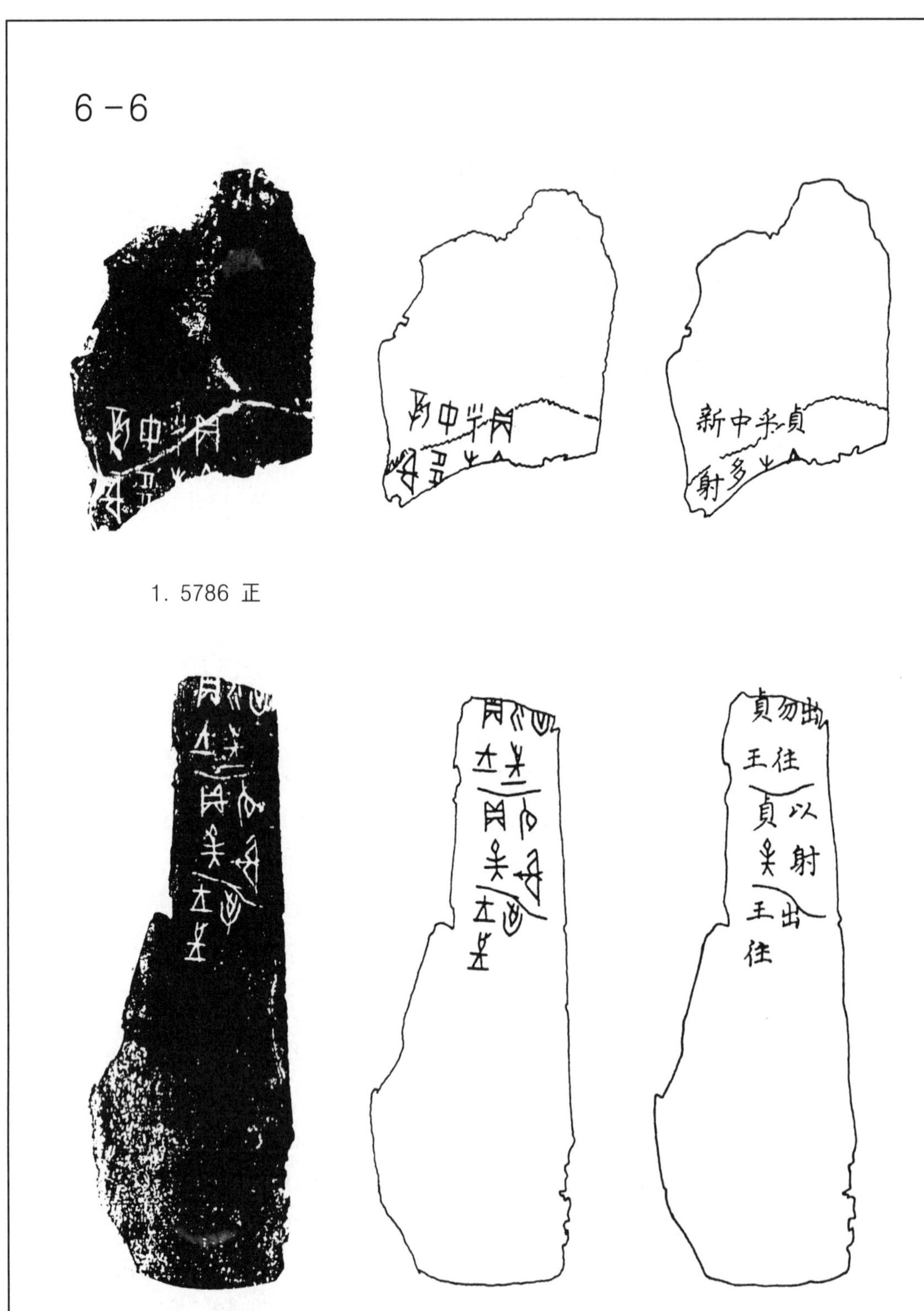

1. 5786 正

2. 9762

6. 제 6 편

1) 본 문 : 1. **貞 : ⧄乎(呼)⧄中多⧄新射**。
2. **王往出**。
貞 : □(吳)以射。
貞 : 王勿往出。

2) 한 역 : 1. **묻습니다 : … 새로이 조직된 사수에게 명할까요?**
2. **대왕께서 출타할까요?**
묻습니다 : □가 사수를 데려올까요?
묻습니다 : 대왕은 출타하지 말까요?

3) 출 전 : ≪甲骨文合集≫ 1. 5786 正 2. 5762 제1기

4) 자 해 : **[勿乎(呼)]** : 勿 – 부정부사. 乎 – 呼의 초문. 명령하다.
[⧄中多] : 전후가 잘려 의미 파악이 어렵다.
[⧄ 新射] : 新 – 辛과 斤의 합체자. 때로는 木자가 첨가되었다. 새롭다는 뜻으로 쓰였다(12 – 5 참조). 射 – 활(弓)에 화살이 걸려있는 모양. 弓이 身으로 와전되었고, 金文에 寸이 추가되었다. 新射는 새로 조직된 射手.
[□(吳)以射] : □ – 자형은 확실하지 않다. 武丁시대 중요 관직이었던 사람. 무관·농경관을 거쳤다. 吳로 보고 있다. 以(氏) – 사람이 측면으로 서서 물건을 들어 올리는 모양. 데려오다.
[王勿王出] : 王 – 제1기 자형을 보인다. 상왕. 勿 – 부정사. 往 – 止와 王의 합쳐진 형성자. '나아가다', '왕래하다', 제사명으로 쓰였다(馬如森, 1993 – 126). 出 – 움집과 발을 합친 자. 발을 □처럼 밖으로 향하게 하여 '나아가다'는 뜻으로 씀(4 – 14 참조).

5) 해 설 :

相間刻辭의 기록

2번 복사는 뼈조각에 새긴 相間刻辭로 대왕의 출타와 무관 □가 사수들을 데려올 것인지 2가지 일을 물었다. 이러한 相間刻辭는 밑에서부터 읽지만 옮겨 쓸 때 2가지 방법이 있다. 첫째는 밑에서부터 순서대로 쓰는 것이고, 둘째는 사건대로 기록하는 방법이다(≪釋文≫ 5762). 본서는 전자를 따랐다.

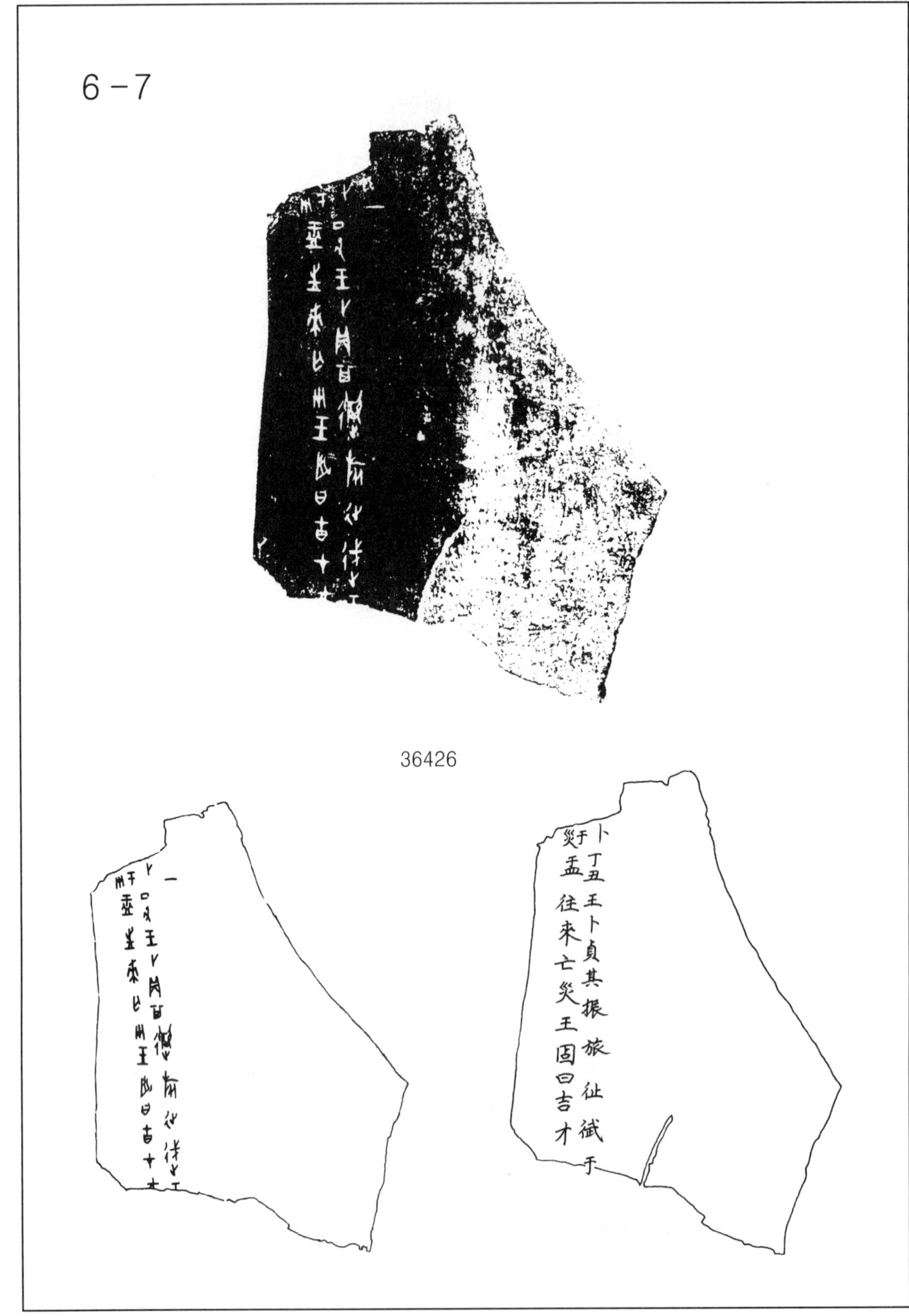
6-7
36426

6. 제7편

1) 본 문 : **丁丑, 王卜貞 : 其振旅, 彵(延)秘于盂, 往來亡𢦏(災)。**
王固曰 : 吉。在☐。

2) 한 역 : **丁丑일에, 왕이 점을 치고 묻습니다 : 대규모 군사 훈련을 하고, 계속 盂方을 향하여 나아가려는데 오가는데 재앙이 없겠습니까?**
대왕이 점친 결과를 보고 길흉을 판단했다 : "길하다." … 에서.

3) 출 전 : ≪甲骨文合集≫ 36426 제5기

4) 자 해 : **[王卜, 貞]** : 王 - 王자의 제5기 자형이다. 왕이 직접 점을 치고 물었다.
[其振旅] : 其 - 강조부사. 振 - 彳, 止와 두 손으로 조개인 辰을 받쳐든 형체가 결합된 자이며 振(zhen, 진)으로 읽으며 震의 繁体이다(6 - 1 참조). 旅 - 깃발 아래 여러 사람이 모여 있는 모양. '振旅'는 '모의 전투'를 의미하며 복사에서는 '군사 훈련', '승전', '혼란', '난동' 등으로 쓰였다(劉釗, 1989 - 73).
[彵(延)秘于盂] : 彵(延) - 彳와 止의 합체자. 延으로 보며 '지속되다'는 뜻이다. 秘 - 戈와 彳, 止(辵)의 합체자로 秘 · 邲 · 辿 등으로 풀이한다. 보통 秘 뒤에 '往來亡災'가 오고 있어 어떤 '목적지를 향해 나아감'을 뜻한다. '辵'을 변방으로 쓴 이유이다. 앞에 '振旅'가 온 것은 군사를 이끌고 나아감을 뜻한다. 毖(bi, 비)로 읽는다(徐中舒, 1990 - 714). 盂 - (18 - 7 참조).
[往來亡𢦏(災)] : 往 - 彳와 王이 합쳐진 형성자이다. 나아가다. 來 - 來往의 來로 인신되었다. 亡 - 없다. 無와 음의가 같다. 𢦏(災) - 재앙. 수해로 인한 재앙(5 - 9 참조).

5) 해 설 :

상대 死 자의 구분

상대에 왕과 일반 사람의 죽음을 구분하여 표현하였다. 갑골문 死자는 사람이 부러진 뼈 곁에 꿇어 앉아있는 모양인 [glyph]와 사람이 뼈 곁에서 내려다보는 [glyph]로 나타냈다. 지위가 높은 이의 죽음은 시체 옆에서 머리를 조아리는 [glyph]로 썼고, 지위가 낮은 사람의 죽음은 [glyph]로 나타냈다.
≪禮記 · 曲禮≫에 '天子死曰崩, 諸侯曰薨, 大夫曰卒, 士曰不祿, 庶人曰死' 라고 하였다. 이 같은 기록은 상대에 2가지 다른 자형으로 尊卑를 구분했던 내용과 같은 맥락으로 볼 수 있다(李孝定, 1992 - 2878).

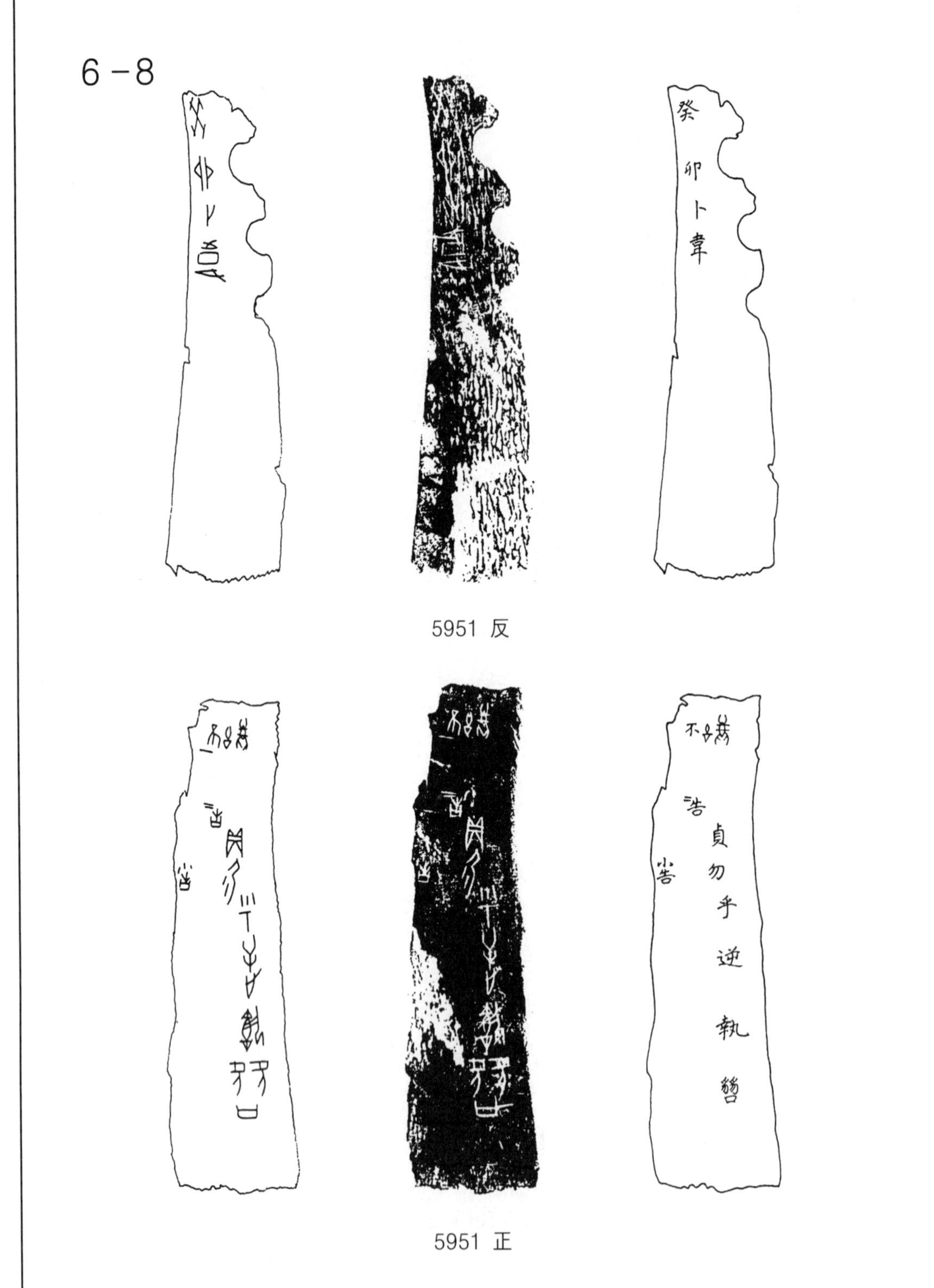

5951 反

5951 正

6. 제8편

1) 본 문 : (反) 癸卯卜, 韋
(正) 貞 : 勿乎(呼)逆執𤉲。

2) 한 역 : (反) 癸卯일에 점을 쳤고 韋가
(正) 묻습니다 : 逆에게 𤉲를 잡으라고 명하지 말까요?

3) 출 전 : ≪甲骨文合集≫ 5951 反 5951 正 제1기

4) 자 해 : **[癸卯卜, 韋]** : 癸卯 – 干支 중의 癸卯일. 韋 – 도성을 나타내는 '口'의 위아래 '止(발)'을 합쳐 '나라를 지키다', '방위하다'는 뜻. 점차 '인명', '지명', '부드럽게 다룬 가죽'으로 쓰이고 '방위하다'는 圍, 衛를 만들어 썼다.
[勿乎(呼)逆執𤉲] : 勿 – 부정사. 乎 – 呼의 초문. 명령하다. 逆 – 大의 도치 형태인 屰(ni · 역)과 발인 止(辵)을 합친 자다. 사람이 밖에서 들어오는 모양을 형상화하여 迎과 같이 '맞이하다'는 뜻이었으나 후대에 뜻이 변하여 지명 · 인명으로 쓰였고, 때로는 의부에 彳이 합쳐진 異體字도 있다. 점차 迎은 '환영하다', 逆은 '거스르다'로 분리해 사용하게 되었다. (徐中舒, 1990 – 153). 執 – 사람이 수갑을 찬 채 꿇어앉은 모양인 𡙁(執)(zhi · 집) 이다 (于省吾, 1996 – 2593). 𤉲 – 豸와 ㅂ를 합친 것으로 제사드릴 동물을 받침대(ㅂ) 위에 제수품을 펼쳐 놓은 모양이다. 복사에서는 인명 · 제사명 · 지명으로 쓰임 (趙誠, 1988 – 121). 본편에서는 인명이다.

5) 해 설 :

수갑관련 갑골문자

갑골문 형벌 卜辭 중 수갑과 관련된 갑골문은 상당히 많아 당시 전쟁포로나 도망가는 죄인들에게 수갑이나 족쇄를 채운 일이 빈번했음을 알 수 있다 (梁東淑, 2005 – 169).

- · 㚔 – 수갑 모양 (幸)
- · 𡙁 – 손에 수갑을 차고 꿇어 앉은 모양 (執).
- · 圉 – 죄인을 옥에 가둔 모양 (圉).
- · 報 – 수갑 찬 포로를 손으로 잡고 있는 모양 (報).
- · 桎 – 발에 족쇄를 채운 모양 (桎).

6-9

1. 5914

2. 5978

6. 제 9 편

1) 본 문 : 1. 執

2. 壬□卜, 㱿

貞 : 圉

貞 : 燎五牛

貞 : 勿圉

2) 한 역 : 1. 잡을까요?

2. 壬□일에 점을 치고 㱿이

묻습니다 : 감옥에 넣을까요?

묻습니다 : 다섯 마리의 소로 燎祭를 지낼까요?

묻습니다 : 감옥에 넣지 말까요?

3) 출 전 : ≪甲骨文合集≫ 1. 5914 2. 5978 제1기

4) 자 해 : [執] : 執 – 노예나 죄수가 손에 수갑을 찬 모양(6 – 8 참조).

[貞燎五牛] : 貞 – 점쳐 묻다. 燎 – 높이 쌓아 놓은 나무단이 타며 불꽃이 튀는 모양으로 燎(liao · 료)의 本字이다. 제수품을 나무 위에 태워 하늘에 드리는 제사(4 – 12 참조). 五牛 – 다섯 마리 소.

[勿圉] : 勿 – 부정사(1 – 3 참조). 圉 – 執은 죄인에게 수갑을 채운 모양이고 圉(yu · 어)는 수갑을 찬 죄인을 감옥에 꿇어앉힌 모양이다(趙誠, 1988 – 331).

5) 해 설 :

수갑과 幸福

전쟁에서 많은 포로를 잡았고 또 이들을 노예로 부렸던 商代에는 노예나 죄수에게 수갑을 채웠다. 수갑을 채운 모양을 형상화시킨 이 執이다. 이는 수갑에 손을 묶은 모양이며 발에 채운 족쇄는 발의 모양인 止와 수갑을 합쳐 (梏)을 만들었다. 갑골문 央자는 사람머리에 목칼을 채운 모양이다. 목이 칼의 정중앙에 오기 때문에 가운데(央)로 인신되었다. 수갑은 목 · 손 · 발에 채웠음을 알 수 있다.

幸福의 幸은 수갑의 모양이다. 수갑모양을 幸(다행 행)이라고 끌어 쓴 것은 당시 수갑을 차지 않은 것만도 '다행'이라는 생각에서이다.

6-10

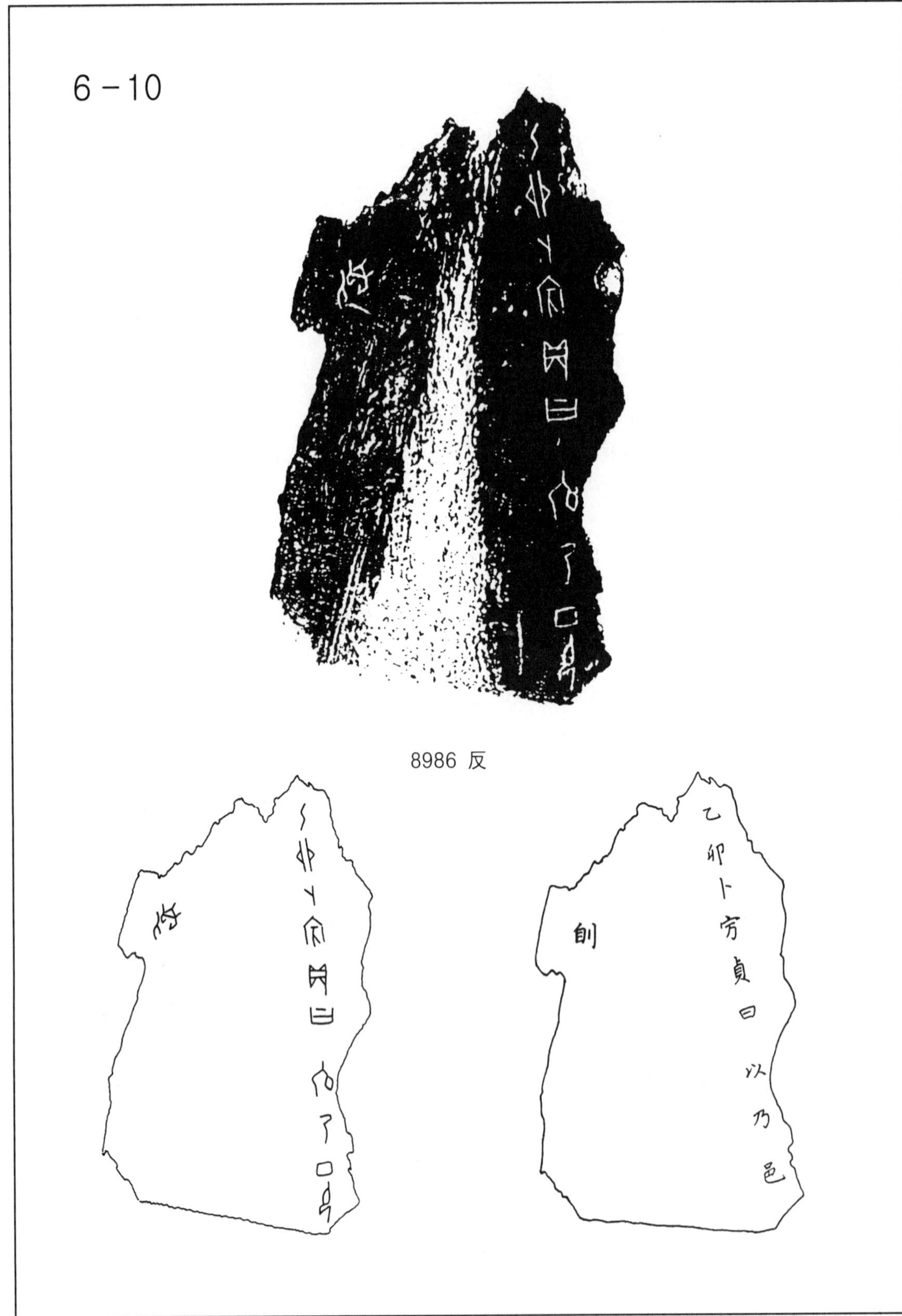

8986 反

6. 제 10 편

1) 본 문 : **劓**。一

2) 한 역 : **코를 자를까요? 처음 물었다.**

3) 출 전 : ≪甲骨文合集≫ 8986 反

4) 자 해 : **[劓]** : 自－코의 모양이다. 점차 '자신'이란 뜻으로 차용되어 bi음을 가진 畀자를 합쳐 코를 뜻하는 鼻(bi · 비)를 만들었다. 코(自)에 刀를 합쳐 코를 자르는 형벌을 형상화하였다. 劓(yi · 의)와 같다(裘錫圭, 1992－210).

5) 해 설 :

상대의 五刑

≪尙書 · 呂刑≫에 의하면 周代에는 五刑 즉, 墨 · 劓 · 剕 · 宮 · 大 등 다섯 가지 형벌이 있었고, ≪周禮 · 秋官 · 司刑≫에 의하면 墨 · 劓 · 刖 · 宮 · 殺이 五刑이다.

- 墨 － 黥으로 이마에 문신하고 먹물을 칠하는 형벌
- 劓(劓) － 처럼 코를 자르는 형벌
- 剕 － 刖(刖 · 월)로 다리를 처럼 자르는 형벌
- 宮(椓) － 처럼 성기를 자르는 형벌
- 大 － 殺, 즉 死刑

갑골문에는 머리를 자르는 모양인 伐이 있는데 大에 해당한다. 명칭의 차이는 있으나 갑골문에 이들 다섯 가지의 형벌이 모두 나타난다. 周代는 商代의 제도들을 이어 받았다는 것이 증명되고 있다.

형벌과 집행

갑골문에는 수많은 형벌에 관련된 문자들을 볼 수 있다. 그러나 실제로 商代에 이러한 형벌이 집행되었다는 것을 증명하기 위해서는 보다 확실한 증거가 필요하다. 은허 유적지에서는 목이 잘린 몸체만 있는 갱과 머리만 묻힌 갱이 발견되었고, 1971년 安陽后岡의 발굴 보고에 의하면 다리가 잘린 채 殉葬된 노예의 뼈가 발견되었다(胡厚宣, 1974－73). 본편을 비롯해 ≪合≫ 580 · 5996 · 5998편 등은 실제로 형벌이 집행된 상황이라고 할 수 있다.

6－11

1. 5996

2. 5998

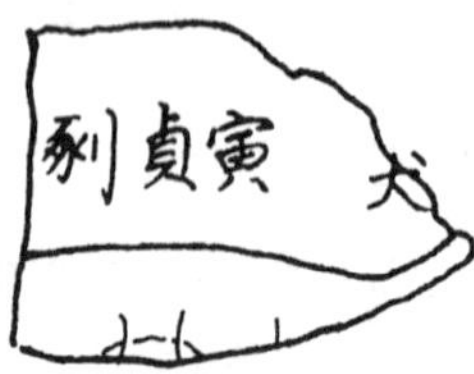

6. 제11편

1) 본 문 : 1. □寅, 貞 : 刵(剢)。
2. 刵(剢)。

2) 한 역 : 1. □寅일에 점을 치고, 묻습니다 : 剢刑을 내릴까요?
2. 剢刑을 내릴까요?

3) 출 전 : ≪甲骨文合集≫ 1. 5996 2. 5998 제1기

4) 자 해 : **[寅, 貞]** : 寅앞에 天干이, 뒤에 卜 자가 빠졌고, 貞人의 이름이 없다.
[刵(剢)] : 剢(椓) – 남성의 생식기를 자르는 모양으로 宮刑을 형상화한 것이다. ≪尙書 · 堯典≫에서는 생식기(且)를 칼(刀)로 𠛬처럼 자르는 형벌에 일반적으로 '椓' (du · 탁) 을 썼다. 唐蘭은 剢을 椓刑의 本字로 보았다. 갑골문에서 刵는 사람에게 내린 궁형에만 썼으나 周代에 오면서 '椓'자로 바꾸고 사람이나 동물의 거세에 두루 사용되어 刵 · 剢자는 소멸되었다 (裘錫圭, 1992 – 210).

5) 해 설 :

羌人에게 내린 宮刑

甲骨卜辭에서 商族에게 중형을 내린 경우는 매우 적으며, 대부분 아래 예문과 같이 異族에게 내린 형벌이었다.

> 庚辰卜, 王 : 朕剢羌人, 不死. (≪前≫ 4. 38,7)
> 庚辰일에 점을 치고 왕인 내가 묻습니다.
> 내가 羌人 노예에게 궁형을 내려도 죽지 않을까요?

≪周禮 · 秋官 · 司刑≫ 鄭注에 「宮者丈夫則其勢…」라고 하여 궁안의 내관은 거세한 후 임명하게 하였는데, 상왕에 의해 거세당한 상기 羌人노예는 아마도 내관으로 임명하기 위함이었을 것으로 추정한다(裘錫圭, 1992 – 212). 실제로 刵刑을 내린 기록은 商代에 刵刑이 실제로 시행되었다는 확증이 될 수 있을 것이다. 비록 단편적인 기록일지라도 商代에 여러 가지 형벌이 집행되었다는 근거가 된다.

6－12

1. 580 正

2. 6001 正

6. 제12편

1) 본 문 : 1. **貞 : 刖𡆥八十人 不囗(殪)。**
2. **丁巳卜, 亘貞 : 刖, 若。一**

2) 한 역 : 1. 80명의 𡆥人들에게 다리를 자르는 刖刑을 실시하면 죽지 않을까요?
2. 丁巳일에 점을 치고, 亘이 묻습니다 : 刖刑을 내리는데 순탄할까요? 첫 번째 물었다.

3) 출 전 : ≪甲骨文合集≫ 1. 580 正 2. 6001 正 제1기

4) 자 해 : **[貞]** : 貞－鼎의 모양이 간화된 형체. 점쳐 묻다로 빌려 썼다.

[刖𡆥八十人] : 刖－사람의 발꿈치나 다리를 자르는 모양. 다리나 발꿈치를 자르는 형벌이 바로 刖로 刖(yue·월)의 초문이다. 兀(wu·올)은 다리를 잘린 사람 모양이 잘못 변한 형체이다. 그 외에도 𡆥처럼 두 다리가 잘린 이체자도 있다. 刖은 刖의 후기 형성자이며 跀·䏍 등의 或體를 낳았다(裘錫圭, 1992－211). 𡆥－손에 기구를 들고 집안에서 일에 열중하고 있는 모양. 노예계층의 신분으로 전시에는 징용되고 제사 시에는 제물로 바쳐지는 사람들이다. 방국명. 八十人－80명.

[不囗(殪)] : 不－부정사(3－5 참조). 囗(殪)－死 또는 殟(wen.온)의 뜻이고, 殪(yi·예)로 읽으며 死·殟·凶·제사명 등으로 풀이한다. 사람이 囗나 囗처럼 □속에 들어 있는 모양인데 □를 木棺으로 보기도 한다(于省吾, 1993－53).

[若] : 若－사람이 꿇어앉아 𦱤처럼 두 손으로 머리를 고르고 있는 모양. 순리·순조롭다로 인신되었다(趙誠, 1988－284).

5) 해 설 : **도망가는 자는 다리를 잘랐다**

商代에 도망가던 죄인이나 노예를 잡으면 𡯁나 𡆥처럼 다리를 절단했다. 이같은 형벌의 형상은 갑골문은 물론 도기나 청동기물의 문양으로도 종종 나타나고 있어 드물지 않게 자행되었던 현상임을 보여준다. 80여 명에게 刖刑을 실시하려던 본편의 내용은 당시의 잔혹성을 극명하게 보여준다.

6 - 13

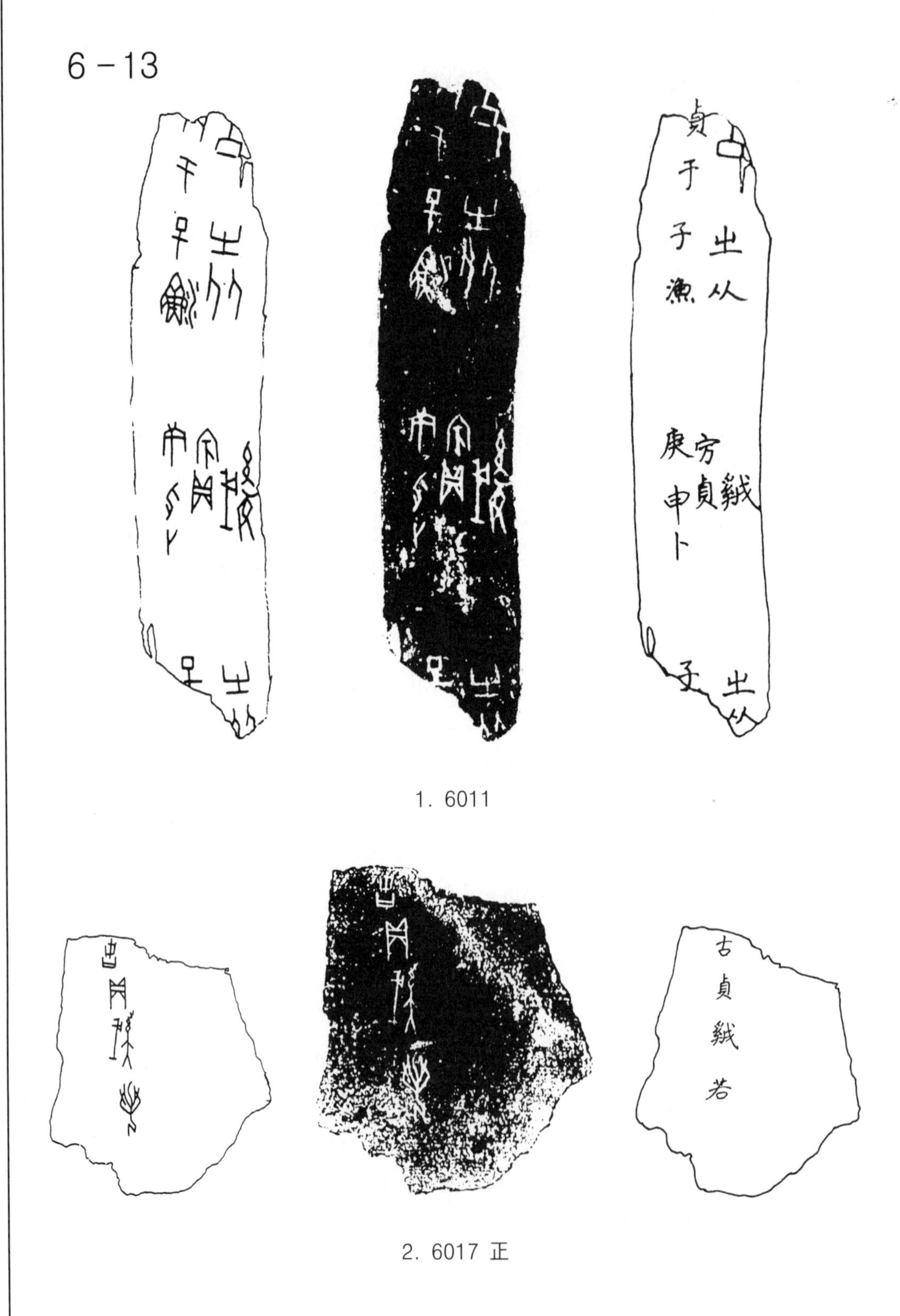

1. 6011

2. 6017 正

6. 제13편

1) 본 문 : 1. **庚申卜, 穷貞：鉞。**
2. **古貞：鉞, 若。**

2) 한 역 : 1. **庚申일에 점을 치고, 穷이 묻습니다 : 목을 자르는 鉞형을 집행할까요?**
2. **古가 묻습니다 : 鉞형을 집행하는데 순조로울까요?**

3) 출 전 : ≪甲骨文合集≫ 1. 6011 2. 6017 正 제1기

4) 자 해 : **[庚申卜, 穷貞]** : 干支 紀日에 의한 庚申일. **穷**－제1기의 정인 이름.
[鉞, 若] : 鉞－도끼로 죄인의 목을 자르는 모양. 목을 자르는 형벌. 伐과 같다(徐中舒, 1990－893). 若－꿇어앉아 두 손으로 머리를 고르고 있는 모양. '순조롭다'.

5) 해 설 :

형벌관련 문자

본 장에서 다룬 字 이외에도 형벌과 관계 있는 글자들이 있다.

民－한쪽 눈이 침에 찔려 애꾸가 되는 모양으로 범죄자에게 행한 형벌이었으나 점차 일반 대중의 칭호로 쓰이게 되었다.
臧－한쪽 눈이 침에 찔려 애꾸가 된 모양. 반항이나 도망을 가지 못하게 하는 수단이었다. 노복 · 선량하다 등의 의미가 있다.
央－머리에 형틀을 씌워 놓은 모양. '중앙'이라는 말로 빌려 썼다.
童－애꾸가 된 노복에 성부 東을 합친 자다. '어린이'로 빌려 썼다.

辛－문신을 하는 刑具. 辛을 따른 자는 거의가 형벌과 관계가 있다.
宰－집안에 문신도구가 놓여 있는 모양으로 다른 사람을 감시하는 작은 직책을 뜻하였고 인신되어 '관직'을 뜻하게 되었다.
辠－코인 自와 문신용 칼 辛이 포개진 자. 코에 문신을 하는 형벌이다.
僕－잡무를 하는 남성의 머리에 먹물을 들인 형상. 잡무는 원래 죄인들이 하였으나 가난한 사람의 직업으로 인신되어 '奴僕'으로 쓰였다.
縣－나무에 사람의 머리를 끈으로 매단 모양이다. 행정구역으로 쓰이게 되자 '매달다'를 뜻하는 懸자를 만들어 구별했다.

6－14

1. 34650

2. 34652

6. 제14편

1) 본 문 : 1. 弜乇(磔)

2. 庚辰, 貞 : 辛巳其乇(磔), 自祖☐。三

2) 한 역 : 1. 乇祭를 드리지 말아야 할까요?

2. 庚辰일에 점쳐, 물었습니다 : 辛巳일에 祖… 로 시작되는 조상에게 乇祭를 드려야 할까요? 세 번째 점쳤다.

3) 출 전 : ≪甲骨文合集≫ 1. 34650 2. 34652 제4기

4) 자 해 : [弜乇(磔)] : 弜 - 부정사. 乇 - 乇과 같으며 磔(zhe・책)의 본자이다.

[庚辰, 貞] : 정인 이름이 생략되었던 시기이다.

[辛巳] : 干支 紀日에 의한 辛巳일, 즉 庚辰일 다음날.

[其乇(磔)自且(祖)…] : 其 - 강조부사(2 - 6 참조). 乇 - 가래(力)와 같은 일종의 공구모양이다. 복사에서 대부분 제사명으로 썼다. 점차 口・示 등이 첨가되어 같은 자형을 보인다. 乇祭는 사지를 갈라 지내는 用牲法으로 磔祭이며 乇으로 간화되었다(趙誠, 1988 - 238).

5) 해 설 :

형벌의 종류

상대의 형벌은 대략 다음 3가지 형태로 구분된다(王宇信, 1999 - 482).

1. 신체를 구속하는 형벌(徒刑)

가벼운 구타에서부터 구인・결박・수갑채움・수감・문신 등 신체를 구속하는 형벌이다. 執, 桎, 縶, 圉, 聽, 報, 鬱.

2. 신체의 일부를 절단하는 형벌(肉刑)

발이나 코・귀・생식기 등을 자르고 눈을 찌르는 등 신체의 일부를 절단하는 형벌이다. 刖刑, 宮刑, 劓刑, 刵刑, 刺眼.

3. 목숨을 앗아가는 형벌(死刑)

목을 자르고, 불에 태우며, 생매장하여 죽이는 사형으로 최고형이다. 伐刑(大劈), 卯刑, 火刑(炮烙), 凌遲(磔刑), 生埋葬, 水沒, 醢刑(梁東淑, 2005 - 167).

제 7 장

方　域

方　域

商을 건국한 成湯은 3천 諸侯의 옹호를 받았다고 전해지지만 갑골문의 기록에는 대략 90여 方國이 등장한다. 상 왕실과 이들의 관계를 보면 商과 子, 我 등 商 왕실의 핵심 방국이 있고, 輿와 去 등 우호 방국이 있으며 周와 雀 등 우호와 적대관계가 교차된 방국이 있었다. 동시에 羌과 土, 鬼 등 시종 위협적인 방국들과의 소용돌이가 계속되어 왔다.

이러한 과정 속에서 商 왕실은 불복 이민족을 때로는 잔혹하게 때로는 유화책으로 아우르며 중국 특유의 포용적 기질을 함향하게 되었다고 할 수 있다.

7－1

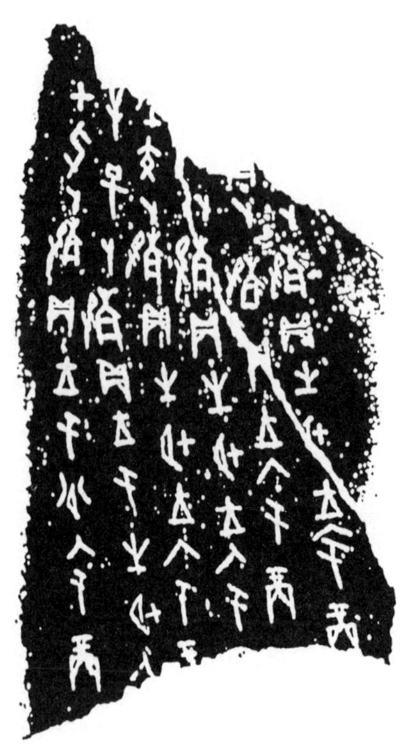

≪綴合≫ 302

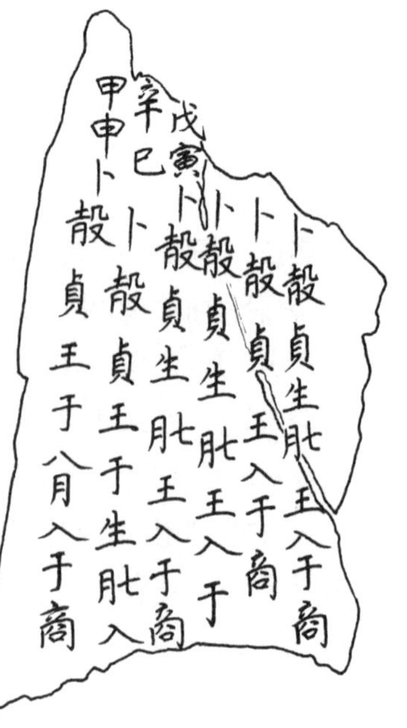

卜殼貞生月七王入于商
卜殼貞王入于商
卜殼貞生月七王入于
戊寅卜殼貞生月七王入于商
辛巳卜殼貞王于生月七入
甲申卜殼貞王于八月入于商

7. 제1편

1) 본 문 : [己巳]卜, 㱿貞 : 生七月王入于商。
[壬申]卜, 㱿貞 : 王入于商。
[乙亥]卜, 㱿貞 : 生七月王入于[商]。

戊寅卜, 㱿貞 : 生七月王入于[商]。
辛巳卜, 㱿貞 : 王于生七月入[于商]。
甲申卜, 㱿貞 : 王于八月入于商。

2) 한 역 : 戊寅일에 점을 치고 㱿이 묻습니다 : 오는 7월에 대왕께서 商으로 올까요?
辛巳일에 점을 치고 㱿이 묻습니다 : 대왕께서 오는 7월에 商으로 올까요?
甲申일에 점을 치고 㱿이 묻습니다 : 대왕께서 8월에 商으로 올까요?

3) 출 전 : ≪甲骨文綴合集≫ 302 (≪甲骨文合集≫ 7780正 · 善齋 7.38.5) 제1기

4) 자 해 : **[生七月]** : 生 – 땅에서 풀이 돋아 나오는 모양. '다음', '돌아오는', '낳다' 등의 의미로 쓰였다(20 – 3 참조). 七 – 갑골문 十은 7이고, 七月은 합문으로 썼다. 切의 초문, 일곱으로 가차되었다(3 – 13 참조).
[王入于商] : 王 – 상왕. 갑골문 제1기의 형태이다(1 – 11 참조). 入 – 들어오다. 于 – 시간 앞에 오는 전치사(2 – 1 참조). 商 – 商邑, 방국명(2 – 7 참조).
[八月] : 八과 月의 합문이다.
본편은 甲申일에서 己巳일까지 4일에 한번 16일간 점친 내용으로 干支로 인해 손상된 己巳, 壬申, 乙亥일을 복원할 수 있다.

5) 해 설 :

商代의 大都市

이미 발굴된 상대의 대도시는 성벽 길이 7km에 달하는 鄭州 商城, 1983년 河南 偃師에서 발견된 商城, 1km²의 방국 도성으로 간주되는 湖北 黃陂 盤龍城, 그리고 河北 藁城臺의 작고 아담한 商城 등이다. 이 같은 크고 작은 도성에는 하나같이 종횡으로 뚫린 큰 도로가 있고 사람들이 모여 살았던 마을, 물건을 사고 팔았던 상가의 유적이 발견되어 융성했던 상대 도성의 면모를 엿보게 해준다(新中國的考古發展研究, 1984 – 219).

7-2

7838

7. 제2편

1) 본 문 : **甲午卜 : 燎于丘商。**

2) 한 역 : **甲午일에 점을 칩니다 : 商丘에서 燎祭를 지낼까요?**

3) 출 전 : ≪甲骨文合集≫ 7838 제1기

4) 자 해 : **[甲午卜]** : 貞人 이름이 빠진 前辭이다.

[燎于丘商] : 燎－燎는 제물을 𤆍, 𤎼처럼 불꽃을 날리며 불에 태워 드리는 제사(liao · 료). 于－전치사. 丘－丘는 𠀉처럼 봉오리 둘인 작은 산, 또는 혈거의 지상 출입구 모양이라고 풀이한다. 지명으로 쓰였다. 丘商은 商의 古都로 商 · 中商 · 大邑商 또는 商丘 · 商邱라고도 불렀다 (徐中舒, 1990－924).

5) 해 설 :

殷墟인가 商墟인가.

殷墟라는 명칭은 ≪左傳 · 定公≫에 康叔을 殷墟에 封한다는데서 처음 출현한다. 그러나 ≪史記 · 衛世家≫에는 강숙을 衛君으로 봉하여 商墟에 거하게 했다고 하였다. 周初의 갑골문에서는 商을 칭할 때 衣라 하였고 문헌에서는 殷(盂鼎銘), 또는 商(召誥), 天邑商(多士)이라고 하였다. 그러나 상대 甲骨文에 衣만 있고 아직 殷이라는 기록은 발견되지 않았다. 卜辭를 보자.

戊辰卜, 在喪, 貞 : 王田於衣. (37551) **대왕은 衣에서 사냥을 할까요?**
貞 : 王田衣災. (37825) **대왕이 衣에서 사냥하는 데 재앙이 있을까요?**

위 卜辭로 볼 때 衣는 상왕이 자주 갔던 사냥터이며 별궁이 있던 지금의 河南 武陵縣이란 곳으로, 小屯에서 동북쪽으로 3백리 떨어진 곳이다. 周人들은 이곳을 衣라 했고, 후에는 음이 비슷한 殷으로 불렀다.
商人들은 국호를 '商'이라고 했다. 그렇다면 강숙을 殷墟에 봉했다는 ≪左傳≫의 기록은 당시의 衣, 지금의 武陵이 아니겠는가? 따라서 商代의 古都 小屯은 ≪史記≫에서 말한 商墟이므로, 商墟라 함이 殷墟보다 타당하다고 丁山은 말하고 있다(丁山, 1988－11).

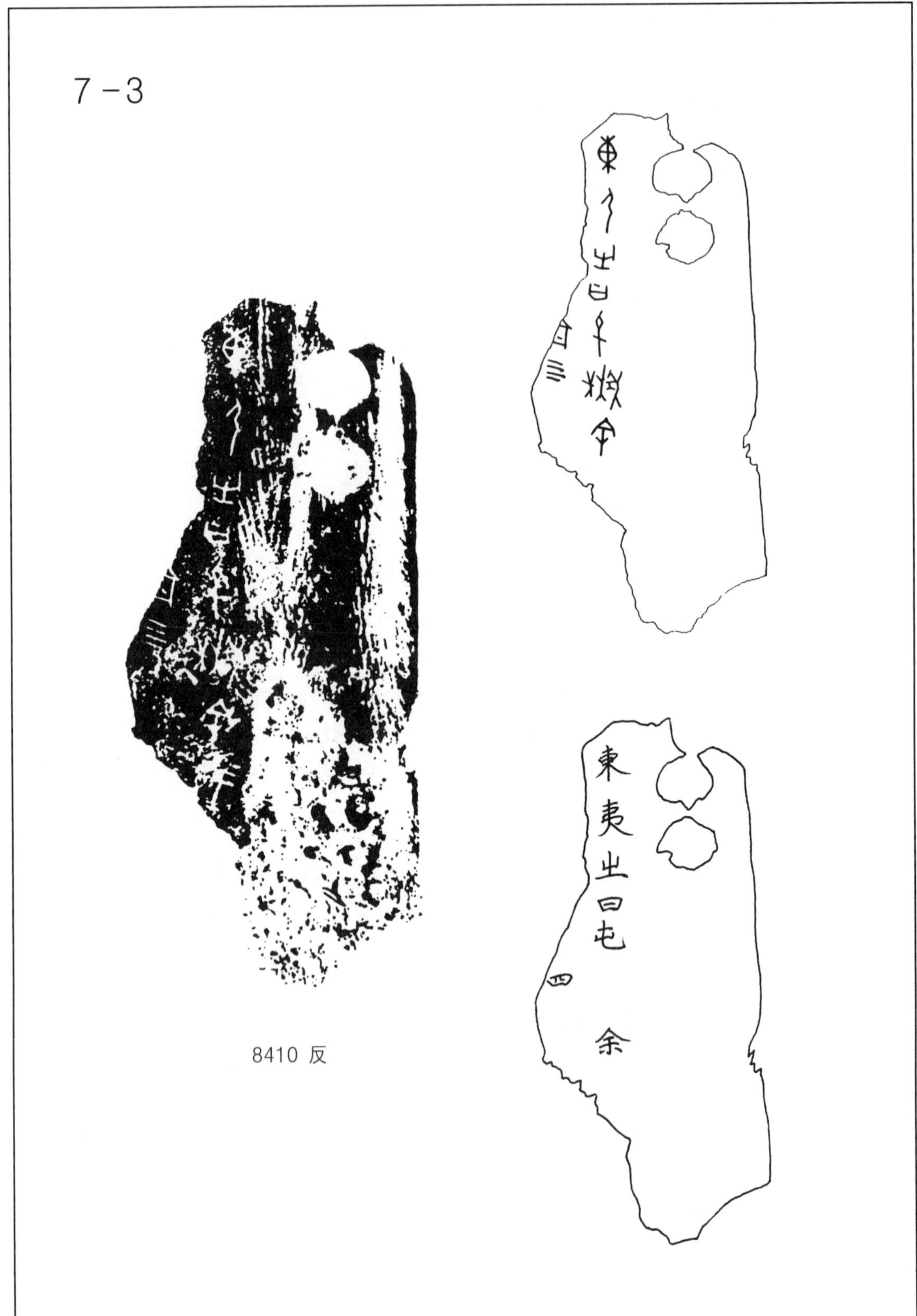

8410 反

7. 제3편

1) 본 문 : ☐東尸(夷)㞢(有)曰 : 屯☐。余☐。四

2) 한 역 : **東夷에서 점복용 뼈 한 쌍을 가져왔다고 보고했다 : 왕인 내가… 네 번째 물었다.**

3) 출 전 : ≪甲骨文合集≫ 8410 反 제1기

4) 자 해 : **[東尸㞢(有)曰屯 … 余 …]** : 東 - 𣑳𣑳처럼 자루에 물건이 들어 있는 모양이다. 囊(nang, 낭)은 밑이 막힌 자루이고, 橐(tuo, 탁)은 밑이 트인 자루이며 자루가 비어 있는 모양은 束이다. 橐이 동쪽이란 말의 음과 같아 동쪽으로 빌려 썼다(14－3 참조). 尸 - 다리를 ?처럼 구부린 사람의 모양, 쭈그리고 일하는 종족명으로 상대 후기에 人方이라고 하는 방국이다. 초기에는 尸(시)·尸方·大方·淮·東尸 등으로 나타냈으며, 東尸는 점차 東夷로 불리게 되었다. 夷는 尸의 후기 형성자이며 尸와 人의 고대 음은 韻母가 서로 통하였다. 다리를 구부린 모양인 尸를 夷로 보나 다리를 편 모양인 人과는 구별했다(陳夢家, 1956－625). 㞢 - 有, 있다로 쓰임. 屯 - 점복용 뼈 한 쌍을 세는 양사이다(9－5 참조). 余 - 기둥으로 ??처럼 지붕을 받치고 있는 가옥의 모양으로 원시시대의 가옥이다(徐中舒, 1990－72). 갑골문 제2기 祖庚·祖甲卜辭에 왕의 제 1인칭 대명사로 빌려 써 '余一人'이라고 상왕을 자칭했고, 그 외 인명으로도 썼다.

5) 해 설 :

東夷

갑골문에 단 한번 나오는 '東尸'는 문헌에 나오는 東夷의 전신으로 商왕조의 동남쪽에 거주하던 종족이다. 이들은 商의 여러 부족과는 달리 龍山文化시기 무릎을 꿇고 앉아 생활하는 습관을 가진 종족인데, 龍山文化 유물 중의 玉人像을 이들의 조상으로 보고 있다.

그들의 생활 문화의 특성을 상징적으로 문자를 통해 ?로 표현한 것이 본 편 尸의 자형이다. 人과 尸와 大는 同源字인데 尸자가 周代에 제사의 '尸'로 차용되면서 大에 다리를 구부린 모양인 '己'를 합쳐 ?처럼 夷자를 만들었다. 그러나 夷를 대형 활(大弓)로 보는 것은 재고의 여지가 있다는 견해도 있다(金經一, 1998－547).

7-4

≪綴合≫ 109

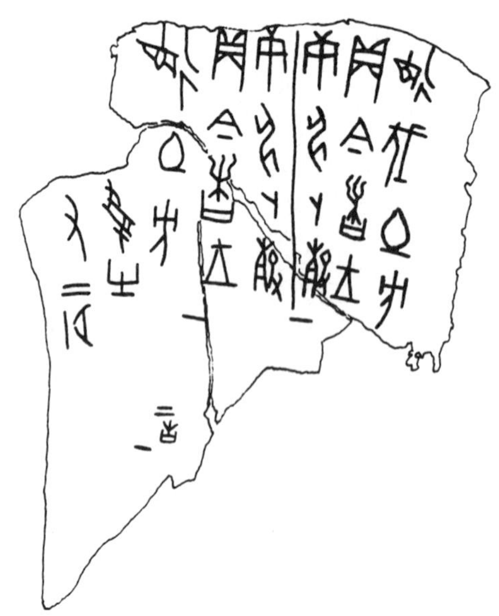

7. 제4편

1) 본 문 : **庚申卜, 㱿貞 : 今□(者)王循伐土方。**

庚申卜, 㱿貞 : 今□(者)王循土方, 受㞢(有)又(祐)。十二月。

2) 한 역 : **庚申일에 점을 치고, 㱿이 묻습니다 : 이번에 대왕께서 정벌하려는 土方을 순찰해도 될까요?**

庚申일에 점을 치고, 㱿이 묻습니다 : 이번에 대왕께서 土方을 순찰하는데 신의 가호가 있을까요? 12월에.

3) 출 전 : ≪甲骨文綴合集≫ 109 (≪甲骨文合集≫ 6399, 6430 제1기)

4) 자 해 : **[庚申卜, 㱿貞]** : 庚申일에 점을 치고, **㱿**이 묻습니다.

[今□(者)] : 今－이번. □(者)－(2－13 참조), 今□(者)－이번, 금번(5－4 참조).

[王循伐土方] : 王－제1기의 자형(1－11 참조). 循－순찰하다(5－10 참조). 伐－정벌하다(1－9 참조). 土－방국명(21－6 참조).

[受㞢又] : 受－위 아래에서 두 손으로 □처럼 물건을 주고 받는 모양. 㞢－又의 제1기 자형, 有의 뜻. 又－오른손의 모양, 신의 가호(祐)를 나타낸다. 受㞢又는 受有祐라는 복사 술어이다.

5) 해 설 :

상대의 정벌 대상 方國

武丁시대 정벌에 나섰던 방국은 土方, 古方, 鬼方, 亘方, 羌方, 龍方, 馬方, 印方, 井方, 祭方, 周方, 缶方 등 40여 곳이 넘는다. 그중 北方과 西北지역의 土方, 古方, 鬼方, 羌方이 중요 용병 대상국이었다.

帝乙 · 帝辛 시기에는 대규모 人方, 盂方, 林方 정벌에 나섰다. 갑골문에는 중요 정벌 대상국과의 수백 차례나 되는 전쟁기록이 있다. 수백에 달했던 方國들이 전쟁의 연속 속에 점차 자취를 감추고 수십의 방국만이 맥을 이어가게 되었다.

7 -5

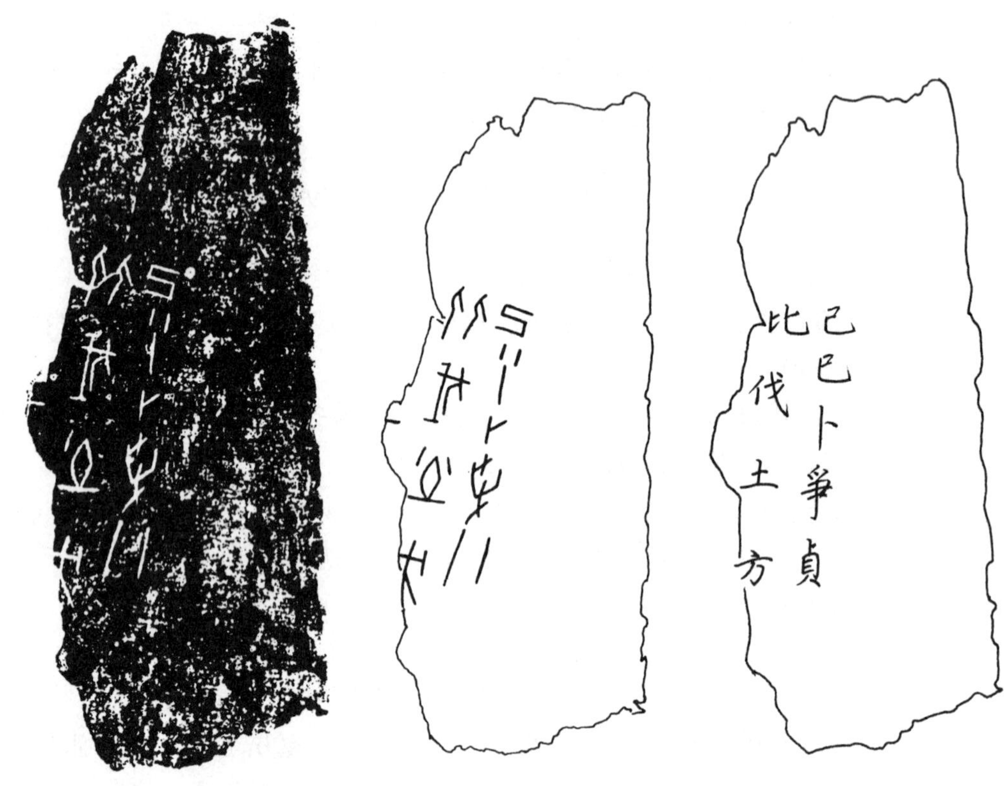

18926

7. 제5편

1) 본 문 : **己巳卜, 爭貞 : 比伐土方〼。**

2) 한 역 : **己巳일에 점을 치고, 爭이 묻습니다 : 연합해서 土方을 정벌할까요?**

3) 출 전 : ≪甲骨文合集≫ 18926 제1기

4) 자 해 : **[己巳卜]** : 己巳－干支紀日에 의한 己巳일(15－1 참조). 卜－거북이의 뼈에 불로 지져 생기는 파열흔. '占을 친다'는 뜻. 爭－두 손이 〼처럼 위 아래에서 서로 잡아 당김에 근거해 '다투다'로 引申되었고, 人名으로 쓰였다(2－1 참조). 貞－鼎의 생략형이며 '점쳐 묻다'는 뜻이다(1－1 참조). **[比伐土方]** : 比－두 사람이 연이어 가는 모양, 从과 매우 흡사해 혼용되고 있다(14－12 참조). 伐－무기로 사람의 목을 치는 모양. '정벌하다'는 뜻이다. 제사에서는 사람의 목을 쳐서 드리는 제사이다. 土－흙이 돋아난 모양, 방국명. 方－가래와 같이 흙을 뒤엎는 농기구 모양, 향방의 방, 방국명으로 쓰였다(1－2 참조).

5) 해 설 :

새기다가 획이 빠진 경우(缺刻)

본 편 중의 巳·貞 두 자는 세로 획을 파고 가로 획의 파는 것을 잊어 새김이 빠져있다. 이는 결각의 좋은 예이다.

卜辭 기록의 치밀성

갑골문 초기에는 세세 미미하게 占卜했고 占卜의 내용도 상세하게 기록했다. ≪合≫ 10405의 내용은 마치 문헌을 읽는 듯 하다. 또 아래 복사를 보자.

> 癸未卜, 王貞 : 有兕在行, 其左射□. (≪合≫ 24391)
> 癸未일에 점치고, 왕이 묻습니다 :
> 도로상에 코뿔소가 지나가는데 왼쪽에서 활을 쏘아도 될까요?

상대 초기에는 발생한 사건을 중시하여 상세하게 점쳤고 대처 방안도 물었으며, 吉凶까지 두루 기록하였다. 후기로 내려올수록 점차 간략하게 물었고 吉兆만을 기록하는 풍조도 나타냈다.

7-6

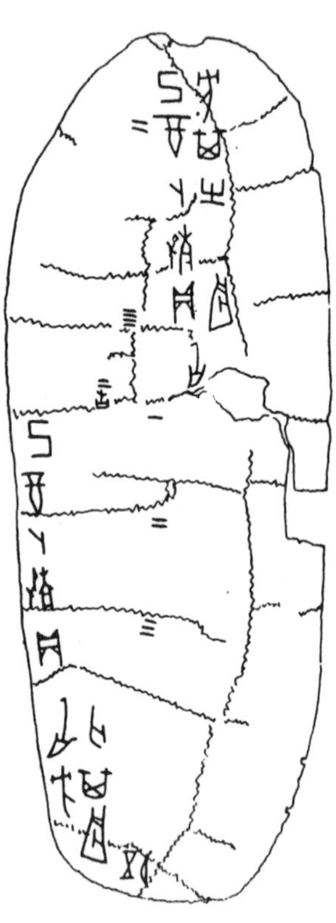

8492

7. 제6편

1) 본 문 : **己酉卜, 㱿貞 : 危方其㞢(有)𡆥。 一 二 三 四**
己酉卜, 㱿貞 : 危方亡其𡆥。 五月。

2) 한 역 : **己酉일에 점을 치고, 㱿이 묻습니다 : 危方에 재앙이 있을까요?**
네 번 물었다.
己酉일에 점을 치고, 㱿이 묻습니다 : 危方에 재앙이 없을까요? 5월에.

3) 출 전 : ≪甲骨文合集≫ 8492 제1기

4) 자 해 : **[己酉卜, 㱿貞]** : 己酉일에 점을 치고 貞人 **㱿**이 묻습니다.
[危方] : 危 – 속이 차면 바로 서고 속이 비면 기우는 특성을 가진 기물 모양이다. 형체가 처럼 기울어져 있어 '위험스러움'을 나타낸다. 방국명(5 – 7 참조). 方 – 가래와 같이 흙을 뒤엎는 농기구의 측면 모양. 방국명, 향방의 방.
[其㞢(有)𡆥(尤)] : 其 – 강조부사(2 – 9 참조). 㞢 – 有의 뜻. 𡆥(尤) – 관절과 연결된 뼈 속에 금이 간 모양. 근심 · 걱정 · 재앙을 뜻한다(2 – 16 참조).
[一二三四] : 4번 점쳐 물었음. 점친 횟수를 기록한 숫자로 序辭이다.
[五月] : 5월. 점을 쳐 물었던 달이다.

5) 해 설 :

개조한 背甲

본 편은 제13차 발굴 중 小屯村 북쪽에서 출토되었다. 개조한 龜背甲인데 13차 발굴 이전에는 背甲의 개조를 알지 못했기 때문에 매우 신기한 형태의 甲骨을 발견한 것으로 간주했다. 背甲의 가장자리를 다듬고 반으로 잘라 마치 신발바닥 모양으로 잘랐는데 본 편은 오른쪽 부분이다. 때로는 작은 구멍이 뚫려 있는데 그곳은 끈으로 꿰어 龜冊을 만들었던 구멍이라고 추정하고 있다.
1991년 花園莊 東地에서 발견된 龜腹甲의 특징중의 하나는 양쪽 甲橋에 모두 구멍이 뚫린 점이다. 龜冊을 만들었거나 보관상의 편의를 도모했을 가능성이 높다(7 – 8편 참조).

7-7

1. 7991

2. ≪鐵雲≫ 26.1

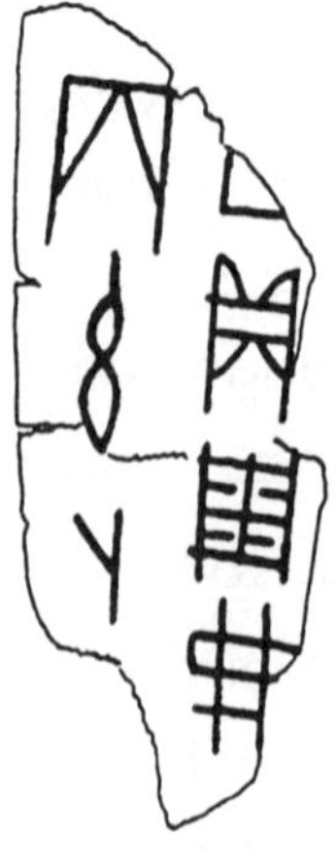

3. 8453

7. 제7편

1) 본 문 : 1. □□卜, 貞：毌弗受□。
2. 毌弗𢦏(捷)周。十二月。
3. 丙午卜, [亘]貞：周弗□。

2) 한 역 : 1. □□일에 점을 치고, 묻습니다 : 毌方은 … 을 받지 못할까요?
2. 毌方은 周를 침략하지 않을까요? 12월에.
3. 丙午일에 점을 치고, 亘이 묻습니다 : 周方은 … 하지 않을까요?

3) 출 전 : 1. ≪甲骨文合集≫ 7991 제1기 2. ≪鐵雲藏龜≫ 26.1 제1기
3. ≪甲骨文合集≫ 8453 正 제1기

4) 자 해 : **[毌]** : 물체의 가운데를 관통시켜 처럼 지탱하기 쉽게 하는 모양이다. guan (관) 으로 읽으며 방국명으로 쓰였다 (徐中舒, 1990 – 754).

[弗𢦏(捷)周] : 弗 – 화살을 화살통에 넣고 끈으로 고정시켜 구부러지지 않게 하는 모양. 또는 물건을 새끼로 묶어 곧게 펴는 모양. 여기서는 부정사로 빌려 썼다 (徐中舒, 1990 – 1354). 𢦏(捷) – 무기에 의해 야기된 재앙. '재앙을 입히다', 즉 침범하다. 殺 · 捷으로 본다. 周 – 밭 (田) 에 농작물이 자라는 모양을 처럼 점으로 나타낸 字로 '농사를 짓다'는 뜻이다. 周人은 바로 農人과 같다. 周代로 접어들어 口를 붙여 처럼 周자를 이루었다. 商代의 제후국 (2 – 5 참조).

[十二月] : 셈가지 두 개를 포개어 2를 나타내었고, 10은 1과 구별하기 위해 셈가지를 세웠다. 10 이상의 숫자는 주로 합문으로 나타냈다. 月 – 반달 모양이다. 초기에는 '月'로 썼고 후기에는 반대로 夕자로 '저녁'을 나타냈다. 제 1기 복사이므로 12월의 '月'이다(5 – 1 참조).

5) 해 설 :

商代의 방패

갑골문 중 방패를 나타내는 글자는 없으나 商代 金文에는 무사들이 창과 방패를 들고 나아가 싸우는 형상이 많다. <父乙簋>, <父乙爵> (≪金文篇≫ 1027). **金文 중의 방패는 본문 중의** 毌**과 매우 유사하다.**

7-8

8592

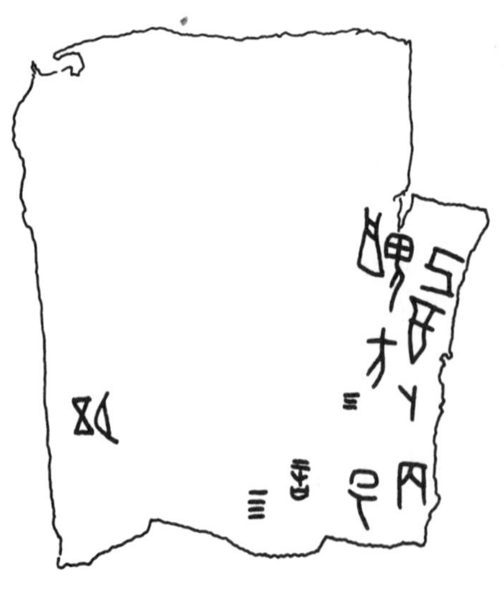

7. 제 8 편

1) 본 문 : **己酉卜, 內[貞] : 鬼方昜, 亡囚(尤)。五月。**

2) 한 역 : **己酉일에 점을 치고, 內가 묻습니다 : 鬼方이 질주해 도망가는데 재앙이 없겠습니까? 5월에.**

3) 출 전 : ≪甲骨文合集≫ 8592 제1기

4) 자 해 : **[己酉卜, 內]** : 干支 紀日에 의한 己酉일. 內－貞人 이름.

[鬼方昜亡囚(尤)] : 鬼－머리가 큰 사람이 [甲骨文]처럼 앉거나 서 있는 모양을 그렸다. 귀신·인명으로 쓰였다(19－20 참조). 方－가래와 같이 흙을 뒤엎는 농기구의 측면 모양. 昜－昜과 揚(yang·양)은 古今의 다름이 있을 뿐 같은 자이다. ≪說文≫에 揚은 「飛擧也」라고 하였고 飛擧는 飛揚과 같다. 漢代로 내려오면 揚은 또 '날을 颺(양)'이라고 하였다. 따라서 昜은 '나는 듯이 질주해 가다'라는 뜻이다. 鬼方이 질주하듯 휩쓸고 가니 잇대어 '亡尤', 즉 재앙이 없는지를 묻고 있는 것이다(于省吾, 1981－424).

5) 해 설 :

右肩胛骨

본편은 右肩胛骨의 상단이다. 매우 튼튼한 肩胛骨 같으나 하단은 잘렸고 오른쪽 다듬은 흔적이 선명하다.

腹甲 위의 구멍

1991년 殷墟 花園莊 東地에서 1583편의 갑골이 출토되었는데 卜辭가 새겨진 온전한 卜甲이 300여 판에 달했다. 특이한 것은 龜腹甲의 左右 甲橋 부위에 작은 구멍을 뚫고 끈을 꿰어 보관하기 편하게 하였다. 또 다른 종류의 구멍이 있다. 腹甲의 쪼개진 부위는 주위에 작은 구멍을 뚫어 엮고 복원하여 보관의 편의를 도모하였다. 龜甲에 구멍을 뚫어 사용했던 당시의 문화로 볼 때 背甲에 있는 구멍의 용도를 유추할 수 있는 근거가 되었다(劉一曼, 1998－203).

7 -9

171

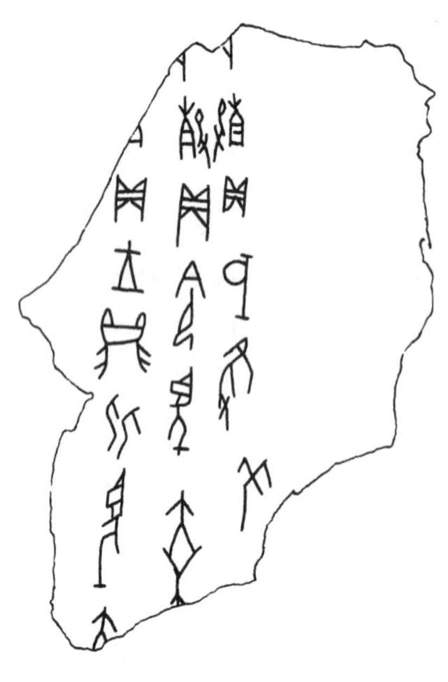

7. 제 9 편

1) 본 문 : □□卜, 㱿貞 : 戉隻(獲)羌。

□□卜, 㱿貞 : 令望乘☒。

□□[卜], □貞 : 王鼎比(从)望乘☒。

2) 한 역 : □□일에 점치고, 㱿이 묻습니다 : 戉이 羌人을 잡을까요?

□□일에 점치고, 㱿이 묻습니다 : 望乘에게 명할까요?

□□일에 점치고, 묻습니다 : 대왕은 꼭 望乘을 인솔해야 할까요?

3) 출 전 : ≪甲骨文合集≫ 171 제1기

4) 자 해 : **[卜 : 㱿貞]** : 干支가 생략되었다. **㱿** – 손에 북채를 잡고 북을 치는 모양으로 本義는 북을 치다는 뜻이다. 㱿(ke · 각) 의 초문이고 武丁시대 貞人이다.

[戉隻(獲)羌] : 戉 – 斧 · 鉞(yue · 월) 과 같은 무기 모양. 인명 · 방국명으로 쓰였다(12 – 6 참조). 隻(獲) – 손(又) 과 새(隹) 가 합쳐진 자. '손으로 새를 잡는다'는 뜻에서 '획득하다', '포획하다'는 의미를 가진다(2 – 5 참조). 羌 – 머리 위에 양의 뿔을 장식한 모양으로 양치는 사람을 뜻한다. 종족명 · 방국명으로 쓰였다(1 – 9 참조).

[王鼎比(从)望乘] : 王 – 권위의 상징인 도끼 모양, 또는 왕이 쓰고 있는 모자 모양 등 많은 풀이가 있다. 상왕. 鼎 – 鼎는 처럼 세 발 솥의 모양이다. 현재를 표시하는 副詞로 '方', '正當', '正'의 의미가 있다. 그 외 처럼 간화하여 '점친다'는 '貞'으로 쓰였다(于省吾, 1979 – 218). 比 – 두 사람이 연이어 가는 모양, '从'과 혼용하고 있다. 望 – 사람이 처럼 서서 멀리 바라보는 모양, 인명 · 방국명으로 쓰였다. 乘 – 사람이 처럼 나무 위에 서 있는 모양으로 '올라가다'란 의미로 쓰였다. 望乘은 상대의 장군이다(5 – 7 참조).

5) 해 설 :

比와 从

从은 한 사람이 다른 사람의 뒤를 따라가는 모양이다. 比는 匕가 두 개 있는 모양, 또는 두 사람이 나란히 있는 모양으로 풀이한다. 현재의 자료로는 比와 从을 구분할 길이 없어 혼용되고 있다. 문맥에 따라 '연합하다', '인솔하다', '따라가다'로 풀이된다(趙誠, 1988 – 356).

7 - 10

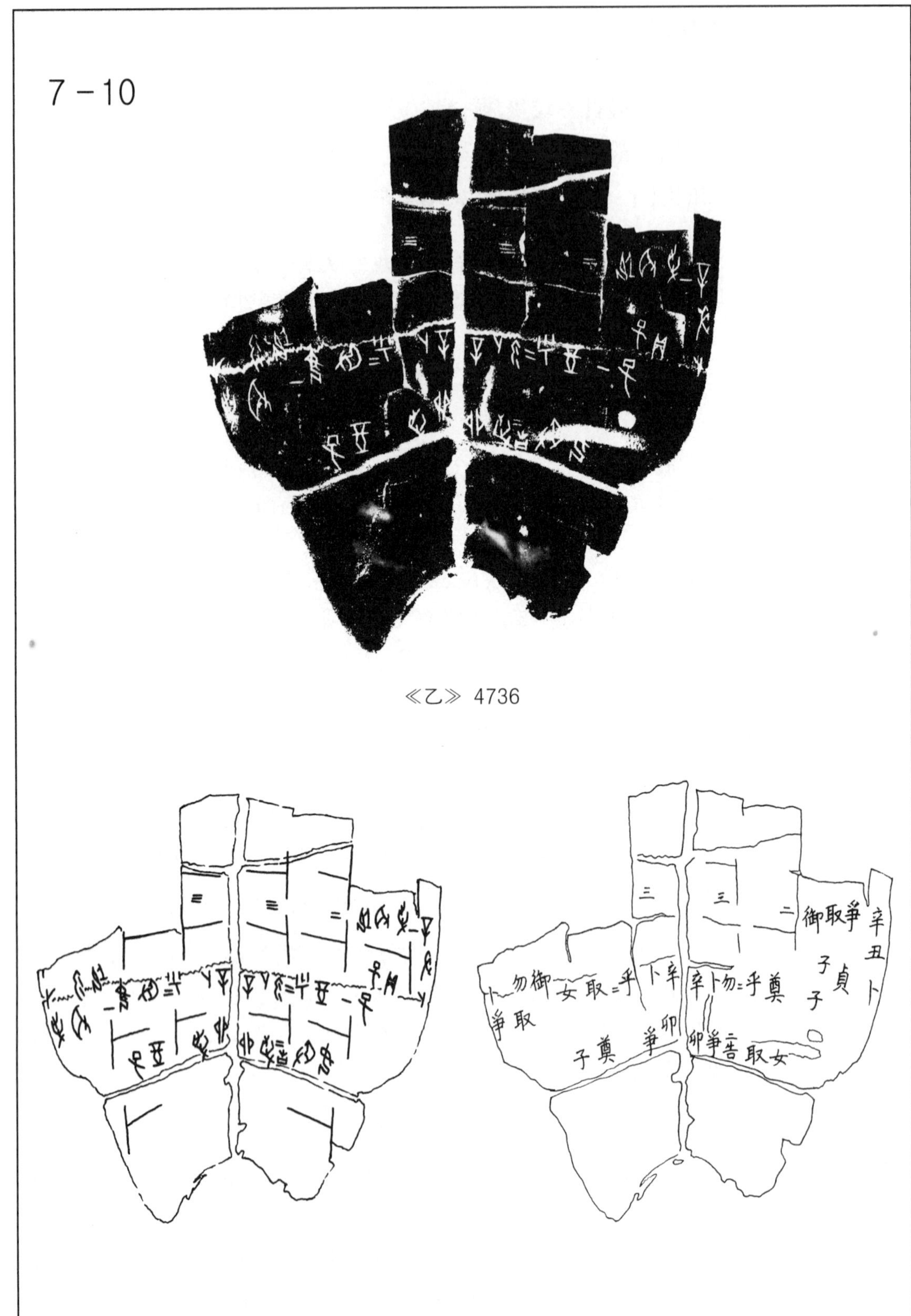

《乙》 4736

7. 제10편

1) 본 문 : **辛卯卜, 爭 : 呼取奠(鄭)女。**
辛卯卜, 爭 : 勿呼取奠(鄭)女。

2) 한 역 : **辛卯일에 점을 치고, 爭이 묻습니다 : 鄭의 여인을 데려오도록 명할까요?**
辛卯일에 점을 치고, 爭이 묻습니다 : 鄭의 여인을 데려오도록 명하지 말까요?

3) 출 전 : ≪殷虛文字乙編≫ 4736 제1기

4) 자 해 : **[乎(呼)取奠(鄭)女子]** : 乎 – 呼의 本字. '명령하다'. 取 – 取는 [글자]처럼 耳와 又의 합체자. '취해오다'. 奠 – 술병이 [글자]처럼 제사상 위에 놓여 있는 모양. 술을 올려 제사를 지낸다는 뜻이다. 복사에서는 지명 · 인명 · 소작지[甸] 등으로 쓰였다. 지명을 따서 인명으로 칭한 「因方立號」 관습에 따라 奠이 성씨로 쓰였는데 점차 성씨에는 阝를 붙여 鄭자로 분화되었다. 지금의 河南省 鄭縣과 新鄭 사이이다(趙誠, 1988 – 124).

5) 해 설 :

상대의 鄭方

奠은 鄭의 본자로 제후국인 동시에 상대의 성씨이며 周代로 이어졌다. 卜辭로 볼 때 鄭에서는 상왕실에 많은 여인을 보냈던 사실을 알 수 있는데 본편은 상왕실에서 鄭女들을 오랫동안 기다렸으나 소식이 없자 다시 쳤던 점복내용이다(屈萬里, 1969 – 3574).

丙子卜, 古貞 : 奠(鄭)女不氐. (≪甲≫ 3404)
병자일에 점치고, 古가 묻습니다 : 鄭女를 데려오지 않을까요?

'鄭女'를 생각하니 '秦나라 사람이 아니면 모두 쫓아내자'는 건의에 답한 李斯의 <諫逐客書> 중의 아래와 같은 한 구절이 떠오른다. 전국시대까지 鄭에는 미색을 갖춘 여인이 많았음을 알 수 있다.

「鄭 · 衛之女, 不充後宮.」 <諫逐客書>
정나라 위나라에서 온 미녀들이 후궁으로 들지 못할 것입니다.

7-11

1. 7841

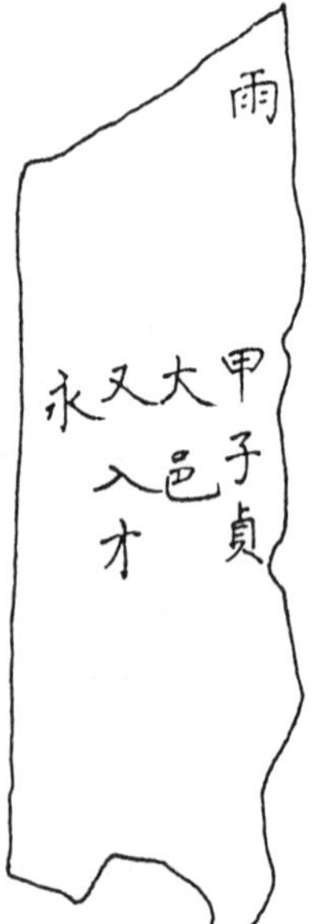

2. 33129

7. 제11편

1) 본 문 : 1. **貞 : 于(亳)。**

2. **甲子, 貞 : 大邑又(有)入, 才(在)永。**

2) 한 역 : 1. **묻습니다 : 亳이 어떨지요?**

2. **甲子일에, 묻습니다 : 大邑에 들어오겠습니까?**
永에서 점을 칩니다.

3) 출 전 : ≪甲骨文合集≫ 1. 7841 제1기 2. 33129 제4기

4) 자 해 : **[于亳]** : 于 – 전치사(2 – 1 참조). (亳) – 높은 누각 아래 풀이 자라고 있는 모양. 堡(bo · 박)의 본자이다. 마을 위에 높은 성루를 조성하여 백성들이 안전하게 살 수 있도록 만전을 기한다는 뜻이 스며있다. 지명(徐中舒, 1990 – 591).

[大邑] : 大 – 사람의 정면모양. '크다'로 인신되었다. 邑 – 마을을 나타내는 口 밑에 사람이 처럼 꿇어 앉은 모양. 마을 · 성읍. 大邑 – 상대의 도성이다.

[又(有)入] : 又 – 有의 뜻으로 '있다'. 入 – 들어오다(5 – 4 참조).

[才(在)永] : 才 – 전치사, 在의 초문. 永 – 강물이 길게 흐르는 모양, 또는 처럼 물 속에서 수영을 하는 모양이다. 물이 쉼없이 흐른다는 뜻에서 '영원하다'고 인신되었다. 여기서는 지명이다(趙誠, 1988 – 100).

5) 해 설 :

邑의 조성

亳(박)은 商代 湯시의 도읍으로 알려진 곳이다. 湯은 마을에 성곽을 쌓아 백성을 보호하는 안전장치를 조성함으로써 城主政治의 서막을 올려 商 文化가 획기적인 발전을 하게 된 원동력이 되었다고 할 수 있다.

邑은 자연스럽게 조성되기도 하였지만, 특별히 백성을 이주시키기도 하며 卜辭에는 邑의 조성에 대한 물음이 많았고 공신들에게 邑을 하사하기도 하였다.

貞 : 作大邑. (13513) **큰 읍을 조성할까요?**

王作邑帝若. (14201) **대왕이 읍을 조성하는데 상제가 순조롭게 할까요?**

7－12

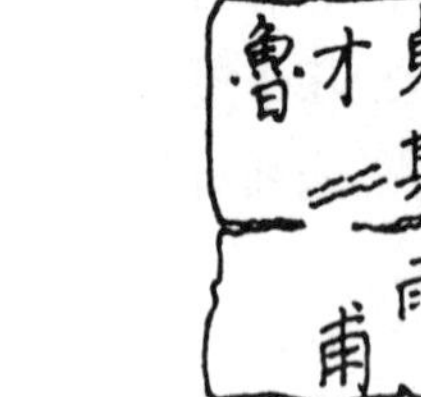

1. 7895

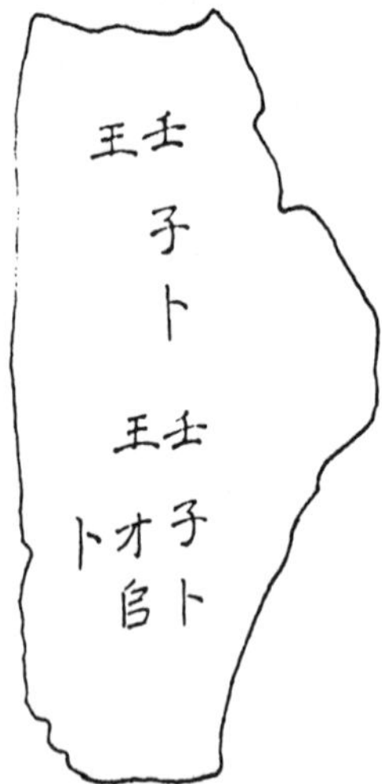

2. 24294

7. 제12편

1) 본 문 : 1. **貞 : 其雨。才(在)甫魯。**
　　　　　2. **壬子卜, 王 : 在自(師)勞卜。一**

2) 한 역 : 1. **묻습니다 : 정녕 비가 올까요? 甫魯지역에서 점을 쳤다.**
　　　　　2. **壬子일에 왕이 점칩니다 : 師勞에서 점을 쳤다. 첫 번째 물었다.**

3) 출 전 : ≪甲骨文合集≫ 1. 7895 제1기 2. 24294 제2기

4) 자 해 : **[其雨]** : 其 – 강조부사, 동사 雨를 강조함. 雨 – 비가 떨어지는 모양. 비가 오다는 동사로 쓰였다(2 – 10 참조).

[才(在)甫魯] : 才 – 전치사, 在의 초문이다. 甫 – 밭(田)에 풀이 나는 모양, 圃의 초문. ≪說文≫에 '남자의 미칭'이라 했는데 이는 假借義이다(徐中舒, 1990 – 355). 魯 – 연못에 魚처럼 물고기가 드러나 보이는 모양. 本義는 '노출되다'인데 점차 늘어놓다는 '陳'과 통하여 제수품을 늘어놓고 하늘에 제사 지내는 旅祭를 말한다. 또한 물이 말라 물고기를 많이 잡을 수 있어 '기쁘다(嘉)'는 뜻이 있다. 그 외에 지명, 인명으로 쓰였다. 때로는 魚로 魯을 대신했다(徐中舒, 1990 – 383). 周公은 山東을 봉지로 받은 후 이렇듯 좋은 의미가 있는 魯를 제후국명으로 삼았다.

[王才(在)自(師)勞卜] : 王 – 제1기와 달리 머리 위에 횡선이 있는 형체로 변하여 제2기의 특징을 보여주고 있어 시대 구분의 근거가 된다. 勞 – 의복(衣)에 무언가가 붙어 있어 불이 타는 것처럼 빛나 보이는 모양. 귀신의 형상을 나타내고 있다. 과거에 褮으로 보았으나 勞로 수정되었다(許進雄, 1995 – 262). 師勞은 지명이다.

5) 해 설 :

命辭의 생략

2편의 경우 命辭가 생략되었다. 제2기 卜辭의 특색 중의 하나는 命辭가 생략된 경우이다. 命辭는 점복의 중요 내용인데 命辭가 생략되어 무엇을 물었는지 파악할 수 없다. 본 2편이 그 좋은 예이다. 前辭에서 왕이 친히 점을 쳤는데, 命辭를 생략하였고 단지 師勞에서 점을 쳤다고만 하여 무엇을 점쳤는지 왕만이 알 수 있을 뿐이다.

7-13

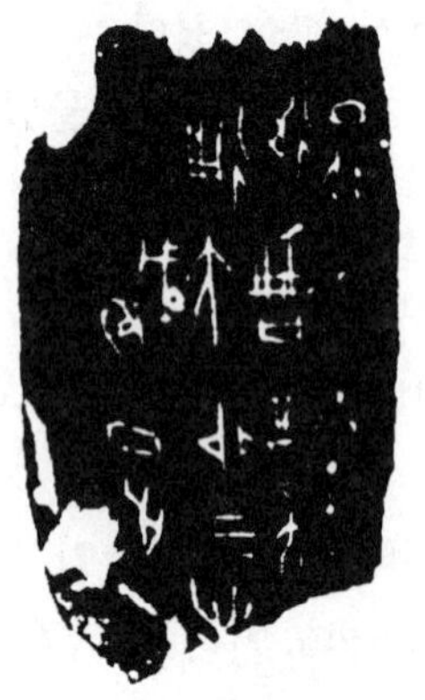

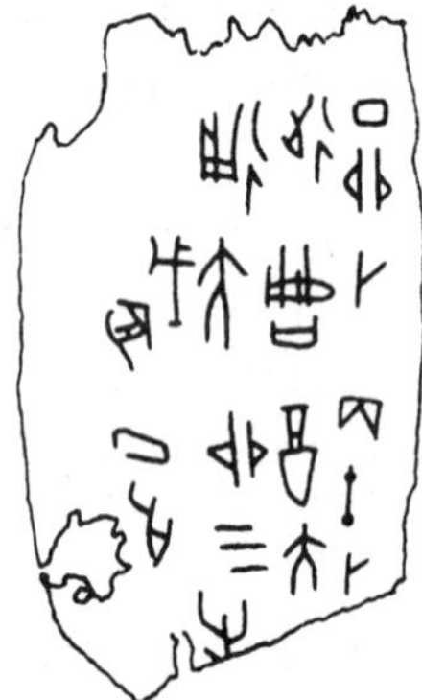

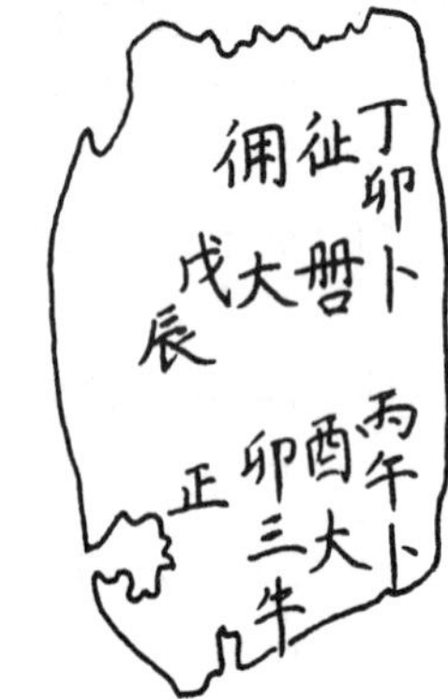

1. ≪甲≫ 3374

2. 7921

7. 제 13 편

1) 본 문 : 1. **丁卯卜：彶𦧮𢓊大戊(戊)辰。**

2. **▨往裘往▨。**

2) 한 역 : 1. **丁卯일에 점을 칩니다 : 戊辰일에 𢓊方의 일을 위해 大戊에게 𦧮祭를 지낼까요?**

2. **裘지역에 가도 될까요?**

3) 출 전 : 1. ≪殷虛文字甲編≫ 3374 2. ≪甲骨文合集≫ 7921 제1기

4) 자 해 : **[彶𦧮𢓊大戊辰]** : 彶 - 彳과 止의 합체자로 거리를 '걸어가다', 또는 延과 같은 뜻으로 '계속 이어지다', '제명', '인명'으로 쓰였다. 𦧮 - 冊과 口를 합한 자. 冊의 본의는 簡冊이며 口는 이를 담은 기물이다. 제명으로도 쓰였는데, 簡冊에 제수품을 기록해 神主에게 고하는 제사, 또는 동물의 몸을 갈라 지내는 제사를 말한다. 이때는 刪(shan · 산)으로 발음한다(徐中舒, 1990 - 499). 𢓊 - 지명(于省吾, 1996 - 2339). 大戊 - 인명(1 - 4 참조). 戊辰 - 干支紀日에 의한 戊辰일이다.

[裘往] : 裘 - 털이 [figure]처럼 밖으로 나 있는 가죽옷의 모양(qiu · 구). 인명 · 지명(徐中舒, 1990 - 939). 여기서는 인명으로도 본다(趙誠, 1988 - 129). 往 - 발인 止와 王을 합친 자. 王은 聲符이고 '가다', '나아가다'는 뜻이다(15 - 4 참조).

5) 해 설 :

중복된 字의 생략

갑골문 기록의 특이 현상 중의 하나는 같은 문자가 중복되는 경우 한 글자를 생략하여 공간을 최대한 활용한 점이다. 본 편 1의 '大戊辰'은 '大戊戊辰'중 중복 되는 戊 한 자를 생략한 것이다. 즉 大자 다음에 있는 戊는 '大戊'인 동시에 아래 辰자와 연결해 '戊辰'으로 쓰였다. 빈도가 많은 것은 아니지만 이는 重文부호를 사용하기 전의 공간활용을 위한 전초 단계였다고 할 수 있다(裘錫圭, 1992 - 141).

7 - 14

33178

7. 제14편

1) 본 문 : **于滴南洮北。**

2) 한 역 : **滴河의 남쪽인 兆지역이 좋을까요? 洮河의 북쪽이 좋을까요?**

3) 출 전 : ≪甲骨文合集≫ 33178 제4기

4) 자 해 : **[于滴南洮]** : 于 – 전치사(2 – 1 참조). 滴 – 물(水)과 商이 결합된 형성자로 商지역을 감고 흐르는 滴水라는 강물이다. 滴이 현재 安陽 殷墟 북쪽에 있는 漳河의 漳과 음이 비슷해 漳河라고 보는 견해가 있다(趙誠, 1988 – 2). 南 – 南은 처럼 종과 동여매는 끈의 형상이다. 남쪽으로 빌려 썼다. 남쪽(16 – 3 참조). 洮 – 洮河, 하천 이름이다.

[北] : 北 – 두 사람이 처럼 등을 마주하고 있는 모양, '등'을 뜻했다. 사람들은 따뜻한 남쪽을 바라보는 관습이 있어 등은 언제나 북쪽을 향하므로 북녘 북으로 빌려 썼다. 등은 形符 肉을 붙인 背자를 만들어 전용하였다(16 – 3 참조).

5) 해 설 :

箕子

商王 紂의 숙부였던 箕子는 상이 주에 망하고 周의 신하 되기를 거부하였다. 箕子는 여러 번 조카에게 바른 정치할 것을 타일렀으나 숙부의 간언을 듣지 않아 끝내 상은 종말을 고했던 것이다. 箕子는 朝鮮으로 갔다고 전해진다.

箕子는 궁실은 폐허가 되었으나 벼와 기장이 여전히 무성한 왕터를 보고 비분에 잠겨 麥秀 한 수를 읊었다. 이를 들은 商人들은 눈물을 지었으며 이 시는 아직도 전한다(董作賓, 1965 – 15).

麥秀歌

麥秀漸漸兮　禾秀油油兮
彼狡童兮　　不與我好兮
보리이삭은 영글고, 곡식은 무성해 가는데
저 얄미운 아이는, 끝내 나와 더불지 않는구려.

7-15

8039

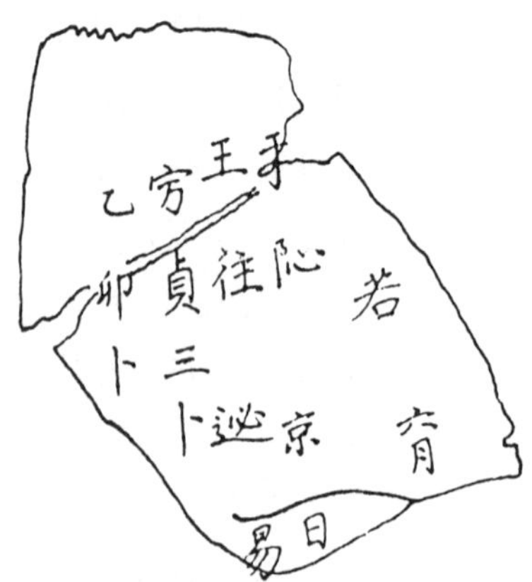

7. 제 15 편

1) 본 문 : **乙卯卜, 穷貞 : 王往于㠯京, 若。六月。**

2) 한 역 : **乙卯일에 점을 치고, 穷이 묻습니다 : 대왕께서 㠯京으로 가려합니다. 순조로울까요? 때는 6월.**

3) 출 전 : ≪甲骨文合集≫ 8039 제1기

4) 자 해 : **[乙卯卜, 穷貞]** : 乙卯일에 점을 치고, 貞人 **穷**(bin · 빈) 이 묻습니다.

[王往于㠯京] : 王 – 상왕. 제1기 王자의 자형을 보여준다. 往 – 王과 止가 합쳐진 형성자로 여기서 王자는 聲符 역할을 하고 있다. '나아가다'로 쓰였다. 于 – 전치사. 㠯 – 계단 모양인 阜와 심장모양인 心이 성부로 결합된 자. 조상명 · 지명으로 쓰였다. 마음 心의 자형은 ♡모양을 보여주고 있다(趙誠, 1988 – 134). 京 – 나무 축대 위의 높은 건물 모양. 큰 건축물이 많은 곳은 대도시여서 도성을 일컬으며, 후일 '수도'라는 뜻의 근원이다(17 – 4 참조).

[若] : 사람이 꿇어앉아 머리카락을 손으로 고르는 모양. '허락하다', '순조롭다'는 뜻으로 쓰였다(6 – 12 참조).

[六月] : 六 – 지붕과 양 벽의 모양, 음이 여섯과 비슷해 6으로 차용되었다. 月 – 반달 모양, 제1기의 복사이므로 '月'로 썼다.

5) 해 설 :

♡ 모양의 기원

心자는 심장의 모양을 그린 ♡이다. 심장 모양은 자형으로 볼 때 세계적인 공용어로 쓰고 있는 하트 ♡ 모양과 흡사하다. 3천여 년 전 상대인에 의해 ♡ 모양이 처음 만들어졌다고 하여도 과언은 아니다(19 – 15 참조).

7-16

7982

7. 제16편

1) 본 문 : 1. 戊申卜, 殻貞 : 叀黃乎(呼)往于長。二
2. 戊申卜, 殻貞 : 叀𠂤(師)乎(呼)往于長。二

2) 한 역 : 1. 戊申일에 점을 치고, 殻이 묻습니다 : 黃에게 長에 가도록 명할까요? 두 번째 물었다.
2. 戊申일에 점을 치고, 殻이 묻습니다 : 師에게 長에 가도록 명할까요? 두 번째 물었다.

3) 출 전 : ≪甲骨文合集≫ 7982 제1기

4) 자 해 : **[戊申卜, 殻貞]** : 戊申일에 점을 치고, 殻이 묻다.

[叀(惠)黃乎(呼)往于長] : 叀 - 강조부사. 惠와 같다. 黃 - 두 손으로 처럼 화살, 또는 패옥을 감싼 모양이다. 인명 (12 - 1 참조).
乎 - 呼의 초문. 명령하다. 往 - 王과 止의 합체자, '가다'는 뜻이 있다. 于 - 장소 · 인명 앞에 쓰이는 전치사. 長 - 처럼 머리를 길게 늘어뜨린 사람 모양으로 '길다'는 뜻으로 인신되었다. 한 무리의 수장은 나이가 든 어른이 추대되는데 이들은 자연히 머리가 길어 머리가 긴 사람인 '長'자가 '수장'으로 인신되어 '면장, '시장'으로 쓰였고, 신명 · 지명 · 인명으로 쓰였다 (馬如森, 1993 - 523). 𠂤 - 師의 초문, 인명 또는 관직명이다.

5) 해 설 :

관리 파견에 대한 숙고

본 편은 상부만 남은 牛肩胛骨이다. 長지역으로 사신을 보내는 문제에 대한 占卜이다. 지역은 확정된 상태에서 黃을 보내야 할지 師를 보내야 할지를 묻고 있다. 관리 파견에 대한 고심의 흔적을 볼 수 있다.

卜辭는 左右對貞 되어 좌우로 향해 써 갔다. 문자의 크기와 복사의 배열로 보아 대형 牛肩胛骨임을 알 수 있고 오른쪽 상단을 손질했던 흔적으로 보아 右肩胛骨임을 알 수 있다. 만약 반대로 왼쪽 상단을 잘라내어 손질했다면 左肩胛骨이다.

제 8 장

敎　　育

教　育

교육은 한 나라의 미래를 좌우하는 중요한 덕목으로 百年大計라고 일컫는다. 교육의 현장은 학교이다. 학교 교육은 언제부터 이루어졌을까?

商왕실은 왕궁의 밀집 지역의 양지 바른 곳에 '小學'을 세워 어린 자제를 교육했고, 한적한 교외에 '大學'을 세워 청년들에게 학문에 힘쓰는 한편 말타고 활쏘며 심신을 단련하게 했다. 3천 300년의 역사를 가진 商왕실의 大學은 세계 최초의 대학임은 말할 나위도 없다.

大學・小學이라는 商代의 교육기관명이 3천년을 면면히 이어 오늘에까지 이른 것은 실로 경이로운 일이다.

8－1

16406

8. 제1편

1) 본 문 : □乍(作)學于入若。

2) 한 역 : **도성 내에 학교를 세우려는데 순조로울까요?**

3) 출 전 : ≪甲骨文合集≫ 16406 제1기

4) 자 해 : **[乍(作)學]** : 乍 – 옷의 앞섶을 꿰매는 모양. 作의 초문. 學 – 갑골문에서 ‘가르치다’, ‘배우다’, 학교 등 3가지 뜻으로 쓰였는데 본 편에서는 ‘학교’로 쓰였다(2–10참조).

[于入] : 于 – 장소 등을 나타내는 전치사(3–2 참조). 入 – 밖에서 집안으로 밀어 넣는 모양. ‘들어가다’, ‘공납하다’는 두 가지 뜻이 있다. 殷都의 남쪽에 있는 方國名으로 쓰였다. ≪說文≫에서는 「入 · 內也」 · 「內 · 入也」 라고 하여 호용하고 있다. 入은 또 內와 形이 같아 ‘성안’이라는 의미를 나타낸다(趙誠, 1988–347). 入 · 內 · 納은 근원이 같다고 보는 견해도 있다(于省吾, 1996–1947). 그러나 갑골문에 內자는 없고 周代에 이르러 入에서 분화되어 內자가 만들어졌다는 견해가 있다(彭邦炯, 2004–39).

[若] : 꿇어앉은 사람이 머리카락을 고르고 있는 모양. 卜辭에서는 ‘허락’, ‘순리’, ‘순조롭다’ 등의 의미로 쓰였다(6–12 참조).

5) 해 설 :

商代의 學校

甲骨文 중 學자의 형태는 · · · · 등 다양하다. 골간을 이루는 · · 3가지 형태의 조합이다. 는 ‘效也’ 즉 본받는다는 뜻이고 音의 역할도 하며, 는 배움의 장소, 은 두 손으로 익힌다는 뜻이다. 갑골문 教는 매(攴)를 들고 자제(子)들에게 학문이나 기술을 본받(爻)도록 독려하는 것을 말한다. 學과 教의 뿌리가 같다.

卜辭 중 學자의 용례는 ‘가르치다’, ‘배우다’, ‘학교’, ‘大學’ 등이 있다. ≪禮記 · 王制≫에 小學과 大學이 있었다고 기록되어 있다. 甲骨文에 ‘大學’은 있으나 ‘小學’이라는 명칭은 아직 찾지 못하였다.

8-2

15665

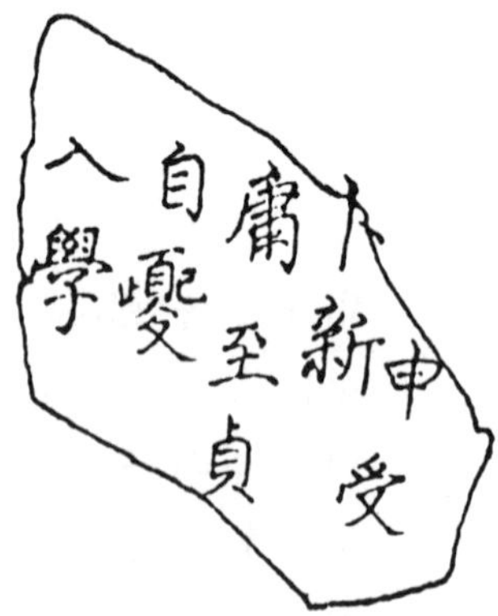

8. 제 2 편

1) 본 문 : **入學⧄自夔⧄庸至⧄新⧄。**

2) 한 역 : **夔로부터 鏞이라는 악기를 학교로 들여올까요?**

3) 출 전 : ≪甲骨文合集≫ 15665 제1기

4) 자 해 : **[庸至 … 新]** : 新 – 도끼로 처럼 나무를 베는 모양으로 薪字의 초문이다. 나무는 베도 또 자라나 '새롭다'는 의미가 생겼다. 斤·木에 辛을 음으로 하는 형성자인데 때로는 처럼 木이 생략되기도 하였다. 新·舊의 新, 지명으로 쓰였다(12 – 5 참조). 庸 – 악기명으로 鏞과 같다. 鏞은 大鐘으로 갑골문에서 '作庸', '作豐'이라는 말을 많이 볼 수 있고, 豐은 '大鼓'를 말한다. 이들 두 악기는 ≪大雅·靈臺≫에서 「賁鼓維鏞(큰 북과 큰 종이 걸려 있네)」라고 並稱하고 있다. 卜辭에는 또 「舊鏞」(≪屯南≫ 2324)에 관해서도 점쳤다(裘錫圭, 1992 – 196).

[入⼌(學)自夔] : 入 – 위에서 내리 미는 모양. 들여오다(8 – 1 참조). – 學의 초문, 학교, 배우다 등으로 쓰였다(2 – 10 참조). 至 – 화살이 처럼 땅에 꽂히는 모양, 이르다. 自 – 처럼 코의 모양이다. '…로부터'. 至自 – ~에서부터로 빌려 썼고 코는 鼻.를 다시 만들었다. 夔 – 상족의 시조로 그 형상을 로 그렸다. 점차 지명으로 빌려 썼다(1 – 1 참조).

5) 해 설 :

學校의 위치

상대에 '學'은 도읍에 설치한 교육기관을 일컫는다. 학교는 어느 위치에 세웠는가. ≪禮記·王制≫에 보면 「小學在公宮南之左, 大學在郊」라고 하였다. 公宮은 상대의 大邑·天邑商에 있는 宮殿群을 일컬은 것으로 귀족 자제가 많은 곳이다. 公宮의 양지 바른 남쪽에 학교를 세워 小學에 들어갈 8세 전후의 어린 학생들이 등교하기에 편하도록 하였고, 15세 이상의 성장한 생도들에게는 도심의 외곽에 大學을 세워 말타고 활쏘며 심신을 단련하면서 학문에 임하도록 배려하였다는 것을 알 수 있다.

중국에서는 현재에도 초등학교를 '小學'이라고 하며 고등교육의 최고학부는 '大學'이다. 학교 명칭의 연원이 3천 300년 전인 商代에 뿌리를 두어 경이로운 연속성을 보여주고 있다.

8-3

≪屯南≫ 60

8. 제3편

1) 본 문 : 1. 弜尋。 4. 于祖丁旦(壇)尋。
2. 王叀(惠)癸尋。 5. 于𠫧(庭)旦尋。
3. 于甲尋。 6. 于大學尋。

2) 한 역 : 1. 尋祭를 지내지 말까요?
2. 대왕은 癸에게 尋祭를 지낼까요?
3. 甲에게 尋祭를 지낼까요?
4. 祖丁을 모셔놓은 제당(壇)에서 尋祭를 지낼까요?
5. 대청과 제당에서 尋祭를 지낼까요?
6. 大學에서 尋祭를 지낼까요?

3) 출 전 : ≪小屯南地甲骨≫ 60 제3기

4) 자 해 : [弜尋] : 弜 – 弓이 두 개 겹쳐진 모양. 또는 활을 휘지 않게 고정시키는 기구(趙誠, 1993 – 292), 本義는 强(giang)이며 ≪說文≫에서 '彊也'라고 하였다. 부정사로 빌어 썼고 弗(fu · 불)과 音義가 같다. 弜의 또 하나의 용법은 隹나 叀와 같이 뒤에 오는 목적어를 전치시키는 작용이다(劉克甫, 1986 – 422). 尋 – 양팔을 𠬝처럼 벌려서 어떤 기물의 길이를 재는 모양. 度 · 渡로도 보며, 갑골문에서는 제사명 · 찾다 · 군사활동 등의 의미로 쓰였다(于省吾, 1996 – 1036).

[于且(祖)丁旦(壇)尋] : 旦(壇) – 태양(日)과 땅을 의미하는 口를 합쳤다. 해가 아직 떠오르지 않은 상태이다. '아침', '일출', 또 '제사', '제당'으로 쓰였다(徐中舒, 1990 – 730).

[于𠫧(庭)旦尋] : 𠫧(庭) – 집안(宀)에 𠫧처럼 입(口)과 귀(耳)를 합쳐 놓은 자. 대청(廳) · 상왕의 집무실이며 때로 제사를 거행한다(趙誠, 1988 – 210).

5) 해 설 :

大學과 제사

본 편은 尋祭에 대한 물음이다. 1번은 제사 여부를, 2 · 3번은 제사의 대상, 4 · 5 · 6은 제사의 장소를 물었다. 중요한 것은 대학이 제례의 중요 장소였음을 보여 주고 있는 점이다.

字形 상의 특이 현상은 2번 王자의 가로획과 3번 甲자의 가로획이 빠져 있다. 王의 세로 획 밑이 갈라져 있어 王자이고, 2번에서 王이 癸에게 제사한 것처럼, 제사명인 尋의 윗 자는 제사를 받는 대상이다. 따라서 3번에서 이룰 수 있는 十干명은 甲이다. 甲에게 제사하려는 것이었다.

8-4

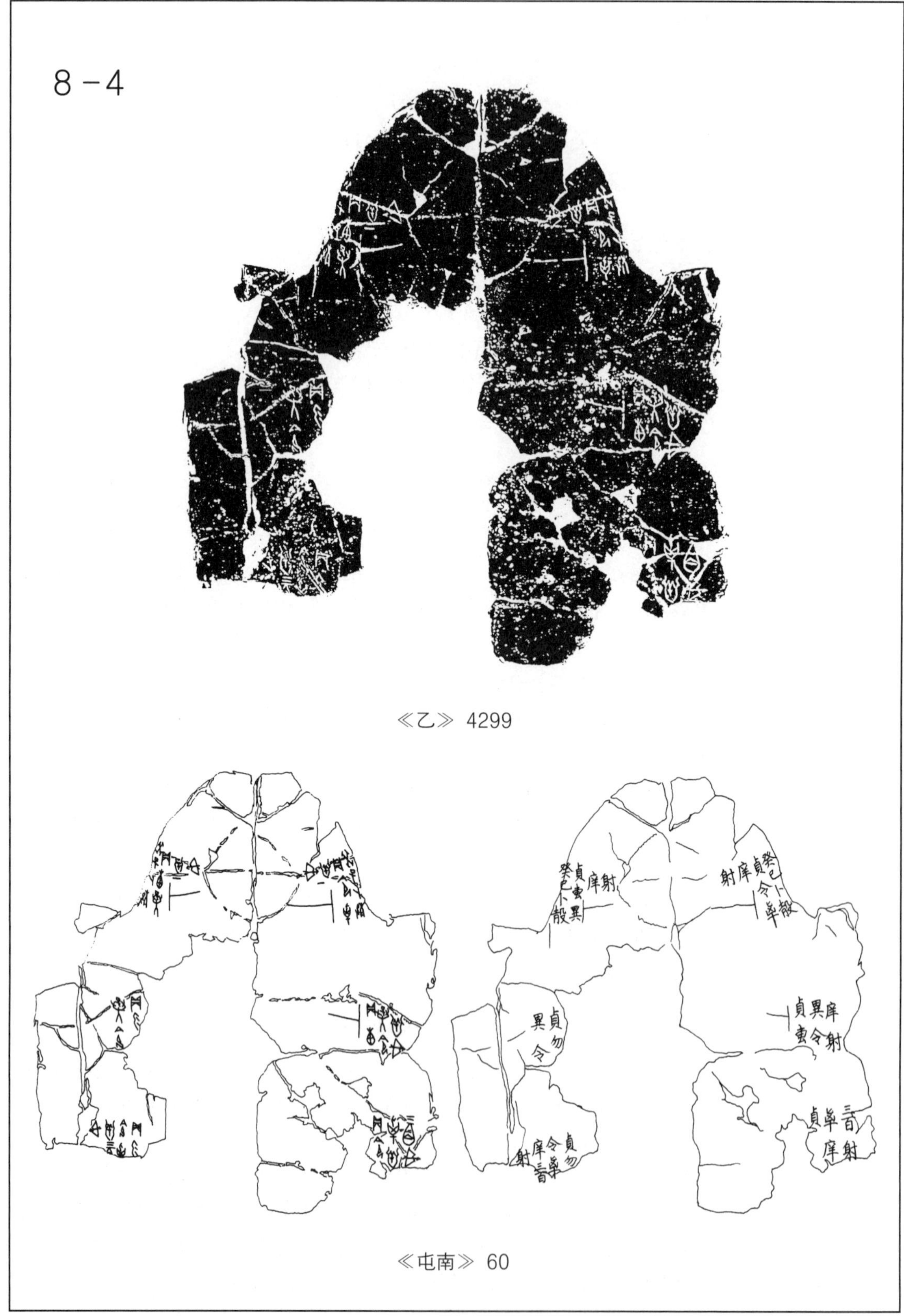

《乙》 4299

《屯南》 60

8. 제4편

1) 본 문 : 1. 癸巳卜, 㱿貞 : 令㚔庠射。 4. 貞 : 勿☐異令。
2. 癸巳卜, 㱿貞 : 叀異庠射。 5. 貞 : 令㚔庠三百射。
3. 貞 : 叀異令庠射。 6. 貞 : 勿令㚔庠三百射。

2) 한 역 : 1. 癸巳일에 점치고, 㱿이 묻습니다 :
㚔에게 활쏘기를 가르치라고 명할까요?
2. 癸巳일에 점치고, 㱿이 묻습니다 :
異에게 활쏘기를 가르치라고 명할까요?
3. 異에게 활쏘기를 가르치라고 명할까요?
4. 異에게 명하지 말까요?
5. 㚔에게 3백 명의 射手에게 활쏘기를 가르치도록 명할까요?
6. 㚔에게 3백 명의 射手에게 활쏘기를 가르치도록 명하지 말까요?

3) 출 전 : ≪殷虛文字乙編≫ 4299 (≪甲骨文合集≫ 5772) 제1기

4) 자 해 : **[令㚔庠射]** : 㚔 – 망이나 채로 무언가를 잡는 모양이다. 인명으로 쓰여 商왕의 중요 임무를 수행하는 중신이었다. 畢로 보기도 한다(19 – 18 참조). 庠 – 갑골문 자형은 음식물을 그릇에 담아 羊에게 주는 모양이다. 本義는 '삶는다'는 뜻이나 '가르친다'고 하는 庠으로 빌려 썼다. 특히 활 쏘기를 가르치는 것을 말하며 庠射는 학교에서 射手에게 활쏘기를 가르친다는 뜻이다(陳夢家 1956 – 513). 射 – 弓과 又(手)의 합체자. 활을 쏘다.

[叀異令庠射] : 叀 – 강조부사, 惠와 같다. 異를 동사 令 앞으로 도치시켰다. 異 – 두 손으로 처럼 머리를 장식한 가면을 높이 들고 춤추는 모양으로 '쓰다'는 뜻이다. 예서 이후 異同의 異 쓰였다. 여기서는 인명이다(許進雄, 1995 – 67).

5) 해 설 :

활쏘기 훈련

≪孟子 · 滕文公≫에 「夏曰校, 殷曰序, 周曰庠」이라는 기록이 있다. 즉 학교를 夏에서는 校, 殷은 序, 周는 庠이라 한 것이다. 일부 문헌에서는 '殷曰庠'이라고 하였다. 庠은 '기른다'는 뜻이고, 校는 '가르친다'는 뜻이며, 序는 '활쏘는 기예'를 말하나 공통분모는 '가르친다'는 뜻이다. 周代에 학교를 庠이라고 한 것은 商代의 교육기관에서 활쏘기를 훈련시키고 이를 庠射라고 한 것과 연관된다.

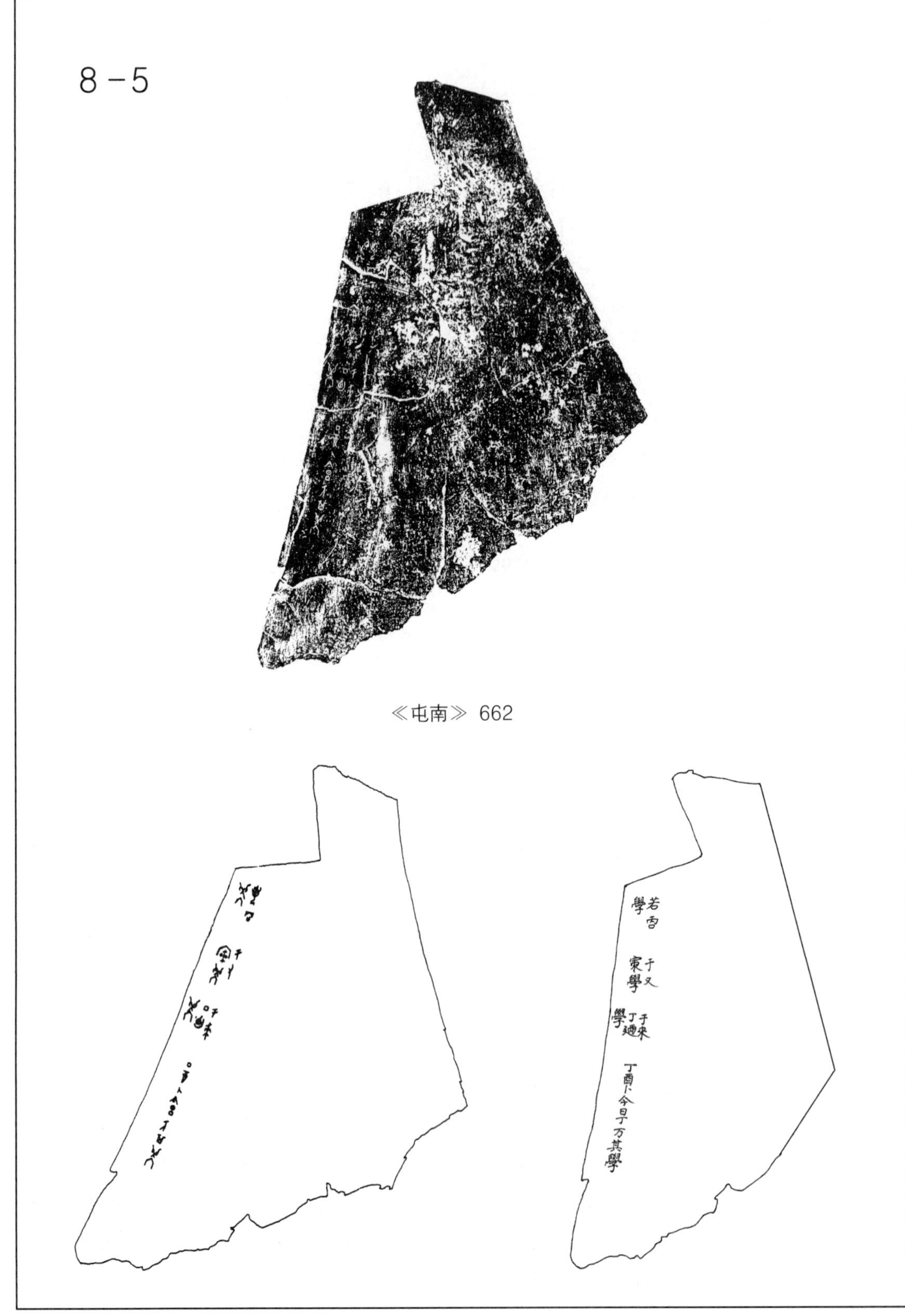

≪屯南≫ 662

8. 제5편

1) 본 문 : 1. 丁酉卜：今日丁万其學。

2. 于來丁[glyph](迺)學。

3. 于又(右)[glyph](朿)學。

4. 若[glyph][于]學。

2) 한 역 : 1. 丁酉일에 점을 칩니다 : 오늘 丁酉일에 万이 가르칠까요?

2. 다음 丁일에서야 가르칠까요?

3. 又[glyph](右朿)에서 가르칠까요?

4. 學校에서 若祭와 [glyph]祭를 지낼까요?

3) 출 전 : ≪小屯南地甲骨≫ 662 제1기

4) 자 해 : [今日丁万其學] : 今日 – 오늘. 丁 – 丁酉일의 酉가 생략되었다. 万 – 인명. 万은 상대의 전문 악사의 일원이다. 万과 學의 연관은 万이 大學에서 음악을 가르쳤고 전문 악사에 万이 있음을 보여준다(姚孝遂, 1985 – 238). 其 – 강조부사. 學 – 가르치다. 敎의 의미가 있다.

[于來丁[glyph](迺)學] : 于 – 전치사. 來丁 – 돌아오는 丁日. [glyph](迺) – 어떤 시점에 이르러 모종의 행위를 하게 되는 시간 부사로 쓰인다(張玉金. 1994 – 139). 앞에 '于'를 동반해 '于…迺'를 이룬다. '…한 연후에'.

[于又(右)[glyph](朿)學] : 又(右) – 오른손 모양. [glyph](朿) – 지명.

[若[glyph][于]學] : 若 – 제사명. [glyph] – 제사명. 學 – 학교.

5) 해 설 :

商代의 교육 과목

≪周禮 · 地官 · 保氏≫에 왕후의 귀족 자제들을 六藝, 즉 禮 · 樂 · 射 · 御 · 書 · 數 등 여섯 가지 과목으로 가르쳤다고 하였다. 현대의 개념으로 풀어보면 예절 · 음악 · 활쏘기 · 말타기 · 문자 · 수리응용에 속한다. ≪周禮≫는 殷禮를 계승한 것으로 보면 商代에 이미 六藝를 가르쳤다고 할 수 있다. 본 장의 내용으로 보면 학교에서 祭祀를 거행했고, 음악을 연주했으며, 무예 교육을 행했다. ≪尙書 · 多士≫에 「惟爾知惟殷先人, 有冊有典」이라고 한 바로 상대에 書冊과 典籍이 있었음은 공인된 사실이다. 이들의 산실은 大學이 아니었겠는가.

8 -6

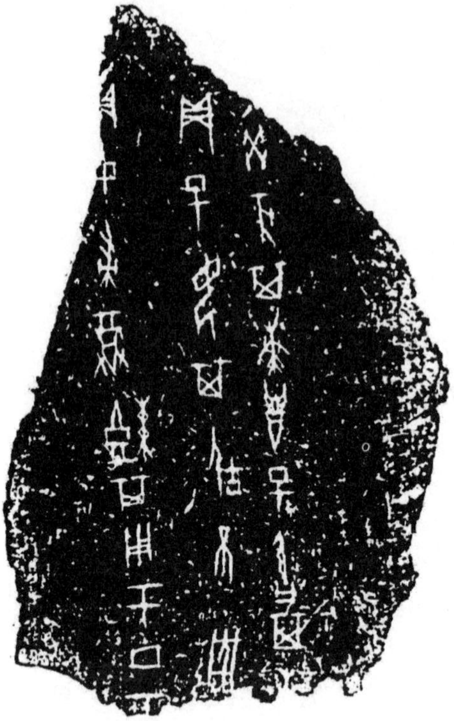

14125

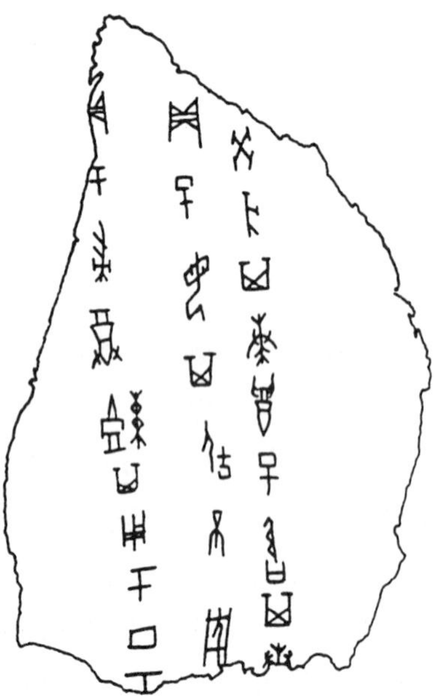

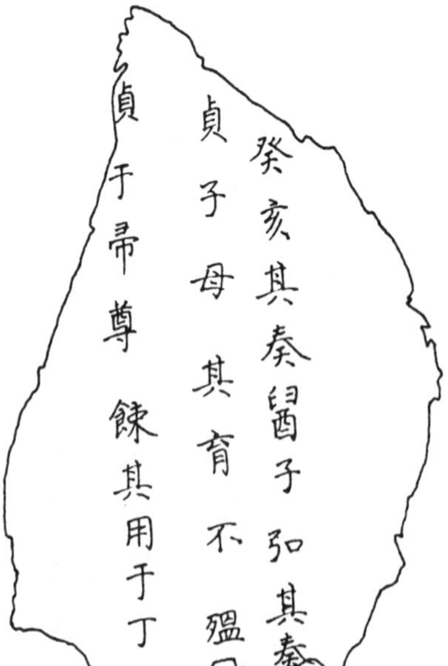

癸亥其奏𦉪子弘其奏
貞子母其育不殟
貞于帚尊餗其用于丁

8. 제6편

1) 본 문 : **癸亥其奏(鞀), 子卯其[奏]。**

2) 한 역 : **癸亥일에 북을 연주할까요? 子卯는 연주를 할까요?**

3) 출 전 : ≪甲骨文合集≫ 14125 제1기

4) 자 해 : **[癸亥其奏(鞀)]** : 癸亥 – 干支紀日에 의한 癸亥일. 其 – 강조부사. 奏 – 奏는 처럼 두 손으로 기물을 들고 있는 모양. '연주하다' (18 – 7 참조). – 북의 일종으로 鞀(tao)로 읽으며 이체자로 鞉가 있다. 丁山은 韶(shao · 악곡이름)로 보고 있다. ≪商頌 · 那≫에 「우리는 鞉와 鼓를 늘어놓고(置我鞉鼓)」라는 구절이 있고, 卜辭에는 「置鞀」가 있는데 아마도 원시 韶라는 악곡은 鞀라는 악기로 연주했던 음악이었다고 할 수 있다(裘錫圭, 1992 – 203).

[子卯其] : 子卯 – 인명, 子卯은 武丁시대 多子 그룹의 구성원으로 王子계열의 일원이라고 할 수 있다. 子卯와 (鞀)의 연주가 연계된 것을 볼 때 상대 王子들의 교육과정에 음악교육이 있었음을 傍證한다.

5) 해 설 :

商代의 유아교육

상대에 諸婦로 칭하는 60여명의 왕비와 20여 명의 子계열의 왕자들이 등장한다. 卜辭에 의하면 어린 왕자의 경우 특정 여성을 선정해 돌보도록 하였는데 占娥가 대표적인 인물이다.

乙丑卜, 王貞 : 占娥子余子。 (≪合≫ 21067)
왕이 묻습니다 : 占娥가 나의 아이를 잘 돌볼 수 있을까요?

이 卜辭를 보면 왕은 占娥가 자신의 아이를 잘 돌볼 수 있을지를 묻고 있어 어린 왕자의 양육과 관련된 귀한 자료다. 앞의 子는 동사로 '아이를 돌보다'는 뜻이고, 뒤의 子는 '아이'라는 명사다. 갑골문 保는 처럼 사람(人)이 아이(子)를 업고 있는 형상이다. 유아돌봄을 그대로 그려냈다. 保는 아이를 돌보는데서 '보호', '안전'으로 인신되었다.

제 9 장

貢 納

貢　納

상대의 王宮은 '휘황찬란했다'고 문헌은 전하고 있다. 이는 商나라에서 생산된 산물이 많았음은 물론 수많은 방국에서 들여온 진상품으로도 왕궁을 치장했으리라는 추측을 가능케 한다. 상대가 남긴 유물들은 이를 증명하고도 남음이 있다.

卜辭에 기록되어 있는 진상품으로는 제사용 희생물이나 점복용 龜甲이 주류를 이룬다. 한 번의 제사에 쓰인 3백·5백 마리의 소나 양, 占卜에 쓰기 위해 方國에서 진공했던 5백판·1천판이라는 龜版 숫자는 당시의 공납 규모를 가늠케 해준다.

9-1

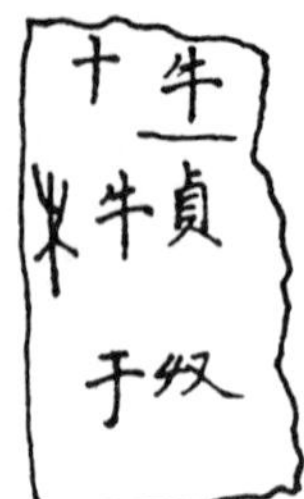

1. 8934

2. 8966

3. 8803

9. 제1편

1) 본 문 : 1. **貞 : 𠬞(共)牛于□。**

2. **以(氏)百牛。**

3. **戊寅卜, 亘貞 : 取牛不齒。**

2) 한 역 : 1. **묻습니다 : □에 가서 소를 공출할까요?**

2. **일백마리 소를 들여올까요?**

3. **戊寅일에 점을 치고, 亘이 묻습니다 : 소를 취해오는데 재앙이 없겠습니까?**

3) 출 전 : ≪甲骨文合集≫ 1. 8934 2. 8966 3. 8803 제1기

4) 자 해 : **[貞]** : 鼎의 모양이 간화된 형체, '점쳐 묻다'로 쓰였다.

[𠬞(共)牛] : 𠬞 – 두 손을 모으고 있는 모양, '모으다', '제공하다', '공출하다', '징집하다'는 뜻으로 쓰였다(5–4 참조).

[于□] : 于 – 장소 앞에 붙는 전치사. □ – 자형은 확실하지 않다. 지명이다.

[以百牛] : 以 – 옆으로 선 사람이 물건을 들어 올리는 모양. 氏와 통용되며, 致와 같고 '가져오다', '들여오다'는 뜻이다(趙誠, 1988–317)

[亘貞] : 亘 – 亘, 宣의 본자이다. 방국명 · 지명, 인명이다(16–12 참조).

[取牛不齒] : 取 – 耳와 又가 합쳐진 회의자, 취하다. 牛 – 소. 不 – 부정사. 齒 – 입 속에 □처럼 삐죽삐죽 나온 이의 모양. 이, 재앙으로 쓰였다(9–11 참조).

5) 해 설 :

貢納에 대한 용어

갑골문 중 공납에 쓰인 용어는 10여 가지인데 크게 두 종류로 나뉜다.

1. 제후 · 방국이 상 왕실에 공납한 경우

以(氏 · 致) · 共(供) · 入 · 見(獻) · 登 등으로 진공을 나타냈다.

貞 : 追以牛. (4455) 묻습니다 : 追가 소를 들여올까요?

2. 상 왕실에서 공납품을 접수하는 경우

取 · 來 · 至 · 眉 등으로 상납 받음을 나타냈다.

奠來三十. (9613反) 鄭方에서 30판을 진공했다.

9-2

1. 1034

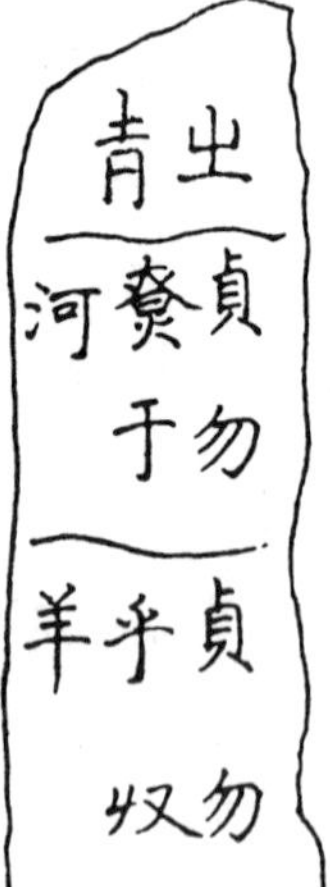

2. 8950

9. 제2편

1) 본 문 : 1. 王匿☐以人☐。 允以☐三百☐。

2. 貞 : 勿乎⺀⺀(共)羊。

貞 : 勿燎于河。

2) 한 역 : 1. 왕은 匿에서 사람들을 들여올까요? 과연 3백명을 들여왔다.

2. 묻습니다 : 양을 들여오라고 명하지 말까요?

묻습니다 : 황하신에게 燎祭를 지내지 말까요?

3) 출 전 : ≪甲骨文合集≫ 1. 1034 2. 8950 제1기

4) 자 해 : [王匿… 以人] : 王 – 상왕. 匿 – 臣자가 상하로 포개진 모양. 自匿(8192), 匿入百(≪乙≫ 7770) 등으로 볼 때 방국명으로 보인다.

[允以☐三百] : 允 – 과연. 三百 – 3과 百의 합문이다.

[勿乎⺀⺀(共)羊] : 勿 – 부정사. 乎(呼) – 명령하다. ⺀⺀(共) – 공납하다, 들여오다(5 – 4 참조). 羊 – 양의 뿔과 얼굴을 ♈처럼 정면에서 바라본 모양. 양(徐中舒, 1990 – 413).

[勿于燎河] : 于 – 전치사. 燎 – 제수품을 불태워 드리는 제사를 말한다. 불태울 때 米, 米, 米처럼 불꽃을 그렸고 때로는 아래에 불(火)을 그린 자형도 다양하다. 제사명. 河 – 황하신.

5) 해 설 :

공납의 종류

상대의 많은 제후 · 방국에서 진상한 물품들은 곡물 · 축산물 · 야수 · 농산물 · 수공예품 · 점복용 龜甲 · 邑 · 장인 · 목축노예 등 헤아릴 수 없이 많다. 그중 노예나 포로 · 여성 등 사람을 진공한 예를 보자.

· ☐示九百羌. (1038正) 9백 명의 羌人 노예를 보내올까요?
· 卽以芻不其五百唯六. (93) 卽이 목축노예 506명을 들여올까요?
· 呼取工芻致. (≪金≫ 567) 取에게 목축 노예들을 들여오도록 명할까요?
· 令須供多女. (675) 須에게 여인들을 공납하라고 명할까요?
· 供奠臣. (635反) 奠지역의 신하를 들여올까요?

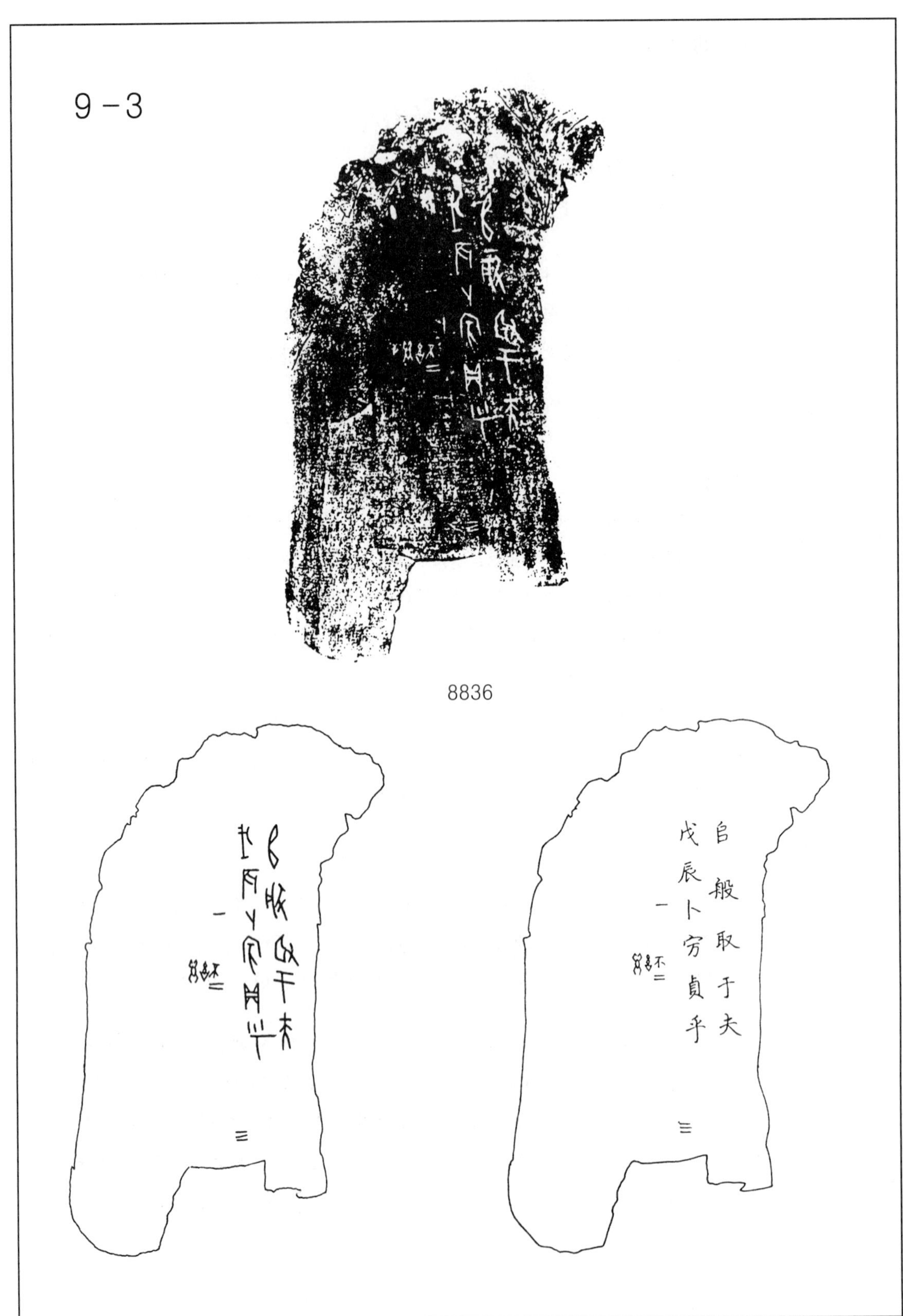
9-3
8836
𠂤般取于夫
戊辰卜宾貞乎
一
二
三

9. 제3편

1) 본 문 : **戊辰卜, 㞢貞 : 乎𠂤(師)般取于夫。不玄冥。二**

2) 한 역 : **戊辰일에 점치고, 㞢가 묻습니다 : 師般에게 명해 夫지방에서 취해 오게 할까요?**
점친 결과가 모호하지 않으니 채납하다. 두 번째 점쳤다.

3) 출 전 : ≪甲骨文合集≫ 8836 제1기

4) 자 해 : **[戊辰卜, 㞢貞]** : 戊辰일에 점을 치고, 貞人 **㞢**이 물었다.
[乎𠂤(師)般] : 乎 – 명령하다. 呼의 본자. **𠂤**(師)般 – 인명 (3 – 1 참조).
[取于夫] : 取 – 耳와 又가 합쳐진 회의자, 전쟁시 [glyph]처럼 손으로 적군의 귀를 잘라 옴으로 전공을 알렸던 관습을 배경으로 하고 '취하다'는 뜻으로 쓰였다(徐中舒, 1990 – 292). 夫 – 머리에 장식물 꽂고 있는 모양. 남성 머리에 [glyph]처럼 장식을 꽂아 성인이 되었음을 나타냈다. 지명 · 인명으로도 썼다(趙誠, 1988 – 130).
[不玄冥] : 제1기에 주로 쓰인 복사술어. '占卜의 결과가 모호하지 않다' 그러므로 이것은 '채납하라'는 뜻으로 풀이한다. 楊何奎는 '不玄冥'으로 풀이했다. 일반적으로 「不玄冥」을 받아들이고 있다(孟世凱, 1987 – 31).
[二] : 점복의 순서를 나타내는 兆序이다. 두 번째 점침을 나타낸다.

5) 해 설 :

공납 지역

商王室에 공납물을 진공한 곳은 크게 두 가지로 나눌 수 있다.

1. 변방의 약소 方國으로 침략을 막기 위해 공납한 경우
· **今春奚來牛.** (9178) **이번 봄에 奚가 소를 들여올까요?**
· **周致𡠗.** (1086) **周가** 𡠗**을 보내올까요?**

2. 侯 · 伯 · 子 · 男 등 諸侯와 그외 諸子 · 諸婦 · 王臣들이다.
· **光致羌芻五十.** (94) **광이 강인 노예 50명을 들여올까요?**
· **沚至十石.** (≪**英藏**≫ 124) **沚가 돌 10개를 들여올까요?**
· **婦好入五十.** (10133) **婦好가 귀갑 50판을 들여왔다.**

9-4

8797 正

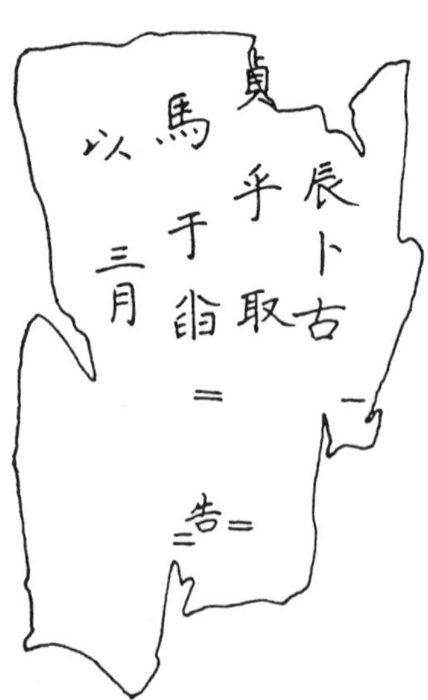

9. 제4편

1) 본 문 : **□辰卜, 古貞 : 乎(呼)取馬于以。三月。二**

2) 한 역 : **□辰일에 점을 치고, 古가 묻습니다 : 에서 말을 취해 오라고 명령하면, 가져오게 될까요? 3월에. 두 번째 물었다.**

3) 출 전 : ≪甲骨文合集≫ 8797 正 제1기

4) 자 해 : **[□辰卜, 古貞]** : 天干은 잘렸고 地支가 辰인 날에 古가 점을 쳤다.

[乎取馬] : 乎－呼의 본 자로 명령하다. 取－耳와 又의 합체자. 취해오다. 馬－긴 머리와 우람한 다리, 처럼 목 뒤의 갈기가 선명한 말의 측면 모양이다(徐中舒, 1990－1067).

[于] : 于－장소를 나타내는 전치사. －제후국. 인명·지명으로 쓰였고, 關(guan·관)으로 읽는다(5－9 참조). 상대 제1기의 방국명이다.

[以] : 以－사람이 측면으로 서서 물건을 들어올리는 모양. 氏와 같으며 致의 뜻이 있다. 대상이 사람이면 '데려오다', 사물일 경우 '가져오다'라는 의미로 쓰였다.

[三月] : 三은 셈막대 셋을 처럼 포개서 3을 나타냈다. 3월. 月의 자형이 夕자를 나타내 제 1기임을 알 수 있다.

[二] : 점을 친 순서를 나타낸 兆序이다. 두 번째 점쳤다.

5) 해 설 :

占卜시의 중점

몹시 잘려진 牛肩胛骨의 상부이지만 卜辭 내용은 매우 선명하게 쓰여 있다. 본 편 卜辭에서 묻고자 하는 중점은 「以」에 있다. 지역에서 말을 取해 오려고 결정은 했지만 가져오게 될 것인지의 여부가 궁금했다고 할 수 있다. 이를 염두에 두고 친 점이다.

9-5

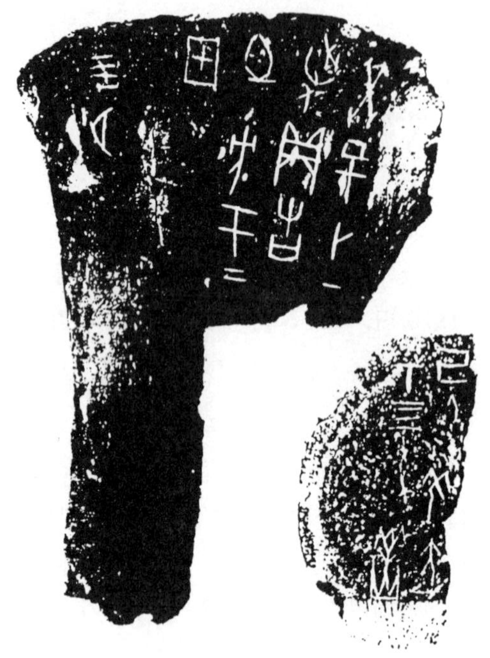

6385 正 臼

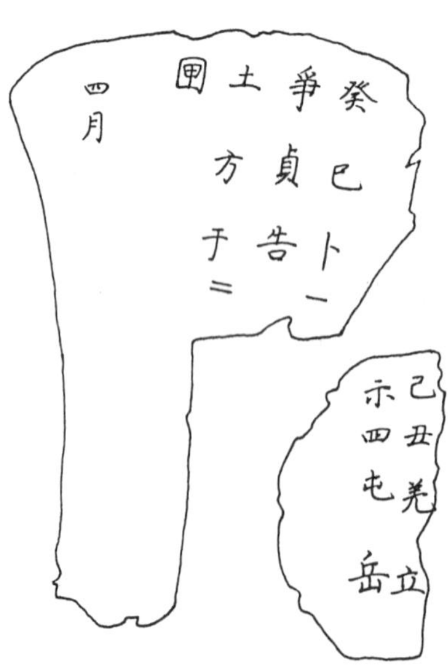

보충 9416 臼

9. 제5편

1) 본 문 : (正) 癸巳卜, 爭貞 : 告土方于上甲。四月。一 二
(臼) 己丑 羌立 示 四屯。岳。

2) 한 역 : (정면) 癸巳일에 점을 치고, 爭이 묻습니다 : 土方의 일로 上甲에게 告祭를 지낼까요? 4월에. 두 번 물었다.
(관절) 己丑일에 羌立이 4쌍을 검시했고 岳이 접수하여 기록했다.

3) 출 전 : ≪甲骨文合集≫ 6385 正 臼 제1기 보충 9416 臼

4) 자 해 : [告土方于上甲] : 告 – 제사명. 어려운 일을 조상에게 고하는 제사.
土方 – 商代와 적대적인 방국. 于 – ~에게. 上甲 – 商代의 9대조이다. 갑골문에서는 上甲, 문헌에서는 微라고 하였다(1 – 5 참조).
[羌立示] : 羌立 – 인명. 示 – 관찰하다. 검시자(1 – 5 참조).
[四屯] : 屯 – 피기를 기다리는 꽃봉오리와 잎이 [glyph]처럼 돋아나 있는 모양. 갑골문에서는 골판을 세는 量詞로 골판의 좌우 한 쌍을 一屯이라고 한다. 그 외 봄(春) · 인명 등으로 쓰였다(徐中舒, 1990 – 45).
[岳] : 산 위에 [glyph]처럼 많은 봉우리들을 그려 산악을 나타냈다. 신명, 인명. 본 편에서는 기록자의 싸인이다(4 – 10 참조).

5) 해 설 :

記事刻辭 중의 싸인

臼는 牛肩胛骨의 관절이다. 둥근 모양이지만 다듬을 때 안쪽을 잘라내 반달 모양이 되었다. 이곳에는 주로 甲骨의 진공 경위 같은 복사와 관련이 없는 記事刻辭를 새겼다. 기록 관련자는 갑골을 구해 온 사람인 '乞', 검시자인 '示', 기록자 '允' 등 세 명이다.

> 丁亥乞自雨于十屯, 䀠示. 允. (9416臼) (보충)
> 丁亥일에 雨于지방에서 골판 10쌍을 가져 왔는데, 䀠가 검시하여 바치니 允이 이를 접수하여 기록했다.

기록 형식은 다양해서 때로는 乞者와 示者의 이름이 생략되며 기록자의 이름은 일반적으로 가장 뒤에 온다. 문서 작성자가 하는 싸인의 유래를 갑골문에서 볼 수 있다.

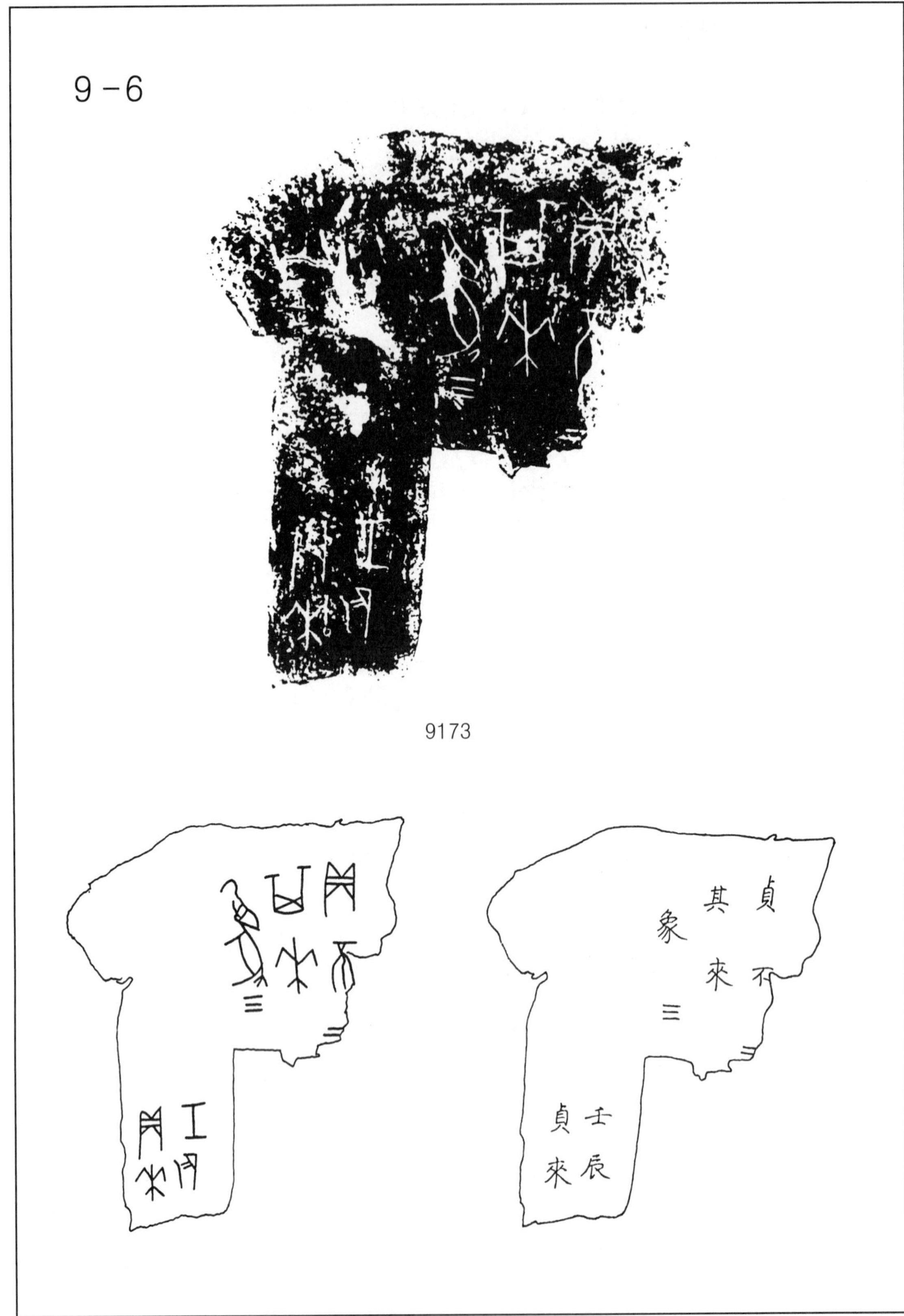
9-6
9173
貞 其 象
來 不
三
三
壬 辰
貞 來

9. 제6편

1) 본 문 : **貞 : 不其來象。 三**
壬辰, 貞 : 來。

2) 한 역 : **묻습니다 : 코끼리를 들여오지 않을까요? 세 번째 물었다.**
壬辰일에 묻습니다 : 들여올까요?

3) 출 전 : ≪甲骨文合集≫ 9173 제1기

4) 자 해 : [不其來象] : 不 – 꽃봉오리 아래 처럼 그린 꽃받침 모양. 인명 · 지명 · 방국명 · 부정부사로 쓰였다(3 – 5 참조). 其 – 강조부사. 來 – 보리의 줄기와 까끄라기, 뿌리모양을 처럼 그렸다. 來往의 來로 가차되었고, 들여오다 · 공납의 의미로도 쓰였다(1 – 4 참조). 象 – 코가 긴 코끼리의 측면 모양을 로 그렸다. 코끼리 (徐中舒, 1990 – 1065).

5) 해 설 :

상대의 코끼리

≪說文≫에 코끼리는 「南方之獸」라고 하여 남방의 동물로 여겼으나 甲骨文에 의하면 '손으로 코끼리를 부리는 모양'을 그려 '爲'자를 만들었고, 주위 방국에서 적지 않게 진공한 점을 보면 상대의 코끼리 존재는 부인할 수 없다. 갑골문자나 청동기에 나타난 코끼리의 형상은 상상으로 형상화했다고 할 수 없을 만큼 생생하게 표현되었다.

· 戊辰卜 : 雀以象.
· 戊辰卜 : 雀不以象. 十二月. (8984)

雀이 코끼리를 들여올까요?
雀이 코끼리를 들여오지 않을까요? 12월에.

목축 진공품

진공품중 목축으로 기른 동물이나 야수로는 牛 · 羊 · 馬 · 豕 · 鹿 · 兕 · 象 등이 있다. 최다 숫자는 소 400마리(8965), 양 300마리(102), 말 30필(500) 등이 있으나 특히 白馬가 있어 눈길을 끈다.

· **貞 : 奚來白馬五. (9177) 奚가 흰말 5필을 들여올까요?**

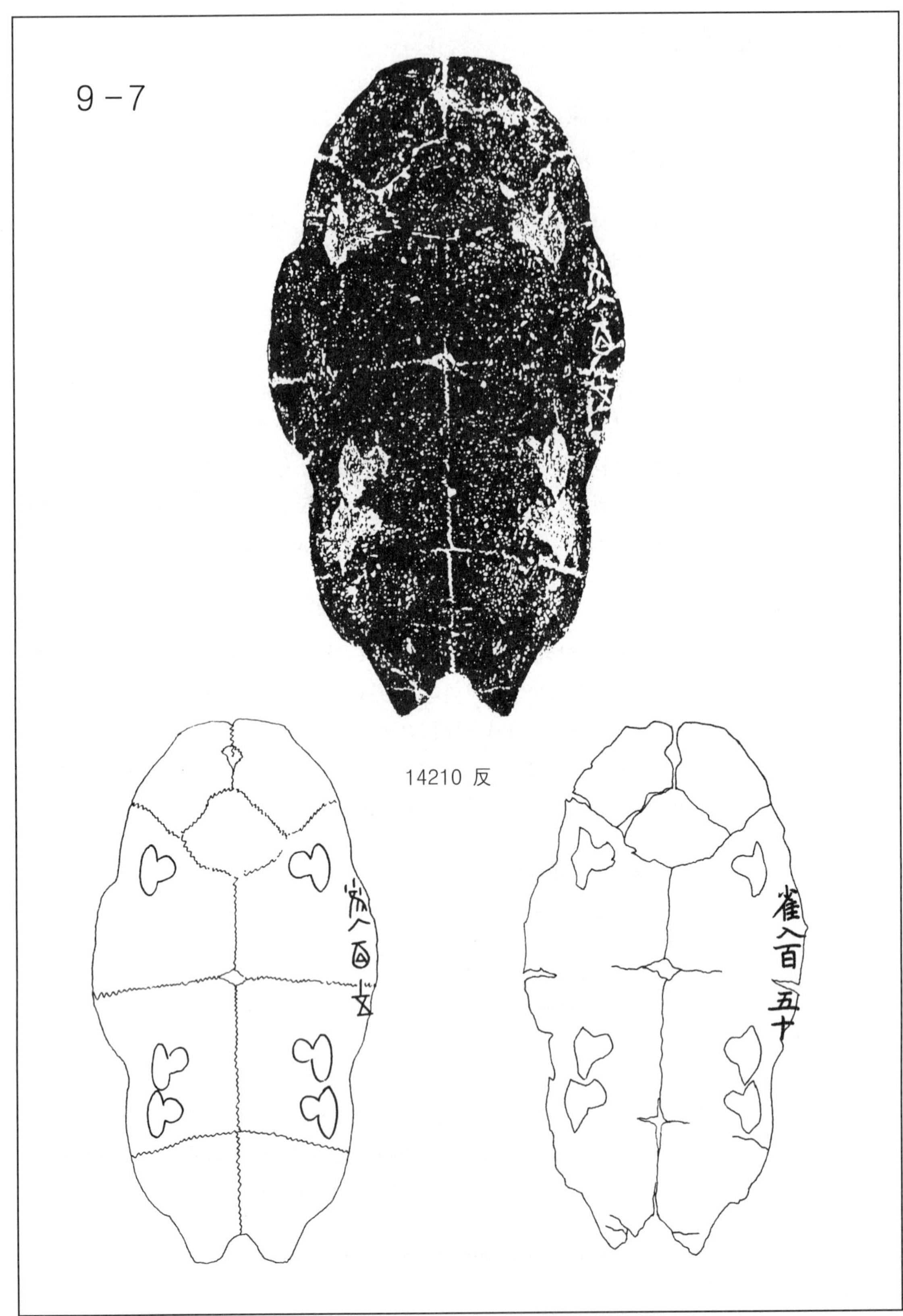
9-7
14210 反
雀入百
五十

9. 제7편

1) 본 문 : **雀入百五十。**

2) 한 역 : **雀方에서 龜甲 150판을 들여왔다.**

3) 출 전 : ≪甲骨文合集≫ 14210 反 제1기

4) 자 해 : [雀入] : 雀 – 隹와 小를 처럼 합친 합체자(que · 작). 상대와 관계가 긴밀했던 방국이다. 방국명 또는 雀方의 수령명, 상대에 귀갑을 가장 많이 진공했던 방국이다. 그외 지명으로도 쓰였다(徐中舒, 1990 – 392).

[百五十] : 百 – 百는 처럼 白과 一의 합쳐 일백의 百자를 만들었다. 五十 – 五와 十을 처럼 합쳐서 쓴 合文이다.

5) 해 설 :

雀方의 공납상황

본 편은 雀方에서 龜甲 150판을 공납한 일을 甲橋에 기록한 내용이다. 아담한 龜腹甲 反면의 右甲橋에 새긴 記事刻辭이다.

≪摹釋總集≫에 기록된 雀에서 공납한 수량을 근거로 볼 때 雀方은 250판에서부터 최고 500판에 이르기까지 수십 회에 걸쳐 도합 6400여 판의 龜甲을 진공했다.

≪殷代卜龜之來源≫에서 胡厚宣은 출토된 龜甲조각으로 추산하여 상왕실에서 쓴 龜甲의 최저 숫자는 대략 16,003마리로 추정했다. 이러한 정황으로 보면 雀方은 상대에 사용된 龜甲의 3분의 1가량을 진공한 方國이다. 그러나 ≪合≫14209 反은 본 편과 완전히 내용이 같은 成套卜辭로 동일 사건을 각기 다른 龜甲에 새긴 同文例이기 때문에 숫자가 중복되었을 가능성도 있으나 雀方은 상대에 가장 많은 양의 龜甲을 진공한 곳임에는 틀림없다.

9-8

8973

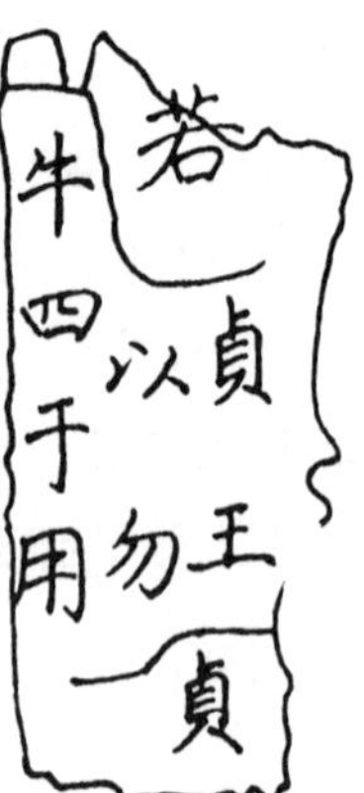

9. 제8편

1) 본 문 : **貞。**

貞：王以物牛四于用。

☐若。

2) 한 역 : **묻습니다.**

묻습니다 : 대왕은 用지역에서 4마리의 잡색소를 들여올까요?

순조로울까요?

3) 출 전 : ≪甲骨文合集≫ 8973 제1기

4) 자 해 : **[王以物四]** : 王－상왕. 제1기의 자형. 자형으로 斷代의 근거를 삼을 수 있는 예가 된다. 以－사람이 측면으로 서서 물건을 들어 올리는 모양. 氐와 같고 致의 뜻이다. 대상이 사람이면 '데려오다', 사물일 경우 '가져오다'. 物－勿과 牛의 합체자로 勿은 가래에 처럼 흙덩이가 붙어 있는 모양이다. 흙에서 연유하여 土色으로 풀이하였고, 문헌에서는 '勿'로 보며 '雜色'으로 인신되었다. ≪周禮 · 司常≫에 「雜帛爲物」이라고 하였다. 갑골문에서는 '勿' 또는 '物'이라고 하였다(徐中舒, 1990－84).
卜辭에서 物을 雜色 소로 보는 예가 있다.

· 丙寅卜, 行貞 : 父丁歲物. 在五月. (≪戩≫ 6.4)
5월 丙寅일에 아버지 丁에게 잡색소를 바쳐 歲祭를 드릴까요?

四－셈가지 넷을 포개놓은 모양. 숫자 4이다.
[于用] : 于는 전치사. 用－고대에 흔히 쓰던 손잡이가 있는 나무통 모양이다. '사용하다'로 인신되었고 지명으로 쓰였다(1－13 참조).
[若] : 손으로 머리를 고르는 모양. '순리', '순조롭다'로 풀이한다.

5) 해 설 :

腹甲 공간의 활용

뼈 조각에 여러 가지 일을 엇섞어 기록한 相間刻辭이다. 위아래에 '若'과 '貞'자가 쓰여있으나 심하게 파손되어 내용은 자세히 알 수 없고 卜辭간의 혼동을 막기 위해 곡선 줄을 그어 내용을 구별해 놓았는데 좁은 골판을 이용하면서 보다 많은 내용을 기록하기 위한 공간활용의 일환이다.

9-9

3183 反 甲

9. 제9편

1) 본 문 : **周入十。**

2) 한 역 : **周에서 龜甲 十판을 들여왔다.**

3) 출 전 : ≪甲骨文合集≫ 3183 反 甲 제1기

4) 자 해 : **[周入十]** : 周 – 밭고랑이 정연한 농토에 田처럼 작은 점으로 농작물이 자라나는 것을 표시하여 '농사'의 의미를 가진다. 「周人」은 곧 農人과 통한다. 周代의 시조 古公亶父가 岐山 아래 周原으로 천도하여 국가의 중대 정책을 전했다는 뜻으로 입 구(口) 자를 붙여 周 자를 이루었다. 상대의 諸侯國이다(2-5 참조). 入 - 들여오다. 十 – 갑골문은 하나인 — 은 '一'로 열 개인 十은 —을 세워 '|'으로 썼다. 금문에서 중간이 볼록해져 점차 '十'으로 발전했다. 10. 10개를 나타낸다.

5) 해 설 :

周의 진공품

周는 商代의 제후 방국이었다. 武王伐商 이후의 周代는 西周와 東周로 나뉘며 약 825년간 영위했다. 西周는 武王부터 幽王 11년까지, 東周는 또 春秋와 戰國으로 나뉘었다. 춘추시대는 약 273년간, 전국시대는 약 255년 동안 영위하며 진시황제가 즉위할 때까지 지속되었다(中華五千年長曆, 2002 – 31).

西周 무왕부터 유왕까지 (B.C. 1046 ~ B.C. 771)
東周 춘추시대 (B.C. 770 ~ B.C. 477)
전국시대 (B.C. 476 ~ B.C. 221)

본 편은 商代의 최대 제후국이었던 周에서 열 개의 骨版을 진공한 사실을 기록하고 있다. 周는 商을 멸망시킨 후 모든 예제와 문화를 이어받았으나 문자는 점복문자인 갑골문을 계승하지 않고 청동기에 새기는 金文을 이어받아 발양시켰다. 따라서 商代 갑골문, 周代 금문으로 칭해진다.

1950년 이후 西周의 초기 周廟유적지에서 갑골 17,000편이 발견되었고 최근에는 周公廟에서 1만여 갑골편이 발견되어 서주 초기 주왕실에서 갑골문을 일부 사용하였을 것으로 추정하고 있다.

9-10

8884

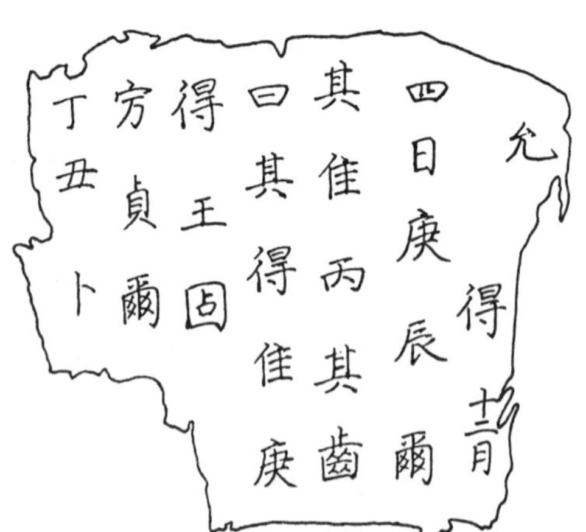

9. 제10편

1) 본 문 : 丁丑卜, 𡧊貞：爾得。王固曰：其得隹(唯)庚。其隹(唯)丙其齒。四日庚辰爾允得。十二月。

2) 한 역 : 丁丑일에 점을 치고, 𡧊이 묻습니다：爾은 얻을 수 있겠습니까? 왕은 점 친 결과를 보고 길흉을 판단해 말했다：“반드시 얻겠다. 다만 庚일에 얻겠다. 만약 丙일이면 재앙이 있겠다.” 4일 후 庚辰일에 爾는 과연 얻었다. 12월에.

3) 출 전 : ≪甲骨文合集≫ 8884 제1기

4) 자 해 : **[爾得]** : 爾－갑골문 자형은 뜻이 분명하지 않으나 金文 爾자와 유사하며 인명·지명으로 쓰였다. ≪摹釋總集≫에서는 朿이라 했고, ≪甲骨文字典≫에서는 爾(yi·이)라 했다(徐中舒, 1990－357). 得－손으로 조개를 줍는 모양으로 ‘얻다’를 표현했다(徐中舒, 1990－165).

[王固曰] : 왕이 점친 결과를 보고 길흉을 판단해 말하다.

[其齒] : 其－강조부사. 齒－입 속에 이가 나있는 모양. 재앙으로 쓰였다.

[四日庚辰] : 四日－점친 날로부터 넷째 날. 즉 나흘 뒤 庚辰일.

[爾允得] : 爾－인명. 允－사람이 머리를 ⺈처럼 돌리고 있는 모양, 인명·지명으로 쓰였고, 驗辭에서는 ‘과연’ 이라는 뜻이다(5－10 참조).

[十二月] : 12월. 10과 2를 합친 합체자.

5) 해 설 :

점친자와 기록자

본 편은 심하게 잘린 牛肩胛骨의 상단이지만 前辭·命辭·占辭·驗辭가 온전하게 갖추어져 있다. 前辭에 이어 점복 내용인 命辭는 ‘爾得’으로 매우 간단하다. 점복의 주된 목적은 ‘爾가 얻을 수 있겠는가’이다. 점친 결과는 매우 상세하며 “丙일이면 재앙이 있겠고 庚일에야 얻을 수 있다”는 것이다. 따라서 이 점이 영험 하는지는 庚일이 되어야 비로소 알 수 있다. 丁일로부터 4일 뒤인 庚辰일에 爾가 과연 얻었으므로 점은 매우 영험했다.

영험도를 나타내는 驗辭는 4일 뒤에 썼다. 필체가 같은 것으로 보아 𡧊이 4일 뒤 골판을 다시 꺼내어 쓴 것이다. 점을 친 貞人과 글을 새긴 이가 같은가 라는 논란이 있으나 현재로서는 동일인으로 보고 있다.

9-11

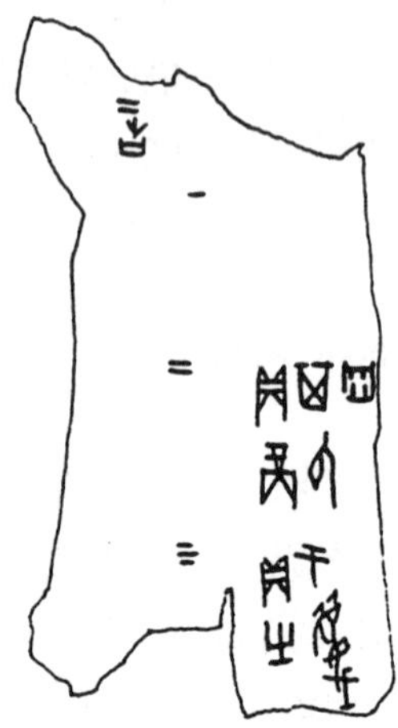
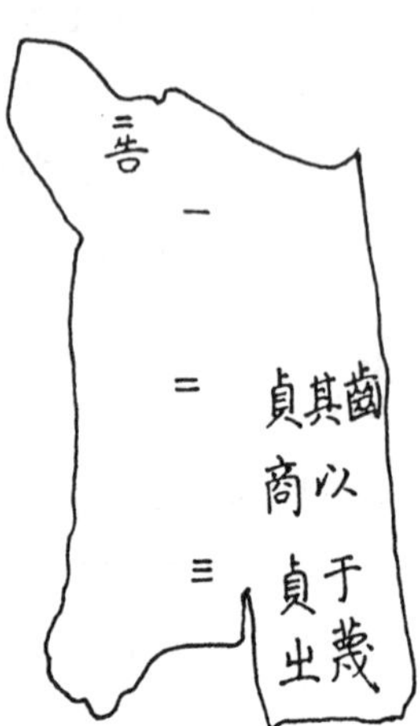

1. 17302

2. 17306 反

9. 제11편

1) 본 문 : 1. **貞 : 商其以齒。 二**

貞 : 㞢(侑)于夒。

2. **☐其以齒。**

2) 한 역 : 1. **묻습니다 : 商方은 상아를 진공할까요? 두 번째 물었다.**

묻습니다 : 夒에 侑祭를 드릴까요?

2. **상아를 진공할까요?**

3) 출 전 : ≪甲骨文合集≫ 1. 17302 제1기 2. 17306反 제1기

4) 자 해 : [商其以齒] : 商 – 방국명. 其 – 강조부사. 以 – 以는 , 처럼 측면으로 선 사람이 물건을 들어올리는 모양, 氐와 같다. '가져오다', '진공하다'로 쓰였다. 齒 – 齒는 처럼 앞니가 뾰족뾰족 나온 이의 모양이다. '치아', '상아', 또는 '재앙'으로 쓰였다. 본 편에서는 치아, 즉 상아를 공납품으로 제공한 것이다(趙誠, 1988 – 180) (19 – 10 참조).

[㞢(侑)于夒] : 㞢 – 제사명. 侑의 제1기 자형이다. 于 – 전치사. 夒 – 상대의 조상(1 – 1 참조).

5) 해 설 :

象牙

齒는 입 속에 이가 삐죽삐죽 나온 모양이다. 상형자에 聲符 止를 붙여 齒를 이루었다. 갑골문에 앞니인 齒는 있으나 어금니인 '牙'자는 없다. 본 편 1·2의 자형은 기본 형태는 같으나 처럼 다채로운 이체 현상을 보인다. 질병 항목에서는 사람의 이가 아픈 것은 疾齒라고 하였고 길흉을 말할 때는 '재앙'이라는 뜻으로도 사용되었다. 그러나 공납품으로서의 齒를 말하자면 '상아'나 기타 야수의 '이'로 간주된다.

9－12

93 正 일부

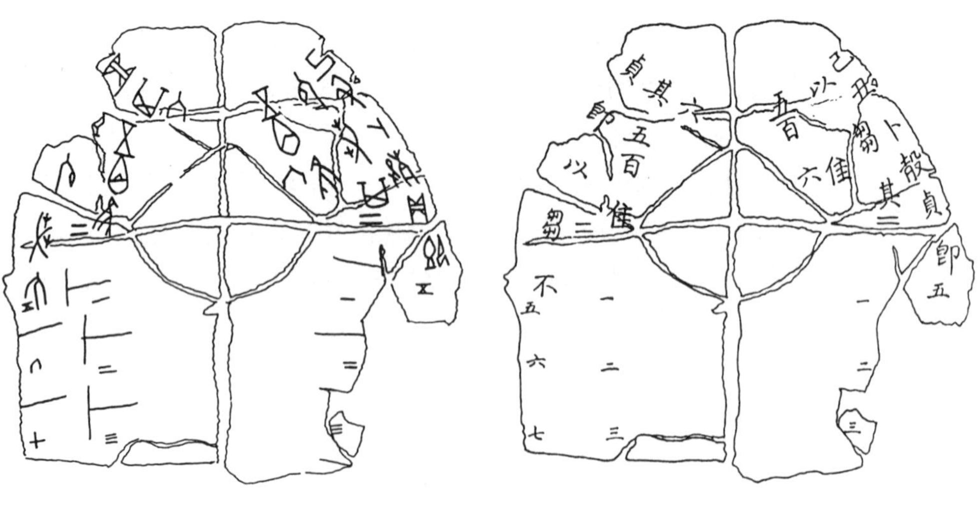

9. 제12편

1) 본 문 : 1. **己丑卜, 㱿貞 : 𠨘以芻其五百隹(又)六。** 一 二 三 四 五

2. **貞 : [𠨘]以芻不其五百隹六。** 一 二 三 四 五 六 七 八 九 十

2) 한 역 : 1. **己丑일에 점을 치고, 㱿이 묻습니다 : 𠨘은 목축노예 506명을 들여올까요?**

2. **묻습니다 : 𠨘은 목축노예 506명을 들여오지 않을까요?**
열 번 물었다.

3) 출 전 : ≪甲骨文合集≫ 93 正 일부 제1기

4) 자 해 : **[己丑卜, 㱿貞]** : 干支紀日에 의한 己丑일. **㱿**(ke, 각)은 제1기 貞人이다. **[𠨘以芻]** : 𠨘 - 사람이 식기 앞에 꿇어 앉아 있는 모양으로 '食', '就'라는 뜻이 있다. 음식을 차려놓고 신이 음식을 흠양하기를 바라는 제사(≪合≫ 27456正)로 빌려 썼다. 인명(徐中舒, 1990 - 557). 以 - 사람이 측면으로 서서 물건을 들어올리는 모양. 氏·致와 같음. 사물일 경우 '가져오다'. 芻 - 芻(zhu · 추)는 손으로 풀을 자르는 모양. 여물·여물을 베는 사람이다. 풀을 먹여 동물을 사육하기 때문에 '가축'으로도 인신되었다(趙誠, 1988 - 195). 여물을 베는 사람으로도 풀이하고 있다(王宇信, 1999 - 517). **[其五百隹(又)六]** : 其 - 강조부사. 五 - 숫자 5. 百 - 白은 사람의 얼굴 모양으로 侯伯의 伯자로 쓰였다. 音에 의해 흰白으로 인신되었고 다시 일백 百으로 쓰였다(趙誠, 1988 - 256). 六 - 양벽 위에 지붕을 얹어 놓은 간이주택 모양. 음이 같아 여섯으로 빌려 썼다(1 - 6 참조).

5) 해 설 :

兆序

兆序는 점친 순서를 기록한 숫자이다. 본 편은 兆序가 1부터 10까지 나와 있다. 탁본 중 좌우측 甲橋 부위에 9와 10이 선명히 보인다. 동일 사건을 열 번 점쳐 물었다는 뜻이다. 보통 열 번 이상을 점칠 때는 11, 12로 쓰지 않고 다시 1부터 시작한다(≪乙≫ 4701). 卜辭에서 보통 큰 숫자를 [illegible](300), [illegible](400) 合文으로 썼던 것과는 대조를 이룬다. 占卜은 일반 숫자의 사용과 달리 성스럽게 여겼던 까닭이라고 할 수 있다.

9-13

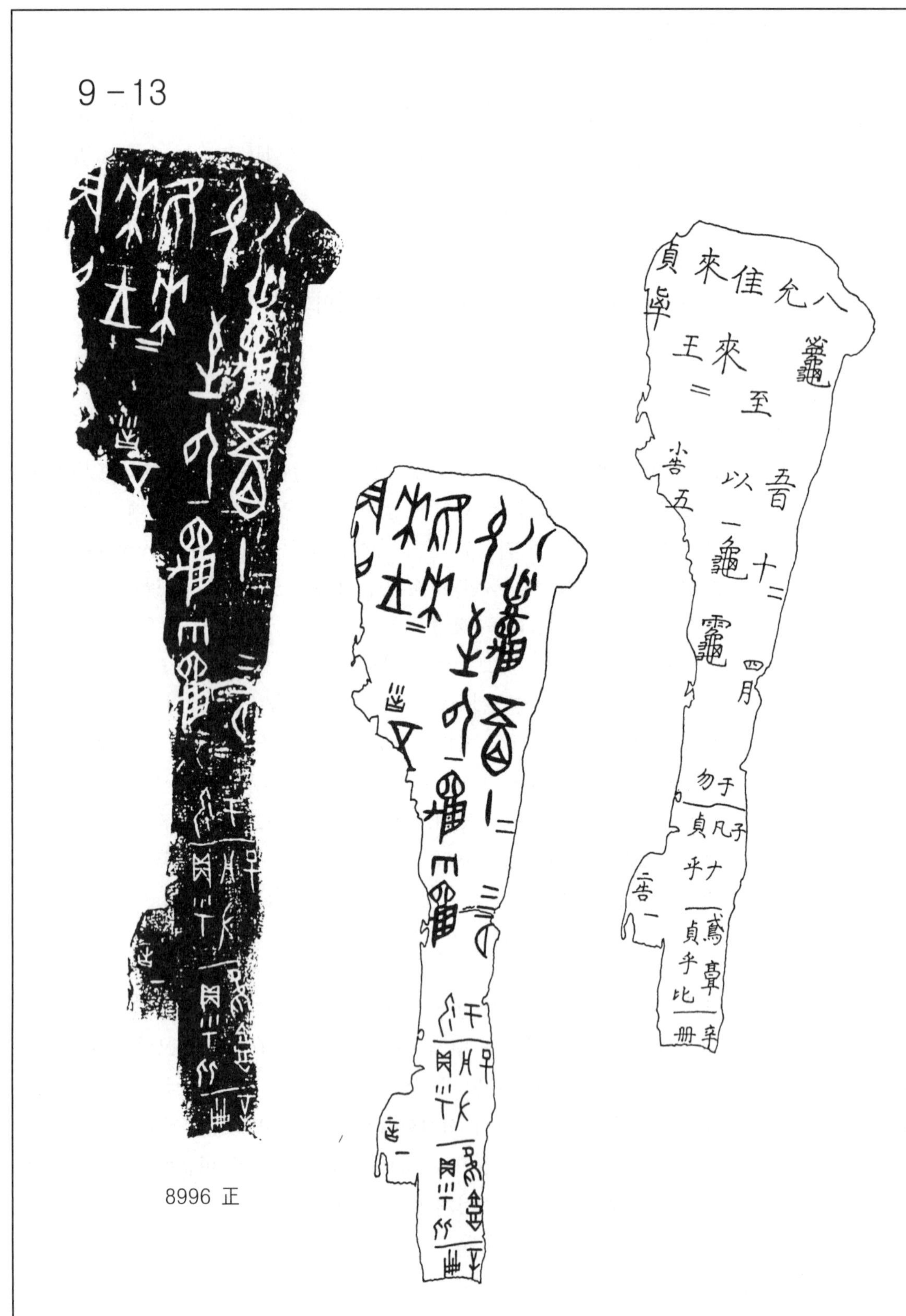

8996 正

9. 제13편

1) 본 문 : **貞：光…來。王[固曰]：隹(唯)來。五…允至。以龜□八，□五百十四月。**

2) 한 역 : **묻습니다 : 光이 올까요? 대왕께서 점친 결과를 보고 길흉을 판단해 말했다 : "그는 오겠다" 5일 되던 날 그는 과연 왔다. 동시에 일반 거북이 한 마리, □종류 거북이 8마리, □종류 510마리를 들여왔다. 때는 4월.**

3) 출 전 : ≪甲骨文合集≫ 8996 正

4) 자 해 : **[光來]** : 光－인명. 光은 사람이 □처럼 불을 이고 있는 모양이다. 武丁시대의 중요 인물이다. 來－來는 □처럼 이삭, 줄기, 뿌리가 있는 보리 모양이다. 來往의 來로 빌려 썼다.

[王固曰] : 王자만 남아있으나 「王固曰」이라는 점복술어여서 복원했다.

[允至] : 允－과연. 至－화살이 땅에 꽂힌 모양. 이르다, 보내오다.

[以龜□八] : 以－들여오다. 氏와 통용된다. 龜－거북이의 측면 모양. 卜辭에는 위에서 내려다 보는 거북이 모양도 있다(趙誠, 1988－203). □－위에 특정 형체가 첨가되어 있어 일반 거북이와 종류가 다른 거북이로 추정된다.

[□五百十] : □－역시 일반 거북이와 종류가 다른 거북이로 추정되며 弋・皿・龜가 상하로 쪼개진 자로 隸定한다.

[四月] : 4월.

5) 해 설 :

상대의 거북이

본 편은 잘린 두 조각을 짜 맞추어 綴合시킨 것이다. 비교적 중요한 사건은 큰 글씨로 썼고 일반적인 내용은 작은 글씨로 썼다. 큰 글씨에는 朱砂로 붉게 채색하였는데 3천년이 지난 지금까지 선명한 아름다움을 발하고 있다. 위의 기록으로 볼 때 상대에 龜字는 최소한 龜・□・□ 등 3가지 자형이 있었다. 실제로 갑골문으로 볼 때 여러 종류의 거북이가 있었음을 말해주고 있다.

제 10 장

農　業

農　業

농업은 商代 사회경제의 주력 산업이었다. 농업생산기술은 경작, 관개, 시비 등에서 크게 발전하여 오곡은 물론 桑, 麻 등 견직물 원료의 생산까지 이루어져 商代에 이미 농경사회의 기틀이 마련되었다고 할 수 있다.

농업관련 文字에는 당시 농경문화의 생활상을 고스란히 담고 있다. 손가락에 대합조개를 걸고 일하는 모양의 農자, 쟁기로 흙을 파 일구는 耕자, 밭에 나가 가래를 밟으며 일하는 형상인 男자 등은 농사일이 만들어낸 文字이다. 쌀이나 수수 등 곡식을 심고 홍수나 가뭄이 두려워 부단히 조상님께 기원하는 모습은 우리네 삶과 다를 바 없다.

10 - 1

36975

北土受年 吉

西土受年 吉

南土受年 吉

東土受年

己巳王卜貞今歲商受年 王固曰吉

10. 제1편

1) 본 문 : **己巳王卜, 貞 : [今]歲商受[年]。王固曰 : 吉。**

東土受年。

南土受年。吉。

西土受年。吉。

北土受年。吉。

2) 한 역 : **己巳일에 왕이 친히 점을 치고, 묻습니다 : 올해 우리 商은 풍성한 수확을 얻겠습니까? 왕이 점친 결과를 보고 판단했다 : "길하겠다"**

동녘땅에 풍성한 수확을 얻겠다.

남녘땅에 풍성한 수확을 얻겠고, 길하겠다.

서녘땅에 풍성한 수확을 얻겠고, 길하겠다.

북녘땅에 풍성한 수확을 얻겠고, 길하겠다.

3) 출 전 : ≪甲骨文合集≫ 36975 제5기

4) 자 해 : **[己巳王卜, 貞]** : 상왕이 친히 점쳐 물었던 시기의 前辭 구조이다.

[今歲] : 今 – 지금, 이번. 歲 – 무기 모양. 년(年), 제사명, 수확철 등 3가지 뜻이 있으나 여기서는 年로 풀이한다. '올해'를 뜻한다(14 – 1 참조).

[商受年] : 商 – 商나라. 受 – 받다(10 – 10 참조). 年 – 사람이 처럼 벼를 지고 가는 모양으로 一年 또는 풍성한 수확을 나타냈다(10 – 2 참조).

[王固曰] : 王 – 상왕 제5기 자형. **固**자는 제5기의 자형이다(3 – 3 참조).

[東土 南土 西土 北土] : 동·남·서·북 사방의 토지.

[吉] : 吉凶의 吉(3 – 3 참조). 東土를 제외하고는 모두 길하다.

5) 해 설 :

中國文學의 기원

전통적으로 중국문학의 기원을 논할 때 북방문학은 詩經에, 남방문학은 楚辭에 기원을 두고 있다. 詩經은 商대로부터 내려오던 3천여 수의 시가 중 周色이 짙은 300여편을 선별해 실었는데 그 중 商代의 가락은 말미에 商頌 5수만을 남겼다. 160만여 자로 추정하는 방대한 갑골문 내용은 문학작품은 아니지만 본편처럼 문학성이 짙은 작품도 엿볼 수 있다. 현대에 들어 중국문학의 기원은 갑골문으로부터 論하는 기운이 일고 있다.

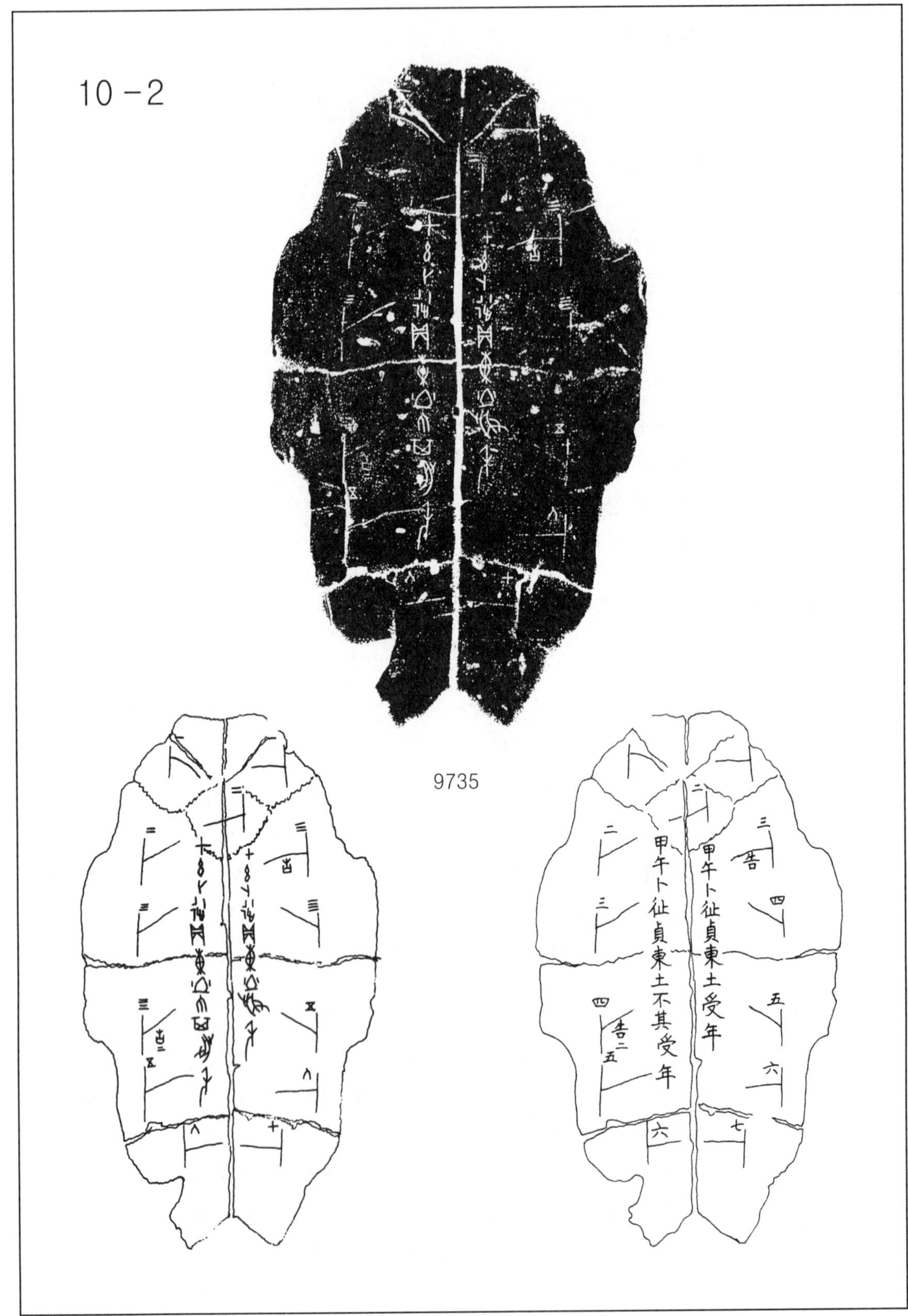
10 -2
9735
甲午卜征貞東土不其受年
甲午卜征貞東土受年
告
告二
二
三
四
五
六
七

10. 제2편

1) 본 문 : **甲午卜, 祉貞 : 東土受年。一 二 三 四 五 六 七**
甲午卜, 祉貞 : 東土不其受年。一 二 三 四 五 六

2) 한 역 : **甲午일에 점치고, 祉이 묻습니다 : 동녘땅에 풍성한 수확을 얻을까요? 일곱 번 물었다.**
甲午일에 점치고, 祉이 묻습니다 : 동녘땅에 풍성한 수확을 얻지 못할까요? 여섯 번 물었다.

3) 출 전 : ≪甲骨文合集≫ 9735 제1기

4) 자 해 : **[甲午卜, 祉貞]** : 祉 – 彳과 止의 합체로 대로를 향해 걸어나가는 모양이다. 계속 이어진다(延)로 인신되었고, 인명으로 쓰였다(2 – 10 참조).
[東土受年] : 東 – 자루 모양. 음에 의해 동쪽으로 빌려 썼다(14 – 3 참조). 土 – 땅이 볼록하게 돋아난 모양. 제1기의 자형이다. 受 – 위아래서 두 손으로 처럼 물건을 주고 받는 모양. '주다', '받다'는 뜻이 있었으나 '주다'는 授자로 분화되었다(10 – 10 참조).
年 – 사람(人)이 벼(禾·)를 처럼 지고 가는 모양이다. 벼가 익으므로 한해가 되었다는 뜻에서 해(年)로 인신되었다. 풍성한 수확, 곡물의 통칭인 禾와 같은 의미로 쓰여 '受禾'라고도 한다. '일 년'(一年)의 뜻이 있다(趙誠, 1988 – 266).
[一二三四五六七] : 점을 쳐 물은 횟수로 兆序이다. 7차례 점쳤다.

5) 해 설 :

卜자와 吉凶 관계

본 편은 매우 완전하게 보존된 아름다운 龜腹甲이다. 가운데 千里路 양옆으로 東土의 풍성한 수확을 묻는 卜辭가 새겨 있다. 좌우에는 6쌍의 卜자가 중앙선인 千里路를 향해 뻗어 있고 中甲에도 卜 한 자가 들어 있다. 卜자 위에는 一부터 七까지의 숫자가 쓰여 있는데 이는 占卜한 횟수를 적은 兆序이다. 卜자의 가로획은 대부분 수평이거나 위로 올라가 있는데 이럴 경우 吉로 판단하고, 右上의 三 아래처럼 내려오거나 꺾였을 경우는 凶으로 판단한다.

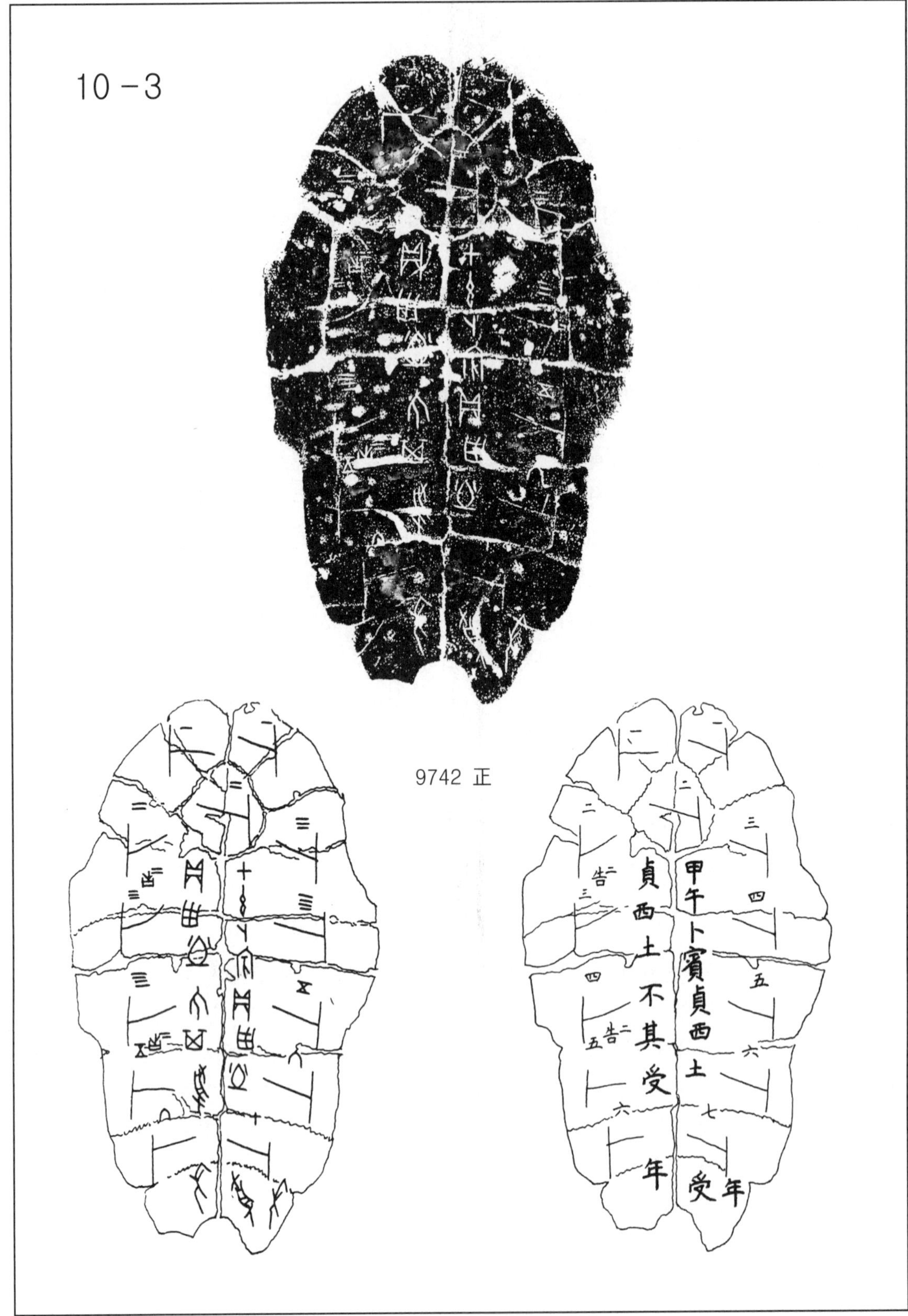
10-3
9742 正
甲午卜賓貞西土受年
貞西土不其受年
一
二
三
四
五
六
七
二告

10. 제 3 편

1) 본 문 : **甲午卜, 㱿貞：西土受年。一 二 三 四 五 六 七**
貞：西土不其受年。一 二 三 四 五 六 二告

2) 한 역 : **甲午일에 점치고, 㱿이 묻습니다 : 서녘땅은 풍성한 수확을 얻겠습니까? 일곱 번 물었다.**
묻습니다 : 서녘땅은 풍성한 수확을 얻지 못하겠습니까? 여섯 번 물었다.

3) 출 전 : ≪甲骨文合集≫ 9742 正 제1기

4) 자 해 : **[甲午卜, 㱿貞]** : 干支紀日에 의한 甲午일. **㱿**은 제1기의 貞人이다.

[西土不其受年] : 西 – 새의 둥지 모양을 처럼 그렸다. 해가 서산으로 기울때 새가 둥지를 찾는다고 하여 서쪽이라는 방위명으로 빌려 썼다. 서쪽(3 – 14 참조). 土 – 땅이 볼록하게 돋아난 모양을 로 그렸다. 땅 또는 토신. 不 – 부정부사. 其 – 삼태기 모양이다. 지시대명사로 가차 되자 삼태기는 竹을 붙여 箕자를 만들었다. 강조부사로 쓰였다(2 – 9 참조). 受年 – 풍성한 수확을 얻다.

[二告] : 뜻이 확실하지 않다.

5) 해 설 :

商왕실의 통치구역

商代에서는 商 · 大邑商 · 中商을 王畿라고 하였는데 왕궁으로부터 5백여 리 내외이며, 이곳은 상왕이 직접 관장하는 통치구역이다. 강력한 상대의 왕권은 河南성을 중심으로 東으로 山東 南部, 西로는 陝西 · 甘肅, 南으로는 湖北 · 安徽, 北으로는 山西 · 河北 등으로 뻗어 있으며 이들 지역에서 폭넓게 商代의 유적들이 출토되고 있다.

中國이라는 국호의 기원

商王室은 자신들의 국호를 卜辭에서 中商 · 商方 · 中方이라고 칭했다. 그외 大邑商 · 大邑으로도 불렀는데 邑은 바로 國이었다. 商代의 '方'이 周代에 이르러서는 '國'으로 불렀는데, 이를 근거로 하면 中國이라는 칭호의 기원은 商代의 卜辭에 두고 있다(胡厚宣, 1945 – 383).

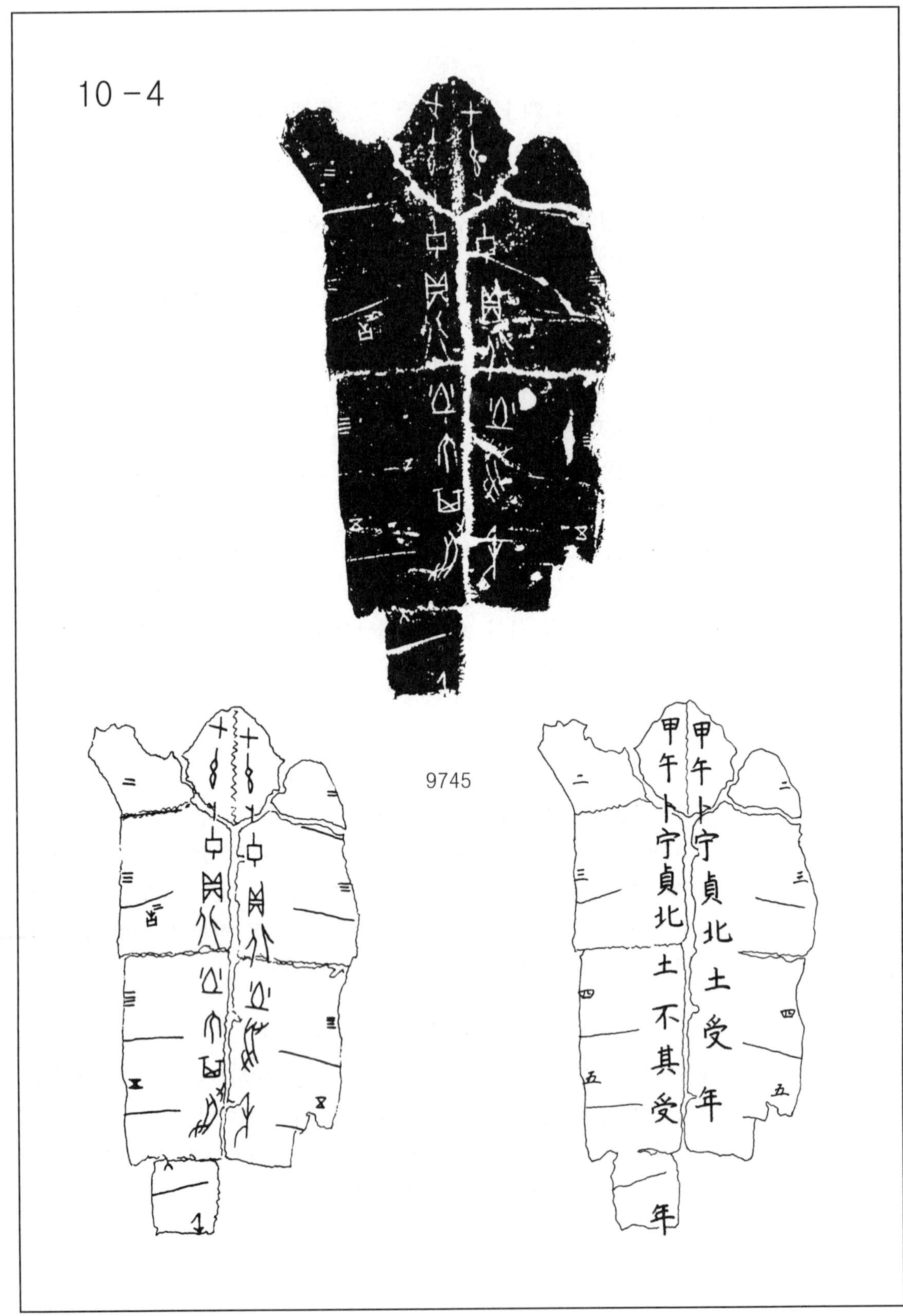
10 -4
9745
甲午卜宁貞北土受年
甲午卜宁貞北土不其受年
二
三
四
五

10. 제 4 편

1) 본 문 : **甲午卜, 宁貞 : 北土受年。「一」 二 三 四 五 「六」**
甲午卜, 宁貞 : 北土不其受年。「一」 二 三 四 五 「六」

2) 한 역 : **甲午일에 점치고, 宁이 묻습니다 : 북녘땅에 풍성한 수확을 얻을 수 있을까요? 여섯 번 물었다.**
甲午일에 점치고, 宁이 묻습니다 : 북녘땅에 풍성한 수확을 얻지 못할까요? 여섯 번 물었다.

3) 출 전 : ≪甲骨文合集≫ 9745 제1기

4) 자 해 : **[甲午卜, 宁貞]** : 甲午 – 甲午일 (15 – 1 참조). 宁 – 정인 이름.
[北土不其受年] : 北 – 두 사람이 𠀉처럼 등을 맞대고 있는 모양. 등이란 뜻이었으나 점차 '북쪽'으로 가차 되었다. 등이라는 뜻은 形符 肉을 붙인 背자를 분리하여 만들어 쓰게 되었다(16 – 3 참조). 土 – 𠙵처럼 흙이 돋아 오른 모양. 토지 · 땅 등을 나타낸다. 不 - 부정사. 其 – 삼태기 모양을 𠀠처럼 그린 자이다. '그것'으로 가차되었고, 강조부사로 뒤에 오는 말을 강조한다(2 – 9 참조). 受年 – 풍성한 수확을 얻다.

5) 해 설 :

商代의 농업지역과 四方

商代는 王畿인 中商을 중심으로 사방의 東土 · 西土 · 南土 · 北土 등 소위 四方을 합하면 五方이다. 10 – 1편은 商을 중심으로 五方의 풍성한 수확을 물었다. 종종 비슷한 크기의 龜腹甲에 각기 東 · 西 · 南 · 北의 풍성한 수확을 점쳐 물었는데 四方의 풍성한 수확은 바로 商의 경제와 직결되는 중대사였던 까닭이다.
상대의 중요 농업 지역은 100여 곳이 넘는다. 중요 농업 지구로는 商(河南商丘) · 若(河南淅川) · 蜀(山東泰安) · 犬(陝西) 등 고증된 많은 지역이 있고, 그 외에 王畿의 西北쪽에 讓 · 雀 · 長 · 示 · 弜 · 西單 등이 있으며, 東南 쪽으로는 京 · 戈 · 侯 · 永 · 宮 등 지역이 광활하게 펼쳐져 있다.

(東土) (西土) (南土) (北土)

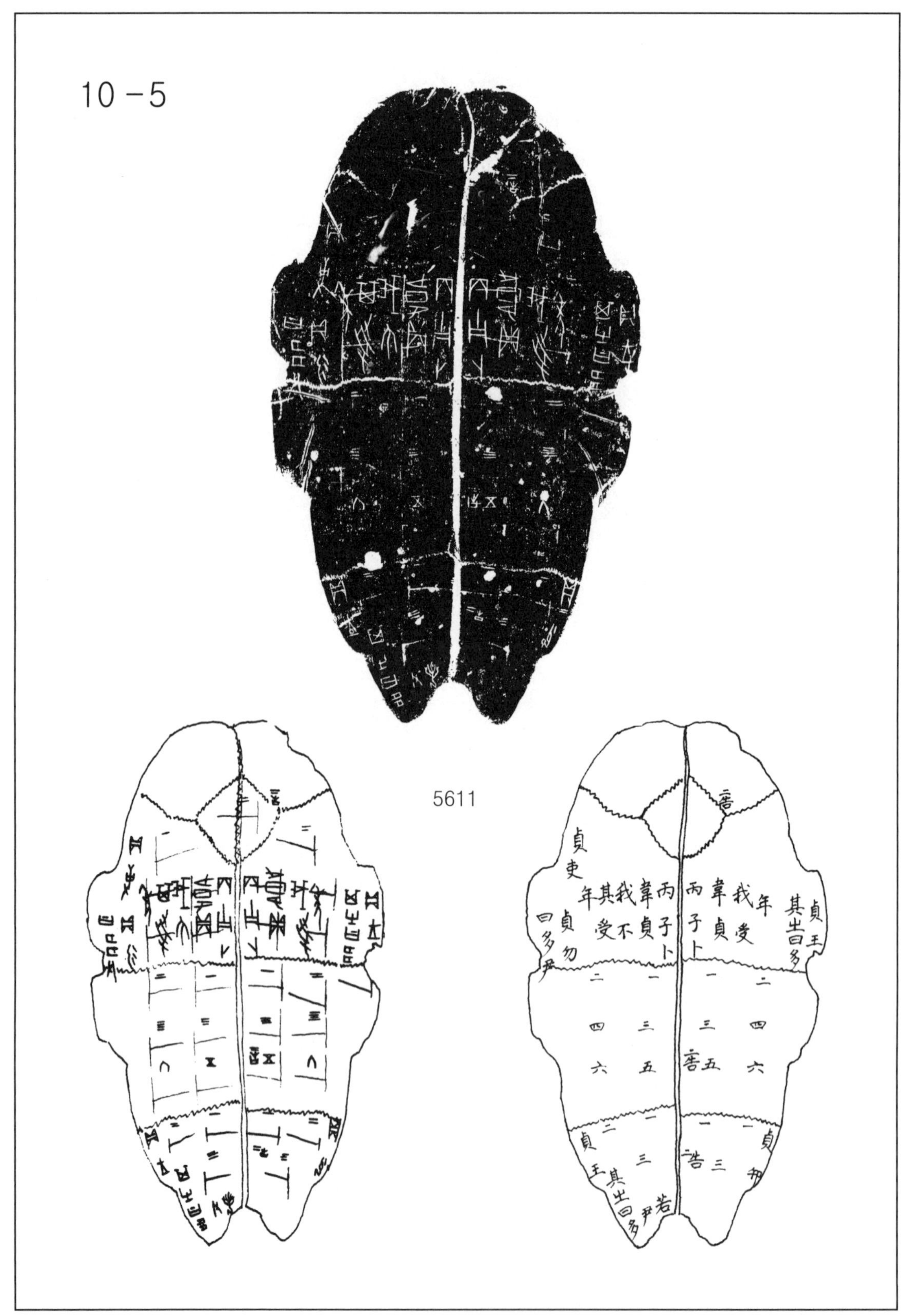
10 -5
5611

10. 제5편

1) 본 문 : **丙子卜, 韋貞 : 我受年。 一 二 三 四 五 六 二告**

丙子卜, 韋貞 : 我不其受年。 一 二 三 四 五 六

2) 한 역 : **丙子일에 점을 치고, 韋가 묻습니다 : 우리 商은 풍성한 수확을 얻을까요? 여섯 번 물었다.**

丙子일에 점을 치고, 韋가 묻습니다 : 우리 商은 풍성한 수확을 얻지 못할까요? 여섯 번 물었다.

3) 출 전 : ≪甲骨文合集≫ 5611 제1기

4) 자 해 : **[丙子卜, 韋貞]** : 韋－거주지나 행정구역인 口의 위아래에 발바닥 모양인 止를 합친 자로 '방위하다'는 뜻을 갖는다. 따라서 圍나 처럼 거리로 나아가는 衛는 모두 韋(wei · 위)를 聲符로 한다. 갑골문에서 지명 · 인명으로 빌려 썼다. 여기서는 제 1기 정인의 이름이다(趙誠, 1988－64).

[我受年] : 我－무기 모양, 우리 · 商의 복수 개념으로 가차되었다. 年－사람이 벼를 지고 가는 모양. 受年은 풍성한 수확을 얻다.

[我不其受年] : 不－부정사. 其－강조부사. 我受年의 부정형.

5) 해 설 :

파종과 수확

상대는 일 년을 春 · 秋 두 계절로 나타냈는데 봄은 상반기로 밭을 갈고 씨를 뿌리는 일을 했고, 가을은 하반기로서 곡물을 수확하고 저장하는 시기였다.

貞 : 今春王勿黍. (9519)	**올 봄에 대왕은 黍를 심지 말까요?**
貞 : 來春不其受年. (9660)	**돌아오는 봄에 풍성한 수확을 얻을까요?**
乙亥卜 : 今秋多雨. (29908)	**올 가을에 비가 충분할까요?**
貞 : 今秋受年吉. (≪屯南≫ 620)	**올 가을 풍성한 수확을 얻고, 길할까요?**

본 편은 온전하게 보존된 소형 腹甲으로 매우 아름다운 商代卜辭의 면모를 보여주고 있다. 문자는 千里路를 중심으로 前左右甲에 對貞되어 있고 중심에서 바깥쪽으로 써내려 갔다. 같은 내용을 5, 6차례 점친 것으로 보아 중요한 사안이었을 것으로 추정된다.

10 -6

10076

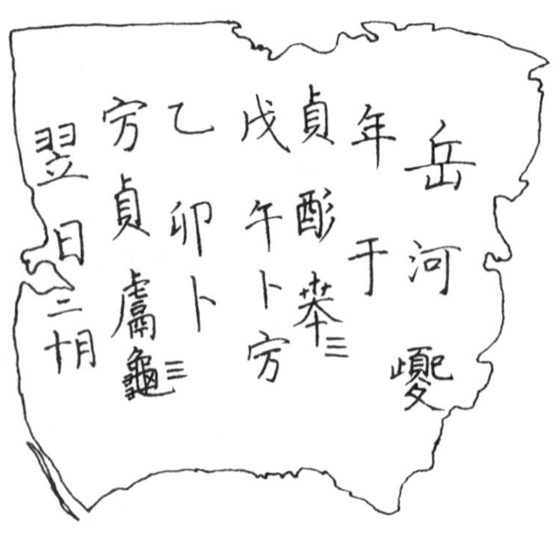

10. 제 6 편

1) 본 문 : **戊午卜, 㝑貞 : 酒𠦪(求)年于岳河夒。三**

2) 한 역 : **戊午일에 점을 치고, 㝑이 묻습니다 : 산신・황하신 그리고 조상인 夒에게 酒祭를 드려 풍성한 수확을 기원할까요? 세 번째 물었다.**

3) 출 전 : ≪甲骨文合集≫ 10076 제1기

4) 자 해 : **[戊午卜, 㝑貞]** : 戊午 – 干支紀日에 의한 戊午일. – 제1기의 정인.

[酒] : 술을 올려 드리는 제사(1 – 5 참조).

[𠦪(求)年] : **𠦪**(求) – 조상에게 곡물을 올려 소망을 기원하는 제사. 주로 풍년・풍우・자녀출산 등을 기원했다(4 – 18 참조).

[岳・河・夒] : 岳 – 5봉우리가 중첩된 산의 모양을 으로 그렸다. 산신. 河 – 水와 可가 합쳐진 형성자. 황하신. 夒 – 원숭이의 모양(nao・노). 와 같다. 상대의 선공인 帝嚳 또는 夔(kui・기) 라고도 한다(1 – 1 참조).

[三] : 셈가지 3개를 쌓아 놓은 모양. 숫자 3. 세번째 물었음을 뜻하여 두 번은 다른 골판에 물었음을 알 수 있다.

5) 해 설 :

求年과 受年

卜辭 중에 한 해의 풍성한 수확을 기원하는 관용구로 「求年」・「受年」 두 가지가 있다.

- **「求年」의 卜辭에는 대부분 기원하는 대상을 거론했다.**
  대상들은 주로 上帝・先公・先王・先妣・鬼神・河神・山神 등인데 商代에는 이들이 수확의 흉・풍작을 주관한다고 믿었기 때문이었다.
  貞 : 于王亥求年. (10106) 王亥에게 풍성한 수확을 기원할까요?

- **「受年」의 경우 기원하는 대상을 기록하지 않았다.**
  어느 곳, 누구, 또는 어떤 작물의 작황이 어떠할지를 물었다.
  貞 : 我不其受年. (8806) 우리 商은 풍성한 수확을 얻지 못할까요?

10 -7

1. 33341

2. 33261

10. 제 7 편

1) 본 문 : 1. **貞：禾亡𡿧(害)。 一**

2. **辛亥, 貞：受禾。**

不受禾。

2) 한 역 : 1. **묻습니다 : 곡물에 재앙이 없겠습니까? 처음 물었다.**

2. **辛亥일에 묻습니다 : 농작물의 좋은 수확을 얻을까요?**

좋은 수확을 얻지 못할까요?

3) 출 전 : ≪甲骨文合集≫ 1. 33341 2. 33261 제4기

4) 자 해 : **[亡(無)𡿧(害)]** : 亡 – 無로 읽으며 '없다'는 뜻. **𡿧** – 뱀이 발꿈치를 무는 모양으로 재앙을 나타낸다. 害(hai · 해), (ta · 타) 로 읽는다(19 – 17 참조).
[辛亥, 貞] : 干支紀日에 의한 辛亥일. 卜字와 貞人의 이름이 생략되었다.
[不受禾] : 不 – 부정사. 禾 – 벼의 이삭과 줄기 뿌리를 처럼 형상화한 字. 卜辭에서는 주로 곡물의 총칭으로 쓰였다. 문헌에서도 곡물의 총칭이다.

≪詩經 · 豳風 · 七月≫ : 「十月納禾稼.」
10월이면 곡식 쌓네.

이는 고대 북방에서 벼(禾)를 중요한 곡물로 인식하여 모든 곡물의 총칭으로 삼았기 때문이다. 受禾는 受年과 같다(趙誠, 1988 – 208).

5) 해 설 :

商代의 곡물

상대의 농작물에는 禾 · 黍 · 麥 · 稻 · 稷 · 高粱 등의 곡물이 주종을 이루었다. 그 중 「受黍年」 · 「受稷年」 · 「受稻年」 처럼 이들 곡물의 수확을 묻는 卜辭가 많다. 이들 곡식은 양식으로 삼는 곡물인 동시에 모두 술의 원료가 되는 것으로 상대인들이 술을 특히 좋아했던 특성과 연관지어 볼 수 있다.

신석기시대에 쌀이 발견된 유적지는 절강 · 강소 · 호남 · 하남 · 강서 · 광동 · 산동성 등 여러 성에 넓게 펼쳐져 있으므로 商代의 광범위한 쌀의 생산은 가이 짐작이 된다. 지하에서 출토된 상대의 青銅器 중에서도 酒器가 가장 많아 30종에 이른다는 사실은 상대의 곡물 생산이 매우 풍족했음을 말해주고 있다(梁東淑, 1992 – 36).

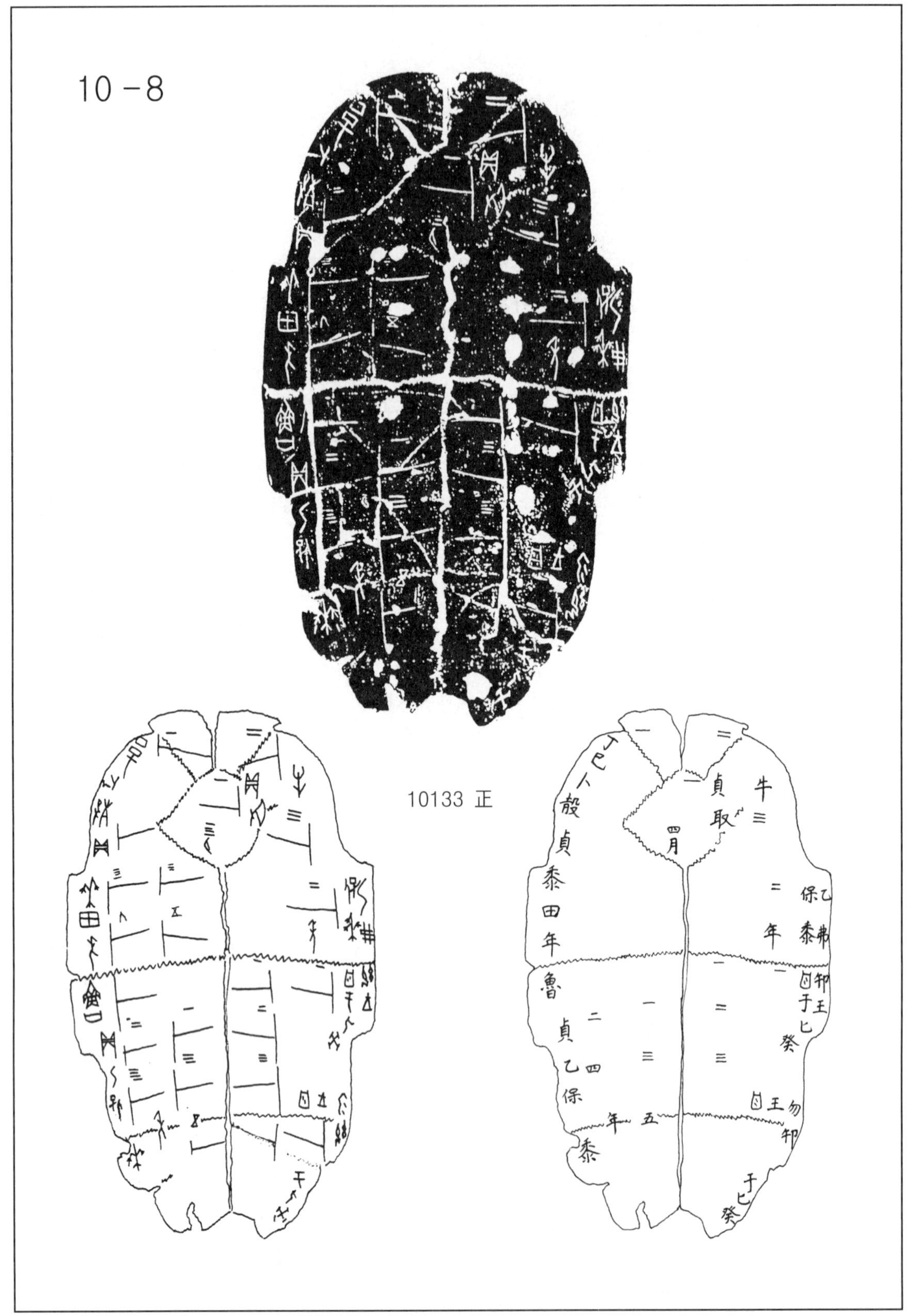
10 -8
10133 正

10. 제8편

1) 본 문 : 1. (正) 丁巳卜, 㱿貞：黍田年魯。四月。一 二 三 四 五 六

2. (反) 王固曰：吉, 魯。

3. (反) 甲寅卜, 古。

4. (正) 貞：乙保黍年。一 二 三 四 五

5. (正) 乙弗保黍年。二

6. (反) 王固曰：吉, 保。

7. (反) 婦好入五十。

8. (反) 爭。

2) 한 역 : 1. 丁巳일에 점을 치고, 㱿이 묻습니다. 밭에 기장을 심으면 풍성한 수확을 얻을 수 있으며 또한 길하겠습니까. 4월에. 여섯 번 물었다.

2. 왕이 점친 결과를 보고 길흉을 판단해 말했다 : "길하겠다. 아마도 매우 좋겠다."

3, 4. 甲寅일에 점을 치고, 古가 묻습니다 : 乙조상이 곡물(기장)의 풍성한 수확을 얻도록 도와줄까요? 다섯 번 물었다.

5. 乙조상이 곡물의 풍성한 수확을 얻도록 도와주지 않을까요?

6. 왕이 점친 결과를 보고 길흉을 판단해 말했다 : "길하다. 신의 보살핌이 있겠다."

7. 婦好가 50판을 들여왔다.

8. 爭이 기록했다.

3) 출 전 : ≪甲骨文合集≫ 10133 正·反 제1기

4) 자 해 : **[丁巳卜, 㱿貞]** : 前左甲에 새겨져 있는 前辭이다.

[黍田年魯] : 黍－곡물의 총칭. '기장' 또는 '심는다'는 동사다. 黍田은 밭에 黍를 심다. 年－사람이 벼를 진 모양. 풍성한 수확을 얻음.

[吉, 魯] : 吉－길하다. 魯－연못에 물고기가 드러나 보이는 모양, 로 그렸다. '기쁘다'·'길하다'는 뜻(7－12 참조).

[吉, 保] : 保－아이를 등에 업은 모양이다. 아이를 돌본다는 뜻에서 '보호하다', '도와주다', '신의 가호가 있다'는 뜻으로 引申되었다(徐中舒, 1990－876, 8－6 참조).

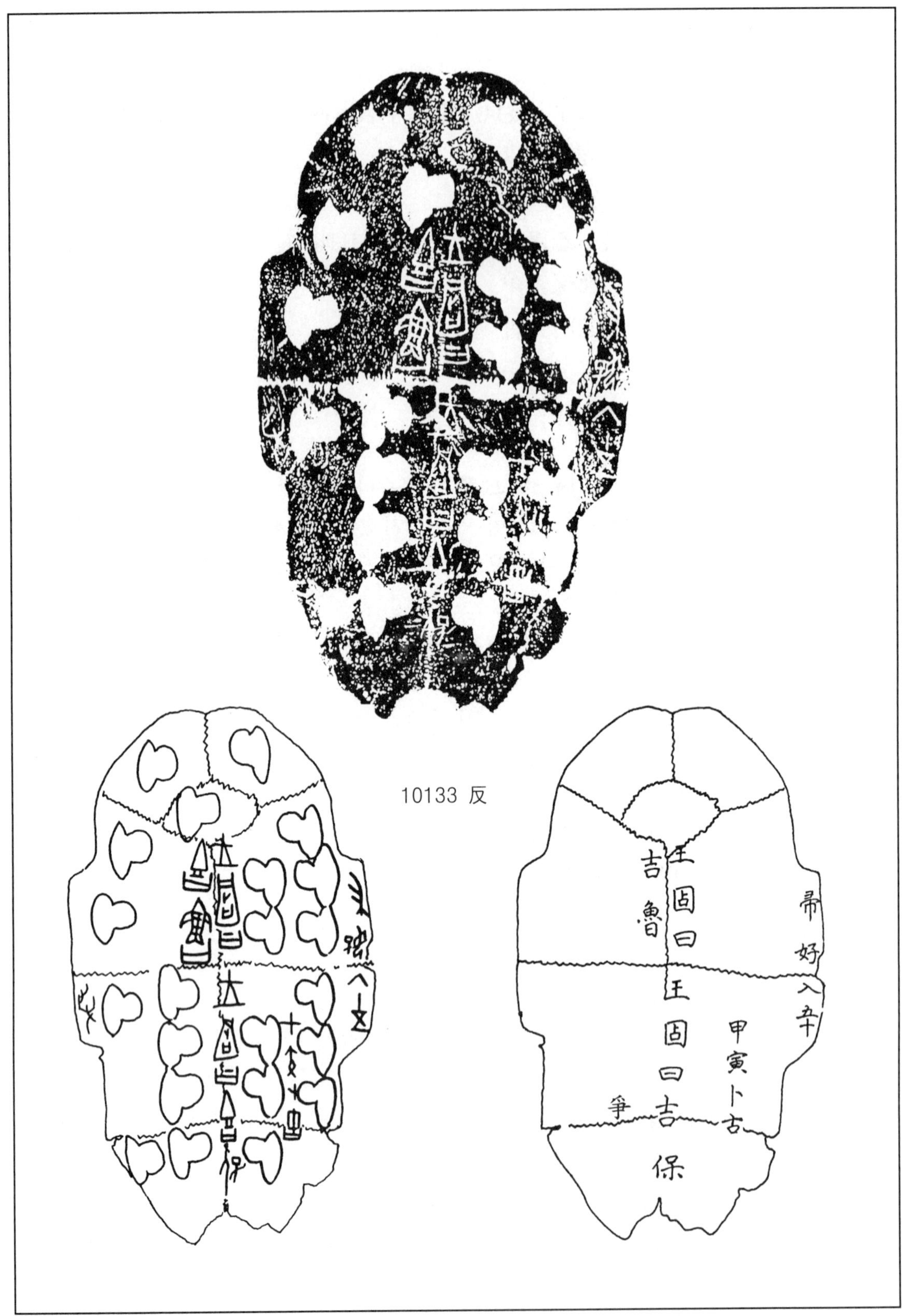

10133 反

[乙保黍年] : 乙 – 乙이라는 선왕. 黍年 – 黍의 풍성한 수확을 얻다.

[王固曰] : 王 – 제1기의 王자 형체. **固** – 兆象을 보고 길흉을 판단해 말하다. 占辭는 주로 왕이 담당하므로 '王固曰'라 한다.

[帚(婦)好入五十] : 帚 – 모종의 식물로 만든 긴 비의 모양, 婦女의 婦로 빌려 썼다. 점차 女를 붙여 婦를 만들었다(3 – 12 참조). 婦好 – 상왕 武丁의 妃. 入 – 골판을 들여오다. 五十 – 五와 十의 합문, 50. 卜辭가 아닌 記事刻辭인고로 甲橋에 썼다.

[爭] : 위아래에서 물건을 잡아끄는 모양인 [爭 glyph]이다. '다투다'로 인신되었다. 제1기에 활약하던 정인 이름이다. 여기서는 골판의 진공상황을 검시하고 기록했다(2 – 1 참조).

5) 해 설 :

卜辭 새김의 다양성

본 편은 매우 온전하게 보존된 腹甲의 正面과 反面이다. 反面에는 鑽과 鑿의 흔적이 완연하고 정면에는 이로 인한 卜兆가 선명하다. 그다지 크지 않은 腹甲이지만 殻·古·爭 세 사람이 점복에 참여했고 문자의 새김은 매우 다양하다.

'丁巳卜, 殻貞'의 占辭는 反面 상부에 새겼고, '甲寅卜 古'의 占辭와 命辭는 정면에 새긴 것이 특이하다.

홍수와 가뭄

商代 조상인 契(설)의 治水에 대한 공은 ≪史記·殷本紀≫에 기록된 바 있고, 二里岡을 위시한 商代 유적지에서 발견된 도랑들은 이들을 증명해 주고 있다. 商代의 王都가 큰 물줄기인 洹水(원수)를 끼고 있음은 상대인들의 治水능력을 키우는 유리한 조건이었다고 할 수 있다. 또한 아래 卜辭와 같이 큰 비나 가뭄에 직면해 이를 타개하는 관개에 힘썼음을 알 수 있다.

貞 : 今秋禾不遘大水. (33351)

이번 가을에 곡식 수확기에 홍수를 만나지 않을까요?

貞 : 雨不足, 亡𡆥. (24933)

비 부족으로 인해 재앙은 없을까요?

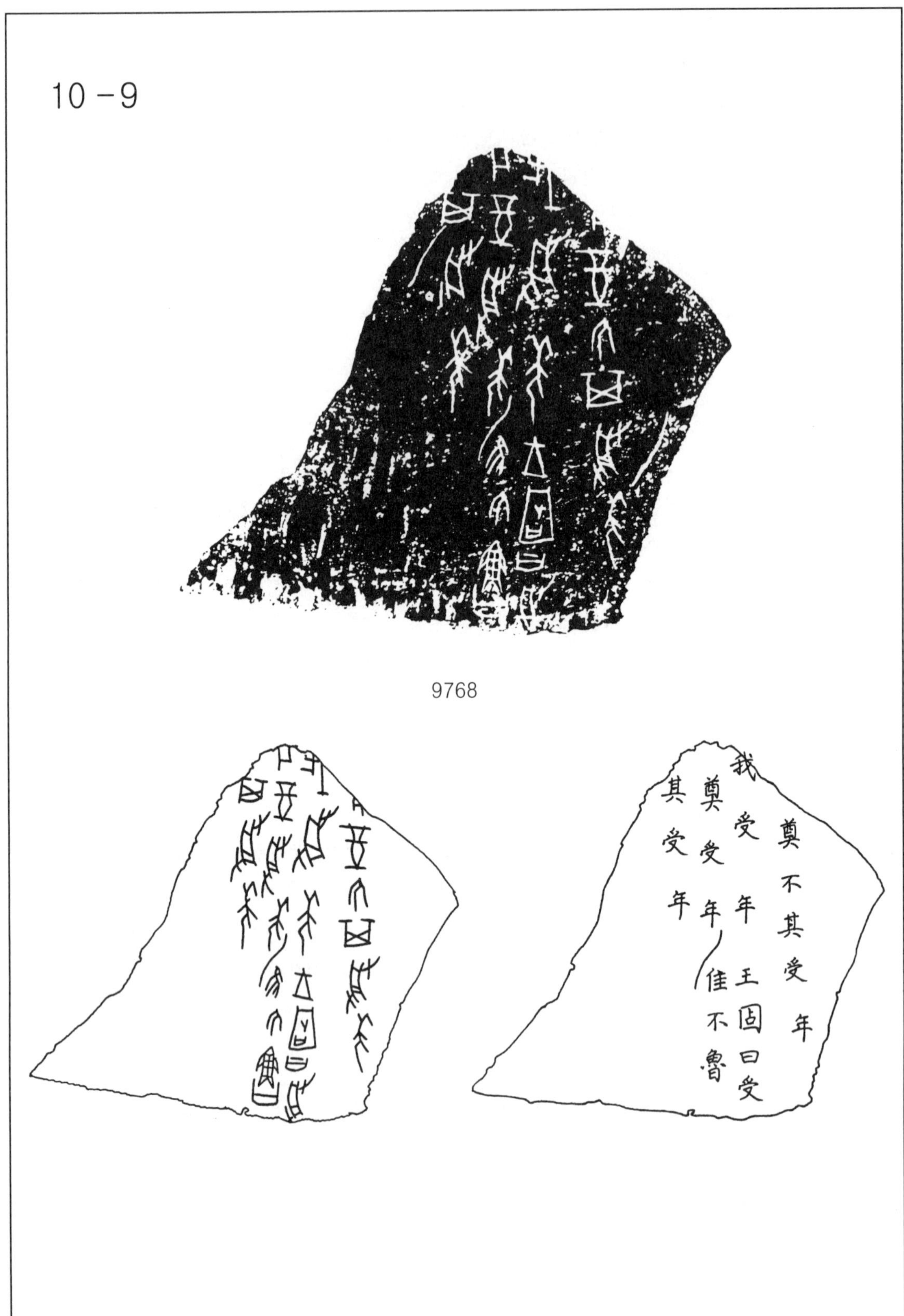
10 -9
9768
奠不其受年
我受年
王固曰受
奠受年
隹不魯
其受年

10. 제9편

1) 본 문 : 1. ☑奠不其受年。

2. ☑我受年。 王固曰 : 受[年]。 隹(唯)不魯。

3. ☑奠受年。

4. 「不」其受年。

2) 한 역 : 1. 奠지방은 풍성한 수확을 얻지 못할까요?

2. 우리 商은 좋은 수확을 걷을 수 있을까요? 왕이 점친 결과를 보고말했다 : "좋은 수확을 얻겠다. 그러나 아주 좋지는 않겠다."

3. 奠지방은 풍성한 수확을 얻을까요?

4. 풍성한 수확을 얻을 수 없을까요?

3) 출 전 : ≪甲骨文合集≫ 9768 제1기

4) 자 해 : **[奠不其受年]** : 奠 – 받침대 위에 酉처럼 술항아리를 올려놓은 모양. 제사명, 지명. 또는 지명인 奠을 성씨로도 쓰다가 阝를 붙인 鄭자를 만들어 구별했다. 지금의 河南성 鄭縣과 新鄭 사이에 있다(7 – 10 참조).

[☑我受年] : 我 – 상대인의 복수 개념, 우리. 受年 – 좋은 수확을 얻다.

[王固曰] : 상왕이 점친 결과를 보고 말하다.

[隹(唯)不魯] : 隹 – 唯, 강조부사. 魯 – 연못 위에 물고기가 있는 모양으로 물고기가 드러난 상황을 묘사한 것이다. '노출되다'는 뜻이 있고, 고기를 쉽게 잡을 수 있어 '길하다'는 뜻으로 썼다. 제사명 · 방국명 · 인명 등으로 쓰였다(7 – 12 참조). 不魯는 '길하지 않다'는 뜻이다.

5) 해 설 :

상왕의 自稱

상왕은 자신을 朕 · 余 · 余一人이라고 다양하게 자칭했다.

· 戊寅卜 : 朕出今夕. (22478) 짐이 오늘 저녁 나가도 될까요?

· ☑余一人省☑. (英 1791) 내가 친히 가서 시찰할까요?

· 甲戌卜, 王 : 余令角婦叶朕事. (5495) 甲戌일에 왕이 점칩니다 :
내가 角婦에게 짐의 일을 처리하게 명할까요?

10 - 10

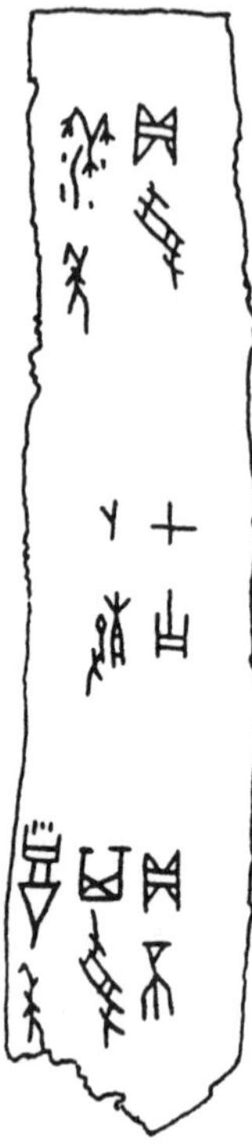

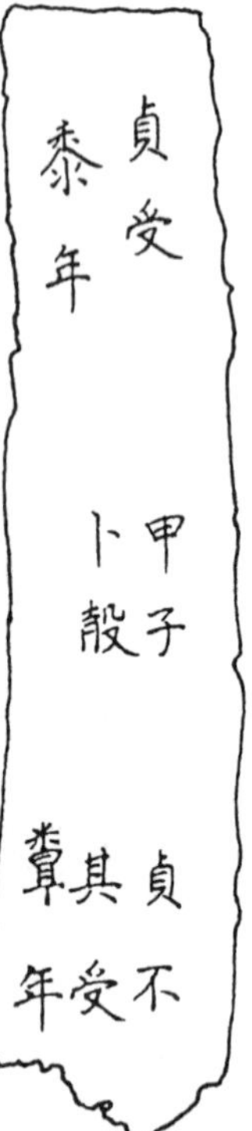

10051

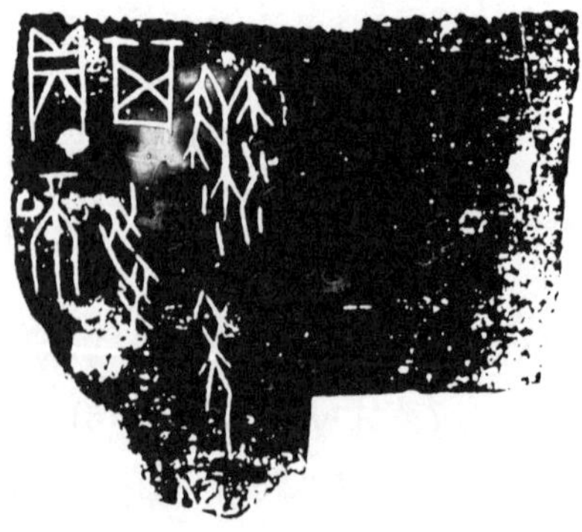

9991 正

10. 제10편

1) 본 문 : **貞：不其受稻年。**

甲子卜，殼。

貞：受黍年。

2) 한 역 : **묻습니다 : 곡물의 풍성한 수확을 얻지 못할까요?**

甲子일에 점을 치고, 殼이 묻습니다.

묻습니다 : 곡물의 좋은 수확을 얻을 수 있을까요?

3) 출 전 : ≪甲骨文合集≫ 10051 제1기, 보충 9991 正

4) 자 해 : **[貞]** : 鼎의 간화 형체. '점쳐 묻다'는 뜻으로 빌려 썼다.

[受黍稻年] : 受－제사시 제수품을 담는 기물을 두 손이 위아래에서 서로 주고 받는 모양. '받다', '주다'라는 두 동사로 쓰였다가 주다는 뜻은 手를 붙여 授자를 만들어 구별시켰다(徐中舒, 1990－456). ≪說文≫에서는 受를 '舟省聲'으로 보고 있다. 稻－그릇에 쌀이 담겨 있는 모양, 稻(dao・도)와 같다(徐中舒, 1990－780).

[受黍年] : 黍－기장에 이삭이 사방으로 매달려 있는 모양인 이다. 때로는 알맹이 형체가 더해지기도 하였다(趙誠, 1988－208).

보충 '貞：不其受黍年.'에서 완벽한 黍의 자형이 보인다.

5) 해 설 :

受稻年과 受黍年

본 편 이외에도 卜辭에서 受稻年과 受黍年을 對貞한 경우가 적지 않다. 이는 벼와 기장을 좋은 곡물로 간주하고 곡물의 총칭으로 여겼기 때문이다.

癸未卜, 爭貞：受稻年.

癸未卜, 爭貞：受黍年. (10047)

癸未일에 점치고, 爭이 묻습니다 : 풍성한 쌀의 수확을 얻을까요?

癸未일에 점치고, 爭이 묻습니다 : 풍성한 기장의 수확을 얻을까요?

10 - 11

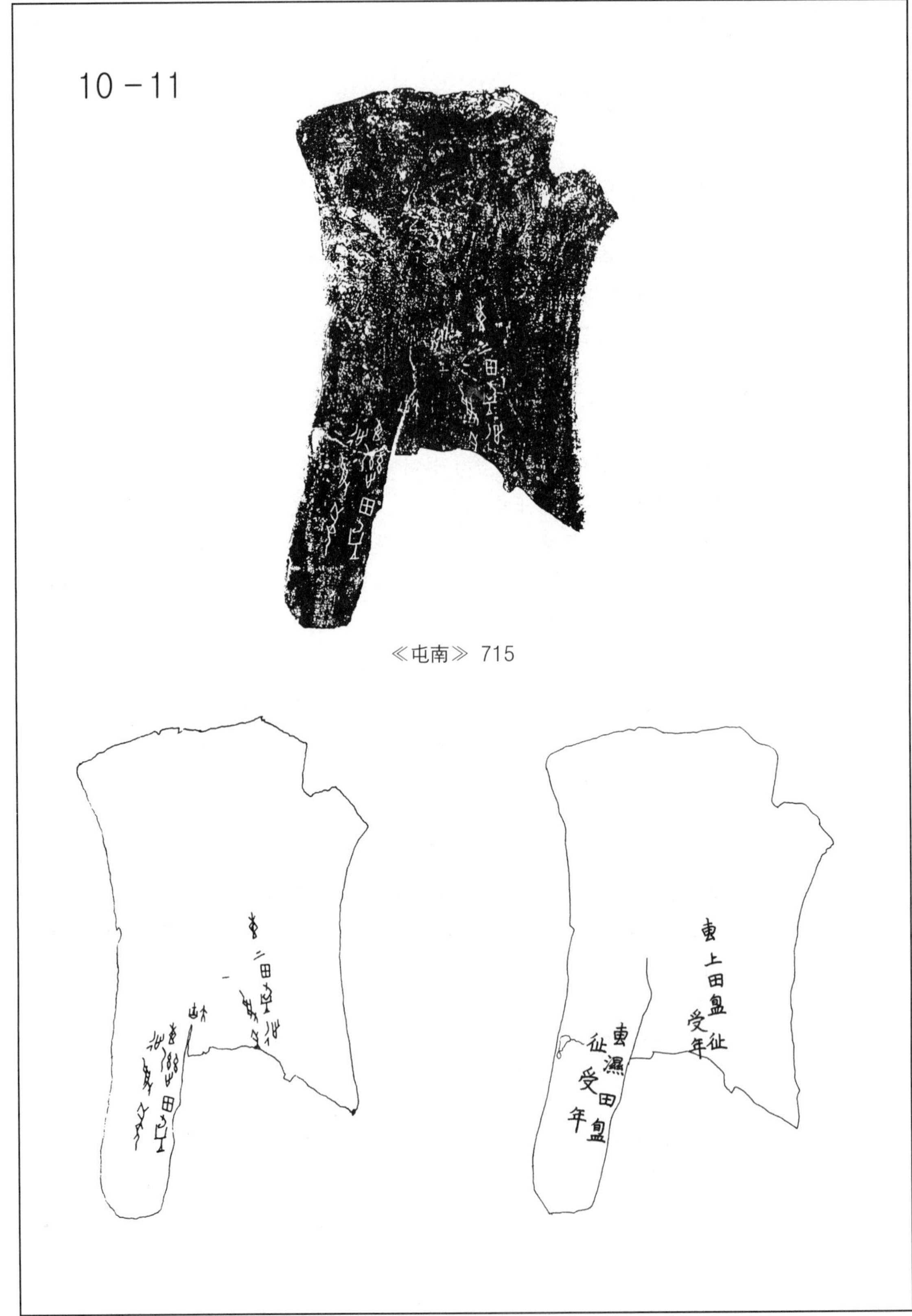

《屯南》 715

10. 제11편

1) 본 문 : **叀(惠)上田𦔻, 祉(延)受年°**
叀(惠)濕田𦔻, 祉(延)受年° 大吉

2) 한 역 : **상답에 경작하면 계속 풍성한 수확을 얻을까요?**
습지에 경작하면 계속 풍성한 수확을 얻을까요? 크게 길하다.

3) 출 전 : ≪小屯南地甲骨≫ 715 제4기

4) 자 해 : **[叀(惠)]** : **叀** – 세 가닥의 줄을 넣어 실을 짜는 물레 모양. 아래 볼록한 자형은 3기 이후의 모양이다(21 – 8 참조). 惠의 근원이 되었다. 惟로 읽는다. 손(又)을 붙여 [glyph] 처럼 專자를 만들었다. 실을 짤 때 집중해야 하므로 '전념'이라는 뜻이 있고 專이 들어가면 '돌아가다'는 뜻이 있다. 傳·轉의 본자이다(徐中舒, 1990 – 451).

[上田] : 上 – 작은 획을 기준선 위에 놓고 '위'라 했고, 작은 획을 기준선 아래에 두어 '아래'라 했다. 上과 下는 상대적인 개념인 지사자이다(5 – 14 참조). 田 – 정연한 밭도랑의 모양. 上田은 좋은 농지를 뜻한다.

[濕田] : 濕 – 水·㬎·止가 합쳐진 자로 濕의 본자다(裘錫圭, 1992 – 186). ≪爾雅·釋地≫에 「下者濕也」라고 한 것을 보면 평지보다 낮은 농지다. 上田·濕田은 지세가 서로 다른 농지를 말한다.

5) 해 설 :

상대의 경작지

농토는 농사의 근본이다. 토지의 좋고 나쁨은 농업생산에 미치는 영향이 지대하여 상대인들은 경작지 선별을 중시했다. 본 卜辭에서는 농지를 上田과 濕田으로 나누었지만 商代 말기의 金文 ≪作冊羽鼎≫을 보면 최소한 4종류의 경작지가 있었음을 알 수 있다.

庚午, 王令寢農	**庚午에 대왕은 寢에게 농사일을 명하셨던 바**
省北田四品, 在二月	**寢은 2월에 北方 4종류의 농지를 순찰하였다.**
作冊羽使賜貝	**作冊 羽는 그 공로로 貝를 하사 받아**
用作父乙障	**이에 아버지 乙을 기념하는 鼎을 제작하였다.**
	(≪三代吉金文存≫. 四. 11. 12)

10－12

9473

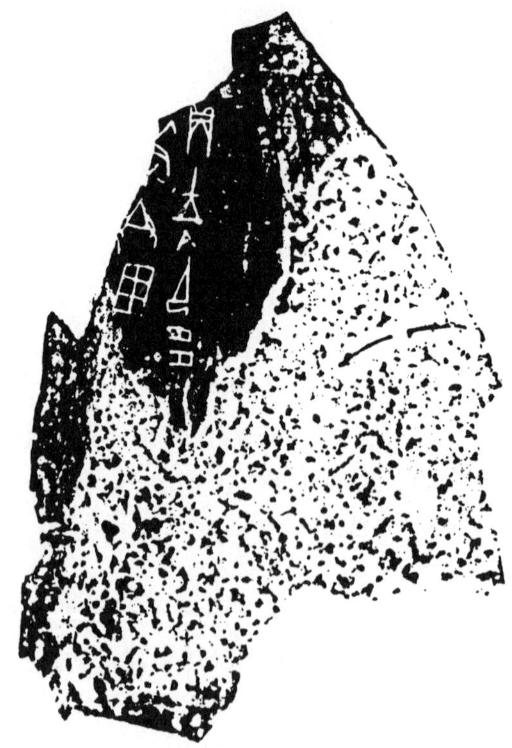

33213

10. 제12편

1) 본 문 : **癸卯[卜], 穷貞 : ☐𡆥壅田于[京]。**

2) 한 역 : **癸卯일에 점을 치고, 穷이 묻습니다 : 𡆥에게 京지역의 밭에 흙을 넣어 황지를 개간하게 할까요?**

3) 출 전 : ≪甲骨文合集≫ 9473. 제1기 보충 ≪甲骨文合集≫ 33213. 제4기

4) 자 해 : [𡆥壅田于京] : 𡆥(畢) – 장군이었고, 농경관이었던 인물. 畢로도 쓴다. 壅 – 양손으로 흙을 고르는 모양. 𦥑·𦥑으로 쓰고 황무지를 개간한다는 뜻이며, 田과 연용되었다. 雍(yong · 옹)이라 읽는다(裘錫圭, 1985 – 236). 田 – 밭의 형상. 보충에서 이체 현상을 볼 수 있다. 京 – 京은 𠅨, 𠅨처럼 높게 지은 이층구조의 건축물. 지명.

5) 해 설 :

농지 개간

농지로 선정되면 풀을 베고 잡초를 제거하는데 이 작업이 갑골문 중의 壅田이다. 張政烺은 裒田, 于省吾는 墾荒이라 하였다. 농지의 개간은 황무지를 개간한다는 개념이 강한데 중심지역인 '京'에서 이루어진 사례가 많다(33209). 담당관으로 𡆥나 多尹 같은 왕실의 중요인물을 파견했다(≪屯南≫ 102). 商代는 수 년을 경작하다가 얼마간 농사를 쉰 후 다시 농지를 개간해 농사짓는 제도가 있었다고 본다 (楊升南, 1992 – 163).

농사 활동

상대의 卜辭를 볼 때 다양한 농사 활동이 전개되었다. 아래 예문을 보면 A · B는 흙을 돋아 도랑을 내고, C는 인분을 모아 비료로 씀으로써 농작물의 생산량을 증가시켰다. D는 활을 이용해 땅을 측량하여 농지를 구획하였다.

A. 今日壅田于先侯, 十二月. (3307) 오늘 先侯에서 개간을 할까요?

B. 戊申卜, 穷貞 : 令泳墾田于蓋. (9476) 泳에게 蓋에서 개간을 하게 할까요?

C. 屎有足, 乃壅田. (≪前≫ 5. 27. 6) 비료가 족하니 개간하여 농사를 지을까요?

D. ☐疆. (≪後≫ 下. 2. 17) 弓과 一步의 길이가 비슷하여 弓으로 밭의 경계를 재는데 사용했다. 본의는 '畀'이다.

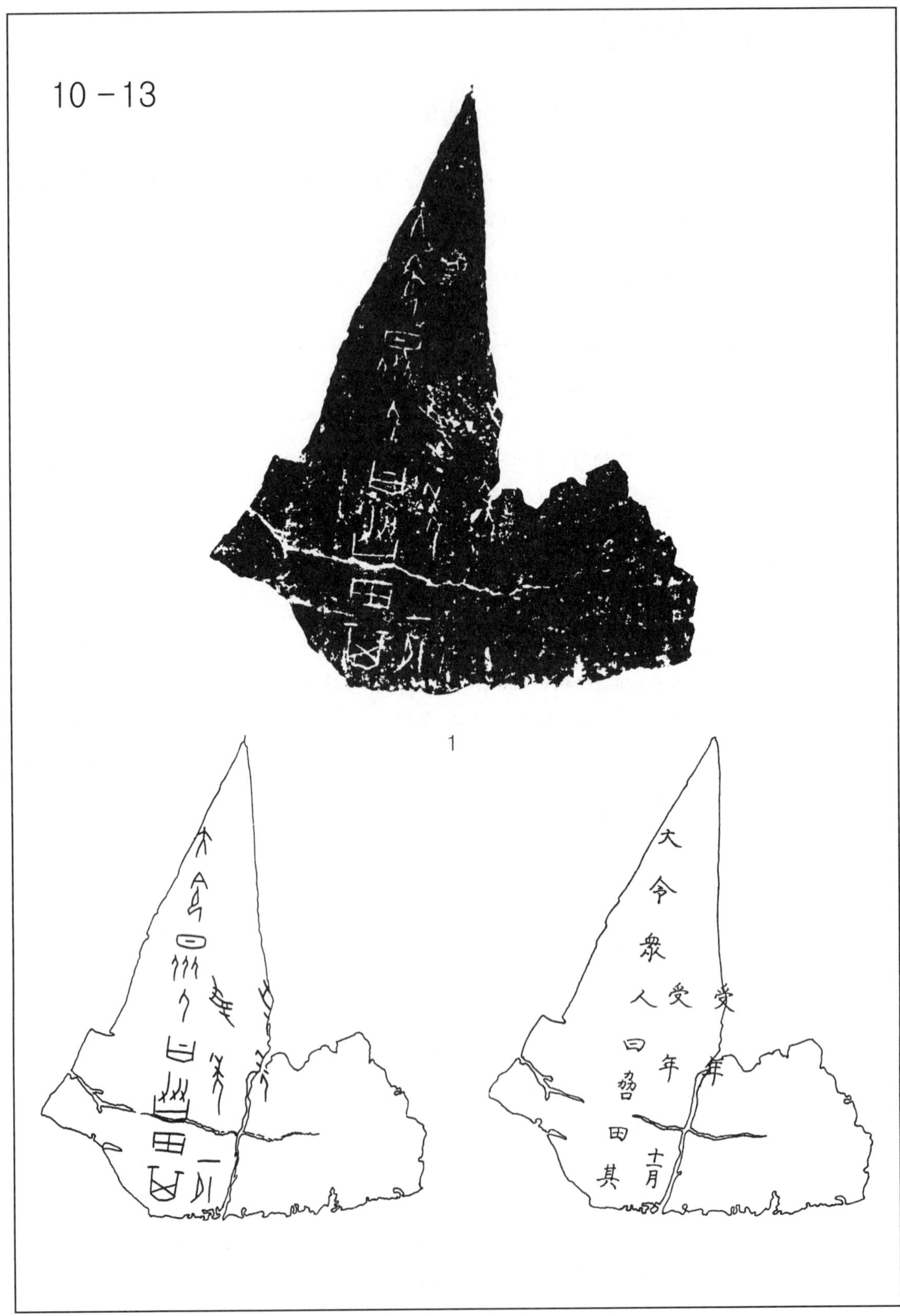
10 - 13
1
大
令
衆
人
曰
劦
田
其
受
年
十月
受
年

10. 제13편

1) 본 문 : [王]大令衆人曰 : **𦔮**田。其受年。十一月。

2) 한 역 : **왕은 여러 사람에게 "힘을 합쳐 농사를 지으라"고 대명령을 내리셨다. 좋은 수확을 얻을 수 있을까요. 때는 11월.**

3) 출 전 : ≪甲骨文合集≫ 1 제1기

4) 자 해 : **[大令衆人曰]** : 大令 – 큰 명령. 衆 – 衆은 𠂤처럼 태양(日) 아래 세 사람(人)이 웅집해 있는 모양, 중국인들은 셋으로 많은 수를 나타냈으므로 衆은 많은 사람을 뜻한다(2 – 4 참조). 人 – 사람의 측면 모양, 人은 일반 백성을 뜻한다. 曰 – 입을 벌리고 말하고 있는 모양. 말하다.

[𦔮田其受年] : **𦔮** – 가래 모양인 力을 3개 합쳐 '힘을 합치다'는 뜻으로 썼다. 劦와 같은 자다. 劦田은 힘을 합쳐 밭을 가는 뜻이고 제사일 때는 많은 제사를 연합해서 드리는 大合祭이다. 동쪽의 '바람 신'으로도 빌려 썼다(徐中舒, 1990 – 1479). 田 – 밭도랑이 田, 田처럼 정연한 밭, 밭을 갈다. 受年 – 풍성한 수확을 얻다.

[十一月] : 10과 1, 그리고 月의 합문. 제1기에는 夕자로 月을 나타냈다.

5) 해 설 :

집단 취로사업

상대는 농작물의 경작에 劦田을 했는데 劦田은 집단 취로 방법이다. 주로 겨울에 이루어졌고(≪合≫ 9499), 또 겨울철에 대왕이 대명령을 내리기도 하였다. 본편은 ≪合≫ 5편과 동일 내용이어서 이를 근거로 王자를 보완했다. 劦田은 동계 농지 정리 활동으로 다음해 봄의 경작에 대비하는 합동 작업이다(裘錫圭, 1985 – 238). '劦田'과 유사한 경작활동으로 '耤田'이 있다.

貞 : 王其萑耤惟往. 十二月. (≪合≫ 9500)
묻습니다 : 대왕께서 친히 집단 경작 현장을 순찰할까요? 12월에.

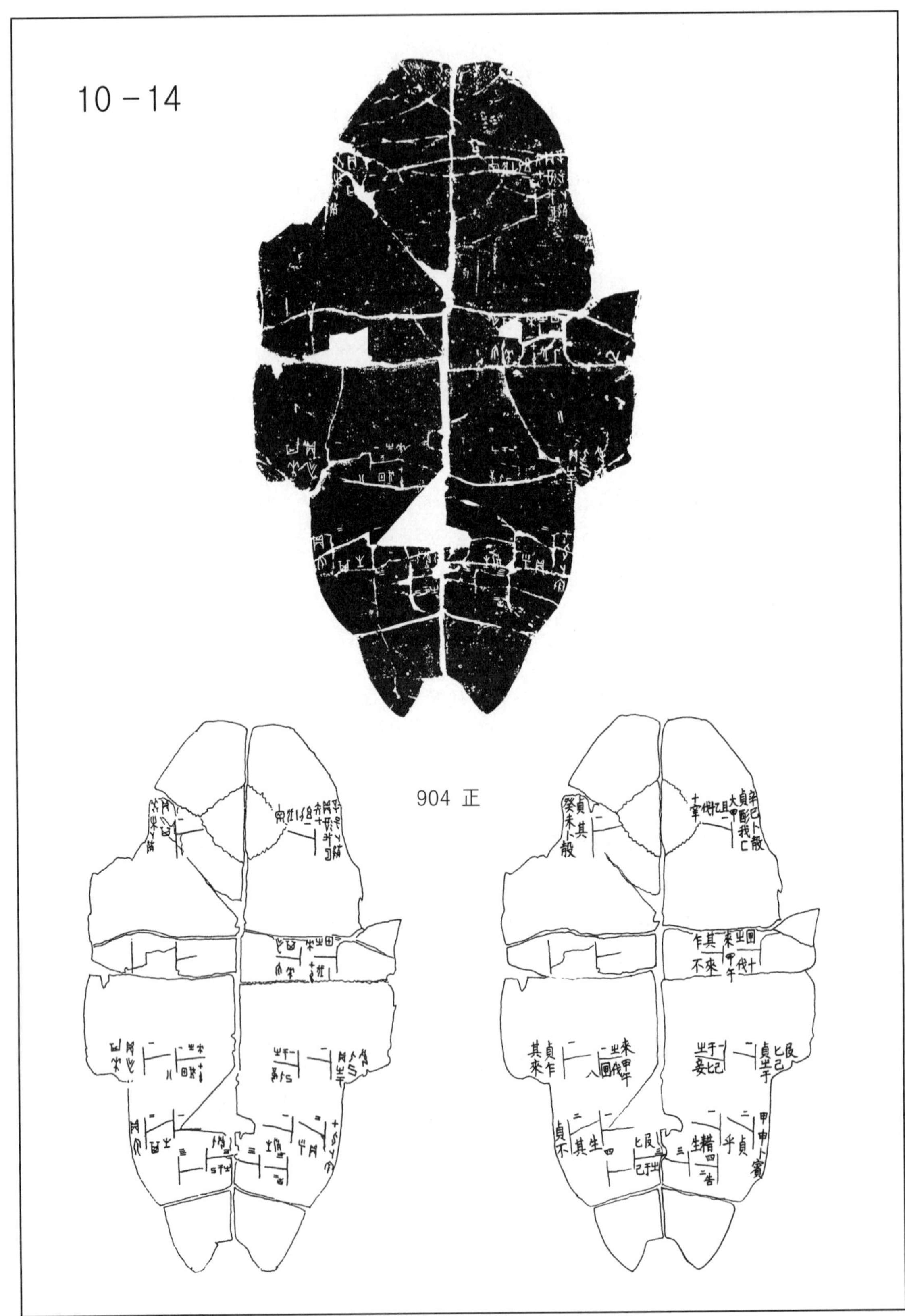
10 - 14
904 正

10. 제14편

1) 본 문 : **甲申卜, 穷貞 : 乎(呼)耤, 生。一 二 三 四 二告**
貞 : 不其生。一 二 三

2) 한 역 : **甲申일에 점치고 穷이 묻습니다 : 파종을 하게 하면, 움이 틀까요? 네 번 물었다.**
묻습니다 : 움이 트지 않을까요? 세 번째 물었다.

3) 출 전 : ≪甲骨文合集≫ 904 正 제1기

4) 자 해 : **[甲申卜, 穷貞]** : 甲申일에 점을 치고 穷이 묻습니다.
[乎(呼)耤] : 乎－呼의 초문. 명령하다. 耤－사람이 손에 가래(耒)를 잡고 경작하는 모양인 [glyph](ji · 적)이다. '경작하다'의 뜻이고 인명으로 쓰였다(于省吾, 1996－182).
[不其生] : 不－식물의 씨방 모양을 그린 상형자다. 갑골문에서는 부정부사로 가차되었다. 其－삼태기 형태를 [glyph]처럼 본뜬 자인데 점차 지시대명사로 가차되어 삼태기는 竹을 붙여 箕자로 만들었다. 其는 발어사 또는 '응당'·'만약'·'장차' 등의 의미로 뒤에 오는 어기를 강조한다(2－9 참조). 生－식물이 땅을 뚫고 돋아 나오는 모양인 [glyph]이다. 卜辭에서는 '다음', '돌아오는', '낳다' 등의 의미로 썼다(20－3 참조).

5) 해 설 :

파종

손에 가래를 잡고 흙을 파는 일종의 땅고르기 작업인 '耤'은 '파종하다'는 뜻이 있다. 아래 卜辭 중의 耤은 耤田, 즉 劦田과 같이 집단으로 행했던 땅갈기 작업이다. 땅갈기는 곧 씨뿌리는 작업으로 이어져 '파종하다'는 뜻으로 연결된다.

丁酉卜, 㱿貞 : 我受甫耤在始年. 三月. (900正)
정유일에 점치고, 㱿이 묻습니다 : 甫가 始에서 파종하는 것을 지휘하면 우리 상나라는 풍성한 수확을 얻을까요? 3월에.

10 - 15

《乙》 7808

10. 제15편

1) 본 문 : **己卯卜, 㱿貞 : 乎(呼)雷耤于名享, 不𡆥。**

2) 한 역 : **己卯일에 점을 치고, 㱿이 묻습니다 : 雷에게 名享에서 밭을 갈도록 명해도 재앙이 없겠는지요?**

3) 출 전 : ≪殷虛文字乙編≫ 7808 제1기

4) 자 해 : **[己卯卜, 㱿貞]** : 己卯일에 점을 치고 **㱿**이 묻습니다.

[乎(呼)雷耤于名享] : 乎 - 명령하다, 呼의 초문. 雷 - 번개가 번쩍거리는 S 모양과 그 사이에 뇌성의 소리가 형상화된 모양 이다. 여기서는 인명으로 쓰였다(16 - 16 참조). 耤 - 사람이 손에 가래(耒)를 잡고 처럼 밟으며 경작하는 모양(ji · 적). '경작하다', 인명으로 쓰였다(10 - 15 참조). 본의로 쓰인 경우도 있다(10 - 14 참조). 于 - 전치사. 名 - 夕과 口를 처럼 합한 회의자로 밤에 스스로의 신분을 밝히는 전시 관행에서 유래되어 점차 '이름'을 뜻하게 되었고, 인명 · 지명 · 제사명으로 빌려 썼다(徐中舒, 1990 - 88). 享 - 높은 단 위에 처럼 세워진 건축물. 亯으로도 본다. 名享은 지명(趙誠, 1988 - 125).

[不𡆥] : 不 - 부정사. **𡆥** - 冊 · ㅂ가 합쳐진 자. 卜辭에서 길흉을 나타내는 술어이며, 재앙의 의미가 있다(4 - 10, 4 - 20 참조).

5) 해 설 :

商代의 농기구

상대의 농구에는 力과 耒(가래) · 辰 · 刈(yi · 예) 등이 있다. 力은 원시 농경 사회에서 나무막대에 발 받침대를 붙여쓰던 원시 농기구에서 발전했고, 가래(耒)는 사람이 농기구를 잡고 발로 밟으며 경작하는 모양을 형상화한 耤자의 초문이다. 또 대합조개 辰이 있다. 이는 곡물 이삭을 자르고 초목을 베는 원시 조개칼이었다.

商人들은 곡식의 이삭만을 잘라내었기 때문에 수확에는 孔石刀 · 蚌刀 등을 썼다. 孔石刀는 일반적으로 銍(질)이라 하는데 ≪說文≫에 「銍, 穫禾短鎌也(벼 이삭을 자르는 짧은 낫)」라고 한 것을 보면, 상대에 鎌(lian · 겸)이 있었다. 鎌은 바로 수확용 농기구 刈이다.

10－16

1. 24552

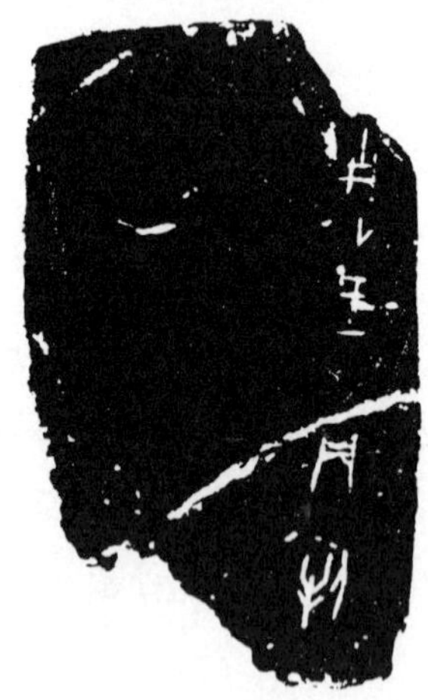

2. 24537

10. 제 16 편

1) 본 문 : 1. **貞 : 勿祉(延) 在十一月。**

2. **□子卜, 王貞 : 牝。**

2) 한 역 : 1. **묻습니다 : 경작을 지속하지 말까요? 11월에**

2. **□子일에 점치고, 대왕이 묻습니다 : 암소로 할까요?**

3) 출 전 : ≪甲骨文合集≫ 1. 24552 2. 24537 제2기

4) 자 해 : **[勿]** : 勿은 가래로 흙을 파는 모양으로 , 처럼 흙덩이를 점으로 나타냈다. 두 가지 뜻이 있어 '경작하다'는 뜻과 '부정사'로 쓰였다. 부정사로 쓰일 경우 勿은 활弓의 모양이지만 가래와 자형이 비슷해 楷書에 와서 두 자가 모두 勿로 정형화되었다. 본 편에서는 '경작하다'로 쓰였다(態國英 2006－230, 2－7 참조). 祉－彳과 止의 합체자. 지속되다(2－10 참조).

[牝] : 牛와 여성을 뜻하는 匕를 합한 자로 처럼 牝(암컷 빈)이다. 牡(수컷 모)에는 처럼 丄을 추가하였다. 가래로 파는 흙의 색에 기인하여 '土色', '雜色', '物色'으로 빌려쓰기도 하였다. 본 편에서 '경작하다'로 보는 확실한 근거는 부족하나 犂의 本字로 추정하며, 牝로 보기도 한다(許進雄, 1981－91).

5) 해 설 :

牛耕

상대의 경작에 소를 이용하였는가 하는 문제는 논란의 대상이 되고 있다. 소를 이용하는 경작인 犂耕은 卜辭에서는 物자로 증명되며 그외 고고발굴에서 발견된 靑銅犂는 상대에 犂耕이 행해졌음을 뒷받침해 준다. 특히 쟁기에 가축을 이용한 글자로 麗자를 볼 수 있는데 이는 두 마리의 개가 각기 가래(耒)를 끄는 모양이다. 상대의 비옥한 황토층에서의 牛耕은 큰 무리가 없었을 것으로 보고 있다(文物, 1979－36).

그러나, 商代에 이미 牛耕이 시행되었다는 확실한 근거가 없다는 견해가 있고(裘錫圭, 1992－165), 또 商代에 牛耕을 알고 있었으나 소는 신성한 제수품이었고, 농사는 인력으로 충분히 소화해 낼 수 있어 소에게 아직 쟁기를 몰게 하지 않았으리라고 보는 견해도 있다(許進雄, 1981－91).

10－17

1. 5604

2. 3451

10. 제17편

1) 본 문 : 1. 己亥卜, [貞] : 令𡗕(吳)[小] 耤臣。
2. 貞 : 男不其☐。

2) 한 역 : 1. 己亥일에 점을 치고, 묻습니다 : 농경관 吳에게 명할까요?
2. 묻습니다 : 男이… 하지 않을까요?

3) 출 전 : ≪甲骨文合集≫ 1. 5604 2. 3451 보충 9498 反 제1기

4) 자 해 : **[令𡗕小耤臣]** : 令 – 명하다. 𡗕(吳) – 인명. 상대의 농경관이었던 인물이다(5 – 5 참조). 臣 – 세워 그린 눈의 모양으로 눈동자를 튀어나오게 하여 目자와 구별시켰다. 신하를 뜻했다. 耤 – 손으로 쟁기를 잡고 농사일을 하는 사람의 측면 모양, 경작하다. 小耤臣은 농사일을 관장하는 농경관이다. 상대에 小臣은 낮은 관리가 아니고 높은 관리였다. 본편에는 小가 잘렸으나 ≪合≫ 5603에 근거해 小로 보완했다(徐中舒, 1990 – 480)(10 – 14 참조).

[男] : 男 – 가래 모양인 力과 田을 ☐처럼 합친 회의자로 힘을 들여 밭을 간다는 뜻이다. 부계사회에 접어들면서 밭에서 일하는 사람이 주로 남성이었던 관계로 남성을 칭하게 되었다. 卜辭에서의 男은 '경작하다' 또는 '관명', '인명'으로 쓰였다(徐中舒, 1990 – 1477).

5) 해 설 :

農자의 형성

農자는 고대 농사일의 과정과 밀접한 관계가 있고 자형도 다양하다.
☐(農)이라는 자형은 林과 辰이 합쳐진 회의자로 손에 대합조개(辰)를 들고 숲(林) 사이에 있는 모양이다. 대합조개는 당시의 벼를 베는 농기구였다. 농민들이 조개를 들고 밭 갈러 나가는 새벽녘에 반짝이는 별이 있어 이를 辰이라고 불렀다. 농민들이 농기구 辰을 들고 일하러 나가는 즈음이 바로 辰時이다. 이른 시간이어서 '아침'이라고도 하였고 또 '새벽'이라는 의미로 쓰게 되면서 자형은 晨(새벽신)으로 바뀌었다.
☐은 두 손으로 농기구로 쓰인 대합조개(辰)를 들고 있는 모양인데 두 손이나 林이 曲점으로 변해 농사를 짓는다는 農자로 바뀌었다.

10－18

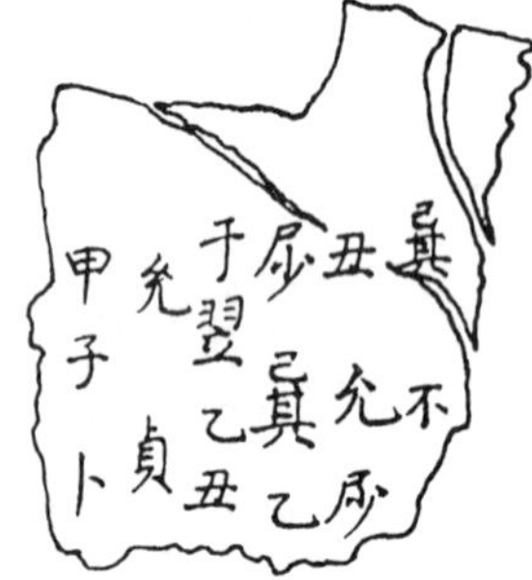

9570

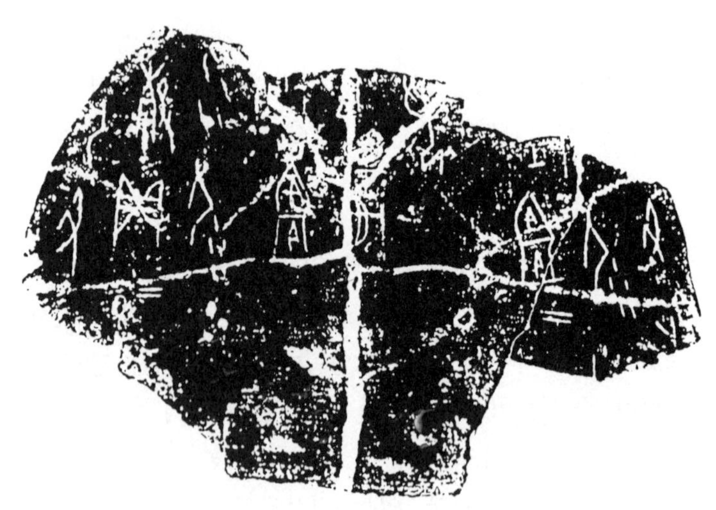

보충 ≪綴集≫ 103

10. 제 18 편

1) 본 문 : **甲子卜, 〓貞 : 于翌乙丑〓(屎)曩。**

乙丑允〓(屎)曩, 不遘雨。

2) 한 역 : **甲子일에 점을 치고, 〓이 묻습니다 : 내일 乙丑일에 曩 땅에 분뇨로 시비를 할까요?**

乙丑일에 과연 曩 땅에 분뇨로 시비를 하였다. 비를 만나지 않았다.

3) 출 전 : ≪甲骨文合集≫ 9570 제1기 보충 9582正 ≪綴集≫ 103

4) 자 해 : **[甲子卜, 〓貞]** : 〓 – 제1기의 점친 사관의 이름.

[于翌乙丑〓(屎)曩] : 于 – 시간 · 장소 등에 붙이는 전치사. 翌 – '다음', '다가오는'. 〓 – 사람이 변을 보고 있는 모양이다. 楷書 자형은 尸와 米의 합체자로 屎(shi · 시), 소변 보는 모양인 〓는 尿(niao · 뇨)로 풀이하며 胡厚宣은 밭에 분뇨로 시비를 한다는 뜻으로 보았다(胡厚宣, 1981 – 102). 曩 – 己와 其를 성부로 한 형성자. 지명 · 인명 · 방국명. 「王…于曩侯, 王其在曩〼」, 「在曩貞 : 王步□亡災」(36956) 으로 볼 때 상왕이 일찌기 가보았던 제후국이었음을 알 수 있다(趙誠, 1988 – 152)

[不遘雨] : 비를 만나지 않았다. ≪殷虛書契前編≫ 3, 18, 4와 같은 내용인 것에 근거해 보완하였다.

5) 해 설 :

농기구와 관련된 갑골문

力 - 긴 막대에 발판을 붙여 땅을 파던 농구(許進雄, 1998 - 121).

方 - 머리부분이 갈라진 밭 가는 농구 모양.

旁 - 쟁기 날에 벼가 장치되어 있고 흙을 밀어내는 모양.

疇 - 밭도랑이 길게 잘 정리된 모양.

利 - 쟁기(力)로 땅을 고르고 벼를 심는 모양. 力이 刀로 변했다.

耤 - 손으로 쟁기자루를 잡고 발로 쟁기를 밟으며 경작하는 모양.

犂 - 소가 끄는 쟁기로 흙을 파서 뒤집는 모양.

〓(力) 〓(方) 〓(旁) 〓(疇) 〓(利) 〓(耤)

10－19

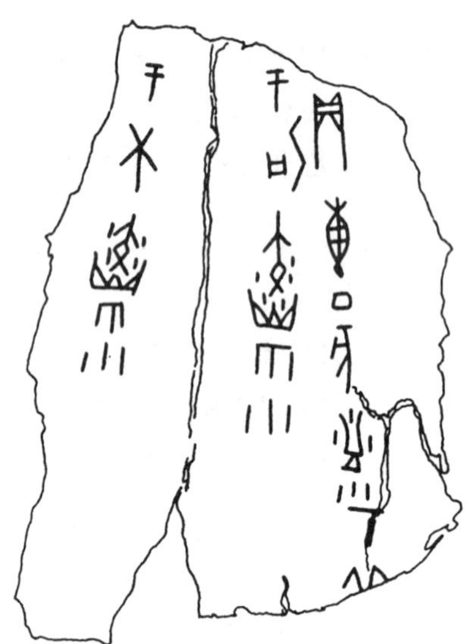

1. ≪屯南≫ 2616

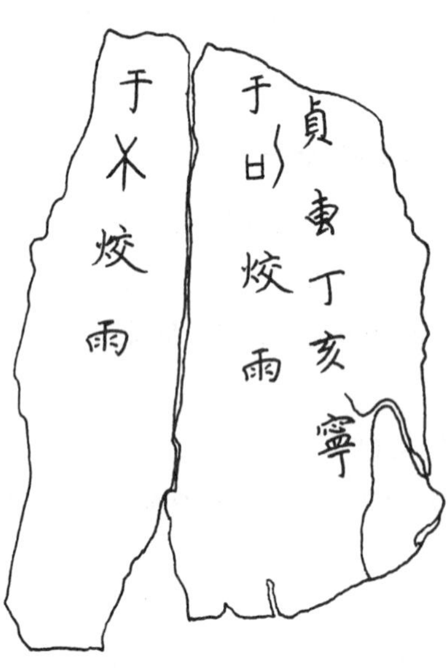

2. 18770

10. 제19편

1) 본 문 : 1. 于ㅂ⟆烄(熿)雨。

2. ▨百汫▨。

2) 한 역 : 1. **ㅂ⟆에 비가 오게 하기 위해 烄祭를 드릴까요?**

2. 백 갈래의 물줄기 …

3) 출 전 : ≪小屯南地甲骨≫ 1. 2616 ≪甲骨文合集≫ 2. 18770 제1기

4) 자 해 : **[于ㅂ⟆烄(火黃)雨]** : ㅂ⟆ – 자형은 확실하지 않으나 지명으로 본다. 烄(熿) – 불 위에 사람을 태우는 모양. 사람을 태워 제사 지내며 비를 기원하는 습속을 반영한다. 火와 黃를 합한 회의자. 巫를 불태워 드리는 焚巫 · 暴巫와 같다(徐中舒, 1990 – 1113) (裘錫圭, 1992 – 218). 雨 – 하늘에서 빗방울이 잇대어 떨어지는 모양. '비', '비가 오다'는 뜻이다.

[百汫] : 百 – 白과 一의 합체자이다. 白은 사람의 얼굴 모양으로, 侯伯의 伯자로 쓰였다. 음에 의해 흰白으로 인신되었고, 다시 일백百으로 쓰였다(9 – 12 참조). 汫 – 물줄기와 우물 모양인 井이 합쳐졌다. ≪玉篇≫에 汫을 '小水貌'라고 하였다. 도랑 사이에 흐르는 물의 줄기나 우물에서 길어 올려지는 물줄기 역시 크지 않기 때문이다(徐中舒, 1990 – 1211).

5) 해 설 :

기우제와 焚巫尫

상고시대 극심한 가뭄에는 사람을 태워 기우제를 지냈다. ≪左傳 · 僖21年≫에는 「夏 · 大旱 · 公欲焚巫尫」(巫는 巫女, 尫는 바짝 마른 병자)이란 구절이 있고, 甲骨卜辭에는 이러한 관습을 반영한 내용이 있다.

· 乙卯卜 : 今日烄(熿), 从雨. (≪戩≫ 473.3)

· 其烄, 此有雨. (≪定明≫ 1836)

오늘 사람을 태워 제사하면 비가 올까요.

사람을 태워 제사하면 비가 올까요.

熿는 火와 [illegible]의 합체로 종래에 烄자로 풀이했으나 裘錫圭는 [illegible] · [illegible] · [illegible]와 같은 이체자를 가진 熿라고 보고 있다. 그중 [illegible]는 [illegible] · [illegible] 등과 같은 黃자로서 가슴이 불룩하게 나온 사람이라고 풀이하고 있다(裘錫圭, 1992 – 217).

10-20

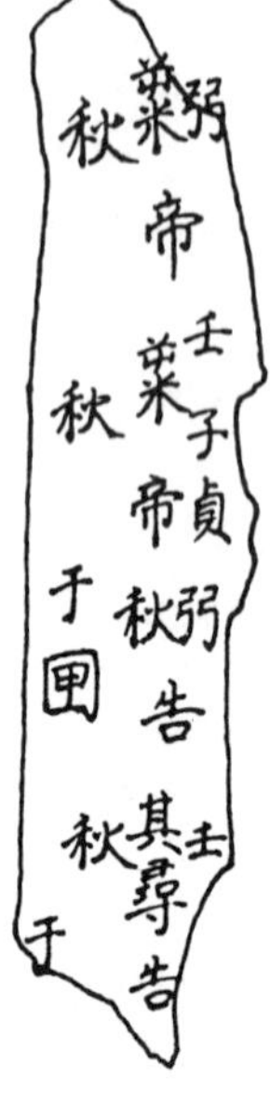

1. 33230

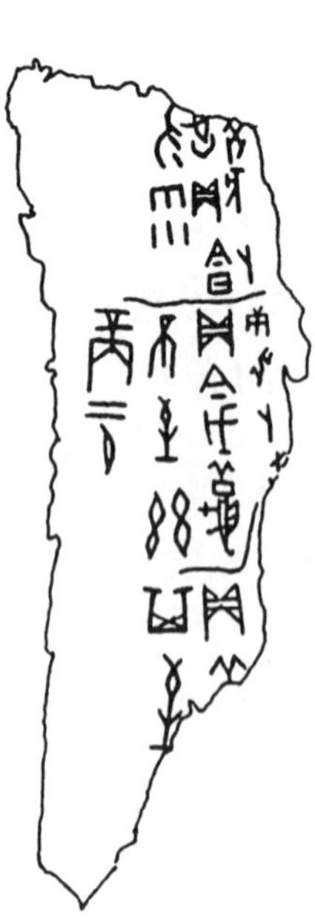

2. 24225

10. 제20편

1) 본 문 : 1. 1) 壬[子, 貞] : 其尋告秋于☐。 2) 弜告秋于上甲。

3) 壬子, 貞 : 𡗜帝秋 4) 弜𡗜帝秋。

2. 庚申卜, 出貞 : 今歲秋不至⺓(茲)商。 二月。

貞 : 秋其至。

2) 한 역 : 1. 1) 壬子일에 묻습니다 : 메뚜기의 일로 告祭를 지내야 할까요?

2) 메뚜기의 일로 上甲에게 告祭를 지내지 않아도 될까요?

3) 壬子일에 묻습니다 : 메뚜기의 일로 禘祭를 지낼까요?

4) 메뚜기의 일로 禘祭를 지내지 말까요?

2. 庚申일에 점을 치고 出이 묻습니다 : 올해 추수를 해치는 메뚜기가 이곳 商에 이르지 않을까요? 2월에.

묻습니다 : 메뚜기가 이를까요?

3) 출 전 : ≪甲骨文合集≫ 1. 33230 제4기 2. 24225 제2기

4) 자 해 : **[其尋告秋]** : 其 – 강조부사. 尋 – 제사명 (8 – 3 참조). 告 – 제사명 (1 – 8 참조). 秋 – 메뚜기의 모양, '메뚜기' 또는 '가을'을 나타냈다 (10 – 22 참조).

[于上甲] : 于 – 전치사. 上甲 – 商代의 조상. 上甲은 비중있는 조상이므로 정중하게 □ 속에 甲자를 넣는 ⊞, 上甲 위에 上자를 쓴 ⊞, ⊞ 등 다양한 合文으로 썼다 (1 – 4, 1 – 5 참조).

[弜𡗜帝秋] : 弜 – 활이 둘 있는 모양으로 強함을 나타냈다. 부정사로 쓰였다(8 – 3 참조). 𡗜 – 확실하지 않다. 帝 – 제명, 禘祭 (21 – 1 참조).

[今歲秋不至] : 今 – 이번. 歲 – 무기 모양. 수확기 · 年으로 쓰였다 (14 – 1 참조). 至 – 화살이 땅에 꽂힌 모양 (14 – 3 참조).

5) 해 설 :

보충해서 새긴 예 – 補刻

補刻은 새기다가 글자를 빠뜨려 차후 보충해서 새겨 넣은 경우이다. 이럴 때는 틈이 없어 열외에 새길 수 밖에 없다. 1의 2)는 弜자가 길게 밑으로 뻗어 있고 바로 秋자로 이어졌다. 뒤늦게 告자가 누락된 것을 알았지만 두 자 사이에 공간이 없어 아래에 보충해 새긴 모양이다. (14 – 5), (21 – 9)에서도 補刻의 예를 볼 수 있다.

10 -21

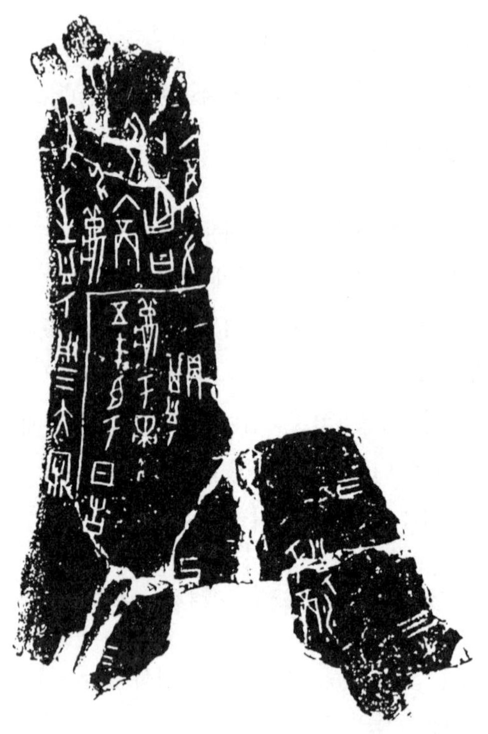

≪屯南≫ 930

10. 제21편

1) 본 문 : **貞 : 其寧秋于帝五丰臣于日告。**

2) 한 역 : **점쳐 묻습니다 : 메뚜기의 재앙을 잠재우기 위해 제왕의 다섯 신하에게 낮에 告祭를 드릴까요?**

3) 출 전 : ≪小屯南地甲骨≫ 930 제 1기

4) 자 해 : **[其寧秋于帝五丰臣于日告]** : 其 – 삼태기 모양. 寧 – 皿과 丁이 상하로 포개진 자. ≪說文≫에는 '寧, 定息也'라 하였고, ≪毛傳≫에는 '安也'라 하였다. 갑골 복사에는 '寧風' · '寧疾' 처럼 바람 · 비 · 질병 퇴치를 기원할 때 寧을 썼던 것으로 볼 때 寧은 여러 神에게 재앙을 잠재우고 안녕을 기원하는 뜻이다(于省吾, 1996 – 2667). 秋 – 메뚜기 모양(10 – 22 참조). 于 – 시간 · 장소 등에 붙이는 전치사. 帝 – 꽃꼭지모양(21 – 1 참조). 丰(玉) – 세 개의 옥을 꿰어 놓은 모양이며(jie · 개)로 읽는다. 陳夢家는 丰을 工으로 풀이하여 「帝五工臣」으로 보았다(陳夢家, 1956 – 572). 五臣 – 風 · 雲 · 雷 · 電 · 雨 등 다섯 가지 자연 현상으로 帝의 五臣이라 한다. 日 – 태양의 모양. 낮 시간.

5) 해 설 :

해충처리

상대 농사에서 가장 두통거리였던 해충은 메뚜기이다. 메뚜기를 일종의 신으로 간주해 風 · 雨처럼 제사드리며 재앙이 이르지 않도록(寧秋) 기원했다. 적극적인 대처 방안으로 메뚜기를 망으로 잡고 또 불에 태웠다. 메뚜기가 秋로 되는 과정에서 火를 취한 요인이 되었을 것이다.

1. 唯秋令𠦪. (32863)　　2. 唯今[illegible]. (≪乙≫ 4741)

1의 𠦪은 손잡이가 있는 망의 모양이다. 갑골문에서 인명으로 썼으나 本義로 볼 경우 망으로 메뚜기를 잡는다는 풀이도 가능하다.
2의 [illegible]는 메뚜기 아래 불꽃이 있는 모양이다. 音은 역시 秋로 읽는다. ≪說文≫에 메뚜기를 거북이로 잘못 보아 '从火, 从龜'라고 하였으나 唐蘭이 이를 바로 잡았다(唐蘭 – 釋秋).

10－22

1. 8525

2. 9637

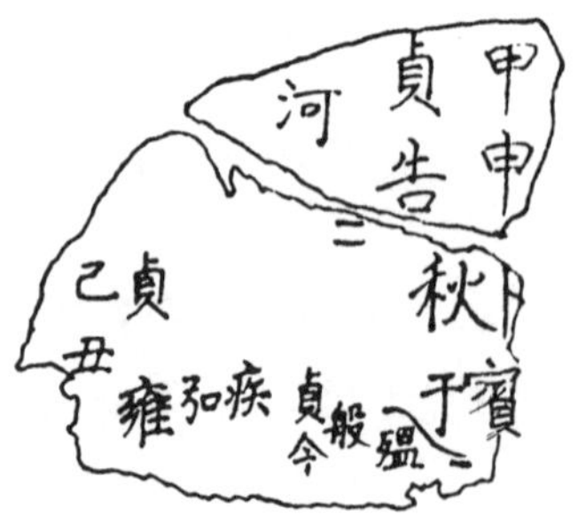

10. 제22편

1) 본 문 : 1. **丙戌卜, 貞 : 今春☐𢀛方受㞢又。**

2. **甲申卜, 穷貞 : 告秋于河。** 二

2) 한 역 : 1. **丙戌일에 점을 치고, 묻습니다 : 올 봄 𢀛方에 신의 가호가 있겠습니까?**

2. **甲申일에 점을 치고, 穷이 묻습니다 : 황하신에게 가을의 풍성한 수확을 얻기 위해 告祭를 지내야 할까요? 두 번째 물었다.**

3) 출 전 : ≪甲骨文合集≫ 1. 8525 2. 9627 제1기

4) 자 해 : **[今春]** : 今 – 종을 뒤집어 놓은 모양. 이번 · 금번. 春 – 돋아나는 초목사이에 屯자가 들어 있는 모양이다. 屯자는 꽃을 피우려는 봉우리와 잎의 모양인데 봄을 상징해 이를 聲符로 하였다. 卜辭에는 春과 秋만 있고 4계절이 분명하지는 않으며, 春은 농작물을 수확하는 시기까지를 포함한다(趙誠, 1988 – 268).

[𢀛方] : 𢀛– 방국명. 方 – 손잡이가 있는 농구 모양. 향방의 방. 방국명으로 쓰였다. 상대의 강력한 적대 방국이다(1 – 2 참조).

[受㞢(有)又(祐)] : 受 – 받다. 㞢 – 있다. 有와 같다. 又 – 오른손의 모양. 신의 가호인 祐의 초문이다. 受有祐는 卜辭成語이다.

[告秋于河] : 告 – 알리다. 갖가지 일을 고하며 지내는 제사. 秋 – 메뚜기 모양. 갑골문 자형에서 金文까지는 메뚜기의 형성이 이어졌으나 小篆에 이르러 火와 禾로 변하였고 楷書에서 秋로 정형화되었다. 수확의 계절인 가을, 수확을 해치는 해충 메뚜기로 쓰였다(趙誠, 1988 – 266). 于 – 전치사. 河 – 황하신.

5) 해 설 :

受有祐

'신의 가호가 있겠습니까'라는 점복술어 受有祐는 신에게 제사 지내 재앙을 물리치고 복을 기원하는 궁극적인 목적이 잘 나타난 관용어이다. 초기에는 '受㞢又'라고 하였고 후기에는 '受又又'로 썼는데 때로는 '受又=' 로 썼다. =는 같은 두 자가 나타날 때 뒷 자 대신 붙이는 부호이다. 점차 '受有祐'가 되었다.

10-23

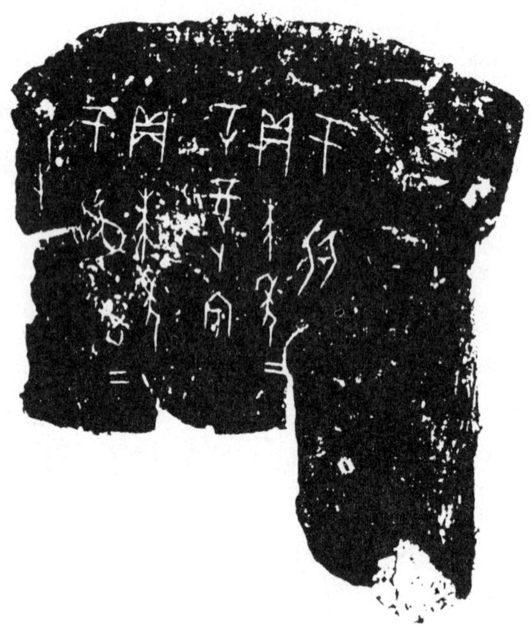

10085 正

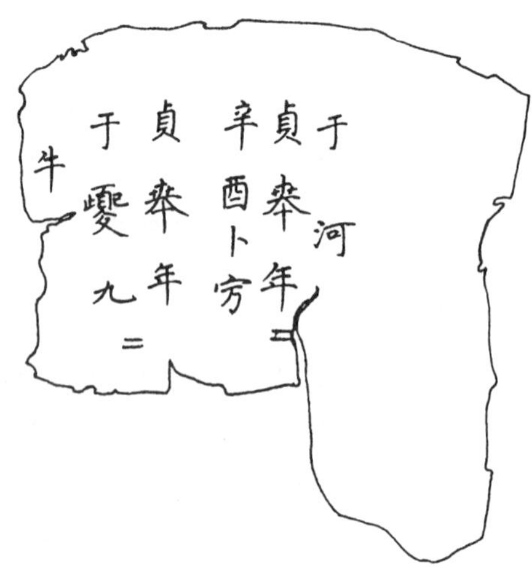

10. 제23편

1) 본 문 : **辛酉卜, 㝅貞：求年于河。二**

貞：求年于夒九牛。二

2) 한 역 : **辛酉일에 점을 치고, 㝅이 묻습니다 : 풍성한 수확을 기원하여 황하신에게 求祭를 드릴까요? 두 번째 물었다.**

묻습니다 : 소 9마리를 드려 夒에게 풍성한 수확을 기원해 求祭를 드릴까요? 두 번째 물었다.

3) 출 전 : ≪甲骨文合集≫ 10085 正 제1기

4) 자 해 : **[辛酉卜, 㝅貞]** : 干支紀日에 의한 辛酉일. 辛酉일에 점을 치고, 㝅이 묻다.

[求年于河] : 求(𠦪) – '간구하다', '기원하다'. 𠦪로 隷定하며 조상에게 소망을 간구해 드리는 제사. 求로 풀이한다(4 – 18 참조). 于 – 사람·장소·사물 앞에 쓰이는 전치사. 年 – 사람이 벼를 지고 가는 모양, 일년에 한차례 벼를 수확하여 일년으로 빌려 썼다. 河 – 황하신(3 – 1 참조).

두 卜辭가 前辭 '辛酉卜, 㝅'을 공유하며 左右로 써 내려갔는데 공간 활용의 묘를 살린 卜辭 기록의 특징을 엿볼 수 있다.

[夒] : 원숭이의 측면 모양. 상대의 遠祖 夒(nu · 노)를 가리킨다(1 – 1 참조).

[九牛] : 九 – 길게 뻗은 팔의 모양, 또는 뱀의 모양이라고도 한다. 음에 의해 숫자 아홉으로 빌려 썼다. 牛 – 소의 모양이다.

5) 해 설 :

기우제와 土龍

상고시대 巫女를 태워 제사했고 또 土龍을 만들어 기우제를 지냈던 관습이 있었다. ≪淮南子 · 地形≫에 「土龍致雨」라고 한데서도 알 수 있다. 이러한 관습을 반영한 卜辭가 있어 상대에도 흙으로 용을 만들어 기우제를 지냈음을 말해준다.

· 叀庚熯, 又[雨]. 其作龍于凡田, 又雨. (≪安明≫ 1828)

여기서 「作龍」은 앞에 巫女를 불태워 제사하는 기우제와 함께 있어 「土龍」을 만들어 제사하는 '기우제'의 관습을 나타낸 것이라고 할 수 있다 (裘錫圭, 1992 – 224).

10 -24

1. 5915

2. 9558

10. 제 24 편

1) 본 문 : 1. **小𠞢(刈)臣☐。**

2. **貞 : 王往立(涖)𠞢(刈)黍于☐。**

2) 한 역 : 1. **농경관인 小臣 …**

2. **묻습니다 : 대왕께서 … 지역의 곡식을 수확하는데 현장에 친히 가야 할까요?**

3) 출 전 : ≪殷虛文字乙編≫ 1. 5915 ≪甲骨文合集≫ 2. 9558 제1기

4) 자 해 : **[小𠞢(刈)臣]** : 小 – 작은 모래알 셋을 합쳐 '작다'는 의미를 나타냈다. 刈(𠞢) – 농구로 벼의 밑둥을 베는 모양. 곡물을 수확한다는 刈(yi · 예)의 의미이다(裘錫圭, 1992 – 35). 臣 – 눈을 세워 그린 모양, 小臣은 후대의 大臣과 같다.

[王往立(涖)𠞢(刈)黍于☐] : 王 – 상왕. 往 – 나아가다. 立(涖) – 사람이 정면으로 서 있는 모양이다. '임하다'는 '涖' (li · 리) 의 뜻이 있다. 往立은 현장에 나아가다(馬如森, 1993, 553). 黍 – 밑부분이 잘렸으나 곡물의 이삭이 달려 있어 곡물을 통칭한 黍로 본다(10 – 10 참조). 于 – 전치사.

5) 해 설 :

상대 곡물의 수확

농업이 중요 산업이었던 상대에 추수는 중대사였으므로 상왕이 친히 추수현장에 임해 수확을 독려했고 때로는 농경관을 파견해 감독하였다.

王𠞢黍. (9559) **대왕께서 곡물을 수확할까요?**
王勿往省黍. (9612) **대왕께서 곡물의 수확을 순찰하러 가지 말까요?**

월명이 기록된 수확 관련 복사 69항을 근거로 한 연구에 의하면 상대의 농업활동은 11월부터 다음해 2월까지가 농사의 준비기간이고, 4월부터 6월까지는 농번기이며, 7월부터 9월 이후는 수확기로 접어든다(楊升南, 1992 – 183).

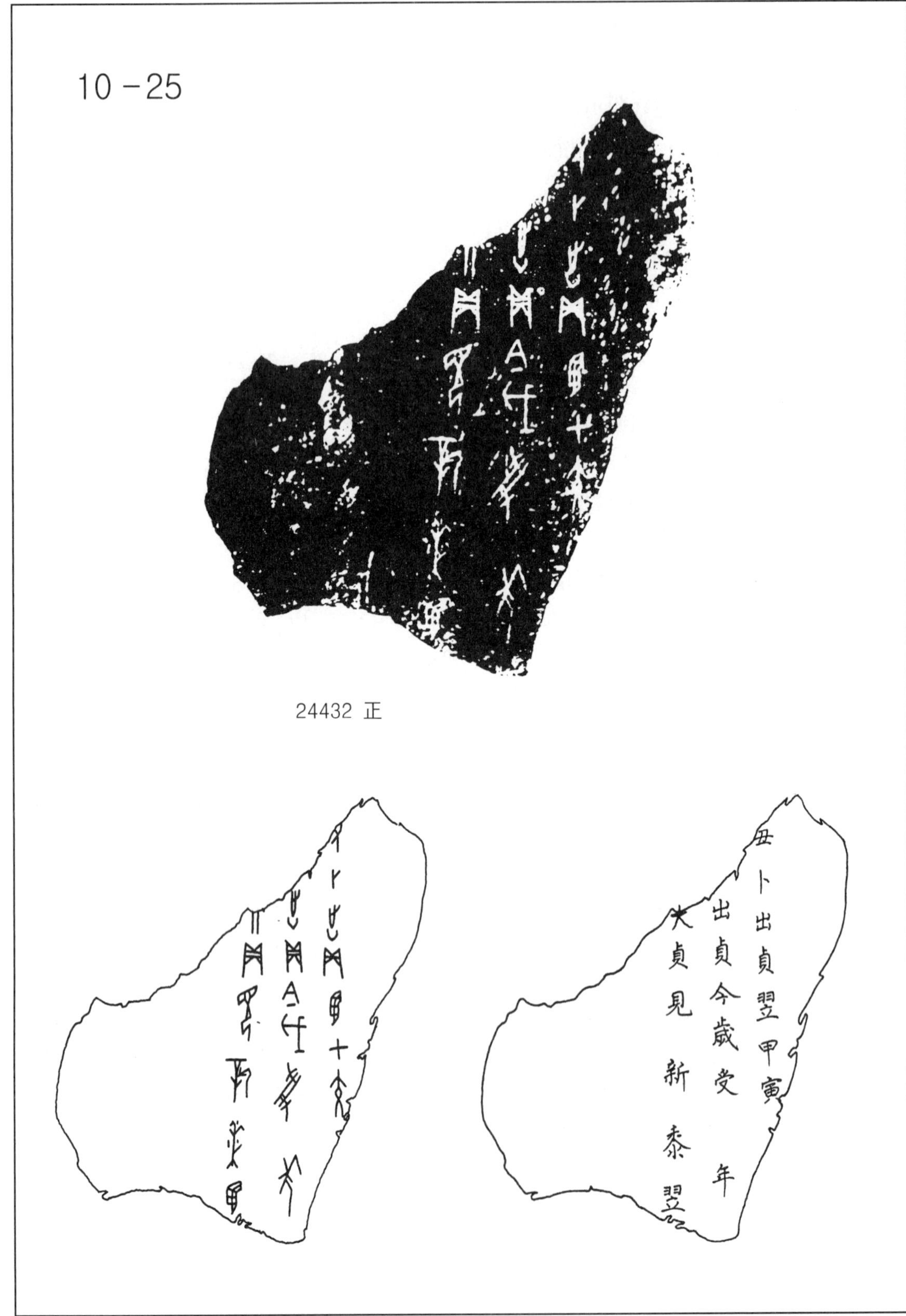
10-25
24432 正
丑卜出貞翌甲寅
出貞今歲受年
大貞見新黍翌

10. 제 25 편

1) 본 문 : 1. 「癸」丑卜, 出貞 : 翌甲寅☐。

2. ☐, 出貞 : 今歲受年。

3. ☐, 大貞 : 見新黍翌☐。

2) 한 역 : 1. 癸丑 일에 점을 치고, 出이 묻습니다 : 내일 甲寅일에…

2. 出이 묻습니다 : 올해 풍성한 수확을 얻을까요?

3. 大가 묻습니다 : 새로운 곡물 수확을 순시할까요? 다음… 일에.

3) 출 전 : ≪甲骨文合集≫ 24432 正 제2기

4) 자 해 : **[出貞]** : 出 – 발(止)를 밖으로 향하게 하여 '나아감'을 뜻한 字. 인명.

[今歲受年] : 今歲 – 올해. 歲는 처럼 농기구이다. 수확할 때 발자국을 남겨 처럼 발(止)을 넣기도 하였다. 일 년에 한 번 수확해 '年'으로 빌려 썼다. 受年 – 풍성한 수확을 얻다.

[大貞] : 윗 부분이 잘렸으나 자형에 의해 大로 보완했다.

[見新黍] : 見 – 눈을 크게 뜨고 앉아 두루 살피는 모양. 卜辭에서는 보다, 순찰, 알현, 순시, 정탐, 방국명으로 쓰였다. 新 – 도끼로 나무를 찍는 모양(12 – 5 참조). 黍 – 알맹이가 달려 있는 수수모양. 곡물(10 – 10 참조). 翌 – 다음, 내일(2 – 2 참조).

5) 해 설 :

見자의 활용

見자의 자형은 · 두 가지로 나타나는데 전자는 사람이 꿇어 앉아 눈을 부릅 뜬 모양이고 후자는 서서 눈을 크게 뜬 모양이다.

1. 접견하다 : 윗사람이 아랫사람을 만날 때의 자형은 이다.

貞 : 乎見( )師般. (≪林≫ 1.25.6)

묻습니다 : 師般을 접견하게 명할까요?

2. 알현하다 : 아랫사람이 윗사람을 만날 때의 자형은 이다.

㱿貞 : 缶其來見( )王. 一月. (301)

㱿가 묻습니다 : 缶는 왕을 알현할까요?

見자는 눈을 크게 뜨고 보는 모양이지만 아랫사람이 웃사람을 만날 때는 꿇어 앉은 모양으로, 반대의 경우는 서서 보는 모양으로 구별했다. 後代의 見과 謁見의 차이를 卜辭에서 그 흔적을 볼 수 있다(趙誠, 1988 – 358).

10-26

9639

10. 제 26 편

1) 본 문 : **己亥卜, 貞 : 叀並令省才(在)南亩。**

2) 한 역 : **己亥일에 점을 치고, 묻습니다 : 並에게 南쪽에 있는 곡물 창고를 순찰하도록 명할까요?**

3) 출 전 : ≪甲骨文合集≫ 9639 제 1기

4) 자 해 : **[己亥卜]** : 己亥일에 점을 쳤다. 정인 이름이 생략되었다.

[叀(惠)並令省] : **叀** - 강조부사. 惠의 초문, 동사 뒤에 오는 賓語를 전치시키는 작용을 하여 '令並' 중의 並을 앞으로 끌어내어 '**叀**並令'으로 만들었다. 並 - 두 사람이 나란히 서 있는 모양. 인명이다. 省 - 순찰하다.

[才(在)南亩] : 才 - 풀이 돋아나는 모양. 장소 앞에 오는 전치사, 在와 같다. 南 - 종을 끈으로 매달아 놓은 모양. 남쪽으로 빌려 썼다(16-3 참조). **亩** - 노천에 쌓아둔 곡물더미 위에 덮개가 덮여있는 모양인 , 이다. 점차 발전되어 곡물을 저장하는 창고를 나타내게 되었다. 廩(lin · 름)의 본자. 庫와 같은 뜻이다(趙誠, 1988-217).

5) 해 설 :

곡물의 저장

상대에는 여러 곳에 창고를 설치하여 곡물을 저장했고, 관계자에게 순찰하도록 한 기록이 많이 보인다.

· **庚子卜 : 令吳省亩**. (33237)
庚子일에 점칩니다 : 吳에게 곡물창고를 순찰하게 할까요?

· **惟馬令省亩**. (≪**屯南**≫ 539)
馬에게 곡물창고를 순찰하게 할까요?

· **勿省在南亩**. (5708)
남쪽에 있는 곡물창고를 순찰하지 말까요?

10 - 27

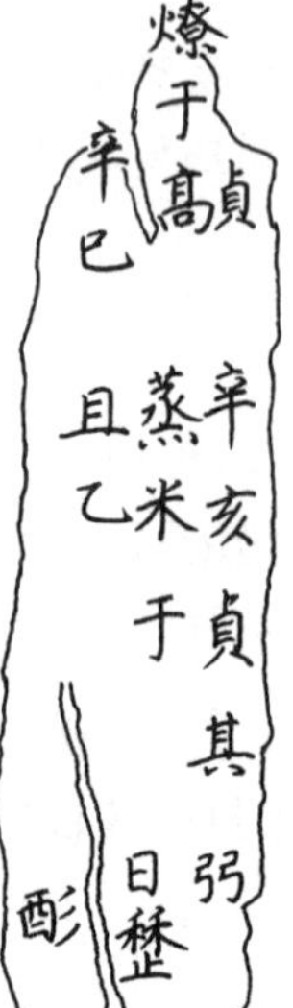

≪屯南≫189

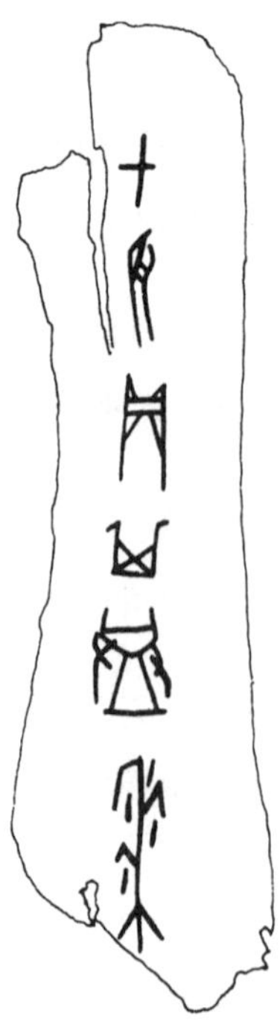

34587

10. 제 27 편

1) 본 문 : 1. **辛亥, 貞 : 其蒸米于祖乙。**
2. **甲辰, 貞 : 其蒸穧□。**

2) 한 역 : 1. **辛亥일에 점쳐 묻습니다 : 祖乙께 米를 올려 蒸祭를 지낼까요?**
2. **甲辰일에 점쳐 묻습니다 : 穧를 올려 蒸祭를 지낼까요?**

3) 출 전 : ≪小屯南地甲骨≫ 1. 189 제1기 ≪甲骨文合集≫ 2. 34587 제4기

4) 자 해 : **[其蒸米于祖乙]** : 其－강조부사. 蒸－두 손으로 [glyph]처럼 각종 곡물이 담겨져 있는 기물(豆)을 받쳐들고 제사를 지내는 모양. 갑골문에는 두 가지 의미가 있는데, 첫째 곡식 등을 '진상하다', 둘째 '징집하다'인데 본편에서는 '진상하다'로 쓰였다. 米－米는 쌀알이 옹기종기 모인 [glyph]같은 모양이다. 쌀알 중간에 '一'을 넣어서 농사 관련시 농기구에 붙은 흙 알갱이나, 기상 관련 글자의 물방울 등과 구별하였다(徐中舒, 1990－792). 껍질을 벗긴 양식 알맹이 또는 곡물을 올려 드리는 제사명으로 보는 견해도 있다(趙誠, 1988－210).

[其蒸穧]] : 穧－禾와 齊소리가 합쳐진 형성자, 稷의 본자. '곡물의 총칭'이다. 초기에는 禾자 주위에 서너 개의 점을 찍었는데 점차 점이 ◇로 바뀐 자형도 있다(于省吾, 1981－246).

5) 해 설 :

상대의 농업 민속－登嘗之俗

갑골문으로 본 상대 농업 민속에는 농업생산 민속과 농업신앙 민속으로 나누어 볼 수 있다. 전자는 王을 선두로 한 통치자들이 𦥑田·省黍·耤田 등에 직접 참여하여 농업을 권장하는 의식을 말하고, 후자는 求年·受年·告秋·告麥을 비롯한 登嘗之俗이다.

登嘗之俗은 파종하기 전 저장된 곡식을 조상께 올리고 추수가 끝난 뒤에는 새로 수확한 햇곡식을 조상에게 올려 지내는 제사의식을 말한다. 파종시기에는 농작물의 풍성한 수확을 기원하고, 추수 후에는 풍성한 수확을 얻게해 준 조상께 감사하는 일종의 추수감사의식인 것이다.

제 11 장

漁獵 · 牧畜

漁獵 · 牧畜

商代의 수렵은 군사활동의 일환이기도 하다. 특히 왕의 관심을 끌었던 중요한 행사였고 목축은 상대 경제를 이끄는 중요산업이었다. 맹수와 겨누는 사이에 적과 대적하는 전술을 익히고, 동시에 심신 단련의 효과도 얻을 수 있었기 때문이었다. 소, 말, 돼지, 개 등은 성스러운 제사의 제물로 올려졌고 코끼리, 코뿔소, 사슴, 호랑이, 여우, 고라니, 원숭이 등 풍부한 사냥감은 광활한 사냥터의 현장을 그려 볼 수 있게 한다.

상대의 마지막 왕 帝辛은 사냥에서 잡은 호랑이의 앞다리에 문자를 새겨 용맹을 과시하기까지 하였다.

11-1

1. 10475

2. 28429

3. ≪卜辭通纂≫ 749

11. 제1편

1) 본 문 : 1. ☐王漁。十月。
2. 弜漁。
3. 丁卯卜：王大隻(獲)魚。

2) 한 역 : 1. 10월에 대왕은 고기를 잡을까요?
2. 고기를 잡지 말까요?
3. 丁卯일에 점칩니다 : 대왕께서 물고기를 많이 잡을 수 있을까요?

3) 출 전 : ≪甲骨文合集≫ 1. 10475 제1기 2. 28429 제3기
≪卜辭通纂≫ 3. 749 제1기

4) 자 해 : [王漁] : 王 - 상왕. 제1기의 王자 형체이다. 漁 - 물고기가 물살을 가르며 헤엄치는 모양이다. 물고기에서 '고기를 잡는다'는 동사로 분화되는 과정을 보여준다. 子漁와 같이 인명, 또는 지명으로도 쓰였다(趙誠, 1988 - 340).
[弜漁] : 弜 - 활(弓)을 고정시키는 기구 모양, 부정사로 빌려 썼다(8 - 3 참조). 漁 - 망을 이용해 물고기를 잡는 모양. 물고기를 잡다.
[王大隻(獲)魚] : 大 - 사람이 정면으로 서 있는 모양. '크다'로 인신되었다. 여기서는 '많이'라는 부사로 쓰였다. 隻 - 손(又)으로 새(隹)를 잡고 있는 모양. 獲의 초문으로 '잡다'는 뜻. 魚 - 물고기의 모양, 물고기.

5) 해 설 :

상대의 어업

商代에는 매우 다양한 방법으로 물고기를 잡았다. 물고기를 잡는 방법이 모두 자형으로 형상화되어 갑골문 漁자의 자형은 특히 많다. 물 속에 가득한 물고기를 맨손으로, 낚시로, 망으로…. 갑골문자가 당시 생활의 반영이었음을 유감없이 보여준다(전편 제8장 2절 참조). 상왕은 풍어를 기원해 때때로 고기잡이를 독려했다.

庚寅卜：翌日辛王省魚, 不冓雨. (≪屯南≫ 637)

庚寅일에 묻습니다 : 내일 辛일에 대왕이 고기잡이를 시찰하려는데 비를 만나지 않을까요?

11-2

10471

11. 제2편

1) 본 문 : **癸卯卜 : 隻(獲)魚其三萬不☐。**

2) 한 역 : **癸卯일에 점을 칩니다 : 는 고기잡이에서 3만 마리 정도를 잡으려는데 잡지 못할까요?**

3) 출 전 : ≪甲骨文合集≫ 10471 제1기

4) 자 해 : **[癸卯卜]** : 癸卯일에 점을 치다. 貞人 이름이 생략된 前辭이다.

[隻(獲)魚(鮪)] : -大 아래 豕가 있는 모양. 뜻은 확실하지 않으나 인명으로 쓰였다. 隻-손에 처럼 새를 잡고 있는 모양. 獲의 초문으로 짐승이나 새 등을 '잡는다'는 뜻이다. 魚-물고기의 머리에 屮가 있는 모양이다. 鮪(다랑어류)로 물고기의 일종이다(徐中舒, 1990-1253).

[其三萬] : 其-강조부사. 아랫부분이 잘렸으나 남은 형체와 문맥으로 보아 其로 본다. 萬-전갈의 모양을 형상화한 字. 숫자 萬으로 빌려 썼다. 萬은 甲骨文에서 가장 큰 수이다. 三과 萬의 合文(2-12 참조).

[不] : 부정사. 뒤에 오는 말을 부정하고 있으나 잘려 나갔다.

5) 해 설 :

상대의 六畜

商代에 이르러 소·말·돼지는 상당히 좋은 품종으로 개량되어 후세의 가축상태에 접근되었고 이들은 양·개·닭과 더불어 소위 六畜으로 불리운다. 고대 북방에서 이른 시기부터 길들여지기 시작한 가축은 양·돼지·개·닭이며, 남방에서는 소를 비롯해 돼지·개 등이 사육되었다(李自修, 1989-132). 이들은 제물이나 식용으로 사용된 것 이외에 소는 운송이나 농경을 도왔고, 말은 마차나 전투용 차를 끌었다.

개는 특히 사냥에 없어서는 안 되는 동물이었다. 상대인들은 사냥용 몽둥이와 개를 이끌고 사냥을 떠나 '사냥하다'라는 뜻의 獸자 , 를 만들었다. 獸는 '사냥하다'와 사냥에서 잡은 '짐승'을 두루 나타내다가 점차 狩(사냥할 수)를 만들어 사냥에 전용하였다.

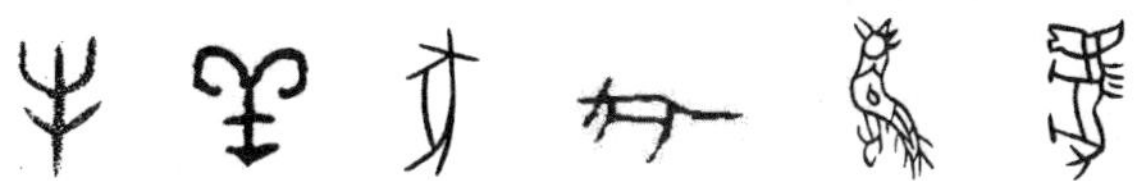

11 -3

10198 正

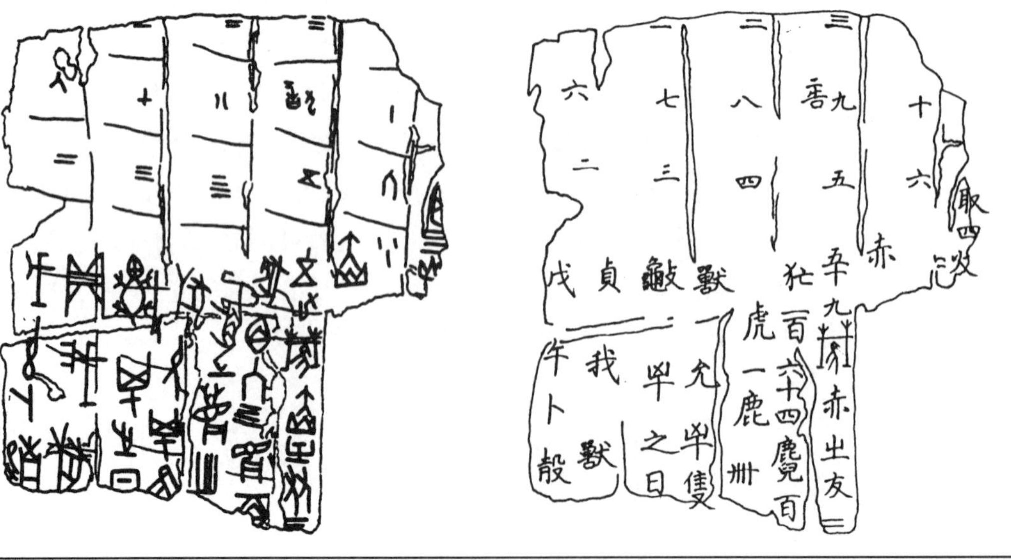

11. 제3편

1) 본 문 : **戊午卜, 㱿貞：我狩[illegible]禽(擒)。之日狩, 允禽(擒)。[隻](獲)虎一, 鹿四十, 狐[二]百六十四, [illegible]百五十九。[illegible]赤, 㞢(有)友三赤☐四☐。一 二 三 四 五 六 七 八 九 十**

2) 한 역 : **戊午일에 점을 치고, 㱿가 묻습니다 : 우리가 [illegible]에서 사냥을 하면 짐승을 잡겠습니까? 점을 치던 그 날 사냥을 했는데 과연 잡았다. 호랑이 한 마리, 사슴 40마리, 여우 264마리, 고라니 159마리를 잡았다. 열 번 점쳤다.**

3) 출 전 : ≪甲骨文合集≫ 10198正 제1기

4) 자 해 : **[我狩[illegible]禽(擒)]** : 我 - 무기 모양. 우리. 상대의 복수 개념(3 - 14 참조). 狩(獸) - 사냥 도구인 丫(單)과 犬의 合體字이다. 사냥하다(11 - 5 참조). [illegible] - 거북이와 攴가 합쳐진 자, 지명으로 쓰였다. 禽 - 망으로 [illegible]처럼 만든 사냥 도구. '잡다' (13 - 5 참조) (徐中舒, 1990 - 1079).

[之日獸(狩)允] : 之日 - 그 날. 之는 대명사로 쓰임. 允 - 과연(5 - 10 참조).

[隻(獲)虎一] : 隻 - 손에 새를 잡고 있는 모양. 獲의 本字이며 '잡다'는 뜻이다. 虎 - 입을 벌리고 있는 호랑이 모양. (19 - 18)에 생생한 모양이 있다.

[鹿四十] : 鹿 - 뿔과 몸체를 형상화한 사슴이나 노루 모양(徐中舒, 1990 - 1079). 四十 - 四十의 合文이다.

[狐二百六十四] : 狐 - 犬과 亡의 합체자다. 亡의 고음은 無이고 無는 瓜와 음이 같아 瓜자로 亡을 대신하여 狐자로 변했다(徐中舒, 1990 - 1103).

[[illegible](麇)百五十九] : [illegible] - 麇자로 새끼 사슴이다(于省吾, 1996 - 1704).

[[illegible]赤, 㞢(有)友三赤☐小☐] : 赤 - 火자 위에 大가 있는 모양. 붉은 색으로 빌려 썼고, 불을 놓아 하는 사냥이라고도 한다(趙誠, 1988 - 274).

[一二三四五六七八九十] : 상부에 10번 점친 兆序가 있고, 卜兆가 左를 향하고 있어 右甲임을 알 수 있다.

5) 해 설 :

帝辛의 호랑이 사냥

商王 帝辛은 사냥에 앞서 무엇을 잡을 수 있을 것인가에 중점을 두고 점을 쳐 물었다. 占辭는 反面에 새겼고 正面에는 命辭에서 바로 驗辭로 이어져 수백을 헤아리는 사냥 수확을 기록했다. 이번 사냥에서 잡은 大虎의 앞 다리뼈에는 문자를 새겨 기념했다(11 - 16 참조).

11-4

10389

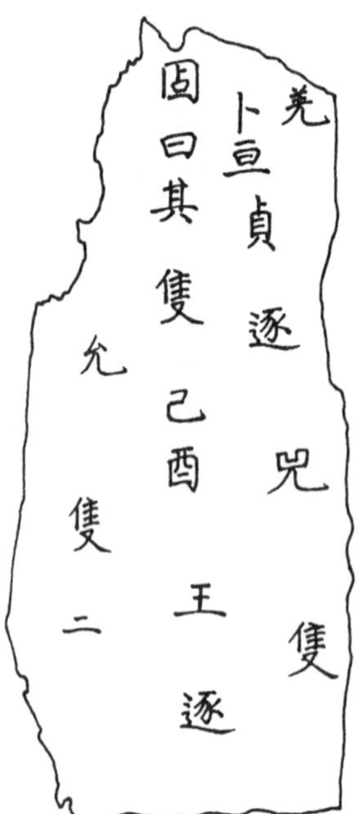

11. 제4편

1) 본 문 : **□□卜, 亘貞：逐兕, 隻(獲)。**
[王]固曰：其隻(獲)。己酉王逐允隻(獲)二。

2) 한 역 : **□□일에 점을 치고, 亘이 묻습니다 : 코뿔소를 좇으면 잡겠습니까?**
[왕]이 점친 결과를 보고 길흉을 판단해 "잡을 수 있다"고 말했다.
己酉일에 대왕께서 사냥을 했는데 과연 두 마리를 잡았다.

3) 출 전 : ≪甲骨文合集≫ 10389 제1기

4) 자 해 : **[□□卜, 亘貞]** : 점친 날짜는 잘렸고 貞人 亘이 점을 쳤다.
[逐兕隻(獲)] : 逐－豕 아래에 止가 더해진 자. 좇다. 逐과 追는 互訓하였으나 용법은 판이하다. 追는 사람을 좇을 때, 逐은 사냥감을 좇을 때 썼다(馬如森, 1993－313) 兕－코뿔소(si · 시). 隻－손에 새를 잡고 있는 모양. '획득하다', '잡다' (2－5 참조).
[王固(繇)曰] : 王－자형은 잘렸으나, 점복술어이므로 보완된다. 왕이 점친 결과를 보고 길흉을 판단하다는 占辭이다.
[其隻(獲)] : 其－강조부사. 뒤에 오는 隻를 '잡겠다'는 강한 뜻을 강조하고 있다.
[己酉王逐] : 干支紀日에 의한 己酉일. 王－제1기 자형.
[允隻(獲)二] : 允－과연. 隻－잡다. 二－둘, 즉 두 마리이다.

5) 해 설 :

商代의 사냥방법

갑골문 중 商代의 사냥복사는 수천 편이 넘어 사냥이 상왕의 중요한 활동이었음을 보여준다. 이들 복사를 근거로 할때 대략 10여 가지의 사냥 방법이 있다. 비교적 자주 쓰이는 사냥법은 田 · 省 · 步 · 逐 · 射 · 焚 등이 있고, 또 网 · 陷 등 각종 방법이 동원되었다(黃然偉, 1965－1619).
본 편은 전후좌우가 심하게 훼손된 骨版이지만 내용이 완전하다. 前辭 중의 干支와 占辭 중의 王자가 잘렸지만 卜辭의 문장 구조에 의거해 보완할 수 있었고, 命辭와 驗辭가 완전하고 내용상 손색없는 卜辭이다.

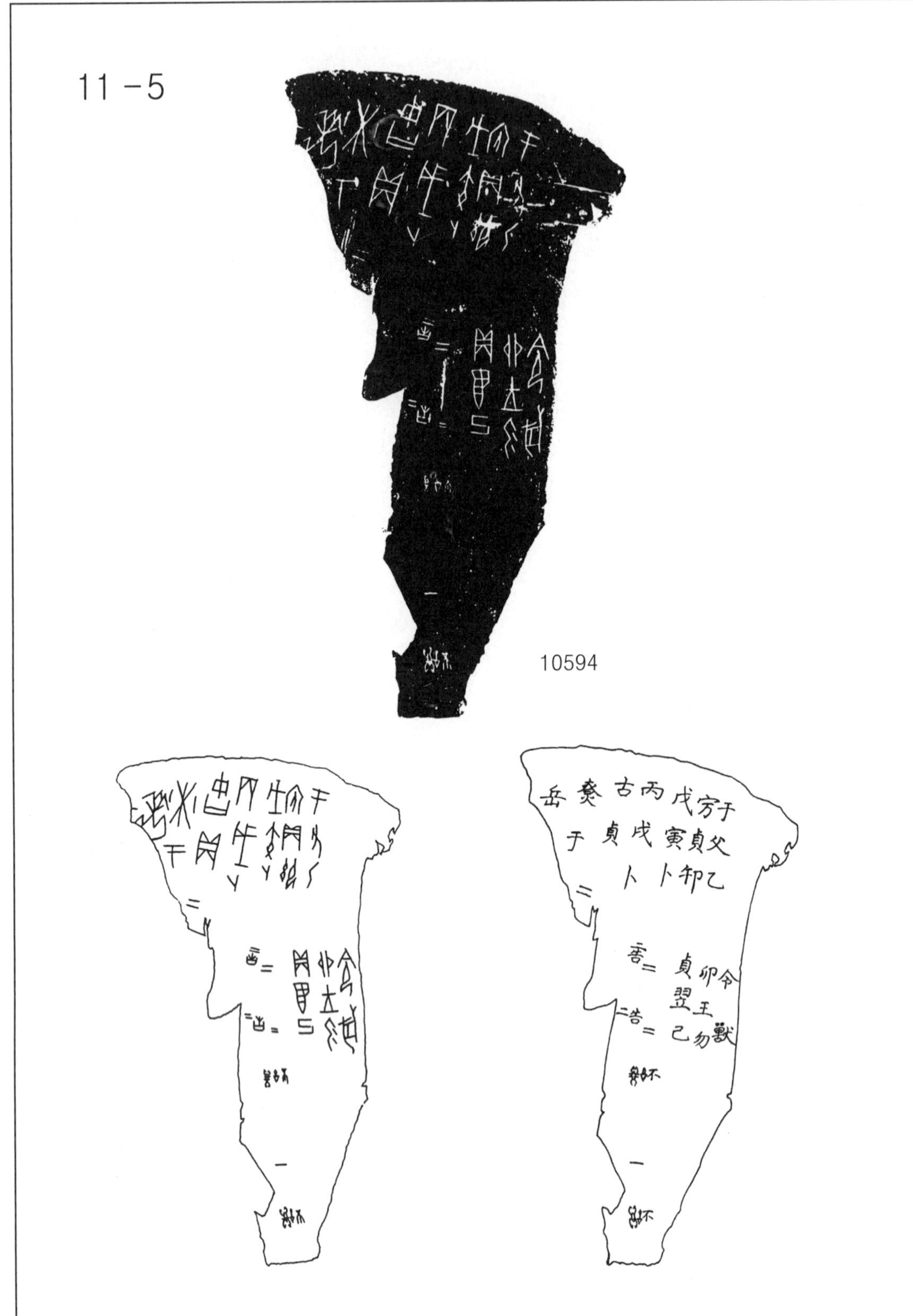
11 -5
10594

11. 제5편

1) 본 문 : 「戊寅卜」, □貞 : 翌己卯王勿令狩。不玄冥 二告
戊寅卜, 㝑貞 : 御于父乙。
丙戌卜, 古貞 : 燎于岳。

2) 한 역 : 戊寅일에 점을 치고, 묻습니다 : 내일 己卯일에 대왕은 사냥할 것을 명하지 말까요? 점친 결과의 채택을 주저하지 마라.
戊寅일에 점치고, 㝑이 묻습니다 : 아버지 乙에게 御祭를 지낼까요?
丙戌일에 점치고, 古가 묻습니다 : 산신령에게 燎祭를 지낼까요?

3) 출 전 : ≪甲骨文合集≫ 10594 제1기

4) 자 해 : **[貞]** : 鼎의 간자화. 점을 쳐 묻다로 쓰였다..
[翌己卯] : 翌 - 돌아오는, 다음. 내일. 己卯 - 干支 紀日에 의한 己卯일.
[王勿令狩(獸)] : 王 - 상왕. 제1기의 자형. 勿 - 부정사. 令 - 종 밑에 사람이 꿇어앉은 모양. 명령하다. 狩(獸) - 갈라진 장대(Y)와 잘 훈련된 개를 처럼 합쳐 사냥한다는 뜻을 주었다. '사냥하다'와 사냥에서 얻은 짐승을 두루 나타내다 점차 狩(사냥)와 獸(짐승)로 분화되었다. 卜辭에서 田은 수렵의 통칭이고, 狩는 '사냥하다'라는 뜻이다(姚孝遂, 1981 - 41).
[二告] : 占卜술어. 뜻이 확실하지 않다.
[不玄冥] : 卜兆가 모호하지 않고 선명하기 때문에 주저말고 점복 내용을 '채납하라'는 뜻으로 풀이하는 卜辭成語다(16 - 12 참조).

5) 해 설 :

점친 날의 추정

본 편은 자형이 매우 선명하고 수려한 필체의 牛肩胛骨 卜辭이다. 그러나 前辭가 없어 점친 날을 알 수 없다. 다만 「내일 己卯일」이라는 命辭 내용으로 보아 전날인 戊寅일 점쳤음을 알 수 있다. 위 오른편에는 같은 戊寅일에 父乙에게 제사했고, 8일 뒤 丙戌일에 岳에 제사했던 내용을 좌측에 기록했다.

11 -6

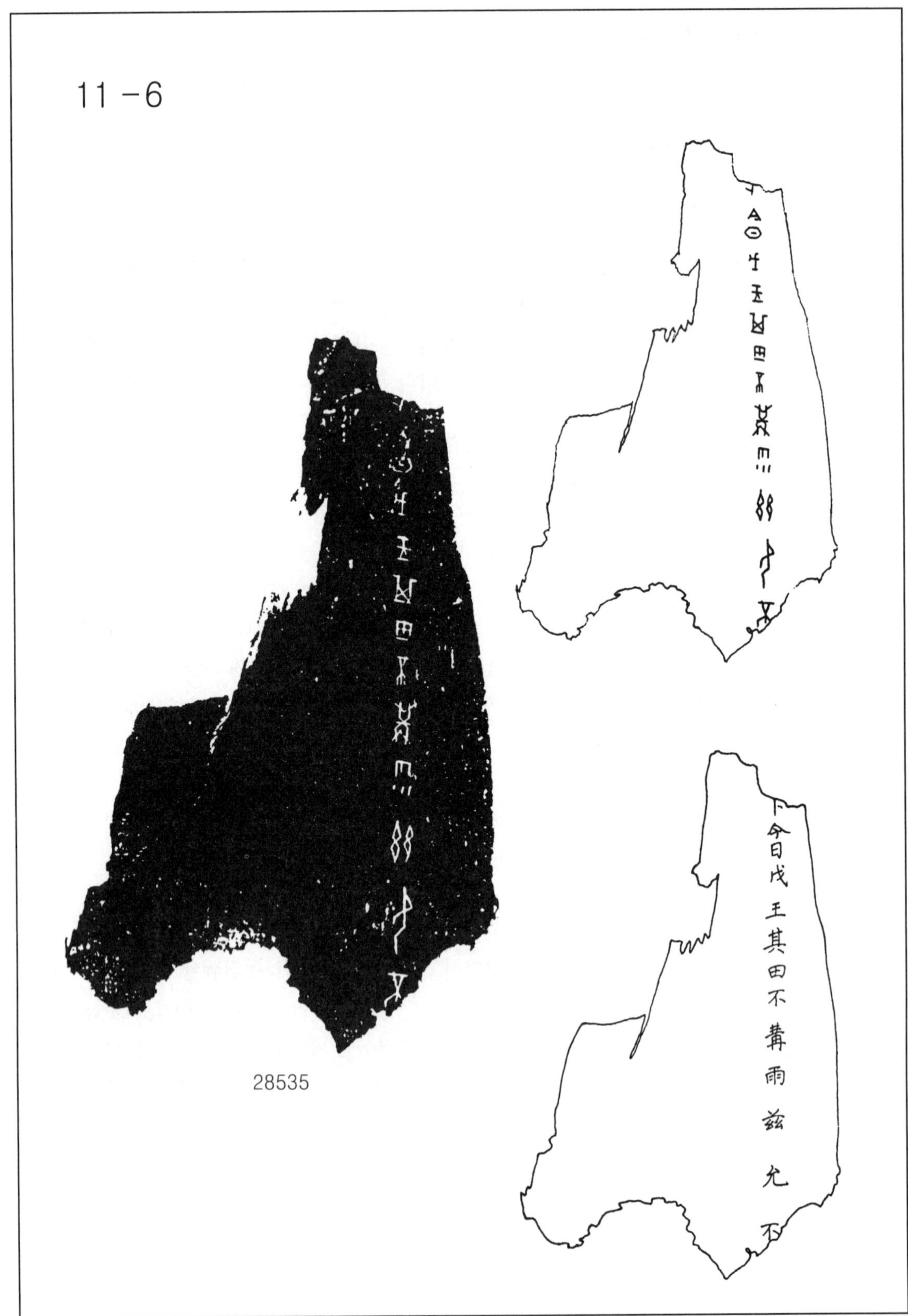

28535

11. 제6편

1) 본 문 : □□卜 : 今日戊王其田, 不冓(遘)雨。 兹(茲)允不☐。

2) 한 역 : □□일에 점칩니다 : 오늘 戊일에 대왕께서 사냥을 하려는데 비를 만나지 않을까요? 그 날 과연 (비를) 만나지 않았다.

3) 출 전 : ≪甲骨文合集≫ 28535 제3기

4) 자 해 : **[□□卜]** : 위의 干支일이 잘려 나갔다. 그러나 命辭에서 「今日戊」라고 한 것에 근거해 戊일에 점쳤음을 알 수 있다.

[今日戊王其田] : 今日 - 오늘. 戊 - 戊일, 天干만으로 紀日한 경우이다. 王 - 상왕. 王의 자형은 밑이 갈라진 제3기의 형체를 보인다. 其 - 강조부사. 뒤의 田을 강조한다. 田 - 수렵시대에는 사냥터의 구획을 갈라놓고 사냥했던 모양이었으나 농경사회로 접어들어 경계가 분명한 농토 모양으로 자형풀이가 바뀌었다. '농토'·'농사' 등으로 쓰였으나 여전히 '사냥하다'는 뜻이 있다(2 - 12 참조).

[不冓(遘)雨] : 不 - 부정사. 冓 - 물고기 두 마리가 , 처럼 입을 맞대고 서로 만나는 모양. '만나다'는 의미로 쓰였다(2 - 10 참조). 雨 - 구름 밑으로 비가 떨어지는 모양. '비' 또는 '비가 오다'는 뜻이다.

[兹(茲)允不☐] : 兹 - 茲, 這, 此의 의미. 즉 戊日. 允 - 사람이 고개를 돌리고 있는 모양. 驗辭에서는 '과연'이라는 뜻이다(5 - 10 참조).

5) 해 설 :

상대 행사의 택일

상대의 중요 행사에는 택일의 관례가 있었다. 제사卜辭에서 甲조상은 甲일에 제사하고 乙조상은 乙일에 제사하는 제삿날의 선정에 일정한 규율이 있었음을 보여준다. 제사뿐만 아니라 사냥일도 마찬가지였다. 제 3기 卜辭에서는 사냥할 때 대부분 戊일을 택했고 甲일에는 거의 사냥을 하지 않았다. 또 商代 학교의 입학에는 일정한 의식이 있었는데 대부분 丁日에 거행했다(梁東淑, 2004 - 23). 이러한 예들은 商代에 이미 날짜 선정에 택일의 관습이 있었고 금기가 있었다고 할 수 있다.

11 -7

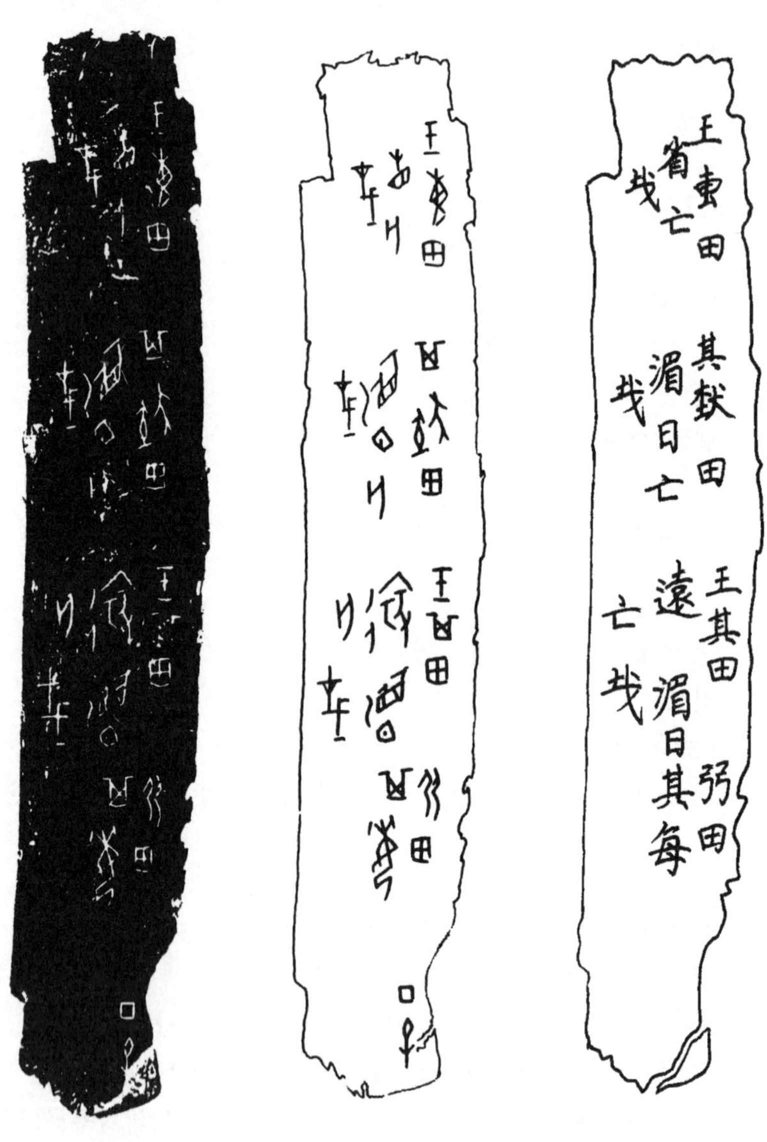

3759

11. 제7편

1) 본 문 : **王其田遠, 湄日亡𢦏(災)。**
其𤔲(邇)田, 湄日亡𢦏(災)。

2) 한 역 : **대왕은 먼 곳에서 사냥을 하려는데, 새벽에 재앙이 없겠는지요?**
가까운 곳에서 사냥을 하려는데, 새벽에 재앙이 없겠는지요?

3) 출 전 : ≪小屯南地甲骨≫ 3759 제5기

4) 자 해 : **[王其田遠]** : 王－상왕. 제5기의 자형이다. 其－강조부사. 田－사냥하다. 遠－彳을 따르고 袁을 聲으로 하는 形聲字이다. 袁은 아이에게 옷을 입히는 모양이고 衣자 가운데 圓의 초문인 ㅇ이 있는 모양인데 음을 나타낸다. 卜辭에서는 지명·인명·멀다는 뜻이 있다. 이 자의 원형은 毓자에서 볼 수 있다. 甲骨文 毓(育)의 異体字로 [甲骨文字](≪前≫ 2,7,3)이 있다. 왼쪽은 여인이 아이를 낳는 모양이고, 오른쪽은 위아래 양손으로 옷을 벌려 아이를 감싸려는 모양이다(胡厚宣, 1972－155). 遠자에서 袁은 音만을 나타낸다.

[湄日亡災] : 湄－眉는 [甲骨文字]처럼 눈 위에 눈썹이 난 모양이다. 昧(mei·매)로 읽으며 眉日는 昧旦으로 '해가 밝기 시작하는 무렵'을 일컫는다(徐中舒, 1990－1198). 𢦏(災)－才와 戈의 합체자로 재앙을 뜻한다.

[其𤔲(邇)田] : 其－강조부사. 𤔲(邇)－西周 金文에 자주 보이는 藝의 初文으로 爾와 음이 비슷해 빌려 쓰며 邇(er·이)와도 통한다. 본 편에서는 遠의 상대 개념인 '가깝다'는 뜻으로 쓰였다(裘錫圭, 1994－9).

5) 해 설 :

대왕의 사냥거리

본 편 「王其田遠」의 풀이는 2가지가 가능하다. 즉 遠 자를 '지명'으로 보느냐 '먼 곳'으로 보느냐이다. 전자로 보면 '대왕은 遠지역에서 사냥하다', 후자를 보면 '대왕은 먼 곳에서 사냥하다'로 뜻이 달라진다. 본 편의 「王其田遠」은 아래 구절 「其邇田」과 對貞된 것이다. 「其邇田」의 문맥은 邇가 지명으로 쓰인 것이 아니다. 지명이 되려면 「其田邇」의 구조이어야 한다. 「王其田遠」은 「其邇田」과 對貞으로 인해 遠은 '먼 곳', 邇는 '가까운 곳'으로 풀이한다(裘錫圭, 1994－8). 본 편은 가운데 두 卜辭를 풀이했다.

11-8

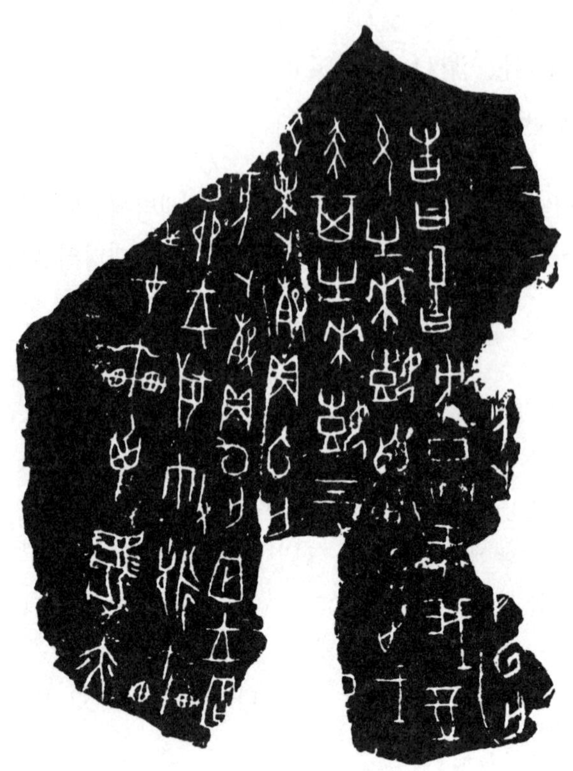

584 正甲

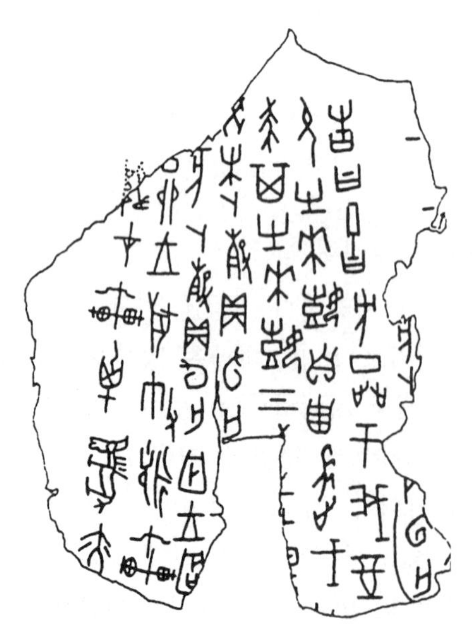

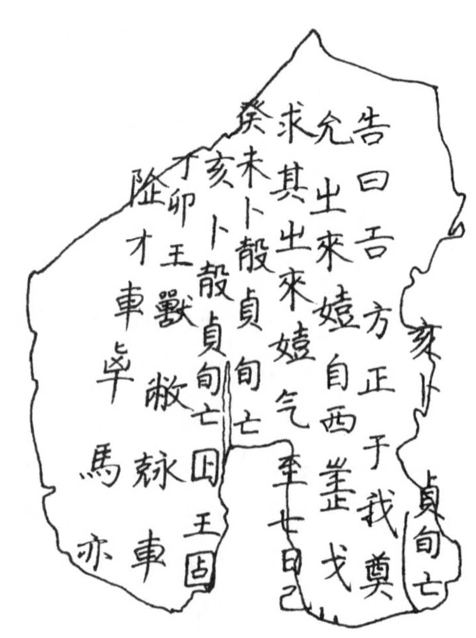
亥卜
貞旬亡
告曰吾方正于我奠
允㞢來嬉自西崖戈
求其㞢來嬉气至七日己
癸未卜殸貞旬亡
丁亥卜殸貞旬亡囚王固
丁卯王獸敝𠫑車
阞才車馬亦

11. 제8편

1) 본 문 : **癸亥卜, 㱿貞 : 旬亡囚。王固[曰]**
☐丁卯, 王狩敝𠬝車☐, 𨸏在車𡴘(畢)馬亦☐。

2) 한 역 : **癸亥일에 점을 치고, 㱿이 묻습니다 : 앞으로 열흘 동안 재앙이 없을까요? 왕이 점친 결과를 보고 길흉을 판단했다 : [5일 뒤] 丁卯일에 왕이 敝에서 사냥을 했는데, 克永가 모는 수레가 충돌해 넘어졌고 畢의 수레도 재앙을 당했다.**

3) 출 전 : ≪甲骨文合集≫ 584 正甲 제1기

4) 자 해 : **[癸亥卜, 㱿貞]** : 癸자가 반 잘렸으나 복원이 가능하다.
[旬亡(無)囚] : 旬 - 열흘. 亡 - 없다. 囚 - 근심 · 재앙 등으로 풀이했다.
[王固曰] : 曰자가 잘렸으나 점복술어이므로 복원했다.
[丁卯] : 점친 날이 癸亥일이고 5일 뒤가 丁卯일이다.
[王狩(獸)敝] : 王 - 상왕. 제1기의 자형이다. 狩(獸) - 사냥하다. 敝 - 손으로 수건이나 옷을 찢는 모양. '찢다'. 여기서는 지명이다(徐中舒, 1990 - 871).
[𠬝車☐] : 𠬝 - 克과 永 두 자가 합쳐진 인명으로 보았다(李孝定, 1965 - 3413). 車 - 수레 모양이다(徐中舒, 1990 - 1498). 𨸏 - (11 - 12 참조).
[才(在)車𡴘馬亦☐] : 才(在) - 전치사. 𡴘 - 동물을 잡는 망에 무언가 첨가된 자. 때로는 새가 든 ☐형도 있다. 畢로 쓰기도 하며, 卜辭에서 인명으로 쓰였다(19 - 18 참조). 馬 - 매우 역동적인 말의 모양이다. 말. 亦 - 大와 ☐처럼 양 겨드랑이의 소재를 나타낸 자. 卜辭에서는 '또한', '재차', '인명' 등으로 쓰였다(15 - 5 참조).

5) 해 설 :

상왕의 사냥 행차

본 편은 상왕이 수레를 타고 사냥하는 광경을 그려 볼 수 있다. 여기서는 좌반부를 풀이하였는데 干支일의 첫 자가 잘렸으나 卜旬은 대개 癸일에 점을 치는 것이 통례이기 때문에 癸로 보완했다.
수레를 나타내는 두 자 중 마지막 줄의 車는 완전한 수레의 모양이고 가운데 줄의 車는 중심축이 잘려 고장났음을 표시하고 있다. 상대의 사냥은 짐승을 잡는 동시에 군사 훈련을 동반해 전쟁에 대비하였다.

11-9

1. 28785

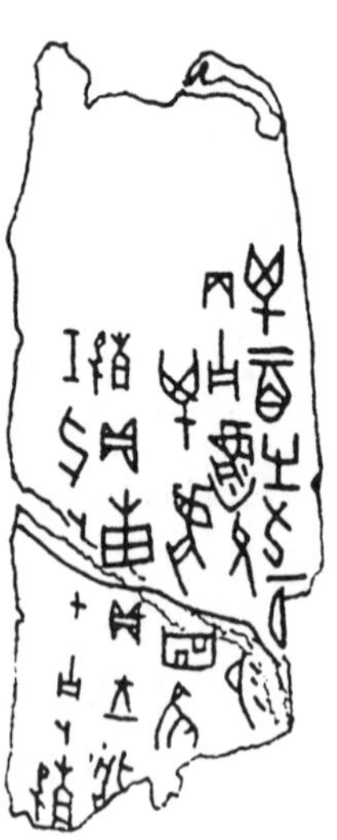

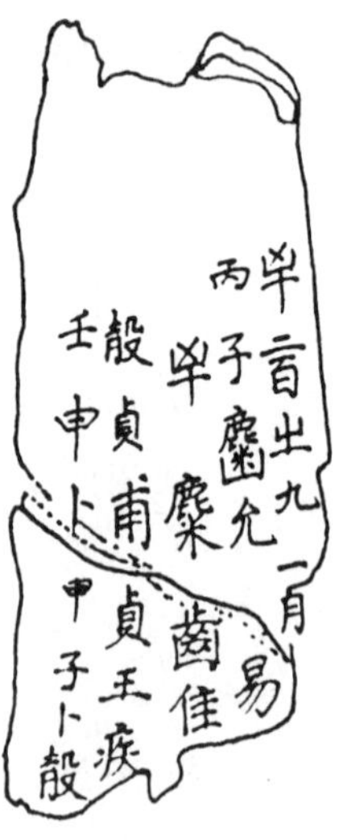

2. 10349

11. 제9편

1) 본 문 : 1. **弜狩, 其雨。**

2. **壬申卜, 殻貞 : 甫禽(擒)麇。 丙子陷, 允禽(擒)二百㞢(又)九。一[月]**

2) 한 역 : 1. **사냥하러 가지 말까요? 만약 비가 온다면.**

2. **壬申일에 점을 치고, 殻가 묻습니다 : 甫가 고라니를 잡을 수 있을까요?**

丙子일에 함정을 설치하였는데 과연 209마리를 잡았다. 1월에.

3) 출 전 : ≪甲骨文合集≫ 1. 28785 제3기 2. 10349 제1기

4) 자 해 : **[弜狩(獸)]** : 弜 - 부정사. 狩(獸) - 사냥하다. 單과 豕가 합쳐진 자로 사냥한다는 狩의 초문이다. 單은 무기나 사냥 도구로 썼던 벌어진 나무가지 丫에 돌을 묶어 위력을 나타낸 모양, 사냥의 동반자 개(犬)를 합친 자로 '사냥하다'는 뜻. 배의 획이 빠졌다(11 - 5 참조).

[其雨] : 其 - 강조부사로 가정을 나타내며 뒤에 오는 雨를 강조한다.

[甫禽(擒)麇] : 甫 - 인명(7 - 12 참조). 禽 - 짐승을 잡는 망을 [甲骨文]처럼 그려 '잡는다'를 나타냈다. 점차 손을 넣어 擒자를 만들었다. 擒의 초문(13 - 5 참조). 麇 - 고라니이다.

[丙子陷] : 丙子 - 壬申일로부터 5일 뒤인 병자일. 陷 - 깊게 [甲骨文]처럼 판 함정 속에 사람이나 동물이 빠져 있는 모양으로 함정을 파고 하는 사냥이다. 함정 속에 사슴, 고라니 등이 있으나 모두 陷자로 본다(3 - 8 참조).

[允禽(擒)二百㞢(又)九] : 允 - 과연. 驗辭에 쓰는 관용구. 二百 - 二와 百의 합문. 㞢 - 又의 제1기 자형이다. 접속사로 쓰였다. '그리고 또'. 九 - 팔의 구부러진 모양. 아홉으로 가차되었다.

5) 해 설 :

함정 사냥

제 2편은 상하로 잘린 윗 부분을 풀이하였다. 占辭는 생략되었고 丙子 이후는 驗辭이다. 驗辭의 기록으로 볼 때 함정을 파서 하는 사냥을 전개했다. 사냥 결과 고라니 2백하고도 9마리를 더 잡았는데 수량으로 보아 수 많은 함정을 팠던 대규모 사냥이었음을 알 수 있다.

11 -10

28314

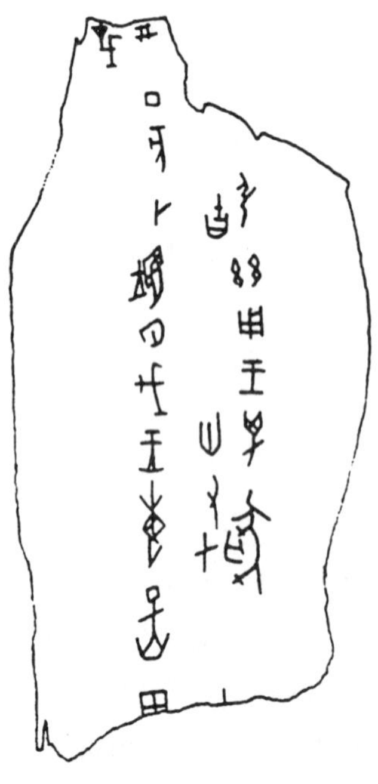

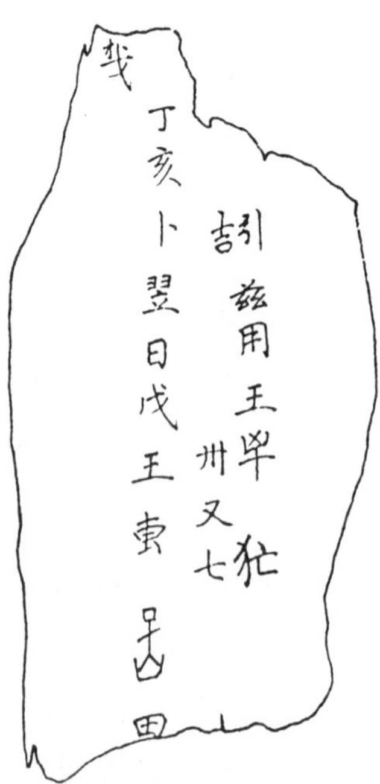

11. 제10편

1) 본 문 : **丁亥卜 : 翌日戊 王叀(惠)𡵂田。引吉。丝(玆)用。**
王禽(擒)狐三十又七。

2) 한 역 : **丁亥일에 점을 칩니다 : 내일 戊일 대왕께서 𡵂로 사냥을 가도 될까요? (占辭 생략) 매우 길하겠다. 점복 결과에 따라 시행해도 되겠다. 왕은 과연 여우 37마리를 잡았다.**

3) 출 전 : ≪甲骨文合集≫ 28314 제3기

4) 자 해 : **[丁亥卜]** : 丁亥일에 점을 치다. 貞人 이름이 생략되었다.
[翌日戊] : 翌日 - 다음날, 즉 내일. 戊 - 丁亥일의 다음날인 戊일.
[王叀(惠)𡵂田] : 王 - 상왕. 제3기 자형이다. **叀** - 강조부사, 惠의 초문. **𡵂** - 子와 山이 위아래로 포개져 있는 형체이다. ≪玉篇≫ 「𡵂, 山也, 卽李切」라고 하였다. 문맥으로 보아 山名으로 추정된다. 田 - 사냥 구획을 정하여 사냥했던 관습에서 田이 '사냥', '사냥하다'로 쓰였다.
[引吉] : 크게 길하다, 오래 동안 길하다. 兆辭이다.
[丝(玆)用] : 이 점복의 결과를 체납하다. 用辭이다.
[王禽(擒)狐三十又七] : 王 - 상왕. 禽 - 사냥할 때 짐승을 잡는 도구 모양, 여기서는 '잡는다'는 뜻이다. 擒의 초문. 狐 - 여우(11 - 3 참조). 又 - 오른손의 모양. 접속사 '그리고 또'로 쓰였다.

5) 해 설 :

王固曰의 생략

본 편은 제3기의 卜辭이다. 제3기의 특징은 前辭의 생략은 물론 占辭의 관용어라고 할 수 있는 「王固曰」를 생략한 경우가 많은데 본 편은 그 특징이 잘 나타나 단지 「引吉」로 占辭를 표현했다.
상대 후기 273년간 사용되었던 갑골문은 董作賓의 연구결과 5시기로 나누었다(斷代硏究 참조). 각 시기마다 특징이 있는데 제3기 卜辭의 특징은 가끔 前辭에 貞人 이름을 빼는 경우가 있는데 이는 제4기 "不入貞人(정인의 이름을 넣지 않음)"의 선례를 보였다. 占辭에서는 관용구인 「王固曰」조차 생략된 채 兆辭인 引吉이 바로 이어지는 경우가 허다하다. 본편에서도 命辭에 이어 驗辭 「王禽狐三十又七」이 바로 이어졌다.

11 -11

≪屯南≫ 2626

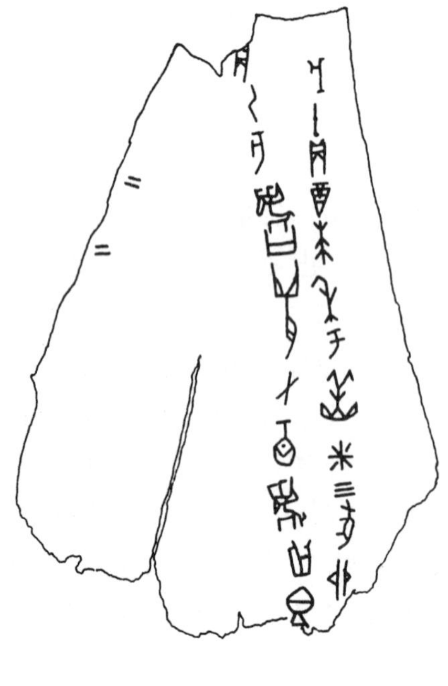

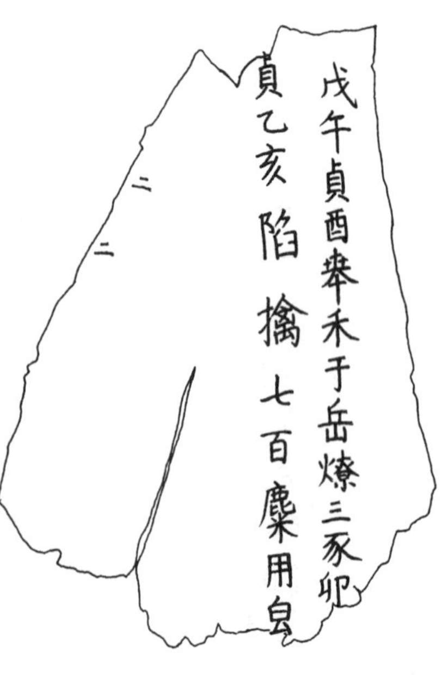

11. 제11편

1) 본 문 : **▨貞 : 乙亥陷擒七百麋, 用皀▨。**
戊午, 貞 : 酉𠦪(求)禾于岳, 燎三豖, 卯▨。

2) 한 역 : **묻습니다 : 乙亥일에 함정사냥으로 700 고라니를 잡아 …**
戊午일에 점을 치고, 묻습니다 : 酉일에 산신에게 곡물의 수확을 기원할까요? 돼지 3마리로 燎祭를 지낼까요?

3) 출 전 : ≪小屯南地甲骨≫ 2626 제1기

4) 자 해 : **[乙亥陷擒七百麋]** : 乙亥 - 을해일. 陷 - 사슴이 함정에 빠져 있는 모양. 함정을 파서 하는 사냥. 七 - 일곱. 七로 보는 견해가 있고 숫자가 아니라는 견해도 있다(姚孝遂, 1985 - 313). 百 - 일백. 麋 - 麋는 [글자], [글자] 처럼 고라니의 모양을 그대로 그렸다.
[用皀▨] : 用 - 나무통 모양. '사용하다', '시행하다'로 쓰였다(1 - 13 참조).
[酉求禾于岳] : 酉 - 신석기 시대 물이나 술을 담는 질그릇 항아리 모양으로 酒 · 尊 · 福자를 낳은 모체가 되었다. 地支의 열 번째 자로 빌려 씀(15 - 1 참조). 求(𠦪) - 신에게 소망을 기원하여 드리는 제사(4 - 18 참조). 禾 - 벼 이삭이 고개를 숙이고 있는 모양. 곡식의 총칭. 于 - 전치사. 岳 - 봉우리가 중첩된 산의 모양. 산악. 산신.
[燎三豖] : 燎 - 제수품을 불에 태워 드리는 제사명(liao · 료). 豖 - 배가 나오고 [글자] 처럼 꼬리가 짧은 돼지 모양. 豖(shi · 시)로 읽는다.

5) 해 설 : **가축의 사육 - 放牧 · 우리사육**

갑골문 牧자는 막대를 들고 소나 양을 방목하는 모양이다. 방목해 기르던 가축을 눈 · 비를 피해 우리에 가두거나 가까이에서 사육하고자 함은 정착생활의 결과라고 할 수 있다. 牢 · [글자](宰) · 圂 · [글자](廐)는 소 · 돼지 · 말 등을 우리 속에 기르는 형상이다.
중국의 여러 소수민족들은 1950년 이전까지도 왕왕 무장을 하고 방목을 하였는데 한편으로는 가축과 목장을 보호하고 또 다른 동물을 잡기 위함이었다(于省吾, 1981 - 260).

11 -12

10405 正

11. 제12편

1) 본 문 : 1. 癸酉卜, 殻貞 : 旬亡囚。王二日 : 匄。
王固曰 : 觩。㞢(有)祟㞢(有)夢。五日丁丑王賓中丁
㔾(厥), 阸在廳(庭)阜。十月。
2. 癸未卜, 殻貞 : 旬亡囚。王固曰 : 往乃兹㞢(有)祟。六日戊子子弢(發)死。一月
3. 癸巳卜, 殻貞 : 旬亡囚。王固曰: 乃兹亦㞢(有)祟。若偁。甲午王往逐兕, 小臣協車馬硪𩣡王車, 子央亦墜。

2) 한 역 : 1. 癸酉일에 점을 치고, 殻이 묻습니다 : 앞으로 열흘동안에 재앙이 없겠지요? 대왕께서는 두 차례 거듭 "재해가 있겠냐"고 물었다. 대왕은 점친 결과를 보고 길흉을 판단해 말했다 : "큰일이다. 앙화의 조짐이 있다. 아마도 재앙이 닥치겠다."
5일 후 丁丑일에 대왕께서 中丁에게 賓祭를 지내다가 大廳의 殿堂 앞 높은 곳에서 넘어졌다. 10월에.
2. 癸未일에 점을 치고, 殻이 묻습니다 : 다음 열흘동안에 재앙이 없겠습니까? 왕이 점친 결과를 살펴보고는 길흉을 판단해 말했다. "얼마 있지 않아 재앙이 닥쳐오겠다"
6일 뒤 戊子일이 되어 子弢(發)가 죽었다. 1월에.
3. 癸巳일에 점을 치고, 殻이 묻습니다 : 앞으로 열흘동안에 재앙이 없겠습니까? 왕은 점친 결과를 보고 다음과 같이 말했다 : "이번에도 역시 재앙의 조짐이 있다. 아마도 卜兆가 보여주는 바와 같이 될 것이다." 다음날 甲午일에 대왕께서 나아가 코뿔소를 쫓을 때 小臣 協의 마차가 대왕이 탄 수레와 부딪쳤다. 함께 사냥하던 子央이 수레에서 떨어졌다.

3) 출 전 : ≪甲骨文合集≫ 10405 正 제1기

4) 자 해 : **[旬亡囚]** : 旬 - 열흘 뒤의 길흉을 묻는 관용구이다(22 - 1 참조).
[王二曰] : 王 - 상왕. 제1기의 자형. 二 - 숫자 2, 두 번. 曰 - 말하다.
[匄] : 亡과 勹의 합체자. 재앙으로 쓰였다.
[王固曰] : 왕이 점친 결과를 보고 길흉을 판단해 말하는 관용구이다.

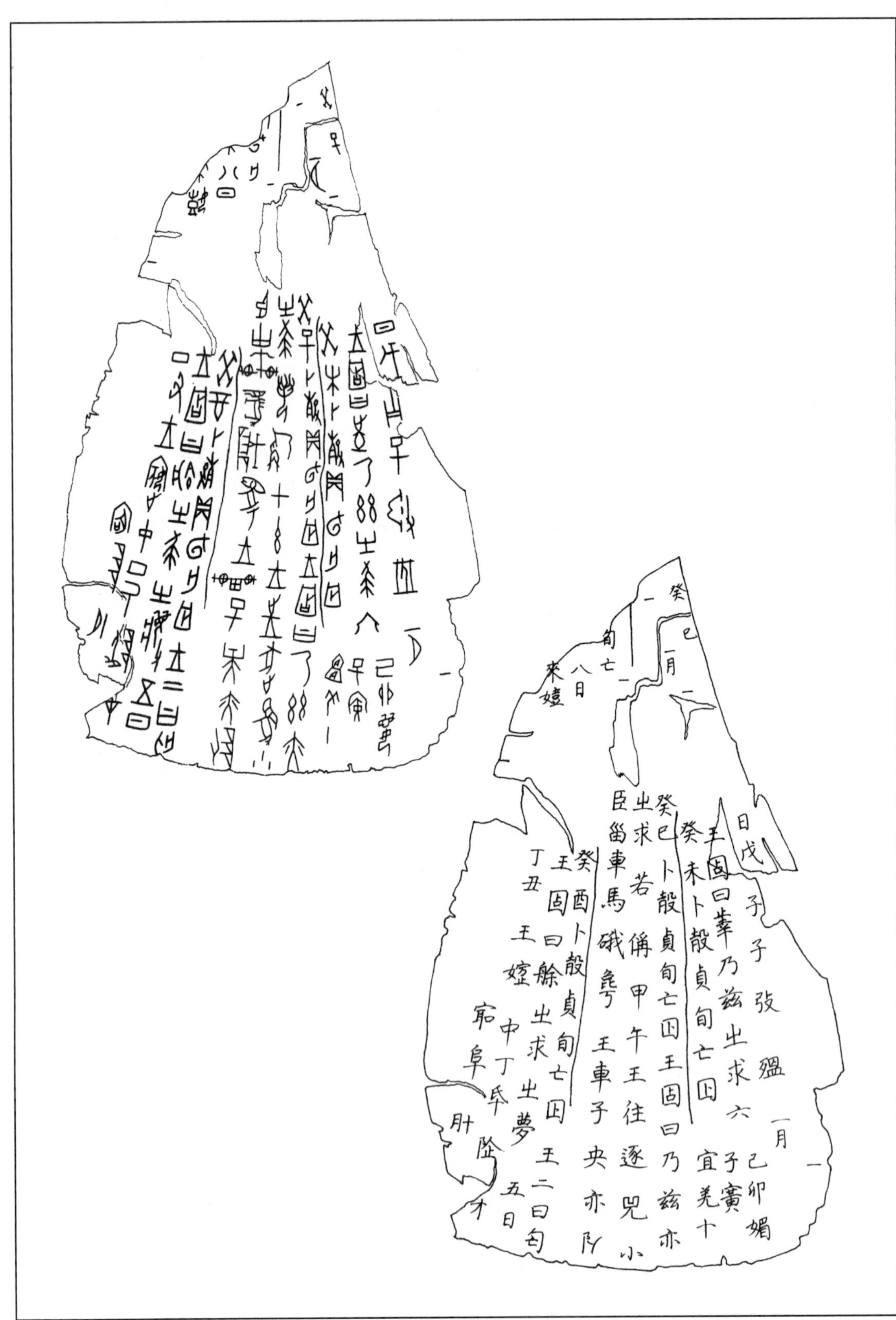

[艅] : 从舟 余聲. 어기사. 아! 兪(yu · 유) 와 같다(趙誠, 1988 - 299).

[㞢(有)祟有夢] : 㞢 - 있다. 祟 - 발이 많이 달린 벌레 모양. 卜辭에서 '재앙'으로 쓰였다(22 - 4 참조). 夢 - 침상에 누워 ⺦처럼 허우적거리고 있는 모양. 꿈을 꾸다. 卜辭에서 꿈은 '재앙'을 뜻한다(19 - 19 참조).

[王賓中丁] : 賓 - 祭名, 왕이 中丁에게 賓祭를 지내다(1 - 11 참조).

[乁(厥)阝企在廳阜] : 乁(厥) - 蹶와 음이 같다. 확실하지 않다. 阝企 - 阜(언덕)와 企가 합친 자로 阜는 音도 나타내 준다. 언덕을 올라가는 모양. 陟과 같다. '넘어지다'는 뜻이다(于省吾, 1996 - 1276). 廳自(阜) - 大庭의 殿堂(8 - 3 참조). 阜 - 언덕이나 계단 모양(徐中舒, 1990 - 1507)

[往乃玆(茲)㞢(有)祟] : 乃玆 - 如今의 의미. 㞢 - 있다. 祟 - 재앙.

[子弢死)] : 子弢 - 인명. 死 - 사람이 관 속에 있는 모양. 죽다(22 - 4 참조).

[若偁] : 若 - 순조롭다. 偁 - 순조롭다는 뜻, 若偁은 同義連語인 卜辭成語이다. 占卜에서 '지시하는 바에 부합하게 될 것임'을 뜻한다.

[小臣叶車馬硪𢦏王車] : 小臣 - 관명. 叶 - 協과 같다(3 - 17 참조). 車 - 수레의 바퀴 연결축이 부러져 있는 모양. 馬 - 말의 모양. 여기서는 '수레를 몰다'는 뜻이다. 硪 - 삐죽삐죽 튀어나온 돌에 무기인 我가 부딪히는 모양, 부딪치다. 𢦏 - 형체를 알 수 없으나 여기에서는 '방해하다'는 뜻(趙誠, 1988 - 354).

[子央亦墜] : 央 - 사람머리에 형틀을 씌운 모양. 머리가 𡗜처럼 형틀의 정중앙에 오기 때문에 '중앙'으로 인신되었다(徐中舒, 1990 - 595). 子央 - 인명. 亦 - 또한. 墜 - 계단 옆에 사람이 거꾸로 넘어진 모양. 떨어지다(趙誠, 1988 - 351).

5) 해 설 :

상대 어거의 교통사고

대형 牛肩胛骨에 꽉 차게 쓰여진 卜辭는 고문헌을 방불케 하고 있다. 윗부분에는 癸酉 · 癸未 · 癸巳일을 점쳤는데 특히 癸酉 · 癸巳 두 卜辭는 武丁의 사냥에서 발생한 사고의 기록으로 세계 최초의 교통사고 기록이라 할 수 있다. 충돌로 양 바퀴 중의 축이 부러졌던지 車자는 바퀴의 축을 부러뜨려 놓아 차 사고를 실감나게 표현했다. 예문 중앙의 車의 자형은 예문 마지막 자형이 변한 것이다.

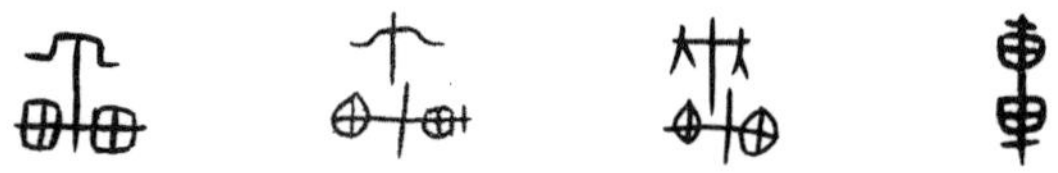

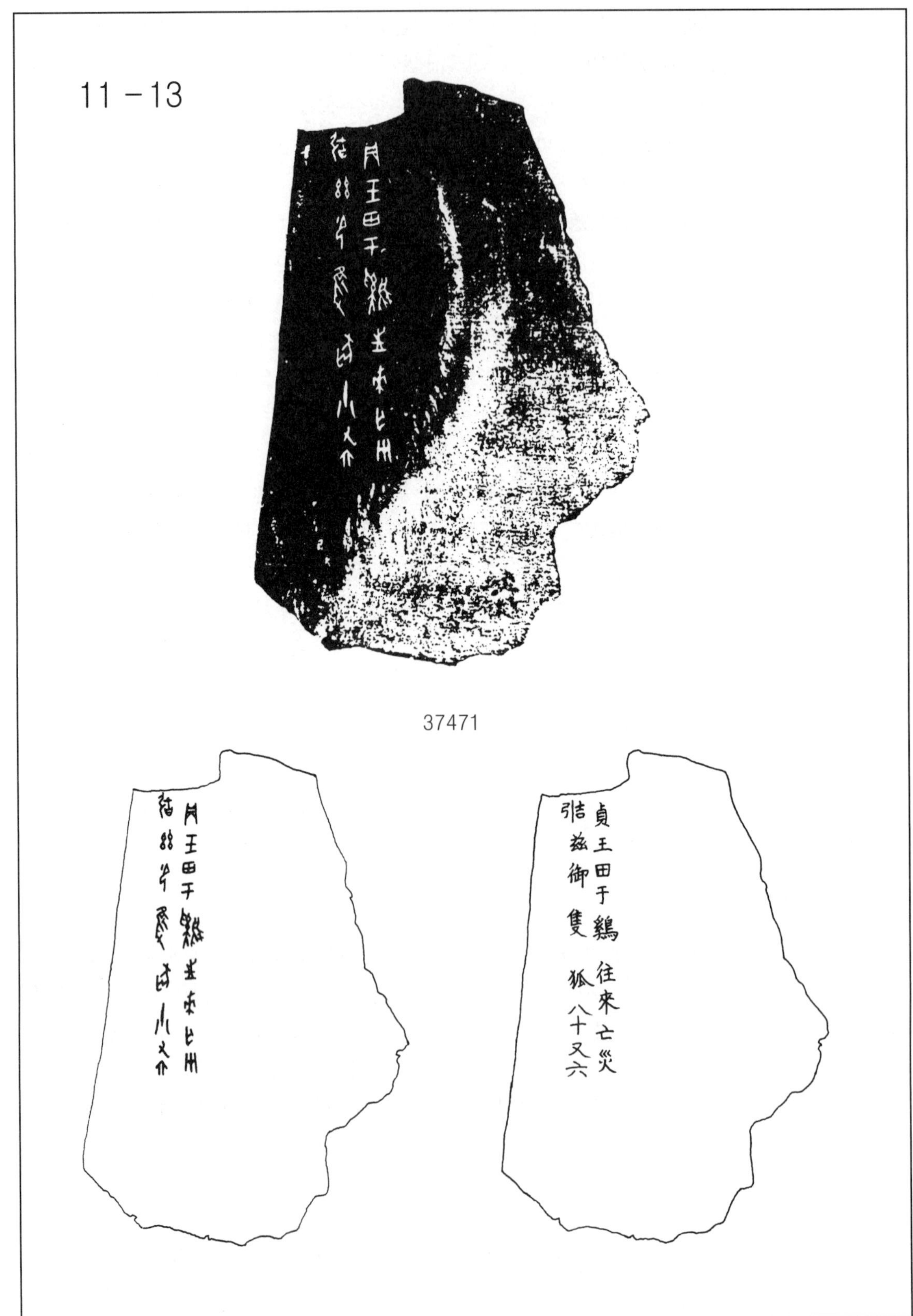
11 - 13
37471
貞王田于鷄往來亡災
引吉
茲御
隻
狐八十又六

11. 제13편

1) 본 문 : **貞 : 王田于鷄, 往來亡𢦏(災)。[王固曰] : 引吉。丝(玆)御。隻(獲)犷(狐)八十又六。**

2) 한 역 : **묻습니다 : 대왕께서 鷄지역에서 사냥을 하려는데 왕래에 재앙이 없겠습니까? 크게 길하다. 이 점괘대로 행하라.**
여우 80마리하고 또 6마리를 잡았다.

3) 출 전 : ≪甲骨文合集≫ 37471 제5기

4) 자 해 : **[王田于鷄]** : 王 – 제5기의 王자 자형을 보여준다. 田 – 사냥하다 (2 – 12 참조). 于 – 시간 장소 앞에 붙는 전치사. 鷄 – 鳥와 聲符 奚을 합친 형성자. 義符 鳥는 입을 벌리고 있는 닭의 모양이지만 점차 넓은 의미인 鳥로 정형화 되었다. 雞와 같으며. 제5기의 자형이다. 지명이다 (趙誠, 1988 – 206).
[往來亡(無)𢦏(災)] : 往 – 발을 나타내는 止자 아래 聲符 王을 붙인 형성자. 나아가다 (15 – 4 참조). 來 – 이삭과 줄기, 뿌리가 있는 밀 모양인데 올來로 가차 되었다. 亡 – 無의 뜻이다. 𢦏(災) – 물줄기 속에 ⊕(才)를 성부로 한 형성자. 홍수였지만 점차 일반적인 재앙을 뜻한다 (5 – 9 참조).
[丝(玆)御] : 丝 – 玆의 초문. 御 – 두 손에 무언가를 들고 꿇어 앉아 기원하는 모양. 用의 의미와 같다. 玆御는 '吉'과 같은 占卜述語로 兆辭이다.
[隻(獲)狐] : 隻 – 獲의 초문. 잡다. 획득하다. 狐 – 여우 (11 – 3 참조)
[八十又六] : 八十 – 八과 十의 合文. 又 – 수사 사이의 연결사. 六 – 간이 건축물의 지붕과 양 벽의 모양. 여섯과 음이 비슷해 6으로 빌려 썼다.

5) 해 설 :

字形에 의한 斷代

갑골문자의 시대 구분은 갑골문 연구에 유리한 조건을 제공한다. 본 복사 중 王 · 鷄 · 災자는 제5기의 자형이므로 시대구분의 표준이 되어 본 복사의 시대가 제5기임을 말해준다. 이들의 자형변화를 보자.

	王	鷄	鳳	𡆥
제1기 자형				
제5기 자형				

11－14

11174 正 臼

11. 제14편

1) 본 문 : [正] **丙寅卜, 𣪕貞：王往省牛于敦。** 三
貞：王勿往省牛。十三月。三
[臼] **壬戌 子央示, 二屯。岳。**

2) 한 역 : [正] **丙寅일에 점을 치고, 𣪕이 묻습니다 : 대왕은 敦지역으로 소를 기르는 상황을 순찰하러 나갈까요? 묻습니다 : 대왕께서 소를 기르는 상황을 순찰하러 가지 말까요? 윤달에. 세 번째 물었다.**
[臼] **壬戌일에 子央이 두 쌍의 내용을 검시했다. 岳이 기록함.**

3) 출 전 : ≪甲骨文合集≫ 11171 正 臼 제1기　≪綴集≫ 157

4) 자 해 : **[丙寅卜, 𣪕貞]** : 丙寅일에 점을 치고, **𣪕**이 물었다.
[王往省牛] : 王－상왕, 제1기의 자형. 往－나아가다. 省－순찰하다. 牛－소. 敦－享과 羊의 합체자. 지명으로 쓰였다(15－4 참조).
[十三月] : 13월은 윤달이다. 月－제1기에는 夕자를 月로 썼다.
[二屯] : 屯－꽃봉오리와 잎의 모양. 슥자와 결합된 屯은 牛肩胛骨을 세는 양사, 左右 양쪽 즉, 한 쌍을 '屯'이라 한다(9－5 참조).
[示] : 示－조상의 신주·위패 형상으로 甲骨文에서는 천신·지신·선공선왕의 명칭이다. 또 骨臼刻辭에서는 진공된 甲骨의 어느 곳에 鑽鑿하는 것이 좋은지 관할하여 명시하는 것을 視, 즉 示라 한다(1－5 참조).
[岳] : 산봉우리가 중첩되어 있는 모양. 산신·인명(4－10 참조).

5) 해 설 :

骨臼刻辭

左牛肩胛骨의 상단이다. 蔡哲茂는 ≪合≫ 1176을 철합해 일부를 보완했다. 회손이 심하나 문자는 활달하고 경쾌한 제1기의 특색을 보여준다. 중앙에 前辭 「丙寅卜, 𣪕」을 중심으로 左右에 對貞했다. 좌측에 前辭를 포함해 긍정으로 묻고 우측에는 前辭를 생략하고 부정으로 물었다. 骨臼상의 記事刻辭도 보기 드물게 완전하다. 骨臼에는 왕자 子央이 들여온 龜甲 중 찬착할 부위를 검시하였고, 岳이 이를 기록한 내용이 실려 있다.

11 -15

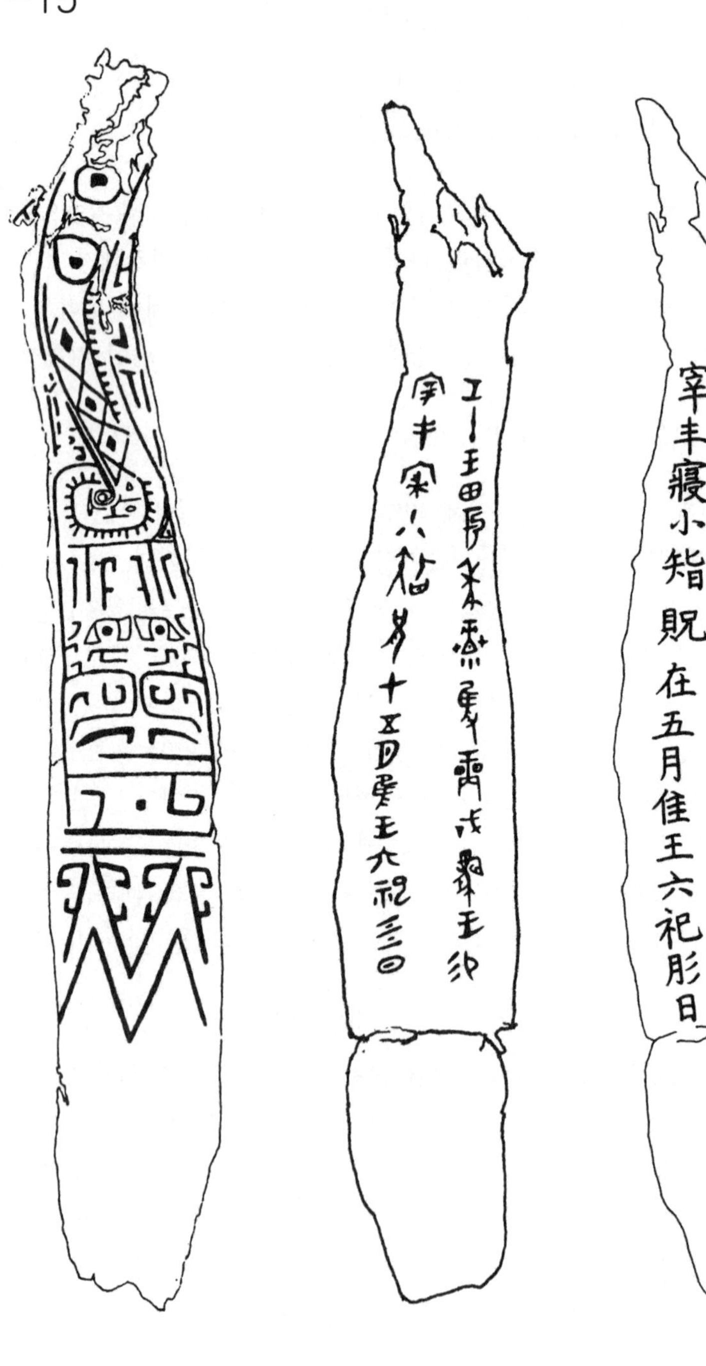

≪殷契佚存≫ 518

11. 제15편

1) 본 문 : **壬午王田于麥麓, 隻(獲)商(賞)戠兕。王易(賜)宰丰(封)寢小䊗祝。才(在)五月。隹(唯)王六祀, 肜日。**

2) 한 역 : **帝辛 재위 6년 5월 壬午일에 대왕은 麥山의 기슭에서 사냥을 하였는데 얼룩무늬와 검은 반점이 있는 코뿔소를 잡았다. 대왕은 宰丰寢과 小矢旨祝에게 兕骨을 상으로 내렸다. 肜祭를 거행해 성공적인 사냥을 경축했다.**

3) 출 전 : ≪殷契佚存≫ 518 제5기

4) 자 해 : **[王田于麥菉(麓)]** : 王田 - 대왕이 사냥하다. 于 - 于의 번체자 扜로 전치사다. 麥 - 來의 본자. 상왕의 사냥지(1 - 4 참조). 菉(麓) - 麓(lu· 록)林과 鹿을 음으로 합한 자. 사냥지명이다(趙誠, 1988 - 194).

[隻(獲)商戠兕] : 隻 - 獲의 초문으로 '잡다'는 뜻이다. 商 - 商의 번체이고 章·賞이라고 발음하며 아름다운 무늬를 뜻한다. 戠 - 識·志와 통하며 검은 반점으로 풀이한다. 兕 - 코뿔소이고 음은 兕(si· 시)(趙誠, 1988 - 95).

[王易(賜)宰丰寢] : 易 - 賜로 '하사하다'의 뜻인데 갑골문에서는 易을 賜로 빌려 썼다. 宰 - 宀와 辛의 합체자로 감옥에서 죄인들을 관장하는 직책이다. 실내에서 업무를 보는 하위직에서 점차 재상이라는 관직으로 발전했다(徐中舒, 1990 - 805). 丰 - 封의 초문. 흙이 볼록하게 돋아난 곳에 丰처럼 나무를 심어 놓은 모양. 고대에는 나무를 심어서 지역을 구분하였다. 宰丰은 人名(徐中舒, 1990 - 690). 寢 - 상왕의 침소, 寢처럼 집안에 비가 있는 모양이다. 침실을 관할하는 관리. 인명.

[小䊗兄祝] : 小 - 작다는 뜻이고 小䊗는 인명. 祝 - 사람이 꿇어 앉아 귀신에게 축원하는 모양. 여기서는 祭官의 이름이다(徐中舒, 1990 - 24).

[隹(唯)王六祀] : 隹 - 강조부사. 祀 - 귀신 앞에 뱀을 드리는 모양. 王六祀는 왕이 즉위한 지 6년째 되는 해(11 - 16 참조).

[彡(肜)日] : 彡 - 북을 치며 드리는 제사. 肜의 초문으로 북을 칠 때 울림을 형상화한 형체(rong· 융), 상대 5종 제사의 일종(1 - 12 참조).

5) 해 설 :

記事刻辭의 전형

길이 28cm 정도의 코뿔소 늑골(兕肋骨)이다. 붓으로 쓴 듯 부드러운 느낌을 주는 사냥 관련 記事刻辭이다. 牛骨 위에 綠松石을 상감한 정면에는 상대의 대표적인 문양인 獸面紋과 상징부호로 장식했고, 반면에 문자를 새겼다.

11 - 16

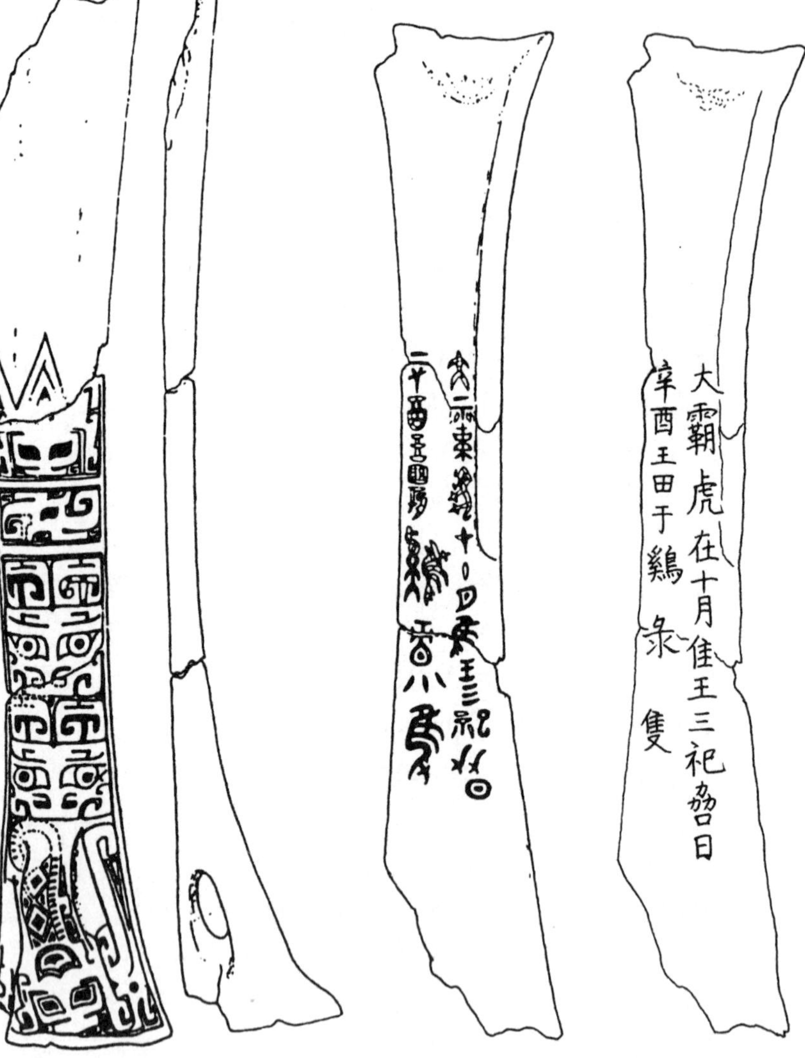

37848 正反

11. 제16편

1) 본 문 : **辛酉王田于鷄彔(麓), 隻(獲)大霸虎。在十月。**
隹(唯)王三祀, 劦日。

2) 한 역 : **帝辛 재위 3년 10월 辛酉일에 대왕은 鷄麓으로 사냥을 가서 얼룩무늬와 반점이 있는 큰 호랑이를 잡았다. 劦祭를 지내 성공적인 사냥을 경축했다.**

3) 출 전 : ≪甲骨文合集≫ 37848正. 反 제5기

4) 자 해 : **[辛酉]** : 干支紀日에 의한 辛酉일

[王田于雞彔(麓)] : 王 - 상왕 제5기의 자형. 田 - 사냥하다. 于 - 于의 번체자인 𠂤 형태를 보인다, 전치사. 鷄 - 鳥(隹)와 奚를 소리로 한 형성자. 奚는 손으로 사람의 머리채를 끌고 가는 모양. 여기서는 지명이다. 彔 - 麓의 본자로 산을 지키는 관리라는 뜻이 있다. 林과 鹿을 합쳤고, 彔도 더해졌다. 彔은 물긷는 도르래 모양이다(馬如森, 1993 - 140). 산림.

[隻(獲)大霸虎] : 隻 - 잡다, 獲의 초문. 大 - 사람의 정면 모양. 자형으로 보아 문양으로 풀이하기도 한다. 霸 - 霸자로 보기도 하나 확실하지 않다. 虎 - 호랑이 모양. 큰 호랑이 또는 [甲骨文], [甲骨文]처럼 얼룩무늬 호랑이(于省吾, 1996 - 1162).

[才(在)十月] : 才 - 풀이 돋아나는 모양. 在의 뜻.

[隹(唯)王三祀] : 隹 - 강조부사, 唯와 같다. 祀 - 조상에게 어린아이를 올려드리는 제사. 아이가 巳로 변했다. 제사. 상대에는 周祭에 36旬이 소요됨으로 祀를 일년이라는 의미로 차용했다(趙誠, 1988 - 267). '王三祀'는 왕 재위 3년을 뜻한다(15 - 10 참조).

[**劦**日] : **劦** - 제사명. 즉 劦祭를 지내는 날이다.

5) 해 설 :

虎骨의 장식

본 편은 제 11 - 3편의 사냥에서 帝辛 紂가 잡은 大虎의 앞발뼈에 새긴 記事刻辭이다. 青銅器 문양에 새기는 饕餮紋을 비롯한 각종 紋樣과 상징 부호가 새겨져 있고 文字는 마치 붓으로 쓴 듯 부드러운 銅器銘文의 특색을 보여준다. 길이 22cm 정도인 본 편의 무늬에는 터기석을 상감해 넣기도 하여 商代 수공업의 진수를 보여주는 진귀한 유물이다.

11 - 17

1. 29415

2. 11051

11. 제17편

1) 본 문 : 1. **王畜馬才(在)丝(兹)𢊁(廐)▨毋戊, 王受「又」。**

2. **酉▨𩡧(馬匕)▨。**

2) 한 역 : 1. **… 대왕은 이 마구간에서 말을 사육할까요?**

毋戊 … 대왕에게 신의 가호가 있을까요?

2. **… 酉 … 말을 거세할까요?**

3) 출 전 : ≪甲骨文合集≫ 1. 29415 제3기 2. 11051 제1기

4) 자 해 : **[王畜馬]** : 王 - 상왕, 제3기의 자형이다. 畜 - 끈으로 위장을 묶는 모양인 8와 음식이 담긴 모양 ⊕이 畜처럼 합쳐진 자로 '비축하다'에서 점차 '사육하다'는 뜻이 생겼다(chu · 축). 8는 篆文 畜 윗부분인 玄의 근원이 되었다(徐中舒, 1990 - 1469). 馬 - 말의 머리, 갈기, 다리와 꼬리 모양.

[在丝(兹)𢊁] : 才(在) - 전치사. '…에'. 丝 - 兹의 본자, 這 · 此 등의 의미가 있다. 𢊁 - 우리(宀)와 말(馬)이 합쳐진 字, 𢊁처럼 말을 기르는 우리, 마굿간 廐(구)와 같은 자이다(徐中舒, 1990 - 1072).

[▨毋戊] : 戊 - 병기의 형상이다. 天干으로 빌려 썼다. 뜻이 확실하지 않다.

[王受「又」] : 王 - 제3기의 王자형. 受 - 제사시 제수품을 담는 기물을 두 손이 위아래에서 서로 주고받는 모양. '받다', '주다'로 쓰였다가 '주다'는 손手를 붙여 授를 만들어 구별시켰다. 점복술어여서 '又'를 보완할 수 있다.

[▨酉𩡧] : 酉 - 酉일. 𩡧 - 말 형상 앞에 匕형의 말 거세용 도구를 결합시킨 자이다(王宇信, 1980 - 28).

5) 해 설 :

상대의 거세술

商代에 청동 공구가 많이 발견되었지만 자르는 공구가 발견되지 않은 점으로 보아 질긴 끈으로 가위를 대신했을 것으로 추측된다. 말이 거세되면 암컷을 해치지 않아 번식과 체력이 강화되기 때문에 우성번식의 효과를 기대했던 것이다. 갑골문에 기록된 말의 거세는 세계 養馬史상 최초의 시도였다(王宇信, 1980 - 29). 심하게 훼손된 牛肩胛骨 조각이지만 卜辭 내용으로 보아 말은 마구간에서 사육했음을 알 수 있다.

11 - 18

1. 11276

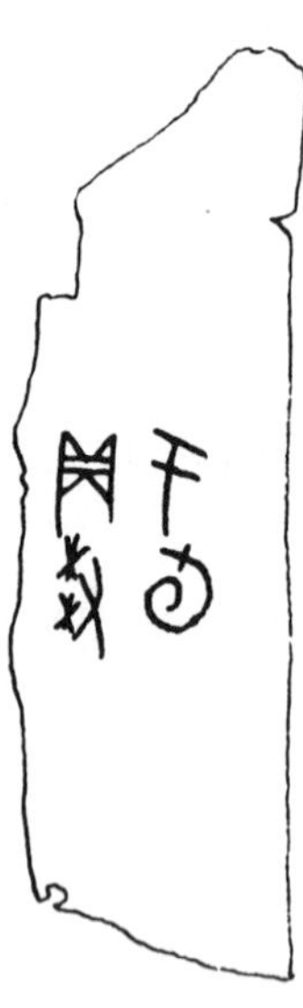

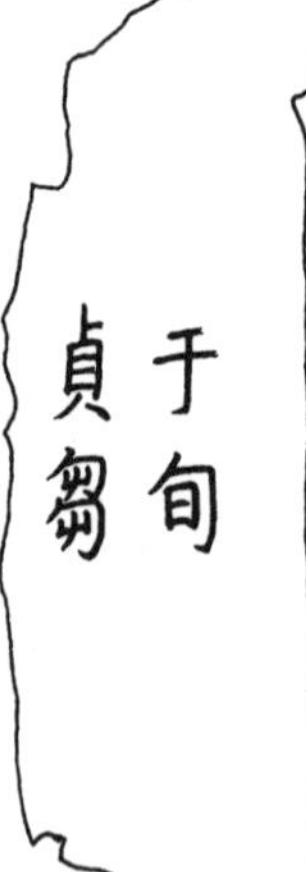

2. 11407

11. 제18편

1) 본 문 : 1. **貞 : 于圂▱。**

2. **貞 : 芻于旬。**

2) 한 역 : 1. **묻습니다 : 돼지우리에 …**

2. **묻습니다 : 旬지역에서 여물을 벨까요?**

3) 출 전 : ≪甲骨文合集≫ 1. 11276 2. 11407 제1기

4) 자 해 : **[于圂▱]** : 于 - 전치사. 圂 - 돼지가 ▱, ▱처럼 우리 속에 있는 모양. '돼지우리'. ≪說文≫에서 「圂, 厠也. 圂은 변소이다」 라고 했다. 돼지가 우리 가운데 있는 모양을 圂이라 하였고 이를 변소라고 한 것을 보면 고대 돼지 사육과정의 일면을 알 수 있다(徐中舒, 1990 - 698).

[芻于旬] : 芻 - ▱처럼 손으로 여물을 베는 모양이다. 또 노예들이 여물을 베어 여물, 노예 등으로 쓰였다(9 - 12 참조). 旬 - 자형은 旬에 가깝다. 云으로 보기도 한다(22 - 1 참조).

5) 해 설 :

가축의 먹이

상대에는 먹이가 많은 여름이나 가을에는 들에 가축은 방목을 했고 먹이가 적은 계절에는 먹이를 비축해 사료장에서 가축을 길렀다. 갑골문 芻자는 여물을 베는 모양이다. ≪說文≫에서는 「芻, 飼牛馬之草」, 즉 가축을 먹이는 풀이라고 하였다. 갑골문에서는 여물을 베는 사람 · 베는 장소 · 여물 베기를 독려하는 여러 내용이 있다.

· **貞 : 唯令芻. (≪合≫ 11410)** **여물을 베도록 명할까요?**
觀芻, 七月. (≪合≫ 294) **여물 베는데 독려를 할까요? 7월에.**

갑골문에는 곡물을 사료로 쓴 직접적인 기록은 없으나 殷禮를 이은 周代에 조를 사료로 썼던 바 조를 많이 재배했던 商代부터 이러한 관습이 었으리라고 사료된다. ≪詩經 · 小雅≫에는 다음과 같은 노래가 있다.

· **乘馬在廐** **마구간에는 네 필의 말**
摧之秣(粟)之. <鴛鴦> **여물 주고 조도 주었소.**

제 12 장

手 工 業

手 工 業

商代는 신석기시대의 각종 공예기술을 고스란히 이어받아 陶器는 청동기로 전환시켰고 30여종의 청동 禮器와 · 樂器 등 제작 사용하여 찬란한 청동기문화의 전성기를 열었다.

青銅器의 다양한 器形과 오묘한 紋樣들은 중국 전통 공예예술의 모태가 되었고, 우아한 金文 字形은 甲骨文과 맥을 같이 하면서도 색다른 면모를 보여준다.

그 외 정교한 玉器 · 骨器 · 편직물 등 수공예품은 찬란했던 商代 문화의 탁월성을 더욱 빛나게 해주었다.

12-1

29687

30944

《乙》 5225　　《乙》 6103

12. 제1편

1) 본 문 : **丁亥卜, 大[貞] : 其鑄黃呂作凡(盤), 利叀…。**

2) 한 역 : **丁亥일에 점을 치고, 大가 묻습니다 : 盤을 만드는데 黃呂로 주조하면 좋을까요?**

3) 출 전 : ≪甲骨文合集≫ 29687 제3기 보충 30994. ≪乙≫ 5225 6103

4) 자 해 : **[其鑄黃呂]** : 鑄 - 두 손과 쇳물을 부어 [illegible]·[illegible]처럼 주조하는 형상과 기물을 합친 자. '주조하다', 제사명·인명으로도 썼다. 점차 从金, 壽聲의 형성자가 되었다(徐中舒, 1990 - 1483). 黃 - 사람이 옥을 지고 있는 모양(徐中舒, 1990 - 1475). 矢·寅·黃은 同源의 글자로 화살의 모양에서 변화된 자(趙誠, 1988 - 75). 또 ⾢와 같은 사람의 모양이라는 풀이가 있다(裘錫圭, 1992 - 217). 黃은 점차 黃色·인명 등으로 빌려 썼다. 呂 - 건물벽에 상하로 뚫어 놓은 창과 출입문의 모양, 또는 금속 조각이 呂처럼 조합된 모양으로 보고 있다. 黃呂는 청동원료를 뜻한다(徐中舒, 1990 - 834).

[乍(作)凡(盤)利] : 乍 - 作의 초문(2 - 9 참조). 凡 - 높은 굽의 쟁반 모양. 盤의 초문(5 - 10 참조). 利 - 가래(力)로 밭을 갈며 곡물(禾)을 재배하는 모양. 흙덩이 모양은 점으로 나타냈다. 力이 刀로 변했으나 음은 남아 利(li)로 발음된다. 점차 '이롭다'는 뜻으로 쓰였다(徐中舒, 1990 - 471).

5) 해 설 : **甲骨文에 보이는 青銅器 제작**

상대에는 청동기물을 만들 때 吉일을 택했고, 동물을 잡아 제사 드렸으며 동물의 피로 틈새를 막았던 관습이 있었는데 갑골문 「奠血」가 바로 그 예속이다. 利는 銅器 銘文에 보이는 「吉日」과도 일치된다.

· **王其鑄黃呂, 奠血, 惠今日乙未, 利.** (≪英≫ 2567)
상왕이 黃呂로 기물을 만들고, 동물의 피로 제사를 지내는데 오늘 乙未에 거행하면 길하겠습니까?

· **☐祭于☐鼎.** (30994) … **鼎에 제사를 지낼까요?**
보충 중의 祭자는 고기 덩어리를 손으로 들고 있는 모양으로 아직 示가 첨가되지 않은 형체이다. 鼎자의 다양함도 함께 볼 수 있다.

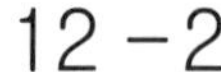

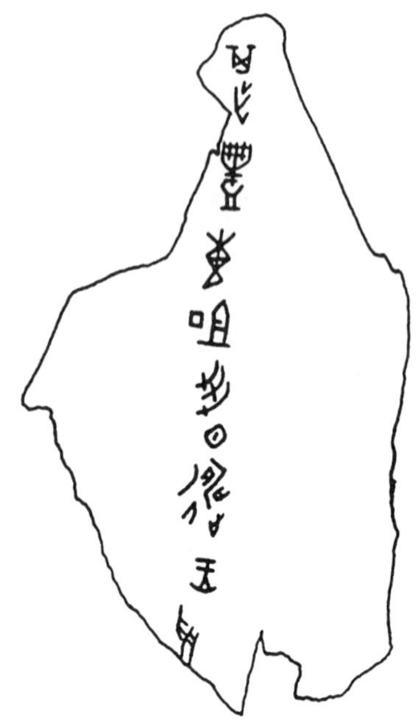

≪屯南≫ 348

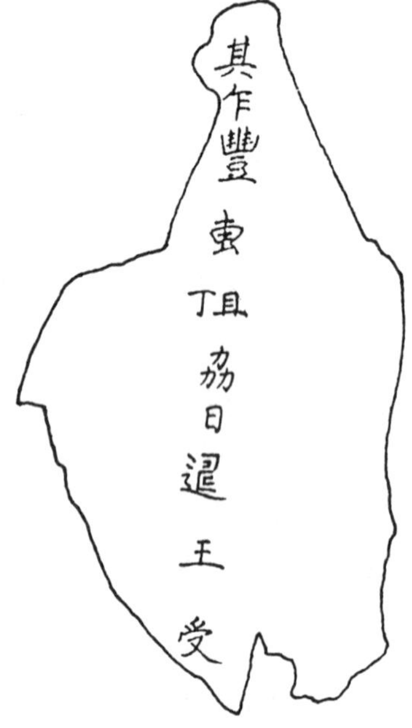

〈司母戊鼎〉 銘文

12. 제2편

1) 본 문 : **其作豊, 叀(惠)祖丁劦日𢓊, 王受又(祐)。**

2) 한 역 : **술을 만들까요? 祖丁의 劦祭일에 𢓊祭를 드리면 대왕에게 신의 가호가 있을까요?**

3) 출 전 : ≪小屯南地甲骨≫ 348 제3기

4) 자 해 : **[其乍(作)豊]** : 其 - 강조부사. 乍 - 作의 초문. 豊 - 굽이 있는 그릇에 𡴀처럼 옥을 담아 신에게 바치는 모양으로 '신에게 제사해 복을 기원한다'는 뜻이다. 豐과 같다. 여기서는 신에게 술을 바친다는 뜻에서 从示豊聲의 醴(li · 단술례) 라고 하였고 일반적으로 신에게 바친다는 뜻에서 禮라고 하였다. '악기'로 쓰였다(12 - 5 참조).

[叀(惠)祖丁劦日𢓊] : 叀 - 강조부사, 惠와 같음. 祖丁 - 상대의 조상. 劦 - 力을 3개 합친 모양. 힘을 합치다. 제사 중 大合祭인 𦔉와 같다(10 - 13 참조). 𢓊 - 제사명, 郭沫若은 '躊라 하고 禱로 읽는다'고 하였다.

[王受又(祐)] : 王 - 상왕. 자형이 제 3기의 형체를 보인다. 受 - 받다. 又자는 잘렸으나 '王受又(祐)'가 복사술어이므로 복원된다.

5) 해 설 :

세계 최대의 청동기 - 司母戊鼎

1939년 安陽 武官村 농지에서 높이 133cm, 세로 110cm, 가로 78cm, 무게 875kg인 초대형 青銅器가 발견되었다. 일제를 피해 1946년에야 발굴했던 鼎의 안쪽에 '어머니 戊에 제사지낸다'는 뜻인 司母戊라는 3자가 쓰여 있다. 형체가 장방형이어서 <司母戊方鼎>이라 칭한다. 이는 商代 青銅器의 대표적 기물인 동시에 세계 청동문화의 최대 걸작품이다.

상대의 청동기는 鼎 · 鬲 · 甗 · 豆 · 壺 · 角 · 爵 등 禮器와 鐘 등 樂器를 비롯해 戈 · 鉞 · 劍 등 30여종에 도합 수 천점의 器物이 있다. 器物의 조형미와 각종 동물 문양의 신비로움은 중국 조형 예술의 전형이 되고 있다. 1989년에는 높이 270cm에 달하는 청동 立像이 발견되었는데 <巫師立像>으로 명명된 청동동상은 당시 사회를 이끌던 商王이었을 것으로 추정한다(三星堆, 2002 - 13).

12-3

1. 7053 正

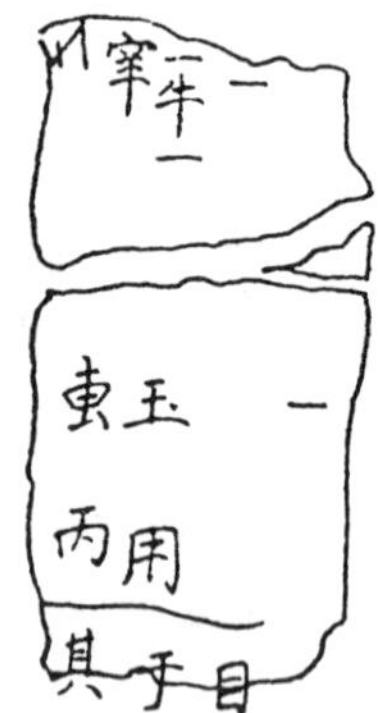

2. 11364

12. 제3편

1) 본 문 : 1. 壬寅[卜], 㱿貞 : 正(征)玉。
2. 叀(惠)内玉用。一

2) 한 역 : 1. 壬寅일에 점을 치고, 㱿이 묻습니다 : 玉을 다듬을까요?
2. 内에게 玉을 쓰게 할까요?

3) 출 전 : ≪甲骨文合集≫ 1. 7053正 제1기 2. 11364 제1기

4) 자 해 : [正(征)玉] : 征－영토를 나타내는 □와 '나아가 지킨다'는 의미인 발(止)이 합쳐진 자로 '정벌한다'는 뜻이 있다. 征의 본자이다. 여기서는 '처리하다', '다듬다'는 뜻으로 본다(5－19 참조). 玉－玉은 丰처럼 목조각을 꿴 모양이다(18－1 참조).
[叀(惠)内玉用] : 内－인명으로 쓰였다. 用－사용하다(1－12 참조).

5) 해 설 :

상대의 玉공예

상대에는 玉 공예가 극도로 발달해 매우 정교한 玉 공예품이 많다. 갑골문 중의 「取玉」이라는 내용에서 「取牛」, 「取羊」과 같이 玉을 취했던 것을 알 수 있다.

· 令𡧊取玉于龠. (4720).
𡧊에게 龠에서 옥을 취해 오도록 명할까요?

상대의 玉은 璧 · 琮 · 圭 · 璋 등의 禮玉과 尊 · 殷 · 盤 · 豆 · 磬 등 禮樂玉, 矛 · 戈 · 斧 · 鉞 · 鏟 · 鑿 · 刀 · 匕 등 무기 · 공구류가 있다. 그 외에도 머리핀 · 팔찌 · 옥구슬, 그리고 玉人 · 玉鳳 · 玉魚 등 의장품과 장신구가 헤아릴 수 없이 많다.
1976년 「婦好墓」에서 출토된 옥 제품은 755점으로 전체 소장품의 39%를 차지하고 있다. 수량뿐 아니라 각종 인물상 · 동물형상 · 장식품의 다양함은 물론 조각의 섬세함과 우아함은 中國 조각 예술의 진수를 보여준다. 玉의 빛깔은 綠色이 주종이나, 墨綠 · 茶綠 · 黃綠 · 淡綠이 있고, 소량의 白色 · 黃色도 곁들여 있었다(殷墟婦好墓, 1983－114).

12-4

16998 正

16998 反

보충 16070

보충 16079

12. 제4편

1) 본 문 : ☐宿隹(唯)㞢(有)𧊒(害)。
☐宿不隹(唯)㞢(有)𧊒(害)。

2) 한 역 : 宿에 재앙이 있겠습니까?
宿에 재앙이 없겠습니까?

3) 출 전 : ≪甲骨文合集≫ 16998 제1기 보충 1. 16070 2. 16079 제1기

4) 자 해 : **[宿隹(唯)㞢(有)𧊒(害)]** : 宿 - 잘 짜놓은 돗자리(囧) 위에 사람이 꿇어 앉아 있거나 집안의 돗자리 위에 누워있는 㐰, 𡨦 모양이다. 인명 · 지명으로 쓰였고 '휴식하다'로 인신되었다(徐中舒, 1990 - 807)(17 - 17 참조). 不 - 부정부사. 隹 - 唯와 같음. 㞢(有) - 있다. **𧊒** - 뱀이 它처럼 발꿈치를 무는 모양으로 재앙을 뜻한다.

5) 해 설 :

상대의 竹器 · 漆木공예

1990년 安陽 侯家莊 160號 墓에서 출토된 靑銅尊 속에서 완벽하게 보존된 작은 대바구니(竹簍)가 발견되어 상대의 죽세공의 기술을 강변했다. 좌식 생활을 했던 상대에 지배층을 위한 죽제 돗자리 역시 수준 높은 기술을 보였으리라. 본 편은 죽세공과 관련된 造字 배경을 보여 상대 수공업의 이해에 도움이 될 것이다.

1985년 河南 羅山 天湖에서 商代 후기의 漆木器 10점을 발굴했다. 상대의 수준 높은 漆木器는 노예주 귀족 생활에 漆器가 널리 사용되었음을 알려주며, 특히 나무 손잡이를 장식한 비단 실은 방직 기술의 중요한 증거가 된다(考古學報, 1986 - 2기).

· 黑漆木碗 : 나무를 깎아 광택을 낸 식기로 銅甗 속에 들어 있었다.
· 黑漆木豆 : 朱紅 무늬가 있는 8점이 묘주의 머리 쪽에 놓여졌다.
· 木柲(손잡이) : 銅矛의 손잡이로 간주되는 기물에는 비단실 5겹으로 감아 格字무늬를 연출했다.

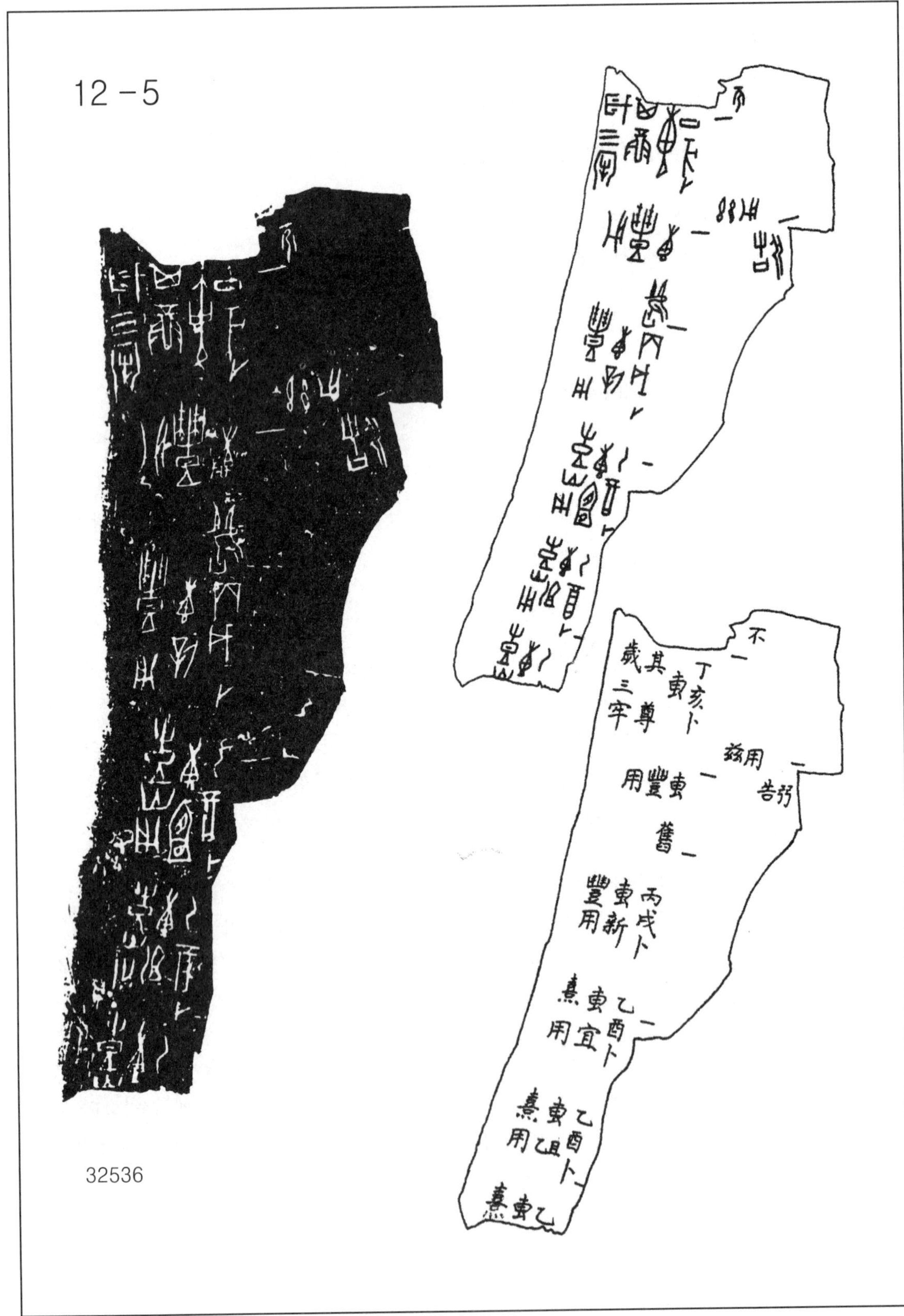

12 -5

32536

12. 제5편

1) 본 문 : **乙酉卜 : 叀(惠)祖乙壴用。一**

乙酉卜 : 叀(惠)宜壴用。一

丙戌卜 : 叀(惠)新豐用。一

叀(惠)舊豐用。玆用 一

2) 한 역 : **乙酉일에 점을 칩니다 : 祖乙의 악기인 壴를 사용할까요?**

乙酉일에 점을 칩니다 : (아니면) 宜祭때 사용했던 악기 壴를 사용할까요?

丙戌일에 점을 칩니다 : 새로 만든 큰 북을 사용할까요? (아니면) 해묵은 큰 북을 사용할까요? 첫 번째 물었다.

3) 출 전 : ≪甲骨文合集≫ 32536 제4기

4) 자 해 : **[乙酉卜]** : 貞人 이름이 빠져 있는 것은 제4기의 특징이다.

[祖乙壴用] : 壴 - 큰 북의 모양이다(唐健垣, 1983 - 125).

[叀新豐用] : **叀** - 어기사로 惠와 같다. 新 - 도끼로 나무를 치는 모양. 斤·木·辛의 합체인데 辛은 음의 역할도 한다. 점차 '新舊'의 新으로 빌려 썼다(趙誠, 1993 - 277). 新豐은 새로 만든 북이다. 豐 - 쟁반 위에 옥을 담아 [glyph]처럼 신에게 바치는 모양. 豊은 豐의 약자이다. 甲骨文에서 옥을 제물로 드리는 '제사', 보물을 풍성하게 올려 '풍성하다', '북'이라는 의미로 쓰였다. 여기서는 '큰북'과 같은 종류다(徐中舒, 1990 - 523).

[叀舊豐用] : 舊 - 새(萑)가 둥지(凵) 위에 있는 모양([glyph])으로 새의 이름이다. 凵는 臼(jiu·구)로써 음을 나타내며, '新舊'의 舊이다. 舊豐은 만든지 오래된 북이다(趙誠, 1988 - 96).

5) 해 설 :

상대의 상감술

상대에 상감 기법은 보편적이었다. 夏말의 二里頭文化 유적지에서 발견된 <嵌綠松石饕餮紋牌飾>는 쪽빛 綠松石으로 상감된 아름다운 청동 방패이다(李學勤, 1985 - 3). 상대는 일찍이 상감법을 도입해 '虎骨'을 비롯한 많은 기물에 아름답게 상감법으로 장식했다(11 - 16 참조).

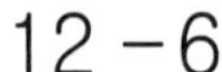

7603 正

戊子卜
穷貞戉
其尃伐
二

12. 제6편

1) 본 문 : **戊子卜, 穷貞 : 戉其專伐。二**

2) 한 역 : **戊子일에, 穷이 묻습니다 : 戉方은 專方을 무찌를까요? 두 번째 물었다.**

3) 출 전 : ≪甲骨文合集≫ 7603 正 제1기

4) 자 해 : **[戊子卜, 穷貞]** : 戊子 - 干支紀日에 의한 戊子일. **穷** - 제1기 정인. 貞 - 鼎의 모양. 占卜하라는 貞으로 빌려 썼다.

[戉其專伐] : 戉 - 도끼 모양. 鉞(yue)의 초문. ≪說文≫에 「戉 · 斧也 · 从戈, 乚聲」이라고 하였으나 갑골문 자형으로 보면 象形字다(于省吾, 1996 - 2448). 갑골문 중에서는 인명 · 지명 · 상대 서북방의 방국이다(趙誠, 1988 - 156). 戊와 戉은 모두 도끼 모양을 본뜬 자이나 점차 두 자로 분화되었다. 其 - 삼태기 모양. 강조부사로 쓰였다. 專 - **叀**자에 처럼 손인 又자가 더해진 자. **叀**는 세가 방직용 기계이다. 실을 짤 때는 정신을 집중해야 하므로 '전념하다'는 뜻으로 쓰였다. **叀**자가 들어가는 자는 '돌아간다'는 의미가 있어 傳 · 轉에는 어느 정도 그 뜻이 스며있다. 卜辭에서는 인명 · 지명 · 방국명으로 쓰였다(趙誠, 1988 - 122). 伐 - 도끼로 처럼 사람 목을 치는 모양. 정벌하다.

5) 해 설 :

상대의 방직기술

상대의 방직물을 직접 볼 수는 없으나, 청동기 · 도기 등 기물에 찍혀 있는 흔적으로 족히 짐작할 수 있다. 갑골복사에서 방직과 관계된 내용 또한 많지 않으나 蠶 · 桑 · 叀 · 專 · 絲 · 麻 등 몇 가지 문자에서 그 상황을 엿볼 수 있다.

상대의 가죽 옷

상대의 피혁가공기술은 놀라우리만큼 발전했다. 侯家藏 1004號 王陵에서 발견된 가죽재료에는 紅 · 黑 · 白 · 黃 등 네 가지 색의 도안이 그려져 있었다. 갑골문 裘(7 - 13 참조)자의 본의는 皮衣로 처럼 털이 밖을 향한 가죽옷의 형상이다. 털을 제거한 革의 가공법은 아직 시행되지 않았다(宋鎭豪, 2000 - 345).

12-7

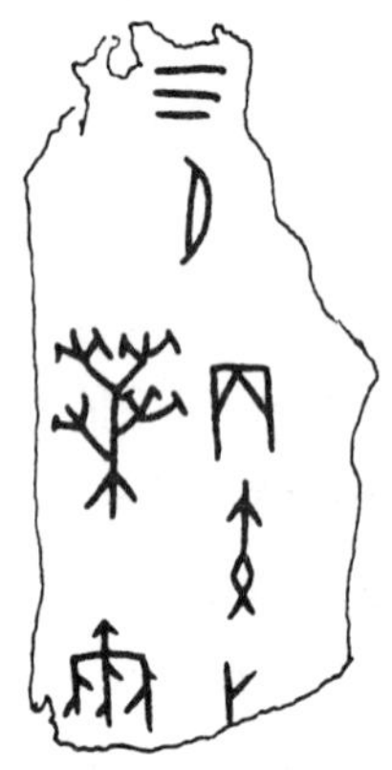
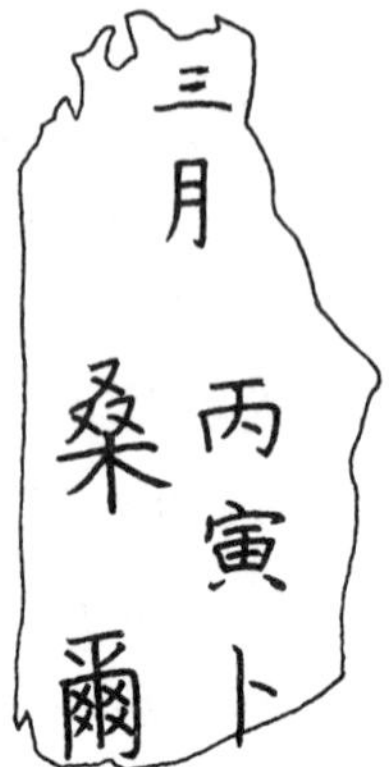

1. 10058

2. 3336 正

12. 제7편

1) 본 문 : 1. **丙寅卜：⍁桑爾⍁。 三月。**

2. **貞：令中人。 七月。**

□□卜, 貞：令上絲眔(暨)□侯。

2) 한 역 : 1. **丙寅일에 점을 칩니다 : 桑爾. 3월에.**

2. **묻습니다 : 중인에게 명해 … 7월에.**

점치고 묻습니다 : 上絲와 □侯에게 명해 …

3) 출 전 : ≪甲骨文合集≫ 1. 10058 제1기 2. 3336 正 제1기

4) 자 해 : **[桑朿]** : 桑 - 뽕나무 모양. ≪說文≫에 「桑, 蠶所食葉木」라고 하여 누에가 잎을 먹는 모양이라고 하였다(徐中舒, 1990 - 677). 桑爾 - 명확하지 않다.

[令中人十月] : 令 - 종 아래에 사람이 꿇어앉아 있는 모습. 종을 치며 명령을 하달했던 것이 글자의 배경이 된 것이다. 갑골문에서 '명령하다' 또는 '지명'으로 쓰였다. 中 - 깃발 모양. '중앙'으로 빌려 썼다(1 - 7 참조).

[上絲眔(暨)侯] : 絲 - 두 개의 糸로 된 회의자. 실타래 두 개가 [illegible]처럼 나란히 있는 모양. 관직명 · 지명. 上絲는 방국명으로 쓰였다(趙誠, 1988 - 225). 眔 - 눈에서 눈물이 떨어지는 모양. [illegible]에서 眔로 변하였다. 접속사 暨로 빌려 썼다(4 - 15 참조). 侯 - 과녁인 厂와 矢를 [illegible]처럼 합쳐 과녁에 맞춘 모양이다. 본의는 활을 과녁에 쏘아 명중된 형상으로 爵位名으로 인신되었다(3 - 17 참조).

5) 해 설 :

중국의 비단

黃帝는 西陵의 딸 嫘祖를 정비로 맞이했다. 그녀는 누에치는 법을 백성에게 가르쳤고, 누에고치에서 뺀 繭絲(견사)로 비단을 짜 여러 계층에 맞는 의복을 만들어 후세에 蠶神으로 추앙되고 있다. 1983년 山西 西陰村의 彩陶文化 유적지에서 반으로 잘린 누에고치를 발견하였다. 5천여 년 전 이미 비단을 짰다는 것을 실물로 증명해 주었다(蘇振甲, 1979 - 349).

婦好墓에서 발견된 絲織品의 종류는 다양했다. 평면무늬 비단 · 겹씨줄 날줄의 비단 · 주사로 염색한 견직물 · 사선직조 · 돌출무늬 비단 등 여러 종류가 있었다(婦好墓, 1978 - 18).

제 13장

商業 · 交通

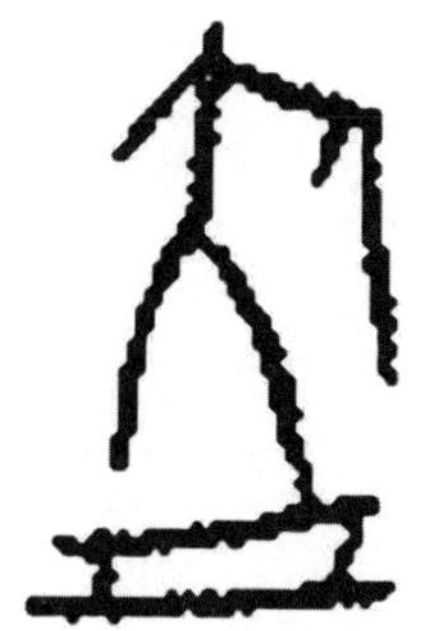

商業 · 交通

殷墟 유적지에 사통팔방으로 펼쳐진 도로는 원활했던 상대의 교통상황을 말해준다. 甲骨文 중 車의 형상은 매우 세밀한 수레구조로 黃帝시대 수레를 만들어 사용했다는 기록을 뒷받침하고 있다. 전쟁이나 사냥에 사용되었던 수레는 해상교통과 함께 상대의 중요 교통 수단으로 산업을 활성화시켰다.

한편, 그물로 조개를 건지는 모양인 '買'자는 '사다'는 뜻으로 쓰인 것은 당시 필요한 물건을 조개로 살 수 있었다는 의미를 나타내 준다.

이로 미루어 볼 때 상거래도 활발했을 것으로 짐작된다. 상업에 종사하는 사람을 '商人'이라고 한 사실이 이를 대변한다.

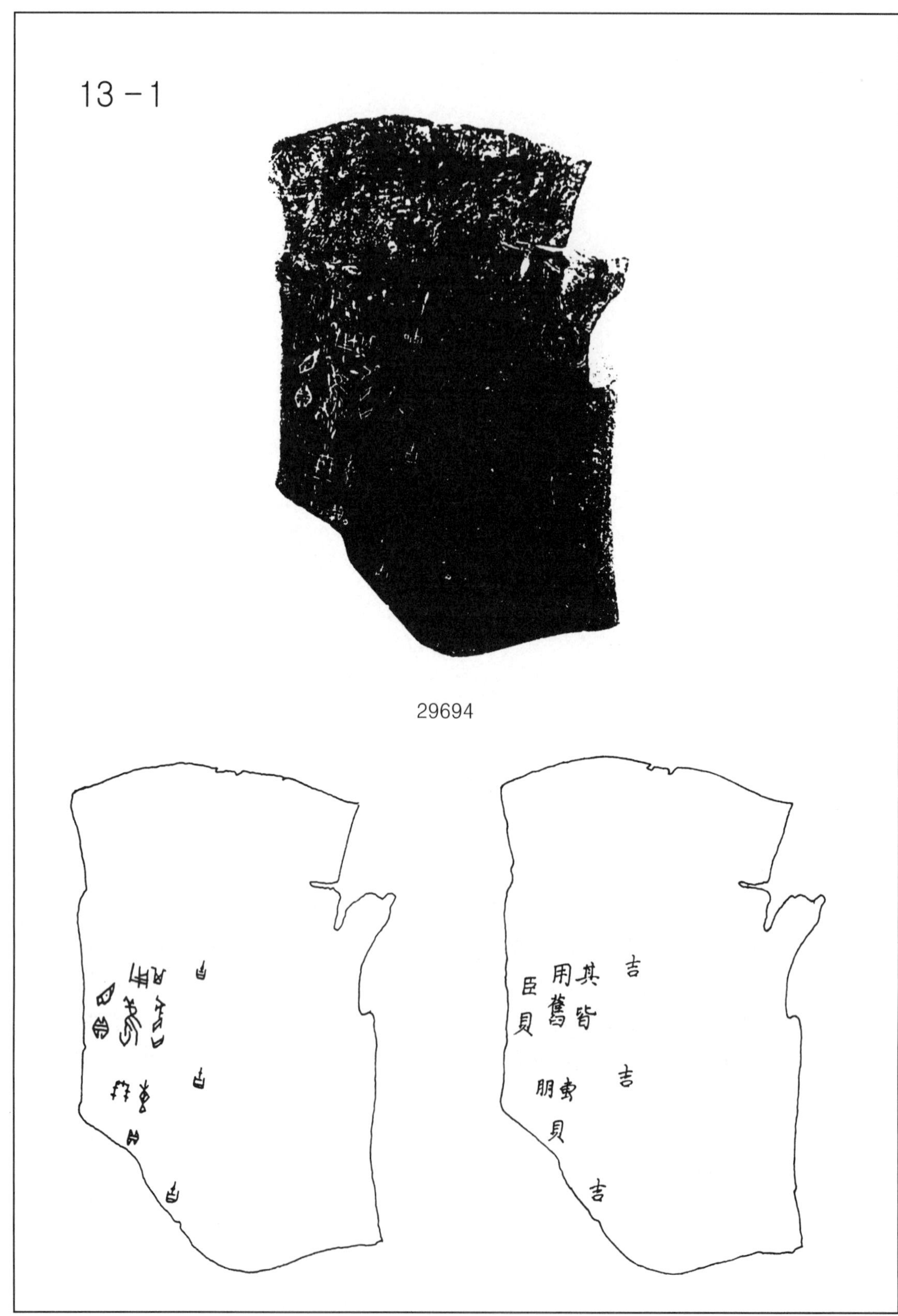
13 -1
29694
吉
其
用
臣
皆
舊
貝
吉
朋
叀
貝
吉

13. 제1편

1) 본 문 : 1. 叀(惠)貝朋。吉
2. 其𣅀(皆)用舊臣貝。吉

2) 한 역 : 1. 한 朋의 貝를 사용할까요? 길하다.
2. 우리가 모두 舊臣의 貝를 사용할까요? 길하다.

3) 출 전 : ≪甲骨文合集≫ 29694 제3기

4) 자 해 : **[叀(惠)貝朋]** : 貝 - 조개가 [貝]처럼 입을 벌린 모양(徐中舒, 1990 - 701). 朋 - 조개를 두 줄로 엮은 모양으로 조개꾸러미를 세는 양사이다. 상대에 貝를 세는 전용양사가 있었음을 알 수 있다(趙誠, 1988 - 257).

[其𣅀皆用舊臣貝] : 𣅀(皆) - 㠯와 ㅂ의 합체자. <中山王壺> 중 「諸侯皆賀」의 皆자와 동일하여 皆 즉 '모두'(俱也)로 풀이한다. 정작 皆 자는 금문에서 두 개의 比에 口를 합친 자였는데 소전은 比에서 自로, 예서에서 自 가 다시 白이 되어 皆가 되었다(高樹藩, 1974 - 798). 用 - 用은 [用]처럼 나무통 모양으로 '사용하다'로 인신되었다. 舊 - 새의 모양. 舊로 쓰였다. 臣 - 눈을 치켜 뜬 모양. '신하'로 쓰였다.

5) 해 설 :

상대의 상업과 商人

장사에 능하다는 전설을 지닌 商族은 물물교환에서 貝나 玉을 화폐로 쓰며 상업 활동을 발전시켰다. 商代 후기의 번영은 周人들이 ≪禮記 · 祭儀≫에서 「殷人貴富」라고 한 말로 대변하며 貝와 玉은 이미 상대 사회에서 富의 상징이 되었다. 周公이 ≪尙書 · 酒誥≫에서 상술 좋은 殷人들을 격려해 한 말을 보자.

肇牽車牛衣服賈	소달구지 몰고 멀리 가 장사하여
用孝養厥父母	부모에게 효도하고 극진히 봉양하니
厥父母慶	그 부모들 크게 기뻐할 일일지니
自洗腆致用酒.	주저말고 풍성한 음식과 술을 빚어 드릴지어다.

소달구지를 끄는 사람은 물건을 가득 싣고 멀리 장사를 떠난 귀족들은 능숙한 거상이었을 것이다. 그러므로 商代人들을 '商人'으로 칭하며 장사 수완이 좋은 사람으로 지금껏 일컬은 것이다.

13-2

1. 11433

2. 21776

 觶

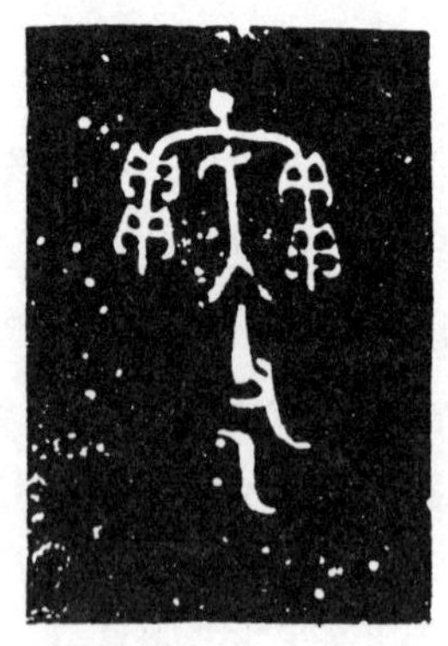

父乙毁

13. 제2편

1) 본 문 : 1. **其買**。

2. ▨**弗買**▨。

2) 한 역 : 1. **살까요?**

2. **사지 말까요?**

3) 출 전 : ≪甲骨文合集≫ 1. 11433 제1기 2. 21776 제1기

4) 자 해 : **[弗買]** : 弗 - 화살을 화살통에 넣고 끈으로 고정시켜 구부러지지 않게 하거나, 물건을 새끼로 묶어 곧게 펴는 기구 모양. 여기서는 부정사로 빌려 썼다(7 - 7 참조). 買 - 网과 貝의 합체자. 그물로 조개를 잡아 올리는 형체를 처럼 묘사한 것이다. 조개는 화폐의 역할을 해 물건을 살 수 있으므로 '구매하다'는 뜻이 되었다(于省吾, 1996 - 1933).

5) 해 설 :

상대의 화폐 - 貝 · 玉

갑골문 貝는 조개 모양인데 貝위에 网을 두어 '사다'는 買자를 만들었다. ≪說文≫에 「買, 市也, 孟子曰, 登壟斷而网市利」라고 하여 買字를 '매점매석하여 망으로 화폐를 취하는 것 같이 利를 추구한다'고 하였다. 갑골문 買자의 자형과 부합된다. 관련 글자를 보자.

貯자는 네모 상자 속에 貝를 담아둔 모양 이다.

寶자는 玉을 집안의 보석함 속에 깊이 간직한 모양이다.

玉자는 옥을 줄에 꿰어 놓은 모양으로 화폐로 사용했던 것이다.

朋자는 두 줄로 貝를 엮어 놓은 모양인데 상대의 화폐단위였다.

상대 초기 귀족 묘에서 끈에 꿴 조개 460매가 나왔고, 왕비였던 婦好의 墓에서는 7천여 점의 바다조개가 나와 존귀와 부를 과시했다. 또 상대 금문에서는 꿰어놓은 조개를 메고 있는 형상을 생생히 볼 수 있다.

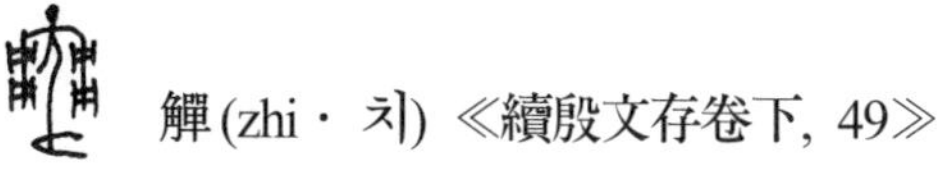

䚘(zhi · 치) ≪續殷文存卷下, 49≫

13-3

1. 4902

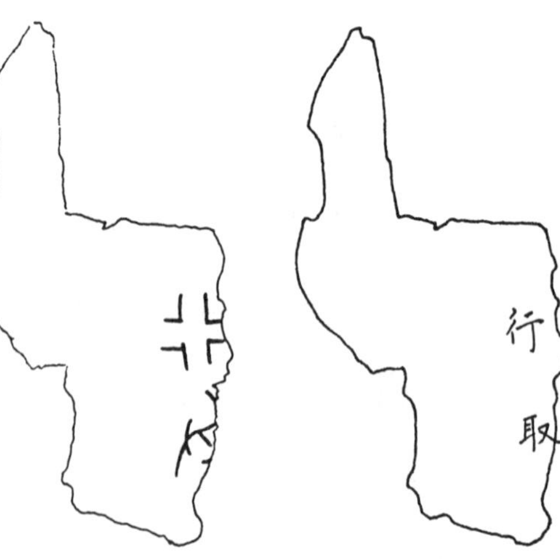

2. 4903𠂤殳

13. 제3편

1) 본 문 : 1. **貞 : 行㞢(有)䖵(害)。二告**

貞 : 勿☐行以。

2. **行取。**

2) 한 역 : 1. **묻습니다 : 行에게 재앙이 있을까요?**

묻습니다 : 行에게 …를 들여 오지 않게 할까요?

2. **行은 취해 올까요?**

3) 출 전 : ≪甲骨文合集≫ 1. 4902 2. 4903 反 제1기

4) 자 해 : **[貞]** : 鼎의 형체인데 貞으로 簡化되었고 '점쳐 묻다'는 뜻으로 쓰였다.

[行㞢(有)䖵] : 行 – 십자로 형상으로 큰길을 형상화했다. 인명으로 가차되어 쓰였다(徐中舒, 1990 – 182). **䖵** – 뱀이 처럼 발꿈치를 무는 모양이다. 재앙으로 쓰였다. 㞢 – 又의 제1기의 자형. 있다(有)는 뜻. 它 또는 害로 읽는다(1 – 3 참조).

[勿 … 行以 …] : 以 – 사람이 물건을 들어올리는 모양. 致 · 氐 · 氏 등과 같은 뜻으로 사람이나 물건을 '들여오다'로 풀이된다(9 – 1 참조).

[行取] : 取 – 耳와 手의 합체자이다. 전쟁시 손으로 적군의 귀를 자르는 모양으로 전공을 나타낸 자로서 점차 '취해오다'로 인신되었다(9 – 3 참조).

5) 해 설 :

상대의 도로

行자는 商代에 사통팔달로 발전된 교통의 중심인 십자로를 형상화하였다. 2번의 경우는 십자로의 형상이 더욱 완연하다. 점차 인명으로 가차되었다. 상왕이 말을 타고 사냥할 때는 2마리가 끄는 馬車를 사용하고, 전쟁시 출정하는 戰車는 4마리 말이 끌었다(孟世凱, 1994 – 337).

고대에 통치자들이 전쟁시에 탔던 전차를 戎車라고 하였는데 상대에 戎車가 통행하기 위해서는 도로의 폭이 이에 상응하였다고 할 수 있다. 江西 商 유적지에 남아 있는 도로는 폭 3~6m 길이는 약 100m에 달하는데 현재 39m 정도가 남아있다(考古, 1984 – 10기).

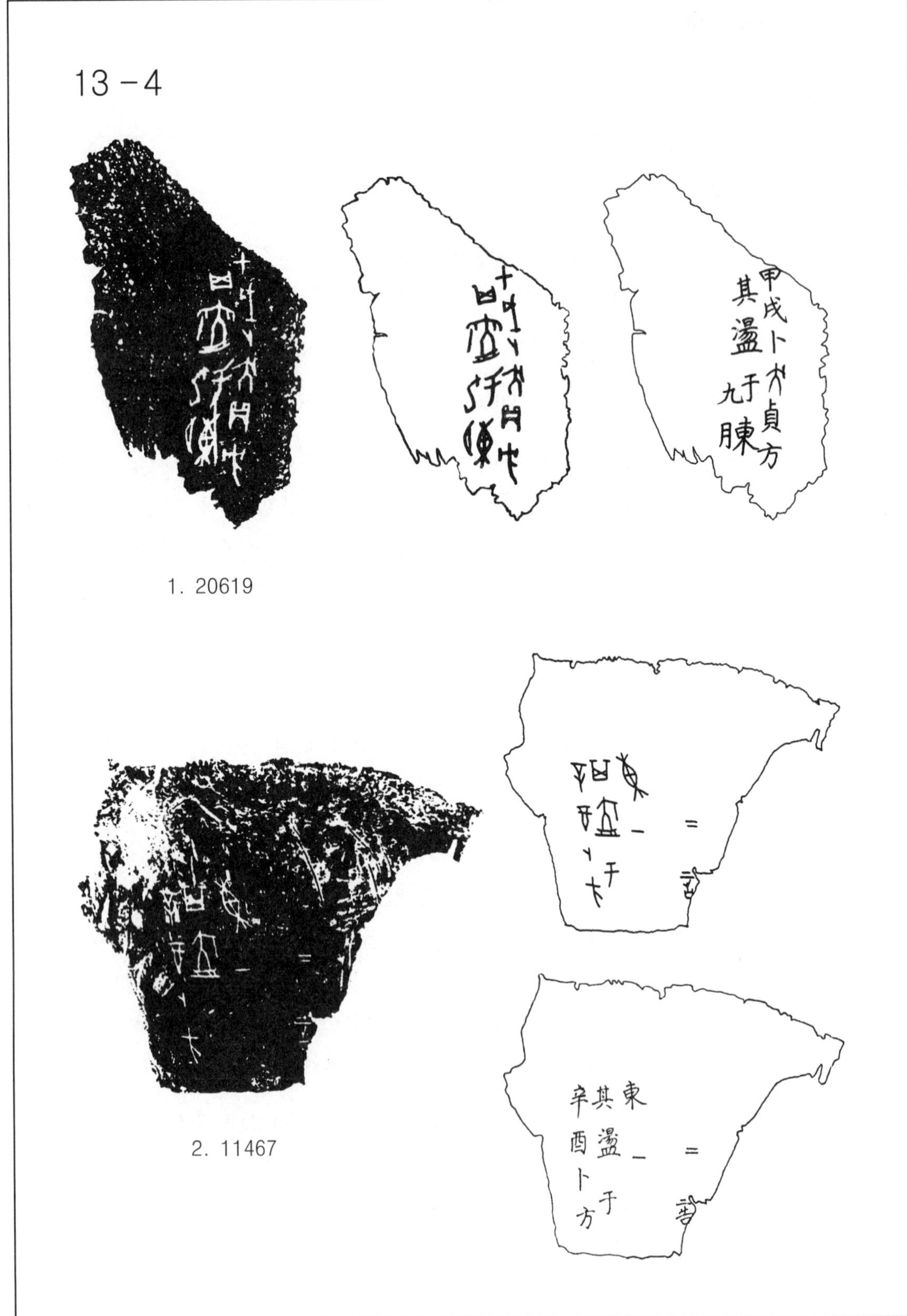

1. 20619

2. 11467

13. 제4편

1) 본 문 : 1. **甲戌卜, 𠂇(扶)貞 : 方其𣳾(盪)于東。九月。**

2. **辛酉卜 : 方其𣳾(盪)于東。**

2) 한 역 : 1. **甲戌일에 점을 치고, 𠂇(扶)가 묻습니다 : 方族은 배를 타고 동쪽으로 갈까요? 9월**

2. **辛酉일에 점을 칩니다 : 方族은 배를 타고 동쪽으로 갈까요?**

3) 출 전 : ≪甲骨文合集≫ 1. 20619 2. 11467 제1기

4) 자 해 : **[甲戌卜, 𠂇貞]** : 𠂇(扶) - 사람이 팔에 무언가를 들고 있는 모양이다. 貞人의 이름으로 쓰였고 扶로 풀이한다(徐中舒, 1990 - 1398).

[方其𣳾(盪)于東] : 方 - 상대 西北쪽의 방국명. 其 - 강조부사. 𣳾(盪) - 사람이 배 위에서 노를 젓는 모양. 舟 위에 大가 합쳐진 자이며 大는 音도 나타낸다. 盪자로 고석하며 '배를 타고 간다'는 뜻으로 풀이한다(張亞初, 1991 - 237). 곽말약은 船으로, 康殷은 津으로 풀이했고, 于省吾는 '침범하다'로 보는(于省吾, 1996 - 3131) 등 여러 가지로 풀이하나 본서는 張說을 따랐다. 于 - 전치사. 東 - 東은 위아래가 뚫린 자루(橐 자루 탁)로 자루의 양끝을 묶으니 ⊕⊕ 모양이다. 동쪽이라는 음과 자루의 자음이 비슷해 東을 '동쪽'으로 빌려 썼다(14 - 3 참조).

5) 해 설 :

상대의 해상교통 - 舟

배를 타고 노를 저어 가는 형상은 당시 해상 교통의 생생한 모습이다. 商代의 배인 舟의 형상을 보면 통나무의 속을 파내거나 뗏목 형상이다. 甲骨文에는 배를 타고 황하를 건너는 일을 점친 내용이 적지 않아 당시의 상황을 알려준다.

庚午卜, 師貞 : 弜卒𣳾河, 亡若. 十月. (20611)

10월의 庚午일에 점을 치고 師가 묻습니다 : 弜이 배를 타고 황하를 건너는데 순조롭지 못할까요.?

13-5

27948

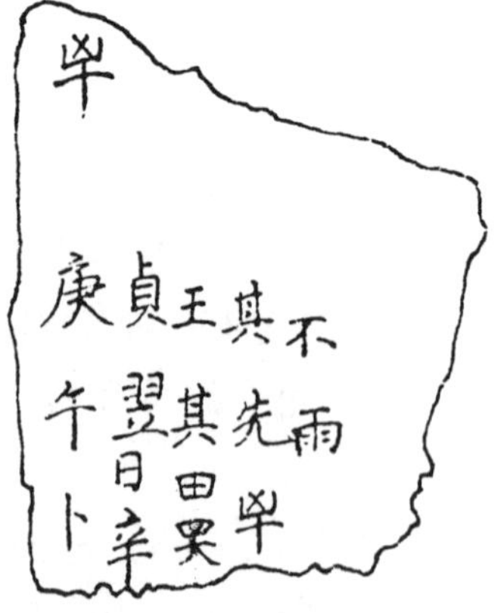

13. 제5편

1) 본 문 : **庚午卜, 貞 : 翌日辛王其田, 馬其先, 禽(擒), 不雨。**

2) 한 역 : **庚午일에 점을 치고, 묻습니다 : 내일 辛일에 대왕께서 사냥을 가는데 말을 탄 부대가 선봉으로 나서면 포획할 수 있을까요? 그리고 비는 오지 않겠습니까?**

3) 출 전 : ≪甲骨文合集≫ 27948 제3기

4) 자 해 : **[翌日辛]** : 翌日 - 翌는 翊와 같으며 '내일', '다음날'이다(2 - 2 참조). 단지 天干만으로 날짜를 나타냈다. 庚午일 다음날은 辛未일이다.

[王其田] : 王 - 상왕. 제3기의 자형이다. 其 - 강조부사. 田 - 사냥하다.

[馬其先] : 馬 - 말의 모양. 말. 其 - 강조부사. 先 - 사람(人)의 머리 위에 발(止)을 얹어 앞서간 조상의 발자취를 나타내며, 본의는 조상이다. 그 외에 '먼저', '앞으로 나아가다'로 인신되었다(徐中舒, 1990 - 975).

[禽(擒)] : 禽 - 擒의 초문. 사냥할 때 조류 또는 짐승을 잡는 도구 같은 모양이다. 갑골문에 그물 위에 새가 있는 자형(≪乙≫ 814)도 있어 이를 뒷받침했다. 여기서는 '잡는다'는 뜻이다(趙誠, 1988 - 332).

5) 해 설 :

상대 말의 효용

갑골문 중 말의 형상은 처럼 매우 역동적이다(11 - 8 참조). 쓰임새도 다양해 마차를 끌고 사냥에 동원되었으며, 전시에는 전투나 도망가는 포로를 쫓았다. 농경에도 이용되었고 제례의 희생물로 바쳐졌다.

乙卯卜, 貞 : 子奇(騎). (≪乙≫ 8696) 子는 말을 탈까요.
貞 : … 以三十馬允其執羌. (500 正) 30필의 말로 羌人들을 잡을까요?
貞 : 㱿馬. (16180 正) 말을 드려 㱿祭를 지낼까요.

奇는 처럼 말을 타는 형상이다(康殷 1992 - 5). 殷墟 제13차 발굴시 小屯에서 人馬묘를 발견했는데 玉으로 만든 말과 함께 人 · 馬 · 犬 그리고 戈 · 刀 · 弓이 각각 한 점씩 매장되어 있어 당시 사냥이나 전쟁에 말을 사용한 사실을 보여 주었는데, 본 편은 商代에 이미 말을 타고 사냥했던 사실을 증명하고 있다.

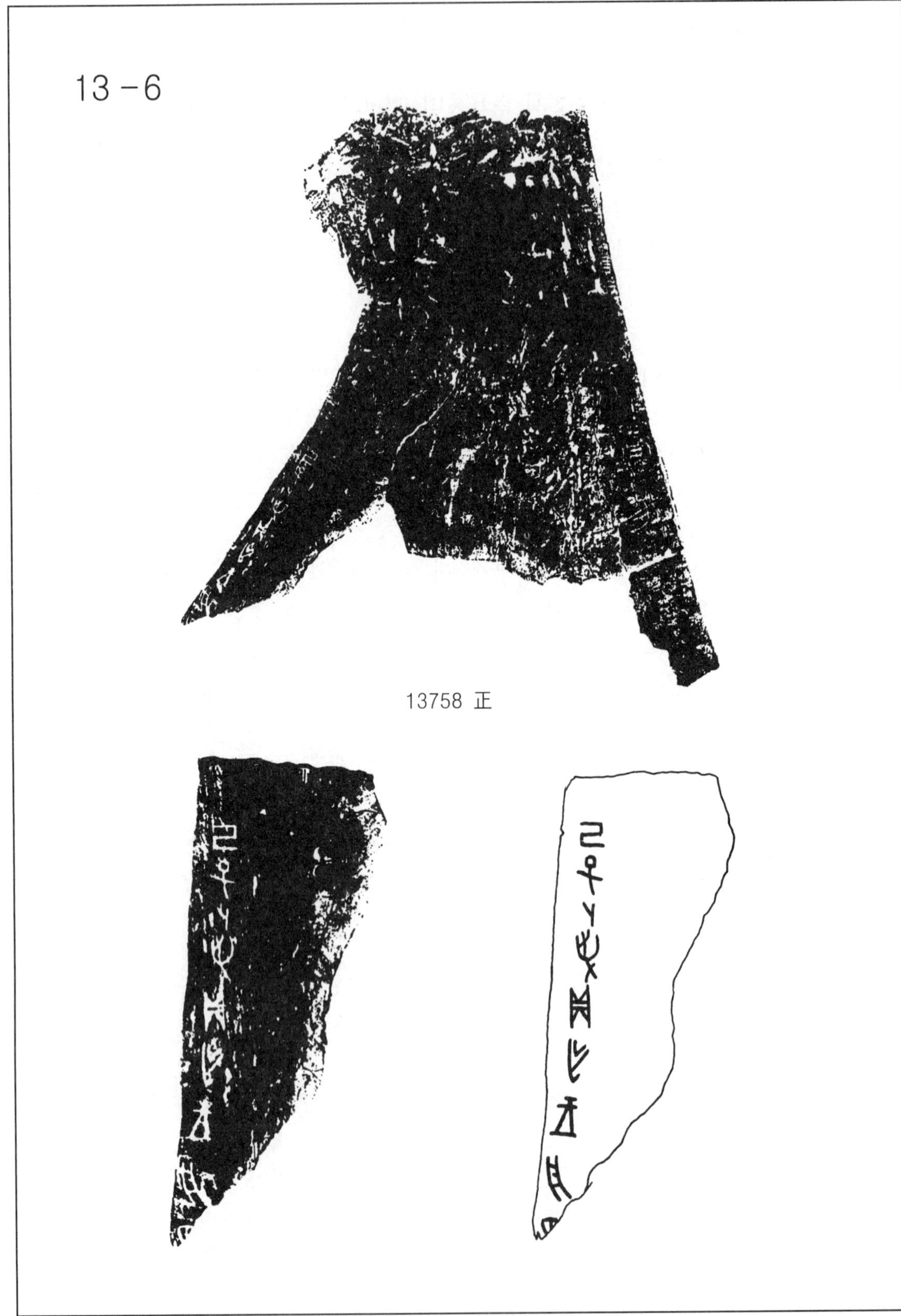

13758 正

13. 제 6 편

1) 본 문 : **己巳卜, 爭貞 : 乍(作)王舟☑。**

2) 한 역 : **己巳일에 점을 치고, 爭이 묻습니다 : 대왕의 배를 제작할까요?**

3) 출 전 : ≪甲骨文合集≫ 13758 正 제1기

4) 자 해 : **[己巳卜, 爭貞]** : 己巳일에 점을 치고, 爭이 묻다.

[乍(作)王舟☑] : 乍 - 만든다, 作의 초문(2 - 9 참조). 舟 - 큰 나무를 잘라 속을 파내고 만든 같은 배. 양옆에 나무를 붙여 만든 船자는 甲骨文에 아직 보이지 않는다. 배, 지명으로 쓰였다. 王舟는 상왕을 위해 만든 왕의 전용 배(馬如森, 1993 - 505).

5) 해 설 :

상대 배의 활용

상대의 해상 교통 수단은 '舟'였다. 복사 중 배의 운행에 관한 기록은 많지 않으나 단편적인 기록들을 맞추어 보면 대강을 짐작케 한다.

- □午卜 : **叀大事析舟, 叀小事析舟, 叀吳令析舟.** (≪鄴≫ 3下 39.3)
  □午일에 묻습니다 : 큰 일에 배를 풀고, 작은 일에도 배를 풀어야 하는데 吳에게 배를 풀라고 명하도록 할까요?

- 癸丑卜, 穷貞 : 今春商索舟. (≪續存≫ 下 286)
  癸丑일에 점을 치고, 穷이 묻습니다 :
  올 봄에는 商(商都 부근의 漳河)에 배를 묶도록 할까요?

위 卜辭에 보이는 '析舟'와 '索舟'는 배를 풀어 사용하고 사용한 뒤에는 포구에 묶어 두는 상황을 묻는 내용이다(于省吾, 1996 - 3126). 배를 타고 과연 어떤 일을 했는지는 알 수 없으나 생활의 수단으로 사용되었음은 분명하다.

13 -7

24609

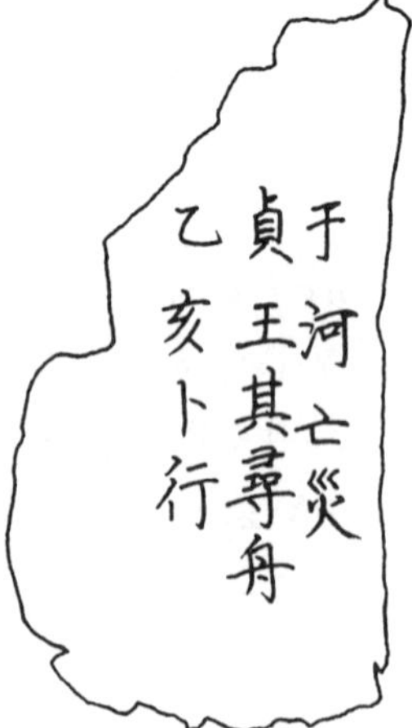

13. 제7편

1) 본 문 : **己亥卜, 行貞 : 王其𡬶(率)舟于河, 亡巛(災)。**

2) 한 역 : **己亥일에 점을 치고, 行이 묻습니다 : 왕이 배를 타고 河로 가는데, 재앙이 없겠습니까?**

3) 출 전 : ≪甲骨文合集≫ 24609 제2기

4) 자 해 : **[王其𡬶(率)舟于河]** : 王－상왕. 其－강조부사. **𡬶(率)**－갑골문 자형은 [glyph]처럼 손으로 측면으로 세운 돗자리를 양손으로 잡고 있는 모양이다. 卜辭에서는 술을 땅에 뿌려 신을 내려오도록 하는 酹(lai · 뢰)祭, 또는 率(shuai · 솔)로 읽고 '배가 물위를 순행한다'는 등 여러 풀이가 있다(8－3 참조). **舟**－통나무를 잘라 속을 파내고 만든 배. **于**－전치사. **河**－从水, 可聲의 형성자. 卜辭에서는 黃河 · 黃河神으로 쓰였다(3－1 참조).
[亡巛(𢦏)] : 亡－無와 같이 '없다'는 뜻. 巛(災)－홍수로 물이 흘러 넘치는 모양으로 [glyph], [glyph] 등으로 표현했고, 才를 음으로 추가한 [glyph]도 있다. 점차 일반적인 재앙(𢦏 · 災)을 나타낸다.

5) 해 설 :

공기주머니를 이용한 橐舟

상대의 해상교통에는 짐승들의 골육을 제거하고 말린 가죽을 사용하였다. 사지의 구멍으로 공기를 불어 넣은 다음 배의 가장자리에 묶어 부력을 이용한 배가 橐舟(탁주)이다. 중국의 서남부 협곡에서는 현재까지 사용되고 있다(宋鎭豪, 2001－423). 이와 관련된 卜辭를 보자.

· 舟+斿[glyph]惟橐用. (31137)
가죽주머니를 매단 배를 이용해 술([glyph])들을 나를까요?

· 貞 : 亞勿往茧, 在兹祭.
· 貞 : 勿呼涉河.
· 貞 : 勿呼伐, 舟惟橐用. ≪安明≫ 695
묻습니다 : 亞는 이곳 祭의 나루에서 茧로 가지 말까요?
묻습니다 : 내를 건너지 말라고 명할까요?
묻습니다 : 작전을 명하지 말까요. 가죽주머니를 매단 배를 써 물건을 나를까요?

13 -8

11477

13. 제8편

1) 본 문 : **甲戌卜, [爭]貞 : 來辛巳其旬𣴎。二**

2) 한 역 : **甲戌일에 점을 치고, 爭이 묻습니다 : 다음 辛巳일에 배를 타고** 盤遊을 할까요? **두 번째 물었다.**

3) 출 전 : ≪甲骨文合集≫ 11477 제1기

4) 자 해 : **[甲戌卜, 爭貞]** : 甲戌일에 점을 치고 爭이 묻다.

[來辛巳] : 來 - 보리의 모양. 往來의 來로 빌려 썼다. 당일은 '今日', 다음 날부터 며칠 이내는 '翌', 비교적 먼 날의 앞에 '來'를 쓴다(1 - 3 참조).

[其旬𣴎] : 力 - 힘껏 일을 돕다. 旬·乇으로 보기도 한다. 𣴎 - 𣴎은 두 척의 배가 전후에서 나아가거나 물가에 배가 있는 모양으로 汎船을 형상화하였다. 盤과 같다. 徇盤, 盤遊, 巡行. 㳅, 㳅는 汎(fan·범)으로 읽으며 盤과 통한다. 旬은 徇, 巡과 통하며 배를 타고 盤遊를 즐긴다는 뜻(趙誠, 1988 - 352).

5) 해 설 :

상왕의 해상 행차

갑골문에는 商王이 배를 타고 黃河나 殷墟 서부 沁陽의 沁水 등에 행차했던 기록이 있다.

· 庚申卜 : 王其尋(率)舟. (≪屯南≫ 2296)
· □丑卜, 行貞 : 王尋(率)舟于滳, 亡災 八月. (24608)
대왕께서 배를 타고 순행을 떠나려는데 순조로울까요?
대왕께서 배를 타고 滳으로 가는데 재앙이 없을까요?

· 庚寅卜 : 王𣴎, 辛卯易日. (20272)
· 辛未卜 : 今日王𣴎. 不風. (20273)
대왕이 배 타고 순행을 가려는데 신卯일에 날씨가 개일까요?
대왕이 오늘 배를 타고 순행 나가는데 바람이 없을까요?

위 복사에서 말한 尋(率)舟는 '배가 순조롭게 물위를 항해하는 뜻'으로 상왕의 순조로운 해상 활동을 바라며 占卜한 내용이다. 상왕의 해상 활동이 빈번하였음을 알 수 있다.

13-9

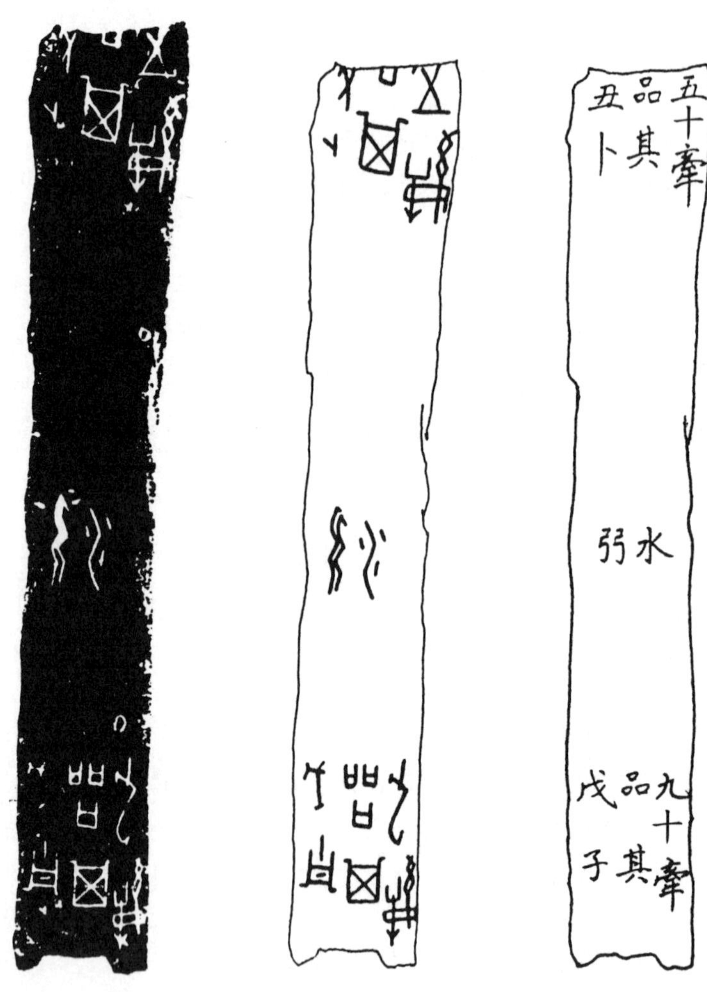

34675

13. 제 9 편

1) 본 문 : **戊子卜 : 品, 其九十牽。**

弜水。

[己]丑卜 : [品], 其五十牽。

2) 한 역 : **戊子일에 점을 칩니다 : 90마리의 소를 이끌까요?**

弜水

[己]丑일에 점을 칩니다 : 50마리의 소를 이끌까요?

3) 출 전 : ≪甲骨文合集≫ 34675 제4기

4) 자 해 : **[戊子卜, 品]** : 品 - 3개의 口로 된 모양으로 小篆과 같다. 갑골문에서는 정인 이름 · 제사명으로 빌려 썼다(趙誠, 1988 - 246). 宋鎭豪는 본 편 品의 의미를 '이끌다', '인솔하다(率)'로 보고 있다(宋鎭豪, 1986 - 74). 입(口) 셋으로 많은 사람을 나타냈다. 사람이 많으면 각기 소지한 물건도 많아, '물품', '인품', '인격', '품격', '품질' 등으로 인신되었다.

[其九十牽] : 其 - 강조부사. 九 - 구부린 팔의 모양. 아홉으로 빌려 썼다. 九와 十의 合文이다. 牽 - 우마차이다. ≪說文≫ 중의 '从牛从口从糸, 糸亦聲'이라고 한 牽의 本字다. 풀이는 다양하지만 이는 상대의 牛車를 묘사한 자로 소가 끄는 차를 말한다(宋鎭豪, 1986 - 66).

[弜水] : 弜 - 부정사. 水 - 물이 흐르는 모양. 뜻이 확실하지 않다.

[其五十牽] : 五 - 다섯. 牽 - 소가 끄는 차.

5) 해 설 :

상대의 牛車 - 牽

갑골문 牽자는 소가 끄는 牛車의 모양이다. 문헌에서 말하는 '服牛'로 전쟁시에는 군수품을 나르고, 평상시에는 물품을 운송하는 기능을 갖는다. 상대의 수레는 글자의 풀이에서 보듯이 소나 말 가슴에 口로 결박하는 방법(胸式繫駕法)을 사용했다.

본문은 제4기 武乙 시기의 卜辭로 丁亥 · 戊子 · 己丑(34674편 참조) 3일에 걸쳐 같은 내용을 점쳤는데 戊子일에는 무려 90마리를 이끌었다. (甲骨文合集釋文 · 四) 동원된 소의 규모로 보아 중대 사안이었을 것으로 보인다.

13－10

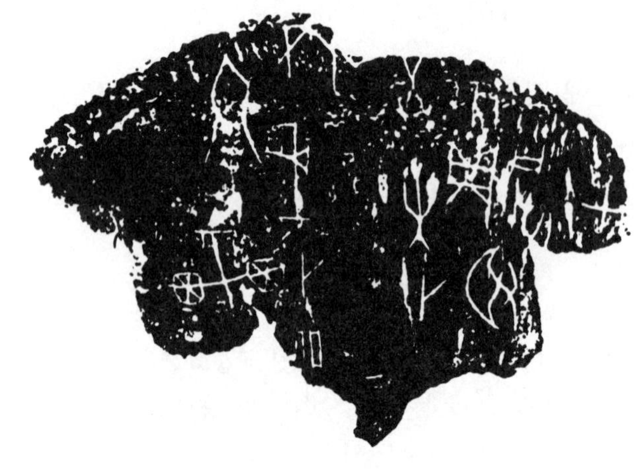

11452

보충 《屯南》 3752

13. 제10편

1) 본 문 : **丙戌卜, 𡆥[貞] : 六車。**

2) 한 역 : **丙戌일에 점을 치고, 𡆥이 묻습니다 : 6대의 차로 …할까요?**

3) 출 전 : ≪甲骨文合集≫ 11452 正 제1기 보충 ≪屯南≫ 3752 제3기

4) 자 해 : **[丙戌卜, 𡆥(貞)]** : 𡆥 - 형체는 알 수 없으나 貞人 私名으로 썼다.

[六車] : 六 - 간이 주택 모양. 廬의 초문으로 음에 의해 여섯으로 가차되었다(1 - 9 참조). 車 - 바퀴가 2개 달린 차의 형상이다.

보충 [辛, 其輿子⊠] : 輿 - 두 사람이 쟁반(盤)(혹은 배)의 네 모서리를 잡고 들어 처럼 올리는 모양, 때로는 口가 첨가되기도 하였다. 들어 올린 물건이 쟁반(商承祚, 1990 - 254), 들것(許進雄, 1995 - 81)인 것으로 보아 상대의 교통수단과 관련 있는 字로 간주하기도 한다. ≪說文≫에 輿자를 '从同'이라고 서술하였으나 殷墟 1001호 大墓의 발굴품으로 볼 때 輿자는 '同'을 따르지 않은 것은 분명하다(趙誠, 1988 - 249). 인신하여 '흥기하다', '일어나다'. 인명 · 제명으로도 쓰였다(보충 ≪屯南≫ 3752 참조).

5) 해 설 :

상대의 어가

임금의 행차에는 많은 교통수단이 이용되었으나 정식 행차에 탔던 차는 '輦輿'(연여)라 한다. 갑골문 車자는 앞에서 두 사람이 양손으로 차의 핸들을 작동하며 수레를 모는 모양으로 바로 연여의 형상이다. 商王은 행차시 輦輿를 탔음을 보여주는 卜辭도 있다.

周代 金文 輦자를 보면 두 사람이 앞에서 차를 몰고 있는 형상까지 묘사해 더욱 명확히 드러난다. 보충 ≪金文編≫ 卷 14, 2305

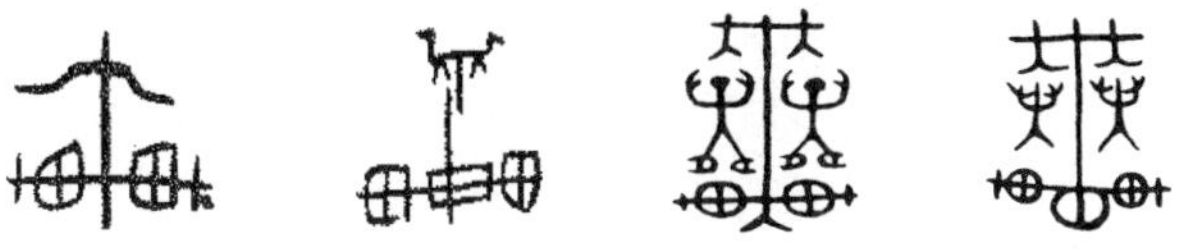

輦 ≪金文編≫ 卷 14. 2305

13-11

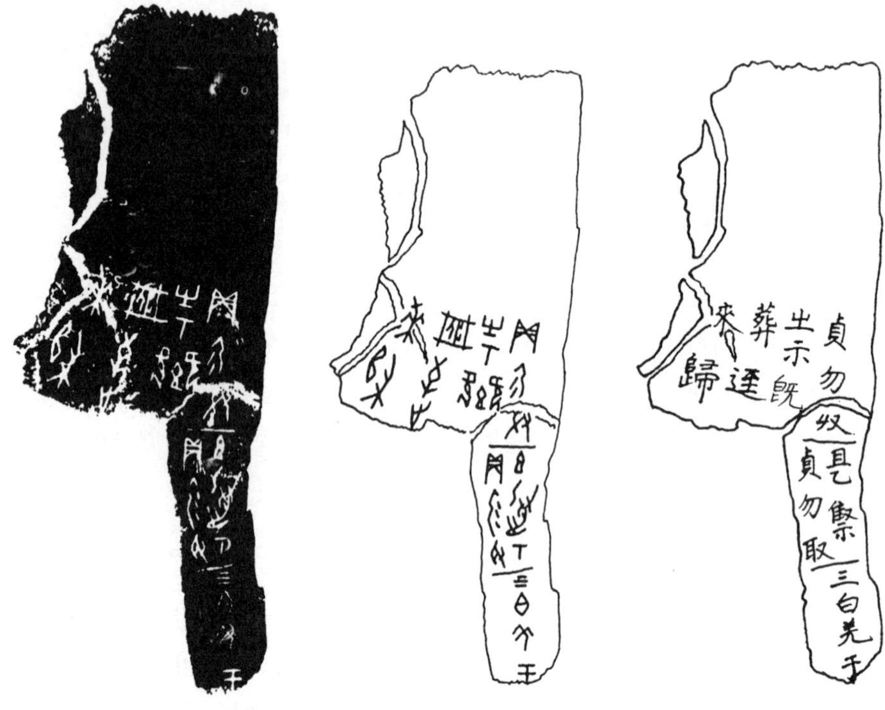

296

13. 제11편

1) 본 문 : **貞 : 勿登㞢(右)示, 旣(饗)葬逕(馹)來歸。**

2) 한 역 : **묻습니다 : … 위패를 올리지 말까요 …**
… 장례를 마친 뒤 운송용 말을 타고 돌아갈까요?

3) 출 전 : ≪甲骨文合集≫ 296 제1기

4) 자 해 : **[貞]** : 점쳐 묻다.

[勿登㞢(右)示] : 勿 - 부정사. 登 - 두 손으로 음식을 들고 제단으로 오르는 모양이다. '오르다'로 인신되었다. (4 - 15 참조). 㞢 - 右, 오른쪽. 示 - 신주를 모셔 놓은 모양.

[旣(饗)葬] : 饗 - 두 사람이 음식을 향해 앉아 음식을 먹는 모양인 형태이다. 본편과 같이 음식을 다 먹어 그릇으로부터 머리를 돌리고 있는 모양인 (旣)로도 풀이한다. 旣는 '일을 마치다', '이미'라는 뜻으로 인신되었다(4 - 11 참조). 葬 - 침상에 누워 있는 사람이 처럼 네모난 곽 속에 들어있는 모양이다. 즉 뼈들이 갱 속에 묻혀 있는 모양으로 '매장한다'는 뜻이다(裘錫圭, 1981 - 284).

[逕(馹)來歸] : 逕 - 至와 止가 결합된 자. 일종의 馹傳制로 일정한 거리에 말을 타고 문서나 사람을 운송하는 제도(于省吾, 1981 - 278). 來 - 오다. 歸 - 돌아가다(2 - 3 참조).

5) 해 설 :

상대의 육로 교통

商代는 王都를 중심으로 한 각 지역의 통행은 馬車를 사용했다. 바퀴가 둘 달린 마차가 다닐 경우 도로는 3m 이상이어야 하고 만약 마차가 교차될 경우 길은 4.5m 넓이가 필요하다. 이러한 도로는 국가적인 차원에서 건설하고 관리되는 것이다. 이는 또 왕조의 통치상의 필수 조건으로 대외 전쟁시 군대나 물자 수송, 중앙과 지방의 관료들의 왕래, 통신의 전달 모두 도로의 원활한 관리에 의존되는 것이다.

이러한 기초 위에 상 왕실은 상왕의 왕래에 이용된 것은 물론, 지방통치의 필요에 대응하기 위해 通信의 기본 형식인 驛傳制가 형성되었는데 이것을 나타낸 字가 바로 逕이다(于省吾, 1981 - 277).

13－12

≪屯南≫ 2499

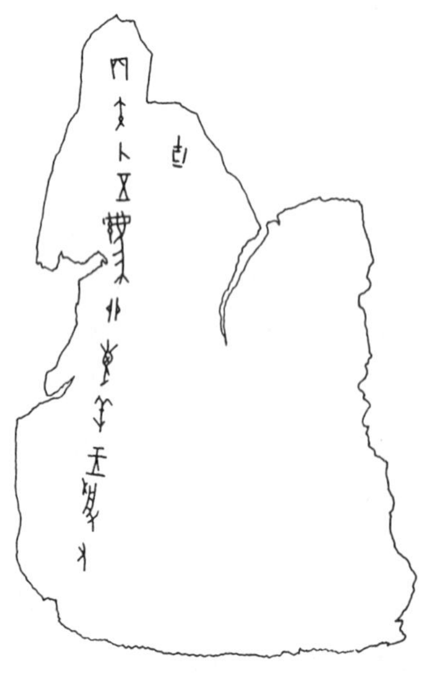

13. 제12편

1) 본 문 : **丙寅卜：五羈卯叀(惠)羊, 王受又(祐)。吉。**

2) 한 역 : **丙寅일에 점을 칩니다 : 다섯 번째 숙소(羈)에서 卯祭를 드리는데 羊을 드릴까요? 그러면 대왕에게 신의 가호가 있을까요? 吉하겠다.**

3) 출 전 : ≪小屯南地甲骨≫ 2499 제4기

4) 자 해 : **[丙寅卜]** : 貞人의 이름이 생략되었다.

[五羈] : 五 - 다섯. 羈 - 손에 회초리를 들고 말이 정지하도록 다루는 모양이다(宋鎭豪, 2001 - 432). 여정에서 음식과 잠자리를 제공하는 驛站(許進雄, 1977 - 163), 즉 관리숙소를 말한다.

[卯叀(惠)羊] : 卯 - 제명. **叀** - 강조부사. 뒤에 오는 羊을 강조함.

[王受又(祐)] : 王 - 제4기의 자형이다. 受 - 두 손으로 물건을 주고 받는 모양. 받다. 又 - 신의 도움. 祐의 초문. 상왕에게 신의 가호가 있다.

[吉] : 길하다(3 - 3 참조).

5) 해 설 :

상대의 여관 - 驛站

일정한 거리 간에 말을 타고 文書나 사람을 나르는 제도를 迍라고 한다. 그 사이에는 사람이 숙식할 수 있는 숙소가 필요한데 羈는 바로 관리들의 宿舍, 즉 驛站을 일컫는다. 驛站은 대개 2 · 30여里를 하루의 여정 기준으로 삼아 설치했다. 위 卜辭의 내용으로 보면 특정 驛站에 머물면서 제사도 드렸음을 알 수 있다. 갑골문에는 여러 驛站에서의 활동을 점복한 기록이 있다.

· **至二羈.** (≪京人≫ 2138)
· **弜至三羈. 吉** (≪安明≫ 2092)
· **貞：四羈. 祐.** (≪甲≫ 199)
· **在五羈.** (28153)
· **貞：▨五羈□牢, 王受又.** (28156)
· **丁未卜：食有在迍.** (≪殷綴≫ 57)

13 - 13

36553

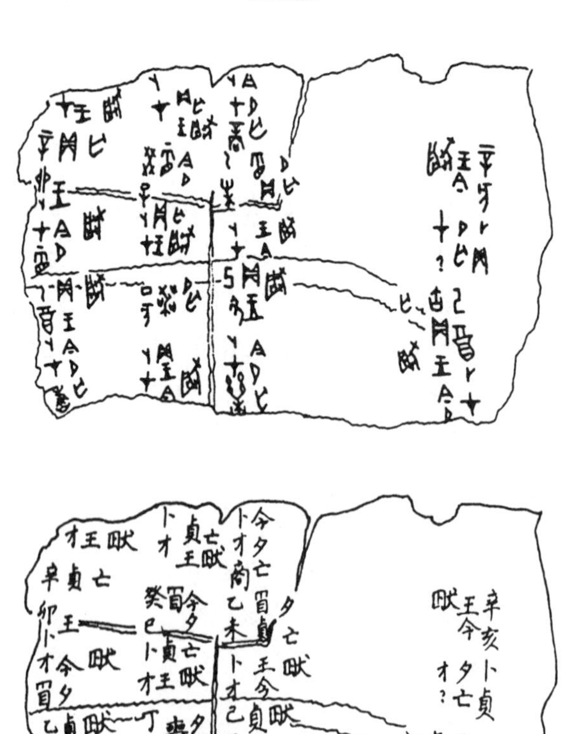

13. 제13편

1) 본 문 : (左下) 乙酉卜, 才(在)秉貞 : 王今夕亡𡆥。
(左中) 丁亥卜, 才(在)喪貞 : 王今夕亡𡆥。
(下中) 己丑卜, 才(在)樂貞 : 王今夕亡𡆥。
(左上) 辛卯卜, 才(在)𠀀貞 : 王今夕亡𡆥。
(左中) 癸巳卜, 才(在)𠀀貞 : 王今夕亡𡆥。
(正中) 乙未卜, 才(在)𠀀貞 : 王今夕亡𡆥。

2) 한 역 : (左下) 乙酉일에 점치고, 秉에서 묻습니다 : 대왕은 오늘 저녁 재앙이 없겠지요?
(左中) 丁亥일에 점치고, 喪에서 〃 : 대왕은 오늘 저녁 재앙이 없겠지요?
(下中) 己丑일에 점치고, 樂에서 〃 : 대왕은 오늘 저녁 재앙이 없겠지요?
(左上) 辛卯일에 점치고, 𠀀에서 〃 : 대왕은 오늘 저녁 재앙이 없겠지요?
(左中) 癸巳일에 점치고, 𠀀에서 〃 : 대왕은 오늘 저녁 재앙이 없겠지요?
(正下) 乙未일에 점치고, 𠀀에서 〃 : 대왕은 오늘 저녁 재앙이 없겠지요?

3) 출 전 : ≪甲骨文合集≫ 36553 제5기.

4) 자 해 : **[才(在)秉貞]** : 秉 - 손으로 벼(禾)를 잡고 있는 모양. 농가의 수확을 나타낸다. 여기서는 지명으로 쓰였다(徐中舒, 1990 - 290).
[王今夕亡𡆥] : 𡆥 - 囚의 제5기의 자형으로 재앙 · 근심을 뜻한다.
[在𠀀貞] : 𠀀 - 눈 위에 눈썹이 있는 모양으로 眉이며 지명으로 쓰였다(徐中舒, 1990 - 375).

[在喪貞] : 喪 - 뽕나무에 뽕을 따서 담을 용기가 [glyph] 처럼 매달려 있는 모양. 음에 의해 상당함을 나타냈고, 지명으로 빌려 썼다(17 - 7 참조).
[在樂貞] : 樂 - 비단(絲)실을 나무(木) 위에 매달아 놓은 모양으로 거문고나 비파 같은 악기의 형상이다. 점차 기물을 상징하는 白이 추가되었다. 여기서는 '지명'으로 쓰였다(羅振玉 1981 - 40).

5) 해 설 :

상왕 여정에서의 점복

乙酉일부터 乙未일까지 10여 일 간의 행차에 격일로 점복했으며, 秉, 喪, 樂 등 머무르는 곳마다 왕의 안위를 점쳤다.

제 14 장

天 文

天　文

유목생활과 농경사회에서 계절 변화의 인식은 필수적인 요건이다. 중국에서 천문·역법의 발전은 매우 이른 시기로 거슬러 올라간다.

日·月·星辰에 대한 관찰을 통하여 합리적으로 年·月·日의 변환규율과 계절의 순환, 윤달과 日蝕·月蝕을 예측해내어 과학적인 曆法 체계를 세웠다. 甲骨文에 담겨진 이에 관한 기록은 商代의 천문 현상을 생생하게 전해준다.

세계 최초의 천문기록이라고 할 수 있는 천문관련 갑골문은 상대인들의 천상에 대한 인식과 관찰을 담은 청사진이다.

14-1

≪屯南≫ 890

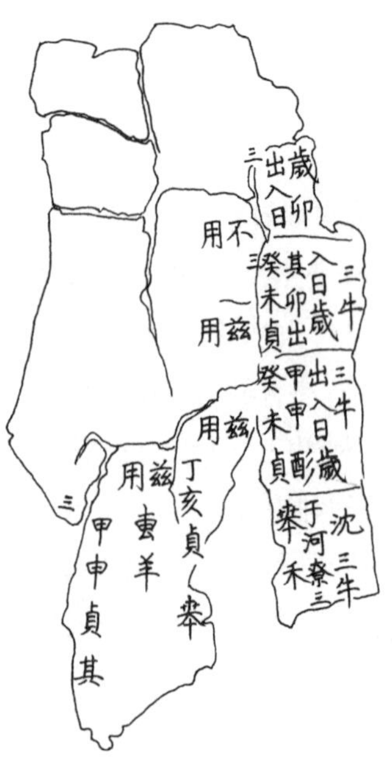

歲卯出入日 三
癸未貞其卯出入日歲三牛
不用
茲用
癸未貞甲申酌出入日歲三牛
茲用
沈三牛于河寮三桒禾
丁亥貞桒
茲用
叀羊
甲申貞其
三

14. 제1편

1) 본 문 : **癸未, 貞 : 甲申酒, 出入日, 歲三牛。**

癸未, 貞 : 其卯出入日, 歲三牛。

2) 한 역 : **癸未일에, 묻습니다 : 甲申일에 酒祭를 드리고, 일출과 일몰에 소 3마리로 歲祭를 지낼까요?**

癸未일에, 묻습니다 : 卯일의 일출과 일몰에 소 3마리로 歲祭를 지낼까요?

3) 출 전 : ≪小屯南地甲骨≫ 890 제1기

4) 자 해 : **[癸未, 貞]** : 前辭에 卜자와 貞人 이름이 생략되었다.

[甲申酒] : 酒 - 술을 올려 지내는 제사. 酌로 쓰기도 한다.

[出入日] : 出 - 발(止)을 집밖으로 향하게 해서 '나아가다'는 뜻으로 썼다(4 - 14 참조). 入 - 出과 상대되는 의미이며 內 · 納 등과 同源字다. '들어가다', '해가 지다'. ≪說文≫에 「內也, 象從上俱下也」라 하였다(8 - 1 참조). 日 - 해의 모양으로 태양이다.

[歲三牛] : 歲 - 도끼의 모양으로 , 처럼 곡물을 수확하는 도구이다. 일 년에 한 번 수확해 卜辭에서 일 년으로 썼다. 수확하면서 밭 사이를 다니는 발(止)까지 그려 넣었다. 그 외 제사명 등으로 쓰였다. 제사명일 때는 劌(gui · 귀)로 읽으며 칼로 잘라 지내는 제사이다(徐中舒, 1990 - 2406, 15 - 10 참조).

5) 해 설 :

태양 숭배

천문학에 대한 충분한 이해가 없었던 고대인들은 태양을 일종의 신으로 여겼고 끊임없는 제사를 통해 숭배정신을 표출했다. 뜨고 지는 태양에 융숭한 제사를 드리며 비를 기원했던 제사의 종류는 賓祭 · 卽祭 · 旣祭 · 禘祭 · 燎祭 등 다양하다.

- 壬子卜, 旅貞 : 王賓日, 不雨. (22539)
- 貞 : 其卽日. (27456正)

壬子일에 점치고, 旅가 묻습니다 : 대왕께서 태양에 賓祭를 지내려는데 비가 오지 않을까요?

묻습니다 : 태양에 卽祭를 지낼까요?

14-2

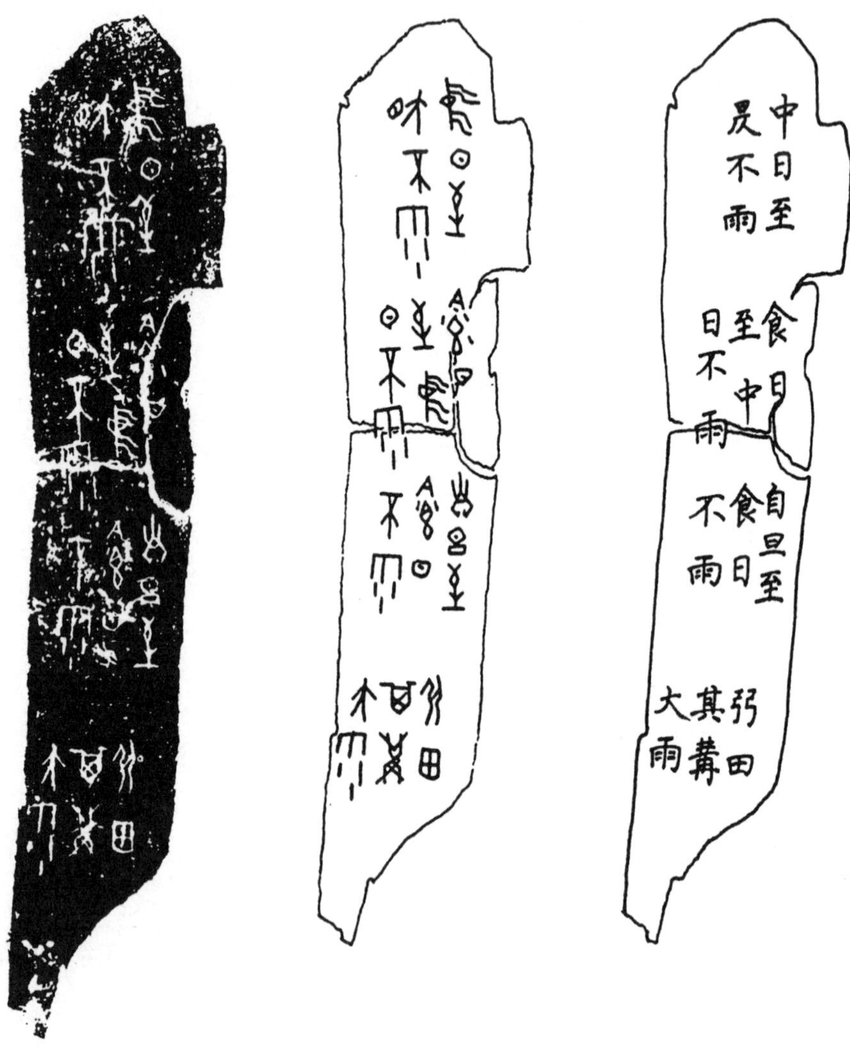

≪屯南≫ 42

14. 제2편

1) 본 문 : 1. **弜田, 其冓(遘)大雨。**
2. **自旦至食日不雨。**
3. **食日至中日不雨。**
4. **中日至昃不雨。**

2) 한 역 : 1. **사냥하지 말아야 할까요? 만약 큰비를 만나게 된다면요?**
2. **동틀 때부터 아침 먹을 즈음까지 비가 오지 않을까요?**
3. **아침 먹을 무렵부터 정오까지 비가 오지 않을까요?**
4. **정오부터 해가 기울 때까지 비가 오지 않을까요?**

3) 출 전 : ≪小屯南地甲骨≫ 42 제1기

4) 자 해 : **[弜田]** : 弜 - 부정사. 田 - 사냥구획 표시였으나 점차 밭고랑이 있는 농토의 모양으로 풀이한다. 卜辭에서는 '사냥하다', '농토'로 쓰였다.

[其冓(遘)大雨] : 其 - 강조부사로 뒤의 遘를 강조함. 冓 - 물고기가 서로 입을 맞대고 있는 모양, 遘의 本字, '만나다' (6 - 6 참조). 大雨 - 큰 비.

[自旦至食日] : 自 - 코의 모양, '自 ~ 至', '~로부터 ~ 까지'(6 - 10 참조). 至 - 화살이 땅에 꽂힌 모양, '이르다'로 인신되었다. 旦 - 태양이 지평선 너머에서 떠오르는 모양, '동틀 무렵' (8 - 3 참조). 食 - 뚜껑이 있는 식기 모양. '먹다', '시간사', '일식' 등으로 인신되어 쓰였다 (14 - 7 참조).

[中日至昃] : 中 - 깃발 모양이다. 풍향계, 중앙으로 빌려 썼고, 여기서는 태양이 중천에 뜬 시점이다. 정오 (1 - 6 참조). 昃 - 사람이 지는 태양빛으로 인해 처럼 누워 있는 모양이다. 이로서 그림자가 지는 황혼을 나타내고 있다.

5) 해 설 :

태양의 위치에 따른 시간 분단

동틀 때부터 황혼까지의 태양 위치의 이동과 일상생활 중의 특징을 담아 하루 시간 분단의 지표로 삼았고 각기 다른 명칭도 부여했다 (15 - 3 참조).

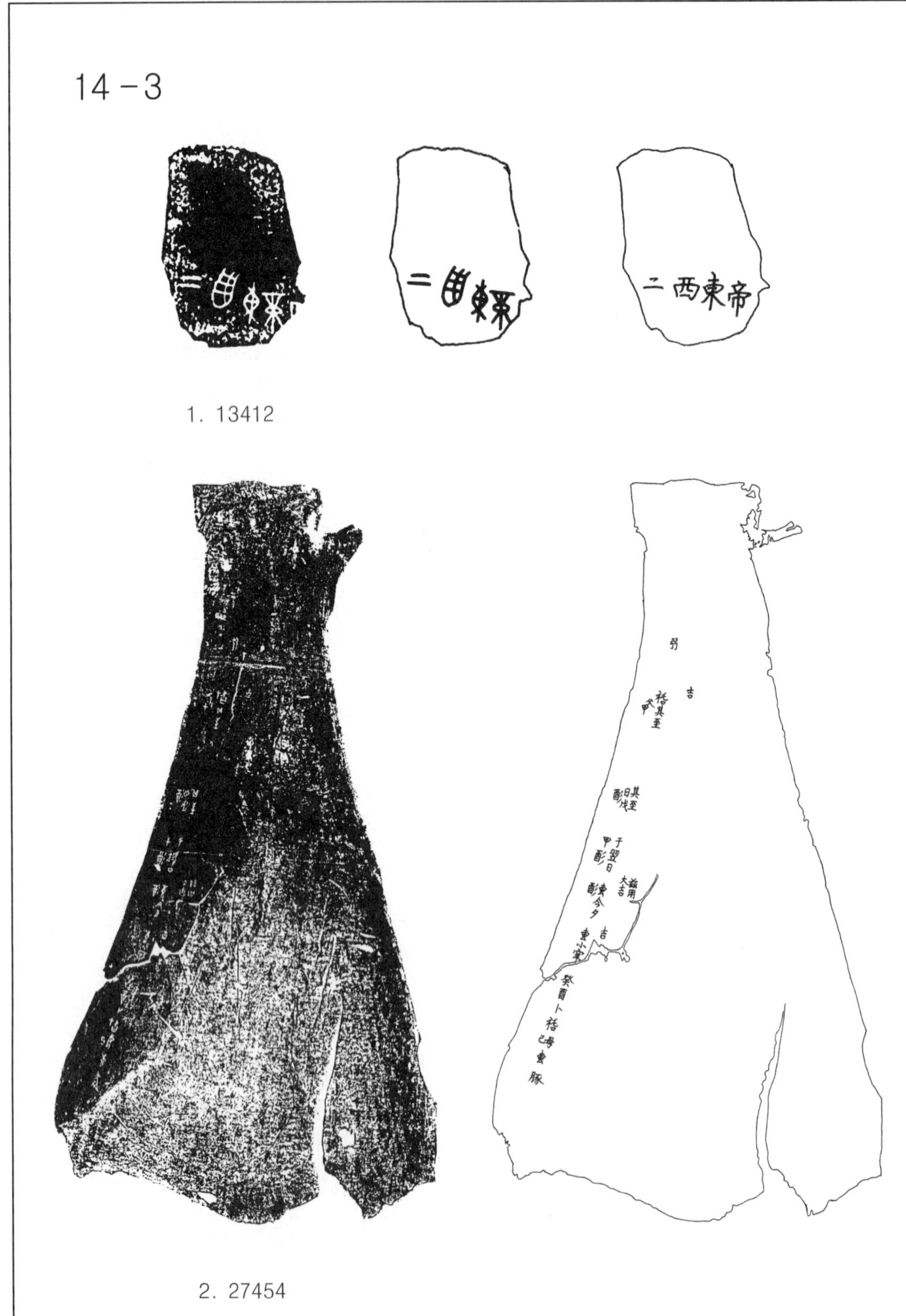

1. 13412

2. 27454

14. 제3편

1) 본 문 : 1. **帝(禘)東西。二**
2. **其至日, 戊酒。**

2) 한 역 : 1. **동쪽과 서쪽에 禘祭를 지낼까요? 두 번째 물었다.**
2. **夏至(혹 冬至)에 이르는 戊일에 酒祭를 지낼까요?**

3) 출 전 : 1. ≪甲骨文合集≫ 14312 제1기 2. 27454 제3기

4) 자 해 : **[帝(禘)東西]** : 帝 - 불로 태워 하늘에 제사지내는 모양. 인간의 생사화복을 주관하는 절대권능의 神이 上帝이다. 제사명(21 - 1 참조). 東 - 자루의 양끝을 묶은 모양. 囊(nang · 낭)은 밑의 막힌 자루, 槖(tuo · 탁)은 위아래가 트인 자루인데 위아래를 묶으면 동쪽이라는 東자이다. 자루의 자음이 '동쪽'과 같아 동쪽으로 빌려 썼다. ≪說文≫에 「从日在木中」이라고 한 오류를 갑골문으로 바로 잡았다(徐中舒, 1990 - 661). 西 - 바구니 모양 또는 새의 둥지 모양. '서쪽'으로 빌려 썼다.

[其至日戊酌] : 其 - 삼태기 모양. 강조부사로 차용되었다. 至 - 화살(矢)이 땅(一)에 꽂힌 모양. 이르다. ≪說文≫에 「鳥飛從高下至地也」라고 하여 화살을 새가 내려오는 것으로 오인했다(2 - 9 참조). 日 - 태양의 모양. 태양. 하루를 나타냄. 至日 - 日至라고도 하며, 冬至나 夏至가 이른 것을 뜻한다(溫少峰, 1983 - 22). 그 외에 '其至日戊酒'를 '其至戊日, 酒'로 보고 '至日'이 아니며 상대에 아직 하지나 동지를 추산해 내지 못했다고 보는 의견이 있다(常玉芝, 1998 - 66). 酒 - 술항아리인 酉와 彡의 합체자. 제사명.

5) 해 설 : **태양의 출몰 위치로 東西향방을 정하다.**

동쪽에서 해가 뜰 때 관측대의 그림자가 서쪽을 향하므로 東西라는 반대 개념이 확정되고 해 돋기 방향으로 남북을 정했다. 태양이 정남 방에 있을 때가 정오인데 관측대의 길이가 가장 짧다. 일년을 기준 할 때 이 때가 夏至이며 반대로 가장 길 때가 冬至이다. 두 절기가 측정되니 '太陽年'의 길이가 계산되어 이로서 정밀한 曆法을 산출해 낸 것이다.

14-4

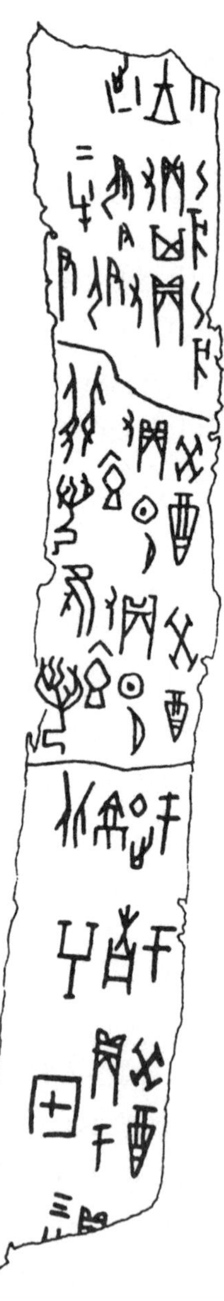

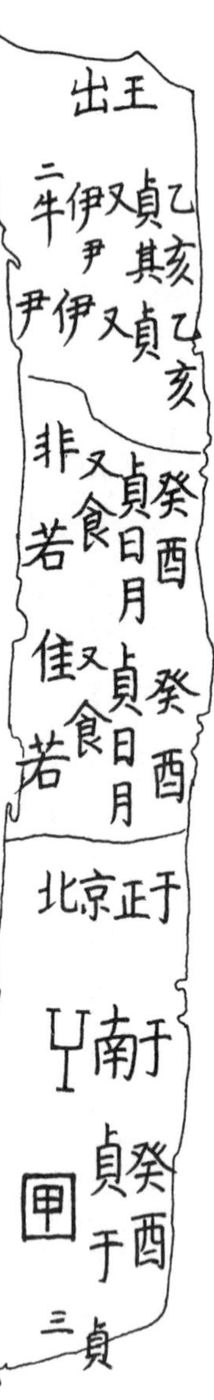

33694

14. 제 4 편

1) 본　문 : 1. **癸酉, 貞 : 日月(夕)又(有)食, 隹(唯)若。**
　　　　　2. **癸酉, 貞 : 日月(夕)又(有)食, 非若。**

2) 한　역 : 1. **癸酉일에 묻습니다 : 저녁 무렵 일식이 발생한다면 순조로울까요?**
　　　　　2. **癸酉일에 묻습니다. : 저녁 무렵 일식이 발생한다면 순조롭지 않을까요?**

3) 출　전 : ≪甲骨文合集≫ 33694 제4기

4) 자　해 : **[日月又(有)食]** : 日 - 태양의 모양. 태양의 속에 반짝이는 모양을 넣었다. 칼로 새겨 네모난 자형을 이루는데 본 편에서는 둥근 해의 모양이다(馬如森, 1993 - 452). 月(夕) - 제 4기이기 때문에 夕자가 저녁을 뜻한다. 又 - 있다는 뜻, 有로 쓰였다. 食 - 뚜껑이 있는 식기 모양. '먹는다'는 뜻으로 쓰였다(14 - 7 참조).

[隹(唯)若] : 隹 - 강조부사. 若 - '허락하다', '순조롭다'로 쓰였다(6 - 13 참조).

[非若] : 非 - 두손으로 무언가를 밀쳐내는 모양. 排의 초문이다. 부정사 · 지명 · 방국명으로 쓰였다. 본 卜辭에 대한 풀이는 10여 가지가 되는데(王宇信, 1999 - 646), 胡厚宣은 아래와 같이 풀었다(胡厚宣, 1945 - 50).

癸酉일에 묻습니다 : 일식 · 월식이 발생했는데 길할 징조일까요?

癸酉일에 묻습니다 : 일식 · 월식이 발생했는데 길하지 않을 징조일까요?

5) 해　설 :

일식에 대한 명칭과 豫卜

商代 초기에는 日食 · 月食을 해와 달이 무언가에 먹힌 것으로 여겼으나 점차 日 · 月의 운행 원리를 정확하게 인식하게 되었다. 제4기 武乙 · 文丁때는 교차로 발생됨을 알고 '日月交食'의 논리를 세웠고 명칭도 씨줄 날줄이 교차되어 천을 짠다는 뜻인 '戠'자를 넣어 日戠 · 月戠이라 하였다(溫少峰, 1983 - 32). 또한 日食 · 月食의 발생시간을 알아 내어 吉凶을 豫卜했다. 日食의 食은 戠을 거쳐 지금은 日蝕으로 쓴다.

· **壬子卜, 貞 : 日戠于甲寅.** (33703)
壬子일에 점쳐, 묻습니다 : 2일 후인 甲寅일에 日食이 발생할까요?

14-5

33696

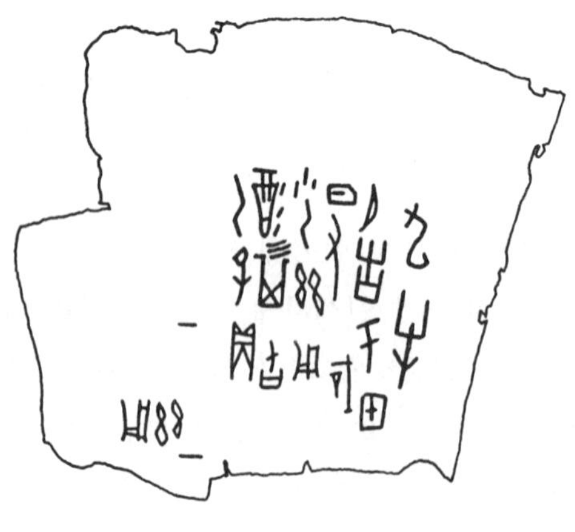

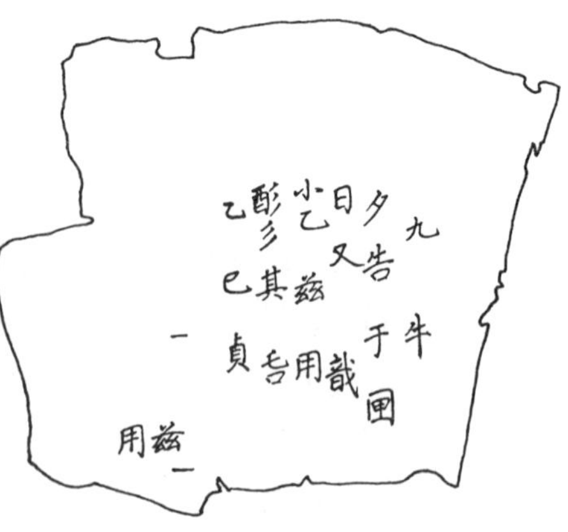

14. 제5편

1) 본 문 : **乙巳, 貞 : 酒肜其乇小乙。兹用。**
日又(有)戠, 夕告于上甲九牛。 一 二

2) 한 역 : **乙巳일에 묻습니다 : 小乙에게 酒祭 · 肜祭를 드리는데 乇祭의 방법으로 진행할까요? 이 내용은 채용되었다. 이날 일식이 발생했다. 저녁에 上甲에게 9마리의 소로 告祭를 지냈다. 두 번 물었다.**

3) 출 전 : ≪甲骨文合集≫ 33696 제4기

4) 자 해 : **[酒肜其乇小乙]** : 酒 - 제사명 (1 - 4 참조). 彡 - 제사명. 肜의 초문 (1 - 11 참조). 其 - 강조부사. 乇 - 제사명. 乇와 口가 상하로 포개진 모양. 사지를 갈라 지내는 제사 (zhe · 탁) (6 - 13 참조). 小乙 - 武丁의 아버지. 酒와 其의 틈새에 彡이 끼어 있는 형국으로 彡자를 빠뜨렸다가 補刻한 것이 완연하다.

[日又(有)戠] : 日 - 太陽. 又 - 있다, 有의 뜻. 戠 - 방직기로 쓰던 막대에 추가 달려 있는 씨줄 · 날줄을 교차시켜 천을 짜는 織의 本字. 제사명 · 일식 · 색이름 · 인명 등으로 쓰였다. 郭沫若은 '戠'은 '食'과 음이 같으며 日食 · 月食의 食을 뜻한다 하고, 陳夢家는 태양 속에 있는 검은 점으로 보았다 (陳夢家, 1956 - 240) (1 - 13, 14 - 4 참조).

[夕告于上甲] : 夕 - 저녁. 告 - 제사명. 于 - 전치사. 上甲 - 商代 先王, 合祭에서 언제나 가장 앞자리에 모시던 先公이다 (1 - 1 참조). 上과 甲의 合文.

[兹(丝)用] : 兹(丝) - 此의 의미. 用 - 채용하다, 사용하다. 兆辭이다.

5) 해 설 :

命辭와 驗辭의 연관성

본 편의 命辭는 酒祭 · 肜祭를 지내는 중에 小乙에게 乇祭를 드릴 것인지 를 물었다. 따라서 제사의 중점은 小乙에게 乇祭를 드릴 것인가에 있다. 일반적으로 驗辭는 命辭의 범위 내에서 그 일의 결과를 보는 것이다. 그러나 본 편의 驗辭는 小乙이 아니고 上甲에게 제사를 드렸음을 보여 주고 있다. 아마도 일식을 재앙으로 여겨 小乙보다 윗대인 上甲에게 제사한 것으로 보인다.

14-6

11482正 · 反

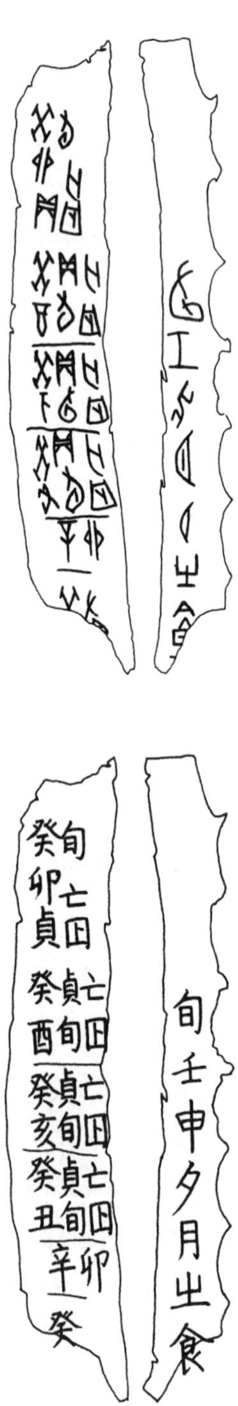

14. 제6편

1) 본 문 : (正) 癸亥, 貞 : 旬亡𡆥。
(反) 旬壬申夕, 月㞢(有)食。

2) 한 역 : (正) 癸亥일에 점쳐 묻습니다 : 앞으로 열흘동안에 재앙이 없을까요?
(反) 열흘 뒤인 壬申일 저녁에 월식이 있었다.

3) 출 전 : ≪甲骨文合集≫ 11482 正 · 反 제1기

4) 자 해 : **[旬亡𡆥]** : 亡 - 無와 같으며 없다는 뜻이다. 𡆥 - 재앙 憂와 같다.
[旬壬申夕] : 旬 - 1에 순회부호를 회전시켜 열흘을 나타낸 자(22 - 1 참조). 壬申 - 干支紀日에 의한 壬申일.
[月㞢(有)食] : 月 - 夕의 모양이나 제1기인고로 달(月)을 나타내었다. 㞢 - 有의 제1기 자형. 食 - 뚜껑이 있는 식기에 처럼 음식이 담겨 있는 모양. '음식' 또는 '먹다'로 쓰였다.

5) 해 설 :

干支가 확인된 상대 5차례의 月食

1. 癸未月食 (B.C 1201年)(李孝勳, 2003 - 118)
어느 달 癸未일에 점을 쳤는데, 그날 저녁 월식이 나타났다 (11483).
2. 甲午月食 (B.C 1198年)
己丑일에 乙未일의 제사에 대해 점을 쳤는데 재앙이 있겠다고 했다. 6일 뒤 甲午일에 월식이 일어났다 (14484).
3. 乙未夕向庚申月食 (B.C 1192年)
癸丑일에 점을 쳤는데 7일 뒤 乙未에서 庚申으로 접어든 시점에 월식이 일어난다고 했다 (40610正反).
4. 壬申月食 (B.C 1189年)
癸亥일에 점을 쳤는데 재앙이 있겠다고 했다. 10일 뒤 壬申일 저녁에 월식이 일어났다 (11482反正).
5. 乙酉夕月食 (B.C 1181年)
癸未일에 점을 쳤는데 3일 뒤 乙酉일 저녁에 월식이 있겠다는 보고가 들어 왔다. 8월에 (11485).

14－7

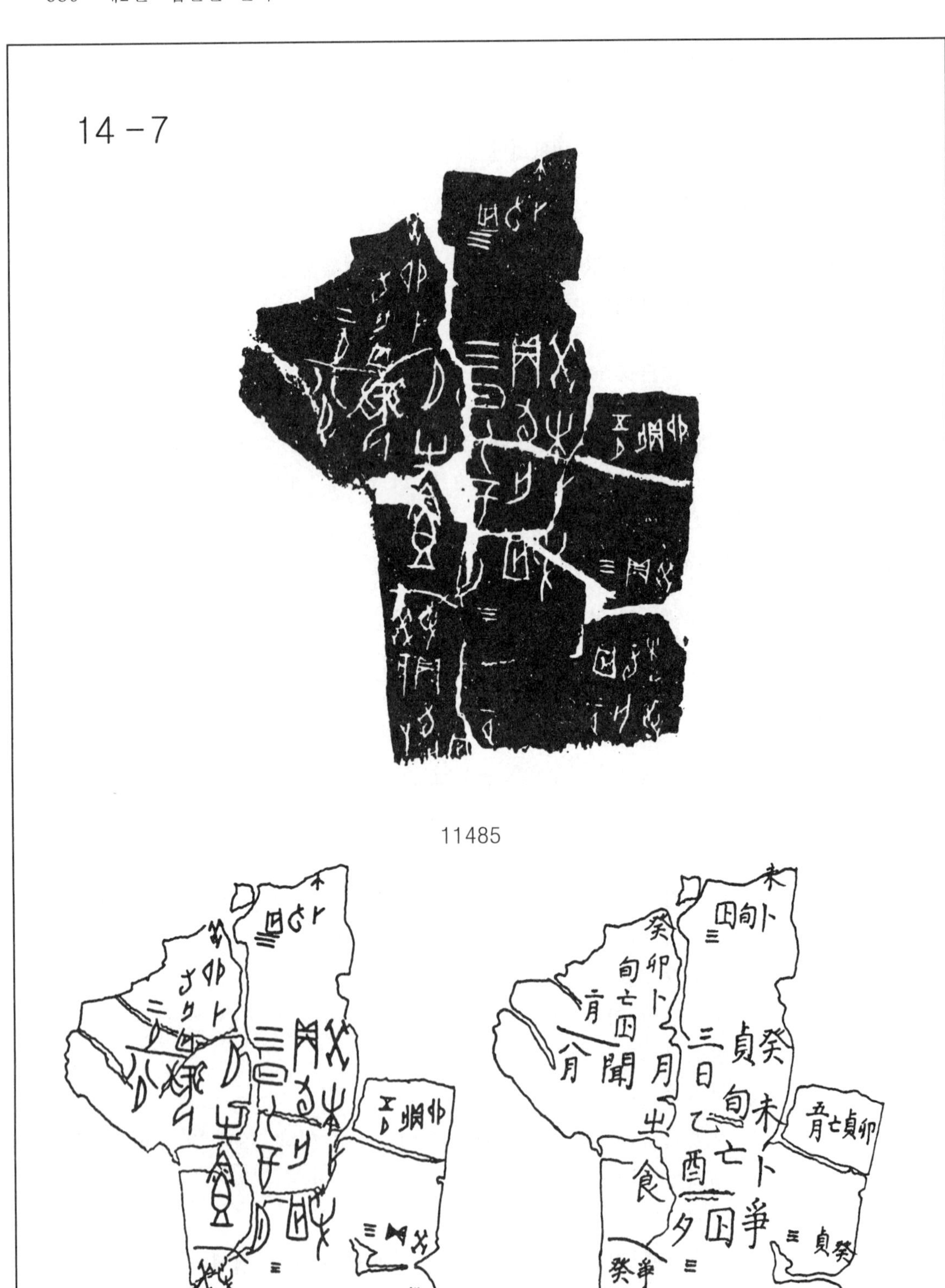

14. 제7편

1) 본 문 : **癸未卜, 爭貞 : 旬亡囚。三日乙酉夕月㞢(有)食, 聞。八月。**

2) 한 역 : **癸未일에 점을 치고, 爭이 묻습니다 : 앞으로 열흘동안에 재앙이 없겠습니까? 3일 뒤 乙酉일 저녁에 월식이 있겠다는 기상청의 보고를 들었다. 8월에.**

3) 출 전 : ≪甲骨文合集≫ 11485 제1기

4) 자 해 : **[旬亡囚]** : 旬 - 열흘. 卜辭에서는 다가오는 열흘. 亡 - 無와 같다. 囚 - 尤·憂·忧로 재앙, 근심이다.

[三日乙酉夕] : 三日 - 사흘 뒤를 말한다. 癸未일에 점쳤으므로 사흘 뒤는 乙酉일이 된다. 夕 - 반달모양으로 月자이나 夕(저녁)으로 쓰였다.

[月㞢(有)食] : 月 - 달. 㞢 - 有의 뜻. 食 - 뚜껑 있는 식기 모양, 양옆의 점은 음식물을 나타내어 '먹는다'는 뜻이 있으나, 引申되어 日·月蝕을 나타낸다. 고대인들은 日·月蝕 현상을 재앙으로 간주했다(徐中舒, 1990 - 569).

[聞] : 사람이 꿇어앉아 귀에 손을 모으고 [illegible]처럼 소리를 경청하는 형상, 소리 또는 소식을 듣는다는 뜻이다(徐中舒, 1990 - 1290).

5) 해 설 : 月食 卜辭 중의 "聞"

본 편은 武丁시대의 월식 현상을 기록한 것이다. 본 내용은 嚴一萍이 제 3차 발굴에서 얻은 5조각을 짜맞추어 綴合함으로써 완성되었다. 일찍이 董作賓은 타지의 기상관청에서 하는 '기상보고를 듣는다'는 뜻으로 보았다. 그러나 聞자가 害·祟·齒 등 재앙을 뜻하는 字들의 용례와 같아 재앙으로 보는 견해도 제기되었다(常玉芝, 1998 - 26).

· **貞 : 有疾齒, 父乙唯有聞.** (13651)
· **王占曰 : 其有來聞. 其唯甲不[聞].** (1075正)

묻습니다 : 잇병이 있는데 父乙이 재앙을 내린 것일까요?
대왕이 "재앙이 있겠다, 甲일에야 재앙이 없겠다"고 했다.

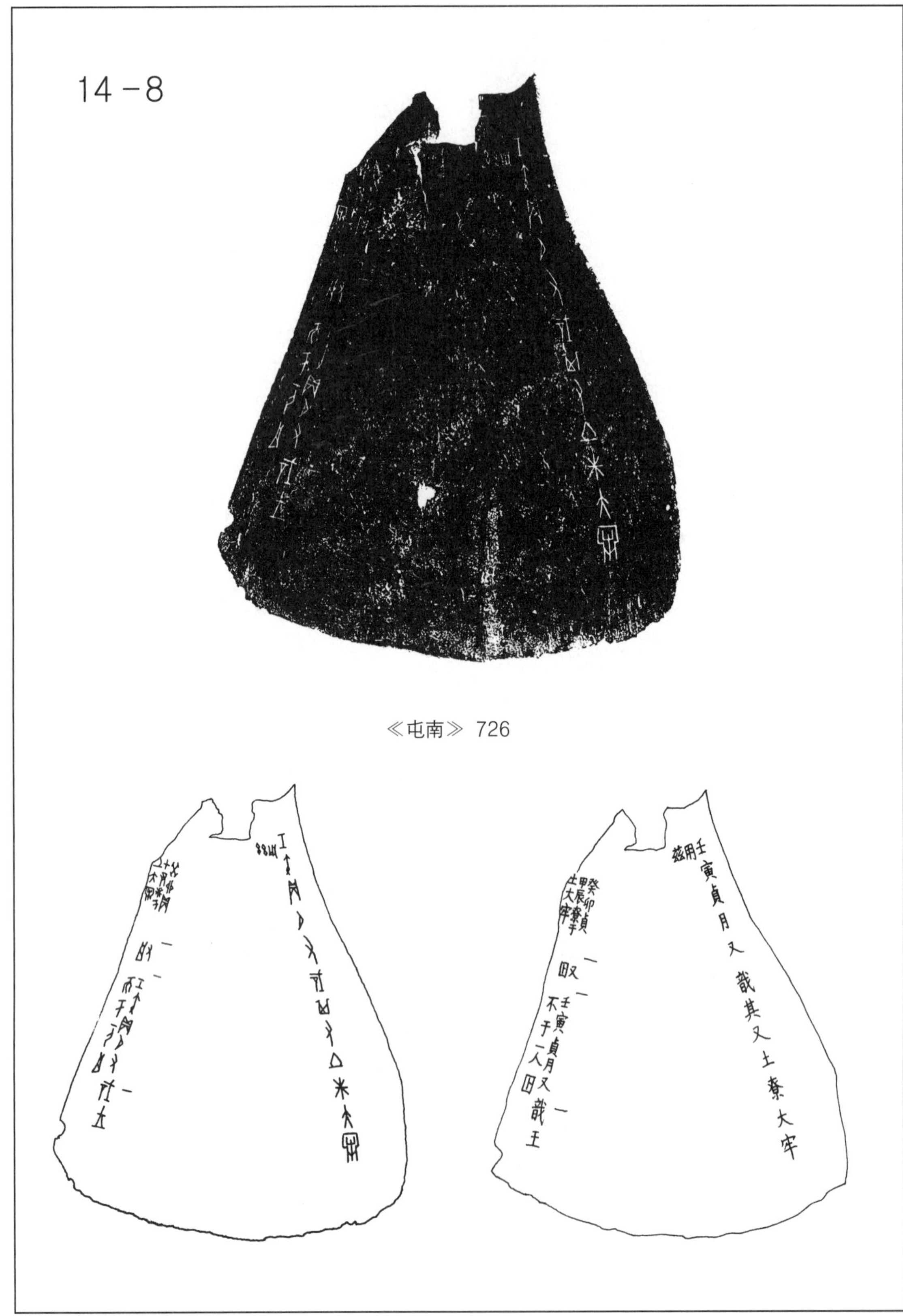

≪屯南≫ 726

14. 제 8 편

1) 본 문 : 1. **壬寅, 貞 : 月又(有)戠, 王不于一人囚。**

2. **又(有)囚。**

3. **壬寅, 貞 : 月又(有)戠, 其又(侑)土, 燎大牢。 兹用**

4. **癸卯, 貞 : 甲辰燎于土, 大牢。**

2) 한 역 : 1. **壬寅일에 점쳐, 묻습니다 : 월식이 있는데 이로 인해 대왕에게 재앙이 미치지 않을까요?**

2. **재앙이 있을까요?**

3. **壬寅일에 점쳐, 묻습니다 : 월식이 있는데 土神에게 侑祭를 지낼 때 특별히 기른 큰 소로 燎祭를 지낼까요?**

4. **癸卯일에 점쳐, 묻습니다. 甲辰일에 土神에게 燎祭를 지내는데, 특별히 기른 큰 소를 드릴까요?**

3) 출 전 : ≪小屯南地甲骨≫ 726 제3기

4) 자 해 : **[王不于一人囚]** : 王 - 제1기의 王자형. 본 편은 武乙시대의 卜辭이기 때문에 제3기에도 간혹 제1기의 王자가 나타났다(1 - 10 참조). 상왕들은 '朕' 또는 '余 - 人'으로 自稱했다. 따라서 '王一人'으로 왕을 칭한 것이다.

[其又(侑)土燎] : 其 - 강조부사. 又 - 제사명. 侑祭. 土 - 흙이 땅 위로 볼록 솟아난 모양. 社의 本字. 상대의 先公先王. 또는 땅의 신(21 - 6 참조). 燎 - 제사명, 불태워 지내는 제사.

[大牢] : 牢 - 제수용으로 (牛)처럼 우리 속에서 특별히 기른 소(1 - 11 참조).

5) 해 설 :

陰曆의 기원

夏代에서 쓰던 역법을 夏曆이라고 한다. 夏代의 역법은 12地支를 月과 배합시켰는데 子는 11월, 丑은 12월이고, 寅은 1월과 맞물린다. 새해의 첫달이 一月(正月)이다. 正月 초하루는 一年의 첫날이어서 '建寅'이라고 칭해진다.

이 曆法은 농경사회에서 농산물이 생장하는 시기와 깊은 연관이 있어 商·周를 거쳐 현재까지 이어졌고, 夏曆은 달리 農曆 또는 陰曆이라고도 한다. 설날은 바로 夏曆年의 첫날이다(孟世凱, 1994 - 117).

14-9

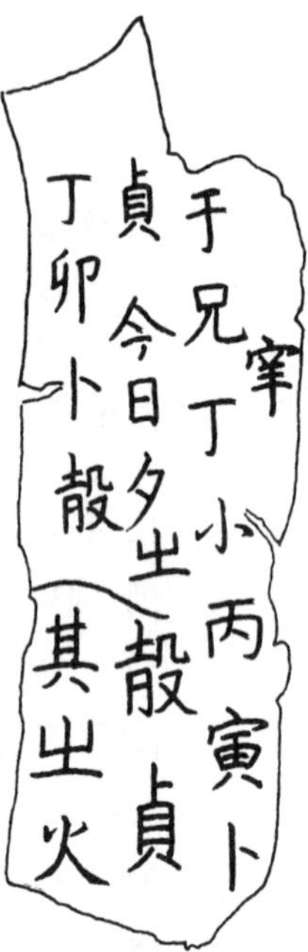

≪甲≫ 3083

14. 제9편

1) 본　문 : **丙寅卜, 殼貞 : 其㞢(侑)火。**

2) 한　역 : **丙寅일에 점을 치고, 殼가 묻습니다 : 火星에 侑祭를 지낼까요?**

3) 출　전 : ≪殷虛文字甲編≫ 3083 제1기

4) 자　해 : **[丙寅卜, 殼貞]** : 丙寅－간지기일에 의한 丙寅일. **殼**－북채를 잡고 종을 치는 모양. 제1기의 貞人이름이다(1－3 참조).

[其㞢(侑)火] : 其－강조부사. 㞢－又의 제1기의 자형. 제사명. 侑祭. 火－불길이 처럼 타오르는 모양. 갑골문 火는 자형상 山 과 매우 유사하다. 다만 火의 자형은 때로는 山에 비해 아래가 불룩하다. 불・별 이름으로 쓰였다(徐中舒, 1990－1109).

5) 해　설 :

大火星의 출현

卜辭에서 보이는 大火는 大火星・大辰星이라고 하는데 중국의 전통 별자리 二十八宿에서는 心宿이다. 현대의 천문학 명칭으로는 안타레스(Antares)이다. 火星 즉, 大火星은 6월에 정남 방향에 나타나 7월이 되면 점차 서쪽으로 이동한다. 周代의 농촌 풍경을 노래한 '月令歌'나 ≪詩經・豳風≫의 <七月>이라는 시에는 大火星을 아래와 같이 읊고 있다.

≪詩經・豳風≫의 <七月>

七月流火, 7월이라 화성은 기울고,
八月萑葦, 8월이면 갈대 베며,
九月授衣。 9월이면 겨울옷 장만하네.

9월에 겨울옷을 장만하기 위해 분주했을 주대 농가 여인들의 길쌈 상황을 엿볼 수 있다.

14 - 10

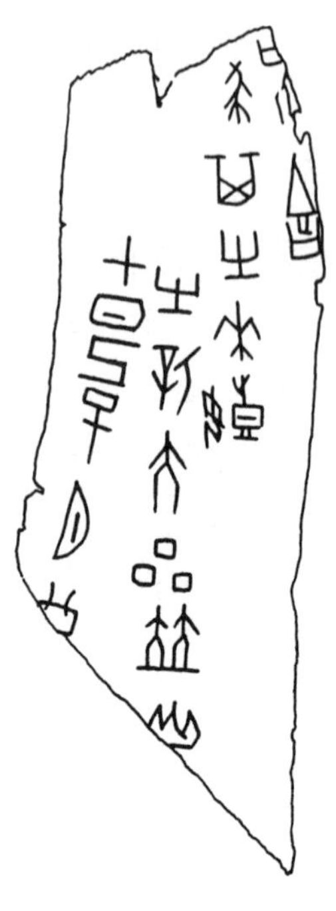

11503 反

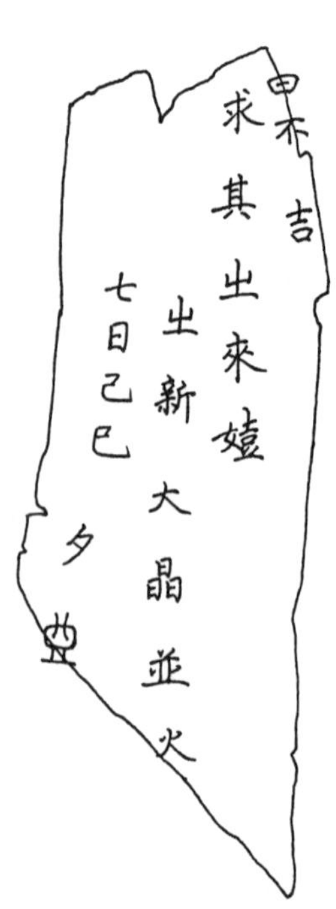

보충 29696(일부)

14. 제10편

1) 본 문 : [癸亥卜] : ☐七日己巳夕㞢(向)[庚午], 㞢(有)新大星, 並火。

2) 한 역 : **7일째인 己巳일 저녁에서 [庚午]일 새벽녘 사이에 새로운 큰 별이 大星 곁에 출현했다.**

3) 출 전 : ≪甲骨文合集≫ 11503 反 보충 29696 (일부) 제1기

4) 자 해 : **[七日己巳夕㞢(向)]** : 七日己巳 - 7일째인 己巳일. 본 편은 驗辭이다. 그러나 占卜한 날로부터 7일 뒤가 己巳일이니 癸亥일에 점을 친 것임을 알 수 있다. 夕 - 반달 모양, 저녁. 㞢(向) - 전후 이틀의 시간 중 앞날의 저녁에서 다음날 새벽 사이를 뜻한다. 음은(xiang・향)이다(14 - 11 참조).

[㞢(有)新大星] : 㞢 - 있다, 有. 新 - 从斤, 辛聲인 자도 있고 辛 아래에 木을 붙인 新자도 있다. 新舊의 新으로 빌려 썼다(12 - 5 참조). 大 - 크다. 星 - 별 셋을 합친 ㅇㅇㅇ으로 별을 나타냈으나, 반짝이는 부호를 넣어 晶형이 되자, '수정 晶'으로 가차되었다. 별은 점차 日 하나로 생략되고 성부 生(㞢)을 붙여 星이 되었다. 星의 본의는 별이다(徐中舒, 1990 - 740). 보충자료의 「庚午卜, 大星」에서는 가운데 반짝인다는 지사 부호를 붙여 晶으로 나타냈다.

[並火] : 並 - 두 사람이 나란히 서 있는 모양. 근방・부근 등으로 쓰인다(趙誠, 1988 - 325). 火 - 타고 있는 불꽃 모양, 별 이름 大火星. 이 별은 3천년 전 商丘 부근에서 춘분전후 황혼 무렵 남쪽하늘에 나타났기 때문에 상대인들은 이를 근거로 봄철 농사를 시작했고 더 나아가 曆法을 제정했다(14 - 9 참조).

5) 해 설 :

火에 대한 두 가지 견해

大火星이 출현한 본 편의 풀이는 두 가지 설이 있다. 본 편 한역과 같이 풀이한 견해(王宇信, 1999 - 641)가 있고, 天文과 관계 있는 것은 다만 火이라고 보고 '㞢・新・並'을 제사명으로 간주해 "侑祭와 新祭를 드리고 이어 大火星에 並祭를 드렸다"고 풀이한 견해도 있다(劉翔, 1989 - 16).

14－11

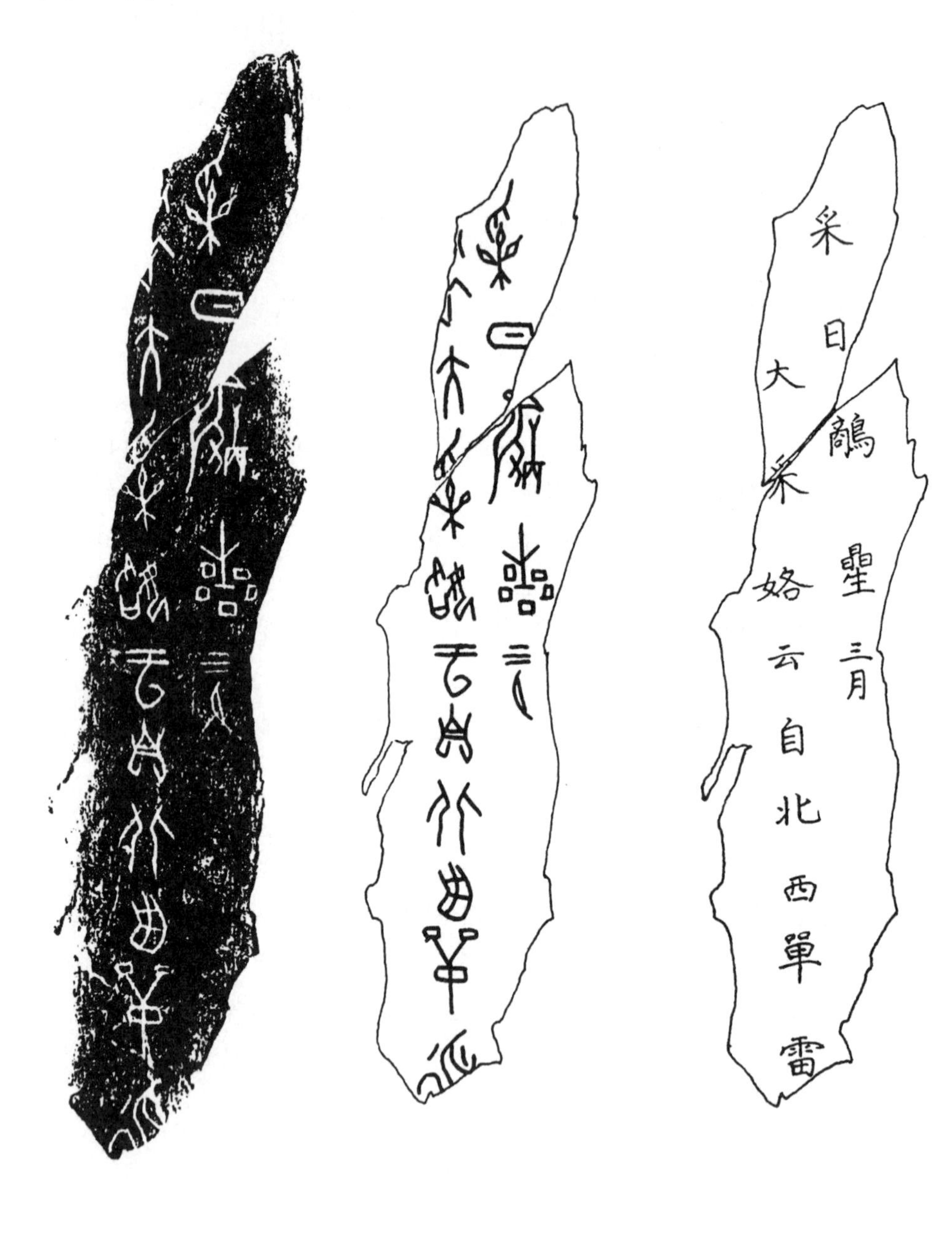

≪綴集≫ 83 (≪合≫ 11501, 11726)

14. 제11편

1) 본 문 : ☒大采烙(格)雲自北, 西單雷, [小]采日鸍星。三月。

2) 한 역 : 아침나절 북쪽에서 구름이 몰려 왔고 西單에서 뇌성이 쳤다. 황혼 무렵에는 날이 맑게 개었다. 3월에.

3) 출 전 : ≪甲骨綴合集≫ 83 (≪合≫ 11501 · 11726) 제1기

4) 자 해 : **[大采]** : 大 - 사람 모양, 크다. 采 - 열매가 처럼 열린 나무에 손을 합쳐 처럼 무언가를 따는 형상이다. 갑골문에서는 아침의 활동시간. 오전 8시경 (15 - 4 참조).

[烙(格)雲自北] : 烙 - 各의 가차자, 落의 뜻이 있다 (16 - 18 참조). 雲 - 구름. 自 - 코의 모양. '~로부터'. 北 - 북쪽.

[西單雷] : 西 - 새의 둥지 모양, 서쪽으로 빌려 썼다. 單 - 무기로 쓰인 나무가지에 돌을 묶어 위력을 보인 모양. 지명으로 빌려 썼다.

[小采日鸍星] : 小采 - 저녁나절. 앞부분의 大采로 보아 小일 것으로 본다. 鸍 - 商은 상대의 종묘사직 건축물 모양 (許進雄, 1995 - 185). 국명 · 족명 · 인명 · 지명 등으로 쓰였다. 새 鳥가 곁들여 있어 새를 토템으로 하는 商族과 새와의 연관성을 암시하고 있으나, '날이 맑게 개이다'는 풀이가 제기되었다 (16 - 21 참조).

5) 해 설 :

(向)자의 의미

은 皿로 쓰고 向으로 읽는다. 전후 2일의 干支일에서 '뒷날의 새벽을 뜻한다.' 전날 干支에 '夕'이 올 때가 많은데 이럴 경우의 형식은 '干支夕干支'이다. 전날을 '之'로 대신하여 '之夕干支'가 된다. ≪詩經≫의 '夜向晨'과 같은 구조이다. '干支夕'은 앞 干支일의 저녁을, (向)은 뒤 干支일의 새벽을 뜻한다(裘錫圭, 1993). 卜辭 중의 '干支夕干支'의 예를 보자.

· 乙酉夕丙戌允有來入齒. (≪庫≫ 1595 反)
乙酉일 저녁이 지나고 丙戌일 새벽에 과연 재앙이 밀려왔다.

· 之夕甲子允(捷). (6834 正)
그 날 저녁이 지나고 甲子일 새벽에 과연 진격했다.

14－12

1. 38606

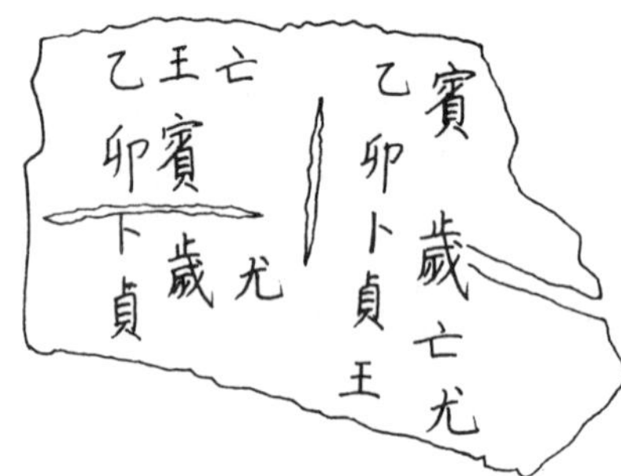

2. ≪乙≫ 174

14. 제12편

1) 본 문 : 1. **乙卯卜, 貞 : 王賓歲, 亡尤。**

2. **庚午卜, 夕 : 辛未比斗。**

2) 한 역 : 1. **乙卯에 점을 치고, 묻습니다 : 대왕은 歲星에게 賓祭를 지내는데 재앙이 없을까요?**

2. **庚午일 저녁에 점칩니다 : 辛未일에 北斗에 示比祭를 지낼까요?**

3) 출 전 : ≪甲骨文合集≫ 38606 제5기 ≪殷虛文字乙編≫ 174 제1기

3) 출 전 : **[王賓歲]** : 王 - 상왕, 賓 - 공경스럽게 신을 모셔 지내는 제사. 儐祭. 歲 - 형벌에 쓰는 도끼 모양. 年 · 수확기 · 별 이름(木星) 등으로 쓰였다.

[辛未比斗] : 比 - 갑골문 比와 从(從)은 자형이 비슷해 혼용되나 문장 속에서 구별된다. 실제로 从은 二人, 比는 二匕로 妣의 初文이다. 比는 연합하다, '이끌다'는 뜻도 있다. 比는 두 사람이 엎드려 있는 모양. 인신하여 '신에게 엎드려 간구'하는 제사로 쓰였다(徐中舒, 1990 - 920). 卜辭 중 '比祭'가 있다. 이는 从示, 比聲, 즉 祉이다. 斗 - 자루가 달린 [字形] 같이 국자 모양의 용기이다. 북두칠성과 흡사해 '북두칠성'으로 빌려썼다(徐中舒, 1990 - 1496). '比斗'를 '北斗에 比祭를 지내다'로 풀이하는 것은 日과 岳에 祉祭를 지냈던 경우와 상응된다. 다른 卜辭와 견주어 보자.

· 貞 : 比日. (≪七≫ 102) 태양에 祉祭를 지낼까요?

· 比岳, 雨. (≪庫≫ 107) 산악에 祉祭를 지내면 비가 올까요?

5) 해 설 :

歲星과 武王伐商 시기

歲星은 고대 중국에서 가장 중시하던 별로 일명 木星이다. '王賓日', '王賓月'의 예와 견주어 볼 때 '王賓歲'는 상왕이 歲星에 제사한 내용이다. ≪國語 · 周語≫에 「武王伐紂 · 歲在鶉火」라는 기록이 있고, 1976년 陝西에서 출토된 <利簋>의 銘文에 武王이 商을 정벌한 시기를 정확하게 기재하고 있는데 내용 중의 歲는 바로 歲星이다.

珷征商, 唯甲子朝歲鼎, 克昏夙有商.
무왕이 商을 정벌한 때는 바로 甲子일 아침, 歲星이 정면에 떠 있었다. 이때 紂(昏)를 무찌르고 상왕조의 뒤를 계승했다.

제 15 장

曆　法

曆 法

인간이 달을 정복한 사건은 경탄할 만한 일이다. 그러나 훌쩍 5천 년 전으로 거슬러 올라가 볼 때 인간은 이미 해와 달, 그리고 별의 운행을 간파했고 하루를 쪼개고 또 쪼개 曆法의 체계를 세웠다. 실로 경이로운 일이다.

더욱 놀라운 것은 3천 300년 전 商代人들은 이 체계를 매우 원활하게 사용하였고 세밀한 기록을 남겼다는 점이다.

干支 紀日에 의한 日曆체계는 오늘에까지 이어지는 만고불변의 캘린더로 전해 내려오고 있다.

15－1

37986

15. 제1편

1) 본 문 : 甲子。乙丑。丙寅。丁卯。戊辰。己巳。庚午。辛未。壬申。癸酉。
甲戌。乙亥。丙子。丁丑。戊寅。己卯。庚辰。辛巳。壬午。癸未。
甲申。乙酉。丙戌。丁亥。戊子。己丑。庚寅。辛卯。壬辰。癸巳。
甲午。乙未。丙申。丁酉。戊戌。己亥。庚子。辛丑。壬寅。癸卯。
甲辰。乙巳。丙午。丁未。戊申。己酉。庚戌。辛亥。壬子。癸丑。
甲寅。乙卯。丙辰。丁巳。戊午。己未。庚申。辛酉。壬戌。癸亥。

2) 한 역 : 갑자, 을축, 병인, 정묘, 무진, 기사, 경오, 신미, 임신, 계유.
갑술, 을해, 병자, 정축, 무인, 기묘, 경진, 신사, 임오, 계미.
갑신, 을유, 병술, 정해, 무자, 기축, 경인, 신묘, 임진, 계사.
갑오, 을미, 병신, 정유, 무술, 기해, 경자, 신축, 임인, 계묘.
갑진, 을사, 병오, 정미, 무신, 기유, 경술, 신해, 임자, 계축.
갑인, 을묘, 병진, 정사, 무오, 기미, 경신, 신유, 임술, 계해.

3) 출 전 : ≪甲骨文合集≫ 37986 제5기

4) 자 해 : **[甲]** - 자형의 구조는 물고기 비늘 모양. 또는 사람의 머리 모양이라고 하나 확실하지 않다. 실제로 天干의 첫 머리 자와 先公 · 先王 · 先妣의 諡號로 빌려 썼고 특히 上甲에 썼다. 上甲의 專名으로 쓸 때는 十을 神主의 위패를 모시는 □ 속에 넣었다. 그러나 田자와 흡사해 이를 구별하기 위하여 上甲일 때는 ⊞이라고 상자 속의 十을 작게 하였는데 小篆에서 마지막 획을 길게 빼어 甲자의 근거가 되었다(徐中舒, 1990 - 1535). 甲骨文 甲과 七은 모두 十형이어서 7은 밑을 구부려 七로 변형시켰다.
[乙] - 물고기가 헤엄치는 모양. 칼 모양 등으로 보나, 李孝定은 ≪說文≫에 '流也(물 흐르다)'는 뜻의 乀자가 乙과는 자형 · 자음이 유사한 것에 근거해 두 자의 근원이 같다고 보았다(李孝定, 1965 - 4221). 天干의 2째 자, 또 先公 · 先王 · 先妣(이하 조상명으로 약칭함)의 諡號로 빌려 썼다.
[丙] - 물고기의 꼬리 모양(郭沫若, 1962 - 8). 기물의 받침대 모양(于省吾). 탁자 모양(葉玉森) 등 설이 있다. 天干의 3째 자. 조상이름, 인명, 지명. 「馬二十丙(말 20필)」(≪前≫ 2, 9, 1) 처럼 量詞로 썼다(17 - 7 참조).

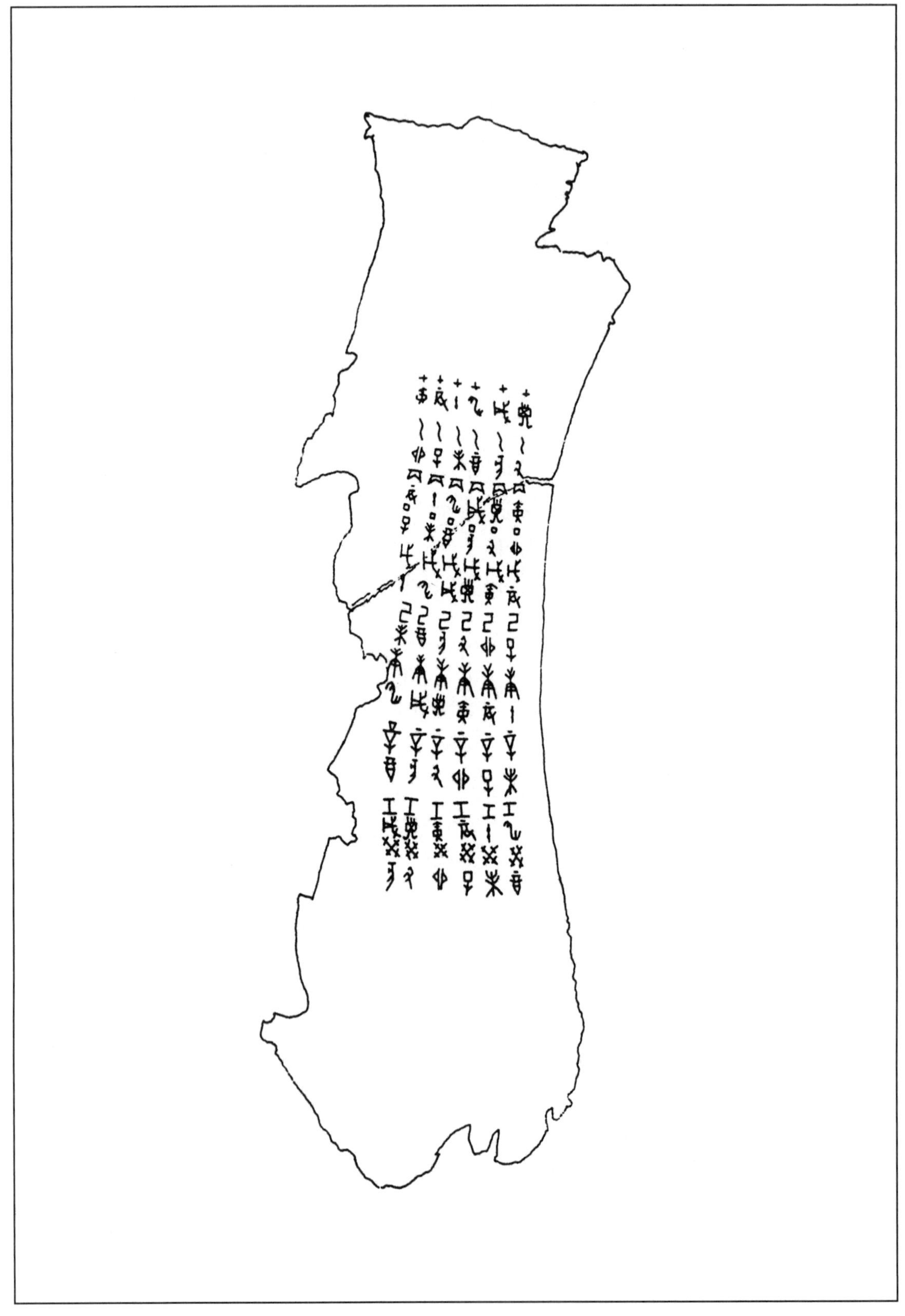

[丁] - 丁은 □, ●, · 등으로 쓰는데 사람의 정수리 모양(趙誠). 못머리 모양(吳基昌), 못釘의 本字로 못의 측면 모양(徐灝)으로 보았고, 徐中舒는 頂의 본자로 보았다. 甲骨文의 宮자는 (合)형인데 가운데는 통풍창과 출입문이 포개진 모양으로 통풍창이 頂의 본자라는 것이다.

頂과 天은 古音이 비슷해 통용되며, 頂에는 天의 의미도 있고 天은 또 田 · 陳과도 음이 비슷해 제수품을 진열해 놓고 드리는 "丁祭"라고도 한다. 甲骨文에서 丁은 □로 쓰다가 후기에는 ●으로 썼는데, 楷書체에 와서 丁이 되었다. 釘은 후기 形聲字라고 할 수 있다. 干支 이외에 인명 · 신명 · 제사명 · 조상명으로 쓰였다(徐中舒, 1990 - 1548).

[戊] - 병기의 형상이다. 鉞의 형체와 비슷한 도끼류에 속한다. 天干의 5째 자이고, 조상명으로 쓰였다(趙誠, 1988 - 263).

[己] - 화살 끝에 회수가 가능하게 끈을 달아 사용하였는데 이 끈을 繳라 했다. 己는 화살에 단 실인 繳의 형상(羅振玉)이라 하고, 또 꼭 繳라기보다 무언가를 끈으로 동여매는 모양(葉玉森)이라고 했다. 天干의 6째 자, 조상명으로 빌려 썼다(徐中舒, 1990 - 1555).

[庚] - 손으로 중심대를 흔들면 양옆의 끈에 달린 방울이 소리를 내는 고대의 악기 모양. 高亨은 뉘를 고르는 기물일 것으로 보았다. 金文 ≪史父庚鼎≫의 庚字에는 사람이 작동을 하는 두 손이 남겨졌다. 天干의 7째 자. 조상명으로 빌려 썼다(徐中舒, 1990 - 1558).

[辛] - 죄인에게 문신을 하는 칼류의 형구 또는 병기 모양. 辛에는 문신을 새긴다(黥)는 뜻이 있어 '죄' 또는 '매섭다'(辛酸)로 인신되었다. 天干의 8째 자, 조상명으로 쓰였다(徐中舒, 1990 - 1511).

[壬] - 양날 도끼(吳其昌) 또는 돌침(郭沫若), 천을 짜는 실의 모양 등의 풀이가 있다(趙誠, 1988 - 263). 天干의 9째 자. 조상명으로 쓰였다.

[癸] - 화살의 모양(吳其昌), 고대 여성 중심 사회에서 생활을 이끌었던 巫女 둘이 춤을 추는 발의 모양(袁德星)이라고 하였으나 확실하지 않다. 天干의 10째 자리, 조상명으로 쓰였다(馬如森, 1993 - 1036).

[子] - 子는 어린아이 모양인데 두 계열의 자형이 있다. 머리털이 솟은 머리, 두 다리 모양과 강보에 쌓인 어린이 모양이다. 地支의 첫째 자리로 쓰였다(徐中舒, 1990 - 1571) (4 - 11 참조).

[丑] - 손톱이 뻗쳐 있는 손의 모양으로 爪의 초문이다. 地支의 2째 자리로 쓰였다(于省吾, 1996 - 3688).

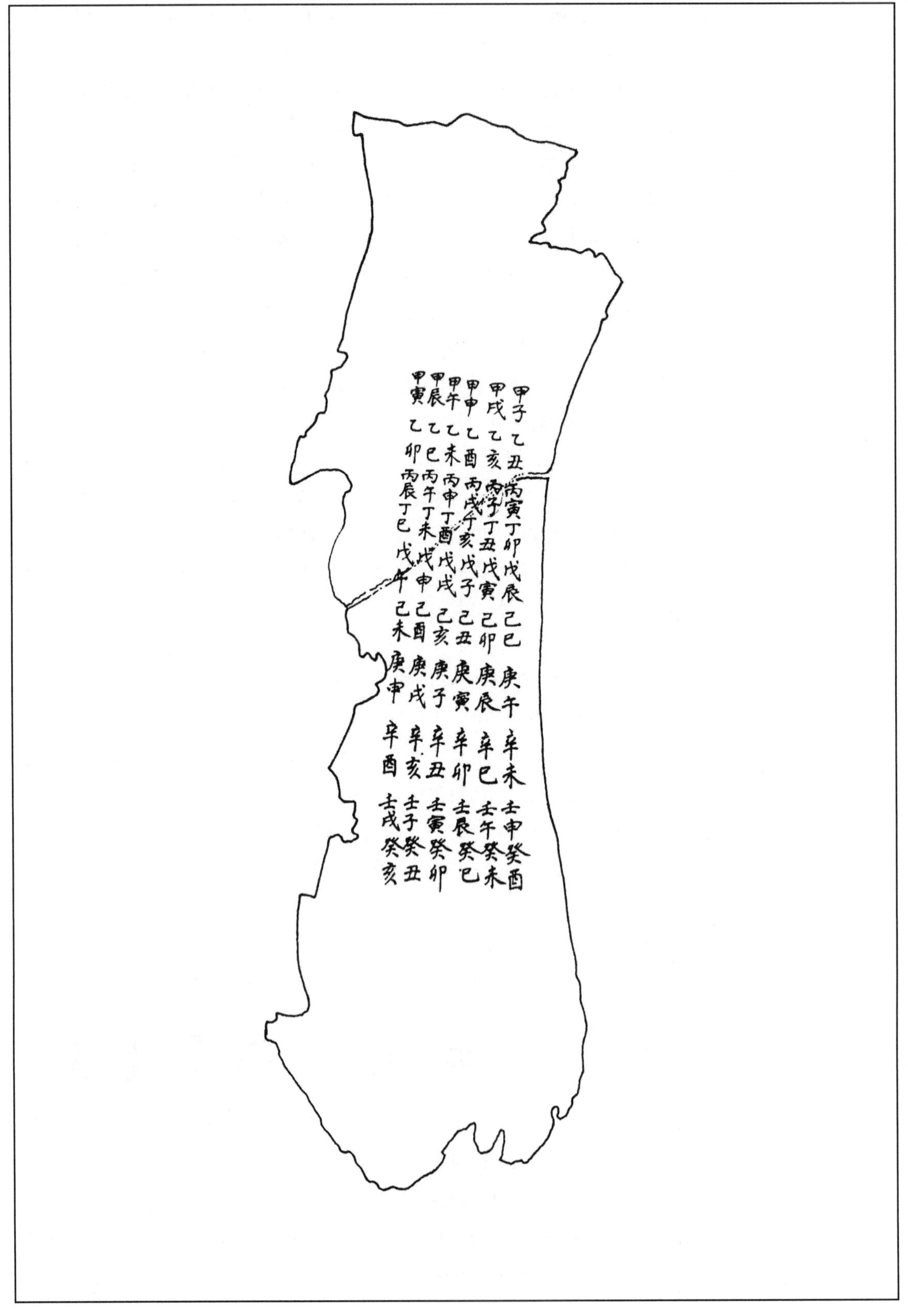
甲子乙丑丙寅丁卯戊辰己巳庚午辛未壬申癸酉
甲戌乙亥丙子丁丑戊寅己卯庚辰辛巳壬午癸未
甲申乙酉丙戌丁亥戊子己丑庚寅辛卯壬辰癸巳
甲午乙未丙申丁酉戊戌己亥庚子辛丑壬寅癸卯
甲辰乙巳丙午丁未戊申己酉庚戌辛亥壬子癸丑
甲寅乙卯丙辰丁巳戊午己未庚申辛酉壬戌癸亥

[寅] - 화살 모양이다. 제5기에는 화살에 形符인 ㅁ가 첨가된 [寅 variant]자형이 출현하는데 朱芳圃는 이를 병기인 화살과 구분하기 위함이라고 하였다. 地支의 3째 자리로 쓰였다(趙誠, 1988 - 264).

[卯] - 왕국유는 卯와 劉가 古音으로 같은 幽部인 것을 근거로 卯는 劉의 가차자로 보았다. ≪爾雅・釋詁≫에 「劉, 殺也」라 하였듯이 갑골복사에서 卯는 희생물을 죽이는 用牲法으로 쓰였으며 그 외 인명・지명・地支의 4째 자리로 쓰였다(徐中舒, 1990 - 1588).

[辰] - 辰의 본의는 대합조개에 손가락을 묶은 조개 낫이다. 여기에 구멍을 뚫고 끈을 꿰어 어미 손가락에 걸고 벼이삭을 자르는 농구로 썼다(徐中舒, 1990 - 1589). 인명・방국명・地支의 5째 자리로 썼다.

[巳] - 뱀의 모양. 뱀의 긴 몸체 모양과 [巳 variant]의 2가지 형태로도 나타난다(4 - 12 참 조). 地支의 6째 자리로 쓰였다.

[午] - 한 타래의 실이 꼬아져 있는 모양. [午 variant]로 杵자의 초문이다. 地支의 7째 자리로 쓰였다(馬如森, 1993 - 1048).

[未] - 풀의 잎이 무성한 모양으로 '맛'을 뜻했다. 부정사로 쓰여 맛은 味로 대체했고, 地支의 8째 자리로 쓰였다(徐中舒, 1990 - 1598).

[申] - 천둥이 치는 모양으로 電의 本字이다. 篆書에서 자형이 와전되어 원래의 형체를 잃게 되었다. 地支의 아홉째 자로 쓰였다(趙誠, 1988 - 264).

[酉] - 신석기 시대 물이나 술을 담는 질그릇 항아리 모양으로 酒・尊・福자를 낳은 모체가 되었다. 地支의 10째 자로 쓰였다 (馬如森, 1993 - 1051).

[戌] - 고대 병기의 모양이다. 戊・戉・戊・歲・戚 등이 모두 도끼모양에 속한다. 인명, 神名, 地支의 11번째 자로 썼다(趙誠, 1988 - 264).

[亥] - 地支 12자 중 유일하게 先公인 王亥의 이름으로 쓰였고 亥자에 隹・鳥가 첨가된 형체를 보이는데 이는 商代인들이 새를 토템으로 삼았던 까닭이다. 許愼의 「亥爲豖 해는 돼지이다」라는 풀이를 근거로 亥를 豖자로 보기도 하나 이는 12가지 동물로 12支를 나타낸 것(十二屬相) 이 중국에서 유행한 후의 일로 甲骨文의 자형과는 관련이 없다. 조상명, 地支의 마지막 자로 빌려 썼다(徐中舒, 1990 - 1612).

5) 해 설 : **상대의 Calendar**

60甲子表인 본 편은 商代人들이 친필로 기록한 Calendar이다.

15-2

1. 12041

2. 24828

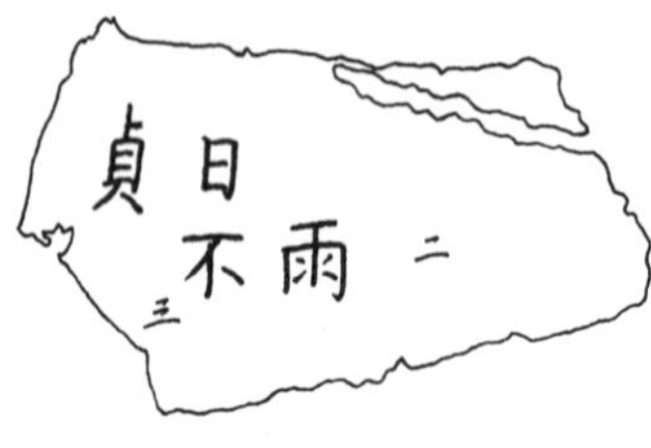

15. 제2편

1) 본 문 : 1. **貞 : [今]日不雨。二**
2. 貞 : 今夕不雨。二

2) 한 역 : 1. **묻습니다 : 오늘 비가 오지 않을까요? 두 번째 물었다.**
2. 묻습니다 : 오늘 저녁 비가 오지 않을까요? 두 번째 물었다.

3) 출 전 : ≪甲骨文合集≫ 1. 12041 제1기 2. 24828 제2기

4) 자 해 : **[日不雨]** : 日 - 태양의 모양. 칼로 새겨 네모 형태를 보인다. 태양 · 하루 · 시간 등으로 쓰였다. 今이 탈락되었다. 갑골문에 '日'를 '낮시간' 또는 '하루'로 보는 예가 있다.

· 王貞 : 日雨. (21387) 왕이 묻습니다 : 낮에 비가 올까요? (14 - 3 참조).

· 旬㞢(又)二日辛. (11643) 열이틀 뒤 辛일에 …

[今夕不雨] : 今 - 방울이 달린 종을 엎어 놓은 모양. 지금 · 오늘 등으로 쓰였다 (2 - 13 참조). 夕 - 반달 모양, 月의 초문, '저녁'이다. 제1기에 저녁이라는 문자를 만들기가 어려워 밤과 관계가 있는 달(月)속에 작은 획을 넣어 저녁 (夕) 을 나타냈다. 제5기에 와서는 반대로 제1기의 夕자를 月로 썼다. 때로는 혼용되었다 (徐中舒, 1990 - 750).

5) 해 설 :

曆法의 역사

黃帝시대에 사관 大撓(대요)가 甲子를 만들어(大撓作甲子) 역법의 체계를 세웠다는 기록이 ≪世本≫, ≪呂氏春秋≫에 전하여 황제시대(B.C. 2700경)에 이미 역법이 창제되었음을 시사하고 있다. ≪漢書 · 藝文志≫에는 '殷曆'을 포함한 '古六曆'(黃帝 · 顓頊 · 夏 · 殷 · 周 · 魯)이 기록되어 있어 漢代 사람들은 이들을 보았을 가능성이 있다. 그러나 이들의 제작, 혹은 정리는 전국시대로 추정한다 (朱文鑫, 1970 - 50). 따라서 殷曆이 商代 실제로 사용되던 역법이라고 하기는 어렵지만, 그 잔영은 상대의 역법인 干支紀日된 甲骨卜辭에서 찾을 수 있다.

15-3

1. 29793

2. 29794

15. 제3편

1) 본 문 : 1. 中[日至]昃其雨。
2. 郭兮至昏不雨。昃至郭不雨。郭雨。

2) 한 역 : 1. 정오에서 해가 기울어지기 시작하는 2시경까지 비가 올까요?
2시경에서 저녁 무렵에 비가 안 올까요? 저녁 무렵에 비가 올까요?
2. 저녁식사 무렵에서 해가 지는 황혼 무렵까지 비가 안 올까요?

3) 출 전 : ≪甲骨文合集≫ 1. 29793 2. 29794 제3기

4) 자 해 : **[中日至昃其雨]** : 中日 - 정오. 至 - 이르다. 昃 - 오후 2시경 (16 - 19 참조).
[昃至郭不雨] : 郭 - 商代인들이 저녁 먹을 무렵인 4시경 (17 - 5 참조).
[郭兮至昏] : 兮 - 형체는 정확하게 알 수 없으나 지명・제사명・시간사로 쓰였다(徐中舒, 1990 - 507). 昏 - 人과 日의 합체로 해가 사람의 발 아래로 내려와 있는 모양이다(李樂毅, 1992 - 140). 소전 이후의 자형은 氏와 日의 합체다. 오전의 旦과 대응되는 황혼시간으로 쓰였다.

5) 해 설 :

하루의 시간대를 나타내는 갑골문

오전 夙 : 해뜨기 전의 어두운 시간
晨 : 해뜨기 전의 시각.
旦 : 해가 솟아 오르는 시간.
明 : 날이 밝아오는 시간이다.
妹 : 해가 떠서 밝아오는 시간. 明과 비슷한 시간대다.
朝 : 해는 이미 솟았고 달은 아직 지지 않은 아침 시간.
大采 : 손으로 열매를 따는 채집경제 시대의 아침 활동시간.
大食 : 아침 일을 마치고 들어와 조반을 먹을 시간.

정오 中日 : 해가 중천에 있는 시각으로 日中이라고도 한다.

오후 昃 : 해가 기울면서 그림자가 드리운 2시경
小食 : 저녁 먹는 4시경
郭 : 小食과 비슷한 4시경
暮 : 해가 진 저녁 무렵
小采 : 해가 서산에 지는 6시경
昏 : 황혼이 질 무렵을 뜻한다.
夕 : 황혼 이후 다음날 동트기 전까지의 어두운 시간이다.

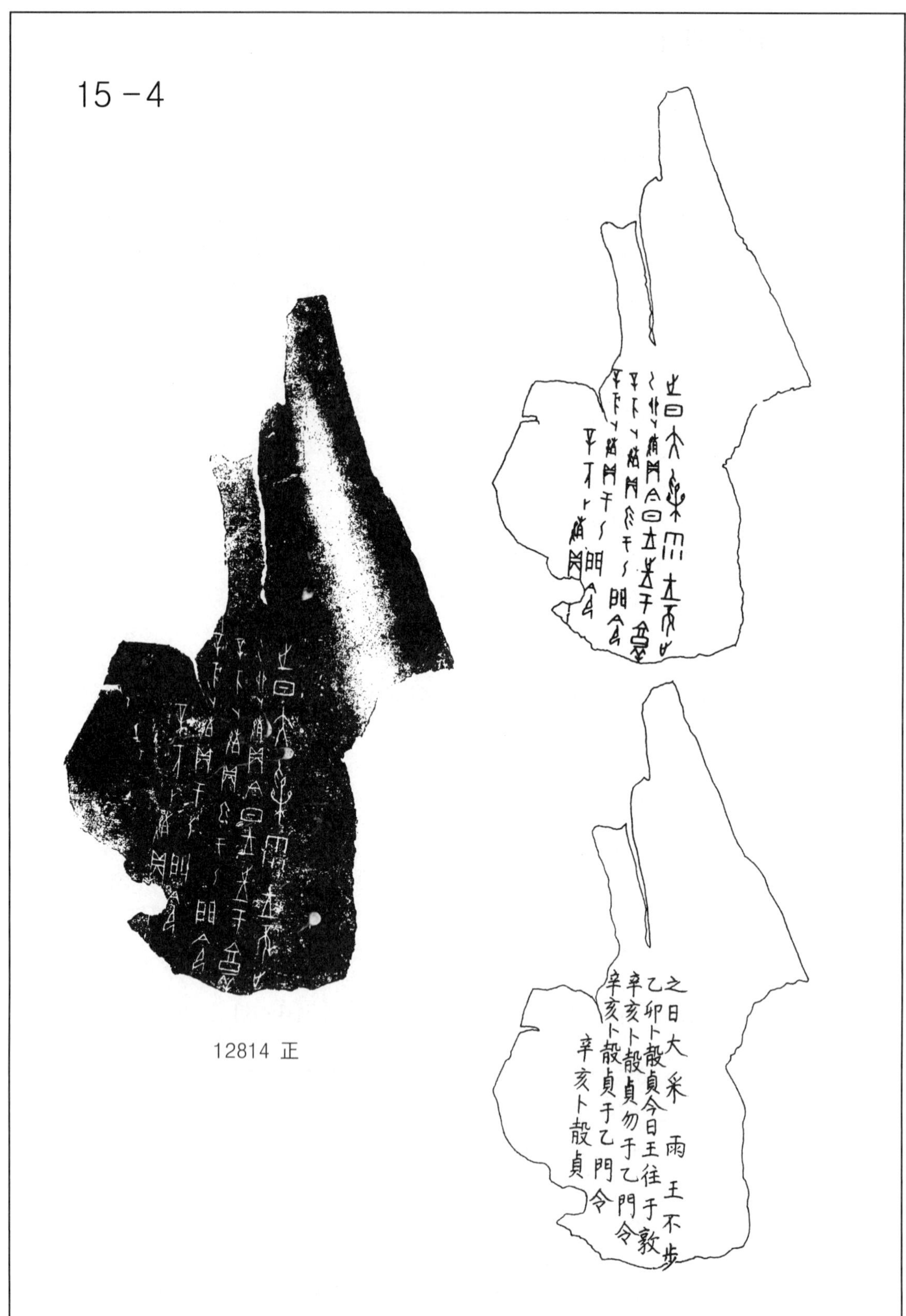

12814 正

15. 제4편

1) 본 문 : **乙卯卜, 㱿貞 : 今日王往于敦。之日大采雨, 王不[步]。**

2) 한 역 : **乙卯일에 점을 치고, 㱿이 묻습니다 : 오늘 대왕께서 敦지역으로 갈까요? 그 날 오전에 비가 와서 대왕은 행보하지 못했다.**

3) 출 전 : ≪甲骨文合集≫ 12814 正 제1기

4) 자 해 : **[今日王往于敦]** : 今 - 방울이 달린 종 모양. 지금, 오늘. 日 - 태양의 모양. 칼로 새겼던 관계로 네모 형체를 보인다. 예서체와 흡사하다. 王 - 제1기의 형체, 상왕. 往 - 王자 위에 발(止)이 있는 모양. 王은 성부 역할을 하였다. '왕래하다', '나아가다'는 往의 本字이다(徐中舒, 1990 - 163).

敦 - 享와 羊의 합체자. 享은 높은 건축물의 형상. 높은 건축물에서 羊을 드려 제사 지내는 관습에서 인신되었다. 경전에서는 敦(dun · 돈)으로 迫 · 伐(정벌)의 의미가 있으며 지명으로 쓰였다(趙誠, 1988 - 329).

[之日大采雨] : 之 - 之와 一의 합체자. 발이 어떤 장소에 이른다는 뜻. 卜辭에서는 지시대명사로 빌려 썼다. 大 - 사람의 정면 모양으로 기본형은 같으나 갑골문 大의 표현은 다양하다(1 - 5 참조).

采 - 손으로 나무의 열매를 따는 모양. 大采는 아침 일을 할 10시경이다.

[王不步] : 王 - 상왕. 不 - 부정부사. 步 - 발(止)이 위아래로 포개 있는 모양. 아래가 잘렸다. '행보하다'는 뜻이다(2 - 1 참조).

5) 해 설 :

干支의 사용과 紀日 방법

5천여 년 전 黃帝의 명으로 大撓가 天干地支를 만들었다고 전한다. 夏에 이르러 胤甲 · 孔甲 · 履癸 등은 十干으로 이름하였다. 商代에는 上甲 · 報乙 등 모든 제왕이 十干으로 이름하였다. 나아가 날짜도 정연하게 干支 紀日했다. 商代에 十干으로 紀日한 경우도 있으나 주기가 짧아 혼동의 우려가 커 점차 十二支를 十干에 배합시켜 甲子, 乙丑 등 干支紀日法의 체계를 세웠다.

干支紀日法은 주기가 60일로 길고 일정하여 절기까지도 추산해낼 수 있으며, 5천 년이 흐른 오늘날까지 오차 없이 이어지고 있다.

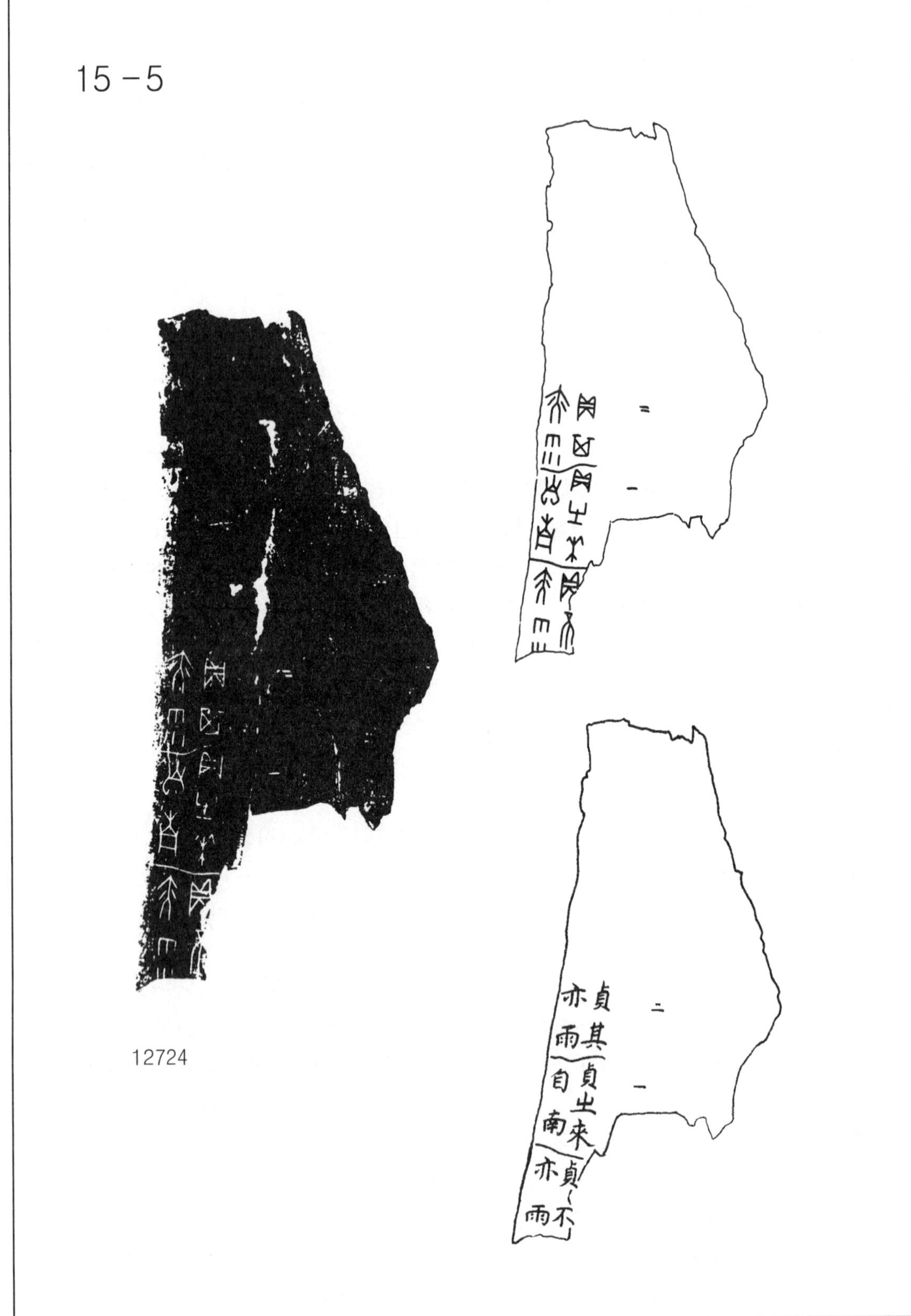
15－5
12724
二
一
貞
其
亦
雨
貞
㞢
來
自
南
貞
不
亦
雨

15. 제5편

1) 본 문 : **貞 : 不亦雨。**
貞 : 㞢(有)來自南。
貞 : 其亦雨。

2) 한 역 : **묻습니다 : 비가 또 오지 않을까요?**
묻습니다 : 남쪽에서 올까요?
묻습니다 : 또한 비가 올까요?

3) 출 전 : ≪甲骨文合集≫ 12724 제1기

4) 자 해 : **[不亦雨]** : 不 - 부정부사. 亦 - 사람의 양쪽 겨드랑이에 두 점을 찍어 놓은 겨드랑이의 소재를 나타낸 지사자. 또한(又), 역시(也) 등으로 빌려 썼고, 겨드랑이는 腋(ye · 액) 자를 다시 만들었다(徐中舒, 1990 - 1163).
[㞢(有)來自南] : 㞢 - 又(有)의 제1기의 형체. 來 - 보리의 잎사귀, 줄기와 뿌리 모양인 象形字. 來는 타지에서 들여온 것이어서 來往의 來로 빌려 쓰게 되었고 보리는 來 아래 '夊'을 붙여 麦자를 만들었다. 卜辭에서는 往來 · 내일 · 地名으로 쓰였으며 점친 날로부터 다소 멀리 떨어진 날의 앞에 붙여 '오는', '돌아오는' 등으로 풀이된다(1 - 4 참조). 自 - 코의 모양, 중국인은 자신을 가리킬 때 코를 지시하는데서 연유되어 '나 자신'으로 빌려 썼고, '…로부터'란 의미도 파생되었다. 南 - 종과 매다는 끈의 모양, 남쪽(16 - 3 참조).

5) 해 설 :

상대의 시간 기록 - 日 · 月 · 年

商代 卜辭에는 日 · 月 · 年 순으로 시간을 기록했다. 그러나 대부분의 복사는 前辭에 日이 기록되고 때때로 月이 기록되나 年을 기록한 예는 많지 않다. 반면, 商代 金文이나, 記事刻辭에는 日 · 月 · 年을 갖춰 기록했다.

이로 미루어 보아, 卜辭는 점치는 날을 중심으로 길흉을 물었기 때문에 年의 기록이 긴요하지는 않았으나 記事刻辭나 金文은 대부분 사건의 기록인 만큼 시간의 정확성을 기하기 위해 日은 물론 年 · 月까지 기록했다고 할 수 있다.

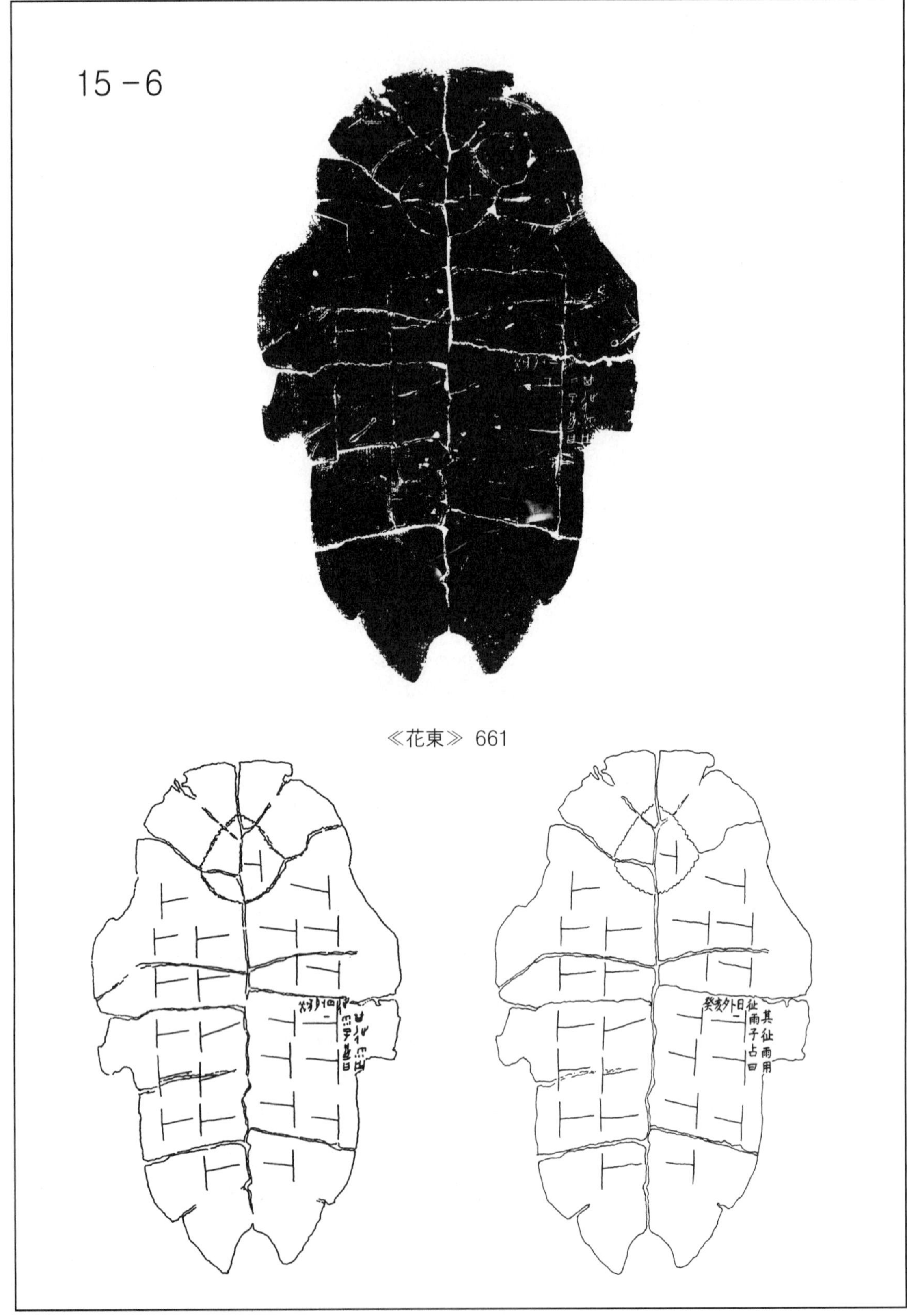

≪花東≫ 661

15. 제6편

1) 본 문 : **癸亥夕卜 : 日祉(延)雨。子占曰 : 其延雨。用。一**

2) 한 역 : **癸亥일 저녁에 점쳐 묻습니다 : 낮에 비가 계속 올까요?**
子가 점친 결과를 보고 말했다 : 비가 계속 오겠다. 이 점은 시행했다. 첫 번째 물었다.

3) 출 전 : ≪花園莊東地甲骨≫ 661 제1기

4) 자 해 : **[癸亥夕卜]** : 癸亥 - 干支紀日에 의한 癸亥日(15 - 1 참조). 夕 - 저녁.
[日祉(延)雨] : 日 - 태양의 모양. 낮시간. **祉** - 彳와 止의 합체자. 계속 이어지다(19 - 4 참조). 雨 - 비가 오는 모양. 비 또는 비가 온다.
[子占曰] : 子 - 아이의 모양. 아이·아들·상대의 왕자 이름 등에 쓰였다. 여기서는 상대의 왕실 소속이 아닌 子계열의 귀족집단이다. 따라서 「子」는 이 占卜의 주체가 되어 '子卜辭'라고도 칭한다. 占 - 점치다는 '卜'과 '口'를 합쳐 '점치다'는 뜻으로 썼다. 占과 **固**은 같은 의미인 이체자로 **固**은 초기에 占은 후기에 주로 쓰였다(于省吾, 1996 - 2243).
[用] : 用 - 상용되는 나무통의 모양. '쓰다'는 뜻으로 쓰였고, 여기서는 '用辭'로 쓰였다(劉一曼, 1998 - 210) (1 - 13 참조).

5) 해 설 :

花園莊東地 甲骨文

1991년 가을 殷墟 花園莊의 東地에서 도로공사를 하던 중 龜甲獸骨로 가득한 갱을 발견하였다. 갱은 남북길이 2m, 동서길이 1m이며, 깊이는 3m가 넘는데 도합 1,583편의 갑골이 담겨 있었다. 대부분이 大版이고 그중 완전한 卜甲은 755판에 달하며, 卜辭가 새겨진 것만도 300여 판을 상회하였다. 卜辭는 상 왕실의 귀족에 속한 子가 주체인데 卜辭에 婦好·臭 등이 출현한 것으로 보아 시기는 武丁시대로 추정된다.
花園莊東地 甲骨文은 'HY127坑'(1923) 갑골이나 '小屯南地'(1972) 갑골에 이은 세 번째 대규모 발굴이었고, 그 卜辭에 나타난 특성은 기존의 갑골문연구에 새로운 견해를 던져주는 귀중한 자료로 제공되고 있다(劉一曼, 1998 - 203).

15 - 7

12536

15. 제7편

1) 본 문 : **己酉 : 自今旬雨。三月。二**
辛亥雨。三

2) 한 역 : **乙酉일에 묻습니다 : 오늘부터 열흘 동안에 비가 올까요? 3월에. 두 번째 물었다.**
辛亥일에 비가 올까요? 세 번째 물었다.

3) 출 전 : ≪甲骨文合集≫ 12536 제1기

4) 자 해 : **[自今旬雨]** : 自 - 코의 모양. '나 자신', '… 로부터'란 의미로도 쓰였다. 今 - 지금, 오늘. 旬 - 열흘. 雨 - 비, 비가 오다.
[三月] : 三 - 셈가지 셋을 포갠 숫자 3이다. 月 - 夕의 형체이나 月의 의미이다. 月자는 처음 빠뜨리고 썼다가 補刻한 형상이다.

5) 해 설 : 12地支에 의한 하루시간의 구분

상대에 하루 24시간을 저녁 11시부터 2시간 단위로 나누어 子 · 丑 · 寅 · 卯 · 辰 · 巳 · 午 · 未 · 申 · 酉 · 戌 · 亥 등 地支로 나타냈다. 오늘에까지 이어지는 이 관습의 유래는 卜辭에 기원한다.

· 甲申卜 : 今日亥, 不雨? 唯㲋至? (≪粹≫ 784)
오늘 亥시에 비가 오지 않을까요? 㲋가 올까요?

今日은 甲申일이다. 따라서 亥는 甲申일 중 밤 9시에서 11시까지 두 시간이다. 地支만으로 시간을 나타낸 것이다. 地支에 의한 하루 시간의 구분은 周代로 이어진다. ≪詩經 · 小雅 · 大東≫편을 보자.

跂彼織女, 저편에선 직녀성 반짝이면서,
終日七襄。 종일토록 일곱 번 자리 옮기네.
雖則七襄, 일곱 번씩 자리를 옮겼건만
不成报章。 무늬 놓은 비단은 짜이지 않네.

'七襄'은 직녀성이 떠오를 때까지의 7개 時辰, 즉 卯時부터 酉時까지를 말한다. 직녀성이 하늘에서 7개 時辰을 지났건만 비단을 잘 짜내지 못한 아쉬움을 노래한 것이다.

15-8

11722 正

보충 11648

15. 제 8 편

1) 본 문 : **「王」固曰 : 㞢(有)祟。 百日□辰☐。**

2) 한 역 : **왕이 점친 결과를 보고 말했다 : 재앙이 있겠다. 일백일 후… 辰일에…**

3) 출 전 : ≪甲骨文合集≫ 11722正 보충 11648 제1기

4) 자 해 : **[王固(繇)曰]** : 왕이 점친 결과를 보고 길흉을 판단해 말하다(3-3 참조).
[㞢(有)祟(咎)] : 㞢-有와 같으며, 제1기의 자형이다(1-2 참조). 祟-발이 여러 개 달린 벌레 모양. 蛷의 초문. 재앙(咎)으로 쓰였다(22-4 참조).
[百日☐辰☐] : 百-一과 白의 合文이다(2-16 참조). 일백일 뒤 □辰일에…

5) 해 설 :

일백일 후의 길흉

전후좌우로 잘린 卜辭이지만 일백일이라는 긴 시간 후의 일을 묻는 일이 흔치 않다. 占辭 부분의 「王固曰」 중 王字가 잘렸으나 占卜述語인 고로 복원시킬 수 있었다. 驗辭에서 점을 친 후 일백 일 후의 일을 말했는데 아쉽게도 잘려 나가 무슨 일인지 정확하게 알 수 없다. 보충의 내용을 보자.

· 九旬㞢(又)一日丁. (11648)
91일 후 丁일에…

위 내용으로 보아 상대에는 목전의 일만 점복한 것이 아니라 수십일 내지 백여일 뒤의 일도 점쳤음을 알 수 있다.

전체적으로 수려한 필세를 보인다. 특히 日자는 隸書의 풍격을 나타내고 있다. 唐蘭은 春秋戰國시대의 文字에 이미 隸書의 싹이 움텄다고(唐蘭, 1981-124) 하였으나 日자를 비롯한 일부 자형을 보면 제1기 甲骨文에서 이미 隸書 경향의 기운이 느껴지는 자도 있다.

15-9

29715

15. 제9편

1) 본 문 : **叀(惠)今秋。**

叀(惠)今秋。

于春。

2) 한 역 : **이번 가을인가요?**

이번 가을인가요?

(그렇지 않으면) 봄인가요?

3) 출 전 : ≪甲骨文合集≫ 29715 제3기

4) 자 해 : **[叀(惠)今秋]** : 叀 - 강조 부사(3 - 16 참조). 今 - 이번, 지금. 秋 - 메뚜기 형상을 처럼 상형화한 모양이다. 메뚜기는 가을의 추수 무렵에 등장하기 때문에 '가을'로 빌려 썼다(10 - 22 참조).

[于春] : 于 - 시간 · 장소 등에 쓰이는 전치사(2 - 1 참조). 春 - 초목 사이에 해가 걸려 있고 곁에 꽃봉오리 모양인 屯자가 · · 처럼 들어 있는 모양. 屯은 音의 작용도 한다. 봄(10 - 22 참조).

5) 해 설 :

상대의 계절 - 春 · 秋

본 卜辭의 내용은 길지 않으나 봄 · 가을이 함께 기록된 귀한 자료이다. 卜辭에는 여름과 겨울을 나타낸 내용이 없어 봄 · 가을은 바로 일년의 개념이라고 할 수 있다. 葉玉森은 ≪殷契金勾沈≫에서 商代에 4계절이 있음을 피력했으나 商承祖의 ≪殷商無四時說≫과 孫海波의 ≪卜辭曆法小記≫에서는 일 년의 春 · 秋 두 계절 설을 주장하였는데 학계에서는 후자를 따르는 경향이다. 陳夢家는 ≪卜辭綜述≫에서 四계절 분법은 春秋이후의 일이라고 했다.

일년이 봄으로부터 시작해 가을로 접어들기 때문에 위에서부터 차례로 읽어 내려올 수도 있겠으나 骨條에는 관례상 아래에서 위로 새겼다. 또 다른 근거로는 전치사 于와 叀의 용법을 통해 알 수 있는데 叀는 말하는 때로부터 비교적 가까운 때에 쓰이고, 于는 비교적 거리가 먼 시간을 나타낼 때 썼던 통례로 보아 아래에서부터 읽어갔다.

15 - 10

1. 11510

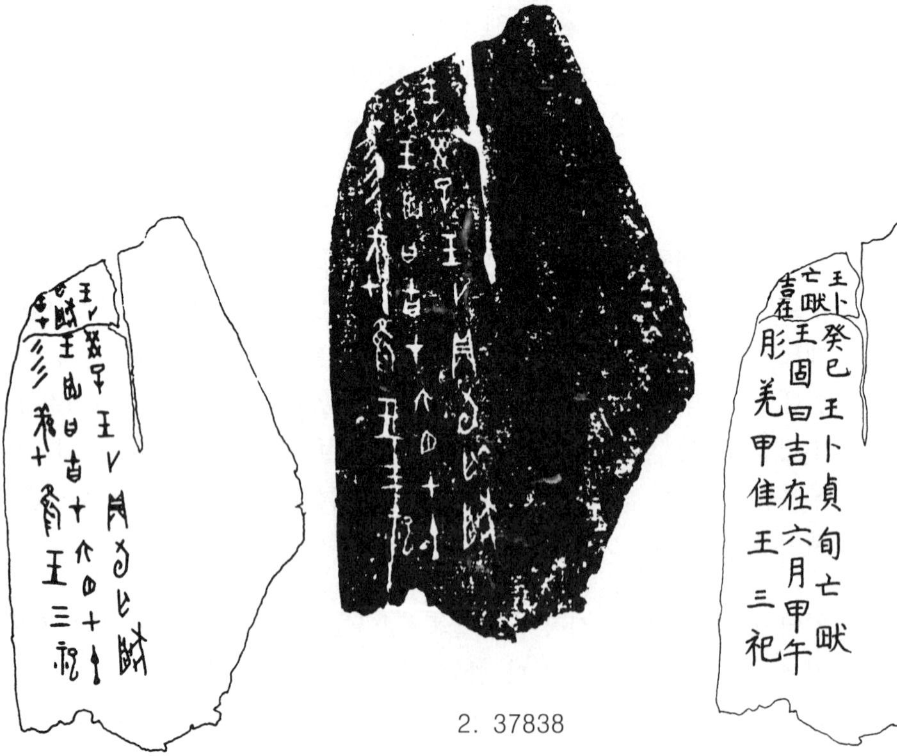

2. 37838

15. 제10편

1) 본 문 : 1. ☐來歲☐。

2. 癸巳王卜, 貞 : 旬亡畎。王固曰 : 吉。才(在)六月。
甲午肜羌甲。隹(唯)王三祀。

2) 한 역 : 1. 오는 해에는…

2. 帝辛 3년 6월 癸巳일에 왕이 점쳐 묻습니다 : 다음 열흘동안 재앙이 없겠습니까? 왕이 점친 결과를 보고 길흉을 판단해 말했다 : 길하겠다. 甲午일에 羌甲에게 肜祭를 지내다.

3) 출 전 : ≪甲骨文合集≫ 1. 11510 제1기 2. 37838 제5기

4) 자 해 : [來歲] : 來 - '오는', '다가오는'(1 - 3 참조). 歲 - 큰 도끼 모양.

[癸巳王卜, 貞] : 王 - 제5기 자형이므로 상대의 마지막 왕 帝辛시대다. 왕이 직접 점쳤다.

[旬亡畎] : 畎 - 囚의 제5기 자형이다. 근심 · 걱정을 나타낸다.

[甲午彡(肜)羌甲] : 彡 - 북을 치면서 드리는 제사. 羌甲 - 15대왕 沃甲.

[隹王三祀] : 隹 - 唯와 같다. 祀 - 제사하다. '年'으로 쓰였다(11 - 16 참조).

5) 해 설 :

歲 · 年 · 祀의 용법

歲 : 歲는 도끼(斧) 모양의 곡물 수확 도구이다. 일 년에 한 번 수확해 일 년 · 칼로 베는 殺生법인 劌(gui · 귀) · 별이름 등으로 쓰였다.

· 今歲 · 來歲. 올해 · 내년.

年 : 사람이 벼를 지고 가는 모양, 벼가 익으므로 한 해가 되었다는 뜻에서 해年으로 인신되었다.

· 自今十年又五王☐. (24610) 지금부터 15년 뒤 대왕께서 …할까요?

祀 : 귀신 옆에 사람이 꿇어 앉은 모양. 신주의 아들인 子가 巳로 변했다고도 함(徐中舒, 1990 - 19). 상대에 祭譜에 따라 한 차례 융숭한 제사를 지내는데 1년이 소요되므로 祀를 빌려 年의 의미로 썼다. 그러나 금년을 '今祀'라고는 하지 않는다.

· 今歲受年. 引吉. 在八月. 唯王八祀. (896)
올해 풍성한 수확을 얻을까요? 크게 길하다. 대왕 8년 8월에.

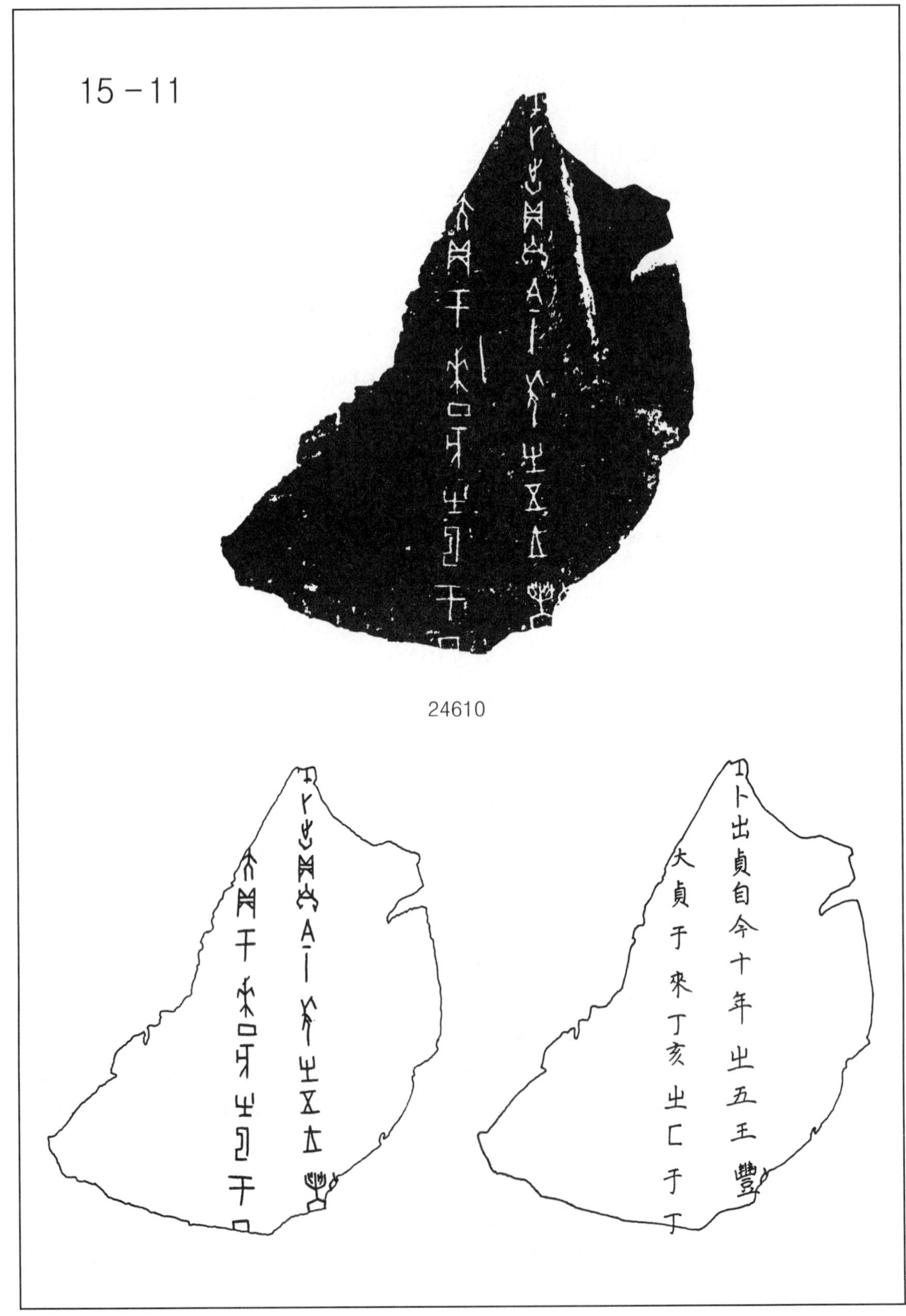
15 - 11
24610
卜出貞自今十年㞢五王豐
大貞于來丁亥㞢匚于丁

15. 제11편

1) 본 문 : ☐戌卜, 出貞 : 自今十年㞢(又)五王豊☐。

2) 한 역 : ☐戌일에 점을 치고, 出이 묻습니다 : 지금부터 15년 후에 대왕께서… 하겠습니까?

3) 출 전 : ≪甲骨文合集≫ 24610 제2기

4) 자 해 : [☐戌卜, 出貞] : 出 - 발(止)을 혈거 밖으로 향하게 하여 나아감을 나타냈다. 제 2기의 貞人 이름이다(4 - 14 참조).

[自今十年㞢(又)五] : 自 - 코의 모양. '스스로', '…로부터'로 빌려 썼다. 今 - 지금, 현재. 年 - 사람(人)이 잘 익은 벼(禾)를 등에 지고 가는 모양으로 풍성한 수확을 의미했고 잘 익은 곡물을 한차례 수확하는 기간이라는 시간사로 의미가 引申되어 '一年'을 나타냈다. 㞢 - 又(또한)·有(있다)·侑(제사)로 쓰였다. 여기서는 숫자 사이에서 연결사 작용을 하는 又로 쓰이는데 이러한 용법은 현대 중국어에까지 이어진다. 예를 들면 '七十五'를 '七十又五'라고 하는데 甲骨文에서 그 연원을 찾을 수 있을 것이다(1 - 3 참조).

[王豊 ☐] : 豊 - 뜻이 확실하지 않다.

5) 해 설 :

占卜의 예견 시기

卜辭는 주로 다가올 미래의 일을 점쳐 물었다. 가깝게는 곧바로 겪게 될 일이나, 내일 모레의 일, 멀리는 한두 달 뒤의 일, 또는 일 년 뒤의 일을 묻는 경우를 종종 볼 수 있다. 예를 들면

· 今來歲我不其受年. (9654)
올해와 내년 우리 商은 풍성한 수확을 얻지 못할까요?

본문 卜辭는 15년 뒤 왕의 일을 묻고 있는 것을 볼 때 내용에 따라 큰 차이가 있으며, 먼 미래의 일까지 점쳐 물었음을 알 수 있다.

15－12

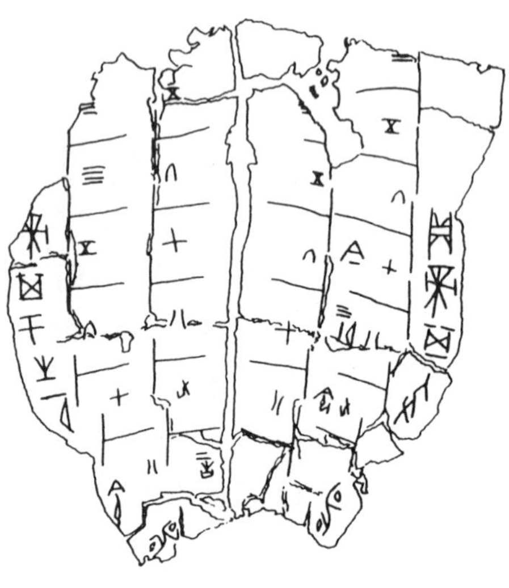

《乙》 3282

보충 18998

15. 제 12 편

1) 본 문 : **貞：帝其及今十三月令雷。**
帝其于生一月令雷。

2) 한 역 : **묻습니다 : 上帝께서 이번 윤달인 13월에 이르러 천둥을 칠까요?**
(아니면) 上帝께서 오는 1월에 천둥을 칠까요?

3) 출 전 : ≪殷虛文字乙編≫ 3282. 보충 18998 제1기

4) 자 해 : **[帝其及今十三月令雷]** : 帝 - 꽃받침 모양. 또는 하늘에 제사지내는 모양으로 본다. 卜辭에서는 上帝·조상의 칭호·禘祭 등 3가지 뜻으로 쓰였다. 절대 권능의 신이다(21 - 1 참조). 及 - 손으로 처럼 앞사람의 뒤를 잡고 있는 모양으로 쫓아가 이르다는 뜻이다. 갑골문에서는 '때맞추어 이르다'는 뜻으로 쓰였다(5 - 16 참조). 令 - 종의 모양. 아랫사람이 처럼 꿇어앉아 있는 모습을 결합시켜 명령을 받는다는 의미를 주었다. 갑골문에서 '명령하다' 또는 '지명'으로 쓰였다. 雷 - 천둥이 치는 모양. 처럼 번개가 번쩍거리는 S모양과 그 사이에 뇌성의 소리가 형상화된 모양이다(16 - 16 참조).

[生一月令雷] : 生 - 땅에서 풀이 처럼 돋아나는 모양. 卜辭에서는 '다음', '돌아오는', '낳다' 등으로 쓰였다(20 - 3 참조).

5) 해 설 :

상대의 윤달 기록

武丁시대 이미 太陰月과 太陽年의 격차를 알아내어 閏月로 해결했다. 갑골문 초기에는 윤달을 13월이라고 하고, 12월의 뒤에 두었다(年終置閏). 본편처럼 '13月' 뒤에 '正月'로 이어지는 卜辭내용에서 증명된다. 후기로 오면서 13월이라고 하던 것을 바꾸어 윤달을 해당 윤달 뒤에 중복시켰다(年中置閏)(陳夢家, 1956 - 220). 그 외 26569·34991편도 윤달이 기록되어 있다.

· 癸酉卜, 旬亡𡆥. 十二月.
  癸巳卜, 旬亡𡆥. 十三月. (≪甲≫ 2122)
· 隹(唯)王冬(終)八月. (18998)

冬은 終의 本字이며 后라는 뜻이다. '終 8월'은 바로 閏 8月이다.

제 16 장

氣 象

氣　象

천상의 관측은 기상관찰로 이어지며 파악된 기상변화는 사회활동이나 민간생활에 직접적인 영향을 미친다.

甲骨文에는 기상변화에 관한 기록이 매우 상세하게 담겨 있다. 하루는 일출에서 일몰까지 전후 10여 단계로 나누어 시시각각의 기상변화를 관찰해 날씨의 맑고 개임, 비바람의 강도와 천둥, 번개까지 기록했다.

특히 卜辭에는 하루의 기상기록 뿐만 아니고 열흘 내지 수십 일, 수 개월의 기상 변화를 연속적으로 기록하여 세계에 최초의 氣象관측 기록을 남겼다.

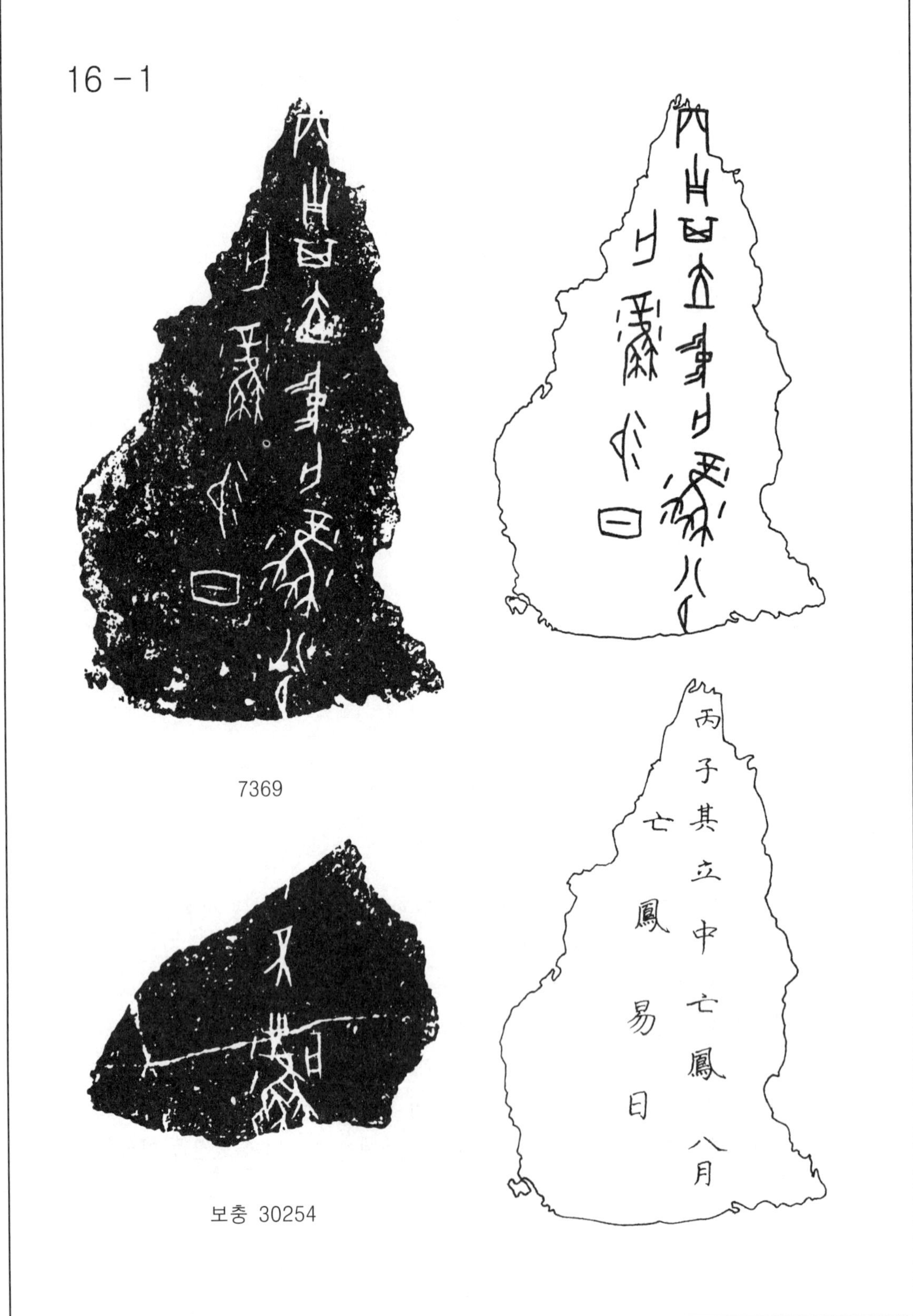

7369

보충 30254

16. 제1편

1) 본 문 : **丙子其立中, 亡鳳(風)。八月。**
☐亡鳳(風), 昜(暘)日。

2) 한 역 : **丙子일에 풍향계를 세우려는데 바람이 없겠지요? 8월에.**
바람이 없는데, 날이 맑아질까요?

3) 출 전 : ≪甲骨文合集≫ 7369 제1기 보충 30254 제1기

4) 자 해 : **[其立中]** : 其 – 강조부사로 立을 강조한다. 立 – 사람(大)이 대지 위에 서 있는 모양(10 – 24 참조). 中 – 깃발 모양. 立中은 '기를 세워 풍향을 재다'는 뜻이다(1 – 7 참조).
[亡鳳(風)] : 亡(無) – 사람이 은밀한 곳으로 숨어들어간 모양. 본의는 '도망'이고, '없다'로 인신되었다(馬如森, 1993 – 613). 鳳 – 봉황새의 모양. 바람을 형상화하기 어려워 음이 비슷한 봉황새를 처럼 그려 風으로 가차하였다. 점차 처럼 凡을 넣어 형성자 鳳를 만들고 바람은 風자를 만들어 구별하였다. 小風은 바람결을 넣은 合文이다(徐中舒, 1990 – 427).
[昜日] : 昜 – 益의 초문으로 형, 기상변화의 형, 나는 새의 날개 모양 형 등 풀이가 다양하다. 복사에서 昜日는 暘, 日와 같으며 흐렸다가 점차 맑아지는 '기상변화'를 뜻한다. 그 외 賜・錫으로도 쓰였다.
[八月] : 八 – 두 획을 서로 대응되게 벌려 놓은 모양. 이로써 '분별하다'는 뜻을 나타냈다. 음에 의해 '여덟'으로 가차되었다(徐中舒, 1990 – 67).

5) 해 설 :

흐린 뒤 맑음 – 昜(暘)日

卜辭에서 '昜'자는 3가지 용법이 있다.

1. **상을 내리다(錫・賜).**
   - **昜貝二朋. (≪南坊≫ 3.81) 조개 두 꾸러미를 상으로 내리다.**
2. **暘 : 비가 온 뒤 점차 맑아지는 기상현상. 본 편의 예**
3. **바꾸다(更換)**
   - **王疾齒唯昜. (13643) 王疾齒亡昜. (10347)**
   이 두 卜辭 중의 昜을 '更換'으로 보아 '왕의 이가 아픈데 뺄까요. 빼지 말까요'라고 풀이한다. 그러나 昜을 '平安'으로 풀어 '왕의 이가 아픈데 평안할까요? 평안하지 못할까요'로 보는 견해도 있다(19 – 11 참조).

16-2

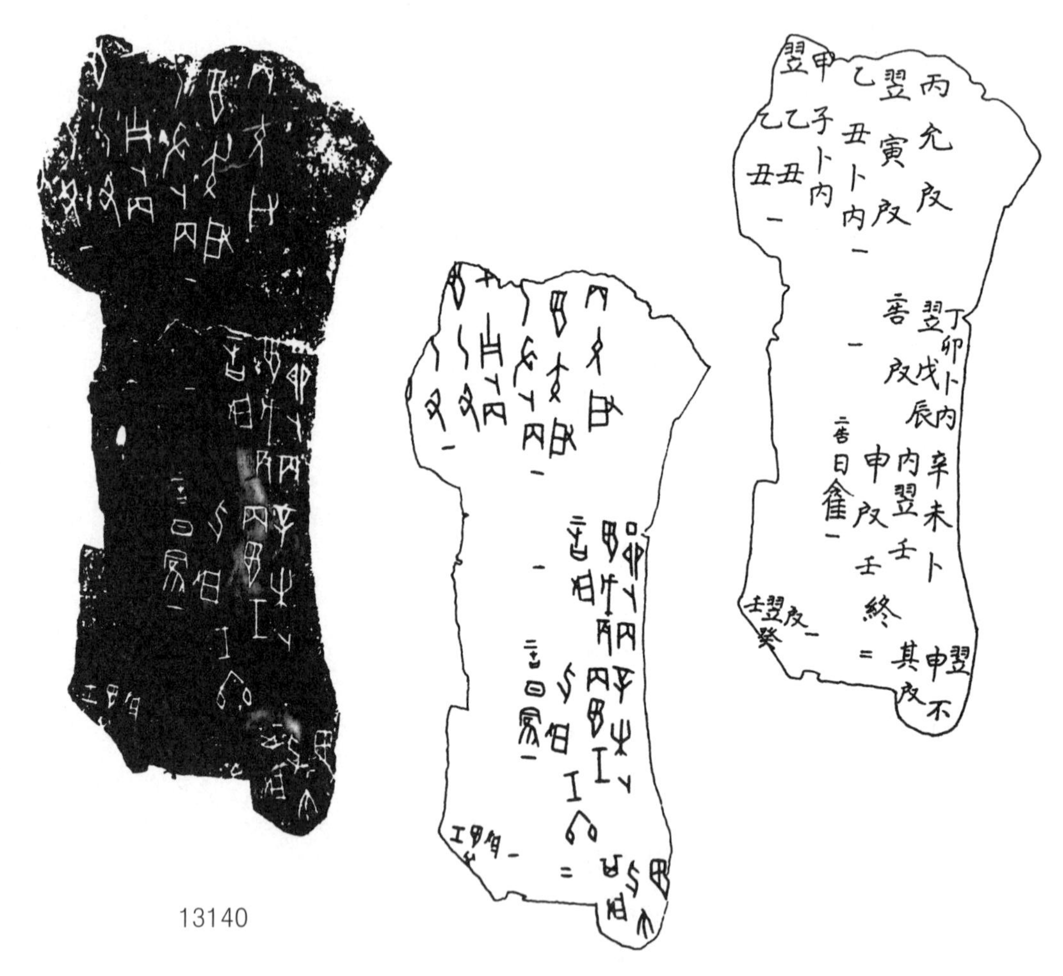

13140

16. 제2편

1) 본 문 : 1. **甲子卜, 內 : 翌乙丑[攺]。**

2. **乙丑卜, 內 : 翌寅攺(啓)。丙允攺(啓)。**

3. **丁卯卜, 內 : 翌戊辰攺(啓)。二告。**

4. **辛未卜, 內 : 翌壬申攺(啓)。壬終日雂(陰)。**

2) 한 역 : 1. **甲子일에 점을 치고, 內가 묻습니다 : 내일 乙丑일에 개일까요?**

2. **乙丑일에 점을 치고, 內가 묻습니다 : 내일 寅(丙寅)일에 날이 맑을까요? 丙일에 과연 날이 맑았다.**

3. **丁卯일에 점을 치고, 內가 묻습니다 : 내일 戊辰일에 날이 맑을까요?**

4. **辛未일에 점을 치고, 內가 묻습니다 : 내일 壬申일에 날이 맑을까요? 壬일에 하루종일 날이 흐렸다.**

3) 출 전 : ≪甲骨文合集≫ 13140 제1기

4) 자 해 : **[翌寅攺(啓)]** : 翌 - 다음 · 내일 · 오늘. 寅 - 寅일은 丙寅일이다. 地支만으로 紀日한 경우. 啓 - 손으로 처럼 창문을 여는 모양. 해가 나와 날이 맑게 '개인다'는 뜻으로 인신되었다. 점차 口를 붙여 말로서 일깨워 '개몽하다'로 쓰였다. 나아가 인명 · 지명으로 썼다(趙誠, 1988 - 190).

[二告] : '두 번째 고함'으로 보기도 하지만 확실하지 않다.

[壬冬(終)日雂(陰)] : 壬 - 壬일. 冬(終) - 실타래의 양끝을 처럼 맺어놓은 모양. '끝', '이어지다'. 계절의 마지막인 '겨울'로도 인신되었다(22 - 3 참조). 終日은 하루종일. 雂 - 今과 隹가 합쳐진 자로 音은(gan · 금)이다. 陰과 발음이 비슷해 날씨가 '흐리다'로 썼고 驗辭이다(于省吾, 1981 - 111).

5) 해 설 :

天干 혹은 地支로 紀日한 예

商代에는 甲子 · 乙丑처럼 干支로 날짜를 기록했다. 그러나 드물게는 天干이나 地支 한자로 나타내기도 하였다. 본 편 2번의 경우 寅은 地支 한자로, 丙은 天干 한자로 紀日한 예다.

16-3

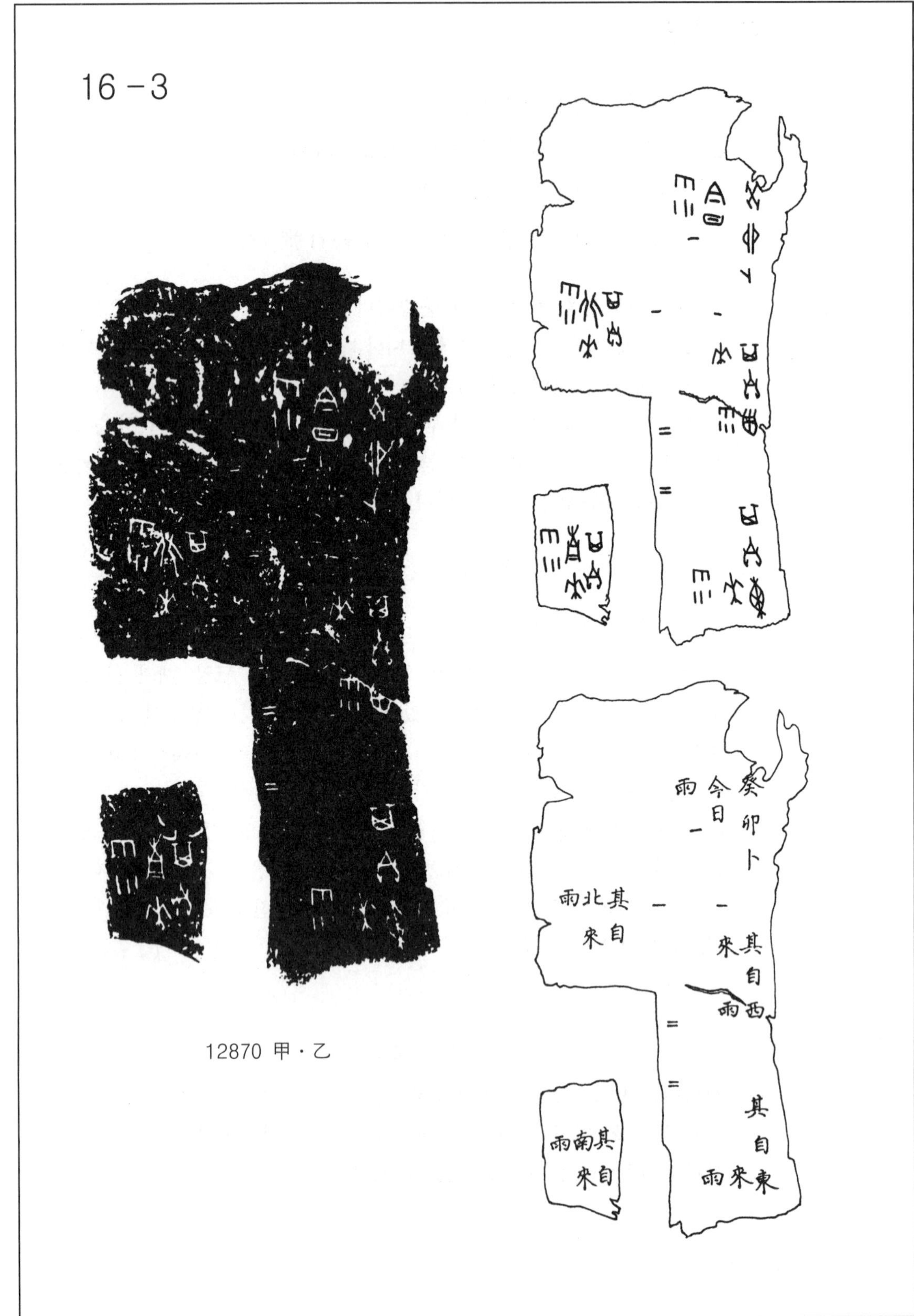

12870 甲·乙

16. 제3편

1) 본 문 : 1. **癸卯卜 : 今日雨。一**

2. **其自西來雨。一**
3. **其自東來雨。**
4. **其自北來雨。一**
5. **其自南來雨。**

2) 한 역 : 1. **癸卯일에 점을 칩니다 : 오늘 비가 올까요? (만약 비가 온다면)**

2. **서쪽에서 비가 올까요? 첫 번째 물었다.**
3. **동쪽에서 비가 올까요?**
4. **북쪽에서 비가 올까요? 첫 번째 물었다.**
5. **남쪽에서 비가 올까요?**

3) 출 전 : ≪甲骨文合集≫ 12870 甲 · 乙 제1기

4) 자 해 : **[今日雨]** : 今日 - 오늘 (2 - 13 참조). 雨 - 비가 내리는 모양이다. 비, 비가 오다.

[其自西來雨] : 其 - 강조부사. 自 - 코의 모양, '～로부터' (6 - 10 참조).

[西 · 東 · 北 · 南] : 西 - 새둥지 모양. 해가 서산으로 기울 때 새가 둥지를 찾는다고 하여 서녘 西로 빌려 썼다 (3 - 4 참조). 東 - 위아래를 묶어 놓은 자루(橐) 모양. 동쪽이라는 말과 음이 같아 동녘 東으로 빌려 썼다 (14 - 3 참조). 北 - 두 사람이 서로 등을 대고 있는 모양. 本義는 '등'이지만 사람들이 남쪽을 바라보는 습성이 있어 등은 언제나 북쪽을 향하기 때문에 이를 북녘 北으로 인신했다 (徐中舒, 1990 - 920). 南 - 악기 종으로 보는 견해(郭沫若)와 제수용의 작은 돼지라는 설(唐蘭)이 있으나 卜辭에서는 남녘 南으로 빌려 썼다 (徐中舒, 1990 - 684).

5) 해 설 :

甲骨文의 文學性

본 卜辭는 비를 기원하면서 점친 내용이다. 가뭄에 시달리다 기우제를 지내며 "오늘 비가 올까요"라고 호소하는 정경이 떠오른다. 마치 漢代의 樂府詩를 방불케 하는 문학적 결구와 분위기를 느끼게 해 준다. 본편 복사의 시적인 문학성으로 인하여 중국문학의 원류를 갑골문으로 거슬러 올려야 한다는 견해가 일고 있다.

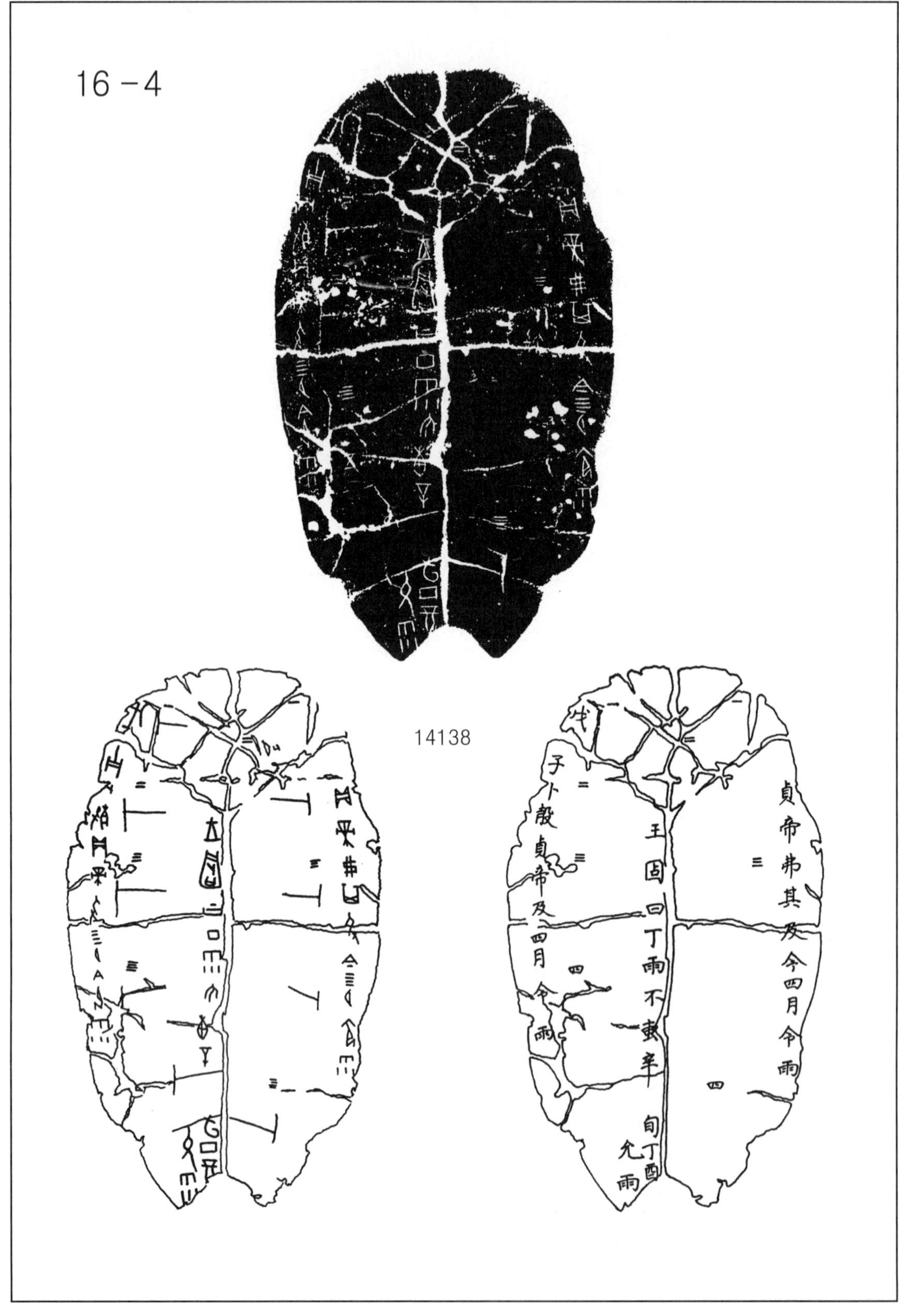
16 -4
14138
戊子卜殻貞帝及四月令雨
王占曰丁雨不重辛
旬丁酉允雨
貞帝弗其及今四月令雨

16. 제4편

1) 본 문 : 1. 戊子卜, 㱿貞 : 帝及四月令雨。 一 二 三 四 五
2. 貞 : 帝弗其及今四月令雨。 一 二 三 四
3. 王固曰 : 丁雨, 不, 叀(惠)辛。
4. 旬丁酉允雨。

2) 한 역 : 1. 戊子일에 점을 치고, 㱿이 묻습니다 : 上帝는 이번 4월에 비를 내려줄까요? 다섯 번 물었다.
2. 묻습니다 : 上帝는 이번 4월에 비를 내려 주지 않을까요?
네 번 물었다.
3. 왕은 점친 결과를 보고 길흉을 판단해 말했다 : 丁일에 비가 올 것이다. 만약 그 날 비가 오지 않으면, 辛일에 비가 올 것이다.
4. 10일 후 丁酉일에 과연 비가 왔다.

3) 출 전 : ≪甲骨文合集≫ 14138 제1기

4) 자 해 : **[帝及四月]** : 帝 - 절대권능의 신. 상제(12 - 2 참조). 及 - 손(又)으로 앞사람(人)의 뒤를 잡는 모양. '이르다', '잡다'는 뜻이다(5 - 16 참조). 四 - 셈가지 넷을 포개 놓은 모양. 전국 이후 四형으로 바뀌었다. 月 - 자형은 夕이나 제1기 복사에서는 月을 나타냈다.
[令雨] : 令 - 명하다(2 - 4 참조). 雨 - 비가 내리는 모양. 비, 비가오다.
[王固(繇)曰] : 왕이 점친 결과를 보고 길흉을 판단하다.
[不叀辛] : 不 - 부정부사. 叀 - 강조 부사. [갑골자형]는 제1기 자형이다(3 - 5 참조). 辛 - 辛일. 즉 辛丑일이다.
[旬丁酉允雨] : 旬 - 열흘. 뒤로 이어지는 10일을 뜻한다. 允 - 고개를 돌리고 보는 모양. 驗辭에서는 '과연'으로 쓰였다.

5) 해 설 :

아담하고 완전한 龜腹甲

본 편은 작은 龜腹甲이지만 완전하게 보존되었고 卜辭文例도 완벽하다. 좌우에 前辭 · 命辭를 對貞했고, 중앙에 占辭 하단에 驗辭를 새겨 정면을 조화롭게 장식했다. 다섯 차례나 점쳐 물은 것을 보면, 4월에 가뭄이 심했던 것으로 보인다.

16-5

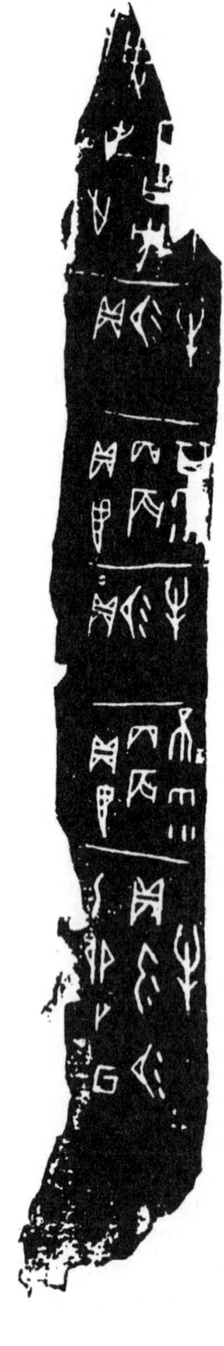

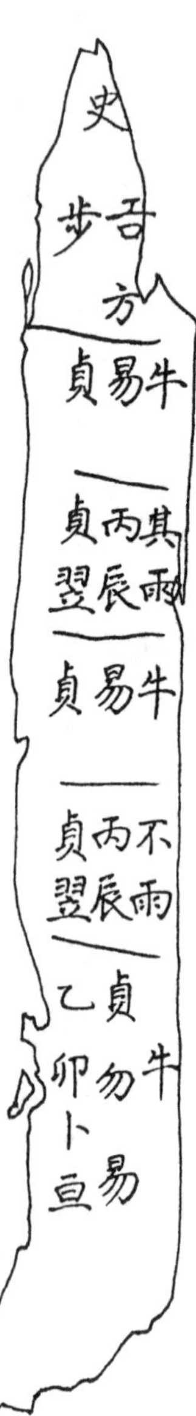

9465 正

16. 제5편

1) 본 문 : 1. **乙卯卜, 亘貞 : 勿易(賜)牛。**

2. **貞 : 翌丙辰不雨。**

3. **貞 : 易(賜)牛。**

4. **貞 : 翌丙辰其雨。**

5. **貞 : 易(賜)牛。**

2) 한 역 : 1. 乙卯일에 점을 치고, 亘이 묻습니다 : 소를 보내지 말까요?

2. 묻습니다 : 내일 丙辰일에 비가 오지 않겠습니까?

3. 묻습니다 : 소를 보낼까요?

4. 묻습니다 : 내일 丙辰일에 비가 올까요?

5. 묻습니다 : 소를 보낼까요?

3) 출 전 : ≪甲骨文合集≫ 9465 제1기

4) 자 해 : **[乙卯卜, 亘貞]** : 干支紀日에 의한 乙卯일. 亘 - 물이 소용돌이치는 모양. 제 1기의 정인 이름이다(16 - 12 참조).

[勿易(賜)牛] : 勿 - 부정사. 易 - 賜의 초문으로 주다, 내려주다(16 - 1 참조). 牛 - 소의 뿔과 얼굴을 형상화한 모양이다. 소.

[翌丙辰] : 翌 - 다음 · 내일. 점친 다음 날인 丙辰일이다(2 - 2 참조).

[不雨] : 不 - 부정사. 雨 - 구름사이에서 비가 떨어지는 모양. 비

5) 해 설 :

牛肩胛骨 중의 相間刻辭

본 편은 길게 잘린 牛肩胛骨 조각이다. 필체가 활달하면서도 수려하고 내용 또한 밀도 있게 구성했다. 모두 5항의 卜辭가 아래로부터 쓰여 있는데 1 · 3 · 5는 乙卯일에 소를 보낼 것인지를 물었고 2 · 4는 다음날인 丙辰일에 비가 내릴 것인지 천기에 대해서 물었다.

본편은 左肩胛骨의 骨邊에 쓴 刻辭로 右行으로 기록했고 사이사이 엇섞어 쓴 相間刻辭이다.

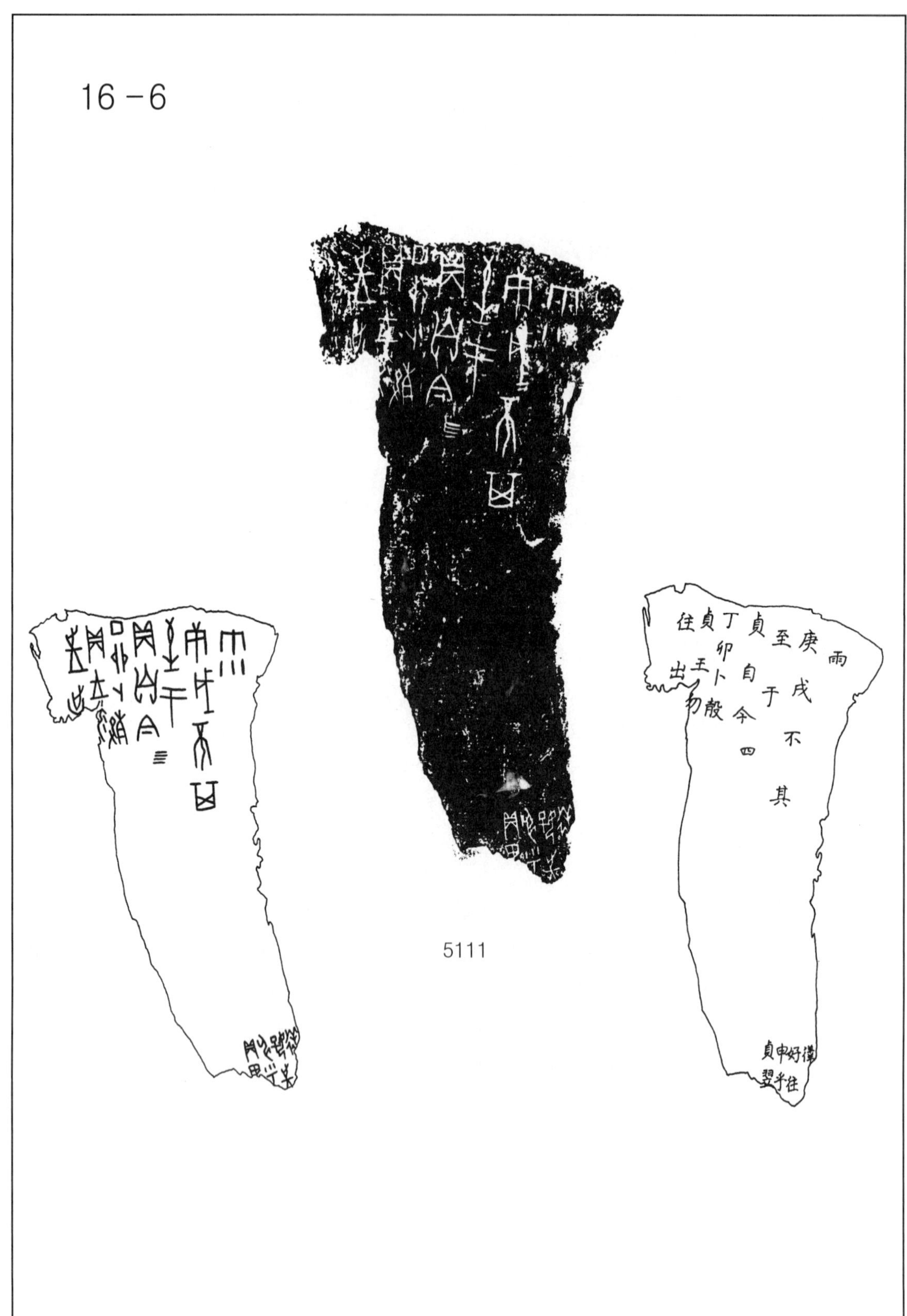

5111

16. 제6편

1) 본 문 : 1. **丁卯卜, 㱿貞 : 王勿往出。**

2. 貞 : 自今至于庚戌不其雨。 四

2) 한 역 : 1. **丁卯일에 점을 치고, 㱿이 묻습니다 : 대왕께서 출타하지 말까요?**

2. **묻습니다 : 오늘부터 庚戌일까지 비가 오지 않을까요? 네 번 물었다.**

3) 출 전 : ≪甲骨文合集≫ 5111 제1기

4) 자 해 : **[丁卯卜, 㱿貞]** : 丁卯일에 점을 쳤고 **㱿**이 물었습니다.

[王勿往出] : 王 – 상왕 제1기의 자형. 勿 – 부정사. 往 – 발(止) 아래 王자가 포개진 형성자. '왕래하다', '…를 향해 나아가다'는 뜻이다(15 – 4 참조). 出 – 발(止)을 혈거 밖으로 향하게 한 모양. '나아가다' (4 – 14 참조).

[自今至于庚戌] : '自 … 至于' – …부터…까지, 현대문 '從 … 到'의 古文體. 自 – 코의 모양이다(徐中舒, 1990 – 378)(6 – 10 참조). 今 – 종 속에 방울이 달린 모양이다. '지금', '오늘' (2 – 13 참조). 至 – 화살이 [illegible]처럼 땅에 꽂힌 모양. '이르다'(14 – 3 참조). 于 – 시간 · 장소 · 이름 앞에 쓰는 전치사.

[四] : 숫자 4로 네 번째 점쳤음을 뜻한다(21 – 9 참조).

5) 해 설 :

干支紀日의 정확성

본 편은 우견갑골상부로 前辭 '丁卯卜, 㱿'을 중심으로 1번과 2번의 내용이 좌우로 전개되어 있다. 1번은 왕의 출입을 물었고, 2번은 천기에 대하여 물었다. 자형의 크기로 볼 때 前辭는 1번 내용에 부합된다. 그러나 점을 친 丁卯와 庚戌일까지는 한 달 가량 차이가 있어 두 卜辭가 시간적으로 상당한 거리가 있음을 알 수 있다. 또한 아래에는 다른 내용의 복사가 있다.

貞 : 翌申呼好往徉.

오는 申일에 婦好를 徉 지역에 가라고 명할까요?

地支인 '申'만으로 紀日하였기 때문에 어느날 점을 쳤는지 알아낼수가 없다. 天干과 地支를 결합한 紀日法만이 정확하게 날짜를 추정해 낼 수 있다.

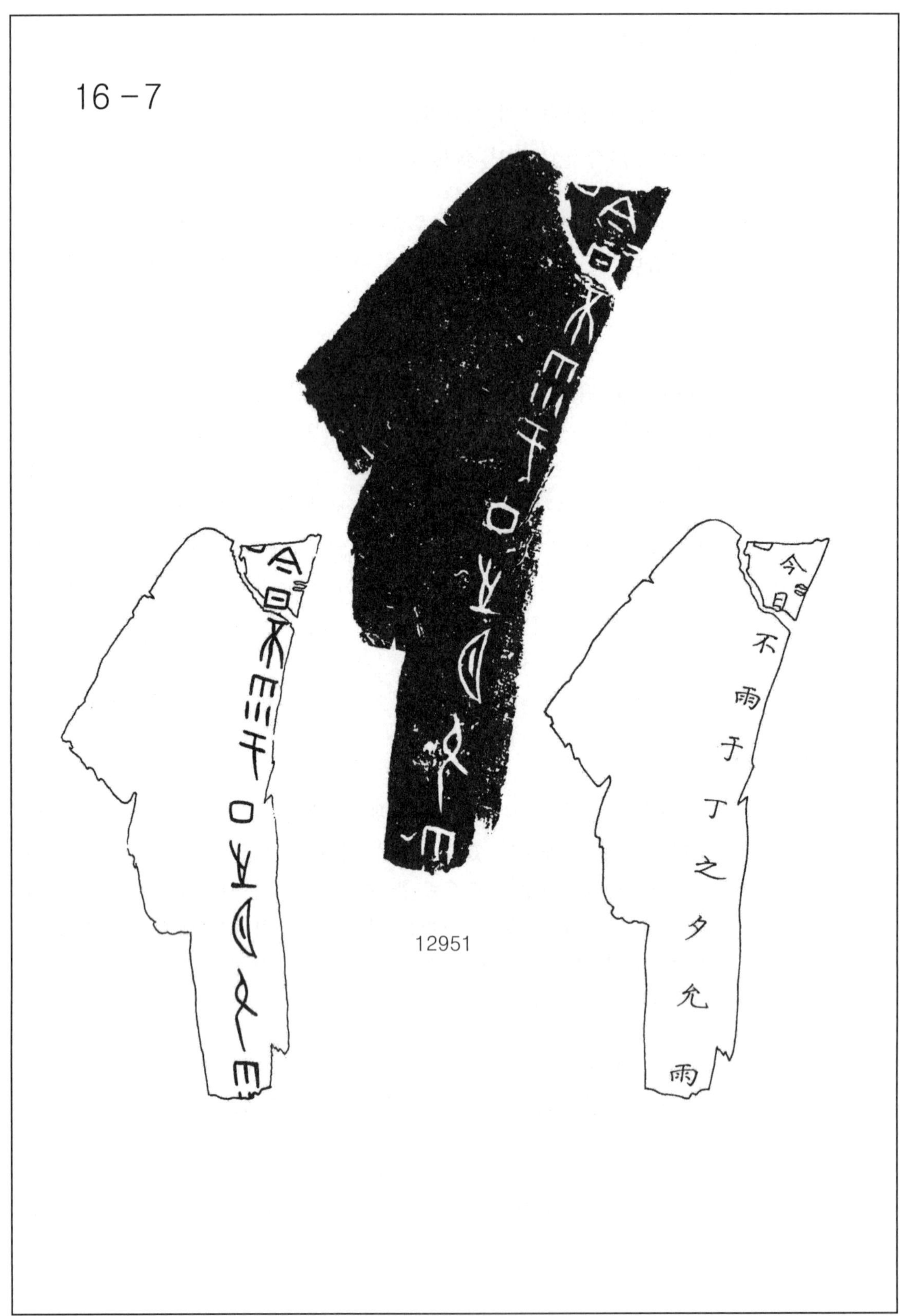

12951

16. 제7편

1) 본　문 : **今日不雨, 于丁。**

之夕允雨。

2) 한　역 : **오늘 비가 오지 않겠다. 丁일에 비가 오겠다.**

그날 저녁 과연 비가 왔다.

3) 출　전 : ≪甲骨文合集≫ 12951 제1기

4) 자　해 : **[今日不雨]** : 今日 - 오늘. 不雨 - 비가 오지 않다.

[于丁] : 于 - 전치사. 丁 - 丁일

[之夕允雨] : 之 - 발인 止와 땅이나 어느 지점을 나타내는 一의 합체자. 어느 지점에서 발(止)이 '나아감'을 나타내는 형체로 '갈 之'가 되었다. 점차 這·此 등의 뜻으로 쓰였다. 夕 - 아름다운 반달 모양이다. 제1기에서 제4기까지는 이 형체를 '夕' (저녁), '달' 등 2가지 의미로 썼고, 제5기에 와서는 이 형체를 月로 보고 달 속에 한 획이 없는 형태를 夕으로 보는 등 서로 구별하였다. 이는 字形으로 卜辭의 斷代를 알 수 있는 좋은 예이다. 允 - 사람이 고개를 돌려 뒤를 보는 모양. 卜辭의 驗辭에서 '과연'이라는 뜻으로 썼다 (5 - 10 참조). 雨 - 비가 오는 모양. 비, 비가 오다.

5) 해　설 :

金文같은 풍격의 갑골문

대형 牛肩胛骨에서 잘린 조각이다. 전후 좌우가 잘려 나가 부위를 알 수 없으나 卜辭 내용으로 볼 때 占辭와 驗辭부분만 남아있다. 굵고 힘있는 字形은 마치 붓으로 쓴 것 같은 서예 풍격을 나타내며, 중후한 느낌을 주는 활달한 제 1기의 서체이다.

16-8

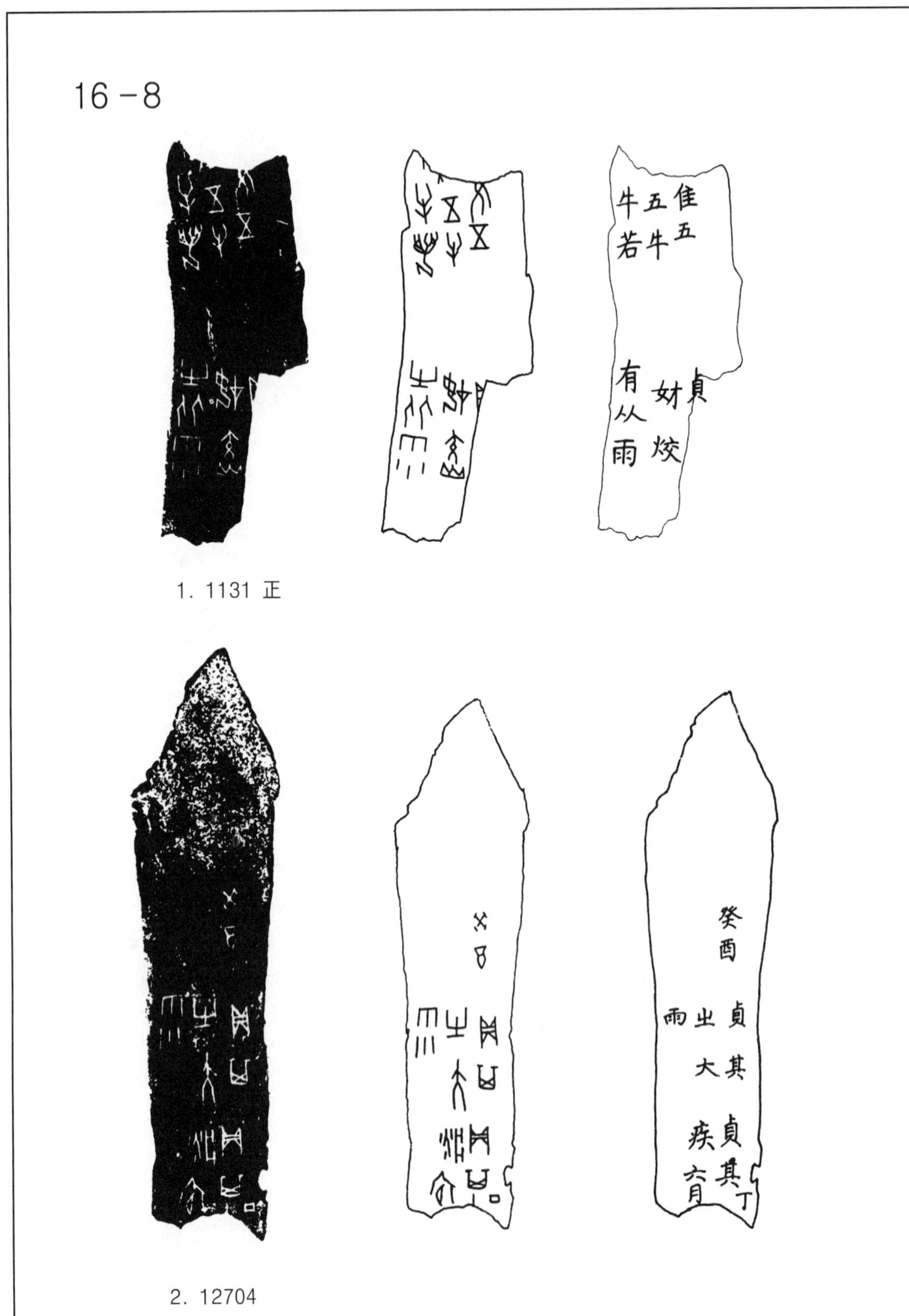

16. 제 8 편

1) 본 문 : 1. **貞 : ☐妦烄, 㞢(有)从雨。**

2. **貞 : 其㞢(有)大雨。**

2) 한 역 : 1. **묻습니다 : 妦를 불태워 제사하면 계속 비가 내릴까요?**

2. **묻습니다 : 정말 큰 비가 오겠습니까?**

3) 출 전 : ≪甲骨文合集≫1. 1131正 제1기 2. 12704 제1기

4) 자 해 : **[妦烄㞢從雨]** : 妦 – 女와 才(在)를 합친 자. 인명 · 지명으로 쓰였다. 여기서는 제물로 드려진 여인이다(張秉權, 1972 – 233). 烄 – 사람을 불 위에 세워 태우는 모양(jiao · 교). 㸑과 같다(10 – 19 참조). 从 – 두 사람이 잇대어 서 있는 모양. 계속 '이어지다'는 뜻이다(14 – 12 참조).

[其㞢(有)大雨] : 其 – 삼태기 모양. 其가 허사로 빌려 쓰이게 되자 삼태기는 竹변을 붙여 箕자를 이루었다. 강조부사(2 – 9 참조). 㞢 – 있다. 又의 제1기 자형이다(1 – 2 참조). 大 – 정면으로 서있는 사람. '크다'로 인신되었다.

5) 해 설 :

其의 다양한 용법

1. **의문 강조 어기 : … 할 수 있을까요, 능히 … 합니까?**
   貞 : 有其疾. (21045) **묻습니다 : 정말 질병이 있을까요.**
2. **척도 어기 : 아마도 … 할 것 같다, 만약 … 하면**
   王固曰 : 今夕其雨. (3297 反) **오늘 저녁 아마 비가 올 것 같다.**
3. **부사 : 응당 · 정말**
   來庚寅其雨. (≪乙≫ 4511) **다음 庚寅일에 정말 비가 오겠지요**
4. **의문어기의 고정 격식을 이룬다 : 만약 … 하면 곧 … 할까요?** (**其 … 迺**) **그렇지 않으면 … 할까요(其 … 抑 …).**
   貞 : 其于甲歲, 迺有正. (≪英≫ 1300)
   묻습니다 : 만약에 甲에게 歲祭를 지내면, 정말 正할까요?
5. **제3인칭 대명사 : 卜辭에서 단 한차례 출현한다.**
   庚寅卜, 王 : 余燎于其配. (≪英≫ 1864)
   왕이 묻습니다 : 나는 그의 배우자에게 燎祭를 드려야 할까요?

16-9

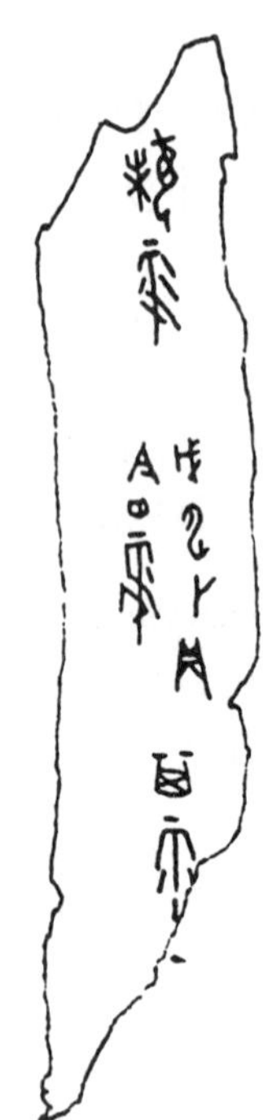

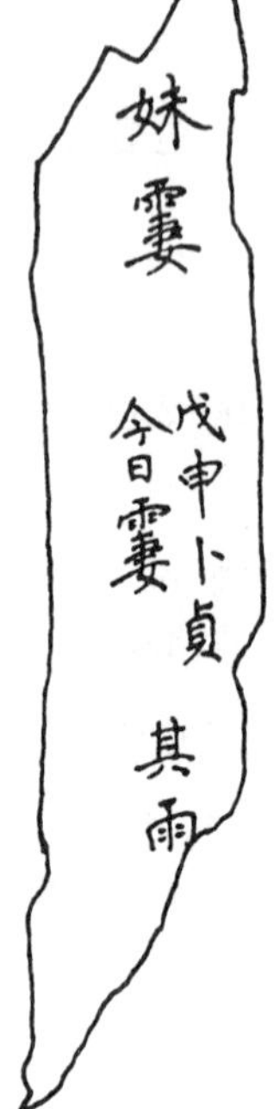

1. 38194

2. ≪淑大所藏甲骨文≫

16. 제9편

1) 본 문 : 1. 其雨

戊申卜, 貞 : 今日霋。妹霋(霽)

2. □□卜, 貞 : 告雷于河。一

2) 한 역 : 1. 비가 올까요?

戊申일에, 묻습니다 : 오늘 날이 흐릴까요?

날이 흐리지 않았다.

2. 묻습니다 : 천둥을 막기 위해 황하신에게 告祭를 지낼까요?

3) 출 전 : 1. ≪甲骨文合集≫ 38194 제5기 2. ≪淑明女子大學所藏甲骨≫ 1 제1기

4) 자 해 : **[今日霋(霽)]** : 今日－오늘. 霋(霽)－从雨, 妻聲의 형성자로(qi · 처)로 읽는다. ≪玉篇≫에서는 「霋 · 雲行貌」라고 하여 구름이 몰려오는 흐린 날의 모양이다(徐中舒, 1990－1246).

[妹霋(霽)] : 妹－从女, 未聲의 형성자. 昧(mei · 미)로 읽으며 昧爽(동틀 무렵)을 나타내는 시간사 · 부정사로 쓰였다(19－24 참조).

[告雷于河] : 告－제사명(1－7 참조). 雷－雷는 처럼 천둥 · 번개가 치는 모양으로 '천둥치다', '雷神'을 뜻한다(16－16 참조). 河 : 水와 성부 可가 합쳐진 형성자. '황하신'을 뜻한다(3－1 참조).

5) 해 설 :

세심한 기상 관찰

제1편은 심한 파손으로 분명히 알 수 없으나 밑에서 위로 써갔음을 증명할 수 있는 재미있는 내용이다. 처음 「비가 올까요」라고 물었다. 비가 오지 않았으면 하는 마음으로. 비가 오다 그쳤을까? 다시 「오늘 날이 흐릴 것인지」를 물었고, 마지막은 점의 결과가 적중했는지를 알아보는 驗辭로 「날이 흐리지 않았다」는 결론이 나왔다.

제2편은 숙명여자대학교가 소장한 7편의 갑골편 중 하나이다.

16-10

12836 反

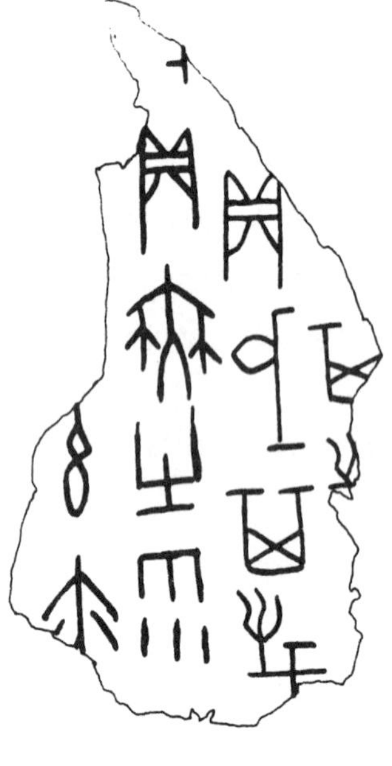

보충 1125

16. 제10편

1) 본 문 : **貞 : 舞㞢(有)雨。**

貞 : 戉其𢦏(捷)。

2) 한 역 : **묻습니다 : 춤을 추며 기우제를 지내면 비가 올까요?**

묻습니다 : 戉는 정벌할까요?

3) 출 전 : ≪甲骨文合集≫ 12836 反 제1기 보충 1125

4) 자 해 : **[無(舞)㞢(有)雨]** : 舞 - 사람(大)이 양손에 기구를 들고 𠙻처럼 춤을 추는 모양. 無의 초문. 無가 '없다'는 뜻으로 쓰이게 되자 발 아래 춤을 출 때 발이 꼬이는 형상인 '舛'을 붙여 舞를 만들었다(趙誠, 1988 - 322)(18 - 9 참조). 㞢 - 제1기의 자형. 甲骨文에서 有無의 有, 又(또한), 神으로부터의 保護 · 侑祭(고기를 올려 드리는 제사). 본 편에서는 '있다'로 쓰였다. 雨 - 하늘에서 빗방울이 잇대어 떨어지는 모양으로 本義는 '비' 또는 '비가 오다'이다.

[戉其𢦏] : 戉 - 도끼 모양으로 鉞과 같다. 여기서는 인명(yue · 월)으로 쓰였다. 其 - 강조부사. 𢦏 - 捷으로 풀이하며 정벌하다는 뜻이다(5 - 9 참조).

5) 해 설 :

기우제에 희생된 여인

기우제를 지낼 때 주로 여인을 제물로 드렸다. 보충 중의 도편에는 불에 태우는 모양의 烄 자가 생생하다. 전쟁이 잦았던 만큼 잡혀 온 女人도 많아 기우제에 희생된 㛐 · 奵 · 姼 등 방국의 여인들이 적지 않다.

貞 : 烄(焚)㛐, 有雨. 㛐을 태워 제사 지내면 비가 올까요?

勿烄奵, 亡其雨. (1121 正) 奵을 태워 제사 지내지 않으면 비가 오지 않을까요?

16－11

《乙》 3184

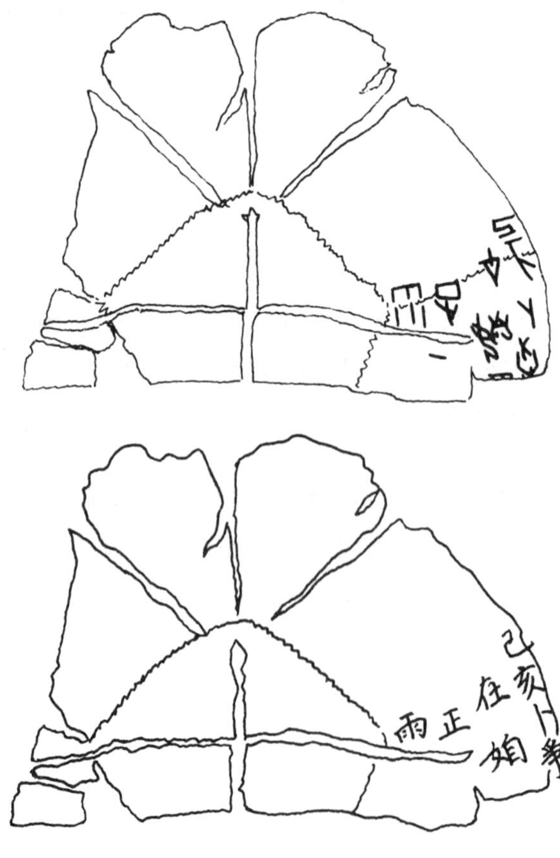

16. 제11편

1) 본 문 : **己亥卜, 爭[貞] : 才(在)㛅☐正(足)雨。**

2) 한 역 : **己亥일에 점을 치고, 爭이 묻습니다 : 㛅지방에 비가 충분하게 내릴까요?**

3) 출 전 : ≪殷虛文字乙編≫ 3184 제1기

4) 자 해 : **[己亥卜, 爭貞]** : 貞人 爭이 쓴 前辭이다.

[才(在)㛅雨] : 才 - 풀이 돋아나는 모양. 음에 의해 가차되어 전치사 在로 쓰였다(徐中舒, 1990 - 672). **㛅** - 女와 自가 합쳐진 자로 인명·방국명이다(趙誠, 1988 - 182).

· 貞 : **㛅**受年 (≪乙≫ 7236). **㛅** 지역은 풍성한 수확을 거둘까요?

正(足) - 행정구역을 나타내는 口에 발(止)을 합쳐 '힘차게 나아가다.' 즉 '정벌하다'는 뜻이다. 즉 征의 본 자이다. 정벌·제사명·지명·월명, '합당하다', '충분하다'로 쓰였다(5 - 19 참조).

5) 해 설 :

正과 足 자의 形義 변화

正은 사람이 살아가는 邑의 모양인 口아래 발(止)을 합쳐 발을 구르며 나아가다는 모양 이고 繁體는 이다. 여기서 '정벌하다'로 인신되었고, 征의 본자라 할 수 있다. 갑골문 후기에는 一月을 正月이라고 하였으며 점차 '족하다'는 뜻으로 썼다. 足은 '다리 모양'으로 이다. '疾足'(13693)에서 볼 수 있다. 그러나 계속되는 簡化 작용으로 인해 자형이 유사해졌다(陳煒湛, 1981 - 231). 金文에서는 口가 여전히 쓰이다가 一로 변하고(衛簋) <善夫克鼎>에서는 正자에 가까워졌다. 후대에 正은 '바르다'는 뜻이 대세를 이루었다.

正의 쓰임

정벌하다	王弜正(征)召方. (33021)	왕은 召방을 정벌하지 말까요?
제 사 명	貞 : 正祖乙. (278)	조을에게 正祭를 드릴까요?
月 名	月一正曰食麥. (後下.1.5)	正月에는 보리를 먹는다.
충족하다	有正(足)雨. (229)	족한 비가 내릴까요?

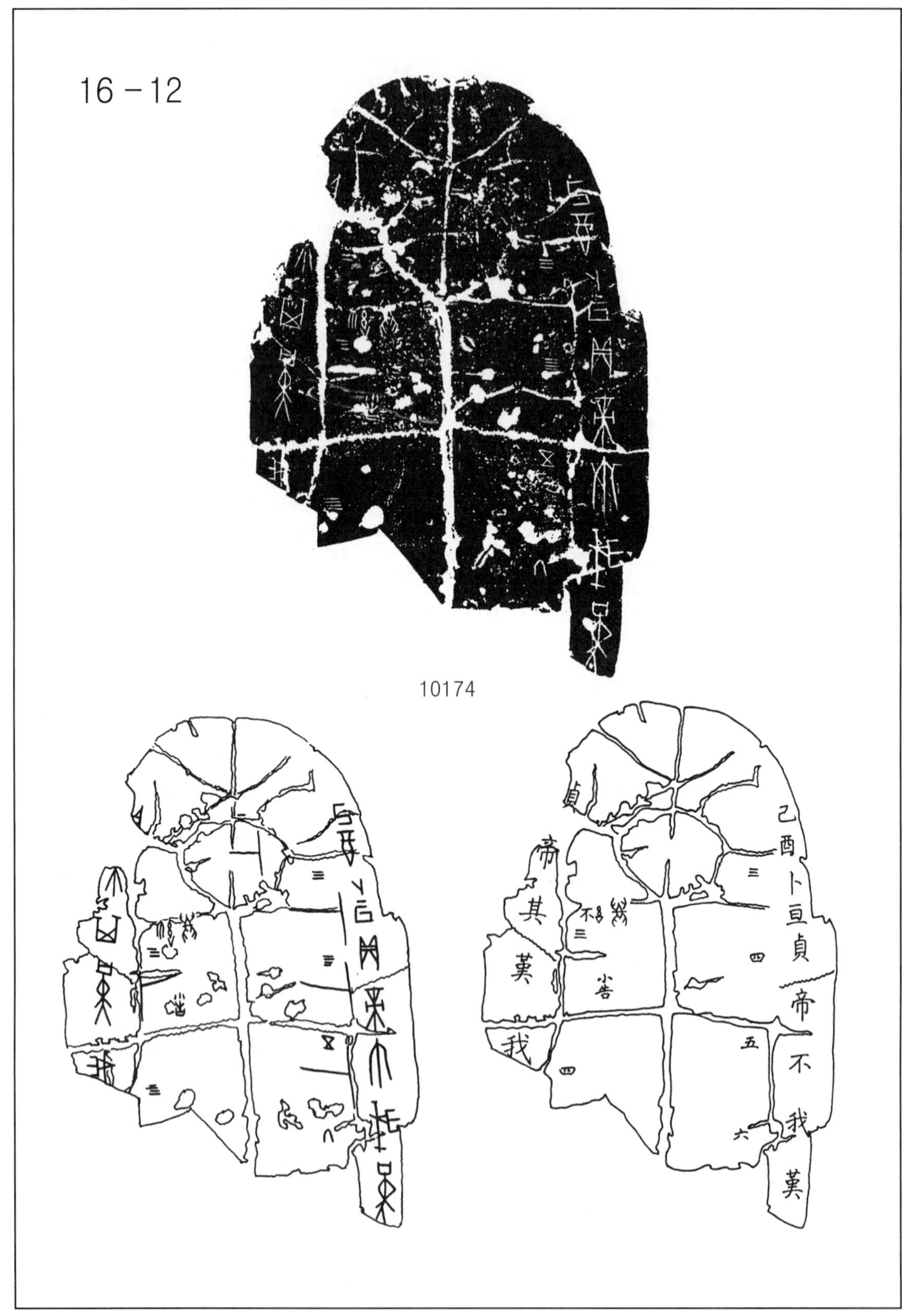
16－12
10174
貞
帝
其
萁
我
己
酉
卜
亘
貞
帝
不
我
萁
不
小告
二
三
四
五
六

16. 제12편

1) 본 문 : **己酉卜, 亘貞 : 帝不我莫**(熯)。 一 二 三 四 五 六
貞 : 帝其莫(熯)我。 **不玄冥 小告**

2) 한 역 : 己酉일에 점을 치고, 亘이 묻습니다 : 上帝가 우리 商에 가뭄을 내리지 않을까요? 여섯 번 물었다.
묻습니다 : 上帝가 우리 商에게 가뭄을 내릴까요? 주저말고 시행하라.

3) 출 전 : ≪甲骨文合集≫ 10174 제1기

4) 자 해 : **[己酉卜, 亘貞]** : 亘 - 물이 감기며 선회하는 모양으로, 지명 · 인명으로 쓰였다. 제1기 정인. '宣'이나 '긍'으로 읽는다(徐中舒, 1990 - 1449).
[帝不我莫(熯)] : 帝 - 상제. 不 - 부정사. 我 - 商의 복수형, 우리. **莫**(熯) - 손이 묶인 채 처럼 입을 벌리고 하늘에 외치는 모양(han · 한). 밑에 처럼 火가 있는 자형도 있다. 지금의 旱자다. 점차 火가 土로 변해 堇 자가 되었다. 艱 · 饉 · 難 · 歎 등은 모두 **莫**에서 인신되었다(陳夢家, 1956 - 564).
[不玄冥] : 卜兆가 모호하지 않고 선명하기 때문에 주저말고 점복 내용을 '채납하라'는 뜻으로 보는 兆語이다. 二告 · 小告 등과 연용되는 특징이 있다(黃沛榮, 1969 - 3468). 胡光煒 · 董作賓은 '不踟躕(chichu)'로 보고 '不玄冥'으로 고석하였다(楊向奎, 1955 - 1). 대체로 이 설을 따른다.

5) 해 설 :

商代 하늘의 북두칠성

초저녁이나 새벽의 북녘 하늘을 수놓은 일곱 개의 별이 북두칠성이다. 斗는 , 처럼 손잡이가 아래로 향한 국자형인 용기 모양으로 곡식을 세는 '말', 북두칠성으로 빌려 썼다. 북두칠성의 운행규율은 방위를 정하고 밤시간이나 계절의 변화를 알 수 있다는 수단이었다.
손잡이가 東쪽을 향하면 봄, 南쪽을 향하면 여름, 西쪽을 향하면 가을, 北쪽을 향하면 겨울이다. 천문역법에 중시되었던 만큼 卜辭에는 이들을 제사한 기록이 많다. 比는 祉祭를 말한다.

· 庚午卜, 夕, 辛未比斗(乙 174). 未일에 斗에 祉祭를 지낼까요?
· 丙辰卜, 夕, 丁比斗(乙 117). 丁일에 斗에 祉祭를 지낼까요?

16 - 13

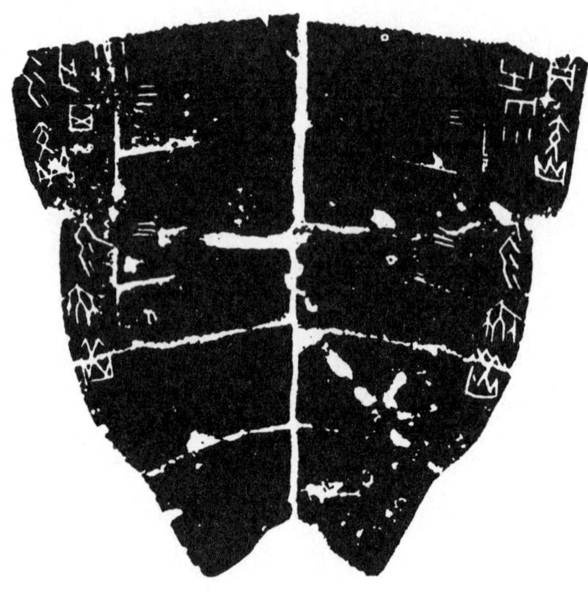

12842

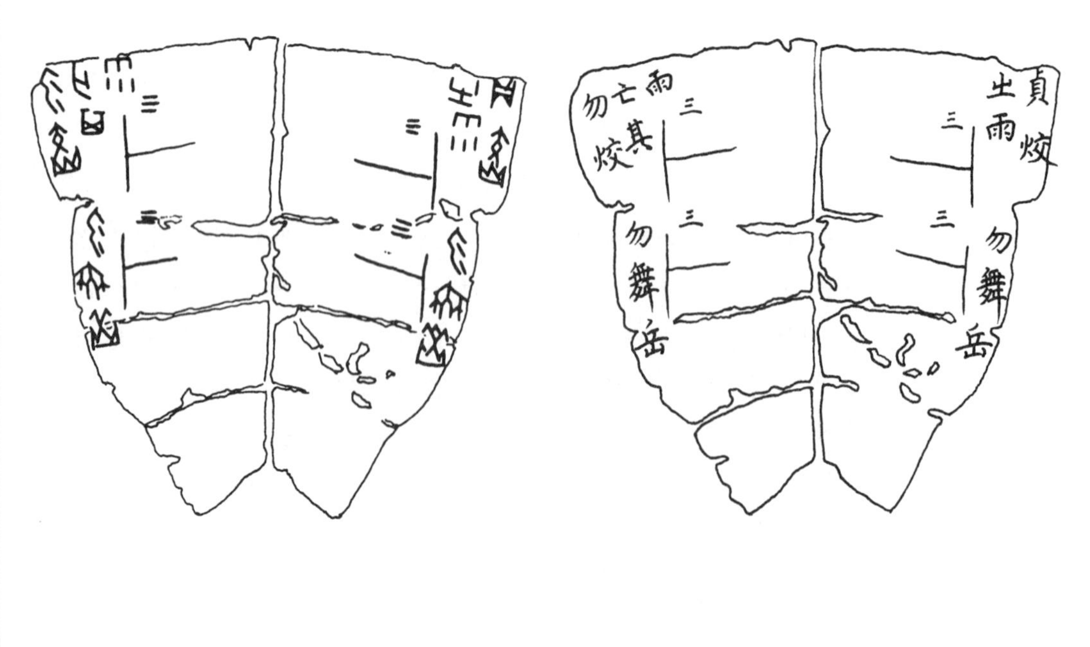

16. 제13편

1) 본 문 : **貞 : 烄, 㞢(有)雨。三**
勿烄亡其雨。三
勿舞岳。三
勿舞岳。三

2) 한 역 : **묻습니다 : 사람을 태워서 제사를 드리면 비가 올까요? 세 번째 물었다.**
사람을 태워 제사하지 않으면 비가 오지 않을까요? 세 번째 물었다.
산신에게 舞祭를 지내지 말까요? 세 번째 물었다.
산신에게 舞祭를 지내지 말까요? 세 번째 물었다.

3) 출 전 : ≪甲骨文合集≫ 12842 제1기

4) 자 해 : **[烄㞢(有)雨]** : 烄 – 사람을 불에 태우는 모양(jiao · 교). 가뭄에 처럼 사람을 태워 제사 지내는 기우제의 습속을 반영한 문자이다(10 – 19 참조). 㞢 – 又의 제1기 자형 有無의 有이다. 雨 – 비가 내리는 모양. 비가 오다.

[其雨] : 其 – 삼태기 형태를 본뜬 자. 지시대명사로 가차되었다.

[勿舞岳] : 勿 – 활시위가 떠는 모양. 또는 고대 민족들의 갖가지 토템물들이 그려져 있는 상징 깃발을 뜻하는 등 풀이가 다양하다. 이는 物의 초문이며 雜色牛라고도 한다. 不 · 弗 · 亡 등과 함께 부정사로 쓰였다(2 – 7 참조). 舞 – 사람(大)이 양손에 기구를 들고 처럼 춤을 추는 모양. 無의 초문으로 '없다'로 가차되어 舞자를 다시 만들었다. 춤을 추다. 岳 – 다섯 개의 봉우리가 처럼 겹쳐 이룬 산맥의 모양이다. 인명 또는 山神을 나타낸다(4 – 10 참조).

5) 해 설 :

商湯의 가뭄 해결

상왕이 가뭄을 해결한 예는 '湯禱於桑林' 고사에서 엿볼 수 있다. 商湯은 5년 가뭄으로 수확이 없자 桑林의 제단에서 머리털을 자르고, 손에 형틀을 끼우는 등 당시 군주로서 자신에게 최대의 체벌을 가하며 기우제를 드려 비를 기원했다. 하늘이 감동해 마침내 비를 내렸다. 신을 감화시켜 인간사를 전환한 湯의 고사는 聖君의 미담으로 전한다. ≪呂氏春秋 · 順天≫

16－14

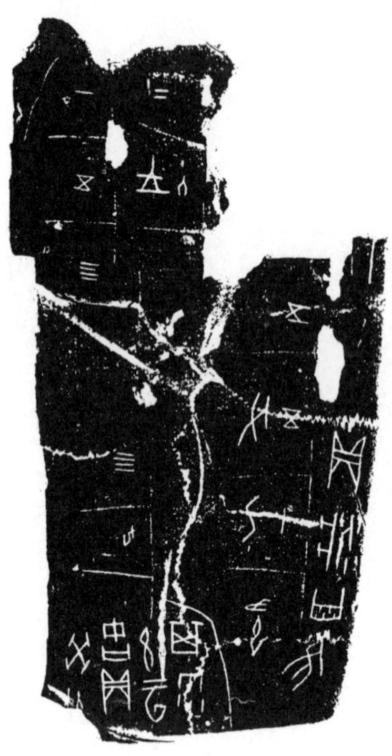

《乙》 4600

16. 제14편

1) 본　문 : [左下] 癸卯卜, 古貞 : 丝(兹)云(雲), 其雨。

[右下] 貞 : 疾齒, 隹(唯)父乙蚩(害)王。一 二 三 四 五 六 七 八 九 十

2) 한　역 : 「左下」 癸卯일에 점치고, 古가 묻습니다 : 하늘에 끼어 있는 이 같은 구름들이 비가 되어 내리겠습니까?

「右下」 묻습니다 : 대왕의 이가 아픈데 父乙이 재앙을 내린 것일까요? 열 번 물었다.

3) 출　전 : ≪殷虛文字乙編≫ 4600 제1기

4) 자　해 : **[癸卯卜, 古貞]** : 古 - 中과 口가 합친 자다(19 - 18 참조). 卜자는 보충함.

[丝(兹)云其雨] : 丝 - 실타래 두 개를 둔 모양. 絲나 兹의 초문. 兹云은 '이같은 구름'이다. 탁본 중의 '丝'자는 잘린 부분에 묻혀 '幺'자만 남아 있다. 이를 '玄'의 초문으로 보아, 玄云은 검은 구름이며 일명 烏云이라 보는 견해도 있다(馬如森, 1993, 624). 云(雲) - 구름이 [glyph]처럼 휘감기는 모양. 점차 雨자를 합친 형성자가 되었고, 현재 중국에서는 다시 갑골문 자형으로 바꾸었다. 구름(16 - 19 참조). 其 - 강조부사. 箕의 초문, 삼태기 모양. 雨 - 비가 내리는 모양. 비 · 비가 오다.

[疾齒] : 疾 - 병이 나다. 齒 - 앞니가 [glyph]처럼 뾰족뾰족 난 모양이다. 이. 蚩 - [glyph]처럼 뱀이 발꿈치를 무는 모양으로 재앙으로 쓰였다.

5) 해　설 :

대형 腹甲의 右甲橋刻辭

본 편은 대형 龜腹甲의 일부이다. 卜兆가 좌측으로 향해 있고 톱니모양의 龜甲 가장자리와 齒縫으로 미루어 右甲橋刻辭라고 할수 있다. 兆序를 보면 一, 二에서 五, 六은 물론 九, 十회에 걸쳐 점쳐 묻고 있어 작은 腹甲에서는 펼칠 수 없는 횟수이다. 본문은 左下 부위에 새겼고 우측변에는 질병 복사가 있다.

일반적으로 甲橋에는 記事刻辭를 새기지만 大版일 경우 본편처럼 종종 卜辭도 새겼다.

16－15

1. ≪粹≫ 1245

2. 21023

16. 제15편

1) 본 문 : 1. 庚戌卜, □貞 : 雪, 不乍(作)嬉(艱)。
　　2. 庚子卜 : 壬寅雨。
　　甲辰雨。二
　　甲辰卜 : 雪。二
　　丙子雨。二

2) 한 역 : 1. 庚戌일에 점을 치고, □가 묻습니다 : 눈이 내렸는데 이로 인해 재앙을 초래하지 않을까요?
　　2. 庚子일에 묻습니다 : 壬寅일에 비가 올까요?
　　甲辰일에 비가 올까요? 두 번째 물었다.
　　甲辰일에 묻습니다 : 눈이 올까요? 두 번째 물었다.
　　丙子일에 비가 올까요? 두 번째 물었다.

3) 출 전 : 1. ≪殷契粹編≫ 1245　2. ≪甲骨文合集≫ 21023 제1기

4) 자 해 : **[雪不乍(作)嬉(艱)]** : 雪 - 눈, 彗로 풀이하며 綏(sui)로 읽는다. 눈(雪)을 sue로 발음하는 것은 눈이 내리거나 밟을 때 사륵사륵 소리가 나기 때문이었다. 눈이 내리면 길하게 여겨 大安의 뜻이 있다. 일반 卜辭에서 '눈(雪)', 질병 복사에서는 눈이 녹듯이 '질병이 쾌유됨'을 뜻한다(董作賓, 1952 - 266). 不 - 부정사. 乍 - 作의 초문으로 만들다, 하다. 嬉(艱) - 壴는 [古文字]처럼 윗 부분에 장식을 하고 아래 받침대가 있는 북의 모양인데 女변을 합친 [古文字]字로 '재앙'을 뜻한다. 고대의 전쟁시 巫女들이 북을 치며 선발대로 나가 희생되었기 때문이다. 艱(jian · 간)으로 풀이한다(5 - 11 참조).

5) 해 설 :

占卜일의 추정

본 편 1번은 右尾甲이다. 본 편 2번은 庚子일에 이틀 후 壬寅일의 천기에 대해서 물었고, 그로부터 이틀 후 甲辰일에는 눈이 올 것인지 물었다. 卜辭의 연관성으로 보면 이틀 후인 丙午일의 천기를 물었을 것 같으나 丙子일의 천기를 묻는 卜辭로 이어졌다. 丙子일은 甲辰일이나 庚子일과 30여일 차이가 있다. 갑골의 사용 실태와 기상 관찰을 알 수 있는 骨版이다.

16－16

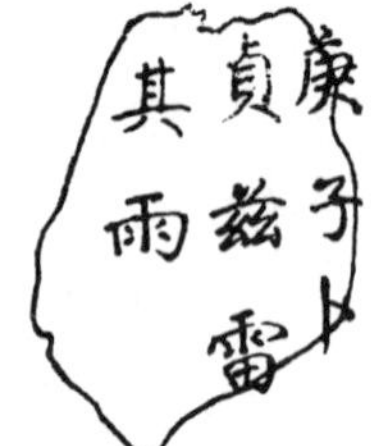

1. 13408

2. 13359

보충 13409

16. 제16편

1) 본 문 : 1. [庚]子卜, □貞 : 丝(茲)雷其雨。
2. 壬寅卜 : 癸雨, 大驟風。

2) 한 역 : 1. 庚子일에 점을 치고, □가 묻습니다 : 이번 천둥은 비를 동반할까요?
2. 壬寅일에 묻습니다 : 癸일에 비가 오고, 큰 바람이 불까요?

3) 출 전 : ≪甲骨文合集≫ 1. 13408 2. 13359 보충 13409 제1기

4) 자 해 : **[[庚]子卜, □貞]** : 남아 있는 형체로 보아 庚자로 보완한다.

[丝雷] : 丝 - 茲 · 這 · 此 등의 뜻이다. 雷 - 천둥번개가 쳐 전기가 번쩍이는 모양인 S형 속에 뇌성의 소리가 형상화된 자다. 전기를 나타내는 申(電)에 뇌성소리 ㅇ를 합쳤고 천둥은 비를 동반해 雨자를 더했다. 점차 電자와 분리되었다(趙誠, 1988 - 189). 천둥 · 우뢰.

[其雨] : 其 - 강조부사. 뒤에 오는 비를 강조한다. 雨 - 비. 비가 오다.

[大驟鳳(風)] : 大 - 사람의 정면 모양. 크다. 驟 - 두 손으로 귀를 잡고 있는 모양이다. zhou로 읽으며, 掫 · 驟로 풀이한다. 卜辭에서는 風과 연용하여 큰 바람, 즉 태풍을 뜻한다(于省吾, 1981 - 11). 鳳 - 봉황새가 처럼 날개를 편 모양으로 風으로 가차되었다. 바람(16 - 1 참조).

5) 해 설 :

천둥과 우박

갑골문 雷의 자형은 불이 번쩍거리며 천둥과 번개가 치며 우박이 내리는 악천후의 기상을 모두 처럼 역동적으로 형상화하였다. 비가 오는 모양인 에 비해 비가 그친 모양(霽)이나 우박은 처럼 雨자 밑에 덩어리를 매달아 놓은 모양이다. 소전에서 우박은 '从雨包聲'의 雹자를 만들어 전용하였다.

본 편 1의 庚과 雷 두 字는 많이 파손되었으나 干支 자형과 문맥에 근거 해 보완했다. 보충의 雷자는 천둥 번개가 강하게 치는 모양을 반영하는 활달한 필체를 보이고 있다.

16－17

13417

16. 제17편

1) 본 문 : 1. ▨七日壬申雷, 辛巳雨, 壬午亦雨。一 二

2. 乙丑▨生一月▨其[雨]。一 二

2) 한 역 : 1. 7일째 되는 壬申일에 천둥이 쳤다. 辛巳일에는 비가 내렸으며, 壬午일에 역시 비가 내렸다. 두 번 물었다.

2. 乙丑일에 [묻습니다] : 오는 1월에 …비가 올까요? 두 번 물었다.

3) 출 전 : ≪甲骨文合集≫ 13417 제1기

4) 자 해 : **[七日壬申雷]** : 七 - 열십자 모양으로 '자르다'는 뜻이다. 일곱으로 빌려 썼다(3 - 13 참조). 日 - 해의 모양. 七日 - 7일 뒤. 壬申 - 간지 기일에 의한 壬申일. 七日 이후는 驗辭이다. 雷 - 천둥·번개가 치는 모양, 갑골문 雷자는 雨를 따르지 않고 申을 따랐다. 申은 雷의 초문으로 쓰였다.

[壬午亦雨] : 亦 - 사람(大)의 겨드랑이를 지정하는 부호를 붙인 모양()으로 '겨드랑이'였다. 음에 의해 '역시'로 가차되었다(15 - 5 참조).

[乙丑] : 干支紀日에 의한 乙丑일이다.

[生一月] : 生 - 초목이 땅에서 돋아나는 모양. '낳다', '다음', '오는' 등으로 쓰였다(20 - 3 참조). 月 - 제1기 형체인 夕자를 月로 썼다.

[其雨] : 其 - 강조부사. 雨 - 비가 오는 모양, 여기서는 '비가 오다'.

5) 해 설 :

卜辭 중의 날짜 셈 법

牛肩胛骨의 위 부분이다. 前辭·命辭는 오른쪽 아래에 있고 驗辭는 위에 훨씬 큰 글씨로 기록했다. 卜辭에서 날짜를 셀 때의 일반적인 관례는 해당일로부터 계산한다. 그러나 때로는 해당일을 계산하지 않고 다음날부터 셈하는 경우도 있다.

본 편 '七日壬申'은 '칠일째 되는 壬申일'을 뜻한다. 乙丑일에 점을 쳤으니 7일 뒤는 辛未일이고 壬申일은 8일째다. 壬申에 천둥이 치고 辛巳일에는 비가 왔으며, 다음날 壬午일 역시 비가 온 것을 보면 악천후가 계속되었음을 알 수 있다.

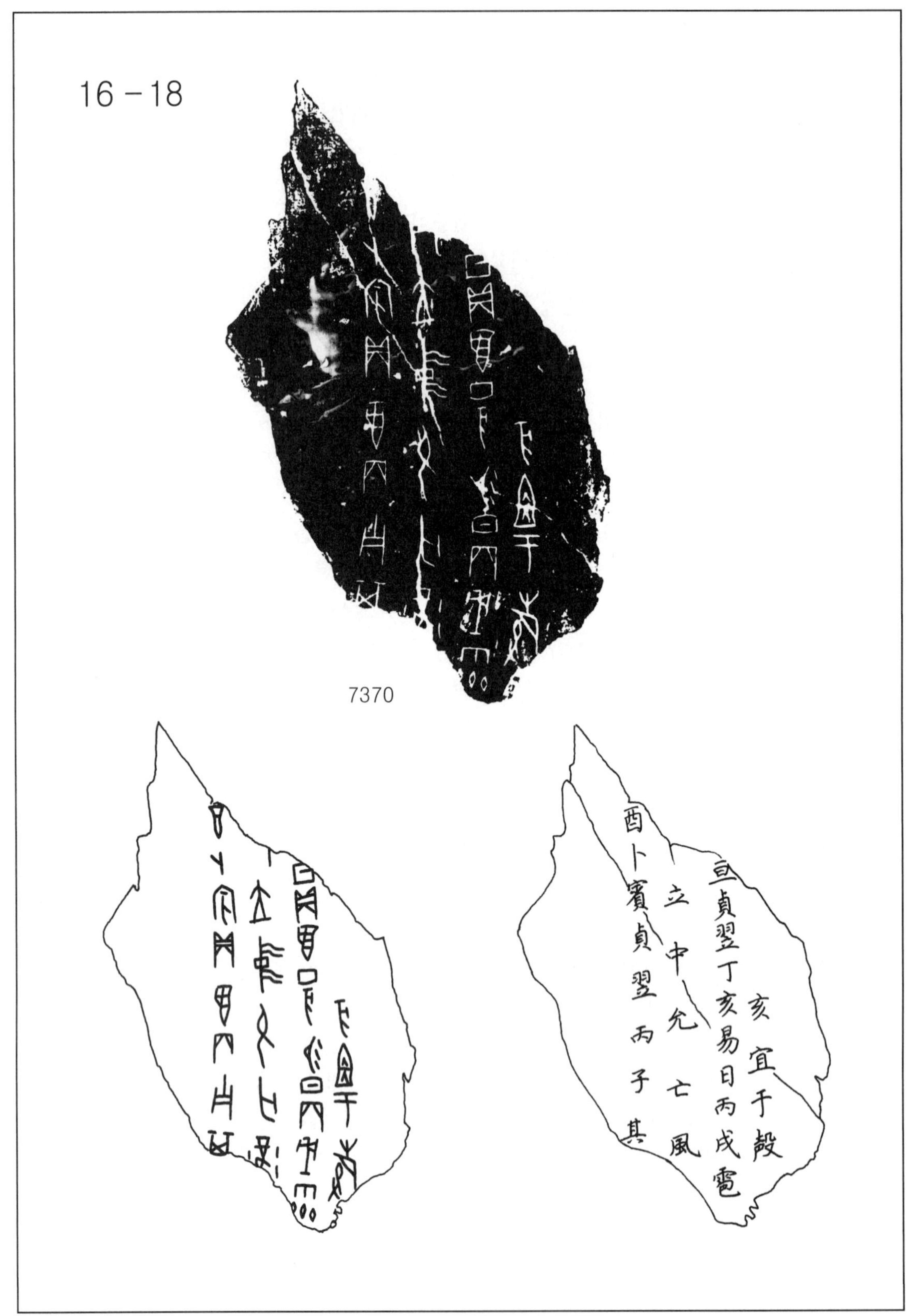
16－18
7370
亥 宜于殼
亘貞翌丁亥易日丙戌雹
立中允亡風
酉卜賓貞翌丙子其

16. 제 18 편

1) 본 문 : **□□□, 亘貞：翌丁亥易日, 丙戌雹▨。**

2) 한 역 : **□□일에, 亘이 묻습니다 : 다음 丁亥일에 날이 개일까요? 丙戌일에 우박이 내릴까요…?**

3) 출 전 : ≪甲骨文合集≫ 7370 제1기

4) 자 해 : **[亘貞]** : 점복일이 잘렸고 貞人 亘(선·긍)의 이름만 남아있다.

[翌丁亥易日] : 翌－'내일' 또는 '돌아오는'이라는 뜻. 丁亥－干支紀日에 의한 丁亥일. 易日－흐린 뒤 점차 맑아진다는 뜻이다(16－1 참조).

[丙戌雹] : 丙戌－干支 紀日에 의한 丙戌일(15－1 참조). 雹－비가 내리며 [glyph]처럼 우박덩어리가 동시에 떨어지는 모양이다. 象形자가 篆書에 이르러 从雨包聲의 形聲자로 변화되었다. '우박', '우박이 내리다'로 썼다(趙誠, 1988－189).

5) 해 설 :

상대에 우박이 쏟아지던 날

武丁시대 정인 亘이 활약하던 어느 해 1월 癸未일, 우박이 쏟아졌다. 武丁은 우박이 재앙으로 이어질 것인지 심히 두려워 다음과 같이 물었다.

· **癸未卜, 穷貞：茲雹唯降囚.** 1月
· **癸未卜, 穷貞：茲雹不唯降囚.** (11423 正)

계미일에 점치고 穷이 묻습니다 : 이번 우박은 재앙으로 이어질까요? 1월에
계미일에 점치고 穷이 묻습니다 : 이번 우박은 재앙으로 이어지지 않을까요?

본문에서 雹는 동사로 쓰였고, 위 예에서는 명사로 우박을 뜻한다. 중국 고대 문헌 중 최초의 우박에 대한 기록은 ≪春秋左傳·僖公≫ 29년 가을의 「大雨雹」인데 본 卜辭는 그보다 6백여 년 전의 일이다. 본 편은 세계 최초의 우박에 대한 기상 기록이라고 할 수 있다.

16 - 19

10405 反

16. 제 19 편

1) 본 문 : **王固曰 : 㞢(有)祟。八日庚戌㞢(有)各(格)雲自東面(霧)母(晦), 昃亦㞢(有)出虹自北飮于河。**

2) 한 역 : **왕이 점친 결과를 보고 길흉을 판단해 말했다 : 재앙이 있겠다. 8일 후 庚戌일에 구름이 동쪽 하늘에서 몰려와 안개가 끼고 잔뜩 흐렸다. 오후 2시경에는, 또 북쪽 하늘에 무지개가 나타나서 황하에서 물을 마셨다.**

3) 출 전 : ≪甲骨文合集≫ 10405 反 제1기

4) 자 해 : **[王固曰]** : 왕이 점친 결과를 보고 길흉을 판단해 말하다. 占辭를 이끄는 占卜述語이다.

[㞢(有)祟(咎)] : 㞢 - 있다. 又의 제1기 자형이다. 祟 - 재앙, 咎로도 풀이한다(22 - 4 참조).

[八日庚戌] : 八日 - 8일. '八日庚戌'일은 8일 이후인 庚戌일이며 庚戌일의 8일 전은 癸卯일이다. 따라서 이 점은 癸卯일에 쳤음을 알 수 있다.

[㞢(有)各(格)雲自東] : 各 - 발(止)을 혈거 안쪽으로 향하게 한 모양으로 본의는 '들어오다'는 뜻. 문헌에서는 格자로 통한다(于省吾, 1979 - 396). 복사에서는 各云처럼 각종 색깔, 이르다(至)·제사명으로 쓰였다. 雲 - 구름이 이동하는 모양. 구름. 各雲은 각양각색의 구름을 말한다. 卜辭에는 '二雲', '三雲', '六雲' 등이 있다(趙誠, 1988 - 188). 自 - 코의 모양, …로부터. 東 - 자루 모양. 음에 의해 '동쪽'으로 빌려 썼다.

[昃] : 해(日)가 기울기 시작해 사람(大)의 그림자가 땅에 길게 처럼 드리워진 모양. 오후 2시경(徐中舒, 1990 - 723, 14 - 2 참조).

[出虹自北] : 出 - 발을 혈거 밖으로 향하하여 '나아가다', '출현하다'로 쓰였다. 虹 - 양쪽에 머리가 달린 용이 바다물을 마시고 있는 모양인 이다. 상대인들의 무지개에 대한 인식이다. 점차 从虫, 工聲의 형성자 虹이 되었다. 일종의 자연현상을 하늘의 상제가 내린 것으로 여겨 길흉과 결부시켰으며, 생명이 있는 영물로 여기고 자웅으로 분리하기도 하였다(趙誠, 1988 - 193). 北 - 두 사람이 등을 마주하고 있는 모양. 북쪽으로 빌려 썼다.

[飮于河] : 飮 - 사람이 목을 길게 내밀고 서서 술통(酒) 속의 술을 처럼 마시거나 물통 속의 물을 마시는 모양이다. '마시다'로 쓰였다(趙誠, 1988 - 378). 于 - 전치사. 河 - 황하.

癸亥卜殻
王固曰乃五日丁卯子
若偁不殟
貞旬亡囚王固
求其亦㞢來嬞
王固曰㞢求八日庚戌㞢
各云自東冒母昊
出出虹自北歓于河

5) 해 설 : 무지개의 출현

무지개의 출현을 과학적으로 증명하지 못했던 상대인들은 하늘에 드리워진 무지개를 보고 머리 둘 달린 용이 물을 마시는 형상으로 인식한 상상력은 가히 환상적이다. 金文에서부터 자형은 두 자로 분리되어 小篆에 이르러 虹의 형태를 갖추어 정작 무지개의 본형이 무엇인지 알지 못하게 되었다(于省吾, 1979 - 6).

점차 보통 무지개는 虹이라 하고, 쌍무지개를 蜺(예)라 하며, 오색무지개를 霓(예)라고 하였다. 뿐만 아니라 霓와 虹을 雌雄으로 구분하는 등 살아 있는 존재로 인식했다. 그러면서도 '갑자기 무지개가 보이면 아내가 낭군을 혼미케 한다'는 등(虹不時見, 女謁亂會)(태평어람 · 十四天部) 무지개를 재앙으로 보는 신화까지 창조했다.
갑골문에도 무지개의 출현을 재앙으로 보고 있으며 살아있는 존재로 간주해 물을 마시는 형상으로 묘사했다.

본 편은 占辭의 기록이다. 무지개가 출현한 조건과 시간, 그리고 장소를 매우 소상하게 기록하고 있는 중국 최초의 무지개 출현에 관한 기상 보고라고 할 수 있다. 또한 중국인들이 무지개의 출현을 일종의 변괴로 여긴 관념의 근거가 되고 있다.

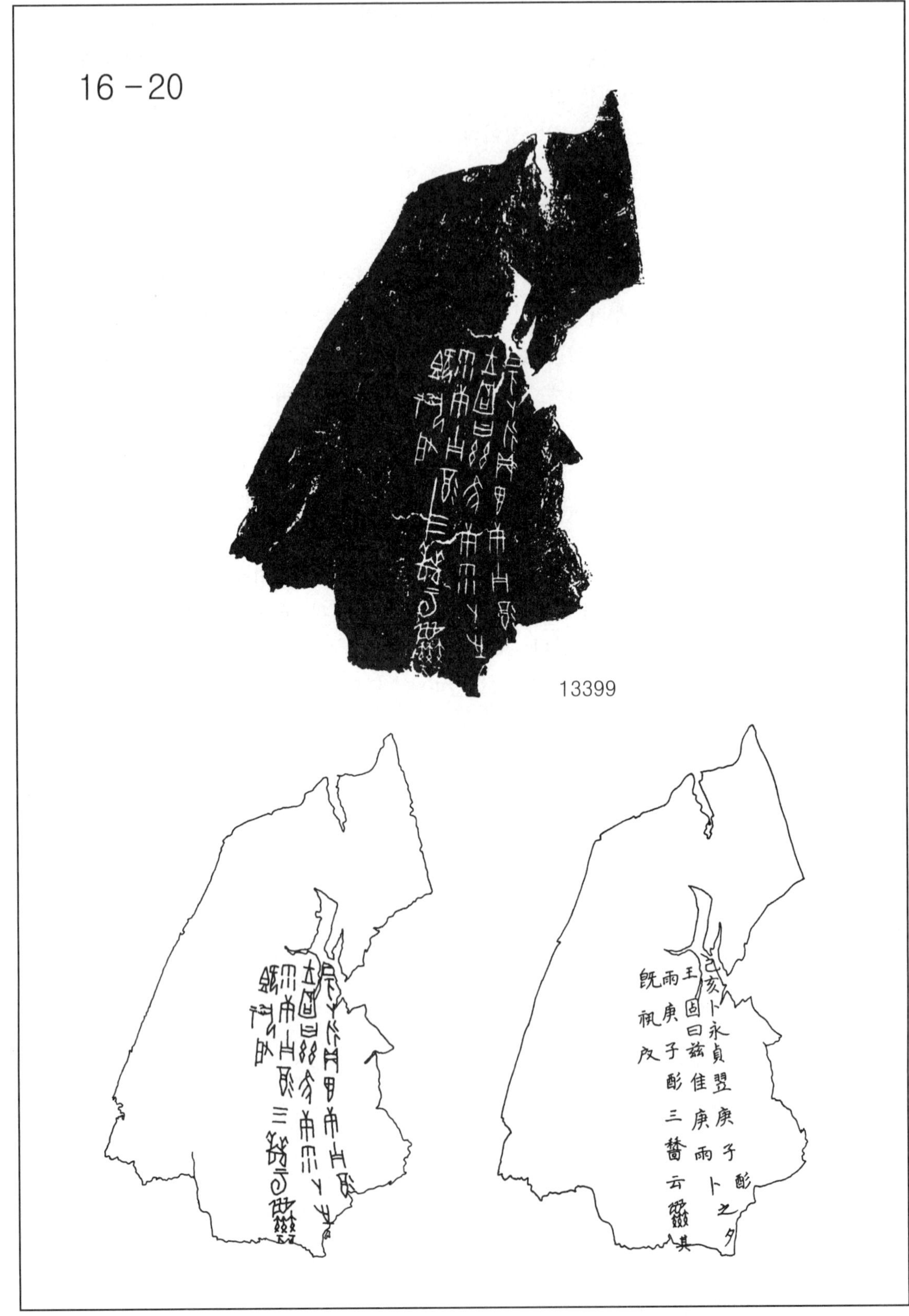
16－20
13399
己亥卜永貞翌庚子酚
王固曰兹隹庚雨卜之夕
雨庚子酚三嗇云䨘其
旣祝攺

16. 제 20 편

1) 본 문 : **己亥卜, 永貞 : 翌庚子酒☐。王固曰 : 玆唯庚雨卜。**
之[夕]雨, 庚子酒, 三嗇(色)雲, 𤔲[其]☐旣祝启。

2) 한 역 : **己亥일에 점을 치고, 永이 묻습니다 : 내일 庚子일에 酒祭를 드릴까요? 왕이 점친 결과를 보고 판단해 말했다 : 이번 庚子일에 친 비에 대한 점복의 兆象을 보니 庚일에 비가 오겠다.**
그 날 저녁에 비가 내렸다. 庚子일에 酒祭를 드릴 때, 3色의 길상 구름이 몰려왔다. 祝祭를 마칠 쯤 날이 개었다.

3) 출 전 : ≪甲骨文合集≫ 13399正 제1기

4) 자 해 : **[己亥卜, 永貞]** : 永 - 사람(人)이 물 속을 헤엄치는 모양, 泳의 초문, 상대에 이미 수영하는 모양을 형상화 하였다. 卜辭에서는 인명·지명으로 빌려 썼다(趙誠, 1988 - 175, 7 - 11 참조).
[王固曰] : 왕이 점친 결과를 보고 길흉을 판단해 말하다.
[丝(玆)隹(唯)庚雨卜] : 丝 - 玆와 같다. 庚子일에 친 점의 兆象을 가르 킨다. 隹 - 唯로 뒤의 雨를 강조한다. 卜 - 점을 치다.
[之夕雨] : 之 - 그날. 夕 - 저녁. 남은 자형으로 복원되었다.
[三嗇(色)雲𤔲] : 嗇 - 길상을 띤 구름(se·색). 色의 갑골문은 力과 꿇어 앉은 사람 모양인 [⺋]를 합쳤다. 칼로 위협해 얼굴색이 변한데서 '안색'을 나타냈고 '색깔'로 인신되었다. 神名으로 쓰였다(徐中舒, 1990-1012). 三嗇 - 3색 구름(于省吾, 1981 - 8). 𤔲 - 확실치 않다.
[其…旣祝戶又(启)] : 旣 - 끝나다(5 - 15 참조). 祝 - 제사명(11 - 15 참조). 启(戶又) - 손으로 문을 여는 모양. 启. 즉 날이 개다(16 - 2 참조).

5) 해 설 :

六色 구름

상대에는 구름에도 제사를 드렸다.

· **癸酉卜 : 侑燎于六雲, 五豕.** (33273)
계유일에 점칩니다 : 六雲에 돼지 5마리로 侑祭의 燎祭를 드릴까요?

卜辭 내용으로 보면 三色 구름 뿐 아니라 六雲에까지 제사 지냈던 것이다. 이는 상대인들이 구름의 색이나 형태 변화를 특별한 영적 징조로 보고 제사 지냈음을 반영한다(宋鎭豪, 1994 - 481).

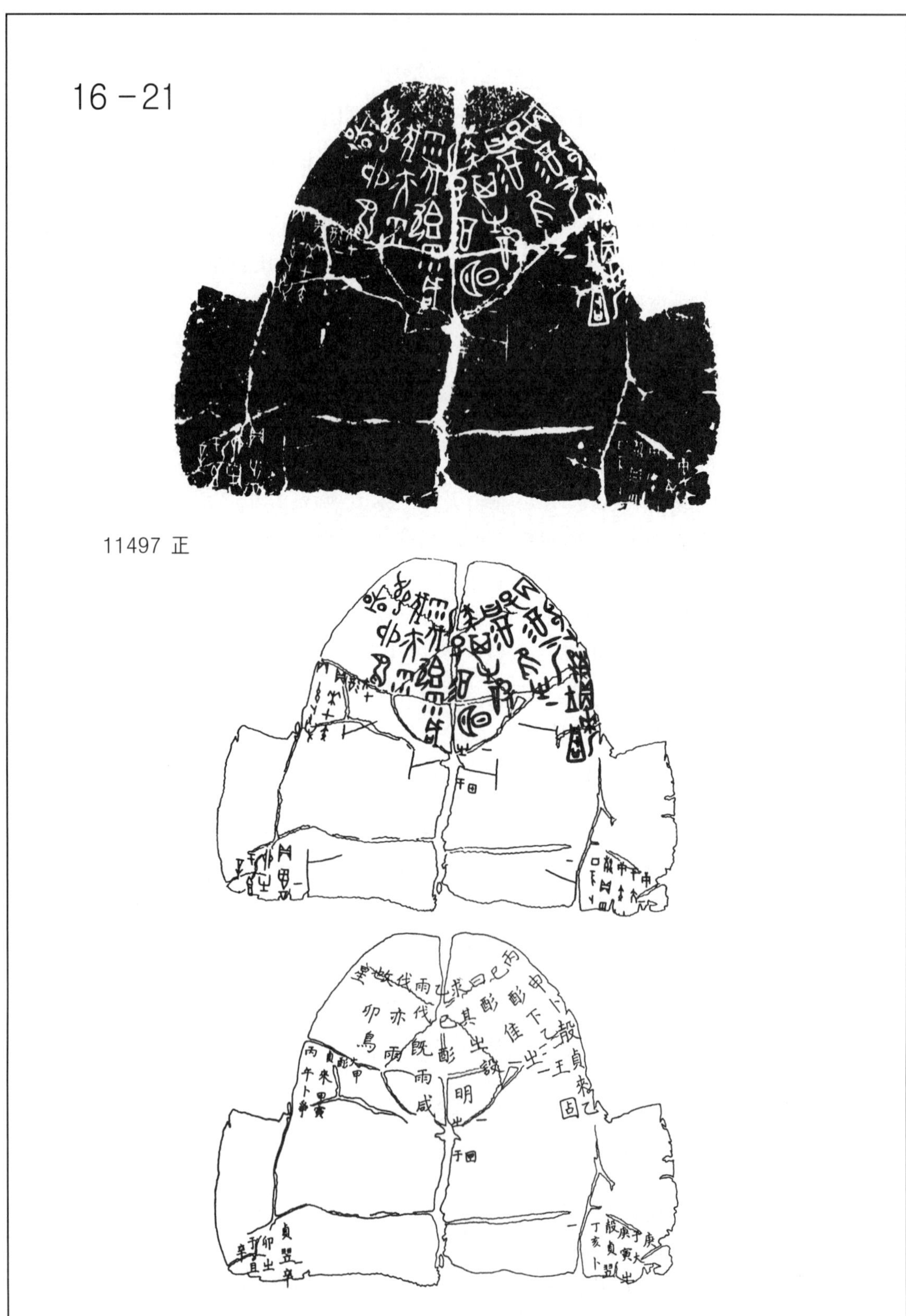
16－21
11497 正

16. 제21편

1) 본 문 : (正) 丙申卜, 㱿貞 : 來乙巳酒下乙。

王固曰 : 酒隹(唯)㞢(有)祟, 其㞢(有)設。

乙巳酒, 明雨, 伐既雨, 咸伐亦雨, 施(敀)卯鳥(倏)星(晴)。

(反) 乙巳夕㞢(有)設于西。

2) 한 역 : (正) 丙申일에 점을 치고, 㱿이 묻습니다 : 오는 열흘 뒤 乙巳일에 下乙에게 酒祭를 드릴까요?

왕이 점친 결과를 보고 길흉을 판단해 말했다 : 酒祭를 지내도 재앙이 있겠다. 아마도 기상변화가 있을 듯 하다.

乙巳일에 酒祭를 지내려는 동틀 무렵에 비가 왔다. 伐祭를 진행하는데도 비가 왔다. 伐祭를 모두 끝냈는데 또 비가 왔다. 施祭, 卯祭를 지내는데 날이 곧 개었다.

(反) 乙巳일 저녁에 서쪽에 기상 변화가 일어났다.

3) 출 전 : ≪甲骨文合集≫ 1. 11497 正反 제1기

4) 자 해 : [來乙巳酌下乙] : 來乙巳 - 오는 乙巳일, 즉 10일 뒤. 酒(酌) - 酉와 彡를 합친 자. 술을 드려 지내는 제사. 제사명. 下乙 - 상대 선왕.

[王固(繇)曰] : 固 - 占辭를 이끄는 점복술어로 '繇辭'라고도 한다. zhan 또는 zhou로 읽는다(3 - 3 참조).

[酒隹(唯)㞢(有)祟(咎)] : 隹 - 강조부사. 唯와 같다. 뒤위 有를 강조한다. 祟 - 발이 여러 개 달린 벌레 모양. 咎와 같이 재앙·근심이다(22 - 4 참조).

[其㞢設] : 其 - 강조부사. 뒤에 오는 有를 강조한다. 設 - 손에 도구를 들고 두드리며 독려하는 모양. 从言, 从殳로 보며, 미신을 숭상했던 상대에 자연계의 현상을 상제가 내리는 일종의 징조로도 본다. 또 제물을 늘어놓고 드리는 제사를 設이라 하였다(趙誠, 1988 - 321).

[乙巳酒明雨] : 明 - 明는 처럼 日과 月을 합친 회의자. 日 대신 창문 모양인 囧, 田으로 쓴 자형도 있어 빛이 창문을 통해 실내를 비치니 밝다는 주장과, 달이 지기 전에 태양이 동시에 떠올라서 밝다는 견해도 있다. 동이 틀 무렵의 시간대다(徐中舒, 1990 - 747).

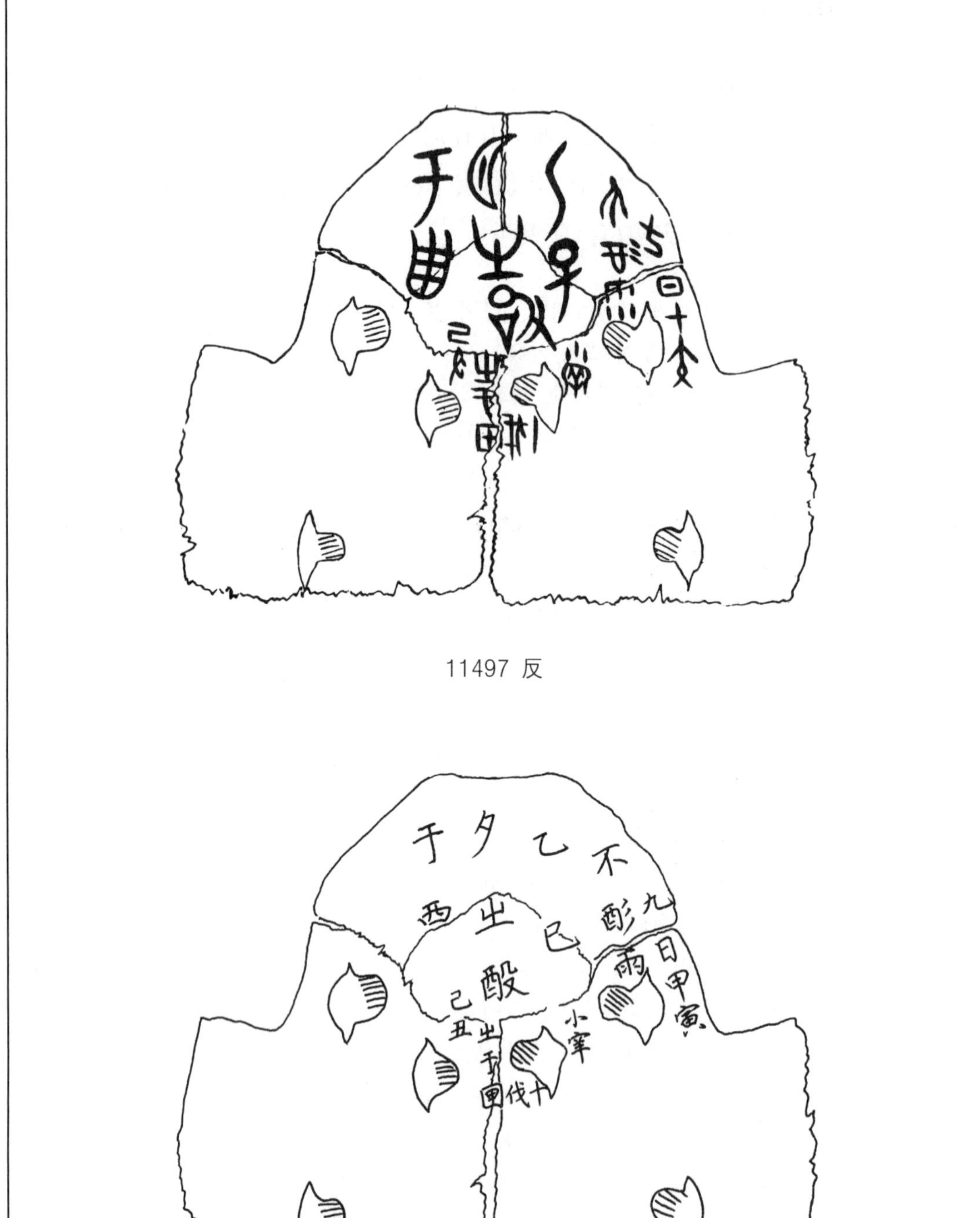

11497 反

[伐旣雨] : 伐 - 도끼로 사람의 목을 치는 모양. 목을 쳐 드리는 제사. 정벌하다. 제사명. 旣 - 일이 끝나다 (5 - 15 참조).

[咸伐亦雨] : 咸 - 口와 戌이 합쳐진 회의자로 의장병기 모양이다. 복사에서는 인명· 모두란 뜻으로 쓰였다 (徐中舒, 1993 - 92). 亦 - 大에 겨드랑이를 나타내는 부호를 넣은 지사자이다. '역시'로 빌려 썼다 (15 - 5 참조).

[𢼊(施)卯鳥星] : 𢼊 - 손에 막대기를 들고 뱀을 때려서 피가 흐르는 모양이다. '자르다'는 의미로 인신되었고, 攺·施·𢻱자로 보며 제사명으로 쓰였다. 卯 - 제사명 (15 - 1 참조). 鳥星 - 鳥는 星을 수식하는 부사 '倏'로 풀이한다. 星 - 晴 (qing · 청) 으로 읽으며 날이 맑음을 뜻한다(14 - 10 참조).

[有設于西] : 㞢 - 又의 제1기 자형이다. 設 - 기상현상. 于 - 전치사. 새둥지 모양. 서쪽으로 빌려 썼다.

5) 해 설 : 鳥星의 새로운 풀이

본 편 '鳥星'은 천문학과 관계 있는 별 이름으로 풀이하여 왔다. 그러나 楊樹達은 <釋星>에서 鳥星이 천문과 관계 없음을 지적하였고, 李學勤은 鳥星이 기상관련 卜辭임을 밝히며 새로운 풀이를 하였다 (李學勤, 1998 - 185). 즉 星은 晴으로 '날이 맑아졌다'는 뜻이고, 鳥는 星을 수식하는 부사 '倏(빠를 숙)'이라는 것이다. 같은 내용을 담은 ≪合≫ 11499의 「施卯鳥大启, 易 (暘)」을 예로 들어 주장을 분명히 하였다. 이를 근거로 ≪合≫ 11501, 11726 (14 - 11 참조)의 풀이를 바로 잡았다. 卜辭에서 별 이름으로 쓰는 星은 여러 곳에 나타난다.

· 戊甲… 有設. [新]星. (≪合≫ 11507)
· □未有設, 新星. (≪前≫ 7. 14. 1)
· …大[星出]…南. (≪合≫ 11504)

본 편은 武丁시대 卜辭의 전형을 보여주는 작품이다. 武丁시대 유명한 사관 겸 걸출한 서예가인 㱿은 大字를 즐겨 써서 힘있고 호방한 풍격의 서체를 많이 남겼다. 그러나 본 편(正反)은 둥글고 부드러운 또 다른 서풍을 보여준 예이다. 크고 작은 자가 섞여 있는 가운데 大字에는 朱砂를 칠해 더욱 돋보이게 했다. 前辭 · 命辭 · 占辭 · 驗辭를 두루 갖춘 완전한 卜辭이다.

제17장

建　　築

建 築

商代의 건축은 고대인류가 생활에서 얻은 지혜를 모아 끊임없이 발전시켜 꽃피운 주생활의 결정체다.

상대에는 상왕의 통치 중심지역인 王都가 있고, 적의 침략으로부터 재산과 인명을 보호할 수 있는 城郭을 쌓았으며, 일반인들의 생활 현장인 邑이 조성되었다. 특히 갑골문은 귀족들의 호화로운 생활공간을 형상화한 京·高·宮 등 宮殿건축을 비롯하여 神位를 모셔 제사 지내던 宗廟·교육기관인 學校가 있다.

그리고 대다수 일반 농민과 노예들의 거주공간인 크고 작은 혈거들은 상대의 주거 생활의 사회상을 보여준다.

17－1

13490

17. 제1편

1) 본 문 : 1. **癸酉卜, 爭貞 : 叀(惠)賓爲。**

2. **貞 : 勿隹(唯)賓爲。**

3. **貞 : 叀(惠)賓爲。**

4. **勿隹(唯)賓爲。**

5. **癸[酉卜], 爭貞 : 我乍(作)邑。**

6. **癸酉卜, 爭貞 : ☐我勿[作邑]。**

2) 한 역 : 1. **癸酉일에 점을 치고, 爭이 묻습니다 : 사당인 賓을 건축할까요?**

2. **묻습니다 : 賓을 건축하지 말까요?**

3. **묻습니다 : 賓을 건축할까요?**

4. **賓을 건축하지 말까요?**

5. **癸酉일에 점을 치고, 爭이 묻습니다 : 우리는 읍을 조성할까요?**

6. **癸酉일에 점을 치고, 爭이 묻습니다 : 우리는 읍을 조성하지 말까요?**

3) 출 전 : ≪甲骨文合集≫ 13490 제1기

4) 자 해 : **[我乍(作)邑]** : 我 - 무기모양. 商의 복수의 개념 '우리'로 빌려썼다. 乍 - 옷의 앞섶을 꿰매는 모양. 만들다 · 조성하다로 인식되었다(2 - 9 참조). 邑 - 거주지나 사방의 건축물을 뜻하는 口 밑에 처럼 사람이 꿇어 앉은 모양. 상대에는 도시를 뜻했다(趙誠, 1988 - 216).

[叀賓爲] : 叀 - 강조부사. 賓 - 宀와 万의 합체자, 조상을 제사지내는 사당. 爲 - 손(又)으로 코끼리(象)를 끄는 모양. 本義는 코끼리를 처럼 손으로 부린다는 행위로 '하다'는 의미를 부여했고, 건축물을 '세우다', '짓다'는 뜻으로도 썼다. 甲骨文에 繁體와 簡體가 두루 쓰였다. 본 편 爲자 중의 象은 코끼리 형상이 簡化되었으나 ≪合≫ 9173, 15182에는 코끼리의 형체가 처럼 완전하게 묘사되었다(趙誠, 1988 - 252).

[勿隹(唯)賓爲] : 勿 - 부정사. 隹 - 강조부사, 여기서는 賓을 강조했다. 긍정문에서는 강조부사 **叀**(惠를) 썼고, 부정문에서는 隹(唯)를 주로 썼다.

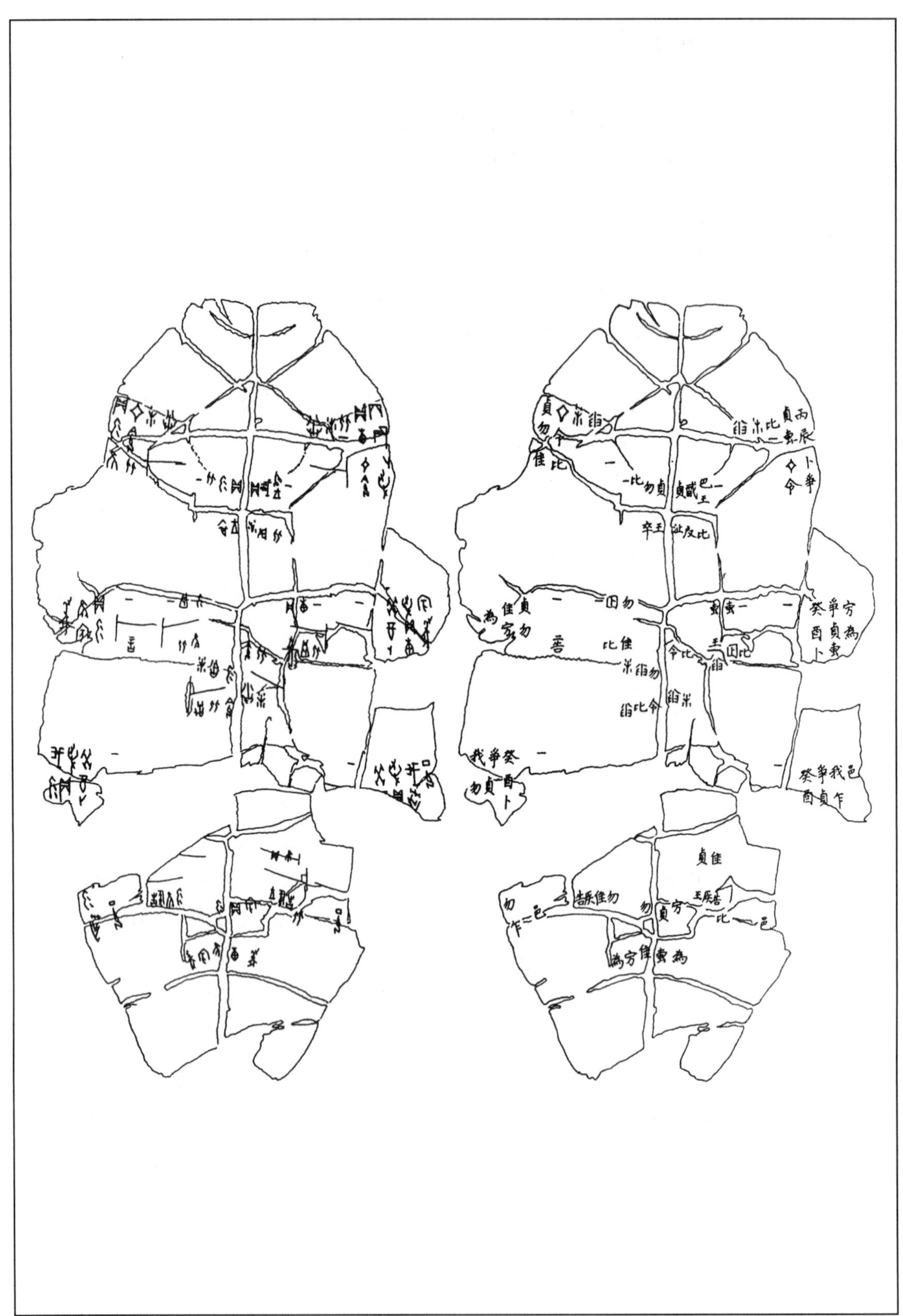

5) 해 설 : 상대의 邑

갑골복사에는 王都를 가리키는 天邑商(41758)이 있고, 그 외에 성루와 관련된 西邑(6165), 右邑(8987), 수량으로 나타난 十邑(28098), 二十邑(6798) 등이 있다. 상대 거주의 공동체를 이룬 邑은 주로 가옥과 토지를 포괄하고 있다.
상왕은 나라에 공헌한 귀족이나 신하에게 邑을 하사하였는데 「呼臣沚又冊三十邑」(707正)으로 보면 장군 沚는 30邑을 분봉 받았다. 卜辭에는 「婦好邑」, 「望乘邑」과 같이 왕비 婦好나 장군 望乘에 소속된 邑이 있다. 이들은 읍을 봉분 받는 대신 상왕의 유사시 출병이나 공납의 의무를 분담했다. ≪說文≫ 𧆬字 아래에 다음과 같은 구절이 있다.

> 장정 9명이 모여 井을 이루고 4井이 합쳐 邑을 이룬다.
> 古者九夫爲井, 四井爲邑

한대의 예로 보면 邑은 인구 대략 일백여 명 정도의 촌락을 말한다. 상대의 邑에 비해 한대의 邑은 비교적 작은 행정구역 개념을 갖는다. 현대 중국의 행정구역에서 邑은 이미 사라졌다.
촌락은 자연스럽게 사람들이 모여 살면서 형성되기도 하였겠지만 '邑을 세워도 되겠는지'를 묻는 갑골문 내용으로 볼 때 특별히 邑을 세워 백성을 이주시키기도 하였음을 알 수 있다. 井을 단위로 삼은 것은 사람이 물을 따라 이동하고 이를 중심으로 모여 살았기 때문이다. 갑골문 井은 우물 속의 축대, 또는 외곽모양이다.

본 편은 상당 부분이 파손된 龜腹甲이다. 여러가지 일을 점쳤으나 건축과 관련된 부분만 풀이하였다. 左右에 對貞한 본 편은 邑을 조성할 것인가를 물었고, 또 조상에게 제사 드리는 사당인 賓의 축조를 거듭 물은 내용이다. 이로 보아 상대에는 邑을 조성하고 나서 조상에게 제사 지낼 사당을 아울러 건축하였다고 할 수 있다.

17－2

570

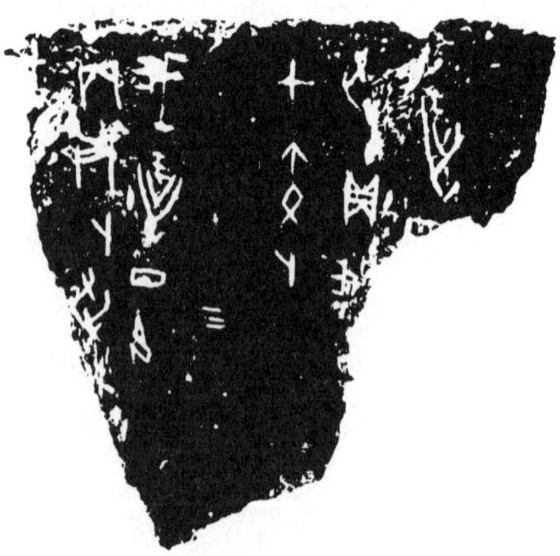

보충 13496

17. 제2편

1) 본　문 : **己卯卜, 爭貞 : 王乍(作)邑, 帝若。一 二 三 四 五**

2) 한　역 : **己卯일에 점을 치고, 爭이 묻습니다 : 대왕이 읍을 조성하는데 상제께서 순조롭게 해줄까요? 다섯 번 물었다.**

3) 출　전 : ≪殷虛文字乙編≫ 570 제1기　보충 13496 제1기

4) 자　해 : **[己卯卜, 爭貞]** : 己卯 - 己卯일 (15 - 1 참조). 爭 - 위아래에서 처럼 손을 뻗어 쟁반같은 물건을 빼앗는 모양이다. 이에 '다툼'으로 인신되었고, 인명으로도 쓰였다. 제1기의 정인이다 (2 - 1 참조).

[王乍(作)邑, 帝若] : 王 - 상왕. 제1기의 자형. 乍(作) - 윗옷의 앞섶을 처럼 꿰매는 모양. 作의 초문. <보충> 중의 作자에는 처럼 실이 꿰어 있는 바늘까지 그려져 있다. 邑 - 읍과 같은 행정 구역인 口 아래 사람이 꿇어앉은 모양. 읍. 帝 - 나무 단을 쌓아 태우며 하늘에 제사지내는 모양 (21 - 1 참조). 上帝를 뜻한다. 若 - 꿇어앉은 사람이 처럼 손가락으로 머리를 고르고 있는 모양. '순조롭다', '허락하다' 등으로 인신되었다 (6 - 12 참조).

[五] : 五 - X, 또는 X와 같은 자형이 있다. '다섯'을 뜻하며 기수 · 서수의 차이가 없다. 卜辭 말미에 있는 숫자는 점친 횟수를 말하는 '兆序'이다. 즉 다섯 번 물었음을 나타낸다 (1 - 4 참조).

5) 해　설 :

甲橋刻辭

甲橋에 새긴 卜辭이다. 甲橋는 복갑과 배갑을 연결하는 부위이다. 일반적으로 작은 龜甲은 甲橋가 매우 작다. 따라서 龜甲을 진공한 사람이나 수량 등을 기록한 記事刻辭를 새겼다. 그러나 대형 龜甲은 甲橋 역시 커서 본 편과 같이 '邑을 조성할 것인가'를 묻는 중요한 卜辭도 새겼다. 상대에는 읍을 조성할 때 먼저 절대 권능을 가진 上帝에게 길흉을 물었음을 알 수 있다. 본 편은 卜兆로 보아 右甲橋이다.

17 -3

13514 正乙

보충 4861

17. 제3편

1) 본 문 : **辛卯卜, 㱿貞 : 基方乍(作)郭其祟☐。**
貞 : 郭亡𡆥。

2) 한 역 : **辛卯일에 점을 치고, 㱿이 묻습니다 : 基方에 성곽을 쌓는데 재앙이 있을까요? 묻습니다 : 郭에게 재앙이 없겠습니까?**

3) 출 전 : ≪甲骨文合集≫1. 13514 正乙 제1기 2.4861 제1기 보충

4) 자 해 : **[辛卯卜, 㱿貞]** : 辛卯일에 점을 쳤고 貞人 **㱿**이 묻다.
[基方乍(作)郭] : 基 - 삼태기 모양인 其위에 土자가 첨가된 모양으로 从土其聲이다. 지금의 河北·河南일대(于省吾, 1996 - 2816). 基方 - 武丁시대의 방국명이다. 乍(作) - 조성하다. 郭 - 성곽모양. 갑골문에 자가 있는데 성의 사방에 성루가 있는 모양이고 이를 줄여서 이라 하며 郭, 城으로 풀이하였다(趙誠, 1988 - 216).
[其祟] : 其 - 강조부사. 祟 - 재앙. 咎와 같다.
[亡𡆥] : 亡 - 無로 읽으며 '없다'는 뜻. 𡆥 - 재앙·근심·걱정으로 풀이한다.

5) 해 설 :

상대의 성곽

邑은 촌락을 다스리는 정치의 중심이며 읍이 확대된 도읍은 통치자의 정치 현장이다. 도읍 안의 주민을 위하여 높고 두터운 성벽을 축조하였는데 바로 郭 또는 墉이다. 郭은 점차 城의 범위를, 墉은 성의 장벽을 나타냈다. 갑골문에 의하면 성벽은 흙이나 석재를 이용해 축조했다.

· **乙亥卜, 丙貞 : 王有石在鹿北東, 作邑于兹.** (13505 正)
상왕은 돌로 녹의 북동쪽에 읍을 세우고자 하는데 이곳에 읍을 세워도 될까요?

· **丙申卜 : 作土口.** (≪乙≫ 466)
흙으로 성을 쌓을까요?

· **辛卯卜, 貞 : 基方缶作墉, 不祟(咎), 不隕.** (13514)
基의 缶지역에 성곽을 쌓는데 재앙이 없을까요. 무너지지 않을까요?

17 -4

13523

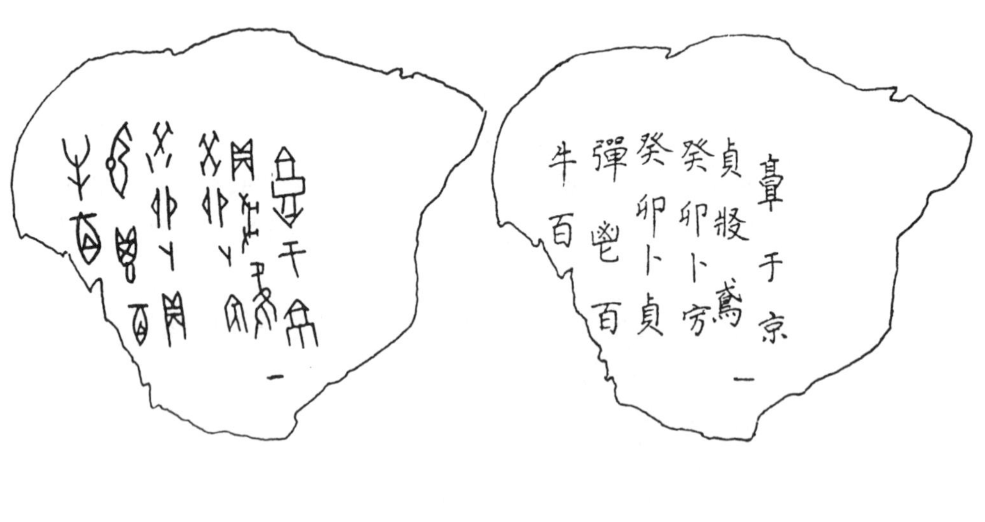

17. 제 4 편

1) 본 문 : **癸卯卜，㱿貞：將鳶郭于京。**
癸卯卜，貞：弹卤百牛百。

2) 한 역 : **癸卯일에 점을 치고, 㱿이 묻습니다 : 京지역에 성곽을 세울까요?**
癸卯일에 점을 치고, 묻습니다 : 彈祭에 향주 백병과 소 백 마리를 드릴까요?

3) 출 전 : ≪甲骨文合集≫ 13523 제1기

4) 자 해 : **[將鳶郭于京]** : 將·鳶 – 의미가 확실하지 않다. 郭 – 위아래 성루가 있는 성곽 모양. 于 – 전치사. 京 – 높은 언덕 위에 세워진 이층 구조의 건축물, 형태이다. 기둥은 점차 小字형태로 변했다. 京은 지면에 세운 집보다 높았고 높은 건축물은 지배자들이 거주하고 도읍에 집중되어 있어 '서울'을 뜻하게 되었다(趙誠, 1988 – 125).
[弹卤百牛百] : 弹 – 弓 위에 丸(알 환)이 있는 모양. 弓과 攴이 합쳐진 자형도 있는데 彈의 초문으로 본다. 인명·제사명으로 쓰였다(趙誠, 1988 – 184). 卤 – 향주를 담는 옹기 모양. 또는 '향주'를 세는 양사(4 – 17 참조).

5) 해 설 :

'서울 서와 '서울 울' 만들어 보기

漢字 만들기는 결코 어렵지 않다. 한국인을 위해서 '서울'의 漢字를 만들어 볼 만하다. 京·明자 만든 방법을 응용해 보자.

- 京 – 京은 기둥 셋인 높은 집 모양을 그려 만들었다.
- 明 – 明은 밝은 빛을 내는 日과 月을 합쳐 만들었다.

- 京 – 기둥 네 개가 있는 안정된 높은 집을 그려 보자 – '서울 서'
- 宊 – 서울의 상징인 남산(山)과 한강(水)을 합쳐 보자 – '서울 울'

京宊(서울)은 생소해 보이나 한국인이 만든 한자이고 '서울'을 칭할 수 있으니 의미가 있는 일이다. 일본인들은 자신들이 필요한 한자를 수백자 만들어 쓰고 있다. 아래 예를 보자.

- 畑 : 화전　　辻 : 십자로　　総 : 모두 총　　枠 : 테두리(와꾸)

17-5

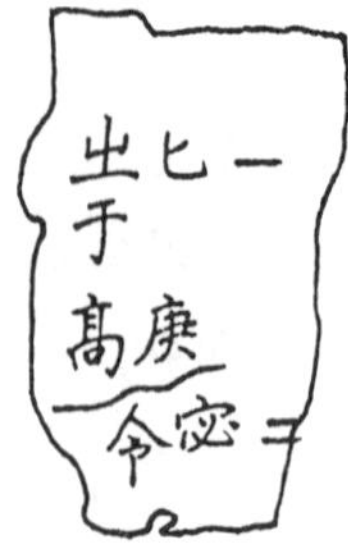

1. 2375

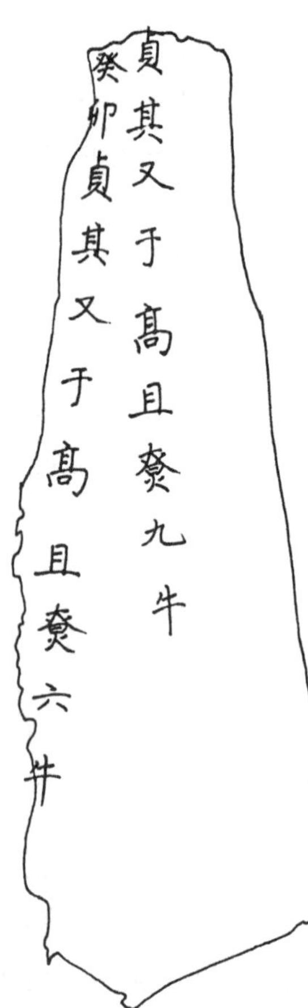

2. 32302

17. 제5편

1) 본 문 : 1. 㞢(侑)于高妣庚。

2. 癸卯, 貞 : 其又(侑)于高祖, 燎六牛。

貞 : 其又(侑)于高祖, 燎九牛。

2) 한 역 : 1. 庚할머니께 侑祭를 드릴까요?

2. 癸卯일에, 묻습니다 : 高祖에게 侑祭를 드리는데 소 6마리로 燎祭를 드릴까요?

묻습니다 : 高祖에게 侑祭를 드리는데 소 9마리로 燎祭를 드릴까요?

3) 출 전 : ≪甲骨文合集≫ 1. 2375 제1기 2. 32302 제4기

4) 자 해 : [㞢(侑)于高匕(妣)庚] : 㞢(侑) - 제사명. 제1기 자형. 于 - 전치사. 高 - 탄탄하고 높은 기반 위에 세워진 건축물을 형상화한 모양. 인신하여 '높다'는 의미로 쓰였다(2 - 8 참조). 匕(妣)庚 - 祖丁과 祖辛에게는 庚이라는 이름의 妃가 있었다. 이들을 구별하기 위하여 윗대 조상인 祖辛의 배우자에게 高를 붙여 高妣라고 하였다(4 - 21 참조).

[其又于高且(祖)燎] : 又 - 제사명. 侑祭. 且 - 祖의 초문(1 - 7 참조). 燎 - 불로 태워 드리는 제사(4 - 12 참조).

5) 해 설 :

상대의 궁전

약 7천년 전 西安 半坡시기의 혈거는 변의 길이는 대략 7 · 8m 정도였고, 원형 가옥은 직경 5 · 6m 정도였다. 마을 중앙에는 약 1백 60평에 달하는 공중 집회장도 있었다(西安半坡, 1987 - 18).

사람들은 한 공간에서 모여 살다가 점차 칸을 나누어 방을 만든 건축물이 탄생했다. 宮자는 한 지붕 아래 서로 다른 공간을 나타내는 방을 나누어 놓은 모양이다(許進雄, 1990 - 301). 이러한 웅장한 건축물은 지배계급이 사용해 宮殿 · 宮廷이라는 의미를 갖게 되었다.

높은 건축물이 밀집되어 있는 곳을 京이라고 칭했다. 상대의 종묘 궁실 중에는 85×14.5m에 달하는 거대한 규모도 찾아볼 수 있다. 상대의 궁전 기지는 언사 尸鄕 · 정주 商城 · 황파 盤龍城 · 안양 殷墟 등지에서 발견되었다(石璋如, 1955 - 163).

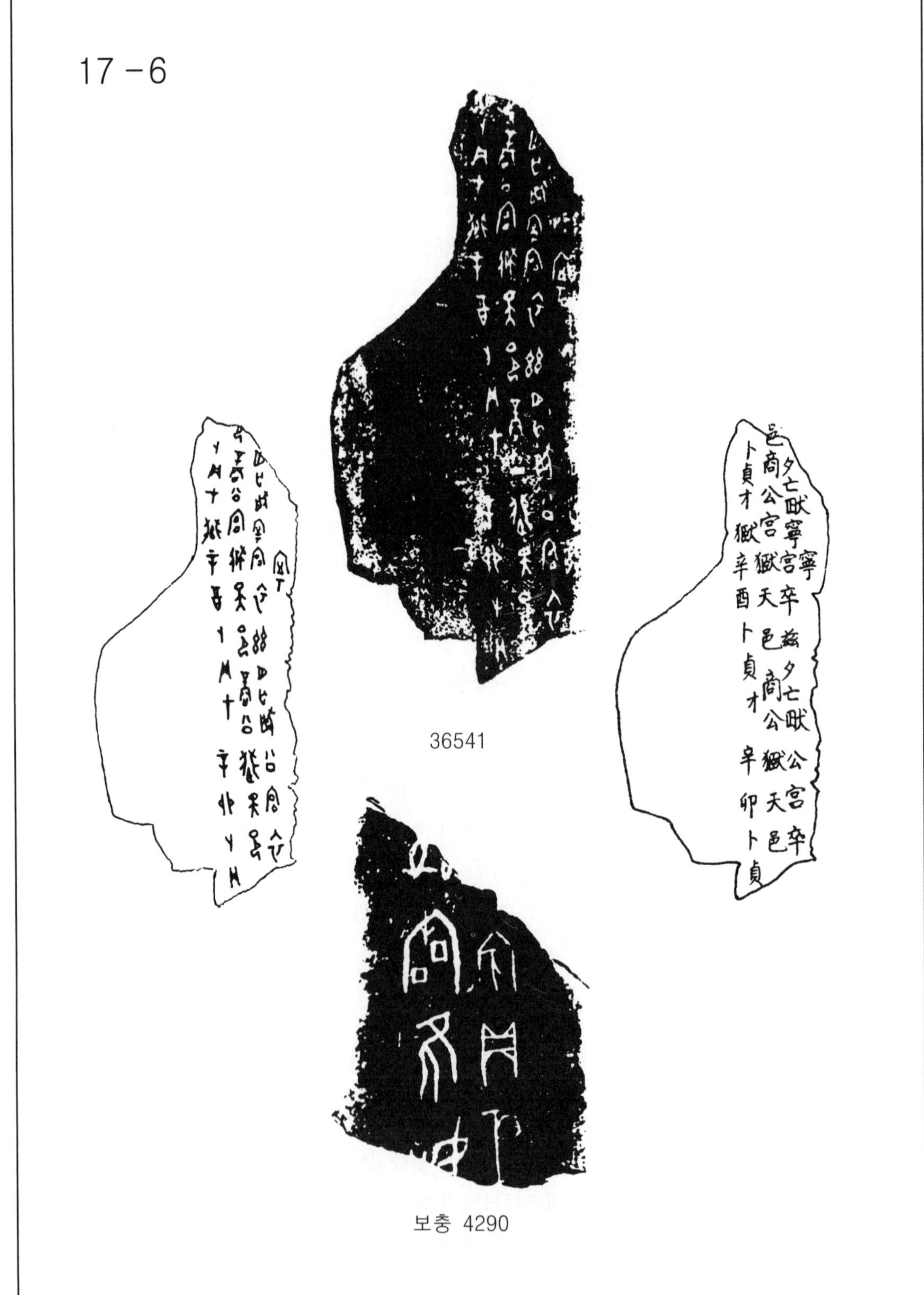

36541

보충 4290

17. 제6편

1) 본 문 : **辛酉卜, 貞在獄 : 天邑商公宮衣(卒)茲夕亡𡆥, 寧。**

2) 한 역 : **辛酉일에 점을 치고, 獄에서 묻습니다 : 天邑商의 여러 조상을 모신 公宮에서 衣祭를 지내려는데 당일 저녁 재앙이 없습니까, 평안하겠습니까?**

3) 출 전 : ≪甲骨文合集≫ 36541 제5기 보충 4290 제1기

4) 자 해 : **[才(在)獄]** : 才 - 풀이 돋아나는 모양. 전치사 在와 같다. 獄 - 두 마리의 개(犬) 사이에 성부 臣을 둔 자. 음은 'xi'이다. ≪說文≫에 「獄, 司空也. 从犬犬聲이라고 하였다. 지명으로 쓰였다(徐中舒, 1990 - 1108).

[天邑商公宮] : 天 - 사람(大)의 머리 위를 지정하여 하늘 즉, 天이라하고 音은 정수리인 顚음을 따랐다(19 - 1 참조). 天邑商 - 상대의 도읍명. 公 - 옹기의 주둥 이 모양. 瓮의 초문. ≪說文≫에 「公, 平分也, 从八厶」 하였는데 갑골문 公자와는 차이가 있다. 복사에서는 先公·궁실명으로 빌려 썼다(徐中舒, 1990 - 81). 宮 - 큰 집에 칸을 막아 [宮]처럼 여러 개 방을 만든 모양. 또는 지붕 아래 창문이 위아래로 뚫려 있는 모양으로 보기도 한다. 지배계급이 살던 건축물로 왕궁을 뜻한다(徐中舒, 1990 - 832).

[衣] : 衣 - 衣는 [衣]처럼 윗옷의 목과 앞섶 양 소매 모양이다. 衣는 先王에게 드리는 '大合祭', 상왕들이 사냥을 하던 지명으로 쓰였다. <天亡𣪕> 중의 衣는 殷으로 '衣王'은 곧 '殷王'이다(于省吾, 1996 - 1948).

[丝(茲)夕亡𡆥] : 丝(茲) - 茲(ci·차)로 읽으며, 此와 같다. 夕 - 저녁. 제1기의 夕자이다. 𡆥 - 재앙, 근심. 제5기의 자형.

[寧] : 宀밑에 皿를 둔 자. [寧]처럼 때로 밑에 丁이 첨가되었다. 집안에 기물(皿)이 잘 안치된 모양이다. '평안하다'는 뜻이다(10 - 21 참조). ≪說文≫ 중의 寍이다. 점차 心이 첨가되었다.

5) 해 설 :

갑골문 중의 秘와 密

갑골문 𢍮는 必자로 '신을 제사하는 궁실'을 가리키며 秘의 초문이다. 갑골문·금문에서 秘는 또 宓이라고도 하였는데 密의 초문이다. 상대 금문 <子卣>에 「密祀」라는 내용이 있는데 이는 밀실에서 드리는 제사를 일컫는다(于省吾, 1981 - 38). 밀실에서 귀신에게 은밀하게 지내던 제사에서 '비밀'로 인신되었고 자형은 점차 从禾, 必聲의 형성자가 되었다.

17 - 7

1. 13549

2. 30306

17. 제7편

1) 본 문 : 1. **貞 : 勿于新宗酒。 八月**

丙午卜, 爭貞 : 翌丁未喪☐。

2. **丙子卜 : 其登穧于宗。**

2) 한 역 : 1. **묻습니다 : 새로 지은 宗에서 酒祭를 드리지 말까요? 8월에**

丙午일에 점을 치고, 爭이 묻습니다 : 내일 丁未일에 喪…….

2. **丙子일에 점을 칩니다 : 宗廟에서 穧를 올려 조상에게 登祭를 드릴까요?**

3) 출 전 : ≪甲骨文合集≫ 1. 13549, 제1기 2. 30306 제3기

4) 자 해 : **[勿于新宗酒]** : 勿 - 부정사. 于 - 전치사. 新 - 新舊의 新(12 - 5 참조). 宗 - 집안에 조상을 모셔 놓은 모양. 제사하는 모양. 酒 - 酒를 올리는 제사.

[翌丁未喪] : 喪 - 뽕을 따서 담기 위해 나무에 [glyph]처럼 용기 口를 붙여 놓은 모양. 본의는 '뽕을 따다'. 음에 의해 잃다는 喪, 지명으로 빌려썼다(徐中舒, 1990 - 123).

[其登穧于宗] : 其 - 강조부사. 登 - 추수 후 곡물을 올려 조상에게 드리는 제사명. 蒸으로 쓰기도 한다. 穧 - 베어만 놓고 단으로 묶지 않는 기장의 모양(ji · 제). 일반적인 곡물을 가리킨다(10 - 27 참조).

5) 해 설 :

갑골문 入 · 丙, 그리고 內자

갑골문 入자는 위에서 아래로 미는 형상인 ∧이다. 丙자는 [glyph]·[glyph]·[glyph]형이 있는데 안쪽의 형태는 入자인 ∧과 같다. 점차 入에서 분화된 冂에 ∧를 합친 內자가 만들어져 入과 혼용했다.

西周 金文에는 <內國>이 있는데 이는 ≪詩經 · 大雅 · 綿≫ 중의 芮國이다. 芮國은 卜辭 중의 入地와 관계가 있다. 丙자는 天干의 3째자로 빌려썼으며 그 외에 인명 · 지명으로 쓰였다. 지명인 丙자는 왕왕 阝자로 붙여 '邴'라고도 하였다.

· 丙邑. (18881反) 丙族의 도읍

丙자의 3째 자형인 [glyph]에 근거해 이를 內로 보기도 하나(趙誠, 1988 - 347), 丙 · 入은 商代에 만들어졌고 內는 西周시대에 만들어져 그후 入과 內는 혼용되었다(彭邦炯, 2004 - 39).

17-8

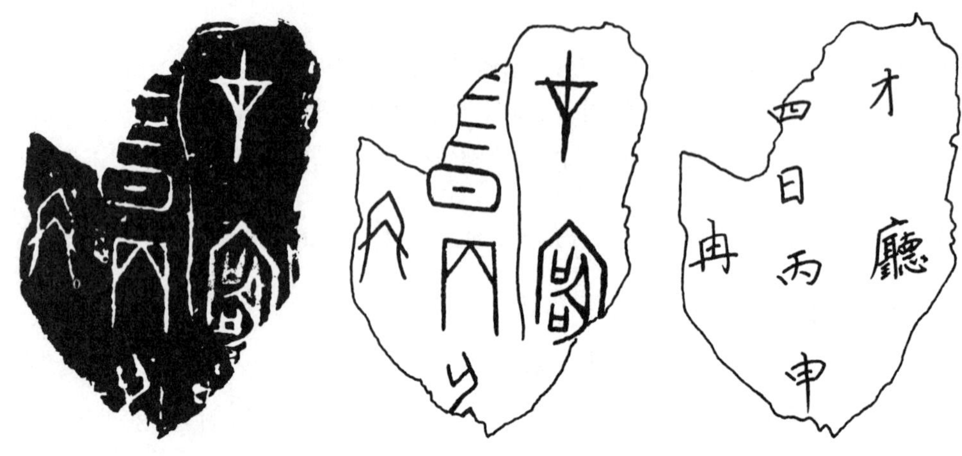

1. 8088 反

2. 28. 30306

17. 제8편

1) 본 문 : 1. **四日甲申。才(在)廳。**

2. **貞 : 叀(惠)向田省, 亡巛[災]。**

2) 한 역 : 1. **사일 후 갑신일에 廳에서**

2. **묻습니다 : 向지역에서의 사냥을 시찰하여도 재앙이 없겠습니까?**

3) 출 전 : ≪甲骨文合集≫ 1. 8088反 제1기 2. 28948 제3기

4) 자 해 : **[才廳]** : 才 - 풀이 돋아나는 모양. 전치사 在의 本字로 '…에서'로 풀이한다. 廳 - 집 속에 耳와 口가 합쳐진 聽자가 있는 모양으로 廷·庭의 초문 이다. <小盂鼎>에 나오는 大廷은 종묘 중의 大室·太室로 정사를 논의하며 제례를 치르던 곳이다(8 - 3 참조).

[向叀田省] : 叀 - 강조부사. 惠의 본자이다. 제1기에 형이던 것이 제2기에 와서  처럼 아래에 추 모양이 달려있다(3 - 16 참조). 向 - 집의 벽에 처럼 창문이 나 있는 모양. 향방의 向으로 인신되었고, 인명·지명으로 쓰였다(趙誠, 1988 - 188). 田 - 사냥하다. 省 - 目과 사방을 관찰하는 안광인 를 합한 으로 '순시', '순찰하다', 인명으로 쓰였다(徐中舒, 1990 - 376).

[亡巛(災)] : 亡 - 無와 같으며 '없다'는 뜻이다. 巛(災) - 물이 넘쳐 흐르는 모양. 수재로 인한 재앙이지만 일반적으로 재앙을 뜻한다(5 - 9 참조).

5) 해 설 :

自(阜)와 殿堂

自(阜)는 높은 곳으로 오를 수 있는 사다리·언덕 등을 뜻하는 모양으로 阜(언덕 부)로 보고 있다. 따라서 自는 인공으로 흙을 높이 돋아 만든 축대모양으로 '堆'의 古字이다. '隹(추)'를 소리로 한 자는 왕왕 '높이 솟아 있다'는 의미를 갖는다. '崔'나 '脽'(궁둥이 수)가 좋은 예이다.

고대에 '臀(궁둥이 둔)部'를 일명 '脽'이라고도 썼는데 이들은 同源의 字들이다. 궁둥이가 다른 부위보다 솟아 있기 때문이었다. 殿도 隹와 같이 높고 큰 大堂을 일컬으며 물론 自(堆)와는 同源의 字이다. 卜辭 중 「廳自(阜)」는 大庭의 殿堂을 말한다(裘錫圭, 1992 - 193).

17-9

1. 13556 反

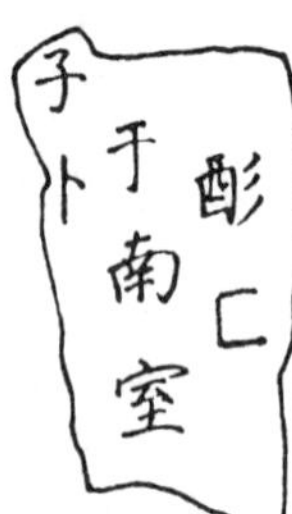

2. 13557

3. 13561

17. 제9편

1) 본 문 : 1. ☐東室。

2. □子卜 : ☐于南室☐酒匚(報)。

3. [壬辰]卜, 貞 : 設司室。

2) 한 역 : 1. 동실에서…

2. □子일에 점을 칩니다 : 남실에서 酒祭와 報祭를 드릴까요?

3. 묻습니다 : 司室에서 鼜祭를 지낼까요?

3) 출 전 : ≪甲骨文合集≫ 1. 13556正 反 2. 13557 3. 13561 제1기

4) 자 해 : **[東室]** : 東 - 물건을 넣는 자루(橐)의 양끝을 [image]처럼 매어 놓은 모양. 음에 의해 방위사 · 궁실명 · 신의 이름 등으로 쓰였다(14 - 3 참조). 室 - 从宀至聲의 형성자다. 至은 [image]화살이 땅에 꽂힌 모양이다. 室은 제사 지내는 사당이다(徐中舒, 1990 - 800).

[于南室 酒匚(報)] : 于 - 전치사. 南 - 종의 모양. 남쪽. 酒 - 술을 올려 드리는 제사. 匚 - 報라고 하는 제명, 報祭 - 조상의 은덕에 보답하는 제사.

[設司室] : 設 - 손에 무언가를 들고 때리는 모양을 하고 있다. 于省吾는 設로 보고 자연계의 현상, 제사명으로 보았다(16 - 21 참조). 徐兆仁(1990 - 223)은 살생법 · 제사명 · '회멸하다'는 뜻으로 보고 있다. ≪釋文≫에서는 酘로 본다. 司 - 司는 [image]처럼 거꾸로 된 숟가락(匕)과 입을 합친 자다. 거꾸로 된 숟가락은 밥을 입에 떠 넣는 형상이다. 인신하여 제사시 신령에게 음식을 진상함을 '司'라고 한다. 祠의 본자이다(徐中舒, 1990 - 998). '먹다', '사당', '신위명'으로 쓰였다.

5) 해 설 :

宮室의 출현

모계사회 말기, 남성을 중심으로 한 家族이라는 존재가 대두되면서 거주 공간에 칸을 나눈 宮 · 室 등 건축에 큰 발전을 가져왔다. 卜辭에는 大室 · 中室 · 西室 · 新室 · 文室 · 司室 등 많은 종류의 室이 나오는데 상왕이 집무를 보며 제사를 위해 마련한 종묘나 제당이었다.

室과 유사한 宣이 있다. 宣은 宣室로 상왕이 집무나 제사를 지내던 장소였다. 漢 무제 때 未央宮의 政殿을 宣室이라고 했던 것에서 의미의 연계를 찾을 수 있다.

17-10

1. 《屯南》 332

2. 2858

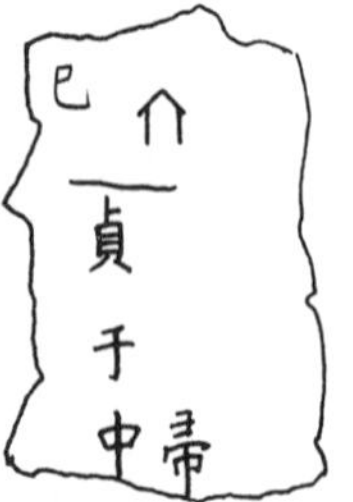

17. 제10편

1) 본 문 : 1. 丁巳卜：□弗入王家。
□其入王家。

2) 한 역 : 1. 丁巳일에 묻습니다 : □는 王家에 들어가지 말까요?
□는 王家에 들어갈까요?
2. 巳宀

3) 출 전 : 1.≪小屯南地甲骨≫ 332 제1기 2. 2858 제1기

4) 자 해 : [丁巳卜] : 丁巳 - 干支紀日에 의한 丁巳일. 巳의 자형은 子의 ♀형체와 유사하나 干支에는 쓰지 않아 巳와의 충돌을 피했다(15 - 1 참조).
[□弗入王家] : 弗 - 부정부사(7 - 7 참조). 入 - 들어오다. 王 - 상왕. 제1기의 王자형이다. 家 - 집 속에 [家], [家]처럼 한 마리 또는 두 마리 돼지가 들어있는 모양. 상왕의 종묘, 사당(于省吾, 1996 - 2044).
[巳宀] : 巳 - 뱀의 모양. 宀 - 지붕과 양 벽이 있는 집의 모양. 갑골문에서는 단독 사용되었으나 점차 부수(宀)로 쓰였다(徐中舒, 1990 - 797).

5) 해 설 :

家와 돼지

家는 집(宀) 속에 돼지(豕)가 있는 모양이다. 고대 생활에서는 집안에서 돼지를 길렀음을 알 수 있는 자다. 현재에도 중국의 일부 소수민족은 집안에서 돼지를 기르고 있다. 돼지는 재산 증식의 중요 자산이었다.

갑골문 家자 속의 돼지는 [家]처럼 한 마리 또는 두 마리를 그렸다. 자형은 豕나 수퇘지(豭) 등 10여 가지가 있다. 卜辭 중 家의 용례를 보면 상왕을 중심으로 한 혈연집단의 제당으로 '王家'가 있고, 親族·氏族 집단의 신위를 모신 '上甲家' 등이 있다.

字形으로 볼 때, 원래는 从宀从豕의 회의이고 音은 '瑕'이다. 형성자가 활성화되면서 从宀, 豭省聲의 형성자로 풀이하고 있다(羅琨, 1982 - 75).

17-11

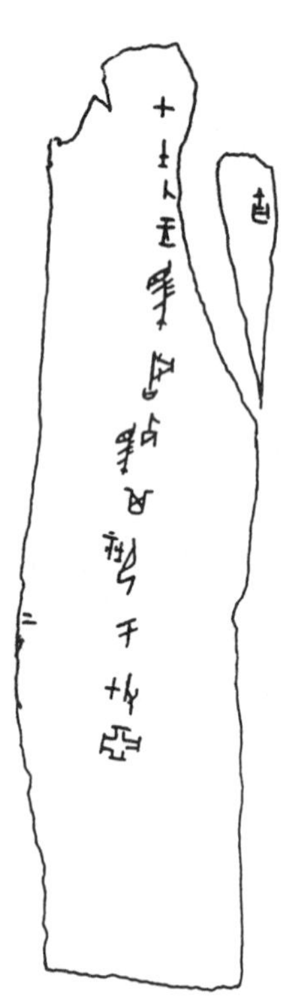

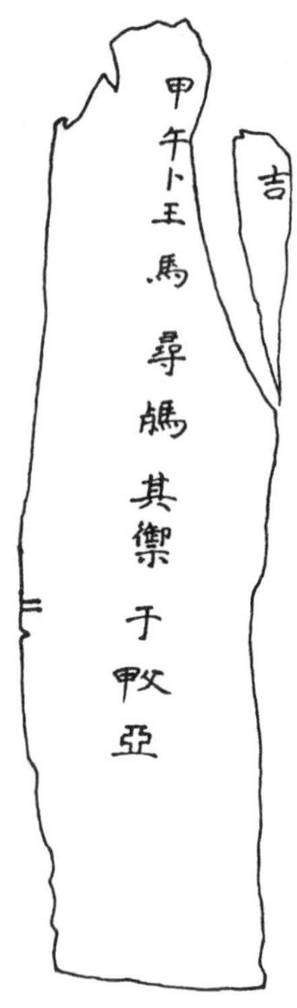

30297

鳥从父丁盉

17. 제11편

1) 본 문 : **甲午卜, 王：馬尋嫣, 其御于父甲亞。**

2) 한 역 : **甲午일에 점을 치고, 王이 친히 묻습니다 : [馬尋嫣] … 아버지 甲의 사당에서 御祭를 드릴까요?**

3) 출 전 : ≪甲骨文合集≫ 30297 제3기 보충 ≪續殷文存·卷下≫71

4) 자 해 : **[甲午卜, 王]** : 왕이 친히 물었다. 王자는 제3기의 자형.

[馬尋嫣] : 의미가 확실하지 않다.

[其ネ午卩(御)] : 其 - 강조부사. 御 - 제사명, 御祭, 禦의 초문.

[于父甲亞] : 于 - 전치사. 父甲 - 아버지 甲. 父 - 손에 ㄣ처럼 도끼를 잡고 있는 모양. 斧의 초문, 도끼를 사용하는 사람이 남성인 고로 가족을 이끄는 아버지 '父'로 인신되었다. 갑골문에서는 백부·숙부도 모두 父로 통칭하였다(趙誠, 1988 - 42). 亞 - 高鴻縉는 '4개의 방들이 서로 연결되어 있는 모양'이라 하고, 李孝定은 '상대 왕릉의 묘실 모양'이라고 했다. 또 건물 내의 모퉁이를 부각한 모양(趙誠, 1988 - 213) 亞이라고 풀이를 하고 있다. 고대 변방의 納西族 문자는 네모 모서리를 그린 亞를 '阿'로 발음했다. 갑골문 亞가 亞인 형태나 음이 阿와 일치하여 연관성이 있다고 보고 있다. 점차 상대 왕궁 터나 왕의 능묘기지, 묘실의 형태가 이와 흡사하게 이루어지며 상대의 왕실 귀족들을 상징하는 도안으로 자리 잡았다. (于省吾, 1979 - 339) 갑골문에서는 왕의 동족형제 집단, 왕족과 혼인관계 종족, 조상과 궁실의 순위를 나타냈다. 그 외 墓道·인명·지명·제명·사당명·관명 등 풀이가 있고 본 편에서는 사당으로 쓰였다.

5) 해 설 :

亞의 상징

亞자는 왕릉의 묘실, 건축기지 등의 평면도형과 유사한 형태이다. 商代 金文에서 亞는 상왕실과 깊은 관계가 있고 영향력이 있는 종족 내지 관료를 나타냈다. 사람들은 자신들의 토템이나 종족의 상징을 族名으로 삼고, 직책이나 임무를 형상화한 문양을 넣은 청동기를 많이 남겼다.

<鳥从父丁盉>(보충)는 아버지 丁을 위해 제작한 青銅盉이다. 본 기물의 亞를 기본틀로 한 銘文으로 볼 때 이들은 새를 토템으로 하였고 상 왕실과 깊은 관계가 있는 종족이며 재정 담당관료로서 아버지 丁을 위해 盉를 제작하였음을 알 수 있다.

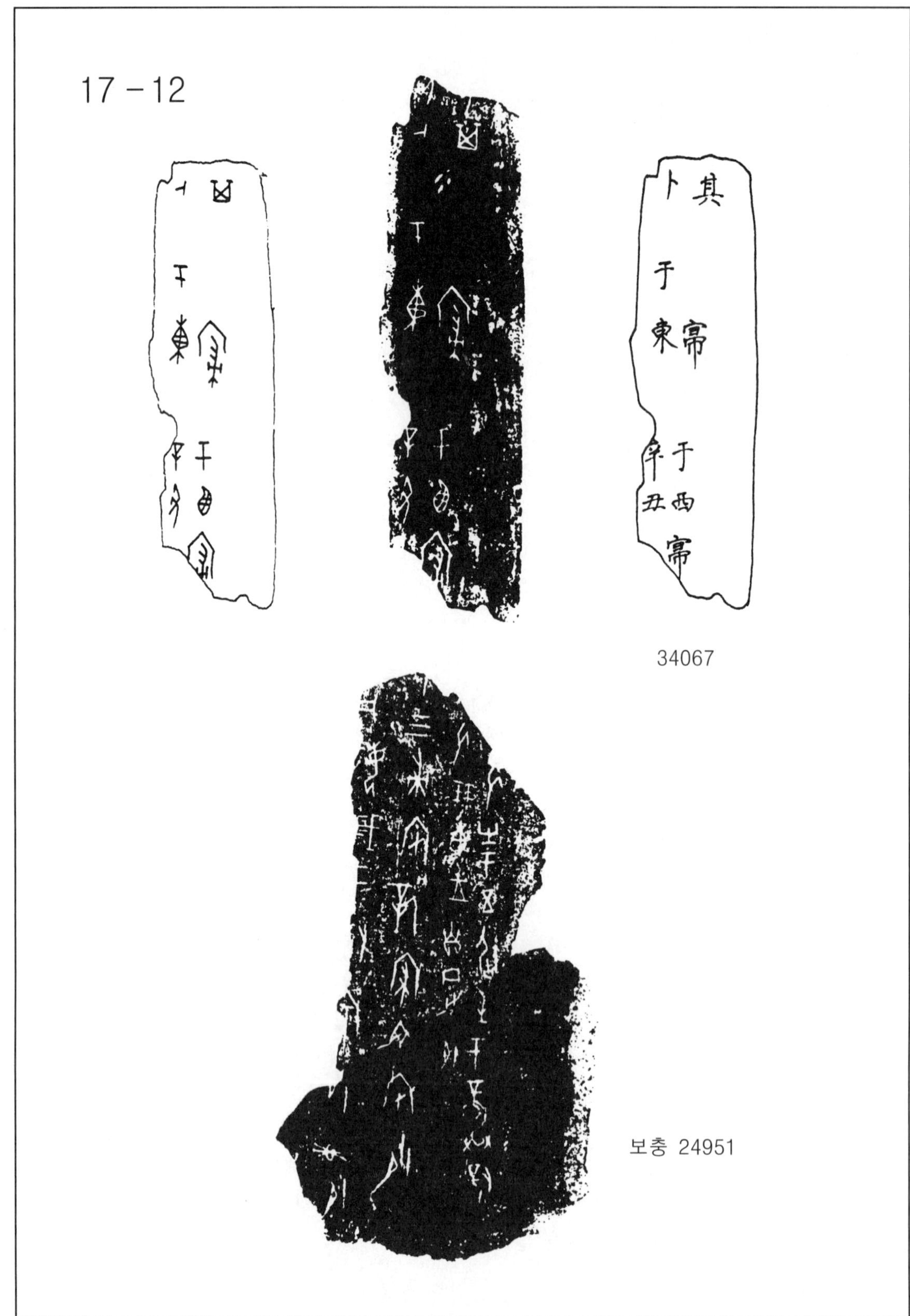
17－12
卜 其
于
東 帚
于
辛 西
丑 帚
34067
보충 24951

17. 제12편

1) 본 문 : 辛丑[卜] : 于西寢。
于東寢。

2) 한 역 : 辛丑일에 점을 칩니다 : 西寢에서가 좋을까요?
東寢에서가 좋을까요?

3) 출 전 : ≪甲骨文合集≫ 34067 제4기 보충 24951 제2기

4) 자 해 : [辛丑卜] : 辛丑일에 점을 칩니다.
[于西寢] : 于 - 전치사. 西 - 바구니 모양 또는 새의 둥지 모양으로 보며, 서쪽으로 빌려 썼다. 寢 - 집안에 빗자루가 있는 모양인 [甲骨文]이다. 고대에는 저녁에야 방을 쓸고 잠자리에 들기 때문에 집안에 비를 둔 모양으로 '침실' · '잠자다'는 의미로 썼다(趙誠, 1988 - 211).
[于東寢] : 于 - 전치사. 東 - 자루 물건을 넣고 [甲骨文]처럼 양끝을 잡아 맨 자루 모양. '동쪽'으로 빌려 썼다. 東寢은 동쪽의 침소이다(14 - 3 참조).

5) 해 설 :

商代의 침상

상대인들은 병든 자만을 침상([甲骨文])에 뉘었는데, 질병의 '疾' [甲骨文]자에 침상을 나타내는 爿자를 붙인 것으로 알 수 있다. 점차 침상의 장점을 파악하고 東周시대부터 침대 사용이 보편화되었다.
寢은 침상을 뜻하며 '잠자다'는 뜻이 있지만 복사에 의하면 상대에는 상왕의 거처를 뜻했다. 갑골문 · 金文 침자는 집(宀)과 비(帚)만을 합친 [甲骨文]이었으나 小篆에 와서 '从宀, 侵聲'으로 바뀌었고 隸書에 와서 침상을 나타내는 爿을 붙여 寢자를 이루었다.

갑골문 建 - [甲骨文]

갑골문에 보인 상대의 建築 상황은 놀랍다. 都邑과 城郭의 축조, 王宮을 비롯한 크고 작은 건물의 건축, 진출입과 배수로까지 주도면밀하다. 갑골문 建자를 보면, 작업장에 선 사람이 두 손으로 기물을 잡고 발로 다지는 모양이다. 작업장과 발이 廴로, 손으로 잡은 모양이 聿로 바뀌어 建으로 발전했다. 建자의 의미 전달의 명실상부함이 시공을 초월한다.

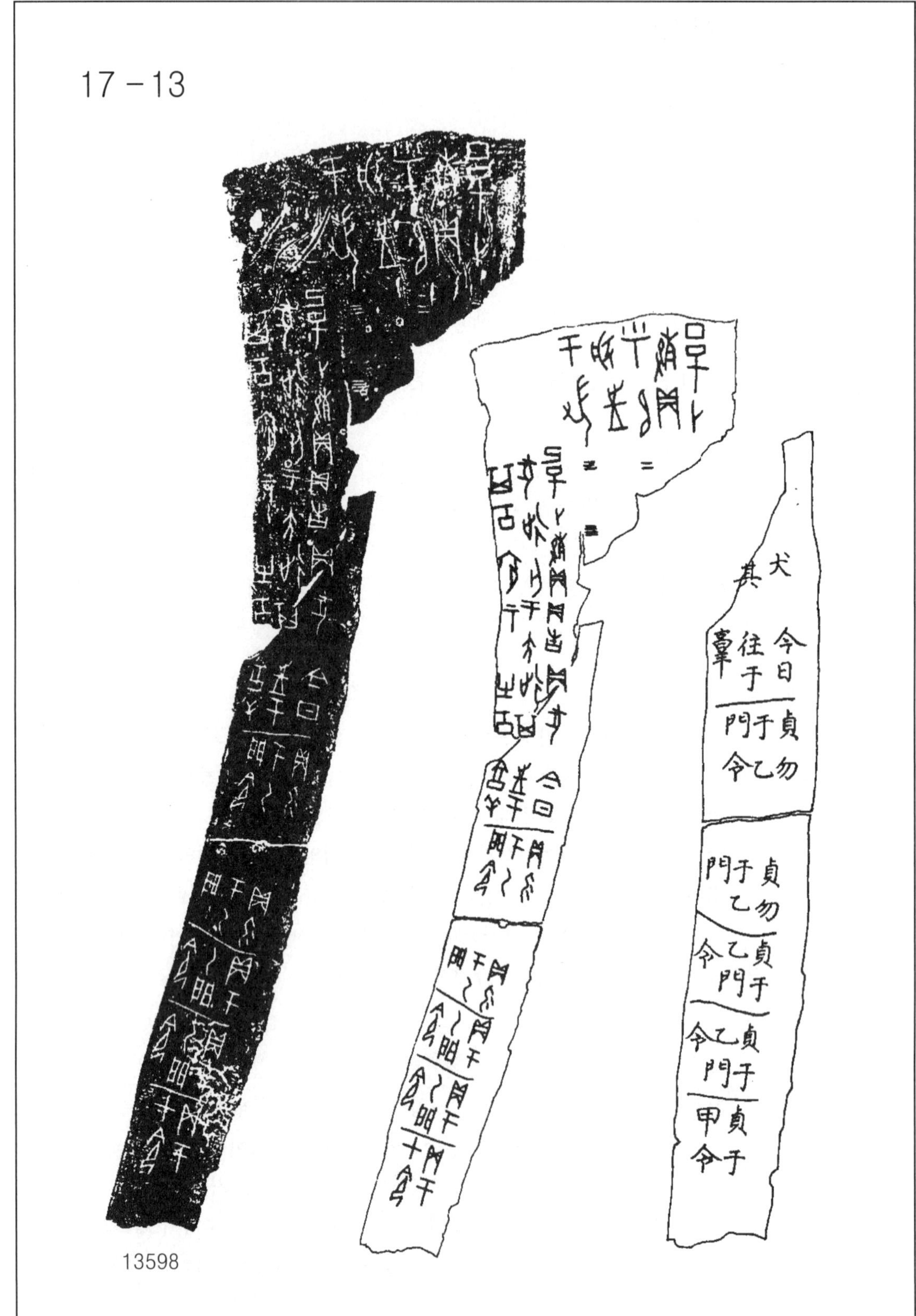
17 - 13
13598

17. 제13편

1) 본 문 : 1. **貞：于甲令。**

2. **貞：于乙門令。**

3. **貞：于乙門令。**

4. **貞：勿于乙門。**

5. **貞：勿于乙門令。**

6. **今日往于敦。**

2) 한 역 : 1. 묻습니다 : 甲 사당에서 명할까요?

2. 묻습니다 : 乙 사당에서 명할까요?

3. 묻습니다 : 乙 사당에서 명할까요?

4. 묻습니다 : 乙 사당에서 하지 말까요?

5. 묻습니다 : 乙 사당에서 명하지 말까요?

6. 오늘 敦 지역으로 갈까요?

3) 출 전 : ≪甲骨文合集≫ 13598 (≪甲骨文綴合集≫) 14 제1기

4) 자 해 : **[于甲令]** : 于 - 전치사. 甲 - 장소명. 문맥으로 보아 甲門의 약칭이다.

[于乙門令] : 門 - 좌우 양쪽의 기둥 위에 𨳇처럼 여닫이문을 붙여 놓은 모양. 문·종묘·사당(徐中舒, 1990 - 1282). 乙門 - 乙이라는 종묘. 令 - 명령하다.

[今日往于敦] : 今日 - 오늘. 往 - 가다. 于 - 전치사. …으로. 敦 - 높은 건물 아래서 양을 제물로 드리는 모양. 지명으로 쓰였다(15 - 4 참조).

5) 해 설 :

商代의 門과 戶

본 편은 명령할 장소에 대해 점쳤다. 門자는 𨳇처럼 대문의 형상이며, 戶는 여닫 이가 한쪽 기둥에만 설치된 단문의 형상이다. 대형궁전의 정문은 '門'을 설치하였고(庭門(30284)), 변문에는 '戶'(庭西戶)를 설치하였다. 戶와 門은 자형상 차이가 있고 설치 장소도 차이가 있으나 「岳于三門」(34220)·「岳于三戶」(32833) 같은 卜辭를 보면 모두 門祭를 지내던 장소였음을 알 수 있다.

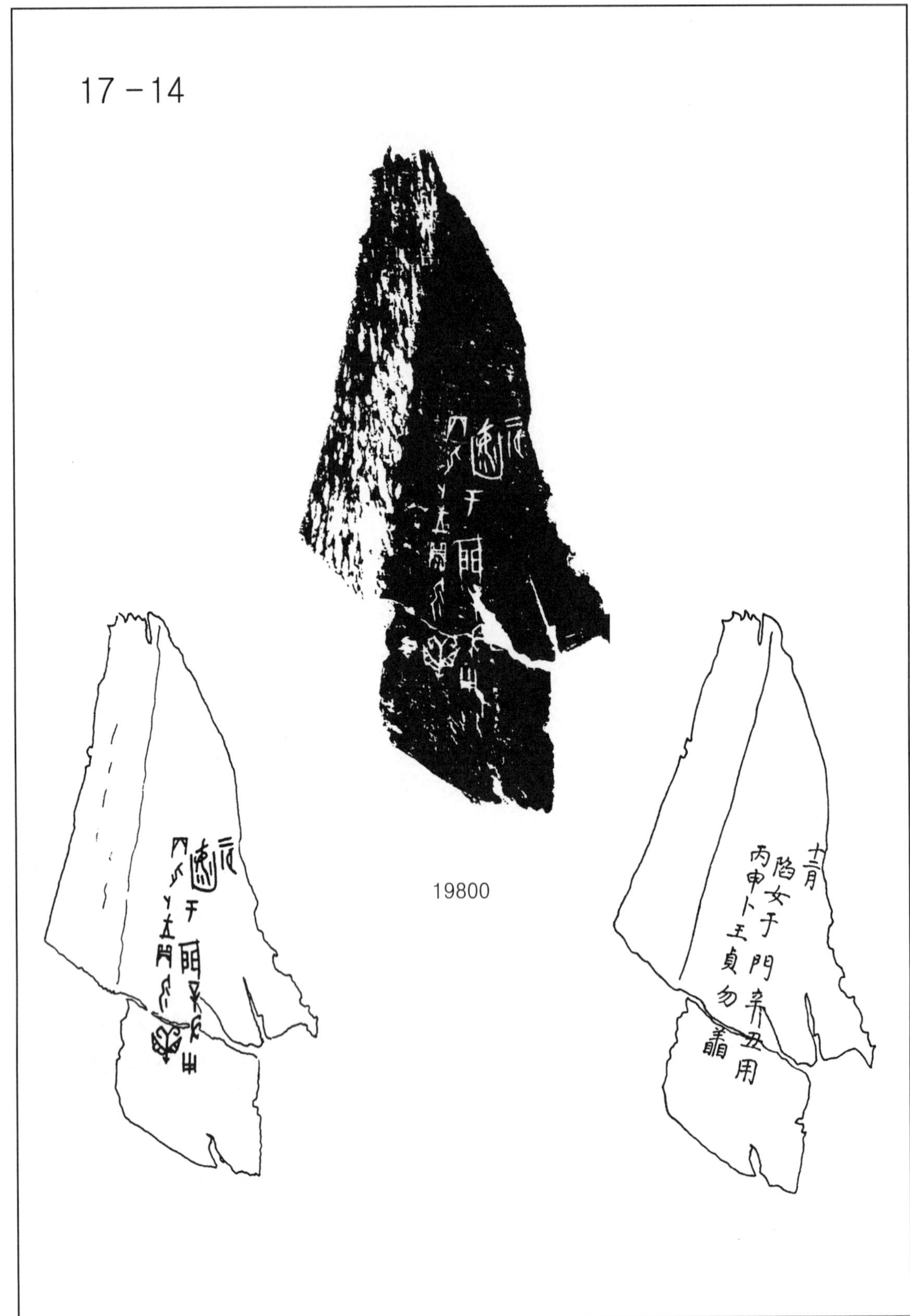
17 - 14
19800

17. 제14편

1) 본 문 : **丙申卜, 王貞 : 勿苜(⿱)陷于門, [辛]丑用。十二月。一**

2) 한 역 : **丙申일에 점을 치고, 대왕이 묻습니다 : 당연히 門에서 사람을 함정에 빠뜨려 지내는 陷祭를 지내야지요? 두었다가 辛丑일에 쓸까요? 12월에. 처음 물었다.**

3) 출 전 : ≪甲骨文合集≫ 19800 제1기

4) 자 해 : **[丙申卜, 王貞]** : 丙申일에 점을 치고 王이 친히 물었다.

[勿苜(⿱)陷于門] : 勿 - 부정사. 苜 - 羊과 두 개의 目으로 이루어진 회의자다. 苜라 쓰고, 音은 蔑(mie · 멸)과 같다. 勿苜(⿱) - 가볍게 넘겨서는 안 된다. 중시해야 한다는 긍정적 강조어기부사(張政烺, 1983 - 15). 陷 - 함정에 사람이나 동물 따위가 ⿱⿱처럼 빠져 있는 모양이다. 함정에 넣어 드리는 제사명(5 - 8 참조). 于 - 전치사. 門 - 비교적 완전한 대문 모양. 지명. 門祭를 지내는 곳.

[辛丑用] : 辛丑일. 점친 날로부터 6일 뒤이다. 用 - 손잡이가 있는 통의 모양. '쓰다'로 인신되었다. 즉, 제수용으로 쓰다(1 - 12 참조).

[十二月] : 十과 二의 합문. 月 - 반달모양. 제1기의 夕자형이다.

5) 해 설 :

긍정적 어기부사 - 勿苜

苜은 보통 勿 · 弜 등 부정사 뒤에 붙어 勿苜 · 弜苜 구조를 이루며 강한 긍정어기를 나타낸다(張政烺, 1983 - 15). 예컨대

- **丁酉卜, 殼貞 : 王勿苜曰 : 父乙. (≪後≫ 40. 6)**
  丁酉일에 점치고, 殼이 묻습니다 : 왕은 아주 진중하게 父乙에게… 해야 한다고 말해야지요?

- **貞 : 勿苜黍, 受有年. (≪乙≫ 7750)**
  묻습니다 : 힘들여 기장을 심으라고 하지 않아도 풍성한 수확을 얻을까요?.

17－15

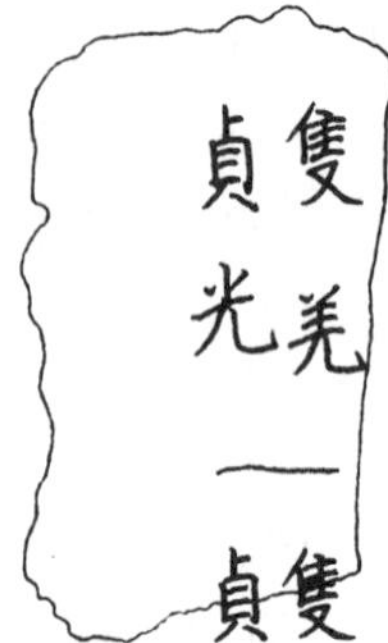

1. 182

2. 13936 正

17. 제15편

1) 본 문 : 1. **貞 : 光獲羌。**

2. **壬辰卜, 㱿貞 : 帚(婦)良㞢(有)子。二**

貞 : 帚(婦)良▨其子。一

2) 한 역 : 1. **묻습니다 : 光은 羌인들을 잡을까요?**

2. **壬辰일에 점을 치고, 㱿이 묻습니다 : 婦良에게 아이가 있을까요?**

묻습니다 : 婦良의 아이가…. 처음 물었다.

3) 출 전 : ≪甲骨文合集≫ 1. 182 제1기 2. 13936 正 제1기

4) 자 해 : [光獲羌] : 光 - 사람이 꿇어앉아 처럼 머리에 불을 이고 있는 모양. 인명(2 - 5 참조). 獲 - 손으로 새를 잡고 있는 모양으로 隹와 又의 합체자이다. 獲의 초문이며 '잡는다'는 뜻이다(2 - 5 참조). 羌 - 사람 머리 위에 처럼 양의 탈을 쓴 형상이다. 전쟁에서 포로로 잡혀오는 방법으로 다양한 이체형상을 보인다(1 - 8 참조).

[婦良㞢子] : 婦 - 긴 빗자루 모양. 상왕의 妃를 나타내며 부녀의 '부'로 빌려 썼고, 女를 붙여 婦를 이루었다(3 - 12 참조). 良 - 혈거의 양쪽에 처럼 출구가 있는 모양. 땅 속에서 위로 나오므로 좋다'라는 뜻이었다(徐中舒, 1990 - 609). 갑골문에서는 지명 · 인명으로 쓰였다. 良은 다른 諸婦들이 그랬듯이 女를 붙여 娘이라고도 하였다. 㞢 - 있다. 有와 같다. 子 - 어린 아이 모양. 아이 · 아들 등으로 쓰였다(4 - 12 참조).

5) 해 설 : **상대의 배수시설**

상대의 궁전지기나 지하건축에는 배수로를 설치했고 陶質의 배수관을 사용하였다. 殷墟 二里崗 궁전기지에서 陶수관이 발견되었고, 苗圃 북쪽의 수로는 지하 0.6m의 길에 동서방향으로 2.75m에 달했다. 陶 水管의 길이는 33cm, 두께는 1.6cm 정도였다. 1972년 白家墳村에서 발견된 배수관은 지하 1m, 남북길이 7.9m에 17개의 陶관으로 연결되었다(鄭州二里崗, 1959 - 31). 이같은 유물들로 볼 때 상대는 배수시설을 갖춘 높은 수준의 건축 기술을 확보하였음을 알 수 있다(殷墟發掘報告, 1961 - 24).

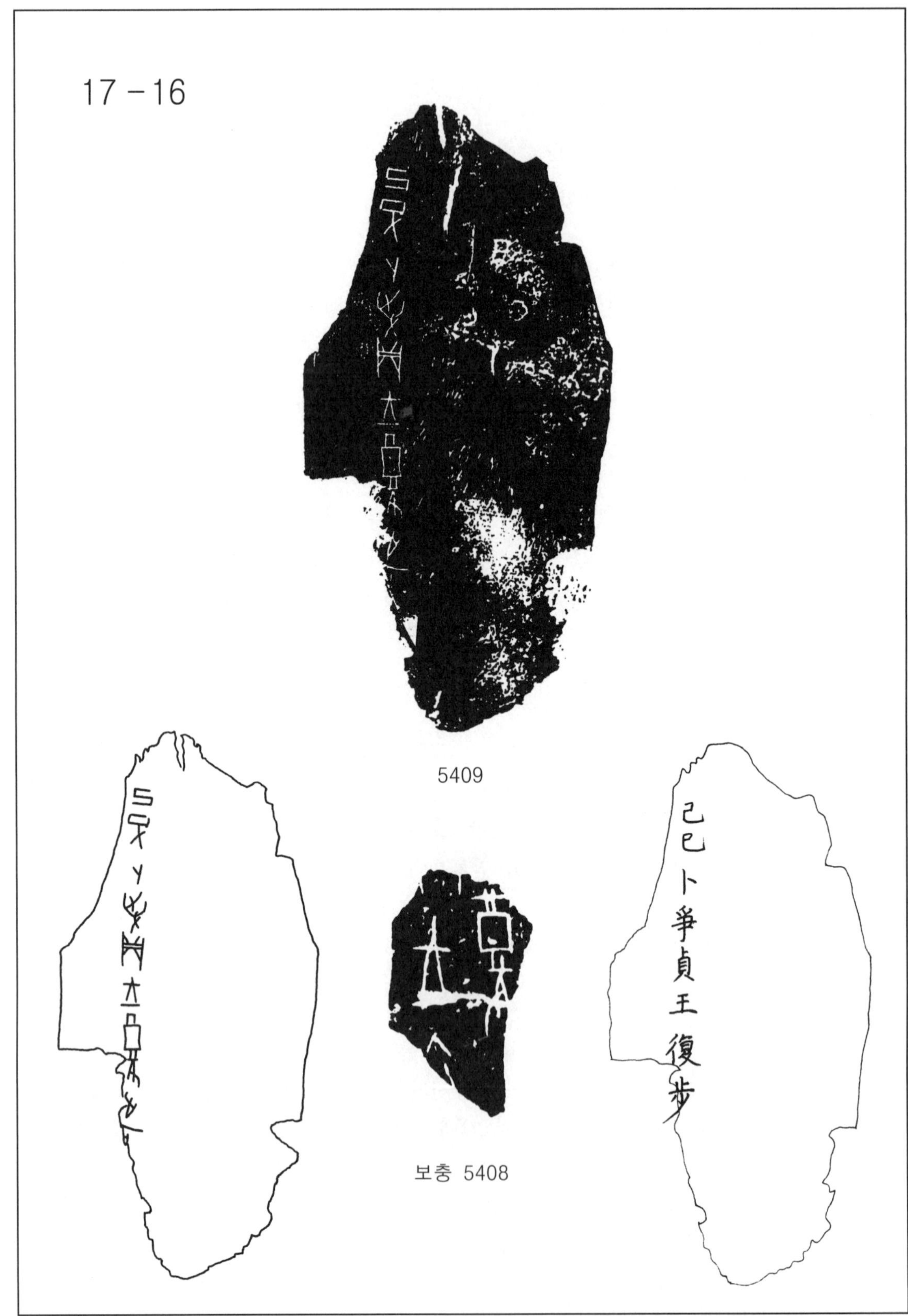

5409

보충 5408

17. 제16편

1) 본 문 : **己巳卜, 爭貞 : 王(復)步□。**
貞 : 王勿復□。

2) 한 역 : **己巳일에 점을 치고, 爭이 묻습니다 : 대왕은 다시 행보할까요?**
대왕은 다시 행보하지 말까요?

3) 출 전 : ≪甲骨文合集≫ 5409 보충 5408 제1기

4) 자 해 : **[己巳卜, 爭貞]** : 己巳卜 - 干支紀日에 의한 己巳일(15 - 1 참조). 爭 - 기물을 사이에 두고 잡아당기는 모양. '싸우다'로 인신되었고, 인명으로도 쓰였다. 제1기의 정인명(2 - 1 참조). 貞 - 鼎의 모양이 , , 으로 점차 간화되었고 형은 점차 '점쳐 묻다'는 의미로 쓰였다. 점차 처럼 卜를 넣은 貞자로 발전했고 '곧다'라는 의미로 인신되었다.

[王勿復步] : 王 - 상왕. 제1기의 자형. 勿 - 부정사. 復 - 혈거 아래 止를 합친 자다. 혈거를 나타내는 자 밑에 발인 止를 로 도치해 빈번하게 출입하는 모양을 형상화한 것이다(徐中舒, 1990 - 10). 후대에 彳방을 붙여 復자를 이루었다. 갑골문에서는 부사로 쓰여 '又', '再'의 의미가 있고, 동사로 '돌아가다'(返・還)는 뜻으로 썼으며 그 외 인명・지명으로 쓰였다. 步 - 발을 포개 놓은 모양으로 걸어가고 있는 모양을 표현했다. 행보하다(2 - 1 참조).

5) 해 설 :

復의 다양한 용례

1. **또한 : 丁卯卜 : 戊辰復旦.** (≪南明≫ 447)
丁卯일에 묻습니다 : 내일 戊辰일에 또 해가 밝아올까요?

2. **다시 : 其復伐.** (≪京≫ 4148)
다시 무찌를까요?

3. **돌아가다 : 貞 : 王復. 貞 : 王勿復.** (≪合≫ 7772)
묻습니다. 왕은 돌아갈까요? 왕은 돌아가지 말까요?

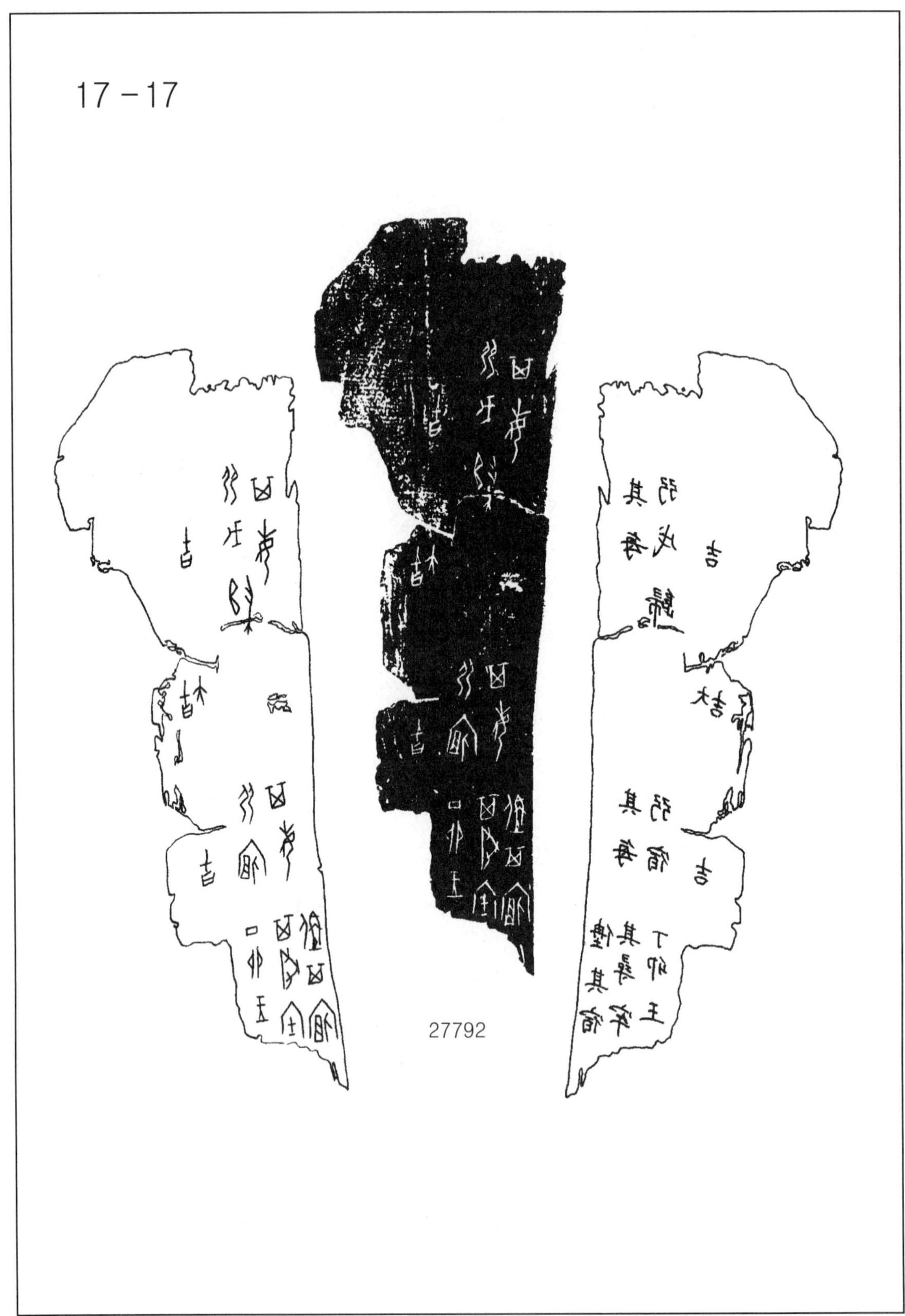
17 - 17
27792

17. 제17편

1) 본 문 : 丁卯 王 : 其尋牢𧾷其宿☐。

弜宿, 其(悔)。

大吉。

弜戉歸, [王]其每(悔)。 吉。

2) 한 역 : 丁卯일에, 상왕이 묻습니다 : 상왕은 尋 지역에 가서 활동을 하고 쉴 수 있을까요? 쉴 수 없을까요? 후회할까요?

크게 길하다.

戊時에 돌아오지 않으면 상왕은 후회를 할까요? 길하다.

3) 출 전 : ≪甲骨綴合集≫ 225 (≪合≫ 27792, 27805) 제1기

4) 자 해 : [丁卯] : 干支紀日에 의한 丁卯일.

[其尋牢𧾷其宿] : 其강조부사. 尋 - 양손으로 돗자리를 재고 있는 모양인 𠬪이다. 제사명으로 쓰였다. 牢 𧾷 - 확실하지 않다.

[弜宿其每] : 弜 - 부정부사. 宿 - 사람이 돗자리 위에 꿇어 앉거나 누워 있는 모양. 제사명. '휴식하다'로 인신되었다(12 - 4 참조).

5) 해 설 :

상대의 돗자리 사용

갑골문에는 돗자리 모양을 형상화한 자들이 있어 상대의 돗자리의 사용을 그대로 반영하고 있다. 돗자리와 관계된 글자가 적지 않다. 이같은 文字로 보아 상대에 좌식생활을 하면서 돗자리를 만들어 사용했음을 알 수 있다.

· 𠙴 - 돗자리 모양

· 𡰥 - 돗자리에 앉아 있는 모양

· 㑩 - 돗자리에 누워 있는 모양

· 宿 - 집안에서 돗자리를 깔고 누워 있는 모양 등 이체자가 많으나 모두 宿자로 본다.

· 𠬪 - 양손으로 돗자리의 위아래를 잡고 있는 모양, 尋자로 본다.

17－18

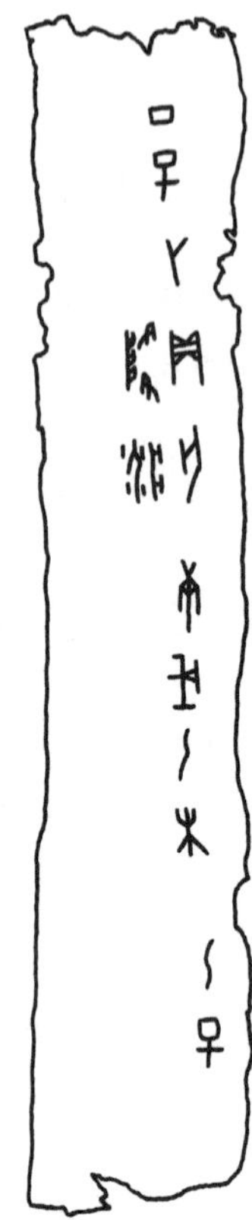

1. 13855

2. 보충 15370

〈父辛障〉

17. 제18편

1) 본 문 : 1. **丁巳卜，貞：亡降疾。**
　　　　2. **陟。**

2) 한 역 : 1. **丁巳일에 묻습니다 : 질병을 내리지 않을까요?**
　　　　2. **올라갈까요?**

3) 출 전 : ≪甲骨文合集≫ 13855 제1기 보충 15370 父辛尊 ≪殷文存≫ 上 58

4) 자 해 : **[丁巳卜]** : 干支紀日에 의한 丁巳일. 정인의 이름이 생략되었다.

[亡降疾] : 亡 – '없다'는 뜻. 無와 같다. 降 – 계단의 형상인 곁에 처럼 두 발을 아래로 향하게 한 모양. '내려오다'는 뜻으로 인신하였다 (4 – 20 참조). 疾 – 상대는 의술이 발달하여 내과적인 질병과 외과적인 질병을 구분했다. 내과적인 질병은 병든 사람이 침상 위에 누워 처럼 땀을 흘리는 모양으로, 외과적인 질병은 처럼 몸에 화살을 맞은 모양으로 표현했다. 疾자는 두 자에서 疒와 矢을 따 만들었다. 질병. '병이 나다'는 뜻이다 (19 – 2 참조).

[陟] : 陟 – 계단 옆에 처럼 두 발을 위로 향하여 한 모양으로 '올라가다'는 뜻으로 쓰였다 (徐中舒, 1990 – 1510).

보충 商 父辛尊 (≪殷文存≫ 上 58)

5) 해 설 :

계단 – 그 존귀함의 상징

중국문자의 흔적은 신석시시대 仰韶文化 半坡유적지에서 발견된 陶文으로 거슬러 올라간다. 陶文 중의 丰는 갑골문에 나 로 나타나며 아래에서 위로 올라갈 때 쓰는 발판이나 계단의 모양이며 楷書 중의 阜(언덕 부)의 초문이다.

위로 올라간다는 의미는 점차 '높고 숭고하다'는 의미로 인신되어 상대에 존귀하게 여겼던 青銅禮器를 높혀 부르는데도 이용했다.

청동기를 尊 · 彝 또는 尊彝라고 했는데 더욱 귀히 여겨 寶尊彝라고 칭했다. 그중 많은 尊자는 더욱 존귀함을 나타내기 위해 阝변을 붙여 , 이라고 쓰고 있는 것이다. 父辛尊 중의 障을 보라. 상대인들의 정신속에 가장 존귀하게 높이고 싶은 것은 바로 寶障彝, 즉 青銅禮器였다.

17 - 19

19339

보충 27304

17. 제19편

1) 본 문 : **貞：勿出。**
不至。

2) 한 역 : **묻습니다 : 나아가지 말까요?**
이르지 않을까요?

3) 출 전 : ≪甲骨文合集≫ 19339 제1기 보충 27304

4) 자 해 : **[貞：勿出]** : 出 - 혈거에서 발을 밖으로 향하게 한 모양. '나아가다'는 뜻으로 썼다(4 - 14 참조). ≪說文≫에 「出, 進也. 象艸木益滋上出達也」라고 하였는데 小篆 出의 자형을 설명한 듯 하고 갑골문과는 자형상의 차이가 있다.
[不至] : 不 - 부정부사. 至 - 화살이 땅에 꽂힌 모양. '이르다'(14 - 3 참조).

5) 해 설 :

갑골문 출입 관련 文字

(出) : 혈거에서 발을 밖으로 향하게 하여 '나아가다'는 出자를 표현했다. '출현하다'로 인신하였다.

(各) : 혈거에서 발을 안으로 향하게 하여 '들어오다'는 各자를 표현했다. '이르다'로 인신하였다. (보충. 27304편 참조)

(復) : 혈거의 입구에 止를 두어 출입을 반복함으로 중복인 '復'을 표현했다.

(良) : 혈거의 양옆 출구 모양으로 위로 오르니 시원하여 '좋다'는 뜻인 良을 나타냈다.

(降) : 계단 옆에 발을 밑으로 포개어 '내려가다'는 降을 표현했다.

(陟) : 계단 옆에 발을 위로 향하게 포개어 '오르다'는 陟을 표현했다.

(阜) : 언덕이나 높은 곳을 오르는 계단 모양이다.

제 18 장

音樂 · 舞蹈

音樂 · 舞蹈

群巫의 長으로 간주되는 商王은 갑골문에 占卜과 巫術의 흔적을 적지 않게 남겨놓고 있다. 巫術의 시행에서 동시에 이루어지는 音樂과 舞蹈는 바로 통치행위의 부대요소였다고 할 수 있다.

특히 9천 년 전 학의 다리로 피리를 만들어 불었던 고대 인류의 예술적 기능이 商代로 이어지면서 각종 악기를 제작하였다. 이들 음악은 무도와 어우러져 상대 문화의 중심을 이루었고 마침내 중국 문화예술의 기조로 승화되었다고 할 수 있다.

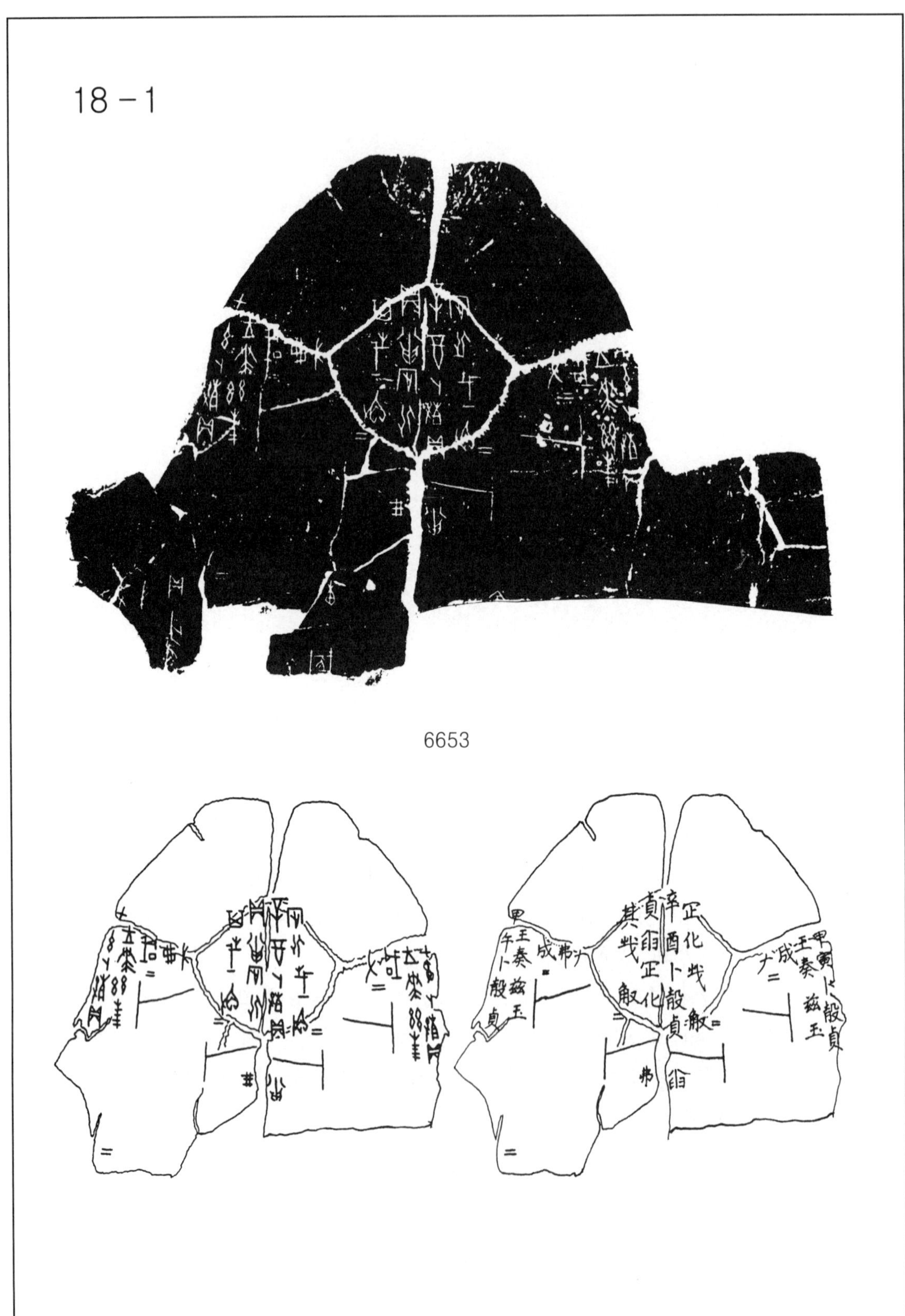
18 - 1
6653

18. 제 1 편

1) 본 문 : **甲午卜, 㱿貞 : 王奏茲玉, 成左(佐)。二**
甲午卜, 㱿貞 : 王奏茲玉, 成弗左(佐)。二

2) 한 역 : **甲午일에 점을 치고, 㱿이 묻습니다 : 만약 왕이 이 玉으로 만든 악기로 연주하며 제사하면 成湯은 우리를 도와줄까요? 두 번째 물었다.**
甲午일에 점을 치고, 㱿이 묻습니다 : 만약 왕이 이 玉으로 만든 악기로 연주하며 제사하면 成湯이 우리를 도와주지 않을까요? 두 번째 물었다.

3) 출 전 : ≪甲骨文合集≫ 6653 일부 제1기

4) 자 해 : **[王奏丝(茲)玉]** : 王 - 상왕. 제1기의 형체이다. 奏 - 두 손으로 기물을 잡고 있는 모양. 복을 기원해 악기를 연주하거나, 집단으로 춤을 추는 의미를 부여해 제사와 연관을 짓고 있다. '연주하다' · '진상하다'는 뜻으로 풀이한다(18 - 7 참조). 茲 - 此 · 這의 의미를 가진다. 玉 - 옥을 쪼개서 丰처럼 꿴 모양, 옥으로 만든 악기, 또는 옥으로 만든 기물모양, 지명으로 쓰였다(趙誠, 1988 - 221).
[成弗左(佐)] : 成 - 도끼 모양의 상형자가 점차 从戌, 丁聲 형성자로 변화되었다. 商代 개국의 祖인 成湯의 이름, 즉 大乙이다(趙誠, 1988 - 21). 弗 - 부정사(7 - 7 참조). 左 - 왼손의 모양. 左右를 구별할 때는 '왼쪽'으로 쓰이며 그 외 신의 가호 · 재앙 · '도와주다(佐)'는 뜻이 있다(4 - 7 참조).

5) 해 설 :

商代의 악기

商王의 중요 임무는 제례를 주관하는 일이었고 제례에서 音樂과 舞蹈는 필수적인 요소였다. 이는 상대에 음악과 무도가 발달할 수 있는 중요한 배경이 되었다. 甲骨文에는 수많은 악기 관련 文字가 있어 많은 악기를 제작해 연주했던 것으로 추정된다. 갑골문 악기 관련문자와 고고발굴품 중의 악기들을 비교하여 보면 다음과 같다(鄭現井, 1998 - 49).

- **甲骨文과 출토 악기가 일치한 경우 : 鼓 · 庸(鏞) · 塤(品) · 玉 · 豊.**
- **甲骨文에만 보이는 악기 : 竽 · 龠 · 熹 · 鞀.**
- **樂器였던 글자가 다른 의미로 가차된 경우 : 南 · 言(簫) · 龢 · 樂.**

18 -2

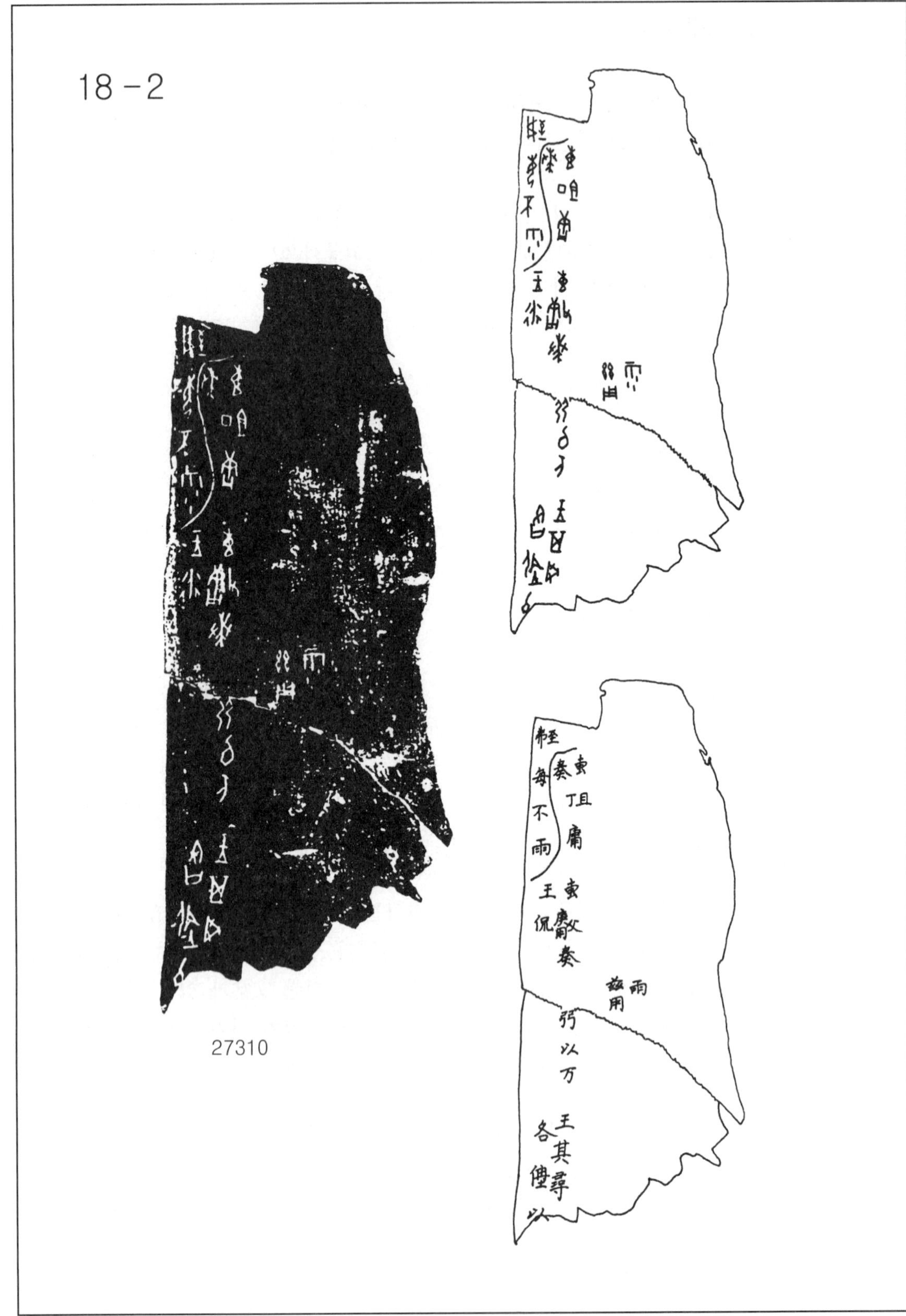

27310

18. 제2편

1) 본 문 : **叀(惠)父庚庸(鏞)奏, 王侃(泳)。**
叀(惠)祖丁庸(鏞)奏。

2) 한 역 : **아버지 庚이 제작한 大鐘을 연주할까요? 왕이 기뻐할까요?**
祖丁이 제작한 大鐘을 연주할까요?

3) 출 전 : ≪甲骨文合集≫ 27310 제3기

4) 자 해 : **[叀(唯)且(祖)丁庸奏]** : **叀** - 강조부사. 唯로 쓰였다. 且 - 갑골문 且는 𠀀 형상이고 祖의 초문이다. 且가 '또 차'로 가차되자 示를 붙인 祖를 만들어 조상으로 썼다. 祖丁 - 상대의 조상. 庸 - 庚자에 用을 소리로 첨가한 형성자 鏞이다(裘錫圭, 1992 - 196). 羅振玉은 鐃, 容庚은 鉦, 陳夢家는 鐘이라 한 악기이다. 奏 - 연주하다. 진상하다(18 - 7 참조).
[王侃(泳)] : 王 - 상왕. 제3기의 자형을 보인다. 侃(𠊊) - 行과 人의 합체자. 때로 永 · 泳으로 풀이한다(3 - 15 참조).

5) 해 설 :

중복된 偏旁의 생략

본 편의 父庚庸과 祖丁庸은 동격으로 쓰였다. 그중 '父庚庸'은 合文이다. 庸자의 庚旁은 父庚의 庚과 중복되어 생략시켰다. 이로 볼 때 갑골문 合文은 좁은 공간을 효율적으로 활용하기 위해 중복된 偏旁이 있을 경우 생략시켰던 특징이 있다. 같은 예로 ≪甲≫ 357 · 703 · 597 등이 있다.

商代의 악기배합

본 편은 康丁시대의 卜辭로 祖丁庸은 康丁의 조부인 武丁시대의 庸을 말하고 父庚庸은 康丁의 아버지 祖庚시대에 제작된 庸을 말한다. 庸은 鼓와 함께 연주하기도 하였다. 아래 卜辭를 보면 商代에 庸과 鼓를 조합하여 연주했던 궁중 음악의 일면을 볼 수 있다.

· **鏞鼓其暨熹鼓尊, 弜尊.** (31017)
庸과 배합한 북을, 熹와 배합한 북과 함께 진상할까요?
함께 진상하지 말까요?

18-3

1. 16243

2. 16242

18. 제3편

1) 본 문 : 1. **庚戌卜, 爭貞 : 王气正河新竽, 允正。十月。**
2. **☐卯卜, 爭貞 : 王气正河新竽, [允]正。[十一月]**

2) 한 역 : 1. **庚戌일에 점을 치고, 爭이 묻습니다 : 대왕께서 새로운 악기 竽를 사용하여 황하신에게 正을 기원해도 될까요? 과연 正했다. 10월에.**
2. **☐卯일에 점을 치고, 爭이 묻습니다 : 대왕께서 새로운 악기 竽를 사용하여 황하신에게 正을 기원해도 될까요? 과연 正했다. 11월에.**

3) 출 전 : ≪甲骨文合集≫ 1. 16243 2. 16242 제1기

4) 자 해 : **[庚戌卜, 爭貞]** : 庚戌일에 점을 치고 爭이 묻다. 前辭이다.

[王气正河新竽] : 王 - 상왕. 제1기의 자형이다. 气 - 구름이 三처럼 길게 뻗어 흐르는 모양(許進雄, 1995 - 609). 또는 위 아래 두 획은 하천의 兩岸 모양이고, 가운데 작은 획은 물이 고갈된 모양으로 汽의 本字(徐仲舒, 1990 - 38)로 보는 등, 자형의 풀이는 다양하나 '갈구하다', '이르다'라는 뜻은 일치한다(2 - 5 참조). 正 - 뜻이 확실하지 않다. 河 - 水와 황하의 흐르는 소리와 비슷한 可를 두 음으로 합친 형상의 형성자이다. 黃河神. 간체, 번체가 두루 쓰였다. 新 - 新은 木과 도끼인 斤을 합치고 辛을 음으로 하여 돋아나는 '나무를 잘라 보수를 주었다'. 나무는 자르면 또 새롭게 자라나 '새 新'이 되어 '땔나무 薪'를 다시 만들었다. 辛과 斤이 합쳐진 형성자로 新舊의 新으로 쓰였다(12 - 5 참조). 竽 - 악기명 혹은 건축물명. 于의 繁體로 자형 가운데 二는 竽의 관을 나타낸다고 하였다(郭沫若, 1965 - 204).

[允正] : 允 - 允은 처럼 머리를 돌려 뒤를 보는 모양이다. 갑골문에서도 '과연'으로 쓰였다. [十月] : 10월.

5) 해 설 :

占辭의 생략

본 편의 두 刻辭는 작은 조각이지만 前辭·命辭·驗辭로 이루어졌다. 驗辭인 '允正' 앞에 占辭는 생략되었다. 두 편의 내용은 시간적으로 한달 차이가 있는데 貞人 爭이 같은 내용을 점쳐 물었던 同文의 卜辭이다.

18-4

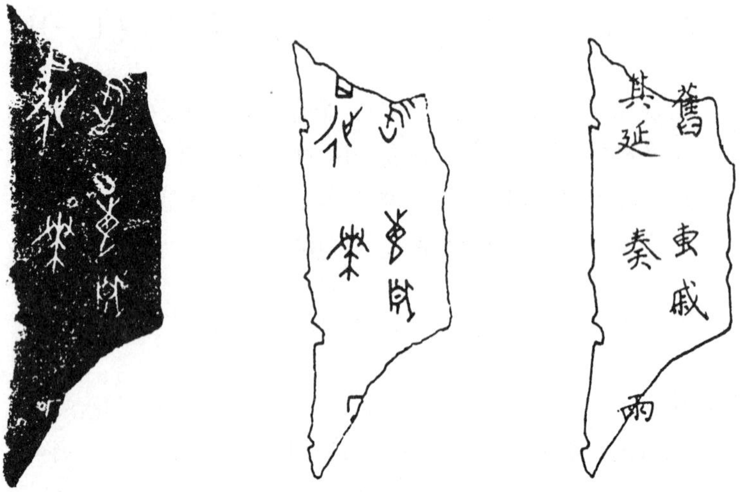

1. 31027

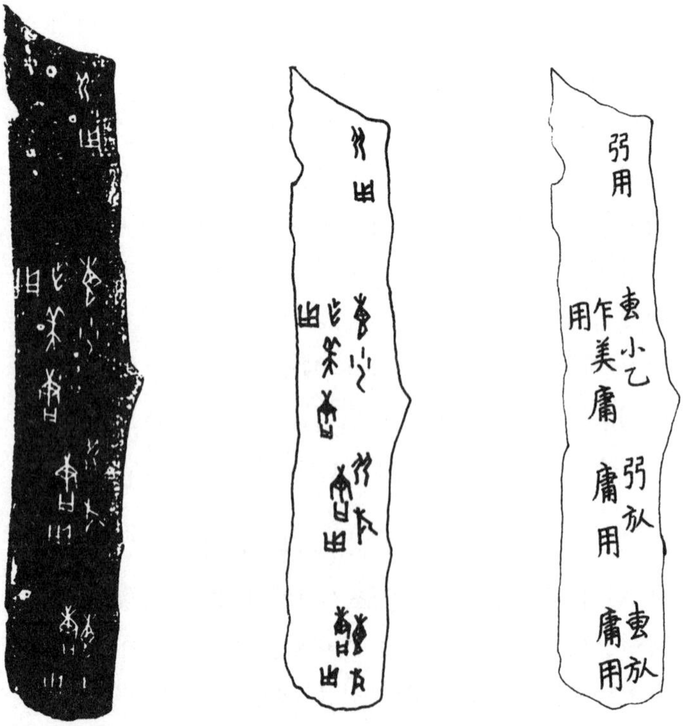

2. 27352

18. 제4편

1) 본 문 : 1. **叀(惠)戚奏。**

2. **叀(惠)放(㫃)庸(鏞)用。**

弜放(㫃)庸(鏞)用。

叀(惠)小乙作美庸(鏞)用。弜用。

2) 한 역 : 1. **戚을 연주할까요?**

2. **放(㫃)지역의 대종을 사용할까요?**

放(㫃)지역의 대종을 사용하지 말까요?

小乙이 만든 아름다운 대종을 사용할까요? 사용하지 말까요?

3) 출 전 : ≪甲骨文合集≫ 1. 31027 2. 27352 제3기

4) 자 해 : **[叀(惠)戚奏]** : **叀** - 강조부사. 惠이며, 唯와 같은 용법이다. 奏 - 두 손으로 𣎼처럼 모종의 기물을 든 모양 '연주하다'라는 뜻. 戚 - 양쪽에 칼날이 있고, 긴 손잡이가 있는 특수한 무기 모양. 鉞의 본자. 干戚(qi·척)을 들고 하는 음악. 樂舞名(林雲, 1990 - 198).

[叀放(㫃)庸(鏞)用] : 放(㫃) - 깃발이 펄럭이는 모양. ≪說文≫에 '讀若偃' 이라고 하여 음은 (yan·연)이며, 문헌중 放은 偃으로 대치되었다. 방국명, 인명으로 쓰였다. 庸 - 악기(18 - 2 참조).

[小乙作美庸用] : 小乙 - 조상 이름. 乍(作) - 만들다. 美 - 머리에 𦍌처럼 고깔을 쓴 모양. 아름답다. 用 - 用은 用처럼 두루 쓰는 나무통 모양인데 '사용하다'로 인신되었다.

5) 해 설 : 9천년 전의 피리연주

河南 黃河계곡의 지아후에서 9천년 전으로 추정되는 피리가 발견되었다. 피리는 커다란 鶴의 다리로 만들었는데 약 23cm 길이에 구멍은 7개가 뚫려 있었다. 학의 뼈라고 밝힌 메트로폴리탄 미술관 아시아 예술담당관 James는 학의 다리로 피리를 만들었다는 사실이 중국 전설에서 피리를 연주해 학을 부르고 있는 사람들의 이야기와 연관지었다.

중국학자들이 친히 이 피리로 연주해 소리를 측정한 결과 현재의 한 옥타브에 해당한 음을 낼 수 있었으니 그 예술성을 이은 상대의 음악수준을 가늠케 해 준다.

18 -5

22855 正 反

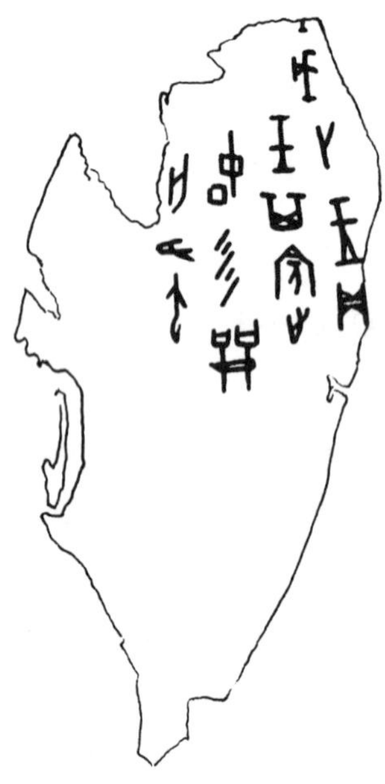

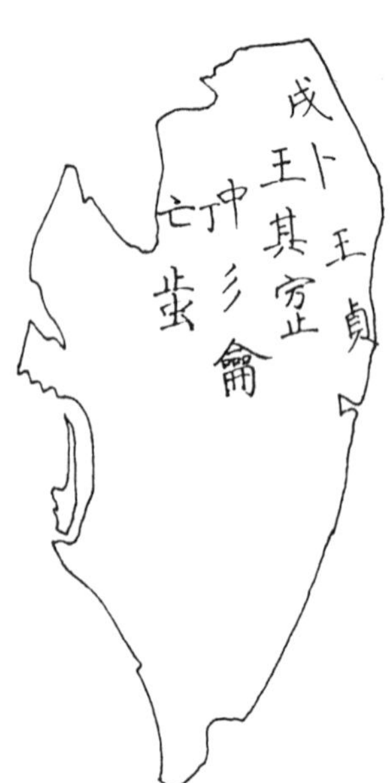

18. 제5편

1) 본 문 : [戊]戌卜, 王貞 : 王其賓中丁彡(肜)龠, 亡禼(害)。

2) 한 역 : 戊戌일에 점을 치고, 대왕께서 묻습니다 : 왕이 仲丁에게 肜祭와 龠祭를 지낼 때 儐禮를 행하면, 재앙이 없겠습니까?

3) 출 전 : ≪甲骨文合集≫ 22855 正 제2기

4) 자 해 : [戊戌卜, 王貞] : 戊자는 끝만 보이지만 干支의 순서에 의해 복원했다.
[王其賓中丁彡(肜)龠] : 王 - 상왕 제2기의 자형이다. 其 - 강조부사. 賓 - 제사 대상인 조상의 혼령을 영접하는 의식인 儐禮. 공경하게 신을 모셔와 드리는 제사(1 - 10 참조). 仲丁 - 상대 선왕(갑골문 중의 中丁이다). 彡 - 북을 두드릴 때 발생되는 떨림을 형상화한 모양. 5種 제사 중에 하나인 肜(rong · 융)의 초문(1 - 12 참조). 龠 - 악기에 구멍이 뚫린 [갑골문 자형] 모양으로 관악기 龠(yue · 약)의 형상이다. 제사명이다(趙誠, 1988 - 251).
[亡(無)禼(害)] : 亡 - 無와 같다. 禼(害) - 뱀이 [갑골문 자형]처럼 발꿈치를 무는 모양. 재앙. 反面에는 '[갑골문 자형]'라는 骨자가 쓰여있다.

5) 해 설 :

음악과 관련된 제사

일반적으로 제례에는 음악을 연주하며 제사를 모시는데 이때 제사명은 연주하는 악기명에서 취했다. 鼓 · 彭 · 奏 · 彡 · 龠 · 龢 등은 악기, 또는 음악 관련 文字이지만 祭名으로 쓰였던 경우이다.

· 貞 : 上甲龢暨唐. (1240)
上甲에게 龢祭를 지내려는데 唐에게도 함께 지낼까요?

· 貞 : 王賓品(壎), 無尤. (≪前≫ 5. 3. 4)
대왕께서 儐禮에 品(壎 : 타원형의 토기에 구멍을 뚫어 만든 악기)을 연주하면 근심 걱정이 없겠는지요?

· 其品(壎)亞, 唯王豐用. (≪屯南≫ 2346)
亞를 위해 品(壎)을 연주할까요? 대왕께는 豐을 쓸까요?

18 -6

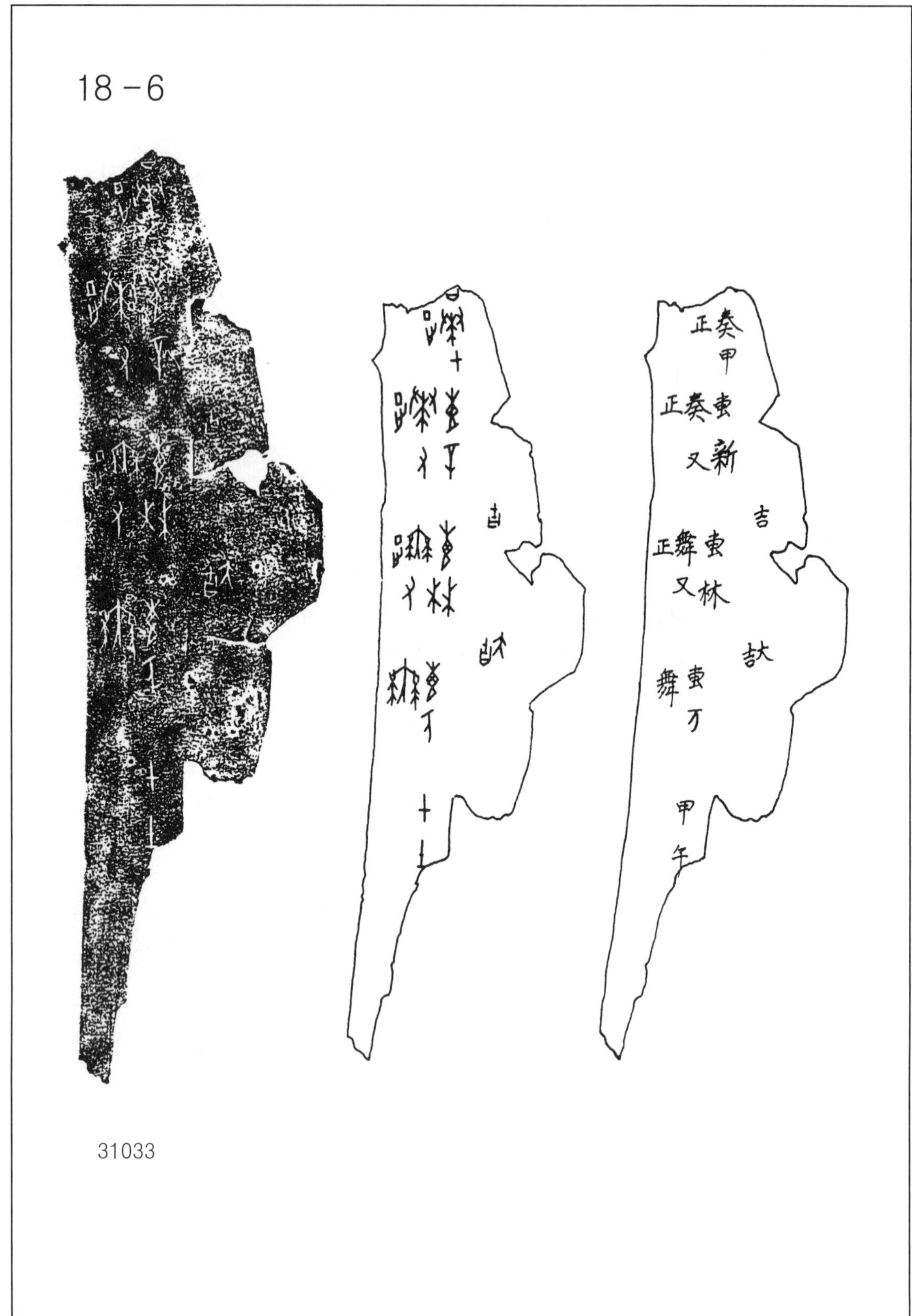

31033

18. 제6편

1) 본 문 : 1. **叀(惠)万舞。大吉。**
2. **叀(惠)林舞，又正。吉。**
3. **叀(惠)新奏，又正。**
4. **▨奏▨正。**

2) 한 역 : 1. **万舞를 추게 할까요? 크게 길하겠다.**
2. **林舞를 추게 할까요? 길하다.**
3. **새로운 음악을 연주할까요?**
4. **… 연주하게 할까요 …**

3) 출 전 : ≪甲骨文合集≫ 31033 제3기

4) 자 해 : **[叀(惠)万舞]** : 万 - 万人들이 추었던 舞蹈名 (8 - 5 참조).

[叀(惠)林舞又正] : 林 - 두 그루의 나무가 𣏟처럼 병렬해 있는 모양의 회의자이다. 卜辭에서는 방국명과 지명 · 인명 · 악곡명으로 쓰였다 (許進雄, 1995 - 787). 林은 나무로 쓰인 예는 없고 지명으로 쓰여 상왕이 사냥을 했던 곳이고, 또 악곡명으로도 쓰였는데 林舞는 그 악곡에 맞추어 추는 춤이다. 또는 무인 林이 추는 춤으로 추정해 볼 수 있다. 舞 - 사람이 양손에 기구를 들고 춤을 추는 모양이다. 없을 無로 가차 되자 舛을 붙여 춤의 전용인 舞를 만들었다. 춤을 추다. 舞蹈名 (16 - 10 참조).

[叀(惠)新奏又正] : **叀** - 강조부사. 후기의 자형이다. 新 - 新舊之新 (12 - 5 참조). 奏 - 연주하다. 又正 - 확실하지 않다.

5) 해 설 :

可 · 哥 그리고 歌

可는 괭이 같은 농구 모양인 丂(ke · 가)와 노래하는 입인 口를 합쳐 고대인들이 밭을 갈면서 노래하던 모양이 반영된 자로 '노래'라는 의미가 있다. 노래는 노동을 도와주어 '긍정', '가능하다'는 뜻으로 빌려 쓰게 되자 노래는 可를 중복시킨 哥를 만들었다. 그러나 哥가 일상회화에서 다시 형(兄), 오빠로 가차되자 벌린 입모양인 欠을 넣은 歌를 만들어 노래에 전용했다. 노래하는 歌는 可 · 哥 과정을 거쳐 정착되었다.

18 -7

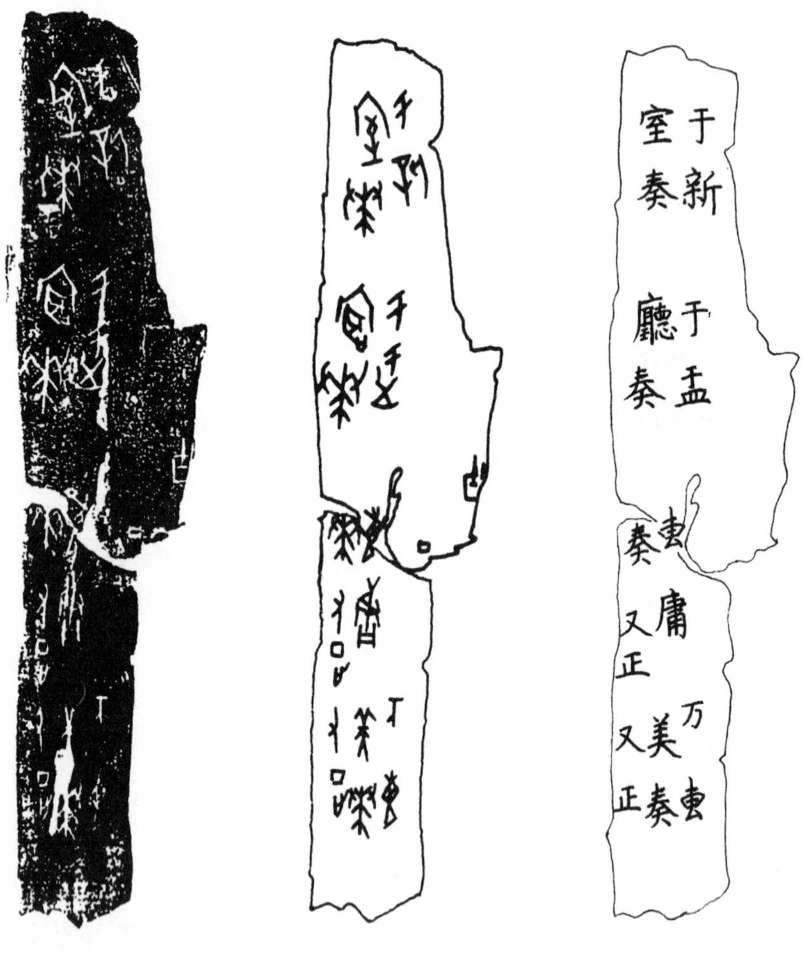

31022

18. 제 7 편

1) 본 문 : **万叀(惠)美奏, 又正。**

叀(惠)庸奏, 又正。

于盂㕕(廳)奏。

于新室奏。

2) 한 역 : **万이 美를 연주하는 것이 좋을까요? (그렇지 않으면)**

庸(鏞)을 사용하여 연주하는 것이 좋을까요?

盂지역의 廳에서 연주할까요?

新室에서 연주할까요?

3) 출 전 : ≪甲骨文合集≫ 31022 제3기

4) 자 해 : **[万叀(唯)美奏又正]** : 万 - 상대의 춤꾼 또는 춤을 가르치는 사람. 인명(18 - 9 참조). 美 - 사람(大) 머리를 깃털로 [glyph] 처럼 장식한 모양으로 이를 아름다움으로 인신하였다. 인명 · 지명, 또는 악곡명 쓰였다. ≪說文≫에는 「从羊从大」라고 하며 양이 큰 것이 아름답다고 하였으나 갑골문에 의해 자형의 풀이를 바로 잡았다(趙誠, 1988 - 185).

[叀(唯)庸奏又正] : 奏 - 두 손으로 모종의 기물을 잡고 있는 모양으로 '진상하다', '악기를 연주하다', '여럿이 모여서 춤을 추다' 등 다양하게 풀이한다. ≪說文≫에는 「奏, 進也」라 하였다. 복사에서 奏는 집단으로 군무를 추고 악기를 연주하며 신에게 풍년을 기원하는 제사로 본다(趙誠, 1988 - 330). 庸 - 鏞이라는 악기. 又正 - 뜻이 확실하지 않다.

[于盂㕕(廳)奏] : 盂 - 于와 皿의 합체자, 지명이다(徐中舒, 1990 - 533). 㕕(廳) - (8 - 3 참조). 「于新室奏」 : 于 - 전치사. 新室 - 새로 만든 방.

5) 해 설 :

연주 공간

廳은 궁실 · 종묘 건축 중앙부의 대청이다. 왕궁 뜰 앞의 넓은 공간과 연결되어 궁중 행사를 거행하는 경건한 장소였다고 할 수 있다. 동양의 궁중 행사 장면을 보면 의식이 거행되는 장소 앞의 넓은 공간에서 음악이 연주된다. 상나라 때 王宮의 室內 · 室外 음악연주 장소의 지정에도 점복하여 물었음을 알 수 있다.

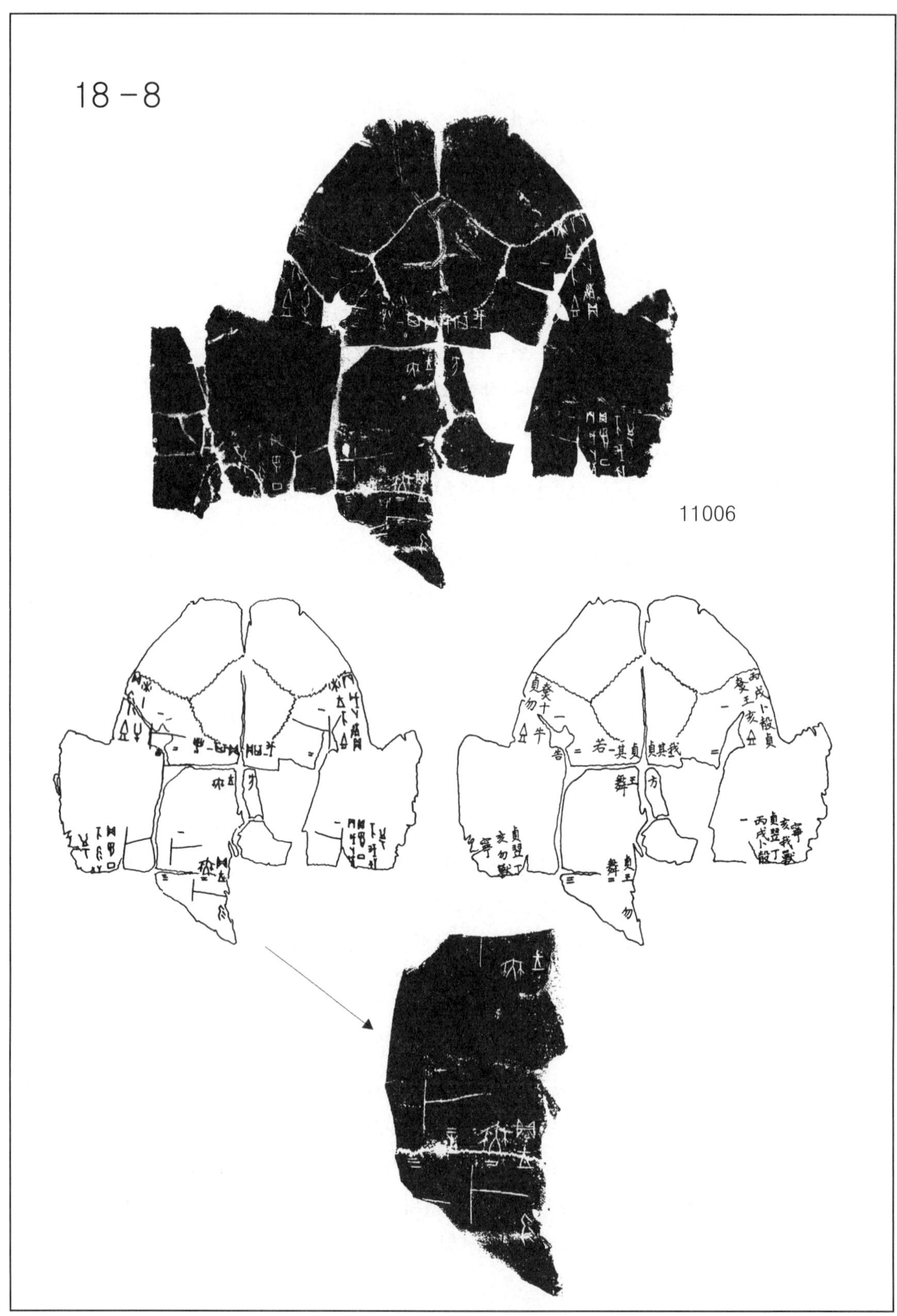
18 -8
11006

18. 제8편

1) 본 문 : **貞 : 王其舞, 若。一**
貞 : 王勿舞。一 二 三

2) 한 역 : 1. **묻습니다 : 대왕이 춤을 추면 순조로울까요? 처음 물었다.**
2. **묻습니다 : 대왕은 춤을 추지 말까요? 세 번 물었다.**

3) 출 전 : ≪甲骨文合集≫ 11006 일부 제1기

4) 자 해 : **[貞]** : 前辭가 생략되었으나 前左右甲에는 丙戌 · 丁亥일에 점쳤다.
[王其舞] : 王 - 상왕. 其 - 강조부사. 舞 - 사람(大)이 양손에 기구를 들고 춤을 추는 모양. 無의 초문. 無가 '없다'는 뜻으로 쓰이게 되자 발 아래 춤을 출 때 발이 꼬이는 형상인 '舛'를 붙여 舞를 만들었다(16 - 10 참조).
[勿舞] : 勿 - 활시위가 떠는 모양. 가래로 흙을 파는 모양이라는 풀이가 있다. 不 · 弗 · 亡 등과 같이 부정사로 쓰였다(2 - 7 참조).
[若] : 두 손으로 처럼 머리카락을 고르고 있는 모양. 순조롭다(6 - 13 참조).

5) 해 설 :

상대의 舞蹈

귀신을 극도로 숭상했 고 조상에 극진한 제사를 드렸던 商代에 신과 교통 할 수 있는 巫의 지위는 매우 높았다. 심지어 商王을 많은 巫人들 중의 首長이라 할 만큼 王과 巫를 연관 짓기도 한다(張秉權, 1988 - 411). 巫는 음악과 무도에 능해 다양한 제사활동이나 기우제 등에 특별한 舞蹈를 연출했다.

상대의 무도는 크게 万舞 · 雩舞 · 假面舞 등으로 대별하며 舞師로는 商王을 비롯해 万 · 多老 · 戌 · 臣 · 林 등이 있었다. 본 복사의 중앙부를 확대시켜 보면 商王이 친히 춤을 춘 것이 증명되고 있다.

18-9

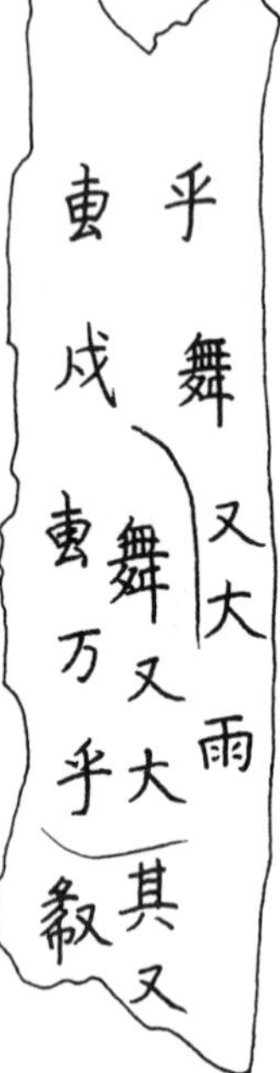

30028

16005

16007

18. 제 9 편

1) 본 문 : **叀(惠)万呼舞, 又(有)大雨。**
叀(惠)戍呼舞, 又(有)大雨。

2) 한 역 : **万을 불러 춤추게 하면 큰 비가 내릴까요?**
戍을 불러 춤추게 하면 큰 비가 내릴까요?

3) 출 전 : ≪甲骨文合集≫ 30028 제3기 보충 16005, 16007

4) 자 해 : **[叀(惠)万乎(呼)無(舞)]** : **叀** - 강조부사. 惟와 작용이 같다. 万 - 형체는 확실하지 않으나 商代에 특별한 춤과 음악에 종사한 종족명. 舞樂에 종사하는 사람(裘錫圭, 1992 - 207). 万은 萬의 약자로 보는데 萬은 전갈의 모양이다. 萬舞를 일명 '전갈춤'이라고도 한 점에서도 알 수 있다(8 - 5 참조). 乎 - 명령하다. 呼의 초문. 無(舞) - 사람(大) 이 양손에 깃털을 들고 처럼 춤을 추는 모양으로 無이다. 無가 '없다'는 뜻으로 전이되어 춤추는 발의 모양인 舛를 붙여 舞자를 만들었다. 춤, 춤을 추다. '보충' 중의 '舞'자는 우아한 춤의 자태를 연상시켜 준다(16 - 10 참조).
[又(有)大雨] : 又 - 있다. 有와 같다. 제1기에서는 㞢라고 하였다. 大 - 사람의 정면 모양. '크다'로 인신되었다. 雨 - 비 내리는 모양. 비, 비가 오다.
[叀(惠)戍乎(呼)舞] : 戍 - 舞樂에 종사하는 사람. 戍이라는 사람이다(6 - 3 참조).

5) 해 설 :

商代의 万舞

万舞는 万(萬)人들이 추는 무도로 商族들의 전통 제사에 추었던 춤이다. 이에 대한 기록은 상대의 노래를 모아담은 ≪詩經 · 商頌那≫ 중에 있는 唐왕을 제사 지내며 부르는 노래에서 찾아 볼 수 있다.

庸鼓有斁, 庸(鏞)소리 북소리 울려 퍼진 가운데
萬舞有奕。 萬舞 추는 모습 능란도 하여라.

<商頌>은 周 宣王때 商의 후예인 대부 正考甫가 商나라의 노래 12편을 모아 周 太師에게 바친 후 전해진 商의 詩歌로 간주되고 있다(王維提, 1985 - 181).

18－10

16013

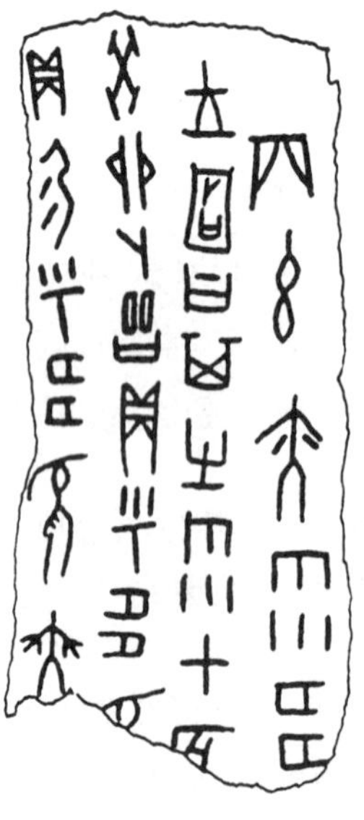

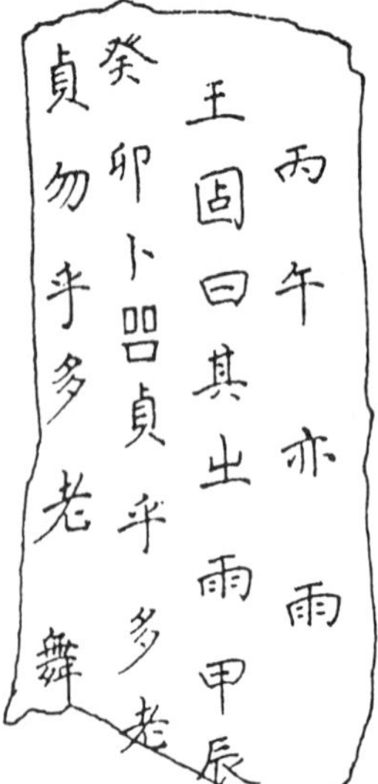

18. 제10편

1) 본 문 : 癸卯卜, 𠑹貞 : 呼多[老舞]☐。
貞 : 勿呼多老舞。
王固曰 : 其㞢(有)雨。甲辰☐丙午亦雨多☐。

2) 한 역 : 癸卯일에 점치고, 𠑹이 묻습니다 : 多老에게 춤을 추도록 명령할까요?
묻습니다. 多老에게 춤을 추라고 하지 말까요?
대왕은 점친 결과를 보고 길흉을 판단해 말했다 : 비가 오겠다. 甲辰일에… 丙午에 역시 비가 왔다.

3) 출 전 : ≪甲骨文合集≫ 16013 제1기

4) 자 해 : [勿乎(呼)多老舞] : 勿 - …하지 마라. 呼의 본자. 명령하다. 多 - 고기덩이를 처럼 포개 놓은 모양. 많다는 뜻(3 - 5 참조). 老 - 머리가 길고 허리가 굽은 사람이 처럼 지팡이를 짚고 가는 모양. 노인으로 인신되었고, 관명으로 빌려 썼다. '多尹', '多工', '多君' 등으로 볼 때 '多老'는 관명이 확실하며 특히 춤을 관장하는 관리이다(趙誠, 1988 - 61). 舞 - 사람(大)이 기구를 들고 춤을 추는 모양. 춤을 추다.

5) 해 설 :

기우제와 王의 舞蹈

商代의 기우제에는 사람을 태워 제사하는 '烄' 이외에도 춤을 추며 드리는 '舞'의 관습이 있다. 가뭄에 비를 기원하며 드리는 제사는 성대했다. 소위 焚巫 · 暴巫라고 하여 巫人을 불태워 제사했고 각종 악기의 반주에 맞추어 발을 구르며 노래하고 춤추는 대축제의 현장이었다. 이때 왕이 친히 춤을 추며 비를 기원하는 기우제는 중요한 정치 활동이기도 하였다. 갑골문에서 대왕의 춤을 추며 기우제를 지냈더니 그 결과 과연 비가 왔다는 기록을 볼 수 있다.

갑골문과 해서를 비교해 보자.

· 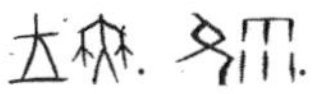
· 王舞. 允雨. (≪京都≫ 3085)
대왕께서 춤을 출까요? 과연 비가 왔다.

18 - 11

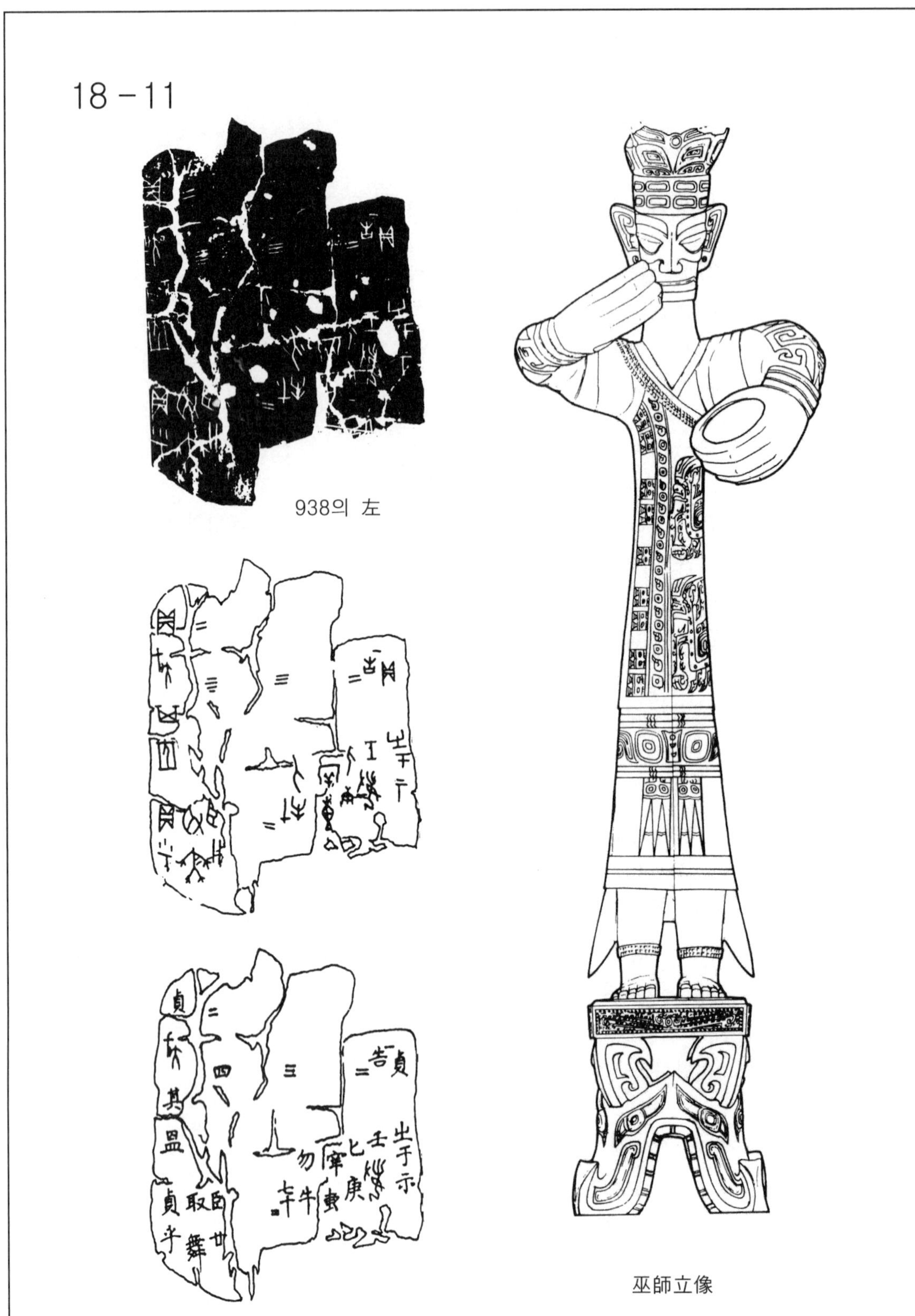

938의 左

巫師立像

18. 제11편

1) 본 문 : **貞：㞢(侑)于示壬妻妣庚叀(惠)勿牛七十。**二
貞：乎(呼)取舞臣廿。

2) 한 역 : **묻습니다 : 示壬의 부인인 妣庚에 侑祭를 드리는데 잡색 소 70마리를 드릴까요?** 두 번째 물었다.
묻습니다 : 20명의 舞臣을 데려오도록 명할까요?

3) 출 전 : ≪甲骨文合集≫ 938 正 일부 제1기　보충 巫師立像

4) 자 해 : **[乎(呼)取舞臣廿]** : 乎 - 명령하다, 呼의 초문. 取 - 손(又)으로 [illegible]처럼 귀(耳)를 잡고 있는 모양. 고대 싸움에서 적군의 귀를 잘라 취해 옴으로 전공을 알렸다. 여기서 '취해오다', '데려오다'로 인신되었다(9 - 3 참조). 舞臣 - 춤을 추는 신하. 廿 - 숫자 10을 나타내는 기구를 세워서 연결시킨 모양으로 20을 나타낸다. 상대 舞臣이 집단을 이루었음을 나타낸다(趙誠, 1988 - 256). 左甲橋에 새겼다.

5) 해 설 :

상왕의 立像

상대 巫의 지위는 상왕을 '群巫의 長'이라고 칭한데서 짐작되리만큼 높았다. 1986년 四川 廣漢에서 높이 262cm(인물 키 172cm) 되는 청동 동상이 발견되었는데, 이를 '巫師立像'이라고 명명했다. 상대 후기 蜀지방 群巫의 長으로 추정되는 立像은 현대의 어느 청동입상과 비교해도 손색이 없을 정도로 완벽하다. 문양을 새긴 긴 모자를 쓰고, 미끈하게 빠진 연미복 차림의 巫師는 3천년 전 상 제국을 번영으로 이끈 어느 왕의 형상임을 대변해주고 있는 듯 하다(陳德安, 2002 - 13).

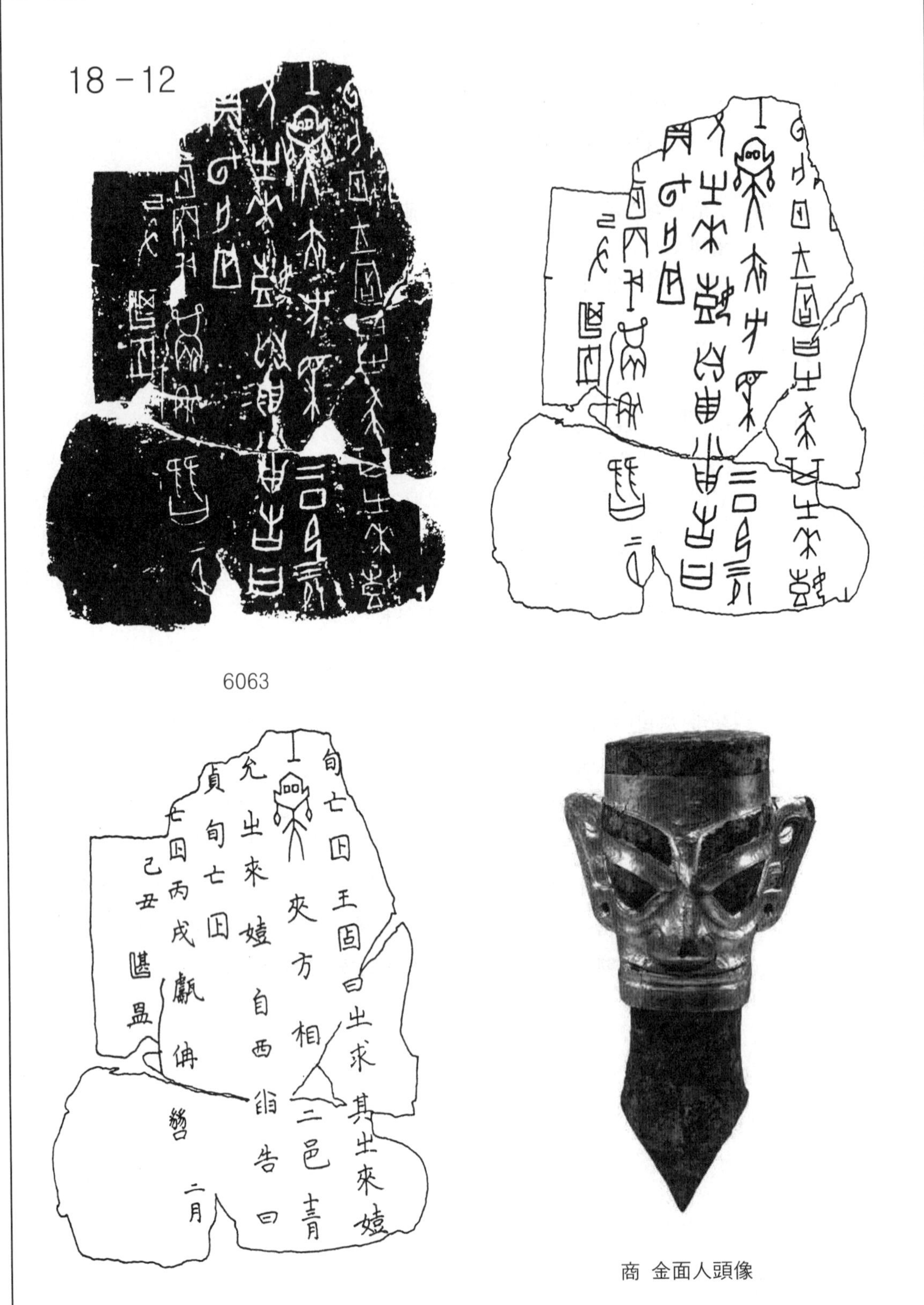

商 金面人頭像

18. 제 12 편

1) 본 문 : **貞 : 旬亡𡆥。允㞢(有)來嬉(艱)自西。□告曰☐□, 夾方相四邑。十三月。**

2) 한 역 : **점쳐 묻습니다 : 앞으로 열흘동안 재앙이 없을까요? 과연 재앙이 서쪽에서 몰아 닥쳤다. □가 고했다 : 夾方이 우리의 네 읍을 정탐했다. 때는 13월 윤달에.**

3) 출 전 : ≪甲骨文合集≫ 6063 제1기 보충 商 金面人頭像

4) 자 해 : **[允㞢(有)來艱自西]** : 允 - 과연. 㞢(有) - 있다. 來 - 오다. 嬉(艱) - 북 모양인 壴 옆에 여인이 있는 모양. 고대 전쟁에서 巫女들이 선발대로 북을 치며 전진했다. 대부분 전쟁에 희생되어 고난의 艱으로 쓰였다. 卜辭에서는 인명 · 지명 · 재앙으로 쓰였고, 艱 (jian · 간) 의 의미이다 (5 - 11 참조). 自西 - 서쪽으로부터.

[□告曰] : □ - 인명 (5 - 9 참조). 告 - 보고하다. 曰 - 말하다.

[□夾方□(相)四邑] : □ - 사람이 □처럼 가면을 쓴 모양을 상형한 것으로 가면의 이마 부분이 뾰족이 올라와 있고 귀도 치솟았으며 귀 아래에 귀걸이 같은 장식이 달려 있다. 이 자는 魌 (qi · 기) 의 초문이며 正字는 䫏 (qi) 이다 (郭沫若, 1933 - 108). 본 편에서는 族名이다. 夾方 - 방국명. 四邑 - 네 개의 邑. 四자이나 파손되어 二로 보인다. 夾 - 방국명. 相 - 나무 위에서 눈을 부릅뜨고 □처럼 살펴보고 있는 모양으로 이리저리 관망하는데서 '서로 相'으로 인신되었다. 관찰 · 정탐 · 공략하다는 뜻이 있다 (徐中舒 1990 - 364).

[十三月] : 13월, 즉 윤달을 말한다 (15 - 12 참조).

5) 해 설 :

상대의 假面舞

≪說文≫에 「䫏」자가 있는데, 가면을 쓰고 잡귀나 질병(疫)을 내쫓는다고 풀이했다. 사람이 가면을 쓰고 춤을 추며 잡귀를 몰아내는 무도는 <儺舞>이다. '儺(nuo · 나)'에 대한 최초의 기록은 ≪禮記≫로 알려져 있으나 甲骨文에 이자가 나타난 것으로 보아 <儺舞>나 그 밖의 假面舞의 연원은 商代로 올라간다. 商代에 많은 황금 청동가면이 출토된 것도 이를 방증한다 (陳德安, 2002 - 39). 부록의 金面人頭像은 얼굴에 빛나는 황금가면을 쓰고 있는 모습이다.

제 19 장

疾 病

疾　病

3,300년 전 갑골문에 기록된 30여 종의 질병에 대한 상세한 商王의 병력 기록은 세계 最古이자 진귀한 醫療자료이다. 甲骨文에 담겨진 상대의 의학 수준은 질병에 대한 깊은 인식, 질병의 원인, 종류, 병세의 진행, 치료 방법 등을 간파해낼 수 있게 해준다.

이는 상대인들이 질병에 대한 축적된 경험과 질병극복에의 도전정신이 함축되어 이룩한 성과라고 하겠다.

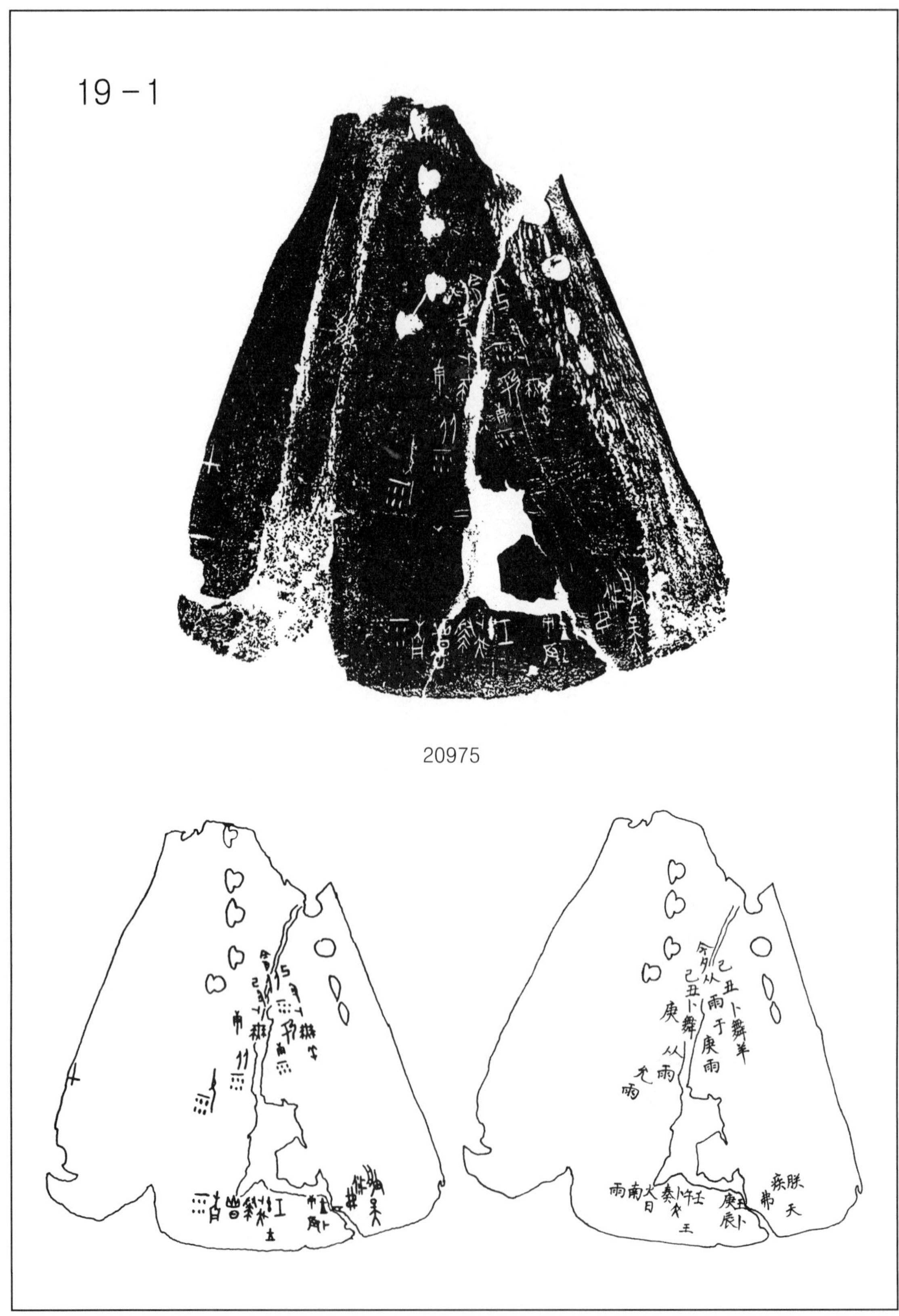

19 - 1

20975

19. 제 1 편

1) 본 문 : **庚辰[卜], 王 : 弗疾朕天。**

2) 한 역 : **庚辰일에, 왕이 묻습니다 : 짐의 머리가 아픈데 심한 질병은 아닐까요?**

3) 출 전 : ≪甲骨文合集≫ 20975 제1기

4) 자 해 : **[庚辰, 王]** : 干支紀日에 의한 庚辰일. 王-제1기의 자형이다. 王자의 속을 채워 金文의 특성을 보여준다.

[弗疾朕天] : 弗-부정부사. 疾-침상에 누운 사람이 땀을 흘리는 모양 (). '질병', '병이 나다' (19-2 참조). 朕-기물(舟)을 두 손으로 받쳐 들고 있는 모양. 후세의 朕자다. 余와 같이 상왕의 제 1인칭 대명사로 빌려 썼다(趙誠, 1988-307). 天-정면으로 서 있는 사람의 머리 정수리를 두드러지게 부각한 , , 모양을 그려 '머리'를 나타냈다. ≪說文≫에 「天, '顚也'」라고 한 것을 보면 머리 정수리를 뜻한다. 商代의 天은 단지 머리를 나타냈을 뿐 하늘이라는 개념으로 쓰이지는 않았다. 周가 商을 멸한 뒤에야 天을 '하늘'이라는 철학적 의미로 가차했고 이로서 商의 '帝'개념을 대신하여 썼다(徐中舒, 1990-3).

5) 해 설 :

상대의 醫學

한의학의 기원은 ≪史記 · 三皇本紀≫ 중의 「神農, 始嘗百草, 始有醫藥」을 근거로 신농씨로 거슬러 보지만, 보다 구체적인 기록은 ≪周禮≫에서 의학을 四分科로 나누었고, ≪山海經≫에서 「內 · 外 · 皮膚 · 眼 · 耳 · 鼻 · 喉」로 분류하여 각기 치료하는 방법을 기술한데서 볼 수 있다.

갑골문 질병에 대한 기록은 시대적인 한계는 있지만 지금까지의 어떠한 문헌 자료보다 상세하고 풍부하며 신빙성이 높다. 16만여 편에 달하는 갑골문의 내용을 근거로 商代의 醫學 수준을 보면 질병의 원인 · 종류 · 상황 · 치료방법 등을 규명해낼 수 있는 수준에 이르렀다. 나아가 질병의 원인이 다름에 기인하여 내과 · 외과의 개념을 구분하는 지혜도 보였다.

3천 년 전 商代인들이 자신들의 질병 상황을 직접 기록한 자료를 통한 중국 의학의 고찰은 매우 의미 있는 일이다.

19-2

21054

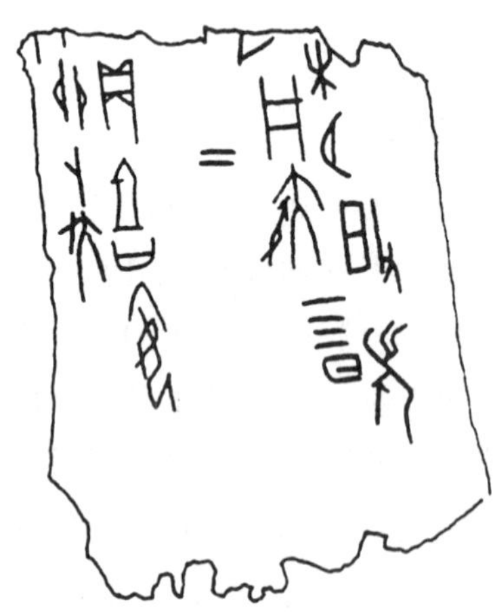

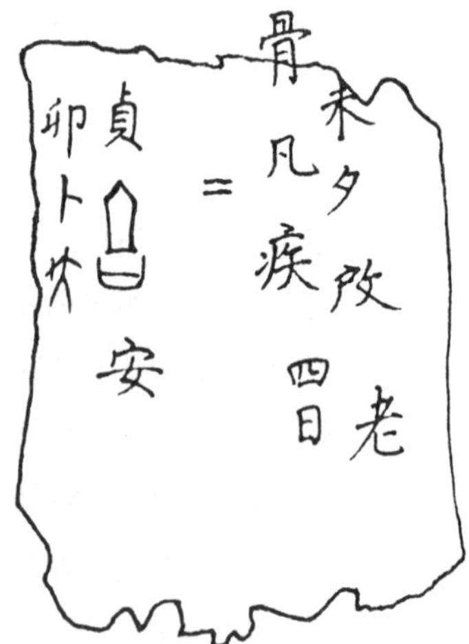

19. 제 2 편

1) 본　문 : **⧄凡(疾)⧄　四日⧄未夕啓老⧄。**

2) 한　역 : **…병이 있겠다. 4일 뒤 …未일 저녁에…**

3) 출　전 : ≪甲骨文合集≫ 21054 제1기

4) 자　해 : **[凡(疾)]** : 凡 - 확실하지 않다. 疾() - 정면으로 서 있는 사람의 옆구리에 화살이 박혀 있는 모양으로 외상에 의한 질병을 뜻한다. 사람이 침상에 누워 땀을 흘리는 모양인 과 합쳐 '疾'자를 만들었다. 질병은 누구나 빨리 치유하고자 하고, 또 싫어하는 마음에서 '빨리', '싫어하다'라는 의미로 인신되었다(徐中舒, 1990 - 838). '빨리', '급히'라는 의미로 쓰인 卜辭를 보자.

· 疾歸于牢. (≪合≫ 36766)　급히 牢로 돌아갈까요?

[四日…未夕啓老] : 四日 - 4일 뒤. □未 - 干支紀日에 의한 □未일. 天干이 잘렸다. 夕 - 저녁. 啓 - 손으로 창문을 열고 있는 모양. 老 - 사람이 손으로 지팡이를 짚고 있는 모양으로 '노인'을 나타냈다(18 - 10 참조).

5) 해　설 :

疾字에 대한 인식

상대인들은 질병을 어떻게 표현하였을까? 사람들은 중병에 걸리면 앓아눕는다. 갑골문의 疾자는 앓아누워 있는 형상이다. 침상에 누워 땀을 흘리는 모양인 , 옆구리에 화살을 맞은 형상인 , 모두 상대에 가장 대표적인 질병의 형상이었던 바 이들 두 자를 합쳐서 '疾'자를 만들었다.
실생활에서 직면한 고통이 고스란히 문자로 표현된 것이다. 그러나 질병이라는 뜻으로 字가 두루 쓰인 반면 字는 널리 쓰이지 않았다.

내과적 질병　　　　외과적 질병

갑골문 医는 귀중했던 침을 상자 속에 소중하게 담아둔 모양이다. 후대의 醫자는 医와 殳 · 酉로 이루어졌다. 殳는 손에 든 치료도구이고, 酉는 술항아리인데 술로 마취나 소독, 약효를 촉진시켰기 때문이다. 이 3字를 합성한 醫는 '질병을 치료한다'는 뜻을 담고 있다.

19 -3

13613

19. 제 3 편

1) 본　문 : **旬㞢(有)祟, 王疾首, 中日雪。**

2) 한　역 : **오는 열흘 동안에 재앙이 있겠습니까? 대왕께서 머리가 아픈데, 오늘 정오쯤에 증세가 가실까요?**

3) 출　전 : ≪甲骨文合集≫ 13613 제1기

4) 자　해 : **[旬㞢(有)祟]** : 旬 - 열흘. 㞢(有) - 있다. 祟 - 발이 여러 개 달린 벌레 모양, '재앙'인 咎로 쓰였고 '祟'(sui · 수)으로 풀이하고 있다. 求, 즉 **蛷**의 초문으로 보기도 한다(裘錫圭, 1992 - 60). 甲骨文에서는 지명 · 인명 · 찾다(搜求), 기원하다(乞求), 재앙 등으로 쓰였다(22 - 4 참조).

[王疾首] : 王 - 머리에 고깔 모자를 쓴 모양으로 [illegible] 제1기의 자형이다. 疾 - 질병. 병이 나다. 首 - 머리의 측면모양을 생생하게 묘사했다. 머리를 뜻한다(趙誠, 1988 - 159).

[中日] : 中 - 깃발이 [illegible]처럼 날리는 모양이다. 깃발은 언제나 조직이나 마을의 가운데 꽂아 가운데 中으로 빌려썼다(1 - 7 참조). 日 - 해의 모양. 칼로 새겼기 때문에 네모 형체를 띤다.

[雪(羽 · 彗)] : 雪(羽 · 彗) - ≪釋文≫에서는 雪로 고석했다. 눈이 녹듯이 병이 치유된다는 뜻. 비로 쓸어내는 모양을 본뜬 자(hui · 혜). '제거한다(除)' 또는 '치유하다'는 의미로 인신하였다(16 - 15 참조).

5) 해　설 :

질병의 종류

상대인들은 어떠한 질병을 앓았을까. 甲骨文에 나타난 商代의 질병 상황을 분석한 胡厚宣은 <殷人疾病考>에서는 16가지로 분류하였고 보다 자세히 분류한 溫少峰은 <殷虛卜辭研究>에서 疾首 · 疾身 · 疾目 · 疾耳 · 疾舌 · 疾言 · 疾齒 등 모두 34種類로 구분한 것을 보면, 상대에 이미 각종 질병이 만연하 였음을 알 수 있다.

甲骨卜辭와 기타 자료의 질병을 참고하여 분류해보면 대략 內科 · 外科 · 眼科 · 齒科 · 耳鼻咽喉科 · 産婦人科 · 小兒科 · 神經精神科 · 整形外科 등 9개 분과에 40여종의 병증을 점쳐 물었다(梁東淑, 1998 - 10).

19 -4

5373

19. 제4편

1) 본 문 : **癸酉卜, 爭貞 : 王腹不安, 亡祉(延)。**

2) 한 역 : **癸酉일에 점을 치고, 爭이 묻습니다 : 대왕의 배가 편치 않은데, 병이 오래 지속되지는 않을까요?**

3) 출 전 : ≪甲骨文合集≫ 5373 제1기

4) 자 해 : **[癸酉卜, 爭貞]** : 癸酉일에 점을 치고 爭이 묻습니다.

[王腹不安] : 王 - 제1기의 자형. 상왕. 腹 - 몸을 나타내는 身과 를 음으로 한 형성자로 腹의 初文. 身은 점차 月(肉)으로 바뀌었다(徐中舒, 1990 - 469). 은 혈거의 출입구 밑에 발의 모양인 止를 붙여 쉴새없이 드나드는 모양을 형상화하고 '중복하다', '반복하다'는 뜻으로 썼다. 점차 거리 行을 줄인 彳변을 붙여 復자를 만들었다(徐中舒, 1990 - 469). 不 - 부정부사. 安 - 집안에 처럼 여인이 다소곳이 꿇어앉아 있는 모습, 평안하다, 안전하다는 뜻이다(趙誠, 1988 - 369).

[亡祉(延)] : 亡 - 없다. 無의 뜻, 부정부사. 祉 - 거리(彳)를 걸어가는(止) 모양으로 음은 (yan・연) 이다. 동작이나 상태가 지속됨을 나타낸다. '계속되다', '지속하다' 延의 뜻과 같다(2 - 10 참조).

5) 해 설 :

內科 질병

내과적 질병의 증세는 침상에 누워 땀을 흘리는 모양으로 형상화했다. 각 병과는 疾 다음 자로 나타냈다. 예를 들면 머리가 아플 때는 '疾天', 코가 아플 때는 '疾自', 이가 아플 때는 '疾齒'이다.

內科 질병은 40여 가지 병증 중에서 약 17종에 이른다. 疾首・疾口・疾舌・疾身・疾・腹不安・奶執・疛・疾軟・禍風・蠱・疾蛔・瘧・疾尿・疾疫 등이 있다.

疾首(두통) 疾耳(귓병) 疾自(鼻콧병) 疾足(다리병)

19-5

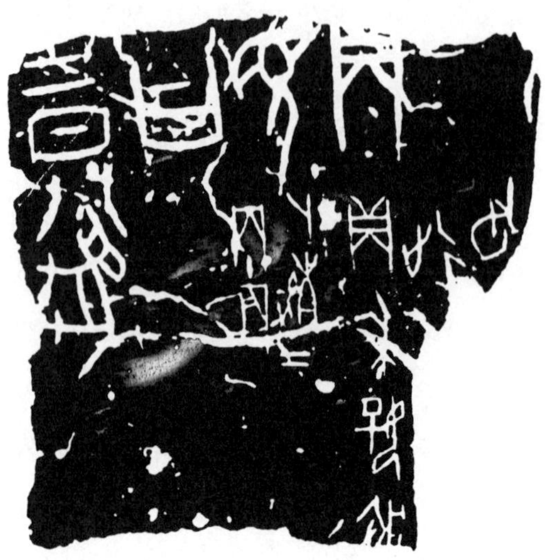

13712

19. 제5편

1) 본 문 : **丙辰卜, 㱿貞 : 帚(婦)好疛([illegible])祉(延)龍(寵)。二**

2) 한 역 : **丙辰일에 점을 치고, 㱿이 묻습니다 : 婦好에게 복통이 있는데 증세가 계속될까요? 병이 호전되겠습니까? 두 번째 물었다.**

3) 출 전 : ≪甲骨文合集≫ 13712 제1기

4) 자 해 : **[丙辰卜, 㱿貞]** : 丙辰날 점을 치고, **㱿**이 물었다. **㱿**은 제1기의 貞人이다.
[帚(婦)好[illegible]祉] : 帚 - 빗자루 모양, 부녀자로 가차되었고 점차 女를 붙여 婦를 이루었다. 好 - 女자와 子자의 합체자. 子氏族에서 간택된 武丁의 妃의 私名. 子였으나 점차 女를 붙여 好자가 되었다. 商族의 성씨는 子氏이다 (1 - 14 참조). **疛**([illegible]) - 병자가 침상에 누워 있고 누군가 손으로 배를 쓸고 있는 모양. 즉 복통을 나타내며 **疛**([illegible]) 의 본자이다(李孝定, 1965 - 2527). **祉** - 지속되다. 延의 초문이다.

[龍(寵)] : 龍의 형상을 [illegible], [illegible]처럼 본뜬 자. 모음이 같은 龍을 은총으로 빌려 썼다. 신의 은총을 받아 병세가 호전됨을 뜻한다(于省吾, 1981 - 218).

5) 해 설 :

발병의 원인

卜辭에 의하면 상대인들은 발병원인을 아래 4가지로 보고 있다.

1. **上帝 및 諸神이 재앙을 내렸다고 여긴 경우**
   - **貞 : 今日其雨疾.** (12670) **오늘 上帝가 병을 내릴까요?**
   商代인들은 上帝가 비를 내려 주듯 병도 내린다고 여겨 病이 난 것을 '雨疾'이라고 하였다(胡厚宣, 1972 - 438).
2. **祖上神이 재앙을 내렸다고 여긴 경우**
   - **有疾止唯黃尹[囚].** (13682)
   발에 병이 났는데 대신이었던 黃尹이 재앙을 내린 것일까요?
3. **기생충이나 상한 음식물에 의해 발병한 것으로 여긴 경우**
   - **有疾其不蠱.** (13796) **病이 났는데 기생충 때문이 아닐까요?**
4. **악몽으로 病이 생긴다고 여긴 경우 : 商代에는 꿈을 불길하게 여겼다.**
   - **王夢子, 無疾.** (17384) **대왕께서 꿈에 아이를 보았는데 病이 없을까요?**

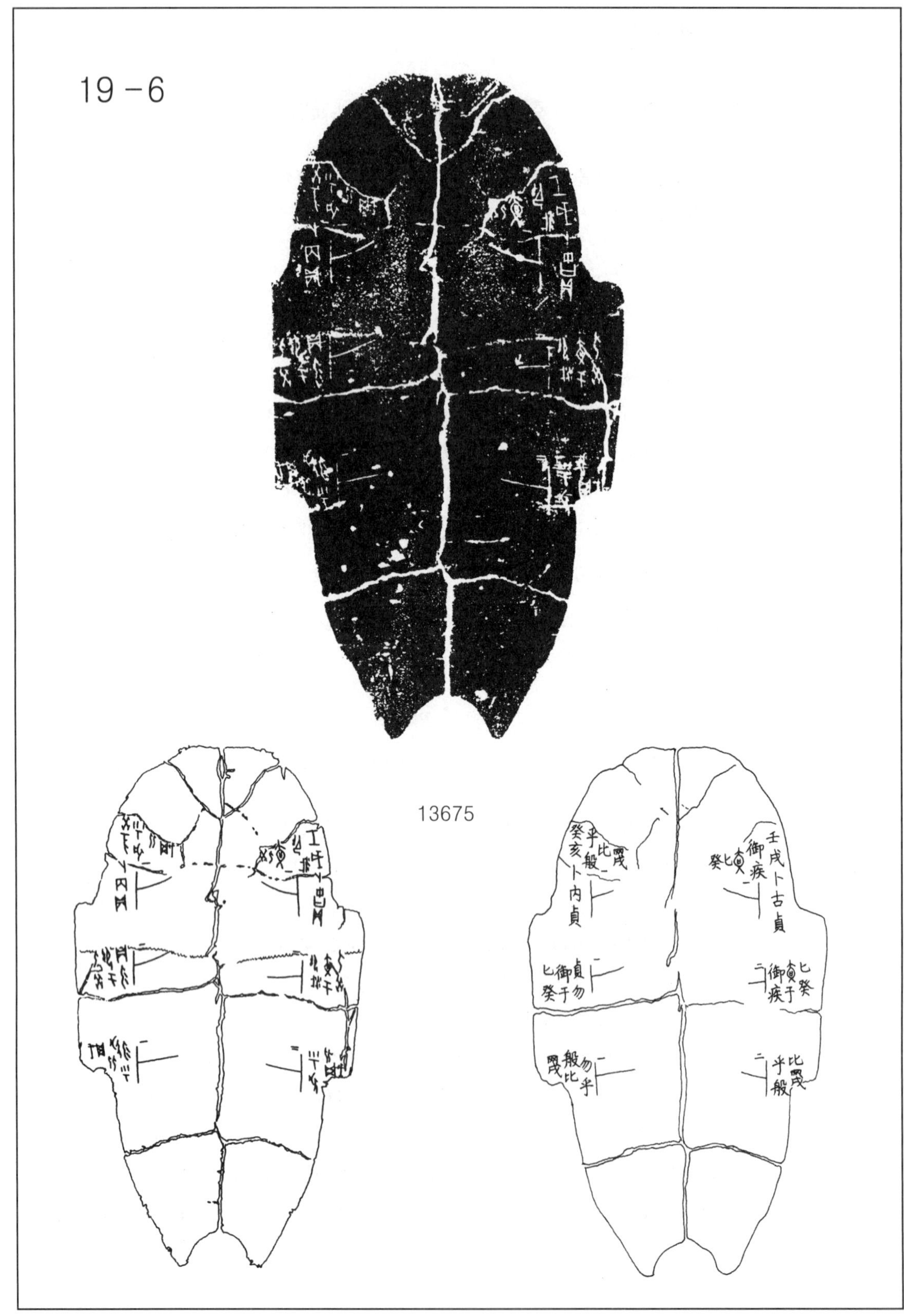
19-6
13675
癸亥卜內貞
壬戌卜古貞

19. 제6편

1) 본 문 : **壬戌卜, 古貞 : 御疾 匕(妣)癸。一**
貞 : 勿御于匕(妣)癸。一
御疾 于匕(妣)癸。一

2) 한 역 : **壬戌일에 점치고, 古가 묻습니다 : 복통을 낫기 위해 妣癸에게 御祭를 드릴까요? 처음 물었다.**
묻습니다 : 妣癸에게 御祭를 드리지 말까요? 처음 물었다.
복통을 낫기 위해 妣癸에게 御祭를 드릴까요? 처음 물었다.

3) 출 전 : ≪甲骨文合集≫ 13675 제1기

4) 자 해 : **[壬戌卜, 古貞]** : 古 - 中과 口의 합체자로 제1기의 貞人 이름이다.
[御疾 妣癸] : 御 - 제사명, 禦祭(4 - 8 참조). - 사람의 뱃속에 통증을 일으키는 무언가 있는 모양. 복부질환. 匕(妣) - 妣의 초문. 돌아가신 여성 조상 先妣. 匕는 祖妣의 妣(bi · 비)로 쓰였고, 또 '연속'이라는 부사로 쓰였다(4 - 21 참조). 갑골문의 예를 보자.

· 于辛田, 擒. 王匕擒. (≪甲≫ 673)
辛일에 사냥하는데, 포획할까요? 대왕은 연속적으로 포획할까요?

5) 해 설 : 상대의 숟가락 - 匕

상대의 청동 숟가락은 현대 중국인들이 사용하는 사기 숟가락과 모양이 비슷하다. 周代로 오면 숟가락은 국자 이외에 밥을 뜨기 위한 구조로 변해 한국인이 사용하는 숟가락과 비슷한 형체를 이루고 있다.
갑골문 匕의 자형은 숟가락(匙) 모양이라고 하나 발굴자료와 비교해 볼 때 일치되지 않는다. 어떤 匕字는 마치 팔을 구부리고 있는 사람의 측면 모양을 하고 있다. 상대 사람들 보기에 匕는 匙형이 아니고 팔을 구부리고 있는 여인의 모양으로 보였던 것일까? 줄곧 여성조상인 妣로 쓰였다.
그러나 현대 중국인들은 젓가락으로 밥과 반찬을 먹고, 숟가락은 국물 있는 음식을 떠먹는데 그 모양은 상대의 청동 숟가락과 매우 유사하다.

19 -7

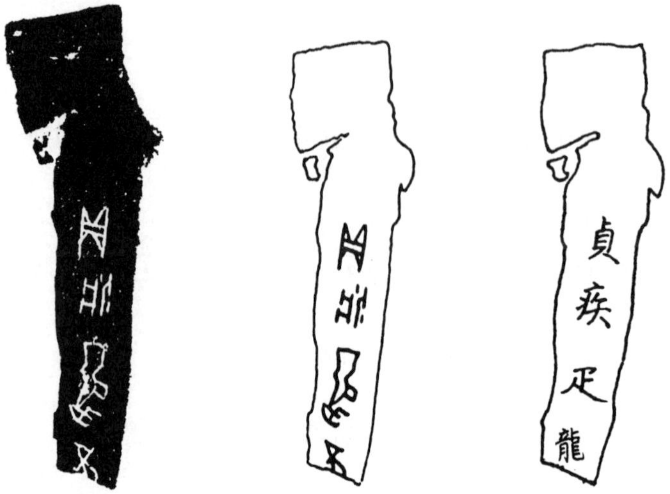

1. 13693

2. 13682

19. 제 7 편

1) 본 문 : 1. **貞 : 疾足, 龍(寵)**。

2. **□午卜, 㱿貞 : 㞢(有)疾止, 隹(唯)黃尹𧊒(害)**。

2) 한 역 : 1. **묻습니다 : 장딴지에 종양이 생겼는데 치유될까요?**

2. **□午일에 점을 치고, 㱿이 묻습니다 : 발에 병이 났는데 黃尹이 재앙을 내린 것일까요?**

3) 출 전 : 1. ≪甲骨文合集≫1, 13693 제1기 2. 13682 제1기

4) 자 해 : **[疾足龍(寵)]** : 足 - 다리와 발(止)이 연결되어 있는 모양. 疋(shu · 소)와 통한다. 점차 腿字로 대체되었다. 다리. 장딴지 부위에 돌기를 나타내고 있어 단순한 다리의 병이라기보다 종양 같은 증증으로 간주된다(徐中舒, 1990 - 193) (16 - 11 참조). 龍 - 용의 모양(19 - 5 참조).

[㞢(有)疾止] : 止 - 발가락 3개로 나타낸 발바닥의 모양. '발趾'의 초문(趙誠, 1988 - 161).

[隹(唯)黃尹𧊒(害)] : 黃 - 두 손으로 처럼 화살을 받쳐들거나, 패옥을 찬 모양. '노랑색'으로 빌려 썼다. 尹 - 손에 처럼 지휘봉을 든 모양. 상부가 잘렸으나 나머지 부분으로 보완하였다. 대신 黃尹을 가리킨다(2 - 9 참조). **𧊒**(害) - 뱀이 발뒤꿈치를 무는 모양. '재앙'을 뜻한다. 문맥을 통해 보완하였다(10 - 7 참조).

5) 해 설 :

外科 질병

外科的 질병은 疾足 · 疾止 · 疾臀 · 疾肘 · 疾膝 · 疾骨 등이 있다. 본 장에서 다루지 않은 예만 든다.

1. **疾臀 : 臀部와 관계되는 疾病**
   - **□寅卜, 古貞 : 臀其有疾. 엉덩이에 병이 있을까요?**
2. **疾肘 : 팔꿈치의 관절에 생긴 疾病**
   - **貞 : 疾肘□.** (13676) **팔꿈치가 아픈데….**
3. **疾卩 : 사람이 무릎을 대고 꿇어앉은 모양으로 무릎관절 질환.**
   - **己酉卜, 貞 : 有疾卩.** (≪簠≫ 38) **무릎이 아플까요?**

19-8

1. 13921

2. 5598

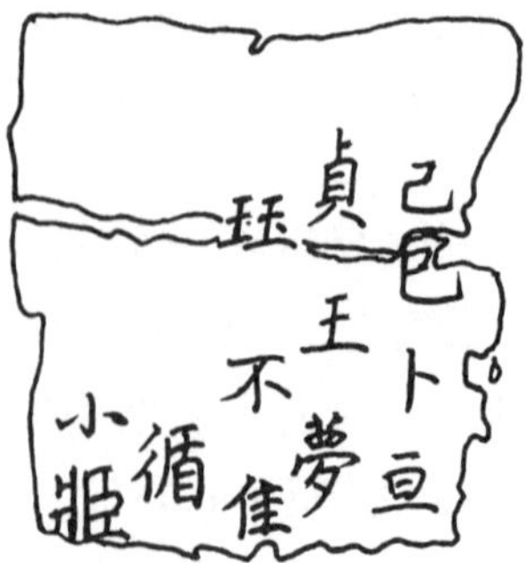

19. 제8편

1) 본 문 : 1. ☐骨(囚)[凡]㞢(有)疾。

2. 己巳卜, 亘貞 : 王夢珏, 不隹(唯)循小疾臣。

2) 한 역 : 1. 몸살을 앓을까요?

2. 己巳일에 점치고, 亘이 묻습니다 : 대왕께서 꿈에 옥을 보았는데, 담당 의사를 찾아가지 않아도 될까요?

3) 출 전 : ≪甲骨文合集≫ 1. 13921 2. 5598 제1기

4) 자 해 : [骨凡㞢(有)疾] : 骨 - 관절이 연결된 뼈의 모양, 뼈. '骨凡有疾'은 상대의 몸살이나 신경통 계통의 질병으로 보는 질병성어다. 骨는 囚로 보기도 한다(于省吾, 1996 - 2241). 疾 - 병, 병이 나다. 骨疾은 疾骨과 같으며 골수나 관절통 등뼈와 관계된 질병. 상왕의 骨질환에 대해 점친 내용을 보자.

· 庚戊卜, 亘貞 : 王其疾骨(☐☐☐☐).

· 貞 : 王弗疾骨. 王固曰 : 勿疾. (709正)

[王夢珏不唯循小疾臣] : 王 - 상왕, 夢 - 꿈을 꾸다. 꿈. 珏 - 옥. 循 - 순시하다. 찾아가다(5 - 10 참조). 小疾臣 - 질병을 치료하는 의관. 合文으로 썼다.

5) 해 설 : 질병의 치료자

질병은 上帝나 祖上이 내린 재앙이라고 여겼다. 그러나 질병의 치유는 上帝에게는 기원하지는 않고 祖上에게 간구하였는데, 이는 따스한 정을 나누며 살았던 조상들이 더욱 정성껏 치유해 주리라고 믿었던 것이다. 상대인들이 생각했던 질병 치유자들은 다음과 같다.

1. 祖上神
2. 巫術을 행하는 巫

   巫는 商代의 전통 의료인들로 醫를 겸비하고 있다. 처음에 巫術로 치유하고 점차 약물로 치료하는 醫術로 발전하게 된 것이다.
3. 醫官인 小疾臣

   小疾臣은 질병치료를 전담하는 상대 왕실의 주치의였다.

   · 乎☐小疾臣☐. (5599正) 小疾臣에게 … 를 명할까요.

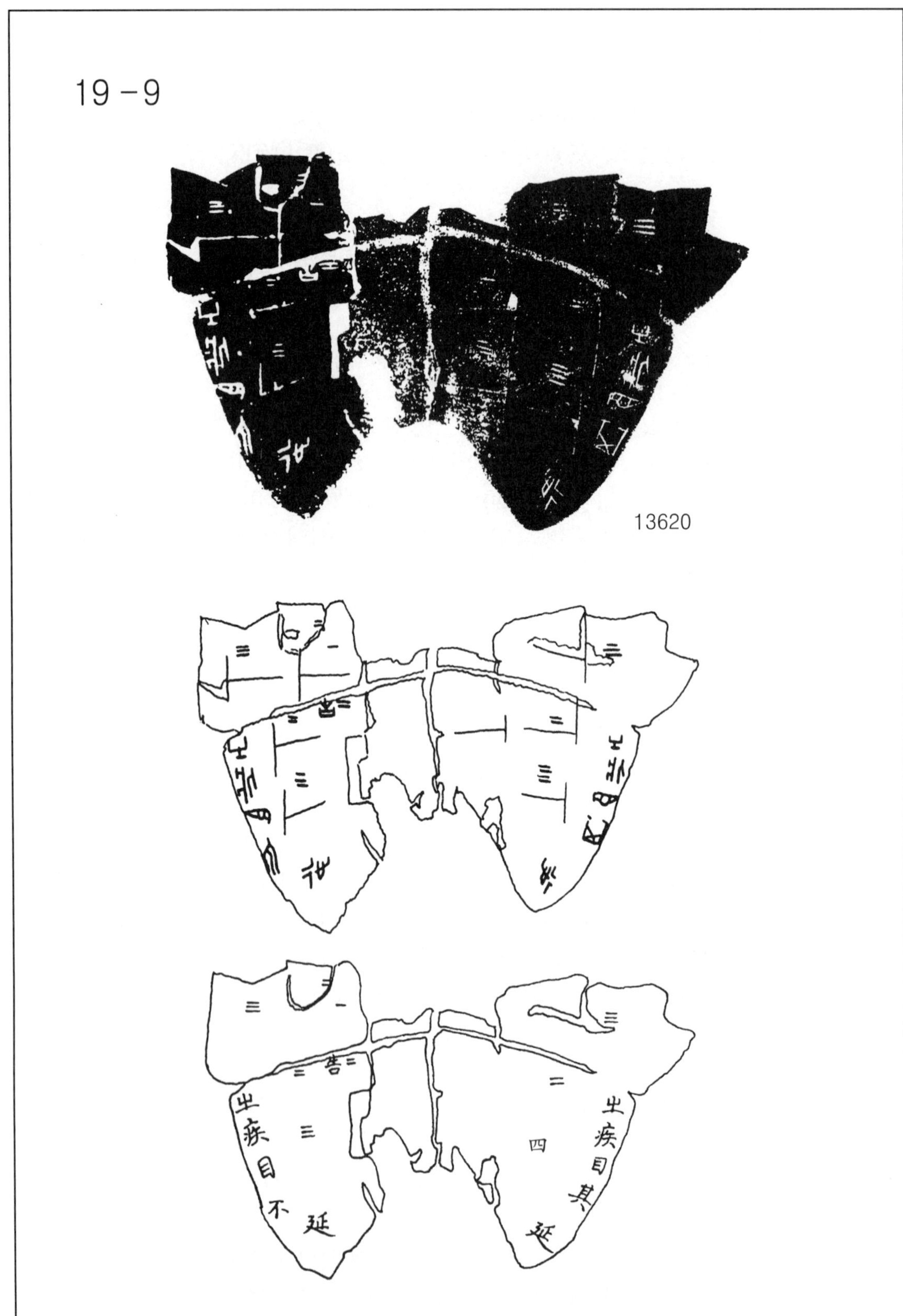
19-9
13620
三
一
三
三
吉
三
三
二
三
四
𡿺
疾
目
不
延
𡿺
疾
目
其
延

19. 제9편

1) 본 문 : **㞢(有)疾目, 其祉(延)。三 四**
㞢(有)疾目, 不祉(延)。三 四

2) 한 역 : **눈병이 났는데 오래 지속될까요? 네 번 물었다.**
눈병이 오래 지속되지 않을까요? 네 번 물었다.

3) 출 전 : ≪甲骨文合集≫ 13620 제1기

4) 자 해 : **[㞢(有)疾目]** : 㞢 - 又의 제1기 자형. 有이며 '있다'는 뜻이다. 㞢의 가운데 획이 잘려 있는 이체현상을 보인다. 疾 - 병이 나다. 目 - 눈. 目자는 처럼 자연상태의 눈을 본뜬 자. 臣은 눈을 치켜 뜨고 명령자를 보는 모양으로 로 표현해 目과 구별시켰다. 目은 죽간이나 나무판에 새기기 편하게 세웠다. 점차 目은 '목표', '목적'처럼 추상적인 어휘에 쓰이고, 구어체에서 눈은 目에 艮을 음으로 한 형성자 '眼'을 만들어 전용했다(徐中舒, 1990 - 361).
[其祉(延)] : 其 - 강조부사(2 - 6 참조). 祉(延) - 彳와 止의 합체자로 거리를 걸어가고 있는 모양에서 '지속하다'는 뜻을 주었다.
본 편의 탁본은 ≪合≫ 13620正의 우측에 ≪乙≫ 2810번을 綴合해 선명도를 높였다.

5) 해 설 : **眼科 질병**

안과의 질병은 눈에 발생하는 각종 질병으로 卜辭에는 실명을 우려하는 경우까지 있었다. 喪자는 뽕나무에 뽕이나 잎을 따 담는 바구니가 달린 모양이지만 음에 의해 '喪失하다'는 뜻으로 빌려 써 喪明은 失明을 뜻한다.

· 戊戌卜, 貞 ; 丁目不喪明. 六月. (21037)
戊戌일에 점쳐, 묻습니다 : 丁의 눈이 실명되지는 않겠지요. 6월에.

19-10

13651

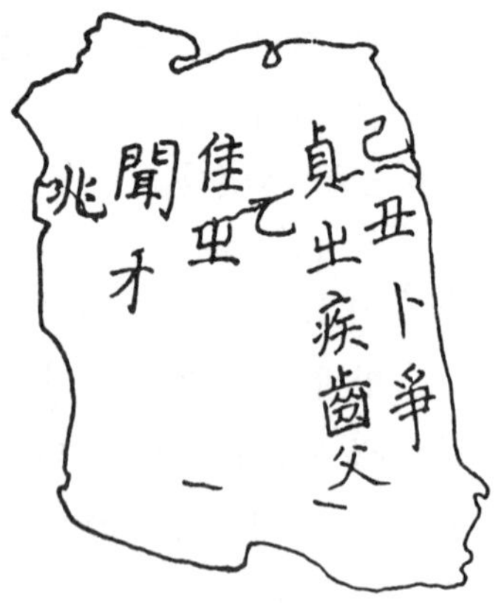

19. 제10편

1) 본 문 : **己丑卜, 爭貞 : 㞢(有)疾齒, 父乙隹(唯)㞢(有)聞, 才(在)兆(洮)。**

2) 한 역 : **己丑일에 점을 치고, 爭이 묻습니다 : 대왕께서 잇병이 났는데, 아버지 乙에게 쾌유를 빌면 들어줄까요? 兆에서 점을 쳤다.**

3) 출 전 : ≪甲骨文合集≫ 13651 제1기

4) 자 해 : **[己丑卜, 爭貞]** : 己丑일에 점을 쳤고 爭이 묻습니다.

[㞢(有)疾齒] : 㞢 – 있다. 齒 – 벌어진 입 속에 처럼 삐죽삐쭉 나와 있는 치아의 모양, '이' 또는 '재앙'으로 쓰였다. 본 편에서는 이를 뜻한다(9-11 참조).

[父乙隹(唯)聞] : 父 – 손에 처럼 도끼나 지휘봉을 든 모양. 아비父의 本字, 父乙. 武丁이 아버지 小乙에 대한 호칭. 隹 – 강조부사(唯), 聞을 강조한다. 聞 – 사람이 꿇어 앉아 처럼 두 손으로 귀를 감싸고 듣는 모양(14-7 참조). 듣다.

[在兆(洮)] : 才 – 장소를 표시하는 전치사. 在의 초문. 兆 – 물을 사이에 두고 사람이 등을 돌려 도망가는 모양으로 洮의 본자이다. 지명으로 쓰였다(于省吾, 1996-73).

5) 해 설 :

齒字의 쓰임새

齒는 입 속에 이가 위아래에서 삐어나온 모양()으로 本義는 '치아'이다. 周代 후기에 止를 聲符로 첨가하여 형성자 齒가 되었다. 卜辭에서는 두 가지 용법으로 쓰였다(于省吾, 1981-221).

1. **치아 : 본 편처럼 치아를 뜻하는 齒이다.**
2. **재앙 : 갑골문 치아 모양인 를 재앙으로도 빌려 썼다. 다음 몇 卜辭를 보면 재앙이라는 풀이가 확실하다.**

· **王固曰 : 不吉, 其致齒.** (≪綴合≫ 268)
왕이 점친 결과를 보고 말했다 : 불길하겠다, 재앙이 이르겠다.
· **王固曰 : 吉, 亡來齒.** (≪乙≫ 3380)
왕이 점친 결과를 보고 말했다 : 길하겠다, 재앙이 오지 않겠다.
· **艱, 其有來齒.** (≪續≫ 4. 32. 3)
재앙이 있겠다, 재앙이 미치겠다.

19 - 11

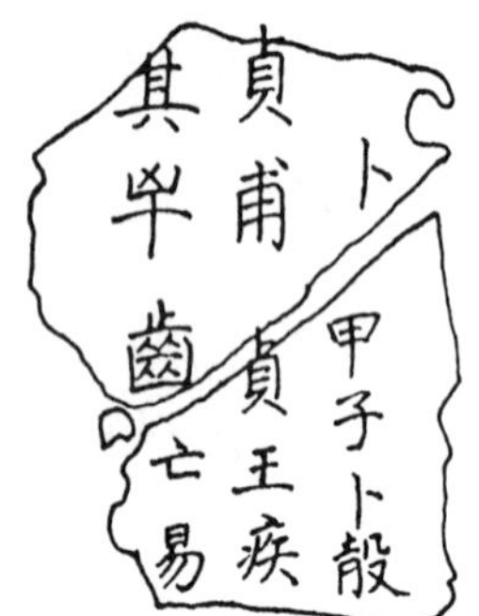

1. 13643

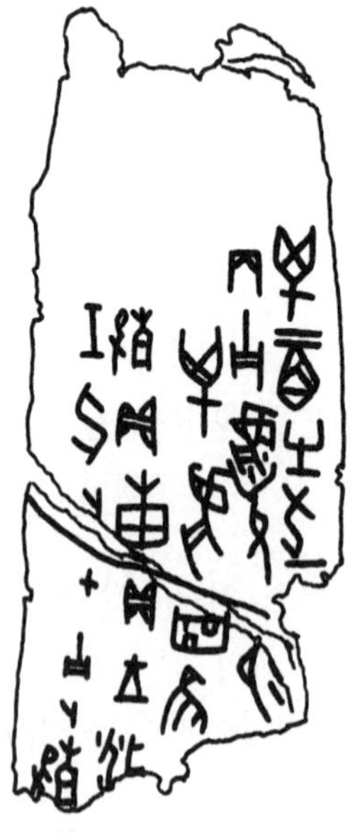

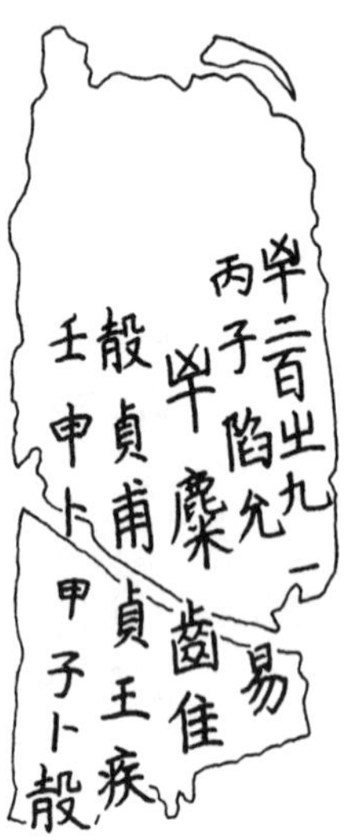

2. 10349

19. 제11편

1) 본　문 : 1. **甲子卜, 㱿貞 : 王疾齒亡易☐。**

2. **甲子卜, 㱿貞 : 王疾齒隹(唯)☐易☐。**

2) 한　역 : 1. **甲子일에 점을 치고, 㱿이 묻습니다 : 대왕의 이가 아픈데 뽑지 말까요?**

2. **甲子일에 점을 치고, 㱿이 묻습니다 : 대왕의 이가 아픈데 뽑을까요?**

3) 출　전 : ≪甲骨文合集≫ 1. 13643 제1기　2. 10349 제1기

4) 자　해 : **[王疾齒]** : 王 - 상왕. 제1기의 자형이다. 疾 - 병이 나다. 齒 - 이.

[亡(無)易] : 亡 - 無. 없다. 易 - 술병을 기울여 ☐처럼 다른 병에 술을 따르는 모양으로 益의 초문. '주다'는 의미가 있고, '바꾸다'는 뜻으로 引申되었다. 또 易을 ☐형으로 보고 更易라는 의미로 풀이하여 '이를 바꾸다', 즉 '이를 뽑다'는 뜻으로 보았다(徐中舒, 1990 - 1063). 또다른 견해는 구름이 걷힌 모양으로 暘이라고 보고 있다. 또 '唯易', '無易'를 '有害', '無害'와 같은 질병의 상태로 보는 견해가 있다(姚孝遂, 1985 - 148)(16 - 1 참조).

5) 해　설 :

齒科 질병의 치료 - 拔齒

이가 썩으면 벌레가 먹은 것으로 여기고 '발치'하는 것은 매우 일반적인 생각이다. 우리네와 다를 바 없이 商代人들도 이가 아플 때 벌레가 먹은 것으로 여겼고 ☐처럼 그릇 안에 벌레를 그려(蠱·고) 벌레가 먹었다고 표현한 것은 사실적이고 기발하다. 해결방법은 이를 빼는 것이다.

- **有疾齒, 唯蠱. (13658)　이가 아픈데 벌레가 먹은 것이겠지요?**
- **貞 : 祈氏之疾齒, 鼎寵. 疾齒, 寵. (6482 正)**

묻습니다 : 아픈 이를 뽑으면 곧 쾌유될까요? 이가 아픈데 치유될까요?

'氏之疾齒'는 아픈 이를 보내버리다, 즉 '뽑아내다'는 의미이고 '鼎寵'은 '목전에 신의 보호를 받아'(于省吾, 1979 - 217)라는 의미로, 아픈 이를 뽑으면 신의 가호를 받아 쾌유되겠는가로 풀이된다. 상대 치과 치료의 일면을 볼 수 있다.

19 - 12

13630

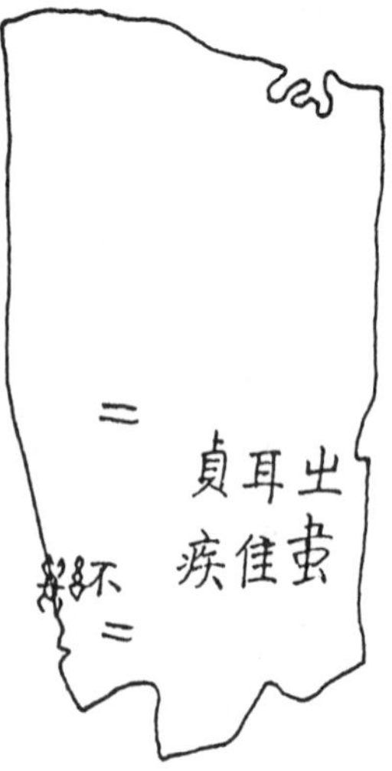

19. 제12편

1) 본 문 : **貞：疾耳, 隹(唯)㞢(有)蚩(害)。二 不玄冥**

2) 한 역 : **묻습니다 : 대왕께서 귓병이 났는데 재앙이 있을까요?**
두 번째 물었다. 주저말고 시행하라.

3) 출 전 : ≪甲骨文合集≫ 13630 제1기

4) 자 해 : **[貞]** : 鼎의 형체에서 점차 간화된 모양. 점쳐 묻다.
[疾耳] : 疾 - 침상에 누운 환자가 땀을 흘리고 있는 모양, 병이 나다. 耳 - 耳는 𦔮처럼 귀의 형상을 본뜬 자. 귀(徐中舒, 1990 - 1285).
[隹(唯)㞢(有)蚩(害)] : 隹 - 강조부사(唯). 㞢(有) - 있다. **蚩**(害) - 뱀이 발꿈치를 무는 모양. 재앙(hai · 해) 또는 (它 · 타)로 읽는다(10 - 7 참조).
[二] : 셈가지를 두 개 포개 놓은 모양. 같은 내용을 2번째 점쳐 묻다는 뜻.
[不玄冥] : 주저말고 시행하라(16 - 12 참조).

5) 해 설 :

耳鼻咽喉科 질병

귓병에는 외부상처나 벌레 또는 물이 들어가 발생하는 귀앓이가 있고 노년기에 주로 발생하는 '耳鳴'도 있다. 상왕은 일반적인 귓병 이외에도 耳鳴에 시달리며 호소한 내용이 있어 주목된다. 아래 복사를 보면 귓병에 侑祭와 御祭를 겸하여 드렸고, 제물의 수량으로 보아 증세가 심해 성대한 제사를 드린 것으로 추정된다.

- **庚戌卜：朕耳鳴, 侑御于祖庚羊百㞢(又)用五十八. (22099)**
  庚戌일에 점을 칩니다 : 짐의 귀가 울리는데 祖庚에게 양 158마리를 드려 侑祭와 御祭를 드릴까요?

耳鳴은 청각기관의 손상으로 인한 질병이지만, 상대의 통치자들은 귀신이 내린 재앙으로 여겼고 양 1백여 마리 넘게 드려 제사지냈다.

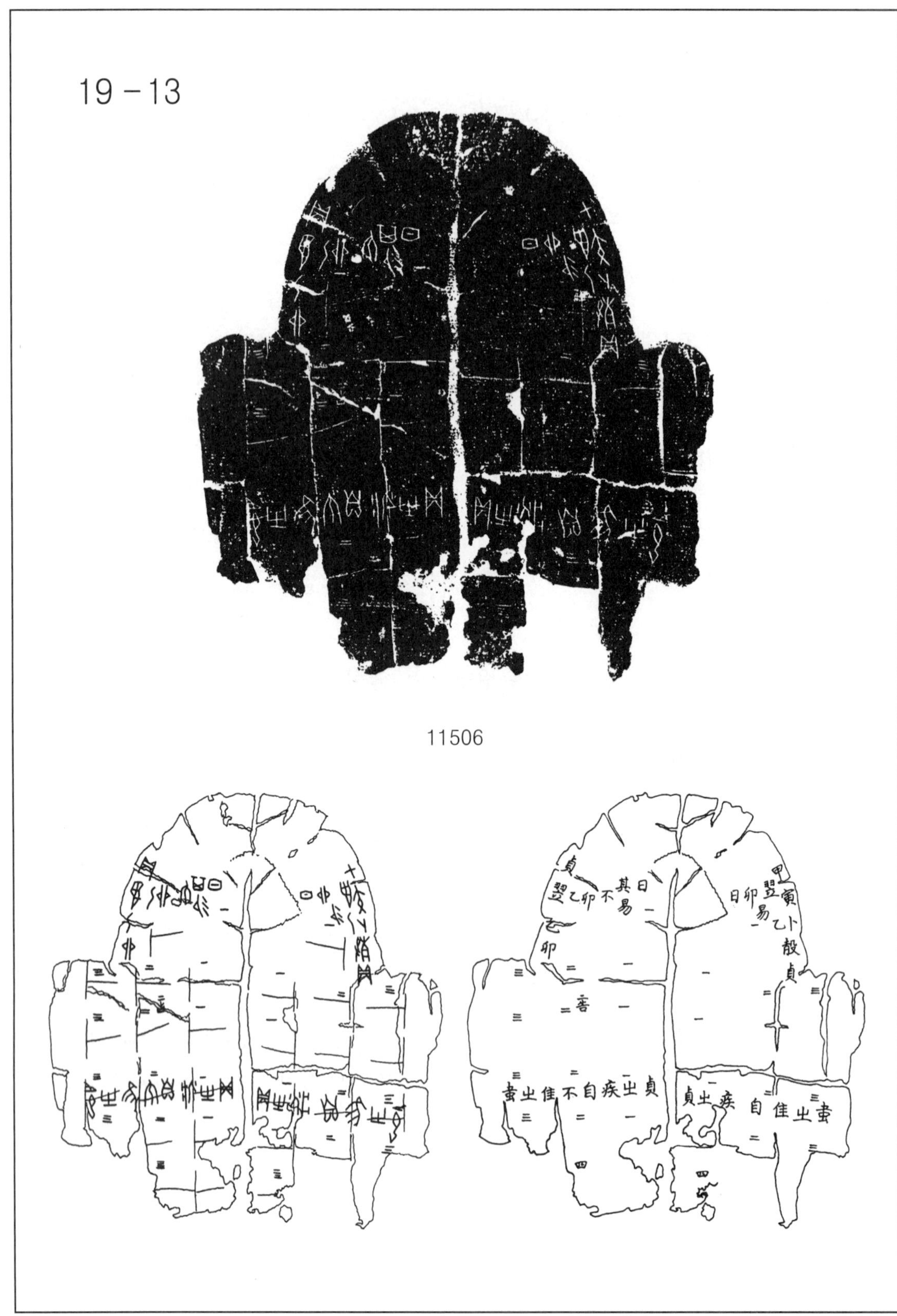

19 - 13

11506

19. 제 13 편

1) 본 문 : **貞 : 㞢(有)疾自, 隹(唯)㞢(有)𧊒(害)。** 一 二 三 四
貞 : 㞢(有)疾自, 不隹(唯)㞢(有)𧊒(害)。

2) 한 역 : **묻습니다 : 코에 병이 났는데 재앙으로 번질까요? 네 번 물었다.**
묻습니다 : 코에 병이 났는데 재앙으로 번지지는 않을까요?

3) 출 전 : ≪甲骨文合集≫ 11506 제1기 (≪殷虛文字乙編≫ 6385)

4) 자 해 : **[貞]** : 鼎의 형체가 간화된 자. 점쳐 묻다는 뜻이다.
[㞢(有)疾自] : 㞢(有) - 있다. 疾 - 사람이 침상에 누워 땀을 흘리고 있는 모양. 병 또는 '병이 나다' 이다. 自 - 코의 모양을 처럼 정면에서 그렸다. 그러나 실제로는 코를 '비'라고 불렀다. 코인 自를 '자신'으로 빌려 쓰게 되자 점차 畀(bi)를 성부로 하여 형성자 鼻를 만들었다(16 - 6 참조).
[不隹(唯)㞢𧊒(害)] : 不 - 부정부사. 隹 - 강조 부사(唯), 뒤에 오는 㞢(有)를 강조한다. **𧊒**(害) - 뱀이 발꿈치를 무는 모양. 재앙으로 풀이한다.

5) 해 설 :

중국인과 코

自는 양미간에서 흘러내리는 콧대와 콧구멍까지를 그린 코 모양이다. 따라서 本義는 코이다. 그러나 중국인들은 자신을 가리킬 때 코를 지칭하는 관습으로 인해 '자신' 또는 '~로부터'로 인신되었다. 그러나 古文獻에서 本義로 쓰인 예는 거의 없는데 갑골문에서 本義로 쓰인 예를 볼 수 있다. 自의 다양한 쓰임을 보자.

1. 코 : 有疾自. (11506) 콧병이 날까요?
2. 친히 : 王自饗, 勿自饗. (6394)
대왕께서 친히 대접할까요, 친히 대접하지 말까요?
3. ~로부터(自…, 自…至) :
癸酉卜 : 自今至丁丑其雨. (2105)
癸酉일에 묻습니다 : 오늘부터 丁丑까지 비가 올까요?

19－14

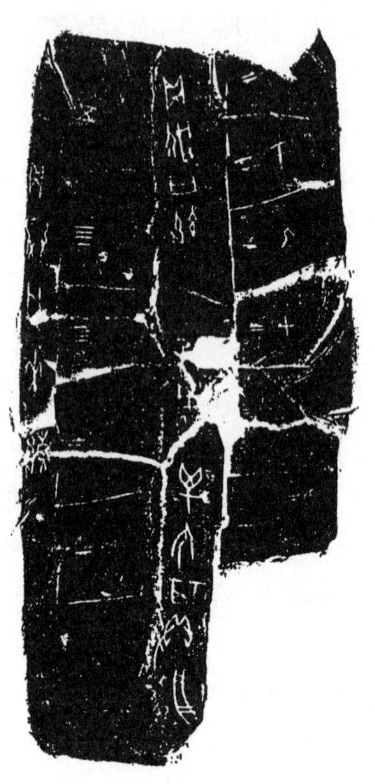

11460

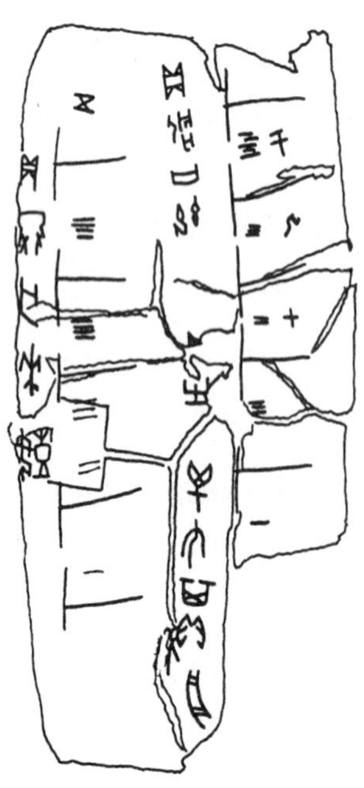

19. 제14편

1) 본 문 : **貞 : 疾口, 御于匕(妣)甲。一 二 三 四 五**

2) 한 역 : **묻습니다 : 입에 병이 났는데 妣甲에게 御祭를 드려 쾌유를 빌까요? 다섯 번 물었다.**

3) 출 전 : ≪甲骨文合集≫ 11460 正 甲 제1기

4) 자 해 : **[貞]** : 貞 - 鼎 모양을 본뜬 자. 점쳐 묻다로 쓰였다.

[疾口] : 口 - 입의 모양. 입 (1 - 5 참조).

[御于匕(妣)甲] : 御 - 두 손에 무언가를 들고 꿇어앉아 기원하는 모양. 禦의 初文, 제사명. 于 - 인명이나 소재를 나타내는 전치사. ~에게, ~에서 (2 - 1 참조). 匕 - 숟가락 (匙) 모양. 또는 사람이 팔을 구부리고 측면으로 서 있는 모양이라는 풀이가 있다. 妣의 초문. 祖의 배우자 祖妣의 妣 (4 - 21 참조). 妣甲 - 이름이 甲인 先妣.

5) 해 설 : 商代의 환자

疾病卜辭 중의 환자들은 商王과 王妃 · 王의 자녀, 그리고 商王을 보좌했던 일부 중신들이다.

1. 商王 : 질병복사는 제1기에 집중적으로 나타났기 때문에 대부분은 武丁의 질병 상황을 물었던 것이다. 질병 종류의 다양함은 근 100세를 향유했던 그의 삶에 많은 병력을 보여주고 있다.
2. 王妃 : 60여 명에 이르는 武丁의 妃들이다.

   貞 : 婦爵育子, 亡疾. (22322)

   婦爵이 아이를 낳았는데 病이 없겠지요?
3. 王子 : 商王 자녀의 疾病은 婦人의 이름 뒤에 '子'를 붙여 占을 친 경우와 자녀의 이름을 직접 적고 占을 친 경우가 있다.

   貞 : 婦妹子其死. (2812) 婦妹의 아이가 혹시 죽을까요?

   子漁亡疾. (13723) 子漁에게 병이 없을까요?
4. 大臣 : 대신들의 疾病에도 占을 쳐 병세의 호전상황을 물었다.

   雀骨凡有疾. (13869) 대신 雀가 몸살을 앓을까요?

갑골문과 비교해보자.

19－15

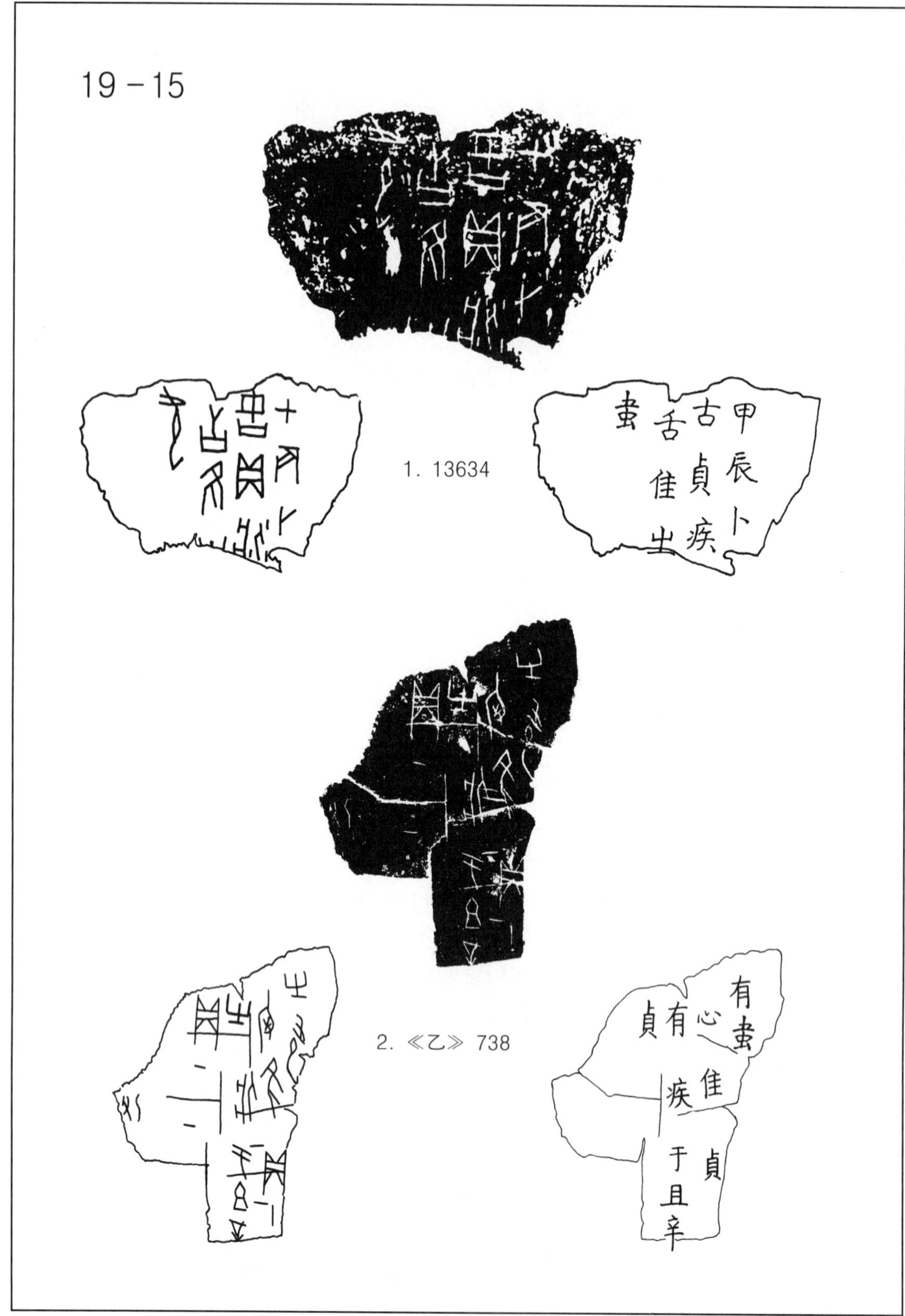

1. 13634

2. 《乙》738

19. 제15편

1) 본 문 : 1. **甲辰卜, 古貞 : 疾舌, 隹(唯)㞢(有)𡆥(害)。**
2. **貞 : 㞢(有)疾心, 隹(唯)㞢(有)𡆥(害)。**

2) 한 역 : 1. **甲辰일에 점을 치고, 古가 묻습니다 : 대왕께서 혀에 병이 났는데, 재앙으로 미칠까요?**
2. **묻습니다 : 마음병이 있는데, 재앙이 있겠습니까?**

3) 출 전 : 1. ≪甲骨文合集≫ 13634. 2. ≪殷虛文字乙編≫ 738 제1기

4) 자 해 : **[甲辰卜, 古貞]** : 甲辰 - 甲辰일(15 - 1 참조). 卜 - 甲이나 骨위를 불로 지졌을 때 반대 면에 생기는 파열 흔 모양. 점을 치다(1 - 1 참조). 古 - 인명.
[疾舌] : 疾 - 병이 나다. 舌 - 입에서 혀가 나와 있는 모양. 때로는 입 속의 침을 점으로 나타냈다. 혀(趙誠, 1988 - 160).
[疾心] : 心 - 사람의 심장 외곽을 형상화한 모양. 마음 · 심정으로 인신하였다(趙誠, 1988 - 161).

王心若. (≪拾≫ 9, 10) 대왕의 마음이 화평할까요?

≪左傳 · 昭公元年≫ : 「明淫心疾」 注에 「思慮煩多, 心勞生疾」라고 한 것을 보면 心疾은 지나치게 마음을 쓰거나 괴로움을 당하여 발생하는 정신적인 증세로 보고 있다. 卜辭에서는 疾心이라고 하였다.

5) 해 설 :

外傷과 재앙

疾病卜辭에는 外傷치료에 대해 占卜한 예는 거의 없다. 이는 다른 질병보다 원인이 명확해 諸神께 기원할 필요가 없었기 때문이었다. 그러나 전쟁 · 사냥 · 기타 요인으로 인한 外傷은 비록 각기 상처의 부위는 달라도 모두 '재앙'이라는 占卜術語를 구성했다.

1. 전쟁에서 화살을 맞은 경우 : 疒(疾) → 질병
2. 뱀에 물린 경우 : 𡆥 → 亡𡆥 재앙이 없을까요?
3. 수해로 인한 재앙 : 巛 → 亡巛 재앙이 없을까요?
4. 병기로 인해 상해를 입은 경우 : 𢦏 → 亡𢦏 재앙이 없을까요?
5. 손 · 손목에 상처를 입은 경우 : 丈 → 亡丈 재앙이 없을까요?

19-16

1. 13723

보충 13619

19. 제16편

1) 본 문 : **丁□卜, 貞 : 子漁亡疾。三月。**

2) 한 역 : **丁□일에 점치고, 묻습니다 : 子漁에게 질병이 없을까요?** 3월에.

3) 출 전 : 1. ≪甲骨文合集≫ 13723 제1기 보충 13619 제1기

4) 자 해 : **[子漁亡疾]** : 子 - 머리와 양팔 그리고 강보에 싸여 하나로 나타낸 다리 모양. 인명·아이·아들·왕자 등을 뜻한다. 漁 - 물살을 헤치는 물고기 모양. 물고기를 잡는다는 뜻으로 잡는 방법에 따라 문자가 만들어졌다. 子漁는 상당히 총애를 받던 武丁의 아들로 子漁가 새겨진 청동기도 적지 않다(11 - 1 참조).

· 癸巳卜, 殸貞 : 子漁疾目[?]告于父乙. (13619)
子漁에게 눈병이 났는데 父乙에게 告祭를 지낼까요?

5) 해 설 :

질병의 상태

질병에 걸리게 되면 질병의 상황 변화와 치유상태, 호전도를 부단히 점쳐 물었다. 卜辭에서 질병의 상황이나 악화를 나타내는 말들을 살펴본다.

民 - 예리한 칼로 눈을 찌르는 모양. 盲·萌芽로 인신되었고, 疾病의 초기상태를 나타낸다.

祉 - 질병의 상태가 '지속된다'(延)는 뜻이다.

克 - 질병을 이겨낸다는 뜻. ≪玉篇≫ : 「克, 勝也」(19 - 24 참조)

去 - 疾病이 떠나 完治된 현상을 나타낸다.

· 貞 : 疾其去. (≪存≫ 1. 644) 병이 물러가겠지요?

寵 - 上帝나 鬼神, 조상의 보살핌으로 병이 낫는 것을 은총으로 여기고 '龍'자를 빌려 나타냈다. 龍과 寵의 음이 같아서다.

死 - 사람이 관 속에 누워 있는 모양. 서서 뼈를 보는 모양으로 나타냈다.

19－17

《乙》 2844

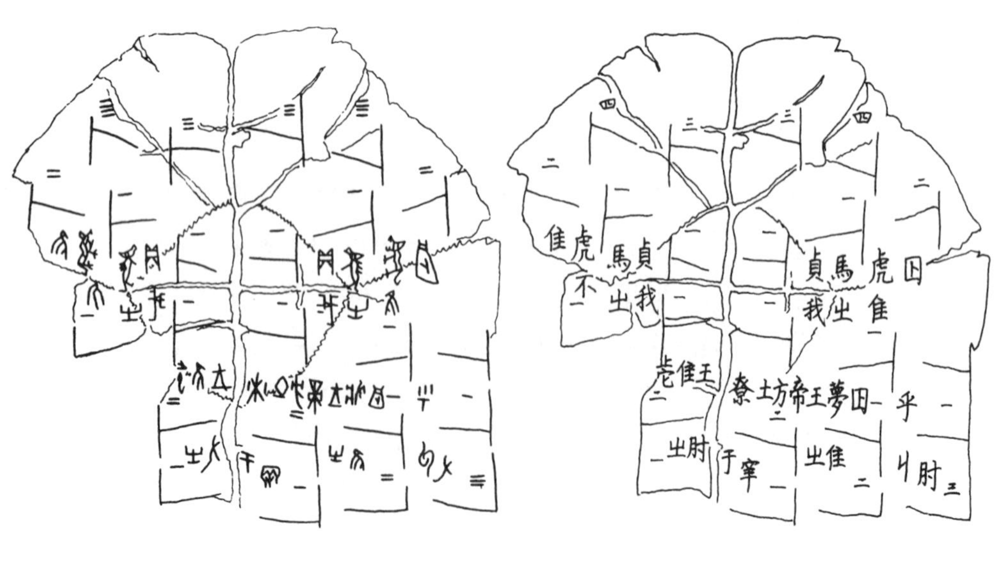

19. 제17편

1) 본 문 : (左下) 王肘隹(唯)㞢(有)𡆥(害)。
(右下) 乎(呼)丩(糾)肘。三

2) 한 역 : (左下) 대왕의 팔에 재앙이 미칠까요?
(右下) 팔을 동여매 교정하라고 할까요? 세 번째 물었다.

3) 출 전 : ≪殷虛文字乙編≫ 2844 제1기

4) 자 해 : [王肘隹(唯)㞢(有)𡆥(害)] : 王 - 상왕. 제1기 자형이다. 肘 - 구부린 팔의 모양. 후에 숫자 9로 가차되었다. 두 자를 구별하기 위해 팔에는 한 획을 첨가하여 寸자로 만들었다. 그러나 '寸'을 다시 길이의 단위로 쓰이게 되자 팔은 의부 肉을 붙여 '肘'자로 만들었다(趙誠, 1988 - 161).
[㞢(有)𡆥(害)] : 㞢 - 제1기의 又자. 有와 같다. 𡆥 - 뱀이 발뒷꿈치를 무는 모양으로 𡆥로 쓰기도 한다. 𡆥로 隸定하며 祟·囚·憂 뜻이 있다. 고음으로 虫과 음이 가까운 害로 읽는다(裘錫圭, 1992 - 14) (1 - 6 참조).
[乎(呼)丩肘] : 丩(ㄐ) - 두 가닥의 줄을 얽어 놓은 모양. 糾(jiu·규)의 초문이며 '바로잡다', '동여매다'는 뜻이다. 인명으로도 쓰였다(趙誠, 1988 - 76).

5) 해 설 :

整形外科 치료

古代 생활에서 전쟁이나 거친 작업중의 負傷으로 뼈가 부러지거나 빠지는 경우가 불가피한데 이때 뼈를 맞추고 붙이는 치료가 행해지는데 갑골문에 이에 관한 기록이 있다. 본문 이외에도 같은 내용을 찾아볼 수 있다.

· 王肘唯有害. (211) 대왕께서 팔을 다쳤는데 재앙이 있을까요?

甲骨文의 九는 ⺄처럼 손과 팔의 관절부위를 상형한 '肘'의 초문이다. ≪說文≫에서 "肘, 臂節也(肘는 팔의 關節이다)"라 하였는데 바로 팔꿈치를 가리키는 말이다. '丩'는 '糾'로 발음하며 ㄐ처럼 뼈를 맞추어 '바르게 한다'는 뜻이 있고 ≪周禮·夏官·大司馬≫ 注에는 '合也'라고 하였다.
이들을 근거로 하면 '糾肘'라는 뜻은 뼈를 바르게 하여 관절을 맞추고 동여매 고정시킴으로서 복원시키는 방법인 것이다. 이는 바로 전통 접골법으로 商代에 이미 동일한 방법이 시술되었음을 알 수 있다.

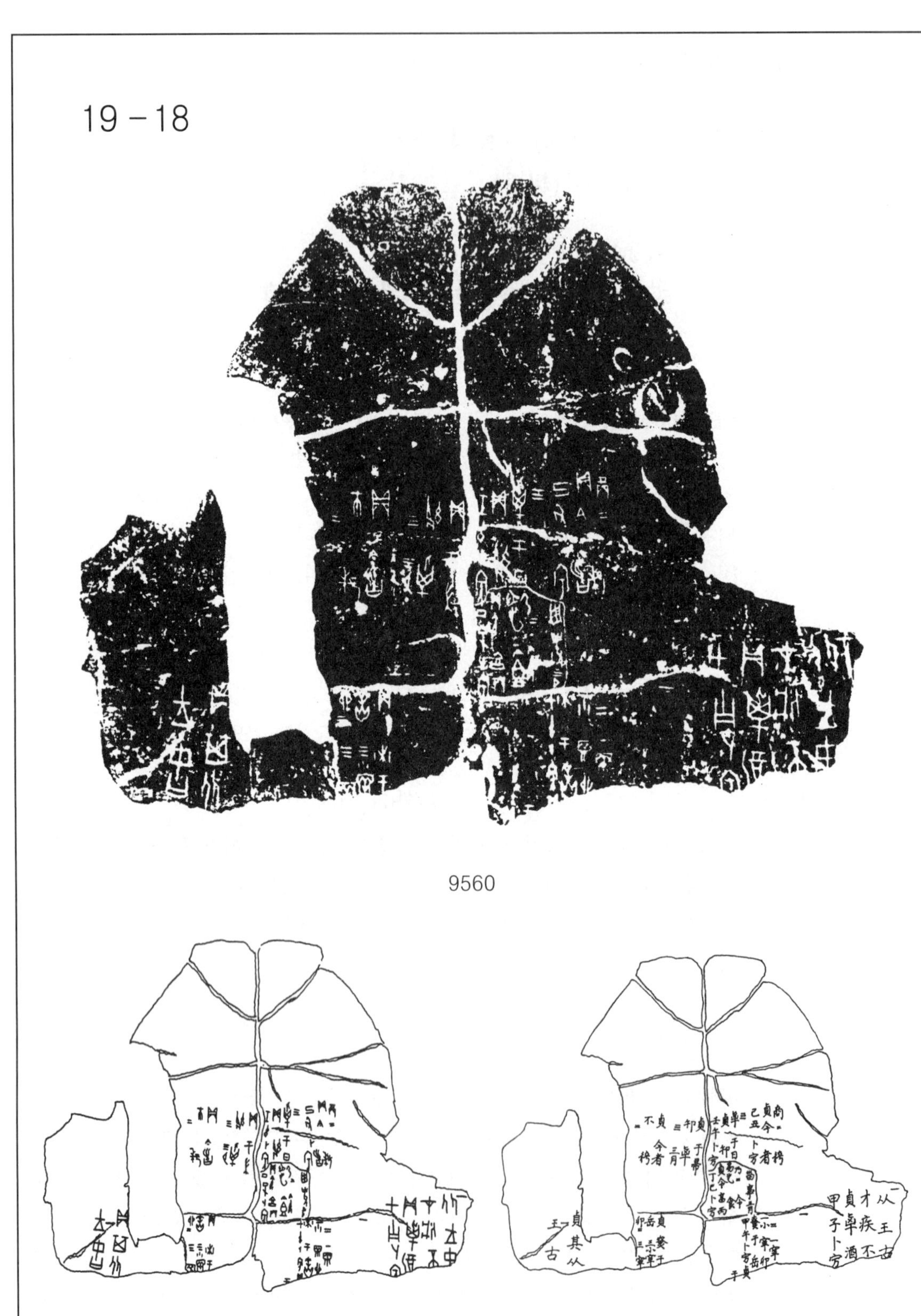
19 - 18
9560

19. 제18편

1) 본 문 : (右) 甲子卜, 宁貞 : 𢍰(畢)酒才(在)疾, 不从(從)王古。
(左) 貞 : 其从(從)王古。

2) 한 역 : (右) 甲子일에 점을 치고, 宁이 묻습니다 : 𢍰이 과음으로 인해 병중에 있는데 대왕의 분부를 잘 이행하지 못할까요?
(左) 묻습니다 : 왕의 업무를 잘 이행할 수 있을까요?

3) 출 전 : ≪甲骨文合集≫ 9560 제1기

4) 자 해 : **[甲子卜, 宁貞]** : 甲子일에 점을 치고, 宁이 물었다.
[𢍰(畢)酒才(在)疾] : 𢍰(禽) - 사냥 도구인 손잡이가 있는 그물 위에 人字가 있는 모양. 畢(bi · 필)로 쓰기도 한다. '잡다'로 쓰였고, 상대에 중책을 맡았던 인물이다(趙誠, 1988 - 168). 酒 - 물(水)과 술병을 합친 자, 술 또는 술을 마시다. 才 - 풀이 돋아나는 모양. 在의 초문(16 - 11 참조). 疾 - 환자가 침상에서 땀을 흘리는 모양. 병 또는 병이 나다.
[其从王古] : 其 - 강조부사. 从(從) - 두 사람이 잇대어 가는 모양. 따르다. 수행하다. 古 - 口에 中, 申 등을 聲符로 한 자(𠮷). 조자 배경은 알 수 없고 金文과 유사하나 금문에서는 中자의 가운데가 막혀 있다. 일반적으로 故로 발음하며 인명 · 방국명 · 事의 뜻이 있다. 전국시대 中山國 문자로부터 古형과 유사해졌고 ≪說文≫에서 문자구조를 「从十口」라 하였다(方迷鑫, 1993 - 177). 王古 - 王의 업무.

5) 해 설 :

神經精神科 질병

물질 문명이 최고도로 발달한 현대사회에서 스트레스로 인한 마음의 병이 많다. 3천여 년 전에도 마음의 병인 心病을 앓았던 흔적이 있었던 것을 보면 인간사란 예나 지금이나 매한가지라는 느낌이 든다. 음주 또한 예외가 아니다. 卜辭에서 말한 疾旋 · 鬼夢 · 알콜중독 등이 이에 속한다.

19－19

1. 17446

2. 13887

19. 제19편

1) 본　문 : 1. **己巳卜 : 㞢(有)夢, 王尿。八月。**

2. **貞 : 尿弗其骨凡㞢(有)疾。**

2) 한　역 : 1. **己巳일에 점을 칩니다 : 대왕께서 꿈을 꾸었는데 소변 빈삭이 될까요? 8월에.**

2. **묻습니다 : 尿에게 심한 감기 증세가 없을까요?**

3) 출　전 : ≪甲骨文合集≫ 1. 17446 제1기　2. 13887 제1기

4) 자　해 : **[㞢(有)夢王尿]** : 㞢(有) - 있다. 제1기의 자형이다. 夢 - 침상에 누워 [illegible]처럼 손을 허우적거리는 모양으로 '꿈', '꿈을 꾸다'를 뜻한다. 상대에는 꿈도 재앙으로 간주했다(趙誠, 1993 - 370). 尿 - 사람이 측면으로 서서 [illegible]처럼 소변을 보는 모양. 사람의 측면 모습이 점차 尸로 바뀌었다. 음은 (niao · 뇨) 이다. 卜辭에서는 소변빈삭 또는 인명으로 쓰였다(徐中舒, 1990 - 945).

[尿弗其骨凡㞢(有)疾] : 尿 - 인명. 弗 - 부정부사. 其 - 강조부사. 骨 - 관절과 잇대 있는 뼈의 모양(2 - 16 참조). '骨凡㞢疾'은 심한 감기증세, 신경통 같은 질병으로 '禍風有疾'이라고도 한다.

5) 해　설 :

상왕의 악몽

상대의 꿈은 惡夢을 나타냈다. 卜辭 중 왕이 악몽을 꾸어 재앙이 있겠느냐는 占卜은 갑골문에서 '夢幻'이라는 독립항목을 이룰 정도이다. 심지어 商王은 악몽을 자주 꾸어 꿈과 疾病과의 관계를 나타낸다. 商王이 鬼夢을 꾸어 재앙의 조짐으로 인식한 실례를 보자.

· 王夢, 子亡疾. (17384)

대왕이 꿈을 꾸었는데 왕자에게 병은 없을까요?

· 貞 : 王夢不惟[囚]. (17408)

대왕이 악몽을 꾸었는데 재앙이 없겠지요?

· 庚辰卜, 貞 : 多鬼夢, 不至[囚]. (17451)

꿈에 귀신들을 보았는데 재앙에 이르지는 않겠지요?

· 癸未卜, 王貞 : 畏夢, 余勿御. (17442)

두려운 꿈을 꾸었는데 내가 직접 御祭를 지내지 않아도 될까요?

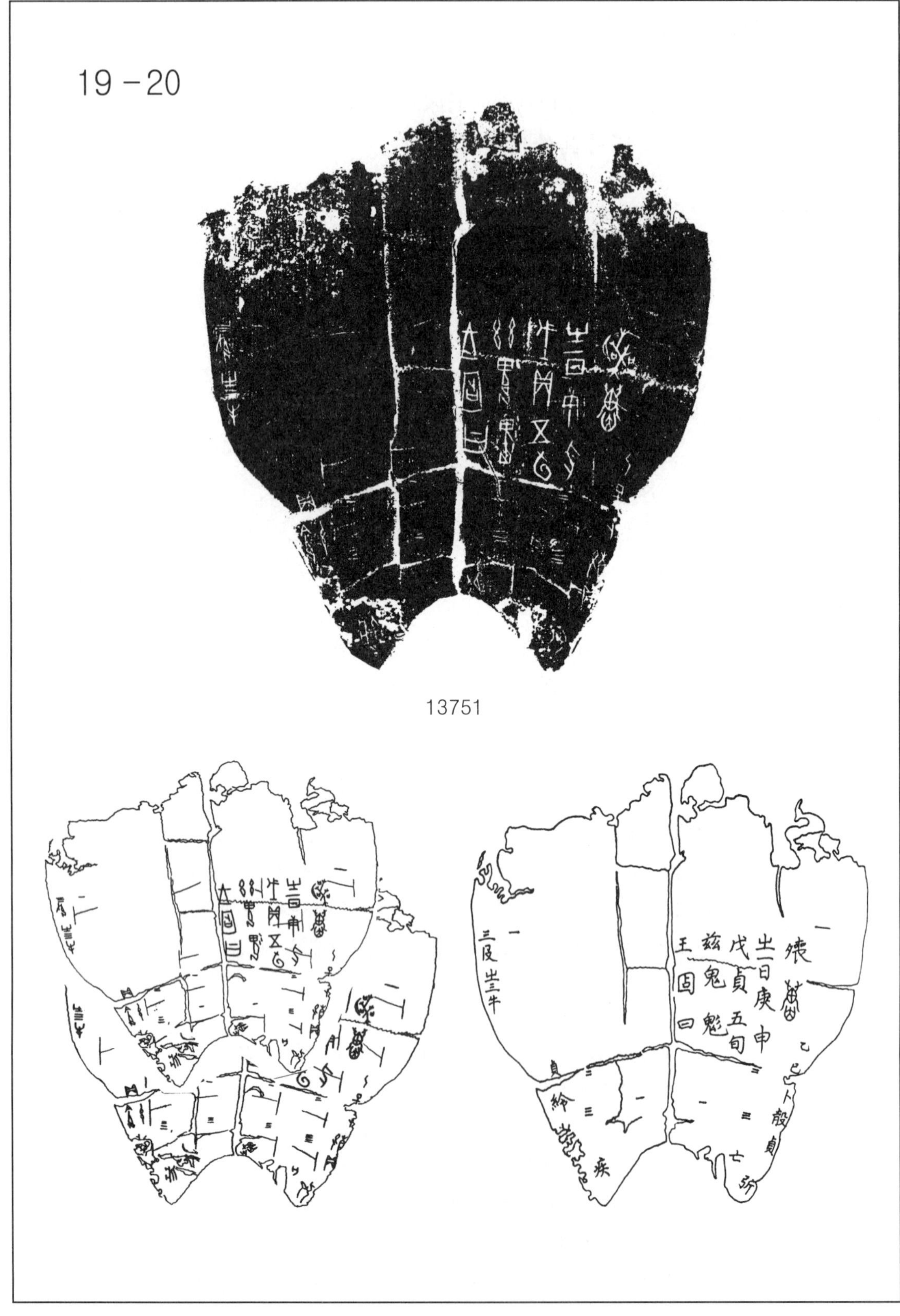

13751

19. 제20편

1) 본 문 : **王固曰：玆鬼彪。**

2) 한 역 : **대왕께서 점친 결과를 보고 길흉을 판단해 말했다 : 이번에 도깨비 같은 괴물이 나오겠다.**

3) 출 전 : ≪甲骨文合集≫ 13751 제1기

4) 자 해 : **[王固曰]** : 왕이 길흉을 판단하는 占卜術語로 占辭를 이끈다.
[玆(玆)鬼彪] : 玆(玆) - 這·此의 이미. 鬼 - 머리가 田자 모양을 한 사람이 서 있거나(畀) 꿇어앉은 모양(鬼)이다. 머리를 크게 한 것은 산 사람과 구별하기 위함이다. 상대인들의 귀신에 대한 인식은 산 사람을 기준으로 하여 변화시켰다(徐中舒, 1990 - 1021). 彪 - 귀신(鬼) 머리에 털이 나 있는 모양인 魅(mei·매)(徐中舒, 1990 - 1022). 葉玉森은 鬼로 보고 있다.

5) 해 설 :

약재의 종류

河北 藁城에서 껍질을 벗긴 복숭아씨와 산앵두씨 등 30여 개의 식물 씨가 발견되었다. 이들은 藥材로 쓰기 위해 저장했을 가능성이 높다. 甲骨文의 疾病 기록은 제1기에만 나타나고 후기에는 거의 전무하다.
商代人들은 점이 질병의 치유에 크게 효험이 없다는 사실을 깨닫고 약제 처방을 주로 사용했기 때문이다(許進雄, 1991 - 471).

· 藥草를 이용한 치료 : 약초의 주류는 쑥이다.

· 대추를 이용한 치료(棗藥)
대추는 빈혈증·신경쇠약에 효과가 있는 식품으로 알려져 있다.
甲戌卜, 貞 : 有瘧, 秉棗. (≪明≫ 105)
학질 증세가 있는데, 대추를 복용할까요?

· 물고기를 이용한 치료(魚藥)
丙戌卜,貞 : 疛寸用魚. (≪庫≫ 1212) 배가 아픈데 물고기를 복용할까요?
물고기는 물살을 헤치는 속성이 있어 瘀血을 뚫을 수 있는 힘이 있다고 믿었다(傅維康, 1993 - 11).산후에 가물치를, 원기회복에 잉어를 달여 먹는 민간요법도 魚藥의 일종임을 알 수 있다.

19－21

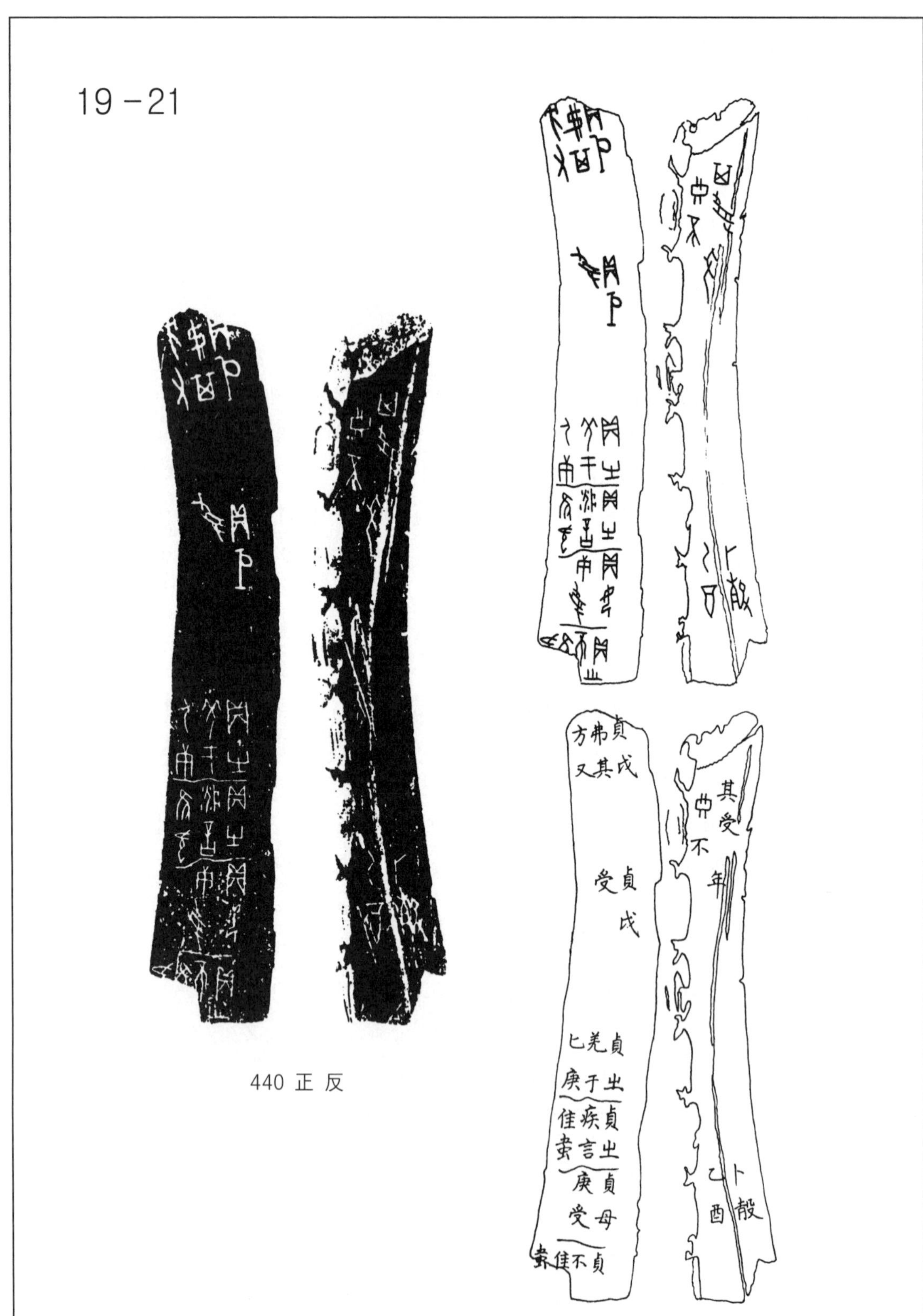

440 正 反

19. 제21편

1) 본 문 : (反) 乙酉卜, 㱿。

(正) 1. 貞 : 㞢(有)羌于妣庚。

2. 貞 : 㞢(有)疾言, 隹(唯)𡆥(害)。

3. 貞 : 母庚受。

4. 貞 : 不隹(唯)𡆥(害)。

2) 한 역 : (反) 乙酉일에 점을 치고 㱿이

(正) 1. 묻습니다 : 어머니 庚께 羌人을 제물로 侑祭를 드릴까요?

2. 묻습니다 : 대왕이 언어 장애가 있는데 재앙으로 미칠까요?

3. 묻습니다 : 어머니 庚께서 용납할까요?

4. 묻습니다 : 재앙은 없겠지요?

3) 출 전 : ≪甲骨文合集≫ 440 正反 제1기

4) 자 해 : **[乙酉卜, 㱿貞]** : **㱿** - 손에 채를 잡고 종을 치는 모양. 貞人이름이다.

[母庚受] : 母庚 - 어머니 庚. 受 - 두 손에 기물을 잡고 있는 모양. ‘주다’, ‘받다’는 의미로 쓰였다. ‘받아들이다’ (10 - 10 참조).

[㞢(有)疾言] : 㞢 - 있다. 言 - 甲骨文 舌・言・音・告는 同源字들이다.

(舌), (言), (音), (告)는 모두 입을 이용하지만 소리나 말은 혀의 작용으로 이루어진다. 따라서 言, 音, 告는 모두 舌(혀)에 획을 첨가해 구분하였다 (謝光輝, 2002 - 93).

[㞢(侑)羌于匕(妣)庚] : 㞢 - 자형은 같으나 1번에서는 ‘侑祭’로 쓰였고, 2번에서는 ‘有’로 쓰였다. 羌 - 상대의 적대 방국(1 - 9 참조). 于 - 시간・장소・사람들의 앞에 오는 전치사. 匕 - 妣의 초문. 妣庚 - 庚이라는 이름의 先妣.

5) 해 설 :

反面에 새긴 前辭

前辭는 복사의 처음 부분이며 일반적으로 정면에 썼다. 그러나 본편의 前辭인 「乙酉卜, 㱿」는 반면에 썼고, 命辭를 정면에 기록한 특이 현상을 보인다. 1・3과 2・4가 동일 내용인 相間卜辭이다.

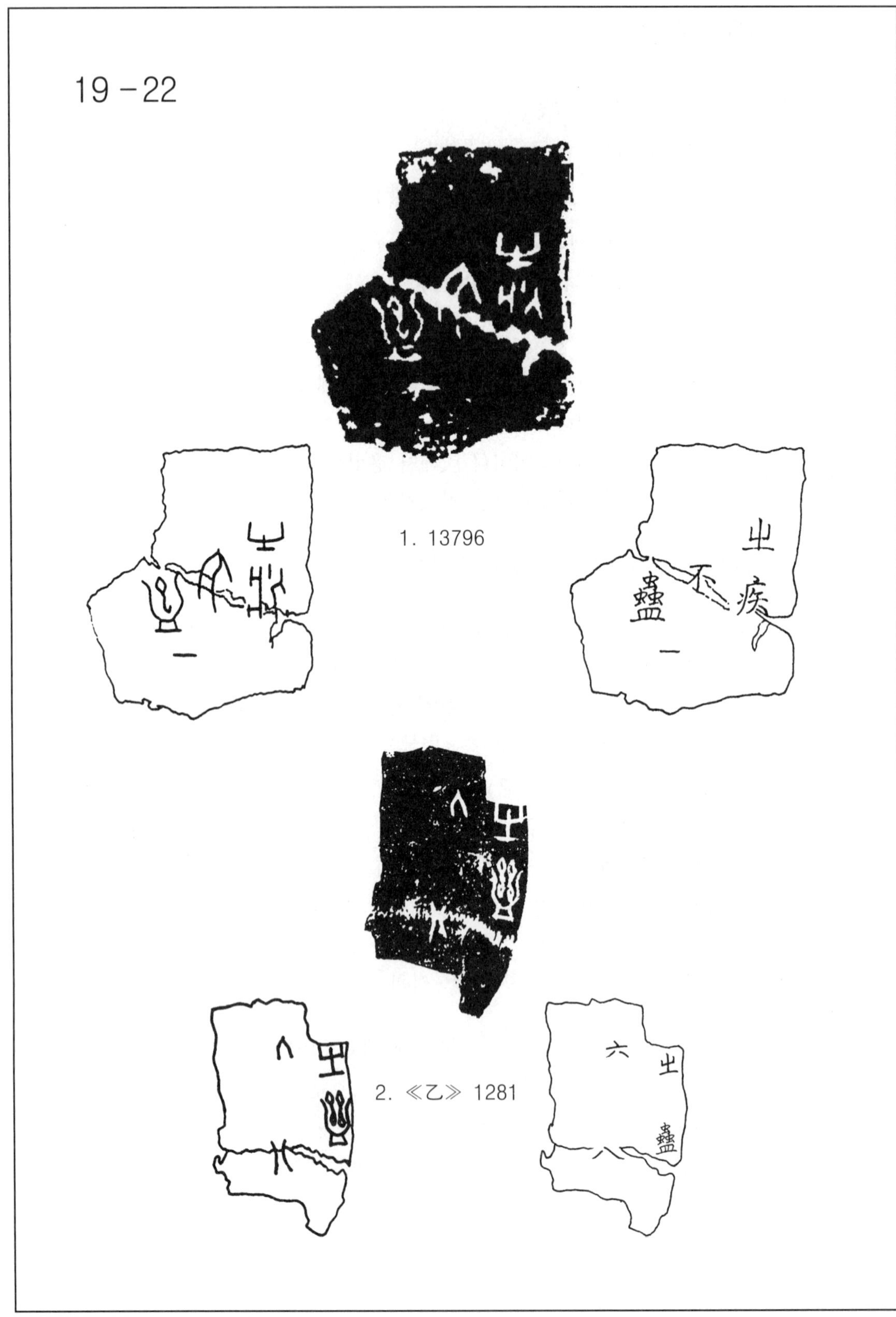

1. 13796

2. ≪乙≫ 1281

19. 제22편

1) 본 문 : 1. 㞢(有)疾 不蠱。一

2. 㞢(有)蠱。六 八

2) 한 역 : 1. **병이 났는데, 기생충에 감염된 것은 아닐까요? 첫 번째 물었다.**

2. 기생충에 감염되었을까요? 여덟 번 물었다.

3) 출 전 : 1. ≪甲骨文合集≫ 13796　2. ≪殷虛文字乙編≫ 1281 제1기

4) 자 해 : **[㞢(有)疾]** : 㞢(有) - 있다. 疾 - 환자가 침상에 누워 처럼 땀을 흘리고 있는 모양. 병이 나다(19 - 2 참조).

[不蠱] : 不 - 부정부사. 蠱 - 벌레가 그릇 속에 들어 있는 모양이 다. (gu · 고) 으로 읽는다. 벌레에 의해 감염된 질병으로 본다(徐中舒, 1990 - 1428).

5) 해 설 :

안마 치료

甲骨文에는 복통인 경우 환부를 문질러 치료하는 按摩요법을 보여주는 疫자가 있어 주목을 끈다.

· **丙辰卜, 貞 : 婦好疫延, 寵. (13712 正)**

부호의 배가 아픈데 오래 지속될까요, 치유될까요?

疫는 침상에 누워 있는 환자의 배를 쓸고 있는 모양이다. 또 자가 있는데 역시 사람의 배를 손으로 문지르는 모양으로 付이며, 拊의 初文이다. 안마 시술은 남성 뿐 아니라 여성도 담당하였다.

· **甲申卜, 爭貞 : 尹氏(氐) 拊子. (≪前≫ 7, 43, 1)**

甲申일에 점을 치고, 爭이 묻습니다 : 尹은 子에게 복부 안마로 치유할까요?

· **丁酉卜, 爭貞 : 呼婲疛(疫)克. (4464 正)**

丁酉일에 점치고, 爭이 묻습니다 : 婲에게 안마를 하도록 하면 치유될까요?

19 - 23

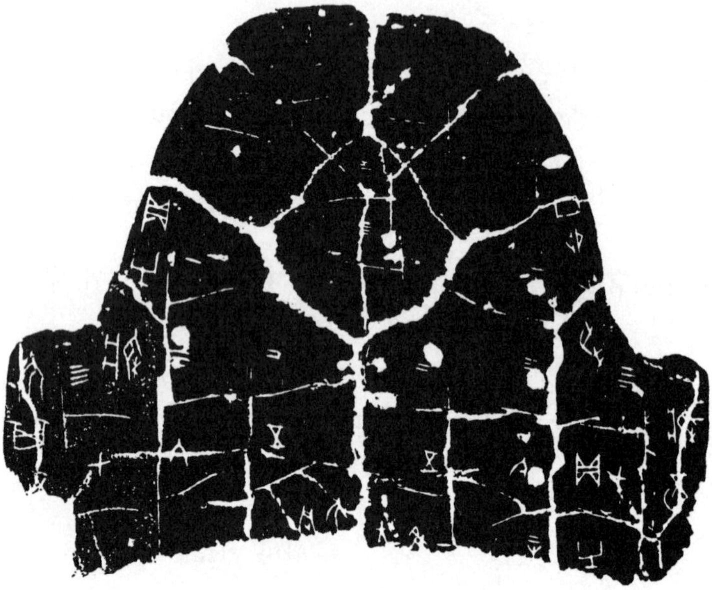

13674

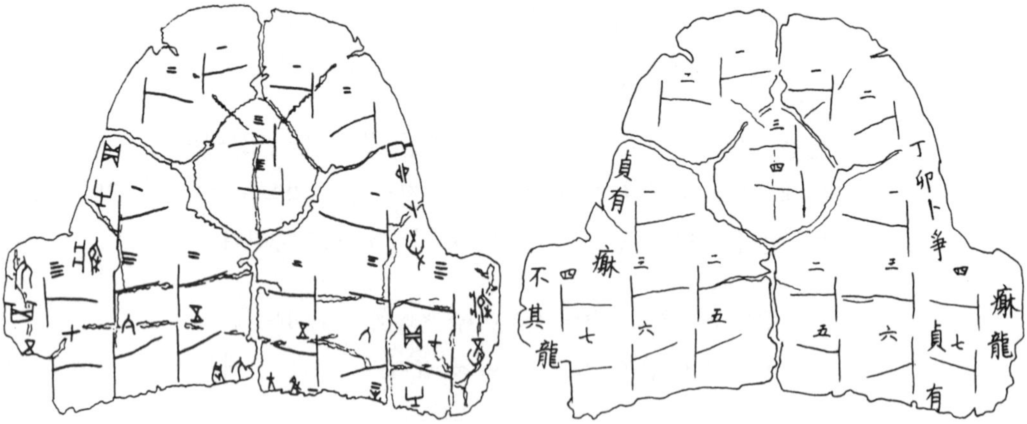

보충 17979

19. 제23편

1) 본 문 : **丁卯卜, 爭貞 : 㞢(有)𤕫(疒𠂤), 龍(寵)。一 二 三 四 五 六 七**
貞 : 㞢𤕫(疒𠂤), 不其龍(寵)。一 二 三 四 五 六 七

2) 한 역 : **丁卯일에 점을 치고, 爭이 묻습니다 : 뜸을 뜨면 치유될까요?**
묻습니다 : 뜸을 해도 치유되지 않을까요? 일곱 번 물었다.

3) 출 전 : ≪甲骨文合集≫ 13674 제1기 보충 17979

4) 자 해 : **[㞢(有)𤕫(疒𠂤)龍(寵)]** : **𤕫(疒𠂤)** - 환자가 침상에 누워 있고 약초로 뜸치료를 하는 모양이다. 뜸을 뜨다(溫少峰, 1983 - 339). 복사에서 상대를 칭하는 '殷'은 찾지 못하였으나 于省吾는 본자를 殷으로 풀이했다. 보충의 '其殷☒殷'은 복부에 병이 있어 뾰족한 침으로 환부를 찌르는 모양으로 보고 있다(于省吾, 1979 - 321).

5) 해 설 :

침 치료법

≪周易·渙卦≫에는 "피가 흘러 흩어지니 먼 곳으로 나가도 재앙이 없으리라(渙出血, 去逖出, 無咎)."라고 하였고, ≪易林≫에는 "침을 손에 찌르니 오만 병이 다 치유된다(針頭刺手, 百病瘳愈)."고 하였다.

이로 보면 針으로 자극하여 治療하는 醫術의 기원은 매우 이르며 본 편 卜辭로 확증을 얻을 수 있다. 손에 뾰족한 침(↑)을 들고 복부를 찌르는 모양인 殷은 침으로 환부를 찌를 때 적중해야 하기 때문에 「正也 · 中也」라고 하였고 검붉은 피가 나오므로 「검붉은 색」이라는 뜻도 있다. 고대의 침은 신석기 시대 石針으로 시작하여 砭石이라 하였고, 돌로 치유가 가능하여 藥石이라고도 하였다.

점차 骨 · 竹 · 金屬으로 대체되었다. 台西村 商 묘에서는 27cm 가량의 漆盒 속에 날카로운 砭鐮(폄겸 · 돌침)이 발견되었다. 殷자의 繁体字로 「집안에 환자가 침상에 누워 있고 불에 달구어진 화살촉 같은 도구로 복부를 안마하는 모양」이 있는데 화살촉 같은 침 아래 火자가 있어 불에 달구어 사용했을 것이라는 추론을 가능케 한다(于省吾, 1979 - 322).

19－24

1. ≪乙≫ 2287

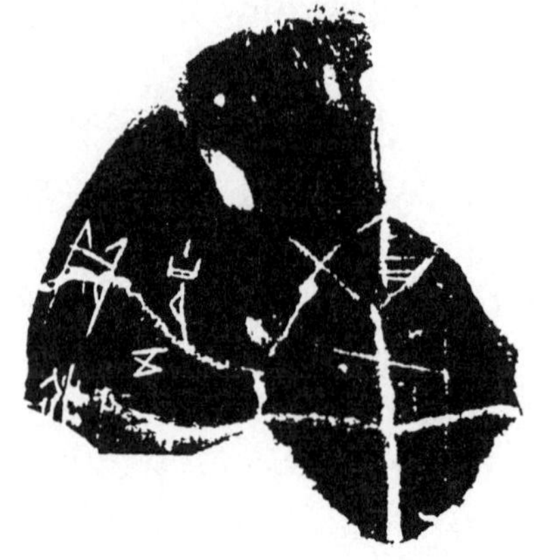

2. ≪乙≫ 4426

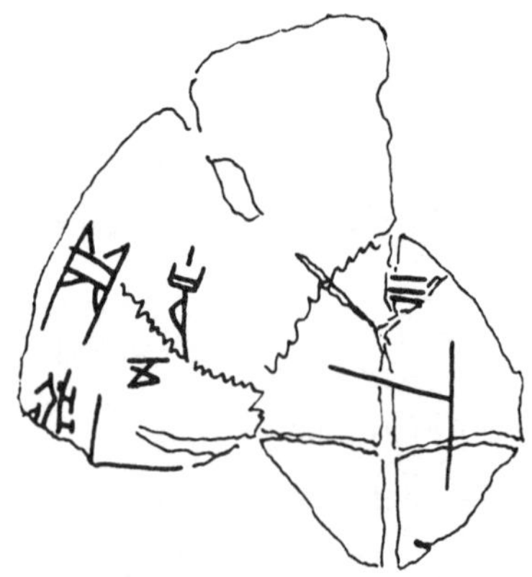

19. 제24편

1) 본 문 : 1. **取艾妹**

2. **貞 : 疾□克**

2) 한 역 : 1. **쑥뜸으로 치료하는 妹를 데려 올까요?**

2. **묻습니다 : 병세를 이겨낼까요?**

3) 출 전 : ≪殷虛文字乙編≫ 1. 2287 2. 4426 제1기

4) 자 해 : [取艾妹] : 取 - 손으로 귀를 자르는 모양. '취하다'로 인신되었다. 艾 - 양손으로 쑥을 자르는 모양. 쑥(李孝定, 1965 - 3719). 妹 - 女와 未를 성부로 한 형성자. 인명. 동틀 무렵 등으로 쓰였다(徐中舒, 1990 - 1307).

[疾克] : 疾 - 병이 나다. 克 - 사람이 허리를 굽히고 양손으로 무릎을 잡고 있는 모양이다. 윗 부분의 형체는 어깨 모양. 물건을 어깨에 메려고 할 때 연출되는 동작이다(李孝定, 1968 - 728). 本義는 어깨이지만 '이겨내다' (勝也), '맡다' (任也) 로 인신되었다. 질병에서 병세를 '이겨내다'는 뜻이다.

5) 해 설 :

쑥뜸 치료

뜸은 쑥을 신체의 특정부위에 놓고 태워 생체의 변조를 바로 잡는 漢方 치료방법의 하나이다. 甲骨文 중 이를 뒷받침하는 文字가 있어 쑥뜸이 商代에 질병치료의 일종으로 활용되었음을 시사하고 있다. ≪詩經 · 王風 · 采葛≫의 「彼采艾兮 저기 가서 쑥을 캔다」의 注에 艾를 약쑥이라 하였는데 ≪毛傳≫에서는 「艾, 所以療病」이라고 하였다. 이로 볼 때, 周代에 이미 쑥으로 치료했던 사실이 보편화된 것이다. 갑골문에 쑥뜸을 한 예는 더 있다.

· **巫妹乂(艾)子.** (≪**拾**≫ 11. 10)
巫醫 妹는 子에게 쑥뜸 치료를 할까요?

乂는 艾와 음이 같고 뜻도 통한다. 巫妹는 妹로 불리우는 병을 치유하는 巫이다. 그러나 쑥은 오래 묵혀야 제대로 약효를 발휘하는 것이다. ≪孟子 · 離婁上≫에 「今以欲王者, 猶七年之病, 求三年之艾也.」라는 기록이 있다. 7년 된 병을 3년 묵힌 쑥으로는 도저히 치유할 수 없다는 것이다.

19 - 25

13752

19. 제 25 편

1) 본　문 : (左) 「甲午」, 貞 : 𢎹其虫(有)疾。

(右) 「甲午」, 貞 : 𢎹亡疾。

王固曰 : 𢎹其虫(有)疾。

叀(惠)丙不庚。二旬虫(又)七日庚申夕喪▨。一 二 三

2) 한　역 : (左) 「甲午」에 묻습니다 : 𢎹에게 병이 있을까요?

(右) 「甲午」에 묻습니다 : 𢎹에게 병이 없을까요?

왕이 점친 결과를 보고 말했다 : 𢎹에게 병이 있겠다.

丙일에 병이 나겠고 그렇지 않으면 庚일에 나겠다. 27일 후 庚申일 저녁에 … 했다. 세 번 점쳤다.

3) 출　전 : ≪甲骨文合集≫ 13752 제1기

4) 자　해 : **[甲午]** : 점친 날의 27일 뒤가 庚申일이라는 내용으로 복원하였다.

[𢎹其虫(有)疾] : 𢎹 - 弓과 斤을 합친 회의자다. 본편에서는 인명으로 쓰였다 (趙誠, 1988 - 185).

[王固曰] : 王 - 상왕. 固 - 길흉을 판단한다 (zhan · 점). 曰 - 말하다.

[叀丙, 不庚] : 叀(⚘) - 강조부사 (惠). 제1기의 자형이다. 뒤에 오는 丙을 강조한다. 不 - 부정사. 庚 - 干支紀日에 의한 庚일 (15 - 1 참조).

[二旬虫(又)七日] : 二旬 - 20일. 虫 - 又자의 제1기 자형. 접속사. 자형은 같으나 '虫疾'에서는 '有'로 쓰였고 여기서는 '접속사'로 쓰였다.

[庚申] : 庚申일. 27일 뒤가 庚申일이면 甲午에 점복했음을 알 수 있다.

[夕喪▨] : 夕 - 저녁. 喪 - 뽕나무에 뽕을 따서 담을 바구니를 ⚘처럼 걸어둔 모양이 喪이다. '잃다'는 말도 '상'이어서 喪자를 차용했다. 잃다 · 상실하다는 뜻이 있으나 (17 - 7 참조), 본 편에서는 확실하지 않다.

5) 해　설 :

占卜일에 대한 추정

본 편은 龜腹甲의 首左右甲에 對貞했다. 점친 날을 쓰는 前辭는 없고 命辭는 首左甲에서 오른쪽으로 진행되었으며 驗辭까지 쓰인 완전한 내용이다. 본편 내용으로 볼 때 점친 날로부터 27일째가 庚申일이므로, 占卜한 날은 甲午일로 추정할 수 있다 (15 - 1 참조).

제 20 장

生　育

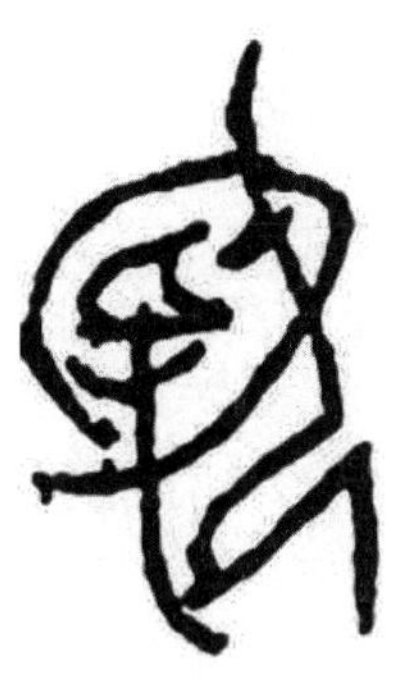

生　育

여자의 일생은 결혼하여 아이를 낳고 기르는 일에서 벗어날 수 없는 것인가? 문자가 보여주는, 피를 흘리며 아이를 낳고 있는 여인이나 양팔에 아이를 안고 젖을 먹이는 어머니의 자태는 진한 감동을 불러일으킨다. 아들을 낳으면 한시름 던 것 같고 딸을 낳으면 이내 다음 번 아이를 생각하는 여인들….

갑골문을 통해 득남이 본인의 생존의 길인 동시에 부귀영화와 직결된 중대사였던 3,300년 전 상대 왕비들의 운명을 엿볼 수 있다.

20 -1

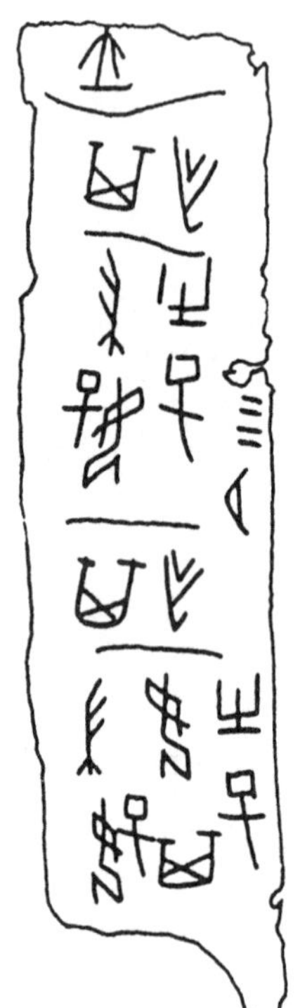

立
其 作
帚 㞢
好 子
四
月
其 作
帚 母 㞢
好 其 子

13927

20. 제1편

1) 본 문 : **婦好毋(毋)其㞢(有)子。**

其作。

婦好㞢(有)子。四月。

其作。

2) 한 역 : **婦好에게 아이가 없을까요?**

… 할까요?

婦好에게 아이가 있을까요? 4월에.

… 할까요?

3) 출 전 : ≪甲骨文合集≫ 13927 제1기

4) 자 해 : **[帚(婦)好]** : 帚 - 빗자루 모양. 婦의 초문(3 - 12 참조). 好 - 商族의 여인으로 왕비에 추대된 武丁 妃婦好의 이름(1 - 14 참조).

[母(毋)其㞢子] : 母 - '어머니'에서 음이 같은 '아니다'는 부정사로 빌려 써서 毋와 같다(21 - 5참조). 其 - 강조부사. 㞢 - 有・又・侑 등 용법이 있다. '有'로 쓰였다. 子 - 아이의 모양. 아이.

[其作] : 其 - 강조부사. 乍 - 앞섶을 꼬매는 모양. 作의 초문. '하다'・'짓다', 제사명 등으로 쓰였다. 아래에서 위로 써갔으며 相間刻辭인 본편중의 뜻은 확실하게 규명하기 어렵다(2 - 9 참조).

[四月] : 4월. 月 - 제1기의 月 자형. 夕자로 月을 나타내고 있다.

5) 해 설 :

女字의 활용

女자는 양손을 모으고 꿇어 앉아 있는 여인의 모양인데, 이 한 글자로 여성・딸・어머니・배우자를 뜻했다. 마침 '없다', '아니다'는 말과 음이 같아 아니다(毋)로도 쓰였다. 또 女자를 기초로 好・姘・妹・姓・育・乳 등 많은 회의나 형성자를 만들었다.

상대 대표적인 여성인 婦好는 본 好자가 보여주듯 자형상 左右향방의 구별이 없고, 正字・俗字의 구별도 없었다. 상대에 쓰인 갑골문과 금문의 자형을 비교해 보자.

・갑골문 부호  **・금문 부호** 

20 -2

21071

보충 14000

20. 제 2 편

1) 본 문 : □亥卜, 𠂤(師)貞：王曰：㞢(有)孕, 妿(嘉)。𠓗(扶)曰：妿(嘉)。

2) 한 역 : □亥일에 점을 치고, 師가 묻습니다. (命辭 생략) 왕은 점친 결과를 보고 말했다 "아이를 잉태하겠으며 아들을 낳겠다." : 扶가 또 결과를 보고 말했다. "아들을 낳겠다"

3) 출 전 : ≪甲骨文合集≫ 21071 제1기 보충 14000 제1기

4) 자 해 : **[□亥卜, 𠂤(師)貞]** : 𠂤 - 제1기의 貞人 師의 초문이다.

[王曰] : 일반적으로 왕이 점친 결과를 판단할 때 '王固曰'이라고 하나 때때로 固를 생략하는 경우도 있다.

[㞢孕, 妿(嘉)𠓗] : 㞢(有) - 있다. 孕 - 사람 뱃속에 ⓐ처럼 아이가 있는 모양. 복부를 부각시켜 형상화했다. '妊娠하다'는 뜻(丁山, 1988 - 123). 妿 - 女와 가래인 力의 합체자(jia · 가), '기쁘다'는 뜻인 嘉로 풀이한다. 출산에서 득남한 경우를 말하며 득녀했을 경우는 '不妿'이다(趙誠, 1988 - 280).

[𠓗(扶)] : 정면으로 선 사람이 한 손에 활(弓)을 걸치고 있는 모양. ≪甲骨文合集釋文≫에서는 扶(fu · 부)로 보았다. 인명이다.

5) 해 설 :

命辭의 생략

命辭는 점복하여 묻는 핵심 내용이다. 그러나 드물게 命辭가 생략된 경우가 있다. 또 師組卜辭는 때때로 占辭 중의 固字를 생략시켜 '王曰'이라 하였는데 본 편이 역시 그 좋은 예이다.

卜辭에서 점을 치고 난 뒤 卜兆를 보고 그 길흉을 판단하는 사람은 商王이다. 그러나 본 편으로 볼 때 왕이 아닌 '扶'도 결과를 판단하였는데 그가 누구인지는 확실하지 않다.

한 번 더 새긴 경우 - 衍文

衍文은 이미 새긴 文字를 한번 더 새긴 경우다. 갑골문에는 문자를 새기다 한 글자를 빠뜨린 경우, 획을 빠뜨린 경우 등 다양한 형태의 착오가 있는데 본 보충은 衍文이면서 또 획을 누락한 경우이다. ≪合≫ 27138 · 31423 · 31993(4 - 21 참조) 등에서도 衍文현상을 볼 수 있다.

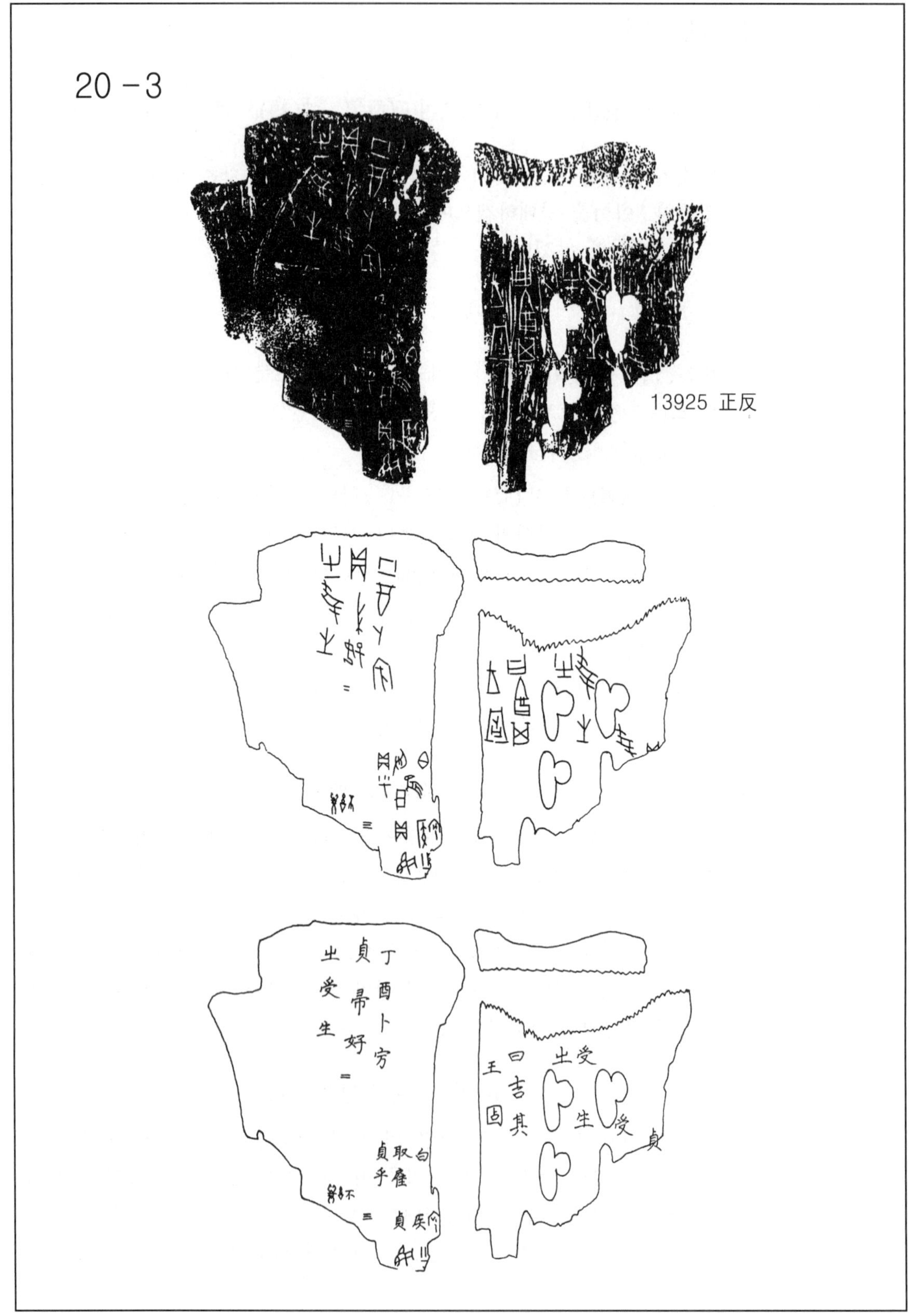
20 -3
13925 正反
丁酉卜穷
貞帚好
㞢受生
二
王
回
吉
其
㞢受
生
受
貞
白
取
貞
乎
雇
二
貞

20. 제3편

1) 본 문 : (正) 丁酉卜, 宊貞：帚(婦)好㞢(有)受生。
(反) 王固曰：吉。其㞢(有)受生。

2) 한 역 : (正) 丁酉일에 점을 치고, 宊이 묻습니다 : 婦好는 아이를 낳겠습니까?
(反) 대왕께서 점친 후 卜兆의 결과를 보고 길흉을 판단해 말했다 : 길하겠다. 물론 아이를 낳겠다.

3) 출 전 : ≪甲骨文合集≫ 13925 正 · 反 제1기

4) 자 해 : [丁酉卜, 宊貞] : 丁酉일에 점을 치고, 宊이 묻습니다.
[帚(婦)好] : 상왕 武丁의 妃. 帚 - 빗자루 모양. 부인으로 가차되었다.
[㞢(有)受生] : 㞢 - 有의 뜻. 受 - 두 사람이 처럼 기물을 주고받는 모양. 주다 또는 받다. 후대에 와서 주다는 授로 분화되었다. 生 - 초목이 처럼 땅을 뚫고 돋아나는 모양. 卜辭에서는 출산하다, 生死의 生, 姓氏, '돌아오는' 등 여러 의미로 쓰였다. 여기서는 '출산하다'는 뜻이다(趙誠, 1988 - 268).
[王固曰] : 왕이 점친 결과를 보고 길흉을 판단하여 말하다.
[吉] : 吉 - 戈 · 斧 등의 무기 모양으로 보고 있고, 처럼 무기를 땅에 꽂아 놓은 모양으로 평화를 뜻해 吉凶의 吉로 빌려 썼다(3 - 3 참조).
[其㞢(有)受生] : 其 - 강조부사. 뒤에 오는 동사의 실현을 강조시킨다.

5) 해 설 :

生과 姓

母系社會에서 낳아준(生) 어머니(女)의 혈통을 따랐던 것이 姓을 갖게 된 유래이다. 낳아준 어머니와 同姓과는 통혼하지 않기 위해서였다. 아버지가 누구든 모든 자식은 어머니의 性을 따라서 「어머니는 알아도 아버지는 모른다 知其母, 不知其父」는 말이 이 시대를 대표하였다.

본 편은 牛肩胛骨 상단의 정면과 반면에 새겨진 卜辭로 前辭 · 命辭는 전면에 占辭는 반면에 새겼고 驗辭는 생략되었다. 반면에는 정면에 卜兆를 내기 위해 판 둥근 홈인 鑽(찬)과 긴 홈인 鑿(착)의 형태가 뚜렷이 나타나 있다.

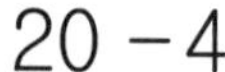

14002

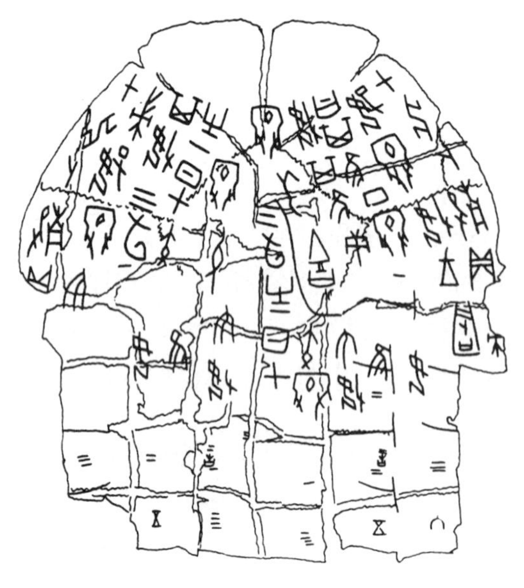

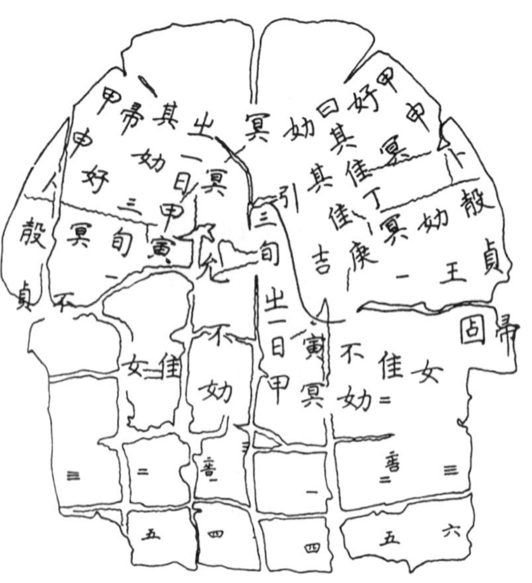

20. 제 4 편

1) 본 문 : 1. 甲申卜, 㱿貞 : 婦好冥(娩), 妿(嘉)。王固曰 : 其唯丁娩妿。
其唯庚冥(娩), 弘吉。三旬㞢一日甲寅娩, 不妿(嘉)隹(唯)女。一
2. 甲申卜, 㱿貞 : 好冥(娩)不其妿(嘉)。三旬㞢一日甲寅冥(娩),
允不妿隹(唯)女。

2) 한 역 : 1. 甲申일에 점을 치고, 㱿이 묻습니다 : 婦好가 아이를 낳으려는 데 아들일까요? 왕은 점친 결과를 보고 말했다 : 만약에 丁일에 낳는다면 아들이다. 庚일에 낳는다면 더욱 그렇다. 31일 뒤 甲寅일에 출산했는데, 아들이 아니었다. 딸을 낳았다. 첫 번째 물었다.
2. 甲申일에 점을 치고, 㱿이 묻습니다. : 婦好가 아이를 낳으려 하는데 아들이 아닐까요? (占辭 생략) 31일 뒤 甲寅일에 아이를 낳았는데 과연 아들이 아니었다. 딸을 낳았다.

3) 출 전 : ≪甲骨文合集≫ 14002 제1기

4) 자 해 : [婦好娩] : 婦好 - 商王의 妃. 冥(娩) - 두 손으로 처럼 아이를 받는 모양(mian · 면), 분만하는 모양(張秉權), 李孝定은 冥, 郭沫若은 娩이라고 하였다. 占辭에서는 '아이를 낳다'로 쓰였다(李定定, 1965 - 2237).
[妿(嘉)] : 妿 - 기쁘다. 嘉 (jia · 가)의 뜻. 즉 아들이다.
[弘(引)吉] : 引 - 활(弓) 등에 획을 그어 놓은 모양. 인명 · 제사명 · 크다는 뜻으로 인신되었다(趙誠, 1988 - 280).
[三旬㞢一日] : 旬 - 열흘. 㞢 - 又(有)의 제1기 자형. [女] : 女 - 두 손을 모으고 꿇어 앉은 여인의 모양. 여인 · 딸로 쓰였다(馬如森, 1993 - 590).

5) 해 설 : 왕비의 지위

婦好의 출산 1개월 전에 점친 내용이다. 왕비가 된 뒤 아들을 낳아 재위에 올라야 왕비로서의 지위가 확고할 뿐 아니라 직계인 경우 死後에 왕과 함께 제사를 받았다. 이러한 제법체계를 볼 때 남아출산은 왕비들에게 중대한 문제였다.
占辭에 丁일이나 庚일에 낳으면 아들이라고 하였으나 甲寅일에 낳고 말았는데 딸을 낳은 것이다. 점은 적중했다.

20 -5

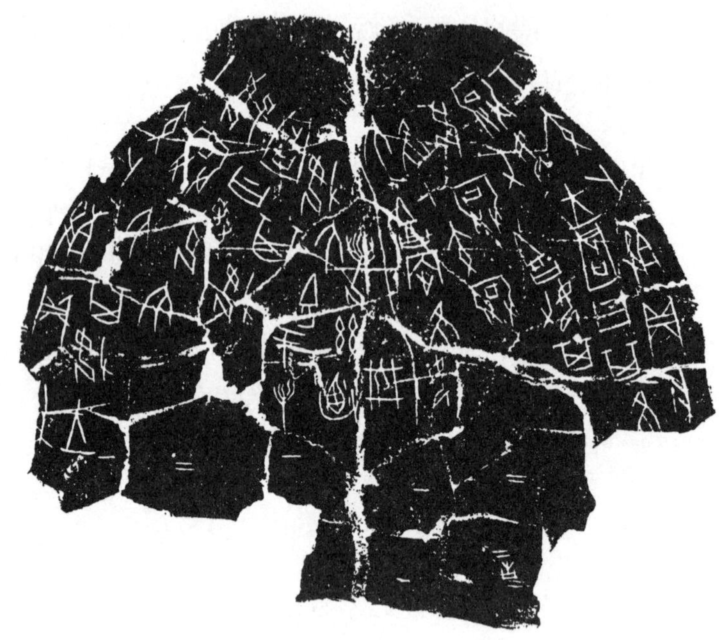

14001

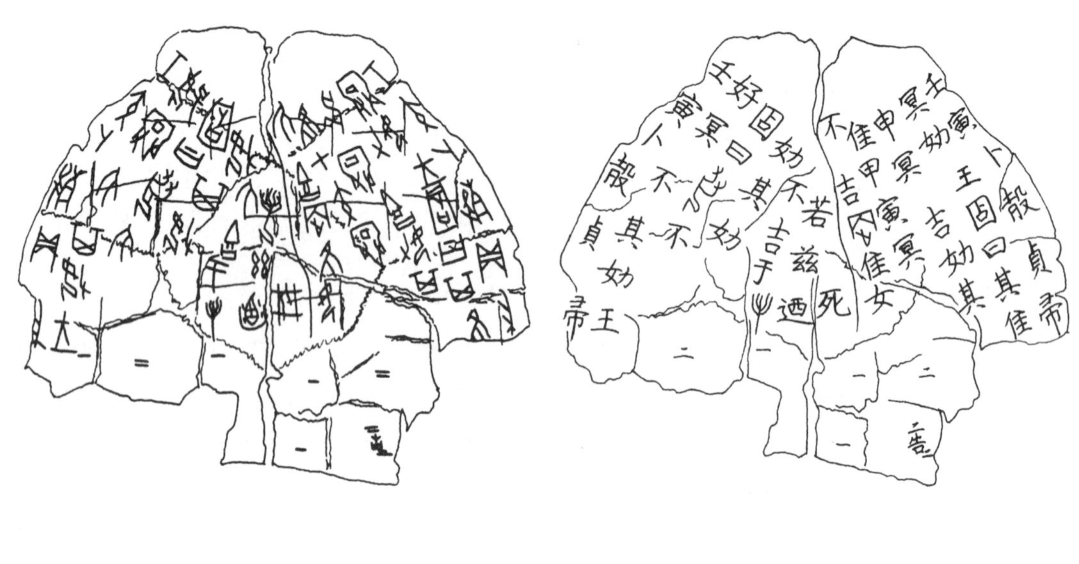

20. 제5편

1) 본 문: 壬寅卜, 㱿貞：婦[好]冥(娩), 妨(嘉)。王固曰：其唯□申冥(娩)吉, 妨(嘉)。其唯甲寅冥(娩), 不吉[?]唯女。

壬寅卜, 㱿貞：婦好冥(娩), 不其妨(嘉)。王固曰：[?]不妨(嘉), 其妨(嘉), 不吉。于[?]若, 兹廼死。

2) 한 역: 壬戌일에 점치고, 㱿이 묻습니다：婦好가 아이를 낳으려고 하는데 아들일까요? 대왕께서 점친 결과를 관찰하고 길흉을 판단해 말했다：만약 申일에 낳으면 길하다, 아들일 것이다. 甲寅일에 아이를 낳았는데 길하지 않았다. 딸을 낳았다.

壬寅일에 점을 치고, 㱿이 묻습니다：婦好가 아이를 낳으려는데 아들이 아닐까요? 대왕께서 점친 결과를 보고 길흉을 판단해 말했다：아들이 아닐 것이다. 아들을 낳는다 해도 길하지 않겠다. 죽게 되겠다.

3) 출 전: ≪甲骨文合集≫ 14001 제1기

4) 자 해: [其隹(唯)申娩, 吉, 妨]：其 - 강조부사. 隹(唯) - 강조부사. 吉 - 길하다. 妨 - 기쁘다(嘉), 卜辭에서는 아들을 낳는다는 뜻이다.

[[?]唯女] - 从内从止이다. 退의 속체로 문헌에서는 進退를 損益으로 보지만 본 卜辭에서 '불길한 일'로 보았다(于省吾, 1981 - 58). 女 - 양손을 앞으로 모으고 꿇어 앉은 모양. 여인, 딸 등으로 쓰였다(徐中舒, 1990 - 1299).

[[?]] - 두 손으로 올리는 모양. 제명・인명으로 보나 뜻이 확실하지 않다.

[于[?]若兹廼死]：[?] - 뜻이 확실하지 않다. 若 - 순조롭다. 廼 - 밑이 둥근 용기모양. 卜辭에서는 지명・어기조사 '乃', '於是'로 쓰였다(8 - 5 참조). 死 - 사람이 관 속에 누워있는 모양. 死・殈・歾로도 본다(22 - 4 참조).

5) 해 설:

남아 선호 사상

상대 초기에는 왕권이 형제상속 되었고 후기로 접어들면서 적장자가 계승해 남성존중사상이 확고해졌다. 卜辭 중 妨(嘉)는 '기쁘다'는 뜻으로 '아들을 낳는다'는 의미와 직결된다. 출산에 대한 많은 점복이 왕비의 득남에 대한 기대로 남아선호의 뿌리는 깊고 깊다.

20 -6

14009

20. 제 6 편

1) 본 문 : **[壬辰]卜, 爭貞 : 婦姘冥(娩), 妫(嘉)。王固曰 : 其唯庚冥(娩)妫(嘉)。旬辛[丑], 婦姘冥(娩), 允妫(嘉)。二月。**

2) 한 역 : **壬辰일에 점을 치고, 爭이 묻습니다 : 婦姘이 아이를 낳으려는데 아들일까요? 대왕이 점친 결과를 보고 길흉을 판단했다 : 만약 庚일에 낳으면 아들이다. 열흘 뒤 辛丑일에 婦姘이 아이를 낳았는데 과연 아들을 낳았다. 때는 2월.**

3) 출 전 : ≪甲骨文合集≫ 14009 제1기

4) 자 해 : **[帚(婦)姘冥(娩)妫(嘉)]** : 婦姘 - 井方에서 간택된 무정왕비. 때로는 井으로도 썼다. 武丁의 妃(1 - 15 참조). 冥(娩) - 두 손으로 아이를 받는 모양. '아이를 낳다'. 妫 - 嘉로 읽으며 '기쁘다'는 뜻. 즉, 득남을 말한다.

[王固曰] : 왕이 점친 결과를 보고 길흉을 판단해 말하다.

[其隹(唯)庚] : 其 - 강조부사. 隹 - 唯의 초문, 강조부사, 뒤에 오는 庚을 강조한다. 庚 - 干支紀日에 의한 庚일(15 - 1참조).

[旬辛丑] : 旬 - 旬는 열흘을 말하는데 처럼 열까지를 둥글게 한 바퀴 돌림을 나타냈다. 열흘. 열흘 뒤의 辛丑일을 말한다.

[允妫(嘉)] : 允 - 사람이 고개를 돌린 모양. 驗辭에서 '과연'으로 쓰였다.

5) 해 설 :

예측일의 오차

본 편은 3조각을 綴合시킨 骨版으로 武丁의 총애를 받던 차비 婦姘의 출산에 관해 물었다. 庚日에 출산하면 아들이라고 했는데 하루 뒤인 辛日에 출산했는데도 「과연 아들이다」고 한 것을 보면 하루는 큰 차이로 보지 않은 듯하다.

占卜일과 잘린 字의 추정

辛자와 마지막 줄 婦자 사이에 잘린 字를 丑으로 보완했다. 이는 干支表에 근거해 볼 때 丑자만이 밑으로 삐치는 획이 있고, 辛과 결합하는 地支중 丑이 있기 때문이다. 驗辭에 '열흘 뒤 辛丑일'이라는 내용으로 미루어 볼 때 열흘 전은 '壬辰'일이므로 '壬辰'일에 점복했음을 알 수 있다.

20 -7

34087

보충 《乙》 27320

《乙》 21430

20. 제 7 편

1) 본　문 : **癸卯, 貞 : 又育(毓)☐。**

2) 한　역 : **癸卯일에 점칩니다 : 출산소식이 있는데…**

3) 출　전 : ≪甲骨文合集≫ 34087 제4기　보충 ≪乙≫ 21430 · 27320

4) 자　해 : **[又毓]** : 又 - 오른손의 모양. 有 · 侑 등으로 쓰였다. 毓 - 꿇어앉은 여인과 도치된 子의 합체자로 여인이 아이를 낳고 있는 모양이다. <보충>을 보자.

· ☐丑卜 : 其告在育(毓 · 后)祖丁, 王受又(祐). (≪乙≫ 21430) 제4기
웃대 祖丁께 告祭를 드리면, 대왕에게 신의 가호가 있을까요?

毓 자는 꿇어앉은 여인 아래 아이가 거꾸로 있고 그 밑에 양수가 떨어지는 형상을 보여준다. 점차 산모인 女는 每 자로 변했고, 출산시 거꾸로 나오는 아이는 𠫓로, 양수를 나타내는 점들은 3획으로 변해 '毓' 자를 이루었다. 育과 같은 자다. 卜辭에서는 先公先王 · 先妣 이름으로 쓰였고, 또 전후의 後으로 쓰였다(徐中舒, 1990 - 1581).

5) 해　설 :

출산(毓)과 기아(棄兒)

상대에 출산하는 모양을 그린 자는 毓이다. 이 자의 형부에 人 · 女 · 每 등이 쓰였고 자형은 매우 생생하고 시각적으로 직접 와닿는 효과가 있다. 그러나 아이를 낳는 모양으로 '기르다'를 뜻했고 실제 아이를 '낳는다'는 뜻에는 冥(娩)을 썼다.

棄는 막 출산된 아이를 두 손으로 삼태기에 담아 버리는 모양이다. 때로는 핏물이 떨어지는 모양과 막대기를 손에 들고 있는 참혹상이 그려지기도 하였다(董作賓, 1971 - 4183). 원치 않는 아이였던가. 아니면 생계나 양육이 불가능했던가. 棄의 자형은 당시 '아이를 버리는 습속'을 반영하여 주고 있다. 姜嫄의 아들로 周代의 始祖(后稷)가 된 棄의 출생신화에서 그 편린을 엿볼 수 있다.

· 育　　· 冥　　· 棄

20－8

《乙》 693

14036

20. 제8편

1) 본 문 : 1. **妻執。**

2. **丁亥卜, 己貞 : 子商妾冥(娩), 不其妿(嘉)。**

2) 한 역 : 1. **여인을 잡을까요?**

2. **丁亥일에 점을 치고, 己가 묻습니다. 子商의 처가 출산하는데, 아들이 아닐까요?**

3) 출 전 : 1. ≪殷虛文字乙編≫ 693 제1기 2. ≪甲骨文合集≫ 1. 14036 제1기

4) 자 해 : **[己]** : 새를 잡기 위해 화살에 단 끈 모양이다(15-1 참조).

[妻執] : 妻-손으로 부녀의 긴 머리채를 ⿰처럼 잡아끄는 모양. 상고시대 여인을 강제로 끌어다 배우자를 삼았던 습속을 반영한다고 보고(徐中舒, 1990-1303), 母系사회에서 남성이 여성을 끌어옴은 상상할 수 없는 일로 머리를 단장하는 모습으로 본다(趙誠, 2000-128). 執-잡아오다(6-8 참조).

[子商妾冥(娩)] : 子商-상대의 왕자 이름. 妾-꿇어앉은 여인의 머리 위에 처럼 장식을 꽂은 모양. 卜辭에서는 왕의 妃, 또는 왕의 며느리로 쓰였다(徐中舒, 1990-230). 冥(娩)-분만하는 모양, 아이를 낳다.

5) 해 설 :

상대의 妻 와 妾

상대 妻·妾의 신분은 매우 귀한 여인에 대한 호칭이었다. 상대의 비중있는 조상 王亥의 배우자를 일컬었고(于王亥妾. (660)), 또 示壬의 배우자는 물론, 왕의 며느리(본편)를 칭했던 점에서 알 수 있다. 상대에 배우자를 칭하는 말로는 妻·妾이 있고, 祭譜 중에는 爽·母가 있다.

- **王賓中丁爽妣癸. (23330) 왕은 中丁의 배우자 妣癸에게 賓祭를 드릴까요?**
- **其求生于祖丁母妣己. (34083) 祖丁의 배우자 妣己에게 아이를 구할까요?**

周代에 이르러서 妾의 신분은 妻에 비해 상대적으로 낮아졌다. ≪禮記·內則≫에 「예를 갖추어 맞이하는 경우 妻라 칭하고, 예로 맞이하지 않는 경우는 첩이다. 聘則爲妻, 奔則爲妾」이라고 하였던 점이 이를 증명하고 있다. 春秋 이후 妾은 천첩의 신분으로 더욱 추락하였다.

20－9

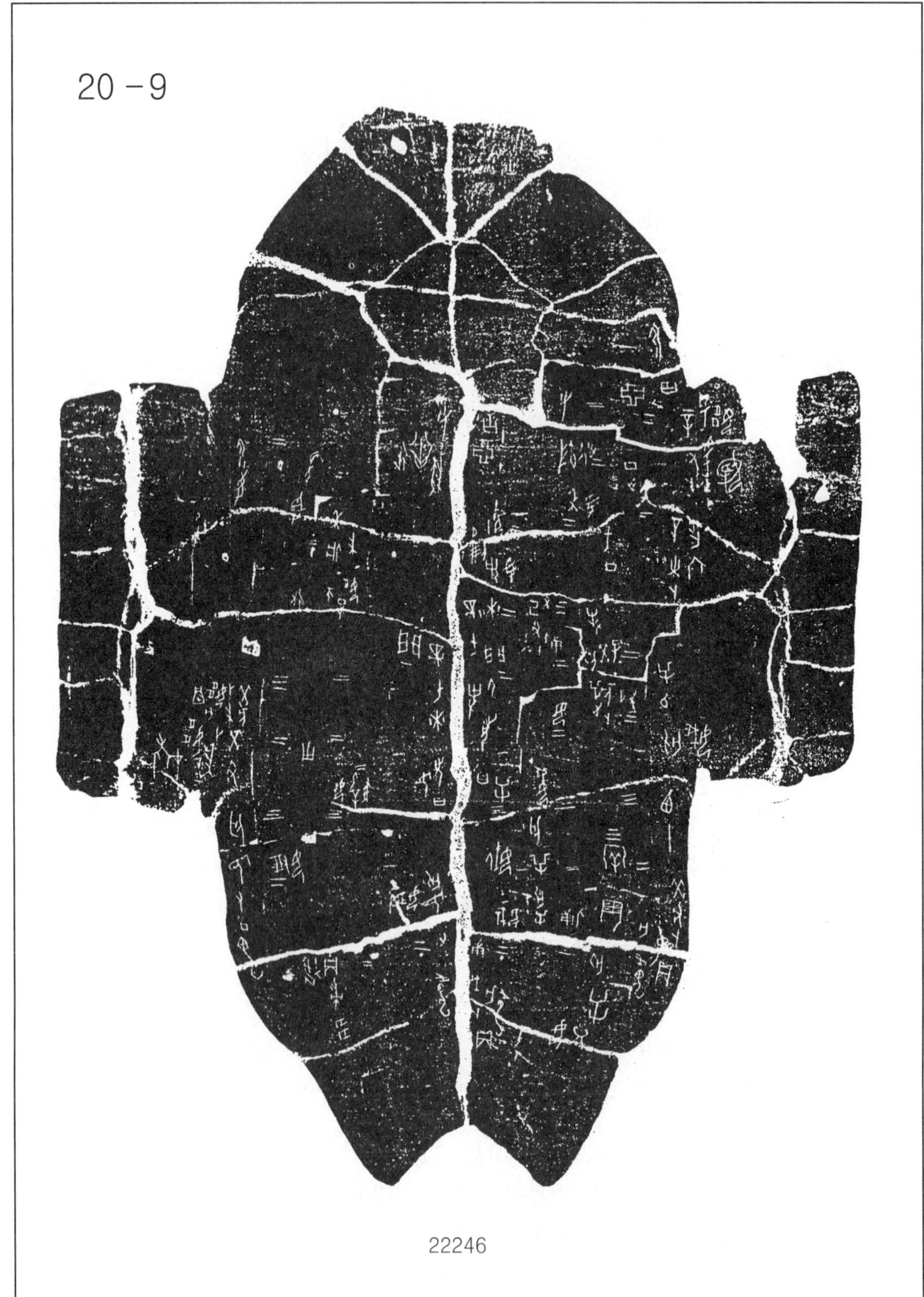

22246

20. 제 9 편

1) 본 문 : 辛丑卜 : 乎(呼)爰(援)�乳。二

2) 한 역 : 辛丑일에 점을 칩니다 : 婦�의 젖이 많이 나오도록 도우라고 명할까요? 두 번째 물었다.

3) 출 전 : ≪甲骨文合集≫ 22246 제1기

4) 자 해 : **[辛丑卜]** : 前辭에서 貞人 이름이 생략되었다.

[乎(呼)爰(援)�乳] : 乎 - 呼의 초문으로 명하다는 뜻이다. 爰 - 두 사람이 물건을 처럼 서로 끄는 모양. 援의 초문, '끌다', '공급하다'는 뜻 이외에도 '도우다', '지원하다' 제사명 등으로 쓰였다. 卜辭에는 「爰…人」이라고 하여 병력을 강화시킨 내용이 있다(趙誠, 1988 - 364). � - 상왕의 妃. 多方에서 상왕의 妃로 간택된 여인. �는 好, 姘과 같은 왕비의 私名이다(徐中舒, 1993 - 1309). 乳 - 여인이 꿇어앉아 처럼 아이에게 젖을 먹이는 모양이다. 이 현상이 와전되어 ≪說文≫에서는 「乳, 人及鳥生子曰乳, 獸曰産, 从孚乙, 乙者鳥 …」라고 하였다. 乙은 제비다. 제비가 올 때 아이를 바라는 민간 습속이 있어 乳에 제비를 끌어들였는데 甲骨文에 의해 자형이 밝혀졌다(徐中舒, 1990 - 1267).

5) 해 설 :

왕비 婦�의 수유

본 편은 완전하게 보존된 대형 龜腹甲으로 수려한 면모를 과시하고 있다. 卜辭는 비교적 산만하게 기록했으나 婦�의 출산과 육아에 관한 일을 점쳤다. 그 중에서도 乳자의 造字 배경이 생생하게 묘사되어 乳자의 명확한 근원을 추정해 ≪說文≫의 착오를 바로 잡은 귀한 자료인 동시에 여인의 삶이 甲骨文에 투영된 살아있는 예술작품이다.

본 편 婦�의 여러 가지 생활상이 기록되어 있다. 婦�는 아들을 낳을 것인지, 아이의 병은 오래 지속될 것인지, 재앙은 없겠는지를 점쳤다.

- 貞 : 婦�妫. 婦�는 아들을 낳을까요? (尾左甲)
- 癸丑卜, 貞 : 子亡𡆥. 子에게 재앙은 없을까요? (尾左甲)
- 婦�子疾不延. 婦� 아이의 병이 오래 가지 않겠지요? (前左甲)
- 癸亥卜 : 婦�亡囚. 婦�에게 재앙이 없겠지요? (後左甲)

22246 일부

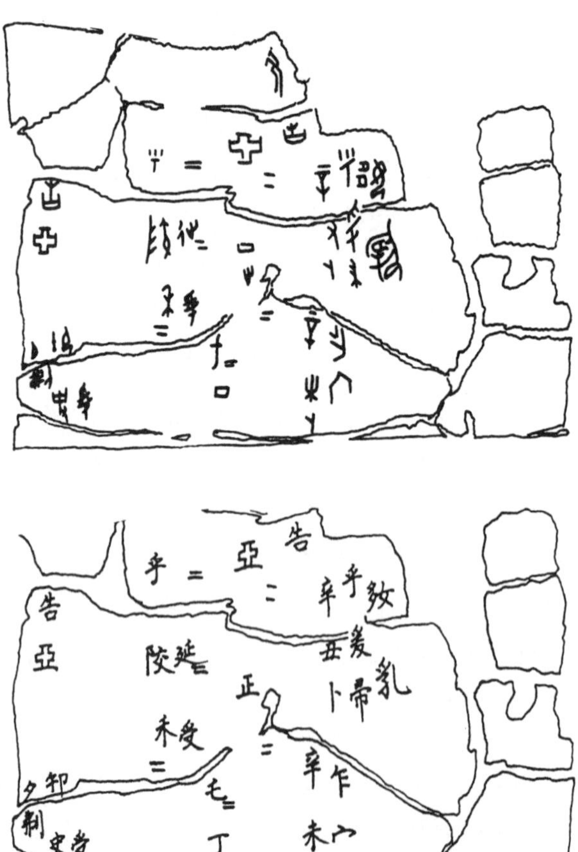

본편 이외에 (≪合≫ 22247편에도 역시 婦姼에 관한 내용이 기록되어 있다.

癸亥卜：乎援婦姼乳. 婦姼의 수유를 도우라고 명할까요?
辛亥卜：婦姼亡囚. (22247) 婦姼에게 재앙이 없을까요?

商代 여성

갑골문에 등장한 여인은 왕비인 婦好·婦姘·婦姼 등 60여 명이며, 子婦인 子央婦, 諸侯婦인 亞侯婦(≪屯南≫ 502)가 있고 그 외에 大臣婦(32897) 등이 있다. 이들은 모두 상대 고위관료의 부인들이다. 그중 왕비들은 정치적, 군사적, 경제적 권세를 누렸고 사회적 지위도 매우 높았으며 卜辭에는 이들의 출산에 관한 占卜이 적지 않다.

상대는 부계사회로 접어들었지만 모계사회의 영향이 짙게 배어 있는 현상이라고 하겠다. 西周 이후 淸代에 이르기까지 여성의 사회적 지위는 낮아졌지만 중국에서 실제로 여성들이 누리는 권한은 여전하였다. 그러나 현대 중국에 접어들면서 양성(兩性) 평등사상에 힘입어 사실상 여성의 지위는 더욱 높아졌다고 할 수 있다.

20 - 10

21065

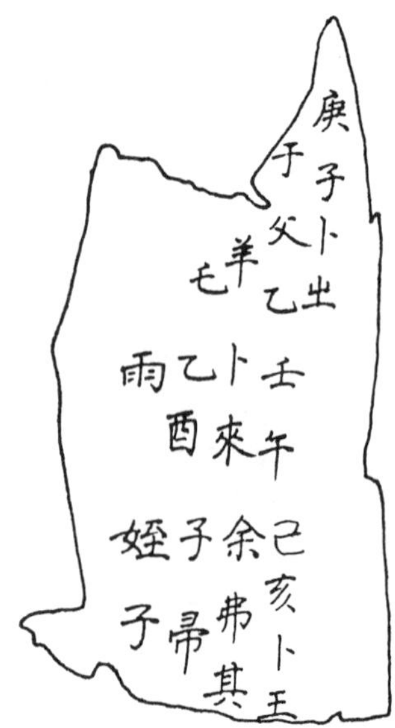

20. 제10편

1) 본 문 : **己亥卜, 王 : 余弗其子婦姪子。**

2) 한 역 : **己亥일에 점을 치고, 왕이 친히 묻습니다 : 왕인 나는 婦姪의 아이를 나의 아이처럼 사랑하면 안될까요?**

3) 출 전 : ≪甲骨文合集≫ 21065 제1기

4) 자 해 : **[己亥卜, 王]** : 상왕이 직접 점복했다.

[余弗其子帚(婦)姪子] : 余 - 나무 기둥으로 [glyph]처럼 지붕을 받치고 있는 모양. 商王의 自稱으로 빌려썼다. '朕' 또는 '余一人' 같이 商王이 본인을 지칭한 칭호이다(7 - 3 참조). 朕은 [glyph]처럼 두 손으로 노를 잡고 배를 젓는 모양이다. 상대에 왕이 자신을 칭하는 인칭대명사로 차용했다. 사극에서는 현대에도 왕이 자신을 짐(朕)이라 칭한다. 子 - 어린아이 형상으로 두 가지 의미로 쓰였다. 첫째 子는 동사로 '양육하다', '자애하다'는 뜻. 둘째 子는 '아이'라는 명사로 쓰였다. 姪 - 至方에서 왕비로 간택된 여인. 왕비의 이름, '婦姪子'는 '婦姪의 아이'라는 뜻으로 主語인 余의 목적어가 된다. 유사한 내용은 쉽게 찾아볼 수 있다(徐中舒, 1990 - 1308).

· 戊辰卜, 王貞 : 婦鼠娩余子. (14115)
婦鼠가 아이를 낳는데, 내 아이처럼 사랑할 수 있을까요?
· 貞 : 婦鼠娩, 余弗其子. (14116)
婦鼠가 아이를 낳는데, 내 아이처럼 사랑하지 못할까요?
· 乙丑卜, 王貞 : 占娥子余子. (21067)
占娥의 아이를 내 아이처럼 사랑할 수 있을까요?

5) 해 설 : **상왕의 아이들**

본 편의 내용으로 보아, 婦姪나 婦鼠의 아이는 모두 당시 왕의 아이가 아닐 수도 있다. 현대의 관점으로 볼 때 3천 년 전, 몹시 사랑하는 婦姪이라는 여인을 맞이하고 싶고 그녀에게 아이가 있었다면, 그를 자신의 아이처럼 사랑하려고 하는 강한 의지를 보여준 商王의 맹약이라 할 수 있다. 商王의 가족관 내지 결혼관의 단면을 엿볼 수 있는 중요한 내용이다. 상대에는 兄, 弟, 姐, 妹의 아이를 모두 '子'라고 칭했다.

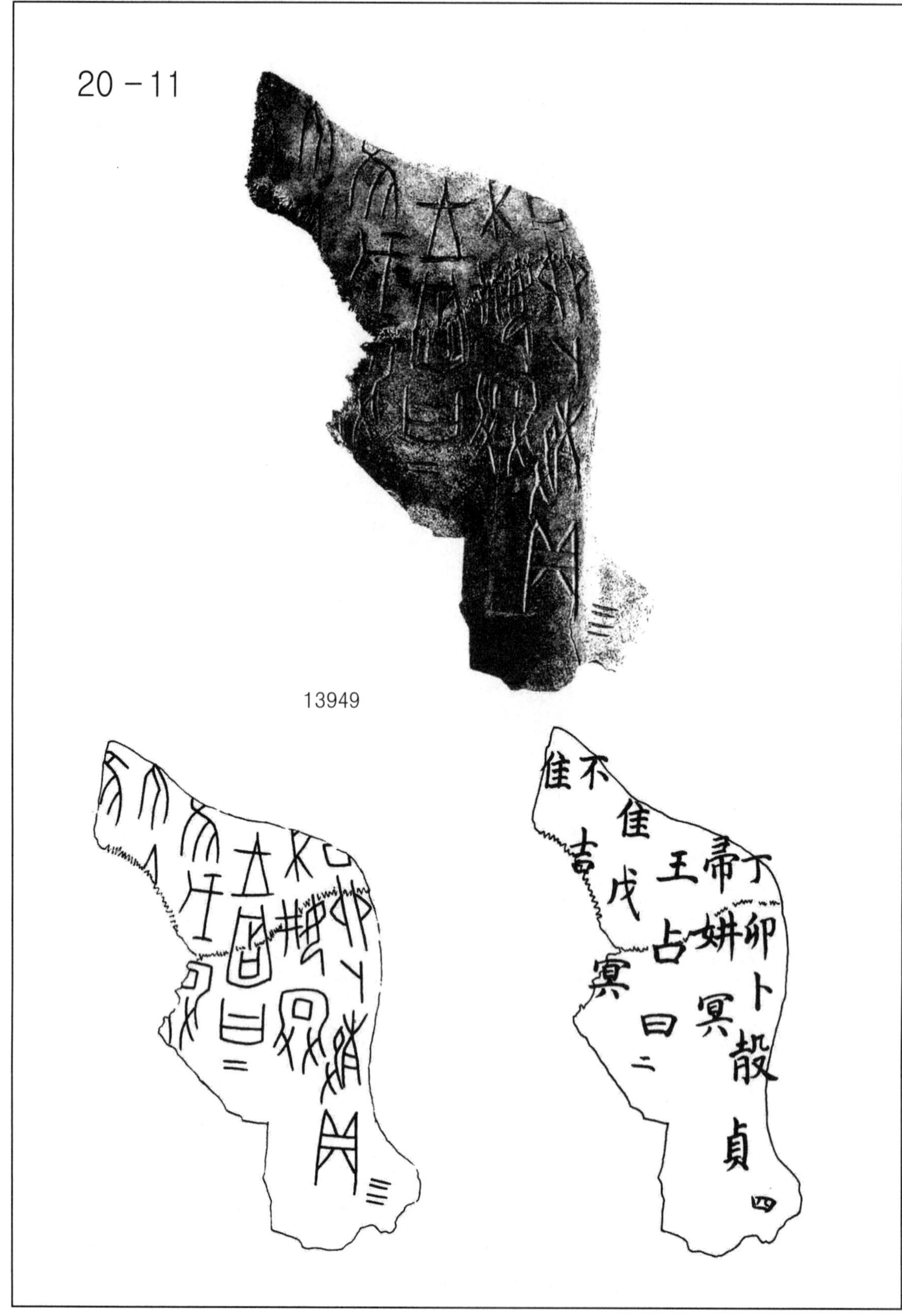
20 - 11
13949
丁卯卜㱿貞
帚姘冥
王占曰
二
隹戊冥
吉
不隹
四

20. 제11편

1) 본 문 : **丁卯卜, 𣪘貞 : 婦姘冥。王固曰 : 隹(唯)戊冥(娩), 不吉, 唯。二**

2) 한 역 : **丁卯일에 점을 치고 𣪘가 묻습니다 : 婦姘이 아이를 낳을 수 있을까요? 왕이 점친 결과를 보고 길흉을 판단했다 : 戊일에야 낳겠다. 불길의 조짐이 있다. 두 번째 물었다.**

3) 출 전 : ≪甲骨文合集≫ 13949 제1기

4) 자 해 : **[丁卯卜]** : 丁卯 - 간지기일에 의한 丁卯일, 卜 - 점을 치다(1 - 1 참조).
[𣪘貞] : **𣪘** - 제1기의 정인(2 - 6 참조). 貞 - 鼎의 모양. 점을 친다는 貞으로 빌려 썼다(1 - 1 참조).
[婦姘冥] : 婦姘一井方에서 간택된 상왕의 비. 井으로 쓰기도 한다(1-15 참조). 冥 - 두 손으로 처럼 어머니 배에서 나오는 아이를 받는 모양. 娩(main · 면)으로 쓰인다(20 - 4 참조).
[不吉] : 不 - 씨방 모양, 풀뿌리 모양 등의 견해가 있으나 갑골문에서는 부정사로 쓰였다(3 - 5 참조). 吉 - 戈 · 斧 등 병기 모양으로 무기가 잘 보관되어 있어 '吉利'로 인신되었다. 吉凶의 吉로 쓰였다(3 - 3 참조).

5) 해 설 :

갑골문과 陰陽五行

음양오행은 陰과 陽, 그리고 木, 火, 土, 金, 水라는 다섯 가지 기운을 합한 동양 우주론의 핵심이다. 五行은 ≪尙書 · 周書 · 洪範≫에 처음 기록되었으며, 후대로 오면서 동양사상이나 동양의학의 이론적 근거가 되어 왔다. 그러나 갑골문에는 동 · 서 · 남 · 북 · 중앙을 뜻하는 五方의 방위관념과 五種祭, 帝五臣, 五土 등 五와 관련된 기록들이 있어 이들을 통해 五行의 근원을 모색해 볼 수 있다(金經一, 2006 - 121).
특히 갑골문에서 陰은 水南山北, 陽은 水北山南으로 구별하여 商代인들의 심중에 이미 陰 · 陽의 관념이 형성되었음을 알 수 있다(黃天樹, 2006 - 213)

제 21 장

鬼　神

鬼　神

과학적인 지식이나 온전한 문제해결의 방법을 갖지 못했던 상대의 통치자들은 신의 계시를 따름으로 통치상의 확신과 용기를 얻으려 했다. 그들은 자신들의 의식세계에 자리한 절대권능의 神들이 龜甲獸骨에 점을 쳐 얻어진 '卜兆' 속에 국가의 안녕과 수확의 풍성함을 예시하는 뜻을 머물게 해준다고 굳게 믿었다.

갑골문의 字裏行間에 고스란히 담겨있는 귀신숭배의 잔영은 商代가 5천년 중국역사상 가장 미신적인 시대였다는 것을 유감 없이 보여준다.

21 -1

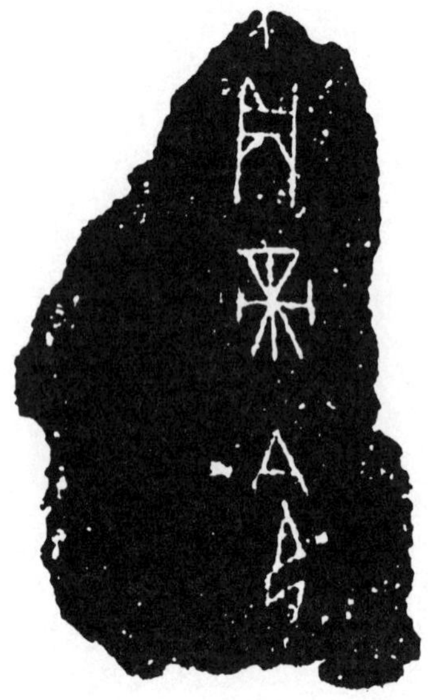

14164

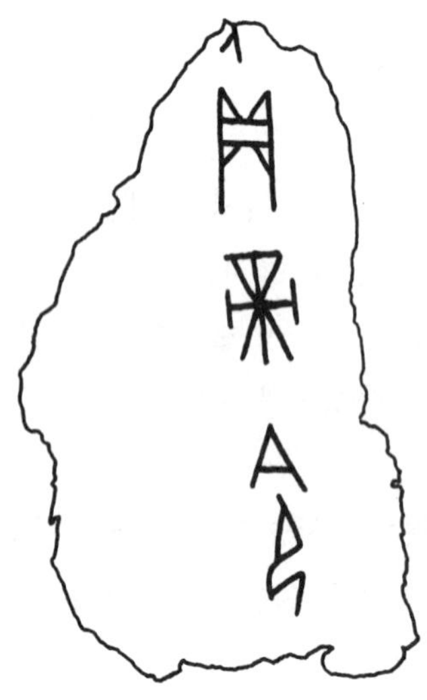

21. 제1편

1) 본　문 : **貞：帝令□。**

2) 한　역 : **묻습니다 : 上帝께서 명할까요?**

3) 출　전 : ≪甲骨文合集≫ 14164 제1기

4) 자　해 : **[帝令]** : 帝－갑골문 帝는 · · 등 자형이 매우 다양하다. 꽃씨방 모양, 하늘에 제사지내는 제단모양이라고 하는 등 많은 풀이가 있으나 중요한 구성은 윗 부분 '一' 과 중간 '口' 그리고 木이 합쳐진 자다. 卜辭에서는 上帝·조상의 칭호·禘祭 등 3가지 뜻으로 쓰였다. 禘祭로 쓰일 때는 특히 형을 썼고 후에 示를 합쳐 禘자를 이루었다(趙誠, 1988－232). 令－종 아래에 처럼 사람이 꿇어앉아 있는 모습을 합친 자. 고대에는 종을 치며 명령을 하달했던 관습이 글자의 배경이 된 것이다. 갑골문에서 '명령하다' 또는 '지명'으로 쓰였다(2－4 참조).

5) 해　설 :

상대의 上帝

상대인들이 칭하는 上帝는 절대권능의 神인 동시에 祖上神이기도 하다. 고대 종교나 정치 이론에 따르면 王은 上帝의 직계후손으로 그 영향력에 힘입어 천하를 다스릴 수 있는 권한을 부여받은 것이다.

그러나 최소한 武丁 이전에는 上帝와 인간과의 연계가 긴밀하지 않아 至上神인 上帝와는 단지 占卜과 巫術을 통해서만이 상호 교류가 가능했다. 따라서 상왕은 上帝를 추앙하고 융숭한 제사를 드려 上帝의 가호를 기원하며 下命을 기다릴 수밖에 없었다.

武丁 이후 상황의 변화가 일어났다. 가장 뚜렷한 현상은 상왕들이 帝와 商王의 조상을 결부시켜 돌아가신 직계 亡父의 시호 앞에 帝자를 붙이게 된 점이다. 제2기 때 祖甲이 아버지 武丁을 '帝丁', 제3기때 廩辛·康丁이 아버지 祖甲을 '帝甲', 제5기 때 帝辛은 아버지乙을 '帝乙', '文武帝乙'이라고 칭했다. 이는 당시 의식 형태의 매우 큰 변화였다고 할 수 있다.

秦始皇帝는 최초로 살아있는 자신을 帝라 칭했다.

21 -2

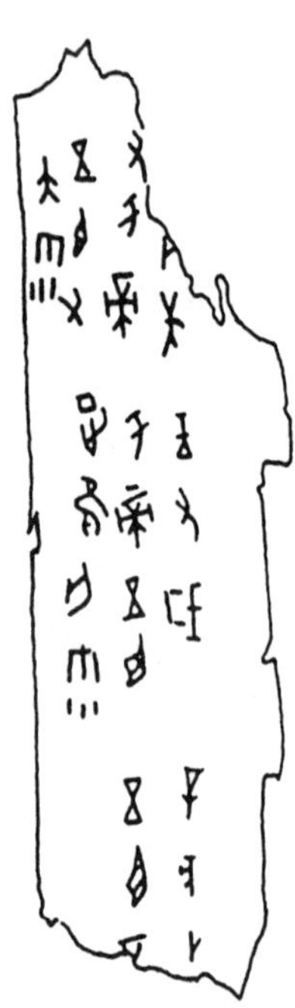

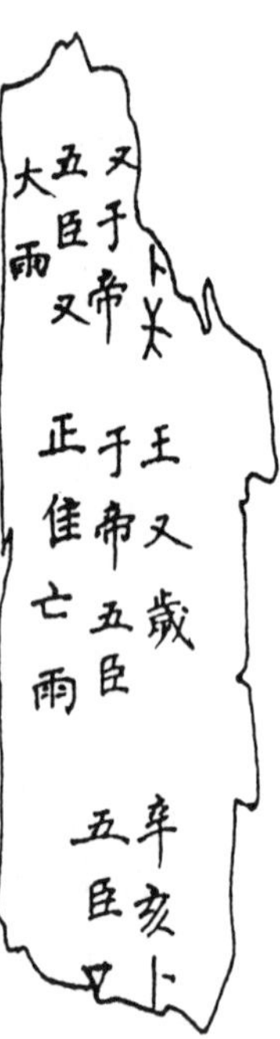

30391

21. 제2편

1) 본 문 : **王又(侑)歲于帝五臣, 正, 隹(唯)亡雨。**
□又(侑)于帝五臣, 又(有)大雨。

2) 한 역 : **대왕께서 上帝의 다섯 신하에게 侑祭·歲祭를 드리면, 비가 오지 않겠습니까?**
上帝의 다섯 신하에게 侑祭를 드리면 큰 비가 내릴까요?

3) 출 전 : ≪甲骨文合集≫ 30391 제3기

4) 자 해 : **[王又(侑)歲于帝五臣]** : 王 - 제3기의 상왕. 又(侑) - 제사명. 歲 - 歲는 [glyph] [glyph]처럼 수확용 도끼모양. 일 년에 한 차례 수확하여 '一年'으로 썼고, 제사명으로도 썼다. 于 - 전치사. 帝 - 상제. 五 - 다섯. 臣 - 눈을 위로 뜬 모양. 신하로 인신되었다. 五臣 - 다섯 신하. 상제의 다섯 신하.
[正] : 命辭에 때로는 正·又正 등 관용구를 썼는데 의미는 확실하지 않다.
[隹亡(無)雨] : 隹 - 강조부사(唯), 뒤에 오는 亡을 강조한다. 亡 - 갑골문에서 有無의 無와 같이 쓰였다.
[大雨] : 大 - 정면으로 서 있는 사람의 모양이다. 크다·인명으로 인신되었다. 雨 - 비가 떨어지는 모양. 비가 오다.

5) 해 설 :

帝의 다섯 臣下

상대인들의 사유 속에는 절대권능의 上帝가 존재한다. 그 외에 돌아가신 조상신인 上甲이나 報乙·報丙 등이 있고 자연계의 山·河·岳을 비롯해 風·雷·電·雲·雨 등도 일종의 神靈으로 여겨 제사했다. 그러나 이들은 모두 帝의 臣下이며 使者들로서 帝의 좌우에서 부림을 받는다고 여겼다.
특히 후자 다섯은 '帝五臣'이라고 칭하며 특별시 했는데 이들이 보다 신속하게 자신들의 소망을 帝에게 전함으로서 더욱 빨리, 더욱 많은 신의 보살핌을 받을 수 있다고 믿었기 때문이다. 商周 靑銅器상의 동물문양은 이러한 사상의 직접적인 증거가 되고 있다(張光直, 1982 - 204).

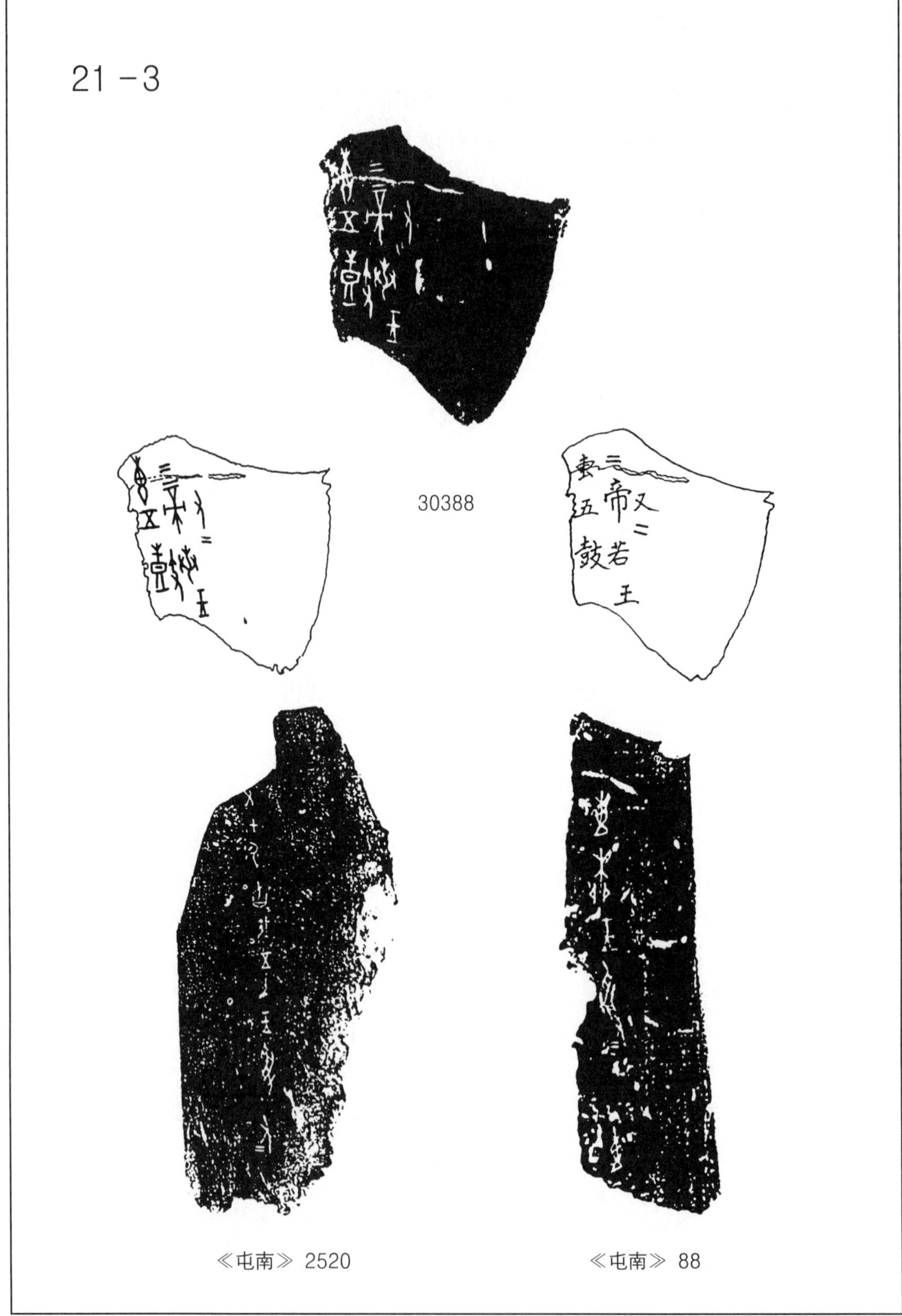
21 -3
30388
叀
五
鼓
帝
又
若
王
《屯南》 2520
《屯南》 88

21. 제3편

1) 본 문 : **叀(惠)五鼓, 上帝若, 王[受]又(有) = (又·祐)。**

2) 한 역 : **5개의 북으로 제사하면, 上帝가 기원하는 바를 허락해 대왕에게 신의 가호가 있을까요?**

3) 출 전 : ≪甲骨文合集≫ 30388 제3기 보충 ≪屯南≫ 1. 2520 2. 88

4) 자 해 : **[叀(惠)五鼓]** : **叀** - 강조부사. 唯와 같은 작용을 한다. 五 - 자형은 라 쓰다 로도 썼다(1 - 4 참조). 다섯. 鼓 - 깃털로 장식한 북을 처럼 받침대 위에 올려놓고 채를 잡고 치는 모양. 북. 북을 치며 드리는 제사(趙誠, 1988 - 250).

[上帝若] : 上 - 짧은 획을 긴 획 위에 처럼 포개 놓은 모양(짧은 획을 밑에 두어 下자를 만들었다). 이는 두 획의 길이가 같은 갑골문 숫자 二와 구별되는 형체이다(5 - 14 참조). 帝 - 帝의 자형은  인데 '꽃의 씨방', '제물을 태워 하늘에 제사하는 모양' 등으로 풀이한다. '상제'로 인신되었고, 상대의 제왕을 칭하였다. 절대 권능의 신(2 - 14 참조). 若 - 손으로 머리를 고르는 모양. '순조롭다', '허락하다'(6 - 12 참조).

[(王[受]又) =] : 王 - 제3기의 자형을 보여준다. 受字가 잘렸으나 占卜術語이기 때문에 보충할 수 있다. '受又又'는 '受有祐'로 '신의 가호를 받는다'는 뜻이다. 두 번째 又는 중복 부호 = 을 썼다. = - 중복 부호이다.

5) 해 설 :

중복부호의 사용

甲骨卜辭에서는 같은 자가 두 번 이어질 때 중복부호로 사용했다.

1. **父甲□伐五人王受又 = .** (≪屯南≫ 2520)
   父甲에게… 다섯 사람을 잘라 제사하면 신의 가호가 있을까요?
2. **叀柳王受又 = .** (≪屯南≫ 88)
   柳 지역에서 대왕에게 신의 가호가 있을까요?

2중의 柳자는 从木, 卯聲의 형성자로 <石鼓文>, <侯馬盟書> 중의 柳자와 같으며, 地名으로 본다(趙誠, 1993 - 207). 예문 중의 '受又又'는 又자가 3개 잇대어 있는 경우이다. 受자 중의 又는 가운데 又를 겸했고 마지막 又자는 중복 부호 = 로 대신했다.

21 -4

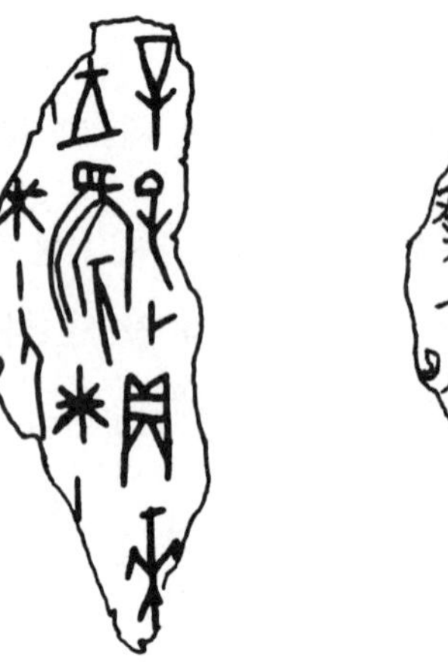

1. 34293

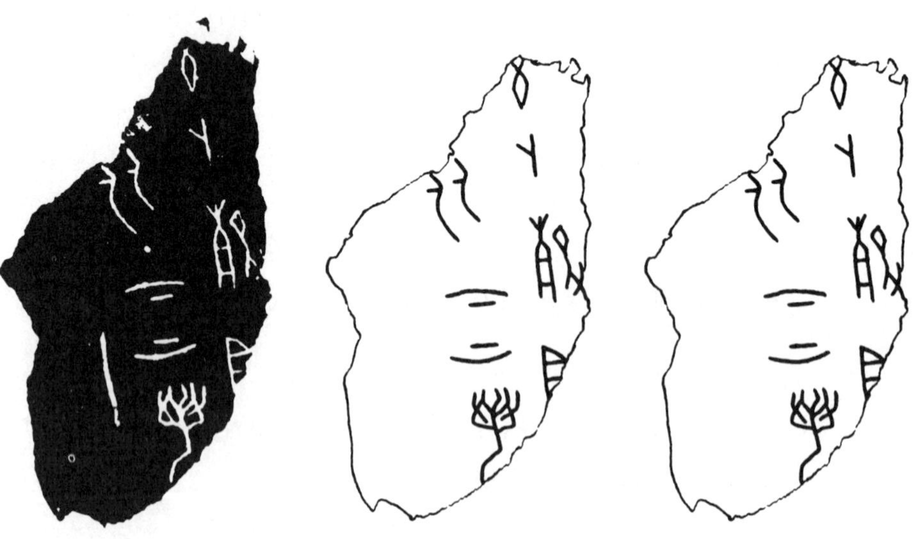

2. 14262

21. 제4편

1) 본 문 : 1. 辛巳卜, 貞 : 來▨王亥燎十▨燎十人。
2. □午卜, 㱿貞 : ▨比, 下上若▨。

2) 한 역 : 1. 辛巳일에 점을 치고, 묻습니다 : 오는 …일에 王亥에게 燎祭를 드리는데 열… 열 사람을 드릴까요?
2. □午일에 점을 치고, 㱿이 묻습니다 : 지상과 천상의 여러 신이 순조롭게 해줄까요?

3) 출 전 : ≪甲骨文合集≫ 1. 34293 제4기 2 . 14262 제1기

4) 자 해 : [辛巳卜, 貞] : 前辭에 貞人의 이름이 생략되었다.

[來▨王亥燎十▨] : 來 - 이삭과 깔크라기, 뿌리가 있는 보리인 (來) 모양, 來往의 來로 빌려 썼다. 다시 '다음', '오는' 등으로 인신되었다(1 - 4 참조). 王亥 - 商族 7대 조상. 燎 - 제사명. (liao · 료) 로 읽는다. 제물을 (燎)처럼 불태워 드리는 제사.

[比下上若] : 比 - 두 사람이 연이어 가는 모양. 從과 혼용된다(14 - 12 참조). 下 - 기준선 아래에 무언가가 있는 모양 (下)으로 아래를 나타낸다. 上 - 기준선 위에 무언가가 있는 모양 (上)으로 위를 나타내며 본 편에서는 천상과 지하에 있는 여러 신을 뜻한다(5 - 14 참조). 若 - 손으로 머리카락을 고르고 있는 모양. '순조롭다', '허락하다(諾)'는 뜻으로 쓰였다(6 - 12 참조).

5) 해 설 :

天上天下의 여러 神

甲骨卜辭 중에는 下上若이라는 귀절이 많다. 드물게는 上下若이라고도 하는데 모두 天上 · 天下에 있는 여러 神을 일컫는다. 下上若이라고 하였을 때 맨 위와 아래 획을 곡선으로 하여 (三)처럼 시각적인 아름다움을 연출했다. 書寫의 妙를 최대한 살린 것이다.

王亥는 商代 先公遠祖로 제사시 제물의 수량이 매우 많았던 비중 있는 조상이었다. 본 편 '亥'字 위에 새의 형상이 완연하게 새겨져 있어 商族과 새 토템과의 관계를 여실히 보여 주고 있다.

21 -5

14339

보충 11469

21. 제5편

1) 본　문 : **貞 : 燎于東母三牛。**
貞 : 勿御。

2) 한　역 : **묻습니다 : 東母에게 3마리 소로 燎祭를 드릴까요?**
묻습니다 : 御祭를 지내지 말까요?

3) 출　전 : ≪甲骨文合集≫ 14339　보충 11469 제1기

4) 자　해 : **[貞]** : 鼎의 형상이 간화된 모양. 점쳐 묻다. 前辭가 잘렸다.
[燎于東母] : 燎 - 불에 제물을 태워 드리는 제사로 木처럼 튀는 불꽃도 묘사하였다. 于 - 전치사. 東 - 물건이 담긴 자루의 양쪽 끝을 매놓은 모양인 [illegible]로 '동쪽'으로 빌려 썼다. 母 - 꿇어 앉은 여인의 양 가슴을 [illegible]처럼 부각시켜 그려 놓은 모양. 부녀. 어머니(趙誠, 1988 - 45). 東母 - 여신의 이름. 대칭되는 신으로 西母 또는 西王母가 있다.
[三牛] : 三 - 셈가지 세 개를 포갠 모양. 牛 - 소의 뿔과 얼굴 모양. 소.
[勿御] : 勿 - 부정사(1 - 3 참조). 卸(御) - 꿇어앉은 사람이 무언가를 신에게 바치는 모양. 제사명. 卸로 隷定하며 御와 같다(4 - 8 참조).

5) 해　설 :

東母와 西母

卜辭에는 東母와 西母에 제사 드린 예가 많다.

· 壬申卜, 貞 : 侑于東母 · 西母, 若. (14335)
東母와 西母에게 侑祭를 드리면 순조로울까요?

卜辭에 보이는 東母 · 西母를 ≪禮記 · 祭義≫ 중의 「祭日于東, 祭月于西」에 근거해 日神 · 月神이라 보기도 한다(陳夢家 1956 - 574).

· '貞 : 呼弜共全于東'(≪京人≫ 3155)
· '惟西惟妣 …'(32906)

갑골문 위 두 복사에 근거해 東母 · 西母를 상대인들 生命의 神으로도 생각할 수 있다. 상대인들이 東母와 西母, 즉 해와 달에게 燎祭를 지낸 것은 그들에게 자손의 번영을 간구한 것이라는 견해도 있다(宋鎭豪 2001 - 641).

21 -6

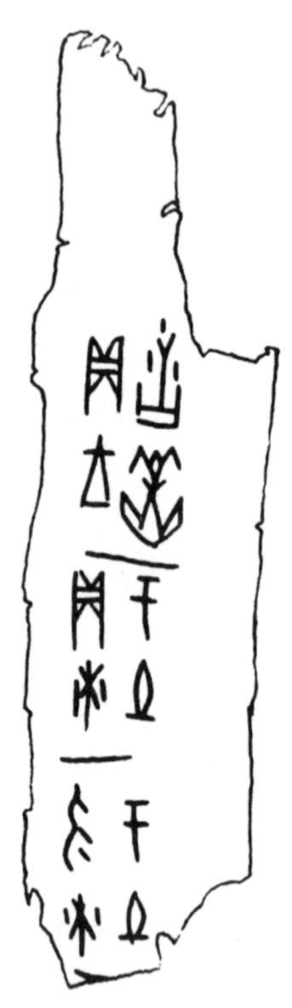

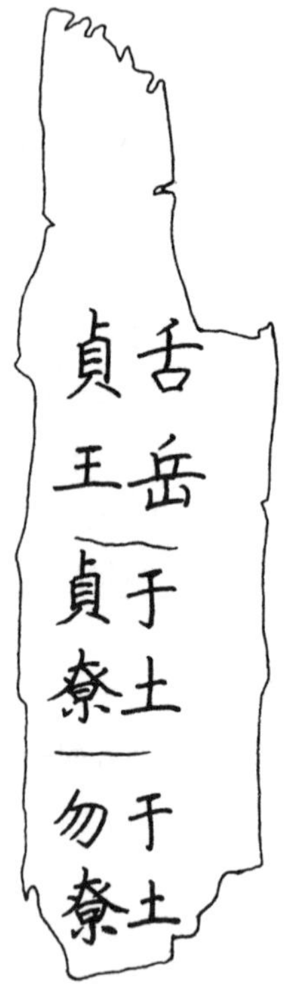

14398

21. 제6편

1) 본 문 : **貞 : 燎于土(社)。**
勿燎于土(社)。

2) 한 역 : **묻습니다 : 土神에게 燎祭를 드릴까요?**
土神에게 燎祭를 드리지 말까요?

3) 출 전 : ≪甲骨文合集≫ 14398 제1기

4) 자 해 : **[勿燎于土]** : 勿 - 부정사. 燎 - 불태워 드리는 제사(liao · 료) (4 - 12 참조). 土 - 땅 위로 돋아난 흙더미인 모양이다. 땅, 토신으로 인신되었다. 점차 형부 示를 붙여 社가 되었다. 社는 오곡의 神인 稷과 함께 연용되었다. 社稷은 宗廟와 대칭된다(趙誠, 1988 - 14).
본편은 골편으로 관례상 아래서 위로 읽는데 여기서는 순조로운 풀이를 우선으로 하였다.

5) 해 설 :

宗廟와 社稷

갑골문 중의 土는 땅신을 말한다. 농경민족에게 곡식을 키워주는 땅은 더없이 소중한 존재였다. 따라서 고대 역대 왕조들은 조상신의 위패가 있는 宗廟와 함께 농경사회의 곡식신(稷) 즉, 여성의 조상신인 토신(土)을 모신 社稷에도 제사를 지냈다. 宗은 사당에 여러 조상신(示)을 모셔 놓은 모양이고, 稷을 대표한 土는 바로 社의 본자이다.
≪周禮 · 春官≫에 <右社稷, 左宗廟>라고 하였드시 이들은 '左祖右社'로 배치하였는데 이는 左東右西, 즉 태양이 동쪽에서 뜰 때 달은 서쪽에 있기 때문이다. 왕궁을 중심으로 좌측에 宗廟, 우측에 社稷을 모셔 좌우 균형을 유지했다. 宗廟社稷은 점차 국가를 상징하게 되었다.
우리나라도 경복궁을 등지면 좌측에 宗廟가 있고, 우측에 분명 社稷廟가 있었을 터인데, 지금은 다만 社稷公園에서 그 잔영을 찾을 수 있다.

21 -7

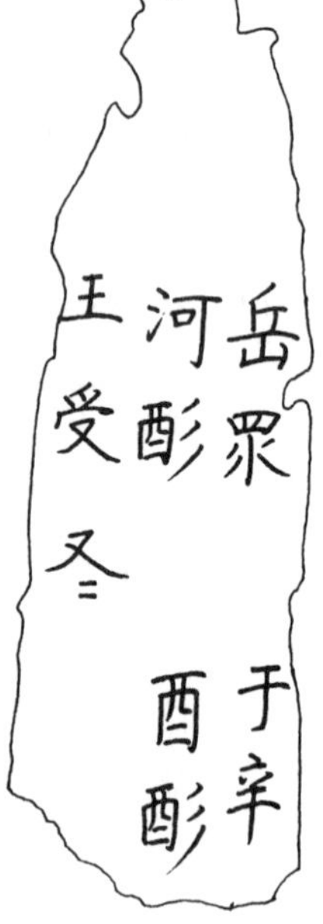

30412

보충 34245

21. 제7편

1) 본 문 : **于辛酉酒(酌)。**

岳眔河酒(酌), 王受又 = 。

□□卜 : 河燎二牢。

2) 한 역 : **辛酉일에 酒祭를 지낼까요? 산신과 황하신에게 酒祭를 드리면 대왕께 신의 가호가 있을까요?**

점칩니다 : 황하신에게 소 두 마리를 드려 燎祭를 올릴까요?

3) 출 전 : ≪甲骨文合集≫ 1. 30412 보충 2. 34245 제4기

4) 자 해 : **[于辛酉酒]** : 于 - 전치사. 辛酉 - 辛酉일. 酒(酌) - 술을 올리는 제사.

[岳眔河酒] : 岳 - 산봉우리가 중첩되어 있는 산악의 모양. 산신. 眔(罒) - 눈에서 눈물이 떨어지는 모양(ji · 기)로 읽는다. 접속사 暨의 의미로 '…와' 같은 뜻이다. 河 - 물水에 사람의 어깨에 무기를 메고 가는 모양을 합친 자. 무기의 일부가 可로 변해 从水, 可聲의 형성자가 되었다. 卜辭에서는 황하신 · 인명 · 지명으로 쓰였다(3 - 1 참조).

[王受又 =] : 王 - 상왕. 제3기의 자형이다. 受 - 위아래에서 손으로 물건을 주고 받는 모양. 주고 받는 행위를 구분하지 않고 受를 썼다(10 - 10 참조). 又 - 오른손의 모양. 受有祐. 두 번째 又는 중복 부호로 나타냈다.

5) 해 설 :

조상의 영혼 결혼 - 冥婚

갑골문에는 대왕의 결혼에 관한 卜辭는 찾아보기 힘들다. 그러나 절대 권능의 神 上帝나 그 외 祖乙 · 大甲 · 唐 등의 영혼결혼(冥婚)에 대한 기록은 적지 않다. 상대에는 영혼결혼을 통해 종족의 번영과 타종족 간의 유대를 강화하였다(宋鎭豪, 2001 - 534). 생전이나 사후 婦好는 여러 차례 영혼결혼의 신부가 되었다. 祖乙은 武丁의 四代祖이니 婦好는 四代 孫婦가 된다. 존귀한 분들과 인연을 맺음으로 諸婦들의 지위를 높이려는 의도가 담겨 있다(趙誠, 2000 - 147).

· 唯帝娶婦好. (3637) 상제는 婦好를 아내로 취할까요?

· 唐取婦好 (2636) 成唐은 婦好를 아내로 취할까요?

· 貞 : 唯祖乙取(娶)婦. 祖乙은 아내를 취할까요?

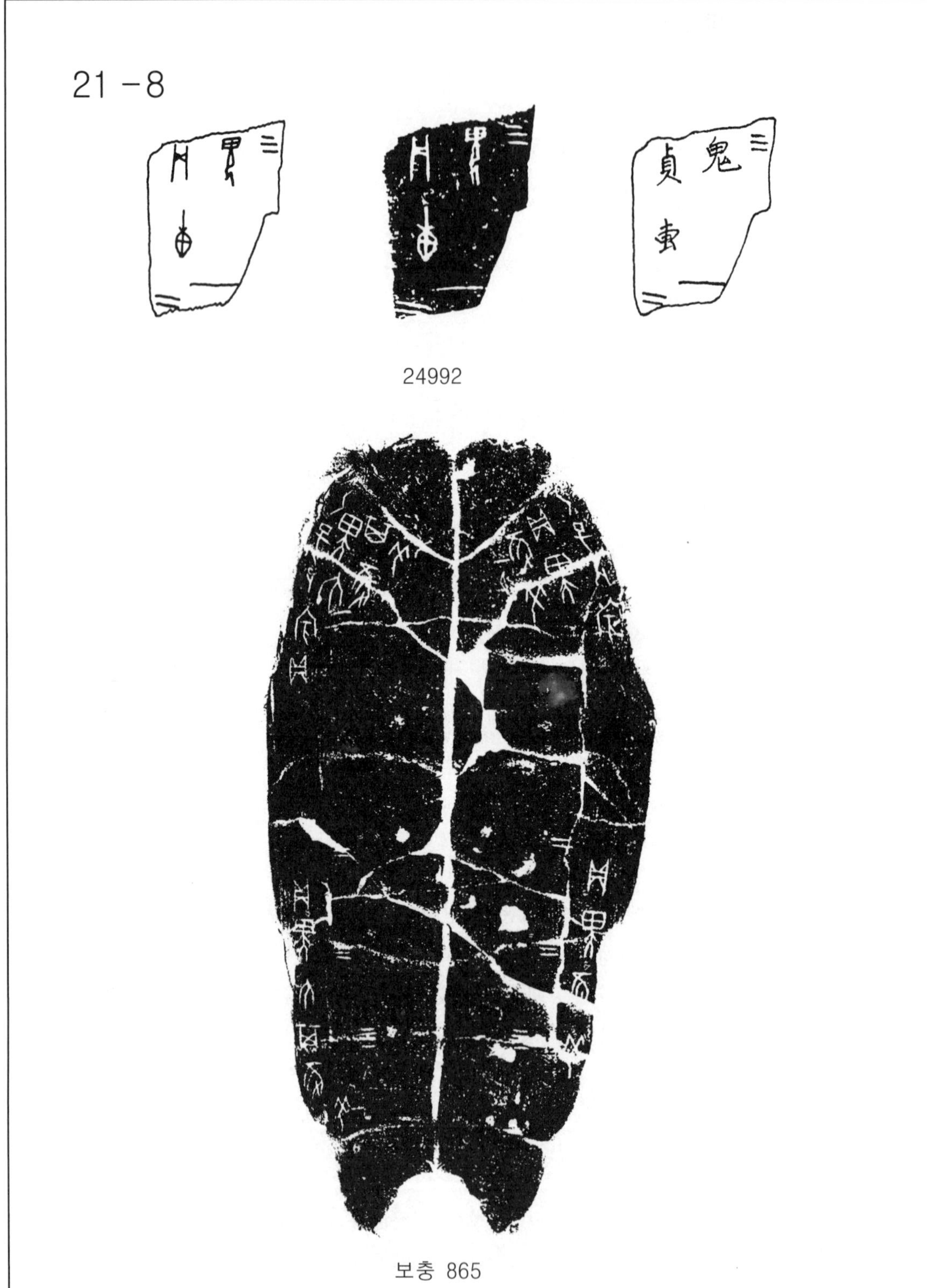

24992

보충 865

《乙》

21. 제8편

1) 본 문 : **貞 : 叀(惟)鬼**。三

2) 한 역 : **묻습니다 : 귀신의 소치일까요? 세 번째 물었다.**

3) 출 전 : ≪甲骨文合集≫ 24992 제2기 보충 ≪殷虛文字乙編≫ 865 제1기

4) 자 해 : **[貞]** : 鼎의 형체가 간화된 자형. 점쳐 묻다.

[叀(惠)鬼] : **叀** - 베를 짤 때 쓰는 추모양(紡錘). 강조부사, 唯, 惟와 같은 강조부사로 쓰여 鬼를 강조한다. 惠의 근원이 되었다. 鬼 - 귀신. 머리가 田자처럼 큰 형태로 큰 사람이 꿇어앉아 있고 또 머리를 산발한 모양의 여러 자형이 있다. '귀신'을 뜻했고 인명으로도 썼다(19 - 20 참조).

본문에서는 鬼 자가 '귀신'으로, 보충에서는 '인명'으로 쓰였다.

- 乙巳卜, **穷**貞 : 鬼獲羌. 鬼는 羌人들을 잡을까요?
- 乙巳卜, **穷**貞 : 鬼不其獲羌. ≪乙≫ 865 鬼는 羌人을 잡지 못할까요?

5) 해 설 :

고대의 악귀 쫓는 관리

악귀를 쫓는 사람은 악귀보다 더욱 무서운 형상이 제격이다. 周代에는 악귀를 쫓는 일을 전담하는 方相氏가 있었다. 마을에 돌림병이나 재앙이 일면 부하들을 이끌고 마을 구석구석을 돌며 악귀를 쫓는다. 그는 곰 가죽을 뒤집어 쓰고 눈이 4개 달린 쇠 가면을 썼으며 검고 붉은 옷을 걸치고 손에는 창과 방패를 들었다. ≪周禮 · 夏官 · 方相氏≫

商代의 귀신숭배

상대인들의 귀신숭배는 상대를 일컬어 "先鬼而後禮"라는 말을 낳을 정도였다. 종교신앙으로 표출되는 귀신숭배의 대상은 上帝 · 自然神 · 祖上神이며 수많은 토템들이 포함된다.

상대의 초기 偃師 商城과 鄭州 商城에는 宮殿區와 별도로 된 祭祀區가 있었는데 동서길이 200m, 100m가 되는 제단이 발견되어 귀신숭배의 중시를 엿보게 해주었다.

21 -9

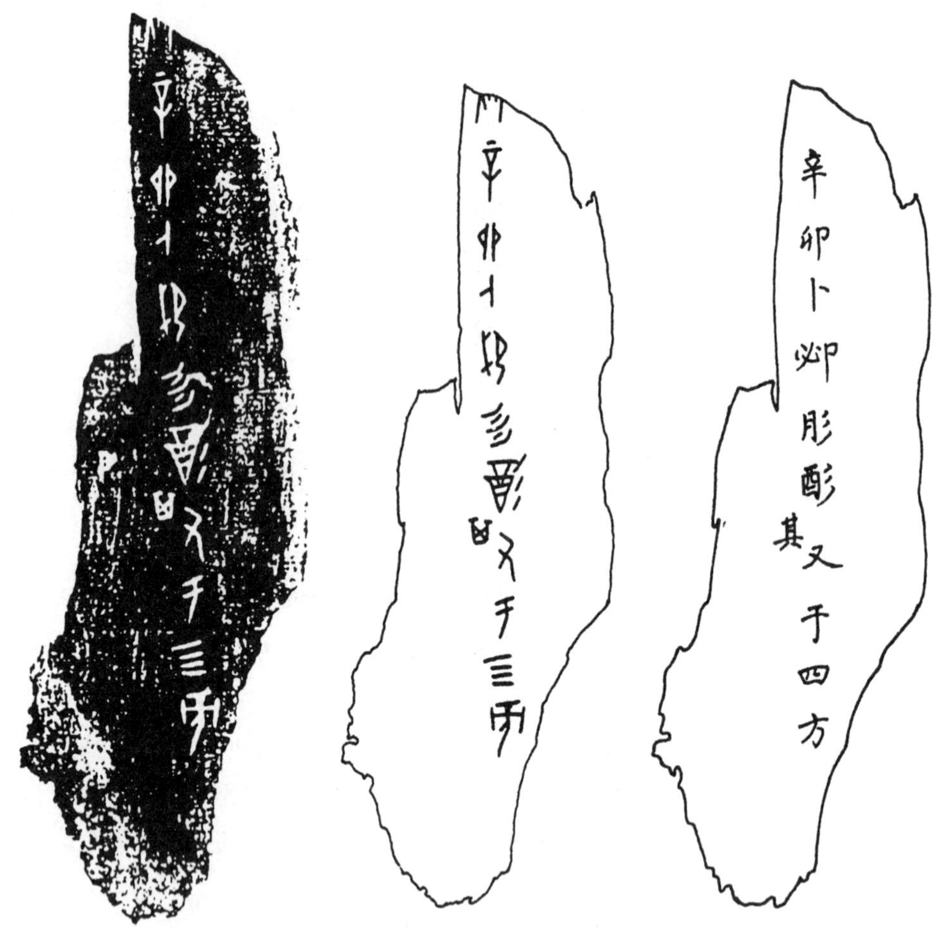

30394

21. 제 9 편

1) 본 문 : **辛卯卜 : 㓖彡酒(酌)其又(侑)于四方。**

2) 한 역 : **辛卯일에 점을 칩니다 : 肜祭·酒祭를 지낼 무렵에 四方의 신에게 侑祭를 드릴까요?**

3) 출 전 : ≪甲骨文合集≫ 30394 제3기

4) 자 해 : **[辛卯卜]** : 前辭에 貞人 이름이 생략되었다.

[㓖彡(肜)酌] : **㓖** - 시간을 나타내는 전치사로 '… 시간에 근접하다'는 뜻으로 쓰였다. 방국명. **㓖**(bi·비)로 읽으며 比와 同音이다(裘錫圭, 1996-28). 彡 - 북을 치며 드리는 제사. 肜의 초문. 五종제사의 일종이다. 酒(**酌**) - 제사명, 술을 올려 드리는 제사. **酌**이다.

[其又(侑)于四方] : 其 - 강조부사, 뒤에 오는 侑祭를 강조한다. 酒와 又字 사이에 있는 其는 자간의 간격으로 보아 처음 새길 때 빠뜨려서 후에 보충해서 새긴 것이다(2-9 참조). 四 - 셈가지 네 개를 ☰처럼 포개 놓은 모양. 숫자 4이다. 전국시대에 와서 四 형태로 점차 변화되었다(徐中舒, 199-1519). 方 - 좌우 양쪽에 손잡이가 있는 무기 모양. 방국·방위사로 쓰였다(4-14 참조). 四方 - 사방 또는 사방의 방위 신.

5) 해 설 :

상대의 청동가면

상대 유적지에서 많은 청동 가면이 발견되었다. 제사시 모셨던 가면으로 추정하는, 리본을 달고 시원하게 부릅뜬 눈을 가진 청동가면은 21세기 서양의 어느 가면 무도회에 등장해도 손색이 없는 세련된 디자인이다.

수많은 청동가면을 통해 상대인들의 면상·두상·이목구비·머리모양 등 다양한 형태를 엿보게 해주고 있다. 특히 황금으로 입힌 가면은 상대의 황금의 활용이 원활했음을 보여주고 있다. 그러나 상대에 金은 吉金, 즉 청동을 일컬었고, 전국시대 초나라에서 황금동전을 만들면서 金은 황금을, 청동은 銅를 만들어 전용하였다. 3천년 전 상대 청동가면으로 볼 때 당시 조각가들의 뛰어난 예술성을 엿볼 수 있다(陳德安, 2002-24, 18-12 참조).

21 - 10

14295

21. 제10편

1) 본 문 : 辛亥卜, 內貞：禘于北方曰[夗]伏, 風曰役[伇], 桒(求)[年]。
辛亥卜, 內貞：禘于南方曰微。風夷, 桒(求)年。
貞：禘于東方曰析, 風曰劦, 桒(求)年。
貞：禘于西方曰彝, 風曰東, 桒(求)年。

2) 한 역 : 辛亥일에 점을 치고, 內가 묻습니다 : 伏이라는 북방신과 役이라고 하는 북풍신에게 풍년을 기원하는 禘祭를 지낼까요?
辛亥일에 점을 치고, 內가 묻습니다 : 微라고 하는 남방신과 因라는 남풍신에게 풍년을 기원하는 禘祭를 지낼까요? 1월에.
묻습니다 : 析이라는 동방신과 劦이라고 하는 동풍신에게 풍년을 기원하는 禘祭를 지낼까요?
묻습니다 : 彝라는 서방신과 夷이라고 하는 서풍신에게 풍년을 기원하는 禘祭를 지낼까요?

3) 출 전 : ≪甲骨文合集≫ 14295 (≪殷虛文字丙編≫ 216) 제1기

4) 자 해 : [帝(禘)于北方曰伏] : 帝 - 제사명. 禘帝 (21 - 1 참조). 于 - 전치사. 北 - 두 사람이 𠦃처럼 등을 대고 있는 모양. 등이라는 뜻이었으나 북쪽으로 빌려 썼다(16 - 3 참조). 方 - 농기구 모양, 방향 · 방국명으로 빌려 썼다. 曰 - 말하다. 伏 - 사람이 등을 구부리고 엎드려 감싸는 듯한 모양. 伏의 초문. 북방의 方神이름. 于省吾는 '夗'으로 보고 있다 (于省吾, 1996 - 47).
[風曰役桒(求)(年)] : 風 - 봉황새 모양이다. 음이 비슷한 봉황새를 바람으로 빌려 썼다 (16 - 1 참조). 役 - 冽 (lie · 열) 과 같다. 북쪽에서 부는 寒風이다 (于省吾, 1981 - 127). 풍신명. 伇로 보는 견해도 있으나 余永粱의 견해를 따라 役으로 썼다 (殷虛文字考). 桒 (求) - 신에게 소망을 간구하여 드리는 제사 (11 - 11 참조).
[南方曰微] : 南 - 악기 모양인 凿으로 남쪽의 남으로 빌려 썼다(7 - 10 참조). 微 - 원형은 彳와 夂을 뺀 岂자이고, 散나 微자로 통용된다. 인명 · 지명 · 남방의 풍신명, 즉 凱風이다(于省吾, 1996 - 35). 본 편에서는 方神과 風神의 이름이 바뀌었으나 원문대로 풀이하였다 (21 - 11편에 옳게 기록되어 있다).

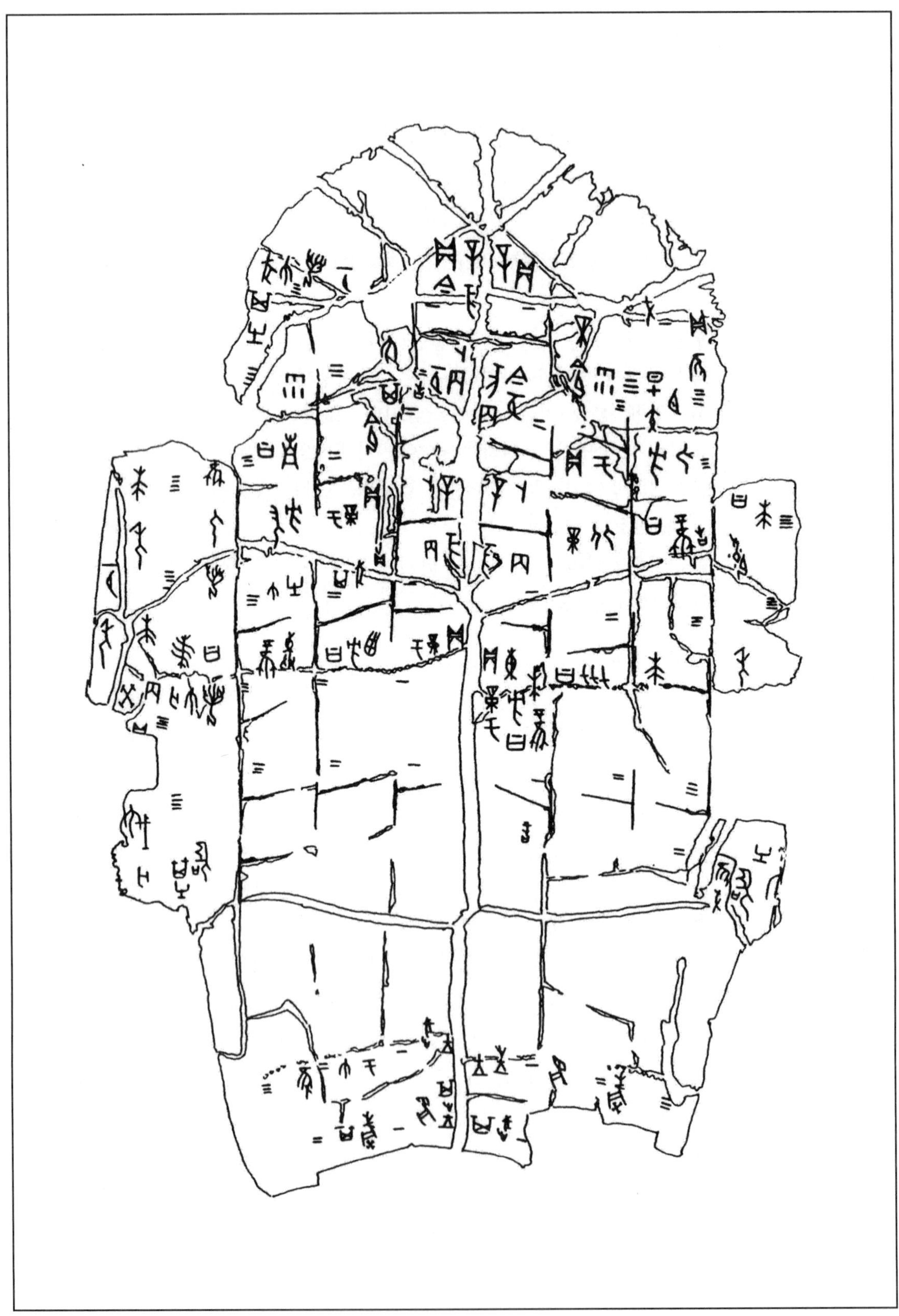

[風因] : 因 - 사람이 감옥이나 옷에 싸여 있거나 초석에 누워 있는 모양 등 많은 풀이가 있다. 남방의 방신명으로 빌려 썼다(趙誠, 1988 - 270, 馬如森, 1993 - 444).

[東方曰析] : 東 - 자루 모양. 동쪽과 동방의 方神名으로 빌려 썼다. 析 - 도끼로 나무를 자르는 모양. 木과 斤을 합친 會意字.

[風曰劦] : 劦 - 가래 (力) 셋을 합친 자. 힘을 합친다는 뜻이다. **劦**와 같이 때로 口를 붙였다. 동쪽의 바람 신, 즉 和風이다.

[西方曰彝] : 西 - 새의 둥지 모양인 甶는 서쪽으로 빌려 썼다 (3 - 14 참조). 彝 - 닭을 두 손으로 잡아 제물로 드리는 모양인 彝는 제사, 용기명으로 썼고, '제사 드리다'는 뜻도 있다. 본 편에서는 서방의 方神名 (yi · 이) 이며, 西는 가을에 해당하여 '殺傷'이라는 뜻이 있다 (于省吾, 1981 - 123).

[風曰東] : **東**(𣏟) - **東**(jie · 介) 로 읽으며 束 · 韋 등의 풀이가 있으나 일치되지 않고 있다. ≪爾雅 · 釋詁≫에 「介, 大地」라는 풀이에 근거해 西風을 颱風으로 본다 (于省吾, 1981 - 126).

5) 해 설 : **四方神과 四方風神**

四方神의 이름은 바로 四方의 이름이며, 四方風神은 上帝의 使者이다.

- 于祭史風二犬. (≪通≫ 398)
- **貞 : 王賓帝史, 亡尤.** (≪通≫ 64)

상제의 사자 風에게 개 두 마리로 제사를 드릴까요?
대왕께서 상제의 사자에게 賓祭를 드리면, 근심이 없을까요?

갑골문에서 四方과 四方風神에 대한 기록은 본장의 제 10편과 제 11편에서 볼 수 있다. 제 10편은 龜腹甲으로 四方과 四方風神에 제사한 내용이고, 제 11편은 牛肩胛骨刻辭로 卜과 貞이 없는 것으로 보아 記事刻辭이다. 그러나 두 편의 내용에는 차이가 있다. 東方과 北方은 서로 일치되나, 南方과 西方의 方神名과 風神名이 각각 바뀌었다. 여러 문헌과 갑골문에 나타난 神名을 종합한 정확한 명칭은 다음과 같다.

東方曰析, 風曰劦(劦)　　南方曰因, 風曰微
西方曰彝, 風曰東　　北方曰伏, 風曰役.

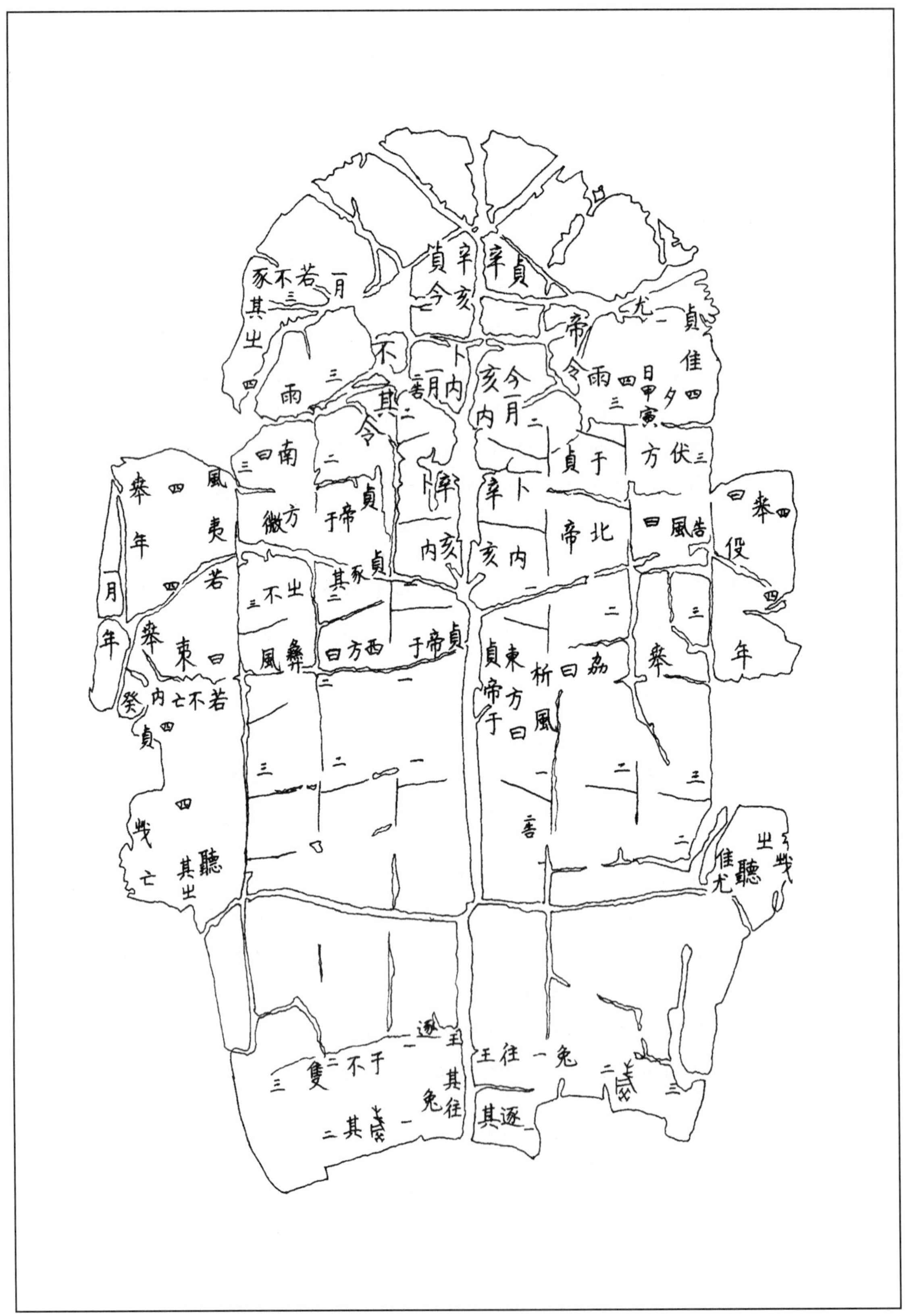
貞辛 辛貞
今亥
豕不若 月
其
出
卜 內 不
今 月
亥 內
帝 貞
佳
雨
夕
南
貞 于
方 伏
風
貞
辛 卜
帝 北
風告
徵方 于帝
內亥 亥內
其豕貞
若
不出
風彝 曰方西 于帝貞
貞東 析曰劦
帝方 風
于曰
聽
其
出
佳 聽
王往 兔
其 逐
兔往
其

對貞卜辭의 유형

對貞은 상대인들의 占卜 방법이다. 卜問의 주된 방식은 正反 혹은 중복적으로 묻는데 이러한 그 내용을 卜兆 곁에 기록한다. 이들은 대립되게 위치하는데 이같은 대응되는 卜辭를 對貞卜辭라고 한다. 對貞卜辭의 유형은 다음과 같은 4가지로 분류된다(朱岐祥, 1990－3).

1. 긍정으로 묻고 또 부정으로 묻는 경우(正反對貞)

貞：其亦烈雨.	묻습니다：아주 심한 비가 내릴까요?
貞：不亦烈雨. (6589)	묻습니다：아주 심한 비가 내리지 않을까요?

2. 긍정으로 묻고 다시 긍정으로 묻는 경우(正正對貞)

貞：生三月雨.	묻습니다：다음 3월에 비가 올까요?
貞：生三月雨. (249)	묻습니다：다음 3월에 비가 올까요?

3. 부정으로 묻고 다시 부정으로 묻는 경우(反反對貞)

貞：不其祉雨	묻습니다：비가 계속 오지 않을까요?
貞：不其祉雨. (12798)	묻습니다：비가 계속 오지 않을까요?

4. 선택적으로 묻는 경우(選擇對貞)

其自西來雨.	비가 서쪽에서 올까요?
其自東來雨.	비가 동쪽에서 올까요?
其自北來雨.	비가 북쪽에서 올까요?
其自南來雨. (12870)	비가 남쪽에서 올까요?

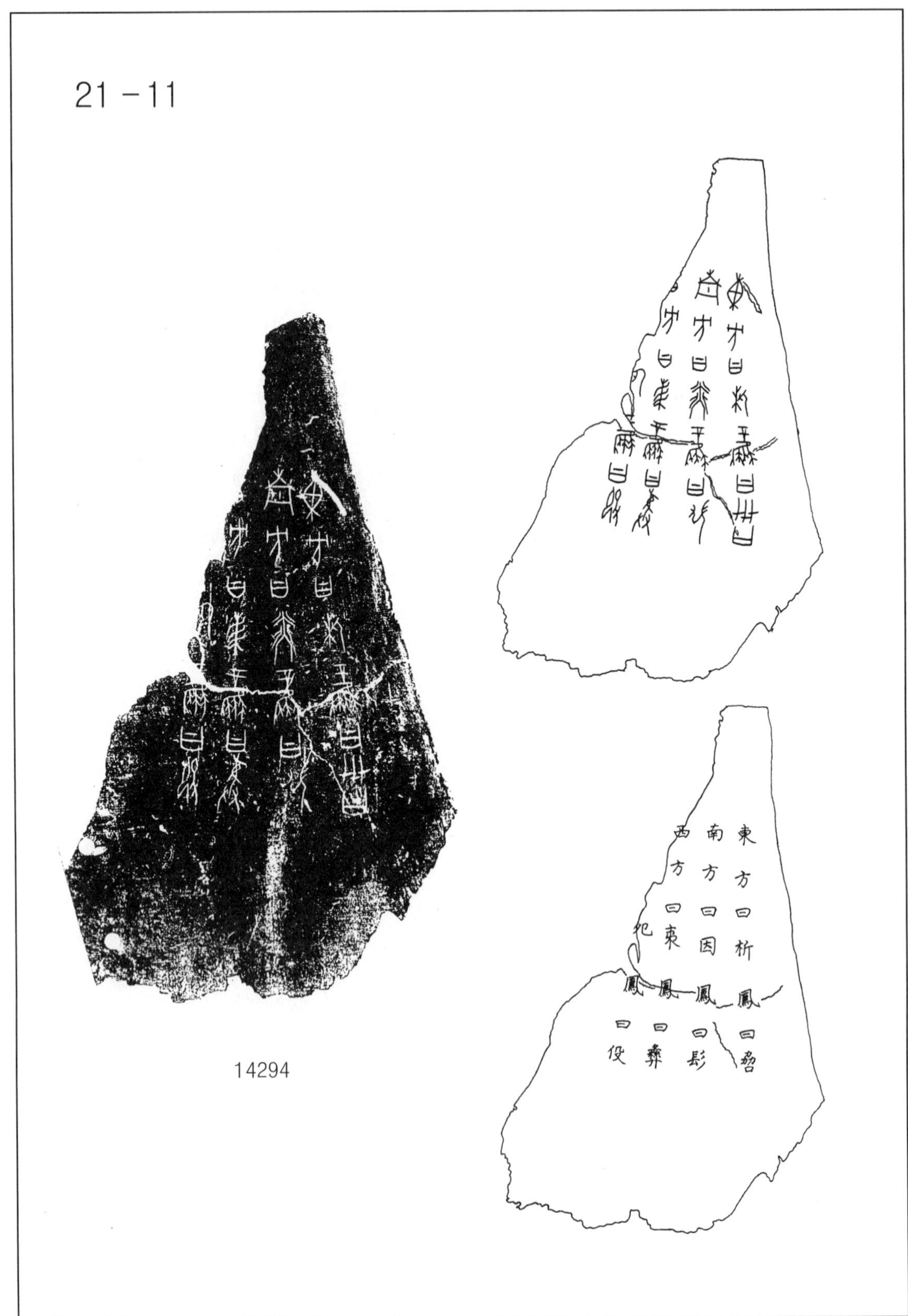

14294

21. 제 11 편

1) 본 문 : **東方曰析, 風曰劦。**
南方曰因, 風曰微。
西方曰夷, 風曰彝。
北方曰[伏], 風曰役[伇]。

2) 한 역 : **동방의 신을 析이라 하고 동방에서 부는 동풍신을 劦(劦)이라 한다.**
남방의 신을 因이라 하고 남방에서 부는 남풍신을 微라 한다.
서방의 신을 夷라 하고 서방에서 부는 서풍신을 彝라 한다.
북방의 신을 伏이라 하고 북방에서 부는 북풍신을 役이라 한다.

3) 출 전 : ≪甲骨文合集≫ 14294 제1기

4) 자 해 : **[東方曰析]** : 析 - 从木从斤의 회의자다. (xi · 석)으로 읽으며 방신명이다.
[風曰劦] : 'xie · 협'으로 발음하고 風神 이름으로 빌려 썼다.
[南方曰因] : 因 - 남방의 신 (10편 참조).
[風曰微] : 微 - 남방의 풍신명. 豈風 · 微風이다.
[西方曰夷] : 夷 - 서방의 풍신명. 본 편의 西方神과 西方風神의 이름이 바뀌었으나 원문대로 풀이하였다 (21 - 10에 옳게 기록되어 있다).
[北方曰伏] : 伏 - 잘렸으나 伏자로 본다. 북방신명.
[風曰役(伇)] : 役 - 伇으로 쓰며 役과 같다. 북방의 풍신명.

5) 해 설 :

四方神과 四계절

商代人의 관념 속에 四方神과 四方風神은 신령으로 자리해 上帝 · 日 · 月 · 星辰과 함께 숭배하고 융숭하게 제사 지냈다. 그들은 이미 일년 중 계절의 순환에 따라 풍향의 변화가 일고, 주야의 길이가 달라지는 것을 간파한 것이다. ≪大荒經≫ 중의 四方神의 작용이 그것이다. 四方神과 그 불어오는 바람에 대한 인식은 曆象에 대한 지식을 반영한 것이고 우주관의 표출이다.

갑골문에 夏 · 冬字는 없으나 東南西北 순의 四方神 존재는 이미 春種 · 夏耕 · 秋收 · 冬藏 등의 四季 관념이 정립되었음을 말해주며 四方名 자체가 四季의 관념을 함축하고 있는 증거다 (李學勤, 1985 - 5기).

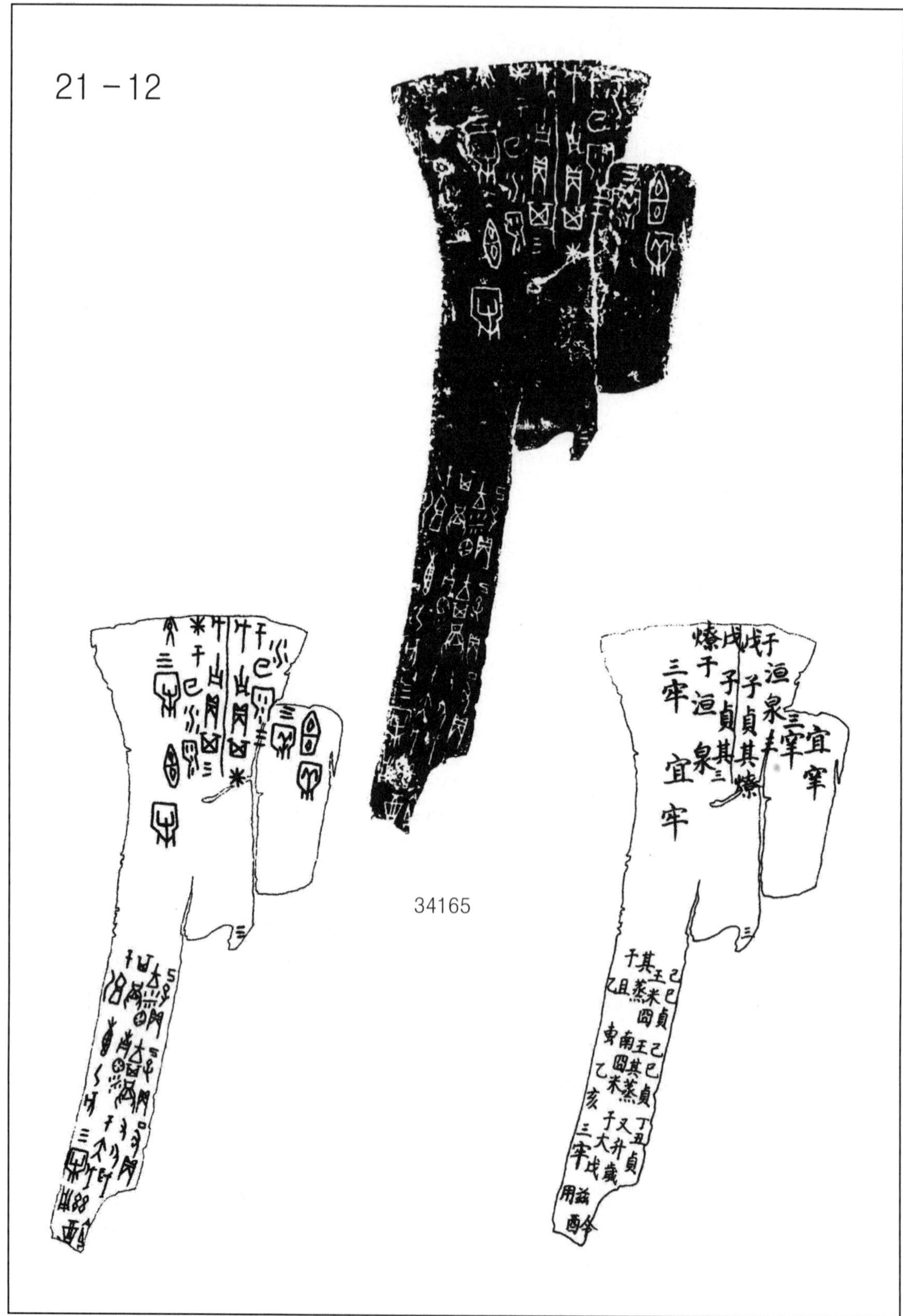
21 -12
34165

21. 제12편

1) 본 문 : **戊子, 貞 : 其燎于洹泉。三宰宜宰。三**
戊子, 貞 : 其燎于洹泉。三牢宜牢。三

2) 한 역 : **戊子일에 묻습니다 : 원(환)수의 근거지에 燎祭를 드리는데 제수용 양 3 마리를 올리고 양을 宜 방법으로 드릴까요. 세 번째 물었다.**
戊子일에 묻습니다 : 원(환)수의 근거지에 燎祭를 드리는데 제수용 소 3 마리를 올리고 소를 宜 방법으로 드릴까요. 세 번째 물었다.

3) 출 전 : ≪甲骨文合集≫ 34165 제4기

4) 자 해 : **[其燎]** : 其 - 삼태기 모양을 본뜬 자(2 - 9 참조). 燎 - 갑골문은 쌓아 놓은 나무단이 타며 불꽃이 튀는 모양이다. 제수품을 태워 드리는 제사(于省吾, 996 - 1526, 4 - 12 참조).

[于洹泉] : 于 - 전치사. 시간, 장소, 지명 앞에 붙인다(2 - 1 참조). 洹 - 水와 亘을 합했으며 亘은 음이다. 강물명. 물신(馬如森, 1994 - 782). 泉 - 샘물이 처럼 흘러내리는 모양. 물의 근원으로 인신되었다. 洹泉은 洹河의 근원으로 洹河神을 일컫는다(徐中舒, 1990 - 1231).

[三宰宜宰] : 三 - 3개의 막대나 가로획을 쌓아 두고 숫자 3을 나타냄(1 - 5 참조). 宰 - 우리(宀) 안에 양(羊)을 둔 는 제물로 올리기 위하여 우리 속에 고이 기른 양을 말하며 宰라고 하였다(超誠, 1990 - 198). 宜 - 도마 위에 처럼 고기가 있는 모양. 전국문자 이후 宜로 바뀌었다. 제사 방법(4 - 23 참조)

[三牢宜牢] : 牢 - 牢는 처럼 우리(宀) 안에 소(牛)를 둔 모양으로 특별히 제물로 드리기 위해 신성하게 기른 소이다(馬如森, 1993 - 296).

5) 해 설 :

殷墟와 洹水

洹水는 갑골문이 발견된 하남성 안양 小屯의 서북에서 동남쪽으로 殷墟를 감싸고 흐르는 하천이다. 후대에 洹河, 安陽河라고 불리는 洹水는 다량의 흙과 모래로 이루어졌고 물이 풍부해 배를 운행하기에 충분했다.
商代의 농수 공급의 원천이었던 洹水의 근원은 洹, 洹水이라 불렸으며, 자연신으로 추앙해 제사를 올렸다. 洹水는 갑골문에 수없이 기록된 상대인들의 젖줄이며 삶의 고락을 같이 했던 하천이다.

제 22 장

吉 凶

吉　凶

占卜의 목적은 吉凶의 예견에 있다. 상대인들은 天干 10자로 셈하는 10일을 단위로 다가올 열흘 동안 吉할지 凶할지를 점쳐 물었는데 이는 바로 占卜의 핵심이다.

그 안에 전개되는 전쟁이나 수렵활동 · 질병 등 각종 점복도 결국에는 전쟁의 승리나 사냥에서의 포획 · 질병의 쾌유 등 길흉 여부를 알고자 하는 목적에서 시행한 것이고 보면, 甲骨文의 본질은 吉凶을 점치는 占卜文字임에 틀림없다.

22－1

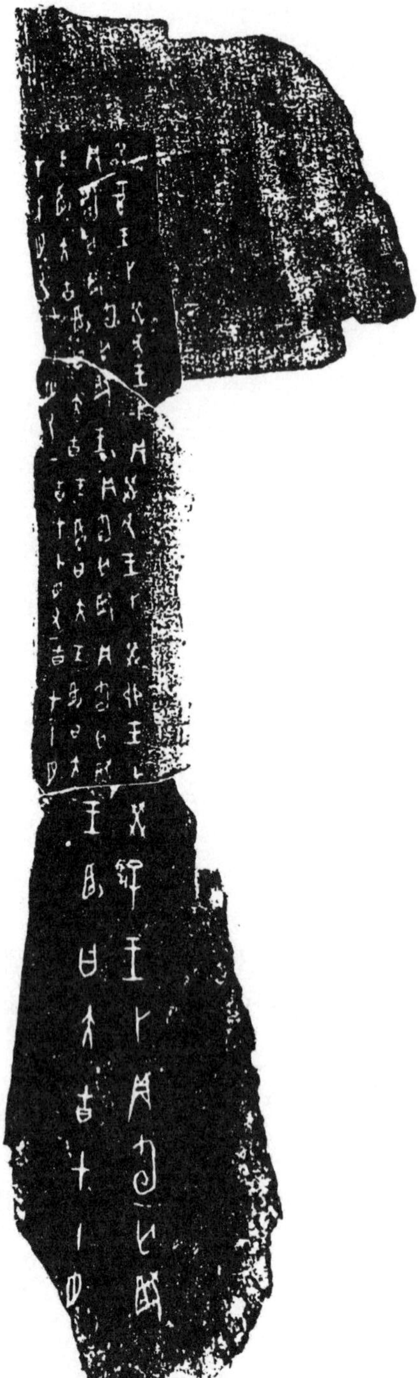

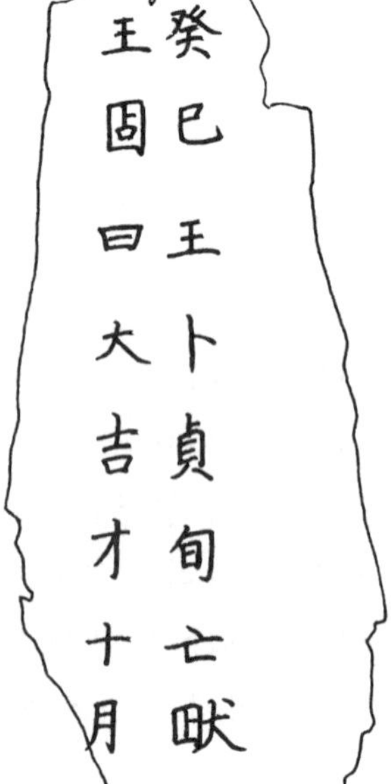

癸巳王卜貞旬亡畎
王固曰大吉才十月

37953

22. 제 1 편

1) 본 문 : **癸巳 王卜, 貞：旬亡猷。 王固曰：大吉, 在十月。**

2) 한 역 : **癸巳일에 대왕께서 점쳐 묻습니다 : 앞으로 열흘동안 재앙이 없을까요? 대왕이 점친 결과를 보고 길흉을 판단해 말했다 "크게 길하겠다" 10월에.**

3) 출 전 : ≪甲骨文合集≫ 37953 제5기 (≪甲骨文綴合集≫ 31)

4) 자 해 : **[癸巳]** : 巳자는 子자의 자형과 같다. 갑골문 발견 전 金文에서 '癸子'로 보고 뜻을 알지 못했으나 甲骨文을 통해서 '癸巳'임을 밝혔다.

[王卜貞] : 王 - 제5기의 王자 자형. 卜 - 거북이의 뼈를 불로 지져 생기는 파열흔. '占을 친다'는 뜻으로 쓰였다. 貞 - 鼎의 형체를 본뜬 자이며 '점쳐 묻다'는 뜻. 세 발 솥인 鼎의 모양이 점차 貝으로 簡化되었다. 상왕이 직접 점을 쳐 물은 경우이다(1 - 1 참조).

[旬亡(無)猷(憂)] : 旬 - 10을 나타내는 '丨'에다 둥글게 한 바퀴 도는 지사 부호를 붙인 자이다. 점차 从日, 从勹로 변화되었다. 상대는 10진법을 써서 10일을 한 단위로 삼았고 이를 旬으로 나타냈다. 본편 旬의 자형이 이채롭다(徐中舒, 1990 - 1016). 猷 - 제5기에는 초기 자형인 囚에 犬자를 첨가시켜 시기적인 차이가 있을 뿐 재앙이라는 의미는 같다.

[大吉] : 大 - 사람의 정면 모양. '크다'로 인신되었다.

[才(在)十月] : 才 - 풀이 돋아나는 모양. 才는 시간을 나타내는 전치사로 쓰였는데 점차 '在'로 바뀌었다. 따라서 '才'는 '在'의 초문이다(16 - 11 참조).

5) 해 설 :

상대의 書藝

본 편은 적절하게 좌우 간격을 맞추어 정연하게 써내려 간 마치 한 폭의 아름다운 서예작품을 보는 듯하다. 갑골문은 상대 후기 254년 간 사용 되면서 5시기의 변화를 겪었다. 제1기는 갑골문이 가장 왕성하게 쓰여 자형도 본장 10편처럼 활달하고, 2, 3기에는 쇠퇴하다 4기에 회복하는 듯하였으나 5기에는 국운과 함께 활기를 잃었다. 본편은 5기의 작품으로 字體은 가냘프고 비록 16자에 불과한 작은 작품이지만 商代 후기 書藝의 품격과 소박하고 단아한 예술성을 보여준다. 甲骨文의 字形이나 書寫형식은 바로 中國書藝의 근원이고 典型이라고 할 수 있다.

22－2

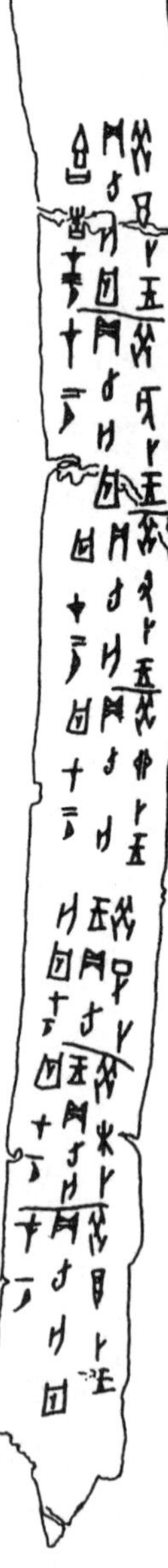

癸酉卜王貞旬亡田 吉告才二月
癸亥卜王貞旬亡田才二月
癸丑卜王貞旬亡田才二月
癸卯卜王貞旬亡田才二月
癸巳卜王貞旬亡田才二月
癸未卜王貞旬亡田才一月
癸酉卜王貞旬亡田才一月

≪綴集≫ 48

22. 제2편

1) 본 문 : 癸酉卜, 王貞 : 旬亡囚, 在一月。
癸未卜, 王貞 : 旬亡囚, 在 一月。
癸巳卜, 王貞 : 旬亡囚 , 在一月。
癸卯卜, 王貞 : 旬亡囚, 在二月。
癸丑卜, 王貞 : 旬亡囚, 在二月。
癸亥卜, 王貞 : 旬亡囚, 在二月。
癸酉卜, 王貞 : 旬亡囚, 吉, 告在三月。

2) 한 역 : 癸酉일에 점치고, 대왕이 묻습니다 : 다음 열흘 동안에 재앙이 없을까요? 1월에.
癸未일에 점치고 〃 : 다음 열흘 동안에 재앙이 없을까요? 1월에.
癸巳일에 점치고 〃 : 다음 열흘 동안에 재앙이 없을까요? 1월에.
癸卯일에 점치고 〃 : 다음 열흘 동안에 재앙이 없을까요? 2월에.
癸丑일에 점치고 〃 : 다음 열흘 동안에 재앙이 없을까요? 2월에.
癸亥일에 점치고 〃 : 다음 열흘 동안에 재앙이 없을까요? 2월에.
癸酉일에 점치고 〃 : 다음 열흘 동안에 재앙이 없을까요? 길하다. 3월에 고했다.

3) 출 전 : ≪甲骨綴合集≫ 48 (≪甲骨文合集≫ 26477, 26482) 제2기

4) 자 해 : **[癸酉卜, 王貞]** : 癸酉 - 15 - 1 참조. 王 - 제2기 형체.
[旬亡(無)囚(憂)] : 旬 - 열흘. 亡 - 없다. 無와 같다. 囚 - 근심, 걱정.

5) 해 설 :

商代의 중요 占卜일 - 癸日

다가오는 열흘의 길흉을 점친 것이 '卜旬'이다. 사안에 따라 수시로 점을 쳤으나 '卜旬'은 매 열흘의 마지막 날인 癸일에 점을 쳤다.
본 편은 1월 초인 癸酉일에서 2월을 거쳐 3월 초까지 7旬간 매 癸일에 다음 열흘 간의 안녕을 점쳤다. 본 편은 두 편이 철합된 ≪合≫ 26482 편에 다시 ≪合≫ 26477을 철합시킨 ≪甲骨綴合集≫ 48번이다.

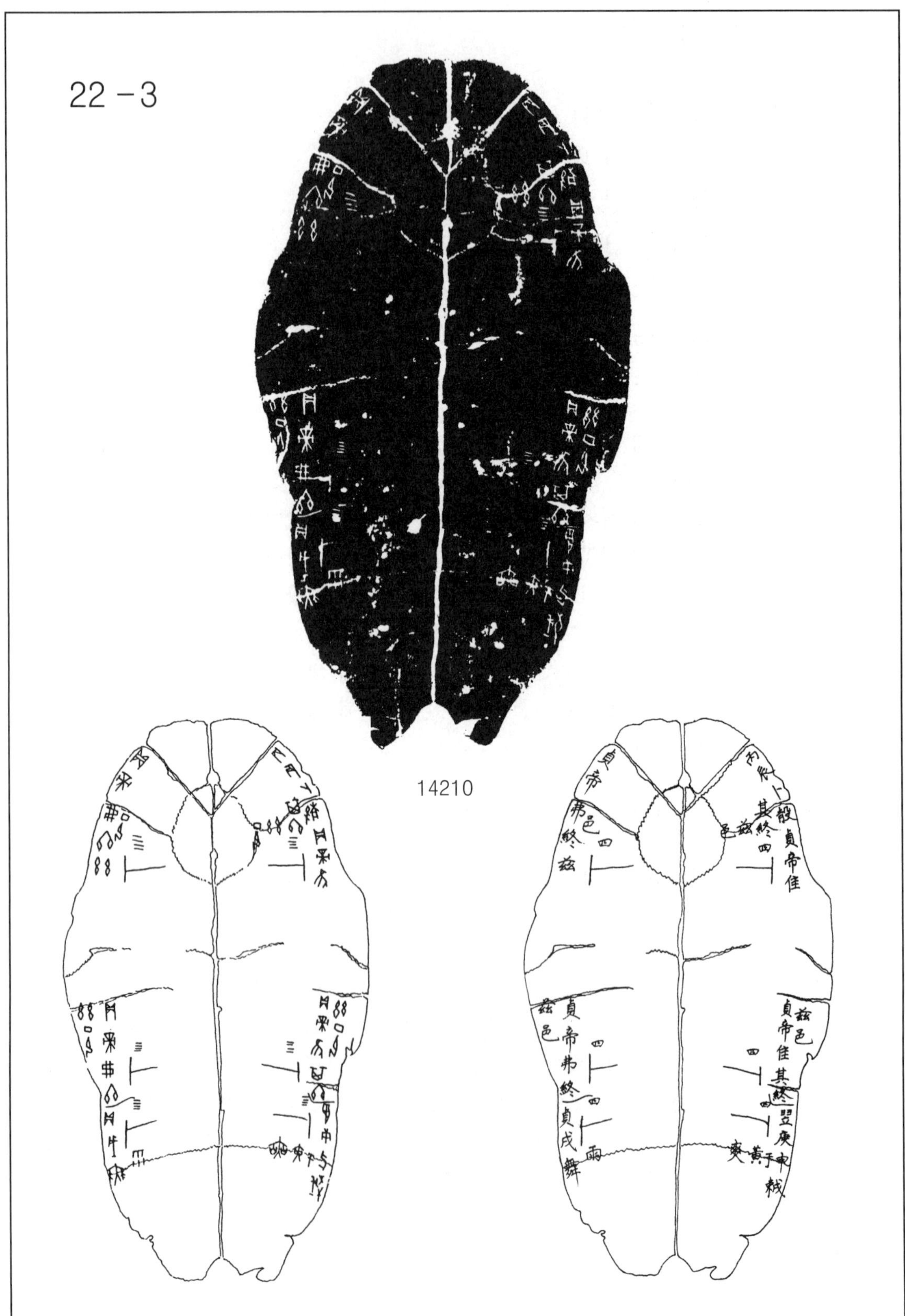
22 -3
14210

22. 제3편

1) 본 문 : **丙辰卜, 殼貞 : 帝唯其終兹邑。四**

貞 : 帝弗終兹邑。四

貞 : 帝隹其終兹邑。四

貞 : 帝弗終兹邑。四

2) 한 역 : 丙辰일에 점을 치고, 殼이 묻습니다 : 上帝가 이 邑을 오랫동안 지탱하도록 할까요? 네 번째 물었다.

묻습니다 : 上帝는 이 邑을 오랫동안 지탱하도록 하지 않을까요?

묻습니다 : 上帝가 이 邑을 오랫동안 지탱하도록 해줄까요?

묻습니다 : 上帝는 이 邑을 오랫동안 지탱하도록 하지 않을까요?

3) 출 전 : ≪甲骨文合集≫ 14210 제1기

4) 자 해 : **[帝隹(唯)其冬(終)兹(玆)邑]** : 帝 - 上帝. 隹 - 강조부사. 唯와 같다. 其 - 강조부사(2 - 6 참조). 冬(終) - 나무가지나 실타래의 양끝을 처럼 맺어놓은 모양으로 '끝맺음(終)'으로 인신되었다. 겨울은 계절의 끝이어서 겨울로 쓰였다(徐中舒, 1998 - 705). 겨울 終의 초문. 두 가지 풀이가 있다.

- '오래 지탱하게 한다'는 永存 · 永在 (劉翔, 1898 - 54)
- '종료하다' 終止 · 終結의 뜻이 있다(于省吾, 1990 - 188).

兹 - 玆 · 這와 같은 지시대명사. 兹邑은 '商'을 뜻한다 (10 - 20 참조).

[四] : 셈가지 넷을 포갠 자. 兆序. 네 번째 占卜해 물었다.

5) 해 설 :

上帝의 도우심

본 편은 邑의 永存을 네 번이나 占卜해 물은 내용이다. ≪合集≫ 14209는 본 편의 크기와 비슷하고 내용 또한 동일한데 '두 번째 占卜했다'고 기록되어 있다. 이를 보면 같은 내용을 비슷한 크기의 龜甲에 최소한 네 번을 점쳐 물었던 成套卜辭이다.

成套卜辭로 점복한 것을 보면 邑의 永存을 심히 바랬다. 商代의 邑은 方이나 國의 개념이므로 大邑은 바로 天邑商 · 大邑商이었다 (胡厚宣, 1945 - 385). 商代인들은 절대권능의 上帝가 나라의 안위를 좌우한다고 굳게 믿었다.

22 - 4

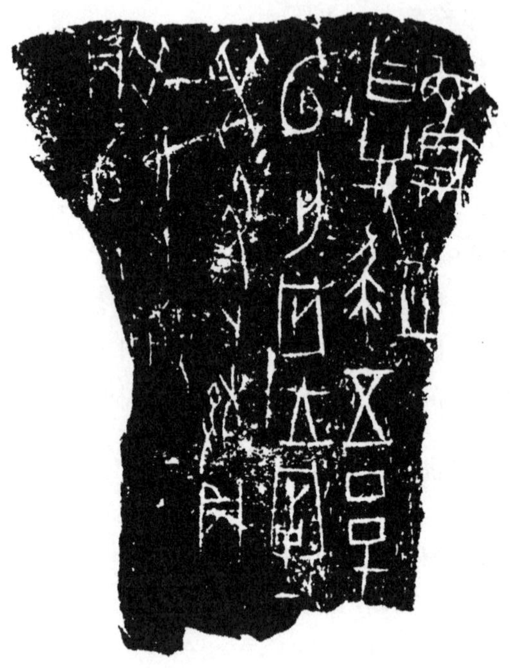

17076

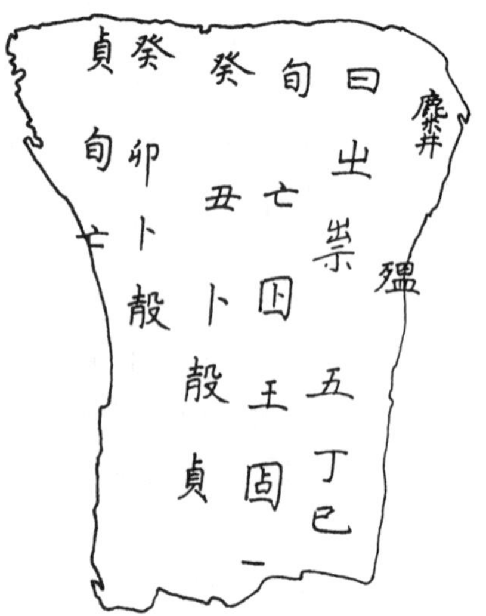

22. 제 4 편

1) 본 문 : **癸丑卜, 㱿貞：旬亡囚。王固曰：㞢(有)祟。五丁巳子爢死。一**

2) 한 역 : **癸丑일에 점을 치고, 㱿이 묻습니다 : 앞으로 열흘 동안 재앙이 없겠습니까? 대왕은 점친 결과를 보고 길흉을 판단해 말했다. 재앙이 있겠다. 5일 후인 丁巳일에 子爢가 죽었다. 처음 물었다.**

3) 출 전 : ≪甲骨文合集≫ 17076 제1기

4) 자 해 : **[旬亡(無)囚(憂)]** : 旬 - 열흘. 亡 - 없다. 囚 - 뼈 속에 금이 가 있는 모양. '재앙'을 나타낸다. 憂 · 尤 · 禍의 뜻이 있다(2 - 16 참조).

[王固(繇)曰] : 固 - 길흉을 판단하여 말하다(3 - 3 참조).

[㞢(有)祟(· 咎)] : 㞢 - 있다. 祟() - 발이 여러 개 달린 벌레 모양. 또는 동물 모양이라고 하나 형체는 알 수 없고, 갑골문에서 吉凶의 용어로 禍 · 咎 · 蚨의 의미가 있다. 神이나 조상, 또는 돌아가신 父王이 내리는 '재앙'으로 여겼다(趙誠, 1988 - 326). 求로도 본다(裘錫圭, 1992 - 60).

[五丁巳] : 점친 날로부터 5일 후인 丁巳일.

[子爢殟(死)] : 子 - 어린 아이의 모양. 爢 - 爢는 처럼 고라니 모양이며 (mi · 미)로 발음한다. 원문을 보면 아래에 井이 첨가되어 있다(趙誠, 1988 - 202). 子爢 - 인명, 상대의 왕자 이름은 모두 子를 썼다. 殟(死) - 나무관 속에 사람이 누운 모양. 죽음을 나타낸다(胡厚宣, 1945 - 679). 死로 인신되었다(張政烺, 1985 - 78).

5) 해 설 :

重文의 묘미

본 편은 前辭 · 命辭 · 占辭 · 驗辭의 내용이 완전하게 갖추어진 卜辭이다. 驗辭 중 「五丁巳」 3자는 重文으로 처리해 「五日丁巳子」라는 5자의 역할을 하는 묘를 살렸다. 즉 五 다음의 口(丁)자는 「日과 丁」을 동시에 나타내고, 巳는 「巳와 子」를 동시에 나타내 주고 있다. 이 방법은 글자수를 줄이거나 또는 중복된 偏旁을 생략해 좁은 공간을 활용하는 특수 방법인 重文법이다(裘錫圭, 1992 - 149). 공간이용과 문자활용의 묘를 십분 발휘했다.

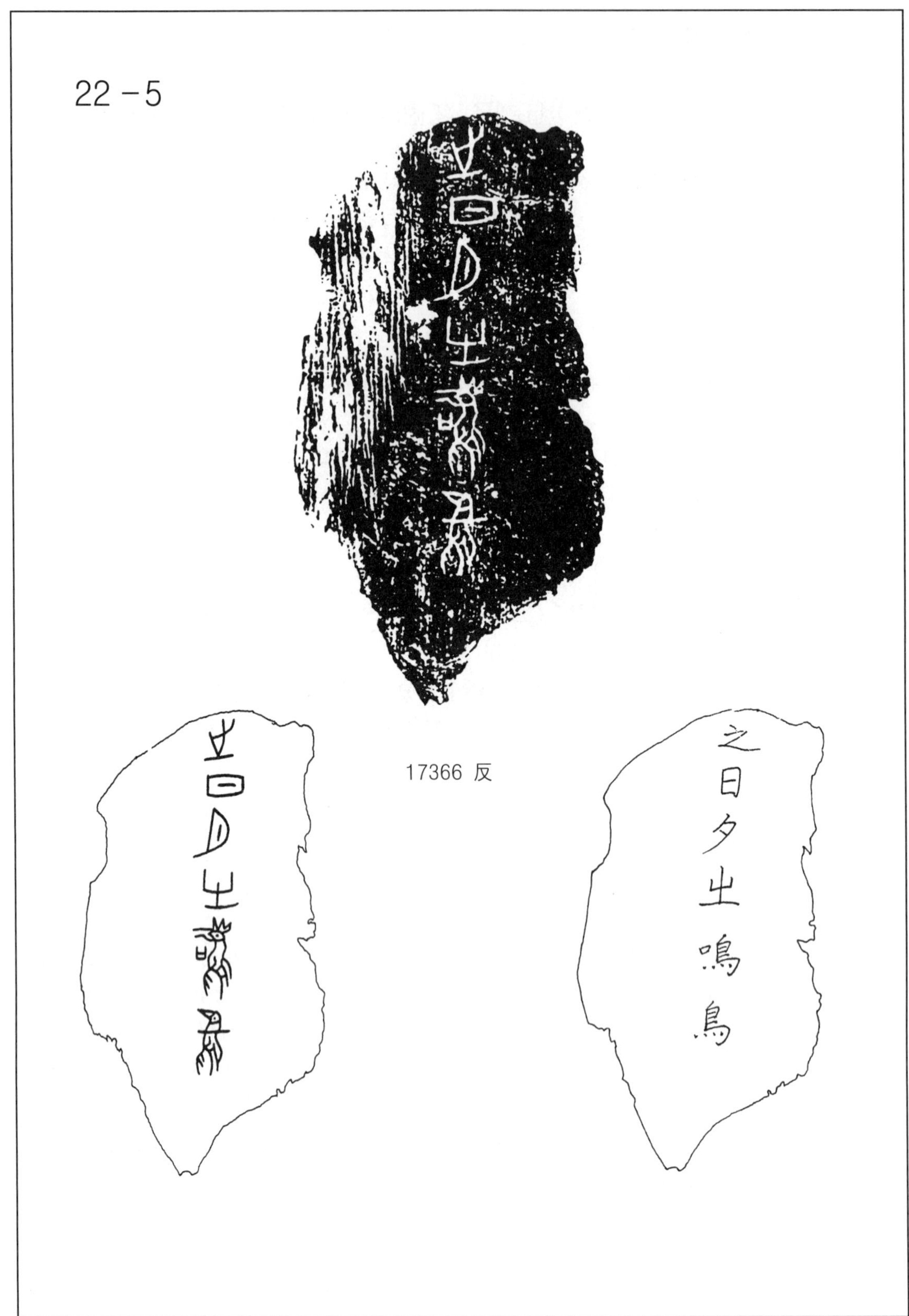

17366 反

22. 제5편

1) 본 문 : □之日夕㞢(有)鳴鳥。

2) 한 역 : 그 날 저녁 새가 나타나 울었다.

3) 출 전 : ≪甲骨文合集≫ 17366 反 제1기

4) 자 해 : [之日夕] : 之 - 땅(一) 위에 발(止)이 있는 모양. '발을 딛고 나아가다'는 뜻이 있다. 卜辭에서는 지시대명사로 쓰였다. ≪說文≫에 「之, 象艸過屮枝莖漸益大有的之也」라고 한 자형 풀이의 착오를 갑골문으로 수정하게 되었다(徐中舒, 1990 - 678).

[㞢(有)鳴鳥] : 有 - 있다. 鳴 - 口와 鳥를 합친 자로 처럼 새가 우는 모양을 형체화했다. 인신하여 '울다', '소리'를 뜻한다. 鳴에 쓰인 새는 입을 벌리고 있는 것이 특징이다(趙誠, 1988 - 357). 여기서는 닭의 형상이 매우 사실적이다. ≪說文≫에 「鷄, 知時鳥也」라고 한 풀이의 근원을 보는 듯하다. 鳥 - 鳥는 처럼 새의 측면 모양이다. 상족은 새를 토템으로 하여 새를 신성시하였고 鳥神에게도 제사를 드렸다. 새를 간략하게 그린 와는 繁簡의 차이가 있을 뿐이다. 별이름 · 인명 · 지명으로 쓰였다. 여기서는 鳥神이다(4 - 19 참조).

5) 해 설 : 〈高宗肜日〉과 새

본 편은 牛肩胛骨의 反面에 새겨진 驗辭이다. ≪尙書 · 高宗肜日≫에는 武丁의 아들인 祖庚이 즉위하여 아버지인 고종에게 肜祭를 지내던 날 꿩이 날아와 울었음으로 중신 祖己가 祖庚에게 "옛날 도를 갖춘 선왕들은 이같은 변이 있으면 먼저 자신의 행위를 바로 잡았다 祖己曰 惟先格王, 正厥事"고 말한 기록이 있다. 새를 토템으로 숭상한 商族은 새가 우는 것을 재앙의 조짐으로 보았다고 할 수 있다.

甲骨文 발견 이전에는 <高宗肜日>을 '高宗인 武丁이 唐왕을 제사지냈던 일'이라고 풀이하였으나 갑골문의 제법에는 肜日앞에 반드시 제사를 받는 대상을 썼던 관례를 근거로 '武丁의 아들 祖庚이 武丁을 제사한 내용'이라는 것을 밝혀 종래의 잘못된 경전의 풀이를 바로 잡았다(于省吾, 1996 - 3327).

22-6

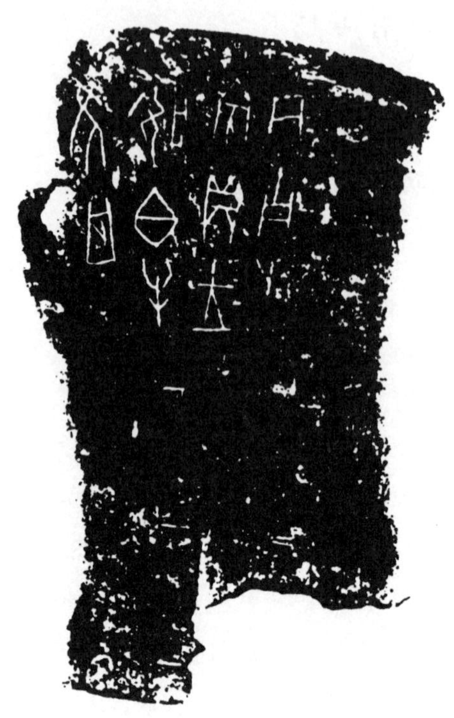

17393

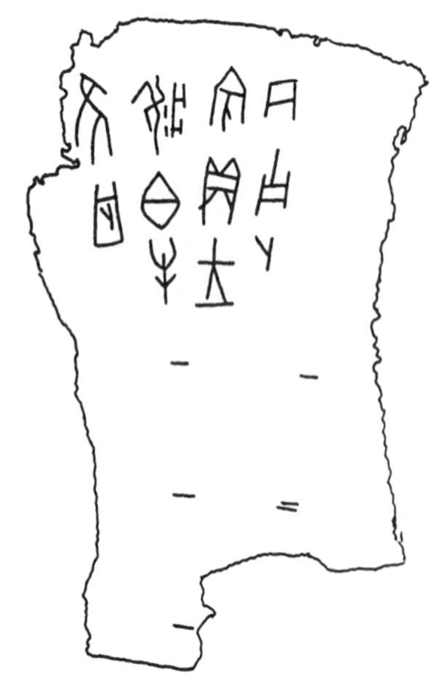

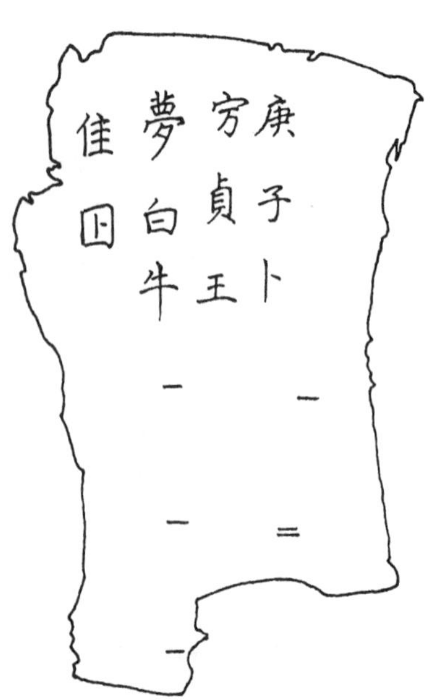

22. 제6편

1) 본 문 : **庚子卜, 穷貞 : 王夢白牛, 隹(唯)𡆥。一**

2) 한 역 : **庚子일에 점을 치고, 穷이 묻습니다. : 대왕께서 꿈에 흰 소를 보았는데 재앙이 있을까요? 처음 물었다.**

3) 출 전 : ≪甲骨文合集≫ 17393 제1기

4) 자 해 : **[王夢白牛]** : 王 - 상왕. 제1기의 자형을 보인다. 夢 - 침상에 누워 처럼 허우적거리는 모양. 꿈을 꾸다 (19 - 19 참조). 白 - 사람의 얼굴 모양으로 부족의 수령인 侯伯의 伯으로 인신되었고, 부족의 수령인 伯은 대부분 풍모가 준수하고 안색이 훤하며 음은 '백'인데 흰색도 '백'이라 하여 音에 의해 다시 흰 白( )으로 가차되었으며 다시 일백 百( )으로 빌려 썼다. 백색 (2 - 16 참조).

[隹(唯)𡆥(憂)] : 隹 - 강조부사. 唯와 같음. 𡆥 - 뼈 속에 금이 간 모양. 憂로 풀이하며 재앙을 나타낸다.

5) 해 설 :

缺刻

「庚子卜」의 庚자는 새기다가 획을 빠뜨린 缺刻의 경우이다. 十干 중에서 그곳에 몇 획을 첨가해 온전한 자로 완성시킬 수 있는 것은 庚자 뿐이다. 甲骨卜辭에서는 한 획이나 두 획 때로는 한두 자까지도 缺刻한 경우를 종종 볼 수 있다. ≪合≫ 10936正 · 18940 · 261176 등에도 결각의 현상을 볼 수 있다.

22 -7

28466

22. 제7편

1) 본 문 : **戊午卜, [狄]貞 : 王其田, 往來亡巛(災)。**
戊辰卜, 狄貞 : 王其田, 往來亡巛(災)。
壬午卜, 狄貞 : 王其田, 往來亡𢦏(災)。

2) 한 역 : **戊午일에 점을 치고, 狄가 묻습니다 : 대왕께서 사냥을 가는데 왕래하는 동안 재앙이 없겠습니까?**
戊辰일에 점을 치고, 狄가 묻습니다 : 대왕께서 사냥을 가는데 왕래하는 동안 재앙이 없겠습니까?
壬午일에 점을 치고, 狄가 묻습니다 : 대왕께서 사냥을 가는데 왕래하는 동안 재앙이 없겠습니까?

3) 출 전 : ≪甲骨文合集≫ 28466 제3기

4) 자 해 : **[戊午卜, 狄貞]** : 狄 - 제3기의 貞人 이름이다. 戊辰 · 壬午일에 근거해 복원하였다.
[王其田] : 王 - 상왕. 제3기의 王자 자형을 보인다. 其 - 강조부사. 田 - 사냥구획 모양에서 점차 도랑이 정연한 논밭 모양으로 풀이한 자다. '사냥하다', '농토' 등의 뜻이 있다(2 - 12 참조).
[往來亡(無)巛(災)] : 往 - 나아가다. 來 - 오다, 돌아오다. 亡 - 없다. 無와 같다. 巛 - 홍수가 나서 물이 넘치는 모양으로 巛로도 표현했다(17 - 8 참조).

5) 해 설 :

홍수로 인한 재앙

갑골복사 중에 재앙을 뜻하는 대표적인 자형은 𢦏(𢦏)이지만 처음은 홍수로부터 시작했다. 초기에 홍수로 인한 재앙을 뜻했지만 점차 일반적인 재앙으로 의미가 확대된 것이다.

巛 : 제1기 武丁 때는 홍수가 나서 물이 넘치는 모양을 나타냈다.
巛 : 제2, 3기에는 巛에 이를 측면으로 세운 巛형이 추가된다.
𢦏 · 巛 : 제4, 5기 이후에는 전쟁에 의한 재앙의 뜻으로 戈를 뽑고 성부 才를 붙인 𢦏가, 물이 출렁이는 巛 속에 성부 才를 붙인 巛가 나타났다(董作賓, 1932 - 451).

22 -8

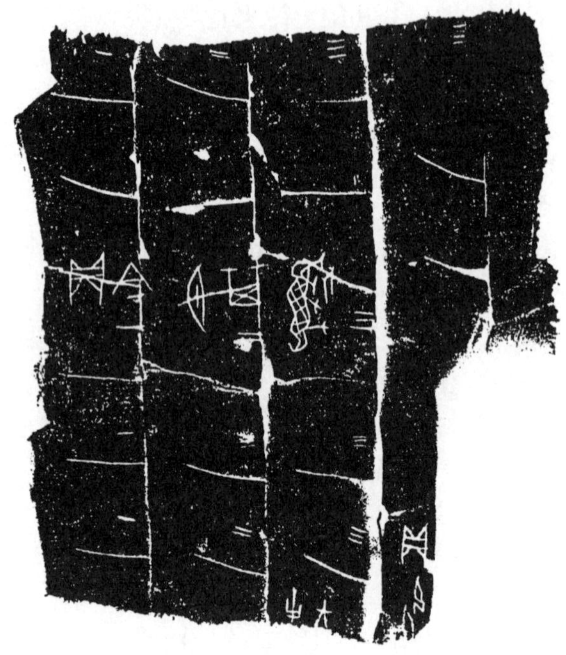

17192

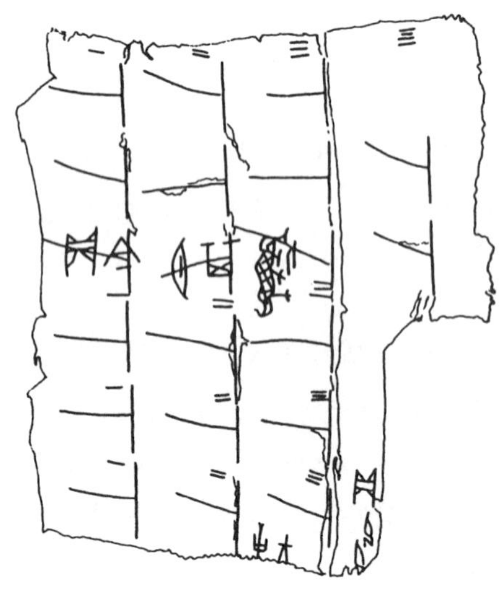

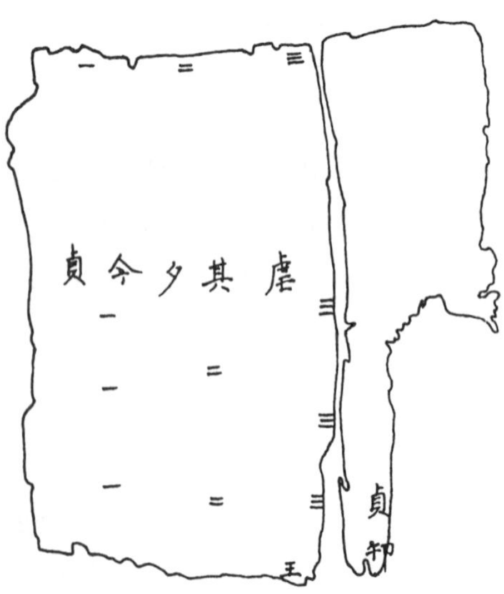

22. 제8편

1) 본 문 : **貞 : 今夕其虐。**

2) 한 역 : **묻습니다 : 오늘 저녁 재앙이 발생할까요?**

3) 출 전 : ≪甲骨文合集≫ 17192 正 제1기

4) 자 해 : **[今夕]** : 今 - 오늘 (2 - 13 참조). 夕 - 반달의 모양. 제1기의 夕자다.

[其虐] : 其 - 강조부사 (2 - 6 참조). 虐 - 호랑이가 사람을 잡아 물고 있는 모양으로 从虎, 从人. 虐 (nue · 학) 의 초문이며 '재앙'과 관계 있는 자로 본다. 갑골문 虐는  처럼 번체와 처럼 간체로 묘사했다. 간체는 처럼 호랑이의 벌린 입에 뼈를 합쳐 재앙을 당한 모습을 표현했다. 卜辭에서는 惡 · 暴과 음이 비슷하고, 뜻은 厲와 비슷하여 '포악한 일'로 풀이한다 (裘錫圭, 1980 - 161).

5) 해 설 :

재앙 관련 갑골문

재앙의 발생은 예측을 불허한다. 이를 증명이라도 하듯 갑골문 재앙 관련 文字는 다방면에서 채용되었다. 다양한 경로로 만들어졌으나 큰 구별 없이 대부분 일반적인 재앙으로 쓰였다.

尤 : 손에 상처를 입은 모양. 재앙 · 근심 · 걱정을 뜻한다.
蚩 : 뱀이 발뒤꿈치를 무는 모양으로 매우 흔히 있는 재앙이다.
≋ 𢦏 : 홍수로 인한 재앙, 전쟁으로 야기된 재앙(𢦏)이다.
𡆥 : 뼈 속에 금이 간 모양으로 골절상에 의한 재앙이다.
祟 : 발이 많은 벌레 모양. 복사에서 咎로 썼던 재앙이다.
艱 : 여인과 북을 합친 자(嬉)다. 전쟁시 巫女들이 북을 치며 전의를 진작시킨 데서 유래된 것이며 재앙이라는 뜻이다.
齒 : 입 속에 이가 삐죽삐죽 솟아난 모양이다. 재앙으로 쓰였다.
虐 : 虎와 사람 잔해 歺를 합친 모양으로 '포악', '학대', '재앙'으로 쓰였다.
左 : 왼손 모양으로 왼쪽 · 왼손, '돕다', '재앙'으로 쓰였다.
聞 : 두 손으로 귀를 감싼 모양이다. 재앙의 의미로도 쓰였다 (14 - 7 참조).

22-9

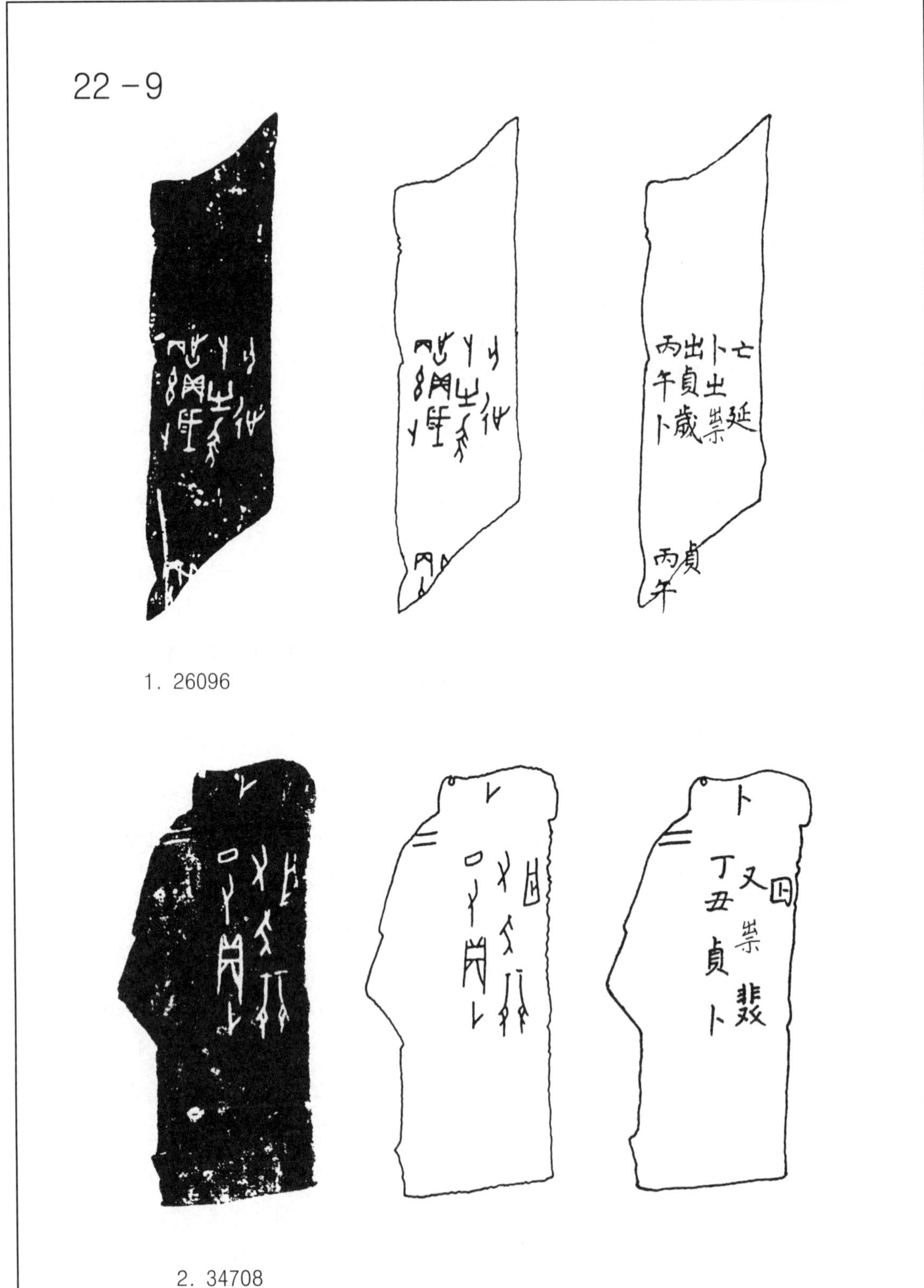

1. 26096

2. 34708

22. 제9편

1) 본 문 : 1. **丙午卜, 出貞 : 歲, 卜㞢(有)祟(咎), 亡徙(延)。**
2. **丁丑 貞 : 卜又(有)祟(咎), 非囚。** 二

2) 한 역 : 1. **丙午일에 점을 치고, 出이 묻습니다 : 歲의 방식으로 점을 쳤는 데 재앙의 조짐이 보입니다. 재앙이 계속되지는 않겠지요?**
2. **丁丑일에 묻습니다 : 점을 쳤을 때 재앙의 조짐이 보였는데, 근심거리는 없겠지요? 두 번째 물었다.**

3) 출 전 : ≪甲骨文合集≫ 1. 26096 제2기 2. 34708 제4기

4) 자 해 : **[丙午卜, 出貞]** : 出 - 혈거에서 발(止)을 𝌆처럼 밖으로 향하게 한 모양. 나아가다는 뜻이며, 인명으로도 쓰였다. 貞人의 이름.

[歲卜] : 歲 - 무기 모양. 제사명(14 - 1 참조). 卜 - 뼈를 지져 생긴 卜같은 균열 모양. '점을 치다'는 뜻으로 썼다(1 - 1 참조).

[㞢(有)祟(咎)] : 㞢 - 있다. 제1기 자형. 祟 - 발이 𝌆처럼 여러 개 달린 벌레 모양. 재앙(22 - 4 참조).

[亡(無)徙(延)] : 亡 - 없다. 徙 - 거리를 뜻하는 彳와 발(止)를 합친 자. 延(yen · 연)으로 보며 '지속되다', '이어지다'의 뜻이다.

[卜又(有)祟(咎)] : 卜 - 점을 치다. 又 - 有, 있다. 제 1기 이후의 자형.

[非囚] : 非 - 두 손으로 무언가를 밀쳐내는 모양. 排의 초문이다. 非로 읽고 不과 같은 뜻이다(14 - 4 참조). 囚 - 뼈 속에 금이 간 모양. 재앙을 뜻한다.

5) 해 설 :

占卜 중의 占卜

상대인들은 어떤 일에 직면하여 확신이 없을 때 神에게 점을 쳐 길흉을 예견했다. 그러나 점을 쳐 물은 결과에서 앙화의 조짐이 있다는 결과에 직면하면 사태는 더욱 심각하게 된다.

본 편의 두 복사는 점친 결과가 재앙의 조짐이 있으므로 어떤 재앙이 미치지나 않을까 하는 우려에서 다시 점을 친 내용이라고 볼 수 있다.

22－10

137

22. 제 10 편

1) 본 문 : **癸卯卜, 爭貞：旬亡𡆥。甲辰□大驟風, 之夕皿(向)乙巳□㚔□五人。五月, 在「郭」。**

癸丑卜, 爭貞：旬亡𡆥。王固曰：虫(有)祟, 虫(有)夢。

甲寅, 允虫(有)來艱。左告曰：虫(有)往芻自益, 十人虫(又)二。

2) 한 역 : **癸卯일에 점을 치고, 爭이 묻습니다 : 앞으로 열흘 동안 재앙이 없겠습니까? 甲辰일에 … 큰바람이 불었고, 그 날 저녁이 지나고 乙巳일 새벽녘에 다섯 사람이 … 잡혔다. 5월 郭에서.**

癸丑일에 점을 치고, 爭이 묻습니다 : 앞으로 열흘 동안 재앙이 없겠습니까? 왕이 점친 결과를 보고 길흉을 판단해 말했다. 화의 조짐이 보이니 재앙이 있겠다. 다음날인 甲寅일에 과연 재앙이 닥쳐왔다. 左는 "12명의 풀 베는 사람들이 益지역에서 도망가는 사태가 발생했다."고 보고했다.

3) 출 전 : ≪甲骨文合集≫ 137 제1기

4) 자 해 : **[癸卯·癸丑]** : 干支紀日에 의한 癸卯·癸丑일 (15 - 1 참조).

[旬亡(無)𡆥(憂)] : 旬 - 10일이다. 甲일부터 癸일까지 한 차례 순환되는 기간이 旬이다 (22 - 1 참조). 亡 - 없다. 無와 같다. 𡆥 - 뼈에 금이 간 모양. 걱정·근심을 나타낸다.

[大驟風] : 大 - 사람의 정면 모양. 크다로 인신되었다. 驟 - 귀 (耳) 를 두 손으로 감싼 모양. 驟 (zhou·취) 로 풀이하며 驟風은 거센 바람이다 (16 - 16 참조). 風 - 봉황새의 모양. 바람 風으로 빌려 썼다 (16 - 1 참조).

[之夕皿皿乙巳] : 之 - 사람이 땅 (一) 위에서 발(止)을 딛고서 나아가는 모양을 ㄓ처럼 그렸다. 지시대명사 是·此의 의미로 썼으며 지명·인명으로도 쓰였다. 夕 - 반달의 모양. 제1기에는 저녁 (夕) 으로 썼다. 皿 - 구름이 몰려오는 기상현상으로 보았으나 皿으로 보고 向 (xiang) 으로 발음한다. 뜻은 다음 간지날의 '새벽' 즉 乙巳일 새벽을 뜻한다 (14 - 11 참조).

[㚔(㚔)] : 止와 幸이 상하로 포개진 합체자로 발에 수갑을 채운(㚔) 모양이다. 卜辭의 文例로 볼 때 모두 執字와 의미가 통한다. 결박해 체포하다는 뜻이다 (6 - 7 참조).

[才(在)「郭」] : 才 - 풀이 돋아나는 모양. 전치사 在의 초문. '~에서'. 郭은 같은 내용을 점친『합집』139편에 근거해 보충하였음.

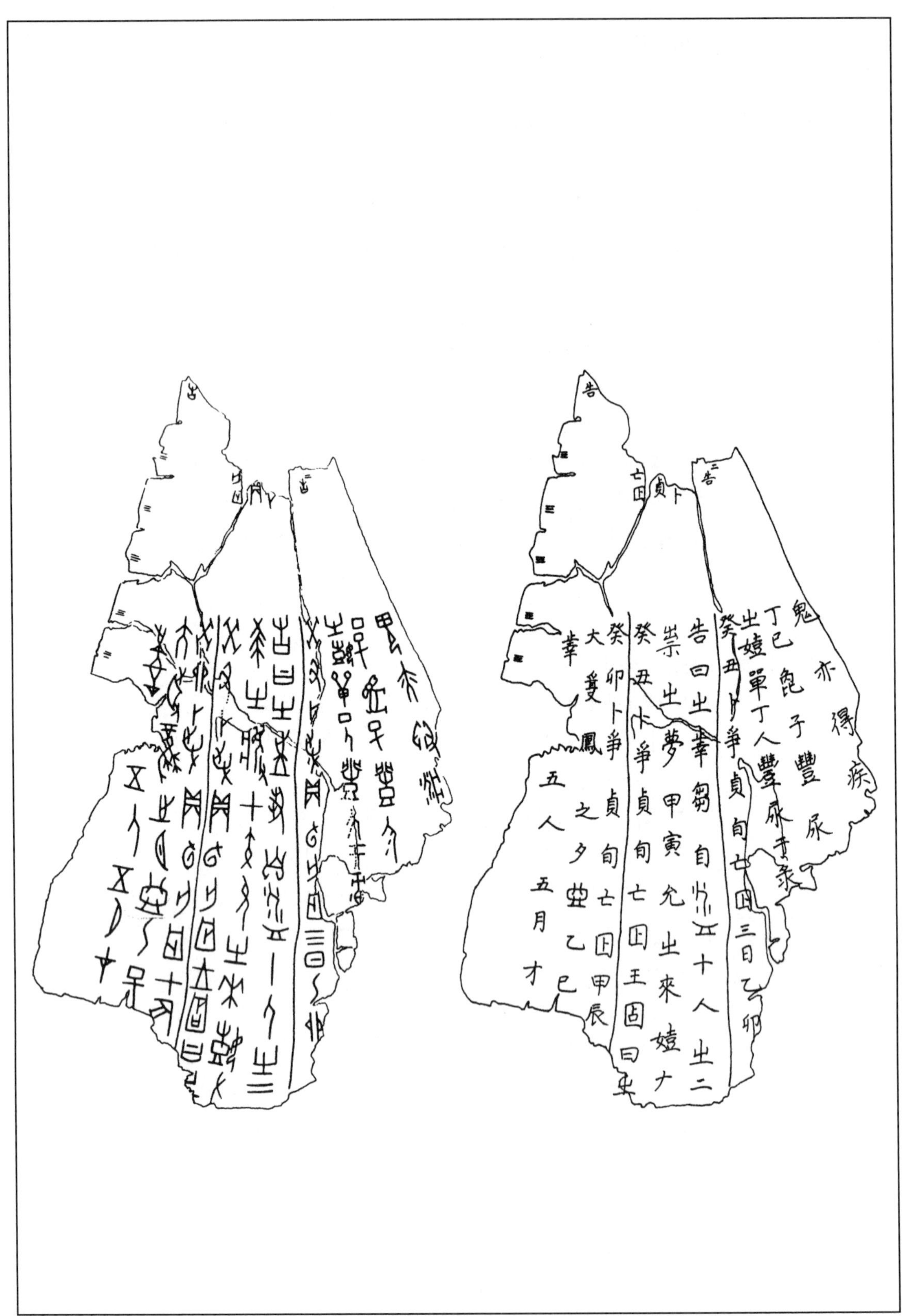

[㞢(有)祟([illegible]·咎), 㞢(有)夢] : 㞢(有) - 있다. 祟 - 재앙. 求·咎라고도 풀이한다. 夢 - 침상에 누워 손을 허우적거리는 모양. 꿈으로 빌려 썼다..

[允㞢(有)來嬉(艱)] : 允 - 사람이 [illegible]처럼 고개를 돌리고 있는 모양. 과연으로 빌려 썼다. 來 - 보리의 모양인 [illegible]로 來往의 來로 빌려 썼다. 오다. 嬉(艱) - 女와 북을 합친 자. 고대 전쟁시 [illegible]처럼 여성들이 북을 치며 선발대로 나아간 습속을 반영한 자. 재앙으로 빌려 썼다(5 - 11 참조).

[左告曰] : 左 - 왼손의 모양. 인명. 告 - 보고하다. 曰 - 입의 모양. 말하다.

[㞢(有)往芻] : 㞢(有) - 있다. 往 - 止와 성부 王이 합쳐진 형성자. '나아가다'. 芻 - 풀을 베는 모양. 본 편에서는 풀 베는 사람이다(11 - 18 참조).

[自益] : 自 - 코의 모양. ~로부터(16 - 6 참조). 益 - 물(水)과 그릇(皿)을 합친 자로 물그릇의 물이 [illegible]처럼 넘치는 모양. '지명'으로 쓰였다(徐中舒, 1990 - 536). 益이 '이익'이라는 의미로 인신되자 溢자를 만들어 '넘치다'는 뜻과 구별했다.

[十人㞢(又)二] : 十 - 셈가지를 세워 놓은 모양. 열을 뜻한다. 人 - 사람의 측면 모양. 사람. 㞢 - 접속사로 '그리고 또'라는 의미이다. 열 사람하고 또 두 사람, 즉 열 두 사람을 나타낸다(1 - 2 참조).

5) 해 설 : 祟([illegible])의 용법

[illegible]자는 발이 많은 벌레 모양이다. 종래에 殺·祟·蔡·咎 등 다양한 풀이가 있고, 모두 求로 풀이된다는 주장도 있다(裘錫圭, 1992 - 59, 22 - 4 참조). 본서에서는 祟로 통일하며 다양한 용법은 다음과 같다.

1. 祟([illegible])의 본의는 蛷(집게벌레 구)다. (33953)
2. 지명·인명으로 쓰였다.
   · 子祟([illegible]). (≪丙≫ 311)
3. 간구하다. 간구한 결과는 得과 대응되게 사용하고 있다.
   · 祟([illegible])雨, 我弗其得. (12862)
   비를 간구하는데, 우리 商은 비를 얻지 못할까요?
4. 재앙의 의미로 썼다.
   · 羌甲祟([illegible])王. (5658) 羌甲이 대왕에게 재앙을 내릴까요?

22 - 11

1. 31242

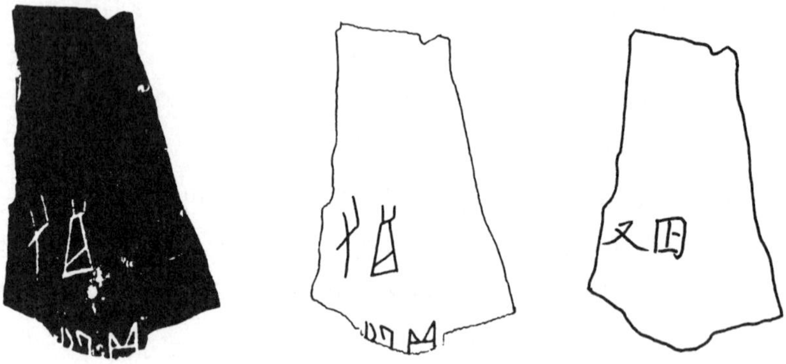

2. 34690

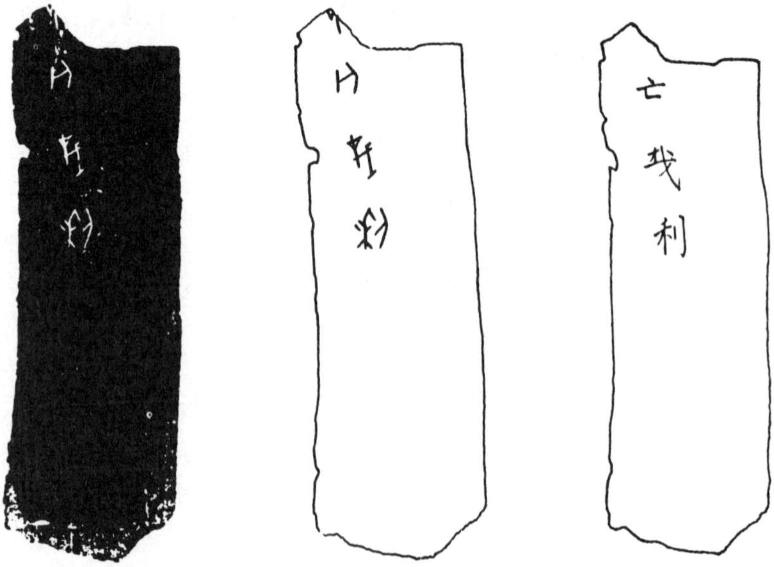

3. 31245

22. 제11편

1) 본 문 : 1. ▨亡[災](災)。
2. 又(有)[囚]。
3. ▨亡[𢦏](災), 利。

2) 한 역 : 1. 재앙이 없겠습니까?
2. 재앙이 있겠습니까?
3. 재앙이 없겠지요? 길할까요?

3) 출 전 : ≪甲骨文合集≫ 1. 31242 2. 34690 3. 31245 제4기

4) 자 해 : [亡災] : 亡 - 無와 같이 '없다'는 뜻이다. 災 - 홍수가 나서 [災]처럼 물이 넘치는 모양(巛)에 聲符 才가 합쳐진 자. 자형으로 보면 '물에 의한 재앙'을 말하나 점차 일반적인 재앙으로 쓰였다.

[亡𢦏(𢦏)] : 𢦏 - 𢦏는 무기에 [才]처럼 聲符 才가 합쳐진 자. 자형은 '무력 도발에 의한 재앙'이지만 일반적인 재앙으로 썼다. 또 [𢦏], [𢦏]는 적군의 머리를 베서 무기에 달아매다는 모양으로 [𢦔](捷), 즉 '정벌하다'·'침공하다', 그 외 방국명 등 다양한 풀이가 있다.

[利] : 刀와 禾가 합쳐진 자로 [利]처럼 칼로 벼를 자르는 모양. 풍성한 수확을 얻어 '이롭다'는 뜻으로 인신되었다. 卜辭에서는 지명·방국명·이롭다. 여기서는 '길하다'는 뜻이다(12-1 참조).

5) 해 설 : **하루에도 열 번 점을 쳤다**

商代 점복의 다양성은 그것이 바로 특성이 될 만큼 폭넓다. 점복해 묻는 사건·묻는 사람·방법·횟수도 상황에 따라 다르다. 동일 사건을 5개의 龜版에 연속적으로 물은 成套卜辭도 있고, 한 가지 일을 하루에 10번 묻는 경우도 있다.

예를 들면 ≪殷契遺珠≫ 948편은 王이 師勞에 머물면서 친 점인데 거푸 10번을 물었다. 왕이 점복 내용을 기록하지 않던 시기여서 비록 구체적인 내용을 알 수 없지만 매우 긴박한 사건이었던 것 같다(22-12 참조).

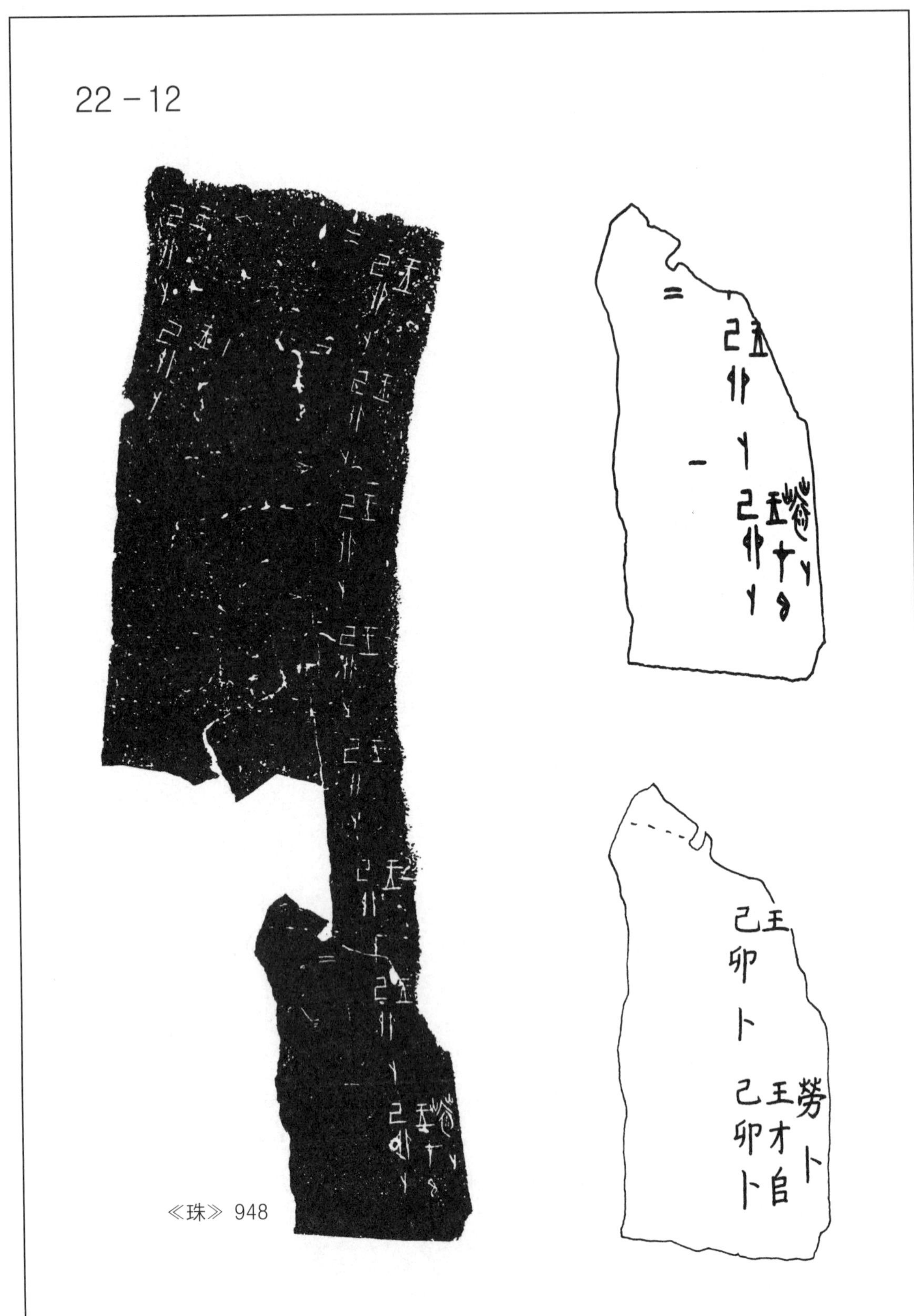

≪珠≫ 948

22. 제 12 편

1) 본 문 : **己卯卜, 王在𠂤(師)勞卜 : 一**
己卯卜, 王 : 二 三 四 五 六 七 八 九 十

2) 한 역 : **己卯일에, 왕이 師勞에서 점칩니다 : 처음 물었다.**
己卯일에, 왕이 점을 칩니다 : 두 번째 물었음 … 열 번 물었다.

3) 출 전 : ≪淑明女子大學校所藏甲骨文≫ 6 (≪殷契遺珠≫ 948)

4) 자 해 : **[己卯卜, 王]** : 王 - 상왕. 제 2기의 자형이다.
[在𠂤(師)勞卜] : 才 - 在의 본자. 장소, 사람, 시간 앞에 쓰이는 전치사.
𠂤 - 師의 본자(6 - 1 참조). 勞 - 불을 피워 놓고 농사일을 하는 모양이다. 저녁까지 농사일을 하므로 '노동', '노력'이라는 뜻이 있다. 지명, 인명으로 쓰였다. 종래에 褮로 풀이하였으나(李孝定, 1965 - 2739), 竹簡의 출토후 勞로 재고석되었다(許進雄, 1995 - 978, 7 - 12 참조).

5) 해 설 : '卜王卜辭' 의 특징

제2기의 제왕인 祖庚·祖甲은 親卜하기를 즐겨 친히 많은 占을 쳤다. 왕이 직접 점쳐 물었던 내용을 기록할 때는 '○○卜, 王貞'의 형식을 이룬다. 그러나 제2기에서는 '○○卜, 王'으로 貞을 생략하였는데 이를 '卜王卜辭'라고 칭하며 龜甲이나 獸骨에 두루 나타난다(劉淵臨, 1969 - 237).

'卜王卜辭'의 특징은 命辭를 기록하지 않는다. 그것은 大王이 친히 점을 치고는 그 내용을 자신만이 간직할 뿐 기록하지 않아 무엇을 물었는지 전혀 알 길이 없다. 제1기 武丁시대처럼 貞人이 왕을 대신하여 점을 쳤고 貞人집단까지 이루던 시기에는 보기 힘든 경우이다.

이같은 점복관례는 제2기에 성행하였기 때문에 제2기 卜辭의 특징으로 간주한다. 卜辭를 기록함에 있어 일반적으로는 제일 첫 번째의 卜辭는 완전한 문장으로 기록하고, 그 다음 卜辭들은 첫 卜辭를 근거로 생략해 나갔다. 그러나 '卜王卜辭'는 첫 번째 복사조차도 점복 내용을 전혀 기록하지 않았다. 이같은 현상은 ≪合集≫ 23837을 비롯해 적지 않게 나타난다(梁東淑, 2002 - 576).

22－13

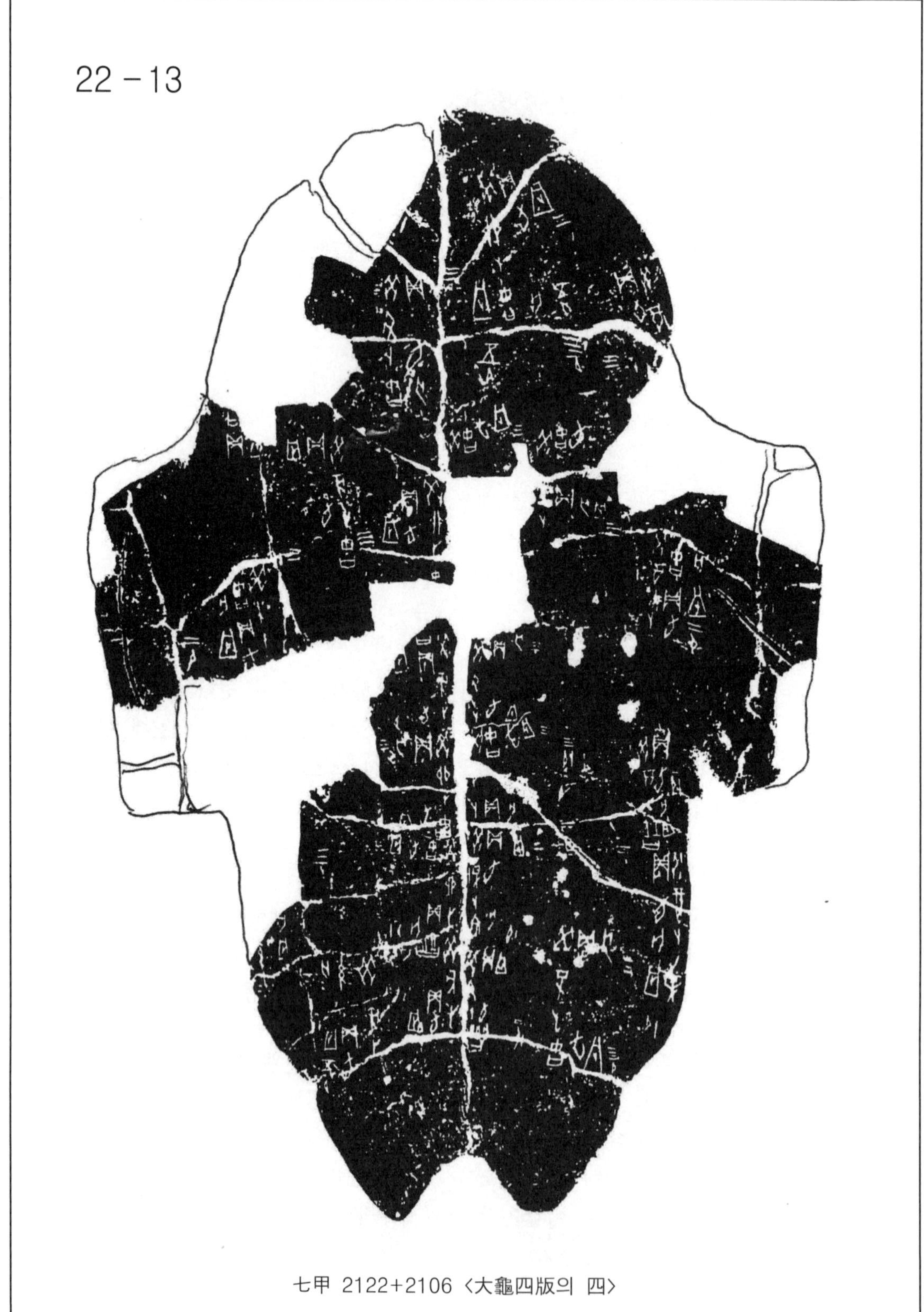

七甲 2122+2106 <大龜四版의 四>

22. 제13편

1) 본 문 : 癸酉卜, 爭貞 : 旬亡𡆥。 十月。
癸巳卜, 穷貞 : 旬亡𡆥。 十一月。
癸丑卜, 𡆥貞 : 旬亡𡆥。 十二月。
癸巳卜, 古貞 : 旬亡𡆥。 十三月。
癸丑。一月。
癸未卜, 古貞 : 旬亡𡆥。 二月。
癸卯卜, 古貞 : 旬亡𡆥。 三月。
癸巳卜, 古貞 : 旬亡𡆥。 四月。
癸卯卜, 古貞 : 旬亡𡆥。 五月。

2) 한 역 : 癸酉일에 점을 치고 爭이 묻습니다 :
다음 열흘 동안 재앙이 없을까요? 10월.
癸巳일에 점을 치고 穷이 묻습니다 :
다음 열흘 동안 재앙이 없을까요? 11월.
癸丑일에 점을 치고 𡆥이 묻습니다 :
다음 열흘 동안 재앙이 없을까요? 12월.
癸巳일에 점을 치고 古이 묻습니다 :
다음 열흘 동안 재앙이 없을까요? 13월.
癸丑일에 점을 치고 묻습니다 :
다음 열흘 동안 재앙이 없을까요? 1월.
癸未일에 점을 치고 古이 묻습니다 :
다음 열흘 동안 재앙이 없을까요? 2월.
癸卯일에 점을 치고 古이 묻습니다 :
다음 열흘 동안 재앙이 없을까요? 3월.
癸巳일에 점을 치고 古이 묻습니다 :
다음 열흘 동안 재앙이 없을까요? 4월.
癸卯일에 점을 치고 古가 묻습니다 :
다음 열흘 동안 재앙이 없을까요? 5월.

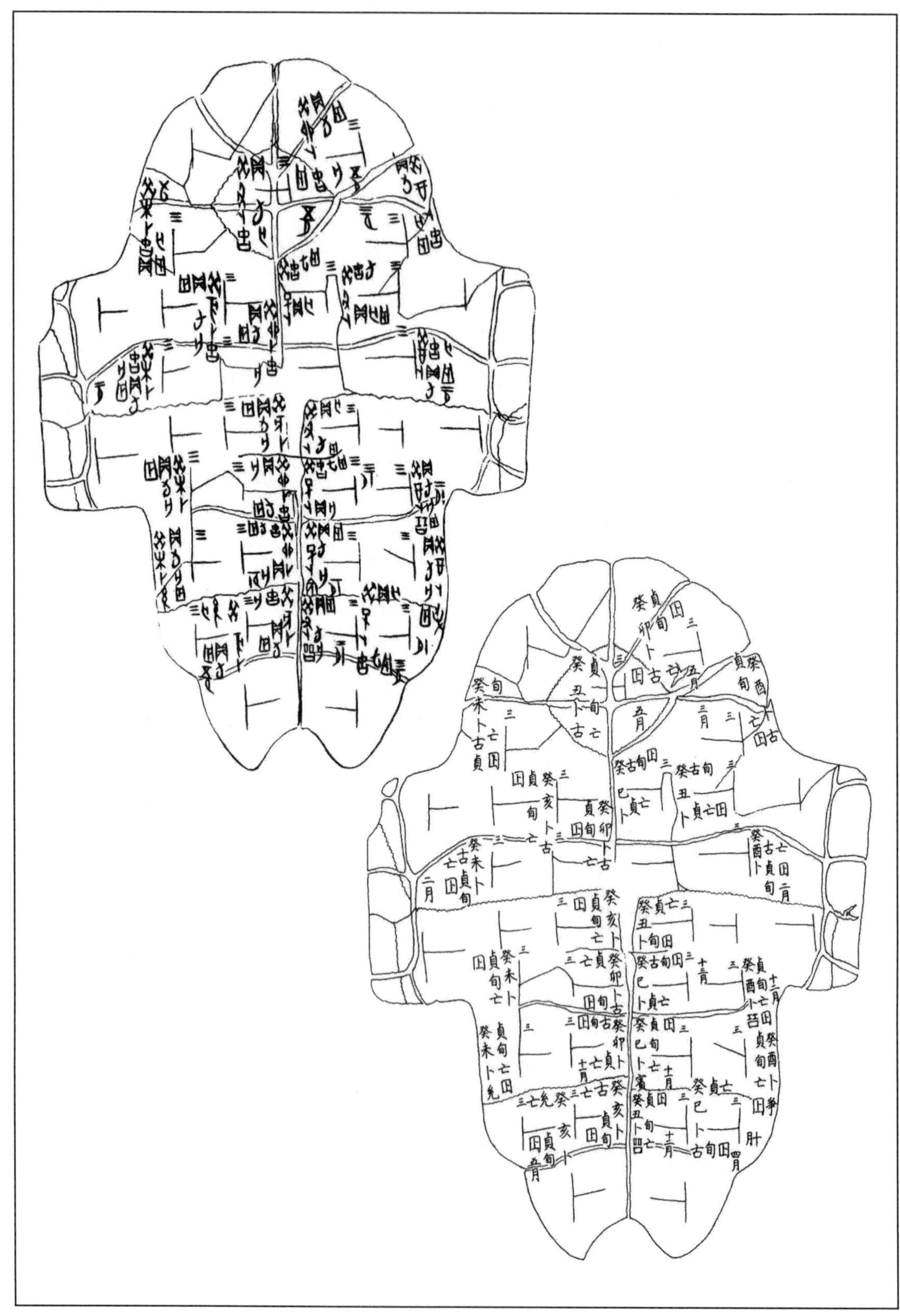

3) 출 전 : <大龜四版> 4 제1기

4) 자 해 : **[癸酉卜, 爭貞]** : 癸酉 - 干支紀日에 의한 癸酉일(15 - 1 참조). 爭 - 두 손이 上下에서 [?]처럼 물건을 서로 잡고 끄는 모습. 서로 잡아당김에 근거해 '다투다'로 引申되었고, 人名으로 쓰였다(2 - 1 참조).

[旬亡囚] : 旬 - 10을 나타내는 '丨'에다 둥글게 한 바퀴 도는 지사부호를 붙인 자이다. 점차 日과 勹의 결합으로 변화되었다. 상대는 10진법을 써서 10일을 한 단위로 삼았고, 이를 旬으로 나타냈다(22 - 1 참조).

5) 해 설 :

大龜四版에서 花園莊東地 甲骨文까지

1899년 갑골문이 세상에 알려진 뒤부터 殷墟에서 갑골편은 부단히 발견되었다. 그러나 대부분 작은 조각으로 발견되어 연구에 큰 성과를 얻지 못하였다.

1929년 동작빈은 갑골 3,600편을 발굴했는데 그중 완전한 龜腹甲 四版을 얻어 이를 <大龜四版>이라고 칭하였다. 1934년 다시 완전한 龜腹甲 七版을 얻어 <大龜七版>이라고 명명하였고 이들을 통해 갑골문 연구에 크게 공헌하였다.

그러나 갑골문 발견의 대경사로 여기는 것은 1936년 YH127坑에서 발견한 17,000편의 갑골문이다. 1972년 小屯南地에서 또다시 5,041편을 얻어 제2의 경사를 맞이했다.

그로부터 20년후 1991년, 殷墟 花園莊東地에서 다시 1,583편을 얻은 3번째의 경사를 맞이했다. 花園莊 東地 甲骨文은 商王室이 주도한 王卜辭가 아니고 商代 귀족 중의 한 지류인 子族이 주가 되어 점복한 내용이었다. 이들은 王이 점복한 '王卜辭'가 아니어서 非王卜辭라고 한다(제3장 갑골문연구 참조).

갑골편은 지금도 계속 발견되고 있다.

부 록

갑골문의 출처 및 시기 대조표

本書編號	分類	編號			分期
1	一. 世係	1	≪甲骨文合集≫	21102	1期
2		2		6304	1期
3		3		14711	1期
4		4		14733, 보충 22152	1期
5		5		32384	4期
6		6		27150	3期
7		7		14868	1期
8		8		22911	2期
9		9		32099	4期
10		10		1. 19917	1期
				2. 35773	5期
11		11		1. 35812 2. 35823	5期
12		12		1. 35877 2. 35915	5期
13		13		35995 36159	5期
14		14		2617	1期
15		15	≪甲骨文合集≫ 13999	<婦好方鼎>	1期
16		16		14014	1期
17	二. 貴族, 平民	1		67	1期
18		2	≪甲骨文合集≫ 5203	≪安大略≫ 2111	1期
19		3		5233	1期
20		4		5	1期
21		5		1.4884 2.185	1期
22		6		6484	1期
23		7		5597	1期
24		8		5576	1期
25		9		32980	4期
26		10		3250	1期
27		11		6814	1期
28		12		1. 8715 2. 26903	3期
				보충 20987	1期

29		13		6540	1期
30		14	《甲骨文合集》	1. 496 2. 405	1期
31		15		26908	3期
32		16	《小屯南地甲骨》	2525	1期
33	三. 官吏	1	《甲骨文合集》	5566	1期
34		2		32790	4期
35		3		5658 正	1期
36		4		5658反	1期
			作冊般甗 《乙》	4528	
37		5		5612	1期
38		6		5622	1期
39		7		32992 反	4期
40		8		1. 27882 2. 27883	3期
41		9		1. 5602 2. 14034	1期
42		10		5601正 5600	1期
43		11		33001. 보충 7570反	1期
44		12		2658	1期
45		13		5634	1期
46		14		5636	1期
47		15		32983	4期
48		16		5749. 5773	1期
49		17		32982	4期
50		18		5445 正	1期
51		19		5445 反	1期
52	四. 祭祀	1	《甲骨文合集》	23120	2期
53		2		1. 23031 2. 38307	2期, 5期
54		3		923 正. 923反	1期
55		4		32225	4期
56		5		1336 正	1期
57		6		1777	1期
58		7		2496	1期
59		8		300	1期
60		9		4059 正	1期
61		10		552 正 16191	1期
62		11		5245	1期

63		12		32674	4期
64		13		16197	1期
65		14	≪甲骨文合集≫	6142	1期
66		15		27221	3期
67		16		358	1期
68		17		15616	1期
69		18		1416	1期
70		19		14360	1期
71		20	≪甲骨文綴合集≫ 48	1027 正	1期
72		21		31993	4期
73		22		27321	3期
74		23	≪甲骨文合集≫ 6068 正	(Seoul大所藏)	1期
75	五. 戰爭	1		6096 正	1期
76		2		5805	1期
77		3		6834 正	1期
78		4		6409	1期
79		5		5764≪乙≫ 1245	1期
80		6		1. 18927 正 2. 18927 反	1期
81		7		32 正	1期
82		8		6480	1期
83		9		6654 正	1期
84		10		6354 正	1期
85		11		6057 正	1期
86		12		6057 反	1期
87		13	≪甲骨綴合集≫	285	1期
88		14		6060	1期
89		15		28000	3期
90		16		33017	4期
91		17		36481 正	5期
92		18		1. 36440 2. 36499	5期
93		19		36534	5期
94	六. 軍隊, 刑罰, 監獄	1	≪甲骨文合集≫	1. 36443	5期
				2. 14915	1期
95		2		33006	4期
96		3		1. 5825	1期

				2. 27966	3期
97		4		32994	4期
98		5		1. 13705 2. 5771 甲	1期
99		6	≪甲骨文合集≫	1. 5786 正 2. 5762	1期
100		7		36426	5期
101		8		5951 反 5951 正	1期
102		9		1. 5914 2. 5978	1期
103		10		8986 反	1期
104		11		1. 5996 2. 5998	1期
105		12		1. 580 正 2. 6001 正	1期
106		13		1. 6011 2. 6017 正	1期
107		14		1. 34650 2. 34652	4期
108	七. 方國	1	≪甲骨文綴合集≫	302	1期
109		2	≪甲骨文合集≫	7838	1期
110		3		8410 反	1期
111		4	≪甲骨文綴合集≫	109	1期
112		5	≪甲骨文合集≫	18926	1期
113		6		8492	1期
114		7	≪鐵雲藏龜≫	1. 7991 2. ≪鐵雲≫ 26 3. 8453	1期
115		8		8592	1期
116		9		171	1期
117		10	≪殷虛文字乙編≫	4736	1期
118		11	≪甲骨文合集≫	1. 7841 2. 33129	1期
119		12		1. 7895 2. 24294	1·2期
120		13	≪殷虛文字甲編≫	1. 3374	1期
			≪甲骨文合集≫	2. 7921	1期
121		14		33178	4期
122		15		8039	1期
123		16		7982	1期
124	八. 教育	1		16406	1期
125		2		15665	1期
126		3	≪小屯南地甲骨≫	60	3期
127		4	≪殷虛文字乙編≫	4299	1期
128		5	≪小屯南地甲骨≫	662	1期

129		6	≪甲骨文合集≫	14125	1期
130	九. 貢納	1		1. 8934 2. 8966 3. 8803	1期
131		2		1. 1034 2. 8950	1期
132		3		8836	1期
133		4	≪甲骨文合集≫	8797 正	1期
134		5		6385 正臼 보충 9416 臼	1期
135		6		9173	1期
136		7		14210 反	1期
137		8		8973	1期
138		9		3183 反 甲	2期
139		10		8884	1期
140		11		1. 17302 2. 17306 反	1期
141		12		93 正 일부	1期
142		13		8996 正	1期
143	十. 農業	1		36975	5期
144		2		9735	1期
145		3		9742 正	1期
146		4		9745	1期
147		5		5611	1期
148		6		10076	1期
149		7		1. 33341 2. 33261	4期
150		8		10133 正 10133 反	1期
151		9		9768	1期
152		10		1051 9991 正	1期
153		11	≪小屯南地甲骨≫	715	4期
154		12	≪甲骨文合集≫	9473 33213	1期
155		13		1	1期
156		14		904 正	1期
157		15	≪殷虛文字乙編≫	7808	1期
158		16	≪甲骨文合集≫	1. 24552 2. 24537	2期
159		17		1. 5604 2. 3451	1期
160		18		9570 9582 正	1期
161		19	≪小屯南地甲骨≫	1. 2616	1期
			≪甲骨文合集≫	2. 18770	
162		20		1. 33230	4期

				2. 24225	2期
163		21	≪小屯南地甲骨≫	930	1期
164		22	≪甲骨文合集≫	1. 8525 2. 9637	1期
165		23		10085 正	1期
166		24	≪殷虛文字乙編≫	1. 5915	1期
			≪甲骨文合集≫	2. 9558	1期
167		25		24432 正	2期
168		26		9639	1期
169		27	≪小屯南地甲骨≫	189	1期
			≪甲骨文合集≫	34587	4期
170	十一. 漁獵, 牧畜	1		1. 10475	1期
				2. 28429	3期
			≪卜辭通纂≫	3. 749	1期
171		2	≪甲骨文合集≫	10471	1期
172		3		10198 正	1期
173		4		10389	1期
174		5		10594	1期
175		6		28535	3期
176		7	≪小屯南地甲骨≫	3759	5期
177		8	≪甲骨文合集≫	584 正甲	1期
178		9		1. 28785 2. 10349	3·1期
179		10		28314	3期
180		11	≪小屯南地甲骨≫	2626	1期
181		12		10405 正	1期
182		13	≪甲骨文合集≫	37471	1期
183		14		11174 正臼	5期
184		15	≪殷契佚存≫	518	1期
185		16	≪甲骨文合集≫	37848 正反	5期
186		17		1. 29415 2. 11051	3·1期
187		18		1. 11276 2. 11407	1期
188	十二. 手工業	1		29687	3期
189		2	≪小屯南地甲骨≫	348	3期
190		3	≪甲骨文合集≫	1. 7053 正 2. 11364	1期
191		4		16998 正 補.16070. 16079	1期
192		5		32536	4期

193		6		7603 正	1期
194		7		1. 10058 2. 3336 正	1期
195	十三. 商業, 交通	1		29694	3期
196		2		1. 11433 2. 21776	1期
197		3		1. 4902 2. 4903 反	1期
198		4		1. 20619 2. 11467	1期
199		5	≪甲骨文合集≫	27948	3期
200		6		13758 正	1期
201		7		24609	2期
202		8		11477	1期
203		9		34675	4期
204		10		11452	1期
205		11		296	1期
206		12	≪小屯南地甲骨≫	2499	1期
207		13	≪甲骨文合集≫	36553	5期
208	十四. 天文	1	≪小屯南地甲骨≫	890	2期
209		2		42	1期
210		3	≪甲骨文合集≫	1. 14312	1期
				2. 27454	3期
211		4		33694	4期
212		5		33696	4期
213		6		11482正·反	1期
214		7		11485	1期
215		8	≪小屯南地甲骨≫	726	2期
216		9	≪殷虛文字甲編≫	3083	1期
217		10	≪甲骨文合集≫	11503 反	1期
218		11	≪甲骨綴合集≫	83	1期
219		12		1. 38606	5期
				2. ≪乙≫ 174	1期
221	十五. 歷法	1		37986	5期
222		2		1. 12041	1期
				2. 24828	2期
223		3		1. 29793 2. 29794	3期
224		4		12814 正	1期
225		5		12724	1期

226		6	《花園莊東地甲骨》	661	1期
227		7	《甲骨文合集》	12536	1期
228		8		11722 正 11648	5·1期
229		9		29715	3期
230		10		1. 11510 2. 37838	1期
231		11		24610	2期
232		12	《殷虛文字乙編》	3282 보충 18998	1期
233	十六. 氣象	1	《甲骨文合集》	7369 보충 30254	1·5期
234		2		13140	1期
235		3		12870甲乙	1期
236		4		14138	1期
237		5		9465	1期
238		6		5111	1期
239		7		12951	1期
240		8		1. 1131 反 2. 12704	1期
241		9		1. 38194	5期
			2. 《淑大所藏甲骨文》 1		
242		10		12836 反, 보충 1125	1期
243		11	《殷虛文字乙編》	3184	1期
244		12	《甲骨文合集》	10174	1期
245		13		12842	1期
246		14	《殷虛文字乙編》	4600	1期
247		15	《殷契粹編》	1. 1245	1期
			《甲骨文合集》	2. 21023	1期
248		16		1. 13408 2. 13359	1期
249		17		13417	1期
250		18		7370	1期
251		19		10405 反	1期
252		20		13399	1期
253		21		11497 正反	1期
255	十七. 建築	1		13490	1期
256		2	《殷虛文字乙編》	570, 보충 13496	1期
257		3	《甲骨文合集》	13514正乙 보충 4861	1期
258		4		13523	1期
259		5		1. 2375 2. 32302	1·4期

260		6		36541 보충 4290	5期
261		7		1. 13549	1期
				2. 30306	3期
262		8		1. 8088 反	1期
				2. 28948	3期
263		9		1. 13556 反	1期
				2. 13557 3. 13561	1期
264		10	≪小屯南地甲骨≫	1. 332	1期
			≪甲骨文合集≫	2. 2858	1期
265		11		30297	3期
			<鳥从夂乙盉>(보충)		
266		12		34067 보충 24951	4期
267		13		13598	1期
268		14		19800	1期
269		15		1. 182	1期
				2. 13936 正	1期
270		16		1. 5409 보충 5408	1期
271		17		27792	3期
272		18		13855 보충 15370	1期
273		19		19339 보충 27304	1期
274	十八. 音樂, 舞蹈	1		6653	1期
275		2		27310	3期
276		3		1. 16243	1期
				2. 16242	1期
277		4		1. 31027	4期
				2. 27352	3期
278		5		22855 正反	2期
279		6		31033	3期
280		7		31022	3期
281		8		11006	1期
282		9		30028 보충 16005	3期
283		10		16013	1期
284		11		938左, 巫師立像	1期
285		12		6063	1期
286	十九. 疾病	1		20975	1期

287		2		21054	1期
288		3		13613	1期
289		4		5373	1期
290		5		13712	1期
291		6		13675	1期
292		7		1. 13693 2. 13682	1期
293		8		1. 13921 2. 5598	1期
294		9		13620	1期
295		10	≪甲骨文合集≫	13651	1期
296		11		1. 13643 2. 10349	1期
297		12		13630	1期
298		13		11506	1期
299		14		11460	1期
300		15		1. 13634	1期
			≪殷虛文字乙編≫	2.≪乙≫738	
301		16		1. 13723 보충 13619	1期
302		17		≪乙≫2844	1期
303		18	≪甲骨文合集≫	9560	1期
304		19		1. 17446	1期
				2. 13887	1期
305		20		13751	1期
306		21		440 正反	1期
307		22		1. 13796	1期
				2. ≪乙≫1281	
308		23		13674 보충 17979	1期
309		24	≪殷虛文字乙編≫	1. 2287 2. 4426	1期
310		25	≪甲骨文合集≫	13752	1期
312	二十. 生育	1		13927	1期
313		2		21071 보충 14000	1期
314		3		13925 正反	1期
315		4		14002	1期
316		5		14001	1期
317		6		14009 正	1期
318		7		34087 보충 ≪乙≫21320	4期
319		8	≪殷虛文字乙編≫	693	1期

			≪甲骨文合集≫	14036	1期
320		9		22246	1期
321		10		21065	1期
322		11		13949	1期
322	二十一. 鬼神	1		14164	1期
323		2		30391	3期
324		3		30388	3期
325		4		1. 34293	4期
				2. 14262	1期
326		5		14339 보충 11469	1期
327		6	≪甲骨文合集≫	14398	1期
328		7		30412 보충 34245	3期
329		8		24992 보충 ≪乙≫865	2期
330		9		30394	3期
331		10		14295	1期
332		11		14294	1期
333		12		34165	4期
333	二十二. 吉凶	1		37953	5期
334		2	≪甲骨綴合集≫	48	1期
335		3	≪甲骨文合集≫	14210	1期
336		4		17076	1期
337		5		17366 反	1期
338		6		17393	1期
339		7		28466	3期
340		8		17192	1期
341		9		1. 26096	2期
				2. 34708	4期
342		10		137	1期
343		11	1. 31242 2. 34690 3. 31245		3期
344		12	≪殷契遺珠≫－下部 (淑明女子大學校 所藏 6)	948	2期
345		13	≪<大龜四版>의 四≫	七甲 2122+2106	1期

자료의 번호순 대조표

	≪甲骨文合集≫	本書分類
1	110－13	
2	52－4	
3	14 ≪綴集≫	17－3
4	26.1 ≪鐵≫	7－7
5	32正	5－7
6	42 ≪綴集≫	14－2
7	48 ≪綴集≫ ≪合≫ 2484＋2502	4－22
8	60 ≪綴集≫	8－3
9	67	2－1
10	83 ≪綴集≫	14－11
11	93	9－12
12	137 正	22－10
13	171	7－9
14	177－3 ≪鐵≫	1－3
15	225 ≪綴集≫	17－17
16	285 ≪綴集≫	5－13
17	296	13－11
18	348 ≪佚存≫	12－2
19	405	2－14
20	440 正, 反	19－21
21	496	2－14
22	518 ≪佚≫	11－15
23	570 ≪屯南≫	17－2
24	584 正, 甲	11－8
25	661 ≪H3≫	15－6
26	662	8－5
27	715	10－11
28	726	14－8
29	904 正	10－14

30	923 正	4－3
31	930 ≪屯南≫	10－21
32	1027	4－20
33	1131 正	16－8
34	1336 正	4－5
35	1777	4－6
36	2375	17－5
37	2499	13－12
38	2525 ≪屯南≫	2－16
39	2616 ≪屯南≫	10－19
40	2617	1－14
41	2626 ≪乙≫	11－11
42	2658	3－12
43	2844	19－7
44	2858	17－10
45	2884 ≪乙≫	1－17
46	3038	14－9
47	3083 ≪甲≫	14－9
48	3183 反, 甲	9－9
49	3184 ≪乙≫	16－11
50	3250	2－10
51	3282 ≪乙≫	15－12
52	3336 正	12－7
53	3374 ≪甲≫	7－13
54	3451	10－17
55	3752 ≪屯南≫	13－10
56	3759 ≪屯南≫	11－7
57	4059 正	4－9
58	4299 ≪乙≫	8－4
59	4426	19－24 ≪乙≫ 2287
60	4528 ≪乙≫	3－4
61	4600 ≪乙≫	16－14
62	4736 ≪乙≫	7－10
63	4884	2－5

64	4902	13－3
65	4903	13－3
66	5111	16－6
67	5203	2－2
68	5225 《乙》	12－1
69	5233	2－3
70	5245	4－11
71	5522 正	4－10
72	5373	19－4
73	5408	17－16
74	5409	17－16
75	5445 正,反	3－18
76	5566	3－1
77	5576 正	2－8
78	5589	22－8
79	5597	2－7
80	5598 正	19－8
81	5600	3－10
82	5601 正	3－10
83	5602	3－9
84	5604	10－17
85	5611	10－5 《乙》 867
86	5612	3－5
87	5622	3－6
88	5634	3－13
89	5636	3－14
90	5658 正	3－3
91	5658 反	3－4
92	5749	3－16
93	5764	5－5 《乙》 보충1245
94	5771 甲	6－5
95	5773	3－16
96	5786 正	6－6
97	5805	5－2

98	5825	6－3
99	5914	6－9
100	9558	10－24
101	5951 正, 反	6－8
102	5978	6－9
103	5996	6－11
104	5998	6－11
105	6001 正	6－12
106	6011	6－13
107	6017 正	6－13
108	6057 正	5－11
109	6057 反	5－12
110	6063 正	18－12
111	6060	5－14
112	6068 正 Seoul大 所藏	4－23
113	6096 正	5－1
114	6103 ≪乙≫	12－1
115	6142	4－14
116	6304	1－2
117	6354 正,	5－10
118	6385 正, 臼	9－5
119	6399	7－4 ≪綴集≫ 109
120	6402 正	5－13 ≪合≫ 285
121	6409	5－4
122	6430	7－4
123	6480	5－8
124	6484	2－6
125	6540	2－13
126	6653 正	18－1
127	6654 正	5－9
128	6814	2－11
129	6834 正	5－3
130	7053 正	12－3
131	7369	16－1

132	7370	16－18
133	7570 反	3－1
134	7603 正	12－6
135	7780 正	7－1 《綴集》 302
136	7808	10－15
137	7838	7－2
138	7841	7－11
139	4736 《乙》	7－10
140	7895	7－12
141	7982	7－16
142	7921	7－13
143	7991	7－7 《鐵》 2. 26.1
144	8039	7－15
145	8088 反	17－8
146	8410 反	7－3
147	8453	7－7
148	8492	7－6
149	8525	10－22
150	8592	7－8
151	8696 《乙》	13－5
152	8715	2－12
153	8721	7－10
154	8797 正	9－4
155	8803	9－1
156	8836	9－3
157	8884	9－10
158	8934	9－1
159	8950	9－2
160	8960	9－1
161	8966	9－1
162	8973	9－8
163	8986 反	6－10
164	8996 正	9－13
165	9173	9－6

166	9416 臼	9－5
167	9465	16－5
168	9473	10－12
169	9498 反	10－17
170	9558	10－24 《乙》 5915
171	9560	19－18
172	9570	10－18 《綴集》 103
173	9637	10－22
174	9639	10－26
175	9735	10－2 《乙》 3287
176	9742 正	10－3 《乙》 3409
177	9745	10－4 《乙》 3925
178	9762	6－6
179	9768	10－9
180	9991 正	10－10
181	10051	10－10
182	10058	12－7
183	10076	10－6
184	10085 正	10－23
185	10133 正, 反	10－8
186	10174 正	16－12
187	10198 正	11－3 《乙》 5915
188	10349	11－9
189	10389	11－4
190	10405 正	16－19
191	10471	11－2
192	10475	11－1
193	10594	11－5
194	11006	18－8
195	11051	11－17
196	11171 正, 臼	11－14
197	11276	11－18
198	11364	12－3
199	11407	11－18

200	11433	13－2
201	11452	13－10 ≪屯南≫ 3752
202	11460 正, 甲	19－4 ≪乙≫ 930
203	11467	13－4
204	11469	21－5
205	11477	13－6
206	11482 正, 反	14－6
207	11485	14－7
208	11497 正	16－20
209	11497 反	16－21
210	11503 反	14－10
211	11501	14－11
212	11506 正	19－13 ≪乙≫ 6385
213	11510	15－10
214	11648	15－8
215	11722 正	15－8
216	11726	14－11
217	12041	15－2
218	12536	15－7
229	13712 正	19－5
220	12704	16－8
221	12724	15－5
222	12814 正	15－4
223	12836 反	16－10
224	12842 正	16－13
225	12870 甲, 乙	16－3
226	12951	16－7
227	13140	16－2
228	13359	16－16
229	13399 正	16－20
230	13408	16－16
231	13409	16－16
232	13417	16－17
233	13490	17－1

234	13496	17－2
235	13514 正, 乙	17－3
236	13523 正	17－4
237	13547	17－7
238	13557	17－9
239	13561	17－9
240	13613	19－3
241	13619	19－16
242	13620 正	19－9
243	13630	19－12
244	13634 正	19－15
245	13643	19－11
246	13651	19－10
247	13674	19－23
248	13675 正	19－6
249	13682	19－7
250	13693	19－7
251	13705	6－5
252	13712 正	19－5
253	13723	19－16
254	13751 正	19－20
255	13752 正	19－25
256	13758 正	13－6
257	13796	19－22
258	13855	17－18
259	13887	19－19
260	13921 正	19－8
261	13925 正反	20－3
262	13927	20－1
263	13936 正	17－15
264	13949	20－11
265	13999	1－5
266	14001	20－5
267	14002 正	20－4

268	14009 正	20－6
269	14014	1－16
270	14036	20－8
271	14125	8－6
272	14138	16－4
273	14164	21－1
274	14210 反	9－7
275	14210 正	22－3
276	14262	21－4
277	14294	21－11
278	14295	21－10 《丙》 216
279	14312	14－3 《甲》 1520
280	14339	21－5
281	14360	4－19
282	14398	21－6
283	14711	1－3
284	14733	1－4
285	14868	1－7
286	14915	6－1
287	15370	17－18
288	15616	4－17
290	15665	8－2
291	16005	18－9
292	16007	18－9
293	16013	18－10
294	16070	12－4
295	16079	12－4
296	16180	13－5
297	16191	4－10
298	16197	4－13
299	16242	18－3
300	16243	18－3
301	16406	8－1
302	16473	7－5

303	16998 正	12－4
304	17076	22－4
305	17192 正	21－8
306	17302	9－11
307	17306 反	9－11
308	17366 反	22－5
309	17393 正	22－6
310	17446	19－19
311	17979	19－23
312	18770	10－19 《屯南》 2616
313	18926	7－5
314	18927 正, 反	5－6
315	18998	15－11
316	19916	1－9
317	19917	1－10
318	19339	17－19
319	20619	13－4
320	20975	19－1 《乙》 9067
321	21023	16－15 《粹》 1245
322	21054	19－2
323	21065	20－10
324	21070	20－2
325	21071	20－2
326	21102	1－1
327	21776	13－2
328	22152	1－4
329	22246	20－9 《乙》 8896일부
330	22539	14－1 《甲》 890
331	22855 正, 反	18－5
332	22911	1－8
333	23031	4－2
334	23120	4－1
335	24225	10－20
336	24294	7－12

337	24432 正	10－25
338	24537	10－16
339	24552	10－16
340	24609	13－7
341	24610	15－11
342	24828	15－2
343	24951	17－12
344	24992	21－8 《乙》 865
345	26096	22－9
346	26903	2－12
347	26908	2－15
348	27150	1－6
349	27221	4－15
350	27304	17－19
351	27310	18－2
352	27320 《乙》	20－7
353	27321	4－22
354	27352	18－4
355	27454	14－3
356	27882	3－8
357	27883	3－8
358	27948	13－5
359	27966	6－3
360	28000	5－15
361	28314	11－10
362	28429	11－1 《通纂》 749
363	28466	22－7
364	28535	11－6
365	28785	11－9
366	28948	17－8
367	29415	11－17
368	29494	15－3
369	29559	12－6
370	29687	12－1

371	29694	13－1
372	29696	14－10
373	29715	15－9
374	29793	15－3
375	29794	15－3
376	30028	18－9
377	30254	16－1
378	30297	17－11
379	30306	17－7
380	30346	17－4
381	30347	17－14
382	30388	21－3
383	30391	21－2
384	30394	21－9
385	30412	21－7
386	30987	2－12
387	30944	12－1
388	31022	18－7
389	31027	18－4
390	31033	18－6
391	31242	22－11
392	31245	22－11
393	31993	4－21
394	32099	1－9
395	32225	4－4
396	32302	17－5
397	32384	1－5
398	32536	12－5
399	32674	4－12
400	32790	3－2
401	32980	2－9
402	32982	3－17
403	32983	3－15
404	32992 反	3－7

405	32994	6－4
406	33001	3－11
407	33006	6－2
408	33017	5－16
409	33129	7－11
410	33178	7－14
411	33213	10－12
412	33230	10－20
413	33261	10－7
414	33341	10－7
415	33694	14－4
416	33696	14－5
417	34067	17－12
418	34087	20－7
419	34165	21－12
420	34225	10－20
421	34245	21－7
422	34293	21－4
423	34587	10－27 ≪屯南≫ 189
424	34650	6－14
425	34652	6－14
426	34675	13－9
427	34690	22－11
428	34708	22－9
429	35773	1－10
430	35811	1－11
431	35812	1－10
432	35823	1－1
433	35877	1－12
434	35915	1－12
435	35995	1－13
436	36159	1－13
437	36426	16－7
438	36440	5－18

439	36442	6－11
440	36443	6－1
441	36499	5－18
442	36481 正	5－17
443	36534	5－19
444	36541	17－6
445	36553	13－13
446	36975	20－1
447	37471	11－13
448	37838	15－10
449	37848 正反	11－16
450	37849	15－10
451	37953	22－1
452	37986	15－1
453	38194	16－9
454	38232	17－9 《屯南》 88
455	38307	4－2
456	38606	14－12 《乙》 174

참고문헌

도판

劉 顎	1903	≪鐵雲藏龜≫
郭沫若 主編	1978	≪甲骨文合集≫ 中華書局
董作賓 主編	1948	≪殷虛文字甲編≫ 中央硏究院歷史語言硏究所
______ 主編	1948	≪殷虛文字乙編≫ 中央硏究院歷史語言硏究所
張秉權 主編	1972	≪殷虛文字丙編≫ 中央硏究院歷史語言硏究所
社會科學院編	1980	≪小屯南地甲骨≫ 中華書局
姚孝遂·肖丁	1988	≪殷墟甲骨刻辭募釋總集≫, 上中下 北京中華書局
______ 主編	1989	≪殷墟甲骨刻辭類纂≫ 北京中華書局
彭邦炯 主編	1999	≪甲骨文合集補編≫ 語文出版社
胡厚宣 主編	1999	≪甲骨文合集釋文來源表≫ 社會科學院出版社
蔡哲茂	1999	≪甲骨文綴合集≫ 台灣 中硏史語所
社會科學院編	2003	≪花園莊東地甲骨文≫ 雲南出版社

사전

徐中舒 主編	1990	≪甲骨文字典≫ 四川辭書出版社
于省吾 主編	1981	≪甲骨文字釋林≫ 臺灣大通書局
______	1996	≪甲骨文字詁林≫ 中華書局
島邦男	1967	≪殷墟卜辭綜類≫ 大通書局
趙 誠	1988	≪甲骨文簡明詞典≫ 中華書局
李孝定	1968	≪甲骨文字集釋≫ 中央硏究院 歷史語言硏究所
孟世凱	1987	≪甲骨文小字典≫ 上海辭書出版社
孫海波	1965	≪甲骨文編≫ 中華書局
容 庚	1990	≪金文編≫ 大通書局
劉興隆	1993	≪新編甲骨文字典≫ 國際文化出版社
方述鑫	1993	≪甲骨金文字典≫ 四川新華書店
張玉金	1994	≪甲骨文虛詞詞典≫ 中華書局
國家文物局	1997	≪中國文物精華大辭典≫ 商務印書館
編輯委員會	1986	<言語·文字> ≪中國大百科全書≫ 大百科全書出版社
沈建華編	2001	≪新編甲骨文字形總表≫ 香港 中文大學
許愼·段玉裁注	1980	≪說文解字≫ 黎明文化事業公司
謝光輝	2002	≪漢語字源字典≫ 北京大出版社

저서 · 논문

2획

丁 山 1988 ≪甲骨文所見氏族及其制度≫ 中華書局

______ 1988 ≪商周史料考證≫ 中華書局

4획

王初慶 1983 ≪中國文字結構析論≫ 文史哲

王宇信 1980 <商代的馬與養馬業> ≪中國史研究≫

______ 1989 ≪甲骨學通論≫ 中國社會科學院出版社

______ 1997 <試論殷墟五號墓的'婦好'> ≪考古學報≫

______ 1997 <甲骨學研究的發展與胡厚宣教授的貢獻> ≪甲骨文與殷商史≫

______ 1999 ≪甲骨學一百年≫ 中國社會科學院出版社

______ 2001 ≪2001年度春季聯合學術發表大會發表論文集≫

______ 2004 ≪甲骨文精粹釋譯≫ 雲南人民出版社

王愼行 1996 ≪古文字與殷周文化≫, 陝西人民教育出版社

王 寧 1982 <周禮>, ≪評析本白活十三經≫, 北京廣播學院出版社

王維提 1985 <万舞考> ≪中華文化論叢≫ 上海古籍

王國維 1975 <殷卜辭中所見先公先王考>, ≪觀當集林≫, 河洛圖書出版社

王貴民 2001 <商周學校教育>, ≪甲骨文獻集成≫

______ 2001 <從殷墟甲骨文論古代學校教育>, ≪甲骨文獻集成≫

毛禮銳 2001 <虞夏殷周學校傳說初釋>, ≪甲骨文獻集成≫, 四川大學出版社

天文學史整理組 1981 ≪中國天文學史≫, 中國科學出版社

中央研究院 1998 ≪來自碧落與黃泉≫ 台灣中央研究院

5획

古敬恒·劉利 1991 ≪新編說文≫, 南京中國鑛業大學出版社

白川靜 1971 <作冊考> ≪中國文字≫ 台灣大學中文系

______ 1983 ≪中國古代文化≫, 文津出版社

田倩君 1967 ≪中國文字叢釋≫, 商務印書館

司馬遷 1962 ≪史記≫, 廣文書局

石璋如 1949 <小屯後五次發掘的重要發現> ≪中國考古學報≫

台灣大學編 1967 ≪中國文字≫, 台灣大學中文系

6획

安國均 1984 ≪甲骨文集聯詩格言選輯≫, 台灣省立博物館印行

安志敏 1959 <1952年秋季鄭州二里岡發掘記> ≪考古學報≫, 第7輯
≪鄭州二里岡≫ 科學出版社

朱芳圃 1972 ≪殷周文字釋叢≫ 台灣學生書局
______ 1983 ≪甲骨學文字編≫(1933) (四版) 台灣商務印書館
朱培仁 1952 <甲骨文所反映的上古植物水分生理學知識>, ≪南京農學報≫
朱岐祥 1989 ≪殷墟甲骨文字通翻稿≫ 文史哲出版社
______ 1999 ≪甲骨文讀本≫ 台灣里仁書局
______ 2000 ≪甲骨文研究≫ 台灣里仁書局
______ 2015 ≪甲骨文詞譜≫ 里仁書局
安陽工作隊 1977 <安陽殷墟五號墓的號掘> ≪考古字報≫ 제2기

7획

呂偉達主編 1999 ≪王懿榮集≫ 齊魯書社
何山青 1986 ≪甲骨文字歌≫, 上海書畵出版社
何九盈 1998 ≪商代復複音聲母≫, 北京大學出版社
李家銓 1993 ≪甲骨文書法藝術論文集≫ 華文出版社
李大有 1993 <論甲骨文書法藝術> ≪甲骨文書法藝術論文集≫ 華文出版社
李 圃 1993 ≪甲骨文選注≫, 上海古籍出版社
______ 1994 ≪甲骨文文字學≫, 學林出版社
李學勤 1986 ≪中國美術全集≫ 文物出版社
______ 1998 ≪河南博物院落成論文集≫, 中州古籍出版社
______ 1998 ≪綴古集≫, 上海古籍出版社
李學勤·曾毅公 1955 ≪殷墟文字綴合≫, 科學出版社 (郭若愚共著)
李學勤·彭裕商 1996 ≪殷墟甲骨分期研究≫, 上海古籍出版社
______ 1999 ≪夏商周年學札代記≫, 遼寧大學出版社
李孝定 1970 ≪從六書的觀點看甲骨問字≫, 南海洋大學報, 第二期
______ 1979 ≪漢字史話≫, 聯經出版社
______ 1986 ≪漢字的起源與演變論叢≫, 聯經出版社
______ 1993 <殷商甲骨文字在漢字發展史上的相對位置> ≪中央研究院歷史語言研究所集刊≫ 제64본
李自修 1986 <甲骨文牽字說> ≪甲骨文與殷商史≫ 第2輯
______ 1989 ≪中華文明史≫ 河北教育出版社
沈 培 1992 ≪殷墟甲骨卜辭語序研究≫ 台灣文津出版社
宋鎭豪 1994 ≪夏商社會生活史≫ 中國社會科學出版社
______ 1996 ≪早期奴隷社會比較研究≫ 社會科學出版社
______ 1999 ≪百年甲骨學論著目≫, 語文出版社
______ 2001 ≪甲骨文獻集成≫, 四川大學出版社
______ 2001 ≪中國風俗通史≫ 上海文藝出版社
吳 蘇 1978 <圩墩新石器時代遺址發掘簡報>, ≪考古≫

吳浩坤·潘悠 1985 《中國甲骨學史》 上海人民出版社

那志良 1986 《璽印通釋》 台灣商務印書館

8획

竺可楨, 1972 <中國近五千年來氣候變遷的初步研究>, 《考古學報》

屈萬里 1937 <師不足辰解> 《中央研究院史語所集刊》 第13本

______ 1936 <甲骨文從比二字辨> 《中央研究院史語所集刊》 第12本

金祖同 1939 《殷契遺珠》, 上海中法文化出版

金經一 1994 <甲骨文의 引用과 飜譯> 《中語中文學》 제16집

______ 1977 <한국소장갑골문 12편의 고석> 《中語中文學》 제21집

______ 1998 <人方 관련 卜辭를 통해 고찰한 東夷 명칭의 기원> 《中國學報》 제38집

社會科學院 1974 <河南偃師二里頭早商宮殿遺址發掘簡報>, 《考古》第四期

______ 1976 <1975年 安陽殷墟的新發掘> 《考古》

______ 1976 <盤龍城 1974年 田野考古紀要> 《文物》 第2期

______ 1979 <1961－1977年 殷墟配墓葬報告>, 《考古學報》

______ 1984 《中國的考古發現和研究》, 文物出版社

______ 1984 <偃師商域的初步勘探和發掘> 《考古》

林 澐 1981 <甲骨文中的古代方國聯盟> 《古文字研究》 第6輯

______ 1990 <說戚> 《古文字研究》 第17輯

林小安 1986 <殷人屢遷> 《甲骨文與殷商史》 上海古籍出版社

明義士 1972 《殷虛卜辭》, 藝文出版社

______ 1996 《甲骨研究》 齊魯書社

9획

洪 熹譯 1991 《中國古代社會》, 서울, 東文選

施謝捷 1994 <釋辛攵皿(上下)> 《南京師大報》

______ 1974 <中國奴隸社會的人殉和人祭> 《文物》

______ 1981 <甲骨刻辭狩獵考> 《古文字研究》

姚孝遂·肖丁 1985 《小屯南地甲骨考釋》 中華書局

胡厚宣 1934 <楚民族源於東方考>, 《史學論叢》 第1冊

______ 1945 《甲骨文商史論叢》 台灣大通書局

______ 1952 《五十年甲骨學論著目》 中華書局

______ 1965 《殷墟發掘》, 學習生活出版社

______ 1972 <殷人疾病考> 《甲骨學商史論叢初集》, 台灣大通書局

______ 1979 《殷代的蠶桑和紡織》 《文物》

______ 1981 <再論殷代農業施肥問題> 《社會科學戰線》

______ 1947 <卜辭記事文字史官簽名例> ≪中研史語所集刊≫, 第12本
______ 1956 <釋殷代求年于四方和四方風的祭祀>, ≪復旦學報≫
______ 1989 <殷墟127坑甲骨文的發現和特点> ≪中國歷史博物館刊≫
______ 1951 ≪五十年甲骨文發現的總結≫, 商務印書館

10획
高　明 1980 ≪古文字類編≫, 中華書局
高漢玉 1986 ≪中國蠶統帛的起源深討≫
高樹藩編 1974 ≪形音義綜合大字典≫, 台灣正中書局
高　華 1993 <當代甲骨文書法風格源流三探> ≪甲骨文書法藝術論文集≫
高嶋謙一 1980 <婦好の疾病に關する一卜辭の試釋>, ≪甲骨學≫ 第12號
唐　蘭 1970 ≪中國文字學≫, 開明書局
______ 1981 ≪古文字學導論≫ 齊魯出版社
______ 1986 ≪西周青銅器銘文分代史微≫, 中華書局
容　庚 1973 ≪商周彝器通考≫, 台灣大通書局
島邦男 1970 ≪殷虛卜辭綜類≫, 台灣大通書局
馬如森 1993 ≪殷墟甲骨文引論≫ 東北師範大學出版社
馬繼興 1979 <台西村商墓中出土的醫療器具砭鐮>, ≪文物≫ 第6期
乘　志 1932 <河南安陽龜殼> ≪安養發掘報告≫, 第3期
徐文鏡 1981 ≪古籍彙編≫, 武漢古籍書店
徐兆仁 1990 <釋鑿> ≪古文字研究≫ 第17輯
徐寶貴 2002 <懷谷磬年代考> ≪古文字研究≫ 第24輯
徐中舒 1981 ≪漢語古文字字形表≫, 中華書局
______ 1998 <結繩遺俗考> ≪歷史論文選輯≫ 中華書局
孫常敍 1986 <釋冒母兼釋各云> ≪古文字研究≫ 第15輯
孫叡徹 1980 <서울대학교소장甲骨片研究>, ≪中國學報≫ 第21輯
康　殷 1992 ≪文字源流談說≫ 國際文化出版社

11획
郭沫若 1931 ≪甲骨文字研究≫
______ 1965 <甲骨文中的幾種樂器名稱> ≪殷契粹編≫ 430
______ 1976 ≪卜辭通纂≫(1933), (修訂本) 台灣大通書局
郭寶鈞 1952 <1950年春 殷墟發掘報告> ≪考古學報≫ 第5冊
郭錫良 1988 <甲骨文語言研究>, ≪北京大學學報≫, 第6期
裘錫圭 1980 <甲骨文字考釋>(八篇) ≪古文字研究≫ 第4輯
______ 1981 <論歷組卜辭的時代> ≪古文字研究≫ 第6輯
______ 1985 ≪甲骨文所見商代農業≫ 殷都學增刊

______ 1986 <甲骨卜辭> ≪大百科全書≫

______ 1992 ≪古文字論集≫ 中華書局

______ 1993 ≪第一屆國際古文字學術硏討會論文集≫ 香港中文大學

______ 1994 ≪裘錫圭自選集≫ 河南教育出版社

______ 1995 <甲骨卜辭中所見的田,牧衛等官職的硏究> ≪文史≫ 제19집.

常玉芝 1987 ≪商代周祭制度≫ 社會科學院出版社

______ 1998 ≪殷商曆法硏究≫ 吉林文史出版社

商承祚 1976 ≪十二家吉金圖錄≫ 大通書局

梁東淑 1990 <西周甲骨文의 考釋> ≪中國語文學≫ 제17집

______ 1992 ≪商代靑銅器銘文硏究≫ 成大博士論文

______ 1998 <甲骨文에 나타난 商代의 建築> ≪中語中文學≫ 제22집

______ 1999 <甲骨文으로 본 商代의 疾病> ≪中語中文學≫ 제24집

______ 2001 <甲骨文에 나타난 商代의 天文學> ≪中國文學硏究≫ 제22집

______ 2002 <淑明女子大學校所藏·甲骨文> ≪中國文學硏究≫ 제24집

梁東淑譯 2002 ≪中國甲骨學史≫ 東文選

______ 2003 <甲骨文에 나타난 商代의 氣象> ≪中國學硏究≫ 제26집

______ 2004 <甲骨文에 나타난 商代의 敎育> ≪中國學硏究≫ 제28집

______ 2005 <甲骨文에 나타난 商代의 刑罰> ≪中國學硏究≫ 제30집

梁恩永 1970 <侯家蔣五本1004號大墓> ≪中硏史語所季刊≫

張光遠 1988 <商代甲骨文與占卜探祕> ≪中華文物學會七十七年刊≫

張玉金 2003 ≪20世紀甲骨語言學≫, 學林出版社

張培瑜 1975 <甲骨文日月食記事的整理硏究>, ≪天文學報≫

張秉權 1975 <甲骨文中所見的數> ≪中硏史語所集刊≫ 第46本

______ 1988 ≪甲骨文與甲骨學≫ 國立編釋館主編

______ 1956 <卜龜腹甲的序數> ≪中央硏究院史語所集刊≫, 第28本

張亞初 1990 <古文字分類考釋論稿> ≪古文字硏究≫ 第17輯

張政烺 1983 <殷契首字說> ≪古文字硏究≫ 第10輯

______ 1985 <釋因> ≪古文字硏究≫ 第12輯

______ 1985 <六書古義> ≪中硏史語所集刊≫ 第10本, 第1분

張麗生 1983 ≪急就篇硏究≫, 台灣商務印書館

陳秉新 1970 <殷墟征人方卜辭地名匯釋> ≪文物硏究≫ 第5輯

陳代興 1993 <殷墟甲骨刻辭音系硏究>, ≪甲骨語言硏討會論文集≫, 華中師範大學出版社

陳重遠 1996 <孫秋風與甲骨文發現> ≪文物話春秋≫, 北京出版社

陳德安 2002 ≪三星堆≫ 四川人民出版社

陳夢家 1956 ≪卜辭綜述≫, 大通書局

______ 1933 ≪卜辭通纂考釋≫

______ 1956 ≪殷虛卜辭綜述≫ 大通書局

陳煒湛 1981 <甲骨文異字同形例> ≪古文字研究≫ 第6輯

______ 1988 ≪甲骨文簡論≫ 上海古籍出版社

______ 2002 <商承祚先生學術成就述要> ≪古文字研究≫ 第24輯

______ 2003 ≪甲骨文論集≫ 上海古籍出版社

陳恩林 1991 ≪先秦軍事制度研究≫ 吉林出版社

崔玲愛 1995 ≪漢字學≫ 통나무

許進雄 1977 ≪明義士收藏甲骨釋文篇≫ 加拿大安大略博物館

______ 1979 <齊南市發現青銅犂鏵> ≪文物≫ 第12期

______ 1979 ≪甲骨上鑽鑿形態的硏究≫, 台灣藝文書局

______ 1981 <甲骨文所表現的牛耒井>, ≪中國文字≫ 91-113

______ 1984 <甲骨綴合新例>, ≪中國文字≫ 新9期, 藝文印書館

______ 1986 <小屯南地甲骨的鑽鑿硏究> ≪甲骨語文硏究≫ 第8期

______ 1988 ≪中國古代社會≫ 商務印書館

______ 1995 ≪古文諧聲字根≫ 商務印書館

12획

董作賓 1932 <甲骨文斷代硏究例>

______ 1937 ≪甲骨年表≫

______ 1945 <殷曆譜> ≪中央硏究院史語所集刊≫ 22本

______ 1952 <再談殷代氣候> ≪甲骨文獻集成≫

______ 1957 <서울대所大胛骨刻辭考釋> ≪董作賓學術論著≫

______ 1965 ≪甲骨學六十年≫ 藝文印書館

______ 1971 ≪中國文字≫

______ 1979 ≪董作賓學術論著≫, 世界書局

彭邦炯 1982 ≪甲骨探史錄≫ 北京三聯書局

______ 2004 <關于丙內入等字及其相關國族地望的探討> ≪古文字硏究≫

彭裕商 1994 ≪殷墟甲骨斷代≫, 中國社會科學出版社

黃錫全 1981 <甲骨文㞢字深討> ≪古文字硏究≫

黃天樹 1992 <甲骨文中所見地支紀日例> ≪中國語文硏究≫ 第10期

曾毅公 1950 ≪甲骨綴合編≫, 北京修文堂

13획

楊樹達 1983 <釋易> ≪積微居甲文說≫ 中華書局

______ 1986 ≪積微居甲文說≫ 上海古籍出版社

楊升南 1992 ≪商代經濟史≫ 貴州人民出版社

楊向奎 1955 <釋不玄冥> ≪歷史研究≫ 第1期

楊逢彬 2003 ≪殷墟甲骨刻辭詞類硏究≫ 花城出版社

楊鴻勛 1977 ≪中國早期建築的發展≫

______ 1988 <從盤龍城商代宮殿遺址談中國宮延建築發展的幾個問題>, ≪文物≫

溫少峰 1983 ≪殷墟卜辭硏究≫ 四川新華書店

14획

管燮初 1953 ≪殷墟甲骨刻辭的語法硏究≫ 社會科學出版社

______ 1990 <從甲骨文的諧聲關係看殷商語言聲類>, ≪中國古文字硏究會成立十周年學術硏究會論文集≫

趙却民 1963 <甲骨文中的日月食>, ≪南京大學學報≫

趙 誠 1984 <商代音系探索>, ≪音韻學硏究≫, 第1輯, 中華書局

______ 1993 ≪甲骨文字學綱要≫ 商務印書館

______ 1996 <上古諧聲和音系>, ≪古漢語硏究≫, 第1期

______ 2000 ≪甲骨文與商代文化≫ 遼寧人民出版社

態傳新·雷從雲 1985 <我國古代燈具槪說>, ≪中原文物≫

態國英 2006 ≪圖釋古漢字≫ 山東新華出版社

15획

劉敦愿 1972 <漢畵象石上的針灸圖>, 北京, ≪文物≫ 第6期

劉一曼 1998 <殷墟花園莊東地甲骨坑的發現及主要收穫> ≪甲骨文發現一百周年學術硏討會詩文集≫

劉一曼·曹定云 1999 <殷墟花園莊東地甲骨卜辭選譯與初步硏究> ≪考古學報≫ 第3期

虞 禺 1958 <商代的骨器製造>, ≪文物≫ 第10期

趙英山 1983 ≪古靑銅器銘文硏究≫, 商務印書館

衛 斯 1979 <從甲骨文材料中看商代的養牛業> ≪中國畜牧中料集≫

劉 翔 1998 ≪商周古文字讀本≫ 語文出版社

劉 釗 1989 <卜辭所見殷代的軍事活動> ≪古文字硏究≫

劉克甫 1986 <再論弜字> ≪甲骨文與殷商史≫

劉志基 1996 ≪漢字文化綜論≫, 廣西敎育出版社

劉志偉 1995 <略論商代後期的宮延樂舞> ≪殷都學刊≫ 第3期

劉淵臨 1972 <殷代的龜冊> ≪東吳大學中國藝術史集刊≫ 第2期

鄭秀眞 1992 ≪甲骨文祭祀卜辭에 나타난 人物硏究≫ 淑大碩士論文

鄭現井 1998 ≪甲骨文에 나타난 商代의 音樂·舞踊≫ 淑大碩士論文

盧連成 1996 ≪靑銅文化的寶庫≫, 四川敎育出版社

16획

龍宇純 1982 ≪中國文字學≫, 學生書局

袁德星 1977 <雙龍紋簋的裝飾及其相關問題> ≪故宮季刊≫ 第12卷

魯默生 1970 <甲骨文與易之史學觀> ≪史學專刊≫ 第3期

17획

鍾柏生 1989 ≪殷墟卜辭地理論叢≫ 藝文印書館

18획

韓 衡 1980 ≪夏商周考古學論文集≫ ≪文物≫

叢文俊 1990 <羅振玉書法觀後> ≪中國書法≫ 第4期

19획

羅 王 1982 <家字溯源> ≪考古學文物≫ 第1期

羅振玉 1984 ≪集殷虛文字楹帖≫ <彙編本>

蘇振甲 1979 ≪中國歷史圖說≫ <殷商> 文化出版社

20획

嚴一萍 1972 ≪甲骨集成≫, 藝文印書館

______ 1978 ≪甲骨學≫ 藝文印書館

______ 1980 <漫談綴合>, ≪中國文字≫ 新2期, 藝文印書館

______ 1980 <壬午日食考> ≪中國文字≫ 新4期 藝文印書館

______ 1980 <戔甲與米>, ≪中國文字≫ 新1期, 藝文印書館

______ 1985 ≪中國文字≫ 新10期

______ 1986 <殷商天文志> ≪古文字研究≫ 中華書局 第15輯

해설의 제목

1장 1. 商王朝
2. 商族의 조상
3. 商人의 유래
4. 王亥
5. 상왕실의 祭譜
6. 成唐－大乙
7. 大示와 小示
8. 逆順의 제사
9. 羌族
10. 盤庚
11. 子와 巳의 자형
12. 武丁
13. 갑골문의 문장구조
14. 중국 최초의 왕비－妣庚
15. 실존이 확인된 최초의 왕비－婦好
16. 婦姘

2장 1. 相間刻辭
2. 王과 我
3. 祖甲과 王자 자형
4. 同文例
5. 상대의 燈
6. 成套卜辭・商代의 燈一光・商代人의 사회신분
7. 商字의 활용
8. ≪說文≫ 의 자형풀이를 바로잡다.
9. 商王의 寢所
10. 前辭와 貞
11. 史의 다양한 용례
12. 갑골문 중의 최고 숫자－萬
13. 甲骨文 合文의 예
14. 갑골문 중의 量詞

5. 갑골문 중의 군사 훈련
6. 相間刻辭의 기록
7. 상대 死의 구분
8. 수갑 관련 갑골문자
9. 수갑과 幸福
10. 상대의 五刑·형벌과 집행
11. 羌人에게 내린 宮刑
12. 도망가는 자는 다리를 잘랐다
13. 형벌관련 문자
14. 형벌의 종류

7장
1. 商代의 大都市
2. 殷墟인가 商墟인가
3. 東夷
4. 상대의 정벌대상 方國
5. 새기다가 획이 빠진 경우(缺刻)·卜辭 기록의 간략화
6. 개조한 背甲
7. 商代의 방패
8. 右肩胛骨·腹甲 위의 구멍
9. 比와 从
10. 상대의 鄭方
11. 邑의 조성
12. 命辭의 생략
13. 중복된 字의 생략
14. 箕子
15. ♡모양의 기원
16. 관리 파견에 대한 숙고

8장
1. 商代의 學校
2. 學校의 위치
3. 大學과 제사
4. 활쏘기 훈련
5. 商代의 교육과목
6. 商代의 유아교육

9장 1. 貢納에 대한 용어
2. 공납의 종류
3. 공납 지역
4. 占卜시의 중점
5. 記事刻辭 중의 싸인
6. 상대의 코끼리 · 목축 진공품
7. 雀方의 공납상황
8. 腹甲 공간의 활용
9. 周의 진공품
10. 점친자와 기록자
11. 象牙
12. 兆序
13. 상대의 거북이

10장 1. 中國文學의 기원
2. 卜자와 吉凶 관계
3. 商왕실의 통치구역 · 中國이라는 국호의 기원
4. 상대의 농업지역과 四方
5. 파종과 수확
6. 求年과 受年
7. 상대의 곡물
8. 卜辭 새김의 다양성 · 홍수와 가뭄
9. 상왕의 自稱
10. 「受稻年」과 「受黍年」
11. 상대의 경작지
12. 농지 개간 · 농사 활동
13. 집단 취로사업
14.. 파종
15. 商代의 농기구
16. 牛耕
17. 農자의 형성
18. 농기구와 관련된 갑골문
19. 기우제와 焚巫尫
20. 보충해 새긴 예－補刻
21. 해충처리

22. 受有祐
23. 기우제와 土龍
24. 곡물의 수확
25. 見자의 활용
26. 곡물의 저장
27. 상대의 농업민속－登嘗之俗

11장 1. 상대의 어업
2. 상대의 六畜
3. 帝辛의 호랑이 사냥
4. 상대의 사냥방법
5. 점친 날의 추정
6. 상대 행사의 택일
7. 대왕의 사냥거리
8. 상왕의 사냥 행차
9. 함정사냥
10. 王固曰의 생략
11. 가축의 사육－放牧 · 우리사육
12. 상대 어거의 교통사고
13. 字形에 근거한 斷代
14. 骨臼刻辭
15. 記事刻辭의 전형
16. 虎骨의 장식
17. 상대의 거세술
18. 가축의 먹이

12장 1. 갑골문에 보이는 청동기 제작
2. 세계 최대의 청동기－司母戊鼎
3. 상대의 玉공예
4. 상대의 竹器 · 漆木공예
5. 상대의 상감술
6. 상대의 방직기술·상대의 가죽 옷
7. 중국의 비단

13장 1. 상대의 상업과 商人
2. 상대의 화폐－貝 · 玉
3. 상대의 도로
4. 상대의 해상교통－舟
5. 상대 말의 효용
6. 상대 배의 활용
7. 공기주머니를 이용한 橐舟
8. 상왕의 해상 행차
9. 상대의 牛車－牽
10. 상대의 어가
11. 상대의 육로 교통
12. 상대의 여관－驛站
13. 상왕 여정에서의 점복

14장 1. 태양숭배
2. 태양의 위치에 따른 시간 분단
3. 태양의 출몰 위치로 東西향방을 정하다
4. 日食에 대한 명칭과 豫卜
5. 命辭와 驗辭의 연관성
6. 干支가 확인된 商代의 月食
7. 月食卜辭 중의 "聞"
8. 陰曆의 기원
9. 大火星의 출현
10. '火'에 대한 두 가지 견해
11. 𡆧(向)자의 의미
12. 歲星과 武王商 시기

15장 1. 상대의 Calenda
2. 曆法의 역사
3. 하루의 시간대를 나타내는 갑골문
4. 干支의 사용과 紀日 방법
5. 상대의 시간 기록－日 · 月 · 年
6. 花園莊東地 甲骨文
7. 12地支에 의한 하루 시간의 표현
8. 일백일 후의 길흉

9. 宮室의 출현
10. 家와 돼지
11. 亞의 상징
12. 商代의 침상·갑골문 建
13. 商代의 門과 戶
14. 긍정적 어기부사 – 勿首
15. 상대의 배수시설
16. 復의 다양한 용례
17. 상대의 돗자리 사용
18. 계단–그 존귀함의 상징
19. 갑골문 출입 관련 文字

18장 1. 상대의 악기
2. 중복된 偏旁의 생략·商代의 악기 배합
3. 占辭의 생략
4. 9천년 전의 피리연주
5. 음악과 관련된 제사
6. 可·哥 그리고 歌
7. 연주공간
8. 상대의 舞蹈
9. 상대의 万舞
10. 기우제와 王의 舞蹈
11. 상왕의 立像
12. 상대의 假面舞

19장 1. 상대의 의학
2. 疾자에 대한 인식
3. 질병의 종류
4. 內科 질병
5. 발병의 원인
6. 상대의 숟가락–匕
7. 外科 질병
8. 질병의 치료자
9. 眼科질병
10. 齒字의 쓰임새

필획검자표

一劃

일 一 1−7	곤 丨 4−17	을 乙 15−1

二劃

복 卜 1−1	우 又 1−3	몸 匚 1−5	이 二 2−3	인 人 2−13
칠 七 3−13	구 九 4−16	십 十 4−17	비 匕 4−21	입 入 8−1
정 丁 15−1	팔 八 16−1			

三劃

대 大 1−5	소 小 1−5	구 口 1−5	삼 三 1−5	인 彳 1−9
삼 彡 1−12	우 于 2−1	공 工 2−16	사 巳 1−11	천 千 4−20
범 凡 5−10	하 下 5−14	상 上 5−14	탁 乇 6−14	시 尸 7−3
만 万 8−5	자 子 15−1	기 己 15−1	석 夕 15−2	망 亡 16−1
재 才 16−11	재 巛 17−8	이십 廾 18−11	구 口 19−14	丩 19−17
여 女 20−4	토 土 21−6	지 之 22−5		

四劃

방 方 1−2	유 㞢 1−3	오 五 1−4	육 六 1−9	우 牛 1−9
우 尤 1−10	왕 王 1−11	문 文 1−13	정 井 1−16	왈 曰 2−4
기 气 2−5	물 勿 2−7	윤 尹 2−9	효 爻 2−10	금 今 2−13
불 不 3−5	장 爿 3−17	중 中 3−17	견 犬 4−12	월 月 5−1
공 [illegible] 5−4	파 巴 5−8	화 化 5−9	윤 允 5−10	우 友 5−11
급 及 5−16	과 戈 6−1	관 毌 7−7	종 从 7−9	내 內 8−1
씨 氏 9−1	부 夫 9−3	둔 屯 9−5	옥 丰 10−21	예 乂 10−24
풍 豊 12−2	부 [illegible] 13−4	일 日 14−3	화 火 14−9	비 比 14−12
두 斗 14−12	임 壬 15−1	축 丑 15−1	오 午 15−1	혜 兮 15−3
운 云 16−14	공 公 17−6	가 ∩ 17−10	부 父 17−11	목 木 17−13
호 戶 17−13	기 气 18−3	천 天 19−1	지 止 19−7	심 心 19−15
모 母 20−1	인 引 20−2	개 丯 21−10		

五劃

시 示 1−5	갑 甲 1−5	차 且 1−8	용 用 1−13	령 令 2−4
호 乎 2−5	작 乍 2−9	협 叶 2−11	사 史 2−11	전 田 2−12

六劃

七劃

八劃

九劃

十劃

주 酎 1-5　주 酒 1-5　당 唐 1-6　조 祖 1-8　반 般 1-10
자 玆 1-13　명 冥 1-15　각 殼 2-6　척 隻 2-5　고 高 2-8
구 冓 2-10　사 師 3-1　섭 涉 3-1　비 毖 3-6　사 射 3-16
새 叙 4-1　기 眔 4-15　창 鬯 4-17　강 降 4-20　승 乘 5-7
완 莞 5-7　리 涖 5-8　재 𢦏 5-9　각 鼻 5-9　추 追 5-16
진 振 6-7　여 旅 6-7　역 逆 6-8　박 亳 7-11　정 庭 8-3
내 迺 8-5　치 致 9-1　마 馬 9-4　추 芻 9-12　위 韋 10-5
교 烄 10-19　재 宰 11-15　축 祝 11-15　축 畜 11-17　흔 圂 11-18
상 桑 12-7　개 皆 13-1　질 迭 13-11　격 格 16-19　곽 郭 17-3
궁 宮 17-6　가 家 17-10　척 陟 17-18　가 哥 18-6　짐 朕 19-1
질 疾 19-2　골 骨 19-8　해 害 19-17　필 畢 19-18　은 殷 19-20
만 娩 20-4　천 泉 21-12　수 祟 22-4　익 益 22-10

十一劃

맥 麥 1-4　강 康 1-13　도 途 2-1　익 翊 2-2　익 翌 2-2
상 商 2-7　족 族 3-6　함 陷 3-8　부 婦 3-12　양 眻 4-5
어 御 4-8　구 𠦪 4-18　조 鳥 4-19　망 望 5-7　알 戛 5-7
한 戰 5-8　재 𢦏 5-9　첩 捷 5-9　유 唯 5-13　칭 偁 5-13
기 旣 5-15　집 執 6-8　어 圉 6-9　용 庸 8-2　이 異 8-4
작 雀 9-7　득 得 9-10　수 授 10-10　리 犁 10-16　기 員 10-18
어 魚 11-2　록 鹿 11-3　축 逐 11-4　숙 宿 12-4　전 專 12-6
견 牽 13-9　인 寅 15-1　돈 敦 15-4　계 啓 16-2　음 陰 16-2
한 英 16-12　설 設 16-21　설 雪 16-15　기 基 17-3　비 秘 17-6
밀 密 17-6　척 戚 18-4　혜 彗 19-3　종 終 22-3

十二劃

노 猱 1-1　각 殼 1-4　보 報 1-5　식 戠 1-13　중 衆 2-4
시 視 3-12　존 尊 4-9　경 卿 4-11　등 登 4-15　환 萑 5-1
순 循 5-10　황 徨 5-10　침 帰 5-11　간 嫙 5-12　기 旣 5-15
탁 椓 6-11　양 揚 7-8　전 奠 7-10　노 勞 7-12　심 尋 8-3
상 象 9-6　서 黍 10-10　혜 惠 10-11　미 湄 11-7　례 敝 11-8
폐 斌 11-8　궐 厥 11-12　아 硪 11-12　록 菉 11-15　구 麃 11-17
황 黃 12-1　전 傳 12-6　사 絲 12-7　매 買 13-2　금 禽 13-5
장 葬 13-11　정 晶 14-10　단 單 14-11　돈 敦 15-4　양 暘 16-1

十三劃

十四劃

十五劃

十六劃

十七劃

十八劃

十九劃

二十劃

二十一劃

二十二劃

二十三劃

二十四劃

二十五劃

3교를 마치며

『갑골문해독』을 낸지 어느덧 10년이 지났다. 초판을 출판하여 무거운 책을 손에 들고 15년에 걸친 成書의 여정을 이겨내고 힘든 작업을 마무리했다는 벅찬 감동과 그동안의 노고를 스스로 위로하고 또 위안 받았던 기쁨은 그다지 오래가지 않았다. 책장을 넘기면서 발견된 오류와 탈자들은 한없는 아쉬움이었다. 재판에 이어 다시 세 번째 교정본을 내면서 비록 다듬었다고는 하지만 완벽을 기할 수 없는 것은 여전히 숙제로 남는다. 그러나 글자 한 자 한 자의 풀이와 구성에 매달렸던 초기에 비해 갑골문을 한층 깊이 있고 객관적인 측면에서 바라보게 된 것은 그나마 큰 위안이 되었다.

3교를 보면서 내 자신이 멀리 3천 년 전 갑골문을 사용하던 시절로 올라가 그들과 함께 호흡하고 있음을 느꼈다. 어느새 나는 商 왕궁 언저리에서서 당시의 小學生과 大學生들을 만났다. 양지바른 왕궁 남쪽에 세운 小學에서 10세 전후의 어린 귀족자제들이 모여 마치 옛 서당에서 천자문을 배우 듯 소학교육의 기본 덕목인 甲子, 乙丑 등 天干地支를 외우고 쓰기에 열중하고 있고, 다시 멀리 도심 외각의 大學으로 눈을 돌니 15, 6세 되는 젊은이들이 활 쏘고 말을 타며 심신을 단련한 뒤 마음을 정돈하고 당대의 석학인 사관들로부터 六禮와 祭禮의 절차를 배우고 있었다.

商을 멸망시킨 周는 상의 후예들에게 "그대들의 조상에게는 書冊과 典籍이 있었다(惟殷先人, 有冊有典)"고 부러움 섞인 격려를 하였는데 周人들이 보았던 書冊과 典籍은 바로 갑골문이 쓰인 갑골편을 엮은 龜冊들이었으리라. 상대는 가히 '神의 世界'였다고 할 만큼 神을 섬겼다. 위에 언급했듯이 갑골문의 기록은 대략 160만자에 이른다. 이 방대한 기록은 모두 통치자가 나라의 각 분야에서 크고 작은 일들을 수많은 神에게 점을 쳐 묻고 교감을 통해 얻어낸 계시를 적은 기록으로 통치의 지표로 삼았던 것이었다.

상대는 '과연 어떤 나라였을까'라고 생각해 보면 비록 거칠고 잔혹하기는 하였지만 '매우 지적이고 찬란한 문화를 누렸던 왕조'였다고 말할 수 있다. 현재 판독이 가능한 1천여 字중의 대부분은 21세기를 살아가는 우리 현대인들의 안목으로 보아도 어쩌면 이리도 정확하게 사물을 그려냈는지 모른다. 또 문자의 조합에 자신들의 생각과 행위, 생활관습을 섬세하게 형상화한 기교와 탁월한 예술성에 경탄을 금할 수 없다. 본서에서 분류한 22개 항목에서 전개되는 각각의 상항을 보면 당시의 수준 높은 직관과 인식의 세계를 기술한 내용도 내용이려니와 이를 표현한 갑골문자의 구성은 놀랍다. 疾病卜辭를 예로 삼아 보자.

疾  : 疾病의 疾은 두 가지로 표현했다. 침상에서 땀을 흘리는 모습의 내과적인 질병과, 외과적인 질병은 전쟁에서 화살을 맞은 것으로 표현하였다. 疾자는 이들 중 중점이 되는 침상과 화살을 합쳐 만들었다.

死  : 죽음을 그린 死자를 보자. 극명한 계급사회를 드러내 상관의 죽음은 전자처럼 꿇어 앉아 시신을 보고, 부하의 죽음은 서서 보는 모습으로 표현했다.

葬  : 죽은 사람을 '매장하다'는 葬은 침상과 뼈를 합쳤다. 병이 났을 때 침상에 사람(人)을 뉘었으나 매장 시에는 앙상한 뼈만 그려 이미 절명했음을 나타냈다.

질병과 사망, 그리고 매장을 세밀하게 구별했듯 그들의 예리한 관찰력은 3천 년 전 고대인들의 지적능력과 생활철학을 알려 준다. 나아가 상대의 질병기록은 중의학의 기초가 상대에 이미 닦여졌음을 말해 주고 있다. 이처럼 고대의 정치, 경제, 사회, 문화 등 여러 분야를 상세하게 기록한 내용은 각 분야의 연구에 필수적인 자료로 갑골문을 통하지 않고는 논할 수 없다는 것을 역설하였다. 청나라 대학자 張之洞은 『書目答問』에서 다음과 같이 피력하였다.

由小學入經學者，其經學可信；由經學入史學者，其史學可信。
小學(문자학)을 익히고 경학에 입문하면 그 경학은 신뢰성이 있고,
經學을 익히고 사학에 입문하면 그 사학은 신뢰할 만 하다.

小學은 초등학교의 옛 명칭으로 그 유래는 3천 년 전 상나라의 교육기관인 大學과 小學에 둔다. 大學에서 육례를 익혔고, 小學에서 천자문에 해당하는 天干地支를 익혔다. 따라서 小學은 기본문자를 익히는 학교이자 문자학이라는 개

념이고, 文字學은 모든 학문의 기초가 되고 있다.

현대 사회는 이미 달나라를 정복하였고 火星에 인간이 살 수 있는지를 탐색하고 있다. 3천 년 전 상대에 이미 화성, 목성, 금성을 발견하였고, 불타는 듯 밝은 별, 火星을 발견하여 火라고 명명하고 부단히 제사하며 福을 빈 기록을 남기지 않았는가? 참으로 놀라운 것은 小學과 大學이라는 상대의 교육기관 이름이 3천여 년 후인 현재까지 계승하고 있는 점이다. 상대인들은 자신들이 만들어 썼던 갑골문이 상대를 신화시대로 부터 탈출시키고 상대의 역사를 증명하는 결정적인 근거가 되었고, 나아가 동양문화의 寶庫이자 세계문화유산으로 추앙받게 될 것을 상상도 못하였을 것이다.

갑골문의 가장 빛난 역할은 한자의 자원을 밝혀 준 점에 있다. 甲骨文은 왕조에 따라 金文, 小篆, 隸書, 楷書로 발전하며 3천년을 이어왔다. 그림문자였던 갑골문이 한자로 변하는 과정에서 많은 字가 원형을 잃었다. 특히 진나라 小篆에 이르러 한자가 폭발적으로 늘어나고 또 몰라보게 변모되었다. 중국 최초의 한자 풀이 자전인 漢代『설문』은 소전을 근거로 한자를 풀이하면서 때때로 잘못 풀이한 자들이 있다. 乳와 爲자를 예로 들어보자.

乳 -

乳 : 乳의 갑골문은 어머니(女)가 아이(子)를 안고 젖을 먹이는 모양이다. 어머니의 등줄기가 乚형으로 변하여 乳가 되었다. 『설문』에는 변한 자형을 보고 '사람이나 새가 새끼를 낳는 모양이 乳다(人及鳥生子曰乳)'라고 풀이하였다.

爲 -

爲 : 爲의 갑골문은 손(又)으로 코끼리(象) 코를 잡고 부리는 모양이다. 힘센 코끼리가 힘든 일을 도와주어 '하다'는 뜻으로 썼다. 『설문』에서는 변한 문자를 보고 '어미 원숭이 모양이다(母猴也)'고 풀이하였다.

갑골문이 발견된 후 오랜 연구를 통해 갑골문의 기록 원리와 자형의 구조를 밝혀냈다. 이에 따라 잘못된 풀이를 상당수 바로잡을 수 있었다. 한자의 바른 자원을 찾게 해준 갑골문의 공은 지대하다. 비록 『설문』에 잘못 풀이된 字가 있다 할지라도 『설문』은 갑골문연구를 크게 뒷받침하였다는 것은 부인할 수 없는 사실이다. 1899년 갑골문의 발견은 20세기 가장 위대한 발견 중의 하나로 갑골문의 연구 결과는 한자의 연구를 비롯해 기타 여러 연구 분야의 기초를 다질 수 있는 근거를 제공하여 주었다. 현재 중국정부는 5천여 자를 모두 고석하고자 하는 원대한 계획을 세우고 있으니 갑골문의 연구는 더욱 힘을 받게 되었다.

많은 이들이 갑골문에 관심을 갖고 연구에 동참하며 나아가 갑골문을 이해하고 생활에서 즐길 수 있기를 기대한다. 필자는 갑골문을 필생의 연구테마로 삼아 갑골문과 함께한 기나긴 세월을 크나큰 축복으로 여기고 있다. 아직도 갑골문은 쉼 없이 발견되고 여러 방면에서 연구해야 할 부분이 적지 않다. 끊임없는 노력으로 갑골문에 관심 있는 이들에게 값진 정보를 제공하기에 미력하나마 온 힘을 기울일 것을 다짐해 본다.

〈著者略歷〉

· 國立 台灣師範大學·台灣大學·學士·碩士
· 成均館大學校 中語學 博士
· KBS敎育放送局 中國語會話 進行 歷任
· 淑明女子大學校 中語中文學科 敎授
· 淑明女子大學校 文科大學長 歷任
· 淑明女子大學校 名譽敎授
· 著書「그림으로 배우는 중국문자학」· 차이나하우스
「甲骨文字의 깊이와 아름다움」· 이화문화사
「한자속의 중국신화와 역사이야기」· 주류성출판사
「한자에 세상이 담겼어요」1, 2 · 푸른숲
「하늘에 열린한자」· 숙명여대출판부
論文「甲骨文으로 본 商代의 建築」및「~疾病」,
「~天文」,「~氣象」,「~曆法」,「~刑罰」,「~敎育」外
E-mail : dongsook@sookmyung.ac.kr

최신증보판

갑골문 字典을 겸한
甲骨文解讀

1판 발행일 2005년 9월 20일
2판 발행일 2007년 10월 20일
3판 발행일 2019년 9월 20일

著　者 : 梁 東 淑
發行處 : ㈜이화문화출판사
發行人 : 이선화 · 이홍연
登錄番號 : 제 300-2015-92호
서울시 종로구 인사동길 12, 310호
02 - 732 - 7091~3 구입문의
02 - 725 - 5153 팩스
www.makebook.net

ISBN : 979-11-5547-329-0 93700

定價 80,000원

영업특판부 : 010-3212-4159 정종태